国家"双一流"建设学科"南京大学中国语言文学"资助项目
江苏省2011协同创新中心"中国文学与东亚文明"资助项目
"湖南方言调查'響應'计划"子课题

湖南浏阳客家方言
自然口语语料萃编

陈立中　著

南京大学出版社

图书在版编目（CIP）数据

湖南浏阳客家方言自然口语语料萃编 / 陈立中著
. -- 南京 : 南京大学出版社, 2022.1
ISBN 978-7-305-24630-2

Ⅰ.①湖… Ⅱ.①陈… Ⅲ.①客家话—口语—浏阳
Ⅳ.①H176

中国版本图书馆CIP数据核字（2021）第118244号

出版发行　南京大学出版社
社　　址　南京市汉口路22号　　　邮编　210093
网　　址　http://www.NjupCo.com
出 版 人　金鑫荣

书　　名　**湖南浏阳客家方言自然口语语料萃编**
著　　者　陈立中
责任编辑　荣卫红　　　　编辑热线　025-83593963

照　　排　南京紫藤制版印务中心
印　　刷　徐州绪权印刷有限公司（电话：0516-83897699）
开　　本　718×1000　1/16　印张 27.75　字数 469千
版　　次　2022年1月第1版　2022年1月第1次印刷
ISBN 978-7-305-24630-2
定　　价　128.00元

网址：http://www.njupco.com
官方微博：http://weibo.com/njupco
官方微信号：njupress
销售咨询热线：（025）83594756

目 录

前　言

一、浏阳简况

1. 历史沿革

浏阳在古代九州中属荆州，战国时属吴国，秦汉时属临湘县。东汉建安十四年（209），吴王孙权析临湘县地始置刘阳县[①]，授为周瑜四俸邑之一；建安十五年（210）属汉昌郡；建安二十二年（217）属长沙郡。三国时期刘阳隶属吴国，长沙郡；吴孙权黄龙元年（229），孙权称帝，改元黄龙，大封功臣，潘濬以累功封刘阳侯，就国刘阳。南朝（宋）改刘阳为"浏阳"，名称沿用至今。隋大业三年（607）浏阳县并入长沙县。唐景龙二年（708）分长沙县复设浏阳县，隶属潭州长沙郡。南宋末年，战乱频繁。南宋高宗建炎三年（1129年）十二月，宋溃兵杜彦自江西入湖南，焚掠浏阳。另据旧志《宋季兵事》载："宋德祐二年（1276），元兵破潭（潭州，今长沙）。浏遭歼屠殆尽，奉诏招邻县民实其地。"元代立国以后，浏阳得到短暂休养生息，人口激增。元贞元年（1295）浏阳升为中州。元代末期，因陈友谅与朱元璋之战殃及浏阳，加之元太祖朱元璋苛征田赋，浏民不堪其苦，纷纷流亡。明洪武二年（1369）降州为县，隶属长沙府。明末清初，战争纷起，民不聊生。直到康熙中叶以后，奖励开荒，减少赋税，浏阳人口得以回升。民国三年（1914）浏阳属湘江道，民国七年（1918）属湘东道，民国十五年（1926）属第一行政督察区，民国二十六年（1937）属督察专员公署治所。1949 年 7 月 19 日，浏阳解放，8 月属长沙专区。1952

[①] 长沙简牍博物馆所藏吴简是三国东吴关于长沙地区的档案文书，其中有不少关于浏阳的历史记载，如木牍《右郎中窦通举谢达为私学文书》清楚载明当时浏阳县名为"刘阳"；而《浏阳县志》（1994 年版）中有"刘阳"记为"浏阳"实为误写一说。

年 9 月更名湘潭专区，1968 年更名湘潭地区，浏阳隶属关系未变。1983 年，国务院批准撤销湘潭地区，浏阳市划归长沙市管辖。1993 年 2 月 10 日，经国务院批准，撤销浏阳县，设立浏阳市（县级），仍属于长沙市管辖。

2. 行政区划

2015 年，浏阳市施行乡镇区划调整方案。2016 年 8 月，湖南省民政厅下发通知，批准浏阳市葛家撤乡设镇。浏阳市现辖小河、蕉溪 2 个乡，淮川、集里、荷花、关口 4 个街道，古港、高坪、沿溪、官渡、永和、达浒、大围山、张坊、澄潭江、中和、文家市、大瑶、金刚、枨冲、镇头、普迹、官桥、柏加、洞阳、永安、北盛、沙市、淳口、龙伏、社港、葛家 26 个镇。

3. 自然地理①

浏阳位于东经 113°10′24″－114°15′10″，北纬 27°51′17″－28°34′06″之间，东西最大距离 105.8 公里，南北最大距离 80.9 公里，总面积 5007.75 平方公里。

浏阳处于湘赣边界，湖南省的东部偏北，省会长沙市的正东方。东北部与江西铜鼓县隔大围山为邻，东部与江西万载县为邻，东南与江西宜春市隔山为邻，南部偏东与江西萍乡市为邻，正南与本省醴陵市为邻，西南与株洲县、株洲市为邻，西部及西北与长沙县为邻，北与平江县为邻。

浏阳地处湘东山区，整个地势东北高峻，向西南倾斜递降。最高峰七星岭海拔 1608 米，最低位于柏加镇杉湾里,海拔仅 37.5 米,海拔相差 1570.5 米。地势高低起伏大，地形为丘陵、山区。主要山脉有大围山、连云山等。境内有浏阳河、捞刀河、南川河三大水系。②市域自东向西为浏阳河上、中游及下游流域的一部分，西北部为捞刀河上、中游，南为南川河流域，三大水系皆注入湘江。

市内习惯上分东西南北四乡。东乡实际占有东北两部，南乡在南部偏东，西乡在西南部，北乡属西部偏北。

---

① 湖南省浏阳市地方志编委会编纂《浏阳县志》，北京：中国城市出版社，1994 年，第 60 页；浏阳市地方志编纂委员会编《浏阳市志：1988-2002》，北京：方志出版社，2008 年，第 41-42 页。

② 湖南省浏阳市地方志编委会编纂《浏阳县志》，北京：中国城市出版社，1994 年，第 69 页。

4. 人口和民族

根据清光绪《浏阳乡土志》及有关资料记载，浏阳境内姓氏有迁入时间可查的 175 支：三国 1、唐 1、五代 5、宋 16、元 21、明 71、清 60。有原籍可考的有 154 支：江西 80、广东 36、福建 3、浙江 2、河南 2、四川 2、云南 1、广西 1、湖北 1、江苏 1、省内各县市 24、世居 1。[①]

浏阳人口以汉族人为主，另有苗族、土家族、壮族、侗族、瑶族、蒙古族等 34 个少数民族。2011 年末，辖区总人口 142.35 万人，汉族人口达 142.04 万人，占 99.79%；少数民族人口 3040 人，占 0.21%，超过 500 人的有苗、土家族等民族，其中苗族 970 人，占少数民族人口的 31.9%，土家族 752 人，占少数民族人口的 24.7%。[②]

5. 汉语方言概况

称浏阳"十里有三音"，虽不免夸张，却道出了浏阳汉语方言复杂的特点，即不仅四境语音不同，即使一个区乡内也有"隔河不同音"的方言差异。究其原因，一是浏阳地处湘赣边境，受到湘语和赣语的影响；二是历史上多次移民入浏，其后裔至今仍各自保留着祖先语音的某些特征。[③]

目前浏阳境内通行三种方言：赣语、湘语、客家话。同一种方言内部又有差异。

赣语主要分布在浏阳城区、北乡、东乡、南乡一带，分布面积最广，是浏阳辖域内主要的交际用语，人称"浏阳话"。

湘语主要分布在浏阳西乡及北乡，被称为"西乡话"，这一带属于湘语区长益片长株潭小片，但与长沙城区方言略有不同，与长沙县话比较接近。

① 湖南省浏阳市地方志编委会编纂《浏阳县志》，北京：中国城市出版社，1994 年，第 98 页。
② 湖南省浏阳市地方志编委会编纂《浏阳县志》，北京：中国城市出版社，1994 年，第 110 页。
③ 夏剑钦《浏阳方言研究》，长沙：湖南教育出版社，1998 年，第 278-279 页。

二、浏阳境内客家人的来源与分布概况

1. 浏阳客家人的来源

"先至为主,后至为宾。""客家、客姓"是相对于当地"土著"而言的,先来的居民为"土著",后来的居民为"客"。这里所说的"浏阳境内的客家人"是指从福建、广东以及江西等省客家人集中分布的地区迁入浏阳境内的客家人及其后裔。他们自称"客姓人""客家人"等。判断其是否是客家人,主要看他们移民的时间和出发地,谱牒是最主要的文献依据。

浏阳市的客家人主要分布在东部的连云山、大围山和九岭山区。客家徙居浏阳,据文字记载,最早始于宋末,来自粤东北今梅州一带。元末明初,一批客家人为躲避战乱从福建、广东迁来浏阳,或先迁江西再越过湘赣边界进入浏阳。据清光绪《浏阳乡土志》及有关资料记载,浏阳涂姓始祖宋中于元末入浏,来自广东镇平(今梅州蕉岭县),聚居东门;张姓始祖化松明初从广东梅县迁入浏阳。浏阳旧志记述,明嘉靖年间(1522—1566),一批福建人避倭寇乱而逃入江西宜春;随后广东人亦接踵而至,竟达数万人。他们在宜春、万载等地搭棚定居,被称为"棚民"。明亡后,棚民不断反清,遭朝廷捕杀,被迫逃亡。其中一部分潜入浏阳东、南部的深山僻壤,"插草为标",垦地开荒。当时,明将郑成功据厦门,清不能克,下令将福建、广东沿海居民迁入内地,并烧毁其房屋,死其归心,以绝郑后盾。于是,闽粤入浏的人增多。据清光绪《浏阳乡土志》及有关资料追溯,县内姓氏有原籍可考的 154 支,其中来自广东的 36 支,来自福建的 3 支。现根据新志中的"浏阳县姓氏概况表"将由广东、福建迁入的支系列表如下。[1]

姓氏	入浏时间	原籍	入浏始祖	聚居地
涂	元末	广东镇平	守中	东门市
赵	明初	广东		柏加山、乌龙
张	明初	广东梅县	化松	旸谷塅、孙家坡、七级坳、文家市
黄	清初	广东平远	天彩	

---

[1] 湖南省浏阳市地方志编委会编纂《浏阳县志》,北京:中国城市出版社,1994 年,第 98-105 页。

姓氏	入浏时间	原籍	入浏始祖	聚居地
刘	清初	广东大埔	士机	白沙
刘	清初	广东平远	文芳	赵湾
郑	康熙初年	广东	士成、士读	高坪、大溪
郑	康熙初年	广东	士展、士才	路西墈、小江口
李	康熙初年	广东兴宁	廷运	鸡毛冲、三层岭
叶	康熙间	广东龙川	起旦	中和、傅家湾
黄	康熙间	广东龙川	可尊	文家市
黄	康熙间	广东长乐	芳麒	何家坊、青草市、查家冲
黄	康熙间	广东平远	九贤	长峰冲
黄	康熙间	广东平远	惟第	茅园
黄	康熙间	广东平远	荣光	花园、佛岭背、天子湾
黄	康熙间	广东平远	尚奇	南边墈
黄	康熙间	广东平远	其哲	施家塘
黄	康熙间	广东和平	挹	镜山
黄	康熙间	广东兴宁	袭麒	棉布庵
黄	康熙间	广东兴宁	玉光	石鼓山、云雾冲
李	康熙间	广东长乐	子英	蔡家山、圆方市
冷	康熙间	广东兴宁	泳沂	东门市
许	康熙间	广东		中和、雅山村
罗	康熙间	广东兴宁	贤生	朱家坪
郑	康熙间	广东	芳杰	炉烟洞
郑	康熙间	广东	邦典、邦善	小溪
郑	康熙间	广东	士友、士恭	小溪
郑	康熙间	广东	元伯、元音	上洪
郑	康熙间	广东	永泷	上洪
郑	康熙间	广东	兆鲁	上洪
周	康熙间	广东平远	邦巽、邦松	东门市
周	康熙间	广东平远	邦宰	东门市
郑	康熙间	广东	奇勋、奇职	烂泥湖
杜	康熙间	广东梅县	文久	中和、杜家湾
郑	康熙三十年	广东平远	日桂	浒山
郑	雍正间	广东	子受	小溪

姓氏	入浏时间	原籍	入浏始祖	聚居地
李	清初	福建汀州	火德	城关、龚家塘
谢	乾隆间	福建建宁	庶吉	荷花、牛石
张	清代	福建	化千	杨花、大瑶、金刚

可见，浏阳客家人的祖先大多来自粤东、闽西的汀江流域，以广东平远、兴宁等县为大宗。

始迁祖原籍	支数	始迁祖原籍	支数	始迁祖原籍	支数	始迁祖原籍	支数
广东	12	广东镇平	1	广东梅县	2	福建汀州	1
广东平远	10	广东和平	1	广东龙川	2	福建建宁	1
广东兴宁	5	广东大埔	1	广东长乐	2	福建	1

客家人入浏时间则以清朝康熙年间为最高峰。

入浏时间	元末	明初	清初	清康熙年间	清雍正年间	清乾隆年间
支数	1	2	4	29	1	1

值得注意的是，县志中的有关记载并不完整全面。例如据浏阳《万氏十一修族谱》记载，其祖先的迁移路线大致是：一世祖举公"原籍豫章南昌金沙村，本因宦岳州，遂（于唐同光年间）卜居巴陵魏溪大坪头落籍，及公迁赤塘载基焉"；十九世发旭公"居巴陵县赤塘南东。迁传必介大荆驿"；二十世豫卜公"迁赣州"；二十二世国注公"系迁粤开基祖"；三十二世杰生公"系东粤嘉应州长乐县葵潭鲤鱼岗开基祖"；四十世宏达公"原籍广东长乐县葵潭鲤鱼岗，逝世（按：雍正五年）后公子恩昌、恩茂、恩盛同迁江西万载枫梓里，继迁湖南，卜居浏阳东乡横巷里创业而开基焉"。该支客家人在县志中没有记载。

2. 浏阳客家人的分布

夏剑钦先生在《浏阳方言研究》中提到："浏阳客家方言俗称'客姓话'，分布在浏阳东部、东北部和东南部的山区中，即大围山区、张坊区、官渡区和文家市区的部分地方。"[①]

据资料介绍，浏阳市 20 多个乡镇均有客家人分布，大约有 20 万人口，主要集中在东乡和北乡。东乡和北乡都是山区，其中东乡靠近江西，大约有 10 多个乡镇有客家人的分布，如原张坊、小河（包括原来的凤溪乡）、大围山、七宝山、达浒、沿溪、永和、古港、三口、中和、文家市等乡镇，客家人数在 15 万左右（2001 年）；原七宝山乡（现属永和镇）2011 年末

① 夏剑钦《浏阳方言研究》，长沙：湖南教育出版社，1998 年，第 4 页。

有人口 15656 人，其中 80% 为客家人。^①北乡临近平江，有原社港、龙伏、沙市、山田、淳口等乡镇，客家人的数量大约有 5 万（2001 年）。除了上述地区，客家人在全市范围内还有一些零散的分布（如南乡的一些乡镇）。客家人较多、客家风情比较浓郁的是东部的张坊镇和小河乡。

张坊镇位于浏阳市最东部，与江西省铜鼓、万载两县毗邻。全镇 30820 人，90% 为客家人（2001 年），全镇流行客家话，是浏阳客家人数量最多、客家文化最为浓厚的乡镇之一。张坊古称洞溪市。明洪武年初，一支张姓移民自江西修水迁徙至此，繁衍生息，遂成望族。至明永戊子年（1408），族中有叔、侄二人同登乡榜，特建青云坊以示表彰，遂有张家坊之称。^②

小河镇位于浏阳市的东南部，东、东北与张坊镇接壤，现与江西万载的白水、黄茅两镇毗邻，西、西北与本市七宝山相连。人口 15308 人，大约有 13000 客家人，客家话是这里的主要方言（2001 年）。

三、浏阳客家方言音系

浏阳客家移民的后裔有的已经改说现居地的强势方言了，但也有不少恪守"宁卖祖宗田，不卖祖宗言"的古训，将客家方言传用了下来。他们往往称自己所说的客家方言为"客家话"、"客姓话"，而称以浏阳城区为代表的本地赣语为"浏阳话"，称客家现居地的"本地人"所说的接近"浏阳河"的方言为"本地话"。这里所说的"浏阳境内客家方言"是指现今仍作为居住在浏阳境内的客家移民后裔口头交际工具的客家方言。判断他们的方言是否属于客家方言主要是看其语言面貌，看其是否在主体上与福建、广东等省客家聚居地区的客家话相同。

这里所说的浏阳客家方言音系指的是浏阳市小河乡册田村（今为皇碑村）新佳组横巷里一带万氏所说的客家话。其新、老两派所说的客家话有一些区别，具体情况见声韵调后的说明。

① 中华人民共和国民政部《中华人民共和国政区大典·湖南卷·长沙分卷·浏阳篇》，北京：中国社会出版社，2014 年，第 224 页。
② 客都网.客家文化《浏阳张坊，养在"深闺"人渐知》，http://www.mz186.com/trip/kejiajd/2015/0524/13765.html，2015-05-24。

1. 声母

浏阳客家方言有声母 23 个（含零声母）。列表如下：

p 布半爸悲　　pʰ 怕步盘符　　m 门米母慢

　　　　　　　　　　　　　　　　　　　　f 飞灰冯红胡

t 到多赌戴　　tʰ 道夺太同　　　　　　　　　　　　　l 难兰怒路

ts 精节焦争　　tsʰ 秋齐枪巢　　　　　　　s 修散师生

tʂ 招主蒸征　　tʂʰ 昌潮虫陈　　　　　　　ʂ 税书上舌

c 经结计九　　cʰ 杰桥旗近　　ɲ 女严软言　　ç 丘休虚县

k 贵古歌高　　kʰ 跪开葵科　　ŋ 午岸案危　　x 海口厚豪

ø 闻围微武约运延缘远用雨

说明：

（1）在新派的客家话出现了一个[v]声母，读[v]声母的字主要是部分日母字。这个声母只见于新派的文读层次，出现在一些比较书面化的词语中，且读音不太稳定，如"然后"的"然"，客家传统的读音是[ien¹³]：然后如下剩到箇起不能够破了，箇个就安做篾骨。ien²₁¹³xəu₄₄⁵³i²₁¹a₃₅(←xa⁵³)ʂən⁵³tau²¹kai⁵³çi²¹pət³len¹³ciau⁵³pʰo⁵³liau⁰,kai₄₄ke₄₄⁵³tsʰiəu₄₄⁵³ɔn₄₄³⁵tso₄₄⁵³miet⁵kuət³. 但是，由于"然后"一词比较书面化，"然"也会读成[ven¹³]或[vien¹³]：然后渠就会打开来去灌浆哟。ven¹³xei⁵³ci²₁¹³tsʰiəu₄₄⁵³uɔi₄₄⁵³ta²¹kʰɔi³⁵lɔi¹³çi₄₄⁵³kɔn⁵³tsiɔŋ³⁵ʂa⁰. | …… 然后嘞铺床被窝棉絮.…vien¹³xei₄₄⁵³lei⁰pʰu³⁵tsʰɔŋ₂₁¹pʰi³⁵pʰo₄₄³⁵mien¹³si⁵³. 考虑到这个声母涉及的字很少，并且是正在变化、与零声母处于竞争之中的读音现象，因此暂未列入本声母表，但在正文的语料中将依据实际读音如实标出。类似者还有[z]。

（2）[l]声母有一个变体，就是[n]，有两种情况：一种属于自由变体性质，如"泥能蚁诺"等字声母有时候读[l]，有时候读[n]，没有条件限制。另一种属于条件变体，当[l]声母字之前的音节尾音为[-n]时，其声母往往会变成[n]，当然这不是充分条件，也有不变的。[n]看成是/l/音位的变体，未列入本声母表，但在正文的语料中将依据实际读音如实标出。

（3）[ts tsʰ s]和[c cʰ ɲ ç]两组声母均有向舌面前音靠拢的倾向，但目前尚未混同。

（4）[k kʰ ŋ x]和[c cʰ ɲ ç]两组声母均来自中古见组，依今韵母洪细分化，[k kʰ ŋ x]只与开口呼、合口呼韵母相拼，[c cʰ ɲ ç]只与齐齿呼韵母相拼。两组声母本可并而为一，但是考虑到二组声母音色上的区别比较显著，且[c cʰ ɲ ç]有向舌面前音靠拢的倾向，我们将其分为两组。

2. 韵母

浏阳客家方言共有韵母75个。列表如下:

ɿ 资祖寺师	i 知耳地雨	u 故母扶湖
ʅ 支痴诗时		
ʮ 居而句渠		
a 爬架蛇靴	ia 姐野写爹	ua 瓜夸跨蛙
e 低齐洗鸡	ie 凄鸡个羁	ue 秽
o 河过婆罗	io 茄瘸嗦	uo 倭蜗窝禾
ai 介帅买我		uai 怪乖枴剑
ei 回水吹嘴		uei 桂贵鬼跪
ɔi 盖妹灰来	iɔi 脆艾	uɔi 煨会
au 饱保桃烧	iau 条表鸟小	
ɛu 斗赌丑收	iɛu 流刘酒九	
an 胆三含减	ian 检甜尖染	uan 关晚万惯
en 权能恨森	ien 根庚连廉	uen 扇善缠展
ɔn 短竿官船	iɔn 软	uɔn 完碗腕宛
ən 魂横群琼	in 紧林灵云	uən 温军困稳
aŋ 冷生声硬	iaŋ 平名青赢	
ɔŋ 党桑讲光	iɔŋ 良蒋枪想	uɔŋ 黄王往望
əŋ 红东风送	iəŋ 穷胸龙勇	uəŋ 翁甏
		uŋ □[luŋ^{53}]惊悸, 悸动
at 拉	iat 贴踏峡胁	
et 舌薛跌撇	iet 色日铁踢	uet 悦阅越粤
ɔt 刷涮		
ət 直出湿十	iɛt 入揖	uət 骨物屈掘
ait 辣合夹八	iait 接蝶页聂	uait 刮挖滑猾
eit 失		
ɔit 割国脱渴		uɔit 活
ak 百白麦石	iak 劈惜易逆	uak □[kʰuak^{5}]~糟
ek 北黑德肋	iek 泽窄贼迫	uek □[uek^{5}]拔
ɔk 落各郭确	iɔk 药脚弱嚼	uɔk 握沃镬
ɛuk 鹿读粥叔	iɛuk 绿欲六肉	
		uk 屋木服福

m̩ 姆~娓唔不

ŋ̍ 吴五鱼午

说明：

（1）浏阳客家方言在自然口语中少数字（如“如于玉”）有韵母念[y]的现象：如果以一蔸为单位个，箇就箇就去扯□都安做鲜蔸。vy^{13}ko^{21}i^{21}iet^{3} tei^{35}uei$^{13}_{21}$tan^{35}uei^{53}ke$^{53}_{44}$,kai$^{53}_{44}$tsʰiəu$^{53}_{44}$,kai$^{53}_{44}$tsʰiəu$^{53}_{44}$çi$^{53}_{44}$tʂʰa^{21}lau$^{53}_{44}$təu$^{35}_{21}$ɔn$^{35}_{44}$tso$^{53}_{44}$sien^{35}tei^{35}.｜就就唔归渠管个事唠，于渠无关个事唠，渠也讲唠，就安做□空事唠。tsʰiəu$^{53}_{44}$ tsʰiəu$^{53}_{44}$m̩^{13}kuei$^{35}_{44}$ci$^{13}_{21}$kɔn^{21}ke$^{53}_{44}$sɿ^{53}lau^{0} ,vy^{13}ci$^{13}_{21}$u^{13}kuan^{35}ke$^{53}_{44}$sɿ$^{53}_{44}$lau^{0} ,ci$^{13}_{21}$ia^{35}çi$^{53}_{44}$kɔŋ^{21} lau^{0},tsʰiəu$^{53}_{44}$ɔn$^{35}_{44}$tso$^{53}_{44}$tʂek^{3} kʰəŋ^{53}sɿ$^{53}_{44}$lau^{0}.｜玉兰花就，玉兰树哇有啊。y^{53}lan$^{13}_{21}$fa^{35} tsʰiəu$^{53}_{44}$,y^{53}lan$^{13}_{21}$ʂəu^{53}ua^{0} iəu$^{35}_{44}$a^{0}./如今正后背正有了。i$^{13}_{21}$cin^{35}tʂaŋ$^{53}_{44}$xei^{53}pɔi$^{53}_{35}$tʂaŋ$^{53}_{44}$ iəu$^{35}_{44}$liau^{0}./唔喊ɲiəuk^{5}兰花。n̩^{13}xan$^{53}_{44}$ɲiəuk^{5} lan$^{13}_{21}$fa^{35}./喊 vy^{53}兰花嘞。xan$^{53}_{44}$vy^{53}lan$^{13}_{21}$ fa^{35}lei^{0}./喊 vy^{53}兰花。xan$^{53}_{44}$vy^{53}lan$^{13}_{21}$fa$^{35}_{44}$./箇又喊 vy^{53}兰花。因为如只东西后背引进来个了。kai^{53}iəu$^{53}_{21}$xan$^{53}_{44}$vy^{53}lan$^{13}_{21}$fa$^{35}_{44}$.in^{35}uei$^{53}_{44}$i$^{13}_{21}$tʂak^{3} təŋ$^{35}_{44}$si^{0} xei^{53}pɔi$^{53}_{35}$in^{21}tsin^{53} lɔi$^{13}_{21}$ke$^{53}_{44}$liau^{0}./就照到学到讲。tsʰiəu$^{53}_{44}$tʂau^{53}tau^{21}xɔk^{5} tau^{21}kɔŋ^{21}./所以就照照到面前渠等就么个就就么个。so^{21}i^{35}tsʰiəu$^{53}_{44}$tʂau^{53}tʂau^{53}tau^{21}mien^{53}tsʰien^{13}ci$^{13}_{21}$tien^{0} tsʰəu^{53} mak^{3} ke$^{53}_{44}$tsʰiəu$^{53}_{44}$tsʰəu^{53}mak^{3} ke$^{53}_{44}$./vy^{53}兰花。vy^{53}lan^{13}fa^{35}./y^{53}兰花。y^{53}lan^{13}fa^{35}./几乎摎普通话有么啊区别了。ci$^{35}_{44}$fu$^{35}_{44}$lau$^{35}_{44}$pʰu^{21}tʰəŋ$^{35}_{44}$fa^{53}mau$^{13}_{21}$mak^{3} a^{0} tʂʰɥ$^{35}_{44}$pʰiek^{5} liau^{0}. “如”字还有念[ɯ^{13}]的现象：挂滴箇个如来佛箇只咁个像箇只。kua^{53} tet^{3} kai$^{53}_{44}$ke$^{53}_{44}$ɯ^{13}lɔi^{13}fət^{5} kai$^{53}_{44}$tʂak^{3} kan^{21}kei$^{53}_{44}$siɔŋ^{53}kai$^{53}_{44}$tʂak^{3}. “如”字念[vy^{13}]或[ɯ^{13}]的现象可能是受当地其他方言的影响的结果，“于玉”韵母念[y]的现象则显然是受普通话的影响，这些读音体现了方言之间及普通话对方言的影响。考虑到它们涉及的字很少，并且是正处在变化、竞争之中的读音现象，因此[y]、[ɯ]暂未列入本韵母表，但在正文的语料中将依据实际读音如实标出。

（2）否定副词“唔”[m̩^{13}]在语流中存在[m̩^{13}]、[ŋ̍^{13}]、[n̩^{13}]三个变体，变体的出现基本上以后一音节的首音为条件：如果后一音节的首音为舌根音或舌面中音时通常念[ŋ̍^{13}]，如果后一音节的首音为双唇或唇齿音时通常念[m̩^{13}]，如果后一音节的首音属于其他发音部位时通常念[n̩^{13}]。由于[n̩^{13}]不涉及其他字词义，所以不在韵母表中列出，但在正文的语料中将依据实际读音如实标出。

（3）[e]、[ei]、[en]、[et]和[ek]等韵母与双唇、唇齿、舌尖前、舌尖中、舌根音声母相拼时，新派往往存在开口度缩小，加上[-i-]介音，念成[ie]、[iei]、[ien]、[iet]和[iek]的现象，但是加不加[-i-]介音随意性比较强，时强时弱。考虑到这种现象正处在变化、竞争之中，因此除[ie]、[ien]、[iet]

和[iek]这几个本已存在的韵母外，[iei]暂未列入本韵母表，但在正文的语料中将依据实际读音如实标出。

（4）中古流摄一等字和三等非组、庄组老派韵母念[ɛu]，新派多念[ei]，偶尔会念[əu]。老派念[iɛu][uɐi][uɐi]韵母的字，新派念[iəu][əu][iəu]。

（5）新派浏阳客家话入声韵尾的读音有依据前头元音开口度的大小合流的趋势，大致是[at iat ɔt]向[ak iak ɔk]合流，[ek iek]向[et iet]合流。

3. 声调

浏阳客家方言共有 6 个单字调。列表如下

调名	调值	例字
阴平	35	诗高低飞婚买有暖厚近
阳平	13	时陈人神娘龙穷床难鹅
上声	21	使丑手口纸草好女老五
去声	53	是试事染抱爱怕送大漏
阴入	3	识黑百笔说福铁缺六袜
阳入	5	石药白舌读俗月入麦局

说明：

（1）浏阳客家方言中古平声字分阴阳，中古清声母字归阴平，中古全浊和次浊声母字归阳平。

（2）浏阳客家方言中古全浊声母上声字归去声。部分中古次浊声母上声字归阴平。

（3）浏阳客家方言中古入声字分阴阳，中古清和次浊声母字归阴入，中古全浊声母字归阳入。就调值而言，阴入低而阳入高。

四、语料搜集整理情况

1. 调查情况

本词典所用语料主要来自作者三次实地调查：

（1）2001 年 7 月，为准备撰写毕业论文，作者前往当地，进行了为期半个多月的调查，记录了《方言调查字表》《方言词汇调查表》和几种通行的方言调查材料中的语法例句。

（2）2015 年 7 月，前往当地进行此前调查的补充、核对和自然语料

的采集工作，进行了全程同步的录音。

（3）2015 年 8 月，再次前往当地进行自然语料的采集工作，进行了全程同步的录音录像。

此外，从 2015 年两次调查以来，作者通过电话录音、微信语音通话等方式向发音合作人采集到了不少浏阳客家方言自然语料。

2. 发音合作人

为作者调查浏阳客家话提供帮助的发音合作人的情况列表如下：

姓名	原籍	性别	出生年份	职业	文化程度
万小端	浏阳市小河乡皇碑村新佳组横巷里	男	1952	退休教师	本科
万纶谟	浏阳市小河乡皇碑村新佳组横巷里	男	1925 年	退休教师	中专
万伏初	浏阳市小河乡皇碑村新佳组横巷里	男	1950	退休教师	初中
万常模	浏阳市小河乡皇碑村新佳组横巷里	男	1936	务农	小学
黄纪怀	浏阳市小河乡皇碑村狮形	男	1925	务农	小学三年级
郭招连	浏阳市小河乡田心村石背组	女	1954	务农	小学
胡厚安	浏阳市小河乡田心村上午组	男	1973	务工	高中
赖新南	浏阳市小河乡田心村田心组	女	1954	务农	小学
黄有全	浏阳市张坊镇张坊村新塘片小组	男	1976	务农	小学三年级
李旭兰	浏阳市张坊镇茶林村山尾组	女	1941	务农	初小毕业

其中，万小端老师在历次调查过程中都是最主要的发音合作人。

3. 语料的整理

搜集到大量自然语料后，我们投入了大量的时间和精力对录音进行了整理，将其转化为书面文字，先用国际音标完整地标注方言读音，在此基础上再用汉字标出说话的内容。在整理工作基本完成的基础上，又对全部的录音和书面材料进行了反复细致的比对核实。接着，我们从书面材料中筛查方言词语，并与 2001 年调查所得方言词语条目进行总合归并，整理出词目表，然后逐条进行标音、释义、举例。

凡例

1. 本书辑录的是调查人与调查对象之间，或是调查对象相互之间的会话语料。按照其会话的主要内容进行分类排列。共分为语词、方物、风俗、故事四篇，其中方物、风俗两篇之下又分为若干类。

2. 每类或不分类的篇之中，根据会话主题分为不同条目。条目标注于相关语料的上一行。

3. 有的条目之中包含多段会话语料，则用后面带圆点的阿拉伯数字标明序号，以示分别。

4. 有时候一段会话篇幅较长、涉及的内容很丰富，但是又不宜拆分成不同的条目，本书将其视为一个整体，以保持会话的完整性。只是在行文上有的拆成了若干段落，以方便阅读。

5. 有时会话会涉及多个方面的内容，因此有的条目名称会反映多项话题，以顿号隔开。

6. 为了节约版面，我们按照会话进程，以时间为线索，将会话各方的话语连贯排列。

7. 调查人的话语用圆括号标示。括号里的国际音标记录的是调查人模仿当地方言的发音。

8. 若调查对象语流中夹杂普通话，如果成句的话一般用标字不标音的方式标出，例如："（哦，就是像像那个心……心形的。）普通话：心形的，欸，心形的。燉杯安做。如今个厨官是有得哩。嗬重哦咁东西哦。lait³pai³⁵ɔn³⁵₄₄tso⁵³₄₄.i¹³₂₁cin³⁵ke⁵³₂₁tʂʰɔu¹³₂₁kɔn³⁵₄₄ʂ¹₄₄mau¹³₂₁tek³li⁰.teit⁵tʂʰən³⁵₄₄ŋo⁰kan²¹ən₄₄(←tən³⁵)si⁰o⁰."如果不成句则多采用标字也标音的方式，但标音时只标实际读音，例如："我就听倒唱箇只么啊……《十送红军》呐，'一送哩个红军'，系啊？ŋai¹³tsʰiəu⁵³tʰaŋ³⁵tau²¹tʂʰɔŋ⁵³kai⁵³tʂak³mak³a⁰ʂ…ʂət⁵səŋ⁵³fəŋ¹³tʂən³⁵₄₄na⁰,i₄₄səŋ₄₄li₃₅ke₄₄xuŋ₂₁tʂyn₄₄,xei⁵³₄₄a⁰?"

9. 调查人所说的话，用汉字加以记录，不标音。但是，对于调查人模仿调查对象而发的音，一般用国际音标记录，不注汉字。

10. 对于调查对象所说的话，先用汉字记录，再用国际音标注音。多个调查对象参与交谈时，按照说话的先后顺序记录，不同调查对象的话语之间用斜线"/"隔开。

11. 在用汉字记录调查对象的话语时，遇到暂时找不到合适的字来记录的音节，用方框"□"代替。

12. 如果两个音节在语流中合并成了一个音节，则用两个汉字记录，并在这些汉字的下方加上单横线。有的音节在语流中偶然发生了某些变化，在标音时先记录其实际发音，后记录其正常读音，在正常读音前加箭头"←"，箭头和正常读音置于圆括号中。例如："系唔系安做劈刀喔？xe_{21}^{53} me_{44}(←$\dot{m}^{13}xe^{53}$)$ɔn_{44}^{35}tso_{44}^{53}p^hiak^3tau_{44}^{35}uo^0$？"其中的"唔系"合并成了一个音节。再如："两只桶一倾下去，欸，欸嘿，箇是箇就成哩豆腐哇。$iɔŋ^{21}tʂak^3t^hən^{21}$ $iet^3k^huaŋ^{35}ŋa_{44}$(←xa^{53})$çi^{53},e_{21},e_{44}xe_{53},kai_{44}^{53}ʂ_{\tilde{l}}^{53}kai_{44}^{53}ts^hiəu^{53}ʂaŋ_{21}^{13}li^0t^hei^{53}fu_{44}^{53}ua^0$."其中的"下"的读音发生了语流音变。

13. 书中使用通行的简体字，但会根据方言读音的具体情况，略作变化。例如：

个—箇　凡充当量词或结构助词、读[kei^{53}]、[ke^{53}]或[cie^{53}]音的，一律写"个"；凡作远指代词、读[kai^{53}]或[ka^{53}]音的，一律写"箇"。

14. 本书用五度制标记声调调值。单字调值在右上角，变调调值在右下角。轻声调值用 0 表示。

语词篇

坳

以……打……打比以映就一嶂岭样，以只就就安做岭岗岘，岭岘上，岭岘上以映子有有有茔子窝下去个，走以映子欬修条路过，以映就安做坳。i^{21}_{13}ta^{21}p·ta^{21}pi^{21}i^{21}iaŋ$^{53}_{44}$tsʰiəu^{53}iet^3 tʂɔŋ$^{53}_{44}$liaŋ^{35}iɔŋ$^{53}_{44}$,i^{21}tʂak^3 tsʰiəu$^{53}_{44}$tsʰiəu^{53}ɔn$_{44}$tso^{53}
liaŋ^{35}kɔŋ$_{44}$cien^{53},liaŋ^{35}cien^{53}xɔŋ$_{44}$,liaŋ^{35}cien^{53}xɔŋ$_{44}$i^{21}iaŋ^{53}tsʅ^0 iəuɻ iəu^{35}iəu^{35}tso$_{21}$
(←tsʰo^{53})tsʅ^{0}uo^{35}xa^{35}çi$^{53}_{44}$ke$^{35}_{44}$,tsei^{21}i^{21}iaŋ^{53}tsʅ^{0}e^{0}siəu$^{35}_{44}$tʰiau$^{13}_{21}$ləu^{21}ko^{53},i^{21}iaŋ$^{53}_{44}$tsʰiəu^{53}ɔn$_{44}$
tso$^{53}_{44}$au^{53}./欬欬欬. e$_{53}$e$_{53}$e$_{53}$./欬。岭岗岘上以映子有窝下子箇起地地方，又往往就箇映就修条路，欬，箇条路就走箇过，箇映就安做坳。系唔系？系唔系箇栏场安做坳？e$_{53}$.liaŋ^{35}kɔŋ$_{44}$cien^{53}xɔŋ$_{44}$i^{21}iaŋ^{53}tsʅ^{0}iəu$_{44}$uo^{35}xa^{35}tsʅ^{0}kai$_{44}$çi$^{53}_{44}$tʰi$_{44}$
tʰi$^{53}_{44}$fɔŋ^{35},iəu$^{21}_{21}$uɔŋ^{21}uɔŋ^{21}tsʰiəu^{53}kai$_{44}$iaŋ^{53}tsʰiəu^{53}siəu$_{44}$tʰiau^{13}ləu^{21},e^{21},kai$^{53}_{21}$tʰiau^{13}ləu^{21}
tsʰiəu$_{44}$tsei^{21}kai$_{44}$ko^{53},kai$^{53}_{44}$iaŋ$_{44}$tsʰiəu^{53}ɔn^{35}tso$^{53}_{44}$au^{53}.xe$^{53}_{44}$me$_{44}$(←m̩^{13}xe^{53})?xe$^{53}_{44}$me$_{44}$(←
m̩^{13}xe^{53})kai^{53}laŋ$^{13}_{21}$tʂʅɔŋ$^{13}_{21}$ɔn^{35}tso$^{53}_{44}$au^{53}?/我等安做安做坳。ŋai$^{13}_{21}$tien^{0}ɔn$^{35}_{44}$tso^{53}ɔn$^{35}_{44}$tso$^{53}_{44}$
au^{53}.

扁担有啮，两头失塌

（那个扁担上面啊他为了防止它滑怎么怎么办呢？）唔，舞只啮朵唠。安做舞只啮朵唠，箇扁担，扁担，扁担头上以映子，以映子，做只子……做只子……以咁舞倒，本来是以映子口正舞嘿去哟，以映子就锯滴子唠。箇箇头上隔咁远子个地方锯滴子，锯深下子唠。以向就削滴子唠。就现呢现只子安做啮朵。啮朵，现滴子啮朵。安做有只话法哟，"扁担有啮，两头失塌"。扁担呢，如果一根扁担有得啮朵啊，你个绳子就会溜咁呐，系啊？会又……溜咁呐，会藉嘿边又……溜咁嘞。安做"扁担有啮，两头失塌"。欬。m̩$_{21}$,u^{21}tʂak^{3}ŋait^{3}to^{21}lau^0.ɔn$_{44}$tso$^{53}_{44}$u^{21}tʂak^{3}ŋait^{3}to^{21}lau^0,kai$^{53}_{44}$pien^{21}
tan$^{53}_{44}$,pien^{21}tan$_{44}$,pien^{21}tan^{53}tʰei^{21}xɔŋ^{35}i^{21}iaŋ^{53}tsʅ^0,i^{21}iaŋ^{53}tsʅ^0,tso^{53}tʂak^{3}tsʅ^0…tso^{53}tʂak^3

tsṛ⁰···i²¹kan₄₄²¹u²¹tau²¹,pən²¹nɔi¹³ṣ₄₄⁵³i²¹iaŋ₄₄⁵³tsṛ⁰ pʰait⁵ tṣaŋ₄₄⁵³u²¹xek³ çi⁵³ṣa⁰,iaŋ₃₅(←i²¹ iaŋ⁵³)tsṛ⁰ tsʰiəu₄₄⁵³cie⁵³tiet⁵ tsṛ⁰ lau⁰.kai₄₄⁵³kai₄₄⁵³tʰei¹³xɔŋ₄₄⁵³kak³ kan²¹ien²¹tsṛ⁰ ke₄₄⁵³tʰi⁵³fɔŋ₄₄³⁵ cie⁵³tiet⁵ tsṛ⁰,cie⁵³tṣʰən³⁵na₄₄⁵³(←xa⁵³)tsṛ⁰ lau⁰.i²¹çiɔŋ₄₄⁵³tsʰiəu₄₄⁵³siɔk³ tiet⁵ tsṛ⁰ lau⁰.tsiəu₄₄⁵³ çien⁵³ne⁰çien⁵³tṣak³ tsṛ⁰ ɔn₄₄³⁵tsɔ₄₄⁵³ŋait³ to²¹.ŋait³ to²¹,çien⁵³tiet⁵ tsṛ⁰ ŋait³ to²¹.ɔn³⁵tsɔ₄₄⁵³iəu³⁵ tṣak³ ua⁵³fait⁵ iau⁰,pien²¹tan⁵³mau¹³ŋait³,iɔŋ²¹tʰei¹³ṣət⁵ tʰait³.pien²¹tan⁵³ne⁰,y¹³ko²¹i₄₄ kən₄₄pien²¹tan⁵³mau¹³tek⁵ ŋait³ to²¹a⁰,ɲi¹³ke₄₄⁵³ṣən²¹tsṛ⁰ tsʰiəu₄₄⁵³uɔi₄₄⁵³liəu⁵³kan²¹na⁰,xei₄₄⁵³ a⁰?uɔi₄₄⁵³iəu⁵³···liəu⁵³kan²¹na⁰,uɔi¹³tṣa₄₄⁵³xek⁵ pien₄₄³⁵iəu⁵³···liəu⁵³kan²¹ne⁰.ɔn³⁵tsɔ₄₄pien²¹ tan⁵³mau¹³ŋait³,iɔŋ²¹tʰei¹³ṣət³ tʰait³.e₂₁.

欸，客家人话有滴东西是讲得蛮箇个啦。有滴人带细人子，<u>系唔系</u>？带下河边去嬲，好啦，箇细人子浸死哩，"失塌哩哦"，安做失塌哩。ei₅₃,kʰak³ ka₄₄³⁵ɲin₂₁¹³ua⁵³iəu³⁵tet⁵ təŋ₄₄⁵³si⁰ ṣṛ₄₄⁵³kɔŋ²¹tek³ man¹³kai₄₄⁵³ke₄₄⁵³la⁰.iəu³⁵tet⁵ ɲin₄₄⁵³tai₄₄⁵³se⁵³ɲin₂₁ tsṛ⁰,xei₄₄⁵³me₄₄(←m̩¹³xe⁵³)?tai₄₄⁵³a₄₄(←xa⁵³)xo⁰pien₄₄⁵³çi⁵³liau⁵³,xau²¹la⁰,kai₄₄⁵³se⁵³ɲin₂₁¹³tsṛ⁰ tsin⁵³si²¹li⁰,"ṣət³ tʰait³li⁰o⁰",ɔn₄₄³⁵tsɔ₄₄⁵³ṣət³ tʰait³ li⁰.

举个例子，两头失塌个例子你听哩唠。打比样有滴男……伢子人，<u>系唔系</u>？渠找对象。嗯。好，找只找只妹子归来，找只妹子归来，又用哩钱，<u>系唔系</u>？又又划哩钱哟，欸，好，结果嘞箇只钱又用嘿哩嘞，人又人又走咁哩，有滴妹子又唔跕倒渠屋下，欸，人又冇得哩，钱又冇得哩，欸就两头失塌哟安做唠。两头都塌嘿哩唠。扁担冇嗒呀，两头失塌哟。tsṛ₄₄¹³ke₄₄⁵³li⁵³ tsṛ⁰,iɔŋ²¹tʰei¹³ṣət³ tʰait³ ke₄₄⁵³li⁵³tsṛ⁰ ɲi₄₄¹³tʰaŋ³⁵li⁰ lau⁰.ta²¹pi²¹iɔŋ₄₄⁵³iəu³⁵tiet⁵ lan¹³···ŋa¹³tsṛ⁰ ɲin¹³,xe₄₄⁵³me₄₄(←m̩¹³xe⁵³)?ci₂₁¹³tsau⁵³ti¹³siɔŋ₂₁.m̩₂₁.xau²¹,tsau²¹tṣak³ tsau²¹tṣak³ mɔi⁵³tsṛ⁰ kuei³⁵lɔi₄₄¹³,tsau²¹tṣak³ mɔi⁵³tsṛ⁰ kuei³⁵lɔi₄₄¹³,iəu⁵³ iəŋ⁵³li⁰ tsʰien¹³,xei₄₄⁵³me₄₄(←m̩¹³ xe⁵³)?iəu⁵³iəu⁵³fa¹³li⁰tsʰien¹³ṣa⁰,e₂₁,xau²¹,ciet⁵ko²¹lei⁰kai¹³tṣak³ tsʰien¹³iəu⁵³iəŋ⁵³xek³ li⁰lei⁰,ɲin¹³iəu⁵³ɲin¹³iəu⁵³tsei²¹kan²¹ni⁰,iəu³⁵tet³₅mɔi⁵³tsṛ⁰ iəu₄₄⁵³m̩¹³ku₄₄³⁵tau²¹ci₁₃¹³uk⁰ xa₄₄,e₂₁,ɲin¹³iəu⁵³mau₄₄tek³ li⁰,tsʰien¹³iəu⁵³mau₄₄tek³ li⁰,e₄₄tsʰiəu₄₄⁵³iɔŋ²¹tʰei¹³ṣət³ tʰait³ iau⁰ɔn³⁵tsɔ₄₄⁵³lau⁰.iɔŋ²¹tʰei¹³təu₅₃³⁵tʰait³ ek³ (←xek³)li⁰ lau⁰.pien²¹ tan⁵³mau¹³ŋait³ ia⁰,iɔŋ²¹tʰei¹³ṣət³ tʰait³ io⁰.

猋

（有没有从高处往下跳的？）欸，箇搞哩啊，咁高处往下跳是。舞滴拖滴秆箇只唠，秋天打哩禾以后拖滴秆唉，去去去就去去跳噢。欸，放下箇，我等箇只学堂里箇禾坪，箇操场里咯，就唔知几低，操场唔知几低，冇几大子我等操场呢，怕只有比以只间大滴子，冇几大，欸。两两只子间咁大子，冇几大子。学堂里门口塂下就一条路。学堂门口就一条路。路塂下正系操场。就系丘田子，冇几大子嘞。一丘田子。拖滴秆唉，拖下箇田

里噢，拖下箇操场里噢。<u>以下我等就走箇墈上□一下唠，去焱哇。安做焱。</u>
就跳下去啊，跳下箇秆上去啊。然后就就壅下箇秆肚<u>里</u>啊。e$_{21}$kai^{53}kau^{21}
lia^0,kan^{21}kau$_{44}$tʂʅ^{53}uoŋ^{21}çia$_{44}$tʰiau^{53}sʅ^0.u^{21}tiet^{5}tʰo^{35}tiet^{5}kon^{21}kai$_{44}$tʂak^{3}lau^0,tsʰiəu^{35}
tʰien$_{44}$ta^{21}li^{0}uo^{13}i^{35}xei$_{44}$tʰo^{35}tet^{5}kon^{21}nau^0,çi$_{44}$çi^{53}çi tsiəu$_{21}$çi^{53}çi$_{44}$tʰiau^{53}uau^0.e$_{21}$,fɔŋ^{53}
xa$_{44}$kai$_{44}$,ŋai$_{21}^{13}$tien^{0}kai^{53}tʂak^{3}xɔk^{5}tʰɔŋ$_{21}^{13}$li^{0}kai^{53}uo^{0}pʰian^{13},kai$_{44}$tʂʰau^{35}tʂʰɔŋ$_{21}^{13}$li^{21}
ko^0,tsʰiəu^{53}m̩$_{21}^{13}$ti$_{44}$ci^{53}te^{35},tsʰau^{35}tʂʰɔŋ$_{21}^{13}$ti$_{44}^{13}$ci^{53}te^{35},mauci^{13}tʰai^{53}tsʅ^{0}ŋai^{13}tien^{0}tsʰau^{35}
tʂʰɔŋ$_{44}$ne^0,pʰa^{53}tsʅ^{21}iəu$_{44}$pi^{21}i^{21}tʂak^{3}kan^{35}tʰai^{53}tiet^{5}tsʅ^0,mau^{13}ci$_{44}$tʰai^{53},e$_{21}$.iɔŋ^{13}iɔŋ^{21}
tʂak^{3}tsʅ^{0}kan$_{44}$kan^{21}tʰai^{53}tsʅ^0,mau^{13}ci^{13}tʰai^{53}tsʅ^0.xɔk^{5}tʰɔŋ$_{21}^{13}$li^{0}mən^{13}xei^{21}kʰan^{53}xa^{53}
tsʰiəu$_{44}$iet^{3}tʰiau^{13}ləu^0.xɔk^{5}tʰɔŋ$_{21}$mən^{13}ne$_{21}$(←xei^{21})tsiəu$_{44}$iet^{3}tʰiau^{13}ləu^{53}.ləu^{53}kʰan$_{44}$
xa^{35}tʂaŋ$_{44}^{53}$ke$_{44}$(←xe^{53})tsʰau^{35}tʂʰɔŋ^{13}.tsʰiəu^{53}xe$_{44}$cʰiəu^{35}tʰien^{13}tsʅ^0,mau^{13}ci$_{44}$tʰai^{53}tsʅ^0
lei^0.iet^{3}cʰiəu$_{44}$tʰien^{13}tsʅ^0.tʰo^{35}tet^{5}kon^{21}nau^0,tʰo^{35}xa$_{44}$kai$_{44}$tʰien^{53}li^{21}au^0,tʰo^{35}a$_{44}$
(←xa^{53})kai$_{44}$tsʰau^{35}tʂʰɔŋ^{13}ni^{21}(←li^{21})au^0.ia$_{21}$(←i^{21}xa^{53})ŋai$_{21}$tien^{0}tsʰiəu$_{44}$tsei^{21}kai^{53}
kʰan^{53}xɔŋ$_{44}$tʂʰɔi$_{21}^{13}$iet^{3}xa$_{44}$lau^0,çi$_{44}$piau^{53}ua^0.ɔn$_{44}$tso$_{44}$piau^{53}.tsʰiəu$_{44}$tʰiau^{53}çia$_{44}$tʂʅ$_{44}$
a^0,tʰiau^{53}a$_{44}$(←xa^{53})kai^{53}kon^{21}xɔŋ^{53}çi^{53}a^0.vien^{13}xei^{53}tsʰiəu^{53}tsʰiəu^{53}iəŋ^{35}ŋa
(←xa^{53})kai$_{44}$kon^{21}təu^{21}lia^0.

（焱就是跳啊？）焱哇，系，就系跳哇，焱下去啊，就跳下去啊。piau^{35}
ua^0,xe$_{21}$tsʰiəu$_{44}$xe^{21}tʰiau^{53}ua^0,piau^{35}xa$_{44}$çi$_{44}$a^0,tsʰiəu$_{44}$tʰiau^{53}xa$_{44}$çi$_{44}$a^0.

重三倒四

（那个说重复的话。总是那几句。）重三倒四呀。安做重三倒四呀。
爁爁闹闹。真爁闹。就箇老人家子啊，讲哩个又唔记得，系唔系？又倒转
去讲，就安做重三倒四，爁爁闹闹。tsʰən^{13}san$_{44}^{35}$tau^{53}si^{53}ia^0.ɔn^{35}tso$_{44}$tsʰən^{13}san^{35}
tau^{53}si^{53}ia^0.lait^{3}lait^{3}lau^{53}lau^{53}.tʂən^{53}lait^{3}lau^{53}.tsʰiəu$_{21}$kai^{3}lau^{21}ɲin^{13}ka$_{44}$tsʅ^{0}a^0,kɔn^{21}li^0
ke^{53}iəu$_{44}$n̩^{13}ci^{3}tek^3,xei$_{44}$me$_{44}$(←m̩^{13}xe^{53})ʔiəu$_{44}$tau^{21}tsɔn^{53}çi^{53}kɔn^{21},tsʰiəu$_{44}$ɔn^{35}tso$_{44}$
tsʰən^{13}san$_{44}$tau^{53}si^{53},lait^{3}lait^{3}lau^{53}lau^{53}.（lait^{3}lait^{3}lau^{53}lau^{53}哪几个字？）爁闹。真
爁闹哇！lait^{3}lau^{53}.tʂən^{53}lait^{3}lau^{53}ua^0!

（lait^3，lait^{3}是哪个字呢？）唔晓得哪只lait^{3}字。爁，爁闹。闹，就写
热闹的闹唠，门字肚里<u>一</u>只市字个唠。欸，箇写咁哦。爁欸……m̩^{13}çiau^{21}tek^3
lai^{53}tʂak^{3}lait^{3}tsʅ^{53}.lait^3,lait^{3}lau^0.lau^{53},tsʰiəu^{53}sie^{21}ye^{53}lau^{53}tet^{5}lau^{53}lau^0,mən^{13}tsʅ^{53}
təu^{21}li^{0}iak^3(←iet^{3}tʂak^3)sʅ^{53}tsʅ^{53}ke^{53}lau^0.e$_{21}$,kai$_{44}$sie^{21}kan$_{53}^{53}$nau^0.lait^{3}e$_{53}$…（lait^{3}是不
是拉？拉住他那个拉？）爁，爁，爁闹。nait^3,nait^3,nait^{3}nau^{53}.（音相同吗？）
音唔相同。爁，爁。箇只字也话爁呢。箇个日头真爁。in$_{44}^{35}$m̩^{13}siɔŋ$_{44}^{35}$
tʰəŋ$_{21}^{13}$.lait^3,lait^3.kai^{53}tʂak^{3}tsʅ$_{44}^{53}$ia^{0}ua$_{44}^{53}$lait^{3}nei^0.kai^{53}kei$_{44}$ɲiet^{3}tʰei^{13}tʂən^{35}lait^3.（呃，
可以重复，是吧？）嗯。爁爁闹闹。m̩$_{21}$.lait^{3}lait^{3}lau^{53}lau^{53}.

（爝爝闹闹就是总是不停地重复地说那个意思吗？）普通话：呃，一下子又说那个
了。就说了又不记得啦。欸，就爝闹喔。莫咁爝闹喔！系啊？莫咁爝闹喔！正讲嘿咯，
你又架势讲。e₂₁,tsiəu⁵³₄₄lait³lau⁰uo⁰.mək⁵kan²¹lait³lau⁵³uo⁰!xei⁵³₄₄a⁰?mək⁵kan²¹lait³
lau⁵³uo⁰!tʂaŋ⁵³kəŋ²¹xek⁰ko⁰,ɲi¹³iəu⁵³cia⁵³₄₄ʂ̩₄₄kəŋ²¹.

以只那箇箇只爝闹嘞就系咁个啦，我㧯你讲哩，一下子，讲哩，过下
子，又来讲箇件事，就唔记得，自家讲哩唔记得。iak³(←i²¹tʂak³)lai⁵³kai⁵³kai⁵³
tʂak³lait³lau⁵³₄₄lei⁰tsʰiəu⁰xe⁰kan₃₅cie⁵³la⁰,ŋai¹³lau⁵³₄₄ɲi₂₁kəŋ²¹li⁰,iet³xa⁵³tʂ̩⁰,kəŋ²¹
li⁰,ko⁵³xa⁵³tʂ̩⁰,iəu⁵³lɔi₂₁¹³kəŋ²¹kai⁵³₄₄cʰien⁵³ʂ̩⁵³,tsʰiəu⁵³m̩¹³ci⁵³tek³,tsʰ̩³⁵ka₄₄kəŋ²¹li⁰n̩¹³ci⁵³
tek³.

如果系一只事子——件事总咁子舌，句八句总咁子讲嘿去。欸，嗯。
"你㧯我去啰！"系唔系？欸。"你莫总总跕倒箇映样子咯！"系唔系？欸。
"索利滴子唠！"箇个就唔……一方面也安做爝闹，还一方面安做聒聒车
车。总总讲嘿去，欸，聒聒车车。总一只事总讲嘿去，箇就聒聒车车。间
久哩下子，又倒又唔记得，又翻出来讲，箇就安做爝闹。ʐ̩¹³ko²¹xei⁵³iet³tʂak³
ʂ̩⁵³tʂ̩⁰iet³iet³cʰien⁵³ʂ̩₄₄⁵³tsəŋ²¹kan₄₄²¹tʂ̩⁰ʂət⁵,ci⁵³pait³ci⁵³tsəŋ²¹kan²¹tʂ̩⁰kəŋ²¹uek³
(←xek³)ci⁵³.e₄₄,n̩₂₁."ɲi₂₁¹³lau³⁵ŋai₂₁¹³ci⁵³lo₄₄!"xei⁵³₄₄me₄₄(←m̩¹³xe⁵³)?e₂₁."ɲi¹³mək⁵tsəŋ²¹
tsəŋ²¹ku³⁵tau²¹kai₄₄⁵³iaŋ₂₁⁵³tʂ̩⁰ko₄₄!"xei⁵³me₄₄(←m̩¹³xe⁵³)?e₂₁."sok⁵li₄₄⁵³tiet⁵tʂ̩⁰lau⁰!"kai₄₄⁵³
ke₄₄⁵³tsiəu⁰n̩¹³…iet³fəŋ₃₅⁵mien₄₄⁵³ia₄₄⁵³ɔn₄₄²¹tso₄₄⁵³lait³lau⁵³,xai₄₄²¹iet³fəŋ₄₄⁵mien₄₄⁵³ɔn₄₄²¹tso₄₄⁵³kuek³
kuek³tʂʰa₄₄³⁵tʂʰa³⁵.tsəŋ²¹tsəŋ²¹kəŋ²¹uek³(←xek³)ci⁵³,e₄₄,kuek³kuek³tʂʰa₄₄³⁵tʂʰa³⁵.tsəŋ²¹
iet³tʂak³ʂ̩⁵³tsəŋ²¹kəŋ²¹uek³(←xek³)ci⁵³,kai₄₄⁵³tsʰiəu⁵³kuek³kuek³tʂʰa₄₄³⁵tʂʰa₄₄³⁵.kan²¹
ciəu₂₁li⁰a⁵³(←xa⁵³)tʂ̩⁰,iəu⁵³tau⁵³iəu⁵³n̩¹³ci⁵³tek³,iəu⁵³fan³⁵tʂʰət³lɔi₂₁¹³kəŋ²¹,kai₄₄⁵³tsʰiəu₄₄⁵³
ɔn₄₄³⁵tso₄₄⁵³lait³lau⁵³.

（kuek³kuek³……）聒聒车车。kuek³kuek³tʂʰa₄₄³⁵tʂʰa³⁵.（tʂʰa³⁵tʂʰa³⁵？）
嗯，车。车就写汽车个车嘞。ən₂₁,tʂʰa³⁵.tʂʰa³⁵tsʰiəu⁵³sia⁰ci⁵³tʂʰa₄₄⁵³ke₄₄⁵³tʂʰa₄₄⁵³lei⁰.
（那个 kuek³ 是什么意思啊？）聒都唔知么个意思。聒聒车车。唠唠叨叨
哇。kuek³təu₄₄³⁵n̩₂₁ti₄₄³⁵mak⁵e⁰i₄₄⁵³ʂ̩⁰.kuek³kuek³tʂʰa₄₄³⁵tʂʰa³⁵.lau¹³lau₄₄³tau₄₄³tau₄₄³ua⁰.（那
就不一定是重复的那些重复呃那几句话唠？）不一定重复，但是就系讲箇
只事，总讲倒箇只事，欸，聒聒车车。嗯。pət³iet³tʰin⁵³tʂ̩ʰəŋ¹³fuk⁵,tan₄₄⁵³ʂ̩₄₄⁵³tsʰiəu⁵³
ue⁵³(←xe⁵³)kəŋ²¹kai⁵³tʂak⁵ʂ̩⁵³,tsəŋ²¹kəŋ²¹tau²¹kai⁵³tʂak⁵ʂ̩⁵³,e₂₁,kuek³kuek³tʂʰa³⁵
tʂʰa₄₄³⁵.n̩₂₁.

搋

和面的动作。嗯，我天天都去下和面呢。我天天都去下子嘞。以下就
话哩蛮多箇个了，唔，安做搋粉，安做搋。搋正来。头晡夜晡搋正粉来。

搋。xo¹³mien⁵³ke⁵³tʰən⁵³tsɔk³.n̩₂₁,ŋai¹³tʰien³⁵tʰien³⁵təu⁵³çi⁵³a₄₄(←xa⁵³)xo¹³mien⁵³ne⁰.
ŋai¹³₂₁tʰien³⁵tʰien³⁵təu₄₄³⁵çi⁵³xa⁵³tsʅ⁰le⁰.i²¹xa⁵³tsʰiəu⁵³ua⁵³li⁰man¹³to³⁵kai⁵³ke⁵³
liau⁰,m̩₂₁,ɔn³⁵tso⁵³tsʰei²¹fən²¹,ɔn₄₄tso₄₄tsʰei²¹.tsʰei²¹tʂaŋ⁵³lɔi₄₄¹³.tʰei⁵³pu³⁵ia⁵³pu₄₄tsʰei²¹
tʂaŋ⁵³fən²¹nɔi¹³.tsʰei²¹.

（tsʰai²¹还是tsʰei²¹？）搋。硬安做搋粉。tsʰei²¹.niaŋ⁵³ɔn₄₄tso⁵³tsʰei²¹fən²¹.
（讲不讲tsʰai³⁵？）搋，也有讲搋呀。搋正来，系呀，也讲搋。也讲搋米馃，
咁子搋。搋米馃，系。有讲 tsʰei²¹，有讲 tsʰai³⁵。但是唔讲和。和就系学倒
别人家个了。嗯。客姓人唔讲话和面。tsʰai³⁵,ia³⁵iəu₄₄kɔŋ²¹tsʰai³⁵ia³⁵.tsʰai³⁵tʂaŋ⁵³
lɔi₄₄¹³,xei⁵³ia⁰,ia³⁵kɔŋ²¹tsʰai³⁵.ia₄₄³⁵kɔŋ²¹tsʰai³⁵mi²¹ko²¹,kan²¹tsʅ⁰tsʰai³⁵.tsʰai³⁵mi²¹
ko²¹,xe⁵³.iəu³⁵kɔŋ²¹tsʰei²¹,iəu₄₄kɔŋ²¹tsʰai³⁵.tan⁵³sʅ⁰ŋ̍¹³kɔŋ²¹xo⁰.xo⁵³tsʰiəu⁵³xei⁵³xɔk⁵
tau²¹pʰiek⁵in₄₄¹³ka₄₄³⁵cie₄₄⁵³liau⁰.m̩₂₁.kʰak³sin⁵³ɲin¹³ŋ̍₂₁¹³kɔŋ²¹ua₄₄⁵³xo¹³mien⁵³.

打复逃

㖏有有有只箇个嘞，客姓人有只安做打复逃个话法嘞。打复逃。ei₄₄iəu³⁵
iəu₄₄³⁵iəu⁵³tʂak³kai⁵³ke₄₄lei⁰,kʰak³sin⁵³ɲin¹³iəu³⁵tʂak³.ɔn³⁵tso⁵³ta²¹fuk⁵tʰau¹³ke⁰ua⁵³
fait³lei⁰.ta²¹fuk⁵tʰau₄₄.

（什么意思呢？）打复逃就系么啊意思嘞就系嘞？打复逃。嗯。打复
逃就就又转去做嘞。就系又又倒转去做箇只事嘞安做打复逃呢。㖏打比样
我我㖏我栽滴树，系唔系？我栽滴杉树。㖏栽杉树嘞，嗯，我去铲草。赠
没有，未曾铲得好唠，赠铲净唠。种……ta²¹fuk⁵tʰau¹³tsʰiəu⁵³xei₄₄³⁵mak³a⁰i⁵³si⁰lei⁰
tsʰiəu₄₄⁵³xe⁵³le⁰?ta²¹fuk⁵tʰau₄₄¹³.m̩₂₁.ta²¹fuk⁵tʰau²¹tsʰiəu⁵³tsʰiəu₄₄⁵³iəu³⁵tʂɔn²¹çi⁵³tso⁵³
lei⁰.tsʰiəu₄₄⁵³xe₄₄iəu⁵³iəu⁵³tau²¹tʂɔn²¹çi₄₄⁵³tso⁵³kai⁵³tʂak³sʅ⁰lei⁰ɔn³⁵tso⁵³ta²¹fuk⁵tʰau₄₄
nei⁰.e₂₁ta²¹pi²¹iɔŋ⁵³ŋai₂₁¹³ŋai¹³₂₁e₂₁ŋai¹³tsɔi³⁵tiet⁵ʂəu⁵³,xei₄₄me₄₄(←m̩¹³xe⁵³)?ŋai¹³₂₁tsɔi³⁵tiet⁵
sa³⁵ʂəu⁵³.e₂₁tsɔi³⁵sa³⁵ʂəu⁵³lei⁰,ŋ̍₂₁,ŋai₄₄¹³çi⁵³tsʰan²¹tsʰau²¹.maŋ¹³tsʰan₄₄tek³xau
lau⁰,maŋ¹³tsʰan²¹tsʰiaŋ⁵³lau⁰.tʂəŋ⁵³···

（返工？）哎哟，返……返工个意思。㖏，我等打复逃。要去打复逃。
返工，嗯。㖏再做一次，意思就系再做，重复做一次。嗯。ai₄₄iɔ⁰,fan²¹···fan²¹
kəŋ³⁵ke₄₄⁵³i₄₄⁵³sʅ⁰.e₂₁,ŋai¹³tien⁰ta²¹fuk⁵tʰau²¹.iau⁵³çi⁵³ta²¹fuk⁵tʰau²¹.fan²¹kəŋ⁰,ŋ̍₂₁.e₂₁tsai⁵³
tso⁵³iet⁵tsʰʅ⁵³,i₄₄⁵³sʅ⁰tsʰiəu⁵³xe₄₄tsai⁵³tso⁵³,tʂʰəŋ¹³fuk⁵tso⁵³iet³tsʰʅ⁵³.ŋ̍₂₁.

打清水网

打清水网是系一只么个系一只安做系一只讲一只道理个，讲讲只咁
个事情。打清水网就有一只有一只借用啊。本来是讲箇口清个水，有鱼冇
鱼我都打渠一网，系啊？意思就是……打比样，㖏，有只有只么个事，我

爱判定是不是你做个，欸，我就就系么啊呢？讲一句话，同箇打清水网样，在乎渠系你做个唔系你做个，我都一句话放下去，讲下去，有滴人就会表现出来，箇就安做打清水网。听懂哩么？ta²¹tsʰiaŋ³⁵ʂei²¹moŋ²¹ʂ̩²¹₁xei⁵³iet³tʂak³mak³ke⁵³₄₄xei⁵³iet³tʂak³ɔn²¹₄₄tso⁴⁴xei⁵³xei⁵³iet³tʂak³kɔŋ²¹iet³tʂak³tʰau⁴⁴li³ke⁵³₄₄,kɔŋ²¹tʂak³an²¹(←kan²¹)ke⁰sʅ⁵³tsʰin¹³₂₁.ta²¹tsʰiaŋ³⁵ʂei²¹moŋ²¹tsʰiəu⁵³₄₄iəu³⁵iet³tʂak³iəu³⁵iet³tʂak³tsia¹iəŋ⁵³ŋa⁰.pən²¹nɔi¹³sʅ⁵³kɔŋ²¹kai⁵³kue¹³tsʰiaŋ³⁵ke⁵³ʂei²¹,iəu³⁵ŋ¹³mau⁴⁴₄₄ŋ¹³ŋai¹³₂₁təu³⁵ta²¹ci⁴⁴iet³mɔn²¹,xei⁵³a⁰?i⁵³sʅ⁰tsʰiəu⁵³ʂʅ⁵³₄₄…ta²¹pi²¹iɔŋ⁵³₄₄,e₂₁,iəu³⁵tʂak³iəu³⁵tʂak³mak³ke⁵³sʅ⁵³,ŋai¹³ci³⁴₄₄pʰɔn⁵³tʰin⁵³sʅ⁵³pət³sʅ⁵³ɲi¹³tso⁵³ke⁵³,e₂₁,ŋai¹³tsʰiəu⁵³tsʰiəu⁵³xei⁵³₄₄mak³a⁰lei¹?kɔŋ²¹iet³tʂʅ⁵³fa⁵³,tʰən¹³₂₁kai⁵³₄₄ta²¹tsʰiaŋ³⁵ʂei²¹moŋ²¹iɔŋ⁵³,tsʰai¹³fu²¹₂₁ci⁴⁴xei⁵³ɲi¹³tso⁴⁴ke⁵³₄₄m̩¹³pʰei₄₄(←xei⁵³)ni¹³tso⁴⁴ke⁵³,ŋai¹³təu³⁵iet³tʂʅ⁵³fa⁵³fɔŋ⁵³ŋa₄₄(←xa⁵³)çi⁵³,kɔŋ²¹a₄₄(←xa⁵³)çi⁵³,iəu³⁵tet³ɲin¹³₂₁tsʰiəu⁵³₄₄uɔi⁴₄₄piau²¹çien⁵³tʂʰət³lɔi²¹₂₁,kai₄₄tsʰiəu⁵³₄₄ɔn³⁵₄₄tso⁴⁴ta²¹tsʰiaŋ³⁵ʂei²¹moŋ²¹.tʰaŋ³⁵təŋ²¹li⁰mo⁰?

等

（那个豆角啊长长的啊长豆角啊把它这样掰成这么长一段。）哦哦哦，掐噢，呃。o₄₄o₂₁o₂₁,kʰait²¹au¹³,ə₄₄.等哎，分渠等成一莝莝。安做等。（等，等断，等豆角。）等。欸，等豆角。嗯。等成一莝莝。欸，渠箇个欸长得上好个菜，如果中间欸分渠舞啊断，就安做等。欸，我滴子辣椒哇分虫子等嘿哩唠，欸，欸辣椒分虫子等嘿哩唠，辣椒苗哇分渠等嘿哩唠，就系横横哩舞断哩，横横哩舞断哩就等嘿哩。təŋ²¹nau⁰,pən³⁵ci¹³₂₁təŋ²¹ʂaŋ¹³iet³tsʰo⁵³tsʰo⁵³.ɔn³⁵tso⁴⁴təŋ²¹.təŋ²¹.e₂₁,təŋ²¹tʰei⁵³kɔk³,n̩₂₁.təŋ²¹ʂaŋ¹³iet³tsʰo⁵³tsʰo⁵³.e₂₁,ci¹³kai⁵³ke₄₄ue⁴₄₄tʂɔŋ²¹tek³ʂɔŋ⁵³xau²¹ke⁵³₄₄tsʰɔi⁵³,y¹³ko²¹tʂɔŋ³⁵kan⁰.e₂₁pən³⁵ci¹³₂₁u²¹a⁰tʰɔn³⁵,tsʰiəu⁵³ɔn³⁵tso⁵³təŋ²¹.ei₂₁,ŋai¹³tiet⁵tsʅ⁰lait⁵tsiau³⁵ua⁰pən³⁵tʂʰəŋ¹³tsʅ⁰təŋ²¹nek³(←xek³)li⁰lau⁰,e₂₁,e₂₁lait⁵tsiau₄₄pən₄₄tʂʰəŋ¹³tsʅ⁰təŋ²¹nek³(←xek³)li⁰lau⁰,lait⁵tsiau³⁵miau¹³ua⁰pən³⁵ci¹³₂₁təŋ²¹nek³(←xek³)li⁰lau⁰,tsiəu⁵³xe⁵³₄₄uaŋ¹³uaŋ¹³li⁰u²¹tʰɔn³⁵ni⁰,uaŋ¹³uaŋ¹³li⁰u²¹tʰɔn³⁵ni⁰tsʰiəu⁵³təŋ²¹nek³(←xek³)li⁰.

炼

1. 米馃，箇就唔用油炸个啦。mi²¹ko²¹,kai⁵³tsʰiəu⁵³n̩¹³iəŋ⁵³iəu¹³tsa⁵³ke⁵³la⁰.（米馃不用油炸？）米馃就唔用油炸啦。也也会有有用用油去炼唠，炼下子唠。就喊安做个么？嗯，唔系用……唔系用油去炮。mi²¹ko²¹tsʰiəu⁵³n̩¹³iəŋ₄₄iəu¹³tsa⁵³la⁰.ie³⁵ia³⁵uɔi₄₄iəu₄₄iəu₄₄iəŋ⁵³iəŋ⁵³iəu¹³çi⁵³xɔk³lau⁰,xɔk³a⁵³(←xa⁵³)tsʅ⁰lau⁰.tsiəu⁵³xan⁵³ɔn³⁵₄₄tso⁴⁴mak³ke₄₄?n̩₂₁,m̩¹³pʰe⁵³(←xe⁵³)iəŋ⁵³i…m̩¹³pʰe⁵³(←xe⁵³)iəŋ⁵³iəu¹³çi⁵³pʰau¹³.

嗯，我等人是炮摔炻唔同。镬里放滴子油子，箇个米馃子去翻去翻转，面上瘌滴子油个，箇个就炻米馃子。n̩²¹,ŋai¹³tien⁰ɲin₂₁ʂʅ₄₄pʰau¹³lau³⁵xɔkˀŋʅ₂₁ tʰəŋ¹³.uɔk⁵li⁰fəŋ⁵³tetˀtsʅ⁰iəu¹³tsʅ⁰,kai₄₄ke₄₄mi¹ko²¹tsʅ⁰çi₄₄fan³⁵çi₄₄fan³⁵tʂɔn²¹,mien⁵³ xəŋ⁵³laitˀtietˀtsʅ⁰iəu₂₁¹³ke⁰,kai₂₁ke₂₁tsiəu⁵³xɔkˀmi²¹ko²¹tsʅ⁰.

（炻？）炻。xɔk³.（就是带带点煎的意思是吧？）欸，带点煎个味道，欸，对。如果系讲炸……炸嘞，我觉得你等讲个炸嘞就系炮。箇就分箇米馃放下油肚里，放一镜油，放蛮多油，镬里放蛮多油，舞倒箇米馃放倒肚里去炮。箇就喊做炸。e₅₃,tai¹³tian⁰tsien⁵³ke₄₄uei⁵³tʰau¹³,e₂₁,tei⁰.ʧʅ⁰ko²¹xei⁵³kɔŋ⁵³ tsa…tsa⁵³lei⁰,ŋai¹³kɔk³tekˀɲi¹³tien⁰kɔŋ²¹ke₄₄tsa⁵³lei⁰tsʰiəu⁵³xei⁵³pʰau¹³.kai₃₅tsʰiəu₄₄ pən³⁵kai₄₄mi²¹ko²¹fəŋ₄₄xa₄₄iəu¹³təu⁰li⁰,fəŋ⁵³ietˀciaŋ⁵³iəu¹³,fəŋ⁵³man₂₁to⁰iəu₂₁,uɔk⁵li⁰ fəŋ⁵³man¹³to³⁵iəu¹³,u²¹tau²¹kai⁵³mi²¹ko²¹fəŋ⁵³tau²¹təu²¹li⁰çi⁵³pʰau¹³.kai₄₄tsʰiəu₄₄xan₄₄ tso⁵³tsa⁵³.（那就油……油炸，是吧？）嗯。n̩²¹.

2.（把什么东西放在火上面烤呢？）安做炻噢。衫裤就放倒去……去……也安做放倒去炻，也安做放倒去焙。欸，炻衫裤。欸不……焙衫裤就系……浏……浏阳话。炻衫裤个多。嗯。炻。炻衫裤。炻，炻槽来。ɔn³⁵ tso⁵³xɔk³au⁰.san³⁵fu₄₄tsʰiəu₄₄fəŋ³⁵tau⁰çi⁵³…çi⁵³…ia⁵³uɔn₃₅tso₄₄fəŋ³⁵tau⁰çi⁵³xɔk³,ia³⁵ ɔn₄₄tso⁵³fəŋ³⁵tau⁰çi₄₄pʰɔi⁵³.e₂₁,xɔk³san³⁵fu⁵³.e₂₁pət…pʰɔi⁵³san³⁵fu₄₄tsʰiəu⁵³xe₄₄m̩…liə u¹³…liəu₂₁iəŋ₂₁fa⁵³.xɔk³san³⁵fu⁵³ke⁰to³⁵.n̩₂₁.xɔk³.xɔk³san³⁵fu⁵³.xɔk³,xɔk³tsau⁵³lɔi₂₁.

（那个一些什么，啊，那些什么腊肉什么东西放……放到那个火上面烤。）箇……箇个就……箇就放倒……箇个就唔喊炻。箇就放倒放倒去烟呢，放倒呢。kai⁵³…kai₄₄ke₄₄ke₄₄tsʰiəu⁵³…kai⁵³tsʰiəu⁵³fəŋ⁵³tau²¹…kai⁵³ke₄₄tsʰiəu⁵³n̩¹³ xan⁵³xɔk³.kai⁵³tsʰiəu₄₄fəŋ⁵³tau²¹fəŋ⁵³tau²¹çi⁵³ien⁵³nei⁰,fəŋ⁵³tau²¹nei⁰.

（用烟去熏啊？）嗯。腊猪肉箇只就放嘿火上去安做放倒去炕呢或者嘞。烤摔熏个动作两只加起来，欸，就安做炕，炕猪肉。n̩₅₃.laitˀtʂəu₄₄ɲiəuk³ kai⁵³tʂak₅tsʰiəu₄₄fəŋ⁵³xek⁵fo²¹xəŋ₅₃çi²¹ɔn₄₄tso⁵³fəŋ⁵³tau²¹çi₄₄kʰɔŋ⁵³nei⁰xɔitˀtʂa²¹ lei⁰.kʰau²¹lau³⁵çin³⁵ke₄₄tʰəŋ⁵³tsɔk³iɔŋ²¹tʂak³cia³⁵çi²¹lɔi₂₁,e₂₁,tsʰiəu₄₄ɔn₄₄tso₄₄kʰɔŋ⁵³, kʰɔŋ⁵³tʂəu⁵³ɲiəuk³.

3.还有起就，箇就系就炻米馃子啰。欸调……xai₂₁iəu³⁵çi²¹tsʰiəu⁵³,kai₄₄ tsʰiəu₄₄xei⁵³tsʰiəu⁵³xɔk³mi²¹ko²¹tsʅ⁰lo⁰.ei⁵³tʰiau¹³…（叫什么？）炻米馃子啊。调成糊状调过……调成糊状以后吵，镬里唔放汤哦，唔放水呀，细火子唠，悠悠子火，放滴子油喔。一调羹一调羹子舀倒去嘞，就唔用手工去，以就咁子去炻啊，去烤哇，就镬里去烤哇，安做炻米馃子。炻米馃子。就是大概就是煎饼呐。箇个嘞箇个……面粉肚里还可以放滴葱箇只啦，系啊。安做炻，炻米馃子。xɔk³mi²¹ko²¹tsʅ⁰a⁰.tʰiau¹³ʂan¹³fu¹³tsʰɔŋ¹³tʰiau¹³ko⁵³…tʰiau¹³ʂaŋ¹³ fu¹³tsʰɔŋ⁵³ʼi·³⁵xei⁵³₄₄ʂa⁰,uɔk⁵li⁰m̩¹³fɔŋ⁵³tʰɔŋ³⁵ŋo⁰,m̩¹³fɔŋ⁵³₄₄sei²¹ia⁰,se⁵³fo²¹tsɿ⁰lau⁰,iəu¹³iəu¹³tsɿ⁰fo²¹,fɔŋ⁵³tet⁵tsɿ⁰iəu¹³uo⁰.iet³tʰiau¹³kaŋ³⁵₄₄iet³tʰiau¹³kaŋ³⁵tsɿ⁰iau²¹tau²¹çi⁵³₄₄lei⁰,tsʰiəu⁵³m̩¹³iəŋ⁵³ʂəu²¹kəŋ³⁵çi⁵³₄₄iʼ¹tsʰiəu⁵³kan²¹tsɿ⁰çi⁵³xɔk³a⁰,çi⁵³kʰau²¹ua⁰,tsʰiəu₄₄uɔk⁵li⁰çi⁵³₄₄kʰau²¹ua⁰,ɔn³⁵tso⁵³₄₄xɔk³mi⁵³ko²¹tsɿ⁰.xɔk³mi²¹ko²¹tsɿ⁰.tsʰiəu⁵³ʂɿ⁵³ta₅₃kʰai₄₄tsʰiəu₅₃ʂɿ₅₃tsien₄₄pin₂₁ne⁰.kai⁵³ke⁵³le⁵³kai⁵³₄₄ke⁵³₄₄f···mien⁵³fən²¹təu²¹li⁰xai¹³kʰo²¹ʼi·³⁵fɔŋ⁵³tet⁵tsʰən³⁵₄₄kai¹³tʂak³la⁰,xei⁵³₄₄a⁰.ɔn³⁵tso⁵³₄₄xɔk³,xɔk³mi²¹ko²¹tsɿ⁰.

（少量的油，是吧？）欸。e₂₁.（油多不多？）箇唔爱几多，油多哩成哩炮喔。放滴子油哇，渠你唔放油就唔脱镬啊，会黐镬啊。kai₄₄m̩²¹mɔi⁵³₃₅çi²¹to³⁵,iəu¹³to³⁵li⁰ʂaŋ₄₄li⁰pʰau¹³uo⁰.fɔŋ⁵³tet⁵tsɿ⁰iəu¹³ua⁰,ci₂₁ɲi¹³m̩¹³fɔŋ⁵³iəu¹³tsʰiəu⁵³m̩²¹tʰɔit³uɔk³a⁰,uɔi²¹ɲia¹³uɔk³a⁰.（面糊，米糊也可以吗？）可以啊。米粉也可以啊。kʰo³⁵ʼi·²¹a⁰.mi²¹fən²¹na⁵³(←ia³⁵)kʰo²¹i·³⁵₄₄a⁰.

搕嘿麻子不要哩麻稿

话别人家欸讨只老婆，生哩细人子就细人子就爱，老婆就离嘿去欸，唔爱呀，安做话别人家"搕嘿麻子不要麻稿"。就咁个，搕嘿哩麻子，赖子就赖子就带倒，我就爱，娭子就不要哩。老婆就不要哩啊。就系搕……安做搕嘿麻稿，搕嘿麻子，不要哩麻稿。ua⁵³pʰiek⁵ɲin¹³ka₄₄³⁵e₂₁tʰau²¹tʂak³lau²¹pʰo¹³,saŋ³⁵li⁰se⁵³ɲin¹³tsɿ⁰tsʰiəu⁵³₄₄se⁵³ɲin¹³tsɿ⁰tsʰiəu⁵³₄₄oi⁵³,lau²¹pʰo¹³tsʰiəu⁵³li¹³ek³(←xek³)çi⁵³e⁰,m̩¹³mɔi⁵³₃₅ia⁰,ɔn₄₄³⁵tso⁵³₄₄ua⁵³pʰiek⁵ɲin¹³ka₄₄"kʰɔk³ek³(←xek³)ma¹³tsɿ⁰pət³iau⁵³ma¹³kau²¹".tsʰiəu₄₄kan²¹cie₄₄,kʰɔk³ek³(←xek³)li⁰ma¹³tsɿ⁰,lai⁵³tsɿ⁰tsʰiəu₄₄lai⁵³tsɿ⁰tsʰiəu₄₄tai⁵³tau⁰,ŋai₂₁tsʰiəu⁵³₄₄oi⁵³,oi³⁵tsɿ⁰tsʰiəu⁵³pət³iau⁵³li⁰.lau²¹pʰo¹³tsʰiəu⁵³pət³iau⁵³li⁰a⁰.tsiəu₄₄ue₄₄(←xe³⁵)kʰɔk³···ɔn³⁵tso⁵³₄₄kʰɔk³ek³(←xek³)ma¹³kau²¹,kʰɔk³ek³(←xek³)ma¹³tsɿ⁰,pət³iau⁵³li⁰ma¹³kau²¹.

燂

燂，就系，欸，打比猪肉我斫个猪肉归来，上背有皮，皮上上背嘞还怕渠有毛，齰搞净哩毛，爱燂嘿滴箇只毛去，燂猪肉。燂毛。lait³tsʰiəu⁵³xe⁵³,e₂₁,ta²¹pi²¹tʂəu³⁵ɲiəuk³ŋai¹³tʂɔk³ke⁰tʂəu³⁵ɲiəuk³kuei³⁵lɔi²¹,ʂɔŋ⁵³pɔi₄₄iəu₄₄pʰi¹³,pʰi¹³ʂɔŋ⁵³xɔŋ₄₄pɔi⁵³lei⁰xai¹³pʰa⁵³ci₂₁iəu³⁵mau³⁵,maŋ¹³kau²¹tsʰiaŋ⁵³li⁰mau³⁵,oi⁵³lait³ek³(←xek³)tiet⁵kai⁵³₄₄tʂak³mau³⁵çi⁵³₄₄,lait³tʂəu³⁵ɲiəuk³.lait³mau³⁵.

箇燂字嘞撞得又又讲又讲程度。镬头燂哩吗？欸，莫搞咁燂。莫搞咁燂。箇就系程度，表示程度个形容词。莫搞咁燂。欸。镬头忒燂哩。嗯。kai₄₄⁵³lait³tsʰ·⁵³lei⁰tsʰɔŋ²¹tek³iəu⁵³iəu⁵³kɔŋ²¹iəu⁵³kɔŋ²¹tʂən¹³tʰəu⁵³.uɔk⁵tʰei⁰lait³li⁰ma⁰?e₂₁,mɔk⁵kau²¹kan²¹lait³.mɔk⁵kau²¹kan²¹lait³.kai₄₄⁵³tsʰiəu⁵³xe₄₄⁵³tʂən¹³tʰəu⁵³,piau²¹ ʂʅ⁵³tʂʰən¹³tʰəu⁵³ke⁵³çin¹³iəŋ¹³tsʰʅ¹³.mo⁵³kau²¹kan²¹lait³.e₂₁.uɔk⁵tʰei⁰tʰiet³lait³li⁰.n̩₂₁.

冇得油个，炒菜呀，唔放油哇，就安做食爛镬。以前冇油食嘞。我是⋯⋯
mau¹³tek³iəu¹³ke⁵³,tsʰau²¹tsʰɔi³ia³,m̩³fɔŋ⁵³iəu¹³ua⁰,tsʰiəu⁵³₄₄ɔn₄₄tso⁵³₄₄ʂət⁵ lait³uɔk⁵.i³⁵₄₄
tsʰien²¹₂₁mau₂₁¹³iəu¹³ʂət⁵le⁰.ŋai¹³ʂʅ⁵³⋯

（烫人，烫人也叫爛，是吧？）欸，烫人呐？e₂₁,tʰɔŋ₅₃zən⁵³na⁰?（这个
东西啊烧红了，它烫人。）爛，爛人呋箇就。爛啊，爛面呐。——一一□
火放倒去下子，爛面呢，面都⋯⋯面上都烫，烫起痛啊。也安做爛呀。安
做爛。蛮爛。ləuk⁵,ləuk⁵ɲin¹³nau⁰kai⁵³₄₄tsʰiəu⁵³₄₄.lait³a⁰,lait³mien⁵³na⁰.iet³iet³iet³
tsiau³⁵fo²¹fɔŋ⁵³tau²¹çi⁵³₄₄a₄₄(←xa⁵³)tsʅ⁰,lait³mien⁵³ne⁰,mien⁵³təu³⁵⋯mien⁵³xɔŋ⁵³₄₄təu³⁵
tʰɔŋ⁵³,tʰɔŋ⁵³çi³tʰəŋ⁵³ŋa⁰.ia³ɔn³⁵₄₄tso⁵³₄₄lait³ia⁰.ɔn₄₄tso⁵³₄₄lait³.man¹³lait³.

冇锯屎出

客姓人话，kʰak³sin⁵³ɲin²¹₂₁ua⁵³₄₄,普通话：有的人做事啊就没有效率，就话箇个人嘞，冇锯
屎出。做事啊冇得锯屎出。仰犹嘅甚就仰得蛮迷，冇得锯屎出。就锯哩柴就
冇锯屎啊，系唔系？系做哩事就有成效哇。就话别人家做事有效率啦，
有⋯⋯有效率个人吧，就话别人家有⋯⋯冇锯屎出。箇只人仰就仰得蛮迷，
冇锯屎出。tsʰiəu⁵³₄₄ua⁵³₄₄kai⁵³e⁰(←ke⁵³)ɲin²¹nei⁰,mau¹³ke⁵³ʂʅ³tʂʰət³.tso³sʅ³a⁰mau₂₁
tek³cie⁵³ʂʅ³tʂʰət³.ɲiɔŋ²¹tsʰiəu³ɲiəŋ²¹tek³man¹³mi¹³,mau₂₁tek³cie⁵³ʂʅ²¹tʂʰət³.tsʰiəu⁵³₄₄
cie⁵³li³tsʰai³tsʰiəu₄₄iəu³⁵cie⁵³ʂʅ³a⁰,xei⁵³me₄₄(←m̩³xe⁵³)?tsʰiəu₄₄xe³tso³li³sʅ³tsʰiəu₄₄
iəu³⁵₄₄tʂʰən¹³çiau⁵³ua⁰.tsʰiəu²¹₂₁ua⁵³₄₄pʰiek⁵in¹⁴₄₄ka₄₄tso³sʅ⁵³mau¹³çiau⁵³liet⁵la⁰,mau¹³ka⋯
mau¹³çiau⁵³liet³cie⁵³ɲin¹³pa³,tsʰiəu₄₄ua⁵³pʰiek⁵in¹³ka₄₄mau¹³⋯mau¹³cie⁵³ʂʅ³
tʂʰət³.kai⁵³tʂak³ɲin₂₁¹³ɲiɔŋ²¹tsʰiəu⁵³ɲiɔŋ²¹tek³man¹³mi¹³,mau₂₁¹³cie⁵³ʂʅ²¹tʂʰət³.

浓淡

（这个墨呢不是很浓，说它有点稀还是有点淡有点⋯⋯）有⋯⋯淡。
忒淡哩。墨忒淡哩。同淡相反个就浓，真浓，蛮浓。iəu³⁵₄₄⋯tʰan³⁵.tʰek³tʰan³⁵
ni⁰.mek⁵tʰek³tʰan³⁵ni⁰.tʰɔŋ²¹₂₁tʰan³⁵siɔŋ³⁵₄₄fan¹³ke⁵³₄₄tsʰiəu³ɲiəŋ¹³,tʂən³⁵ɲiəŋ¹³,man¹³
ɲiəŋ¹³.（浓？）欸。欸，唔讲浓，蛮浓。e₂₁.e₄₄,n̩¹³kɔŋ²¹ləŋ¹³,man¹³ɲiəŋ¹³.（浓可
不可以说醲？）好像本地人就话醲呢。xau²¹tsʰiɔŋ⁵³pən²¹tʰi⁵³ɲin²¹₂₁tsʰiəu₄₄¹³ua₄₄⁵³
ɲien⁵³nei⁰.（哦，你们不说醲？）我等唔讲醲。也有人讲醲，就唔知到底系
客姓人，系唔系客姓人只独有呀还系学倒本地人个，我搞唔清凑。ŋai¹³₂₁
tien⁰ŋ̩²¹¹³kɔŋ²¹ɲien⁵³.ia³⁵iəu³⁵₄₄ɲin²¹kɔŋ²¹ɲien⁵³,tsʰiəu⁵³₄₄n̩²¹ti³⁵tau⁵³tei²¹xe⁵³kʰak³sin⁵³
ɲin²¹₂₁,xe⁵³me₄₄(←m̩³xe⁵³)kʰak³sin⁵³ɲin²¹₂₁tʂə²¹tʰuk³iəu³⁵ke⁵³ia⁰xai²¹xe⁵³₄₄xɔk⁵tau²¹
pən²¹tʰi⁵³₄₄ɲin¹³ke⁵³,ai¹³(←ŋai¹³)kau²¹n̩²¹¹³tsʰin³⁵tsʰe⁰.

（这个淡还有别的说法吗？这个这个墨磨得太怎么的啦？忒……）冇得，好像冇得别么个讲法，嗯。忒淡哩。mau¹³tek³,xau²¹tsʰiɔŋ⁵³mau²¹tek³pʰiet⁵mak³eºkɔŋ²¹fait³.n̩₂₁,tʰek³tʰan³⁵ni⁰.（鲜，可不可以讲鲜？）哈？忒么个？xa₃₅,tʰek³mak³ke⁵³₄₄?（鲜。）忒鲜哩吧？欸，箇有话法。忒鲜哩。箇就唔单纯墨唠。唔系么啊限定限定墨。tʰek³sien³⁵ni⁰paº?e₂₁,kai⁵³₄₄iəu₄₄ua³fait³.tʰek³sen³⁵ni⁰.kai₄₄tsʰiəu⁵³₄₄n̩¹³tan³⁵₄₄tʂən₄₄mek⁵lauº.m̩²¹₂₁pʰe₄₄(←xe⁵³)mak³aºkʰan⁵³₂₁tʰin⁵³₄₄kʰan⁵³₄₄tʰin₄₄mek⁵.（也可以用啊用鲜？）墨也可以咁子用吗？忒鲜哩。mek³ia³⁵kʰo²¹i³⁵kan²¹tsɿºiəŋ⁵³maº?tʰek³sen³⁵ni⁰.（可以可以这么说吗？）可以，也可以咁子讲。一般是讲忒淡哩唠。嗯。忒……鲜哩。鲜汤寡水呀。嗯。箇就唔讲墨啦，鲜汤寡水唔讲墨，鲜汤寡水。炆个羹鲜汤寡水呀。或者者欸炆一炆一镬么个欸炆一碗……炆一碗汤啊。嗯。kʰo²¹i³⁵,ia³⁵kʰo²¹i³⁵₄₄kan²¹tsɿºkɔŋ²¹.iet³puɔn³⁵ʂɿ⁵³kɔŋ²¹tʰek³tʰan³⁵ni⁰lauº.n̩₂₁.tʰek⁵₅s···sen³⁵ni⁰.sen³⁵tʰɔŋ₄₄kua²¹ʂei²¹ia⁰.n̩₂₁.kai⁵³tsʰiəu₄₄n̩₂₁kɔŋ²¹mek⁵laº,sen³⁵₄₄tʰɔŋ₄₄kua²¹ʂei²¹n̩₂₁kɔŋ²¹mek⁵,sien³⁵₄₄tʰɔŋ³⁵₄₄kua²¹ʂei²¹.uən¹³₂₁cie⁵³kaŋ³⁵sien³⁵₄₄tʰɔŋ³⁵₄₄kua²¹ʂei²¹ia⁰.xɔit⁵tʂa²¹tʂa²¹e₂₁uən¹³iet⁵₅uən¹³iet⁵₅uɔk⁵mak³ke⁵³₄₄e₂₁uən¹³iet⁵₅uən²¹tʰ···uən¹³iet⁵₅uən²¹tʰɔŋ³⁵ŋaº.n̩₂₁.

七岔八岔

哈？七岔八岔吧？欸箇会讲。嗯，七岔八岔就岔咁哩唠以只事就。xa₃₅,tsʰiet³tsʰa⁵³pait³tsʰa⁵³paº?ei³kai⁵³uɔi⁵³kɔŋ²¹.n̩₂₁,tsʰiet³tsʰa⁵³pait³tsʰa⁵³tsʰiəu₄₄tsʰa⁵³kan²¹ni⁰lauºi²¹tʂak³sɿ⁵³tsʰiəu⁵³.（碰巧就做好了，是吧？）哈？不是。就某一件事没……没……那只箇只事就蹭搞成啊。就系因为七……七……七……欸七么个？xa₃₅,pu₃₅sɿ⁵³,tsiəu₅₃mou²¹i₄₄cʰien₅₃sɿ⁵³mei···mei···lai⁵³tʂak³kai⁵³tʂak³sɿ⁵³tsʰiəu⁰maŋ¹³kau²¹ʂaŋ¹³ŋa⁰.tsʰiəu⁵³uei¹³(←xei⁵³)in³⁵uei²¹tsʰiet³ptsʰiet³···tsʰiet³pʰie···e₂₁tsʰiet³mak³ke⁵³?（七岔八岔？）七岔八岔唠，欸，岔嘿了。欸，箇场婚事样啊，渠两个人婚事就七……七……七……tsʰiet³tsʰa⁵³pait³tsʰa⁵³lauº,e₂₁,tsʰa⁵³xek³liauº.ei₂₁,kai⁵³₄₄tʂʰɔŋ¹³₂₁fən³⁵sɿ⁵³iɔŋ⁵³ŋa₄₄,ci¹³₂₁iɔŋ²¹ke⁵³₄₄in¹³fən₄₄sɿ⁵³₄₄tsʰiəu⁵³₄₄tsʰiet³···tsʰiet³···tsʰiet³···（就是黄了，是吧？）黄嘿哩。七岔八……七岔八岔，嗯，以映岔箇映岔，就岔咁哩啊，就黄嘿哩啊。uɔŋ¹³ek³(←xek³)li⁰.tsʰiet³tsʰau⁵³(←tsʰa⁵³)pait³···tsʰiet³tsʰa⁵³pait³tsʰa⁵³,n̩₂₁,i²¹iau⁵³₄₄tsʰa⁵³₄₄kai⁵³iaŋ⁵³₄₄tsʰa⁵³,tsʰiəu⁵³₄₄tsʰa⁵³kan²¹ni⁰aº,tsʰiəu⁵³uɔŋ²¹ŋek³(←xek³)lia⁰.

骑屎缸菩萨

（那个小孩子坐在大人肩膀上，这么驮着走，那样呢？）哦，骑屎缸菩萨呀。o₃₅,cʰi¹³sɿ²¹kɔŋ₄₄pʰu¹³sait³ia⁰.（啊，骑什么？）骑……爱……欸，你是话箇箇只……欻箇只骑……欻箇只……还系细人子看吧？c^{h}i$^{13}_{21}$ş…ɔi^{53}…ei^0,ɲi^{13}ş$^{53}_{44}$ua^{53}kai^{53}kai^{53}tşak^{3}i…e^{0}kai^{53}tşak^{3}c^{h}i^{13}…e^{0}kai^{53}tşak^3…xai^{13}xe$^{53}_{44}$se^{53}ɲin$^{13}_{21}$tsɿ^{0}k^{h}ɔn^{53}pa^0?（呃，怎么说，呃，反正不管他怎么，你，比方说你们家小孩坐到你肩膀上面那个那个这样走。）骑屎缸菩萨呀安做箇只箇只搞法就。c^{h}i$^{13}_{21}$şɿ$^{21}_{44}$kɔŋ$^{35}_{44}$p^{h}u^{13}sait^{3}ia^{0}ɔn$^{35}_{44}$tso$^{53}_{44}$kai^{53}tşak^{3}kai$^{53}_{44}$tşak^{3}kau^{21}fait^{3}tsiəu$^0_{44}$.（哪个 şɿ$^{21}_{44}$kɔŋ^{35}啊？）屎缸啊，茅厕里个屎啊，屙屎个屎啊。şɿ^{21}kɔŋ^{35}ŋa^0,mau^{13}sɿ^{53}li^{0}ke$^{53}_{44}$şɿ^{21}za^0,o$^{35}_{44}$şɿ^{21}ke^{53}şɿ^{21}za^0.

　　（喔，为什么这样说啊？）箇系咁子咁子讲嘞。屎缸啊，屎缸菩萨呀，骑屎缸菩萨嘞。kai$^{53}_{35}$xei^{53}kan^{21}tsɿ^{0}kan^{21}tsɿ^{0}kɔŋ^{13}le^0.şɿ^{21}kɔŋ^{35}ŋa^0,şɿ^{21}kɔŋ$^{21}_{44}$p^{h}u^{13}sait^{3}ia^0,c^{h}i$^{13}_{21}$şɿ^{21}kɔŋ$^{35}_{44}$p^{h}u^{13}sait^{3}le^0.（哼哈哈哈哈那底下大人就叫做屎缸菩萨？）欻箇唔系，咁子骑就安做骑……咁子骑下大人欻大人脑壳上就安做骑屎缸菩萨。e^{0}kai^{53}m$^{13}_{21}$p^{h}e^{53}（←xe^{53}）.kan$^{21}_{35}$tsɿ^{0}c^{h}i^{13}ts^{h}iəu^{53}ɔn$^{35}_{53}$tso^{53}c^{h}i^{13}…kan^{21}tsɿ^{0}c^{h}i^{13}a$_{44}$（←xa$^0_{21}$）t^{h}ai^{13}ɲin$^{13}_{21}$e$_{21}$t^{h}ai^{13}ɲin^{13}nau^{0}k^{h}ɔk^{3}xɔŋ$^{35}_{21}$ts^{h}iəu$^{53}_{44}$ɔn$^{35}_{44}$tso$^{53}_{44}$c^{h}i^{13}şɿ^{21}kɔŋ$^{35}_{44}$p^{h}u^{13}sait^3.（是大人个肩膊上。）肩膊上，欻。cien^{35}pɔk^{3}xɔŋ^{53},e$_{21}$.

烧

　　欻是讲……也讲是箇个嘞就系呢烧火呢。喜欢烧火呢。e$_{44}$şɿ^{53}kɔŋ^{21}…ia^{35}kɔŋ^{21}şɿ^{0}kai^{53}ke$^{53}_{44}$le^{0}ts^{h}iəu$^{53}_{44}$xe$^{53}_{44}$nei^{0}şau^{35}fo^{21}nei^0.çi^{13}fɔn$^{35}_{44}$şau^{35}fo^{21}nei^0.（烧火？）欻。烧箇个欻扯是非个火啊。唔。唔系么个真正个烧火啊，就喜欢喜欢烧哇，安做烧别人家。信得渠烧！嗯。欻你就……欻，打比我就烧你："啊，你不要放松渠呀，你去撂渠打一架！"系唔系？你就信得我烧。就安做烧，就烧火个烧样唠。用箇只字唠。你莫……莫信别人家烧喔！系唔系？哦哦，咁子话唠。你自家又不……你自家有有欻想倒让门子就让门子，莫信别人家烧喔！欻。e$_{21}$.şau^{35}kai^{53}ke$^{53}_{44}$e$_{21}$tş^{h}a^{21}şɿ^{13}fei$^{35}_{44}$ke$^{53}_{44}$fo^{21}a^0.m$_{21}$.m$^{13}_{21}$p^{h}e^{53}（←xe^{53}）mak^{3}e^{0}tşən^{35}tşən$^{35}_{44}$ke$^{53}_{44}$şau^{35}fo^{21}a^0,ts^{h}iəu$^{53}_{44}$çi^{21}fɔn$^{44}_{21}$çi^{21}fɔn$^{35}_{44}$şau^{35}ua^0,ɔn$^{35}_{44}$tso$^{53}_{44}$şau^{35}p^{h}iet^{5}in$^{13}_{21}$ka$^{35}_{44}$.sin^{13}tek^{5}ci$^{13}_{21}$şau^{53}!ŋ$_{21}$.e^{0}ɲi^{13}ts^{h}iəu^{53}…e$_{44}$,ta^{21}pi^{21}ŋai^{13}ts^{h}iəu^{53}şau^{35}ɲi$^{13}_{21}$:"a$_{13}$,ɲi$^{13}_{21}$pət^{3}iau$^{53}_{44}$fɔŋ^{53}sən^{0}ci$^{13}_{21}$ia^0,ɲi^{13}çi$^{53}_{44}$lau^{35}ci$^{13}_{21}$ta^{21}iet^{3}cia^{53}!"xei$^{53}_{44}$me$_{44}$（←m^{13}xe^{53}）?ɲi^{13}ts^{h}iəu$^{53}_{44}$sin^{53}tek^{5}ŋai$^{13}_{21}$şau^{35}.ts^{h}iəu$^{53}_{21}$ɔn$^{35}_{44}$tso^{53}şau^{35},ts^{h}iəu$^{53}_{44}$şau^{35}fo^{21}ke^{53}şau^{35}iɔŋ$^{53}_{44}$lau^0.iəŋ$^{53}_{44}$kai^{53}tşak^{3}ts^{h}ɿ$^{53}_{44}$lau^0.ɲi^{13}mɔk^{5}tş^{h}ə…mɔk^{53}sin^{53}p^{h}iet^{5}in$^{13}_{21}$ka$^{35}_{44}$şau^{35}uo^0!xei$^{53}_{44}$me$_{44}$（←m^{13}xe^{53}）?o$_{44}$o$_{44}$,kan^{21}tsɿ^{0}ua^{53}lau^0.ɲi$^{13}_{21}$tsɿ$^h_{35}$ka$^{35}_{44}$iəu$^{53}_{44}$pət^3…ɲi^{13}tsɿ$^{h}_{35}$ka$^{35}_{44}$iəu$^{53}_{44}$iəu^{35}ə$_{21}$siɔŋ^{21}tau^{21}ɲiɔŋ^{53}mən^{0}tsɿ^{0}ts^{h}iəu$^{53}_{44}$ɲiɔŋ$^{53}_{44}$mən^{0}tsɿ^0,mɔk^{53}sin^{53}p^{h}iet^{5}in$^{13}_{21}$ka$^{35}_{44}$şau^{35}uo^0!e$_{21}$.

食箇

　　食一截啊就安做食箇啊。食哩箇啊。也不一定系就系食公款就食箇。

别么个钱得渠过哩手，钱走渠过哩手，渠食一截贪污一截，也也安做食筒。ṣət⁵iet³tsiet³a⁰tsʰiəu₄₄⁵³ɔn₄₄³⁵tso⁵³ṣət⁵tʰəŋ¹³ŋa⁰.ia³⁵pət³iet³tʰin⁵³xe₄₄⁵³tsʰiəu₄₄⁵³xe₄₄⁵³ṣət⁵kəŋ³⁵kʰɔn²¹tsiəu₄₄⁵³ṣət⁵tʰəŋ²¹¹³.pʰiet⁵mak³ke⁵³tsʰien¹³tek³ci¹³ko⁵³li⁰ṣəu²¹,tsʰien¹³tsei²¹ci¹³ko⁵³li⁰ṣəu²¹,ci¹³ṣət⁵iet³tsiet³tʰan³⁵u₄₄³⁵iet³tsiet³,ia³⁵ia³⁵ɔn₄₄³⁵tso⁵³ṣət⁵tʰəŋ²¹¹³.

（噢，就说这个钱款只要到了他手上，他总要侵吞一部分。）欸欸，欸欸，到哩渠手上，渠就渠就欸侵贪一部分呐，就安做食筒。箇系欸打比样，嗨嗨，欸尽……尽滴斗倒钱来，搞只么个路子，系<u>唔系</u>啊？做只公益事业，做只屋，做只欸做只祠堂，欸，渠拿倒箇钱呢，欸，搞一截，系啊？自家用嘿用嘿滴。就安做食哩筒。e₂₁e₂₁,e₂₁e₅₃,tau⁵³li⁰ci₂₁¹³ṣəu²¹xɔn⁵³,ci₂₁¹³tsʰiəu₄₄⁵³ci¹³tsʰiəu₄₄⁵³ue₂₁tsin³⁵tʰan₄₄³⁵iet³pʰu⁵³fən⁵³na⁰,tsʰiəu₄₄³⁵ɔn₄₄³⁵tso⁵³ṣət⁵tʰəŋ¹³.kai₄₄³⁵xe₂₁ta²¹pi²¹iɔŋ⁵³,m̩₂₁m̩₄₄,e₂₁tʂen₅₃…tsʰin⁵³tet₃tei⁵³tau²¹tsʰien¹³lɔi₄₄¹³,kau²¹tʂak³mak⁵³ləu⁵³tsʅ⁰,xei₄₄me₄₄(←m̩¹³xe⁵³)a⁰?tso₄₄⁵³tʂak³kəŋ³⁵iet³sʅ¹³ɲiet³,tso⁵³tʂak³uk³,tso⁵³tʂak³e₂₁tso⁵³tʂak³tsʰʅ¹³tʰɔŋ¹³,e₂₁,ci¹³la⁵³tau²¹kai₄₄⁵³tsʰien¹³ne⁰,e⁰,kau²¹iet³tset³,xe₄₄⁵³a⁰?tsʰʅ₂₁³⁵ka₄₄³⁵iəŋ⁵³xek³iəŋ⁵³xek³tet⁵.tsʰiəu₄₄³⁵ɔn₄₄³⁵tso₄₄⁵³ṣət⁵li⁰tʰəŋ¹³.

（其实就是贪污了？）食哩筒。侵贪哩公款，就侵贪哩公款唉，侵贪哩别人家个钱，不是渠本……不是自家个钱。ṣət⁵li⁰tʰəŋ¹³.tsin₄₄³⁵tʰan₄₄³⁵ni⁰kəŋ³⁵kʰɔn²¹,tsʰiəu₄₄⁵³tsin₄₄³⁵tʰan₄₄³⁵ni⁰kəŋ³⁵kʰɔn²¹nau⁰,tsin³⁵tʰan₄₄³⁵ni⁰pʰiet⁵ŋ₂₁(←ɲin¹³)ka₄₄³⁵ke₄₄⁵³tsʰien²¹,pət³sʅ¹³ci₂₁¹³pən²¹…pət³sʅ⁵³ci₂₁tsʰʅ₄₄¹³ka₅₃e⁰(←ke⁵³)tsʰien²¹.

使眼色

欸，伏子哥，欸，今晡还繒同你打电话。又碰倒只咁个问题嘞，你话硬爱去你话我客姓话让门子讲。爱呀安做使只眼色啊，使眼色你晓得哓，一只事唔好明说，撩别人家打讲个时候子渠就使只子眼色，你用客姓话让门子讲呐使只眼色啊？我也繒想倒咯，嗨。使只眼色。就暗示，暗示别人家，系<u>唔系</u>啊？莫讲，或者暗示别人家莫咁子讲。哈？我也繒想倒，想一阵了。让门讲呐你话，使眼色。你帮我……一下子你也想唔倒吧？想唔倒，你帮我想下子看呐，慢点打过来话我知。欸，好么？哎你你帮我想下子啊，问下子渠等看呐让门子，让门子来用客姓话话使只眼色。嗯。欸，好。ei₅₃,fuk⁵tsʅ⁰ko³⁵,ei₂₁,cin³⁵pu³⁵xai₂₁¹³maŋ₂₁¹³tʰəŋ₂₁¹³ɲi₂₁ta²¹tʰien⁵³fa⁵³.iəu₄₄⁵³pʰən⁵³tau²¹tʂak³kan²¹ke₄₄⁵³uən⁵³tʰi₄₄¹³lei⁰ɲi₂₁¹³ua⁵³ɲiaŋ⁵³ɔi₃₅⁵³ɲi₂₁¹³ua⁵³ŋai⁵³kʰak³sin₄₄⁵³fa₄₄⁵³iɔŋ⁵³mən⁰tsʅ⁰kɔŋ²¹.ɔi₄₄⁵³ia⁰ɔn³⁵tso⁵³sʅ¹³tʂak³ŋan²¹sek³a⁰,sʅ¹³ŋan²¹sek³ɲi¹³çiau²¹tek³ṣa⁰,iet³tʂak³sʅ¹³n̩¹³xau²¹min¹³ṣek³,lau₄₄³⁵pʰiet⁵ɲin₄₄ka₄₄³⁵ta²¹kɔŋ²¹ke₄₄⁵³sʅ¹³xɔu²¹tsʅ⁰ci₂₁¹³tsʰiəu₄₄⁵³sʅ¹³tʂak³tsʅ⁰ŋan²¹sek³,ɲi¹³iəŋ₄₄⁵³kʰak³sin⁵³fa⁵³ɲiəŋ⁵³mən⁰tsʅ⁰kɔŋ²¹na⁰sʅ¹³tʂak³ŋan²¹sek³a⁰?ŋai³⁵ia₅₃³⁵maŋ₂₁¹³siɔŋ²¹ tau^{21}ko^{0},xai$_{44}$.ʂʅ^{21}tʂak^{3}ŋan^{21}sek^{3}.tsʰiəu$_{44}^{53}$an^{53}ʂʅ^{53},an^{53}ʂʅ^{53}pʰiet^{5}ɲin$_{21}$ka$_{44}^{35}$,xei$_{44}^{53}$me$_{44}$(←m̩^{13}xe^{53})a^{0}?mɔk^{5}kɔŋ^{21},xɔit^{5}tʂa^{21}an^{53}ʂʅ$_{44}^{53}$pʰiet^{5}ɲin$_{21}$ka$_{44}$mɔk^{5}kan^{21}tsʅ^{0}kɔŋ^{21}.xa^{35},ŋai^{13}ia$_{53}^{35}$maŋ$_{21}^{13}$siɔŋ^{21}tau^{21},siɔŋ^{21}et^{3}(←iet^{3})tsʰən^{53}liau^{0}.ɲiɔŋ^{53}mən^{0}kɔŋ^{21}na^{0}ɲi^{13}ua^{53},ʂʅ^{21}ŋan^{21}sek^{3}.ɲi^{13}pɔŋ^{35}ŋai$_{44}^{53}$s···iet^{3}xa^{21}tsʅ^{0}ɲi^{13}ie$_{44}^{35}$siɔŋ^{21}n̩^{21}tau^{21}pa^{0}?siɔŋ^{21}n̩^{21}tau^{21},ɲi^{13}pɔŋ^{35}ŋai$_{44}$siɔŋ^{21}xa$_{44}^{53}$tsʅ^{0}kʰan$_{44}^{53}$na^{0},man^{53}tien^{0}ta^{21}ko^{53}lɔi$_{21}^{13}$ua^{53}ŋai$_{21}$ti$_{44}^{35}$.e$_{35}$,xau^{21}mo^{0}?ai$_{44}$ɲi$_{21}^{13}$ɲi$_{21}^{13}$pɔŋ^{35}ŋai$_{44}$siɔŋ^{21}a$_{44}$(←xa^{3})tsʅ^{0}a^{0},uən^{53}na$_{44}$(←xa^{3})tsʅ^{0}ci$_{21}^{13}$tien^{0}kʰan$_{44}^{53}$na^{0}ɲiɔŋ^{53}mən^{0}tsʅ^{0}.ɲiɔŋ^{53}mən^{0}tsʅ^{0}lɔi$_{21}^{13}$iəŋ^{53}kʰak^{3}sin^{13}fa$_{44}^{53}$ua^{53}ʂʅ^{21}tʂak^{3}ŋan^{21}sek^{3}.ŋ̩$_{21}$.e$_{21}$,xau^{21}.

是非蔸

惹是非,扯是非。箇起人呢就安做渠是非蔸。欸,是非蔸。又说明箇只箇只人箇个是非嘞都系从箇只从箇只人身上惹出来个,欸,箇箇是是非个起源,欸,是一只蔸。系只蔸蔸。一只是非。别滴人讨嫌渠。扯是非,是非蔸。ɲia^{35}ʂʅ^{53}fei$_{44}^{35}$,tʂʰa^{21}ʂʅ^{53}fei$_{44}^{35}$.kai^{53}çi^{13}ɲin^{13}nei^{0}tsʰiəu^{53}ɔn$_{44}^{13}$tso$_{44}^{53}$ci$_{13}^{13}$ʂʅ^{53}fei$_{44}^{35}$tei^{35}.e$_{21}$,ʂʅ^{53}fei$_{44}^{35}$tei^{35}.iəu^{53}ʂuek^{3}min^{13}kai^{53}kai^{53}iak^{3}(←tʂak^{3})tʂak^{3}ɲin$_{21}$kai$_{44}^{53}$ke$_{44}^{53}$ʂʅ^{53}fei$_{44}^{35}$le^{0}təu^{13}xe$_{44}^{53}$tsʰən^{13}kai$_{21}^{53}$tʂak^{3}tsʰən^{13}kai^{53}tʂak^{3}ɲin$_{21}^{13}$ʂən^{53}xɔŋ$_{44}^{53}$ɲia^{13}tsʰət^{3}lɔi$_{21}$ke^{53},e$_{21}$,kai$_{44}^{53}$kai$_{44}^{53}$ʂʅ^{53}fei$_{44}^{35}$ke^{53}çi^{13}vien^{13},e$_{21}$,ʂʅ$_{21}^{53}$iet^{3}tʂak^{3}tei^{35}.xei^{53}tʂak^{3}tei^{35}tei$_{44}^{35}$.iet^{3}tʂak^{3}ʂʅ^{53}fei$_{44}^{35}$tei^{35}.pʰiet^{5}tet^{3}ɲin$_{21}^{13}$tʰau^{21}çian^{13}ci$_{44}^{13}$.tʂʰa^{21}ʂʅ^{53}fei^{35},ʂʅ^{53}fei$_{44}^{35}$tei^{35}.

糖品饭

欸,有只箇样话法唠,欸,你欸,同样个同样个两个人嗷,系唔系?你就舞哩糖品＝饭呐?我就欸我就舞哩屎交沙?系唔系?嘿,糖品＝饭撠屎交沙。e$_{21}$,iəu^{35}tʂak^{3}kai^{53}iɔŋ$_{44}^{53}$ua^{53}fait^{3}lau^{0},e$_{21}$,ɲi$_{21}^{13}$e$_{44}$,tʰəŋ^{13}iɔŋ^{53}kei^{0}tʰəŋ^{13}iɔŋ^{53}kei^{0}iɔŋ^{21}kei^{0}ɲin^{13}nau^{0},xei$_{44}^{53}$me$_{44}$(←m̩^{13}xe^{53})?ɲi^{13}tsʰiəu^{53}u^{21}li^{0}tʰɔŋ^{13}pʰin^{21}fan^{53}na^{0}?ŋai^{13}tsʰiəu^{53}e$_{44}$ŋai^{13}tsʰiəu^{53}u^{21}li^{0}ʂʅ^{21}ciau$_{44}^{35}$sa^{0}?xei$_{44}^{53}$me$_{44}$(←m̩^{13}xe^{53})?xe$_{53}$,tʰɔŋ^{13}pʰin^{21}fan^{53}lau^{35}ʂʅ$_{21}$ciau$_{44}^{35}$sa^{35}.

（屎交沙,屎交沙是什么东西?）就是,就说是,欸,tsʰiəu$_{44}^{53}$ʂʅ^{53},tsʰiəu$_{44}^{53}$ʂe$_{44}^{53}$ʂʅ$_{44}^{53}$,e$_{21}$,普通话:做了对不起他的事情闹,意思就是你就是巴结了他啰。欸,你就屋里糖品饭渠食哩啊?我就屋里屎交沙渠食哩啊? ei$_{21}$ɲi^{13}tsʰiəu^{53}uk^{3}li^{0}tʰɔŋ^{13}pʰin^{21}fan^{53}ci$_{21}^{13}$ʂət^{5}li^{0}a^{0}?ŋai^{13}tsʰiəu^{53}uk^{3}li^{0}ʂʅ^{21}ciau$_{44}^{35}$sa^{35}ci$_{21}^{13}$ʂət^{5}li^{0}a^{0}?普通话:我就做了对不住他的事情啊。意思就这样。

虾公脚

虾……虾公有脚吗嘞?虾公啊? xa^{13}···xa^{13}kəŋ$_{44}^{35}$iəu$_{44}^{35}$ciɔk^{3}ma^{0}le^{0}?xa$_{21}^{13}$kəŋ$_{44}^{35}$ŋa^{0}?（有。）有脚吧? iəu^{35}ciɔk^{3}pa^{0}?（嗯。）嗯。我等以映是有有箇故事啦。虾公脚,虾公脚,系啊?虾公脚嘞有有只有只箇一借指。哦。ŋ̩$_{21}$.ŋai$_{21}^{13}$

tien⁰ i²¹iaŋ⁵³ʂ̩⁵³₄₄iəu³⁵iəu³⁵kai⁵³ku⁵³ʂ̩⁵³la⁰₂₁.xa¹³kəŋ³⁵ciɔk³,xa¹³kəŋ³⁵₄₄ciɔk³,xe⁵³₄₄a⁰ ?xa¹³
kəŋ³⁵₄₄ciɔk³ lei⁰iəu³⁵iəu³⁵tʂak³iəu³⁵tʂak³kai²¹iet³tsia³tʂ̩²¹.m₂₁.

欸，讲只故事你听。有只病……有只医师，同箇病人整好哩病。欸。
欸，箇只医……箇只病人呢送滴子礼事，送滴子东西分渠。嗯。渠话你唔
爱送。欸，你拿咁多做么个，<u>系唔系</u>？拿滴饽饽啊鸡箇只捉倒分渠哈。感
谢渠救命之恩呐。救命。渠话：虾公脚子。虾公脚子。ei₄₄,kɔŋ²¹tʂak³ku⁵³ʂ̩⁵³₄₄
ɲi¹³tʰaŋ³⁵₄₄.iəu³⁵tʂak³ pʰiaŋ³⁵…iəu³⁵tʂak³ i³⁵ʂ̩³⁵₄₄,tʰəŋ¹³ka²¹pʰiaŋ⁵³ɲin¹³tʂaŋ²¹xau²¹li⁰
pʰiaŋ⁵³.e₂₁.e₂₁,kai₄₄tʂak³ i…kai₄₄tʂak³ pʰiaŋ⁵³ɲin¹³le⁰ səŋ⁵³tiet⁵tʂ̩⁰li⁵ʂ̩⁵³₄₄,səŋ⁵³tet⁵tʂ̩⁰
təŋ⁵si⁰pən⁵ci¹³₂₁.m₂₁.cia₃₅(←ci¹³ua⁵³)ɲi₄₄m¹³mɔi⁵³səŋ⁵³.ei₄₄ɲi¹³lak⁵kan²¹tɔ⁵tsɔ⁵³mak³
ke₄₄,xei⁵³mei₄₄(←m̩¹³xei⁵³)?lak⁵tiet⁵pɔk⁵ pɔk⁵a⁰ cie³⁵kai₄₄tʂak³ tsɔk⁵tau²¹pən⁵ci₄₄
xa⁰.kɔŋ²¹tsʰia⁵³ci¹³ciəu³⁵miaŋ⁵³tʂ̩⁵³₄₄ɲien⁵³na⁰.ciəu³⁵miaŋ⁵³.ci¹³a₄₄(←ua⁵³):xa²¹kəŋ³⁵₄₄
ciɔk³tʂ̩⁰.xa²¹kəŋ³⁵₄₄ciɔk³tʂ̩⁰.

箇医师就想，嘶，让门箇个饽饽啊鸡呀安做虾公脚，噢系唔系？放势
问。搞么个安做虾公脚啰？kai⁵³₄₄i³⁵ʂ̩³⁵₄₄tsʰiəu⁵³₄₄siɔŋ²¹,s>ɲiɔŋ⁵³mən¹³kai₄₄ke₄₄pɔk⁵
pɔk⁵a⁰ cie³⁵ia⁰ɔn₄₄tsɔ⁵³xa²¹kəŋ³⁵ciɔk³,au₄₄xei⁵³me₄₄(←m̩¹³xe⁵³)?xɔŋ⁵³ʂ̩⁵³₂₁uən⁵³.kau²¹
mak³ ke⁵³₄₄ɔn₄₄tsɔ⁵³xa²¹kəŋ³⁵ciɔk³lo⁰?

客姓人就晓得。就意思就系我以个礼物就蛮轻，冇几多，唔值么啊钱，
像虾公个一只子脚，只有点伢子。就意思就咁个。虾公脚子，欸，借指礼……
礼事唔重，欸，礼物唔价唔值个。kʰak⁵sin³⁵ɲin²¹₂₁tsʰiəu⁵³çiau⁵³₄₄tek⁵.tsʰiəu₄₄i³⁵ʂ̩³⁵₄₄
tsʰiəu⁵³₄₄xe⁵³₄₄ŋai¹³i²¹ke⁵³li¹³u⁵³₄₄tsʰiəu⁵³man²¹cʰiaŋ³⁵,mau¹³ci²¹to³⁵,n̩¹³tʂ̩ʰət⁵mak³a⁰
tsʰien¹³,tsʰiɔŋ⁵³xa¹³kəŋ³⁵kei₄₄iet³tsak³tʂ̩⁰ciɔk³,tʂ̩²¹iəu₄₄tian⁵³ŋai₄₄tʂ̩⁰.tsiəu⁵³i³⁵ʂ̩³⁵₄₄
tsʰiəu²¹kan²¹ke⁵³.xa¹³kəŋ³⁵ciɔk³tʂ̩⁰,e₂₁,tsia⁵³tʂ̩²¹li…li³⁵ʂ̩¹³n̩¹³tʂ̩ʰəŋ³⁵,e₂₁,li³⁵u⁵³n̩¹³cia⁵³
n̩¹³tʂ̩ʰət⁵mak³ke⁵³.

箇只医师去啊同我讲唠，渠话，渠话：搞么个安做虾公脚子唠？嘿，
欸箇医师就外背来个人呐系。kai⁵³tʂak³ i³⁵ʂ̩³⁵₄₄çi³⁵a⁰tʰəŋ¹³ŋai₄₄kɔn²¹lau⁰,ci²¹ua₄₄,ci²¹
ua⁵³:kau²¹mak³ke⁵³₄₄ɔn₄₄tsɔ⁵³xa²¹kəŋ⁵³₄₄ciɔk³tʂ̩⁰lau⁰?xe⁵³,ei₄₄kai₄₄i³⁵ʂ̩⁵³₄₄tsʰiəu⁵³ŋɔi⁵³pɔi₄₄
lɔi¹³ke⁵³ɲin¹³na⁰xe₄₄.

绣花枕头

绣花枕头。系。嗯。siəu⁵³fa³⁵₄₄tʂən²¹tʰei¹³.xe⁵³₂₁.n̩₂₁.（你们也讲绣花枕头？）
哈？也讲绣花枕头。xa³⁵?ia³⁵kɔŋ⁵³siəu⁵³fa³⁵₄₄tʂən²¹tʰei¹³₂₁.（讲不讲红漆马桶？）
箇唔讲。只讲绣花枕头。一包草，绣花枕头。讲绣花枕头。欸。话别人家
只系表面好看哎，系吗？kai⁵³n̩¹³kɔŋ⁵³.tʂ̩⁵³kɔŋ⁵³siəu⁵³fa₄₄tʂən²¹tʰei¹³.iet³pau³⁵
tsʰau²¹,siəu⁵³fa³⁵₄₄tʂən²¹tʰei¹³.kɔŋ⁵³siəu⁵³fa³⁵₄₄tʂən²¹tʰei¹³.e⁵³.ua⁵³₄₄pʰiet¹³in₄₄ka³⁵tʂ̩²¹xe⁵³

piau²¹mien⁵³xau²¹kʰɔn⁵³nau⁰,xei⁵³ma⁰?（后面一一一包草讲吗？会说出来吗？这个人呐是个绣花枕头，一包草。）箇也会讲哦。kai⁵³ia³⁵uɔi⁵³kɔŋ²¹ŋo⁰.（也会讲？）嗯，也会讲哦。箇只绣花枕头，一包草。肚子里一包草安做。ŋ₂₁,ia³⁵uɔi⁵³kɔŋ²¹ŋo⁰.kai⁵³tʂak³siəu⁵³fa₄₄tʂən²¹tʰei¹³,iet³pau³⁵tsʰau²¹.təu²¹tsʅ⁰li⁰iet³pau³⁵tsʰau²¹ɔn³⁵tso⁵³.

客姓人就还有只话法哟话别人家。讲起绣花枕头是。唔多雀。kʰak³sin⁵³ɲin₂₁tsʰiəu₄₄xai¹³iəu³⁵tʂak³ua⁵³fait³io⁰ua⁵³pʰiet³in¹³ka₄₄.kɔŋ⁰çi²¹siəu⁵³fa₄₄tʂən²¹tʰei¹³ʂʅ⁵³.ŋ̩¹³to₄₄tsʰiɔk³.

渠绣花枕头是渠有只咁个，渠就渠除哩话肚子里一包草，冇本事以外，渠还爱一只面子好看。有滴人嘞连绣花枕头都不是。渠就纯粹个就草包。系。纯粹个就……ci¹³siəu⁵³fa₄₄tʂən²¹tʰei¹³ʂʅ⁵³ci¹³iəu³⁵tʂak³kan₃₅cie⁵³,ci¹³tsiəu⁵³ci₄₄tsʰəu¹³li⁰ua⁵³təu⁰tsʅ⁰li⁰iet³pau³⁵tsʰau²¹,mau¹³pən²¹sʅ¹³i⁰uai⁵³,ci¹³xa¹³ɔi⁵³iet³tʂak³mien⁵³tsʅ⁰xau²¹kʰɔn⁵³.iəu³⁵tet⁵ɲin¹³le⁰lien¹siəu⁵³fa₄₄tʂən²¹tʰei¹³təu³⁵pət⁵ʂʅ⁵³.ci₂₁tsʰiəu⁵³ʂən¹³tsʰei⁵³ke⁰tsʰiəu₄₄tsʰau⁵pau³⁵.xe₂₁.ʂən¹³tsʰei⁵³ke⁰tsʰiəu₄₄p…（外强中干？）欸，以只是外强中干。就……形……形容渠外表好看，欸，长得唔知几帅呀，系唔系啊？或者或者唔知几唔知几好看呐，唔知几漂亮啊。肚子里一包草。ei₂₁,i²¹tʂak³ʂʅ⁵³uai⁵³cʰiɔŋ¹³tʂən³⁵kan₃₅.tsʰiəu₄₄p…çin¹³ʮ̩…çin¹³iəŋ¹³ci₄₄uai⁵³piau²¹xau²¹kʰɔn⁵³,ei₂₁,tʂɔŋ²¹tek⁵ŋ̩¹³ti³⁵ci₂₁³sai³ia⁰,xei₄₄mei₄₄(←m̩¹³xei⁵³)a⁰?xɔit⁵³tʂa⁵xɔit⁵tʂa⁵ŋ̩¹³ti₅₃ci₂₁ŋ̩¹³ti₅₃ci₂₁xau²¹kʰɔn⁵³na⁰,ŋ̩¹³ti₅₃ci₂₁pʰiau⁵liɔŋ⁵³ŋa⁰.təu²¹tsʅ⁰li⁰iet³pau³⁵tsʰau²¹.

有滴是就话枕头都不是绝对，欸。渠就系一包草。有滴是外……外面都唔好看个。也有只咁个……就有只咁个东西，有只安做一步子人。我等客姓人有只咁个话法。一步子人话别人家咯。一步子人嘞就系想事唔多会……直肠子啊。想事唔会转弯个人。一步子人就系唔太聪明个人。唔多……唔多雀个人，唔太机灵个人。一步子人。iəu³⁵tet⁵ʂʅ₄₄tsʰiəu⁵³ua₄₄tʂən²¹tʰei¹³təu³⁵pət⁵ʂʅ₄₄ciet⁵tei³³,e₂₁.ci¹³tsʰiəu⁵³xe⁵³iet³pau₄₄tsʰau²¹.iəu³⁵tet⁵ʂʅ₄₄uai⁵…uai⁵mien₄₄təu₄₄ŋ̩¹³xau²¹kʰɔn₄₄cie⁰.ie³⁵iəu³⁵tʂak³kan¹³cie⁵³tsʅ…tsəu₄₄iəu³⁵tʂak³kan¹³cie⁵³təŋ₄₄si⁰,iəu³⁵tʂak³ɔn₄₄tso⁵³iet³pʰu⁵³tsʅ⁰ɲin¹³.ŋai¹³tien⁵³kʰak³sin⁵³ɲin₂₁iəu³⁵tʂak³kan²¹cie⁵³ua⁵³fait³.iet³pʰu⁵³tsʅ⁰ɲin¹³ua⁵³pʰiet³in₂₁ka₄₄ko⁰.iet³pʰu⁵³tsʅ⁰ɲin¹³le⁰tsiəu₄₄xe⁵³siɔŋ⁵³sʅ¹³ŋ̩¹³to₄₄uɔi⁵…tʂʅ⁵³ət³tʂʰɔŋ¹³tsʅ⁰a⁰.siɔŋ⁵³sʅ¹³ŋ̩¹³uɔi¹³tʂɔn²¹uan⁵³cie⁵³ɲin₂₁.iet³pʰu⁵³tsʅ⁰ɲin₂₁tsiəu⁵³xe⁵³ŋ̩¹³tʰai⁵³tsʰəŋ³⁵min¹³ke₄₄ɲin¹³.ŋ̩¹³tʰo…ŋ̩¹³to₄₄tsʰiɔk³ke⁵³ɲin₂₁,ŋ̩¹³tʰau₄₄(←tʰai⁵³)ci¹³lin₂₁ke⁰ɲin₂₁.iet³pʰu⁵³tsʅ⁰ɲin₂₁.

衍文

如果是讲客气嘞箇就安做衍文呢。衍文施礼呢。系啊？欸我本来都罾食饭。因为我好像……你问我食哩饭么，我觉得你你你蛮麻烦样，我"咹哪，食哩噢"。衍文呐，我衍下子文呐。装下子假。衍下子文。箇是装假。ẓu³⁵kuo²¹ṣʅ⁵³ciaŋ²¹kʰɤ⁵³cʰi⁵³₄₄leᵒ kai⁵³₄₄tsʰiəu⁵³ɔn³⁵₄₄tso⁵³₄₄ien³⁵uən¹³neᵒ.ien³⁵uən²¹₂₁ṣʅ³⁵₂₁li⁴⁴ neᵒ.ien³⁵uən¹³nei⁰.xei⁵³₄₄aᵒ ʔe²¹₂₁pən²¹₄₄lɔi¹³təu⁵³₅₃maŋ¹³ṣət⁵fan⁵³.in⁵³₅₃uei⁴⁴₄₄ŋai¹³xau²¹ tsʰiɔŋ⁵³₄₄…ɲi¹³uən⁵³ŋai¹³₂₁ṣət⁵liᵒ fan⁵³mo₄₄,ŋai¹³kɔk³tek³ɲi¹³₄₄ɲi¹³₂₁ɲi¹³man¹³ma¹³fan¹³ iɔŋ⁵³,ŋai¹³₄₄"an₄₄naᵒ,ṣət⁵liᵒauᵒ".ien⁵³₄₄uən¹³naᵒ,ai¹³(←ŋai¹³)ien⁵³₄₄na₄₄(←xa⁵³)tsʅᵒuən¹³ naᵒ.tsɔŋ³⁵a₄₄(←xa⁵³)tsʅᵒka²¹.ien⁵³₄₄na₄₄(←xa⁵³)tsʅᵒuən¹³.kai⁴⁴₄₄ṣʅ⁵³₂₁tsɔŋ³⁵cia²¹.

还有只就安做打□呢。嗯。打□。你莫打□哦！就莫莫搞莫莫装假噢！xai¹³₂₁iəu³⁵tṣak³tsʰiəu⁵³₄₄ɔn₄₄tso⁵³₄₄ta²¹pʰaŋ⁵³neiᵒ.n̩₂₁,ta²¹pʰaŋ⁵³.ɲi¹³mɔk⁵ta²¹pʰaŋ⁵³ŋoᵒ! tsiəu⁵³₄₄mɔk⁵mɔk⁵kau¹³₄₄mɔk⁵mɔk⁵tsɔŋ³⁵cia²¹auᵒ!

打乵也有呢。安做打乵呢。装假是打乵呢。普通话：比方说你问我吃了饭没有，本来我没吃饭。我食哩噢，欸，我食哩噢，欸就打乵呢。ta²¹tṣʰek³a³⁵₄₄iəu³⁵neiᵒ.ɔn₄₄tso⁵³₄₄ta²¹tṣʰek³ neiᵒ.tsɔŋ³⁵cia²¹ṣʅ⁵³₄₄ta²¹tṣʰek³neiᵒ.…ŋai¹³ṣət⁵liᵒauᵒ,e₂₁,ŋai¹³ṣət⁵liᵒauᵒ,e₂₁tsʰiəu⁵³ta²¹ tṣʰek³neiᵒ.（扯是扯下来那个扯吗？）乵，乵啊，乵，晓得写哪只好？打乵。tṣʰek³,tṣʰek³aᵒ,tṣʰek³,çiau²¹tek³sia²¹lai¹³tṣak³xau²¹?ta²¹tṣʰek³.

月将

还有月将唔好喔。箇东西我都唔晓得么个东西安做月将唔好。xai¹³₂₁iəu³⁵₄₄ ɲiet⁵tsiɔŋ⁵³n̩¹³₂₁xau²¹uoᵒ.kai₄₄təŋ³⁵₄₄siᵒ ŋai¹³₂₁təu⁵³₅₃n̩²¹₂₁çiau²¹tek³mak⁵eᵒ təŋ³⁵₄₄siᵒ ɔn³⁵tso₄₄ɲiet⁵ tsiɔŋ⁵³n̩¹³₂₁xau²¹.

西乡人呢渠就讲月将好嘞渠讲走月将。渠话我真走月将。si³⁵çiɔŋ³⁵₄₄ɲin¹³₂₁ neiᵒ ci¹³₂₁tsʰiəu⁵³kɔŋ²¹ɲiet⁵tsiɔŋ⁵³xau²¹leiᵒ ci¹³₄₄kɔŋ²¹tsei²¹ɲiet⁵tsiɔŋ⁵³.ci₄₄ua₄₄ŋai¹³₂₁tsən³⁵ tsei²¹ɲiet⁵tsiɔŋ⁵³.

本……邢农福渠系……嗯，外孙女啊，渠就同我讲，渠"万老师我以到真走月将哦"，渠话。欸，搞么个走月将？我首先都唔懂。渠话："我箇只阿叔子，分别人家撞撞下死了哈。首先我等都着愁哟。让得了喔？尽病，长日咁多啰唆病。一撞撞下死，赔他几十万唳，赔他有有二十六万唳。办得了丧事嘞还赚得两十万。"赚得两十万。冇得么人继承呢，就随渠等。pən²¹…çin²¹₂₁nəŋ¹³₃₅fu₄₄ci²¹₂₁xei⁵³m̩—ən₂₁,ŋɔi⁵³saŋ³⁵₄₄n̩²¹ŋaᵒ,ci²¹₂₁tsʰiəu⁵³tʰəŋ²¹₂₁ŋai¹³kɔŋ²¹,ci₄₄ "uan⁵³lau²¹ṣʅ⁴⁴₄₄ŋai¹³i²¹tau²¹tṣən³⁵tsei²¹ɲiet⁵tsiɔŋ⁵³₄₄oᵒ",ci¹³ua²¹₂₁.e₂₁,kau²¹mak⁵eᵒ₄₄ (←ke⁵³)tsei²¹ɲiet⁵₃tsiɔŋ⁵³?ŋai⁴⁴₄₄ṣəuᵒsien₄₄təuᵒn̩¹³təŋ²¹.ci²¹₂₁ua⁵³:"ŋai¹³₄₄kai⁴⁴₄₄tṣak³a³⁵ṣouk³ tsʅᵒ,pən²¹₂₁pʰiek⁵in₄₄ka³⁵₄₄tsʰɔŋ⁵³tsʰɔŋ⁵³xa₄₄si²¹iauᵒ(←liauᵒ)xaᵒ.ṣəu²¹sien₄₄ŋai¹³tien³⁵₄₄təu₄₄ tṣʰɔk⁵tsʰei¹³iauᵒ.ɲiɔŋ⁵³tek³liauᵒuoᵒ?tsʰin⁵³pʰiaŋ⁵³,tṣʰɔŋ¹³ɲiet⁵kan¹³toᵒ³⁵lo₄₄soᵒ₄₄ pʰiaŋ⁵³.iet⁵tsʰɔŋ⁵³₄₄tsʰɔŋ⁵³ŋa₄₄(←xa⁵³)si²¹,pʰi²¹₂₁tʰa³⁵₄₄ci²¹₂₁ṣət⁵uan⁵³nauᵒ,pʰi²¹₂₁tʰa³⁵₄₄iəu₂₁iəu³⁵₄₄ ɲi^{53}ʂət^{5}liəuk^{3}uan^{53}nau^{0}.pʰan^{53}tek^{3}liau^{21}soŋ^{35}sʅ$^{53}_{44}$le^{0}xai^{13}tsʰan^{53}tek^{3}ioŋ^{21}ʂət^{5}uan^{53}."tsʰan^{53}tek^{3}ioŋ^{21}ʂət^{5}uan^{53}.mau$^{13}_{21}$tek$^{3}_{5}$mak^{3}in$^{13}_{44}$ci$^{13}_{21}$tʂʰən^{13}ne^{0},tsiəu^{53}tsʰei$^{21}_{21}$ci$^{13}_{21}$tien^{0}.

造孽

昨晡我我新旧渠话箇映有只人呐，三十几……有只有只人去村去村上当当村长吧，姓温。渠只赖子三十岁，得只病。你话造哩孽吗？来造……得只么啊病啊？唔知安做么啊病就渠也噌讲出，唔晓得么啊病。箇个智力变成哩两岁子个细人子个智力吧。箇智力啦……tsʰo$^{35}_{21}$pu$^{35}_{44}$ŋai$^{21}_{21}$ɲai^{13}sin^{53}cʰiəu$^{35}_{44}$ci$^{13}_{21}$ua$^{53}_{44}$kai$^{53}_{44}$iaŋ$^{53}_{44}$iəu^{35}tʂak^{3}ɲin^{13}na^{0},san^{35}ʂət^{5}ci^{21}…iəu^{35}tʂak^{3}iəu^{35}tʂak^{3}ɲin$^{13}_{21}$çi^{13}tsʰən$^{13}_{44}$çi$^{53}_{44}$tsʰən^{13}xoŋ$^{53}_{44}$toŋ^{13}toŋ^{13}tsʰən^{13}tʂoŋ^{21}pa^{0},siaŋ^{13}uən^{35}.ci^{13}tʂak^{3}lai^{53}tsʅ^{0}san^{35}ʂət^{5}soi^{53},tek^{3}tʂak^{3}pʰiaŋ^{53}.ɲi^{13}ua$^{53}_{44}$tsʰau$^{53}_{44}$li^{0}ɲiait^{5}ma^{0}?lai$^{13}_{21}$tsʰau$^{53}_{21}$…tek^{3}tʂak^{3}mak^{3}a^{0}pʰiaŋ^{53}ŋa^{0}?n̩^{13}ti$^{35}_{21}$ən$^{13}_{21}$tso$^{53}_{44}$mak^{3}a^{0}pʰiaŋ^{53}tsʰiəu$^{53}_{21}$ci$^{13}_{21}$ia^{35}maŋ^{13}koŋ^{21}tʂʰət^{3},n̩^{13}çiau^{21}tek^{3}mak^{3}a^{0}pʰiaŋ^{53}.kai$^{53}_{44}$ke$^{53}_{44}$tsʅ^{53}liet$^{5}_{3}$pien^{53}ʂaŋ$^{13}_{21}$li^{0}ioŋ^{21}soi^{53}tsʅ^{0}ke$^{53}_{44}$sei^{53}ɲin$^{13}_{21}$tsʅ^{0}ke$^{53}_{44}$tsʅ^{53}liet^{5}pa^{0}.kai$^{53}_{44}$tsʅ^{53}liet^{5}la^{0}…（变成傻瓜啦？）变成哩□牯，嗯，变成哩傻瓜。得哩咁个病，冇哩整，冇整。冇整。让门有咁个病？箇收拾哩。箇智力成哩成哩两岁子个你话，成哩只□牯，就系只□牯。欸。我注意用客姓讲分你听，系啊？听晡你就可以去……下子。让门会有咁个病？系？pien^{53}tʂʰən$^{13}_{44}$li^{0}ʂe^{13}ku$^{21}_{44}$,n̩^{21},pien^{53}tʂʰən$^{13}_{44}$li^{0}sa^{13}kua$^{53}_{44}$.tek^{3}le^{0}kan^{21}cie$^{53}_{44}$pʰiaŋ^{53},mau^{13}li^{0}tʂaŋ$^{21}_{21}$,mau^{13}tʂaŋ^{21}.mau^{13}tʂaŋ^{21}.ɲioŋ$^{53}_{44}$mən^{0}iəu^{35}kan^{21}cie$^{53}_{44}$pʰiaŋ^{53}?kai$^{53}_{44}$ʂəu^{35}ʂət^{5}li^{0}.kai$^{53}_{44}$tsʅ^{53}liet^{5}ʂaŋ$^{13}_{21}$li^{0}ʂaŋ$^{13}_{21}$li^{0}ioŋ^{21}soi^{53}tsʅ^{0}ke$^{53}_{44}$ɲi^{13}ua$^{53}_{44}$,ʂaŋ$^{13}_{21}$li^{0}tʂak^{3}ʂe^{13}ku^{21},tsʰiəu^{53}xei^{13}tʂak^{3}ʂe^{13}ku^{21}.e^{21}.ŋai^{13}tsʅ^{53}i$^{13}_{44}$iəŋ$^{53}_{44}$kʰak^{3}sin^{53}koŋ^{21}pən^{35}ɲi$^{13}_{21}$tʰaŋ^{35},xe$^{53}_{44}$a^{0}?tʰin$^{35}_{44}$pu^{35}ɲi^{13}tsʰiəu$^{53}_{44}$kʰo^{13}i$^{53}_{44}$çi^{53}…a$_{44}$(←xa^{53})tsʅ^{0}.ɲioŋ$^{53}_{21}$mən^{0}uoi^{13}iəu$^{35}_{44}$kan^{21}cie$^{53}_{44}$pʰiaŋ$^{53}_{44}$?xe$^{53}_{35}$?

我话系一般就系心脑血管个病嘞。系唔系？以映有只人呢，就系昨晡箇只曾梦秋个对门一只人，一只人，二十二岁，欸，欸死嘿哩唠，多时死嘿哩。上……上正月子死嘿哩。二十二岁结哩婚，一只，一……渠老婆一只细人子正……正几个子月啊，渠就死嘿哩。得只么啊病啊？箇个唔解手哇屙血呀。解手哇便血呀。解小手便血。唔。渠又……渠个病让门来个？两公婆只有只子赖子。十分看得起。从出世到现在，从来唔食茶，唔食开水，尽食饮料话。尽食饮料。哈，食……食箇个么个……么个王老吉啦，食箇只咁个么个话。么个香槟呐箇只么……尽食饮料，反正渠唔食……唔食……唔食茶。欸。得箇样病。箇只细人子正几个子月。欸嘿，孙子正几个子月。输哩命吧。ŋai^{13}ua^{53}xei^{53}iet^{3}pən^{35}tsʰiəu$^{53}_{44}$xei^{53}sin^{53}nau^{21}çiet^{3}kon^{21}cie$^{53}_{44}$pʰiaŋ^{53}lei^{0}.xe$^{53}_{44}$me$_{44}$(←m̩^{13}xe^{53})?i^{21}iaŋ$^{13}_{44}$iəu^{35}tʂak^{3}ɲin^{13}ne^{0},tsʰiəu$^{53}_{44}$xe$^{53}_{44}$tsʰo$^{35}_{21}$pu^{44}kai^{53}

tʂak³ tsen³⁵ məŋ⁵³ tsʰiəu³⁵ ke⁵³ti⁵³ mən¹³ iet³ tʂak³ ɲin¹³,iet³ tʂak³ ɲin¹³,ɲi⁵³ʂət⁵₃ɲi⁵³
soi⁵³₂₁,e₂₁,ei₄₄si²¹xek³li⁰lau⁰,to³⁵ʂ₄₄¹³si²¹xek³li⁰.ʂɔŋ⁵³…ʂɔŋ⁵³tʂaŋ⁵³ɲiet⁵tsʂ⁰si²¹xek³li⁰.ɲi⁵³₄₄
ʂət⁵ɲi⁵³₄₄soi⁵³₄₄ciet⁵li⁰fən³⁵,iet³tʂak³,iet³…ci²¹₂₁lau⁵pʰo¹³iet³tʂak³sei⁵³ɲin¹³tsʂ⁰tʂaŋ⁵³…
tʂaŋ⁵³ci²¹cie⁵³tsʂ⁰ɲiet⁵a⁰,ci¹³tsʰiəu⁵³si²¹xek³li⁰.tek³tʂak³mak³a⁰pʰiaŋ⁵³ŋa⁰?kai⁵³₄₄ke₄₄
m̩₄₄kai⁰ʂəu²¹ua⁰o³⁵çiet³ia⁰.kai²¹ʂəu²¹ua⁰pʰien⁵³çiet³ia⁰.kai⁵³siau²¹ʂəu²¹pʰien⁵³
çiet³.m̩₂₁.ci²¹₂₁iəu⁵³₄₄…ci¹³ke⁵³₄₄pʰiaŋ⁵³ɲiɔŋ⁵³₄₄mən⁰lɔi¹³ke²¹₄₄?iɔŋ²¹kəŋ³⁵pʰo¹³tsʂ²¹iəu⁵³₅₃tʂak³
tsʂ⁰lai⁵³tsʂ⁰.ʂət⁵fən³⁵₄₄kʰɔn⁵³tek³çi²¹.tsʰəŋ¹³tsʰət⁵ʂ₄₄¹³tau⁵³çien⁵³tsʰai⁵³,tsʰəŋ¹³lɔi¹³n̩¹³ʂət⁵
tsʰa¹³,n̩¹³ʂət⁵kʰɔi³⁵sei²¹,tsʰin¹³ʂət⁵in²¹niau₄₄ua⁵³.tsʰin¹³ʂət⁵in²¹niau₄₄.xa⁵³,ʂət⁵…ʂət⁵
kai⁵³ke⁵³₄₄mak³ke⁵³…mak³ke⁵³uɔŋ¹³lau²¹ciet³la⁰,ʂət⁵kai⁵³₄₄tʂak³kan²¹ke⁵³mak³e⁰
ua²¹₅₃.mak³ke⁵³₄₄çiɔŋ³⁵pin³⁵₄₄na⁰kai₄₄tʂak³mak³…tsʰin⁵³ʂət⁵in²¹liau⁵³,fan²¹tʂən⁵³ci²¹₂₁n̩¹³
ʂət⁵…n̩¹³ʂət⁵…n̩¹³ʂət⁵tsʰa¹³.e₂₁.tek³kai²¹₂₁iɔŋ⁵³₄₄pʰiaŋ⁵³.kai₄₄tʂak³sei⁵³ɲin¹³tsʂ⁰tʂaŋ⁵³₄₄ci²¹₂₁
cie⁵³tsʂ⁰ɲiet⁵.e₂₁xe₄₄,sən³⁵₄₄tsʂ⁰tʂaŋ⁵³ci²¹₂₁¹³cie⁵³tsʂ⁰ɲiet³.ʂəu³⁵li⁰miaŋ⁵³pa⁰.（哦，那就造
孽啦！）造孽，箇个就造孽。tsʰau⁵³ɲiait⁵,kai₄₄ke⁵³₄₄tsʰiəu⁵³₄₄tsʰau⁵³₄₄ɲiait⁵.

嶂

（一座山呢？）一座山，可以。iet³tsʰo⁵³san³⁵,kʰɔ²¹i³⁵.（座，是吧？）一
座。一座山，一座岭岗。一嶂岭岗呢。我等话一嶂岭岗呢。iet³tsʰo⁵³.iet³
tsʰo⁵³san³⁵,iet³tsʰo⁵³liaŋ³⁵kɔŋ³⁵.iet³tʂɔŋ⁵³liaŋ³⁵kɔŋ³⁵ne⁰.ŋai¹³tien⁰ua⁵³iet³tʂɔŋ⁵³liaŋ³⁵
kɔŋ³⁵nei⁰./欸，以只嶂，箇只嶂。ei₂₁,i¹³₂₁iak³（←tʂak³)tʂɔŋ⁵³,kai⁵³iak³（←tʂak³)
tʂɔŋ⁵³₄₄./欸，一嶂岭岗呢。唔话座嘞。我等就系我等就系会分箇个客姓来搣
别么个混淆，会混起去。本来一座山也系嘞。但是我客姓人硬安做一嶂岭。
如今就系蛮难寻咁个蛮难蛮难看。ei⁵³,iet³tʂɔŋ⁵³liaŋ³⁵kɔŋ³⁵nei⁰.n̩¹³ua₄₄⁵³tsʰo⁵³le⁰.
ŋai¹³tien⁰tsʰiəu⁵³xei₄₄ŋai¹³tien⁰tsʰiəu⁵³xei₄₄uɔi⁵³uɔi⁵³pən⁵³kai₄₄ke⁵³₄₄kʰak³sin₄₄loi₂₁lau³⁵
pʰek⁵mak³ke⁵³fən²¹cʰiau¹³,uɔi⁵³fən²¹çi²¹cʰie⁵³.pən²¹nɔi¹³iet³tsʰo⁵³san³⁵na₄₄（←
ia³⁵)xei⁵³le⁰.tan²¹sʂ²¹₄₄ŋai¹³kʰak³sin⁵³ɲin₂₁ŋiaŋ₄₄ɔn₄₄tso₄₄iet³tʂɔŋ⁵³liaŋ³⁵.i₂₁cin₄₄tsʰiəu⁵³
xe₄₄man¹³nan²¹tsʰin¹³kan²¹ke⁵³man¹³nan²¹man¹³nan¹³kʰɔn⁵³.

普通话：你们天天在这里写啊？/天天箇是……箇本书写……写满哩嘞，一本书嘞。
tʰien¹³tʰien³⁵kai⁵³sʂ₄₄¹³.kai⁵³pən²¹ʂəu³⁵sie⁵³…sia²¹mən³⁵₄₄li⁰le⁰,iet³pən²¹ʂəu⁵³₄₄le⁰.（哦，
还有那么多啊？）呃嗬，还有还，底下易得嘞。ə₂₁xə⁵³,xai¹³₂₁iəu³⁵xai²¹₂₁,te²¹xa⁵³i⁵³
tek⁵le⁰./以底下个全部爱写个啊？i²¹₂₁te²¹xa⁵³ke⁵³tsʰen¹³pu⁵³ɔi⁵³sa²¹（←sia²¹)cie⁵³a⁰?/
底下见得了。te²¹xa⁵³cien⁵³tek⁵liau⁰.（欸这些满了的就不用填。没满的就要
填。）够搞哩。kei⁵³kau⁵³li⁰./全部写客家话吧，系呀？tsʰien¹³pʰu⁵³sia²¹kʰak³ka³⁵
fa⁵³pa⁰,xei⁵³₄₄ia⁰?/欸，全部爱讲客家话，我就尽讲客家话。渠就爱我莫搣渠讲
普通话，爱搣渠尽讲客家话。e₄₄,tsʰien¹³pʰu⁵³ɔi⁵³kɔŋ²¹kʰak³ka³⁵fa₄₄⁵³,ŋai¹³tsʰiəu⁵³₄₄

tsʰin⁵³koŋ²¹kʰak³ka³⁵fa⁵³.ci²¹tsʰiəu⁵³oi⁵³ŋai¹³mok⁵lau₄₄ci¹³koŋ²¹pʰu²¹tʰəŋ³⁵fa,oi₄₄lau³⁵ ci²¹tsʰin⁵³koŋ²¹kʰak³ka³⁵fa₄₄./箇渠讲箇客客家话渠听得懂啊？kai⁵³ci₄₄koŋ²¹kai₄₄ kʰak³kʰak³ka³⁵fa₄₄ci¹³tʰaŋ³⁵tek³təŋ²¹ŋa⁰.?渠听得懂，听得懂，渠唔会讲就，听 得懂咯。ci¹³tʰaŋ³⁵tek³təŋ²¹,tʰaŋ³⁵tek³təŋ²¹,ci₄₄m̩²¹uoi⁵³koŋ²¹tsʰiəu⁵³,tʰaŋ³⁵tek³təŋ²¹ko⁰.

噢，箇渠本人，本人，你等本人系哪映个噢？au₂₁,kai₄₄ci₄₄pən²¹in¹³,pən²¹ ɲin¹³,ɲi¹³tien⁰pən²¹ɲin¹³xei⁵³lai₂₁iaŋ₄₄ke⁵³au⁰?/攸县个话唠。iəu³⁵çien₄₄ke₄₄ua²¹lau⁰./ 渠攸县个。渠唔系客家人呢。ci²¹iəu³⁵çien⁵³ke.ci¹³m̩²¹pʰe₄₄(←xe⁵³)kʰak³ka⁵³in¹³ ne⁰./攸县嘞？广东攸县呐？iəu³⁵çien₄₄le⁰?kuaŋ²¹tuŋ₄₄iəu₄₄çien⁵³na⁰?/唔系哟。湖 南，湖南个攸县唠。m̩¹³pʰe⁵³(←xe⁵³)iau⁰.fu¹³lan₄₄,fu¹³lan₄₄ke⁵³iəu₄₄çien⁵³lau⁰./湖 南攸县吧？fu¹³lan¹³iəu₄₄çien⁵³pa⁰?/欸，冇几远唦。醴陵过去哟。醴陵过去啊。 e₂₁,mau¹³ci₂₁ien²¹nau⁰.li³⁵lin¹³ko⁰çi⁵³iau⁰.li³⁵lin²¹ko⁰çi¹³a⁰./噢，对对对对对对对。 au³⁵,tei⁵³tei⁵³tei⁵³tei⁵³tei₄₄tei₂₁./醴陵过去就攸县唦。箇只修铁路个时候子就 攸……县修铁路哇。菜花坪呢。我等箇映修铁路箇去菜花坪呢。嗯。我等 箇阵搞社教箇只攸县人，李……安做李新民，欸欸，搞社教，去我等咁子。 起都唔晓渠哪映人，只晓攸县。li³⁵lin¹³ko⁵³çi¹³tsiəu⁵³iəu₄₄çien⁵³nau⁰.kai³⁵tʂak³si əu³⁵tʰiet³ləu₄₄ke⁰ʂl̩²¹xəu⁵³tsl̩⁰tsʰiəu₄₄iəu₄₄ç···çien₄₄siəu₄₄tʰiet³ləu₄₄ua⁰.tsʰoi⁵³fa₄₄ pʰiaŋ²¹ne⁰.ŋai¹³tien⁰kai₄₄iaŋ₄₄siəu₄₄tʰiet³ləu⁵³kai₄₄çi⁵³tsʰoi⁵³fa₄₄pʰiaŋ¹³nei⁰.n̩₂₁.ŋai¹³ tien⁰kai₄₄tʂʰən₄₄kau²¹sa⁵³ciau⁵³kai₄₄tʂak³iəu³⁵çien⁵³ɲin²¹,li⁰s···ən³⁵tso⁵³li₂₁sin₄₄ min¹³,e₂₁e⁵³,kau²¹sa⁵³ciau₄₄,çi⁵³ŋai¹³tien⁰kan₄₄tsl̩⁰.çi¹³təu⁵³n̩²¹çiau²¹ci₄₄lai⁵³iaŋ⁵³ ɲin²¹,tsl̩²¹çiau¹³iəu₄₄çien⁵³.

普通话：一什么水，哦，只要晓得你个说一什么水，是吧？一什么酒，是吧？（对。）一桶水啦，一桶酒哇， 一桶油哇，哈？我等箇都是喊桶咯，系啊？iet³tʰəŋ²¹ʂei²¹la⁰,iet³tʰəŋ²¹tsiəu⁵³ ua⁰,iet³tʰəŋ²¹iəu₄₄ua⁰,xa₂₁?ŋai¹³tien⁰kai₄₄təu³⁵sl̩²¹xan²¹tʰəŋ²¹ko⁰,xei₄₄a⁰?/欸，系系 系，欸，欸欸。e₂₁xe⁵³xe⁵³xe⁵³,e₂₁,e₂₁e₂₁./哦，嗯。o₅₃,n̩₂₁./有滴也简单，张口就 来，话得渠，渠话我就来，有滴有……iəu³⁵tet³ia³⁵kan²¹tan₄₄,tʂoŋ³⁵kʰei⁵³tsʰiəu⁵³ ləi¹³,ua⁵³tek³ci¹³,ci₂₁ua³⁵ŋai¹³tsʰiəu⁵³ləi²¹,iəu³⁵tet³iəu₄₄···普通话：地上喀沙子。/一嶂沙子啊， 我等喊是一嶂沙子唠，哈？iet³tʂoŋ⁵³sa⁵³tsl̩⁰a⁰,ŋai¹³tien⁰xan²¹sl̩₄₄iet³tʂoŋ⁵³sa⁵³tsl̩ lau⁰,xa₂₁?/一嶂沙子，一□沙子。iet³tsiau³⁵sa₄₄tsl̩⁰,iet³tsiau³⁵sa₄₄tsl̩⁰./欸。e₂₁./一 □沙，啊一□沙子。一□柴。iet³tsiau₄₄sa₄₄,a₂₁iet³tsiau³⁵sa₄₄tsl̩⁰.iet³tsiau₄₄tsʰai⁵³./ 一□肥料。系，一□是。iet³tsiau³⁵fei¹³liau₄₄.xei⁵³,iet³tsiau³⁵sl̩₄₄./嗯，□。n̩₂₁,tsiau³⁵. 就系爱空……爱爱爱判断哪起系客家话，哪起系学倒别人家个本地。欸。 硬爱用客家来讲。tsʰiəu⁵³xei₄₄oi₄₄kʰəŋ⁵³···oi⁵³oi⁵³oi₄₄pʰon⁵³ton₄₄nai⁰çi²¹xei₄₄kʰak³ ka³⁵fa₄₄,lai²¹çi⁵³xe⁰xok⁵tau²¹pʰiet⁵in₄₄ka₄₄ke₄₄pən²¹tʰi⁵³.e₂₁,ɲiaŋ⁵³oi₄₄iəŋ₄₄kʰak³ka³⁵ləi¹³ koŋ²¹/客家话系就这里经常讲哦。kʰak³ka³⁵ua⁵³xei⁵³tsʰiəu⁵³tʂe₄₄li⁰cin²¹tʂʰoŋ₂₁koŋ²¹ ŋo⁰./欸讲……讲是经常讲，我等个客家变嘿哩嘞就。搞去欸么啊摞箇个搞作一坨去哩嘞。ei₄₄ciaŋ³⁵…kɔŋ²¹ʂ₂₁⁵³cin³⁵tʂʰɔŋ¹³kɔŋ²¹,ŋai¹³tien⁰ke⁰kʰak³ka³⁵pien⁵³nek³(←xek³)li⁰lei⁰tsʰiəu⁰.kau²¹çi⁵³e₂₁mak³a⁰lau³⁵kai⁵³ke₄₄kau²¹tso⁵³iet³tʰo¹³çi⁵³li⁰lei⁰./嗯，写起咁子。n̩₅₃,sia⁰çi₂₁²¹kan²¹tsʅ⁰./嘿嘿嘿嘿，搞滴咁个。xe₅₃xe₅₃xe₄₄xe₄₄,kau²¹tet⁵kan²¹cie⁵³.

罩

（呃，把什么东西啊这么罩起来你？）罩起来吧？tsau⁵³cʰi²¹lɔi¹³pa⁰?（嗯，这样。比如说鸭子，我搞个那个什么……）鸭子，欸。噢，有两只，一只就罩，也话罩。嗯，罩稳。ia₄₄tsʅ⁰,e₅₃.au²¹,iəu³⁵iɔŋ²¹tʂak³,iet³tʂak³tsʰiəu₄₄⁵³tsau⁵³,ia³⁵ua₄₄⁵³tsau⁵³.n̩₂₁,tsau⁵³uən²¹.（罩稳？）欸，还有只硬话□稳呢。□稳。欸，镬盖，□稳，□稳镬盖。欸，箇饭甑呢蒸嘿，装哩饭呢，爱□盖，爱□稳。e₂₁,xai²₁¹³iəu³⁵tʂak³ɲiaŋ⁵³ua⁰cʰiet³uən²¹nei⁰.cʰiet³uən²¹.e₂₁,uɔk⁵kɔi⁵³,cʰiet³uən²¹,cʰiet³uən²¹uɔk⁵kɔi⁵³.e₂₁,kai₄₄⁵³fan⁵³tsien₄₄⁵³ne⁰tʂən³⁵nek³(←xek³),tʂɔŋ³⁵li⁰fan⁵³ne⁰,ɔi₄₄⁵³cʰiet³kɔi⁵³,ɔi₄₄⁵³cʰiet³uən²¹.（这个就是盖，盖的意思？）渠盖个意思，欸，盖个意思。也话盖盖呀，如今个后生人就话盖盖呀。□盖是……有的情况下就用□盖呀，唔，就会……就会记得话□盖哟。欸，箇……欸，箇个面盆肚……面盆肚里放哩鱼子，欸，记稳□稳哈，爱□稳哈，莫分渠走嘿哩哈。欸，□稳。ci₂₁¹³kɔi⁵³ke₄₄⁵³i₄₄¹³sʅ⁰,e₂₁,kɔi⁵³ke₄₄⁵³i¹³sʅ⁰.ia⁵³ua⁵³kɔi⁵³kɔi³⁵ia⁰,i₂₁¹³cin₄₄⁵³ŋe₄₄(←ke⁵³)xei⁵³saŋ³⁵ɲin₂₁¹³tsʰiəu₄₄⁵³ua₂₁⁵³kɔi⁵³kɔi³⁵ia⁰.cʰiet³kɔi⁵³ʂʅ₄₄⁵³…iəu³⁵tet⁵tsʰin₂₁¹³kʰɔŋ₄₄çia₄₄⁵³tsʰiəu₄₄iəŋ₄₄⁵³cʰiet³kɔi⁵³ia⁰,m̩₂₁,tsʰiəu₂₁⁵³uɔi₂₁⁵³…tsʰiəu₂₁⁵³uɔi₂₁⁵³ci⁰tek⁵ua₄₄⁵³cʰiet³kɔi⁵³io⁰.e₂₁,kai₄₄⁵³…e₂₁,kai₄₄⁵³ke⁵³mien⁵³pʰən¹³təu²¹…mien⁵³pʰən¹³təu²¹li⁰fɔŋ⁵³li⁰ŋ̍¹³tsʅ⁰,e₂₁,ci⁰uən²¹cʰiet³uən²¹xa⁰,ɔi₄₄⁵³cʰiet³uən²¹xa⁰,mo₄₄pən⁵³ci₂₁tsei⁰ek⁵(←xek⁵)li⁰xa⁰.e₂₁,cʰiet³uən²¹.（就是欸……）唔。就是盖稳。m̩₂₁,tsʰiəu₂₁⁵³ʂʅ₂₁⁵³kɔi⁵³uən²¹.（盖稳？）唔。m̩₂₁.

罩……罩哇，一般是比较大个东西吗？系唔系？欸，罩稳。也唔分唔出到底系系系让门子个就罩稳，罩稳让门子个就□稳。欸。tsau…tsau⁵³ua⁰,iet³pɔn³⁵ʂʅ₄₄⁵³pi²¹ciau₄₄⁵³tʰai⁵³ke₄₄⁵³tɔŋ₄₄⁵³si⁰ma⁰?xe₄₄⁵³me₄₄(←m̩¹³xe⁵³)?e:₂₁,tsau⁵³uən²¹.ia³⁵ŋ̍₂₁¹³fən³⁵ŋ̍₂₁¹³tsʰət³tau⁵³te²¹xe₄₄⁵³xe₄₄⁵³xe₄₄⁵³ɲiɔŋ⁰mən¹³tsʅ⁰ke₄₄⁵³tsʰiəu₄₄tsau⁵³uən²¹,tsau⁵³uən²¹ɲiɔŋ₄₄⁵³mən₄₄¹³tsʅ⁰tsʰiəu⁵³cʰiet³uən²¹.e₂₁.

姊妹

姊妹肚下里嘞就……兄弟肚箇里唔包括姊妹。欸。打比样你话我几多兄弟，我就系三兄弟。你话我几多姊妹，我就六姊妹。欸。我还有三只老妹子。有有有我……我还有有两只老弟子，系唔系啊？箇就姊妹。姊妹肚下里包括有兄弟。tsi²¹mɔi⁵³təu²¹kʰua²¹li⁰ tsʰiəu⁵³···çiəŋ³⁵tʰi⁵³təu²¹ka²¹li⁰ m̩¹³pau³⁵ kʰuait³ tsi²¹mɔi⁵³.e₂₁.ta²¹piⁱⁱⁱⁱⁱⁱⁱⁱⁱⁱⁱⁱⁱ²¹iɔŋ⁵³ɲi¹³ua⁵³ŋai₄₄ci to₃₅çiəŋ³⁵tʰi⁵³,ŋai²¹tsʰiəu⁵³xe⁵³san₄₄ç iəŋ₄₄³⁵tʰi⁵³.ɲi¹³ua⁵³ŋai₄₄ciɔ³⁵(←ci to³⁵)tsi²¹mɔi⁵³,ŋai²¹tsʰiəu⁵³liəuk³ tsi²¹mɔi⁵³.e₂₁.ŋai²¹ xai²¹iəu¹³iəu³⁵san₄₄³⁵tʂak³ lau²¹mɔi⁵³tsɿ⁰.iəu³⁵iəu³⁵iəu³⁵ŋai¹³x···ŋai¹³xai²¹iəu³⁵iəu₄₄³⁵iɔŋ²¹tʂak³ lau²¹tʰe₄₄⁵³tsɿ⁰,xei⁵³me₄₄(←m̩¹³xe⁵³)a⁰ ?kai⁵³tsʰiəu₄₄⁵³tsi²¹mɔi⁵³.tsi²¹mɔi⁵³təu²¹kʰua²¹li⁰ pau³⁵kuait³ iəu₄₄³⁵iɔŋ³⁵tʰi⁵³.(哥哥弟弟姐姐妹妹……)欸。都来哩。欸。但是 兄弟肚箇里嘞就唔包括姊妹。就唔包括妹子。e₂₁.təu³⁵lɔi²¹li⁰.e₅₃.tan₄₄⁵³sɿ̩₄₄çiəŋ³⁵ tʰi₄₄⁵³təu²¹ka²¹li⁰ le⁰ tsʰiəu⁵³m̩¹³pau³⁵kʰuait³ tsi²¹mɔi⁵³.tsʰiəu⁵³m̩¹³pau³⁵kuait³ mɔi⁵³tsɿ⁰.

（如果不包括兄弟的，就是光两个女女孩子，两姐妹呢？）就只有两 只妹子个话吧？只有两姊妹个啦。tsʰiəu₄₄⁵³tsɿ̩¹iəu₅₃³⁵iɔŋ²¹tʂak³ mɔi⁵³tsɿ⁰ ke₄₄⁵³fa₄₄⁵³ pa⁰ ?tsɿ̩²¹iəu₅₃³⁵iɔŋ²¹tsi²¹mɔi⁵³ke⁵³la⁰.（光两个女……）欸箇也就系姊妹。也…… 也系姊妹。e₂₁kaiⁱ ia³⁵tsʰiəu₄₄⁵³xe⁵³tsi²¹mɔi⁵³.ie²¹···ia³⁵xe⁵³tsi²¹mɔi⁵³.（那个哥哥和妹 妹呢？）也安做姊妹嘞。我两姊妹嘞。冇么人话欸分出来两兄妹呢。或者 两姐弟呢。冇得。冇么人咁子分出来。ia³⁵ɔn₄₄tsɔ₄₄⁵³tsi²¹mɔi⁵³le⁰.ŋai²¹iɔŋ²¹tsi²¹ mɔi⁵³le⁰.mau¹³mak³ in¹ua⁵³ei₄₄fən³⁵tʂ̩ət³ lɔi₂₁iɔŋ²¹çiəŋ³⁵mɔi⁵³nei⁰.xɔict⁵ tʂa²¹iɔŋ²¹tsia²¹ tʰi⁵³nei⁰.mau¹³tek³.mau¹³mak³ in₄₄kan²¹tsɿ⁰ fən³⁵tʂ̩ət³ lɔi₂₁.（一个哥哥一个妹妹 呢？）欸，也也就系两姊妹呢。ei₄₄,ia³⁵ia³⁵tsʰiəu⁵³xe⁵³iɔŋ²¹tsi²¹mɔi⁵³nei⁰.

（姐姐和弟弟呢？）也两姊妹，也安做两姊妹嘞。箇样基本上冇得。 唔分……唔咁子喊，唔咁子话我两兄妹。ia³⁵iɔŋ²¹tsi²¹mɔi⁵³,ia³⁵ɔn₃₅tsɔ₄₄⁵³iɔŋ²¹tsi²¹m ɔi⁵³lei⁰.kai₄₄iɔŋ₄₄⁵³ci₅₃³⁵pən²¹xɔŋ₅₃²¹mau¹³tek³.n̩¹fən···n̩¹kan²¹tsɿ⁰ xan⁵³,n̩¹kan²¹tsɿ⁰ ua⁵³ŋ ai²¹iɔŋ²¹çiəŋ³⁵mɔi⁵³.（就是呃像兄妹也是两姊妹是吧？）嗯。m̩₂₁.（还有姐姐 妹妹，是吧？都是讲姊妹？）嗯。都系讲姊妹。只系姊妹个范围最宽。m̩₂₁.t əu³⁵xe₄₄⁵³kɔŋ²¹tsi²¹mɔi⁵³.tsɿ̩¹e⁵³(←xe⁵³)tsi²¹mɔi₄₄⁵³ke₄₄⁵³fan⁵³uei¹³tsei⁵³kʰɔn³⁵.

方物篇

一、动 物

布狗

好像有种安做布狗，我都唔晓得布狗系么啊东西，嶒见过。布狗窿。我等平时都话：你箇件袄婆上尽布狗窿噢！布狗窿样啊，你箇只袄婆布狗窿样！么个唠，布狗唠，我都唔记得哩。唔记得哩么个安做布狗。唔知狐……唔知狐狸呀么啊东西呢布狗呢。xau²¹siəŋ⁵³iəu³⁵tʂəŋ²¹ɔn⁴⁴tso⁵³pu⁵³kei²¹,ŋai¹³təu³⁵ŋ̩²¹çiau²¹tek³ pu⁵³kei²¹xei⁵³mak³ a⁰ təŋ³⁵si⁰,maŋ¹³cien⁵³ko⁵³.pu⁵³kei²¹ləŋ¹³.ŋai¹³tien⁰ pʰin²¹ʂ̩¹³təu⁵³ua⁵³.ɲi¹³kai⁴⁴cʰien⁴⁴au²¹pʰo¹³ʂɔŋ⁴⁴tsʰin⁵³pu⁵³kei²¹ləŋ¹³ ŋau₃₅!pu⁵³kei²¹ləŋ¹³ iɔŋ⁵³ŋa⁰,ɲi¹³kai⁴⁴tʂak³ au²¹pʰo¹³pu⁵³kei²¹ləŋ¹³iɔŋ⁵³!mak³ ke⁵³lau⁰,pu⁵³kei²¹lau⁰,ŋai¹³ təu⁴⁴ŋ̩¹³ci⁰tek³ li⁰.ŋ̩¹³ci⁰tek³ li⁰mak³ ke⁵³ɔn⁴⁴tso⁴⁴pu⁵³kei²¹.ŋ̩¹³ ti⁴⁴f…ŋ̩¹³ti⁴⁴fu li¹³ia⁰ mak³ a⁰ təŋ³⁵si⁰lei⁰pu⁵³kei²¹lei⁰.

我等细细子玩一种游戏，就系欸安做布狗□鸡，欸，鸡嗒白蚁，白蚁蛀皇帝，皇帝缴洋枪，洋枪打布狗。嘿嘿。么人拈倒么个呢，你你你拈倒洋枪，欸就皇帝缴洋枪，我更大。欸，皇帝就分你洋枪缴咁。欸，洋枪它打布狗，布狗□鸡，欸，布狗到底系只么啊东西唔晓得，布狗。就是循环过去：皇帝缴洋枪，洋枪打布狗，布狗□鸡，鸡嗒白蚁，白蚁蛀皇帝。我等细细子就搞咁个东西。ŋai¹³tien⁰se⁵³se⁵³tsʐ⁰uan²¹iet³tʂəŋ²¹iəu¹³çi⁵³,tsʰiəu⁴⁴xe⁵³e⁴⁴ ɔn⁴⁴tso⁴⁴pu⁵³kei²¹lo³⁵cie³⁵,e₂₁,cie³⁵tsan⁴⁴pʰak⁵le³⁵,pʰak⁵le⁴⁴ʂəu⁵³fɔŋ¹³ti⁵³,fɔŋ¹³tʰi⁵³ciau²¹ iɔŋ¹³tsʰiəŋ³⁵,iɔŋ¹³tsʰiɔŋ⁴⁴ta²¹pu⁵³kei²¹.xe₂₁xe₄₄.mak³ ɲin⁴⁴ɲian³⁵tau²¹mak³ e⁰lei⁰,ɲi¹³ɲi¹³ ɲi¹³ɲian³⁵tau²¹iɔŋ¹³tsʰiɔŋ³⁵,e₂₁tsʰiəu⁴⁴fɔŋ¹³ti⁵³ciau²¹iɔŋ¹³tsʰiɔŋ₄₄,ŋai¹³cien⁵³tʰai⁵³.e₂₁,fɔŋ¹³ ti⁵³tsʰiəu⁵³pən⁴⁴ɲi¹³iɔŋ¹³tsʰiɔŋ³⁵ciau²¹kan²¹.ei₂₁,iɔŋ¹³tsʰiɔŋ³⁵tʰa³⁵ta²¹pu⁵³kei²¹,pu⁵³kei²¹ lo³⁵cie³⁵,e₂₁,pu⁵³kei²¹tau⁵³ti⁰xei⁵³tʂak³ mak³ a⁰ əŋ₄₄(←təŋ³⁵)si⁰ŋ̩¹çiau²¹tek³,pu⁵³kei²¹.ts

iəu⁵³ʂʅ⁵³₄₄sən¹³fan¹³ko⁵³tʂʰʅ⁵³₄₄:fəŋ¹³ti⁵³ciau²¹iəŋ¹³tsʰiɔŋ³⁵₄₄,iəŋ¹³tsʰiɔŋ³⁵₄₄ta²¹pu⁵³kei²¹,pu⁵³
kei²¹lo³⁵cie³⁵,cie³⁵tsan⁴⁴₄₄pʰak⁵le⁵,pʰak⁵le³⁵₄₄tʂəu⁵³fəŋ¹³ti⁵³.ŋai¹³tien°se⁵³se⁵³tsʅ°tsʰiəu⁵³₄₄
kau²¹kan²¹ke⁵³₄₄təŋ³⁵₄₄si⁰.

蚕蛹

哎，□□_{发音人弟弟的名字}我问你只事啰。你等人，你等畜过蚕虫啊，系唔系？箇个蚕虫正出世子啊，正出世子，正出来哩嘞，点乜大子唔系安……欸也冇……书名嘞就安做蚕蚁，蚂……蚂蚁子个蚁啊，蚂蚁的蚁啊，蚕蚁。你等安做么个啊？正出世个蚕虫子啊，有么啊话法么？还记得么？有么个话法么？婆婆嘞去箇吗？婆婆歇嘿哩吗？渠睡咁哩吧？噢。ai₅₃,siau²¹ian⁵³₄₄ŋai¹³uən⁵³ɲi₂₁¹³iak³(←tʂak³)sʅ¹³lo⁰.ɲi¹³tien⁰ɲin₂₁¹³ɲi¹³tien⁰çiəuk³ko⁵³tsʰan¹³tʂʰəŋ¹³₄₄ŋa⁰,xei⁵³me₄₄(←m̩¹³xe⁵³)?kai⁵³₄₄kei⁵³tsʰan¹³tʂʰəŋ¹³₄₄tʂaŋ⁵³tʂʰət³sʅ¹³tsʅ⁰a⁰,tʂaŋ⁵³tʂʰət³sʅ¹³tsʅ⁰,tʂaŋ⁵³tʂʰət³lɔi₂₁¹³li⁰lei⁰,tian⁵³ŋa₄₄¹³tʰai⁵³tsʅ⁰m₂₁pʰe₄₄(←m̩¹³xe⁵³)ɔn⁵³…ei₂₁ia³⁵mau₄₄¹³…ʂəu³⁵miaŋ¹³lei⁰tsʰiəu⁵³₄₄ɔn⁵³₄₄tso⁵³₄₄tsʰan¹³i²¹,ma⁰i…ma³⁵le³⁵tsʅ⁰ke⁵³le⁵³a⁰,ma₃₅₁te₄₄₂₁a⁰,tsʰan₃₅i₂₁ɲi¹³tien⁰ɔn³⁵₄₄tso⁵³₄₄mak³ke₄₄⁵³a⁰?tʂaŋ⁵³tʂʰət³sʅ¹³ke⁵³tsʰan¹³tʂʰəŋ¹³₄₄tsʅ⁰a⁰,iəu³⁵mak³a⁰ua⁵³fait³mo⁰?xai¹³ci⁵³tek⁵mo⁰?iəu³⁵mak³ke₄₄⁵³ua⁵³fait³mo⁰?pʰo¹³pʰo¹³le⁰çi⁵³kai⁵³₄₄ma⁰?pʰo¹³pʰo¹³çiek⁵xek⁵li⁰ma⁰?ci¹³ʂɔi⁵³kan²¹ni⁰pa²¹?au₂₁.

蚕蛹，蚕蛹安做么个？蚕虫窠子肚里个箇只箇只蚕蛹啊，安做么啊东西你等？客姓人安做么个东西？蚕……系唔系也安做蚕蛹？哈？安做蚕蛹啊？你等话蚕蛹箇个欸箇个蚕虫窠子肚里个箇只箇只肉啊。欸。你帮我想下子看呐，你帮我想下子看呐箇蚕……蚕虫窠子肚里箇只肉啊，系唔系安……安做么个东西安做？你也记得下子吧？哈？唔记得。滴都唔记得啊箇只蚕虫……蚕虫肚里箇箇肉啊，箇箇只蛹啊。欸。哦。好，好。好，好好好。好，好。好。好。嗯。tsʰan¹³iəŋ²¹,tsʰan¹³iəŋ²¹ɔn³⁵₄₄tso⁵³mak³ke⁵³?tsʰan¹³tʂʰəŋ¹³₄₄kʰo³⁵tsʅ⁰təu²¹li⁰ke⁵³kai⁵³tʂak³kai⁵³tʂak³tsʰan¹³iəŋ²¹ŋa⁰,ɔn³⁵₄₄tso⁵³mak³a⁰təŋ³⁵₄₄si⁰ɲi₂₁¹³tien⁰?kak³sin⁵³ɲin₂₁¹³ɔn³⁵₄₄tso⁵³mak³e₄₄(←ke⁵³)təŋ³⁵₄₄si⁰?tsʰan…xe⁵³me⁵³(←m̩¹³xe⁵³)ia³⁵ɔn³⁵₄₄tso⁵³tsʰan¹³iəŋ²¹?xa₃₅?ɔn³⁵₄₄tso⁵³tsʰan¹³iəŋ²¹ŋa⁰?ɲi₂₁¹³tien⁰ua⁵³tsʰan¹³iəŋ²¹kai⁵³kei₄₄⁵³e₂₁kai⁵³₄₄kei₄₄⁵³tsʰan¹³tʂʰəŋ¹³₄₄kʰo³⁵tsʅ⁰təu²¹li⁰ke₄₄⁵³kai₄₄⁵³tʂak³kai₄₄⁵³tʂak³ɲiəuk³a⁰.e₂₁.ɲi₂₁¹³pɔŋ³⁵ŋai₂₁¹³siəŋ²¹xa₄₄³⁵tsʅ⁰kʰan₄₄¹³na⁰ɲi₂₁¹³pɔŋ³⁵ŋai₂₁¹³siəŋ²¹xa₄₄³⁵tsʅ⁰kʰan₄₄¹³na⁰kai⁵³tsʰan¹³…tsʰan¹³tʂʰəŋ¹³₄₄kʰo³⁵tsʅ⁰təu²¹li⁰kai⁵³tʂak³ɲiəuk³a⁰,xei⁵³₄₄me₄₄(←m̩¹³xe⁵³)ɔn₄₄³⁵…ɔn³⁵₄₄tso⁵³mak³e₄₄(←ke⁵³)təŋ³⁵₄₄si⁰ɔn³⁵₄₄tso⁵³?ɲi₂₁¹³a₄₄³⁵ci⁵³tek³a₂₁(←xa³⁵)tsʅ⁰pa²¹?xa₃₅.?ɲi₂₁¹³ci⁵³tek³.tiet⁵₃təu₄₄²¹ɲi₂₁¹³ci⁵³₄₄tek³a⁰kai₄₄⁵³tʂak³tsʰan₄₄¹³tʂʰəŋ¹³₄₄…tsʰan¹³tʂʰəŋ¹³təu²¹li⁰kai₄₄⁵³kai⁵³ɲiəuk³a⁰,kai⁵³kai⁵³tʂak³iəŋ²¹ŋa⁰.e₄₄.o₂₁.xau²¹,xau⁵³.xau²¹,xau²¹xau²¹xau²¹.xau²¹.xau₅₃⁵³.xau²¹.xau²¹.m̩₂₁.

哎，□_{发音人妹妹的名字}，我问你只事啦。你等畜过蚕虫啊，箇个蚕虫箇窠子肚里个箇只肉啊，蚕蛹啊，就系蚕蛹啊，你等安做么啊东西？你想下子看呐，你想下子看呐！窠子肚里箇只肉啊，箇只箇只爱爱……会会会会……会成飞蛾子个箇只东西啊，安做么个唠？去下窠子肚里，安做么个？系唔系安做蚕蛹啊？安做蚕蛹吧？箇个蚕虫蚕虫饽饽子肚里正菢出来个正菢出来个箇个点仔大子个蚕虫子安做么个东西啰？安做蚕么个唠？蚕崽子吧？蚕虫崽子吧？蚕虫崽子还有别么啊名字么？冇得吧？冇得。好，好好好。好。我跟去下子研究箇客家话个路子。讲客家话，欸欸，好，哦哦，好。箇点仔大子个蚕虫就安做蚕虫崽子。系唔系啊？蚕窠子肚里个箇只肉就安做蚕蛹，系唔系啊？嗯，安做蚕蛹，好，好好好。ai₅₃,cʰiəu²¹,ŋai¹³uən⁵³ɲi¹³ iak³(←tʂak³)sʅ¹³la⁰,ɲi¹³tien⁰çiəuk³ko⁵³tsʰan¹³tʂʰəŋ¹³ŋa⁰,kai⁵³kei⁵³tsʰan¹³tʂʰəŋ⁴⁴kai⁴⁴ kʰo³⁵tsʅ⁰təu²¹li⁰ke⁴⁴kai⁵³tʂak³ɲiəuk³a⁰,tsʰan¹³iəŋ²¹ŋa⁰,tsʰiəu¹³xe⁵³tsʰan¹³iəŋ²¹ŋa⁰,ɲi¹³ tien¹³ɔn⁴⁴tso⁴⁴mak³a⁰təŋ⁴⁴si⁰?ɲi¹³siɔŋ²¹xa⁵³tsʅ⁰kʰan²¹na⁰,ɲi¹³siɔŋ²¹xa⁴⁴tsʅ⁰kʰan⁴⁴ na⁰!kʰo³⁵tsʅ⁰təu²¹li⁰kai⁵³tʂak³ɲiəuk³a⁰,kai²¹₁tʂak³kai⁵³tʂak³ɔi⁵³ɔi⁵³⋯uɔi⁵³uɔi⁵³uɔi⁵³ uɔi⁵³f⋯iɔn⁵³ʂaŋ¹³fei¹³ŋɔ²¹tsʅ⁰ke⁴⁴kai⁴⁴tʂak³təŋ⁴⁴si¹³a⁰,ɔn⁴⁴tso⁴⁴mak³ke⁴⁴lau⁰?çi¹³xa²¹ kʰo³⁵tsʅ⁰təu²¹li⁰,ɔn⁴⁴tso⁴⁴mak³e₄₄(←ke⁵³)?xei⁴⁴me₄₄(←m̩¹³xe⁵³)ɔn³⁵tso⁵³tsʰan¹³iəŋ²¹ ŋa⁰?ɔn³⁵tso⁵³tsʰan²¹₁iəŋ²¹pa⁰?kai⁴⁴ke⁴⁴tsʰan¹³tʂʰəŋ¹³tsʰan¹³tʂʰəŋ⁴⁴pɔk⁵pɔk⁵tsʅ⁰təu²¹li⁰ tʂaŋ⁵³pʰu⁵³tʂʰət³lɔi²¹₁ke⁵³tʂaŋ⁵³pʰu⁵³tʂʰət³lɔi²¹₁ke⁵³kai⁴⁴ke⁴⁴tian⁰ŋa⁴⁴tʰai⁵³tsʅ⁰ke⁵³tsʰan¹³ tʂʰəŋ¹³tsʅ⁰ɔn³⁵₄tso⁵³₄mak³e₄₄(←ke⁵³)təŋ³⁵₄si⁰lo⁰?ɔn³⁵₄tso⁵³₄tsʰan¹³mak³e₄₄ (←ke⁵³)lau⁰?tsʰan¹³tse²¹tsʅ⁰pa⁰?tsʰan¹³tʂʰəŋ¹³tse²¹tsʅ⁰pa⁰?tsʰan¹³tʂʰəŋ¹³tse²¹tsʅ⁰xai¹³ iəu³⁵₄pʰiek⁵mak³a⁰miaŋ¹³tsʅ⁵³mo⁰?mau²¹₁tek³pa⁰?mau²¹₁tek³.xau⁰,xau²¹xau²¹ xau²¹.xau²¹.ŋai²¹₁cien⁴⁴çi¹³xa²¹tsʅ⁰ɲien³⁵ciəu⁴⁴kai²¹tʂak³kʰak³ka³⁵fa⁴⁴ke⁵³ləu⁰tsʅ⁰.kɔn²¹ kʰak³ka³⁵fa⁵³,e₂₁e₂₁,xau²¹,ɔ₂₁ɔ₂₁.xau²¹.kai⁴⁴tian⁵³ŋa⁴⁴tʰai⁵³tsʅ⁰ke⁵³tsʰan¹³tʂʰəŋ¹³tsʰiəu⁵³ ɔn³⁵₄tso⁴⁴tsʰan¹³tʂʰəŋ¹³tse²¹tsʅ⁰.xei⁴⁴me⁵³(←m̩¹³xe⁵³)a⁰?tsʰan¹³kʰo³⁵tsʅ⁰təu²¹li⁰ke⁴⁴kai⁵³ tʂak³ɲiəuk³tsʰiəu⁵³₄ɔn³⁵₅₃tso⁵³₄tsʰan¹³iəŋ²¹,xei⁵³me⁴⁴a⁰?m̩²¹,ɔn³⁵₄tso⁵³₄tsʰan¹³iəŋ²¹,xau²¹, xau²¹xau²¹xau²¹.

草鞋搭

草鞋搭。tsʰau²¹xai¹³tait³./草鞋搭。tsʰau²¹xai¹³tait³./（草鞋……草鞋什么？）草鞋……草鞋搭欸？tsʰau²¹xai¹³⋯tsʰau²¹xai¹³tait³ei⁰?/草鞋搭。tsʰau²¹xai¹³tait³./草鞋搭。tsʰau²¹xai¹³tait³./渠等……渠等两向都踦得啊。ci¹³tien⁰,ci¹³tien⁰iɔŋ²¹çi ɔŋ⁵³təu⁴⁴cʰi¹³tek³a⁰./草鞋搭。tsʰau²¹xai¹³tait³./欸，以个箇面前箇一莘都渠慢点变欸后背箇只脚又吊得稳呐。e₂₁,i²¹₁ke⁴⁴kai⁴⁴mien⁵³tsʰien¹³kai⁴⁴iet³tsʰo⁵³təu⁴⁴ci¹³ man⁵³tian¹³pien⁴⁴e₂₁xeu⁵³pɔi⁴⁴kai⁵³tʂak³ciɔk³iəu⁴⁴tiau⁴⁴tek³uən²¹na⁰./两头都搭得稳。你分渠搞一下子系唔系？iɔŋ²¹tʰei¹³təu³⁵tait³tek³uən²¹.ɲi¹³pən⁴⁴ci¹³₁kau²¹iet³

$xa_{44}^{53}ts\eta^{0}$ $xei_{44}^{53}me_{44}(\leftarrow\underline{m}_{\chi}^{13}xe^{53})$?/啊，系，又毛乎乎哩。$a^{35},xei_{44}^{53},i\partial u^{53}mau^{35}fu^{13}fu^{13}li^{0}$./就毛毛虫样啊。$tsi\partial u^{53}mau^{13}mau^{13}ts\!\!^{h}\partial\eta^{13}i\jmath^{53}a^{0}$./就系只毛虫差晤多。$ts\!\!^{h}i\partial u^{53}xe^{53}$ $ts\!ak^{3}mau^{13}ts\!\!^{h}\partial\eta^{13}tsa^{2}\underline{n}_{21}^{13}to^{35}$./蛮大。$m\partial n^{35}t\!\!^{h}ai^{13}$./但是渠个毛更硬啊。$tan_{44}^{53}s\!\eta^{13}ci^{3}$ $ke_{44}^{53}mau^{53}ken^{3}\eta a\eta^{3}\eta a^{0}$./哈？$xa^{35}$?/毛更硬哦！毛口得肉进哎。$mau^{35}ken_{44}^{53}\eta a\eta^{53}$ ηo^{0}!$mau^{13}cio^{35}tek^{3}\underline{n}i\partial uk^{3}tsin_{44}^{53}no^{0}$./嗯，系硬。$\underline{n}_{21},xei_{44}^{53}\eta a\eta^{53}$./草鞋搭个毛是就口得进。$e_{21},ts\!\!^{h}au^{13}xai^{13}tait^{3}ke^{53}mau^{53}s\!\eta^{13}ts\!\!^{h}i\partial u^{53}cio^{35}tek^{3}tsin^{53}$./口得进噢。$cio^{35}tek^{3}ts$ $in^{53}nau^{0}$.啊系，分渠分渠搞一下你受哩命。$a_{44}^{44}xe^{53},p\partial n^{35}ci_{21}^{13}p\partial n^{35}ci^{13}kau^{21}iet^{3}xa_{44}^{44}$ $\underline{n}i^{13}s\partial u_{44}^{53}li^{0}mia\eta^{53}$./多又咁多。$to^{35}i\partial u_{44}^{13}kan^{21}to^{35}$./欸。$ei_{21}$.

答哨

欸，还有有起大虾公啊，蛮大一只虾公啊，我等哦又有只名字，安做答哨。有吗？也有咁个话法吗？蛮大个虾公，安做答哨。$ei_{53},xai_{21}^{13}i\partial u_{44}^{13}i\partial u^{53}\varsigma i^{21}$ $t\!\!^{h}ai^{53}xa_{21}^{13}k\partial\eta_{44}^{35}\eta a^{0},m\partial n^{13}t\!\!^{h}ai^{53}iak^{3}(\leftarrow iet^{3}ts\!ak^{3})xa_{21}^{13}k\partial\eta_{44}^{35}\eta a^{0},\eta ai^{13}tien^{0}o^{0}i\partial u^{53}i\partial u_{44}^{35}$ $ts\!ak^{3}mia\eta^{13}ts\!\!^{h}\eta_{44}^{53},on_{21}^{53}tso_{44}^{53}tak^{5}sau.i\partial u^{35}ma^{0}$?$ie^{13}i\partial u^{35}kan^{21}cie_{44}^{53}ua^{53}fait^{3}ma^{0}$?$m\partial n^{35}$ $t\!\!^{h}ai^{53}cie_{44}^{13}xa_{21}^{13}k\partial\eta^{35},on_{21}^{53}tso_{44}^{53}tak^{5}sau^{53}$.（哪个 tak^{5} 呢？）我晤晓得，只晓得安做答哨。大虾公，蛮大个，大虾公，蛮大一只个虾公。箇蛮大一只个虾公啊。我只晓咁子话，从来都晤晓得以系系只么啊意思。只晓得安做答哨。箇蛮大一只个虾公啊。$\eta ai^{13}\underline{n}_{44}^{13}\varsigma iau^{21}tek^{3}.ts\!\eta^{21}\varsigma iau^{21}tek^{3}on_{44}^{35}tso_{44}^{53}tak^{5}sau^{53}.t\!\!^{h}ai^{53}xa_{21}^{13}$ $k\partial\eta^{35},m\partial n^{35}t\!\!^{h}ai_{44}^{53}ke^{53},t\!\!^{h}ai^{53}xa_{21}^{13}k\partial\eta^{35},m\partial n^{35}t\!\!^{h}ai^{53}iet^{3}ts\!ak^{3}ke_{44}^{53}xa_{21}^{13}k\partial\eta^{35}.ka_{44}^{53}m\partial n^{35}t\!\!^{h}ai_{44}^{53}$ $iet^{3}ts\!ak^{3}ke^{53}xa_{21}^{13}k\partial\eta^{35}\eta a^{0}.\eta ai^{13}ts\!\eta^{21}\varsigma iau^{21}kan^{21}ts\!\eta^{13}ua^{53},ts\!\!^{h}\partial\eta_{21}^{13}lai_{44}^{13}t\partial u_{53}^{53}\underline{n}_{21}^{13}\varsigma iau^{21}tek^{3}i^{21}$ $xe^{53}xe_{44}^{53}ts\!ak^{3}mak^{3}a^{0}i^{53}s\!\eta^{0}.ts\!\eta^{21}\varsigma iau^{21}tek^{3}on_{44}^{35}tso_{44}^{53}tak^{5}sau^{53}.ka_{44}^{53}m\partial n^{35}t\!\!^{h}ai_{44}^{53}iet^{3}ts\!ak^{3}$ $ke_{44}^{53}xa_{21}^{13}k\partial\eta_{44}^{35}\eta a^{0}$.

鸡公髻蛇

哦，鸡公髻蛇。鸡公髻蛇，好像箇脑壳顶上有只咁个同箇鸡公样有只髻，有只冠。鸡公髻蛇。$o_{44},cie^{35}k\partial\eta^{35}ci^{53}s\!a^{53}.cie^{53}k\partial\eta^{35}ci^{53}s\!a^{53},xau^{53}si\jmath^{53}kai_{44}^{53}lau^{21}$ $k\!\!^{h}\jmath k^{3}ta\eta^{21}x\jmath\eta^{53}i\partial u_{53}^{35}ts\!ak^{3}kan_{44}^{21}cie_{53}^{53}t\!\!^{h}\partial\eta^{13}kai^{53}cie^{35}k\partial\eta_{44}^{13}i\jmath_{21}^{53}i\partial u_{44}^{35}ts\!ak^{3}ci^{53},i\partial u^{35}ts\!ak^{3}$ $k\jmath n^{35}.cie^{35}k\partial\eta_{44}^{13}ci^{53}s\!a_{44}^{53}$.（那个髻是什么意思啊？）髻，欸，就系冠个意思呢。髻就系，看哎，髻就系箇头上个箇滴子呢。禾……箇禾吵，箇个箇打打哩禾啊，打嘿哩禾，就割嘿哩吵，系晤系？割嘿哩，底下有只禾莞吵。分禾莞挖起来，禾……从箇割嘿哩个栏场到到地泥下箇箇一段安做禾莞髻。鸡公髻，鸡公髻蛇，系，系有鸡公髻蛇。渠有渠有蛇冠，渠有渠有渠有欸……本来是鸡冠髻呢，鸡冠髻蛇。晤知让门我等读做鸡公髻蛇呢。大概同鸡公样有髻。$ci^{53},e_{21},ts\!\!^{h}i\partial u^{53}xe_{44}^{53}k\jmath n^{53}ke_{44}^{53}i_{44}^{53}s\!\eta^{0}nei^{0}.ci^{53}ts\!\!^{h}i\partial u_{44}^{53}xe_{44}^{53},k\!\!^{h}\jmath n_{44}^{53}nau^{0},ci^{53}ts\!\!^{h}i\partial u_{44}^{53}$

xe⁵³₄₄kai⁵³₄₄tʰei¹³xɔŋ⁵³₄₄ke⁴⁴₄₄kai⁴⁴₄₄tiet⁵tsʐ⁰nei⁰.u¹³(←uo¹³)···kai⁴⁴₄₄uo¹³ʂa⁰,kai⁵³₄₄ke⁴⁴₄₄kai⁵³₄₄ta²¹ta²¹li⁰uo⁰a⁰,ta²¹ek³(←xek³)li⁰uo¹³,tsʰiəu³⁵₄₄kɔit³ek³(←xek³)li⁰ʂa⁰,xei⁵³me₄₄(←m̩¹³xe⁵³)ʔkɔit³ek³(←xek³)li⁰,tei²¹xa⁵³₄₄iəu³⁵₄₄tʂak⁵uo¹³tei³⁵₄₄ʂa⁰.pən⁵uo¹³tei⁴⁴₄₄uait⁵çi²¹lɔi⁵³₄₄.uo¹³···tsʰəŋ¹³kai⁵³₄₄kɔit³ek³(←xek³)li⁰ke⁵³lɔŋ²¹₂₁tʂʰɔŋ¹³₄₄tau⁵³tau⁵³tʰi¹³lai¹³xa³⁵kai⁵³₄₄kai⁵³₄₄iet³tɔn³⁵ɔn₄₄³⁵tso⁵³₄₄uo¹³tei³⁵₄₄ci⁵³.cie³⁵kuŋ³⁵(←kəŋ³⁵)ci⁵³,cie³⁵kəŋ₄₄³⁵ci⁵³ʂa₄₄,xei²¹,xei₄₄⁵³iəu³⁵cie³⁵kəŋ₄₄³⁵ci⁵³ʂa²¹.ci²¹₂₁iəu³⁵ci²¹₂₁iəu₄₄³⁵ʂa¹³kɔn⁵³,ci²¹₂₁iəu³⁵ci²¹₂₁iəu₄₄³⁵ci¹³iəu₄₄³⁵ei⁰···pən²¹nɔi¹³ʂ⁵³₄₄cie³⁵kɔn⁵³ci⁵³nei⁰,cie³⁵kɔn⁵³ci⁵³ʂa²¹.n̩²¹₂₁ti₄₄¹³niɔŋ³⁵mən⁰ŋai¹³tien⁰tʰəuk⁵tso₄₄⁵³cie³⁵kəŋ³⁵ci⁵³ʂa₄₄nei⁰.tʰai⁵³₄₄kʰai⁵³₄₄tʰəŋ²¹₂₁cie³⁵kəŋ₄₄³⁵iɔŋ₄₄⁵³iəu³⁵ci⁵³.

<h1 style="text-align:center">鸡乱子</h1>

（还没有开始下蛋的那种母鸡呢？）欸，安做安做么个？我等以映子有滴子学倒渠箇本地人箇，我就觉得系学……安做鸡乱子呢。鸡乱子，我觉得以东西有滴子学倒箇本地人样欸。嗯。鸡乱子，孨生孨生觪觪个。包括还唔会啼个半大个鸡公子，都安做鸡乱子啦。e₂₁,ɔn³⁵tso₄₄⁵³ɔn₄₄³⁵tso₄₄⁵³mak³ke⁵³₄₄?ŋai¹³tien⁰i²¹iaŋ⁵³₄₄tsʐ⁰iəu³⁵tet⁵tsʐ⁰xɔk⁵tau²¹ci¹³kai⁵³pən²¹tʰi₄₄⁵³nin¹³kai⁵³,ŋai¹³tsʰiəu³⁵kɔk⁵tek³xe₄₄⁵³xɔk⁵t···ɔn₄₄³⁵tso₄₄⁵³cie³⁵lɔn⁵³tsʐ⁰nei⁰.cie³⁵lɔn⁵³tsʐ⁰,ŋai¹³kɔk⁵tek³i¹³əŋ₁₃₄₄¹³(←təŋ³⁵)si⁰iəu³⁵tet⁵tsʐ⁰xɔk⁵tau²¹kai⁵³₄₄pən²¹tʰi₄₄⁵³nin¹³iɔŋ⁵³ei⁰.m̩₂₁.cie³⁵lɔn⁵³tsʐ⁰,maŋ²¹₂₁saŋ³⁵₄₄maŋ¹³saŋ₄₄³⁵pɔk⁵pɔk³⁵ke₄₄.pau⁵³kʰɔk⁵xai¹³m̩¹³uɔi⁵³₄₄tʰai¹³ke⁵³₄₄pan²¹tʰai⁵³ke²¹₅³cie³⁵kəŋ³⁵tsʐ⁰,təu³⁵ɔn₄₄³⁵tso₄₄⁵³cie³⁵lɔn⁵³tsʐ⁰la⁰.

我老婆是……我老婆就听倒唔知么人讲个，么个爱买滴箇个唔……还孨完……还孨啼个，还唔会啼个，鸡公子，分我孙子食话。食哩箇大概大概就系增强男性功能啰，可能就咁个哦。渠话要么，箇后生子就爱食鸡公子话。欸，信得咁个，系唔系？嗯。ŋai¹³lau²¹pʰo¹³ʂʐ⁵³···ŋai¹³lau²¹pʰo¹³tsiəu⁵³₄₄tʰaŋ³⁵₄₄tau²¹n̩²¹₂₁ti³⁵₅₃mak³in¹³kɔŋ²¹ke₄₄⁵³,mak³ke⁵³₄₄ɔi⁵³₄₄mai⁵³tet⁵₃kai⁵³ke₄₄⁵³m̩¹³···xai¹³maŋ¹³xɔn···xai¹³maŋ¹³tʰai¹³ke⁵³,xai¹³m̩¹³uɔi⁵³₄₄tʰai¹³ke⁵³,cie³⁵kəŋ³⁵tsʐ⁰,pən³⁵ŋai²¹₁³sən³⁵tsʐ⁰ʂət⁵₃ua₄₄⁵³.ʂət⁵li⁰kai₄₄⁵³tʰai⁵³kʰai₄₄⁵³tʰai¹³kʰai₄₄⁵³tsʰiəu₄₄⁵³xe₄₄⁵³tsen⁵cʰiɔŋ¹³₄₄lan¹³sin⁵³kəŋ³⁵len²¹₂₁no⁰,kʰo²¹len¹³tsʰiəu⁵³kan²¹cie₄₄⁵³o⁰.ci¹³ua₄₄⁵³iau⁵³mo⁰,kai₄₄⁵³xei⁵³saŋ³⁵tsʐ⁰tsʰiəu⁵³₄₄ɔi₄₄⁵³ʂət⁵cie³⁵kəŋ³⁵tsʐ⁰ua₄₄⁵³.e₂₁sin⁵tek⁵kan²¹cie₄₄⁵³,xei₄₄⁵³me₄₄(←m̩¹³xe⁵³)?m̩₂₁.

<h1 style="text-align:center">蜡虫</h1>

蜡虫有喔。我细细子就看过。欸。放下箇树上啊，放下箇蜡树上啊，渠就会会会……箇蜡啊箇树上就箇树干上就有咁个蜡呀，雪白个蜡呀。我等掹倒去搞哇。细细子，欸。以下孨看倒有哪映有蜡虫了。冇么人放了。蜡树就还有。lait⁵tsʰəŋ²¹₂₁iəu³⁵uo⁰.ŋai¹³se³⁵se³⁵tsʐ⁰tsʰiəu₄₄⁵³kʰɔn⁵³ko²¹₂₁.e₅₃.fɔŋ³⁵xa⁵³₄₄kai⁵³₄₄

$\text{şəu}^{53}\text{xɔŋ}^{53}\text{ŋa}^0$,$\text{fɔŋ}^{53}\text{xa}^{53}_{44}\text{kai}^{53}_{44}\text{lait}^5$ $\text{şəu}^{53}_{21}\text{xɔŋ}^{53}_{21}\text{ŋa}^0$,ci^{13} $\text{tsʰiəu}^0\text{uɔi}^{53}\text{uɔi}^{53}\text{t}\cdots\text{kai}^5_{44}\text{lait}^5$ a^0
$\text{kai}^{53}_{44}\text{şəu}^{53}\text{xɔŋ}^{53}_{44}\text{tsʰiəu}^{53}_{44}\text{kai}^{53}\text{şəu}^{53}\text{kɔŋ}^{53}_{44}\text{xɔŋ}^{53}_{44}\text{tsʰiəu}^{53}\text{iəu}^{35}_{44}\text{kan}^{21}\text{ke}^{53}_{44}\text{lait}^5\text{ia}^0$,siet^5 $\text{pʰak}^5_3\text{ke}^{53}_{44}$
lait^5ia^0. $\text{ŋai}^{13}_{21}\text{tien}^0\text{met}^5\text{tau}^{21}\text{çi}^{53}\text{kau}^{21}\text{ua}^0$.$\text{se}^{53}\text{se}^{53}\text{tşʅ}^5$,$\text{e}_{21}.\text{i}^5\text{xa}^{53}\text{maŋ}^{13}\text{kʰɔn}^{53}\text{tau}^{21}\text{iəu}^{53}_{44}\text{lai}^{53}_{44}$
$\text{iaŋ}^{53}_{44}\text{iəu}^{35}_{44}\text{lait}^5\text{tşʰəŋ}^{13}_{21}\text{liau}^0$. $\text{mau}^{53}_{44}\text{mak}^5\text{in}^{13}\text{fɔŋ}^{53}\text{liau}^0$. $\text{lait}^5\text{şəu}^{53}\text{tsʰiəu}^{53}\text{xai}^{13}_{21}\text{iəu}^{35}_{44}$. （好，
那个那个虫名字你再把它说一遍。）欸，蜡……蜡虫，放下蜡树上，就会
有蜡。$\text{e}_{21}.\text{lait}^5\cdots\text{lait}^5\text{tşʰəŋ}^{13}$,$\text{fɔŋ}^{53}_{44}\text{xa}^{53}_{44}\text{lait}^5$ $\text{şəu}^{53}\text{xɔŋ}^{53}$,$\text{tsʰiəu}^{53}\text{uɔi}^{53}_{44}\text{iəu}^{35}\text{lait}^5$.

鲤水

（那种很小很小的那个鱼苗呢？）_{普通话：鱼苗吧？}（嗯。很小很小的。还
不……还没……）又……又不是又不是鱼子，还唔做鱼……$\text{iəu}^{53}\text{iəu}^{53}\text{pət}^3$
$\text{şʅ}^{53}\text{iəu}^{53}\text{pət}^3\text{şʅ}^{53}\text{ŋ}^{13}_{44}\text{tsʅ}^0$,$\text{xai}^{13}_{21}\text{ņ}^{13}\text{tso}^{53}\text{ŋ}^{13}_{21}$ …… （还没有还没长到那个鱼苗那么大。）噢，
安做……我等安做鱼水呢。安做鱼水。欸。鲤鱼崽子，箇个以前呢就会放
滴箇鲤鱼个还蛮细个，点伢大子，咁长子一条子，系啊？安做鲤水。au_{21} ,
$\text{ɔn}^{35}\text{tso}^{53}\cdots\text{ŋai}^{13}_{21}\text{tien}^0\text{ɔn}^{35}_{44}\text{tso}^{53}\text{ŋ}^{13}\text{şei}^{21}\text{nei}^0$.$\text{ɔn}^{35}_{44}\text{tso}^{53}\text{ŋ}^{13}\text{şei}^{21}$.$\text{e}_{21}.\text{li}^{13}\text{ŋ}^{13}_{44}\text{tse}^{21}\text{tsʅ}^5$,$\text{kai}^{13}_{44}\text{ke}^{53}_{44}\text{i}^5$
$\text{tsʰien}^{13}_{21}\text{ne}^0$ $\text{tsʰiəu}^{53}_{44}\text{uɔi}^{53}\text{fɔŋ}^{53}\text{tet}^5$ $\text{kai}^{53}\text{li}^{13}\text{ŋ}^{13}$ $\text{ke}^{53}\text{xai}^{13}_{21}\text{man}^{13}$ $\text{sei}^{53}\text{ke}^{53}_{44}$,$\text{tien}^{53}\text{ŋa}^0\text{tʰai}^{53}$
tsʅ^0 ,$\text{kan}^{21}_{35}\text{tşʰɔŋ}^{13}_{44}\text{tsʅ}^5\text{iet}^3\text{tʰiau}^{53}\text{tsʅ}^0$,$\text{xe}^{53}_{44}\text{a}^0$ $\text{?ɔn}^{35}\text{tso}^{53}_{44}\text{li}^{13}\text{şei}^{21}$.

但是草……鲤鱼嘞就点伢大子都畜得活。但是草鱼嘞就爱畜大滴子，
正……正可以舞……舞下箇大田里去畜。箇就安做草秆子。箇就有咁长子
一条。草鱼咯就有咁长子一条子。$\text{tan}^{53}_{44}\text{şʅ}^{53}_{44}\text{tsʰau}^{21}\cdots\text{li}^{13}_{35}\text{ŋ}^{13}\text{lei}^0$ $\text{tsʰiəu}^{53}\text{tian}^0\text{ŋa}^{13}_{44}\text{tʰai}^{53}$
tsʅ^0 $\text{təu}^{53}_{44}\text{çiəuk}^3$ tek^5 uɔit^5.$\text{tan}^{53}\text{şʅ}^5_{44}\text{tsʰau}^{21}\text{ŋ}^{13}\text{lei}^0$ $\text{tsʰiəu}^{53}\text{ɔi}^{53}\text{çiəuk}^3$ $\text{tʰai}^{53}\text{tiet}^5\text{tsʅ}^0$,$\text{tşaŋ}^{53}_{44}\cdots$
$\text{tşaŋ}^{53}_{44}\text{kʰɔ}^{21}\text{i}^{13}_{35}\text{u}^{21}\cdots\text{u}^{21}\text{a}_{44}(\leftarrow\text{xa}^{53})\text{kai}^{53}_{44}\text{tʰai}^{53}\text{tʰien}^{13}_{21}\text{ni}^0\text{çi}^{53}\text{çiəuk}^3$.$\text{kai}^{53}_{21}\text{tsʰiəu}^{53}_{44}\text{ɔn}^{35}_{44}\text{tso}^{53}_{44}$
$\text{tsʰau}^{21}\text{kɔn}^{21}\text{tsʅ}^0$.$\text{kai}^{53}_{21}\text{tsʰiəu}^{53}_{44}\text{iəu}^{35}_{44}\text{kan}^{21}\text{tşʰɔŋ}^{13}\text{tsʅ}^0\text{iet}^3$ tʰiau^{53}.$\text{tsʰau}^{21}\text{ŋ}^{13}\text{kɔ}^0$ $\text{tsiəu}^{53}_{44}\text{iəu}^{35}$
$\text{kan}^{21}\text{tşʰɔŋ}^{13}\text{tsʅ}^5\text{iet}^3$ $\text{tʰiau}^{13}_{44}\text{tsʅ}^0$. （那是草鱼的鱼苗，是吧？）草鱼个鱼苗。欸。
$\text{tsʰau}^{21}\text{ŋ}^{13}\text{ke}^{53}\text{ŋ}^{13}\text{miau}^{13}$,$\text{e}_{21}.$

鲤鱼个鱼苗嘞就可以点伢大子，唔知几细就可以舞到去卖啦。卖，鲤
水，箇真系硬，渠箇用……用碗子去舀。荷……荷……春天就有人荷倒来
卖。欸。荷倒来卖。卖嘿滴嘞，又加滴子水。跍嘿路上又加滴子水。反正
卖来卖去总卖总稀。就信天舀，一块钱，两块钱，舀两块钱。嘿嘿，鲤水
子。以下有得哩。卖鲤水子。$\text{li}^{13}_{35}\text{ŋ}^{13}_{21}\text{ke}^{53}\text{ŋ}^{13}\text{miau}^{13}_{21}\text{lei}^0$ $\text{tsʰiəu}^{53}\text{kʰɔ}^{21}\text{i}^{13}_{35}\text{tien}^0\text{ŋa}^{13}_{44}\text{tʰai}^{53}$
tsʅ^0 ,$\text{ņ}^{13}\text{ti}^{35}_{53}\text{ci}^{13}\text{se}^{53}\text{tsʰiəu}^{53}_{44}\text{kʰɔ}^{21}\text{i}^{13}_{44}\text{u}^{21}\text{tau}^{21}$ $\text{çi}^{53}_{44}\text{mai}^{53}\text{la}^0$ .mai^{53} ,$\text{li}^{13}\text{şei}^{21}$,$\text{kai}^{13}_{44}\text{tşən}^{35}\text{xe}^{53}_{44}$
ņiaŋ^{53}_{44} ,$\text{ci}^{13}_{21}\text{kai}^{53}\text{iəŋ}^{53}\text{u}\cdots\text{iəŋ}^{53}\text{uɔn}^{21}\text{tsʅ}^0$ $\text{çi}^{53}\text{iau}^0$.$\text{kʰai}^{35}\cdots\text{kʰai}^{35}\cdots\text{tşʰən}^{35}\text{tʰien}^{35}\text{tsʰiəu}^{53}_{44}$
$\text{iəu}^{53}_{44}\text{ņin}^{21}_{21}\text{kʰai}^{53}\text{tau}^{21}\text{lɔi}^{53}_{21}\text{mai}^{53}$.$\text{e}_{21}.\text{kʰai}^{35}\text{tau}^{21}\text{lɔi}^{53}_{21}\text{mai}^{53}$.$\text{mai}^{53}\text{xek}^3$ $\text{tiet}^3_{5}\text{le}^0$,iəu^{53} $\text{cia}^{35}\text{tiet}^3$
tsʅ^0 şei^{21}.$\text{ku}^{53}_{44}\text{xek}^5$ $\text{ləu}^{53}_{44}\text{xɔŋ}^{53}_{44}\text{iəu}^0$ $\text{cia}^{35}_{44}\text{tiet}^5\text{tsʅ}^0$ şei^{21}.$\text{fan}^{21}\text{tşən}^{53}_{44}\text{mai}^{53}\text{lɔi}^{13}_{21}\text{mai}^{53}\text{çi}^{53}_{44}\text{tşən}^{21}$
$\text{mai}^{53}\text{tsən}^{53}\text{çi}^{35}.\text{tsʰiəu}^{53}_{44}\text{sin}^{53}\text{tʰien}^{53}\text{iau}^0$,iet^3 $\text{kʰuai}^{53}\text{tsʰien}^{13}$,$\text{iɔŋ}^{21}\text{kʰuai}^{53}\text{tsʰien}^{13}$,$\text{iau}^{21}\text{iɔŋ}^{21}$

k^{h}uai^{53}ts^{h}ien$^{13}_{44}$.xe$_{44}$xe$_{21}$,li^{35}şei^{21}tsη^0.i^{21}xa^{53}mau$^{13}_{21}$tek$^3_5$li^0.mai^{35}li^{35}şei^{21}tsη^0.

草秆子嘞箇就论条数卖。一块钱系……一角钱一条两角钱一条。ts^{h}au^{21} kɔn^{21}tsη^0 lei^0 kai$^{53}_{44}$ts^{h}iəu$^{53}_{44}$lən^{53}t^{h}iau^{13}sη$^{13}_{44}$mai^{53}.iet^3 k^{h}uai^{53}ts^{h}ien$^{13}_{21}$xe^{53}…iet^3 kɔk^3 ts^{h}ien$^{13}_{44}$ iet^3 t^{h}iau$^{13}_{44}$iɔŋ^{21}kɔk^3 ts^{h}ien$^{13}_{44}$iet^3 t^{h}iau$^{13}_{44}$.

棋盘蛇

箇个吧？棋盘蛇吧？有棋盘蛇么？棋盘蛇也唔多动呐，盘倒箇映子。欸。一只棋盘样。睡倒箇动都唔动。如果碰倒食物来哩渠就一下就唔知几快就去攻击渠。（那是，动作肯定快。）欸嘿，动作唔知几快。棋盘蛇。也系咁子个……特性。kai$^{53}_{44}$ke$^{53}_{44}$pa^0 ?c^{h}i$^{13}_{21}$p^{h}an$^{13}_{44}$şa^{13}pa^0 ?iəu^{35}c^{h}i$^{13}_{21}$p^{h}an$^{13}_{44}$şa^{13}mo^0 ?c^{h}i$^{13}_{21}$ p^{h}an$^{13}_{44}$şa^{13}ia$^{35}_{53}$n$^{13}_{21}$to$^{35}_{44}$t^{h}ən^{35}na^0,p^{h}an$^{13}_{21}$tau$^{13}_{44}$kai$^{53}_{44}$iaŋ$^{53}_{44}$tsη^0.e$_{21}$.iet^3 tşak^3 c^{h}i^{13}p^{h}an^{13}iɔŋ^{53}.şɔi^{53} tau^{21}kai$^{53}_{44}$t^{h}ən^{35}təu$^{35}_{53}$n$^{13}_{21}$t^{h}ən^{35}.zu$^{13}_{21}$kɔ^{21}p^{h}ən^{35}tau$^{13}_{44}$şət^5 uk^5 lɔi$^{13}_{21}$li^0 ci$^{13}_{21}$ts^{h}iəu^{53} iet^3 xa^{53} ts^{h}iəu^{53}n$^{13}_{21}$ti$^{35}_{53}$ci^{21}k^{h}uai$^{53}_{44}$ts^{h}iəu$^{53}_{44}$çi$^{35}_{44}$kəŋ^{35}ciet^3 ci$^{13}_{21}$.e$_{44}$xe$_{44}$,t^{h}ən^{35}tsɔk^3 n$^{13}_{21}$ti$^{35}_{53}$ci^{21}k^{h}uai$^{53}_{44}$.c^{h}i^{13} p^{h}an$^{13}_{44}$şa$^{13}_{44}$.ia^{35}xei^{53}kan^{21}tsη^0 ke$^{53}_{44}$s…t^{h}iet^3 sin$^{53}_{44}$.

箬壳斑

还有种安做箬壳斑。箬壳斑。箬壳斑呢，你你箇个竹哇，竹笋呐，外背有条衣哟，系啊？跌下来个箇只就安做箬壳嘞，我等安做箬壳。有咁个有花纹，咁个像草，像咁个像茅草样个，有花纹，又有点点。系箬壳，安做箬壳斑。箇第一毒。xai$^{13}_{21}$iəu$^{13}_{44}$tşəŋ^{13} ɔn$^{35}_{44}$tsɔ$^{53}_{44}$niɔk^3 k^{h}ɔk^3 pan^{35}.niɔk^3 k^{h}ɔk^3 pan^{35}.niɔk^3 k^{h}ɔk^3 pan^{35}ne^0 ,ni$^{13}_{21}$ni^{13}kai$^{53}_{44}$ke$^{53}_{44}$tşəuk^3 ua^0 ,tşəuk^3 sən^{21}na^0 ,ŋɔi$^{53}_{44}$pɔi$^{53}_{44}$iəu$^{35}_{44}$ t^{h}iau$^{13}_{21}$i^{35}şa^0 ,xei$^{53}_{44}$a^0 ?tet^3 xa^{53}lɔi$^{13}_{21}$ke$^{53}_{44}$kai$^{53}_{44}$tşak^3 ts^{h}iəu$^{53}_{44}$ɔn$^{35}_{44}$tsɔ$^{53}_{44}$niɔk^3 k^{h}ɔk^3 le^0 ,ŋai$^{13}_{21}$tien^0 ɔn$^{35}_{44}$tsɔ$^{53}_{44}$niɔk^3 k^{h}ɔk^3 .iəu^{35}kan^{21}ke$^{53}_{44}$iəu^{35}fa^{35}uən$^{13}_{21}$,kan^{21}ke$^{53}_{44}$ts^{h}iɔŋ^{53}ts^{h}au^{21},ts^{h}iɔŋ^{53}kan^{21} ke^{53}ts^{h}iɔŋ^{53} mau^{13}ts^{h}au^{21}iɔŋ$^{53}_{44}$ke$^{53}_{44}$,iəu^{35}fa^{35}uən$^{13}_{21}$,iəu$^{53}_{21}$iəu^{35}tian^{21}tian^{21}.xei^{53}niɔk^3 k^{h}ɔk^3 ,ɔn^{35}tsɔ^{53}niɔk^3 k^{h}ɔk^3 pan^{35}.kai$^{53}_{44}$t^{h}i^{53}iet^3 t^{h}əuk^5 .

蚊子

（呃，有一种这个黑色的那种小蚊子啊，它叮人。）麦蚊子，我等安做麦蚊子。点伢大子个。等得到乌蚊子了呢，箇就箇就有脚箇只个呢。以个麦蚊子是点伢大子，同箇同箇一只子芝麻样，咁大子个，就安麦蚊子。mak^5 mən^{35}tsη^0 ,ŋai$^{13}_{21}$tien^0 ɔn$^{35}_{44}$tsɔ$^{53}_{44}$mak^5 mən^{35}tsη^0 .tian$^{21}_{53}$ŋa$^{13}_{44}$t^{h}ai^{53}tsη^0 ke^{53}.tien^{21}tek^3 tau$^{53}_{44}$ u^{35}mən^{35}tsη^0 liau^{21}lei^0 ,kai^{53}ts^{h}iəu$^{53}_{44}$kai$^{53}_{44}$ts^{h}iəu$^{53}_{44}$iəu^{35}ciɔk^3 kai$^{53}_{44}$tşak^3 ke$^{53}_{44}$lei^0 .i^{21}ke^{53}mak^5 mən^{35}tsη^0 şı$^{53}_{53}$tian$^{21}_{53}$ŋa$^{13}_{44}$t^{h}ai^{53}tsη^0 ,t^{h}ən^{13}kai^{53}t^{h}ən^{35}kai^{53}iet^3 tşak^3 tsη^0 tsη^{35}ma$^{13}_{21}$iɔŋ^{53},kan^{21} t^{h}ai^{53}tsη^0 ke$^{53}_{21}$,ts^{h}iəu$^{53}_{44}$ɔn^{44}mak^5 mən^{35}tsη^0 .

（水蚊子呢？）水蚊子，唔，水面上个。水蚊子。还有起安做大水蚊。蛮大一只，比较大一只，脚都囗长个。在箇个山里有，就比较多个。欸竹山多个栏场又蚊子多，安做竹蚊子。真……真起蚊子啊。ʂei²¹mən³⁵tsʅ⁰,m̩₂₁,ʂei²¹mien⁵³xɔŋ⁵³ke⁵³.ʂei²¹mən⁵³tsʅ⁰.xai²¹iəu⁴⁴çi⁴⁴ən⁴⁴tso⁵³tʰai⁵³ʂei²¹mən³⁵.mən³⁵tʰai³iet³tʂak³,pi²¹ciau⁴⁴tʰai³iet³tʂak³,ciɔk³təu³⁵lai³⁵tʂɔŋ¹³ke⁴⁴.tsʰai³⁵kai⁴⁴ke⁵³san³ni²¹iəu³⁵,tsʰiəu⁵³pi²¹ciau⁴⁴to⁴⁴ke⁴⁴.e₂₁tʂəuk³san³to⁴⁴ke⁵³lɔŋ²¹tʂʰɔŋ¹³iəu¹³mən³⁵tsʅ⁰to³⁵,ɔn⁴⁴tso⁵³tʂəuk³mən³⁵tsʅ⁰.tʂʂən³s…tʂʂən³çi²¹mən³⁵tsa⁰.

（还有一种猪屎蚊子啊？）猪屎蚊，欸，猪屎蚊，猪屎蚊子。渠箇都箇箇几种蚊子都……都系有滴么个呢？都系点伢大子。欸，一蒲，一一一一大……一大团呢，哎咦，你如今以箇天呐你，你挨夜子到路上去走呀，呀开眼珠都开唔得。一大团。嗯。点伢大子。去以下飞，去你面前飞。tʂəu³⁵ʂʅ²¹mən³⁵,e₂₁,tʂəu³⁵ʂʅ²¹mən³⁵,tʂəu³⁵ʂʅ²¹mən³⁵tsʅ⁰.ci¹³kai⁵³təu³⁵kai⁵³kai⁵³ci²¹tʂəŋ²¹mən³⁵tsʅ⁰təu³⁵k…təu³⁵xe⁵³iəu²¹tiet³mak³e₄₄(←ke⁵³)le⁰?təu³⁵xe⁵³tian⁵³ŋa⁴⁴tʰai⁵³tsʅ⁰.e₂₁,iet³pʰu¹³,iet³iet³iet³iet³tʰai⁵³p…iet³tʰai⁵³tʰɔn¹³ne⁰,ai₂₁i₂₁ɲi¹³i²¹cin⁴⁴i²¹kai⁴⁴tʰien⁴⁴na¹³ɲi²¹₁,ɲi²¹ai¹³ia⁵³tsʅ⁰tau⁵³ləu⁵³xɔŋ⁵³çi⁴⁴tsei²¹ia⁰,ia₄₄kʰɔi³⁵ŋan²¹tʂəu³⁵təu³⁵kʰɔi³⁵ŋ̩²¹tek³.iet³tʰai⁵³tʰɔn¹³.ŋ̩²¹tian⁵³ŋa⁴⁴tʰai⁵³tsʅ⁰.çia₅₃(←çi⁵³i²¹xa⁵³)fei³⁵,çi⁵³ɲi²¹mien¹³tsʰien²¹fei³⁵.

蟓子

生蟓子。箇米生哩蟓子。就墨乌子个，点伢大子个，系啊？欸，米肚里生哩米生哩蟓子。还有还有箇个么啊豆子生哩蟓子，也有咁个点伢大子个虫。saŋ³⁵siɔŋ⁵³tsʅ⁰.kai₄₄mi¹³saŋ³⁵li⁰siɔŋ⁵³tsʅ⁰.tsiəu₄₄mek⁵u⁰tsʅ⁰ke⁵³,tian⁵³ŋa⁴⁴tʰai⁵³tsʅ⁰ke₄₄,xe₄₄a⁰?e₂₁,mi²¹təu²¹li⁰saŋ³⁵li⁰mi²¹saŋ₄₄li⁰siɔŋ⁵³tsʅ⁰.xai¹³iəu⁵³xai¹³iəu⁵³kai⁵³ke₄₄mak³a⁰tʰei³tsʅ⁰saŋ³⁵li⁰siɔŋ⁵³tsʅ⁰,ia¹³iəu⁵³kan²¹ke⁴⁴tian⁵³ŋa⁴⁴tʰai⁵³tsʅ⁰ke₄₄tʂʰəŋ¹³.（那叫什么虫啊？）安做蟓子啊。ɔn²¹tso⁴⁴siɔŋ³⁵tsʅ⁰a⁰.（也叫蟓子？）安做蟓子。欸。不是米虫呢。渠不是安做米虫。米虫更大一条条。米虫啊，有咁长子。箇蟓子只只只系滴滴伢子啊，同箇一只子芝麻样。ɔn³⁵tso⁵³siɔŋ³⁵tsʅ⁰.e₂₁.pət³ʂʅ⁵³mi²¹tʂʰəŋ₄₄le⁰.ci₂₁pət³ʂʅ³⁵ɔn₄₄tso₄₄mi²¹tʂʰəŋ¹³.mi²¹tʂʰəŋ¹³ken₄₄tʰai¹³iet³tʰiau¹³tʰiau¹³.mi²¹tʂʰəŋ¹³a⁰,iəu₄₄kan²¹tʂʰɔn¹³tsʅ⁰.kai²¹siɔŋ³⁵tsʅ⁰tsʅ²¹tsʅ²¹tsʅ³xei⁵³tet⁵tiet⁵ŋa¹³tsa⁰,tʰəŋ¹³kai₄₄iet³tʂak³tsʅ⁰tsʅ³⁵ma²¹iɔŋ₄₄.（就黑色的，小小的？）欸黑……欸，墨乌个，欸。滴伢大子。墨乌个。e₂₁,xei…e₂₁,mek⁵u³⁵ke⁵³,e₂₁.tiet⁵ŋa¹³tʰai⁵³tsʅ⁰.mek⁵u³⁵ke⁴⁴.（豆子里面也也就也就是这种蟓子啊？）也会有，欸，豆子肚里也会有。欸，生蟓子。ia³⁵uɔi²¹iəu³⁵.e₂₁,tʰei³tsʅ⁰təu²¹li⁰ia³⁵uɔi²¹iəu₄₄.e₂₁,saŋ³⁵siɔŋ⁵³tsʅ⁰.

燕蜂子

欸，呃墙上个，去墙上作只子箇点伢大子个窠子个，安做燕蜂子。燕蜂。ei$_{44}$,ə^{0}ts^{h}ioŋ^{13}xoŋ^{13}ke^{53},çi$_{44}^{53}$ts^{h}ioŋ^{13}xoŋ^{53}tsok^3 tsak^3 tsʅ^0 kai$_{44}^{53}$tian^{0}ŋa$_{44}^{53}$t^{h}ai^{53}tsʅ^0 ke$_{44}^{53}$ k^{h}o^{35}tsʅ^{0}ke^{53},on^{35}tso$_{44}^{53}$ien^{53}fəŋ^{35}tsʅ^0.ien^{53}fəŋ^{35}.（燕蜂子，燕子的燕吗？）欸，燕子个燕。安做燕蜂子。e$_{21}$,ien^{53}tsʅ^0 ke^0 ien^{53}.on^{35}tso$_{44}^{53}$ien^{53}fəŋ^{35}tsʅ^0.同箇渠同箇燕子样作窠。箇窠也像燕子。安做燕蜂子。t^{h}əŋ$_{21}^{13}$kai^{53}ci$_{21}^{13}$t^{h}əŋ$_{21}^{13}$kai$_{44}^{53}$ien^{53}tsʅ^0 ioŋ$_{44}^{53}$tsok^3 k^{h}o^{35}.kai$_{21}^{53}$k^{h}o^{35}e$_{44}$(←a^{35})ts^{h}ioŋ$_{44}^{53}$ien^{53}tsʅ^0.on$_{44}^{35}$tso$_{44}^{53}$ien^{53}fəŋ^{35}tsʅ^0.

燕蜂子去箇墙上，作箇个窠子。舞倒箇窠子来，欸，泡水食，是整细人子个嗯箇个么个欸伤风感冒子。噢，燕蜂子窦呀安做，燕蜂子窦。渠作个窠极像箇燕子作个窠。安做燕蜂子。ien^{53}fəŋ^{35}tsʅ^0 çi$_{44}^{53}$kai^{53}ts^{h}ioŋ^{13}xoŋ^{53},tsok^3 kai$_{44}^{53}$kei$_{44}^{53}$k^{h}o^{35}tsʅ^0.u^{21}tau^{21}kai$_{44}^{53}$k^{h}o^{35}tsʅ^0 ləi$_{21}^{13}$,e$_{21}$,p^{h}au^{53}şei^{21}şət^5,sʅ$_{44}^{13}$tşan^{21}sei^{0}ɲin$_{21}^{13}$ke^0 ke$_{44}^{53}$ŋ$_{21}$ kai$_{44}^{53}$ke$_{44}^{53}$mak^3 ke^{0}e$_{44}$şoŋ^{35}fəŋ^{35}kon^{21}mau^{13}tsʅ^0.au$_{21}$,ien^{53}fəŋ^{35}tsʅ^0 tei^{0}ia^0 on$_{44}^{35}$ tso$_{44}^{53}$,ien^{53}fəŋ^{35}tsʅ^0 tei^0.ci^{13}tsok^3 kei$_{44}^{53}$k^{h}o^{35}ts^{h}iet^5 ts^{h}ioŋ$_{44}^{53}$kai^{53}ien^{53}tsʅ^0 tsok^3 kei$_{44}^{53}$ k^{h}o^{35}.on$_{21}^{35}$tso$_{44}^{53}$ien^{53}fəŋ^{35}tsʅ^0.

油笋蜂

但是渠蜂子嘞有有种箇野蜂子会会会叮人个吵，箇种吵，渠建渠作个窠咯欸箇圆……圆笋笋样，圆笋，我等安做油笋蜂。做成只油笋样。箇蜂子就厉……就最厉害。就系就系如今讲个么个么个蜂啊安做？马蜂啊，就是马蜂。喊油笋蜂。tan^{53}sʅ^{0}ci$_{21}^{13}$fəŋ^{35}tsʅ^0 ləi^0 iəu^0 iəu^{35}tşəŋ^{21}kai$_{44}^{53}$ia^0 fəŋ^{35}tsʅ^0 uoi$_{44}^{53}$uoi^{53} uoi^{53}tiau^{35}ɲin$_{21}^{13}$ke$_{44}^{53}$şa^0,kai$_{44}^{53}$tşəŋ^{21}şa^0,ci^{13}cien$_{44}^{53}$ci$_{44}^{13}$tsok^3 ke$_{44}^{53}$k^{h}o^{35}ko^0 e$_{21}$kai$_{44}^{53}$ien^{13}···ien^{13} lo^{13}lo^{13}ioŋ$_{44}^{35}$,ien^{13}lo$_{44}^{53}$,ŋai^{13}tien^0 on$_{44}^{35}$tso$_{44}^{53}$iəu^{13}lo^{13}fəŋ^{35}.tso$_{44}^{53}$tş^{h}ən$_{44}^{13}$tşak^3 iəu^{13}lo^{13}ioŋ$_{44}^{53}$.kai^{53} fəŋ^{35}tsʅ^0 ts^{h}iəu^{53}li···ts^{h}iəu^{53}tsei^{53}li$_{44}^{53}$xoi$_{44}^{53}$.ts^{h}iəu^{53}xe$_{44}^{53}$ts^{h}iəu^{53}ue^{53}(←xe^{53})i$_{21}^{13}$cin^{35}koŋ^{21}ke$_{44}^0$ mak^3 ke$_{44}^{53}$mak^3 e$_{44}$(←ke^{53})fəŋ^{35}ŋa^0 on$_{44}^{35}$tso$_{44}^{53}$?ma$_{21}$fəŋ$_{44}^{35}$ŋa^0,tsiəu^{53}sʅ^{53}ma$_{21}$fəŋ$_{44}^{53}$.xan$_{44}^{53}$ iəu^{13}lo$_{21}^{13}$fəŋ^{35}.

鸟兽虫鱼

以前我等以映有老虎。我系个栏场都有老虎。我冇几大子个时候子，七八岁子吧，就大概系六……六十年代，我等箇后背箇只喊……我喊叔公个，渠跕倒箇岭上啊，箇……箇我个后背箇箇大岭，岭上啊，做只老虎笼。i^{35}ts^{h}ien$_{21}^{13}$ŋai^{13}tien^0 i^{2}iaŋ$_{44}^{53}$iəu^{35}lau^{21}fu^{21}.ŋai^{13}xei^{53}ke^0 laŋ^{21}tş^{h}oŋ$_{21}^{13}$təu$_{44}^{35}$iəu^{35}lau^{21}fu^{21}.ŋai^{13} mau^{13}ci^{13}t^{h}ai^{53}tsʅ^0 ke^0 sʅ^{13}xei^{53}tsʅ^0,ts^{h}iet^5 pait^{53} soi^{53}tsʅ^0 pa^0,ts^{h}iəu$_{44}^{53}$t^{h}ai^{53}k^{h}ai$_{44}^{53}$xei^{53} liəuk^3···liəuk^3 şət^5 ɲien$_{21}^{13}$t^{h}oi^{53},ŋai^{13}tien^0 kai$_{44}^{53}$xei^{53}poi$_{44}^{53}$kai$_{44}^{53}$tşak^3 xan^{53}···ŋai$_{21}^{13}$xan^{53}

ʂəuk³kəŋ³⁵ke⁵³,ci₂₁¹³ku₄₄³⁵tau₂₁²¹kai₄₄⁵³liaŋ³⁵xɔŋ⁵³ŋa⁰,kai₄₄⁵³···kai₄₄⁵³ŋai¹³ke₄₄⁵³xei⁵³pɔi₂₁⁵³kai₄₄⁵³kai₄₄⁵³
tʰai⁵³liaŋ³⁵,liaŋ³⁵xɔŋ⁵³ŋa⁰,tso⁵³tʂak⁵³lau²¹fu²¹ləŋ³⁵.

渠让门子做个啊？用黄泥去筑。筑两扇墙，以映一扇墙，以映一扇墙，
筑只子，筑只子同箇个么个……欸，烤烟棚样个冇几大子个间子啊，筑……
筑倒。以下嘞肚里嘞就做几条间，做几只间，嗯。墙就以边一扇，以边一
扇，系啊？就两扇墙。人咁高子。只有人咁高子。两扇墙。用来装老虎个
啊。欸，以下箇映就舞皮门，舞皮门。以……以映就舞只间，欸，如映舞
只间。以映又……又一只子细间子，间子，就……放只狗崽子，关只狗子，
关倒以映，关只狗崽子。以个间呢，通通用树做个哟。用咁大个荷。搞么
个爱用荷树嘞？唔用别个树嘞？只有荷树，箇个老虎啊用……渠拼命
个……管下箇肚里是老虎就系爪子去抓哟，系啊？荷树抓一阵就西痒，渠
就唔得抓哩，呵呵，就抓唔得哩。爱荷树，应硬爱用荷树。以个以两扇墙
子肚里嘞都咁大一条条个荷树做墙绷，舞倒，顶高就盖倒，顶高嘞用荷……
全部用荷树棍舞倒。ci₂₁¹³niəŋ⁵³mən¹³tsʅ⁰tso⁵³keʔ⁰aʔ³iəŋ⁵³uɔŋ¹³lai¹³çi³tʂəuk³.tʂəuk³
iəŋ²¹ʂen¹³tsʰiɔŋ¹³,i²¹iaŋ⁵³et³(←iet³)ʂen¹³tsʰiɔŋ¹³,i²¹iaŋ⁵³et³(←iet³)ʂen¹³tsʰiɔŋ¹³,tʂəuk³
tʂak³tsʅ⁰,tʂəuk³tʂak³tsʅ⁰tʰəŋ₂₁¹³kai₄₄⁵³ke₄₄⁵³mak⁰e⁵³(←ke⁵³)s···e₂₁,kʰau²¹ian₄₄³⁵pʰəŋ¹³iəŋ₄₄⁵³
ke₄₄⁵³mau¹³ci¹tʰai⁵³tsʅ⁰ke₄₄⁵³kan³⁵tsʅ⁰aʔ⁰,tʂəuk³···tʂəuk³tau²¹.i²¹xa₄₄⁵³lei⁰təu²¹li⁰le⁰tsʰiəu⁵³
tso⁵³ci²¹tʰiau₂₁¹³kan⁵³,tso⁵³ci²¹tʂak³kan⁵³,n̩₂₁.tsʰiɔŋ¹³tsʰiəu¹³i²¹pien³⁵iet³ʂen⁵³,i²¹pien³iet³
ʂen⁵³,xei₄₄⁵³aʔ⁰?tsʰiəu⁵³iɔŋ¹³ʂen¹³tsʰiɔŋ₄₄¹³.ɲin¹³kan²¹kau³⁵tsʅ⁰.tʂʅ⁰iəu₄₄⁵³ɲin¹³kan²¹kau³⁵
tsʅ⁰.iəŋ²¹ʂen⁵³tsʰiɔŋ₄₄¹³.iəŋ⁵³lɔi₂₁¹³tsɔŋ³⁵lau²¹fu²¹keʔ⁰aʔ⁰.e₂₁,i²¹ia₄₄(←xa⁵³)ka²¹iaŋ₄₄⁵³tsʰiəu⁵³uʔ⁰
pʰi¹³mən¹³,u²¹pʰi¹³mən¹³.i²¹···i²¹iaŋ₄₄⁵³tsʰiəu⁵³uʔ²¹tʂak³kan⁵³,e₂₁,i²¹iaŋ⁵³uʔ²¹tʂak³kan⁵³.i²¹
iaŋ₄₄⁵³iəu⁵³···iəu⁵³iet³tʂak³tsʅ⁰se⁵³kan³⁵tsʅ⁰,kan⁵³tsʅ⁰,tsʰiəu⁵³f···fɔŋ⁵³tʂak³kei²¹tse⁵³
tsʅ⁰,kuan³⁵tʂak³kei²¹tsʅ⁰,kuan³⁵tau²¹i²¹iaŋ⁵³,kuan³⁵tʂak³kei²¹tse²¹tsʅ⁰.i²¹cie₄₄⁵³kan⁵³
neʔ⁰,tʰəŋ₄₄³⁵tʰəŋ³⁵iəŋ₄₄⁵³ʂəu⁵³tso₄₄⁵³ke₄₄⁵³saʔ⁰.iəŋ⁵³kan²¹tʰai⁵³ke₄₄⁵³xo¹³ʂəu₄₄⁵³.kau²¹makʔ⁰ɔi⁵³iəŋ⁵³
xo¹³ʂəu₄₄⁵³leʔ⁰?n̩¹³niəŋ₄₄⁵³pʰetʔ³makʔ⁰eʔ⁰ʂəu₄₄⁵³leʔ⁰?tsʅ⁰iəu⁵³xo¹³ʂəu⁵³,kai¹³keʔ⁰lau²¹fu²¹aʔ⁰
iəŋ⁵³···ci₂₁¹³pʰin³⁵miaŋ₄₄⁵³ke₄₄⁵³···kuan³⁵na₄₄⁵³kai₄₄⁵³təu²¹li⁰ʂʅ₄₄⁵³lau²¹fu²¹tsʰiəu⁵³uei⁵³(←
xei⁵³)tsau²¹tsʅ⁰çi³tsa³⁵saʔ⁰,xei₄₄⁵³aʔ⁰?xo¹³ʂəu₄₄⁵³tsa³⁵iet³tʂʅ⁰³ən₄₄¹³tsʰiəu₄₄⁵³si¹³iɔŋ³⁵,ci¹³tsʰiəu⁵³n̩¹³
tek³tsa³⁵li⁰,xe₄₄xe₄₄,tsʰiəu₄₄⁵³tsa³⁵n̩¹³tek³li⁰.ɔi₄₄⁵³xo¹³ʂəu⁵³,ɲiaŋ⁵³ɔi¹³iəŋ⁵³xo¹³ʂəu⁵³.i²¹kei⁵³
i²¹iəŋ⁵³ʂen¹³tsʰiɔŋ¹³tsʅ⁰təu²¹li⁰le⁰təu₄₄³⁵kan²¹tʰai⁵³iet³tʰiau₂₁¹³tʰiau₂₁¹³ke⁵³xo¹³ʂəu⁵³tso⁵³
tsʰiɔŋ¹³paŋ³⁵,u²¹tau²¹,taŋ²¹kau₄₄³⁵tsʰiəu₄₄⁵³kɔi³tau²¹,taŋ²¹kau₄₄³⁵lei⁰iəŋ⁵³xo¹³ʂ···tsʰien¹³pʰu⁵³
iəŋ⁵³xo¹³ʂəu₄₄⁵³kuən⁵³u²¹tau²¹.

渠装倒一只老虎。嗯。分渠装倒只老虎。箇只老虎大概系六十多斤子。
箇系六十年代个事啦。以后就甑看倒了。以后我等甑看倒了。箇就讲老虎。
吃咁哩啊。呵呵。欸，呵。呃，骨头就浸酒哇。箇阵子有么个？箇阵子还

有么个保护个意识嘞？冇得哩。箇是真真实实个事。欸。ci²¹₂₁tsɔŋ³⁵tau²¹iet³tʂak³ lau²¹fu²¹.m̩₂₁.pən³⁵ci²¹₂₁tsɔŋ³⁵tau²¹ak³（←tʂak³）lau²¹fu²¹.kai⁵³tʂak³lau²¹fu²¹tʰai⁵³kai⁵³xe⁵³ liəuk³ʂət⁵to⁵³cin³⁵tʂ̩⁰.kai⁵³xe⁵³liəuk³ʂət⁵ɲin₂₁¹³tʰɔi²¹ke⁵³sɿ⁵³la⁰.i³⁵xei⁵³tsʰiəu⁵³maŋ¹³ kʰɔn⁵³tau²¹liau⁰.i³⁵xei⁵³ŋai¹³tien⁰maŋ¹³kʰɔn⁵³tau²¹liau⁰.kai⁵³tsʰiəu⁵³kɔŋ¹³lau²¹fu²¹.tsʰ̩ʅ³⁵ kan²¹ni⁰a⁰.xe⁵³xe₂₁.e₂₁,xe⁵³.ə₂₁,kuət³tʰei₂₁²¹tsʰiəu⁵³tsin⁵³tsiəu²¹ua⁰.kai⁵³tʂ̩ən⁵³tʂ̩⁵³iəu³⁵ mak³ke⁵³?kai⁵³tʂən⁵³tʂ̩⁵³xai⁵³iəu₄₄³⁵mak³e⁰pau⁵³fu₄₄⁵³kai⁵³i⁵³ʂət³le⁰?mau₄₄¹³tek¹³li⁰.kai₄₄⁵³ʂ̩⁵³₄₄ tʂən³⁵tʂ̩ən³⁵₄₄ʂət⁵ʂət⁵ke⁵³sɿ⁵³.e₂₁.

以下第二只嘞我看哩个嘞，就我就看过黄欸安做豹子。七十年代，嗯，我去箇岭上做事。七几年，唔知七二年啊七三年。去下岭上做事。落水天。你话箇落水天呐，我等踦倒箇映啊，嗬啰，箇个墩里箇羊子箇只啦，鸡呀鸭呀，硬鳓天鳓地凑。好得，欸搞么个？踦倒箇映来瞒。嗬，一只……一只唔知几大个东西，通黄个，嗯，去下追箇个鸡啊。追箇鸡，追箇个狗箇滴。放势追。欸。我等就一哼咴嘛就，箇人也多唠。要做事。十几个人。一……一声哼了，嗬，一只箇通黄个东西，一只有只墩呢有两层楼咁高哇，有箇两层楼，一纵步就上嘿哩，一口就就上嘿哩。只看倒一只子影子。隔哩大概有几远子嘞？隔哩有有有两……两三十米子远就有还。欸。只看……唔止哦。五十米都有喔。只看呢，竹筒子样，箇只完身呢竹筒子样，尽花，黄……箇个安做豹子。嗯，一纵步就上嘿哩。箇是我等得哩见个嘞，就就就到箇岭上去哩，唔知哪去哩。i²¹ia₄₄（←xa⁵³）tʰi⁰ɲi⁵³tʂak³le⁰ŋai¹³kʰɔn⁵³ni⁰ ke⁵³lei⁰,tsʰiəu⁵³ŋai¹³tsʰiəu⁵³kʰɔn⁵³ko⁵³uoŋ¹³e₂₁ɔn³⁵tso₄₄⁵³pau⁵³tʂ̩⁰.tsʰiet³ʂət⁵ɲien₂₁¹³ tʰɔi⁵³,n̩₂₁,ŋai¹³çi⁵³kai₄₄⁵³liaŋ³⁵xoŋ₄₄⁵³tso₄₄⁵³sɿ⁵³.tsʰiet³ci²¹nien¹³,n̩¹³ti₄₄⁵³tsʰiet³ɲi³nien¹³a⁰tsʰiet³ san³⁵ɲien₂₁¹³.çi⁵³a₄₄（←xa⁵³）liaŋ³⁵xoŋ₄₄⁵³tso₄₄⁵³sɿ⁵³.lɔk⁵ʂei²¹tʰien³⁵.ɲi¹³ua₄₄⁵³kai₄₄⁵³lɔk⁵ʂei²¹ tʰien³⁵na⁰,ŋai¹³tien⁰cʰi³tau²¹kai₄₄⁵³iaŋ₄₄⁵³ŋa⁰,xo₅₃lo⁰,kai₄₄⁵³ke⁵³tʰɔn⁵³ni²¹kai₄₄⁵³iɔŋ¹³tʂ̩⁰kai₄₄⁵³ tʂak³la⁰,cie³⁵ia⁰ait³ia⁰,ɲiaŋ⁵³pait⁵tʰien₄₄³⁵pait⁵tʰi⁵³tsʰe⁰.xau²¹teit³,e₅₃kau²¹mak³ ke⁵³?cʰi³⁵tau²¹kai₄₄⁵³iaŋ₄₄⁵³lɔi₂₁¹³tsʰ̩ʅ³.xo₅₃,iet³tʂak³…iet³tʂak³n̩¹³ti₄₄⁵³ci₄₄⁵³tʰai⁵³ke₄₄⁵³təŋ³⁵ si⁰,ləŋ³⁵uoŋ¹³ke⁰,n̩₂₁,çi⁵³xa⁵³tʂei⁵³kai₄₄⁵³ke⁵³cie⁵³a⁰.tʂei³⁵kai⁵³cie⁵³,tʂei⁵³kai₄₄⁵³kei²¹kai₄₄⁵³ tiet³.xoŋ₄₄⁵³sɿ⁵³tʂei³⁵.e₂₁.ŋai¹³tien⁰tsʰiəu⁵³iet³xen⁵³nau⁰ma⁰tsiəu⁵³,kai⁵³ɲin¹³na（← a³⁵）to³⁵lau⁰.iau₄₄⁵³tso⁵³sɿ⁵³.ʂət⁵ci²¹ke⁵³ɲin₂₁¹³.iet³…iet³saŋ₄₄³⁵xen³⁵niau²¹,xo₅₃,iet³tʂak³… iet³tʂak³kai₄₄⁵³ləŋ¹³uoŋ¹³ke₄₄⁵³təŋ₄₄³⁵si⁰,iet³tʂak³iəu₂₁⁵³tʂak³kʰan⁵³ne⁰iəu⁵³iɔŋ²¹tsʰen₂₁¹³nei₂₁¹³ kan²¹kau³⁵ua⁰,iəu³⁵kai⁵³iɔŋ²¹tsʰen¹³nei¹³,iet³tsɔn⁵³pʰu¹³tsʰiəu₄₄⁵³ʂoŋ³⁵ŋek³（← xek³）li⁰,iet³tsʰɔit³tsʰiəu₄₄⁵³ʂoŋ³⁵ŋek³（←xek³）li⁰.tʂ̩⁵³kʰɔn⁵³tau²¹iet³tʂak³tsɿ⁰iaŋ¹³ tsɿ⁰.kak³li¹³tʰai⁵³kʰai⁵³iəu⁵³ci²¹ien⁵³tsɿ⁰lei⁰?kak³li¹³iəu³⁵iəu⁵³iəu³⁵iɔŋ¹³ʂ…iɔŋ²¹san³⁵ʂət⁵ mi²¹tsɿ⁰ien⁵³tsiəu₄₄⁵³uei³⁵xai₂₁¹³.e₂₁.tʂ̩²¹kʰɔn⁵³…n̩¹³tsɿ⁵³o⁰.n̩²¹ʂət⁵mi²¹təu₄₄⁵³iəu³⁵uo⁰.tʂ̩²¹ kʰɔn⁵³nei⁰,tʂəuk³tʰəŋ¹³tsɿ⁰iɔŋ⁵³,kai₄₄⁵³tʂak³uon¹³ʂən₄₄³⁵ne⁰tʂəuk³tʰəŋ¹³tsɿ⁰iɔŋ⁵³,tsʰin⁵³ fa^{35},uɔŋ^{13}…kai$^{53}_{44}$ke$^{53}_{44}$ɔn$^{35}_{44}$tso$^{53}_{44}$pau^{53}tsɿ^0.n̩$_{21}$,iet^{3}tsən^{53}p^{h}u^{53}ts^{h}iəu$^{53}_{44}$ʂɔŋ^{35}ŋek^3(←xek^3)li^0.kai$^{53}_{44}$ʂɿ$_{44}$ŋai^{13}tien^{0}tek^{3}li^{0}cien^{53}ke$^{53}_{44}$le^0,ts^{h}iəu$^{53}_{44}$ts^{h}iəu$^{53}_{44}$ts^{h}iəu$^{53}_{44}$tau^{53}kai$^{53}_{44}$liaŋ^{35}xɔŋ$^{53}_{44}$çi^{53}li^0,n̩$^{13}_{21}$ti^{35}lai$^{53}_{44}$çi^{53}li^0.

第三只得哩见个嘞就豺狼。狼。箇也嶒……狼是我嶒见倒，就系嘞，欸，也系冬下头，也七几年，箇……我等箇畜……畜滴羊子。落水天呐下昼子关出……放……吊出去，羊子吊出吊下岭上去食草哇啊，系啊？哦嗬，落尾去牵羊子冇得哩啰。剩倒一……剩倒一铐肚子啰。分豺狼食嘿哩。欸，分渠拖走哩。箇羊肚子就去箇。箇就系豺狼。欸，野生动物嘞动物就以只。嗯。t^{h}i$^{53}_{44}$san^{35}tʂak^{3}tek^{3}li^{0}cien^{53}ke$^{53}_{44}$le^{0}ts^{h}iəu$^{53}_{44}$sai^{13}lɔŋ^{13}.lɔŋ^{13}.kai$^{53}_{44}$ia$^{35}_{44}$maŋ^{13}…lɔŋ^{13}ʂɿ$_{44}$ŋai$^{13}_{21}$maŋ^{13}cien^{53}tau^{21},ts^{h}iəu^{53}xe$^{53}_{44}$lei^0,e$_{21}$,ia^{35}xe^{53}təŋ^{35}xa$^{35}_{44}$t^{h}ei^0,ia^{35}ts^{h}iet^{3}ci^{21}nien^{13},kai$^{53}_{44}$s…ŋai^{13}tien^{0}kai^{53}çiəuk^3…çiəuk^{3}tet^{5}iɔŋ^{53}tsɿ^0.lɔk^{5}ʂei^{21}t^{h}ien^{35}na^{0}xa^{35}tʂəu^{53}tsɿ^{0}kuan^{35}tʂ^{h}ət^{3}s…fɔŋ^{53}…tiau^{53}tʂ^{h}ət^{3}çi^0,iɔŋ^{53}tsɿ^{0}tiau^{53}tʂ^{h}ət^{3}tiau^{53}ua$_{44}$(←xa^3)liaŋ^{35}xɔŋ$^{53}_{44}$çi$_{44}^{53}$ʂət^{5}ts^{h}au^{21}ua^0,xe^{53}a^0?o$_{21}$xo$_{35}$,lɔk^{3}mi$^{53}_{44}$çi^{53}c^{h}ien^{35}iɔŋ^{13}tsɿ^{0}mau^{13}tek^{3}li^{0}lo^0.ʂən^{53}tau^{21}iet^3…ʂən^{53}tau^{21}iet^{3}p^{h}ɔk^{5}təu^{21}tsɿ^{0}lo^0.pən^{35}sai^{13}lɔŋ$^{13}_{44}$ʂət^{5}ek^3(←xek^3)li^0.e$_{21}$,pən$^{13}_{44}$ci$^{13}_{21}$t^{h}o^{35}tsei^{21}li^0.kai^{53}iɔŋ^{13}təu^{21}tsɿ^{0}tsiəu$^{53}_{44}$çi$^{53}_{44}$kai^{53}.kai$^{53}_{44}$ts^{h}iəu^{53}xe^{53}sai^{13}lɔŋ^{13}.ei$_{21}$,ia^{35}sen$_{44}^{35}$t^{h}əŋ^{53}uk^{5}lei^{0}t^{h}əŋ^{53}uk^{5}ts^{h}iəu^{13}i^{3}tsak^3.n̩$_{21}$.

鸟子嘞我等箇映最……最讨嫌个嘞就青丝鸟。渠嘞会会食菜。栽倒个菜栽唔倒。会分渠食咁，会分渠食净。嗯。tiau^{35}tsɿ^{0}lei^{0}ŋai^{13}tien^{0}kai$^{53}_{44}$in$^{35}_{44}$tsei^{53}…tsei^{53}t^{h}au^{21}çian^{13}ke$^{53}_{44}$lei^{0}ts^{h}iəu$^{53}_{44}$ts^{h}iaŋ^{35}sɿ^{35}tiau^{53}.ci^{13}lei^{0}uəi$^{53}_{44}$uəi$^{53}_{44}$ʂət^{5}ts^{h}ɔi^{53}.tsɔi^{35}tau^{21}ke^{53}ts^{h}ɔi^{5}tsɔi^{35}n̩$^{13}_{21}$tau^{13}.uəi$^{53}_{44}$pən^{13}ci$^{13}_{21}$ʂət^{5}kan^{21},uəi$^{53}_{44}$pən^{13}ci$^{13}_{21}$ʂət^{5}ts^{h}iaŋ^{53}.n̩$_{21}$.

还有一起嘞就猫头鹰呐，猫头牯，我等安做猫头牯。猫头牯哇，猫头牯嘞，渠等话，脑壳痛个人呢食猫头牯食哩好。呵呵。我老婆嘞渠就晓得，渠就……我个屋背啊有条柿子树，柿子树冇几大，咁大子。欸，柿子树蛮大。柿子树墈下有条楇。冇几大子，咁大子。箇只楇上呢，就经常会有猫头牯，停倒箇映子。有只窠。我老婆嘞，日里去……去捉猫头……猫头牯个崽子，细猫头牯子啊。捉啊来，有一次捉倒四五只，欸。捋嘿毛来呀，捋嘿毛来舞倒舞倒炆倒食啦，欸系整脑壳痛蛮好，整头痛啊，欸，整头痛。我话你箇个是保护个树保护个东西嘞，欸，莫到处去讲呐。渠话如今你么人爱我还会去捉，箇还会有。xai$^{13}_{21}$iəu$^{35}_{53}$iet^{3}çi^{21}le^{0}ts^{h}iəu^{53}mau$_{44}^{53}$t^{h}əu$_{13}$in$_{44}$na^0,miau^{53}t^{h}ei^{13}ku^{21},ŋai^{13}tien^{0}ɔn$^{35}_{44}$tso$^{53}_{44}$miau^{53}t^{h}ei^{13}ku^{21}.miau^{53}t^{h}ei^{13}ku^{21}ua^0,miau^{53}t^{h}ei$^{21}_{21}$ku^{13}lei^0,ci$^{13}_{21}$tien^{0}ua^{53},lau^{21}k^{h}ɔk^{3}t^{h}əŋ^{53}ke^{53}ɲin$^{13}_{21}$ne^{0}ʂət^{5}miau^{53}t^{h}ei$^{21}_{21}$ku^{21}ʂət^{5}li^{0}xau^{21}.xə$_{21}$xe$_{53}$.ŋai^{13}lau^{21}p^{h}o^{13}lei^{0}ci^{13}ts^{h}iəu^{53}çiau^{21}tek^3,ci^{13}ts^{h}iəu^{53}…ŋai^{13}ke^{53}uk^{3}pɔi^{53}a^{0}iəu^{35}t^{h}iau$^{13}_{21}$tsɿ^{53}tsɿ^{0}ʂəu^{53},ts^{h}ɿ^{53}tsɿ^{0}ʂəu^{53}mau$^{13}_{21}$ci^{21}t^{h}ai^{53},kan^{21}t^{h}ai^{53}tsɿ^0.e$_{21}$,ts^{h}ɿ^{53}tsɿ^{0}ʂəu^{53}man$^{13}_{21}$t^{h}ai^{53}.ts^{h}ɿ^{53}tsɿ^{0}ʂəu^{53}k^{h}an^{53}xa$^{53}_{44}$iəu^{35}t^{h}iau$^{13}_{21}$k^{h}ua^{21}.mau$^{53}_{21}$ci^{21}t^{h}ai^{53}tsɿ^0,kan^{21}t^{h}a^{53}tsɿ^0.kai^{53}

tʂak³kʰua²¹xɔŋ⁵³ne⁰,tsʰiəu⁵³₄₄cin³⁵tʂʰɔŋ¹³₂₁uɔi iəu⁴⁴miau⁵³tʰei¹³ku²¹,tʰin¹³tau²¹kai⁵³₄₄iaŋ⁵³₄₄tsɿ⁰.iəu³⁵tʂak³kʰo³⁵.ŋai¹³lau²¹pʰo¹³lei⁰,ȵiet³li⁰çi⁵³···çi⁵³tsɔk³miau⁵³tʰei¹³···miau⁵³tʰei¹³ku²¹ke⁵³tse²¹tsɿ⁰,se⁰miau⁵³tʰei²¹₂₁ku²¹tsɿ⁰a⁰.tsɔk³a⁰lɔi¹³,iəu³⁵iet³tsʰɿ⁵³tsɔk³tau⁵³si³ŋʲ²¹tʂak³,e₂₁.tsʰian¹³xek³mau³⁵lɔi²¹₂₁ia⁰,tsʰian¹³xek³mau³⁵lɔi¹³₂₁u²¹tau²¹u²¹tau²¹uən¹³tau²¹ʂət⁵la⁰,e₂₁xei¹³tʂaŋ²¹lau²¹kʰɔk³tʰəŋ⁵³man¹³xau²¹,tʂaŋ²¹tʰəu¹³tʰəŋ⁵³ŋa⁰,e₂₁,tʂaŋ²¹tʰəu¹³tʰəŋ⁵³.ŋai¹³ua⁴⁴₄₄ȵi¹³kai¹³ke⁵³₄₄sɿ⁵³₄₄pau⁰fu⁴⁴₄₄ke⁵³₄₄ʂəu⁰pau⁰fu⁴⁴₄₄ke⁵³₄₄təŋ³⁵si⁰le⁰,e₂₁,mɔk⁵tau⁵³tʂʰu⁵³₄₄çi⁵³₄₄kɔŋ²¹na⁰.ci¹³ua⁴⁴₄₄i¹³₂₁cin³⁵ȵi²¹₂₁mak³ȵin⁴⁴₄₄ɔi¹³ŋai²¹xai²¹₂₁uɔi⁴⁴çi⁵³tsɔk³,kai⁴⁴xai¹³₂₁uɔi⁴⁴iəu³⁵.

　　猫头牯嘞渠个特点就系么个嘞？夜晡你不要去捉。渠夜晡眼珠唔知几光。你看唔倒，渠看得倒。但是日里嘞在强光照……日头呀，日头下，爱大日头，你去捉啊，渠看滴都看唔倒。到哩面前渠都唔晓得。欸，轻轻子去捉凑。欸，只爱去捉倒来。欸，箇就猫头牯。就……就系……miau⁵³tʰei¹³₂₁ku²¹lei⁰ci¹³ke⁴⁴₄₄tʰek⁵tien²¹tsʰiəu⁵³₄₄xei⁵³₄₄mak³e⁰lei⁰ ʔia⁵³pu³⁵ȵi²¹₂₁pət⁵iau⁴⁴₄₄çi⁵³tsɔk³.ci¹³ia⁵³pu⁴⁴₄₄ŋan²¹tʂəu⁴⁴₄₄n̩²¹₂₁ti³⁵ci¹³kɔŋ³⁵.ȵi¹³kʰɔn⁵³n̩²¹₂₁tau²¹,ci¹³kʰɔn¹³tek³tau²¹.tan¹³sɿ¹³ȵiet³li³⁵lei⁰tsʰai¹³cʰiɔŋ¹³kɔŋ¹³tʂau⁵³···ȵiet³tʰei¹³ia⁰,ȵiet³tʰei²¹₂₁xa³⁵,ɔi⁴⁴tʰai⁵³ȵiet³tʰei¹³,ȵi¹³çi⁵³tsɔk³a⁰,ci²¹₂₁kʰɔn⁴⁴₄₄tiet⁵təu⁴⁴₄₄kʰɔn¹³n̩²¹₂₁tau²¹.tau⁵³li⁰mien⁵³tsʰien¹³ci²¹₂₁təu⁵³₃₅n̩²¹₂₁çiau²¹tek³.e₂₁,cʰiaŋ³⁵cʰiaŋ⁴⁴₄₄tsɿ¹³çi⁵³tsɔk³tsʰe⁰.e₂₁,tsɿ²¹ɔi⁵³çi⁵³tsɔk³tau⁴⁴₄₄lɔi²¹₂₁.e₂₁,kai⁴⁴tsʰiəu⁵³₄₄miau⁵³tʰei¹³ku²¹.tsʰiəu⁵³···tsʰiəu⁵³₄₄xe⁵³₄₄···

　　还有起嘞，箇个麂子。啊，山里最多个就麂子。一下到哩以三时节，以个秋天子啊，长日听倒箇岭上个麂子叫，唔怀死声生安做，怀死声啊。欸，同呢箇杀猪样剐猪样，捉……捉倒箇只猪还齎剐样啊。欸猪子放势叫哇，怀死声啊。麂子也就咁子怀死声。吓死人。箇猫头牯叫起来嘞，就咕下咕哩，咕下咕哩，嗯，长日都……也还蛮……蛮好听。猫头牯叫个声音蛮好听。欸。咕咕，咕咕。欸，咁子叫，唔，欸，真还好听，哼哼。xai²¹₂₁iəu⁴⁴₄₄çi²¹le⁰,kai⁴⁴ke⁵³ci²¹tsɿ⁰.a₅₃,san³⁵ȵi⁰tsei⁵³to³⁵₄₄ke⁵³tsʰiəu⁵³₄₄ci¹³tsɿ⁰.iet³xa⁵³tau⁵³li⁰i²¹san³⁵sɿ¹³₂₁tsiet³,i²¹ke⁴⁴tsʰiəu³⁵tʰien¹³tsɿ⁰a⁰,tʂʰɔŋ¹³ȵiet³tʰaŋ³⁵tau⁰kai⁵³liaŋ³⁵xɔŋ³⁵ke⁴⁴ci²¹tsɿ⁰ciau⁵³,m̩²₁uai¹³sɿ²¹ʂaŋ³⁵ɔn⁵³tso⁵³,uai¹³sɿ²¹ʂaŋ³⁵ŋa⁰.e₂₁,tʰəŋ¹³ne⁰kai⁴⁴sait³tʂʂə³⁵iɔŋ⁵³tʂʂɿ¹³₂₁tʂəu⁰iɔŋ³⁵,tsɔk³···tsɔk³tau²¹kai⁵³tʂak³tʂəu³⁵xai¹³₂₁man³⁵tʂʂɿʔ³iɔŋ⁴⁴₄₄ŋa⁰.e₂₁tʂəu³⁵tsɿ⁰xo:ŋ³⁵sɿ¹³₄₄ciau³⁵ua⁰,uai¹³sɿ²¹ʂaŋ³⁵ŋa⁰.ci²¹tsɿ⁰a³⁵tsʰiəu⁵³kan²¹tsɿ⁰uai¹³sɿ²¹ʂaŋ³⁵.xak³sɿ²¹ȵin¹³.kai⁴⁴miau⁵³tʰei¹³₂₁ku²¹ciau⁵³çi²¹lɔi¹³lei⁰,tsʰiəu⁴⁴₄₄ku⁵³xa⁴⁴₄₄ku¹³li⁰,ku⁵³xa⁴⁴₄₄ku⁵³li⁰,n̩₂₁,tʂʰɔŋ¹³ȵiet³təu³⁵···ia³⁵xai¹³₂₁man³⁵···man¹³xau²¹tʰaŋ³⁵.miau⁵³tʰei¹³₂₁ku²¹ciau⁵³ke⁵³₄₄ʂaŋ³⁵in⁴⁴₄₄man¹³xau²¹tʰaŋ³⁵.e₂₁.ku³⁵ku⁵³,ku⁴⁴ku⁴⁴.e₂₁,kan²¹tsɿ⁰ciau⁵³,m̩₂₁,e₂₁,tʂʂən³⁵xai¹³₂₁xau²¹tʰaŋ³⁵,xn̩²¹₂₁xn̩⁵³.

　　还有么啊么？嗯？哦，蛇吧？山里是唔知几多蛇个东西。嗯，我细细子啊，我等箇只屋是土屋哇，土砖屋啊。你欸有一晡嘞，有一晡哇，箇个墙角上啊，咄咄哩跌泥沙，嚄嚄哩下个泥沙。嗬，落尾欸渠等去瞒下子啊，隔远……远滴子个栏场看下子啊，一条咁大个乌梢蛇，跕倒箇屋……跕下箇楼上。吓尽哩命啊硬啊。落尾几只懵牯，几只唔……唔怕个人，拿滴棍，去逐，欸，去……去打，系唔系啊？正打倒跌下来哩。跌下来，欸，跌下来，剥嘿皮啊就来炆倒食啦。哦呵欸，呵，乌梢蛇，咁大一只硬呐。xai¹³iəu³⁵mak³a⁰mo⁰ʔŋ̍³⁵ʔo₂₁,ʂa¹³pa⁰ʔsan³⁵ni⁰ʂ̩₄₄ⁿti₅₃ci¹³to³⁵ʂa¹³ke₄₄təŋ³⁵si⁰.n̩₂₁,ŋai¹³se¹³se⁵³tʂ̩⁰a⁰,ŋai¹³tien⁰kai⁵³tʂak⁵uk³ʂ̩₄₄⁵³tʰəu²¹uk³ua⁰,tʰəu²¹tʂuoŋ₄₄uk³a⁰,ɲi⁰e⁰iəu³⁵iet³pu³⁵le⁰,iəu³⁵iet³pu³⁵ua⁰,kai₄₄ke₄₄tʂʰioŋ¹³kɔk³xɔŋ⁵³ŋa⁰,tɔk⁵tɔk⁵li⁰tiet³lai³⁵sa₄₄,xɔk⁵xɔk⁵li⁰xa₄₄⁵³ke₄₄lai¹³sa₄₄.xo₅₃,lɔk⁵mi₅₃⁵⁵ei₄₄ci¹³tien⁰çi⁵³tʂ̩ʰ₄ˣ³⁵sa⁴⁵³tʂ̩⁰a⁰,kak³ien²¹,tau⁵³ien²¹…ien²¹tiet³tʂ̩⁰e₄₄(←ke⁵³)laŋ₂₁¹³tʂʰoŋ₄₄¹³kʰɔn¹³na₄₄(←xa⁵³)tʂ̩⁰a⁰,iet³tʰiau¹³kan²¹tʰai₄₄ke₄₄u₄₄sau₄₄³⁵ʂa¹³,kʰu⁵³tau²¹kai³uk³·ku₄₄a₄₄(←xa⁵³)kai⁵³lei¹³xoŋ⁵³.xak³tʂʰin⁰ni⁰miaŋ⁵³ŋa⁰ɲiaŋ⁵³ŋa⁰.lɔk⁵mi₅₃⁵⁵ci²¹tʂak³məŋ⁰ku²¹,ci²¹tʂak³n̩⁰…n̩¹³pʰa⁵³ke₄₄nin¹³,məŋ⁰ku²¹,la₄₄tet⁵³kuən⁵³,çi₄₄³⁵ciəuk⁵,e₂₁,çi⁵³·çi⁵³ta²¹,xei₄₄me₄₄(←m̩¹)xe³)a⁰ʔtʂaŋ⁵³ta²¹tau⁵³tet³xa⁵³lɔi₂₁¹³li⁰.tet³xa⁵³lɔi₂₁¹³,e₂₁,tet³xa⁵³lɔi₄₄¹³,pɔk³ek³(←xek³)pʰi¹³a⁰tʂʰiəu⁵³lɔi₂₁¹³uən¹³tau₂₁⁵³ʂət⁵la⁰.ə₁₃xə₅₃,e₂₁,xə₄₄,u³⁵sau₄₄³⁵ʂa₂₁¹³,kan²¹tʰai⁵³iet³tʂak³ɲiaŋ⁵³na⁰.

我等有只规矩，炆蛇肉嘞，你不能够跕倒屋肚里炆，你爱到箇外背，日头欸箇□……青天下去炆。搞么个嘞？渠话蜈蚣虫啊第一拉唔得蛇。嗯，你去屋肚里炆呢，箇蜈蚣虫就会跕下顶高递口水，噢，会递下你等箇肚里欸。晓得真呐假哈？反正我等炆蛇肉嘞，尽到箇青天下去炆。炆。鸡肉样啊，是蛇肉欸，鸡肉样啊。你食过吧？欸。我是只系箇回食过。咁大一条蛇。硬一……一只屋人都食哩，欸，尽都食哩。箇蛇汤是津甜个啊硬啊。欸。我等剥倒箇蛇皮嘞就去箭琴子，箭二胡哇。箇蛇皮呀。舞只竹筒，欸，舞倒箇蛇皮舞正来啊就咁子蒙下去，舞滴子，用绳子缔稳，系啊？自家舞几条子棍子，去扯嘿扯，咯唥咯唥，去下子扯，扯琴。欸。系唔系蛮有味道啊？嗯。箇是蛇。ŋai¹³tien⁰iəu³⁵tʂak³kuei³⁵tʂ̩ɻ²¹,uən¹³ʂa¹³ɲiəuk⁵le⁰,ɲi⁰pət⁵len¹³ciau₄₄⁵³kʰu₄₄³⁵tau²¹uk³təu²¹li⁰uən¹³,ɲi¹³oi₄₄⁵³tau⁵³kai₄₄ŋoi⁵³pɔi₄₄⁵³niet³tʰei⁰ei₄₄kai⁵³tʂʰɔit³…tsʰiaŋ³⁵tʰien⁰xa³⁵çi⁵³uən¹³.kau³⁵mak³e⁰le⁰ʔci¹³ua³⁵ŋ̍³kəŋ₄₄tʂʰəŋ¹³ŋa⁰tʰi⁵³iet³lait⁵n̩₂₁¹³tek⁵ʂa¹³.n̩₂₁,ɲi¹³çi⁵³uk³təu²¹li⁰uən¹³ne⁰,kai⁵³ŋ̍¹³kəŋ₄₄³⁵tʂʰəŋ¹³tsʰiəu⁵³uoi⁵³kʰu₄₄⁵³taŋ²¹kau⁰tʰi⁵³xei₂₁ʂei²¹,au₂₁,uoi₄₄⁵³tʰi⁰a⁰(←xa⁵³)ni₂₁¹³tien⁰kai⁵³təu²¹li⁰e⁰.çiau₄₄⁵³teit⁵tʂən³⁵na⁰cia²¹xa⁰ʔfan²¹tʂən⁵³ŋai¹³tien⁰uən¹³ʂa¹³ɲiəuk⁵le⁰,tsʰin¹³tau⁵³kai₄₄tsʰiaŋ³⁵tʰien³⁵xa⁵³çi⁵³uən₂₁¹³.uən¹³.ke³⁵ɲiəuk⁵ioŋ⁵³ŋa⁰,ʂ̩¹³ʂa¹³ɲiəuk⁵e⁰,ke³⁵ɲiəuk⁵ioŋ⁵³ŋa⁰.ɲi₂₁¹³ʂət⁵ko⁰pa⁰ʔei₂₁.ŋai¹³ʂ̩ɻ¹³tʂ̩ɻ²¹e⁵³(←xe⁵³)ka⁵³fei₂₁¹³ʂət⁵ko⁵³.ka:n¹³tʰai⁵³iet³tʰiau¹³ʂa¹³.ɲiaŋ¹³iet³…iet³tʂak³uk³ɲin₂₁¹³təu³⁵ʂət⁵li⁰,e₂₁,tsʰin¹³təu₄₄³⁵ʂət⁵li⁰.kai₄₄ʂa¹³tʰɔŋ³⁵ʂ̩⁵³tsin³⁵tʰian₂₁¹³cie⁵³a⁰

ɲiaŋ^{53}ŋa^0.e$_{21}$.ŋai^{13}tien^{0}pɔk^{21}tau^{21}kai^{53}ʂa^{13}pʰi$_{21}$le^0 tsʰiəu$_{44}$çi$_{44}$tsen^{53}cʰin^{13}tsᴿ,tsen$_{44}$ɲi^{53}fu$_{21}$
va^0.kai$_{44}$ʂa$_{21}$pʰi$_{21}$ia^0.u^{21}tʂak^{3}tʂəuk^{3}tʰəŋ^{13},e$_{21}$,u^{21}tau^{53}kai^{53}ʂa^{13}pʰi^{0}u^{21}tʂaŋ^{53}lɔi$_{44}$a^0 tsʰiəu^{53}
kan^{21}tsᴿ^{0}maŋ^{13}ŋa^0(←xa^{53})çi^{53},u^{21}tiet^{3}tsᴿ^0,iəŋ^{53}ʂən^{13}tsᴿ^{0}tʰak^{3}uən^{21},xe$_{44}$a^0 ?tsᴿ^{35}ka$_{44}$u^{21}
ci$_{21}$tʰiau^{13}tsᴿ^{0}kuan^{53}tsᴿ^0,çi^{53}tʂʰa^{21}xek^{3}tʂʰa^{21},cie$_{21}$kəŋ$_{44}$cie$_{21}$kəŋ$_{44}$,çi^{53}xa^{53}tsᴿ^{0}tʂʰa^{21},tʂʰa^{21}
cʰin^{13}.e$_{21}$.xe^{53}me^{53}(←m̩^{13}xe^{53})man^{13}iəu^{53}uei^{53}tʰau^{0}a^0 ?n̩$_{21}$.kai$_{44}$ʂᴿ$_{44}$ʂa^{13}.

　　虫子啊？虫子我就讲下子虫子啦。春天，箇个，我等，我等，箇是我去教书了，去黄岗完小教书。箇栏场嘞，唔知几地势唔知几低，欸潮湿。箇有一年春天呐，硬唔得了哩啊硬啊。地泥下挷得起一□一□挷得起个虫。咁长子个，咁个唔知么啊虫。咁长子个。㷆㷆虫啊，地泥下硬啊。硬扫得起啊，一……一粪箕一簸箕舞出来啊。唔知安做么啊虫。欸，吓死人。唔知安做么啊虫去哩。咁长子个乌乌子个虫子，咁长子个虫。哈？不是蝗虫。箇个唔同箇蜈蚣蜈……蜈蚣虫样差唔多箇样。欸。硬就系咁多子啊硬啊。总有几百斤呐。硬收拾哩哈硬。到处都系嘞，唔系么净地泥下。以个桌子上啊，床上啊，欸，灶上啊，箇碗橱里呀，到处都系虫。让门咁多箇年凑？水……水也多哈，欸尽哩命啊，吓尽哩命。地下，地泥下是硬扫得起，欸扫得起个虫。渠就系沿倒到处都系。床上，你分被窝掀下开来肚里有虫。你收哩命吗？吓死人吗？啊？有毛个虫，系有毛虫噢，毛虫噢。呃。吓死人唉。箇你舞倒舞倒身上是硬痒得尽命哦硬。唔知么个虫，唔知安做么个虫。唔记得哩。讲虫就呵呵箇晡箇晡一世人记得，怀哩□。欸。tsʰəŋ^{13}tsᴿ^0
a^0 ?tsʰəŋ^{13}tsᴿ^0 ŋai^{13}tsʰiəu^{53}kɔŋ^{21}xa^{53}tsᴿ^{0}tsʰəŋ^{13}tsᴿ^{0}la^0.tsʰən^{35}tʰien^{35},kai^{53}ke^{53},ŋai^{13}
tien^{13},ŋai^{13}tien^{13},kai^{53}ʂᴿ^{53}ŋai^{13}çi^{53}kau$_{44}$ʂəu^{35}liau^0,çi^{53}uɔŋ^{13}kɔŋ$_{44}$xɔn^{13}siau^{21}kau$_{44}$
ʂəu^{35}.kai^{53}laŋ$_{44}$tʂʰəŋ$_{21}$le^0,n̩$_{21}$ti$_{44}$ci^{13}tʰi^{53}ʂᴿ^{13}n̩$_{21}$ti$_{44}$ci^{0}te^{35},e^{0}tʂʰau^{53}ʂət^3.kai^{13}iəu^{13}iet^{3}ɲien^{13}
tsʰən^{35}tʰien$_{44}$na^0,ɲiaŋ^{53}n̩^{0}tek^{5}liau^{21}li^{0}a^{0}ɲiaŋ^{53}ŋa^0.tʰi^{53}lai$_{21}$xa^{35}ia^{21}tek^{3}çi^{21}iet^{3}en^{35}iet^3
en^{35}ia^{21}tek^{3}çi^{21}ke^{53}tʂʰəŋ^{13}.kan^{21}tʂʰɔŋ^{13}tsᴿ^{0}ke^{53},kan^{21}ke^{53}n̩$_{21}$ti$_{44}$mak^{3}a^{0}tʂʰəŋ$_{21}$.kan^{21}
tsʰʰɔŋ^{13}tsᴿ^{0}ke^{53}.ian^{53}ian^{53}tʂʰəŋ^{13}ŋa^0,tʰi^{53}lai$_{21}$xa^{35}ɲiaŋ$_{44}$ŋa^0.ɲiaŋ$_{44}$sau^{53}tek^{3}çi^{21}a^0,iet^3…
iet^{3}pən^{3}ci$_{44}$iet^{3}pən^{53}ci$_{44}$u^{21}tʂʰət^{3}çi$_{44}$a^0.n̩^{0}ti$_{44}$ɔn$_{44}$tso$_{44}$mak^{3}a^{0}tʂʰəŋ^{13}.e$_{44}$,xak^{3}si^{21}
ɲin^{13}.n̩^{0}ti^{35}ɔn^{35}tso^{53}mak^{3}a^{0}tʂʰəŋ^{13}çi^{53}li^0.kan^{21}tʂʰɔŋ^{13}tsᴿ^{0}ke^{53},u^{35}u^{53}tsᴿ^{0}ke$_{44}$tʂʰəŋ$_{21}$
tsᴿ^0,kan^{21}tʂʰɔŋ^{13}tsᴿ^{0}ke^{0}tʂʰəŋ$_{21}$.xa$_{35}$?pət^{3}ʂᴿ^{0}fɔŋ^{13}tʂʰəŋ$_{44}$.kai$_{44}$ke$_{44}$m̩$_{21}$tʰəŋ^{13}kai$_{44}$n̩$_{21}$kəŋ^0
ŋ$_{21}^{13}$…ŋu^{13}kəŋ$_{44}$tʂʰəŋ^{13}iɔŋ^{53}tsa^{35}n̩$_{21}$to^{35}kai$_{44}$iɔŋ$_{44}^{53}$.e$_{21}$.ɲiaŋ^{53}tsʰiəu^{53}xe^{53}kan^{21}to^{35}tsᴿ^{0}a^0
ɲiaŋ^{53}a^0.tsəŋ^{53}iəu^{53}ci$_{44}^{53}$pak^{3}cin^{35}na^0.ɲiaŋ^{53}ʂəu^{53}ʂət^{5}li^{0}xa^{0}ɲiaŋ^{53}.tau^{53}tʂʰu$_{44}$təu^{53}xe^{53}
le^0,m̩^{13}pʰe$_{44}$(←xe^{53})mak^{3}tsʰiaŋ^{53}tʰi^{53}lai$_{21}$xa^{35}.i^{21}ke^{53}tsɔk^{3}tsᴿ^{0}xɔŋ^{53}ŋa^0,tsʰɔŋ^{13}xɔŋ^{53}
ŋa^0,e$_{53}$,tsau^{53}xɔŋ^{13}ŋa^0,kai^{53}uɔn^{13}tʂʰəu$_{44}$li^{0}ia^0,tau^{53}tʂʰu$_{44}$təu$_{44}$xei^{53}tʂʰəŋ^{13}.ɲiɔŋ^{13}mən^{35}
kan^{21}to^{35}kai$_{44}$ɲien$_{21}^{13}$tsʰe^0 ?sei^{21}…sei^{21}ia^{35}to$_{44}^{35}$xa^0,e$_{21}$tsʰin^{53}li^{0}miaŋ^{53}ŋa^0,xak^{3}tsʰin^{53}li^0
miaŋ^{53}.tʰi^{53}xa$_{44}$,tʰi^{53}lai$_{21}$xa^{35}ʂᴿ$_{44}^{53}$ɲiaŋ$_{44}^{53}$sau^{53}tek^{3}çi^{21},e$_{21}$sau^{53}tek^{3}çi^{21}ke^{53}tʂʰəŋ$_{21}^{13}$.ci^{13}

tsʰiəu⁵³ue⁵³(←xe⁵³)ien¹³tau²¹tau⁵³tʂʰu⁵³təu³⁵xe₄₄.tsʰɔŋ¹³xɔŋ⁵³ˌȵi¹³pən₄₄pʰi³⁵pʰo₄₄ien³⁵
na₄₄(←xa⁵³)kʰɔi³⁵lɔi₂₁¹³təu²¹li⁰ iəu³⁵tsʰən₂₁.ȵi₂₁⁵³ʂəu₄₄li⁰ mian⁵³ma⁰ ʔxak³ si²¹ȵin¹³
ma⁰ ʔa₃₅.ʔiəu³⁵mau³⁵ke⁵³tʂʰən₂₁¹³,xei⁵³iəu³⁵mau³⁵tʂʰən₂₁¹³ŋau⁰,mau³⁵tʂʰən₂₁¹³ŋau⁰.ə₅₃.xak³
si²¹ȵin¹³nau⁰.kai⁵³ȵi₂₁u²¹tau⁰u²¹tau⁵³ʂən⁵³xɔŋ₂₁ʂ̍₄₄ȵian⁵³iɔŋ⁵³tek³ tsʰin₄₄mian⁵³ŋo⁰
ȵian⁵³.ȵ̍₂₁ti₄₄³⁵mak³ e⁰ tʂʰən₂₁¹³,ȵ̍₂₁ti₄₄³⁵ɔn₄₄³⁵tso⁵³mak³ e⁰ tʂʰən₂₁¹³.ȵ̍³ ci⁵³tek³ li⁰.kɔŋ²¹tʂʰən¹³
tsʰiəu₄₄xe₅₃xe₅₃kai⁵³pu₄₄kai⁵³pu₄₄iet³ʂ̍₄₄ȵin₂₁ci⁵³tek³,uai₂₁li⁰lɔŋ²¹.e₂₁.

　　鱼吧？嗯，我等山里嘞冇得么个鱼。山里欸河里冇么个鱼。我讲下子脚鱼唦你听哩唠。以前我等箇……箇河子里啊，箇门口个河子里啊，一路下，箇河子里啊，有沙公啊，河里有沙吵，<u>系唔系</u>？欸沙公肚里啊，有脚鱼。欸。我等箇人呢只爱拿倒么个嘞？专门有种咁个一条棍，两头溜尖个铁，打个，请铁匠打个，两头打只尖东西，咁子去剗，剗哇剗哩以后，剗哇剗哩，箇沙公肚里啊，咁子去剗，安做剗脚鱼。翻下转来蛮大一只个脚鱼。欸。ȵ̩¹³pa⁰ʔn̩₂₁,ŋai¹³tien⁰san³⁵ȵi⁰le⁰mau¹³tek³mak³ke⁰ŋ̍³.san³⁵ȵi⁰e⁰xɔ₁₃¹³li⁰mau¹³
mak³ e⁰ ŋ̍³.ŋai₂₁¹³kɔŋ²¹ŋa₄₄(←xa⁵³)tsʂ̍⁰ciɔk³ ŋ̍¹³nau⁰ȵi₂₁¹³tʰaŋ₄₄³⁵li⁰lau⁰.i₄₄³⁵tsʰien₂₁¹³ŋai₂₁¹³tien⁰
kai⁵³…kai⁵³xo₄₄¹³tsʂ̍⁰li⁰a⁰,kai⁵³mən¹³nei²¹(←xei²¹)ke⁰xo₂₁¹³tsʂ̍⁰li⁰a⁰,iet³ləu⁰xa³⁵,kai⁵³
xo₂₁¹³tsʂ̍⁰li⁰a⁰,iəu³⁵sa³⁵kəŋ₄₄³⁵ŋa⁰,xo₂₁¹³li⁰iəu₄₄³⁵sa³⁵ʂa⁰,xei₄₄me₄₄(←m̍³xe⁵³)?e⁰ sa³⁵kəŋ₄₄
təu²¹li⁰a⁰,iəu³⁵ciɔk³ ŋ̍¹³.e₂₁.ŋai¹³tien⁰kai⁵³ȵin₂₁¹³ne⁰tsʂ̍²¹ɔi⁵³la⁵³tau²¹mak³e⁰lei⁰?tʂən³⁵
mən₂₁¹³iəu³⁵tʂən²¹kan²¹kei⁵³iet³tʰiau¹³kuən¹³,iɔŋ²¹tʰei⁰liəu³⁵tsian³⁵ke⁰tʰiet³,ta²¹
ke⁵³,tsʰiaŋ⁰tʰiet³tsʰiɔŋ⁵³ta²¹ke⁵³,iɔŋ²¹tʰei⁰ta²¹tʂak³tsian³⁵təŋ₄₄³⁵si⁰,kan²¹tsʂ̍⁰ çi₄₄⁵³
təuk⁵,təuk⁵ua⁰təuk⁵li⁰i³⁵xei⁵³,təuk⁵ua⁰təuk⁵li⁰,kai₄₄⁵³sa³⁵kəŋ₄₄təu²¹li⁰a⁰,kan²¹tsʂ̍⁰ çi₄₄⁵³
təuk⁵,ɔn₄₄³⁵tso⁵³təuk⁵ciɔk³ ŋ̍³.fan³⁵na⁵³(←xa⁵³)tʂuɔn²¹nɔi¹³mən³⁵tʰai⁵³iet³tʂak³ke⁵³
ciɔk³ŋ̍₂₁¹³.e₄₄.

　　箇有只老子第一会剗脚鱼。渠天天食哩饭就去剗脚鱼凑。天天靠得住剗几只，剗得几只到。<u>几多</u>钱一斤呢？六角钱一斤。呵呵呵呵，欸六角钱一斤。扛上扛下都冇人爱，箇脚鱼啊，扛上扛下冇人爱，六角钱一斤冇人爱。搞么个嘞？我肯做斫斤猪肉食哩。……呵呵。你个脚鱼还爱油来煎，还爱油，<u>系唔系</u>啊？爱油来去炆。欸。欸我个猪肉是唔爱唔爱油了，欸，炒倒是一碗菜，唔知几好食，系啊？六角钱一斤。猪肉嘞<u>几多</u>钱呢？七角八，八角钱一斤。比猪肉都更便宜。六角钱一斤个脚鱼。一下一……撞怕一天都捉欸都剗得五六只倒，欸，七八斤。冇人爱，唔冇么人……扛上扛下都冇人爱，欸，落尾就送个送，落尾是，欸，便宜滴子啦，嗨，五角钱一只唠，你捉倒卖……捉倒去唠。呵呵，会笑死人吗？也系……欸。kai₄₄⁵³iəu³⁵
tʂak³lau⁰tsʂ̍⁰tʰi⁵³iet³uɔi₂₁təuk⁵ciɔk³ŋ̍₂₁¹³.ci¹³tʰien³⁵tʰien₄₄³⁵ʂət⁵li⁰fan⁵³tsiəu₄₄⁵³çi₄₄⁵³təuk⁵
ciɔk³ŋ̍₂₁¹³tsʰe⁰.tʰien³⁵tʰien₄₄³⁵kʰau⁵³tek³tʂʂəu⁵³təuk⁵ci²¹tʂak³,təuk⁵tek³ci²¹tʂak³

tau$_{44}^{53}$.cio^{35}(←ci^{21}to^{35})ts^{h}ien$_{21}^{13}$iet^3 cin^{35}ne^0 ?liəuk^3 kɔk^3 ts^{h}ien$_{21}^{13}$iet^3 cin^{35}.xe$_{21}$xe$_{53}$xe$_{21}$
xe$_{53}$,e$_{53}$ liəuk$_{35}^3$kɔk^3 ts^{h}ien$_{21}^{13}$iet^3 cin$_{44}^{35}$.k^{h}uai^{21}ʂɔŋ$_{44}^{53}$k^{h}uai^{21} xa^{35} təu$_{44}^{53}$mau$_{21}^{13}$ɲin$_{44}^{13}$ɔi^{53},kai
ciɔk^3 ŋ^{13}ŋa^0 ,k^{h}uai^{21}ʂɔŋ$_{44}^{53}$k^{h}uai^{21} xa$_{44}^{35}$mau$_{21}^{13}$ɲin$_{44}^{13}$ɔi^{53},liəuk^3 kɔk^3 ts^{h}ien$_{21}^{13}$iet^3 cin$_{44}^{35}$mau$_{21}^{13}$
ɲin$_{44}^{13}$ɔi^{53}.kau^{21}mak^3 e^0 lei^3 ?ŋai^{13}xen^{21}tso$_{53}^{53}$tʂɔk^3 c^{h}in^{35}tʂɔu^{35}ɲiəuk^3 ʂət^5 li^0 .k^h⋯xe$_{53}$
xe$_{21}$.ɲi^{13}ke^{53}ciɔk^3 ŋ^{13}xa$_{21}^{13}$ɔi^{53}iəu^{13}lɔi^{13}tsen^{35},xa$_{21}^{13}$ɔi^{53}iəu^{13},xei^{53}me^{53}(←m̩^{13}xe^{53})a^0 ?ɔi^{53}iəu^{13}
lɔi$_{44}^{13}$çi^{53}uən^{13}.e$_{53}$.e$_{44}$ŋai^{13}ke$_{44}^{53}$tʂəu^{53}ɲiəuk^3 ʂ$_{44}^{13}$m̩$_{21}^{13}$mɔi$_{53}$(←ɔi^{53})m̩$_{21}^{13}$mɔi$_{53}$(←ɔi^{53})iəu^{13}
liau^0,e$_{44}$,ts^{h}au^{21}tau^{21}ʂ$_{44}^{13}$iet^3 uɔn^{21}ts^{h}ɔi^{53},n̩$_{21}^{13}$ti$_{53}^{35}$ci^{21}xau^{21}ʂət^5,xei$_{44}^{53}$a^0 ?liəuk^3 kɔk^3 ts^{h}ien$_{21}^{13}$
iet^3 cin$_{44}^{35}$.tʂəu^{35}ɲiəuk^3 lei^0 cio^{35}(←ci^{21}to^{35})ts^{h}ien$_{21}^{13}$ne^0 ?ts^{h}iet^3 kɔk^3 pait^3,pait^3 kɔk^3
ts^{h}ien$_{21}^{13}$iet^3 cin$_{44}^{35}$.pi^{21}tʂəu^{35}ɲiəuk^3 təu$_{44}^{35}$cien^{13}p^{h}ien$_{21}^{13}$ɲin^{13}.liəuk^3 kɔk^3 ts^{h}ien$_{21}^{13}$iet^3 cin$_{53}^{35}$ke$_{44}^{53}$
ciɔk^3 ŋ$_{21}^{13}$.iet^3 xa^{53}iet^3 ⋯ts^{h}ɔŋ$_{21}^{21}$p^{h}a^{13}iet^3 t^{h}ien^{35}təu$_{44}^{35}$tʂɔk^3 e^0 təu$_{44}^{21}$təu^5 tek^3 ŋ^{21}liəuk^3 tʂak^3
tau^{21},e$_{21}$,ts^{h}iet^3 pait^3 cin^{35}.mau$_{21}^{13}$ɲin$_{44}^{13}$ɔi^{53},m̩$_{21}$mau$_{21}^{13}$mak^3 in$_{44}^{13}$⋯k^{h}uai^{21}ʂɔŋ$_{44}^{53}$k^{h}uai^{21} xa^{35}
təu$_{53}^{53}$mau$_{21}^{13}$ɲin$_{44}^{13}$ɔi^{53},e$_{21}$,lɔk$_{44}^{53}$mi$_{44}^{13}$ts^{h}iəu$_{44}^{53}$sən$_{44}^{53}$ke$_{44}^{53}$sən^{53},lɔk$_{44}^{53}$mi$_{44}^{13}$ʂ$_{44}^{13}$,e$_{21}$,p^{h}ien$_{21}^{13}$ɲin$_{44}^{13}$tiet^5
tʂ$_1^0$la^0 ,xai$_{44}$,ŋ^{21}kɔk^3 ts^{h}in$_{44}^{13}$iet^3 tʂak^3 lau^0 ,ɲi^{13}tsɔk^3 tau^{21}mai$_{44}^{53}$⋯tsɔk^3 tau^{21}çi^{53}lau^0 .xə$_{21}$
xe$_{53}$,uɔi$_{44}^{53}$siau^{53}si^{1}ɲin$_{21}^{13}$ma^0 ?ia^{21}xe^{53}⋯e$_{21}$.

小鱼子多个就系么啊嘞？就系箇个安做蓑衣鳅。也喊蓑衣鳅。乌乌子。
欸。河里到处都是。嗯。安做蓑衣鳅。箇就唔晓哪只鳅呀。欸。鳅，蓑衣
鳅。鲫鱼子唠，也多唠。欸。欸，蓑衣鳅多唠。se$_{53}^{53}$ŋ$_{21}^{13}$tʂ$_1^0$ to$_{44}^{35}$ke$_{44}^{53}$ts^{h}iəu$_{44}^{53}$xe$_{44}^{53}$mak^3
a^0 le^0 ?ts^{h}iəu$_{44}^{53}$xe$_{44}^{53}$kai$_{44}^{53}$ke$_{44}^{53}$ɔn$_{44}^{53}$tso$_{44}^{53}$so^{1}i^{35}pait^5 .ia^{35}xan^{35}so^{1}i^{35}pait^5 .u^{35}u^{35}tʂ$_1^0$ .e$_{21}$.xo$_{21}^{21}$li^0
tau$_{21}^{53}$tʂ^{h}əu$_{21}^{53}$təu^{35}ʂ$_1^{53}$ .n̩$_{21}$.ɔn^{35}tso^{35}so^{35}i^{35}pait^5 .kai$_{44}^{53}$ts^{h}iəu$_{44}^{53}$n̩$_{44}^{13}$çiau^{21}lai^{53}tʂak^3 pait^5
ia^0.e$_{21}$.pait^5,so^{1}i^{35}pait^5 .tsiet^5 ŋ^{13}tʂ$_1^0$lau^0,ie^{21}to^{35}lau^0 .e$_{21}$.e$_{21}$,so^{35}i^{35}pait^5 to^{35}lau^0 .

箇阵子河里有味道哇。我正架势教书个时候子，撩只老师，撩只姓刘
个老师。我是系下山里长大个，我又唔会唔唔唔会捉鱼就唔会洗冷水身。
渠就真会捉，天天食哩夜饭，欸，天天食嘿夜饭呐，渠就去洗冷水身，慢
夜归了嘞，就提得一提鱼子到。到箇河里捉，到箇河里箇石眼里去搜。箇
阵子个河里就真多鱼呐硬呐。真有味道啦。kai^{53}tʂ^{h}ən^{53}tʂ$_1^0$xo^{13}li^0 tʂən^{35}iəu^{53}uei^{53}
t^{h}au^{53}ua^0 .ŋai^{13}tʂaŋ^{53}cia$_{44}^{53}$ʂ$_{44}^{13}$kau^{35}ʂəu^{35}ke$_{44}^{53}$ʂ$_{44}^{13}$xei$_{44}^{53}$tʂ$_1^0$,lau^{53}tʂak^3 lau^{53}ʂ$_1^{35}$,lau^{53}tʂak^3
siaŋ^{53}liəu^{13}ke^{53}lau^{53}ʂ$_1^{35}$.ŋai^{13}ʂ$_{44}^{53}$xei^{35}a^{53}(←xa^{53})san^{35}ni^{21}tʂɔŋ^{21}t^{h}ai$_{44}^{53}$ke$_{44}^{53}$,ŋai^{13}iəu^{53}m̩$_{21}^{13}$
uɔi^{53}m̩^{13}m̩^{13}m̩^{13}uɔi^{53}tsɔk^3 ŋ^{13}ts^{h}iəu^{53}m̩^{13}uɔi^{53}se^{13}laŋ^{35}ʂei^{21}ʂən^{35}.ci^{13}ts^{h}iəu^{53}tʂən^{35}uɔi^{53}
tsɔk^3 ,t^{h}ien^{35}t^{h}ien$_{35}^{35}$ʂət^5 li^0 ia^{53}fan^{53},e$_{21}$,t^{h}ien^{35}t^{h}ien^{35}ʂət^5 ek^3(←xek^3)ia^{53}fan^{53}na^0 ,ci^{13}
ts^{h}iəu^{53}çi^{53}se^{21}laŋ^{35}ʂei$_{21}^{21}$ʂən^{35},man$_{44}^{53}$ia$_{44}^{53}$kuei^{35}liau^{21}lei^0 ,ts^{h}iəu$_{44}^{53}$t^{h}ia^{53}tek^3 iet^3 t^{h}ia$_{21}^{35}$ŋ$_{21}^{13}$tʂ$_1^0$
tau$_{44}^{53}$.tau$_{44}^{53}$kai$_{44}^{53}$xo^{13}li^0 tsɔk^3 ,tau^{53}kai^{53}xo^{13}li^0 kai$_{53}^{53}$ʂak^5 ŋan^{21}li^0 çi^{53}sei^{35}.kai^{53}tʂ^{h}ən^{53}tʂ$_1^0$
ke$_{44}^{53}$xo$_{21}^{13}$li^0 ts^{h}iəu$_{44}^{53}$tʂən^{35}to^{35}ŋ$_{21}^{13}$na^0.ŋ^{13}na^0 .tʂən^{35}iəu^{53}uei^{53}t^{h}au^{53}la^0 .

就系下凤溪个箇条河啊。我就去栅田教书哇。欸就就系箇个箇个欸以
条大马路哇，以条大马路转来个箇映子，转来个第⋯⋯第一只塅子箇映啊，

我就去箇映子教书哇。渠就去到河……大河里去捉，天天捉得几斤到，真有味道硬，欸，有火焙鱼子食。哈，以下是有得哩。以下还有么个鱼子哦。嗯。冇得哩捉。$ts^hiəu^{53}_{44}xe^{53}_{44}xa^{35}fəŋ^{53}çi^{35}_{44}ke^{53}_{44}kai^{53}_{44}t^hiau^{13}xo^{13}_{21}a^0$.$ŋai^{53}ts^hiəu^{13}çi^{53}sak^3$ $t^hien^{13}kau^{35}_{44}şəu^{44}ua^0$.$ei_{21}ts^hiəu^{53}ts^hiəu^{53}_{44}xe^{53}_{44}kai^{53}_{44}ke^{53}_{44}kai^{53}_{44}ke:^0e_{21}i^{21}t^hiau^{13}t^hai^{35}ma^{35}ləu^{53}$ ua^0,$i^{21}t^hiau^{13}t^hai^{35}ma^{35}ləu^{53}tşuɔn^{21}nɔi^{13}ke^{53}kai^{53}iaŋ^{53}tsʅ^0$,$tşuɔn^{21}nɔi^{13}ke^{53}_{44}t^hi^{53}…t^hi^{13}iet^3$ $tşak^3t^hɔn^{53}tsʅ^0kai^{53}iaŋ^{53}ŋa^0$,$m̩_{21}$,$ŋai^{13}ts^hiəu^{13}çi^{53}kai^{53}iaŋ^{53}tsʅ^0kau^{35}_{44}şəu^{44}ua^0$.$ci_{21}ts^hiəu^{53}$ $tau^{53}xo…t^hai^{53}xo^{13}_{21}li^0çi^{53}tsɔk^3_{13}$,$t^hien^{35}_{44}t^hien^{35}_{44}tsɔk^3tek^3ci^{21}cin^{35}tau^{53}$,$tşən^{35}iəu^{35}uei^{53}_{44}$ $t^hau^{53}_{44} niaŋ^{53}$,$e_{21}$,$iəu^{35}fo^{21}p^hɔi^{13}ŋ̍^{21}tsʅ^0şət^5$.$xa_{53}$,$i^{21}xa^{53}_{44}şʅ^{53}_{44}mau^{13}tek^3li^0$.$i^{21}xa^{13}_{44}xai^{13}_{21}iəu^{35}$ $mak^3e^0ŋ̍^{13}_{21}tsʅ^0o^0$.$n̩_{21}$.$mau^{13}tek^3li^0tsɔk^3$.

二、植　物

艾

（欸，这个艾你们这里有些什么艾呀？）艾呀？$ɲie^{53}ia^0$？（嗯。）我等喊，有几种话法啦。欸，箇个七宝山人读$ɲiɔi^{53}$。我等读做$ɲie^{53}$。还有人读么个？我等读$ɲie^{53}$，欸。读$ɲiɔi^{53}$，有滴栏场读$ɲiɔi^{53}$。我等读$ɲie^{53}$。箇个过端阳用个几长个蘄艾。箇只祈嘞，一只示字旁一只斤字箇只祈嘞。蘄艾。$ŋai^{13}_{21}tien^0$ xan^{53},$iəu^{35}ci^{21}tşən^{21}ua^{53}fait^3la^0$.$ei_{21}$,$kai^{53}kei^{53}ts^hiet^3pau^{53}san^{53}ɲin^{13}_{21}t^həuk^5_3ɲiɔi^{13}$.$ŋai^{13}$ $tien^0t^həuk^5tso^{53}_{21}ɲie^{53}$.$xai^{53}iəu^{35}ɲin^{13}_{21}t^həuk^5mak^3e^0$?$ŋai^{13}tien^0t^həuk^5ɲie^{53}$,$e_{21}$.$t^həuk^5_3$ $ɲiɔi^{53}$,$iəu^{35}tiet^5laŋ^{13}_{21}tşhɔŋ^{13}t^həuk^5_3ɲiɔi^{53}$.$ŋai^{13}tien^0t^həuk^5ɲie^{53}$.$kai^{53}ke^{53}_{44}ko^{53}tɔn^{35}iəŋ^{53}$ $iəŋ^{53}_{44}ke^{53}_{44}ci^{21}tşhɔŋ^{13}ke^{53}c^hi^{13}ɲie^{53}$.$kai^{53}tşak^3c^hi^{13}lei^0$,$iet^3tşak^3sʅ^{53}tshʅ^{53}p^hɔŋ^{13}iet^3tşak^3$ $cin^{35}tsh^h^{53}_{44}kai^{53}ak(←tşak^3)c^hi^{13}lei^0$.$c^hi^{13}ɲie^{53}$.

（有大叶艾吗？）哈？xa^{35}？（大叶艾？）臭艾，欸，大叶艾，系，有大叶艾。有起么个嗮袄婆艾。袄婆艾让门子嘞白白子。箇个厚……箇个叶子嘞就像棉花样个。有滴像棉花样个颜色。$tsh^həu^{53}ɲie^{53}$,e_{21},$t^hai^{53}iait^5ɲie^{53}$,xe^{53},$iəu^{35}t^hai^{53}iait^5ɲie^{53}$.$iəu^{35}çi^{21}mak^3ke^{53}_{44}m̩_{21}au^{21}p^ho^{13}ɲie^{53}$.$au^{21}p^ho^{13}ɲie^{53}_{44}ɲiɔŋ^{53}_{44}mən^0tsʅ^0$ $lei^0p^hak^5p^hak^5tsʅ^0$.$kai^{53}ke^{53}xei^{35}…kai^{53}ke^{53}_{44}iait^5tsʅ^0lei^0tshiəu^{53}tshiɔŋ^{53}mien^{13}fa^{35}_{44}iɔŋ^{53}$ $ke^{53}_{44}iəu^{35}tet^5tshiɔŋ^{53}mien^{13}fa^{35}_{44}iɔŋ^{53}_{44}ke^{53}_{44}ŋan^{13}sek^3$.（白蒿。）哦，也……我等喊袄婆艾唠。$o_{53}$,$ia^{35}…ŋai^{13}tien^0xan^{53}au^{21}p^ho^{13}ɲie^{53}lau^0$.（可以拿来做那个粑粑。）欸，欸，对，可以，欸。又又……ei_{35},e_{21},tei^{53},$k^ho^{21}i^{35}_{44}$,e_{21}.$iəu^{53}iəu^{53}$…

（欸，有苦……苦艾吧？）苦艾，欸……$k^hu^{21}ɲie^{53}$,e_{21}.（苦艾？）苦……唔系嘞。有有种箇个么个艾呀？唔，蘄艾，欸，有有种么个……系有种苦

艾。系有种苦艾。欸，揪苦个。苦艾。kʰu²¹···m̩¹³pʰe⁵³(←xe⁵³)lei⁰.iəu³⁵iəu³⁵tʂ
əŋ²¹kai⁵³ke⁵³mak³ e⁰ɲie⁰ia⁰ ʔn̩₂₁,cʰi¹³ɲie⁵³,e₂₁,iəu³⁵iəu³⁵tʂəŋ²¹mak³ ke⁵³···xei⁵³₄₄iəu³⁵
tʂəŋ²¹kʰu²¹ɲie⁵³.xei⁵³iəu³⁵tʂəŋ²¹kʰu²¹ɲie⁵³.e₂₁,tsiəu³⁵fu²¹ke⁰.kʰu²¹ɲie⁵³.（欸，做那个
那个什么粑粑里面也会用到吧？）唔多用。n̩₂₁¹³to³⁵₄₄iəŋ⁵³₄₄.（那不敢用，太呀太
苦了是吧？）唔好，唔唔唔好食。唔好，唔用。n̩¹³xau²¹,n̩₂₁¹³n̩₂₁¹³n̩₂₁¹³xau²¹ʂət⁵.n̩¹³
xau²¹,n̩¹³iəŋ⁵³₄₄.

　　（你们这里做那个粑粑的时候哇清明做清明那个粑粑的时候是怎么拿
哪一种艾呀？）用个箇起细叶艾，细叶子个艾，唔用大叶艾。欸。欸。蕲
艾是用用来做箇撇下子味嘞，撇味嘞。生哩细人<u>子</u>啊，生哩细人子啊，以
下以下老哩人呢死哩人箇只啦，舞滴子蕲艾，舞只火笼，舞滴蕲艾烧下子。
欸。驱除下子箇起咁个······iəŋ⁵³₄₄ke⁵³₄₄kai⁵³₄₄çi²¹se⁵³iait⁵ɲie⁵³₄₄,se⁵³iait⁵tʂɿ⁰ke⁵³₄₄ɲie⁰,n̩¹³
iəŋ⁵³₄₄tʰai⁵iait⁵ɲie⁵³.e₂₁.e₂₁.cʰi¹³ɲie⁵³ʂɿ¹³iəŋ⁵³iəŋ⁵³lai₂₁tso⁵³₄₄kai⁵³pʰiet⁵a⁵³(←xa⁵³)tʂɿ⁰uei⁵³
lei⁰,pʰiet⁵ uei⁵³lei⁰.saŋ³⁵li⁰ sei⁵³ɲin₂₁tsa⁰,saŋ³⁵li⁰ sei⁵³ɲin₂₁tʂɿ⁰ a⁰,i²¹xa⁵³i²¹xa⁵³lau²¹li⁰
ɲin¹³ne⁰ si²¹li⁰ɲin¹³kai₂₁tʂak⁵ la⁰,u²¹tet⁵tʂɿ⁰cʰi¹³ɲie⁰,u²¹tʂak⁵ fo⁰ləŋ¹³,u²¹tet⁵cʰi¹³ɲie⁵³₄₄
ʂau³⁵xa₂₁⁵³tʂɿ⁰.e₂₁.tʂʰʐ³⁵tʂʰəu¹³xa⁵³tʂɿ⁰kai⁵³çi²¹kan²¹ke⁵³···（那个是叫香艾。）香艾
吧？就蕲艾呀。çiɔŋ³⁵ŋai⁵³pa⁰ʔtsʰiəu⁵³cʰi¹³ɲie⁵³ia⁰.

白果

　　银杏呐，就白果哇，<u>系唔系</u>？嗬，箇个张家坊箇个白果啊，我有一回
走箇过，捡倒几只，箇秋天呢捡倒几只，我捱下手里箇只搞啊搞哩。ɲin¹³çin⁵³
na⁰,tsʰiəu⁵³pʰak⁵ko²¹ua⁰,xe⁵³₄₄me₄₄(←m̩¹³xe⁵³)ʔxo₅₃,kai⁵³₄₄ke⁵³₄₄tʂəŋ³⁵ŋa₄₄(←ka³⁵)fɔŋ³⁵
kai⁵³₄₄ke⁵³₄₄pʰak⁵ko²¹a⁰,ŋai¹³iəu³⁵iet⁵ fei¹³tsei⁵³kai⁵³ko⁵³,cian³⁵tau²¹ci⁰tʂak³,kai⁵³₄₄tsʰiəu³⁵
tʰien³⁵lei⁰cian²¹tau²¹ci⁰tʂak³,ŋai¹³ia²¹a⁵³(←xa⁵³)ʂəu³li⁰kai⁵³₄₄tʂak⁵ kau²¹a⁰kau²¹li⁰./也
挨得。ia³⁵ŋai³⁵tek³./后背我个噢，后背哪映让门会咁臭屎？xəu₂₁poi⁵³ŋai⁵³ke₃₅
au⁰,xəu₂₁⁵³poi⁵³la⁵³iaŋ⁵³₄₄niɔŋ⁵³mən⁰uɔi⁵³kan²¹tʂʰəu⁵³ʂɿ²¹ʔ/呵呵哈哈。xə₂₁xə₅₃xa₅₃xa₃₅./
后背就晓得箇白果肉，箇面上箇层肉啊，喷臭屎哦。xəu₂₁pei⁵³tsʰiəu⁵³çiau³⁵tek³
kai⁵³₄₄pʰak⁵kuo⁰ɲiəuk³,kai⁵³₄₄mien³⁵xɔŋ⁵³₄₄kai⁵³tsʰin²¹₃ɲiəuk³ a⁰,pʰəŋ³⁵tʂʰəu⁵³ʂɿ²¹o⁰./（很
臭吧？）哈？xa₃₅?（臭得很吧？）臭得很呢。箇只屙个屎样啊。箇箇系下
箇底下个人硬冇瘾呐，系下箇白果树底下个人呐硬冇瘾呐，硬喊唔臭屎啊。
箇隔隔几远都臭屎啊。渠会脚会踩到哇箇个。tʂʰəu⁵³tek³xən²¹ne⁰.kai⁵³₄₄tʂak⁵ o³⁵
ke⁵³₄₄ʂɿ²¹iɔŋ⁵³ŋa⁰.kai⁵³₄₄kai⁵³₄₄xei⁵³ia₄₄(←xa⁵³)kai⁵³te²¹xa⁵³ke⁵³ɲin¹³ɲiaŋ⁵³mau₂₁in²¹na⁰,xei⁵³₂₁
ia₄₄(←xa⁵³)kai⁵³pʰak⁵₃₅kuo²¹ʂəu⁵³te²¹xa⁵³ke⁵³ɲin⁵³₄₄na⁰ɲiaŋ⁵³mau₂₁in²¹na⁰ɲiaŋ⁵³xan²¹n̩¹³
tʂʰəu⁵³ʂɿ²¹a⁰.kai⁵³kak³ kak³ ci²¹ien²¹təu³⁵₄₄tʂʰəu⁵³ʂɿ²¹za⁰.ci₂₁uɔi⁵³ciɔk³ uɔi⁵³tsʰai²¹tau²¹ua⁰
kai⁵³cie²¹.

百鸟不踦

箇只一身尽劈个喊百鸟不踦吧？kai⁵³tṣak³iet³ṣən³⁵tsʰin⁵³nek³ke⁵³xan⁵³pak³iau³⁵pət³cʰi³⁵pa⁰?/一身尽劈个是喊箇个噢，喊喊么个树去哩啊？欸，一身尽劈个。iet³ṣən³⁵tsʰin⁵³nek³ke⁵³ṣʅ₄₄xan⁵³kai⁵³ke₄₄au⁰,xan⁵³xan⁵³mak³ke₄₄ṣəu₄₄cʰi₄₄li⁰a⁰?e₂₁,iet³ṣən³⁵tsʰin⁵³nek³ke⁵³./底下树梗上菀下起到尾上都尽劈啊。tei²¹xa₄₄ṣəu₄₄kuaŋ²¹xɔŋ⁵³teu³xa³⁵ci²¹tau₄₄mi⁵³xɔŋ⁵³təu³tsʰin⁵³nek³a⁰./尽劈个喊安做劈蓬树吧？tsʰin₂₁nek³ke₂₁tsʰiəu₄₄xan₄₄ɔn₄₄tso₄₄lek³pʰəŋ¹³ṣəu⁵³pa⁰?/哈？xa³⁵?/唔系唔系劈蓬树。m̩₂₁pʰe⁵³(←m̩¹³xe⁵³)m̩₂₁pʰe⁵³(←m̩¹³xe⁵³)lek³pʰəŋ¹³ṣəu⁵³./唔系唔系，唔系箇起。m̩₂₁pʰe⁵³(←m̩¹³xe⁵³)m̩₂₁pʰe⁵³(←m̩¹³xe⁵³),m̩₂₁pʰe₄₄(←m̩¹³xe⁵³)kai⁵³ci²¹./尽劈又安做妈啊就呢？tsʰin⁵³nek³iəu₄₄ɔn³⁵tso₄₄mak³a⁰tsʰiəu₂₁le⁰?/箇起也有有箇个就话铲草哇，一条冇几大子个是箇个就一……通身尽系劈呀。kai₄₄ci²¹a₄₄iəu³⁵iəu³⁵kai₄₄ke⁵³tsiəu₂₁ua⁵³tsʰan²¹tsʰau³ua⁰,iet³tʰiau¹³mau⁵³ci²¹tʰai⁵³tsʅ³ke⁵³ṣʅ³kai⁵³ke₄₄tsiəu⁵³iet³ṣ⋯tʰəŋ³⁵ṣən⁵³tsʰin⁵³xe₂₁liek³ia⁰./箇叶上都尽劈啊。kai₄₄iait⁵xɔŋ₄₄təu³⁵tsʰin⁵³nek³a⁰./叶子尽劈。iait⁵tsʅ³tsʰin⁵³nek³./叶上都有哇？iait⁵xɔŋ⁵³təu₄₄iəu₄₄ua⁰?/叶子上冇得。安做么啊树？我舞过一条啰。iait⁵tsʅ⁰xɔŋ⁵³mau₂₁tek³.ɔn³⁵tso₄₄mak³a⁰ṣəu⁵³?ŋai¹³u²¹ko⁵³iet³tʰiau₄₄lo⁰./喊百鸟不踦。么啊鸟子都唔去踦渠箇只树。xan⁵³pak³ɲiau³⁵pət³ci³⁵.mak³a⁰tiau⁵³tsʅ³təu³⁵ŋ̍³ci³cʰi³⁵ci₂₁¹³kai₄₄tṣak³ṣəu₄₄.

茶耳朵子

（油茶树上面啊它的那个春天的时候结的厚厚的白白的那个东西。）哦，茶耳朵子。o⁵³,tsʰa¹³ɲi₁³to²¹tsʅ⁰./欸嘿，欸，安做茶耳朵。e₄₄xe⁵³,e₄₄,ɔn³⁵tso⁵³tsʰa¹³ɲi²¹tuo²¹./茶耳朵。也还有一起就安做茶泡。tsʰa¹³ɲi²¹tuo²¹.ia⁵³xai₂₁iəu⁵³iet³ci²¹tsʰiəu₄₄ɔn₄₄tso₄₄tsʰa¹³pʰau₄₄./茶泡。tsʰa¹³pʰau⁵³./欸。e₂₁./茶泡是圆个。tsʰa¹³pʰau⁵³ṣʅ⁵³ien¹³ke₄₄./圆个。箇只就唔系茶个耳朵子。ien¹³ke₄₄.kai₄₄tṣak³tsʰiəu⁵³m̩¹³pʰe₄₄(←xe⁵³)tsʰa¹³ke²¹ɲi²¹tuo²¹tsʅ⁰./唔系茶耳朵子。m̩¹³pʰe⁵³(←xe⁵³)tsʰa¹³ɲi²¹tuo²¹tsʅ⁰./食也食得。ṣʅt³a³⁵ṣʅt⁵tek³./食得。ṣʅt⁵tek³./茶轮朵子箇就是叶子样个，更厚。尽肉。tsʰa¹³len₂₁to²¹tsʅ⁰kai₄₄tsʰiəu₄₄ṣʅ³iait⁵tsʅ³iɔŋ₄₄ke⁵³,ken³xei³⁵.tsʰin⁵³ɲiəuk³./尽肉。嗝厚个，就尽肉。tsʰin⁵³ɲiəuk³.tek⁵xei₄₄ke⁵³,tsiəu₄₄tsʰin⁵³ɲiəuk³./人哩摘到食。我等就去摘到食。但是肚箇里怕怕有跕虫子。in¹³li⁰tsak³tau²¹ṣət⁵.ŋai¹³tien⁰tsʰiəu₄₄ci₄₄tsak³tau²¹ṣət⁵.tan⁵³ṣʅ⁵³təu₄₄kai²¹li⁰pʰa₄₄pʰa₄₄iəu₄₄ku³⁵tṣʰəŋ¹³tsʅ⁰./嗬有虫子。xo⁵³iəu³⁵tṣʰəŋ¹³tsʅ⁰./系，欸。xe₄₄,e₂₁./细人子就喜欢摘。se⁵³ɲin¹³tsʅ⁰tsʰiəu⁵³ci²¹fɔn³⁵tsak³./欸，喜欢摘。e⁵³,ci²¹fɔn³⁵tsak³.

铣箍子树

　　哦，我正晓得箇起么啊树哇，箇起安做么啊樱花树哇，就系铣箍子树哩。樱花树哇，就铣箍子树。系有得是噢我个栏场啊还。旧年走下大围山呐么啊樱花谷安做，渠话箇起就樱花树哇，么啊樱花树啊？箇铣……铣箍子树，我等箇几多子。o$_{44}$,ŋai^{13}tʂaŋ^{53}çiau^{21}tek^{3}kai^{53}çi$^{21}_{44}$mak^{3}a^{0}ʂəu^{53}ua^0,kai^{53}çi$^{21}_{44}$ɔn^{35}tso^{53}mak^{3}a^{0}in^{35}fa^{35}ʂəu^{53}ua^0,tsʰiəu$^{53}_{44}$ue$_{44}$(←xe^{53})tʂʰəŋ^{53}ku^{35}tsɿ^{0}ʂəu^{53}li^0.in^{35}fa^{35}ʂəu^{0}ua^0,tsʰiəu$^{53}_{44}$tʂʰəŋ^{53}ku^{35}tsɿ^{35}ʂəu^0.xe$^{53}_{44}$iəu^{53}tek^{3}sɿ^{35}au^{0}ŋai^{13}ke^{53}laŋ$^{21}_{21}$tʂʰɔŋ$^{21}_{21}$ŋa^{0}xai^{13}.cʰiəu^{53}ɲien$^{13}_{13}$tsei^{21}a$_{44}$(←xa^{53})tʰai^{53}uei^{13}san^{21}na^{0}mak^{3}a^{0}in^{35}fa^{35}kuk^{3}ɔn$^{35}_{44}$tso$^{53}_{44}$,ci^{13}ua$^{53}_{44}$kai^{53}çi^{21}tsʰiəu$^{53}_{44}$in^{35}fa^{35}ʂəu^{53}ua^0,mak^{3}a^{0}in^{35}fa^{35}ʂəu^{0}a^0?kai$^{53}_{44}$tʂʰəŋ^{53}…tʂʰəŋ^{53}ku^{35}tsɿ^{0}ʂəu^{53},a$_{21}$(←ŋai^{13})tien^{0}kai$^{53}_{44}$ci^{21}to^{53}tsɿ^0./就是铣箍子树。tsʰiəu^{53}sɿ^{35}tʂʰəŋ^{53}ku^{35}tsɿ^{0}ʂəu^{53}./就是铣箍子树。tsʰiəu^{53}tʂʰəŋ^{53}ku^{35}tsɿ^{0}ʂəu^{53}./山桃花又喊。san^{35}tʰau$^{13}_{21}$fa^{35}iəu^{53}xan$^{35}_{44}$./哦，山桃花。o$_{21}$,san^{35}tʰau$^{13}_{21}$fa^{35}./又喊山桃花。iəu^{53}xan^{53}san^{35}tʰau$^{13}_{21}$fa^{35}./啊，山桃花。a$_{21}$,san^{35}tʰau$^{13}_{21}$fa^{35}.箇只皮就箍得铣。kai^{53}tʂak^{3}pʰi^{13}tsʰiəu^{53}kʰu^{35}tek^{3}tʂʰəŋ^{53}./（铣，哪个铣啊？）打铣啊。ta^{21}tʂʰəŋ^{53}ŋa^0./（噢，铣啊？）打铣个箍箍箇只铁管呐。ta^{21}tʂʰəŋ^{53}ke^{53}kʰu^{35}kʰu^{35}kai^{53}tʂak^{3}tʰiet^{3}kɔn^{21}na^0./箍箇铁管，从前个土铣箇铣是土铣咻，底下一只木托，木托啊。kʰu^{35}kai^{53}tʰiet^{3}kɔn^{21},tʂʰəŋ^{13}tsʰien$^{13}_{44}$ke^{53}tʰəu^{0}tʂʰəŋ^{53}kai$^{53}_{44}$tʂʰəŋ^{53}sɿ$^{53}_{44}$tʰəu^{21}tʂʰəŋ^{53}ʂa^0,te^{21}xa^{53}iet^{3}tʂak^{3}muk^{3}tʰɔk^3,muk^{3}tʰɔk^{3}a^0./铣托。tʂʰəŋ^{53}tʰɔk^3./木树做个铣托啊。顶高就一根一根是铣管呐，铁管呐，系<u>唔系</u>？以只撩以只管让门子使渠连结在一起？就有种咁个有爱舞只箇舞只咁个箍子样个咁个箍。muk^{3}ʂəu^{53}tso^{53}ke$^{53}_{44}$tʂʰəŋ^{53}tʰɔk^{3}a^0.taŋ^{21}kau^{35}tsʰiəu^{53}iet^{3}ken$^{35}_{44}$iet^{3}ken^{35}sɿ$^{53}_{44}$tʂʰəŋ^{53}kɔn^{21}na^0,tʰiet^{3}kɔn^{21}na^0,xei$^{53}_{44}$me$_{44}$(←m̩^{13}xe^{53})?i^{21}tʂak^{3}lau^{35}i^{21}tʂak^{3}kɔn^{21}ɲioŋ^{53}mən^{0}tsɿ^{0}sɿ$^{35}_{44}$ci^{44}lien^{13}ciet^{3}tsʰai^{53}iet^{3}çi^{21}?tsʰiəu$^{53}_{44}$iəu^{53}tʂʰəŋ^{53}kan$^{13}_{13}$kei$^{53}_{44}$iəu$^{35}_{44}$ɔi^{53}u^{21}tʂak^{3}kai$^{53}_{44}$u^{21}tʂak^{3}kan$^{21}_{35}$kei^{53}kʰu^{35}tsɿ^{0}ioŋ$^{53}_{44}$ke$^{53}_{44}$kan^{21}ke^{53}kʰu^{35}.（kʰu^{35}还是ku^{35}?）金箍……呃，kʰu^{35}还系ku^{35}哇？cin^{35}kʰu^{35}…ə$_{21}$,kʰu^{35}ua^{0}xai$^{53}_{44}$xe$^{53}_{44}$ku^{35}ua^0?/箍拢。ku^{35}loŋ^{35}./箍啊拢。kʰu^{35}a^{0}loŋ^{35}./箍，嗯，箍。ku^{35},ŋ̍$_{21}$,ku^{35}./金……欸，箇个铣箍子。嗯。铣箍子。cin^{35}…e$_{21}$,kai$^{53}_{44}$kei$^{53}_{44}$tʂʰəŋ^{53}ku^{35}tsɿ^0.ŋ$_{21}$,tʂʰəŋ^{53}ku^{35}tsɿ^0./箇个皮又还韧。kai$^{53}_{44}$ke^{53}pʰi^{13}iəu^{53}xai^{13}ɲin^{53}./箇箇种树嘞，箇樱花树个箇个皮，就可以做以只东西。kai$^{53}_{44}$kai^{53}tʂəŋ^{21}ʂəu^{53}lei^0,kai^{53}in^{35}fa$^{35}_{44}$ʂəu^{0}ke$^{53}_{44}$kai^{53}ke$_{44}$pʰi^{13},tsʰiəu^{53}kʰo^{21}i^{35}tso$^{53}_{21}$tʂak^{3}təŋ$^{35}_{44}$si^0./系。xe^{53}./嗯嗯。ŋ$_{21}$ŋ$_{21}$./揪韧。tsiəu^{35}ɲin^{53}.（也叫山桃花？）花就系蛮像桃花哩。系吧？fa^{35}tsʰiəu$^{53}_{44}$xe^{53}man^{13}sioŋ^{53}tʰau^{13}fa^{35}li^0.xe$^{53}_{44}$pa^0?/欸，山桃花。e$_{21}$,san^{35}tʰau$^{13}_{21}$fa^{35}.（也也叫做也就是这种树吗？樱桃树吗？）就樱桃……樱花树喔。tsʰiəu^{53}in^{35}tʰau$^{13}_{21}$…in^{35}fa^{35}ʂəu^{0}uo^0./樱花树。in^{35}fa^{35}ʂəu^{53}./就系樱花树。我旧年正晓得啊，我其他唔晓得。只听得话武汉

大学个樱花是出哩名啊。武汉大学啊。嗯。欸开樱花个时候子几多子人到武汉大学去嬲。噢武汉大学分门一关，爱售票，爱卖票。哈哈哈哈哈。嘿。

tsʰiəu⁵³ue⁵³(←xe⁵³)in³⁵fa₄₄⁵⁵ʂəu⁵³.ŋai¹³cʰiəu²¹ɲien¹³₂₁tʂaŋ⁵³çiau²¹tek³a⁰,ŋai¹³cʰi¹³₂₁tʰa³ṇ¹³₂₁çiau²¹₅₃tek³.tʂʅ²¹tʰaŋ³⁵ŋek³(←tek³)ua³⁵u³⁵xɔn⁵³tʰai¹çiɔk⁵ke³in³⁵fa₄₄⁵⁵ʂʅ¹³tʂʰət¹li⁰miaŋ¹³ŋa⁰.u³⁵xɔn⁵³₄₄tʰai₄₄çiɔk⁵a⁰.ṇ₂₁e₄₄kʰɔi¹³in³⁵fa₄₄⁵⁵ke₄₄⁵⁵ʂʅ¹³xɛu⁵³tsʅ⁰ci¹³to³⁵tsʅ⁰ɲin¹³tau¹u³⁵xɔn⁵³₄₄tʰai₄₄çiɔk⁵₅çi₄₄liau⁵³.au²¹u³⁵xɔn⁵³₄₄tʰai₄₄çiɔk⁵₅pən³⁵mən¹³₂₁iet¹kuan³⁵,ɔi₄₄ʂəu⁵³pʰiau⁵³,ɔi⁵³mai₄₄⁵⁵pʰiau⁵³.xa₄₄xa₄₄xa₄₄xa₄₄xa₄₄.xe₂₁./去看樱花吧？cʰie⁵³kʰɔn⁵³in³⁵fa³⁵pa⁰?/看樱花。kʰɔn₄₄⁵³in³⁵fa₄₄³⁵./么啊，就系看铳箍子树。mak¹a⁰,tsʰiəu⁵³ue₄₄(←xe⁵³)kʰɔn⁵³tʂʰəŋ³⁵ku₄₄³⁵tsʅ⁰ʂəu⁵³./就系看铳箍子树。我也横巷里多得是。铳箍子树。tsʰiəu⁵³ue₄₄(←xe⁵³)kʰɔn⁵³tʂʰəŋ³⁵ku₄₄³⁵tsʅ⁰ʂəu⁵³.ŋai¹³ia³⁵uaŋ¹³xɔŋ³⁵li⁰to₄₄tek³ʂʅ⁵³.tʂʰəŋ³⁵ku₄₄³⁵tsʅ⁰ʂəu⁵³./啊，还有只唠，以个田心箇只安做么啊林……林产里啰，箇映子也也种倒有啰。a₂₁,xai¹³iəu₄₄³⁵tʂak³lau⁰,i¹³₂₁ke₄₄tʰien¹³sin₄₄kai₄₄tʂak³ɔn³⁵tso₄₄mak¹a⁰lin¹³…lin¹³tʂʰan²¹li⁰lo⁰,kai₄₄iaŋ₄₄⁵³tsʅ⁰ia³⁵ia³⁵tʂəŋ⁵³tau¹iəu³⁵lo⁰./铳箍子树。tʂʰəŋ⁵³ku₄₄³⁵tsʅ⁰ʂəu⁵³./嗯。ṇ₄₄./又欸开花。iəu⁵³e₄₄kʰɔi¹³fa³⁵./红红子个花唠，系<u>唔系</u>？fəŋ¹³fəŋ¹³tsʅ⁰ke₄₄fa³⁵lau⁰,xe₄₄me₄₄(←ṃ¹³xe⁵³)?/水红子。ʂei²¹fəŋ¹³tsʅ⁰./水红色个，嗯，水红子个花。ʂei²¹fəŋ¹³sek³ke⁰,ṇ₂₁,ʂei²¹fəŋ¹³tsʅ⁰ke₄₄fa₄₄³⁵.

豇豆

有豇豆，猛大一只，系唔系？豇豆。iəu³⁵kaŋ⁵³tʰei⁵³₂₁,mən³⁵tʰai⁵³iet¹tʂak³,xei₄₄⁵³me₄₄(←ṃ¹³xe⁵³)?kaŋ⁵³tʰei₄₄⁵³.kaŋ⁵³tʰei⁵³.（豇豆是长的还是短的？）哈？也系像黄豆子样啊。xa₃₅?ia³⁵xe⁵³tsʰiɔŋ⁵³uɔŋ¹³tʰei⁵³tsʅ⁰iɔŋ⁵³ŋa⁰./系，欸。渠更大。xe⁵³,e₂₁.ci¹³ken⁵³tʰai⁵³./渠箇箇种豆子就箇种豆子就栽下箇田塍上，唔怕脚去豇。要去豇。ci¹³kai⁵³kai⁵³tʂəŋ²¹tʰei⁵³tsʅ⁰tsʰiəu₄₄kai⁵³tʂəŋ²¹tʰei⁵³tsʅ⁰tsʰiəu₄₄tsɔi¹a₄₄(←xa⁵³)kai₄₄tʰien¹³ʂən²¹₂₁xɔŋ⁵³,ṃ¹³pʰa⁵³ciɔk⁵çi₄₄⁵³kaŋ⁵³.ɔi⁵³çi₄₄⁵³kaŋ⁵³./豇哩个正有结。kaŋ⁵³li⁰ke⁰tʂaŋ₄₄⁵³iəu³⁵ciet³./产量正高。欸。tsʰan²¹liɔŋ₄₄⁵³tʂaŋ⁵³kau⁰.e₂₁.

（好，就是栽在田埂上的那种，这个叫豇豆？）箇又唔系栽下田塍上。渠就箇种豆子～就猛大一只，籽颗粒蛮大呀，籽蛮大。渠爱栽下田塍上呢，爱人去豇。爱去豇。kai⁵³iəu⁵³ṃ¹³₂₁pʰe⁵³(←ṃ¹³xe⁵³)tsɔi³⁵xa₄₄⁵³tʰien¹³ʂən²¹₂₁xɔŋ⁵³.ci¹³tsʰiəu₄₄kai⁵³tʂəŋ²¹tʰei⁵³tsʅ⁰kaŋ⁵³tʰei⁵³tsʰiəu₄₄mən³⁵tʰai⁵³iet¹tʂak³,tsʅ⁰kʰo²¹tiet³man¹tʰai³⁵ia⁰,tsʅ²¹man¹³tʰai⁵³.ci¹³ɔi₄₄⁵³tsɔi³⁵a⁵³(←xa⁵³)tʰien¹³ʂən₄₄xɔŋ₄₄ne⁰,ɔi⁵³ɲin¹³çi¹³kaŋ⁵³.ɔi₄₄çi₄₄⁵³kaŋ⁵³./爱去走。ɔi⁵³çi₃₅⁵³tsɛu²¹./爱去走。ɔi⁵³çi₄₄⁵³tsei²¹.（要人去走哇？）唔……唔系呀。渠就唔怕去走呀。爱爱去豇通来呀。爱去豇通来。嗯。唔豇通来产量唔高。安做豇豆。ṃ…ṃ¹³pʰe₄₄(←xei⁵³)ia⁰.ci¹³₂₁tsʰiəu₄₄ṃ¹³pʰa⁵³çi¹³tsei⁰ia⁰.ɔi⁵³ɔi⁵³çi⁵³kaŋ⁵³tʰəŋ³⁵lɔi¹³₂₁ia⁰.ɔi⁵³cʰi⁵³kaŋ⁵³tʰəŋ³⁵lɔi²¹₂₁.ṇ₂₁.ṇ¹³kaŋ⁵³tʰəŋ³⁵lɔi²¹₂₁tsʰan²¹ liɔŋ⁵³ȵ²¹₂₁kau³⁵.ɔn³⁵tso⁵³kaŋ⁵³tʰei⁴⁴.

走来走去就安做豣啊。哎呀，我等客姓呢真系蛮丰富。系豣啊。早晨，你到箇有草个栏场去走，豣起只裤脚溇湿。听懂哩吗？听懂哩吗？箇个就豣字。豣起只裤脚溇湿。欸。欸，箇落哩水去走路，豣起裤脚尽泥。豣起只裤脚尽泥。就豣字。tsəu₂₁lai₃₅tsəu₂₁tʂʰʅ₅₃tsʰiəu⁵³₄₄ɔn³⁵tso⁵³kaŋ⁵³ŋa⁰.ai₃₅ia₃₅,ŋai¹³tien⁰kʰak³sin⁵³ne⁰tʂən³⁵ne₄₄(←xe⁵³)man₂₁fəŋ³⁵fu⁵³.xe⁵³kaŋ⁵³ŋa⁰.tsau²¹ʂən¹³ȵi¹³tau₄₄kai₂₁iəu⁵³tsʰau⁵³ke⁵³laŋ₂₁tʂʰɔŋ₂₁çi¹³tsei²¹,kaŋ⁵³cʰi¹³tʂak⁵fu⁵³₄₄ciɔk³tset⁵ʂət³.tʰaŋ⁰təŋ²¹li⁰ma⁰?tʰaŋ³⁵təŋ²¹li⁰ma⁰?kai₄₄e₄₄(←ke⁵³)tsʰiəu⁵³₄₄kaŋ⁵³tsʰʅ⁵³₄₄.kaŋ⁵³çi²¹tʂak⁵fu⁵³ʂət³.e₂₁.e₄₄,kai⁵³lɔk⁵li⁰sei⁵³çi⁵³tsei⁵³ləu⁵³,kaŋ⁵³çi²¹fu⁵³ciɔk³tsʰin⁵³lai¹³.kaŋ⁵³çi²¹tʂak⁵fu⁵³ciɔk³tsʰin⁵³lai¹³.tsʰiəu⁵³₄₄kaŋ⁵³tsʰʅ⁵³₄₄.（豣就是这个钻来钻去那个意思，是吧？）系系，转来转去啊，系，就咁子豣啊。xei⁵³₄₄xei⁵³₄₄,tʂɔn²¹lɔi¹³tʂɔn²¹çi¹³a⁰,xe⁵³,tsʰiəu⁵³₄₄kan²¹tsʅ⁰kaŋ⁵³ŋa⁰./嗯嗯嗯嗯。ȵ₅₃ȵ₅₃ȵ₅₃ȵ₂₁.

欸，即即哩走个就安做豣猪子。e₂₁,tset⁵tset⁵li⁰tsəu²¹ke⁰tsʰiəu⁵³₄₄ɔn³⁵tso⁵³₄₄kaŋ⁵³tʂəu³⁵tsʅ⁰./系呀，豣畜子。xei⁵³₄₄ia⁰,kaŋ⁵³tʂʰəuk⁵tsʅ⁰.

狗爪豆

（有那个猫公豆这样的东西吗？）猫公豆呀？miau⁵³kəŋ³⁵tʰei⁵³ia⁰？（嗯。）听讲过吗？猫公豆呀有么？tʰaŋ³⁵kɔŋ²¹ko⁵³₄₄ma⁰?miau⁵³kəŋ³⁵tʰei⁵³ia⁰iəu³⁵mo⁰?/冇得。只有么啊狗爪豆。mau¹³tek³.tsʅ⁰iəu³⁵mak³a⁰ciɛu²¹tsau²¹tʰəu⁵³./猫公豆呀嬒听讲过。miau⁵³kəŋ³⁵tʰei⁵³ia⁰maŋ₂₁tʰaŋ³⁵kɔŋ⁵³ko⁰./嗯。ȵ₂₁./狗爪豆嘞就有。ciɛu²¹tsau²¹tʰəu⁵³le⁰tsʰiəu⁵³iəu²¹.

（它有些就是吃，吃了以后脑袋晕。）哦，食哩……箇就狗爪豆。食哩会打……打脑壳个。o₂₁,ʂət⁵li⁰…kai₄₄tsʰiəu⁵³₄₄kei⁰tsau²¹tʰei⁵³.ʂət⁵li⁰uɔi⁵³ta²¹…ta²¹lau²¹kʰɔk³ke⁵³./哦哦哦，欸狗爪豆。唔系猫公豆。渠嘞尽像狗爪样啊。o⁵³o⁵³o⁵³,e₄₄ciɛu²¹tsau²¹tʰɛu⁵³.m̩⁵³pʰe₄₄(←xe⁵³)mau³⁵kəŋ³⁵tʰɛu⁵³₄₄.ci¹³le⁰tsʰin⁵³tsʰiɔŋ⁵³ciɛu²¹tsau²¹iɔŋ⁵³a⁰./狗子……狗脚爪样。像狗脚爪样呢。kei²¹tsʅ⁰…kei²¹ciɔk³tsau²¹iɔŋ⁵³.tsʰiɔŋ⁵³kei²¹ciɔk⁵tsau²¹iɔŋ⁵³ne⁰./系呀，咁子弯弯子。xei⁵³ia⁰,kan²¹tsʅ⁰uan³⁵uan³⁵tsʅ⁰.

箇本地人就安做么个？欸，老鼠荚哩。老鼠荚，安做老鼠荚。kai₄₄pən²¹tʰi⁵³ȵin₂₁tsʰiəu⁵³ɔn³⁵tso⁵³mak³ke⁵³?e₂₁,lau₃₅çy₄₄kait³li⁰.lau²¹tʂʰəu²¹kait³,ɔn₄₄tso⁵³lau²¹tʂʰəu²¹kait³.（呃，有……还有这样的说法，是吧？）本地人，欸，浏阳话个本地人安做老鼠荚。我去系下浏阳，渠等就话老鼠荚哩。我等是话狗爪豆。食哩打脑壳个，食哩脑壳会车昏。pən²¹tʰi⁵³ȵin₂₁,e₄₄,liəu¹³iɔŋ₄₄fa⁵³ke⁵³pən²¹tʰi⁵³ȵin₂₁ɔn³⁵tso⁵³lau²¹tʂʰəu²¹kait³.ŋai¹³çi⁵³xei⁵³a⁵³(←xa⁵³)liəu¹³iɔŋ₂₁,ci¹³tien⁰tsiəu⁵³ua⁵³₂₁

lau₃₅çy₄₄ke₅₃li⁰.ŋai¹³tien⁰ʂʅ₄₄⁵³ua₄₄⁵³kei⁰tsau²¹tʰei⁵³.ʂət⁵li⁰ta²¹lau²¹kʰɔk³ke⁵³,m̩₅₃,ʂət⁵li⁰
lau²¹kʰɔk³uɔi⁵³tʂʰa³⁵fən¹³./系，系。xe⁵³,xe⁵³.

光皮树

你晓得么个安做青光树么？ɲi̠₂₁¹³çiau²¹mak³e⁰ɔn₄₄³⁵tso₄₄⁵³tsʰiaŋ³⁵kɔŋ³⁵ʂəu⁵³mo?/
青光树就结籽籽榨嘿油个，箇只皮就系泼□。系喊光皮树，青光树。渠叶
子楇是青个。箇只树皮嘞车光个。泼□。tsʰiaŋ³⁵kɔŋ³⁵ʂəu⁵³tsʰiəu⁵³ket⁵tsʅ²¹tsʅ²¹tsa⁵³
xek³iəu¹³ke⁵³,kai⁵³tʂak⁵pʰi¹³tsʰiəu⁵³xe⁵³pʰait⁵laŋ⁵³.xe⁵³xan₄₄kɔŋ³⁵pʰi¹³ʂəu⁵³,tsʰiaŋ³⁵
kɔŋ³⁵ʂəu⁵³.ci¹³iait⁵tsʅ⁰kʰua²¹ʂʅ₄₄⁵³tsʰiaŋ³⁵ke₄₄⁵³.kai₄₄⁵³tʂak⁵ʂəu⁵³pʰi²¹₂₁le⁰tʂʰe₅₃³⁵kɔŋ³⁵
ke₄₄⁵³.pʰait⁵laŋ⁵³.

（有这种树，是吧？这里有这种树吗？）普通话：欸，他说这里有这种树，我是不晓得。/
它系只油料东西。籽就可以榨油哇。tʰa₂₁³⁵xe⁵³tʂak³iəu¹³liau₄₄³təŋ₂₁³⁵si⁰.tsʅ²¹tsʰiəu⁵³
kʰɔ²¹i¹³tsa⁵³iəu¹³ua⁰./籽就可以榨油？tsʅ²¹tsʰiəu⁵³kʰɔ²¹i¹³tsa⁵³iəu¹³?/欸。e₅₃./我系喊
啦去欸，去箇搞校外辅导个镜山，也种啦几把，噢，如今还有几只。ŋai¹³xei⁵³
xan²¹la⁰çi₄₄⁵³ei₄₄,çi₄₄⁵³kai⁵³kau²¹kiau⁵³uai⁵³pʰu²¹tʰau₄₄⁵³ke⁵³ciaŋ⁵³san₃₅,a₄₄³⁵tʂəŋ⁵³la⁰ci²¹
pa²¹,au₅₃,i̠₂₁¹³cin³⁵xai̠₂₁¹³iəu₅₃³⁵ci²¹tʂak⁵./哦。o₂₁./嗬嗬嗬，难怪箇就，我我我就晓得。
xo₂₁xo₄₄xo₅₃,lan¹³kuai⁵³kai⁵³tsiəu₃₅⁵³,ŋai¹³ŋai¹³ŋai¹³tsʰiəu⁵³çiau²¹tek³./难怪你晓得青光
树。lan¹³kuai⁵³ɲi̠₂₁¹³çiau²¹tek₅tsʰiaŋ³⁵kɔŋ³⁵ʂəu⁵³./咁大一只，如今有几只咁大个。
kan₅₃²¹tʰai⁵³iet⁵tʂak³,i̠₂₁¹³cin³⁵iəu³⁵ci²¹tʂak³kan²¹tʰai₄₄⁵³ke₄₄./哦，青光树。o₂₁,tsʰiaŋ³⁵kɔŋ³⁵
ʂəu⁵³./矰去摘籽嘞，籽就榨油嘞。嘿嘿嘿。一百斤籽榨得五十斤油哇。maŋ¹³
çi⁵³tsak³tsʅ²¹lei⁰,tsʅ²¹tsʰiəu⁵³tsa₄₄⁵³iəu¹³le⁰.xe⁵³xe₅₃xe₄₄.iet³pak⁵cin³⁵tsʅ²¹tsa⁵³tek³ŋ³ʂət⁵
cin³⁵iəu¹³ua⁰.

（那个烧的木炭蛮好的。）啊？a₃₅?（那那个树烧木炭啊特别好。）烧
木炭呐？ʂau³⁵muk⁵tʰan₄₄³⁵na⁰?

箇树蛮硬吧？kai⁵³ʂəu⁵³man¹³ŋaŋ⁵³pa⁰?/泼□个。pʰait⁵laŋ⁵³ke₄₄./泼□个。
pʰait⁵laŋ⁵³ke₄₄./欸，箇个皮都是泼□个。那个皮。皮就□个。车光个。光皮
树。e₂₁,kai⁵³ke⁵³pʰi¹³təu⁵³ʂʅ₄₄pʰait⁵laŋ₅₃⁵³ke₄₄.la₄₄⁵³ke⁵³pʰi¹³.pʰi¹³tsʰiəu¹³laŋ⁵³ke⁵³.tʂʰe³⁵
kɔŋ³⁵ke⁰.kɔŋ³⁵pʰi¹³ʂəu⁵³./系啊，你就晓得。我等就矰见过。矰见过。xei₄₄⁵³a⁰,ɲi¹³
tsʰiəu⁵³çiau²¹tek³,ŋai¹³tien⁰tsʰiəu⁵³maŋ¹³cien³kɔ⁵³.maŋ¹³cien⁵³kɔ⁵³./系啊，我矰，唔
系啊我……xei₄₄⁵³a⁰,ŋai¹³maŋ¹³,m̩₄₄¹³pʰe₄₄(←xe⁵³)a⁰ŋai¹³…（光皮树就是青光树，
是吧？）青光树。tsʰiaŋ₄₄³⁵kɔŋ³⁵ʂəu⁵³./渠个籽就可是油料。ci₂₁³⁵ke⁵³tsʅ²¹tsʰiəu⁵³kʰɔ²¹
ʂʅ₄₄⁵³iəu¹³liau⁵³.

荷树

荷树有几多种啊？xo¹³ʂəu⁵³iəu³⁵ci²¹to³⁵tʂəŋ²¹ŋa⁰./荷树有两种。xo¹³ʂəu⁴⁴iəu³⁵
iɔŋ²¹tʂəŋ²¹./一种白皮荷。iet³tʂəŋ²¹pʰak⁵pʰi¹³xo¹³.iet³tʂəŋ²¹ei₁₃ɔn³⁵tso⁵³mak³a⁰mak³…/乌
皮荷唠。u³⁵pʰi¹³xo¹³lau⁰./欸，乌皮荷唠。e₄₄,u³⁵pʰi¹³xo¹³lau⁰./白皮荷。pʰak⁵pʰi¹³
xo¹³./欸。e₂₁.

乌皮荷箇个毛舞倒哩手上是又唔系痒啊？u³⁵pʰi¹³xo¹³kai⁴⁴ke⁴⁴mau³⁵u²¹
tau²¹liˀʂəu⁵³xɔŋ⁵³ʂɿ⁴⁴iəu⁵³m̩²¹pʰe₄₄(←xe⁵³)iɔŋ³⁵ŋa⁰?/系系系系。xe⁴⁴xe₂₁xe²¹xe²¹./欸，
欸，欸。e₅₃,e₂₁,e₅₃./也巴巴扣扣哟。ia⁴⁴pa³pa⁴⁴kʰei⁴⁴kʰei⁴⁴io⁰./系啊。xei⁴⁴a⁰.

荷树个木质还系蛮硬子啦。xo¹³ʂəu⁵³kei⁵³muk³tʂət³xai¹³xe⁵³man¹³ŋaŋ⁵³tsɿ⁰
la⁰./欸。e₅₃./蛮硬子。man¹³ŋaŋ⁵³tsɿ⁰./唔好劈啊。n̩¹³nau²¹(←xau²¹)pʰiak³a₅₃./唔
好劈啊……毁丝啊。哼。n̩¹³nau²¹(←xau²¹)pʰiak³a⁰s̩¹³tsiəu⁵³ʂɿ⁴⁴a⁰.xn̩₅₃.

箇只安做生枫死荷咯。系唔系啊？劈死个老公吧？kai⁵³tʂak³ɔn³⁵tso⁵³
saŋ³⁵fəŋ³si²¹xo¹³ko⁰.xe⁵³mei₄₄(←m̩¹³xei⁵³)a⁰?pʰiak³si²¹ke⁵³lau²¹kəŋ³⁵pa⁰?/欸，烧死
个老婆。e₂₁,ʂau³⁵si²¹ke⁴⁴lau²¹pʰo¹³./烧死个老婆。生枫死荷。ʂau³⁵si²¹ke⁴⁴lau²¹
pʰo¹³.saŋ³⁵fəŋ₄₄si²¹xo¹³.

红米

1.（以前这边有红米吗？）有红米啊。iəu³⁵fəŋ₂₁mi²¹a⁰./有。iəu³⁵./红米
有哇。红米呀。fəŋ¹³mi²¹iəu³¹ua⁰.fəŋ¹³mi²¹ia⁰./欸，有红米。e₂₁,iəu⁵³fəŋ₄₄mi²¹.

红米就蛮难食啦。大细个难欸。fəŋ¹³mi²¹tsʰiəu⁵³man¹³lan₂₁ʂət³la⁰.tʰai⁵³se₄₄
ke⁵³lan₂₁ei⁰./欸箇个露唧红是硬食唔得咯。e⁰kai⁴⁴ke⁵³ləu³ci₄₄fəŋ³ʂɿ⁴⁴niaŋ₄₄ʂət³n̩₂₁
tek³ko⁰./露唧红系硬哽人呢。ləu³⁵ci₄₄fəŋ¹³uei₄₄(←xei⁵³)niaŋ⁵³kaŋ²¹nin¹³ne⁰.

安做还有一起么个柳条红？ɔn³⁵tso⁴⁴xai¹³iəu₄₄iet³çi⁰mak³ke⁴⁴liəu⁵³tʰiau¹³
fəŋ¹³.（还有六条红？）柳……柳条，柳条糯。liəu₄₄…liəu³⁵tʰiau²¹,liəu³⁵tʰiau¹³
lo⁵³./柳条红。liəu³⁵tʰiau¹³fəŋ¹³./柳条红啊？liəu³⁵tʰiau¹³fəŋ³ŋa⁰?/哎。ai₄₄./我只晓
露唧红。ŋai¹³tʂɿ²¹çiau²¹ləu³⁵ci₄₄fəŋ¹³./哎，系呀。ai₂₁,xei⁴⁴ia⁰.箇个也系占个啦。
并不是么啊话糯谷呃也有柳条红啦。冇得。kai₄₄kei⁴⁴ia³⁵xei⁴⁴tʂan⁵³ke⁵³la⁰.pin⁵³
pət³ʂɿ⁴⁴mak³a⁰ua₄₄lo⁵³kuk₃₅ə₄₄ia³⁵iəu⁵³liəu³⁵tʰiau¹³fəŋ₂₁la⁰.mau¹³tek³./欸，冇得。
e₂₁,mau¹³tek³./欸，柳条欸柳条红，渠也系占米。e₂₁,liəu³⁵tʰiau₄₄e₄₄liəu³⁵tʰiau¹³
fəŋ¹³,ci₂₁ia³⁵xe⁵³tʂan³⁵mi²¹./渠嘞也系占米。ci¹³lei⁰ia³⁵xe⁵³tʂan³⁵mi²¹./箇个食得滴
子。kai₄₄cie₄₄ʂət⁵tek⁵tiet⁵tsɿ⁰.（柳条红，是吧？）嗯，柳……柳条红。ŋ₂₁,
liəu³⁵…liəu³⁵tʰiau²¹fəŋ¹³.（它有什么特点呢？）如今是冇哩个稻咁个东西哩哦。

$i_{21}^{13}cin^{35}ş\gamma_{44}^{53}mau^{13}li^0ke^{53}t^hau^{53}kan^{21}ke_{44}^{53}tə\eta^{35}si^0li^0o^0$.（它是长长的还是怎么呢？）

比比欸长长子个米欸，比箇个好食滴子。比比……$pi^{21}pi^{21}ei_{21}tş^hə\eta^{13}tş^hə\eta^{13}tş\gamma^0$
$ke_{44}^{53}mi_{21}^{21}e_{44},pi^{21}kai^{53}ke_{44}^{53}xau^{21}şət^5tiet^5tş\gamma^0$.$pi^{21}pi^{21}\cdots$/欸，比露唧红更好食。e_{21},pi^{21}
$lǝu^{35}ci_{44}^{35}fə\eta^{13}cien_{44}^{44}xau^{21}şət^5$ ./比露唧红好食滴子。欸。$pi^{21}lǝu^{35}ci_{44}^{35}fə\eta^{13}xau^{21}şət^5tiet^5$
$tş\gamma^0$ .e_{21}.

（呃，喊喊的那个什么红啊？）露唧红。$lǝu^{35}ci_{44}^{35}fə\eta^{13}$.（哪个 $lǝu^{35}$？）
就岭上个露唧呀，箇个红梗梗啊。$tsh^hiǝu^{53}lia\eta^{35}xo\eta_{44}^{53}ke_{44}^{53}lǝu^{35}ci_{44}^{35}ia^0,kai^{53}ke^{53}fə\eta^{13}$
$kua\eta^{21}kua\eta^{21}\eta a^0$.（就是红米里面就分这样两种，是吧？）欸，欸欸，红米
肚里分两种。露唧红。柳条红。$ei_{21},e_{21}e_{53},fə\eta^{13}mi^{21}tǝu^{21}li^0fən_{44}^{35}lio\eta^{21}tşə\eta^{21}.lǝu^{35}ci_{44}^{35}$
$fə\eta^{13}.liǝu^{35}t^hiau_{21}^{21}fə\eta^{13}$ ./嗯。我唔多记得哩。柳条红我唔多记得哩。$\eta_{53}^{·}.\eta ai^{13}\eta^{·}{}^{13}to_{44}^{35}$
$ci^{53}tek^3li^0.liǝu^{35}t^hiau^{13}fə\eta^{13}\eta ai_{44}^{13}\eta^{·}{}^{13}to_{44}^{35}ci^{53}tek^3li^0$.

露唧红就记得。$lǝu^{35}ci_{44}^{35}fə\eta_{21}^{21}tsh^hiǝu_{44}^{53}ci^{53}tek^0$ ./系呀。$xei_{44}^{53}ia^0$ ./讲起露唧红我
就记得。$ko\eta_{21}^{13}ci^{21}lǝu^{35}ci_{44}^{35}fə\eta_{21}^{21}\eta ai_{21}^{21}tsh^hiǝu^{53}ci^{53}tek^0$ ./欸，你等箇时子栽哩啊？$e_{21},\eta i^{13}$
$tien^0kai_{44}^{53}ş\gamma_{44}^{21}tş\gamma^0$ （←$tş\gamma^0$）$tsoi^{35}li^0a^0$?/栽哩。欸真唔食唔得啊硬啊！$tsoi^{35}li^0.e_{53}tşə\eta_{35}^{21}$
$\eta^{·}{}^{13}şət^5\eta_{21}^{13}tek^3a^0\eta ia\eta_{44}^{13}a^0!$/系呀。$xei^{53}ia^0$.

（那个柳条红好吃些，是吧？）欸系。$e_{44}xe_{53}$ ./柳条红好食滴子。$liǝu^{35}$
$t^hiau_{21}^{13}fə\eta^{13}xau^{21}şət^5tiet^5tş\gamma^0$ ./露唧红都唔好食。$lǝu^{35}ci_{44}^{35}fə\eta^{13}tǝu^{35}\eta^{·}{}^{13}xau^{21}şət^5$ ./糯谷
糯谷就柳条糯好食滴啦。$lo^{53}kuk^5lo^{53}kuk^5tsh^hiǝu_{44}^{53}liǝu^{35}t^hiau^{13}lo^{53}xau^{21}şət^5tiet^5la^0$ ./
欸。ei_{21} ./柳条糯最好。柳条糯就最好。$liǝu^{35}t^hiau^{13}lo^{53}tsei^{53}xau^{21}.liǝu^{35}t^hiau_{21}^{21}lo_{44}^{53}$
$tsh^hiǝu_{44}^{53}tsei^{53}xau^{21}$.

（好。那个跟红米相对的白米呢？）白米，欸，就系白米。$p^hak^5mi^{21},e_{21},$
$tsiǝu_{44}^{53}xe_{44}^{53}p^hak^5mi^{21}$.（讲白米吗？）唔。白米。$m_{21}^{·},p^hak^5mi^{21}$.

柳柳条红……欸，箇只安做么啊露唧红是打唔白啦。$liǝu^{35}liǝu^{35}t^hiau_{21}^{13}$
$xo\eta^{35}\cdots e_{44},kai_{44}^{53}tşak^3ɔn_{44}^{35}tso_{44}^{35}mak^0a^0lǝu^{35}ci_{44}^{35}fə\eta_{21}^{21}ş\gamma_{44}^{21}ta^{21}\eta^{·}{}^{13}p^hak^5la^0$ ./露唧红打唔白，
打唔白，渠硬系红米。$lǝu^{35}ci_{44}^{35}fə\eta_{21}^{13}ta^{21}\eta^{·}{}^{13}p^hak^5,ta^{21}\eta^{·}{}^{13}p^hak^5,ci^{13}\eta ia\eta^{·}{}^{13}xe^{53}fə\eta^{13}mi^{21}$ ./
欸，硬系红米。$e_{21},\eta ia\eta^{53}xe_{44}^{53}fə\eta^{13}mi^{21}$ ./欸。露唧红咯就硬系红米，随你让门
子整，欸，让门子去踏，都冇得熟，都……都……冇得冇得白。$e_{21}.lǝu^{35}ci_{44}^{35}$
$fə\eta^{13}ko^0tsh^hiǝu_{44}^{53}\eta ia\eta^{53}xe_{44}^{53}fə\eta^{13}mi^{21},tsh^hi^{13}\eta i_{44}^{13}\eta io\eta^{13}mən^0tş\gamma^0tşa\eta^{21},e_{21},\eta io\eta^{13}mən^0tş\gamma^0ci_{44}^{53}$
$t^hait^5,tǝu_{44}^{35}mau_{21}^{13}tek^5şǝuk^5,tǝu^{35}m^{·}\cdots tǝu_{44}^{35}m^{·}\cdots mau_{21}^{13}tek^5mau_{21}^{13}tek^5p^hak^5$ ./冇。冇得
白。$mau^{13}\cdots mau_{21}^{13}tek^5p^hak^5$ ./唔。熟会熟啦，都系冇得白。$m_{21}^{·},şǝuk^5uoi_{44}^{35}şǝuk_3^5$
$la^0,tǝu^{35}ue_{44}$（←xe^{53}）$mau_{21}^{13}tek^5p^hak^5$.

2. 箇个是红米，以下是蛮少了，以前是有喔，以前有喔。$kai^{53}ke^{53}ş\gamma_{44}^{53}$
$fə\eta^{13}mi^{21},i^{13}xa^{53}ş\gamma_{44}^{13}man^{13}şau_{21}^{21}liau^0,i^{35}tsh^hien^{53}ş\gamma_{44}^{13}iǝu^{35}uo^0,i^{35}tsh^hien^{53}iǝu^{35}uo^0$.（你小时
候吃过吗？）食过，红米饭南瓜汤啊。食过。$şət^5ko^0,fə\eta^{13}mi^{21}fan^{13}lan^{13}kua_{44}^{35}$

tʰɔŋ³⁵ŋa⁰.ʂət⁵ko⁰.

有起红米最难食个，嗯，安做露唧红。也系红米。你就系，安做露唧红。iəu³⁵çi²¹fəŋ¹³mi²¹tsei⁵³lan²¹ʂət⁵ke⁵³,n̩₂₁,ɔn³⁵tso₄₄ləu³⁵ci₄₄fəŋ¹³.ia³⁵xe⁵³fəŋ¹³mi²¹,ɲi¹³tsʰiəu⁵³xe⁵³,ɔn³⁵tso₄₄ləu³⁵ci₄₄fəŋ¹³.（要加米吗？）欸，我等嘴巴讲就唔讲露唧红米。唔爱米字，就系露唧红。ei₂₁,ŋai¹³tien⁰tsi²¹pa⁰kɔŋ²¹tsʰiəu⁵³n̩¹kɔŋ²¹ləu³⁵ci₄₄fəŋ¹³mi²¹.m̩¹³mɔi³⁵mi²¹tsʅ⁵³,tsʰiəu⁵³xei⁵³ləu³⁵ci₄₄fəŋ¹³.

（这是红米的一种，是吧？）欸，红米个一种。e₂₁,fəŋ¹³mi²¹ke⁵³iet³tʂəŋ²¹.（它有什么特点呢？）蛮糙。箇米蛮糙。让门整都整唔熟。箇米，欸。man¹³tsʰau⁵³.kai⁵³mi²¹man¹³tsʰau⁵³.ɲiɔŋ¹³men¹³tʂəŋ²¹təu₄₄tʂəŋ²¹n̩¹ʂəuk⁵.kai⁵³mi²¹,e₂₁.（难煮熟，是吧？）难整得熟哇。lan¹³tʂəŋ²¹tek³ʂəuk⁵ua⁰.（难成熟？）唔系成熟喔。整米机整唔熟哇。整……用整米机整啊，用……以前冇整米机，用碓子整啊。整起唔得熟哇箇米呀。真糙哇，欸。就系糙个意思。m̩¹³pʰe⁵³(←xe⁵³)tsʰən¹³ʂəuk⁵uo⁰.tʂəŋ²¹mi²¹ci³⁵tʂəŋ²¹n̩₄₄ʂəuk⁵ua⁰.tʂəŋ²¹···iəŋ⁵³tʂəŋ²¹mi²¹ci³⁵çi⁵³tʂəŋ²¹ŋa⁰,iəŋ⁵³···i⁵³₅₃tsʰien₂₁mau¹³tʂəŋ²¹mi²¹ci³⁵,iəŋ⁵³tɔi⁵³tsʅ⁰tʂəŋ²¹ŋa⁰.tʂəŋ²¹çi₅₃n̩¹tek³ʂəuk⁵ua⁵³kai⁵³mi²¹ia⁰.tʂən²¹tsʰau⁵³ua⁰,e₂₁.tsʰiəu⁵³ue₄₄(←xe⁵³)tsʰau⁵³ke⁰i⁵³sʅ⁰.

花麦

1. 有花麦，花麦就荞麦。iəu³⁵fa³⁵mak⁵,fa³⁵mak⁵tsʰiəu₄₄cʰiau¹³mak⁵.（现在还有人种吗？）嗰，我等以映冇人种哩。花麦。欸，花麦是一只最大个特点，就系产量低。嗯。系杂粮。花麦就产量低啦。有句话法呀。收花麦样。收花麦样。箇阵有滴是只爱有滴子凑唠。欸。收花麦样。比喻欸产量低。maŋ¹³,ŋai¹³tien⁰i²¹iaŋ⁵³mau¹³ɲin¹³tʂəŋ⁵³li⁰.fa³⁵mak⁵.e₂₁,fa³⁵mak⁵ʂʅ₄₄iet³tʂak⁵tsei⁵³tʰai⁵³ke⁵³tʰek⁵tien²¹,tsʰiəu₄₄xe⁵³tsʰan²¹liɔŋ⁵³te³⁵.m̩₂₁.xe⁵³tsʰait⁵liɔŋ¹³.fa³⁵mak⁵tsʰiəu₄₄tsʰan²¹liɔŋ₄₄tsei⁵³te₄₄la⁰.iəu⁵³tsʅ₄₄ua⁵³fait⁵ia⁰.ʂəu₄₄fa³⁵mak⁵iɔŋ₄₄.ʂəu₄₄fa³⁵mak⁵iɔŋ⁵³.kai₄₄tsʰən₄₄iəu⁵³tet³ʂʅ²¹ɔi₄₄iəu⁵³tiet⁵tsʅ⁰tsʰe⁰lau⁰.e₂₁.ʂəu³⁵fa³⁵mak⁵iɔŋ⁵³.pi⁵³ʮ⁵³e₂₁.tsʰan²¹liɔŋ²¹te₄₄.

花麦是欸还讲花麦啦，客姓人话花麦还有种奇效个功能，奇特个功能，箇细人子爱食花麦。细人子啊。fa³⁵mak⁵ʂʅ₄₄ei₂₁xai¹³kɔŋ²¹fa³⁵mak⁵la⁰,kʰak⁵sin²¹ɲin¹³ua₄₄fa³⁵mak⁵xai²¹iəu³⁵tʂəŋ²¹cʰi¹³çiau⁵³ke₄₄kəŋ³⁵len²¹,cʰi¹³tʰek⁵ke⁵³kəŋ₄₄len²¹,kai₄₄se⁵³ɲin₂₁tsʅ⁰ɔi²¹ʂət⁵fa³⁵mak⁵.se⁵³ɲin₂₁tsʅ⁰a⁰.（为什么呢？）以前个人呐夫娘子人带人呐，爱背正背囊上来做事，背下背囊上来做事啊，爱边做事边带人。有哪映放就背下背囊上。箇细人子跍倒背囊上嘞就会扯娭子个头发，扯倒放下嘴里去食。嗯。渠话曾经有只咁个人，渠只赖子，欸，死咁哩，死得不明不白呀。唔唔知搞让门子死个。落尾让门子分渠发现哩嘞就系嘞食哩头发。食哩头发。渠个从从咁滴子从毛毛子啊卬卬伢子个喉咙哪映肚里发现哩有头发呀。食哩头发死个。食哩头发。扯倒，渠唔晓得啊，扯倒就扯倒箇只扯娭子个头发就扯倒就送下嘴里去食嘞。嗯。食哩头发以后嘞就死嘿哩。死嘿哩嘞渠箇只做娭子个人呢渠就分箇个呃食哩头发让门子有几条虫啊让门子，欸，分箇虫欸去畜。么个都分渠食。嗯。有一晡，分花麦渠食哩。箇个虫死嘿哩。箇几条虫就死嘿哩。所以嘞就一只咁个话咁个传说来个嘞就爱箇花麦最好个功效就系么个嘞？渠就系一种，分细人子食，做滴子米馃分细人子食，食哩就能够化头发。欸。食哩花麦米馃子就能够化嘿头发去。i⁵³₅₃tsʰien¹³ke⁵³ɲin¹³na⁰pu³⁵ɲioŋ¹³tsʅɲin¹³tai⁵³ɲin¹³na⁰,ɔi⁴⁴pi¹³tʂaŋ⁵³₄₄pɔi⁵³loŋ¹³₂₁xɔŋ⁵³lɔi²¹tso⁵³sʅ¹³,pi⁵³ia⁰pɔi⁵³loŋ¹³₂₁xɔŋ⁵³lɔi²¹tso⁵³sʅ¹³za⁰,ɔi⁴⁴pien⁵³tso⁵³sʅ¹³pien⁵³tai⁵³ɲin¹³.mau³⁵lai⁵³iaŋ⁵³₄₄foŋ⁵³tsʰiəu⁵³₄₄pi⁵³ia⁰pɔi⁵³loŋ¹³₂₁xɔŋ⁵³.kai⁵³sei⁵³ɲin¹³₂₁tsʅ⁵³kʰu⁵³tau²¹pɔi⁵³loŋ¹³₂₁xɔŋ⁵³₄₄le⁰tsʰiəu⁵³₄₄uɔi⁴⁴tʂʰa²¹ɔi³⁵tsʅ⁵³ke⁴⁴tʰei¹³fait³,tʂʰa²¹tau⁰foŋ⁵³₄₄ŋa⁰tsɔi⁵³li⁰çi⁴⁴ʂət⁵.m̩₂₁.ci¹³ua⁵³tʂʰən¹³cin³⁵iəu⁵³tʂak³kan²¹ke⁵³ɲin¹³,ci²¹₂₁tʂak³lai⁵³tsʅ⁵³,e₂₁,si²¹kan²¹ni²¹,si²¹tek⁵pət³min¹³pət³pʰek⁵ia⁰.n̩₂₁n̩¹³ti⁵³₅₃kau²¹₄₄ɲioŋ⁵³mən⁰tsʅ⁵³si²¹ke⁵³.lɔk₅³mi¹³ɲioŋ⁵³mən⁰tsʅ⁵³pən⁵³₄₄ci²¹₂₁fait³çien⁵³ni⁰lei⁰tsʰiəu⁵³₄₄xei⁵³lei⁰ʂət⁵li⁰tʰei¹³fait³.ʂət⁵li⁰tʰei¹³fait³.ci¹³ke⁵³tsʰəŋ¹³₂₁tsʰəŋ¹³kan²¹tiet⁵tsʅtsʰəŋ²¹₂₁mau⁵³mau⁵³tsʅ⁵³a⁰ɔŋ³⁵ɔŋ³⁵ŋa²¹₂₁tsʅ⁵³ke⁰xei⁵³loŋ¹³₂₁lai⁵³iaŋ⁵³təu²¹li⁰fait³çien⁵³ni⁰iəu³⁵tʰei¹³fait³ia⁰.ʂət⁵li⁰tʰei¹³fait³si²¹ke⁵³.ʂət⁵li⁰tʰei¹³fait³.tʂʰa²¹tau⁰,ci²¹₂₁n̩¹³çiau²¹tek³a⁰,tʂʰa²¹tau⁰tsʰiəu⁵³tʂʰa²¹tau⁰kai⁵³tʂak³tʂʰa²¹ɔi³⁵tsʅ⁵³ke⁴⁴tʰei¹³fait³tsʰiəu⁵³₄₄tʂʰa²¹tau⁰tsʰiəu⁵³səŋ⁵³₄₄ŋa⁰tsɔi⁵³li⁰çi⁴⁴ʂət⁵le⁰.n̩₅₃.ʂət⁵li⁰tʰei¹³fait³i³⁵xei⁵³₄₄lei⁰tsʰiəu⁵³si²¹xek³li⁰.si²¹xek³li⁰le⁰ci¹³kai⁵³tʂak³tso⁵³ɔi⁵³tsʅ⁵³ke⁵³ɲin¹³₂₁ne⁰ci¹³tsʰiəu⁵³pən³⁵₅₃kai⁵³ke⁵³₄₄ə₂₁ʂət⁵li⁰tʰei¹³fait³ɲioŋ⁵³mən⁰tsʅ⁵³iəu³⁵ci²¹tʰiau²¹₂₁tʂʰəŋ¹³ŋaɲioŋ⁵³₄₄mən⁰tsʅ⁵³,e₂₁,pən³⁵₄₄kai⁵³₄₄tʂʰəŋ¹³ŋe⁰çi⁵³₄₄çiəuk³.mak³ke⁵³₄₄təu³⁵₄₄pən³⁵ci²¹₂₁ʂət⁵.n̩₂₁.iəu³⁵iet³pu⁴⁴,pən³⁵fa³⁵mak⁵ci²¹₂₁ʂət⁵li⁰.kai⁴⁴cie⁴⁴tʂʰəŋ¹³si²¹xek³li⁰.kai⁵³ci²¹tʰiau²¹₂₁tʂʰəŋ¹³tsʰiəu⁵³si²¹xek³li⁰.so²¹₄₄i³⁵lei⁰tsʰiəu⁵³iet³tʂak³kan²¹₃₅cie⁴⁴ua⁵³kan³⁵ke⁵³tʂʰen⁵³ʂət⁵lɔi⁵³ke⁴⁴le⁰tsʰiəu⁵³ɔi⁴⁴kai⁴⁴fa³⁵mak⁵tsei⁵³xau³¹ke⁴⁴kəŋ⁴⁴çiau⁵³tsiəu⁵³xei⁴⁴mak⁵e⁰le⁰?ci¹³tsʰiəu⁵³xei⁵³iet³tʂəŋ²¹,pən³⁵sei⁵³ɲin¹³₂₁tsʅ⁵³ʂət⁵,tso⁵³tet⁵tsʅ⁵³mi²¹kɔ²¹pən³⁵sei⁵³ɲin¹³₂₁tsʅ⁵³ʂət⁵,ʂət⁵li⁰tsʰiəu⁵³len¹³ciau⁴⁴fa³⁵tʰei¹³fait³.e₂₁.ʂət⁵li⁰fa³⁵mak⁵mi²¹kɔ²¹tsʅ⁵³tsʰiəu⁵³len¹³ciau⁴⁴fa⁵³xek³tʰei¹³fait³çi⁵³.（有这个功效啊？）欸，有箇只功效。欸，我等细细子听讲个哈。客姓人讲个。嗯。花麦。花麦都属杂粮个一种嘞。高粱啦，花麦啦，包粟哇，我等都属杂粮啦，都安做系杂粮啦。ei₂₁,iəu³⁵kai⁴⁴tʂak³kəŋ³⁵çiau⁵³.ei₂₁,ŋai¹³tien⁰sei⁵³sei⁵³tsʅ⁵³tʰaŋ³⁵kɔŋ²¹ke⁵³xa⁰.kʰak⁵sin³⁵ɲin¹³₂₁kɔŋ²¹ke⁵³.m̩₂₁.fa³⁵mak⁵.fa³⁵mak⁵təu³⁵₄₄ʂəuk⁵tsʰait⁵lioŋ¹³₂₁ke⁵³iet³tʂəŋ²¹lei⁰.kau³⁵lioŋ¹³la⁰,fa³⁵mak⁵la⁰,pau³⁵siəuk³ua⁰,ŋai¹³tien⁰təu³⁵₄₄ʂəuk⁵tsʰait⁵lioŋ¹³₂₁la⁰,təu³⁵ɔn³⁵tso⁵³₄₄xei⁵³₂₁tsʰait⁵lioŋ¹³₂₁la⁰.

2. 花麦是过唔得过唔得秋天个花麦是怕霜打。fa³⁵mak⁵ ʂɿ⁵³ko⁵³ŋ₄₄¹³tek³ko⁵³ ŋ₄₄¹³tek³ tsʰiəu³⁵tʰien³⁵ke⁵³fa³⁵mak⁵ ʂɿ⁵³pʰa³⁵soŋ³⁵ta²¹./花麦两只特点。荞麦，两只特点。第一只，产量低，箇个欸讲讲就么个东西产量低嘞，收花麦样。安做收花麦样。就有滴子，冇几多，有滴子，收花麦样。第二只嘞，生育期短，生长期短。花麦是让门子啊？欸，大暑前三天就……唔系，唔系。fa³⁵mak⁵ liɔŋ²¹tʂak³ tʰek⁵ tien²¹.cʰiau¹³mak⁵,iɔŋ²¹tʂak³ tʰek⁵ tian²¹.tʰi⁵³iet³ tʂak³,tsʰan²¹liɔŋ te³⁵,kai₄₄ke₄₄e₂₁kɔŋ²¹kɔŋ²¹iau⁵³kɔŋ²¹tsʰiəu⁵³mak⁵ ke⁵³təŋ₄₄si⁰ tsʰan²¹liɔŋ²¹te³⁵le⁰,ʂəu³⁵fa³⁵mak⁵ iɔŋ₄₄.ɔn₄₄³⁵tso⁵³ʂəu³⁵fa³⁵mak⁵ iɔŋ₄₄.tsʰiəu₄₄⁵³iəu³⁵tiet³ tsɿ⁰,mau¹³ci²¹to⁵³,iəu³⁵tiet³ tsɿ⁰,ʂəu³⁵fa³⁵mak⁵ iɔŋ₄₄.tʰi⁵³ɲi¹³tʂak³ lei⁰,sen³⁵iəuk³ cʰi¹³tɔn²¹,sen³⁵tʂaŋ²¹cʰi¹³tɔn²¹.fa mak⁵ ʂɿ⁵³⁴⁴ɲiɔŋ⁵³mən⁰tsa⁰ ?e₂₁,tʰai⁵³tʂʰəu²¹tsʰien¹³san³⁵tʰien₄₄³⁵tsʰiəu₄₄⁵³…m̩²¹pʰe⁵³(←xe⁵³),m̩²¹pʰe⁵³(←xe⁵³)./爱爱爱箇个吧？ɔi₄₄⁵³ɔi₄₄⁵³ɔi₄₄⁵³kai⁵³ke⁵³pa⁰?/欸，大暑，大暑下土。e₂₁,tʰai⁵³tʂʰəu²¹,tʰai⁵³tʂʰəu²¹xa³⁵tʰəu²¹./啊？a₃₅?/大暑下土咯。tʰai⁵³tʂʰəu²¹ xa₄₄³⁵tʰəu²¹ko⁰./大暑下土。tʰai⁵³tʂʰəu²¹xa₄₄³⁵tʰəu²¹./嗯。ŋ̩₂₁./怕小到大暑，到立……立秋，到立秋哇，都还还可以作哟。pʰa⁵³siau²¹tau₄₄⁵³tʰai⁵³tʂʰəu²¹,tau₄₄⁵³liet⁵…liet⁵ tsʰiəu³⁵,tau⁵³liet⁵ tsʰiəu³⁵ua⁰,təu₄₄⁵³xai₄₄¹³xa₄₄²¹kʰo⁰i¹³tsɔk³iau⁰./唔系吧？爱处暑吧？爱……让门子啊？反正箇只东西生育期蛮短呢，渠个播种期也只有几天子。系唔系？渠个栽呀栽花麦只有几天子嘞。只只系几天子嘞。有冇核冇结咯，有结冇核咯，咁子话个咯。系栽花麦让门子啊？前三天就咿有冇核冇……让门子啊？让门子话去有核冇结啊。ŋ̩²¹tʰei₄₄¹³(←xei₄₄)pa⁰?ɔi₄₄⁵³tʂʰəu⁵³ tʂʰəu²¹pa⁰?ɔi₄₄⁵³tʂ…ɲiɔŋ⁵³mən¹³tsɿ⁰a⁰?fan²¹tʂən⁵³kai⁵³tʂak³ təŋ₄₄³⁵si⁰ sen³⁵iəuk³cʰi¹³ man¹³tɔn²¹ne⁰,ci¹³ke⁵³po⁵³tʂəŋ²¹cʰi¹³ia⁰tsɿ⁵³iəu⁰ci¹³tʰien³⁵tsɿ⁰.xei⁵³me⁵³?ci¹³ke⁵³tsɔi⁰ ia⁰tsɔi³⁵fa³⁵mak⁵ tʂɿ²¹iəu₄₄⁵³ci²¹tʰien³⁵tsɿ⁰lei⁰.tʂɿ²¹tʂɿ⁵³ei₄₄(←xei⁵³)ci²¹tʰien³⁵tsɿ⁰lei⁰.iəu³⁵ iəu³⁵xek³ mau¹³ciet³ ko⁰,iəu³⁵ciet³ mau¹³xek³ ko⁰,kan²¹tsɿ⁰ua⁵³ke₄₄⁵³ko⁰.xe₄₄tsɔi₄₄³⁵fa mak⁵ɲiɔŋ⁵³mən⁰tsɿ⁰a⁰?tsʰien³⁵san³⁵tʰien₄₄³⁵tsʰiəu⁵³i₂₁iəu³⁵iəu³⁵xek³ mau¹³…ɲiɔŋ⁵³ mən⁰tsɿ⁰a⁰?ɲiɔŋ⁵³mən⁰tsɿ⁰ua₄₄⁵³çi₄₄⁵³iəu³⁵xek³ mau¹³ciet³a⁰?

黄荆

黄荆唔知指哪起。唔知指过路黄荆啊我系我……uɔŋ¹³ciaŋ³⁵ŋ₄₄¹³ti₄₄³⁵tʂɿ²¹lai⁵³ çi²¹.ŋ̩₄₄¹³ti₄₄tʂɿ⁵³ko⁵³ləu⁰uɔŋ¹³ciaŋ³⁵ŋa⁰ ŋai¹³xei⁵³ŋai₂₁…/还系布荆子。我等是……xai₂₁¹³xe₄₄pu⁵³ciaŋ³⁵tsɿ⁰.ŋai¹³tien⁰ ʂɿ⁵³…/还系布荆子欸我。系啊？黄荆系唔系系唔系做得药个如今？系唔系？xai₂₁¹³xe₄₄pu⁵³ciaŋ³⁵tsɿ⁰ e₂₁,ŋai²¹tsɿ⁰.xei⁵³a⁰?uɔŋ¹³ciaŋ₄₄³⁵xei mei₄₄(←m̩¹³xei⁵³)xei⁵³mei₄₄(←m̩¹³xei⁵³)tso⁵³tek³ iɔk⁵ ke₄₄⁵³¹³cin⁵³?xei₄₄⁵³mei₄₄(←m̩¹³ xei⁵³)?（嗯，对啊！）又安做过路黄荆啊。iəu₄₄⁵³ɔn³⁵tso⁵³ko⁵³ləu⁰uɔŋ¹³ciaŋ₄₄³⁵ŋa⁰./

普通话：我，我们这里有有两种。一种是矮矮的，大概最高的是这么高，那是长得很好的。还有一种就好高的。（嗯，分……

那个那个名字呢各叫什么？）都都喊黄荆。təu^{35}təu^{35}xan$^{53}_{44}$uoŋ^{13}ciaŋ^{35}./黄荆又喊布荆子吧？uoŋ^{13}ciaŋ^{35}iəu$^{44}_{44}$xan^{53}pu^{53}ciaŋ^{35}tsʅ$^{44}_{53}$pa^{0}?/欸。高个喊布荆子。嗯，喊布荆。e$_{53}$.kau^{35}ke$^{53}_{44}$xan$^{53}_{44}$pu^{53}ciaŋ^{35}tsʅ^{0}.ŋ$_{53}$,xan^{53}pu^{53}ciaŋ^{35}.（就是穿的那个衣服那个布啊？）欸，布，欸，布荆。e$_{44}$,pu^{53},e$_{21}$,pu^{53}ciaŋ$^{44}_{44}$./喷香。pʰən^{53}çiɔŋ^{35}./做倒去……tso^{53}tau^{21}çi^{53}…/箇种叶子就喷香。kai^{53}tʂəŋ^{21}iait^{5}tsʅ^{0}tsʰiəu$^{53}_{44}$pʰən^{35}çiɔŋ^{35}./叶子喷香。iait^{5}tsʅ^{0}pʰən^{35}çiɔŋ^{0}./有只特殊个香味啦。iəu^{35}tʂak^{3}tʰek^{5}çy$^{44}_{44}$ke$^{53}_{44}$çiɔŋ^{35}uei$^{53}_{53}$la^{0}./欸如今如今搞粽子啊，炆粽子啊。欸。e$_{44}^{13}$cin$^{35}_{44}$i$^{13}_{21}$cin^{35}kau^{21}tsəŋ^{53}tsʅ^{0}a^{0},uən^{13}tsəŋ^{53}tsʅ^{0}a^{0}.e$_{44}$./可以做……做碱欸。kʰo^{21}i$^{35}_{44}$tso^{53}…tso^{53}kan^{21}nau^{0}./做米馃啊。箇就可以放箇只东西。tso^{53}mi^{21}ko^{21}a^{0}.kai^{53}tsʰiəu$^{44}_{44}$kʰo^{21}i$^{35}_{44}$xɔŋ$^{53}_{44}$kai$^{53}_{44}$tʂak^{3}təŋ$^{35}_{44}$si^{0}./欸。e$_{21}$.

　　（噢，还有一种呢？）好，以种就专门做药，箇是专门做药个。xau^{21},i^{21}tʂəŋ^{21}tsʰiəu^{53}tʂen^{35}mən^{21}tso^{53}iɔk^{5},kai$^{53}_{44}$sʅ$^{44}_{44}$tʂen^{35}mən^{21}tso$^{53}_{44}$iɔk$^{5}_{5}$ke$^{44}_{44}$./矮矮子个就。ai^{21}ai^{21}tsʅ^{0}ke$^{53}_{44}$tsʰiəu$^{53}_{53}$.（那矮的叫什么？）过路黄荆。ko^{53}ləu^{53}uoŋ^{13}ciaŋ$^{44}_{44}$./箇就喊过路黄荆。其实渠就安做黄荆。但是搞么个舞只过路黄荆嘞？渠爱挖倒箇路边上个。箇起就更好，药性更好。kai^{53}tsʰiəu^{53}xan$^{53}_{44}$ko^{53}ləu^{53}uoŋ^{13}ciaŋ^{35}.chʰi^{13}ʂət^{5}ci^{13}tsʰiəu$^{53}_{44}$ɔn$^{44}_{44}$tso$^{53}_{44}$uoŋ^{13}ciaŋ^{35}.tan$^{53}_{44}$sʅ$^{21}_{44}$kau^{21}mak^{3}ke^{0}u^{21}tʂak^{3}ko^{53}ləu^{53}uoŋ^{13}ciaŋ^{35}le^{0}?ci$^{13}_{44}$ɔi$^{53}_{44}$uait^{3}tau^{21}kai^{53}ləu^{53}pien^{53}xɔŋ^{53}ke^{0}.kai^{53}çi^{21}tsʰiəu$^{53}_{44}$ken^{53}xau^{21},iɔk^{5}sin$^{53}_{44}$ken^{53}xau^{21}./更好。ken^{53}xau^{21}./过路黄荆。ko^{53}ləu^{53}uoŋ^{13}ciaŋ$^{44}_{44}$./箇做药个。kai$^{53}_{44}$tso$^{53}_{44}$iɔk^{5}ke$^{53}_{44}$.（做药用的是吧？）嗯。ŋ$_{53}$./做药个。tso$^{53}_{44}$iɔk^{5}ke$^{44}_{44}$./欸，箇就是过路黄荆。e$_{44}$,kai^{53}tsʰiəu$^{53}_{44}$sʅ$^{53}_{44}$ko^{53}ləu$^{53}_{44}$uoŋ^{13}ciaŋ$^{44}_{44}$.

　　（这个过路黄荆一般用来做什么呢你们？）整筋骨唠。tʂaŋ^{21}cin^{35}kuət^{3}lau^{0}./除……除水湿。tʂʰəu^{13}…tʂʰəu^{13}ʂei^{21}ʂət^{3}./除水湿唠。tʂʰəu^{13}ʂei^{21}ʂət^{3}lau^{0}./主呀除水湿。tʂʰʅ^{21}ia^{0}tʂʰəu^{13}ʂei^{21}ʂət^{3}./利水湿啦。li^{35}ʂei^{21}ʂət^{3}la^{0}./爱用根哩爱用。ɔi^{53}iəŋ^{53}cin^{35}ni^{0}ɔi^{53}iəŋ^{53}./箇个箇个么个脚痛箇只啦咁个啊，舞倒去炆，炆，炆汤。欸，整脑壳痛，也用。kai$^{44}_{44}$ke^{53}kai$^{44}_{44}$ke^{53}mak^{3}ke$^{44}_{44}$ciɔk^{3}tʰəŋ^{53}kai$^{44}_{44}$tʂak^{5}la^{0}kan^{21}ke^{53}a^{0},u^{21}tau^{21}çi$^{53}_{44}$uən^{13},uən^{13},uən^{13}tʰəŋ^{35}.e$_{21}$,tʂaŋ^{21}lau^{21}kʰɔk^{3}tʰəŋ^{53},ia^{35}iəŋ$^{53}_{44}$.

黄蒲

　　1. 南……南瓜，喊黄蒲哇我等就喊。lan^{13}…lan^{13}kua^{35},xan^{53}uoŋ^{13}pʰu^{13}ua^{0}ŋ ai^{13}tien^{53}tsiəu$^{53}_{44}$xan$^{53}_{44}$.（磨子南嗯……）磨子黄蒲。mo^{53}tsʅ^{0}uoŋ^{13}pʰu^{13}./磨子黄蒲勘圆欸。mo^{53}tsʅ^{0}uoŋ^{13}pʰu$^{13}_{21}$li^{53}ien^{13}nau^{0}./磨子黄蒲。mo^{53}tsʅ^{0}uoŋ^{13}pʰu$^{21}_{21}$./勘圆欸。磨子黄蒲。欸。li^{35}ien$^{13}_{44}$nau^{0}.mo^{53}tsʅ^{0}uoŋ^{13}pʰu^{13}.e$_{21}$./枕头黄蒲。tʂən^{21}tʰei^{13}uoŋ^{13}pʰu^{13}./还有高把黄蒲哇。xai^{13}iəu$^{13}_{44}$kau^{21}pa^{53}uoŋ$^{21}_{21}$pʰu$^{13}_{21}$ua^{0}./欸，安做高把黄蒲哇，就你话个就。么个勺把黄蒲哇。e$_{21}$,ɔn$^{35}_{44}$tso$^{53}_{44}$kau^{35}pa^{53}uoŋ^{13}pʰu^{13}ua^{0},tsʰiəu$^{44}_{44}$ni^{13}ua$^{53}_{44}$

ke⁵³₄₄tsʰiəu⁵³₄₄.mak³ ke⁰ʂɔk⁵ pa⁵³uɔŋ¹³pʰu¹³ua⁰./——一大截都系铁铁实实个一大截，一只把唔知几高。iet³iet³iet³tʰai⁵³tsiet³təu⁵³₄₄xe⁵³₄₄tʰet⁵ tʰet⁵ʂət⁵ʂət⁵ke⁵³₄₄iet³tʰai⁵³tsiet³,i¹³₂₁tʂak³pa⁵³ŋ¹³ti³⁵₅₃ci²¹kau³⁵.（长长的，是吧？像日本南瓜一样的，是吧？）又箇渠又唔系长嘞。嗯，渠又唔系长嘞。渠又一……底下就勯圆子个，顶高有只把。有只把。欸。iəu⁵³kai⁵³ci¹iəu⁵³₄₄m²¹₂₁pʰe₄₄(←xe⁵³)tʂʰɔŋ¹³le⁰.ŋ₂₁,ci¹³iəu⁵³₄₄m²¹₂₁pʰe₄₄(←xe⁵³)tʂʰɔŋ¹³le⁰.ci¹³iəu⁵³iet³···te²¹xa₄₄tsʰiəu⁵³li³⁵ien¹³tsŋ¹ke₄₄,taŋ¹³kau₄₄iəu³⁵tʂak³pa⁵³.iəu⁵³tʂak³pa⁵³.e₂₁./箇只把箇箇只口长个都以前有得。以前只有以咁长子。kai⁵³₄₄tʂak³pa⁵³kai⁵³₄₄kai₄₄tʂak³lai³⁵tʂʰɔŋ¹³ke⁵³₄₄təu₄₄i¹³tsʰien²¹₂₁mau¹³₄₄tek³.i¹³⁵tsʰien¹³tsŋ¹ɿiəu³⁵i²¹kan²¹tʂʰɔŋ¹³tsŋ¹.（你们叫叫叫什么名字？）高把黄蒲。高把黄蒲。kau³⁵pa⁵³uɔŋ¹³pʰu¹³.kau⁵³pa⁵³uɔŋ²¹₂₁pʰu²¹₂₁.（就是高高的高吗？）对，系系系。tei⁵³,xe⁵³xe₄₄xe⁵³₄₄./欸，高矮个高，欸。高矮个高。e₂₁,kau³⁵ŋai²¹ke⁵³₄₄kau³⁵,e₂₁.kau³⁵ŋai²¹ke⁵³₄₄kau¹³₄₄./高把。kau³⁵pa⁵³./高把黄蒲。kau³⁵pa⁵³uɔŋ¹³pʰu¹³./以只把唔知几高。i²¹tʂak³pa⁵³ŋ¹³ti³⁵₅₃ci²¹kau³⁵./箇只系形状啊。kai¹³tsŋ²¹xe⁵³çin¹³tsʰɔŋ⁵³ŋa⁰./只系形状。tsŋ²¹xe⁵³çin¹³tsʰɔŋ⁵³./只只系形状啊。tsŋ²¹tsŋ²¹xe⁵³çin¹³tsʰɔŋ⁵³ŋa⁰./有滴像磨子样，扁个，磨子黄蒲。欸，长个就枕头黄蒲。iəu⁵³tet⁵tsʰiɔŋ⁵³mo⁵³tsŋ¹iɔŋ₄₄,pien²¹ke⁵³₄₄,mo⁵³tsŋ⁰uɔŋ¹³pʰu¹³.e₂₁,tʂʰɔŋ¹³kei₄₄tsʰiəu⁵³₄₄tʂən²¹tʰei¹³uɔŋ¹³pʰu¹³₄₄./又有又有磨，底下又有只圆个，以顶高又有只箇样个高个箇就安做高把黄蒲。iəu⁵³₄₄iəu³⁵mo⁵³,te²¹xa₄₄iəu³⁵iəu₄₄tʂak³ien¹³kei⁵³,i²¹taŋ²¹kau¹³iəu₄₄iəu³⁵tʂak²¹kai₄₄iɔŋ³⁵ke₄₄kau⁵³ke₂₁kai₄₄tsʰiəu⁵³ɔn₄₄tso₄₄kau⁵³pa⁵³uɔŋ²¹₂₁pʰu¹³./高把黄蒲。kau³⁵pa⁵³uɔŋ²¹₂₁pʰu¹³./哎，欸。ai⁵³,e₂₁./欸形状不同。e₅₃çin¹³tsʰɔŋ⁵³puk⁵tʰəŋ²¹./就按个形状分个。tsʰiəu⁵³ɔn₄₄ke⁵³çin¹³tsʰɔŋ⁵³₄₄fən ke⁰./黄蒲除除哩按形状分还有嘞？还分成么个？uɔŋ¹³pʰu¹³tsʰəu¹³tʂʰəu¹³li⁰ŋɔn⁵³çin¹³tsʰɔŋ⁵³₄₄fən³⁵xai¹³iəu³⁵₄₄le⁰?xai²¹₂₁fən²¹₂₁mak³e⁰?

2. 黄蒲，南瓜就安做黄蒲啦。冬……uɔŋ¹³pʰu¹³,lan¹³kua₄₄tsʰiəu⁵³₄₄ɔn₄₄tso⁵³uɔŋ²¹₂₁pʰu¹³₂₁la⁰.təŋ³⁵···（黄蒲有哪些？）反正有得么啊几多品种，黄蒲是，就系……渠滴形状唔同啊。欸，——……圆个，扁扁子，圆个，那磨子黄蒲哦。唔。fan²¹₃₅tʂən⁵³mau¹³tek³mak³e⁰ci²¹to³⁵₄₄pʰin²¹tʂən²¹,uɔŋ²¹₂₁pʰu¹³ɿ₄₄,tsʰiəu⁵³xe⁵³₄₄···ci¹³tiet⁵çin¹³tsʰɔŋ⁵³ŋ²¹₂₁tʰəŋ¹³ŋa⁰.ei₂₁,iet³₅iet³···ien¹³ke₄₄,pien²¹pien⁵³tsŋ⁰,ien¹³ke₄₄,na₄₄mo⁵³tsŋ⁰uɔŋ¹³pʰu¹³o⁰.m̩₂₁.（像磨子一样的？）磨子样啊，嗯。mo⁵³tsŋ⁰iɔŋ⁵³₄₄ŋa⁰.,ŋ₂₁.

还有起高把黄蒲喔。xai¹³iəu³⁵₄₄çi²¹kau⁵³pa⁵³uɔŋ²¹₂₁pʰu²¹₂₁uo⁰.（是长长的，是吧？）欸。高把个。你唔晓得箇把高哇，箇只把肚里呀冇得空。以种黄蒲最有斤两，最打秤。欸。箇把肚里咯，铁实个。你箇磨子黄蒲吵，虽然咁大嘞，肚里捞空个。系唔系？渠个高把黄蒲嘞，渠底下一部分唔……唔大，冇几大子。欸，箇顶高嘞箇只把嘞唔知几高。箇整个箇把肚里铁铁实实，冇得空。所以黄……高把黄蒲好……又好食，又又有又有堆道。唔。e₂₁.kau³⁵ pa^{53}ke^0.ɲi^{13}ŋ̍$^{13}_{44}$çiau^{21}tek^3 kai^{44}pa^{53}pa^{53}kau^{35}ua^0,kai^{53}tʂak^3 pa^{53}təu^{21}li^{0}ia^0 mau^{13}tek^3 kʰəŋ^{35}.i^{21}tʂəŋ^{21}uoŋ^{13}pʰu^{13}tsei^{53}iəu^{44}cin^{35}lioŋ^{35},tsei^{53}ta^{21}tʂʰən^{53}.e$_{21}$.kai^{44}pa^{53}təu^{21}li^{0}ko^0,tʰiet$_5$şət^{5}ke^{53}.ɲi$^{13}_{21}$kai^{44}mo^{53}tsʮ^{13}uoŋ^{13}pʰu^{21}şa^0,sei^{44}vien$_{21}$kan^{1}tʰai^{53}le^0,təu^{21}li^{0}lau^{35}kʰəŋ$^{13}_{44}$ke^0.xei^{53}me$_{44}$(←m̩^{13}xe^{53})?ci^{13}ke^{53}kau^{35}pa^{1}uoŋ^{13}pʰu^{21}le^0,ci^{13}te^{21}xa^{53}iet^3 pʰu^{1}fən^{53}n̩^{1}s···n̩^{13}tʰai^{53},mau^{13}ci$^{13}_{21}$tʰai^{53}tsʮ^3.e$_{21}$,kai^{13}taŋ^{13}kau^{53}le^{0}kai^{44}tʂak^3 pa^{53}le^{0}ŋ$_{21}$ti$^{13}_{53}$ci^{1}kau^{53}.kai^{53}tʂəŋ^{21}ko$^{53}_{44}$kai^{53}pa^{53}təu^{21}li^0 tʰet^{5}tʰet^5 şət^{5}şət^5,mau^{13}tek^3 kʰəŋ^{53}.so^{21}i^{35}i$^{13}_{21}$uoŋ···kau^{35}pa^{1}uoŋ$^{13}_{21}$pʰu$^{13}_{21}$xau···iəu^{1}xau^{21}şət^5,iəu^{1}iəu^{1}iəu$^{13}_{44}$iəu^{1}iəu^{1}toi^{13}tʰau^{53}.m̩$_{21}$.

（还有别的黄蒲吗？）还有枕头黄蒲。欸，枕头黄蒲。欸，枕头样个。就系就系根据形状来个。xai^{13}iəu$^{35}_{44}$tʂəŋ^{35}tʰei^{13}uoŋ^{21}pʰu$^{13}_{44}$.e$_{21}$,tʂən^{21}tʰei^{13}ioŋ$^{53}_{44}$ke^0.tsʰiəu$^{53}_{44}$ei$_{44}$(←xei^{53})tsʰiəu^{53}uei$_{44}$(←xei^{53})ken^{35}tʂʮ^{44}çin^{13}tʂʰɔŋ$^{53}_{44}$lɔi$^{13}_{21}$ke^{53}.

还有起黄蒲，安做子黄蒲子。有滴人喜欢食箇。就么个嘞，本来那起黄蒲在渠还……还系箇个欸一只子碗子咁大子个时候子，以滴人栏场人就喜欢食。客姓人就客家人就喜欢食。安做子黄蒲子。子黄蒲子炒辣椒食啦。就嫩南瓜。xai$^{13}_{21}$iəu^{35}çi^{21}uoŋ$^{21}_{21}$pʰu$^{13}_{21}$,ɔn^{35}tso$^{53}_{44}$tsʮ^{21}uoŋ^{13}pʰu^{13}tsʮ^0.iəu^{35}tiet^{5}ɲin$^{21}_{21}$çi^{21}fɔn$^{35}_{44}$şət^5 kai$^{53}_{44}$.tsʰiəu$^{53}_{44}$uei^{53}xei$_{44}$mak^3 e^{0}le^0,pən^{21}nɔi$_{44}$(←lɔi^{13})nai^{13}çi^{1}uoŋ^{13}pʰu$^{13}_{44}$tsʰai^{53}ci$^{13}_{21}$xai$^{13}_{21}$m···xai^{13}xei^{1}kai$^{53}_{44}$kei$^{53}_{44}$ei$_{21}$iet^3 tʂak^3 tsʮ^0 uon^{21}tsʮ^0 kan^{1}tʰai^{53}tsʮ^0 ke^{0}şʮ$^{13}_{53}$xei^{1}tsʮ^0,iet^5 in^{13}lan$^{13}_{44}$tʂʰɔŋ$^{13}_{44}$ɲin$^{13}_{44}$tsiəu$^{53}_{44}$çi^{21}fɔn$^{35}_{44}$şət^5.kʰak^3 sin^{53}ɲin$^{13}_{21}$tsʰiəu$^{53}_{44}$kʰak^3 ka$^{35}_{21}$ɲin$^{13}_{21}$tsʰiəu$^{53}_{44}$çi^{21}fɔn$^{35}_{44}$şət^5.ɔn^{35}tso^{53}tsʮ^{13}uoŋ^{13}pʰu^{13}tsʮ^0.tsʮ^{21}uoŋ^{13}pʰu^{13}tsʮ^0 tsʰau^{0}lait^5 tsiau$^{35}_{44}$şət^5 la^0.tsiəu$^{53}_{44}$lən^{53}nan$^{13}_{21}$kua$^{35}_{44}$.

（还有什么说法没有？）冇得哩了。mau^{13}tek^3 li^{0}liau^{21}.

黄檀树

第一硬个是黄檀树。tʰi^{53}iet^{3}ŋaŋ$^{13}_{44}$ke^{53}şʮ$^{53}_{44}$uoŋ^{13}tʰan^{13}şəu^{53}./嗯，黄檀树。ŋ̍$_{53}$,uoŋ^{13}tʰan^{13}şəu^{53}./黄檀树第一硬。uoŋ^{13}tʰan^{13}şəu^{53}tʰi^{53}iet^{3}ŋaŋ^{13}./黄檀树是还有只……uoŋ^{13}tʰan^{13}şəu^{53}şʮ^{13}xai$^{21}_{21}$iəu^{35}tʂak^3···/箇是箇是昨晡讲个做舂槌哩，就选箇只东西哩。kai^{53}şʮ$^{53}_{44}$kai^{53}şʮ$^{53}_{44}$tsʰo^{35}pu$^{35}_{53}$kɔŋ^{21}ke^{44}tso^{53}tʂʰən^{35}tʂʰei^{13}li^0,tsʰiəu$^{53}_{44}$sien^{21}kai^{44}tʂak^3 əŋ$_{44}$(←təŋ^{35})si^{0}li^0.

（现在还有吗？）冇喔。iəu^{35}uo^0./有。iəu^{35}./有。iəu^{35}./还有。xai$^{21}_{21}$iəu^{35}./多得很黄檀树哇。to^{35}tek^3 xen^{21}uoŋ^{13}tʰan^{13}şəu^{53}ua^0./黄檀树是有。uoŋ^{13}tʰan^{13}şəu^{53}şʮ^{13}iəu^{35}./多得很就唔去咁话。我个岭上都冇么口了。to^{35}tek^3 xen^{21}tsʰiəu^{53}n̩$_{21}$çi^{53}kan^{21}tsʮ^{0}ua$_{44}$.ŋai^{13}ke^{53}liaŋ^{35}xɔŋ$^{53}_{44}$təu^{35}mak^3 lin^{21}liau^0./细个子就好多。细个子就好做楇杈啊。se^{53}ke^{53}tsʮ^{1}tsiəu^{1}xau^{1}to^{35}.se^{53}ke^{53}tsʮ^{1}tsiəu^{1}xau^{21}tso^{1}kʰua^{21}tsʰa^{35}a^0./我我个岭上都寻烂了啰。ŋai^{13}ŋai^{13}ke^{53}liaŋ^{35}xɔŋ$^{53}_{44}$təu^{53}tsʰin$^{13}_{21}$lan^{53}liau^{21}lo^0.

长得慢，还有只，箇条树嘞发芽系所有个树肚里，渠系冬下会落叶欸，爱等渠长叶就最迟个。我等是上背就有只咁个样个话法，黄檀树都开哩叶了，还嬲发泉，箇年个泉树就……泉水泉水就有哩发了。tṣɔŋ²¹tek³man⁵³,xai¹³iəu³⁵tṣak³,kai⁵³ₐₐtʰiau¹³ṣəu⁵³lei⁰fait³ŋa¹³xe⁵³ₐₐso¹³iəu³⁵ₐₐke⁵³ṣueṣ⁵³təu²¹li⁰,ci¹³xe⁵³ₐₐtəŋ⁵³ₐₐxa⁵³ₐₐuɔi⁵³ₐₐlɔk³iait⁵e⁰,ɔi⁵³ten²¹ci¹³tṣɔŋ²¹ₐₐiait⁵tsʰiəu⁵³ₐₐtsei⁵³tṣʰɿ¹³ke⁵³.ŋai¹³tien⁰ṣɿ⁵³ₐₐṣɔŋ⁵³pɔi³⁵₃₅tsʰiəu⁵³ₐₐiəu³⁵ₐₐtṣak³kan¹³ke⁵³ₐₐiɔŋ¹³ke⁵³ₐₐua¹³fait³,uɔŋ¹³tʰan¹³ṣəu⁵³təu⁵³ₐₐkʰɔi³⁵li¹³iait⁵liau⁰,xai¹³maŋ¹³fait₅tsʰan¹³,kai⁵³ɲien¹³ke⁵³tsʰan¹³ṣəu⁵³tsʰiəu⁵³ₐₐm…tsʰan¹³ṣei²¹tsʰan¹³ṣei²¹tsʰiəu⁵³mau²¹li⁰fait³liau⁰./欸，有得泉水了。e₂₁,mau¹³tek⁵tsʰan¹³ṣei²¹liau⁰./再还有滴讲，欸，有有滴就渠就直接讲，安做黄泉树。tsai⁵³xai¹³iəu³⁵tiet⁵kɔŋ²¹,e₂₁,iəu³⁵iəu³⁵tiet⁵tsiəu⁵³ₐₐci¹³tsiəu⁵³ₐₐtṣʰət⁵tsiet⁵kɔŋ²¹,ɔn³⁵ₐₐtso⁵³uɔŋ¹³tʰan¹³ṣəu⁵³ₐₐ./黄泉呐。uɔŋ¹³tʰan¹³na⁰./安做黄泉树。ɔn³⁵ₐₐtso⁵³uɔŋ¹³tʰan¹³ṣəu⁵³./嗯。ŋ₅₃./也有讲黄泉树个啦。系唔系？ia³⁵iəu³⁵ₐₐkɔŋ²¹uɔŋ¹³tʰan¹³ṣəu⁵³ke⁵³ₐₐla⁰.xei⁵³ₐₐmei⁴⁴(←m̩¹³xei⁵³)?/系系系。xe⁵³xe⁵³xe⁵³ₐₐ./就系就系指泉水啦。tsʰiəu⁵³xe⁵³tsʰiəu⁵³xe⁵³tṣɿ²¹tsʰan¹³ṣei²¹la⁰./欸，ei₅₃./欸，就系开叶子最迟，开叶开叶开得最迟啊。ei₂₁,tsiəu⁵³xe⁵³ₐₐkʰɔi⁵³iait⁵tsɿ⁰tsei⁵³tsʰɿ¹³,kʰɔi³⁵iait⁵kʰɔi⁰iait⁵kʰɔi⁵³tek⁵tsei⁵³tṣʰɿ¹³a⁰.

（它生长期短？）唔系生长期短又唔系嘞。所有个所有个落叶树都开哩，都……都开哩叶了，渠正渠正还嬲开。m̩¹³pʰe⁴⁴(←xe⁵³)sen³⁵tṣɔŋ²¹cʰi⁴⁴ₐₐtɔn²¹tsiəu⁵³m̩²¹pʰe⁴⁴(←xe⁵³)le⁰.so²¹iəu³⁵ke⁵³so¹³iəu³⁵ₐₐke⁵³lɔk⁵iait⁵ṣueṣ⁵³təu⁵³kʰɔi³⁵li¹³,təu³⁵…təu⁵³kʰɔi³⁵li¹³iait⁵liau⁰,ci²¹tṣaŋ¹³ci¹³tṣaŋ⁵³xai¹³maŋ¹³kʰɔi³⁵./渠还嬲开。欸，欸，渠都还嬲开。ci²¹xa²¹maŋ¹³kʰɔi³⁵.e₂₁,e₂₁,ci¹³təu³⁵xai²¹maŋ²¹kʰɔi³⁵./渠就最迟个。ci¹³tsʰiəu⁵³ₐₐtsei⁵³tṣʰɿ¹³ke⁵³./到四月啊，渠到四月。tau⁵³si¹³ɲiet⁵a⁰,ci²¹tau⁵³ₐₐsi¹³ɲiet⁵.（但是又木质那么硬。）嗯，木质欸。唔得到得大呀。欸。唔得到得大。生长慢唆。生长真慢。e₅₃,muk⁵tṣet⁵e₂₁.n̩¹³tek⁵tau²¹tek⁵tʰai¹³ia⁰.e₂₁,n̩¹³tek⁵tau²¹tek⁵tʰai³⁵.sen³⁵tṣɔŋ²¹man⁵³nau⁰.sen³⁵tṣɔŋ⁵³tṣən³⁵man⁵³./生长是真慢箇只东西。sen³⁵tṣɔŋ²¹ṣɿ⁵³ₐₐtṣən³⁵man⁵³kai⁴⁴ₐₐtṣak³əŋ⁴⁴ₐₐ(←təŋ³⁵)si⁰/黄泉黄檀都系渠。uɔŋ¹³tʰan¹³uɔŋ¹³tʰan¹³təu³⁵xei⁵³ci¹³./欸。e₅₃./欸，黄檀树，绷硬啊，箇只树就蛮硬啊。e₂₁,uɔŋ¹³tʰan¹³ṣəu⁵³,paŋ³⁵ŋaŋ⁴⁴ₐₐŋa⁰,kai¹³tṣak³ṣəu⁵³tsʰiəu⁵³man¹³ŋaŋ³⁵ŋa⁰.

菌菇

有有几起菌子。欸，松树底下个松树菌。荷树菌。茶树菌。欸，牛屎菌。嗯，秆菌子。iəu³⁵iəu³⁵ci²¹çi²¹cʰin³⁵tsɿ⁰.e₂₁,tsʰəŋ¹³ṣəu⁵³tei⁴⁴xa⁵³ke⁴⁴tsʰəŋ¹³ṣəu⁵³cʰin³⁵.xo¹³ṣəu⁵³cʰin³⁵.tsʰa¹³ṣəu⁵³cʰin³⁵.e₂₁,ɲiəu¹³ṣɿ¹³cʰin³⁵.ŋ₂₁,kɔn²¹cʰin⁴⁴tsɿ⁰.（秆菌子是什么……）秆菌子就系……就秆做个，秆……kɔn²¹cʰin⁴⁴tsɿ⁰tsʰiəu⁵³xei⁴⁴…tsʰiəu⁵³kɔn²¹tso⁵³ke⁵³,kɔn²¹…（稻草的是吧？）欸，稻草箇秆呐，秆菌子。哦，哎呀，蛮多菌子。有滴是有毒个。我搞唔多清呢。有点……哪起就有毒个

咯。还有黄草菌。黄草菌食得。茶树菌是最贵，最名贵。e_{21},$t^hau^{53}ts^hau^{21}kai^{53}$ $kɔn^{21}na^0$,$kɔn^{21}c^hin^{35}_{44}tsʅ^0$.$o^{53}$,$ai_{13}ia_{21}$,$man^{13}to_{44}c^hin^{35}_{44}tsʅ^0$.$iəu^{35}tet^5ʂʅ^0iəu^{35}t^həuk^5ke_{44}$.$ŋai^{13}$ $kau^{21}n̩^{13}to_{44}ts^hin^{35}_{44}nei^0$.$iəu^{35}tian^{21}_{44}$···$lai^5çi^{21}ts^hiəu^{53}_{44}iəu^{35}t^həuk^5ke^{53}ko^0$.$xai^{13}iəu^{53}_{35}uɔŋ^{13}$ $ts^hau^{21}c^hin^{35}$.$uɔŋ^{13}ts^hau^{21}c^hin^{35}_{44}ʂət^5tek^3$.$ts^ha^{13}ʂəu^{53}c^hin^{35}ʂʅ^{53}_{44}tsei^{53}_{44}kuei^{53}$,$tsei^{53}min^{13}$ $kuei^{53}$.

（有没有根据它的样子叫的那个菌子名字？比方说有的叫凉伞菌。）凉伞菌，欸，伞菌子，安做伞菌子啰。$iɔŋ^{13}san^{21}c^hin^{35}$,$e_{21}$,$san^{21}c^hin^{35}tsʅ^0$,$ɔn_{44}tso_{44}san^{53}$ $c^hin^{35}_{44}tsʅ^0lo^0$.（像那个伞一样的是吧？）欸一把伞样个。嗯，伞菌子。其实都系一把伞样欸，但是唔知让门箇起就搞么个安做伞菌子。欸，一把伞样。$ei_{44}iet^5pa^{21}san^1iɔŋ^{53}_{44}ke_{44}$.$n̩_{21}$,$san^{21}c^hin^{35}tsʅ^0$.$c^hi^{13}ʂət^5təu^0xei^5iet^5pa^{21}san^1iɔŋ^{53}ŋe^0$,$tan_{44}$ $sʅ^{53}n̩^{13}ti_{44}lioŋ^{53}_{44}mən^0kai^{53}çi^1ts^hiəu^{53}kau^{21}mak^3ke_{44}ɔn_{44}tso_{44}san^{53}c^hin^{35}_{44}tsʅ^0$.$e_{21}$,$iet^5pa^{21}$ $san^{53}iɔŋ^{53}_{44}$.

（有一种那个高脚菌。）高脚菌吧？$kau^{35}ciɔk^3c^hin^{35}_{44}pa^0$?（它这个杆子……）箇是只系形状唠，高脚菌。$kai^{53}_{44}sʅ^{53}_{44}tsʅ^{21}xe_{44}çin^{13}ts^hɔŋ^{53}lau^0$,$kau^{35}ciɔk^3$ $c^hin^{35}_{44}$.

（有没有什么豆腐菌？）豆腐菌有，嗨，有豆腐菌。$t^hei^{53}fu^0c^hin^{35}$ $iəu^{35}$,$m̩_{21}$,$iəu^{35}t^hei^{53}fu^0c^hin^{35}$.

（有剥皮菌吗？）剥皮菌呐？$pɔk^3p^hi^{13}c^hin^{35}na^0$?（嗯。）剥啊剥啊皮去个剥皮呀？$pɔk^3a^0pɔk^3a^0p^hi^{13}çi^5ke^{53}pɔk^3p^hi^{13}ia^0$?（啊啊啊。）欸，有的系爱剥啊皮来食个嘞，有有系有起菌子爱剥啊皮来食嘞。但是冇么人话剥皮菌。有有箇种做法。但是冇好像么人话安做剥皮菌。也可能我唔多了解。ei_{44} $iəu^{35}te^0xei^{53}ɔi_{44}pɔk^3a^0p^hi^{13}lɔi^{13}ʂət^5ke^{53}lei^0$,$iəu_{44}iəu_{44}xei^5iəu^{35}çi^1c^hin^{35}_{44}tsʅ^0ɔi_{44}pɔk^3a^0$ $p^hi^{13}lɔi^{13}ʂət^5lei^0$.$tan^{53}_{44}sʅ^{53}_{44}mau^{13}mak^3in^1ua^{53}pɔk^3p^hi^{13}c^hin^{35}$.$iəu_{44}iəu_{44}iəu_{44}kai^5tʂəŋ^{21}$ $tso^{53}fait^3$.$tan_{44}sʅ^{53}_{44}mau^{13}xau^{21}ts^hiɔŋ^{53}mau^{13}mak^3in^{13}ua^{53}ɔn_{44}tso_{44}pɔk^3p^hi^{13}c^hin^{35}$.$ia^{35}$ $k^ho^{21}len^{13}_{44}ŋai^{13}n̩_{21}to_{44}liau^{21}kai^{21}$.

（苋菜菌呢？）苋菜菌吧？$xan^{53}ts^hɔi^{53}c^hin^{35}_{44}pa^0$?（嗯。）苋菜菌，系有。$xan^{53}ts^hɔi^{53}c^hin^{35}_{44}$,$xei_{44}iəu^{35}_{44}$.（有啊？）欸欸，有苋菜菌。欸有滴有滴食苋菜个味道苋菜菌是，有苋菜味道，唔系苋菜样子。有苋菜个味道。同个么鸡肉菌样啊，就系鸡肉个味道。$e_{21}e_{21}$,$iəu^{35}xan^{53}ts^hɔi^{53}c^hin^{35}$.$ei_{44}iəu^{35}tet^5iəu^{35}tet^5ʂət^5$ $xan^{53}ts^hɔi^{53}_{44}ke^{53}uei^{53}t^hau_{44}xan^{53}ts^hɔi^{53}c^hin^{35}ʂʅ^{53}_{44}$,$iəu^{35}xan^{53}_{44}ts^hɔi^{53}_{44}uei^{53}t^hau_{44}$,$m̩_{21}p^he_{44}$ $(←xe^{53})xan^{53}ts^hɔi^{53}_{44}iɔŋ^{53}tsʅ^0$.$iəu_{44}xan^{53}_{44}ts^hɔi^{53}_{44}ke^{53}uei^{53}t^hau_{44}$.$t^həŋ^{13}ke^{53}mak^3ciei^{35}ɲiəuk^3$ $c^hin^{35}iɔŋ^{53}ŋa^0$,$tsiəu_{44}xei_{44}ciei^{35}ɲiəuk^3ke^{53}uei^{53}t^hau_{44}$.（你们说吗？鸡肉菌。）说，有人讲，有人讲鸡肉菌。$ʂɔk^3$,$iəu^{35}ɲin^{13}_{21}kɔn^{21}$,$iəu^{35}ɲin^{13}_{21}kɔn^{21}ciei^{35}ɲiəuk^3c^hin^{35}$.

（竹子菌呢？）竹子菌吧？有竹……竹子菌有。鲜红子个，唔知几漂亮。$tsəuk^3 tsŋ^0 c^hin^{35} p^ha^0$?iəu^{35}tsəuk^3…tsəuk^{3}tsŋ^{0}c^{h}in^{44}iəu^{35}.çien^{35}fəŋ^{35}tsŋ^{0}ke^{53},n̩^{13}ti^{35}ci^{21}p^{h}iau^{53}liɔŋ^{53}.（竹子菌还是竹菌子？）竹菌子呢，我等话竹菌子。tsəuk^{3}c^{h}in^{35}tsŋ^{0}nei^0,ŋai^{13}tien^{0}ua^{53}tsəuk^{3}c^{h}in^{44}tsŋ^0.

（红菌？）红菌有哇。fəŋ^{13}c^{h}in^{44}iəu^{35}ua^0.（这不能吃的是吧？）欸欸欸，唔唔知几漂亮个就食唔得凑，反正唔知几靓个。e$_{21}$e$_{21}$,n̩^{13}n̩$_{21}$ti^{35}ci^{21}p^{h}iau^{53}liɔŋ$^{53}_{44}$ke$^{53}_{44}$ts^{h}iəu$^{53}_{44}$sət^{5}n̩$_{21}$tek^{5}ts^{h}e^{53},fan^{21}tsən^{13}n̩$_{21}$ti$^{53}_{53}$ci^{21}tsian^{35}ke^{53}.

菇子就系菌子<u>增开放个菌子就安做菇子吧？系唔系？</u>菇子就系菌子。ku^{35}tsŋ^{0}tɕ^{h}iəu$^{53}_{44}$xei^{53}c^{h}in^{35}tsŋ^{0}maŋ^{13}k^{h}ɔi^{13}fɔŋ^{35}ke^{53}c^{h}in^{35}tsŋ^{0}ts^{h}iəu$^{53}_{44}$ɔn^{44}tso^{53}ku^{35}tsŋ^{0}pa$^{53}_{44}$?xei$^{53}_{44}$mei$_{44}$(←m̩^{13}xei^{53})?ku^{35}tsŋ^{0}tɕ^{h}iəu^{53}uei$^{53}_{21}$,(←xei^{53})c^{h}in^{35}tsŋ^0.

（有这个野菇子或者野菌子的说法吗？）野菌子，野菇子，欸，有。又安做菌菇。有滴有滴人又安做菌菇。联合总起来总起来安做菌菇。箇只区别我也搞唔清。ia^{35}c^{h}in^{35}tsŋ^0,ia^{35}ku^{35}tsŋ^0,e$_{21}$,iəu^{35}.iəu^{53}ɔn$^{35}_{44}$tso$^{53}_{44}$c^{h}in^{35}ku^{35}.iəu$^{53}_{21}$tet$^5_3$iəu^{53}tet^{5}ɲin^{13}iəu$^{53}_{44}$ɔn$^{35}_{44}$tso$^{53}_{44}$c^{h}in^{35}ku^{35}.lien^{13}xɔit^{5}tsəŋ^{21}ci^{21}lɔi^{13}tsəŋ^{21}ci^{21}lɔi^{13}ɔn$^{35}_{44}$tso$^{53}_{44}$c^{h}in^{35}ku$^{35}_{44}$.kai^{53}tsak^{3}ts̩^{h}ɿ^{35}p^{h}iek^{5}ŋai^{13}ia$^{35}_{44}$kau^{53}n̩$_{21}$ts^{h}in^{35}.（总称就是……）菌菇。舞碗菌菇菜，舞碗菌菇食哩。c^{h}in^{35}ku$^{35}_{44}$.u^{21}uɔn^{21}c^{h}in^{35}ku^{35}ts^{h}ɔi^{53},u^{21}uɔn^{21}c^{h}in^{35}ku$^{35}_{44}$sət^{5}li^0.

（有枫树菌吗？）有，枫树菌有。枫树菌唔知食得食唔得呢，我就唔晓得。枫树菌呢。我唔记得欸哪起菌子食唔得。爱我老婆就晓得。渠就晓得哪起食唔得。iəu$^{35}_{44}$,fəŋ^{35}səu^{53}c^{h}in$^{35}_{44}$iəu^{35}.fəŋ^{35}səu^{53}c^{h}in$^{35}_{44}$n̩$_{21}$ti^{35}sət^{5}tek^{3}sət^{5}n̩$_{21}$tek^{5}le^0,ŋai$^{13}_{21}$tsiəu^{53}n̩$^{13}_{44}$çiau^{21}tek^5.fəŋ^{35}səu^{53}c^{h}in^{35}le^0.ŋai^{13}n̩$_{21}$ci^{53}tek^{5}e$_{21}$lai^{53}ci^{21}c^{h}in^{35}tsŋ^{0}sət^{5}n̩$_{21}$tek^3.ɔi^{53}ŋai$^{13}_{21}$lau^{21}p^{h}o^{13}tsiəu^{53}çiau^{21}tek^5.ci$^{53}_{21}$ts^{h}iəu$^{53}_{44}$çiau^{21}tek^{5}lai^{53}ci^{21}sət^{5}n̩$_{21}$tek^3.（嘿，她捡过的？）欸。e$_{53}$.（茶树菌？）茶树菌，嗯，松树菌，荷树菌，嗯枫树菌。ts^{h}a^{13}səu^{53}c^{h}in^{35},n̩$_{21}$,ts^{h}əŋ^{13}səu^{53}c^{h}in^{35},xo^{13}səu^{53}c^{h}in^{35},n̩$_{21}$fəŋ^{35}səu^{53}c^{h}in^{35}.（那桐子树？）桐……桐子树菌，桐子树菌是多嘞。t^{h}əŋ$^{13}_{21}$…t^{h}əŋ^{13}tsŋ^{0}səu^{53}c^{h}in^{35},t^{h}əŋ^{13}tsŋ^{0}səu^{53}c^{h}in$^{35}_{44}$sꭓ^{53}to$^{53}_{44}$le^0.（蓑衣菌呢？）蓑衣菌有，蓑衣菌又还有呢。蓑衣一样个嘞。箇渠就主要是灰灰色子。比较粗糙面上。so$^{35}_{44}$i$^{35}_{44}$c^{h}in^{35}iəu^{35},so$^{35}_{44}$i^{35}c^{h}in$^{35}_{44}$iəu^{53}xai^{13}iəu$^{35}_{44}$nei^0.so^{35}i^{35}iet^{5}iɔŋ$^{53}_{21}$ke$^{53}_{21}$lei^0.kai$^{53}_{44}$ci^{53}ts^{h}iəu$^{53}_{44}$tsꭓ^{21}iau$^{53}_{44}$sꭓ^{53}fɔi^{35}fɔi^{35}sek^{5}tsŋ^0.pi^{21}ciau$^{53}_{44}$ts^{h}əu^{53}ts^{h}au$^{53}_{44}$mien^{53}xɔŋ$^{53}_{44}$.

（蛇菌？）蛇菌，<u>系唔系</u>？ʂa^{13}c^{h}in^{35},xei$^{53}_{44}$me$_{44}$(←m̩^{13}xe^{53})?（见过吗？）蛇菌听讲过。蛇菌。唔敢食。唔敢食。ʂa^{13}c^{h}in$^{35}_{44}$t^{h}aŋ^{35}kɔŋ^{21}ko$^{53}_{44}$.ʂa^{13}c^{h}in^{35}.n̩^{13}kan^{21}sət^5.n̩^{13}kan^{21}sət^5.

苦槠子

榛子吧？安做么个？野生个安做苦槠子啦。嗯。欸。角落槠呀。系啊？tsən$^{35}_{44}$tsŋ^{0}pa$^{53}_{44}$?ɔn$^{35}_{44}$tso$^{53}_{44}$mak^{3}ke$^{53}_{44}$?ia^{35}saŋ$^{35}_{44}$ke$^{53}_{44}$ɔn$^{35}_{44}$tso$^{53}_{44}$fu^{21}tsɿ̂ei$^{35}_{44}$tsŋ^{0}la^0.n̩$_{21}$.e$_{21}$.kɔk^{3}lɔk^3

tşei³⁵ia⁰.xei⁵³a⁰?/欸。e₂₁./苦槠子是……fu²¹tşei³⁵tsɿ⁰ şɿ₄₄⁵³…/苦槠子。fu²¹tşei³⁵tsɿ⁰./
角落槠是冇人食。kɔk³lɔk³tşei³şɿ₄₄⁵³mau¹³in₂₁ka₄₄³⁵şət⁵./苦……哈？苦槠豆腐哦。
fu²¹…xa₃₅?fu²¹tşei³⁵tʰei⁵³fu⁰o⁰./欸。e₂₁./只有苦槠豆腐。箇角落槠是冇人家食。
tsɿ²¹iəu³⁵fu²¹tşei³⁵tʰɛu⁵³fu⁰.kai³kɔk³lɔk³tşei³şɿ₄₄⁵³mau¹³nɿ¹³(←ɲin¹³)ŋa₄₄(←ka³⁵)şət⁵./
不食吧？角落槠有么啊肉吧？有肉吗嘞？pait³şət⁵pa⁰?kɔk³lɔk³tşei³⁵mau²¹
mak³a⁰ɲiəuk⁵pa⁰?iəu³⁵ɲiəuk⁵ma⁰le⁰?/啊？a₃₅?/角落槠呀有么啊肉吗嘞？有肉
吗嘞？角……kɔk³lɔk³tşei³⁵ia⁰iəu³⁵mak³a⁰ɲiəuk³ma⁰le⁰?iəu³⁵ɲiəuk³ma⁰
le⁰?kɔk³…/有么啊肉。mau¹³mak³a⁰ɲiəuk³./冇么啊肉。mau¹³mak³a⁰ɲiəuk³./
苦槠子，做苦槠豆腐。fu²¹tşei³⁵tsɿ⁰,tso₄₄⁵³fu²¹tşei³⁵tʰei⁵³fu⁰./苦槠豆腐。还有只
劣……还有只劣柴树啰。fu²¹tşei³⁵tʰei⁵³fu⁰.xai¹³iəu₄₄³⁵tşak⁵lak⁵…xai¹³iəu₄₄³⁵tşak⁵
lak⁵tsʰai¹³şɔu⁵³lo⁰./欸。还只劣柴籽。e₂₁.ai₂₁(←xai¹³)tşak⁵lak⁵tsʰai¹³tsɿ²¹./劣柴籽
也磨得豆腐。lak⁵tsʰai¹³tsɿ²¹ia³⁵mo⁵³tek³tʰəu⁵³fu⁰./劣柴籽也磨得豆腐。箇个就
系榛子嘞。野生箇个一……树上个一……野……结倒个呢。黄老鼠就喜欢
食嘞，系唔系呀？黄……黄老鼠就喜欢食。lak⁵tsʰai¹³tsɿ²¹ia³⁵mo⁵³tek³tʰəu⁵³
fu⁰.kai₄₄⁵³ke₄₄⁵³tsʰiəu₄₄⁵³xe⁵³tşən⁵³tsɿ⁰le⁰.ia³⁵saŋ₄₄³⁵kai₄₄⁵³ke₄₄⁵³iet³…şɔu⁵³xɔŋ⁵³ke⁵³iet³…ia…
ciet³tau²¹ke⁰nei⁰.uɔŋ¹³lau⁵tşʰəu²¹tsʰiəu₄₄⁵³çi²¹fɔn₄₄³⁵şət⁵le⁰,xei₄₄⁵³mei₄₄(←m̩¹³
xei⁵³)ia⁰?uɔŋ¹³…uɔŋ¹³lau⁵tşʰəu²¹tsʰiəu₄₄⁵³çi²¹fɔn₄₄³⁵şət⁵./系系。xe⁵³xe⁵³.

　　（好，你们呢榛子有苦槠子，还有什么呢？）角落槠。kɔk³lɔk³tşei³⁵.
（角落槠是什么样子呢？）角落槠呀？比苦槠子更圆。kɔk³lɔk³tşei³⁵ia⁰?pi²¹
fu²¹tşei³⁵tsɿ⁰ken⁵³ien¹³./欸。e₅₃./角落槠长长子。kɔk³lɔk³tşei³⁵tşʰɔŋ¹³tşʰɔŋ¹³tsɿ⁰./
欸。e₅₃./角落槠呀长长子。kɔk³lɔk³tşei³⁵ia⁰tşʰɔŋ¹³tşʰɔŋ¹³tsɿ⁰./欸。角落槠是
更……长长子，也还也还底下更大。e₅₃.kɔk³lɔk³tşei³⁵şɿ₄₄⁵³cien₄₄⁵³…tşʰɔŋ¹³tşʰɔŋ¹³
tsɿ⁰,ia₄₄³⁵xai¹³ia₄₄³⁵xai₄₄⁵³te²¹xa⁵³ken₄₄⁵³tʰai₄₄⁵³./角落槠像么啊东西啊？像莲子。有滴像莲
子。kɔk³lɔk³tşei³⁵tsʰiɔŋ⁵³mak³a⁰təŋ₄₄⁵³si⁰a⁰?tsʰiɔŋ⁵³lien¹³tsɿ⁰.iəu³⁵tet⁵tsʰiɔŋ⁵³lien¹³
tsɿ⁰./系系啊，就系像莲子。xe₄₄⁵³xe⁵³a⁰,tsʰiəu₄₄⁵³xe⁵³tsʰiɔŋ¹³lien¹³tsɿ⁰./系唔系啊？角
落槠有滴子像莲子。xe₄₄⁵³me₄₄(←m̩¹³xe⁵³)a⁰?kɔk³lɔk³tşei³⁵iəu³⁵tet⁵tsɿ⁰tsʰiɔŋ⁵³lien¹³
tsɿ⁰.

　　还有欸劣柴籽。正话个正话个劣柴籽。我都分唔出哪起安做劣柴籽了。
就劣柴籽啊。xai₂₁¹³iəu₄₄³⁵e₂₁lak⁵tsʰai₂₁¹³tsɿ⁰.tsɿ̩ɔŋ⁵³ua₄₄⁵³ke⁰tsɿ̩ɔŋ⁵³ua⁵³ke₄₄⁵³lak⁵tsʰai₂₁¹³tsɿ²¹.
ŋai³⁵təu₄₄³⁵fən³⁵n̩₂₁¹³tşʰət⁵lai⁵³çi¹³ɔn₄₄³⁵tso₄₄⁵³lak⁵tsʰai₂₁¹³tsɿ²¹liau⁰.tsʰiəu₄₄⁵³liet⁵tsʰai₂₁¹³tsɿ²¹a⁰./
欸。e₂₁./劣，劣柴籽。lak⁵,lak⁵tsʰai₂₁¹³tsɿ²¹.（劣柴籽是有什么特点呢？）也系
同箇个同箇个苦槠子啊，角落槠样，属于一种咁个野生个野生个干果，但
是冇么啊肉。ia³⁵xe⁵³tʰɔŋ¹³kai⁵³ke₄₄⁵³tʰɔŋ¹³kai₄₄⁵³ke⁵³fu²¹tşei³⁵tsɿ⁰a⁰,kɔk³lɔk³tşei³⁵
iɔŋ₄₄⁵³,şəuk⁵vy₄₄¹³iet³tşən²¹kan²¹ke⁰ia³⁵saŋ³⁵ke⁵³ia³⁵saŋ₄₄³⁵ke₄₄⁵³kɔn³⁵ko²¹,tan⁵³şɿ⁵³mau¹³

mak^{3}a^{0}ɲiəuk^3.（没用，是吧？）冇么啊用，欸。渠也分分分分黄老鼠去食唠。欸嘿，黄老鼠就会食唠。mau^{13}mak^{3}a^{0}iəŋ^{53},e$_{21}$.ci^{13}a$^{35}_{44}$pən^{35}pən^{35}pən$_{44}$pən^{35}uɔŋ^{13}lau$^{53}_{53}$tʂʰəu^{21}çi$^{53}_{53}$ʂət^{5}lau^0.e$_{44}$xe$_{53}$,uɔŋ^{13}lau$^{53}_{53}$tʂʰəu^{21}tsʰiəu$_{44}$uɔi$^{13}_{44}$ʂət^{5}lau^0./黄老鼠哇，果狸呀。uɔŋ^{13}lau$^{53}_{53}$tʂʰəu^{21}ua^0,kɔ^{21}li^{13}ia^0./欸，果狸呀。e$_{21}$,kɔ^{21}li^{13}ia^0.

辣椒

1.（辣椒呢？）辣椒。lait^{5}tsiau^{35}.（这里有些什么本地出的辣椒？）欸，本地出个辣椒一般就系欸三起子辣椒样箇。一起大辣椒，就唔辣。嗯。一起细辣椒子。细辣椒子就就比较辣。e$_{21}$pən^{21}tʰi^{13}tʂʰət^{3}ke$_{44}$lait^{5}tsiau^{35}iet^{3}pən^{35}tsʰiəu$^{53}_{44}$xei$^{53}_{44}$ei$_{21}$san^{3}çi^{21}tsɿ^{0}lait^{5}tsiau^{35}iɔŋ$^{13}_{44}$kai$^{35}_{44}$.iet^{3}çi^{21}tʰai^{3}lait$^5_3$tsiau^{35},tsʰiəu$^{53}_{44}$n̩^{3}lait^5.tsʰiəu$^{53}_{44}$pət^{3}lait^5.n̩$_{21}$.iet^{3}çi^{21}se^{53}lait^{5}tsiau^{35}tsɿ^0.se^{53}lait^{5}tsiau^{35}tsɿ^{0}tsʰiəu$^{53}_{44}$tsʰiəu$_{44}$pi^{53}ciau$^{53}_{44}$lait^5.

还有起嘞安做钉椒子。xai^{13}iəu$^{35}_{44}$çi^{21}le^{0}ɔn^{35}tso$_{44}$taŋ^{35}tsiau^{35}tsɿ^0.（哪个 taŋ^{35} 呢？）钉起来。钉起尾巴来呀。翘起来，竖起来个意思啊。又安做朝天椒哇。箇是最……taŋ^{35}çi^{21}lɔi^{13}.taŋ^{35}çi^{21}mi^{3}pa$_{44}$lɔi$^{13}_{21}$ia^0.cʰiau^{53}çi^{21}lɔi$_{21}$,ʂəu^{53}çi^{21}lɔi^{13}ke$^{53}_{44}$i^{53}sɿ^{3}a^0.iəu$_{44}$ɔn$_{44}$tso$_{44}$tʂʰau^{13}tʰien^{35}tsiau^{35}ua^0.kai$_{21}$ʂ$^{53}_{21}$tsei^{53}…（你们把它叫朝天椒还是把它叫做钉椒子？）最辣……我等安做喊钉椒子哦。tsei^{53}lait$^5_3$…ŋai^{13}tien^{0}ɔn^{35}tso$_{44}$xan^{3}taŋ^{35}tsiau^{35}tsɿ^{3}o^0.

还有么还有起话么七姊妹呀。xai^{13}iəu$^{35}_{44}$mak^{3}xai^{13}iəu$^{35}_{53}$çi^{21}ua^{53}mak^{3}tsʰiet^{3}tsi^{21}mɔi^{53}ia^0.（也叫七……也叫七……）朝天椒。七姊妹又又一起。朝天椒肚里个一起。就最辣。箇就最辣。以种就。tʂʰau^{13}tʰien$^{35}_{44}$tsiau$_{44}$.tsʰiet^{3}tsi^{21}mɔi^{53}iəu^{53}iəu^{3}iet^{3}çi^{53}.tʂʰau^{13}tʰien$^{35}_{44}$tsiau$_{44}$təu^{21}li^{0}ke^{53}iet^{3}çi^{21}.tsʰiəu$^{53}_{44}$tsei^{53}lait^5.kai^{53}tsʰiəu$_{44}$tsei^{53}lait^5.i^{2}tʂʂəŋ^{21}tsiəu^{53}.（欸，七姊妹……叫叫什么？七姊妹辣椒？）朝天椒肚里个一种啊。一……就安做七姊妹呀。渠就一撮一撮子长倒哇。系唔系朝天椒肚里个一种？tʂʰau^{13}tʰien$^{35}_{44}$tsiau^{35}təu^{21}li^{0}ke^{53}iet^{3}tʂʂəŋ^{21}ŋa^0.iet^3…tsʰiəu$^{53}_{44}$ɔn$_{44}$tso^{53}tsʰiet^{3}tsi^{21}mɔi^{53}ia^0.ci$_{21}$tsʰiəu^{53}iet^{3}tsɔit^{3}iet^{3}tsɔit^{3}tsɿ^{0}tʂʂəŋ^{21}tau^{0}ua^0.xei^{53}mei^{53}(←m̩^{13}xei$_{21}$)tʂʰau^{13}tʰien$^{35}_{44}$tsiau^{35}təu^{21}li^{0}ke^{53}iet^{3}tʂʂəŋ^{21}?（应该是。它一一长出来就是几个一起。）渠渠……渠系唔系往顶高啊长啊往底下长啊七姊妹呀？一撮一撮子啊。你莫话朝天椒肚箇里一种，系。最辣个一种。最辣个一种。ci^{13}ci^{13}x…ci^{13}xei^{53}me^{53}(←m̩^{13}xe)uɔŋ^{21}taŋ^{21}kau^{35}a^{0}tʂʂəŋ^{21}ŋa^{0}uɔŋ^{21}te^{21}xa^{3}tʂʂəŋ^{21}ŋa^{0}tsʰiet^{3}tsi^{21}mɔi^{53}ia^0?iet^{3}tsɔit^{3}iet^{3}tsɔit^{3}tsɿ^{0}a^0.ɲi^{13}mɔk^{3}ua^{53}tʂʰau^{13}tʰien$^{35}_{44}$tsiau^{35}təu^{21}kai$^{53}_{21}$li^{0}iet^{3}tʂʂəŋ^{21},xe^{53}.tsei^{53}lait^{5}ke^{53}iet^{3}tʂʂəŋ^{21}.tsei^{53}lait^{5}ke^{53}iet^{3}tʂʂəŋ^{21}.

（像那种我们那个那天蒸着吃的那种呢？）欸，小米椒哇。啊？箇晡，箇起咁个就系大辣椒哇箇起就，安做灯笼辣椒喔。灯笼样哦。渠就属大辣椒肚里个一种嘞，唔辣嘞。e_{21},$siau^{21}mi^{21}tsiau^{35}ua^0.a_{35}$?$kai^{53}pu_{44}$,$kai^{53}çi^{13}kan_{44}^{21}cie^{53}$ $ts^hiəu_{44}^{53}xei_{44}^{53}t^hai^{53}lait^5$ $tsiau^{35}ua^5$ $kai_{44}^{53}çi^{13}tsiəu_3^{53}$,$ɔn_{44}^{35}tso^{53}ten^{35}ləŋ_{21}^{13}lait^5$ $tsiau^{35}uo^0$.ten^{35} $ləŋ_{21}^{13}iɔŋ^{53}ŋo^0$.$ci_{21}^{13}ts^hiəu_{44}^{53}ṣəuk_3^5t^hai^{53}lait^5$ $tsiau_{44}^{53}təu^{21}li^0ke^{53}iet^3tṣəŋ^{21}le^0$,$n̩^{13}nait^5le^0$.

如今最近几年就有猛大一只个，咁大一只只个牛角辣椒安做。牛角样。歆。$i_{21}^{13}cin^{35}tsei^{53}c^hin^{53}ci_{21}^{21}ɲien^{13}ts^hiəu_{44}^{53}iəu^{53}mən^{35}t^hai^{53}iet^3tṣak^3ke^0$,$kan_{21}^{21}t^hai^{53}iet^3tṣak^3$ $tṣak^3ke^0ɲiəu^{13}kɔk^3lait^5$ $tsiau^{35}ɔn_{44}^{35}tso_{53}^{53}ɲiəu^{13}kɔk^3iɔŋ^{53}$.$e_{21}$.

（哦，这个灯笼椒还是灯笼辣椒？）灯笼辣椒啊。$tien^{35}ləŋ_{21}^{13}lait^5tsiau_{44}^{35}a^0$.（是大辣椒当中的一种，是吧？）大辣椒肚里个……$t^hai^{53}lait^5tsiau_{44}^{53}təu^{21}li^0$ $ke^{53}t$…（但是它也不大呀！）哈？xa_{35}?（但是它也不大呀！）箇渠有有大个 咯。歆。渠系唔辣呀，唔辣个。微，微辣呀，嗯。稍微有点子辣。$kai_{44}^{53}ci_{21}^{13}$ $iəu^{35}iəu^{35}t^hai^{53}ke_{44}^{53}ko^0$.$e_{21}$.$ci^{13}xe^{53}n̩^{13}nait^5ia^0$,$n̩^{13}nait^5ke^0$.$uei^{13}$,$uei^{13}lait^5ia^0$,$ŋ_{21}$.$sau^{35}$ $uei_{44}^{13}iəu^{35}tian^{21}tsɿ^0lait^5$.

以下就还有牛角辣椒啦。唔。也属大辣椒肚里个一种。$i^{21}xa^{53}ts^hiəu^{53}xai^{13}$ $iəu_{53}^{35}ɲiəu^{13}kɔk^3lait^5tsiau^{35}la^0$.$m̩_{21}$.$ia^{35}ṣəuk^3t^hai^{53}lait^5tsiau_{44}^{53}təu^{21}li^0ke^{53}iet^3tṣəŋ^{21}$.

（这边有野山椒吗？）以映有得，冇得野山椒。以下就小米椒啦，系 唔系？$i^{21}iaŋ^{53}mau_{21}^{13}tek^3$,$mau_{21}^{13}tek^3ie_{53}^{53}san_{44}^{35}tsiau_{44}^5$.$i^{21}xa_{44}^{53}ts^hiəu_{44}^{53}siau^{21}mi^{21}tsiau_{44}^5$ la^0,$xei_{44}^{53}me_{44}^{35}$(←$m̩^{13}xe^{53}$)?（那是……那个店子里面也……）小米椒外背来个， 以映有得。$siau^{21}mi^{21}tsiau^{35}ŋoi^{53}poi^{53}lɔi_{21}^{13}ke^0$,$i^{21}iaŋ^{53}mau^{13}tek^3$.（噢，你们把它叫 做小米椒，是吧？）歆，一包一包包子个，唔知几辣个啊。一……一包子 包倒哇，薄膜袋子包倒哇。e_{21},$iet^3pau_{44}^5iet^3pau_{44}^5pau^{35}tsɿ^0ke^0$,$n̩^{13}ti_{53}^{35}ci^{21}lait^5ke^0$ a^0.iet^3…$iet^3pau^{35}tsɿ^0pau^{35}tau^{21}ua^0$,$p^hɔk^5mo^{13}t^hɔi^{53}tsɿ^0pau^{35}tau^{21}ua^0$.（绿绿的，绿 色的，是吧？）黄黄子啊。歆黄黄子个。唔知几辣呀。渠箇写只小米椒子 啊。$uɔŋ^{13}uɔŋ^{13}tsɿ^0a^0$.$e^0uɔŋ^{13}uɔŋ^{13}tsɿ^0ke^0$.$n̩^{13}ti_{53}^{35}ci^{21}lait^5ia^0$.$ci^{13}kai^{53}sia^{53}tṣak^3siau^{21}mi^{21}$ $tsiau^{35}tsɿ^0a^0$.

2. 以下灯笼辣椒，羊角辣椒，系唔系啊？ia_{44}(←$i^{21}xa^{53}$)$ten^{13}ləŋ^{13}lait^5$ $tsiau^{35}$,$iɔŋ^{13}kɔk^3lait^5tsiau^{35}$,$xei_{44}^{53}mei_{44}$(←$m̩^{13}xei^{53}$)$a^0$?/唔。钉……钉椒子。$m̩_{21}$.$taŋ^{35}$…$taŋ^{35}tsiau^{35}tsɿ^0$./钉椒子。$taŋ^{35}tsiau^{35}tsɿ^0$./唔。$m̩_{21}$./又喊鲁椒子。$iəu^{53}xan^{53}ləu^{21}$ $tsiau^{35}tsɿ^0$./嗯。系。以下是有辣椒王哦。$ŋ_{21}$.xe_{44}^{53}.$i^{21}xa_{44}^{53}iəu_{44}^{53}lait^5tsiau_{44}^{53}uɔŋ^{13}ŋo^0$./ 系。辣椒王。$xe^{53}$.$lait^5tsiau^{35}uɔŋ^{13}$./辣椒王是唔系。喊喊做喊作么个七姊妹。 $lait^5tsiau^{35}uɔŋ^{13}ṣɿ^5m̩^{13}p^he^{53}$(←$xe^{53}$).$xan_{44}^{53}xan_{44}^{53}tso_{44}^{53}xan_{44}^{53}tso_{44}^{53}mak^5ke_{44}^{53}ts^hiet^3tsi^{21}$ $mɔi^{53}$./七姊妹。系系。$ts^hiet^3tsi^{21}mɔi^{53}$.$xe^{53}xe_{21}^{53}$./歆，七姊妹有以只。$e_{21}$,$ts^hiet^3$ $tsi^{21}mɔi^{21}iəu^{13}i^{21}tṣak^3$./系。有七姊妹。$xe^{53}$.$iəu^{53}çi^{13}ts^hiet^3tsi^{21}mɔi^{53}$./渠等硬生倒硬 硬一蒲嘞咁子撑倒上呢。$ci^{13}tien^0ɲiaŋ^{53}saŋ^{35}tau^{21}ɲiaŋ^5ɲiaŋ^5iet^3p^hu^{13}le^0kan^{21}tsɿ^0$ $ts^haŋ^{35}tau^{21}ṣɔŋ^{35}ne^0$./一撮一撮。$iet^3tsɔk^3iet^3tsɔk^3$./硬系一蒲一蒲哇。$ɲiaŋ^{53}xe^{53}iet^3$

pʰu¹³iet³pʰu¹³ua⁰./系呀。xei⁵³ia⁰./系。一蒲一蒲。系。xe⁴⁴.iet³pʰu¹³iet³pʰu¹³.xe⁴⁴./以个就安做么个啊？以个安做以个……i²¹ke⁵³tsʰiəu⁴⁴ɔn³⁵tsɔ⁴⁴mak⁵ke⁵³a⁰?i²¹ke⁴⁴ɔn³⁵tsɔ⁴⁴i¹³ke⁵³.²¹ke⁴⁴…辣椒……辣椒王吧？lait³tsiau⁴⁴…lait³tsiau⁴⁴uɔŋ¹³pa⁰?/辣椒王。lait⁵tsiau³⁵uɔŋ¹³./欸系，辣椒王。就系渠。e₂₁xe⁵³,lait⁵tsiau³⁵uɔŋ¹³.tsʰiəu⁴⁴xe⁵³ci²¹.

兰花

兰花我搞唔清。我是都搞唔清。兰花你搞得清么？兰……兰花啊？lan¹³fa³⁵ŋai²¹kau²¹n̩²¹tsʰin³⁵.ŋai²¹s̩²¹təu⁴⁴kau²¹n̩²¹tsʰin³⁵.lan¹³fa⁴⁴ni¹³kau²¹tek³tsʰin³⁵mo⁰?lan¹³…lan¹³fa³⁵a⁰?/兰花就……lan¹³fa⁴⁴tsiəu⁴⁴…/搞唔清。多……兰花十分种数多。kau²¹n̩⁴⁴tsʰin³⁵.to³⁵…lan¹³fa⁴⁴sət⁵fən³⁵tsəŋ²¹s̩¹to³⁵./十分种数多。sət⁵fən³⁵tsəŋ²¹s̩⁴⁴to³⁵./欸。e₂₁./嗯。n̩₂₁.

（一叶兰，什么吊兰。）吊兰以滴栏上都是少。tiau⁵³lan²¹i²¹tiet⁵lan₁₁xɔŋ⁵³təu⁴⁴s̩⁵³sau²¹./有哇，吊兰有哇。iəu³⁵ua⁰,tiau⁵³lan¹³iəu³⁵ua⁰./有是有，欸，渠真系爱舞倒缔……缔稳真系真系……iəu³⁵s̩¹iəu³⁵,ei₅₃,ci²¹tsəŋ²¹ne⁴⁴(←xe⁵³)ɔi⁵³u²¹tau²¹tʰak³…tʰak³uən²¹tsəŋ³⁵ne⁴⁴(←xe⁵³)tsəŋ³⁵ne⁴⁴(←xe⁵³)…/系。xe⁵³./底下又重，重下下来。一只灯笼样。te²¹xa⁵³iəu⁴⁴tsʰəŋ⁵³,tsʰəŋ⁵³na₄₄(←xa³⁵)xa³⁵lɔi₂₁.iet³tsak³tien³⁵ləŋ¹iɔŋ⁵³./只只节都会生秧。tsak³tsak³tset³təu⁴⁴uɔi⁴⁴saŋ³⁵iaŋ³⁵.

兰花是一滴子都唔晓得。我，箇到我妹子等话爱去舞兰花。我话我等以横巷里有的是。lan¹³fa³⁵s̩⁴⁴ŋai¹iet³tiet⁵ts̩¹təu⁵³n̩₂₁çiau²¹tek³.ŋai₄₄,kai⁴⁴tau⁵³ŋai₄₄mɔi¹ts̩¹tien⁰ua⁵³ɔi⁴⁴çi⁴⁴u¹lan₂₁fa¹.ŋai₂₁ua⁴⁴ŋai₂₁tien⁰i⁴⁴uaŋ₂₁xɔŋ⁵³li¹iəu³⁵tet³s̩¹./渠等话唔系只有石兰。ci₂₁tien⁰ua⁵³m̩¹pʰe⁵³(←xe⁵³)ts̩¹iəu³⁵sak⁵lan¹³./欸，走倒去看是你箇兰花有人爱。咁个有人爱。e₂₁,tsei²¹tau²¹çi⁵³kʰɔn⁵³s̩¹ni¹kai⁵³lan¹³fa⁴⁴mau¹³ȵin¹³ɔi⁵³.kan²¹cie⁵³mau¹³ȵin₄₄ɔi⁵³.

（嗯，这里出石兰吗？）石兰有哇。sak⁵lan₂₁iəu³⁵ua⁰.（山上有啊？）有，石兰有。iəu³⁵,sak⁵lan¹³iəu³⁵.

兰花有真真有蛮名贵个话啦。lan¹³fa¹³iəu⁴⁴tsəŋ³⁵tsəŋ³⁵iəu⁵³man₂₁min¹³kei⁵³ke⁵³ua⁵³la⁰./系哟。xei⁵³io⁰./蛮抵钱个。唔认得嘞。man¹³ti²¹tsʰien¹³ke⁴⁴.n̩¹ȵin¹³tek³le⁰./唔认得。n̩¹³ȵin⁵³tek³./我唔认得嘞。ŋai₄₄n̩¹ȵin⁵³tek³le⁰./我只晓得石兰，露唧兰，系唔系啊？箇个就有个。ŋai¹ts̩¹çiau²¹tek³sak⁵lan¹³,ləu¹ci³⁵lan¹³,xei₄₄me₄₄(←m̩¹³xe⁵³)a⁰?kai₄₄ke⁴⁴tsʰiəu⁴⁴iəu³⁵ke₄₄./露唧兰啦，松树山里就有哇。露唧兰啦。ləu³⁵ci³⁵lan¹³la⁰,tsʰiəŋ¹ʂəu⁵³san¹li⁰tsʰiəu₄₄iəu³⁵ua⁰./露唧兰啦。ləu³⁵ci³⁵lan¹³la⁰./噢，露唧兰。au₂₁,ləu³⁵ci₄₄lan₂₁./欸。e₂₁./岭上到处都有，但是就系唔认得。唔晓得品种。liaŋ³⁵xɔŋ₄₄tau³⁵ts̩ʰəu₄₄təu⁴⁴iəu³⁵,tan⁵³s̩⁴⁴tsʰiəu⁴⁴xe⁵³n̩¹³ȵin⁵³tek³.n̩¹çiau²¹tek³pʰin²¹tsəŋ²¹./渠等作渠等作个是还有吊兰啦，吊起来个。ci₂₁tien⁰tsɔk³ci₂₁tien⁰tsɔk³ke⁵³s̩⁴⁴xai¹³

$iəu_{44}^{35}tiau^{53}lan^{13}la^{0}$,$tiau^{53}çi^{21}lɔi^{13}ke_{44}^{53}$.

萝卜

1.（那个萝卜那个苗呢是还没长大，就是还嫩嫩的那个萝卜苗，萝卜秩子？）安安啊欸啊安安做……$ɔn^{35}ɔn^{35}a_{53}ei_{21}a_{44}ɔn_{44}^{35}ɔn^{35}tso^{53}$……/萝卜菜，萝卜菜吧？$lo_{21}pʰek_{3}^{5}tsʰɔi^{53}$,$lo_{21}pʰek_{3}^{5}tsʰɔi^{53}pa^{0}$?/萝卜菜。应该系萝……萝卜菜。$lo_{21}pʰek_{3}^{5}tsʰɔi^{53}.in^{35}kɔi_{44}^{35}xe^{53}lo_{21}$……$lo_{21}pʰek_{3}^{5}tsʰɔi^{53}$./箇时候子安做萝卜菜，长大哩安做萝卜苗。$kai_{44}^{53}ʂŋ^{13}xei_{44}^{53}tsŋ^{53}ɔn_{44}tso^{53}lo_{21}pʰek^{5}tsʰɔi^{53}$,$tʂəŋ^{21}tʰai^{53}li^{0}tʂaŋ_{44}^{35}ɔn_{44}tso^{53}lo_{21}pʰek^{5}miau^{13}$./萝卜菜，最先就。$lo_{13}pʰek^{5}tsʰɔi^{53}$,$tsɔi_{44}^{53}sien^{35}ke_{44}^{53}tsʰiəu_{44}$.

底下有有萝卜了，箇脑高舞出来个，就萝卜苗。$te^{21}xa_{44}^{53}iəu_{44}^{35}iəu^{35}lo^{13}pʰek^{5}liau^{0}$,$kai_{44}^{53}lau^{13}kau_{44}^{35}u^{21}tʂət^{3}lɔi^{13}ke^{53}$,$tsiəu_{44}lo^{13}pʰek^{5}miau^{13}$.（哦，有了头的时候就叫萝卜苗？）欸欸。$e_{21}e_{21}$./欸，就安做萝卜苗了。首先就萝卜菜，和菀去……和菀……e_{21},$tsiəu_{21}^{53}ɔn_{44}tso^{53}lo^{13}pʰek^{5}miau^{13}liau^{0}$.$ʂəu^{21}sien_{44}tsʰiəu_{44}lo_{21}pʰek_{3}^{5}tsʰɔi^{53}$,$uo^{53}tei^{53}çi_{44}^{53}$……$uo^{53}tei^{53}$……/有一滴子都还唔算呐。有一滴子都还唔算。舞嘿舞嘿咁大子一只子个时间都还都还喊萝卜苗。$iəu^{35}iet^{3}tiet^{5}tsŋ^{0}təu_{44}xai_{21}ŋ^{13}sɔn^{53}na^{0}.iəu^{35}iet^{3}tiet^{5}tsŋ^{0}təu_{44}^{35}xai_{21}ŋ^{13}sɔn_{44}^{53}.u^{21}xek^{3}u^{21}xek^{3}kan^{21}tʰai^{53}tsŋ^{0}iet^{3}tʂak^{3}tsŋ^{0}ke^{53}ʂŋ_{21}kan_{44}təu^{35}xai_{21}təu^{35}xai_{21}xan^{53}lo_{21}pʰek^{5}miau^{3}$./欸。$e_{21}$.（萝卜还没长大？）都喊萝卜菜样啊。$təu^{35}xan^{21}lo_{21}pʰek_{3}^{5}tsʰɔi^{53}iɔŋ_{21}^{53}a^{0}$./欸，都喊萝卜菜。$e_{21}$,$təu^{35}xan^{21}lo_{21}pʰek_{3}^{5}tsʰɔi^{53}$./欸欸，长大哩，硬有萝卜了。$e_{21}e_{21}$,$tʂəŋ^{21}tʰai^{53}li^{0}$,$ŋian_{44}iəu_{44}lo^{13}pʰek^{5}liau^{0}$./欸落尾硬硬硬有咖萝卜了，箇萝卜可以起得来，格外重滴了，箇箇下就安做萝卜苗箇时候。$e^{0}lɔk_{3}^{5}mi^{0}ŋiaŋ^{53}ŋiaŋ^{53}ŋiaŋ^{53}ləu^{35}ka^{0}lo^{13}pʰek^{5}liau^{0}$,$kai^{53}lo^{13}pʰek^{5}kʰo^{21}i_{53}^{35}cʰi^{21}tek^{3}lɔi^{13}$,$ciek^{0}uai^{53}tʂʰəŋ^{35}tiet^{5}liau^{0}$,$kai_{44}^{53}kai^{53}xa_{44}^{53}tsʰiəu_{44}ɔn_{44}^{35}tso^{53}lo^{13}pʰek^{5}miau^{13}kai_{44}^{53}ʂŋ_{21}^{53}xəu^{53}$.

箇大个是什么？大萝卜，好大一只。$kai_{44}tʰai^{53}ke^{53}ʂŋ^{53}ʂən^{21}ma^{0}?tʰai^{53}lo_{21}pʰek^{5}$,$xau^{21}tʰai_{53}iet^{3}tʂak^{3}$./欸，大萝卜。$e_{21}$,$tʰai^{33}lo_{21}pʰek^{5}$./欸，儿斤一只个都有。大个，大萝卜。$e_{21}$,$ci^{21}cin^{35}iet^{3}tʂak^{3}ke_{44}təu_{44}^{35}iəu^{35}.tʰai^{53}ke^{0}$,$tʰai^{53}lo_{21}pʰek^{5}$.

最最最先我去箇函子里就还还系喊萝卜秧箇就。$tsei_{44}tsei^{53}sien^{35}ŋai_{21}çi_{44}^{53}kai_{44}^{53}tʰoŋ^{53}tsŋ^{0}li^{0}tsʰiəu_{44}xai^{13}xai^{13}xe_{44}xan^{53}lo^{13}pʰek^{5}iɔŋ^{35}kai_{44}^{53}tsʰiəu_{44}$./萝卜秧，系。$lo^{13}pʰek^{5}iɔŋ^{35}$,$xe_{44}^{53}$.（萝卜秧？）嗯。$ŋ_{21}$./萝卜秧子。$lo^{13}pʰek^{5}iɔŋ^{35}tsŋ^{0}$./最先去下函子里啊冇几高子个嘞就箇是萝卜秧。$tsei_{44}^{53}sien_{44}çi_{44}^{53}xa_{21}^{53}tʰoŋ^{53}tsŋ^{0}li^{0}a^{0}mau^{13}ci^{21}kau^{53}tsŋ^{0}le^{0}tsʰiəu_{44}kai_{44}^{53}ʂŋ_{21}^{53}lo^{13}pʰek^{5}iɔŋ^{35}$.

2. 欸，萝卜是有只咁个啦，有……么个安做萝卜髻呀？有只萝卜髻呀。ei_{53},$lo^{13}pʰek^{5}ʂŋ_{44}^{13}iəu^{35}tʂak^{3}kan^{53}ke^{53}la^{0}$,$iəu^{35}$……$mak^{3}ke_{44}ɔn_{44}tso^{53}lo_{21}pʰek^{5}ci^{53}ia^{0}$?$iəu^{35}tʂak^{3}lo_{21}pʰek^{5}ci^{53}ia^{0}$.（哪个髻呀？）萝卜髻是在生苗个箇一荭。$lo^{13}pʰek^{5}ci^{53}ʂŋ_{44}^{53}$

tʰɔi^{53}saŋ^{35}miau^{13}ke^{53}kai$^{53}_{44}$iet^{3}tʰɔk^5./箇一莖子啊。kai$^{53}_{44}$iet^{3}tʰɔk^{5}tsʅ^{0}a^0./箇一莖子。kai$^{53}_{44}$kai$^{53}_{44}$iet^{3}tʰɔk^{5}tsʅ^0./箇箇只就只有咁长子就……顶高个苗就割嘿哩啊，就賸倒箇只髻呀。kai$^{53}_{44}$kai$^{53}_{44}$tʂak^{3}tsʰiəu$^{53}_{44}$tsʅ$^0_{44}$iəu^{35}kan^{21}tʂʰɔŋ^{21}tsʅ^{0}tsʰiəu$^{53}_{44}$…taŋ^{21}kau^{35}ke^{53}miau^{13}tsʰiəu$^{53}_{44}$kɔit^{3}xek^{3}li^{0}a^0,tsʰiəu^{53}in^{21}tau^{21}kai^{53}tʂak^{3}ci^{0}ia^0./萝卜，萝卜，箇鬆稳鬆稳脑高开叶个箇莖子安做萝卜髻。箇只东西就萝卜髻。lo^{13}pʰek^5,lo^{13}pʰek^5,kai$^{44}_{44}$ɲia^{13}uən^{21}ɲia^{13}uən^{21}lau^{21}kau$^{44}_{44}$kʰɔi^{13}iait^{5}ke$^{44}_{44}$kai^{53}tsʰɔk^{5}tsʅ^{0}ɔn$^{44}_{44}$tso^{53}lo$^{13}_{21}$pʰek^{5}ci^{53}.kai$^{44}_{44}$tʂak^{3}təŋ^{21}si^{0}tsʰiəu^{53}lo$^{13}_{21}$pʰek^{5}ci^{53}.（是露出土的那一段，是吧？）欸。e^{53}./系呀，露出土……萝……底下个萝卜，顶高个叶，中间相鬆个箇只蒂把样个就安做萝卜髻。系箇？萝卜髻。xei$^{53}_{35}$ia^0,ləu^{53}tʂʰət^{3}tʰəu^{21}…lo^{13}te^{21}xa^{53}ke^{53}lo^{13}pʰek^5,taŋ^{21}kau^{35}ke^{53}iait^5,tʂəŋ^{35}kan$^{44}_{44}$siəŋ^{35}ɲia^{13}ke$^{44}_{44}$kai^{53}tʂak^{3}li^{53}pa^{0}iəŋ$^{53}_{44}$ke^{53}tsʰiəu^{53}ɔn$^{44}_{44}$tso$^{44}_{44}$lo$^{13}_{21}$pʰek$^5_3$ci^{53}.xei^{53}ka^{53}?lo$^{13}_{21}$pʰek$^5_3$ci^{53}./萝卜髻。lo^{13}pʰek^{5}ci^{53}./箇就是萝卜髻。kai$^{44}_{44}$tsiəu^{53}sʅ^{53}lo$^{13}_{21}$pʰek$^5_3$ci$^{53}_{44}$.

3. 箇箇有哇，以个栏场以只还有哇，以改胀啊。kai$^{53}_{44}$kai$^{44}_{44}$iəu^{35}ua^0,i^{21}ke^{53}laŋ$^{13}_{44}$tʂʰɔŋ$^{13}_{44}$i^{21}tʂak^{3}xai$^{44}_{44}$iəu^{35}ua^0,i^{21}kai^{21}tʂɔŋ^{53}ŋa^0.（那个那个你们叫你们把它叫做什么东西呢？）啊？箇萝卜籽吧？整肚结吧？a$_{35}$?kai^{53}lo^{13}pʰek^{5}tsʅ^{21}pa^0?tʂaŋ^{21}təu^{53}ciet^{3}ke^{0}pa^0?/欸，箇就……系啊？就就系同……e^{21},kai$^{44}_{44}$tsʰiəu$^{44}_{44}$…xei$^{44}_{44}$a^0?tsʰiəu$^{53}_{44}$tsʰiəu^{53}xe$^{53}_{44}$tʰəŋ^{13}…/就系萝卜籽，做药啊，改胀，欸。胀肚子就要得呢。tsʰiəu^{53}xe^{53}lo^{13}pʰek^{5}tsʅ^{21},tso$^{53}_{44}$iɔk$^5_3$a^0,kai^{21}tʂɔŋ^{53},e^{21}.tʂɔŋ^{35}təu^{21}tsʅ^{0}tsʰiəu$^{53}_{44}$iau$^{44}_{44}$tek^{3}nei^0.（不讲莱菔子？）唔讲。ŋ$_{21}$kɔŋ$^{21}_{44}$./萝卜籽萝卜籽是又系药哦。lo^{13}pʰek^{5}tsʅ^{21}lo^{13}pʰek^{5}tsʅ$^{21}_{53}$iəu^{53}xe^{53}iɔk^{5}ŋo^0./欸，就系做药，欸。e^{21},tsʰiəu$^{53}_{44}$xe$^{53}_{44}$tso$^{53}_{44}$iɔk^5,e$_{35}$./系，就欸做药啰。系。萝卜籽箇是药。xe^{21},tsʰiəu$^{53}_{44}$e$^{53}_{44}$tso$^{53}_{44}$iɔk^{5}lo^0.xe^{21}.lo^{13}pʰek^{5}tsʅ^{21}kai$^{53}_{44}$sʅ$^{53}_{44}$iɔk^5./以个药。萝卜籽。i^{21}ke$^{44}_{44}$iɔk^5.lo^{13}pʰek^{5}tsʅ^{21}./消食个东西吧萝卜籽哦。siau^{35}ʂət^{5}ke$^{44}_{44}$təŋ^{53}si^{0}pa^{0}lo^{13}pʰek^{5}tsʅ^{21}o^0./消食唠，改胀哦。siau^{35}ʂət^{5}lau^0,kai^{21}tʂɔŋ^{53}ŋo^0./改胀啊。kai^{21}tʂɔŋ^{53}ŋa^0./姆。m̩$_{21}$.

4. 萝萝卜酸菜。lo^{13}lo^{13}pʰek^{5}sɔn^{35}tsʰɔi^{53}./欸，喊萝卜。e$_{21}$,xan^{53}lo^{13}pʰek^5./箇是最好食个。kai$^{44}_{44}$sʅ^{53}tsei^{53}xau^{21}ʂət^{5}ke$^{44}_{44}$./欸，最好食个酸菜，就萝卜酸菜。e$_{21}$,tsei^{53}xau^{21}ʂət^{5}ke$^{44}_{44}$sɔn^{35}tsʰɔi$^{53}_{44}$,tsiəu^{53}lo^{13}pʰek$^5_3$sɔn$^{35}_{44}$tsʰɔi$^{53}_{44}$./萝卜酸菜最好食。lo^{13}pʰek$^5_3$sɔn^{35}tsʰɔi$^{53}_{44}$tsei^{53}xau^{21}ʂət^5.（萝卜酸菜？）嗯。ŋ̩$_{21}$./箇就做倒酸菜。kai$^{53}_{44}$tsiəu$^{53}_{44}$tso^{0}tau^{21}sɔn^{35}tsʰɔi$^{53}_{44}$./萝卜酸菜就食。lo^{13}pʰek^{5}sɔn^{35}tsʰɔi$^{53}_{44}$tsʰiəu$^{53}_{44}$ʂət^5./比青菜个更好嘞萝卜酸菜嘞。pi^{21}tsʰiaŋ^{35}tsʰɔi^{53}ke^{53}ken^{53}xau^{21}le^{0}lo^{13}pʰek^{5}sɔn^{35}tsʰɔi^{53}le^0./更好食咯。欸。cien$^{53}_{44}$xau^{21}ʂət^{5}ko^0.e$_{21}$./最……酸菜肚箇里最好个就萝卜酸菜。tsei^{53}…sɔn^{35}tsʰɔi^{53}təu^{21}kai^{21}li^{0}tsei^{53}xau^{21}ke$^{53}_{44}$tsʰiəu$^{53}_{44}$lo^{13}pʰek^{5}sɔn^{35}tsʰɔi$^{53}_{44}$./系。xe$_{21}$./系啊。xei^{53}a$_{44}$.

5. （把那个萝卜啊晒干以后呢那个东西？）萝卜干唻。lo^{13}pʰek^{5}kɔn^{35}

nau^0./就系萝卜干。tsiəu^{53}xe^{53}lo^{13}pʰek^{5}kɔn^{35}./萝卜干。萝卜子。lo^{13}pʰek^{5}kɔn^{35}.lo^{13}
pʰek^{5}tsʅ^{21}./萝卜……萝卜条……萝卜……lo^{13}pʰek^5…lo^{13}pʰek^{5}tʰiau…lo^{13}
pʰek^5/萝卜子，萝卜片喏。lo^{13}pʰek^{5}tsʅ^{21},lo^{13}pʰek^{5}pʰien^{53}no^0./萝卜条，萝卜
片。lo^{13}pʰek^{5}tʰiau^{13},lo^{13}pʰek^{5}pʰien^{21}./系啊。xei^{53}a$_{44}$.（萝卜子呀？）嗯。n̩$_{21}$./萝
卜子。lo^{13}pʰek^{5}tsʅ^{21}.（萝卜子是……）萝卜子就切做一坨一坨个。lo^{13}pʰek^{5}tsʅ^{21}
tsiəu$_{44}$tsʰiet^{3}tso$_{21}$iet^{3}tʰo^{13}iet^{3}tʰo^{13}ke^{53}./渠渠渠唔成唔成条条箇。渠唔系，一条
条。渠就单单独咁个咁个四小四方……ci^{13}ci^{13}ci$_{21}$n̩$_{44}$saŋ$_{44}$n̩$_{44}$saŋ$_{44}$tʰiau^{13}tʰiau^{13}
kai$_{44}$.ci$_{21}$n̩xe^{53}tʰiau^{13},iet^{3}tʰiau^{13}tʰiau^{13}.ci$_{21}$tsʰiəu^{53}tan^{53}tan^{53}təuk^{5}kan^{21}ke^{53}kan^{21}ke$_{44}$si^{53}
siau^{21}si^{53}fɔŋ^{35}…/萝卜丁哎。lo^{13}pʰek^{5}tin^{35}nau^0./四……欸正方体子个，欸，同
箇正方体子样个。就咁大子一只子个。si^{53}…ei^{0}tʂən^{53}fɔŋ^{35}tʰi^{13}tsʅ^{13}ke$_{44}$,e$_{21}$,tʰəŋ$_{21}$
kai$_{44}$tʂən^{53}fɔŋ^{35}tʰi^{13}tsʅ^{0}iɔŋ$_{21}$ke^{53}.tsiəu^{53}kan^{21}tʰai^{53}tsʅ^{0}iet^{3}tʂak^{5}tsʅ^{0}ke^{53}.

木耳菜

哦，箇就是木耳菜嘞。o$_{21}$,kai^{53}tsʰiəu^{53}sʅ$_{44}$muk^{3}ɲi$_{21}$tsʰɔi$_{44}$lei^0.（木耳菜，是
吧？）姆，木耳菜嘞。箇叶子嗰厚呀。m̩$_{21}$,.muk^{3}ɲi$^{13}_{21}$tsʰɔi^{53}lei^0.kai^{53}iait^{5}tsʅ^{0}tek^5
xei^{35}ia^0./嗰厚啊。箇东西也好食哦。tek^{5}xɛu^{35}a^0.kai^{53}səŋ^{21}(←təŋ^{35})si^{0}ia^{21}xau^{21}ʂət^5
o^0./打汤食啦，有滴臭泥腥。ta^{21}tʰɔŋ^{35}ʂət^{5}la^0,iəu^{35}tet^{5}tʂʰəu$_{44}$lai^{13}siaŋ$_{44}$./有滴臭泥
腥。iəu^{35}tet^{5}tʂʰəu^{53}lai^{13}siaŋ$_{44}$.（叫木耳菜是吧？）啊。ã$^{35}_{44}$.

（叫木耳菜，是吧？）木耳菜。嗯。也系以咁多年正我等……muk^{3}ɲi$^{13}_{21}$
tsʰɔi^{53}.n̩$_{21}$.ia^{35}xei^{i21}kan^{21}to$_{44}$nien$_{21}$tʂaŋ^{35}ŋai^{13}tien^{53}…/又喊木耳菜，又喊湖藤菜。
iəu^{53}xan^{53}muk^{3}ɲi^{21}tsʰɔi^{53},iəu^{53}xan$_{44}$fu^{13}tʰien^{13}tsʰɔi^{53}./湖藤菜呀？fu^{13}tʰien^{13}tsʰɔi^{53}
ia^0?/揪酸揪酸它这个。tsiəu$_{21}$sɔn$_{44}$tsiəu$_{44}$sɔn^{35}tʰa$_{44}$tʂe$_{53}$ko$_{44}$.（呃不酸。）箇以种
唔系。kai^{53}i^{21}tʂəŋ^{21}m̩^{13}pʰe$_{44}$(←xe^{53})./唔酸。n̩^{13}sɔn^{35}./湖藤菜就唔酸呐。fu^{13}tʰien^{13}
tsʰɔi^{53}tsʰiəu$_{44}$n̩^{13}sɔn^{35}na^0./耶，木耳菜唔酸。ie$_{35}$,muk$^3_{35}$ɲi^{21}tsʰɔi^{53}n̩^{13}sɔn^{35}./木耳菜唔
酸呐。muk$^3_{35}$ni^{21}tsʰɔi^{53}n̩^{13}sɔn^{35}na^0.（做……做汤还蛮鲜的。）欸。e$_{53}$./打汤啊。
ta^{21}tʰɔŋ^{35}ŋa^0./打汤个。ta^{21}tʰɔŋ^{35}ke$_{44}$./馥嫩哎，真嫩哎。嗰厚个叶。嗰厚个叶，
同箇木耳样。fət^{5}lən^{53}nau^0,tʂən^{35}lən^{53}nau^0.tek^{5}xei$_{44}$ke$_{44}$iait^5.tek^{5}xei^{35}ke$_{44}$
iait^5,tʰəŋ^{13}kai^{3}muk^{3}ɲi^{21}iɔŋ^{53}./叶子厚。iait^{5}tsʅ^{0}xɛu^{35}.（那炒起来滑滑的，那个
汤，那个欸开始的时候有点滑滑的。）欸，炒起就溜滑溜溜滑。年嘛年嘛食
啦。蛮多滴食啦。ei$_{53}$,tsʰau^{21}çi^{0}tsʰiəu^{53}liəu^{35}uait^{5}liəu^{35}uait^5.ɲien$_{21}$ma^{0}ɲien$_{21}$ma^{0}ʂət^5
la^0.man^{13}to$_{44}$tet$^5_3$ʂət^{5}la^0./箇箇箇只后面有哩。kai^{53}kai$_{44}$kai$_{44}$tʂak^{5}xəu^{35}mien^{13}iəu$_{44}$
li^0./栽哩一年是硬唔要栽哩噢，硬年年都野生，到到处都系哟，大田打网
哦。tsɔi^{35}li^{0}iet^{3}ɲien^{13}sʅ$^3_{44}$ɲian^{53}m̩$_{21}$moi$_{44}$tsɔi^{53}li^{0}au^0,ɲiaŋ^{53}ɲien^{13}ɲien$_{44}$təu$_{44}$ia
saŋ$^{35}_{44}$,tau$_{44}$tau$^{53}_{44}$tʂʰəu$_{44}$təu$^{35}_{44}$xe$_{44}$iau^0,tʰai$^{53}_{35}$tʰien$^{13}_{21}$ta^{21}mɔŋ^{13}ŋo^0./欸，大田打网。e$_{21}$,tʰai$^{53}_{44}$

tʰien₄₄¹³ta²¹moŋ₃₅²¹./渠个籽唔系……ci¹³ke⁵³tsʅ¹me₄₄(←m̩¹³xe⁵³)…/会结籽籽。uɔi⁵³
ciet³tsʅ²¹tsʅ²¹./红籽籽。fəŋ¹³tsʅ²¹tsʅ²¹./系。xei₄₄⁵³/结倒箇墨乌个，墨乌子个，红
红子个，墨乌子，墨乌子个籽籽呢。ciet³tau²¹kai⁵³mek̚⁵u³⁵ke₄₄⁵³,mek̚⁵u³⁵tsʅ⁰
ke₄₄⁵³,fəŋ¹³fəŋ¹³tsʅ¹ke₄₄⁵³,mek̚⁵u³⁵tsʅ¹,mek̚⁵u³⁵tsʅ¹ke₄₄⁵³tsʅ²¹tsʅ²¹nei⁰./舞下手下上嘞，绿
个，蓝个。u²¹xa⁵³ʂəu²¹xɔŋ⁵³le⁰,liəuk̚⁵ke₄₄⁵³,lan¹³ke₄₄⁵³./我等话话系木耳菜。ŋai¹³
tien¹³ua⁵³ua₄₄⁵³xe⁵³xe⁵³muk̚³ɲi₂₁¹³tsʰɔi⁵³./系系系，木耳菜。xe₄₄⁵³xe₄₄⁵³xe⁵³,muk̚³ɲi₂₁¹³tsʰɔi⁵³./
木耳菜。muk̚³ɲi₂₁¹³tsʰɔi⁵³.

（哦，这个菜有的地方叫做厚皮菜，有的地方叫藤菜，有的地方叫滑
菜。）哦，木耳菜我等话。o₂₁,muk̚³ɲi²¹tsʰɔi⁵³ŋai¹³tien⁰ua³⁵./话，客家人是喊湖
藤菜。ua⁵³,kʰak̚³ka₅₃³⁵ɲin¹³sʅ₄₄⁵³xan⁵³fu¹³tʰien¹³tsʰɔi⁵³.（湖藤菜呀？）湖藤，fu¹³tʰen¹³.
（哪个湖嘞？）湖里个湖啊。湖藤菜。fu¹³li⁰ke⁰fu¹³a⁰.fu¹³tʰen¹³tsʰɔi⁵³./哦。o₂₁./
是湖，湖南箇只湖啊，咁个硬系箇只，咁个。sʅ₄₄⁵³fu¹³,fu¹³lan¹³kai¹³tʂak̚³fu¹³
ua⁰.kan²¹ke₄₄⁵³ɲiaŋ⁵³xei₄₄⁵³kai⁵³tʂak̚³,kan²¹cie⁵³₂₁.

以前呢以前有么咁个啊，从前呐？i₅₃³⁵tsʰien¹³ne⁰i₅₃³⁵tsʰien¹³iəu³⁵mo⁰kan²¹cie₄₄⁵³
a⁰,tsʰən²¹tsʰien¹³na⁰?/有哇。iəu³⁵ua⁰./也有呢。ia₄₄⁵³iəu²¹nei⁰./如今，也有哇。i₄₄¹³
cin³⁵,a₄₄³⁵iəu³⁵ua⁰./也有哇？ia³⁵iəu₄₄⁵³ua⁰?/有哇。iəu³⁵ua⁰./我就以几年正以咁多年
正晓得嘞。ŋai¹³tsʰiəu⁵³i²¹ci₅₃³⁵ɲien¹³tʂaŋ³⁵i²¹kan²¹to₅₃³⁵ɲien₂₁¹³tʂaŋ³⁵çiau³⁵tek̚³lei⁰./箇是
面前啊蛮以前就有。kai⁵³sʅ₄₄⁵³mien⁵³tsʰien₄₄¹³a⁰man¹³ɲi₂₁³⁵tsʰien₂₁¹³tsʰiəu₄₄⁵³iəu³⁵./也还好
食。ie²¹xai₂₁¹³xau²¹ʂət̚⁵./我去横巷里那时间就栽哩有。ŋai¹³çi²¹uaŋ¹³xɔŋ⁵³li₄₄¹³lai₄₄⁵³sʅ₂₁¹³
kan₄₄³⁵tsʰiəu⁵³tsɔi³⁵li⁰iəu²¹./就栽哩啊？tsʰiəu₄₄⁵³tsɔi³⁵li⁰a⁰?/嗯。n̩₂₁.

真正要讲它就喊木耳菜。tʂən³⁵tʂən₄₄⁵³niau₄₄(←iau⁵³)kɔŋ²¹tʰa₄₄³⁵tsʰiəu₄₄xan⁵³
muk̚³ɲi²¹tsʰɔi⁵³./栽哩一年就唔要栽第二年了。到处跌倒箇籽野野生噢。tsɔi³⁵
li⁰iet̚³ɲien¹³tsʰiəu₄₄⁵³m̩₂₁¹³mɔi₄₄⁵³tsɔi³⁵tʰi²¹ɲi¹³ɲien₂₁¹³liau⁰.tau⁵³tʂʰəu⁵³tiet̚³tau²¹ke⁵³tsʅ²¹ia³⁵
ia³⁵saŋ³⁵ŋau⁰./渠落下箇个种子渠就自……自然生啊。ci¹³lɔk̚⁵xa₄₄⁵³kai₄₄⁵³ke₄₄⁵³tʂəŋ²¹
tsʅ⁰ci¹³tsʰiəu₄₄⁵³tsʰʅ¹⁵³…tsʅ⁰vien¹³saŋ³⁵ŋa⁰./欸，野生啊。嗯，嗯，就野……野生
啊。e₂₁,ia³⁵saŋ₄₄³⁵ŋa⁰.n̩₂₁,n̩₂₁,tsiəu₄₄⁵³ia³⁵…ia³⁵saŋ₄₄³⁵ŋa⁰.

木子

（那个茶籽打出来的油呢？）茶油哇。唔。tsʰa¹³iəu₄₄³⁵ua⁰.m̩₂₁.（叫不叫
木子油？）唔喊木子。有是有起木子树咯。欸。n̩¹³xan⁵³muk̚³tsʅ⁰.iəu₄₄³⁵sʅ₄₄³⁵iəu³⁵
çi²¹muk̚³tsʅ¹ʂəu³ko⁰.e₂₁./木子喊木子还木子嘞。木子木子油食唔得嘞。muk̚³
tsʅ⁰xan⁵³muk̚³tsʅ⁰uan¹³muk̚³tsʅ⁰lei⁰.muk̚³tsʅ¹muk̚³tsʅ¹iəu¹³ʂət̚⁵n̩₂₁¹³tek̚³le⁰./木子就
系乌桕哇。鲁鲁迅箇箇篇文章肚里有哇。乌桕哇。muk̚³tsʅ⁰tsʰiəu₄₄⁵³xe⁵³u₄₄⁵³ciəu⁵³
ua⁰.ləu²¹ləu²¹sin⁵³kai⁵³kai⁵³pʰien³⁵uən₂₁¹³tʂɔŋ₄₄³⁵təu²¹li⁰iəu³⁵ua⁰.u₄₄⁵³ciəu⁵³ua⁰./木子油是

就系白木子。muk³tsʅ⁰iəu¹³ʂʅ₄₄tsʰiəu₄₄xe₄₄pʰak⁵muk³tsʅ⁰./欸。e₂₁./白木子啊。pʰak⁵muk³tsʅ⁰a⁰./就系舞倒来装鸟子个唠。tsiəu₄₄xe⁵³u²¹tau²¹ləi₂₁tsɔŋ³⁵tiau³⁵tsʅ⁰ke⁵³lau⁰./系啊。xei₄₄a⁰./嘿，我等舞倒去装鸟子哈。xə₅₃,ŋai₄₄tien⁰u²¹tau²¹çi₄₄tsɔŋ³⁵tiau³⁵tsʅ⁰xa⁰./油是系做油烛个。iəu¹³ʂʅ⁵³xe⁵³tso⁵³iəu¹³tʂəuk³ke⁵³./欸，做油烛。安做乌柏。e₅₃,tso⁵³iəu¹³tʂəuk³.ɔn₄₄tso₄₄u₄₄ciəu⁵³.

皮楮荚

1. 我细细子啊，我细细子跍倒我屋背呀，一条咁大个皮楮荚树分我斫斫下咁呐。哦，我娭子爱我去斫柴，惹渠惹丘老子骂尽哩命啊。ŋai¹³se⁵³se⁵³tsʅ⁰a⁰,ŋai¹³se⁵³se⁵³tsʅ⁰ku₄₄tau²¹ŋai⁰uk³pəi¹³ia⁰,iet³tʰiau¹³kan²¹tʰai⁵³ke₄₄pʰi₂₁tʂəu³⁵kait³ʂəu₄₄pən²¹ŋai₂₁tʂɔk³tʂɔk³a⁵³(←xa⁵³)kan²¹na⁰.o₄₄,ŋai¹³ɔi³⁵tsʅ⁰ɔi₄₄ŋai₄₄çi₄₄tʂɔk³tsʰai¹³,ɲia³⁵ci₄₄ɲia₄₄cʰiəu³⁵lau²¹tsʅ⁰ma₄₄tsʰin⁵³li⁰miaŋ⁵³ŋa⁰./欸，只有箇子正有哇。ei₂₁,tsʅ⁰iəu₄₄kai⁵³tsʅ⁰tʂaŋ⁵³iəu⁰ua⁰./嘿嘿，只有箇子正有。xei₂₁xei₂₁,tsʅ⁰iəu₄₄kai⁵³tsʅ⁰tʂaŋ⁵³iəu³⁵./惹丘老子骂尽哩命啊。端晔端晔个爷子啊。赶紧背归它。ɲia³⁵cʰiəu³⁵lau²¹tsʅ⁰ma₄₄tsʰin₄₄li⁰miaŋ⁵³ŋa⁰.tɔn²¹ie⁵³tɔn³⁵ie⁵³ke₄₄ia¹³tsa⁰.kan³⁵cin²¹pei₂₁kuei³⁵tʰa₄₄./箇是皮楮荚……荚吧？kai⁵³ʂʅ⁵³pʰi₂₁tʂəu³⁵kait³…kait³pa⁰?/以下都你等尽滴都有钱买走以……买买买洋碱了哇，皮楮荚都斫嘿哩啊，系唔系啊？哎渠哎渠骂尽哩命。i²¹xa₄₄təu₄₄ɲi¹³tien⁰tsʰin⁵³tet³təu₄₄təu₄₄iəu³⁵tsʰien¹³mai³⁵tsei₂₁i₄₄…mai³⁵mai³⁵mai³⁵iəŋ¹³kan²¹liau⁰ua⁰,pʰi¹³tʂəu₄₄kait³təu₄₄tʂɔk³xek³li⁰a⁰,xei₄₄me₄₄(←m¹³xe³)a⁰?ai₄₄ci₄₄ai₅₃ci₅₃ma⁵³tsʰin⁵³li⁰miaŋ⁵³.

（那是一般都是不能砍的是吧？）就蛮少。tsiəu⁵³man₄₄ʂau²¹./很少见有。xen²¹₃₅ʂau²¹cien⁵³iəu³⁵./如今硬有得哩哦。i²¹₄₄cin₄₄ɲiaŋ³⁵mau¹³tek³li⁰o⁰./前面就舞倒……从前就舞倒箇个东西来洗衫裤。话欸我细细子就斫嘿条咁个树唠，惹渠说尽哩命哟。tsʰien¹³mien³⁵tsiəu⁵³u²¹tau²¹…tsʰəŋ¹³tsʰien₂₁tsʰiəu³⁵u²¹tau²¹kai⁵³ke₄₄təŋ₄₄si⁰ləi₂₁se²¹san³⁵fu⁵³.ua⁵³e⁰ŋai¹³sei⁵³sei⁵³tsʅ⁰tsʰiəu₄₄tʂɔk³ek³(←xek³)tʰiau¹³kan²¹ke⁵³ʂəu⁵³lau⁰,ɲia³⁵ci₂₁ʂek³tsʰin⁵³li⁰miaŋ⁵³io⁰.

2. 皂荚呀就系皮楮荚呀。tsʰau⁵³kait³ia⁰tsʰiəu₄₄xe⁵³pʰi₂₁tʂəu₄₄kait³ia⁰./捹捹捹屎捹屎荚呀。我等喊捹屎荚。pin²¹pin₄₄pin⁵³ʂʅ⁵³pin₄₄ʂʅ⁵³kait³ia⁰./唔系哟，唔系捹屎荚哟，皮楮荚哟。m̩¹³₂₁pəi⁵³(←xei⁵³)io⁰,m̩¹³pʰe⁵³(←xe⁵³)pin²¹ʂʅ⁵³kait³io⁰,pʰi²¹tʂəu³⁵kait³io⁰./皮楮荚。pʰi₂₁tʂəu₄₄kait³./皮楮荚。pʰi¹³₂₁tʂəu₄₄kait³.

（呃，里面那个籽？）哈？籽啊？xa₃₅?tsʅ²¹a⁰?（嗯，中间那个籽。）箇籽就……就系……就有就有皂用呢。可以……用来洗衫裤嘞，系碱性蛮强嘞。kai₄₄tsʅ²¹tsʰiəu₄₄ts…tsʰiəu⁵³xei⁵³tsʰiəu₄₄tsʰiəu₄₄iəu³⁵tsʰiəu₄₄iəu₄₄tsʰau⁵³iəŋ³nei⁰.kʰo²¹i¹³s…iəŋ³ləi₂₁se²¹san³⁵fu⁵³lei⁰,xe⁵³kan²¹sin⁵³man¹³₂₁cʰiɔŋ¹³₄₄lei⁰.（噢，那个籽叫什么名

字？）箇唔知安做么东西。kai⁵³n̩²¹ti³⁵₅₃ɔn₄₄³⁵tso⁵³mak³təŋ₄₄³⁵si⁰./皮楮荚是又洗得衫喏。pʰi²¹₂₁tʂəu³⁵kait³ʂ̩⁵³iəu⁵³se²¹tek³san³⁵no⁰./系啊，洗得衫，系，箇籽籽安做么个唠？xei₄₄⁵³a⁰,sai²¹tek³san,xei,kai⁵³tʂ̩²¹tʂ̩²¹ɔn₄₄³⁵tso⁵³mak³e⁰lau⁰?/哈？xa₃₅?/皮楮荚呀箇籽籽安做么个？pʰi²¹tʂəu³⁵kait³ia⁰kai⁵³tʂ̩²¹tʂ̩²¹ɔn₄₄³⁵tso⁵³mak³e⁰?/箇籽唔知么个籽。欸嘿嘿嘿。kai⁵³tʂ̩²¹n̩²¹ti¹³⁵mak³ke⁰tʂ̩³⁵₂₁.e⁰xe₅₃xe₅₃xe₅₃.（叫不叫皮楮？）欸就系皮楮荚籽。e₄₄tsʰiəu⁵³xe₄₄⁵³pʰi²¹tʂəu³⁵kait³tʂ̩²¹./皮楮荚籽。pʰi²¹tʂəu³⁵kait³tʂ̩²¹./欸。e₂₁.

3. 唔系话最早就有皮楮荚欸。m̩²¹³pʰe₄₄(←xe⁵³)ua₄₄⁵³tsei⁵³tsau²¹tsiəu⁵³₅₃iəu₄₄³⁵pʰi²¹₂₁tʂəu⁵³₅₃kait³ie⁰.（嗯？）皮楮荚呀，最早是用箇皮楮荚做肥皂哇。做香……做……pʰi¹³tʂəu³⁵kait³ia⁰,tsei⁵³tsau²¹ʂ̩⁵³₄₄iəŋ₄₄³⁵kai⁵³pʰi¹³tʂəu³⁵kait³tso⁵³fei¹³tsʰau⁵³ua⁰.tso⁵³çiɔŋ³⁵tsʰ…tso⁵³…（什么皮楮荚？）皮楮荚，箇晡讲哩话话，我话，我话我我箇个啊，我话我细细子斫一条皮楮荚树哇，惹渠等骂尽哩命啊。pʰi¹³tʂəu³⁵kait³,kai₄₄⁵³pu⁵³kəŋ²¹li⁰ua₄₄⁵³ua₄₄,ŋai¹³ua⁵³,ŋai¹³ua²¹ŋai₂₁¹³ŋai¹³kai⁵³cie₄₄³⁵a⁰,ŋai¹³ua¹³ŋai¹³se²¹se⁵³tʂ̩²¹tʂɔk³iet³tʰiau₂₁²¹pʰi¹³tʂəu³⁵kait³ʂəu⁵³ua⁰,ŋia¹³ci²¹tien⁵³ma²¹tsʰin̩²¹ni⁰miaŋ⁵³ŋa⁰.（哦哦哦，就是皂荚？）皂荚欸。安做皮楮荚我等哦。tsʰau⁵³kait³ei⁰.ɔn₄₄³⁵tso⁵³pʰi²¹tʂəu³⁵kait³ŋai¹³tien⁰o⁰.（哦，皮楮荚？）皮楮荚。pʰi¹³tʂəu³⁵kait³.

藻子

1.（那个藻哇，就水里面的那个长在水面上那个藻哇……）嗯，有。安做藻欸安做……安做……安么个东西去……n̩²¹,iəu³⁵.ɔn₄₄³⁵tso⁵³pʰiau₂₁²¹e₂₁.ɔn³⁵tso₄₄…ɔn³⁵tso⁵³…ɔn₄₄³⁵mak³e⁰təŋ₄₄³⁵si⁰cʰi₄₄¹³…（藻子？）藻子，系，安做藻子。冬下头打倒分猪食。泉水田肚里就有。冬……冬下头更多。水……泉水田肚里更多。pʰiau¹³tʂ̩⁰,xe⁵³,ɔn₄₄³⁵tso⁵³pʰiau¹³tʂ̩⁰.təŋ³⁵xa₄₄³⁵tʰei¹³ta²¹tau²¹pən³⁵tʂəu⁵³ʂət₃⁵.tsʰan¹³ʂei²¹tʰien¹³təu²¹li⁰tsʰiəu₄₄³⁵iəu³⁵.təŋ³⁵…təŋ³⁵xa₄₄³⁵tʰei¹³ken₄₄³⁵to⁰.ʂei²¹…tsʰan¹³ʂei²¹tʰien¹³təu²¹li⁰ken⁵³to³⁵.

（那个有蜈蚣藻吗？）有蜈蚣藻，欸，有起安做蜈蚣藻。有些一只蜈蚣样。嗯。蜈蚣藻。iəu³⁵ŋ¹³kəŋ³⁵pʰiau¹³,e₂₁,iəu₄₄çi²¹ɔn³⁵tso₄₄ŋ¹³kəŋ₄₄³⁵pʰiau²¹.iəu₄₄sie₄₄iet³tʂak³ŋ¹³kəŋ³⁵iɔŋ₄₄³⁵.n̩₂₁.ŋ¹³kəŋ₄₄³⁵pʰiau¹³.

（有七子藻，啊？）米……米子藻，点伢大子个。mi²¹…mi²¹tʂ̩²¹pʰiau¹³,tian⁵³ŋa₄₄¹³tʰai²¹tʂ̩³⁵ke₄₄.（很小是吧？）很……嗯，唔知几细个。唔知几细个就米子藻。蜈蚣藻，米子藻，系，系有。xen³⁵s…n̩²¹,n̩²¹ti⁵³₅₃ci²¹se⁵³ke⁵³₄₄.n̩²¹ti⁵³₅₃ci²¹se⁵³ke₄₄tsʰiəu⁵³₄₄mi²¹tʂ̩²¹pʰiau¹³.ŋ¹³kəŋ₄₄³⁵pʰiau₄₄,mi²¹tʂ̩²¹pʰiau¹³,xe⁵³,xei₄₄iəu³⁵.（呃，比那个米子藻还稍微大一点，那种呢？欸七子藻哇。）普通话：七子藻哇？不晓得。那没有那个说法。没有。（比那个米子藻还要大一点。）就系两……两种，两种嘞。一种蜈蚣藻，一种

米子藻嘞。嗯。tsʰiəu⁵³uei⁵³(←xei⁵³)iɔŋ²¹…iɔŋ²¹tʂəŋ²¹,iɔŋ²¹tʂəŋ²¹lei⁰.iet³tʂəŋ²¹ŋ̩¹³ kəŋ₄₄³⁵pʰiau₄₄¹³,iet³tʂəŋ²¹mi²¹tsʅ²pʰiau¹³le⁰.n̩₂₁.

（红色的那种……）红藻子，红色个红藻子。因为以只东西我记得。挨倒……箇阵子猪子有得……过……冬下头猪子有得潲食，打倒箇藻子，煮倒分猪食。冬下头只有箇藻子咁个东西系绿色植物了，有得了生……有得植物。fəŋ¹³pʰiau¹³tsʅ⁰,fəŋ¹³sek³ke⁵³fəŋ¹³pʰiau¹³tsʅ⁰.in³⁵uei₄₄²¹i²¹tʂak³təŋ₃₅³⁵si⁰ŋai³⁵ci⁵³ tek³.ai₄₄³⁵tau²¹…kai⁵³tʂən₄₄²¹tsʅ²tʂəu³⁵tsʅ²mau¹³tek³au⁰…ko⁰ie⁵³…təŋ³⁵xa₄₄⁵³tʰei²¹tʂəu³⁵tsʅ² mau¹³tek³sau⁵³ʂət³,ta²¹tau²¹kai⁵³pʰiau¹³tsʅ⁰,tʂəu²¹tau²¹pən³⁵tʂəu³⁵ʂət⁵.təŋ³⁵xa₄₄⁵³tʰei²¹ tsʅ²iəu³⁵kai₄₄⁵³pʰiau¹³tsʅ⁰kan²¹ke₄₄⁵³təŋ₄₄³⁵si⁰xe₄₄⁵³liəuk⁵sek⁵tʂʰət⁵uk⁵liau⁰,mau¹³tek³liau⁰ saŋ³⁵…mau¹³tek³tʂʰət³₃uk³₃⁵.

2. 就青藻子，系啊，青藻子。红藻子，青藻子，蜈蚣藻，米子藻。米子藻有么人么么搂倒分猪食。欸。只有蜈蚣藻……青藻子，系，青藻子。tsʰiəu₄₄⁵³tsʰiaŋ³⁵pʰiau¹³tsʅ⁰,xei₄₄⁵³aº,tsʰiaŋ³⁵pʰiau²¹tsʅ⁰.fəŋ¹³pʰiau¹³tsʅ⁰,tsʰiaŋ³⁵pʰiau²¹ tsʅ⁰,ŋ̩¹³kəŋ₃₅³⁵pʰiau¹³,mi²¹tsʅ²pʰiau₄₄¹³.mi²¹tsʅ²pʰiau¹³mau¹³mak³ɲin₄₄³⁵mak³lei¹³tau²¹pən³⁵ tʂəu³⁵ʂət³₃.e₂₁.tsʅ²iəu³⁵ŋ̩¹³kəŋ₄₄³⁵pʰiau₄₄¹³,f…tsʰiaŋ³⁵pʰiau²¹tsʅ⁰,xei₄₄⁵³,tsʰiaŋ³⁵pʰiau²¹tsʅ⁰.（青藻子。）青藻子，分猪食。tsʰiaŋ³⁵pʰiau¹³tsʅ⁰,pən³⁵tʂəu³⁵ʂət⁵.

（还有一种屎藻吧？）纸藻哇？tsʅ²¹pʰiau³⁵uaº?（屎藻。它的那个容易发臭的那种。就是比较……水比较浅一点的，一捏起来噗噗噗噗在这里面还冒泡的那种，黄黄带绿色的。）纸藻哇？tsʅ²¹pʰiau³⁵uaº?（屎藻。）尺藻哇？tsʰʅ²¹pʰiau³⁵uaº?（屎。就像那个那个猪屎那个什么一样的，那个臭臭的。）哦。有就有一种咁个有臭味个藻子，有臭味个藻子，唔记得安做么啊藻子去哩。你你你打记下子看呐，你加只疑问号放在那里。o₅₃.iəu³⁵tsʰiəu⁵³iəu³⁵iet³ tʂəŋ²¹kan²¹ke₄₄⁵³iəu³⁵tʂʰəu⁵³uei₂₁⁵³ke₄₄⁵³pʰiau¹³tsʅ⁰,iəu²¹tʂʰəu⁵³uei₂₁⁵³ke₄₄⁵³pʰiau¹³tsʅ⁰,n̩¹³ci⁵³ tek³ən₄₄³⁵tso₄₄⁵³mak³aº pʰiau¹³tsʅ⁰çi⁵³li⁰.ɲi¹³ɲi¹³ɲi¹³ta²¹ci⁵³ia₂₁(←xa⁵³)tsʅ²kʰan²¹naº,ɲi₂₁²¹ cia₄₄³⁵tʂak³ɲi¹³uən₄₄³⁵xau₄₄⁵³faŋ₄₄⁵³tsʰai₄₄⁵³na₄₄²¹li⁰.（我们那边叫屎藻。）喷臭个，我记得系有种藻子喷臭个嘞。欸，食唔得嘞，喷臭个呢。捱倒手里也喷臭呢。pʰəŋ³⁵ tʂʰəu⁵³ke₂₁⁵³,ŋai¹³ci⁵³tek³xe⁵³iəu₅₃³⁵tʂəŋ²¹pʰiau¹³tsʅ⁰pʰəŋ³⁵tʂʰəu⁵³ke₂₁⁵³le⁰.e₂₁,ʂət⁵n̩₂₁¹³tek³ le⁰,pʰəŋ³⁵tʂʰəu⁵³ke⁵³lei⁰.ia₄₄²¹tau²¹ʂəu²¹li⁰ia₄₄²¹pʰəŋ³⁵tʂʰəu⁵³lei⁰.

箬子

用用欸用最多个就系么个，你晓吗？就系箇只包粽子个箬。箬壳子，箬。欸，箬子做个，最多。iəŋ₄₄⁵³iəŋ₄₄⁵³ŋe⁰iəŋ₄₄⁵³tsei⁵³to₃₅³⁵ke⁵³tsʰiəu₄₄⁵³xei₄₄⁵³mak³ke⁵³,ni₂₁¹³ çiau²¹maº?tsʰiəu₄₄⁵³xe₄₄⁵³kai⁵³tʂak³pau³⁵tsəŋ³⁵tsʅ⁰ke⁵³ɲiɔk³.ɲiɔk³kʰɔk³tsʅ⁰,ɲiɔk³. ei₂₁ɲiɔk³tsʅ⁰tso₅₃⁵³ke₄₄⁵³,tsei³⁵to₄₄³⁵.（那个那个叶子叫什么？）箬子。ɲiɔk³tsʅ⁰.

　　渠爱咁个嘞，渠爱只箬壳撂箬子有区别唔……又有区别嘞，唔系一只东西嘞。箬子嘞就系箇起箇起包粽子用的那起那种叶子。嗯。青青的。ci¹³ɔi⁵³kan²¹ke⁵³lei⁰,ci¹³ɔi⁵³tʂak³ɲiɔk³kʰɔk³lau³⁵ɲiɔk³tʂŋ⁰iəu₄₄tʂʰʐ̩⁵³pʰiek⁵n̩¹³tʰ‥iəu³⁵tʂʰʐ̩⁵³pʰiek⁵lei⁰,m̩¹³pʰe⁵³(←xe⁵³)iet³tʂak³təŋ³⁵si⁰le⁰.ɲiɔk³tʂŋ⁰tsʰiəu⁵³₃₅xei⁵³kai⁵³₄₄çi⁵³kai⁵³₄₄çi²¹pau₄₄tsəŋ⁰tsŋ⁰iəŋ⁵³tet³lai⁰çi²¹lai⁰tʂəŋ²¹ie₅₃tsŋ⁰.m̩₂₁.tsʰin₄₄tsʰin₄₄tet³.

　　（箬壳呢？）箬壳嘞就唔系，箬壳嘞就系竹……大竹，楠竹个，竹子个，欸，变成哩……欸，又唔系笋变成竹个，外背箇重衣服。麻点子个。笋外背，笋着个箇件衫呐。ɲiɔk³kʰɔk³le⁰tsʰiəu⁵³m̩¹³pʰe⁵³(←xe⁵³),ɲiɔk³kʰɔk³le⁰tsʰiəu⁵³xe₄₄tʂəuk³‥tʰai²¹tʂəuk³,lan²¹tʂəuk³ke⁰,tʂəuk³tsŋ⁰ke⁵³,e₂₁,pien⁵³tʂʰən₂₁ni⁰‥e₂₁,iəu₂₁m̩₂₁pʰe⁵³(←xe⁵³)sən²¹pien⁵³tʂʰən₂₁tʂəuk³ke⁵³,ŋɔi⁵³pɔi⁵³kai₄₄tʂʰəŋ₂₁i¹³⁵fuk⁵₃.ma²¹tian²¹tsŋ⁰ke⁵³.sən²¹ŋɔi⁵³pɔi₄₄,sən²¹tʂɔk³ke⁵³kai₄₄cʰien⁵³san³⁵na⁰.

生烟

　　我等我等个草烟只爱晾下去咯。唔爱么啊烤一下。ŋai¹³tien⁰ŋai¹³tien⁰ke₄₄tsʰau²¹ien³⁵tsŋ²¹ɔi₄₄lɔŋ⁵³ŋa₄₄(←xa⁵³)çi₄₄kʰo⁰.m̩₂₁mɔi₄₄mak³a⁰kʰau²¹iet³xa⁵³./生烟咴。常模叔你等食生烟吧？saŋ³⁵ien³⁵nau⁰.ʂəŋ¹³mu₄₄ʂəuk³ɲi¹³ten⁰ʂət⁵saŋ³⁵ien₄₄pa⁰?/欸。ei₂₁./欸。你你你栽……栽个铁梗烟呐湖丝……e₂₁,ɲi₄₄ɲi¹³ɲi₄₄tsɔi⁵³‥tsɔi³⁵ke₄₄tʰiet³kuaŋ²¹ien³⁵nau⁰fu¹³s‥/你你个生烟就都都假个了吧？你个……假个吧？ɲi¹³ke₄₄saŋ³⁵ien₄₄tsiəu⁵³təu³⁵təu³⁵cia⁵³ke⁰liau⁰pa⁰?ɲi¹³ke₄₄sas‥ʂʐ̩⁵³cia²¹cie₄₄pa⁰?/欸，去江西买个。e₂₁,çi₄₄kɔŋ³⁵si₄₄mai³⁵ke⁵³./江西买个噢？kɔŋ³⁵si₄₄mai³⁵ke⁵³au⁰?/噢噢，箇差唔多。au₂₁au₂₁,kai⁰tsa³⁵n̩¹³to³⁵./我话唠……ŋai¹³ua⁵³lau⁰‥/我如今我是嶒嶒搞。ŋai¹³i²¹₂₁cin₄₄ŋai₄₄ʂʐ̩⁵³maŋ¹³maŋ¹³kau²¹./如今是我等冇得么人栽了。i¹³₂₁cin⁵³ʂʐ̩₄₄ŋai₂₁tien⁰mau¹³tek³mak³ɲin₂₁tsɔi³⁵liau⁰./嶒栽了吧？maŋ¹³tsɔi³⁵liau²¹pa⁰?

　　（你们这里种吗？）铁梗烟，小湖丝，大湖丝，烟是。tʰiet³kuaŋ²¹ien³⁵,siau²¹fu¹³sʐ̩³⁵,tʰai⁵³fu¹³sʐ̩³⁵,ien³⁵sʐ̩⁵³₄₄./种噢。欸。箇就舞嘞烤烟也有种下子，土烟也有种啊，草烟呐也有人种啊。tʂəŋ⁵³ŋau⁰.e₂₁.kai₄₄tsʰiəu⁵³u²¹le⁰kʰau²¹ien³⁵ia³⁵iəu³⁵tʂəŋ₄₄(←xa⁵³)tsŋ⁰,tʰəu²¹ien₄₄ia³⁵iəu₄₄tsəŋ₄₄(←tʂəŋ⁵³)ŋa⁰,tsʰau²¹ien₄₄na⁰ia³⁵iəu₄₄ɲin₂₁tʂəŋ⁵³ŋa⁰./系啊。xei⁵³a⁰./我等以只喊草烟，食草烟。ŋai¹³tien⁰i²¹₂₁tʂak³xan²¹tsʰau²¹ien³⁵,ʂət⁵tsʰau²¹ien³⁵./草烟，食草烟。tsʰau²¹ien₄₄,ʂət⁵tsʰau²¹ien₄₄.（草烟。也叫生烟吗？生烟吗？）系，生烟。xe₄₄,saŋ³⁵ien₄₄./生烟，欸又安做生烟。生烟喊。saŋ³⁵ien₄₄,e₂₁iəu₄₄ɔn₄₄tso₄₄saŋ³⁵ien₄₄.saŋ³⁵ien₄₄xan²¹.

　　欸生烟肚箇里分为三种。e₂₁saŋ³⁵ien₄₄təu₄₄kai⁵³li⁰fən³⁵uei¹³₂₁san³⁵tʂəŋ²¹.（生烟就是草烟吧？）就系草烟。tsʰiəu⁵³xe⁵³tsʰau²¹ien³⁵.e₅₃,tsʰiəu₄₄saŋ³⁵ien₄₄tsʰiəu₄₄tsʰau²¹ien³⁵./就草烟。生烟就系草烟。tsʰiəu⁵³tsʰau²¹ien³⁵.saŋ³⁵ien₄₄tsiəu⁵³xe⁵³tsʰau²¹ ien^{35}./系。xe^{44}./草烟肚箇里有三种。tsʰau^{21}ien^{35}təu^{21}kai^{53}li^{0}iəu^{35}san^{35}tʂəŋ^{21}./品种啊。pʰin^{21}tʂəŋ^{21}ŋa^{0}./一只安做铁……铁梗烟，铁梗烟。iet^{3}tʂak^{3}ɔn^{44}tso^{44}tʰiet^{3}…tʰiet^{3}kuaŋ^{21}ien^{35},tʰiet^{3}kuaŋ^{21}ien^{35}./欸，大湖丝，小湖丝。e$_{21}$,tʰai^{53}fu$^{53}_{44}$sʅ$_{44}$,siau^{21}fu^{13}sʅ$_{44}^{35}$./大湖丝，小湖丝。tʰai^{53}fu^{13}sʅ,siau^{53}fu^{13}sʅ^{35}./系。xe^{53}.（哦，三种品……品种？）<small>普通话：三种，三个品种。</small>/欸，三种，最煞个就系铁梗烟。e$_{21}$,san^{35}tʂəŋ^{21},tsei^{53}sait^{3}ke^{53}tsʰiəu^{53}xe$^{53}_{44}$tʰiet^{3}kuaŋ^{21}ien^{35}./欸。最煞个是铁梗烟。ei$_{53}$.tsei^{53}sait^{3}ke^{44}sʅ$_{44}$tʰiet^{3}kuaŋ^{21}ien^{35}./产量高个就湖丝烟。tsʰan^{21}liɔŋ^{53}kau^{35}ke$_{44}$tsʰiəu$_{44}$fu^{53}ien$_{44}$./欸。e$_{53}$./大湖丝小湖丝产量更高啦。又有咁煞，系啊？tʰai^{53}fu^{13}sʅ^{35}siau^{21}fu^{13}sʅ$_{44}$tsʰan^{21}liɔŋ$^{53}_{44}$ken^{53}kau$_{44}$la^{0}.iəu^{35}mau$^{13}_{21}$kan^{21}sait^{3},xei$^{53}_{44}$a^{0}？

石墁

我都想话唠有种石墁。你箇肚里有石墁吗唠？ŋai$^{13}_{21}$təu$^{35}_{53}$siɔŋ^{35}ua^{53}lau^{0}iəu$^{35}_{44}$tʂəŋ^{21}ʂak^{5}man^{53},ɲi$^{21}_{44}$kai^{53}təu^{21}li^{0}iəu^{35}ʂak^{5}man$^{53}_{44}$ma^{0}lau^{0}？（欸，石墁还是溜苔的一种吧？）溜苔溜苔箇个种，一种溜苔。因为箇阵子我等……替生产队上啊，栽禾。栽禾，因为栽早禾啊，爱栽得早。下种个时候子嘞怕霜打，就盖滴……盖滴石墁去，盖滴溜苔去，石墁去。箇就我等发动群众去。欸，我等箇来只来只长沙人，第一次走倒来舞倒去搞石墁，一跌跌下番薯窖肚里，人都磕懵，人都磕懵死嘿哩，讲稳浸死哩。石墁。liəu^{35}tʰɔi^{13}liəu^{35}tʰɔi^{13}kai$_{44}$ke$_{44}$tʂəŋ^{21},iet^{3}tʂəŋ^{21}liəu^{35}tʰɔi$_{21}$.in^{35}uei^{53}kai^{53}tʂʰən$^{53}_{44}$tsʅ^{0}ŋai^{13}tien^{0}se…tʰi$_{44}^{35}$sen^{35}tsʰan^{21}ti^{53}xɔn$_{44}$ŋa^{0},tsɔi^{53}uo^{0}.tsɔi^{53}uo^{0},in^{35}uei$^{53}_{44}$tsɔi^{53}tsau^{53}uo^{0}a^{0},ɔi^{53}tsɔi^{53}tek^{5}tsau^{53}.xa^{53}tʂəŋ^{21}ke^{53}sʅ^{13}xei^{53}tsʅ^{0}lei^{53}pʰa$^{13}_{44}$sɔŋ^{35}ta^{53},tsʰiəu$^{53}_{44}$kɔi^{53}tiet^{5}ʂ…kɔi^{53}tiet^{5}ʂak^{5}man^{53}cʰi^{53},kɔi$^{53}_{44}$tiet^{5}liəu^{35}tʰɔi^{13}çi^{53},ʂak^{5}man^{53}çi$_{44}$.kai^{53}tsʰiəu$^{53}_{44}$ŋai$^{21}_{21}$tien^{0}fait^{3}tʰəŋ$^{35}_{44}$tʂʰən^{13}tʂəŋ$^{53}_{44}$çi$_{44}$.e$_{21}$,ŋai^{13}tien^{0}kai^{53}lɔi^{13}tʂak^{5}lɔi^{13}tʂak^{5}tʂʰɔŋ^{13}sa$^{53}_{44}$ɲin^{13},tʰi^{53}iet^{3}tsʰʅ^{53}tsei^{21}tau^{53}lɔi^{13}u^{21}tau^{53}çi^{53}kau^{21}ʂak^{5}man$^{53}_{44}$,iet^{3}tet^{3}tet^{3}a$_{44}$(←xa^{53})fan^{35}ʂəu$^{13}_{21}$kau^{35}təu^{21}li^{0},ɲin^{13}təu$^{35}_{44}$kʰɔk^{5}mən$^{35}_{21}$,ɲin^{13}təu^{35}kʰɔk^{5}mən$^{53}_{44}$si^{21}xek^{3}li^{0},kɔŋ^{21}uən^{21}tsin^{53}si^{21}li^{0}.ʂak^{5}man^{53}.（那还是石头上的那种东西吗？）就系石头上个，欸，石墁。也唔限定系石头上个。箇个噢箇个比较光滑个地方个箇上背个也安做石墁。tsʰiəu^{53}xei^{53}ʂak^{5}tʰei^{13}xɔn$^{53}_{44}$ke$^{53}_{44}$,e$_{21}$,ʂak^{5}man^{53}.ia^{35}ɲ^{13}kʰan$^{53}_{21}$tʰin$^{53}_{44}$xei$^{53}_{44}$ʂak^{5}tʰei$^{53}_{44}$xɔn$^{53}_{44}$ke^{53}.kai^{53}ke^{5}au^{53}kai$^{53}_{44}$ke$^{53}_{44}$pi^{21}ciau$^{53}_{44}$kɔŋ^{53}uait^{5}ke^{53}tʰi^{53}fɔŋ$^{44}_{44}$kei^{53}kai^{53}ʂɔŋ^{53}pɔi$^{53}_{44}$kei^{53}ia^{35}ɔn$^{53}_{44}$tso$^{44}_{44}$ʂak^{5}man^{53}.（哦，反正就是青苔一样，一样的？）就系青苔样个，欸，就系有滴像青苔样。tsʰiəu^{53}xei^{53}tsʰiaŋ^{35}tʰɔi^{13}iɔŋ$^{53}_{44}$ke$_{44}$,e$_{21}$,tsʰiəu^{53}xei^{53}iəu$^{35}_{44}$tet^{5}tsʰiɔŋ$^{53}_{44}$tsʰiaŋ^{35}tʰɔi$^{13}_{21}$iɔŋ$^{53}_{44}$.

丝芒

丝芒呢箇地泥下长起来个时候子嘞，春天呐，丝芒正长起来个时候，尖尖子个，勐尖，踩倒脚，打赤脚，踩倒去就痛，安做丝芒枯。劐脚。箇只东西劐脚。橛脚啊。sη³⁵moη¹³lei⁰kai⁵³tʰi⁵³lai²¹₁xa³⁵tʂoη²¹çi²¹loi¹³ke⁵³η¹³xɛu⁵³tsη⁰lei⁰,tʂʰən³⁵tʰien₄₄³⁵na⁰,sη³⁵moη²¹₂₁tʂaη⁵³tʂoη²¹çi²¹loi¹³ke⁵³sη¹³₄₄xei⁵³,tsian³⁵tsian³⁵tsη⁰ke⁵³,li³⁵tsian³⁵,tsʰai²¹tau²¹ciɔk₅³,ta²¹tʂʰak³ciok³,tsʰai²¹tau²¹çi₄₄³⁵tsiəu⁵³tʰəη⁰,ɔn³⁵₄₄tso⁵³sη³⁵₄₄moη¹³₂₁kʰu³⁵.tsʰan¹³cioк³.kai⁵³₄₄tʂak³təη³⁵₄₄si⁰tsʰan¹³cioк³.cio⁵³cioк³a⁰.

（丝芒枯就是那个丝茅的……）就就丝芒正发芽个，正发芽拱出土面上来个。欸。tsʰiəu⁵³₄₄tsʰiəu⁵³₄₄sη³⁵moη¹³₄₄tʂaη⁵³fait³ŋa¹³ke⁵³,tʂaη⁵³fait³ŋa¹³kəη⁵³tʂʰət³tʰəu²¹mien³⁵₄₄xɔη³⁵₄₄loi¹³ke⁵³.e₂₁.

藤菜

1. 空心菜有，欸，安做藤……藤菜哟。kʰəη³⁵₄₄sin³⁵₄₄tsʰoi⁵³iəu³⁵,e₂₁,ɔn³⁵₄₄tso⁵³₄₄tʰien¹³…tʰien¹³tsʰoi₄₄⁵³io⁰./我等喊蕹菜。ŋai²¹₂₁tien⁰xan³⁵₄₄uəη⁵³tsʰoi⁵³./蕹菜。uəη⁵³tsʰoi⁵³./蕹菜。uəη⁵³tsʰoi⁵³./蕹菜。uəη⁵³tsʰoi⁵³.（你讲的藤菜是什么东西？）就系也系箇只东西。tsʰiəu⁵³xei₄₄³⁵ia³⁵xe₄₄⁵³kai⁵³₄₄tʂak³təη³⁵₄₄si⁰/也系箇只东西。藤藤莽莽啊。你等渠长长起口长个藤呢。ia³⁵xe⁵³₄₄kai₄₄⁵³təη³⁵₄₄si⁰.tʰien¹³tʰien¹³₄₄moη²¹moη²¹ŋa⁰.ɲi¹³ten⁰ci₄₄¹³tʂoη²¹tʂoη²¹çi²¹lai¹³tʂʰoη₄₄⁵³ke⁵³tʰien¹³ne⁰./蕹菜就系空心菜吧？uəη⁵³tsʰoi⁵³tsʰiəu⁵³xe⁵³kʰəη³⁵sin₄₄³⁵tsʰoi⁵³pa⁰?/嗯欸。ŋ̩₂₁ŋe₂₁./系啊。xei⁵³a⁰.（甜是苦……苦甜的那个甜吗？）普通话:不是，是藤呐。（哦，藤。）藤菜啊，藤呀。tʰien¹³tsʰoi⁵³a⁰,tʰien¹³nia⁰./渠会口藤打网。一条藤藤去啊，就系藤呢。ci₂₁¹³uoi⁵³tʰai³⁵tʰien¹³₂₁ta²¹moη²¹.iet³tʰiau³⁵tʰien²¹tʰien₄₄¹³çi³a⁰,tsʰiəu₄₄⁵³xe³⁵tʰien¹³ne⁰./口藤打网啊。口藤打网个藤呐。tʰai³⁵tʰien¹³ta²¹moη²¹ŋa⁰.tʰai³⁵tʰien¹³₂₁ta²¹moη²¹ke⁵³tʰien¹³na⁰./又系藤菜，又系空心菜。iəu⁵³xe⁵³tʰien¹³tsʰoi⁵³,iəu⁵³xe⁵³kʰəη³⁵sin³⁵tsʰoi⁵³./欸，又系蕹菜。哎呀，蕹菜以映都……e₂₁,iəu⁵³xe₄₄⁵³uəη⁵³tsʰoi⁵³₄₄.ai₄₄ia₄₄,uəη⁵³tsʰoi⁵³i⁰iaη₄₄⁵³təu⁵³…/欸后背有个人喊啦，以映都……ei⁰xei⁰poi₄₄⁵³iəu₄₄⁵³ke₄₄⁵³in₂₁⁵³xan⁵³la⁰,i⁰iaη₄₄⁵³təu⁵³…（空……空心菜你们也叫吗？）也喊，也有人喊。ia₄₄³⁵xan⁵³,ia³⁵iəu³⁵₅₃ɲin¹³₂₁xan⁵³./也有人喊呐，也有人喊空心菜。ia³⁵iəu³⁵₅₃ɲin¹³₂₁xan⁵³na⁰,ia³⁵iəu³⁵₅₃ɲin¹³₂₁xan⁵³kʰəη³⁵sin₄₄³⁵tsʰoi₄₄⁵³.

2. 蕹菜又安做空心菜。uəη⁵³tsʰoi⁵³iəu⁵³₄₄ɔn³⁵₄₄tso⁵³kʰəη³⁵sin³⁵tsʰoi⁵³.（你们叫什么？）空……又安做空心菜又安做藤菜。我等几只名字都有。也有人话蕹菜。又话空心菜，又话藤菜。话藤菜个多。kʰəη³⁵…iəu⁵³₄₄ɔn₄₄³⁵tso⁵³₄₄kʰəη³⁵sin³⁵tsʰoi⁵³iəu⁵³₄₄ɔn₄₄³⁵tso⁵³₄₄tʰien¹³tsʰoi⁵³.ŋai²¹tien⁰ci²¹tʂak³miaη⁵³tsη₄₄⁵³təu⁵³iəu⁵³₄₄.ia³⁵iəu³⁵₅₃ɲin²¹₂₁ua⁵³uəη⁵³tsʰoi⁵³.iəu⁵³ua⁵³kʰəη³⁵sin₄₄³⁵tsʰoi⁵³,iəu⁵³ua⁵³tʰien¹³tsʰoi⁵³.ua⁵³tʰien¹³tsʰoi⁵³₄₄ke₄₄⁵³to⁵³.（都是你们客家人，是吧？）欸，话藤菜个多啊。藤藤呐。藤藤莽莽个藤呐。e₂₁,ua⁵³tʰien¹³tsʰoi⁵³₄₄ke₄₄⁵³to⁵³a⁰.tʰien¹³tʰien¹³na⁰.tʰien¹³tʰien¹³₄₄moη²¹moη²¹ke⁵³tʰien¹³na⁰.普通话:它那个藤到处都有哇。欸，就同葛藤样啊。霸倒到处都系呀，藤藤莽莽啊。

e^0tsiəu$_{44}^{53}$tʰəŋ$_{21}^{13}$kɔit³tʰien¹³iɔŋ$_{44}^{53}$ŋa⁰.pa⁵³tau²¹tau⁵³tʂʰəu$_{44}^{53}$təu$_{44}^{35}$xei$_{44}^{53}$ia⁰,tʰien¹³tʰien$_{44}^{13}$mɔŋ²¹mɔŋ$_{21}^{21}$ŋa⁰.

铁篱笆

箇起箇起我等箇么个臭柑箇起就系应当系铁篱笆。kai$_{44}^{53}$çi²¹kai$_{44}^{53}$çi²¹ŋai¹³tien⁰kai⁵³mak⁵ke⁰tʂʰəu⁵³kan³⁵kai$_{44}^{53}$çi²¹tsiəu⁵³xe⁵³in$_{21}^{35}$tɔŋ$_{44}$xei⁵³tʰiet³li$_{21}^{13}$pa⁰./铁篱笆。tʰiet³li$_{21}^{13}$pa$_{44}^{35}$./我等是铁篱笆隔倒。揪酸。ŋai¹³tien⁰ʂʯ$_{44}^{35}$tʰiet³li$_{21}^{13}$pa$_{44}^{35}$kek³tau⁰.tsiəu$_{53}^{35}$sɔn$_{44}^{35}$./揪苦哇。tsiəu$_{53}^{35}$fu²¹ua⁰.（铁……叫铁篱笆？）铁篱笆，欸。安做铁篱笆。tʰiet³li$_{21}^{13}$pa$_{44}^{35}$,e$_{21}$.ɔn$_{44}^{35}$tso$_{44}$tʰiet³li$_{21}^{13}$pa$_{44}^{35}$./箇是铁篱笆，尽勢个。kai⁵³ʂʯ$_{44}^{53}$tʰiet³li$_{21}^{13}$pa$_{44}^{35}$,tsʰin¹³nek³ke⁰./尽勢。tsʰin⁵³nek³./尽勢箇只苗子。tsʰin⁵³nek³kai$_{44}^{53}$tʂak³miau$_{21}^{13}$tsʯ⁰./尽刺。tsʰin⁵³tsʯ$_{44}^{53}$./尽刺。tsʰin⁵³tsʯ⁵³./也结滴子箇只东西，揪酸。ia$_{44}^{35}$ciet³tiet⁵tsʯ⁰kai$_{44}^{53}$tʂak³təŋ$_{44}^{35}$si⁰,tsiəu$_{21}^{35}$sɔn$_{44}^{35}$./箇个橘子十分酸。kai⁵³ke$_{44}^{53}$ciet³tsʯ⁵ʂət⁵fən$_{44}^{35}$sɔn$_{44}^{35}$.

桐子树

桐子树有两种。tʰəŋ¹³tsʯ²¹ʂəu⁵³iəu⁵³liaŋ³⁵tʂəŋ²¹./一种毛桐子唠，千年唠。iet³tʂəŋ²¹mau³⁵tʰəŋ$_{21}^{13}$tsʯ²¹lau⁰,sen³⁵(←tsʰien³⁵)ɲien$_{21}^{13}$nau⁰./一种安做毛桐子。iet³tʂəŋ²¹ɔn$_{44}^{35}$tso$_{44}$mau³⁵tʰəŋ¹³tsʯ²¹.（毛桐子？）嗯，毛桐子。箇，一……还有一种安做千年桐。n̩$_{21}$,mau³⁵tʰəŋ¹³tsʯ²¹.kai$_{44}$,iet³…xai$_{21}^{13}$iəu$_{53}^{35}$iet³tʂəŋ²¹ɔn$_{44}^{35}$tso⁵³tsʰien³⁵ɲien¹³tʰəŋ¹³./两种桐子个区别嘞就系毛桐子嘞就系面上个壳溜……车口子，系<u>唔系</u>啊？iɔŋ²¹tʂəŋ²¹tʰəŋ¹³tsʯ²¹ke$_{44}^{53}$tʂʰʯ$_{44}^{35}$pʰiek⁵le⁰tsʰiəu$_{44}^{53}$xe$_{44}^{53}$mau³⁵tʰəŋ$_{21}^{13}$tsʯ²¹le⁰tsʰiəu$_{44}^{53}$xe⁵³mien$_{44}^{13}$xɔŋ$_{44}^{53}$ke$_{44}^{53}$kʰɔk³liəu³⁵…tsʰe$_{44}^{35}$laŋ¹³tsʯ⁰,xe$_{44}^{53}$me$_{44}$(←m̩¹³xe⁵³)a⁰?/欸。ei$_{21}$./溜圆。liəu³⁵ien¹³./溜圆子。liəu³⁵ien¹³tsʯ⁰.（那个子是圆的，是吧？）普通话：那果实啊，果实。/果实，球。/溜……溜圆子。liəu³⁵…liəu³⁵ien¹³tsʯ⁰./也就箇球。ia³⁵tsiəu⁵³kai⁵³cʰiəu¹³./欸。e$_{53}$./箇球，溜圆子。kai⁵³cʰiəu¹³,liəu³⁵ien¹³tsʯ⁰./球，系圆个。cʰiəu¹³,xe⁵³vien¹³ke⁵³./千年桐嘞渠就有棱角，有吵？tsʰien³⁵ɲien$_{21}^{13}$tʰəŋ$_{21}^{13}$lei⁰ci$_{21}$tsʰiəu$_{44}^{13}$iəu$_{44}^{13}$lin¹³kɔk³,iəu$_{44}^{35}$sa⁰?/欸系，有棱角。e$_{21}$xe$_{44}^{53}$,iəu$_{35}^{13}$lin¹³kɔk³./有有有有筋筋。iəu³⁵iəu$_{44}^{35}$iəu$_{44}^{35}$iəu$_{44}^{35}$cin³⁵cin³⁵./有筋筋。iəu$_{44}^{35}$cin³⁵cin³⁵./欸，有筋筋。e$_{21}$,iəu$_{44}^{35}$cin³⁵cin³⁵./脉腕箇下子样。mak⁵uɔn²¹kai$_{44}^{53}$ia$_{44}$(←xa⁵³)tsʯ⁰iɔŋ⁵³./千年桐摎毛桐子。tsʰien³⁵ɲien¹³tʰəŋ¹³lau$_{44}^{53}$mau³⁵tʰəŋ¹³tsʯ²¹./毛桐子……mau³⁵tʰəŋ$_{21}^{13}$tsʯ²¹…/毛桐子个树更矮。mau³⁵tʰəŋ¹³tsʯ²¹ke⁰ʂəu⁵³ken$_{44}^{53}$ai²¹./系，更矮。xe⁵³,ken$_{44}^{53}$ai²¹./千年桐个树更高。tsʰien³⁵ɲien$_{21}^{13}$tʰəŋ¹³ke$_{44}^{53}$ʂəu⁵³ken$_{44}^{53}$kau³⁵./千年桐就欸渠唔得早来结，但是结得时间更长，所以安做千年桐。tsʰien³⁵ɲien$_{21}^{13}$tʰəŋ¹³tsʰiəu$_{44}^{35}$ei$_{21}$ci$_{44}^{21}$n̩¹³tek³tsau²¹lɔi¹³ciet³,tan⁵³ʂʯ$_{44}^{53}$ciet³tek³ʂʯ$_{21}^{13}$kan$_{44}^{53}$ken⁵³tʂʰɔŋ¹³,so¹³i³⁵ɔn$_{44}^{35}$tso$_{44}^{53}$tsʰien³⁵ɲien$_{21}^{13}$tʰəŋ²¹./欸。e$_{21}$./毛桐子

毛桐子更加喜呀。mau³⁵tʰəŋ¹³tsɿ²¹mau³⁵tʰəŋ¹³tsɿ²¹ken⁵³ka₄₄çi²¹ia⁰./毛桐子呢就……mau³⁵tʰəŋ¹³tsɿ²¹lei⁰tsʰiəu⁵³₄₄…/毛桐子是一只也有五只仁个呢。有五只籽个。mau³⁵tʰəŋ¹³tsɿ²¹⁵³ʂɿ⁴iet³tʂak³ia³⁵iəu³⁵₄₄²¹ŋtʂak³in¹³ke⁵³le⁰.iəu³⁵₄₄tʂak³tsɿ²¹ke⁵³./噢,噢噢。au₂₁,au₂₁au₂₁./千年桐一般就四只。tsʰien³⁵ɲien¹³tʰəŋ¹³iet³pan³⁵tsʰiəu⁵³₄₄si⁵³tʂak³./欸,四只个三只个。一般三只子。e₄₄,si⁵³tʂak³ke⁵³san³⁵tʂak³ke⁵³.iet³pon³⁵san³⁵tʂak³tsɿ⁰./我以个……ŋai¹³i²¹ke⁰…

（好，那个果叫什么呢？）就喊箇咯。tsʰiəu⁵³₄₄xan⁵³kai⁵³₄₄ko⁰./桐子，就喊桐子，箇咯也就喊桐子。tʰəŋ¹³tsɿ,tsiəu⁵³xan⁵³tʰəŋ¹³tsɿ²¹,kai⁵³₄₄ke⁰ie⁵³tsiəu₄₄xan⁵³tʰəŋ¹³tsɿ²¹./肚箇里箇只肉也喊桐子。təu²¹kai⁵³₂₁li⁰kai⁵³tʂak³ɲiəuk³ia³⁵₅₃xan⁵³tsən¹³(←tʰəŋ¹³)tsɿ²¹./桐子，桐子仁呶？tʰəŋ¹³tsɿ…tʰəŋ¹³tsɿ²¹in¹³nau⁰?/桐子仁，箇只就桐子仁。肚箇里箇只果实就是桐子仁。箇只球……tʰəŋ¹³tsɿ²¹in¹³,kai⁵³tʂak³tsiəu⁵³tʰəŋ¹³tsɿ²¹in¹³.təu²¹kai⁵³₂₁li⁰kai⁵³tʂak³ko²¹ʂət⁵tsiəu⁵³ʂɿ⁵³tʰəŋ¹³tsɿ²¹in¹³.kai⁵³tʂak³cʰiəu¹³…/箇只就榨油……用来榨油个箇只部分，系唔系？kai⁵³tʂak³tsʰiəu⁵³tsa⁵³iəu²¹iəŋ⁵³loi¹³tsa⁵³iəu¹³ke⁵³kai₄₄tʂak³pʰu⁴⁴fən₄₄,xei⁵³₄₄me₄₄(←m̩¹³xe⁵³)?/欸，就系桐子仁。e⁵³.tsʰiəu⁵³xe⁵³tʰəŋ¹³tsɿ²¹in¹³./桐子仁。tʰəŋ¹³tsɿ²¹in¹³.

香菱

有香菱呀。iəu₄₄çiɔŋ³⁵si³⁵₄₄ia⁰.（不叫甜相思，是吧？）唔安甜香菱。香菱呀，紫苏哇。香菱有话红香菱。n̩¹³ɔn₄₄tʰian¹³₂₁çiɔŋ₄₄si³⁵₄₄.çiɔŋ³⁵si³⁵₄₄ia⁰,tsɿ²¹səu³⁵₄₄ua⁰.çiɔŋ³⁵si₄₄iəu⁵³ua⁵³fəŋ¹³çiɔŋ₄₄si₄₄.³⁵/你系是话祖……紫苏箇一类的吧？ɲi¹³xei⁵³ʂɿ⁵³ua⁵³₄₄tsəu²¹s⁵³…tsɿ⁵³ʂɿ⁵³kai⁵³iet³lei²¹ti⁰pa⁰?/有起甜个。iəu³⁵çi²¹tʰian¹³ke⁰₄₄./欸，甜香菱。e₂₁,tʰian¹³çiɔŋ₄₄si³⁵₄₄./有起吧？iəu³⁵çi²¹pa⁰?/欸。e₂₁./箇就有起甜……kai⁵³tsʰiəu⁵³₄₄iəu³⁵çi²¹tʰian¹³…/有起甜香菱。iəu³⁵çi²¹tʰian¹³siɔŋ³⁵₄₄si³⁵./欸，还……e₂₁,xai¹³…/有起甜香菱。iəu³⁵çi²¹tʰian¹³siɔŋ³⁵₄₄si³⁵./香菱是叶子细细子。çiɔŋ³⁵si³⁵₄₄ʂɿ⁵³iait⁵tsɿ⁰se₄₄se⁵³tsɿ⁰./欸，红香……也有起红香菱。e₂₁.fəŋ¹³çiɔŋ³⁵…a₄₄iəu³⁵₄₄çi²¹fəŋ¹³çiɔŋ³⁵si³⁵.

（啊，也有种的，是吧？甜相思啊？）普通话：有有有有，我们这里不要种，到处野生到处都有。不要种，也有人种唠。（噢，甜相思还有还有一种紫色的，是吧？）欸欸欸，红……安做红香菱啦。e₄₄,e₄₄,e₄₄,fəŋ¹³…ɔn₄₄tso⁵³₄₄fəŋ¹³çiɔŋ³⁵si³⁵la⁰.（就是紫苏吗？）系系系呀，系呀。xei⁵³xei⁵³xei⁵³ia⁰,xei⁵³ia⁰./就系紫苏。tsʰiəu⁵³xei⁵³tsɿ⁵³ʂɿ³⁵./紫苏。tsɿ⁵³ʂɿ³⁵./就系紫苏。紫苏啊。本地人就话紫苏。我等客姓人唔话紫苏哈？tsʰiəu⁵³xei⁵³tsɿ⁵³səu₄₄.tsɿ⁵³ʂɿ³⁵a⁰.pən²¹tʰi³⁵ɲin¹³₂₁tsʰiəu⁵³ua⁵³tsɿ⁵³ʂɿ³⁵.ŋai¹³tien⁰kʰak³sin⁵³ɲin¹³₂₁n̩¹³ua³⁵tsɿ⁵³ʂɿ³⁵₄₄xa⁰?/我等喊……ŋai¹³tien⁰xan⁵³…/喊系香菱。xan⁵³xe₄₄çiɔŋ³⁵si³⁵./香菱。çiɔŋ³⁵si³⁵./喊香菱。xan⁵³çiɔŋ³⁵si³⁵./香菱。çiɔŋ³⁵si³⁵./香菱。çiɔŋ³⁵si³⁵./应当系喷香，叶子喷香。in₄₄tɔŋ₄₄xe₄₄pʰəŋ³⁵çiɔŋ³⁵,iait⁵tsɿ⁰pʰəŋ³⁵çiɔŋ³⁵./欸。e₃₅./欸，喷香。

e₂₁,pʰəŋ³⁵çiɔŋ³⁵./香荽。çiɔŋ³⁵si³⁵./嗯。ŋ₂₁.

晒盐旱茶子是这个吧？sai⁵³ian¹³uɔn⁵³tsʰa¹³tsʅ⁵ ʂʅ⁵³tʂe⁵³ke⁵³pa⁰?/香荽。çiɔŋ³⁵
si³⁵./箇箇只香味真好食唠。kai⁵³kai⁵³tʂak³ çiɔŋ³⁵uei⁵³tʂən³⁵xau²¹ʂət⁵lau⁰.

香荽菀茶还安胎哟。çiɔŋ³⁵si³⁵teu³⁵tsʰa¹³xa₂₁ŋɔn³⁵tʰɔi³⁵io⁰./安胎，欸。ɔn³⁵
tʰɔi³⁵,e₂₁./全身香荽哟。tsʰien¹³ʂən³⁵çiɔŋ³⁵si⁵³io⁰./系啊，全身系药。xei⁵³a⁰,tsʰien¹³
ʂən⁵³xe⁵³iɔk⁵./全身香荽哟还爱，欸，夫娘子渠摼哩人就爱食全身香荽哟。
tsʰien¹³ʂən⁵³çiɔŋ⁵³si⁵³io⁰ xa₂₁ɔi⁵³,e₄₄,pu⁰ɲiɔŋ¹³tsʅ⁵ ci₂₁kʰuan⁵³li⁰ ɲin¹³tsʰiəu⁵³ɔi⁵³ʂət⁵
tsʰien¹³ʂən⁵³çiɔŋ⁵³si⁵³io⁰./欸嘿，会供了就只爱香荽菀哩，箇渠就唔爱唔爱全
身呢。e₄₄xe₄₄,uɔi⁵³ciəŋ⁵³liau⁰ tsiəu⁵³tsʅ²¹ɔi⁵³çiɔŋ⁵³si⁵³tei⁰ni⁰,kai⁵³ci¹³tsiəu⁵³m̩⁵³mɔi³⁵m̩²¹
mɔi³⁵tsʰien¹³ʂən⁵³ne⁰./会供了就食香荽菀，嘿嘿嘿，安胎。uɔi⁵³ciəŋ⁵³liau⁰ tsʰiəu⁵³
ʂət⁵çiɔŋ³⁵si⁵³tei³⁵,xe₄₄xe⁵³xe₂₁,ɔn³⁵tʰɔi³⁵.

箇只甜香荽就专门系晒下子干个嘞。kai⁵³tʂak³ tʰian¹³çiɔŋ⁵³si⁵³tsʰiəu⁵³tʂen³⁵
mən¹³xe⁵³sai⁵³xa⁵³tsʅ⁰kɔn⁵³ke⁵³lei⁰./噢，欸欸。au₂₁,e₂₁e₂₁.

（这甜相思就是那种那个绿色的，但是样子还是跟那个一样的吧？）
欸，样子系咁高。ei₂₁iɔŋ⁵³tsʅ⁰xei₄₄kan²¹kan²¹kau³⁵./叶子更瘦。正先渠等都晓得。
iait⁵tsʅ⁰ken⁵³sɛu⁵³.tʂaŋ⁵³sen³⁵ci¹³tien⁰təu₄₄çiau²¹tek⁵./叶子更细。iait⁵tsʅ⁰ken₄₄se⁵³./
叶子更细。iait⁵tsʅ⁰ken⁵³se⁵³./甜香荽叶子更细。tʰian¹³çiɔŋ⁵³si⁵³ke⁵³iait⁵tsʅ⁰ken₄₄
se⁵³./细叶子，甜个。se⁵³iait⁵tsʅ⁰,tʰian¹³ke₄₄./更甜。cien⁵³tʰian¹³./欸，又甜又香
哦。e₂₁.iəu³⁵tʰian₂₁iəu⁵³çiɔŋ³⁵ŋo⁰./又甜又香。iəu⁵³tʰian₂₁iəu⁵³çiɔŋ³⁵./甜香荽。tʰian₂₁
çiɔŋ₄₄si³⁵.

须麦

欸，有有有起有须个，有须个摼冇须个系么个区别嘞？早麦摼迟麦
吧？系唔系？e₂₁,iəu₄₄iəu³⁵iəu₄₄çi²¹iəu³⁵si³⁵ke₂₁,iəu³⁵si³⁵ke⁵³lau₄₄mau¹³si³⁵ke₂₁xe₄₄
mak⁵ke⁵³tʂʰʅ⁰pʰiek⁵lei⁰?tsau⁰mak⁵lau⁰tʂʰʅ¹³mak⁵pa⁰?xe₄₄me₄₄(←m̩¹³xe⁰)?/啊？
系系系，早麦迟麦。a₃₅?xei⁵³xei⁵³xei₄₄,tsau²¹mak⁵tʂʰʅ¹³mak⁵;/须麦。有起有须个。
si³⁵mak⁵.iəu₄₄çi²¹iəu³⁵si³⁵ke⁵³./哪哪起就安做须（麦）啦？lai₄₄lai⁵³çi²¹tsʰiəu₄₄ɔn³⁵
tsɔ⁵³si³⁵la⁰?/我唔记得哩，我是唔记得哩。ŋai₂₁ŋ¹³ci⁵³tek³li⁰,ŋai₂₁ʂʅ₄₄ŋ¹³ci⁵³ek³(←
tek³)li⁰./欸。系个呢，系起有须个，有起冇须个。e₂₁.xe⁵³ke⁵³le⁰,xe⁵³iəu₄₄çi²¹
iəu³⁵si³⁵ke₄₄,iəu₄₄çi²¹mau⁵³si³⁵ke₄₄./有起有须个，有起冇须个。iəu⁵³çi²¹iəu³⁵si³⁵
ke⁵³,iəu₄₄çi²¹mau⁵³si³⁵ke⁰./欸，有起须口长。欸啦。e₂₁,iəu₂₁çi²¹si³⁵lai¹³tʂʰɔŋ¹³.e₅₃la⁰./
欸，欸欸。e₂₁,e₂₁e₂₁./欸，有须个更迟吧？喊迟……e₄₄,iəu³⁵si³⁵ke⁵³ken⁵³tʂʰʅ¹³
pa⁰?xan³⁵tʂʰʅ¹³…/有迟有早。iəu³⁵tʂʰʅ₂₁iəu³⁵tsau²¹./哈？xa₃₅?/有迟有早个。iəu³⁵
tʂʰʅ¹³iəu³⁵tsau²¹ke⁰./有迟有早啊？还有迟麦咯，有只早麦咯。iəu³⁵tʂʰʅ¹³iəu₄₄tsau²¹

a⁰?xai¹³iəu³⁵₄₄tʂʰ₁¹³mak⁵ko⁰,iəu³⁵tʂak³tsau²¹mak⁵ko⁰./有早麦迟麦啊。iəu³⁵tsau²¹
mak⁵tʂʰ₁¹³mak⁵a⁰./原来原来个早麦是有须个就系。ien¹³lɔi¹³ien¹³lɔi¹³ke⁵³tsau²¹
mak⁵ʂ₁⁴⁴³iəu³⁵si³⁵ke⁵³tsʰiəu⁵³xe⁵³./欸。系呀,有须个就系早麦哟? ei₂₁.xei⁴⁴³ia⁰,iəu³⁵
si³⁵ke⁴⁴³tsʰiəu₄₄xei⁴⁴³tsau²¹mak⁵ʂa⁰?/欸。e₂₁./系呀。xei⁴⁴³ia⁰./迟麦就有须。tʂʰ₁¹³mak⁵
tsʰiəu₄₄mau¹³si₄₄³⁵./欸。迟麦有须。唔。e₂₁.tʂʰ₁¹³mak⁵mau²₁¹³si³⁵.m̩₂₁./系唔系? 系唔
系迟麦就有须哟? xe₄₄me₄₄(←m̩¹³xe⁵³)?xe₄₄³me₄₄⁵³tʂʰ₁¹³mak⁵tsʰiəu³mau²₁¹³si³io⁰?/有
系凑,肚箇里有一起有,有一起冇。mau¹³xe⁵³tsʰe⁰,təu²¹kai²₁li⁰iəu³iet³çi⁰iəu³⁵,
iəu³⁵iet³çi²¹mau¹³./欸,系系。e₄₄³,xe₄₄³xe⁵³./唔记得哩我就唔都。n̩¹³ci⁵³tek³li⁰ŋai¹³
tsʰiəu₄₄³n̩₄₄¹³təu₄₄³⁵.

夜话树

（那合欢树你这里有吗？）合欢树安做么个树去哩嘞合欢树？xɔit⁵
xuan³⁵ʂəu³ɔn₄₄³⁵tso₄₄³⁵mak³e⁰ʂəu⁵³çi⁰li⁰le⁰xɔit⁵xuan³⁵ʂəu⁵³?（有的地方叫夜合木。）
噢,夜话树。夜话树。au₂₁,ia⁵³kua⁵³ʂəu⁵³.ia⁵³kua⁵³ʂəu⁵³.（晚……晚上那个它那
叶子就合起来啦。）欸欸,系唔系会系唔系会合起来唠箇叶子啊? 箇就唔
晓。e₂₁e₂₁,xei⁵³mei₄₄(←m̩¹³xe⁵³)uɔi³xei⁵³mei₄₄³(←m̩¹³xe⁵³)uɔi⁵³xɔit⁵çi²¹lɔi²₁¹³lau⁰kai₄₄³
iet⁵tʂ₁⁰a⁰?kai₄₄³tsʰiəu₄₄³n̩₁¹³çiau²¹.（那太阳一落山,它那个叶子就收拢了。）只有
箇个嘞,欸只有只有箇起……呃树就冇得哩,只有箇起箇夜欸只有箇起合
草就有呢。地泥下箇田里长个水田里长个草哇。渠夜……夜晡嘞渠就树上
嘞咁子慢点……tʂ₁²¹iəu³⁵kai⁵³ke⁵³le⁰,e₄₄³tʂ₁²¹iəu₄₄²¹tʂ₁²¹iəu³⁵kai⁵³çi₄₄²¹…ə⁰ʂəu⁵³tsʰiəu⁵³
mau²₁tek³li⁰,tʂ₁²¹iəu³⁵kai⁵³çi₄₄³kai₄₄³ia⁵³e₂₁tʂ₁²¹iəu⁵³kai⁵³çi₄₄³ia⁵³xɔit⁵tsʰau²¹tsʰiəu₄₄³iəu³⁵
nei³.tʰi¹³lai¹³xa₄₄³kai⁵³tʰien¹³ni⁰tʂɔŋ²¹ke⁵³ʂei²¹tʰien¹³ni⁰tʂɔŋ²¹ke⁵³tsʰau²¹ua⁰.ci¹³ia⁵³…
ia⁵³pu₄₄³⁵le⁰ci₂₁¹³tsʰiəu₄₄³ʂəu⁵³xɔŋ⁵³le⁰kan²¹tsᶥ⁰man₄₄³tien₄₄³./箇只夜……夜话……夜
话树个叶子罉去罉去看凑。kai⁵³tʂak³ia⁵³…ia⁵³kua⁵³…ia⁵³kua⁵³ʂəu⁵³ke⁵³iait⁵tʂ₁⁰
maŋ¹³çi⁰maŋ¹³çi⁰kʰɔn⁵³tsʰe⁰./罉罉去看,唔知系唔系会合起来。maŋ¹³maŋ¹³çi⁰
kʰɔn⁵³,n̩₁¹³ti₄₄³⁵xe₄₄³me₄₄³(←m̩¹³xe⁵³)uɔi³xɔit⁵çi²¹lɔi₂₁¹³./嗯。n̩₂₁./夜话树哇。ia⁵³kua⁵³ʂəu⁵³
ua⁰.（夜挂树？）欸,安做夜话树我等就喊。e₂₁,ɔn³tso⁵³ia⁵³kua⁵³ʂəu⁵³ŋai¹³tien⁰
tsiəu⁵³xan⁵³./系系夜话树哈? xei⁵³xei⁵³xei₂₁⁵³ia⁵³kua⁵³ʂəu⁵³xa⁰?/夜话树夜话树是
系种……种个木材。ia⁵³kua⁵³ʂəu⁵³ia⁵³kua⁵³ʂəu⁵³ʂ₁⁴⁴⁵³xe⁵³tʂɔŋ²¹…tʂɔŋ²¹ke₂₁⁵³muk³
tsʰai¹³./系种木材。xe⁵³tʂɔŋ²¹muk³tsʰai₄₄¹³./欸。e⁵³./渠是讲箇叶,渠话夜下子就
合正。ci¹³ʂ₁⁴⁴⁵³kɔŋ²¹kai₄₄³iait⁵,ci¹³ua₄₄³⁵ia⁵³xa₄₄³⁵tʂ₁⁰tsiəu⁵³xɔit³tʂaŋ⁵³./渠话夜晡要夜晡会
合拢来个树吗,树叶吗? ci₂₁¹³ua₄₄³⁵ia⁵³pu⁰iau⁰ia⁵³pu³⁵uɔi³xɔit⁵ləŋ³⁵lɔi₂₁¹³ke⁵³ʂəu⁵³
ma⁰,ʂəu⁵³iait⁵ma⁰?/箇箇一箇只……kai₄₄³kai⁵³iet³kai⁵³tʂak³…/箇只东西就唔见
过。kʰai⁵³(←kai⁵³)tʂak³əŋ₂₁(←təŋ³⁵)si⁰tsʰiəu₄₄³m̩¹³cien⁵³ko₄₄⁵³./唔见过哦。n̩¹³cien₂₁⁵³ko₂₁⁵³

o^{53}./唔见过。ŋ̍^{13}cien$^{53}_{21}$ko$^{53}_{44}$./渠个叶系对开个，以向片子，以向片子。我等箇……
箇系箇只东西。ci^{13}ke$^{53}_{44}$iait^{5}xei$^{53}_{44}$ti^{13}kʰɔi^{35}ke$^{53}_{44}$,i^{21}çiəŋ$^{53}_{44}$pʰien^{53}tsʅ^0,i^{21}çiəŋ^{53}pʰien^{53}tsʅ^0.
ŋai$^{13}_{21}$tien^{0}kai$^{53}_{44}$…kai^{53}xei^{53}kai^{53}tʂak^{5}təŋ^{35}si^0./像欸，像箇夜合草嘞。tsʰiɔŋ^{53}
ŋei^0,tsʰiɔŋ^{53}kai^{53}ia^{53}xɔit^{5}tsʰau^{21}lei^0./欸。e$_{21}$./以个……i^{21}ke$^{53}_{44}$…

夜合草就系的确。ia^{53}xɔit^{5}tsʰau^{21}tsʰiəu^{53}xe^{53}tiet^{5}kʰɔk^3./夜合草田边上有咯。
ia^{53}xɔit^{5}tsʰau^{21}tʰien^{13}pien^{35}ʂaŋ^{53}iəu^{35}ko^0./你是挨夜子哩，你你只爱箇晡乌天斗
暗你架势落水了，乌天斗暗，箇光线一暗呐下，箇夜合草就架势合拢来。
就架势合拢来。箇个就蛮明显。我等我等都看过。ɲi^{13}ʂʅ$^{53}_{44}$ai^{53}ia^{53}tsʅ^{0}li^0,ɲi^{13}ɲi^{13}tʂʅ^{53}
ɔi^{53}kai^{53}pu$^{44}_{44}$u^{53}tʰien^{13}tei^{21}an^{0}ɲi^{13}cia$^{53}_{44}$ʂʅ^{53}lɔk^{5}ʂei^{21}liau^0,u^{53}tʰien^{13}tei^{21}an^{53},kai$^{53}_{44}$kɔŋ^{53}
sien^{53}iet^{5}an^{0}na^{0}xa$_{44}$,kai$^{53}_{44}$ia$^{53}_{44}$xɔit^{5}tsʰau^{53}tsʰiəu$^{53}_{44}$cia$^{53}_{44}$ʂʅ^{53}xɔit^{5}ləŋ$^{53}_{44}$lɔi^{13}.tsʰiəu^{53}cia$^{53}_{44}$ʂʅ^{53}
xait^{5}ləŋ^{35}lɔi^{13}.kai^{53}ke$^{53}_{21}$tsʰiəu^{53}man^{13}min^{13}çien^{21}.ŋai^{53}tien^{0}ŋai^{53}tien^{0}təu^{35}kʰɔn$^{53}_{21}$ko$^{53}_{44}$./
欸，箇只又又喊田字草。e$_{21}$,kai$^{53}_{44}$tʂak^{3}iəu^{53}iəu^{53}xan^{53}tʰien^{13}sʅ^{53}tsʰau^{21}.（也叫什
么？田薯草？）田……安做田……田字，田字啊，田呐。tʰien^{13}…ɔn$^{53}_{44}$tso^{53}tʰien$^{21}_{21}$
s…tʰien^{13}sʅ^{53},tʰien^{13}sʅ^{53}a^0,tʰien^{13}na^0.（哪个 sʅ^{53}呢？）田，田字啊。tʰien^{13},tʰien^{13}
tsʰʅ^{53}a^0.（哦，田字草。）因为箇夜合草就系箇只东西啦。in^{35}uei$^{21}_{21}$kai$^{53}_{44}$ia^{53}xɔit^5
tsʰau^{21}tsʰiəu^{53}xei$^{53}_{44}$kai^{53}tʂak^{3}təŋ^{35}si^{0}la^0./有我我箇只有四皮呀。iəu$^{35}_{44}$ŋai$^{13}_{44}$ŋai$^{13}_{21}$kai$^{53}_{21}$
tʂak^{3}iəu^{35}si^{0}pʰi^{13}ia^0./四皮呀。si^{53}pʰi^{13}ia^0./就箇只东西啊。tsiəu$^{53}_{21}$kai^{53}tʂak^{3}təŋ^{35}si^0
a^0./系唔系？安做田字草。xe^{53}m̩$^{13}_{21}$xe^{53}?ɔn^{53}tso^{53}tʰien^{13}sʅ$^{53}_{44}$tsʰau^{44}./夜合草，夜合草
是硬系夜合嘿拢来。就喊……ia^{53}xait^{5}tsʰau^{21},ia^{53}xait^{5}tsʰau^{21}sʅ$^{53}_{44}$ɲiaŋ^{53}xe$^{53}_{44}$ia^{53}xait^5
xek^{3}ləŋ$^{35}_{44}$lɔi^{13}.tsʰiəu$^{53}_{44}$xan^{53}…/欸，夜合草，挨箇夜了就会合拢来。ei$_{21}$,ia^{53}xait^5
tsʰau^{21},ai$^{53}_{44}$kai$^{53}_{44}$ia^{53}liau^{0}tsʰiəu$^{53}_{44}$uɔi^{53}xait^{5}ləŋ^{53}lɔi$^{13}_{21}$./你不该就箇只吵，就箇只吵，
四皮叶子个吵？对个折呀用……因为哦，系。ɲi^{13}puk^{3}kɔi^{35}tsʰiəu$^{53}_{44}$kai$^{53}_{44}$tʂak^{3}ʂa^0,
tsʰiəu$^{53}_{44}$kai$^{53}_{44}$tʂak^{3}ʂa^0,si$^{53}_{44}$pʰi^{13}iet^{5}tsʅ^{0}ke$^{53}_{44}$ʂa^0?ti^{53}cie$^{53}_{44}$tʂait^{5}ia^{0}iəŋ$^{21}_{44}$…in^{53}uei^{53}o^0,xe^{53}.

（那样的树没有吗？）就唔晓得唠。夜……有种有种……有一树安做
夜话树，但是伣人观察箇个叶子是不是夜晡会合拢来。tsʰiəu$^{53}_{44}$ṇ$^{13}_{1}$çiau^{21}lɛk^3
lau^0.ia^{53}…iəu^{35}tʂəŋ^{21}iəu^{53}tʂəŋ^{53}ç…iəu^{53}iet^{3}ʂəu^{44}ɔn$^{35}_{44}$tso$^{53}_{44}$ia^{53}kua^{53}ʂəu$^{53}_{44}$,tan^{53}sʅ^{53}mau^{13}
ɲin$^{13}_{44}$kɔn^{53}tsʰait^{3}kai$^{53}_{44}$ke$^{53}_{44}$iait^{5}tsʅ^{53}sʅ^{53}pət^{5}sʅ^{53}ia^{53}pu$^{53}_{44}$uɔi$^{53}_{44}$xait^{5}ləŋ^{35}lɔi$^{13}_{21}$./我我观察箇
只叶子叶叶会打唔开。ŋo^{13}ŋo^{13}kɔn^{53}tsʰait^{3}kai$^{53}_{44}$tʂak^{3}iait^{5}tsʅ^{53}iait^{5}iait^{5}uɔi$^{53}_{44}$ta^{53}ṇ$^{13}_{1}_{21}$
kʰai$^{35}_{44}$.（开的那个花是）系系系嘞，会开花嘞。夜话树会开花吧？xe^{53}xe^{53}xe^{53}
le^0,uɔi$^{53}_{44}$kʰɔi$^{35}_{44}$fa^{53}lei^0.ia^{53}kua$^{53}_{44}$ʂəu$^{53}_{44}$uɔi$^{53}_{44}$kʰɔi^{53}fa^{53}pa^0?/嗯嗯。ṇ$_{21}$,ṇ$_{21}$./欸，粉红粉红
嘞。有有滴像有滴像紫薇个花样嘞。有滴子像紫薇个花。红红子嘞。系唔
系系唔系会开呀夜话树啊？e$_{21}$,fən^{21}fəŋ^{13}fən^{21}fəŋ^{13}lei^0.iəu^{0}iəu^{53}tet^{5}tsʰiɔŋ$^{53}_{44}$iəu^{35}
tet^{5}tsʰiɔŋ$^{53}_{44}$tsʅ^{21}uei^{44}ke$^{53}_{44}$fa^{53}iɔŋ$^{53}_{44}$lei^0.iəu^{53}tet^{5}tsʅ^{0}tsʰiɔŋ$^{53}_{44}$tsʅ^{21}uei$^{13}_{44}$ke$^{53}_{44}$fa^{35}.fəŋ^{13}fəŋ^{13}tsʅ^0
lei^0.xe$^{53}_{44}$me$_{44}$(←m̩^{13}xe^{53})xe$^{53}_{44}$me$_{44}$(←m̩^{13}xe^{53})uɔi^{53}kʰɔi^{53}ia^{0}ia^{53}kua$^{53}_{44}$ʂəu$^{53}_{44}$a^0?/欸，箇只

开只球球有以咁长子啦。/e₂₁,kai₂₁⁵³tʂak³kʰɔi³⁵tʂak³cʰiəu¹³cʰiəu¹³iəu³⁵·²¹kan²¹tʂʰɔŋ¹³ tsʅ¹la⁰./欸，系系，欸。e₂₁,xe⁵³xe⁵³,e₂₁.

（那个挂是那个挂起来那个挂吗？）哈？唔……夜，夜话。xa³⁵?ŋ¹³… ia⁵³,ia⁵³kua⁵³.（夜挂树。）可能系吧？kʰo²¹len¹³xe⁵³pa⁰?/嗨嗨，晓知？夜话。xai₅₃ xai₅₃,çiau²¹ti₄₄³⁵?ia⁵³kua⁵³./欸，因就箇只因，因就箇个。夜话树。也可以以只。 ei₂₁,in³⁵tsʰiəu₄₄⁵³kai⁵³tʂak³in₄₄³⁵,in³⁵tsʰiəu₄₄⁵³kai⁵³ke⁰.ia⁵³kua⁵³ʂəu⁵³.ia³⁵kʰo²¹·³⁵·²¹i³¹tʂak³.

我们晚上聊天也安做扯……这个打夜……讲夜话。ŋo²¹mən⁰uan⁵³ʂaŋ⁵³ liau³⁵tʰien₄₄³⁵ia³⁵ɔn₄₄³⁵tso₄₄⁵³tʂʰa²¹…tʂe₄₄⁵³kə⁰ta²¹ia³⁵…kɔŋ³ia⁵³kua⁵³.（哦。）欸。系聊天 呐。e₂₁.xe₄₄⁵³liau¹³tʰien³⁵na⁰.（聊天就讲夜话。）夜挂树是做门，床板蛮好喔。 ia⁵³kua⁵³ʂəu⁵³sʅ₂₁⁵³tso⁵³mən¹³,tʂʰɔŋ¹³pan²¹man¹³xau²¹uo⁰./唔系，烧就唔好烧啦，夜 话树就。ŋ̍²¹³xe⁵³,ʂau⁵³tsʰiəu⁵³m̩¹³xau²¹ʂau³⁵la⁰,ia⁵³kua⁵³ʂəu⁵³tsʰiəu₂₁./唔好烧。m̩²¹ mau²¹(←xau²¹)ʂau³⁵./烧起出眼泪呀。ʂau³⁵çie₄₄²¹tʂʰət³ŋan²¹li₄₄⁵³ia⁰.

油菜

1. 油菜，种啊。嗬，以映种得多。箇田里呀，一到打嘿哩禾就分油菜 籽就丢下去啊。又唔犁田，又唔爱犁田，又唔爱栽秧，政府发倒油菜籽来， 你只爱去领，到农科站去领凑，签只字。嗨。一亩就一亩就分一包子分你。 种钱都唔爱呀，只爱去领呐。甩嘿倒田里，箇有滴打几百斤个油个噢 。一 家人㕭一年个油都有哩噢。箇系蛮蛮好看㕭，到处都油菜花噢。iəu¹³tsʰɔi⁵³, tʂəŋ⁵³ŋa⁰.xo₅₃,i²¹iaŋ⁵³tʂəŋ⁵³tek³to³⁵.kai⁵³tʰien¹³ni⁰ia⁰,iet³tau⁵³ta²¹xek³li⁰uo¹³tsʰiəu₄₄⁵³ pən³⁵iəu¹³tsʰɔi⁵³tsʅ²¹tsʰiəu₄₄⁵³tiəu³⁵xa₄₄⁵³çi₄₄⁵³a⁰.iɛu⁰m̩¹³lai₄₄¹³tʰien¹³,iəu⁰m̩²¹mɔi⁵³lai₄₄¹³ tʰien¹³,iəu⁰m̩²¹mɔi⁵³tsɔi⁵³iɔŋ³⁵,tʂən⁵³fu²¹fait³tau⁵³iəu¹³tsʰɔi⁵³tsʅ²¹lɔi¹³,n̩i¹³tsʅ²¹ɔi⁵³çi⁵³ lin³⁵,tau⁵³ləŋ¹³kʰo²¹tsan⁵³çi₄₄⁵³lin³⁵tsʰe⁰,tsʰien⁵³tʂak³tsʰʅ³⁵.m̩²¹,iet³miau⁵³tsʰiəu₄₄⁵³iet³ miau³⁵tsʰiəu₄₄⁵³pən³⁵iet³pau⁰tsʅ²¹pən³⁵n̩i²¹.tʂəŋ²¹tsʰien¹³təu³⁵m̩²¹mɔi⁵³ia⁰,tsʅ²¹ɔi⁵³çi⁵³lin²¹ na⁰.vie⁵³ek³(←xek³)tau²¹tʰien¹³ni⁰,kai₄₄⁵³iəu¹³tet⁵ta²¹ci²¹pak⁵cin⁵³ke⁰iəu₂₁¹³ke⁰au⁰.iet³ ka³⁵n̩in₂₁¹³nau⁰iet³n̩ien¹³ke⁰iəu¹³təu³⁵iəu³⁵li⁰au⁰.kai⁵³xe⁵³man₂₁¹³man₂₁¹³xau²¹kʰɔn⁵³ nau⁰,tau⁵³tʂʰəu₄₄⁵³təu₄₄³⁵iəu₂₁¹³tsʰɔi₄₄⁵³fa³⁵au⁰.

2. 油菜，么个细个子时间扯下倒哩就有食哩这个就油菜哩。油菜秧欸。 就做得菜呢。iəu¹³tsʰɔi⁵³,mak³ke₄₄⁵³sei⁵³ke⁵³tsʅ²¹sʅ¹³kan⁵³tʂʰa²¹a₄₄(←xa⁵³)tau²¹li¹³tsʰiəu₄₄⁵³ iəu¹³ʂət⁵li¹³tʂe₄₄⁵³ke⁵³tsʰiəu₄₄⁵³iəu¹³tsʰɔi⁵³li⁰.iəu¹³tsʰɔi⁵³iɔŋ³⁵ŋei⁰.tsiəu¹³tso⁵³tek³tsʰɔi⁵³ nei⁰./箇个爱如今个良种油菜正食得。以前个油菜……kai₄₄⁵³ke₄₄⁵³i²¹¹³cin³⁵ke₄₄⁵³ liɔŋ¹³tʂəŋ²¹iəu¹³tsʰɔi⁵³tʂaŋ₄₄⁵³ʂət⁵tek³.i³⁵tsʰien¹³ke⁵³iəu₂₁¹³tsʰɔi⁵³…/油菜秧是食嫩嫩子 是油菜秧也好食呢。iəu¹³tsʰɔi⁵³iɔŋ³⁵sʅ₄₄⁵³ʂət⁵lən⁵³lən⁵³tsʅ¹³sʅ₂₁¹³iəu¹³tsʰɔi⁵³iɔŋ³⁵ŋa₄₄(← ia³⁵)xau²¹ʂət⁵ne⁰./嗯嘿，箇是油菜秧呢。n̩₂₁xe₅₃,kai₂₁⁵³sʅ₂₁¹³iəu¹³tsʰɔi⁵³iɔŋ³⁵nei⁰.（你

们也拿来做菜吃啊？）做得菜嘞。tso⁵³tek³tsʰɔi⁵³le⁰./欸。e₅₃./爱爱如今个良种油菜。以前个老个揪苦，食唔得。老种子个油菜食唔得。ɔi¹³ɔi¹³i²¹₃₅cin₄₄ke₄₄liɔŋ¹³tʂəŋ²¹iəu¹³tsʰɔi⁵³.i¹³⁵tsʰien¹³₂₁ke⁵³lau²¹ke⁵³tsiəu²¹fu⁰₃₅,ʂət⁵n̩²¹₂₁tek³.lau²¹tʂəŋ²¹tsɿ⁰ke⁵³iəu¹³tsʰɔi⁵³₄₄ʂət⁵n̩¹³₂₁tek³./老种子个食唔得。lau²¹tʂəŋ²¹tsɿ⁰ke⁵³ʂət⁵n̩¹³tek³.

还有只癞子，癞子油菜。xai¹³iəu₄₄tʂak³lai⁵³tsɿ²¹,lai⁵³tsɿ²¹iəu¹³tsʰɔi⁵³./癞子油菜都后背个了舞个。lai⁵³tsɿ²¹iəu¹³tsʰɔi₄₄təu₄₄xei⁵³pɔi₃₅⁵³ke₄₄liau⁰u²¹ke⁵³.

蔗梗高粱

1. 箇还有蔗梗糖哦。欸，我等讲个蔗梗就不是甘蔗嘞，不是如今箇卖个箇□……天高地高个嘞。我等个蔗梗是……是本土个咁个蔗梗啦。kai³⁵xai¹³₂₁iəu₄₄tʂa⁵³kuaŋ²¹tʰɔŋ¹³ŋo⁰.e₂₁.ŋai¹³tien⁰kɔŋ²¹ke₄₄tʂa⁵³kuaŋ¹³tsʰiəu⁵³pət³ʂɿ⁵³kɔn³⁵tʂa⁵³le⁰,pət³ʂɿ⁵³i²¹₃₅cin₄₄kai³⁵mai⁵³ke₄₄kai₄₄lai³⁵…tʰien³⁵kau₄₄tʰi⁵³kau₄₄ke⁵³le⁰.ŋai¹³tien⁰e₄₄(←ke⁵³)tʂa⁵³kuaŋ²¹ʂɿ⁵³tʰ…ʂɿ⁵³pən²¹tʰəu²¹ke₄₄kan²¹ke⁵³tʂa⁵³kuaŋ²¹la⁰.（短，是吧？）就系高粱梗啊。我等以映有起咁个有起咁个高粱安做蔗梗高粱咯，有起高粱啊安做蔗梗高粱。渠又系……又又样子又系……欸渠本身系高粱，但是渠比高粱梗更甜。高粱产量有咁高，比……也系喊高粱糖啊，高粱梗糖啊。唔系蔗梗糖啊。tsʰiəu⁵³xe⁵³kau³⁵liɔŋ¹³₂₁kuaŋ²¹ŋa⁰.ŋai¹³tien⁰i²¹iaŋ₄₄iəu³⁵çi²¹kan²¹ke⁵³iəu³⁵çi²¹kan²¹ke⁵³kau⁰liɔŋ²¹₂₁ɔn₄₄tso₄₄tʂa⁵³kuaŋ²¹kau₄₄liɔŋ¹³₂₁ko⁰,iəu³⁵çi²¹kau₄₄liɔŋ¹³₂₁ŋa⁰ɔn³⁵tso⁵³tʂa⁵³kuaŋ²¹kau₄₄liɔŋ¹³.ci¹³iəu⁵³xe⁵³k…iəu⁵³iəu₄₄iɔŋ¹³tsɿ⁰iəu⁵³xe⁵³…ei⁵³ci¹³pən²¹ʂən³⁵xei⁰kau³⁵liɔŋ²¹,tan₄₄ʂɿ⁵³ci²¹pi²¹kau⁰liɔŋ¹³₂₁kuaŋ²¹cien⁵³tʰian¹³.kau³⁵liɔŋ¹³tsʰan¹³liɔ⁵³mau¹³kan²¹kau⁵³,pi…ia³⁵xe⁵³xan²¹kau³⁵liɔŋ¹³₂₁tʰɔŋ¹³ŋa⁰,kau³⁵liɔŋ¹³₂₁kuaŋ²¹tʰɔŋ¹³ŋa⁰.ɔŋ₂₁xe⁵³tʂa⁵³kuaŋ²¹tʰɔŋ¹³ŋa⁰.

（你刚才讲那个蔗梗糖是指的是什么？）就蔗梗熬个糖啊。本来本来是以个以个糖都系蔗糖嘞。是吧？甘蔗熬个糖嘞。我等箇是就以映有一起咁个安做高粱蔗梗，也安做蔗梗高粱。kai₂₁tsʰiəu⁵³tʂa⁵³kuaŋ²¹ŋau₄₄ke⁵³tʰɔŋ²¹₂₁ŋa⁰.pən²¹nɔi¹³(←lɔi¹³)pən²¹nɔi¹³(←lɔi¹³)ʂ̩⁵³i⁵³ke⁵³i²¹ke⁵³tʰɔŋ²¹₂₁təu³⁵xe₄₄tʂa⁵³tʰɔŋ¹³le⁰.ʂ̩⁵³pa⁰?kɔn³⁵tʂa⁵³ŋau¹³ke⁵³tʰɔŋ²¹₂₁lei⁰.ŋai¹³tien⁰kai⁵³ʂɿ⁵³tsʰiəu⁵³i²¹iaŋ³⁵iəu³⁵iet⁵çi²¹kan²¹ke⁵³ɔn³⁵tso⁵³kau³⁵liɔŋ¹³tʂa⁵³kuaŋ²¹,ia³⁵ɔn₄₄tso₄₄tʂa⁵³kuaŋ²¹kau³⁵liɔŋ¹³.（你那个蔗梗糖……你那个蔗梗糖是指那个用那个高粱蔗梗熬的？）指……欸欸，用箇个东西熬个。唔知安做蔗梗高粱啊高粱蔗梗，欸。蔗梗高粱，其实渠系种高粱，只系话梗子更甜滴子。箇系蛮甜。嗯。tsɿ²¹…e₄₄e₅₃,iəŋ₄₄kai¹³ke₄₄təŋ₄₄si⁰ŋau¹³ke⁵³.n̩¹³ti₄₄⁵³ɔn₄₄tso₄₄tʂa⁵³kuaŋ²¹kau³⁵liɔŋ¹³₂₁ŋa⁰kau³⁵liɔŋ¹³tʂa⁵³kuaŋ²¹,e₂₁.tʂa⁵³kuaŋ²¹kau³⁵liɔŋ¹³,cʰi¹³ʂət⁵ci₂₁xei⁵³tʂəŋ²¹kau³⁵liɔŋ¹³,tsɿ̩⁵³e⁵³(←xe⁵³)ua⁵³kuaŋ²¹tsɿ⁵³cien⁵³tʰian¹³tet⁵tsɿ⁰.kai₄₄xei⁵³man¹³tʰian¹³.m̩₂₁.

2. 安……有起安做……甘蔗我们这里栽不……种唔倒，尽系外背来个。但是我等以映子有一起安做蔗梗高粱。ɔn···iəu^{35}çi^{21}ɔn$_{44}$tso^{53}···kan$_{44}$tʂe$_{53}$uo$_{21}$mən^{0}tʂe$_{53}$li^{0}tsai$_{44}$p···tʂəŋ$_{21}$n̩^{13}tau^{21},tsʰin^{53}xe$_{44}$ŋɔi^{53}pɔi$_{44}$lɔi$_{21}$ke^{53}.tan^{53}ʂɻ$_{53}$ŋai^{13}tien^{0}i$_{44}$iaŋ$_{44}$tsɻ^{0}iəu^{35}iet^{3}çi^{21}ɔn$_{44}$tso^{53}tʂa^{53}kuaŋ^{11}kau^{35}liɔŋ^{13}.（不是甘蔗，是吧？）渠系种高粱。欸。ci$_{21}$xei^{13}tʂəŋ^{21}kau$_{44}$liɔŋ$_{21}$.e$_{21}$.（是高粱的一种，是高粱的一种？）欸，高粱个一种，比较甜。杆子比较甜。e$_{21}$,kau^{35}liɔŋ$_{21}$ke$_{44}$iet$_{5}$tʂəŋ^{21},pi^{21}ciau^{53}tʰian^{13}.kan$_{21}$tsɻ^{0}pi^{21}ciau^{53}tʰian^{13}.（那甘蔗你们是叫蔗梗吗？）蔗梗，欸，安做蔗梗。tʂa^{53}kuaŋ^{21},e$_{21}$,ɔn^{35}tso$_{44}$tʂa^{53}kuaŋ^{21}.

（蔗梗高粱，它有什么特点呢？）欸，像高……有一一……就系高粱。有高粱个果实，但是嘞，欸，渠个梗嘞比高粱更甜。梗蛮甜。梗啊津甜个。e$_{21}$,tsʰiɔŋ^{53}k···iəu^{35}iet^{3}iet^{3}···tsʰiəu^{53}xe$_{44}$kau^{35}liɔŋ^{13}.iəu^{35}kau^{35}liɔŋ^{13}ke$_{44}$kɔ^{21}ʂət^{5},tan^{53}ʂɻ$_{53}$le^{0},e$_{21}$,ci^{13}ke^{53}kuaŋ^{21}le^{0}pi^{21}kau^{35}liɔŋ^{13}ken^{53}tʰian^{13}.kuaŋ^{21}man^{13}tʰian^{13}.kuaŋ^{21}ŋa^{0}tsin^{35}tʰian$_{21}^{13}$cie^{53}.（可以熬糖吗？）样个，其它的都同。iɔŋ^{53}ke^{0},cʰi$_{21}^{13}$tʰa$_{44}$te^{0}təu$_{44}^{35}$tʰəŋ^{13}.（你你们拿来熬糖不？）噢箇冇么人搞都。我等以映子甘蔗栽唔倒哇。au^{0}kai^{35}mau$_{21}$mak$_{21}$in$_{44}$kau^{21}təu^{0}.ŋai$_{21}$tien^{0}i$_{21}$iaŋ$_{44}$tsɻ^{0}kɔn^{35}tʂa$_{44}$təu^{35}tsɔi^{35}n̩$_{21}$tau^{0}ua^{0}.（就是小时候就就那个……）哎呀，小时候就咁子食就。拗，拗倒……ai$_{44}$ia$_{44}$,siau^{21}ʂɻ^{13}xei^{53}tsiəu^{53}kan^{21}tsɻ^{0}ʂət$_{3}$tsiəu^{0}.au^{21},au^{21}tau^{21}···（搞来，啃了，是吧？）欸，拗倒食啦哟，就咁呐。e$_{53}$,au^{21}tau^{21}ʂət^{5}la^{0}sa^{21},tsiəu^{53}kan^{21}na^{0}.

竹子

（竹子统称什么？）竹吧？竹子。tʂəuk^{3}pa^{0}?tʂəuk^{3}tsɻ^{0}./就系竹子，就系竹子。tsiəu$_{44}^{53}$xe^{53}tʂəuk^{3}tsɻ^{0}.tsiəu^{53}xe^{53}tʂəuk^{3}tsɻ^{0}.

（那个黄竹子呢？）黄竹子啊？uɔŋ^{13}tʂəuk^{3}tsɻ^{0}a^{0}?/黄竹子就系黄竹子。uɔŋ^{13}tʂəuk^{3}tsɻ^{0}tsʰiəu^{53}xe^{53}uɔŋ^{13}tʂəuk^{3}tsɻ^{0}.（有有这个说法吗？）有，黄竹子。iəu^{35},uɔŋ^{13}tʂəuk^{3}tsɻ^{0}./欸。e$_{21}$.有啊，有啊，有黄竹子。iəu^{35}a^{0},iəu^{35}a^{0},iəu^{35}uɔŋ^{13}tʂəuk^{3}tsɻ^{0}./黄黄竹子这里都喊细竹子。uɔŋ^{13}uɔŋ^{13}tʂəuk^{3}tsɻ^{0}tʂe^{53}li^{0}təu$_{44}^{35}$xan$_{44}^{53}$siau^{21}tʂəuk^{3}tsɻ^{0}.（小？）小，渠就冇得冇得大个。我等以映冇得么个么个黄竹子几大子个。çiau^{21}(←siau^{21}),ci^{13}tsiəu^{53}mau$_{21}$tek^{3}mau^{3}tek^{3}tʰai$_{44}^{53}$ke$_{44}$.ŋai^{13}tien^{0}i$_{44}^{21}$iaŋ$_{44}$mau$_{21}$tek^{3}mak^{3}e^{0}mak^{3}ke$_{44}$uɔŋ^{13}tʂəuk^{3}tsɻ^{0}ci^{13}tʰai^{53}tsɻ^{0}ke^{53}.

你讲竹子就有几起竹啦。有起实心竹。欸，有起乌竹子。ɲi^{13}kɔŋ^{21}tʂəuk^{3}tsɻ^{0}tsʰiəu^{53}iəu^{35}ci^{13}çi^{21}tʂəuk^{3}la^{0}.iəu^{35}çi^{21}ʂət^{5}sin^{13}tʂəuk^{3}.e$_{21}$,iəu^{35}çi^{21}u^{13}tʂəuk^{3}tsɻ^{0}.（乌竹子。噢还有一些什么竹啊？）楠竹最多唠。大竹哇就楠竹。lan^{13}tʂəuk^{3}tsei^{53}to$_{44}^{35}$lau^{0}.tʰai^{53}tʂʰəuk^{3}ua^{0}tsʰiəu^{53}lan^{13}tʂəuk^{3}./大竹哇。tʰai^{53}tʂʰəuk^{3}ua^{0}.（楠竹你们叫毛公竹吧？）唔喊毛公竹。n̩$_{21}^{13}$xan^{53}mau^{35}kəŋ^{35}tʂəuk^{3}./唔唔系。我等个毛公

竹就更细。我等喊毛公竹就更细。渠就箇皮上有层箇毛毛，一捞嘿去咁个
□粗□粗。箇起是毛公竹。楠竹嘞渠就泼□子。更更更更大。n̩¹³n̩¹³ne⁵³
(←xe⁵³).ŋai¹³tien⁰ke⁵³mau³⁵kəŋ₄₄³⁵tʂəuk³ tsʰiəu₂₁ken₄₄⁵³se⁵³.ŋai¹³tien⁰ xan⁵³mau³⁵kəŋ₄₄
tʂəuk³ tsʰiəu₂₁ken₄₄⁵³se⁵³.ci₂₁tsʰiəu₄₄⁵³kai⁵³pʰi¹³xoŋ₄₄⁵³iəu³⁵tsʰien₂₁kai₂₁mau³⁵mau³⁵,iet³lau³⁵
uek³(←xek³)çi⁵³kan₄₄¹³kei₄₄⁵³cʰia⁵³tsʰŋ³cʰia⁵³tsʰŋ³⁵.kai₄₄çi₂₁⁵³ʂŋ₄₄⁵³mau³⁵kəŋ₄₄³⁵tʂəuk³.lan¹³
tʂəuk³ lei⁰ci₂₁tsiəu₂₁pʰait³laŋ³tsŋ⁰.ken⁵³ken⁵³ken⁵³ken₄₄⁵³tʰai⁵³./楠竹子有。lan¹³tʂəuk³
lei⁰iəu³⁵./最大个啰。tsei⁵³tʰai⁵³ke₂₁⁵³lo⁰./更大个。ken⁵³tʰai⁵³ke₂₁⁵³./有一起，一尺几
个都有。iəu³⁵iet³çi²¹,iet³tʂak³ci²¹ke⁵³təu₄₄⁵³iəu³⁵.

　　箇毛公竹是有毛公竹如今作古认真去吵唔……哎呀啦，你捞下以只箇
面上确确实有层毛样个，系唔系啊？箇起就毛公竹。如个你唔你唔渠又唔
完完全全论箇大细来舞嘞。有起箇个七八寸子个样啊箇楠竹子个，七八寸子
箇个，又细个子个，箇只做做做晒衫篙个都系哩。以以箇箇有起就唔系毛
公竹哩。就毛公竹哩就生唔咁直，去唔倒。kai₄₄mau³⁵kəŋ₄₄³⁵tʂəuk³ ʂŋ₂₁⁵³iəu³⁵mau³⁵
kəŋ₄₄³⁵tʂəuk³ i₂₁¹³cin₄₄¹³tsɔk³ku²¹nin₄₄¹³tʂən₄₄⁵³çi₄₄⁵³sa⁰n̩¹³…ai₃₅ia¹la⁰,n̩i₂₁lau₄₄⁵³ua⁵³(←xa⁵³)i₂₁¹³tʂ
ak³kai⁵³mien⁵³xoŋ₄₄⁵³cʰiɔk³ cʰiɔk³ʂət₃ iəu₄₄⁵³tsʰien₂₁mau³⁵ioŋ⁵³ke₄₄⁵³,xe₄₄⁵³me₄₄(←m̩¹³
xe⁵³)a⁰?kai₄₄çi²¹tsʰiəu₄₄⁵³mau³⁵kəŋ₄₄³⁵tʂəuk³.i₂₁¹³ke⁵³nin₂₁(←ni¹n̩¹³)ni¹n̩³ci¹iəu³⁵n̩¹³xon₃₅
xon¹³tsʰien₄₄¹³lən⁵³kai₄₄⁵³tʰai⁵³se⁵³lɔi¹³u²¹lei⁰.iəu³⁵çi²¹kai⁵³ke⁵³tsʰiet³pait³tʂʰən⁵³tsŋ⁰ke⁵³
ioŋ₄₄⁵³ŋa⁰kai₄₄⁵³lan¹³tʂəuk³tsŋ⁰ke⁰,tsʰiet³pait³tʂʰən⁵³tsŋ³kai₄₄⁵³ke₄₄⁵³,iəu³⁵se⁵³ke⁵³tsŋ⁰
ke₄₄⁵³,kai₄₄⁵³tʂak³tso⁵³tso⁵³tso⁵³sai⁵³san³⁵kau³⁵ke₄₄⁵³təu³⁵ke⁵³li⁰.i₁₃¹³i¹kai₄₄⁵³kai¹iəu³⁵çi²¹tsʰiəu⁵³
m₂₁¹³pʰe₄₄(←xe⁵³)mau³⁵kəŋ₄₄³⁵tʂəuk³li⁰.tsiəu₂₁mau³⁵kəŋ₄₄³⁵tʂəuk³li⁰tsiəu₄₄saŋ³⁵ŋ̩₄₄kan²¹
tʂʰət⁵,çi¹n̩¹³tau²¹./有起桂竹咯。iəu³⁵çi²¹kuei¹tʂəuk³ko⁰./但是书名嘞渠安做毛竹
嘞。毛竹就系楠竹嘞。tan₄₄⁵³ʂŋ⁵³ʂəu⁵³miaŋ¹³lei⁰ci₂₁⁵³ɔn₄₄⁵³tso₄₄⁵³mau³⁵tʂəuk³lei⁰.mau³⁵
tʂəuk³tsʰiəu³⁵ue⁵³(←xe⁵³)lan¹³tʂəuk³lei⁰./我等以映喊毛竹是唔唔唔系。ŋai¹³tien⁰
i₁₃²¹iaŋ³⁵xan⁵³mau³⁵tʂəuk³ʂŋ⁵³n̩¹³n̩¹³n̩¹³ne⁰(←xe⁵³)./就唔系。我等喊毛竹就唔系。客
姓人呢渠就是客家人咯。tsʰiəu³⁵n̩₂₁¹³ne⁵³(←xe⁵³).ŋai¹³tien⁰ xan⁵³mau³⁵tʂəuk³tsʰiəu⁵³₄₄
m₂₁¹³pʰe₄₄(←xe⁵³).kʰak³sin¹³nin₂₁¹³ne⁰ci₂₁⁵³tsʰiəu⁵³ʂŋ⁵³kʰak³ka₄₄⁵³nin¹³ko⁰./欸。我等喊我
等喊毛公竹，我等喊毛公竹。e₅₃.ŋai¹³tien⁰ xan⁵³ŋai¹³tien⁰ xan⁵³mau³⁵kəŋ₄₄³⁵
tʂəuk³,ŋai¹³tien⁰ xan₄₄⁵³mau³⁵kəŋ₄₄³⁵tʂəuk³./嗯，毛公竹。n̩₅₃,mau³⁵kəŋ₄₄³⁵tʂəuk³./有起
都还躬躬子，渠箇么个箇起毛公竹个嘞，渠系有唔高。有么几朗，就就就
驼个。iəu₂₁³⁵çi₄₄²¹təu₄₄³⁵xai₄₄¹³ciəŋ⁵³ciəŋ⁵³tsŋ⁵³,ci₁₃¹³kai₄₄⁵³mak⁵³ke₄₄⁵³kai₄₄⁵³çi²¹mau³⁵kəŋ₄₄⁵³ke⁰
le⁰,ci₂₁¹³xe⁵³mau³⁵n̩¹³kau⁵³.mau¹³mak₅³ci²¹lɔŋ⁵³,tsiəu⁰tsiəu⁰tsiəu⁰tʰo⁰ke⁵³.

　　做衫叉篙个是喊桂竹。哦？tso⁵³san³⁵tsa₄₄³⁵kau³⁵ke⁵³ʂŋ₂₁⁵³xan₄₄⁵³xan₄₄⁵³kuei⁵³
tʂəuk³.o₅₃?/欸欸。e₅₃e₅₃./喊它桂竹。xan¹³tʰa³⁵kuei¹tʂəuk³.

　　欸，还一只嘞方竹。e₄₄,xai¹³iet³tʂak³le⁰foŋ³⁵tʂəuk³./还有方竹。还有方竹。

xai¹³iəu₅₃³⁵fəŋ³⁵tʂəuk³.xai¹³iəu₅₃³⁵fəŋ³⁵tʂəuk³.（你们这里也有吗？）有起么个……系。iəu³⁵çi²¹mak³e⁰…xei⁵³.（方竹，方竹，你们这里也有啊？）方竹以映有么唔系啊？fəŋ³⁵tʂəuk³i²¹iaŋ₄₄⁵³iəu³⁵mo⁰n̩¹³ne⁵³(←xe⁵³)a⁰?/唔系有申家关有哇？m̩₂₁¹³me₄₄(←xe⁵³)iəu³⁵sən³⁵ka₃₃⁵³kuan³⁵iəu³⁵ua⁰?/渠到外面买倒买……舞倒来栽个吧？ci¹³tau₄₄uai⁵³mien⁵³mai³⁵tau²¹mai³⁵…u²¹tau⁰ləi¹³tsəi⁵³kei₄₄⁵³pa⁰?/欸。e₂₁./系呀。xei⁵³ia⁰./哦，箇，箇……au₁₃,kai⁵³,kai⁵³…/就系栽下箇门头，如今是又有得哩啦。tsʰiəu₄₄⁵³xe₄₄⁵³tsəi³⁵xa⁵³kai₄₄⁵³mən¹³tʰəu¹³,i₂₁¹³cin₄₄⁸sৃ₄₄⁵³iəu³⁵mau¹³tek³li⁰la⁰./又有得哩。箇映有的是，中堂有的是。国庆节个时候子有笋子食嘞。iəu⁵³mau¹³tek³li⁰.kai₄₄⁵³iaŋ₄₄⁵³iəu³⁵tet³ṣৃ⁵³,tṣəŋ³⁵tʰəŋ₂₁¹³iəu³⁵tet³ṣৃ⁵³.kɔit³tsʰin⁵³tsek³ke⁰ṣৃ⁵³xɛu₄₄⁵³tsৃ⁰iəu³⁵sən²¹tsৃ⁰ṣət⁵le⁰./系。xe⁵³./下半年呐。xa⁵³pan⁵³ɲien₂₁¹³na⁰./欸。e₂₁./系系系。xe₄₄⁵³xe₄₄⁵³xe₄₄⁵³./我箇年去学生家府下家访啊，搞滴笋子归去食哩。ŋai¹³kai⁵³ɲien¹³çi₄₄⁵³xɔk³saŋ³⁵cia⁵³fu²¹xa₄₄⁵³cia³⁵fəŋ⁰ŋa⁰,kau²¹tiet⁰sən²¹tsৃ⁰kuei⁵³çi₃₃⁵³ṣət⁵li⁰./八月哦，就有笋子拗。pait³ɲiet⁵o⁰,tsʰiəu₄₄⁵³iəu³⁵sən²¹tsৃ⁰au²¹./国庆节个时候子，我只晓得，去嘛。kɔit³tsʰin⁵³tsiek³ke⁵³ৃ¹³xɛu₄₄⁵³tsৃ⁰,ŋai¹³tsৃ⁰çiau⁰ek⁵³(←tek³),çi⁵³liau⁰./欸，阴历八月，欸，秋收箇一段。e₂₁,in³⁵liet⁵pait³ɲiet⁵,e₂₁,tsʰiəu₄₄⁵³ʂəu₄₄⁵³kai₄₄⁵³iet⁵tʰɔn⁵³.

（噢，有那个紫竹吗？）紫竹。tsৃ²¹tʂəuk³./紫竹就有得。tsৃ²¹tʂəuk³tsʰiəu⁵³mau₂₁¹³tek³.（那个那个皮呢紫黑色。那是……）乌竹子就有呢。u³⁵tʂəuk³tsৃ⁰tsʰiəu₄₄⁵³iəu³⁵nei⁰./乌竹子是有。欸，有起。u³⁵tʂəuk³tsৃ⁰ṣৃ₄₄⁵³iəu³⁵.e₂₁,iəu³⁵çi²¹./乌竹啊，还有只桂竹哇。u³⁵tʂəuk³a⁰,xai₂₁¹³iəu₄₄³⁵tʂak³kuei⁵³tʂəuk³ua⁰./桂竹呢。kuei⁵³tʂəuk³nei⁰.（桂竹是什么东西？）桂竹是有吗啊几大。做晒衫篙。kuei⁵³tʂəuk³ṣৃ₄₄⁵³mau¹³mak³a⁰ci²¹tʰai⁵³.tso⁵³sai⁵³san³⁵kau³⁵./桂竹就欸桂竹就肉欸竹子唔大，但是节蛮长。竹子也蛮长。kuei⁵³tʂəuk³tsʰiəu⁵³e₂₁kuei⁵³tʂəuk³tsʰiəu⁵³ɲiəuk³e₂₁tʂəuk³tsৃ⁰n̩¹³tʰai⁵³,tan⁵³ṣৃ⁵³tset³man¹³tṣʰɔŋ¹³./节蛮长。如今呢连丘箇后背有。tset³man¹³tṣʰɔŋ¹³.i₂₁¹³cin₄₄ne⁰lien¹³cʰiəu₄₄⁵³kai₄₄⁵³xəu₄₄⁵³pɔi₄₄⁵³iəu³⁵./欸。竹子也蛮长。竹子也蛮长。皮唔厚，欸肉唔厚呀。e₂₁.tʂəuk³tsৃ⁰ia³⁵man₂₁⁵³tṣʰɔŋ¹³.tʂəuk³tsৃ⁰ia³⁵man₂₁⁵³tṣʰɔŋ¹³.pʰi¹³n̩₄₄¹³xei³⁵,e₄₄ɲiəuk³n̩₂₁²¹xei⁵³ia⁰./你你屋后背有得。ɲi₂₁²¹ɲi₂₁²¹uk¹³xei₄₄⁵³pɔi₄₄mau₂₁¹³tek³./肉唔厚。ɲiəuk³n̩₂₁²¹xei₄₄³⁵./桂竹啊？有。kuei⁵³tʂəuk³a⁰?iəu³⁵./罗……罗首华箇背后背。lo¹³…lo¹³ʂəu₄₄¹³xua¹³kai⁵³pɔi³⁵xəu₄₄⁵³pɔi₄₄⁵³iəu³⁵./还有只桂竹湾个垱。xai¹³iəu₄₄³⁵tʂak³kuei⁵³tʂəuk³uan³⁵ke⁰tɔŋ⁵³./底下箇起就系有哪映子舞来来个竹啊，渠就间吧间子都有笋挖。箇起嘞就系安做么啊竹啊？一团团来个，箇只坪里。顶高个系桂竹。te²¹xa₄₄⁵³kai⁵³çi²¹tsʰiəu⁵³xe⁵³iəu⁵³ŋai¹³(←lai⁵³)iaŋ₄₄⁵³tsৃ⁰u²¹lɔi₁₃¹³lɔi₁₃¹³ke⁵³tʂəuk³a⁰?ci¹³tsʰiəu₄₄⁵³kan₄₄⁵³pa⁰kan₄₄⁵³tsৃ⁰təu₄₄⁵³iəu₄₄⁵³sən⁵³uait³.kai⁵³çi⁵³lei⁰tsʰiəu₄₄⁵³xei⁵³ɔn³⁵tso₄₄⁵³mak³a⁰tʂəuk³a⁰?iet⁵tʰɔn₂₁¹³tʰɔn₂₁²¹lɔi₂₁¹³ke⁵³,kai⁵³tʂak³pʰiaŋ¹³li⁰.taŋ²¹kau₄₄³⁵ke₄₄⁵³xe₄₄⁵³kuei⁵³tʂəuk³./如今有得哩。i₂₁¹³cin₄₄mau₄₄⁵³tek³li⁰./桂竹有得<u>哩啊</u>？

kuei⁵³₄₄tʂəuk³ mau¹³ek³(←tek³)lia⁰?/有得。mau¹³₄₄ek³(←tek³).

（好。有石竹吗？）么个竹啊？mak³e⁰tʂəuk⁵₅a⁰?（石头的石，石竹。）石竹。石竹我等以映……ʂak⁵tʂəuk³.ʂak⁵tʂəuk³ŋai¹³tien⁰i²¹₄₄iaŋ⁵³…/石竹嗣听讲。ʂak⁵tʂəuk³maŋ₂₁tʰaŋ³koŋ²¹./嗣听讲过。maŋ²¹tʰaŋ³⁵koŋ²¹ko⁰.

有起安做观音竹呢。我真系看过嘞。iəu³⁵çi²¹ɔn₄₄³⁵tso₄₄⁵³kɔn³⁵in³⁵tʂəuk³nei⁰.ŋai¹³tʂən³⁵xe₄₄⁵³kʰɔn⁵³ko⁵³lei⁰./观音竹子是有只节。kɔn³⁵in₄₄³⁵tʂəuk³tsʅ³ʂʅ₄₄⁵³iəu³⁵tʂak³tset³./观音竹是渠箇只节两只，两只。kɔn³⁵in₄₄³⁵tʂəuk³ʂʅ⁵³ci²¹kai⁵³tʂak³tsiet³iɔŋ²¹tʂak³,iɔŋ²¹tʂak³./两只。渠咯咁个渠个节唔系达平个。iɔŋ²¹tʂak³.ci¹³ko⁰kan²¹ke⁰ci¹³ke⁰tsiek³m̩₂₁¹³pʰe₄₄(←xe⁵³)tʰait⁵pʰiaŋ¹³ke₄₄⁵³./喊观音竹。e₂₁,iɔŋ²¹iɔŋ²¹tʂak³iɔŋ²¹tʂak³tset³təu₄₄⁵³sɔŋ₄₄poi₄₄⁵³nia¹³tau⁰xa⁵³.xan⁵³kɔn³⁵in³⁵tʂəuk³./欸。观音竹。e₂₁,kɔn³⁵in³⁵tʂəuk³./箇我等箇都有喔。观音竹子。kai₄₄⁵³ŋai¹³tien⁰kai₄₄⁵³təu₄₄⁵³iəu⁵³uo⁰.kɔn³⁵in³⁵tʂəuk³tsʅ⁰./有吧？观音竹。iəu³⁵pa⁰?kɔn³⁵in³⁵tʂəuk³./箇做钓鞭渠也好。蛮好看。做钓鞭呐。钓鱼啊。kai⁵³tso⁵³tiau⁵³pien³⁵cia₄₄(←ci¹³ia³⁵)xau²¹.man¹³xau²¹kʰɔn⁵³.tso⁵³tiau⁵³pien₄₄na⁰.tiau⁵³ŋ¹³ŋa⁰.

（苦竹？苦竹？）苦竹是嗣看过。有只有只苦苦苦竹湾哎，哼，箇箇边江西箇边有只苦……苦竹坳噢。fu²¹tʂəuk³ʂʅ₄₄⁵³maŋ¹³kʰɔn³⁵ko₂₁⁵³.iəu³⁵tʂak³iəu³⁵tʂak³kʰu²¹kʰu²¹kʰu²¹tʂəuk³uan³⁵nau⁰,xen₂₁,kai₄₄⁵³kai₄₄⁵³pien³⁵kɔn³⁵si³⁵kai₄₄⁵³pien³⁵iəu₄₄³⁵tʂak³kʰu²¹…fu²¹tʂəuk³au⁵³uau⁰./苦竹坳。fu²¹tʂəuk³au⁵³./苦竹坳喔。fu²¹tʂəuk³au⁵³uo⁰.（这边有没有苦竹？）苦竹坳。方竹山。fu²¹tʂəuk³au⁵³.fɔŋ³⁵tʂəuk³san³⁵./方竹山。嗯。fɔŋ³⁵tʂəuk³san³⁵.n̩₂₁./欸。e₂₁./箇起也就苦竹，有嘞。就嗣看过。kai₄₄⁵³çi₄₄a⁵³tsʰiəu₄₄⁵³fu²¹tʂəuk³,iəu₄₄³⁵le⁰.tsʰiəu₄₄maŋ¹³kʰɔn³⁵ko⁰./苦竹子有。苦竹子只能生苦笋呐。kʰu²¹tʂəuk³tsʅ⁰iəu⁰.kʰu²¹tʂəuk³tsʅ⁰tsʅ³len³⁵saŋ³⁵kʰu²¹sən²¹na⁰./揪苦啊箇笋呐。tsiəu³⁵fu²¹a⁰kai⁵³sən²¹na⁰./我等以只栏场有得箇。ŋai¹³tien⁰i²¹tʂak³laŋ₄₄tsʰʰɔŋ₄₄¹³mau₄₄⁵³tek³kai⁵³./欸，欸。e₅₃,e₂₁.

（那个毛竹你们没说法吧？）毛，毛竹。mau³⁵,mau³⁵tʂəuk³./我等有，我等以映毛竹子就安做毛公竹。ŋai¹³tien⁰iəu₄₄³⁵,ŋai¹³tien⁰i₄₄²¹iaŋ₄₄⁵³mau³⁵tʂəuk³tsʅ⁰tsiəu₄₄⁵³ɔn₄₄tso₄₄mau³⁵kəŋ₄₄³⁵tʂəu⁰./毛公竹。mau³⁵kəŋ₄₄³⁵tʂəuk³./我等喊毛公竹。箇……ŋai¹³tien⁰xan⁵³mau³⁵kəŋ₄₄³⁵tʂəuk³.kai⁵³…

箇只方竹你等看哩吗？kai⁵³tʂak³fɔŋ³⁵tʂəuk³ŋi¹³tien⁰kʰɔn⁵³li⁰ma⁰?/哈？方竹看哩。xa³⁵?fɔŋ³⁵tʂəuk³kʰɔn⁵³ni⁰./系啊？xei₄₄⁵³a⁰?/看哩。kʰɔn⁵³ni⁰./方竹是就上洪都有嘞，方个嘞。fɔŋ³⁵tʂəuk³ʂʅ₄₄³⁵tsʰiəu₄₄⁵³sɔŋ₄₄fɔŋ¹³təu₄₄iəu₄₄⁵³le⁰,fɔŋ³⁵ke₂₁⁵³le⁰./中堂蛮多。tʂəŋ³⁵tʰɔŋ¹³man¹³to³⁵./系呀系呀，中堂。xei₄₄⁵³ia⁰xei⁵³ia⁰,tʂəŋ³⁵tʰɔŋ₂₁¹³./欸。e₂₁./系。xe⁵³.

还有水竹子啊，麻竹子啦。xai¹³iəu₄₄³⁵sei²¹tʂəuk³tsʅ⁰a⁰,ma¹³tʂəuk³tsʅ⁰la⁰./我

等咁竹子蛮多。ŋai¹³tien⁰kan²¹tʂəuk₅³tsʅ⁰man¹³to³⁵./实心竹哇，箬竹子啊。ʂət⁵sin₅₃³⁵tʂəuk³ua⁰,ȵiɔk³tʂəuk³tsʅ⁰a⁰./欸。e₂₁./鸡嫲竹喔。cie³⁵ma¹³tʂəuk³uo⁰./鸡嫲竹喔。cie³⁵ma¹³tʂəuk³uo⁰.

（鸡嫲竹，是吧？）鸡嫲竹就——一一一坨。cie³⁵ma¹³tʂəuk³tsʰiəu⁵³iet³iet³iet³iet³tʰo₂₁¹³./一蒲生个噢。iet³pʰu¹³saŋ³⁵ke⁰au⁰./一大堆。iet³tʰai¹³tɔi³⁵./欸，只做观赏植物个。做观赏。一蔸呀，生作一团呢。抱……e₅₃,tsʅ₃₅²¹tso⁰kɔn³ʂɔŋ²¹tʂʰət₃⁵uk⁵ke⁰.tso⁵³kɔn³⁵ʂɔŋ²¹.iet³tei³ia⁰,saŋ³⁵tsɔk³iet³tʰɔn¹³ne⁰.pʰau⁵³…普通话：抱成一团的，那个小小的。几十根哦。/箇个欸吹……吹箫子就用箇只啊。就箇只箇吹箫子就用箇只。kai₄₄⁵³ke₄₄⁵³e₄₄tʂʰʅ⁰…tʂʰuei³⁵siau³⁵tsʅ⁰tsʰiəu₄₄⁵³iəŋ₂₁⁵³kai₄₄⁵³tʂak³a⁰.tsiəu⁰kai₄₄⁵³tʂak³kai₄₄⁵³tʂʰuei³⁵siau³⁵tsʅ⁰tsʰiəu₄₄⁵³iəŋ₂₁⁵³kai₄₄⁵³tʂak³./欸，节巴长，咁长啊。瓶真长哦。e₂₁,tsiet³pa⁵³tʂʰɔŋ₄₄⁵³,kan³tʂʰɔŋ₂₁¹³ŋa⁰.siɔŋ²¹tʂən³⁵tʂʰɔŋ₂₁¹³ŋo⁰./箇个就系吹箫子个。kai₄₄⁵³ke₄₄⁵³tsʰiəu₄₄⁵³xe₄₄⁵³tʂʰei³⁵siau³⁵tsʅ⁰kei⁰./箇个一一两只节之间个距离就安做瓶。竹瓶。以只东西你就……竹瓶。kai₄₄⁵³ke⁵³iet³iet³iɔŋ²¹tʂak³tset³tsʅ₃₅³⁵kan³⁵ke⁰tsʅ⁵³li₁₃¹³tsiəu₄₄⁵³ɔn₄₄³⁵tso₄₄⁵³siɔŋ²¹.tʂəuk³siɔŋ²¹.i²¹tʂak³təŋ₄₄³⁵si⁰ȵi¹³tsiəu₄₄⁵³…tʂəuk³siɔŋ²¹./唔系。n̩₂₁¹³ne₄₄(←xe⁵³)./几十根哦。ci¹³ʂət⁵kən₄₄³nau⁰./以以个东西蛮难舞，要爱要搞出一本箇客家字典来就。欸，客家字典来嘞。i₅₃²¹i²¹ke₄₄³⁵təŋ₄₄³⁵si⁰man₂₁¹³lan₂₁¹³u⁰,iau³⁵ɔi³⁵iau³⁵kau³⁵tsʰət₄₄³iet³pən²¹ka₄₄⁵³kʰak³ka³⁵tsʰʅ³⁵tian²¹lɔi₁₃¹³tsʰiəu₄₄⁵³.e₂₁,kʰak³ka³⁵tsʰʅ³⁵tian²¹lɔi¹³le⁰./硬会输咁哎。ȵiaŋ³⁵uɔi⁵³ʂəu³⁵kan²¹nau⁰./哦。o₅₃./一瓶一瓶。iet³siɔŋ²¹et³(←iet³)siɔŋ²¹./渠爱搞成一本咁个咁个字典来。ci¹³ɔi³⁵kau³⁵tʂʰən³⁵iet³pən²¹kan²¹cie⁵³kan₄₄²¹an₄₄²¹(←kan²¹)ke₄₄⁵³tsʅ⁵³tian²¹lɔi₂₁¹³./欸。e₅₃./啊。a₅₃./挖箫子渠就爱鸡嫲竹。有尺多长箇样高。ua⁵³siau³⁵tsʅ⁰ci¹³tsʰiəu³⁵uɔi₄₄⁵³(←ɔi⁵³)ke⁰ma¹³tʂəuk³.iəu³⁵tʂʰak³to³⁵tʂʰɔŋ₂₁¹³kai⁵³iɔŋ₄₄³⁵kau³⁵./啊，吹箫子个就鸡嫲竹啊？a₃₅,tʂʰuei³⁵siau³⁵tsʅ⁰ke⁰tsʰiəu₄₄⁵³ke⁰ma¹³tʂəuk³a⁰?/系啊。有有尺多长箇就。xei³⁵a⁰.iəu³⁵iəu³⁵tʂʰak³to³⁵tʂʰɔŋ₂₁¹³kai⁵³tsʰiəu₄₄⁵³.

（这个竹子啊开了花以后它结的那个米……）竹子上结个箇米呀？tʂəuk³tsʅ⁰xɔŋ⁵³ciet⁰ke⁵³kai⁵³mi²¹ia⁰?（竹子开花以后它结的那个米呢？）箇唔知么东西。我有……kai⁵³n̩¹³ti³⁵mak⁰təŋ₄₄³⁵si⁰.ŋai₂₁¹³mau¹³…/唔知喊么个。箇只东西有。n̩₂₁¹³ti₅₃³⁵xan₂₁³⁵mak⁰e₄₄(←ke⁵³).kai₄₄⁵³tʂak³təŋ₄₄³⁵si⁰iəu³⁵.（竹米呀？）竹子开哩花以后呀，tʂəuk³tsʅ⁰kʰɔi³⁵li⁰fa³⁵i³⁵xei⁵³ia⁰,/哎会结米呀。安安做竹打米。ai₄₄uɔi⁵³ciet³mi²¹ia⁰.ɔn₄₄³⁵ɔn₄₄³⁵tso₄₄⁵³tʂəuk³ta²¹mi²¹./箇样系啊，你就晓得。kai⁵³iɔŋ₄₄³⁵xei⁵³a⁰,ȵi¹³tsiəu⁵³çiau²¹tek³.（竹什么米呀？）竹打米。tʂəu³⁵ta²¹mi²¹.（哪个打？）竹子都结箇个米呀？tʂəuk³tsʅ⁰təu₄₄³⁵ciet³kai⁵³ke₄₄⁵³mi²¹ia⁰?/就……tsʰiəu⁵³…/打是打，但……ta²¹sʅ₄₄⁵³ta²¹,tan₄₄⁵³/竹打米唠。tʂəuk³ta²¹mi²¹lau⁰./竹个米。tʂəuk³ke₄₄⁵³mi²¹./欸竹个米也做得。e₄₄tʂəuk³ke₄₄⁵³mi²¹a⁵³tso⁰tek³./你就只写只打啊，就写只……ȵi¹³tsʰiəu⁵³tsʅ²¹sia²¹tʂak³ta²¹a⁰,tsʰiəu⁵³sia²¹tʂak³…/打人个打唠。ta²¹ȵin¹³ke₄₄⁵³ta²¹

lau⁰./跟跟打人个打这样写倒，行吗？反正就是喊竹打米。ken³⁵ken³⁵ta²¹ɲin¹³
ke⁵³₄₄ta²¹tʂe⁵³iaŋ⁵³sia²¹₅₃tau²¹,çin₃₅ma⁰?fan¹³tʂən⁵³tsiəu₄₄⁵³sๅ̍₄₄xan⁵³tsəuk³ta²¹mi²¹.

　（那个竹子开花以后还又结一个球，结种那种球，拿来泡酒啊可以治
风湿。那个结的呢？）箇东西就罉罉去处理，罉么啊做滴么个东西处理。
系<u>唔系</u>？kai⁵³əŋ₄₄(←təŋ³⁵)si⁰tsʰiəu₄₄⁵³maŋ¹³maŋ¹³çi₄₄⁵³tʂʰuๅ̍²¹li³⁵,maŋ¹³mak³a⁰tso⁵³tso⁵³
tiet⁵mak³ke⁵³təŋ₄₄⁵³si⁰tʂʰuๅ̍²¹li²¹.xei₄₄⁵³me₄₄(←m̍¹³xe⁵³)?/唔系哟。有起有起竹子竹子
开哩花以后唔系一只哎……m̍¹³pʰe⁵³(←xe⁵³)iau⁰.iəu³⁵çi²¹iəu³⁵çi²¹tʂəuk³tsๅ̍
tʂəuk³tsๅ̍⁰kʰɔi²¹li⁰fa³⁵i³⁵xei₄₄⁵³m̍²¹me₄₄(←m̍¹³xe⁵³)iet³tʂak³ai²¹…/有只籽籽。iəu³⁵tʂak³
tsๅ̍²¹tsๅ̍²¹./有只籽籽。iəu³⁵tʂak³tsๅ̍²¹tsๅ̍²¹./唔系一只籽籽。m̍²¹me⁵³(←xe⁵³)iet₅tʂak³
tsๅ̍²¹tsๅ̍₄₄²¹./欸，一只箇……e₂₁,iet³tʂak³kai⁵³…/一只一只咁个手指咁大子个东西
啊，咁个球球样个东西啊。iet³tʂak³iet³tʂak³kan²¹ke⁵³ʂəu²¹tsๅ̍⁵³kan²¹tʰai⁵³tsๅ̍⁰ke₄₄
təŋ₄₄³⁵si⁰a⁰,kan²¹ke⁵³cʰiəu¹³cʰiəu₄₄¹³iɔŋ₄₄⁵³ke₄₄təŋ₄₄⁵³si⁰a⁰./欸，是球球子样个。e₂₁,sๅ̍₄₄
cʰiəu²¹¹³cʰiəu¹³tsๅ̍⁰iɔŋ⁵³ke⁰./箇只东西啊。kai₄₄⁵³tʂak³təŋ₄₄⁵³si⁰a⁰./箇只东西搞么啊用
啊。kai₄₄⁵³tʂak³təŋ₄₄³⁵si⁰kau²¹mak³a⁰iəŋ₄₄²¹a⁰.（泡酒。泡酒可以治风湿。）听讲箇
就……tʰaŋ³⁵kɔŋ²¹ka³⁵₃₅tsiəu⁵³…/哦，系唔系啊？o₃₅,xei₄₄⁵³mei₄₄(←m̍¹³xei⁵³)a⁰?/欸，
落尾只晓话只晓话箇只系系都……e₂₁,lɔk⁵mi¹³tsๅ̍²¹çiau₃₅³⁵tsๅ̍²¹çiau²¹ua⁵³kai³tʂak³
xei²¹xei⁵³təu₄₄³⁵…/做得药。tso⁵³tek³iɔk⁵./爱竹花凑。只晓得箇只喊竹花。ɔi₄₄⁵³tʂəuk³
fa³⁵tsʰe⁰.tsๅ̍²¹çiau²¹tek³kai⁵³tʂak³xan⁵³tʂəuk³fa³⁵.（那个那个东西叫什么呢？竹
花，是吧？）欸。e₅₃./只晓会喊竹花。tsๅ̍²¹çiau²¹uɔi³xan⁵³tʂəuk³fa³⁵./竹花。
tʂəuk³fa³⁵./箇只籽籽就唔晓得。kai⁵³tʂak³tsๅ̍²¹tsๅ̍²¹tsʰiəu²¹m̍¹³çiau²¹tek³./你就来研
究球子唠，箇系有。ɲi₂₁¹³tsiəu₄₄⁵³lɔi₄₄¹³ien²¹ciəu₄₄⁵³cʰiəu²¹tsๅ̍⁰lau⁰,kai⁵³xei⁵³iəu³⁵./欸有，
欸有。ei₂₁iəu³⁵,e₄₄iəu³⁵./kai₄₄⁵³iəu³⁵.

　（那个竹笋……）话就话嘞，讲就讲嘞，系箇近边屋门屋后子栽倒是，
渠话竹打米是还能走喔。ua⁵³tsʰiəu₃₅⁵³ua⁵³le⁰,kɔŋ²¹tsʰiəu⁵³kɔŋ²¹le⁰,xe₄₄⁵³kai⁵³cʰin¹³
pien₄₄³⁵uk³mən₄₄¹³uk³xɛu₄₄⁵³tsๅ̍⁰tsɔi⁵³tau²¹sๅ̍₄₄,ci₄₄²¹ua⁵³tʂɛuk³ta²¹mi²¹sๅ̍₄₄xai₂₁²¹len¹³tsəu²¹uo⁰./
啊系系。a₄₄xe⁵³xe⁵³./系啊？xe⁵³a⁰?/欸，竹开花唔好哇。e₂₁,tʂəuk³kʰɔi³⁵fa³⁵n̩₂₁¹³xau²¹
ua⁰./哎，唔好。ai₄₄,n̩₂₁¹³xau²¹./唔好。竹子开花唔好喔。n̩¹³xau²¹.tsəuk³tsๅ̍⁰kʰɔi³⁵fa₄₄
n̩₂₁¹³xau²¹uo⁰./渠话竹打米就有人死。ci¹³ua⁵³tʂəuk³ta²¹mi²¹tsʰiəu¹³iəu³⁵ɲin₂₁¹³si²¹./欸
竹打米，有人死。e₄₄tʂəuk³ta²¹mi²¹,iəu³⁵ɲin₂₁¹³si²¹./系。哈。系呀！屋屋门口栽
倒就栽，欸箇到有就……xe:⁵³.xa₅₃.xe⁵³ia⁰?uk³uk³mən¹³xəu²¹tsɔi⁵³tau²¹tsiəu⁵³
tsɔi⁵³,e₃₅kai⁵³tau₄₄⁵³iəu³⁵tsiəu₅₃⁵³…/不喜箇东西呀。pət³çi²¹kai⁵³təŋ³⁵si⁰ia⁰.

　（这里哪些竹子的那个笋……）哈？xa³⁵?（哪些竹子的笋可以吃啊？）
箇箇是蛮多蛮多。kai⁵³kai⁵³sๅ̍₄₄man¹³to³⁵man¹³to₄₄⁵³./噢，大竹楠竹笋可以食啦。
箇就大咯。au₂₁,tʰai⁵³tʂəuk³lan¹³tʂəuk³sən²¹kʰo²¹i³⁵ʂət³la⁰.kai₄₄⁵³tsiəu₄₄⁵³tʰai⁵³ko⁰.（毛

竹笋呢？）毛竹笋可以食嘞。mau³⁵tʂəuk³sən²¹kʰo²¹i³⁵ʂət⁵le⁰./毛竹笋也食得噢。mau³⁵tʂəuk³sən²¹a₄₄ʂət³tek³au⁰./欸欸，系竹子顿也可以食啊。e₄₄e₄₄,se⁵³tʂəuk³tʂʅ³sən²¹na₄₄(←ia³⁵)kʰo²¹i³⁵ʂət³a⁰./细竹子笋。sei⁵³tʂəuk³tʂʅ³sən²¹./只有哪只嘞？鸡嫲竹子笋食唔得。这个鸡嫲竹子就就唔。tʂʅ²¹iəu³⁵lai⁵³tʂak³lei⁰?kei³⁵ma₂₁¹³tʂəuk³tʂʅ⁰sən²¹ʂət₂₁¹³tek³.tʂe⁵³ke⁵³kei³⁵ma₂₁¹³tʂəuk³tʂʅ⁰tsiəu₄₄⁵³tsiəu²¹ŋ̩²₁.（哦，那不能吃，是吧？）欸。e₂₁./鸡嫲竹子笋唔好食。cie³⁵ma₂₁¹³tʂəuk³tʂʅ⁰sən²¹n̩¹³xau²¹ʂət⁵./渠有……硬有得啊，渠的嘞渠的……ci¹³mau¹³…ɲiaŋ⁵³mau¹³tek³a₄₄,ci¹³tet⁵le⁰ci¹³tet⁵·/有么啊有。有么啊肉。mau¹³mak³a⁰iəu³⁵.mau¹³mak³a⁰ɲiəuk³./渠的又尽壳。慢点渠又生倒渠是总咁子生稳去是哩。ci¹³tet³iəu⁵³tsin⁵³kʰɔk³.man₄₄⁵³tian₂₁ci¹³iəu₄₄⁵³saŋ⁵³tau⁰ci¹³sʅ⁵³tsəŋ²¹kan²¹tsʅ⁰saŋ³⁵uən²¹çi³⁵sʅ̩⁵³li⁰./基本上都能够食。ci³⁵pən²¹xoŋ⁵³təu⁰len₂₁¹³ciau₄₄⁵³ʂət⁵.

　　还有箇个箬竹子笋食唔得。xai¹³iəu₄₄³⁵kai₄₄⁵³kei₄₄⁵³ɲiok³tʂəuk³tʂʅ⁰sən²¹ʂət⁵n̩₂₁tek³./箬竹子笋系食唔得嘞。也有么人舞啊。只咁大子嘞。ɲiok³tʂəuk³tʂʅ⁰sən²¹xe⁵³ʂət³n̩₂₁¹³tek³le⁰.ia³⁵mau₂₁¹³mak³in₅₃¹³u²¹a⁰.tʂʅ²¹kan²¹tʰai⁵³tʂʅ⁰le⁰./箬竹子就……ɲiok³tʂəuk³tʂʅ⁰tsiəu⁵³…/鸡嫲竹啊。咁长子个甂哩。ke³⁵ma₂₁¹³tʂəuk³a⁰.kan²¹tʂʰoŋ¹³tʂʅ⁰ke₄₄⁵³siəŋ²¹li⁰./系，欸吹箫子个就爱渠呀。xe⁵³,e₄₄tso⁵³tʂʰei⁵³siau⁵³tʂʅ⁰ke⁰tsʰiəu⁵³ɔi⁵³ci₂₁¹³ia⁰./就系箇只。tsʰiəu₄₄⁵³xei⁵³kai⁵³tʂak³./嘿嘿。xe₅₃xe₅₃.

　　（黄竹笋黄竹笋可以吃吗？）哈？xa₃₅?（黄竹的那个笋）黄竹笋呐？uoŋ¹³tʂəuk³sən²¹na⁰?（嗯。）黄竹笋黄竹笋我等罾看过么黄竹笋有几多子个。uoŋ¹³tʂəuk³sən²¹uoŋ¹³tʂəuk³sən²¹ŋai₂₁¹³tien¹maŋ¹³kʰɔn⁵³ko⁵³mak³uoŋ¹³tʂəuk³sən²¹iəu³⁵ci²¹to⁵³tʂʅ⁰ke⁵³.

　　首先鸡嫲竹。还有起就一蒲一蒲个就钻把竹，系啊？ʂəu²¹sien₂₁³⁵ke³⁵ma¹³tʂəuk³.xai₂₁¹³iəu₄₄¹³çi²¹tsʰiəu⁵³iet³pʰu₂₁¹³iet³pʰu⁰ke⁵³tsʰiəu₄₄⁵³tson⁵³pa⁵³tʂəuk³,xe³⁵a⁰?/钻把竹。tson⁵³pa⁵³tʂəuk³./钻把竹子啊。系，实心呐。tson⁵³pa⁵³tʂəuk³tsa⁰.xe⁵³,ʂət⁵sin³⁵na⁰./就实心竹子啊。tsʰiəu₄₄⁵³ʂət⁵sin₄₄³⁵tʂəuk³tsa⁰./如今如今皇岗皇岗箇映有有箇只有实心竹。就可以做以只东西。i₂₁¹³cin₄₄³⁵i₂₁¹³cin₄₄³⁵uoŋ¹³koŋ₄₄⁵³uoŋ¹³koŋ₄₄⁵³kai₄₄⁵³iaŋ₄₄⁵³iəu³⁵iəu₄₄³⁵kai₄₄⁵³tʂak³iəu⁰ʂət⁵sin₄₄³⁵tʂəuk³.tsiəu⁵³kʰo²¹i³⁵tso⁵³i²¹tʂak³təŋ₄₄⁵³si⁰./实心竹有两种嘞。ʂət⁵sin³⁵tʂəuk³iəu₄₄³⁵iɔŋ²¹tʂəŋ²¹le⁰./哦，么么个竹啊？o₂₁,mak³mak³e⁵³(←ke⁵³)tʂəuk³a⁰?/嘿，还有一种更叶子更长个嘞。xe₅₃,xa₂₁¹³iəu³⁵iet³tʂəŋ²¹ken⁵³iait³tʂʅ⁰ken⁵³tʂʰoŋ¹³ke⁵³le⁰./唔知安做么个竹子。n̩₂₁¹³ti₄₄¹³ɔn₄₄³⁵tso₄₄⁵³mak³e⁵³(←ke⁵³)tʂəuk³tʂʅ⁰.

　　（实心竹子有两种啊？）啊。a₄₄.（有两种啊？）啊。是两种。a₂₁.sʅ⁵³liaŋ²¹tʂuŋ²¹.（啊，一种就是那个是那个……）两种实心竹，有一种叶子更细。渠是一蒲个生倒。挤嫲挤密生倒去。一蒲。iɔŋ²¹tʂəŋ²¹ʂət⁵sin₄₄³⁵tʂəuk³,iəu³⁵iet³ tʂən²¹iait⁵ tsɻ⁰ ken₄₄⁵³se⁵³.ci²¹₂₁ʂɻ⁵³₄₄iet³₅ pʰu¹³ke⁵³saŋ³⁵tau²¹.tsi²¹ma¹³₄₄tsi²¹miet⁵saŋ³⁵tau²¹ çi⁵³.iet³pʰu¹³./渠等话做钻把就系用渠。ci¹³tien⁰ua⁵³₄₄tso⁵³tsɔn⁵³pa⁵³tsʰiəu⁵³₄₄xe⁵³₄₄iəŋ⁵³ ci¹³./系啊。打鼓个鼓槌子系渠呀。做箇只蛮好。xei⁵³₄₄a⁰.ta²¹ku²¹ke⁵³ku²¹tʂʰei¹³tsɻ⁰ xei⁵³ci¹³₂₁ia⁰.tso⁵³kai²¹₂₁tʂak³man¹³₄₄xau²¹./实心。ʂət⁵sin³⁵./实心竹哇。ʂət⁵sin³⁵tʂəuk³ ua⁰./嗯。m̩₂₁.

风俗篇

一、精神生活

（一）信仰

秤八字

秤八字唠。打比你，你欸，欸，六〇年出世个，唔，系一斤。好，欸，四月出世个，系八两，系啊？欸，初五出世个，系……系一……两斤。系两两或者。欸，么个子丑寅卯，时辰，又几多斤。加起来，几多斤几多两，你就到箇映去看凑。欸，箇个秤……秤八字。tʂʰən⁵³pait³tsʰ₄₄⁵³lau⁰.ta²¹pi²¹ɲi₂₁¹³ɲi¹³e₄₄,e₂₁,liəuk³lin¹³ɲien₂₁¹³tʂʰət³ʂʅ₄₄⁵³ke₄₄,m̩₂₁,xeiiet³cin³⁵.xau²¹,e₂₁,si⁵³ɲiet⁵tʂʰət³ʂʅ₄₄⁵³ke₄₄,xe⁵³pait³liɔŋ³⁵,xei₄₄⁵³a⁰ʔe₂₁,tsʰʅ³⁵ŋ²¹tʂʰət³ʂʅ₄₄⁵³ke₄₄,xe⁵³s⋯xe⁵³iet³⋯iɔŋ²¹cin₄₄³⁵.xei₄₄⁵³iɔŋ²¹liɔŋ³⁵xɔit⁵tʂa²¹.e₂₁,mak³ke⁵³tsʅ²¹tʂʰəu²¹in₂₁¹³mau³⁵,ʂʅ¹³ʂən¹³,iəu⁵³ci²¹to₄₄³⁵cin³⁵.cia³⁵çi²¹lɔi¹³,ci²¹to₄₄⁵³cin₄₄³⁵ciɔ³⁵(←ci²¹to³⁵)liɔŋ³⁵,ɲi₂₁¹³tsiəu₄₄⁵³tau⁵³kai₄₄⁵³iaŋ₄₄⁵³çi₄₄⁵³kʰɔn⁵³tsʰe⁰.e₂₁,kai₂₁⁵³ke₄₄⁵³tʂʰən₄₄⁵³⋯tʂʰən⁵³pait³tsʰʅ⁵³.

打论头

（欸称有病的人是因为有鬼附身，呶说这个人怎么啦？）惹倒哩么个唠话渠唠。惹哩……惹哩惹倒哩惹倒哩欸惹倒哩鬼呀惹倒哩么个惹倒哩菩萨哟。还有就话犯倒哩唠。有滴嘞有咁个有迷信个讲法嘞，安做犯倒哩噢。犯倒哩就爱打论头哟。打论头呀让门子吵？就系同箇个同箇个么啊占卦测字样箇只咁个，欸。打论头就打比箇只人病哩，总都唔好，欸，或者细人子嘞病痛多，欸，蛮……蛮□□，屋下真□□，或者屋下……屋下唔顺遂。

$\text{ɲia}^{35}\text{tau}^{21}\text{li}^{0}\text{mak}^{3}\text{e}^{0}\text{lau}^{0}\text{ua}^{53}_{13}\text{ci}^{13}_{21}\text{lau}^{0}$.$\text{ɲia}^{35}\text{li}^{0}$ ş···$\text{ɲia}^{35}\text{li}^{0}$ $\text{ɲia}^{35}\text{tau}^{21}\text{li}^{0}$ $\text{ɲia}^{35}\text{tau}^{21}\text{li:}_{44}\text{e}_{21}\text{ɲia}^{35}$
$\text{tau}^{21}\text{li}^{0}\text{kuei}^{21}\text{ia}^{0}\text{ɲia}^{35}\text{tau}^{21}\text{li}^{0}\text{mak}^{3}\text{ke}^{53}\text{ɲia}^{35}\text{tau}^{21}\text{li}^{0}\text{p}^{h}\text{u}^{13}\text{sait}^{3}\text{iau}^{0}$.$\text{xai}^{13}_{21}\text{iəu}^{35}\text{ts}^{h}\text{iəu}^{53}_{44}\text{ua}^{44}$
$\text{fan}^{53}\text{tau}^{21}\text{li}^{0}\text{lau}^{0}$.$\text{iəu}^{35}\text{tet}^{5}\text{lei}^{0}\text{iəu}^{35}\text{kan}^{21}\text{ke}^{0}\text{iəu}^{35}\text{mei}^{13}\text{sin}^{53}_{44}\text{ke}^{53}_{44}\text{kɔŋ}^{21}\text{fait}^{3}\text{le}^{0}$,$\text{ɔn}^{35}_{44}\text{tsɔ}^{53}$
$\text{fan}^{53}\text{tau}^{21}\text{li}^{0}\text{au}^{0}$.$\text{fan}^{53}\text{tau}^{21}\text{li}^{0}\text{ts}^{h}\text{iəu}^{53}_{44}\text{ɔi}^{53}_{44}\text{ta}^{21}\text{lən}^{53}\text{t}^{h}\text{ei}^{13}\text{iau}^{0}$.$\text{ta}^{21}\text{lən}^{53}\text{t}^{h}\text{ei}^{13}\text{ia}^{0}\text{ɲiŋ}^{53}_{44}\text{mən}^{0}$
$\text{tsʅ}^{0}\text{şa}^{0}$?$\text{ts}^{h}\text{iəu}^{53}_{44}\text{xei}^{53}_{44}\text{t}^{h}\text{əŋ}^{13}_{21}\text{kai}^{53}_{44}\text{ke}^{53}_{44}\text{t}^{h}\text{əŋ}^{13}_{21}\text{kai}^{53}_{44}\text{ke}^{53}\text{mak}^{3}\text{a}^{0}\text{tşan}^{35}\text{kua}^{53}\text{ts}^{h}\text{ek}^{5}\text{sʅ}^{5}\text{iɔŋ}^{53}_{21}\text{kai}^{53}_{44}$
$\text{tşak}^{5}\text{kan}^{3}\text{cie}^{53}_{44}$,e_{21} .$\text{ta}^{21}\text{lən}^{53}\text{t}^{h}\text{ei}^{13}\text{ts}^{h}\text{iəu}^{53}_{44}\text{ta}^{21}\text{pi}^{13}\text{kai}^{53}\text{tşak}^{5}\text{ɲin}^{13}_{21}\text{p}^{h}\text{iaŋ}^{53}\text{li}^{0}$,$\text{tsə:ŋ}^{21}\text{təu}^{35}_{44}\text{m}^{13}_{21}$
xau^{21} ,e_{21} ,$\text{xɔit}^{5}\text{tşa}^{21}\text{sei}^{53}\text{ɲin}^{13}_{21}\text{tsʅ}^{0}\text{lei}^{0}\text{p}^{h}\text{iaŋ}^{53}\text{t}^{h}\text{əŋ}^{53}\text{to}^{35}$,e_{21} ,man^{13}···$\text{man}^{13}\text{ti}^{53}\text{tɔi}^{53}$,$\text{uk}^{3}\text{xa}^{53}_{44}$
$\text{tşən}^{35}\text{ti}^{53}\text{tɔi}^{53}$,$\text{xɔit}^{5}\text{tşa}^{21}\text{uk}^{3}\text{xa}^{53}_{44}$···$\text{uk}^{3}\text{xa}^{53}_{44}\text{n}^{13}_{!}\text{şən}^{53}\text{si}^{53}$. $(\text{ti}^{53}\text{tɔi}^{53}_{44}$是什么?) □□就
唔……不顺遂呀。□□. $\text{ti}^{53}\text{tɔi}^{53}_{44}\text{ts}^{h}\text{iəu}^{53}\text{n}^{13}_{!}$···$\text{pət}^{3}\text{şən}^{53}\text{si}^{53}\text{ia}^{0}$.$\text{ti}^{53}\text{tɔi}^{53}_{44}$. (然后怎么
呢?) 或者月将唔好。月将。欸,真□□,唔顺遂,月将唔好,欸,咁子
个,就会会去问下子箇个人呐。有滴箇人就同别人家揸下子唠,论下子唠。
欸,惹到哩么啊神,嗨,或者屋下个哪只家神作吵。欸,屋下个哪只么人
作吵。欸,有滴人渠话,你你归去看下子你个床地下,你看,有滴搞神乎
其神,你床地下有只金器,啊,或者放哩放哩一……放哩只铁东西。你分
箇铁东西拿开唠看啾。欸,也就找……搞滴子咁个。欸,箇个就安做打论
头。$\text{xɔit}^{5}_{3}\text{tşa}^{21}\text{ɲiet}^{5}\text{tsiɔŋ}^{53}\text{m}^{13}_{!}\text{xau}^{21}$.$\text{ɲiet}^{5}\text{tsiɔŋ}^{53}$ .e_{21} ,$\text{tşən}^{35}\text{ti}^{53}\text{tɔi}^{53}_{44}$,$\text{n}^{13}_{!}\text{şən}^{53}\text{si}^{53}$,$\text{ɲiet}^{5}\text{tsiɔŋ}^{53}$
$\text{m}^{13}_{!}\text{xau}^{21}$,e_{21} ,$\text{kan}^{21}\text{tsʅ}^{0}\text{ke}^{53}$,$\text{ts}^{h}\text{iəu}^{53}\text{uɔi}^{53}\text{uɔi}^{53}\text{çi}^{53}\text{uən}^{0}\text{na}^{53}_{44}\text{tsʅ}^{0}\text{kai}^{53}_{44}\text{ke}^{53}_{44}\text{ɲin}^{13}_{21}\text{na}^{0}$.$\text{iəu}^{35}\text{tet}^{5}$
$\text{kai}^{53}_{44}\text{ɲin}^{13}_{21}\text{ts}^{h}\text{iəu}^{53}_{44}\text{t}^{h}\text{əŋ}^{13}_{21}\text{p}^{h}\text{iet}^{5}_{3}\text{ɲin}^{13}_{21}\text{ka}^{35}_{44}\text{k}^{h}\text{ait}^{5}\text{a}^{53}_{44}\text{tsʅ}^{0}\text{lau}^{0}$,$\text{lən}^{53}\text{na}^{53}_{44}\text{tsʅ}^{0}\text{lau}^{0}$.$\text{e}_{21}\text{ɲia}^{35}\text{tau}^{21}\text{li}^{0}$
$\text{mak}^{3}\text{a}^{0}\text{şən}^{13}$,m_{21} ,$\text{xɔit}^{5}\text{tşa}^{21}\text{uk}^{3}\text{xa}^{53}_{44}\text{ke}^{53}\text{lai}^{53}\text{tşak}^{5}\text{cia}^{35}\text{şən}^{13}_{21}\text{tsɔk}^{3}\text{ts}^{h}\text{au}^{21}$ .e_{21} ,$\text{uk}^{3}\text{xa}^{53}_{44}\text{ke}^{53}$
$\text{lai}^{53}\text{tşak}^{5}\text{mak}^{3}\text{in}^{53}_{44}\text{tsɔk}^{3}\text{ts}^{h}\text{au}^{21}$ .e_{21} ,$\text{iəu}^{35}\text{tet}^{5}\text{in}^{13}_{21}\text{ci}^{53}_{21}\text{ua}^{53}_{44}\text{ɲi}^{0}\text{ɲi}^{13}\text{kuei}^{0}\text{çi}^{53}_{44}\text{k}^{h}\text{ɔn}^{0}\text{na}^{53}_{44}\text{tsʅ}^{0}$
$\text{ɲi}^{13}\text{ke}^{0}_{44}\text{ts}^{h}\text{əŋ}^{13}_{21}\text{t}^{h}\text{i}^{53}_{44}\text{xa}^{35}$,$\text{ɲi}^{13}\text{k}^{h}\text{ɔn}^{0}$,$\text{iəu}^{35}\text{tiet}^{5}\text{kau}^{0}\text{şən}^{13}\text{fu}^{53}_{44}\text{c}^{h}\text{i}^{53}_{21}\text{şən}^{13}$,$\text{ɲi}^{13}_{44}\text{ts}^{h}\text{əŋ}^{13}_{21}\text{t}^{h}\text{i}^{53}_{44}\text{xa}^{35}$
$\text{iəu}^{35}\text{tşak}^{5}\text{cin}^{35}\text{çi}^{53}$,a_{21} ,$\text{xɔit}^{5}\text{tşa}^{21}\text{fɔŋ}^{53}\text{li}^{0}\text{fɔŋ}^{53}\text{li}^{0}\text{iet}^{3}$···$\text{fɔŋ}^{53}\text{li}^{0}\text{tşak}^{3}\text{t}^{h}\text{iet}^{3}\text{təŋ}^{35}_{44}\text{si}^{0}$.ɲi^{13}_{21}
$\text{pəŋ}^{35}\text{kai}^{53}_{44}\text{t}^{h}\text{iet}^{3}\text{təŋ}^{35}_{44}\text{si}^{0}\text{la}^{53}\text{k}^{h}\text{ɔi}^{35}_{44}\text{lau}^{0}\text{k}^{h}\text{ɔn}^{0}_{44}\text{nau}^{0}$ .e_{21} ,$\text{ie}^{53}\text{ts}^{h}\text{iəu}^{53}_{44}\text{tsau}^{21}$···$\text{kau}^{21}\text{tet}^{5}\text{tsʅ}^{0}$
$\text{kan}^{21}\text{ke}^{53}_{44}$ .e_{21} .$\text{kai}^{53}_{21}\text{ke}^{53}_{44}\text{ts}^{h}\text{iəu}^{53}_{44}\text{ɔn}^{53}_{44}\text{tsɔ}^{53}_{44}\text{ta}^{21}\text{lən}^{53}\text{t}^{h}\text{ei}^{13}_{21}$. (这个打论头就是问别人什么
原因是吧?) 欸,欸。$\text{e}_{21},\text{e}_{21}$. (问什么人呢?) 就系有有咁个会搞下子咁个
路子个人呢。头到我等一只亲戚,渠个娭子就总系唔好,病哩,总系唔好。
搞下,渠就系,欸,我就我等一只喊俉下子个,喊姑姑啊,渠搞下,渠
江西,是江西咯,搞下下下宜春,唔好,落尾搞下湘雅医院,还系唔好。
总咁子整病啊,总咁子食药,都唔好。爱打电话分我,渠话爱我同渠论下
子看呐,我我爱我请只么人同渠论下子。报倒时生月日分我。报倒时生月
日分我。嗨,一九四六年,比我大六岁,六月十六,嗯,戌时,我如今都
记得,嗯。我就问打又又又打只电话就我就打电话□问一只人呐,系啊?
问一只我认得个,我喊,喊下子俉下子喊阿叔个。喊阿叔,比我大几岁嘞。
渠分呢情况渠……渠第二晡渠就回我信,渠话依论冇么个路子啊。渠话会

喊好哇，会好了哇。欸箇病会好了哇。有么个□样，罾哪映犯倒么个，安做犯倒么个。罾犯倒么个。渠话蛮好哇。欸让门总整都整唔好呀，会好了哇，依论会好了哇。欸，欸昨晡打电话分我，渠娭子见好哩。哎呀有要……也蛮灵唉，箇人唉硬……分渠讲中了。也罾也……渠就系可能可可能就系么啊嘞，可能渠就系食个药有得咁快呀，湘雅医院呐，南昌个医院啦，宜春个医院啦，到处整下转。还罾药还罾到哇，系唔系啊？箇食药有咁快呀，也总系唔好，欸，安做么啊病噢安做？胆管……胆囊炎呐胆么个？胆上个病。tsʰiəu₄₄⁵³uei₄₄(←xei⁵³)iəu³⁵iəu³⁵kan²¹ke̞⁵³₄₄uɔi⁵³kau⁵³ua⁵³tsʅ⁰kan²¹ke₄₄⁵³ləu⁵³tsʅ⁰ke⁵³ɲin₂₁¹³ne⁰.tʰei₂₁¹³tau⁵³ŋai₂₁¹³tien⁰iet³tʂak³tsʰin³⁵tsʰiet³,ci₁₃¹³ke₄₄⁵³ɔi⁵³tsʅ⁰tsʰiəu₄₄⁵³tsəŋ²¹xei⁵³m̩₂₁²¹xau²¹,pʰiaŋ⁵³li⁰,tsəŋ²¹xei⁵³n̩₂₁¹³xau²¹.kau²¹ua₄₄⁵³,ci₂₁¹³tsʰiəu₄₄⁵³xe₄₄⁵³xe⁵³,e₂₁,ŋai₂₁¹³tsʰiəu⁵³ŋai₂₁¹³tien⁰iet³tʂak³xan⁵³kɔk³a⁵³tsʅ⁰ke₄₄⁵³,xan₄₄⁵³ku⁵³ku₄₄⁵³a⁰,ci₂₁¹³kau²¹ua₄₄⁵³,ci₁₃¹³kɔŋ⁵³si³⁵,s̩₂₁¹³kɔŋ³⁵si₄₄³⁵ko⁰,kau²¹ua₄₄⁵³ua₄₄⁵³ua₄₄⁵³ɲi¹³tʂʰən³⁵,m̩₂₁¹³xau²¹,lɔk⁵mi₄₄³⁵kau²¹ua₄₄⁵³siɔŋ³⁵ia¹³i₄₄¹³vien₄₄⁵³,xai₂₁xei⁵³n̩₂₁¹³xau²¹.tsəŋ²¹kan₄₄⁵³tsʅ⁰tʂaŋ²¹pʰiaŋ⁵³ŋa⁰,tsəŋ²¹kan²¹tsʅ⁰ʂɐt⁵iɔk⁵,təu₄₄⁵³n̩₂₁¹³xau²¹.ɔi⁵³ta²¹tʰien⁵³fa₄₄⁵³pən₄₄³⁵ŋai₂₁¹³,ci₂₁¹³ua₄₄⁵³ɔi⁵³ŋai₂₁¹³tʰəŋ₂₁¹³ci₂₁¹³lən⁵³na₄₄⁵³tsʅ⁰kʰɔn₄₄⁵³na⁰,ŋai¹³ŋai¹³ɔi⁵³ŋai¹³tsʰin²¹tʂak³mak³in₄₄¹³tʰəŋ₂₁¹³ci₂₁¹³lən⁵³na₄₄⁵³tsʅ⁰.pau⁵³tau²¹s̩ʅ¹³saŋ₄₄³⁵ɲiet⁵ɲiet³pən³⁵ŋai₂₁¹³.pau⁵³tau²¹s̩ʅ¹³saŋ₄₄³⁵ɲiet⁵ɲiet³pən³⁵ŋai₂₁¹³.m̩₂₁,iet³ciəu²¹si⁵³liəuk³ɲien¹³,pi²¹ŋai₂₁tʰai⁵³liəuk³sɔi⁵³,liəuk³ɲiet³ʂɐt⁵liəuk³,ṇ̩₂₁,siet³s̩ʅ¹³,ŋai₂₁i₄₄¹³cin⁵³təu₄₄⁵³ci⁵³tek³,ṇ̩₂₁.ŋai₂₁tsʰiəu₄₄⁵³uən⁵³ta²¹iəu⁵³iəu₂₁¹³iəu⁵³ta²¹tʂak³tʰien₄₄⁵³fa⁵³tsʰiəu₄₄⁵³ŋai¹³tsʰiəu₄₄⁵³ta²¹tʰien₄₄⁵³fa₄₄⁵³pu₄₄uən⁵³iet³tʂak³ɲin₂₁¹³na⁰,xei⁵³a⁰?uən⁵³iet³tʂak³ŋai¹³ɲin¹³tek⁵ke₄₄⁵³,ŋai¹³xan⁵³,xan⁵³na⁵³tsʅ⁰kɔk³a₄₄⁵³tsʅ⁰xan₄₄⁵³a³⁵ʂəuk³ke₄₄⁵³.xan⁵³a³⁵ʂəuk³,pi²¹ŋai¹³xai⁵³ci₂₁⁵³sɔi⁵³le⁰.ci₂₁¹³pən³⁵ne⁰tsʰin₂₁¹³kʰɔŋ³⁵ci₂₁¹³…ci₂₁¹³tʰi¹³ɲi₄₄¹³pu⁵³ci₂₁¹³tsʰiəu₄₄⁵³fei⁵³ŋai₄₄⁵³sin³⁵,ci₄₄¹³a₄₄¹³lən⁵³mau¹³mak³ke⁵³ləu⁵³tsʅ⁰a⁰.ci₂₁¹³a₄₄⁵³uɔi⁵³xan₂₁⁵³xau²¹ua⁰,uɔi⁵³xau²¹liau²¹ua⁰.e₂₁,kai₄₄⁵³pʰiaŋ₄₄⁵³uɔi⁵³xau²¹liau₄₄²¹ua⁰.mau¹³mak³ke⁵³ue₄₄iɔŋ₄₄⁵³,maŋ¹³lai₄₄¹³iaŋ₄₄¹³fan⁵³tau²¹mak³ke⁵³,ɔn³⁵tso⁵³fan⁵³tau²¹mak³ke₄₄⁵³.maŋ¹³fan⁵³tau²¹mak³ke₄₄⁵³.ci₂₁¹³ua₄₄⁵³man¹³xau²¹ua⁰.e₂₁ɲiɔŋ₄₄⁵³mən⁰tsəŋ²¹tʂaŋ²¹təu₄₄³⁵tʂaŋ²¹n̩¹³xau²¹ia⁰,uɔi⁵³xau²¹liau²¹ua⁰,i₄₄⁵³lən₂₁⁵³uɔi⁵³xau²¹liau²¹ua⁰.ei₂₁,e₄₄tsʰo³⁵pu₄₄ta²¹tʰien⁵³fa⁵³pən³⁵ŋai₂₁¹³,ci₂₁¹³ɔi³⁵tsʅ⁰cien⁵³xau²¹li⁰.ai₂₁ia₂₁mau¹³iau₄₄⁵³…ia³⁵man₂₁¹³lin₂₁¹³nau⁰,kai⁵³ɲin¹³nau⁰ɲiaŋ₄₄⁵³…pən₄₄³⁵ci₄₄⁵³kɔŋ⁰tʂəŋ⁵³liau⁰.ia¹³maŋ³⁵ia₄₄³⁵…ci¹³tsʰiəu₄₄⁵³ue⁵³(←xe⁵³)kʰo²¹len¹³kʰo²¹kʰo²¹len¹³tsʰiəu₄₄⁵³xe⁵³mak³a⁰le⁰,kʰo²¹len¹³ci₂₁¹³tsʰiəu₄₄⁵³xe₄₄⁵³ʂɐt⁵ke₄₄⁵³iɔk⁵mau¹³tek³kan¹³kʰuai⁵³ia⁰,siɔŋ⁵³ia²¹i₄₄¹³vien⁵³na⁰,lan¹³tʂʰɔŋ₄₄⁵³ke¹³i₄₄³⁵vien⁵³la⁰,ɲi¹³tʂʰən₄₄³⁵ke⁵³i₄₄³⁵vien⁵³la⁰,tau⁵³tʂʰəu⁵³tʂaŋ²¹xa²¹tʂɔn²¹.xa₂₁¹³maŋ₂₁¹³iɔk⁵xa₂₁¹³maŋ₂₁¹³tau²¹ua⁰,xe₄₄⁵³me₄₄⁵³(←m̩¹³xe⁵³)a⁰?kai₂₁⁵³ʂɐt⁵iɔk⁵mau¹³kan²¹kʰuai⁵³ia⁰,ia₄₄³⁵tsəŋ²¹xei⁵³n̩₄₄xau²¹,e₂₁,ɔn³⁵tso₄₄⁵³mak³a⁰pʰiaŋ₄₄⁵³ŋau⁰ɔn₄₄³⁵tso₄₄³⁵?tan²¹kɔn²¹…tan²¹nɔŋ¹³ien¹³na⁰tan²¹mak³ke⁵³?tan²¹xɔŋ⁵³ke₄₄⁵³pʰiaŋ⁵³.

卦

有三种卦唠。阴卦，阴卦，阳卦，圣卦。iəu³⁵san³⁵tʂəŋ²¹kua⁵³lau⁰.in³⁵kua⁵³,in³⁵kua⁵³,iɔŋ²¹kua⁵³,ʂən⁵³kua⁵³.

（有什么区别？）渠是咁个竹子吵，渠肚里就有节。系啊？以向是冇得节，以向就有节，咁子合倒，合倒，一一一一只竹欸劈啊开来，系唔系啊？嗯。ci¹³ʂʅ⁵³₄₄kan²¹ke⁵³tʂəuk³ tsʅ⁰ ʂa⁰,ci²¹₂₁təu²¹li⁰ tsʰiəu⁵³₄₄iəu³⁵tsiet³.xei⁵³₄₄a⁰ ?i²¹çiɔŋ₄₄ʂʅ⁵³mau¹³tek³ tsiet³,i²¹çiɔŋ₄₄tsʰiəu⁵³₄₄iəu³⁵tset³,kan²¹tsʅ⁰ xɔit³ tau²¹,xɔit³ tau²¹,iet³ iet³₅ iet³ iet³₅ iet³ tʂak³ tʂəuk³ ei₄₄pʰiak³ a⁰ kʰɔi³⁵lɔi¹³₂₁,xei₄₄me₄₄(←m̩¹³xe⁵³)a⁰ ?n̩₂₁.

如果丢下去，两只都系节向上，就系阳卦。张起来，张个。y¹³ko²¹tiəu³⁵ua⁵³(←xa⁵³)çi⁵³,iɔŋ²¹tʂak³ təu³⁵₄₄xe⁵³tsiet³ çiɔŋ⁵³ʂɔŋ³⁵,tsʰiəu⁵³₄₄xe₄₄iɔŋ¹³kua⁵³.tʂɔŋ³⁵çi³⁵lɔi¹³₂₁,tʂɔŋ³⁵ke³⁵₄₄.（哪边是……哪边向……哪边向上呢？）普通话：里面向上。（就是有节的那一面向向上，是吧？）欸，有节个向上，就安做阳卦。e₂₁,iəu³⁵tset³ke³⁵₄₄çiɔŋ³⁵₄₄ʂɔŋ₄₄,tsʰiəu⁵³₄₄ɔn₄₄tsɔ⁵³iɔŋ¹³kua⁵³.

咁子覆覆哩，两只都覆覆哩，有节个向下，背面向上，箇就安做阴卦。节向下，冇得节个向上，嗯，覆个啊。kan²¹tsʅ⁰ pʰuk³ pʰuk³ li⁰,iɔŋ²¹tʂak³ təu³⁵₄₄pʰuk³ pʰuk³ li⁰,iəu³⁵ tsiet³ ke⁵³çiɔŋ⁵³ xa³⁵,pɔi⁵³ mien⁵³₄₄çiɔŋ⁵³ ʂɔŋ³⁵,kai₄₄tsiəu⁵³ɔn³⁵₄₄tsɔ⁵³in¹³kua⁵³.tset³ çiɔŋ⁵³xa³⁵,mau¹³tek³ tset³ ke³⁵₄₄çiɔŋ⁵³ʂɔŋ³⁵,n̩₂₁,pʰuk³ke⁵³a⁰.

（好，圣卦呢？）一只覆个一只张个唠，安做圣卦。iet³ tʂak³ pʰuk³ ke⁵³ iet³ tʂak³ tʂɔŋ³⁵ke³⁵₄₄lau⁰,ɔn³⁵₄₄tsɔ⁵³₄₄ʂən⁵³kua⁵³.

庙

我等以映子有观音庙，有将军庙，有包公庙，有华佗庙。嗯。有么啊五显庙，有城隍庙，有麻衣庙。麻衣庙就孝子啊，杨孝子啊。欸，杨孝子啊。麻衣庙。嗯。欸，有么个欸东岳庙，严坪箇向有只东岳庙。将军嘛，箇是东岳将军吧？系唔系？东岳庙。出名个嘞，箇映有只唐兴寺就唔知一只么个菩萨。我唔晓。ŋai¹³tiẽ⁰i²¹iaŋ⁵³tsʅ⁰ iəu₄₄kɔn³⁵in³⁵miau⁵³,iəu³⁵tsiɔŋ³⁵tʂən³⁵miau⁵³,iəu₄₄pau⁰kəŋ³⁵miau⁵³,iəu₄₄fa¹³tʰo¹³miau⁵³.m̩₂₁.iəu³⁵mak³ a⁰ ŋ̍²çien³⁵miau⁵³,iəu³⁵tʂʰən¹³fɔŋ¹³miau⁵³.iəu³⁵ma¹³i³⁵₄₄miau⁵³,ma¹³i³⁵₄₄miau⁵³tsʰiəu⁵³₄₄çiau⁵³tsʅ²¹a⁰,iaŋ¹³çiau⁵³tsʅ²¹a⁰.e₂₁,iaŋ¹³çiau⁵³tsʅ²¹a⁰.ma¹³i³⁵₄₄miau⁵³.m̩₂₁.ei₄₄,iəu³⁵mak³ kei⁵³təŋ³⁵ŋɔk⁵miau⁵³,ɲien¹³pʰiaŋ¹³₂₁kai³⁵ʂɔŋ₄₄iəu³⁵tʂak³ təŋ³⁵ŋɔk⁵ miau⁵³.tsiɔŋ³⁵tʂən³⁵ma⁰,kai₄₄ʂʅ³⁵₄₄təŋ³⁵ŋɔk⁵ tsiɔŋ³⁵tʂən³⁵pa⁰?xei₄₄me₄₄(←m̩¹³xe⁵³)?təŋ³⁵ŋɔk⁵ miau⁵³.tʂʰət³ miaŋ¹³ke⁵³₄₄lei⁰,kai₄₄iaŋ⁵³iəu³⁵tʂak³ tʰɔŋ¹³çiŋ₄₄sʅ⁵³tsʰiəu⁵³₄₄n̩₂₁ti₄₄iet³ tʂak³ mak³ e⁰ pʰu¹³sait⁰.ŋai¹³n̩²çiau²¹.（唐兴寺？）唐兴寺。姓唐。唐朝，唐朝兴起来个话嘞。tʰaŋ¹³çiŋ₄₄sʅ⁵³.çiaŋ⁵³

$t^hɔŋ^{13}$,$t^hɔŋ^{13}tʂ^hau^{13}$,$t^hɔŋ^{13}tʂ^hau^{13}çin^{35}çi^{21}lɔi_{21}^{13}ke_{44}^{0}ua_{44}^{53}lei^0$.（是观音吧？）嗯，有观音。一般咯我咯发现咯蛮多庙都有观音菩萨。蛮多庙都……$n_{21}^{·}$,$iəu^{35}kɔn^{35}$ in_{44}^{35}.$iet^3pɔn^{35}ko^0ŋai^{13}ko^0fait^3çien^{53}ko^0man^{13}to^{35}miau^{53}təu_{44}^{35}iəu_{44}^{35}kɔn^{35}in_{44}^{35}p^hu^{13}$ $sait^3$.$man^{13}to^{35}miau^{53}təu_{44}^{35}…$

（欸，你们奇怪，没有土地庙啊？）冇得，冇得土地庙。土地……土地……土地……慢点讲土地庙嘞，你话有得又有，但是冇一只规模大个。嗯。$mau^{13}tet^3$,$mau^{13}tet^3t^hu_{44}^{21}t^hi_{44}^{53}miau_{44}^{53}$.$t^hu_{44}^{21}t^hi_{44}^{53}…t^həu_{44}^{21}t^hi_{44}^{53}…t^hɔu_{44}^{21}t^hi_{44}^{53}…man_{44}^{53}nen^0$ $kɔŋ_{44}^{21}t^həu_{44}^{21}t^hi_{44}^{53}miau_{44}^{53}le^0$,$ni_{44}^{13}ua^{53}mau_{44}^{13}tek^3iəu_{44}^{53}iəu_{44}^{35}$,$tan_{44}^{53}ʂ_{44}^{13}mau_{44}^{13}iet^3tʂak^3kuei_{44}^{35}mu_{21}^{13}$ $t^hai^{53}ke_{44}^{53}$.$m_{21}^{·}$.（哦，小的呢？）欸土地，就安只子箇个，街上安只子箇，一平方米都有得一只子咁个土地庙。就是社公庙箇只，就系土地菩萨子箇只安倒箇子，冇人去……有也有人去装下子香，冇么人去□，冇么人更□……$e_{21}t^həu_{44}^{21}t^hi_{44}^{53}$,$tsiəu_{44}^{53}ɔn^{35}tʂak^3tsʅ^0kai_{44}^{53}ke_{44}^{53}$,$kai_{44}^{35}xɔn_{44}^{35}ɔn^{35}tʂak^3tsʅ^0kai^{53}$,$iet^3p^hin^{13}fɔŋ_{44}^{35}$ $mi^{21}təu_{44}^{35}mau_{21}^{13}tek^3iet^3tʂak^3tsʅ^0kan_{44}^{21}ke_{44}^{53}t^həu_{44}^{21}t^hi_{44}^{53}miau_{44}^{53}$.$tsiəu_{44}^{53}ʂʅ_{44}^{53}ʂa^{53}kəŋ_{44}^{35}miau^{53}$ $kai_{44}^{53}tʂak^3$,$tsiəu_{44}^{53}xe_{44}^{53}t^həu_{44}^{21}t^hi_{44}^{53}p^hu^{53}sait^3tsʅ^0kai_{44}^{53}tʂak^3ɔn^{35}tau^{53}kai_{44}^{53}tsʅ^0$,$mau^{13}nin_{21}^{13}$ $çi^{53}…iəu^{35}ia^{53}iəu_{44}^{35}nin_{21}^{13}çi_{44}^{53}tsɔŋ^{35}xa_{44}^{53}tsʅ^0çiɔŋ^{35}$,$mau^{13}mak^3in_{44}^{13}çi^{53}c^hin^{13}$,$mau^{13}mak^3in_{44}^{53}$ $cien^{53}tʂ^həŋ^{35}…$

（你那个社公庙是个什么？）社公啊，公社的社啊，社公啊。社公庙有只社公子噢。冇几大个。$ʂa^{53}kəŋ_{44}^{35}ŋa^0$,$kəŋ_{44}^{53}ʂe^{53}te^0ʂe^0ʂa^{53}a^0$,$ʂe^{53}kuŋ_{44}^{35}ŋa^0$.$ʂa^{35}kəŋ_{44}^{35}$ $miau^{53}iəu_{44}^{35}tʂak^3ʂa^{35}kəŋ_{44}^{35}tsʅ^0au^0$.$mau_{44}^{13}ci_{44}^{35}t^hai^{53}tsʅ^0$.（实际上那就是土地庙。）箇个不是土地庙，社公庙不是土地庙。渠等话社公就社，元朝个时候子，蒙……元朝是蒙古族人吵，系唔系啊？元朝统治中国个时候子嘞，箇个蒙古族人呢，渠就分个地方分出分出么个社。社令。我等我等人老家箇映子咯，我等小河啊，小河，我等凤溪吵，系唔系？小河凤溪，爱，都有只社令个名字，嗯，我等安做新安社令。我等箇个箇个庙欸箇个做道士个人吵，渠就唔写湖南省浏阳县呐欸浏阳市啊张坊镇呐，欸么啊小河乡啊皇碑村呐，渠就唔咁子写。渠就写长沙府，嗯，浏阳县，东乡第一都，新安社令。渠照老个写。我等箇只社令安做新安社令。大概以……大概以只社嘞就同以前个箇阵子个么啊公社差唔多吧。欸，我等好像发……蛮远都安做新安社令。一只社样啊，新安社样啊。安做东乡第一都，新安社令。新安……新安社公庙唔知去哪映子我讲得。社公庙到处都有嘞。欸，春天就有只春社吵。$kai^{53}ke^{53}pət^3ʂʅ^{53}t^həu_{44}^{21}t^hi_{44}^{53}miau^{53}$,$ʂa^{35}kəŋ_{44}^{35}miau^{53}pət^3ʂʅ_{44}^{53}t^həu_{44}^{21}t^hi_{44}^{53}miau^{53}$.$ci^{13}$ $tien^0ua^{53}ʂa^{35}kəŋ_{44}^{35}tsiəu_{44}^{53}ʂa^{35}$,$vien^{13}tʂ^hau_{21}^{35}ke^{53}ʂʅ^{13}xei^{53}tsʅ^0$,$məŋ^{13}…vien^{13}tʂ^hau_{21}^{53}ʂʅ^{13}$ $məŋ^{13}ku^{21}tsʰəuk^3nin_{21}^{13}a^0$,$xei_{44}^{53}me_{44}^{44}$（←$m_{44}^{13}xe^{53}$）$a^0$?$vien^{13}tʂ^hau_{44}^{13}t^həŋ^{21}tʂ^hʅ^{53}tʂəŋ^{35}kuɔk^3$ $ke^{53}ʂʅ^{13}xəu_{44}^{53}tsʅ^0lei^0$,$kai_{44}^{53}kei_{21}^{13}məŋ^{13}ku^{21}tsʰəuk^3nin_{21}^{13}nei^0$,$ci_{21}^{13}tsʰiəu_{44}^{53}pən^{35}i^{21}ke^{53}t^hi_{44}^{53}$

fəŋ$^{35}_{44}$fən^{35}tʂʰət^3 fən$^{35}_{44}$tʂʰət^3 mak^3 ke^{53}şa^{35}.şa^{35}lin^{53}.ŋai^{13}tien^0 ŋai^{13}tien^0 in$_{21}$lau^{21}cia$^{35}_{44}$kai^{53}
iaŋ^{53}tsɿ^0 ko^0,ŋai^{13}tien^0 siau^{21}xo^{13}a^0,siau^{21}xo^{13},ŋai^{13}tien^0 fəŋ$^{35}_{44}$çi$^{35}_{44}$şa^0,xei$_{44}$me$_{44}$(←m̩^{13}
xe^{53})?siau^{21}xo^{13}fəŋ$^{35}_{44}$çi$_{44}$,oi^{53},təu$^{35}_{44}$iəu$^{13}_{44}$tʂak^3 şa^{35}lin^{53}ke$_{44}$miaŋ^{13}sɿ^{53},m̩$_{21}$,ŋai^{13}tien^0 ən$^{35}_{44}$
tso$^{53}_{44}$sin^{35}ŋən$^{35}_{44}$şa^{35}lin^{53}.ŋai^{13}tien^0 kai^{53}ke$_{44}$kai$^{53}_{44}$ke^{53}miau^{53}ei$_{21}$kai$^{53}_{44}$ke^{53}tso$^{53}_{44}$tʰau^{53}sɿ$_{44}$ke^{53}
ɲin$^{13}_{21}$şa^0,ci$^{13}_{21}$tsʰiəu^{53}ɲ̩$_{21}$sia^{21}iau^{53}fu^{21}lan^{13}sen^{21}liəu^{13}iəŋ^{13}çien^{53}na^0 e$_{21}$,liəu^{13}iəŋ^{13}şɿ^{53}a^0 tşəŋ$^{35}_{44}$
fəŋ$^{35}_{44}$tʂən^{35}na^0,e$_{21}$mak^3 a^0 siau^{21}xo^{13}çiəŋ$^{35}_{44}$ŋa^0 uoŋ^{13}pi$^{53}_{44}$tsʰən^{35}na^0,ci$^{13}_{21}$tsʰiəu^{53}ɲ̩$^{13}_{21}$kan^{13}tsɿ^0
sia^{21}.ci$^{13}_{21}$tsʰiəu^{53}sia^{21},tʂʰəŋ^{13}sa$^{35}_{44}$fu^{21},m̩$_{21}$,liəu^{13}iəŋ^{13}çien^{53},təŋ^{35}çiəŋ$^{35}_{44}$tʰi^{53}iet^3 təu^{35},sin^{35}
ŋən$^{35}_{44}$şa^{35}lin^{53}.ci^{13}tsau^{53}lau^{21}ke^{53}sia^{21}.ŋai^{13}tien^0 kai^{53}tʂak^3 şa^{35}lin^{53}ən$^{35}_{44}$tso$^{53}_{44}$sin^{35} ŋən$^{35}_{44}$şa$_{44}$
lin$_{44}$.tʰai^{53}kʰai^{53}i$^{21}_{44}$···tʰai^{53}kʰai$^{53}_{44}$tʂak^3 şa^{35}lei$_{44}$tsʰiəu^{53}tʰəŋ$^{13}_{21}$i^{53}tsʰien$^{13}_{44}$ke^0 kai$^{53}_{44}$tʂən^{53}
tsɿ^0 ke$^{53}_{44}$mak^3 a^0 kəŋ^{35}şa^{35}tsa^{35}ɲ̩$^{13}_{21}$to^{35}pʰa^0.e$_{21}$,ŋai^{13}tien^0 xau^{21}tsʰiəŋ^{53}fait^3···man^{13}ien^{21}
təu$^{35}_{44}$ən$^{35}_{44}$tso$^{53}_{44}$sin^{35}ŋən$^{35}_{44}$şa$_{44}$lin$_{44}$.iet^3 tʂak^3 şa^{53}iəŋ$^{35}_{44}$a^0,sin^{35} ŋən$^{35}_{44}$şa^{35}iəŋ$^{13}_{21}$ŋa^0.ən$^{35}_{44}$tso$^{53}_{44}$təŋ^{35}
çiəŋ$^{35}_{44}$tʰi^{53}iet^3 təu^{35},sin^{35}ŋən$^{35}_{44}$şa^{35}lin^{53}.sin^{35}ŋən$^{35}_{44}$···sin^{35}ŋən$^{35}_{44}$şa^{35}kəŋ$^{35}_{44}$miau$^{53}_{44}$ɲ̩$^{13}_{21}$ti$^{35}_{44}$çi^{53}
lai^{53}iaŋ^{53}tsɿ^0 ŋai^{13}kəŋ^{21}tek$_5$.şa^{35}kəŋ$^{35}_{44}$miau^{53}tau^{53}tʂʰəu^{21}təu$^{35}_{44}$iəu^{35}lei^0.ei$_{44}$,tʂʰən^{35}tʰien$^{35}_{44}$
tsʰiəu^{53}iəu$^{35}_{44}$tʂak^3 tʂʰən$^{35}_{44}$şe^{53}şa^0.（春社你们叫什么？）春社。社……社日就叫
做社日。欸，陆游箇首词让门子写个？欸，么个么个么么啊，啊，陆游箇首
诗啊让门子写个？春天有只春社，秋天有只秋社，秋社，秋社。春天有只
春社。社日，安做社日。箇晡日子咯安做社日。tʂʰən^{35}şa^{35}.şa^{53}···şe^{53}ʯ^{53}le^0
tsʰiəu^{53}ciau$^{13}_{44}$tso$^{53}_{44}$şa^{35}ɲiet^3.e$_{21}$,ləu^{13}iəu^{13}kai$^{53}_{44}$şəu^{21}tsʰɿ^{13}ɲiəŋ^{53}mən^0 tsɿ^0 sia^{21}
ke^{53}?e$_{21}$,mak^3 ke^{53}mak^3 kei^{53}mak^3 a^0,a$_{35}$,ləu^{13}iəu^{13}kai^{53}şəu^{21}şɿ^{35}a^0 ɲiəŋ^{53}mən^0 tsɿ^0 sia^{21}
ke^{53}?tʂʰən^{35}tʰien$^{13}_{44}$iəu$^{13}_{44}$tʂak^3 tʂʰən^{35}şa^{35},tsʰiəu^{35}tʰien$^{13}_{44}$iəu$^{13}_{44}$tʂak^3 tsʰiəu^{35}şe^{53},tsʰiəu$^{35}_{44}$
şe^{53},tsʰiəu^{35}şa^{35}.tʂʰən^{35}tʰien$^{13}_{44}$iəu$^{35}_{44}$tʂak^3 tʂʰən^{35}şa^{35}.şa^{35}ɲiet^3,ɔ$^{13}_{44}$tso$^{53}_{44}$şa^{35}ɲiet^3.kai$_{44}$pu^{35}
ɲiet^3 tsɿ^0 ko^0 ɔ$^{35}_{44}$tso$^{53}_{44}$şa^{35}ɲiet^3.

（龙神你们把它叫什么？）龙神，龙王庙哇，龙王啊。欸。以映冇得
龙王庙嘞。luŋ^{13}şən$^{13}_{21}$,liəŋ^{13}uoŋ^{13}miau^{53}ua^0,liəŋ^{13}uoŋ^{13}ŋa^0.e$_{21}$,i^{21}iaŋ^{53}mau^{13}tek^3 liəŋ^{13}
uoŋ^{13}miau^{53}le^0.

（财神庙呢？）财神庙有哇。蛮多是渠等咁个箇只庙里嘞，以一只
庙……以一只神为主。其他个是么啊财神呐，么个观音呐，欸，土地呀，
都逮倒去箇子。tsʰɔi^{13}şən$^{13}_{21}$miau$^{53}_{44}$iəu^{13}ua^0.man^{13}to$^{35}_{44}$ʯ$^{53}_{44}$ci$^{13}_{21}$tien^0 kan^{21}ke$^{53}_{44}$kai$^{53}_{44}$tʂak^3
miau^{53}li^{21}lei^0,i^{35}iet^3 tʂak^3 miau^{53}···i^{35}iet^3 tʂak^3 şən^{13}uei^{35}tʂʯ^{21}.tʂʰi^{13}tʰa$^{35}_{44}$ke^{53}şɿ$^{53}_{44}$mak^3 a^0
tsʰɔi^{13}şən$^{35}_{44}$na^0,mak^3 ke^{53}kən^{13}in$^{35}_{44}$na^0,e$_{21}$,tʰəu^{13}tʰi^{53}ia^0,təu^{35}tai^{21}tau^{53}çi^{53}kai$^{53}_{21}$tsɿ^0.（你们
财神庙叫什么？）财神庙。冇得哩，我等以映财神庙冇得。冇得单独个财
神庙。欸。渠就一只庙肚里嘞，一只庙肚里除哩一只为主个神，剩下个就
各种各样个神都有。tsʰɔi^{13}şən^{13}miau^{53}.mau^{13}tek^3 li^0,ŋai^{13}tien^0 i$^{21}_{44}$iaŋ^{53}tsʰɔi^{13}şən$^{13}_{21}$
miau^{53}mau^{13}tek^3.mau^{13}tek^3 tan^{35}tʰəuk^5 ke$^{53}_{44}$tsʰɔi$^{13}_{21}$şən$^{13}_{21}$miau^{53}.e$_{21}$.ci$^{13}_{21}$tsʰiəu^{53}iet^3 tʂak^3

miau⁵³təu²¹li⁰ lei⁰ ,iet³ tʂak³ miau⁵³təu²¹li⁰ tʂʰəu¹³li⁰ iet³ tʂak³ uei¹³tʂʅ²¹ke⁵³ʂən¹³ ,ʂən⁵³ çia⁵³₄₄kei⁵³₄₄tsʰiəu⁵³₄₄kɔk³ tʂən²¹kɔk³ iɔŋ⁵³ke⁰ʂən¹³təu³⁵iəu³⁵.

（这个华佗你们把这个神叫什么？）华佗庙。华佗先师。包公庙就包公老爷，包老爷，又安做包公老爷，包老爷。fa¹³tʰo¹³miau⁵³ .fa¹³tʰo¹³sien³⁵sʅ³⁵₄₄.pau³⁵kəŋ³⁵miau⁵³tsʰiəu⁵³₄₄pau³⁵kəŋ³⁵lau²¹ia¹³ ,pau³⁵lau²¹ia¹³ ,iəu⁴⁴ɔn⁴⁴tso⁴⁴pau³⁵kəŋ³⁵lau²¹ia²¹ ,pau³⁵lau²¹ia¹³.

（岳飞呢？岳王庙啊？）药王庙哇？iɔk⁵uɔŋ¹³miau⁵³ua⁰？（嗯。）哦，浏阳就有只药王庙，孙思邈哇，药王先师。au₂₁ ,liəu¹³iɔŋ¹³tsʰiəu⁵³₄₄iəu³⁵tʂak³ iɔk⁵uɔŋ²¹₂₁miau⁵³ ,sən⁴⁴sʅ³⁵₄₄miau⁵³ua⁰ ,iɔk⁵uɔŋ²¹₂₁sien³⁵sʅ³⁵₄₄.（呃呃，岳飞呀！）噢，岳飞有得，有得岳飞庙。au₂₁ ,iɔk⁵fei³⁵mau¹³₂₁tek³ ,mau¹³tek³ iɔk⁵fei³⁵miau⁵³.（你们有岳帝庙吗？）也有得。但是东岳大帝，东岳庙有东岳大帝呢。有得岳飞庙。ia³⁵mau²¹₂₁tek³ .tan¹³sʅ²¹₄₄təŋ³⁵ŋɔk⁵ tʰai⁵³ti⁵³ ,təŋ³⁵ŋɔk⁵ miau⁵³iəu³⁵təŋ³⁵ŋɔk⁵ tʰai⁵³ti⁵³ nei⁰.mau¹³tek³ iɔk⁵fei³⁵miau⁵³.（嗯嗯，什么赵公元帅……）赵公元帅财神呐。系啊？赵公元帅就财神呢。系啊？tʂʰau⁵³kəŋ³⁵ɲien¹³sai³tsʰɔi¹³ʂən¹³na⁰ .xei⁵³₄₄a⁰？tʂʰau⁵³kəŋ³⁵ɲien¹³sai³tsʰiəu⁵³tsʰɔi¹³ʂən¹³ne⁰ .xei⁵³₄₄a⁰？（你们怎么说啊？）就财神咹。tsʰiəu⁵³tsʰɔi¹³ʂən¹³nau⁰.（财神菩萨？）财神菩萨哟，欸。tsʰɔi¹³ʂən¹³pʰu¹³ sait³iau⁰ ,e₂₁.（城隍庙呢？）城隍庙浏阳城里就有呢。以个乡下有得。tʂʰən¹³ fɔŋ¹³miau⁵³liəu¹³iɔŋ¹³tʂʰən¹³ni³tsʰiəu⁴⁴iəu⁴⁴ni³ .i³ke⁰çiɔŋ³⁵xa⁴⁴mau¹³tek³.（你们把它叫什么？）我等也跟倒安做城隍庙。ŋai¹³tien⁰ia³⁵cien⁴⁴tau⁴⁴ɔn⁴⁴tso⁵³tʂʰən¹³fɔŋ¹³ miau⁵³.（那里面那个神呢？）城隍庙个神呐？tʂʰən¹³fɔŋ¹³miau⁵³ke⁴⁴ʂən¹³na⁰？（嗯。）我唔知滴么啊神咹，我唔晓得噢。搞唔清咹。唔记得啊。浏阳就有啊。ŋai¹³n̩²¹₂₁ti³⁵tiet⁵mak³a⁰ʂən¹³nau⁰ ,ŋai¹³n̩₂₁çiau²¹tek³au⁰ .kau⁴⁴n̩²¹₂₁tsʰin³⁵nau⁰ .n̩³ci⁵³ tek³a⁰ .liəu¹³iɔŋ¹³tsʰiəu⁵³₄₄iəu³⁵a⁰ .（噢，你们这里有五显是吧？）五显庙有。以映最近个庙就五显庙。五显老爷。唔知以只五显老爷系<u>唔系</u>五只，五只老爷？我系搞唔清。我唔记得。我去看过都唔记得。ŋ̩²¹çien²¹miau⁵³iəu³⁵₄₄.i³₄₄iaŋ⁵³₄₄ tsei⁵³cʰin³⁵ke⁰miau⁵³tsʰiəu⁵³ŋ̩³çien²¹miau⁵³ .ŋ̩³çien²¹nau²¹ia¹³ .n̩³ti⁴⁴i³tʂak³ŋ̩³çien²¹ nau²¹ia¹³xei⁵³mei⁵³(←m̩¹³xei⁵³)ŋ̩²¹tʂak³ ,ŋ̩²¹tʂak³lau²¹ia³⁵？ŋai¹³xei⁵³₄₄kau⁴⁴n̩₂₁tsʰin⁴⁴.ŋai²¹ ŋ̩¹³ci⁵³tek³ .ŋai²¹çi⁴⁴kʰɔn³ko⁴⁴təu⁴⁴ŋ̩¹³ci⁵³tek³.

念经

1. 我等以个栏场最近几年也有咁个，渠一家人家有唔顺遂个，有滴唔顺遂，欸假设一只娆子尽病，欸，或者一一只爷子或者么啊癌症箇只总整都整唔好箇只嘞。欸，整一阵嘞冇滴办法哩是就都到庙里念两天经咹。欸，请人念经咹。如今陈家桥箇映子就有只唐兴寺。渠等话箇侧边个有冇侧边个人呐，蛮远个人都跑倒来，请念请请渠等念经。欵侧边个夫娘子都会念经。ŋai$_{21}^{13}$tien^0 i^{21}ke^{53}laŋ$_{21}$tʂʰɔŋ$_{21}$tsei^{53}cʰin^{53}ci^{5}ɲien^{13}ia^{5}iəu$_{44}^{35}$kan^{21}cie^5,ci$_{21}^{13}$iet^3 ka^{35}ɲin$_{21}$ ka$_{44}^{35}$iəu$_{44}^{35}$n^{13} ʂən^{53} si^{53}ke^{53},iəu^{35} tet^5 n^{13} ʂən^5 si^{53},e^0 cia^{21} ʂət^3 iet^3 tʂak^5 ɔi^{35}tʂ^0 tsʰin^{53} pʰiaŋ^{53},e$_{21}$,xɔit^3 tʂa^{21}iet^3 iet^3 tʂak^5 ia$_{}^{13}$tʂ^0 xɔit^5 tʂa^{21}mak^5 a^0 ŋai$_{}^{13}$tʂən$_{44}^{53}$kai$_{44}$tʂak^5 tsən^{21} tʂaŋ^{21}təu$_{44}^{35}$tʂaŋ^{21}n$_{21}^{13}$xau^{53}kai^{53}tʂak^5 le^0.e$_{21}$,tʂaŋ^{21}iet^3 tʂʰən$_{44}$(←tʂən^{35})le^0 mau^{13}tiet$_3$ pʰan^{53} fait^3 li$_{21}^5$ sʳ$_{44}^{13}$tsʰiəu$_{44}^{35}$təu$_{44}^{35}$tau$_{}^{21}$miau$_{}^{35}$li^5 ɲian^{53}iɔŋ^{21}tʰien$_{44}^{}$cin^{13}nau^0.e$_{21}$,tsʰiaŋ^{21}ɲin^{13}ɲian^{53} cin^{35}nau^0.i$_{21}^{13}$cin$_{44}^{35}$tʂʰən$_{21}^{13}$ka$_{44}^{35}$cʰiau^{13}kai$_{44}^{53}$iaŋ^{53}tʂ^0 tsʰiəu$_{44}^{53}$iəu^{35}tʂak^3 tʰɔŋ^{13}çin$_{44}^{35}$sʳ^{53}.ci$_{21}^{13}$ tien^0 ua$_{44}^{53}$kai^{53}tsek^3 pien$^{}$ke$_{44}^{53}$iəu$_{44}^{35}$iəu$_{44}^{35}$tsek^3 pien^{35}ke$_{44}$ɲin$_{21}^{13}$na^0,man^{13}ien^{13}ke^{5}ɲin$_{21}^{13}$təu$_{44}^{}$ pʰau^{21}tau^{21}lɔi^{13},tsʰiaŋ^{21}ɲian^{53}tsʰiaŋ^{21}tsʰiaŋ$^{}$ci^{13}tien^0 ɲian^{53}cin^{35}.e^0 tsek^3 pien$_{44}^{}$ke$_{44}^{53}$pu$_{}^{}$ ɲiɔŋ$_{21}^{13}$tʂ^0 təu$_{44}^{35}$uɔi$_{44}^{53}$ɲian^{53}cin^{35}.

2. 渠话有滴娭子病……娭子病哩欵，爱保娭子长寿会请人念经呐。箇映一只……请庙里个人嗯念经唉，念两天经唉。ci$_{44}^{13}$ua$_{44}^{}$iəu^{35}tet^5 ɔi^{13}tʂ^0 pʰiaŋ$^{}$ ɔi^{35}tʂ^0 pʰiaŋ^{53}li^0 e$_{21}$,ɔi^{13}pau^5 ɔi^{13}tʂ^0 tʂʰɔŋ^{13} ʂəu^{13}uei$_{44}^{53}$tsʰiaŋ^{21}ɲin^{13}ɲian^{53} cin^{35}na^0.kai$_{44}^{}$ iaŋ$_{44}^{53}$iet^3 tʂak^3 ……tsʰiaŋ^{21}miau$^{}$li^0 ke$_{44}^{53}$in$_{21}^{13}$n$_4$ɲian^{53}cin^{35}nau^0 ɲian^{53}iɔŋ^{21}tʰien^{35}cin^{35}nau^0.

（请那个和尚，是吧？）唔系和尚嘞，就请近边人念呢。渠等话陈家桥箇映子箇唐兴寺箇侧边真多人靠念经都赚蛮多钱话唠。m̩^{13} pʰe^{53} (←xe^{53})xo$_{}^{}$ʂɔŋ^{53}lei^0,tsʰiəu$_{}^{}$tsʰiaŋ$^{}$cʰin$^{}$pien$_{44}^{}$ɲin$_{}^{}$ɲian$^{}$nei^0.ci$_{21}^{13}$tien$^{}$ua$^{}$tʂʰən$_{21}^{13}$ka$_{44}^{}$ cʰiau$_{21}^{13}$kai$^{}$iaŋ$_{}^{53}$tʂ^0 kai$_{}^{53}$tʰɔŋ^{13} çin$_{44}^{}$sʳ$^{}$ kai$_{44}^{}$tsek$^{}$ pien$_{44}^{35}$tʂən$^{}$to$_{}^{35}$ɲin$_{21}^{}$kʰau^{13}ɲian$^{}$cin$^{}$ təu$_{44}^{35}$tsʰan^{53}man^{13}to$_{}^{35}$tsʰien$^{}$ua$^{}$lau^0.

（噢，他又不是和尚？）不是和尚嘞。箇个夫娘子都去念经呢，同别人家念经呢。（就就帮……代替……噢代替别人去念经？）欵，代替别人家念经呢。欵，你就跪正来嘞。欵，打比我爱我爱请别人家念经样，我我我自家唔想念呐，又唔里手哇，系呀？欵我就跪正来呀，请渠同我念一天经，保佑我娭子长寿。嗯。咁子个。念经。pət^3 sʳ^{53}xo$_{21}^{13}$ʂɔŋ^{53}lei^0.kai$_{44}^{53}$ke$_{44}^{}$pu^{35}ɲiɔŋ$_{21}^{13}$ tʂ^0 təu$_{44}^{}$çi$_{44}^{53}$ɲian^{53}cin^{53}nei^0,tʰɔŋ$_{21}^{}$pʰiet$^{}$ɲin$_{44}^{13}$ka$_{44}^{}$ɲian$^{}$cin$^{}$nei^0.e$_{21}$,tʰɔi^{13}tʰi$_{44}^{13}$pʰiet^5 ɲin$_{44}^{}$ ka$_{44}^{35}$ɲian^{53}cin^{35}nei^0.e$_{21}$,ɲi^{13}tsʰiəu^{53}kʰuei^{21}tʂaŋ^{53}lɔi$_{13}^{13}$lei^0.e$_{21}$,ta^{21}pi^{21}ŋai$^{}$ɔi$_{}^{53}$ŋai^{13} ɔi^{53} tsʰiaŋ^{21}pʰiet^5 ɲin$_{44}^{}$ka$_{44}^{35}$ɲian^{53}cin^{35}iɔŋ$^{}$,ŋai$_{21}^{13}$ŋai^{13} ŋai^{13} tsʳ^{13} ka$_{44}^{35}$n̩$_{21}^{13}$siɔŋ^{21}ɲian^{53}na^0,iəu$^{}$ m̩^{13}ti^{13}ʂəu^{21}ua^0,xei^{53}ia^0?ei$_{21}$,ŋai$_{21}^{13}$tsʰiəu$_{44}^{53}$kʰuei^{21}tʂaŋ^{53}lɔi$_{13}^{13}$ia^0,tsʰiaŋ^{21}ci$_{21}^{13}$tʰɔŋ$_{21}^{13}$ŋai$_{}^{13}$ɲian$^{}$ iet^3 tʰien$_{21}^{13}$cin^{35},pau$^{}$iəu$_{44}^{}$ŋai$_{21}^{13}$ɔi^{35}tʂ^0 tʂʰɔŋ$_{21}^{13}$ʂəu$^{}$.n̩$_{21}$.kan^{13}tʂ^0 ke$_{44}^{}$ɲian^{53}cin^{35}.

（哦，哦，靠念经发财的？）嗯。渠有滴人也唔系么啊发财唠，渠就有滴人渠就专门搞箇样路子啊。今晡你请我念经，明晡渠就……箇庙里就有念……爱念经唉，系唔系？你同我寻只人同我念经唉。欵，念一天经几多钱。两百块子钱就有吧？欵。箇面箇起夫娘子人有滴人渠也寻滴钱唉。n̩$_{21}$.ci^{13}iəu^{35}tet^5 ɲin$_{21}^{13}$ia$^{}$m̩$_{21}^{13}$me^{53}(←xe^{53})mak^5 a^0 fait^3 tsʰɔi$_{21}^{13}$lau^0,ci^{13}tsiəu$_{44}^{53}$iəu^{35}tet^5 ɲin$_{21}^{13}$

ci²¹₂₁tsʰiəu⁵³₄₄tʂen³⁵ mən¹³₂₁kau²¹ kai⁵³iɔŋ⁵³ləu⁵³tsʅ⁰ a⁰ .cin³⁵ pu₄₄³⁵ni¹³ tsʰiaŋ²¹ ŋai¹³ ɲian⁵³ cin³⁵,miaŋ²¹₂₁pu₄₄⁵³ci²¹₂₁tsʰiəu···kai₄₄⁴⁴miau⁵³li¹³ tsʰiəu₄₄⁵³iəu⁵³ɲian⁵³···ɔi₄₄⁵³nian₄₄⁵³cin³⁵nau⁰,xe₄₄⁴⁴ me₄₄⁴⁴(←m̩¹³xe⁵³)?ɲi¹³₂₁tʰəŋ¹³₂₁ŋai¹³tsʰin¹³ tʂak³ ɲin¹³tʰəŋ¹³₂₁ŋai¹³₂₁ɲian⁵³ cin³⁵nau⁰ .e²¹₂₁ɲian⁵³ iet³ tʰien³⁵₄₄cio₄₄⁵³(←ci²¹to³⁵)tsʰien¹³ .iɔŋ²¹pak⁵ kʰuai⁵³tsʅ⁰ tsʰien¹³tsiəu₄₄⁵³iəu₄₄⁵³pa⁰ ?e²¹₂₁.kai⁵³ mien₄₄⁵³kai₄₄⁵³çi²¹pu³⁵ɲiɔŋ¹³₂₁tsʅ⁰ ɲin¹³₂₁iəu¹³tet⁵ ɲin₂₁¹³ci²¹ia³⁵ tsʰin¹³₂₁tet⁵ tsʰien¹³nau⁰.

3. 也有念经个。嗯。念经呢渠是咁个念呢。一般系到庙里去念经呢。欸。和尚欸请倒和尚去屋下念经个唔多呢。到庙里去念。你出钱。欸。请人念,念两……念一日一夜,系唔系?念几久子。一般都唔在屋下念。嗯,念经。ia³⁵iəu₄₄³⁵ɲian⁵³ cin³⁵cie⁵³.ɳ̩₂₁ɲian⁵³ cin³⁵nei⁰ ci¹³sʅ₄₄kan₃₅³⁵ke₄₄⁵³ɲian⁵³nei⁰ .iet³ pon³⁵ xei⁵³tau⁵³miau⁵³li¹³ çi₄₄⁵³ɲian⁵³ cin³⁵nei⁰ .e²¹₂₁.uo¹³sɔŋ⁵³e₄₄⁴⁴tsʰiaŋ²¹tau⁰ uo¹³sɔŋ⁵³ çi⁵³uk³ xa₄₄⁴⁴ ɲian⁵³ cin³⁵₄₄ke⁵³ɳ̩¹ to₃₅³⁵nei⁰ .tau₄₄⁵³miau⁵³li¹³ çi₄₄⁵³ɲian⁵³₄₄.ɲi¹³tʂʰət³ tsʰien¹³ .e²¹₂₁.tsʰiaŋ²¹ɲin¹³ ɲian⁵³ ɲian⁵³iɔŋ²¹···ɲian⁵³iet³ ɲiet³ iet³ ia³⁵,xei₄₄⁵³me₄₄⁴⁴(←m̩¹³xe⁵³)?ɲian⁵³ci¹³ciəu²¹tsʅ⁰. iet³ pon³⁵təu₅₃³⁵ɳ̩¹³tsʰai⁵³uk³ xa₄₄⁴⁴ɲian⁵³.ɳ̩₂₁ɲian⁵³cin³⁵.

欸渠用用来搞么个嘞?用来整病。打比样渠箇箇老人家净病,病久哩,病哩,就,欸,请咁个,请别人家念两日经。e⁰ci¹³iɔŋ⁵³iɔŋ⁵³lɔi¹³kau²¹mak⁵ e⁰ le⁰? iɔŋ⁵³lɔi²¹₂₁tʂaŋ²¹pʰiaŋ⁵³.ta²¹pi²¹iɔŋ⁵³ci²¹₂₁kai⁵³kai⁵³lau²¹in¹³ka₄₄³⁵tsʰin¹³pʰiaŋ⁵³,pʰiaŋ⁵³ciəu²¹ li⁰,pʰiaŋ⁵³li⁰,tsʰiəu₄₄⁵³,e²¹₂₁,tsʰiaŋ²¹kan₄₄²¹cie⁵³,tsʰiaŋ²¹pʰiet⁵ in₄₄¹³ka₄₄⁴⁴ɲian⁵³iɔŋ²¹ɲiet³ cin³⁵.

请师傅

打比斫条大树,渠怕塌场,爱请起渠师傅来。一般就请,请山神个人都很少。爱请师傅来。哎,尤其系锯匠,欸,锯树个人,斫啊蛮大个树,箇个就是捱下子出事就唔得了,系啊?渠就去请起请起师傅来。咁就有。请鲁班。ci²¹₂₁iəu³⁵tet⁵ sʅ₄₄¹³,ta²¹pi²¹tʂɔk³ tʰiau¹³tʰai¹³sʅəu₄₄⁵³,ci²¹pʰa¹³tʰait³ tʂʰɔŋ¹³,ɔi₄₄⁵³tsʰiaŋ²¹ çi²¹ci₄₄¹³sʅ³⁵ fu⁵³lɔi₂₁¹³.iet³ pon³⁵tsiəu²¹tsʰiaŋ²¹,tsʰiaŋ²¹ san³⁵ sən₂₁⁵³ke₄₄⁵³in²¹₁³təu₄₄³⁵xen²¹ʂau²¹.ɔi₄₄⁵³ tsʰiaŋ²¹çi²¹sʅ³⁵ fu⁵³lɔi₂₁¹³.ai²¹,iəu₂₁¹³cʰi²¹₂₁sʅ₄₄¹³cie⁵³siɔŋ⁵³,e²¹₂₁,cie₄₄⁵³ʂəu⁵³ke⁵³ɲin¹³,tʂɔk³ a⁰ mən³⁵ tʰai⁵³ke₄₄⁴⁴ʂəu₄₄⁵³,kai⁵³ke₄₄⁵³tsʰiəu⁵³sʅ²¹ɲai¹³ a⁰ tsʅ¹³ tʂʰət³ sʅ¹³ tsʰiəu₄₄⁵³m̩²¹₁³tek³ liau²¹,xei₄₄⁵³a⁰ ?ci²¹₂₁ tsʰiəu₄₄⁵³çi₄₄⁵³tsʰiaŋ²¹ çi²¹tsʰiaŋ²¹ çi²¹sʅ³⁵ fu⁵³lɔi₂₁¹³.kan²¹ tsʰiəu₄₄⁵³iəu³⁵.tsʰiaŋ²¹ləu³⁵pan₄₄⁵³.(哦,噢,要请鲁班?)唔,请鲁班。咁子个有。m̩²¹₂₁,tsʰiaŋ²¹ləu³⁵ pan₄₄³⁵.kan²¹tsʅ⁰ ke₄₄⁵³iəu³⁵.

做屋,起屋。哦,有……从前有的烧窑箇滴爱祭窑喔。咁个有喔。tso⁵³ uk³ ,çi²¹uk³ .o₂₁,iəu³⁵···tsʰəŋ¹³₂₁tsʰien₄₄¹³iəu³⁵tet³ sau²¹iau³⁵ kai³⁵tet⁵ ɔi⁵³tsi⁵³iau¹³ uo⁰.kan²¹ cie₄₄⁵³ləu³⁵uo⁰.

(呃,请鲁班这个做什么?)鲁班,请鲁班,请师傅啊,请起师傅来呀。装香啊,嘴里请起来呀。ləu³⁵pan³⁵,tsʰiaŋ²¹ləu³⁵ pan₄₄³⁵,tsʰiaŋ²¹sʅ¹³ fu⁵³a⁰,tsʰiaŋ²¹ çi²¹sʅ³⁵ fu⁵³lɔi₂₁¹³ia⁰ .tsɔŋ³⁵çiɔŋ³⁵ŋa⁰ ,tʂɔi⁵³li⁰ tsʰiaŋ²¹ çi²¹lɔi²¹₂₁ia⁰.(怎么个请法呢?)啊?

a₃₅?（怎么请啊？）箇唔就唔晓，让门请唰？也就分，师傅个，鲁班师傅，木匠，木匠个祖师就鲁班唦，欸，我分祖宗……分箇个啊装香啊，欸，甚至还安只子，写张子，舞张子红纸，写只子鲁班先师啊。欸。kai⁵³ n̩²¹₂₁tsʰiəu⁵³₂₁ n̩¹³₂₁çiau²¹₄₄ɲiəŋ³⁵₄₄mən⁰ tsʰiaŋ²¹₂₁nau⁰ ?ie²¹tsʰiəu²¹₂₁pən⁴⁴₄₄,sʅ⁵³fu²¹ke⁴⁴₄₄,ləu²¹ pan³⁵₄₄sʅ⁴⁴₄₄fu⁴⁴₄₄,muk³ siəŋ⁵³,muk³ siəŋ⁵³₄₄ke⁵³₄₄tsəu²¹sʅ³⁵ tsʰiəu⁵³₄₄ləu²¹ pan³⁵₄₄sa⁰,e₂₁,ŋai²¹₂₁pən³⁵₄₄tsəu²¹tsəŋ···pəŋ³⁵ kai⁵³₄₄ke⁵³a⁰ tsəŋ³⁵₄₄çiəŋ³⁵ ŋa⁰,e₂₁,şən⁵³₄₄tsʅ⁵³₄₄xai¹³₂₁ɔn⁵³ tşak³ tsʅ⁰,sia²¹tsɔŋ³⁵₄₄tsʅ⁰,u²¹tsəŋ³⁵₄₄tsʅ⁰ fəŋ¹³tsʅ²¹,sia²¹tşak³ tsʅ⁰ləu³⁵ pan³⁵₄₄sien³⁵₄₄sʅ⁴⁴₄₄a⁰.e₂₁.

有么个，么个箇个修……修高速路唦，打隧道哇，箇起人都信唰，欸。怕塌场啊。十分危险个东西啊。架势打隧道了，唔，买条牛，几千块上万块钱买条牛来祭。安做祭。剐只子鸡个祭就，买只子鸡来祭个是箇是硬很多。有滴买条牛来祭话。据说以映子打箇只欸大浏高速公路哇到铜鼓箇映子箇只隧道有有千多米吧。欸。千多米个隧道。架势搞个时候子就买条牛，反正箇条牛又可以食。买条牛来祭哩。剐条牛。还请哩道士。唔。iəu²¹mak³ ke⁴⁴₄₄,mak³ ke⁴⁴₄₄kai⁴⁴₄₄ke⁴⁴₄₄siəu³⁵···siəu³⁵₄₄kau³⁵₄₄səuk³ ləu³⁵ şa⁰,ta²¹ sei⁵³tʰau⁵³ua⁰,kai⁴⁴₄₄çi⁵³ ɲin¹³₂₁təu³⁵₄₄sin⁵³nau⁰,e₂₁,pʰa⁵³tʰait² tşʰɔŋ¹³ŋa⁰.şət⁵ fən³⁵₄₄uei¹³ çien⁵³ke⁵³₄₄təŋ³⁵₄₄si⁰ a⁰.cia⁵³ şʅ⁵³ ta²¹ sei⁵³tʰau⁴⁴₄₄liau²¹,m̩₂₁,mai³⁵tʰiau²¹₂₁ɲiəu¹³,ci²¹tsʰien⁵³kʰuai⁵³tsʰien²¹₂₁şɔŋ⁵³ uan⁵³kʰuai⁴⁴₄₄ tsʰien¹³mai²¹tʰiau¹³ɲiəu¹³lɔi²¹₂₁tsi⁵³.ɔn³⁵tso⁴⁴₄₄tsi⁵³.tşʰʅ¹³(←tşʰʅ¹³)tşak³ tsʅ⁰ cie³⁵ke⁵³tsi⁵³ tsʰiəu⁴⁴₄₄,mai²¹tşak³ tsʅ⁰ cie³⁵lɔi²¹₂₁tsi⁵³ke⁵³₄₄şʅ⁴⁴₄₄kai³⁵ şʅ⁵³ ɲiaŋ³⁵xen²¹to⁴⁴₄₄.iəu³⁵tet² mai³⁵tʰiau²¹₂₁ ɲiəu¹³lɔi²¹₂₁tsi¹³ua⁵³.tşʅ⁵³şek³ i²¹iaŋ⁵³₄₄tsʅ⁰ ta²¹kai⁴⁴₄₄tşak³ e₂₁tʰai⁵³liəu¹³kau³⁵₄₄səuk³ kəŋ³⁵₄₄ləu⁵³ ua⁰ tau⁵³ tʰəŋ³⁵ ku²¹ kai⁵³ iaŋ³⁵₄₄tsʅ⁰ kai⁵³ tşak³ sei⁵³ tʰau⁵³ iəu⁴⁴₄₄ iəu⁴⁴₄₄ tsʰien³⁵ to⁴⁴₄₄ mi⁵³ pa⁰.e₂₁.tsʰien³⁵to⁴⁴₄₄mi²¹ke⁴⁴₄₄sei⁵³tʰau⁵³.cia⁵³ şʅ⁵³kau²¹ke⁵³₄₄xəu⁴⁴₄₄tsʅ⁰ tsʰiəu⁴⁴₄₄mai³⁵tʰiau²¹ ɲiəu¹³,fan²¹tşən⁵³kai¹³tʰiau²¹₂₁ɲiəu¹³iəu⁴⁴₄₄kʰo²¹i⁵³şət⁵.mai³⁵tʰiau²¹ɲiəu¹³lɔi²¹₂₁tsi⁵³li⁰.tşʰʅ¹³ tʰiau¹³₄₄ɲiəu¹³.xai¹³tsʰiaŋ²¹li⁰tʰau⁵³sʅ⁵³₄₄.m̩₂₁.

（二）游艺

出大狮

以前只有出……正月头有出……出狮灯个呀，安做出大狮啊。出大狮是箇是我看过过箇个啦。有有有表演武术个，打棍，打凳，欸，打钩镰，打大刀，三节棍，箇都有。蛮好看呢。i⁵³₅₃tsʰien¹³tsʅ¹³iəu³⁵tşʰət³···tşaŋ³⁵ɲiet⁵tʰei¹³ iəu³⁵tşʰət³···tşʰət³ sʅ³⁵ten³⁵ke⁵³₄₄ia⁰,ɔn³⁵₄₄tso⁴⁴₄₄tşʰət³ tʰai⁵³ sʅ³⁵za⁰.tşʰət³ tʰai⁵³sʅ⁴⁴₄₄sʅ⁴⁴₄₄kai⁵³ şʅ⁵³ ŋai¹³₄₄kʰɔn⁵³ko⁵³₄₄ko⁵³₄₄kai⁵³ke⁴⁴₄₄la⁰.iəu⁵³ iəu³⁵iəu³⁵ piau²¹ien⁵³u³⁵şət⁵ ke₂₁,ta²¹kuən⁵³,ta²¹ ten⁵³,e₂₁,ta²¹kei³⁵lian¹³₂₁,ta²¹tʰai⁵³tau⁵³,san³⁵tset³kuən⁵³,kai⁵³təu²¹₂₁iəu³⁵₄₄.man¹³₂₁xau²¹kʰɔn⁵³ ne⁰.（三节……）三节棍呐，钩镰，大刀哇。啊。san³⁵tset³kuəŋ⁵³na⁰,kei³⁵lian¹³,tʰai⁵³tau₄₄³⁵ua⁰.a₄₄.（出一些什么？）哈？xa₃₅?（出哪些东西啊？）欸，打拳唉。耍大刀唠，打棍唠，耍凳唉。e₂₁,ta²¹cʰien¹³nau⁰.sa²¹tʰai⁵³tau³⁵lau⁰,ta²¹kuəŋ⁵³lau⁰,sa²¹tien⁵³nau⁰.（耍凳的？）耍凳呐，梭凳呐。sa²¹tien⁵³na⁰,so⁵³tien⁵³na⁰.（怎么耍法呢？）耍凳，安做耍凳，就拿倒箇张凳上呃……整武戏呀，整武戏表演呐。欸。还有钩镰，大刀。sa²¹tien⁵³,ɔŋ³⁵tso₄₄sa²¹tien⁵³,tsiəu⁵³la⁵³tau₄₄kai⁴⁴tʂɔŋ³⁵tien⁵³xɔŋ²¹ə₂₁tʂə⋯tʂən²¹u⁵³çi⁵³ia⁰,tʂən²¹u³⁵çi⁵³piau²¹ien²¹na⁰.e₂₁.xai¹³iəu₄₄kei³⁵lian²¹,tʰai⁵³tau³⁵.（还有什么？）梭镖。so³⁵piau₄₄³⁵.

传统游戏

我讲几只子玩具唠，我等细细子搞个玩具唠。嗯。第一只就安做禾笛子。禾笛子。最多个。打哩禾，就有秆。取一莖子秆。我如今都还记得做啦。取一莖子秆，中间捻爆下子，捶正下子来，分渠捅空来，捅空来，放下嘴里，叭叭叭，叭叭叭，咁子吹凑。嗯。蛮好听。欸。你如果系分只手咁子捉正哩以后，放下子放下子放……也还……还会变调。欸。箇就安做禾笛子，箇只就。ŋai¹³kɔŋ²¹ci²¹tʂak³tsɿ¹uan¹³tʂʅ⁵³lau⁰,ŋai¹³tien⁵³se⁵³se⁵³tsɿ¹kau²¹ke⁵³uan¹³tʂʅ⁵³lau⁰.n̩₂₁.tʰi¹³iet³tʂak³tsʰiəu⁵³ɔn³⁵tso₄₄uo¹³tʰak⁵tsɿ¹.uo¹³tʰak⁵tsɿ¹.tsei¹to³⁵ke⁵³.ta²¹li⁰uo¹³,tsʰiəu₄₄iəu³⁵kɔn²¹.tsʰi²¹iet³tsʰo⁵³tsɿ¹kɔn¹³.ŋai²¹₂₁i²¹cin³⁵təu³⁵xai²¹ci⁵³tek³tso⁵³la⁰.tsʰi²¹iet³tsʰo⁵³tsɿ¹kɔn²¹,tʂən³⁵kan₄₄ɲien⁵³pau⁵³ua₄₄(←xa⁵³)tsɿ¹,tsʰən²¹tʂaŋ³⁵xa⁵³tsɿ¹lɔi¹³,pən³⁵ci₄₄tʰən³⁵kʰən³⁵lɔi₄₄¹³,tʰən⁵³kʰən³⁵lɔi²¹,fɔŋ⁵³ŋa₄₄(←xa⁵³)tsɔi⁵³li⁰,pa₅₃pa₄₄pa₄₄,pa₄₄pa₄₄pa₄₄,kan²¹tsɿ¹tʂʰei³⁵tsʰe⁰.n̩₂₁.man¹³xau²¹tʰəŋ³⁵.e₅₃.ɲi¹³ʅ¹³ko²¹xei⁵³pən³⁵tʂak³ʂəu²¹kan²¹tsɿ¹tsok³tʂaŋ₄₄⁵³li⁰i₄₄¹xəu₄₄⁵³,fɔŋ⁵³ŋa₄₄(←xa⁵³)tsɿ¹fɔŋ⁵³ŋa₄₄(←xa⁵³)tsɿ¹fɔŋ₄₄⁵³…ia₄₄xai¹³…xai¹³uɔi⁵³pien²¹tiau⁵³.e₂₁.kai₄₄⁵³tsʰiəu⁵³ɔn³⁵tso₄₄uo¹³tʰak⁵tsɿ¹,kai⁵³tʂak³tsʰiəu⁵³.

第二只就竹笛子。舞条子细竹子，欸，留只节，顶高嘞劈开剁成咁斜个，箇口剁成斜个。以下嘞顶高嘞，就放皮子……噢唔爱留节啊。放皮子竹叶子，含下嘴里，也吹起箇叭叭响，欸，也蛮好听。箇是禾笛子。欸。tʰi⁵³ɲi⁵³tʂak³tsʰiəu⁵³tʂəuk³tʰak⁵tsɿ¹.u²¹tʰiau¹³tsɿ¹se⁵³tʂəuk³tsɿ¹,e₂₁,liəu¹³tʂak³tset³,taŋ²¹kau₄₄lei⁰pʰiak³kʰɔi⁵³to⁵³ʂaŋ₂₁kan²¹tsʰia¹³ke⁵³,kai⁵³xei²¹to⁵³ʂaŋ₂₁tsʰia¹³ke⁵³.i²¹xa⁵³le⁰taŋ²¹kau³⁵le⁰,tsiəu⁵³fɔŋ⁵³pʰi¹³tsɿ¹…au₂₁m̩₂₁¹³mɔi⁵³(←ɔi⁵³)liəu²¹tset³a⁰.fɔŋ⁵³pʰi²¹tsɿ¹tʂəuk³iait³tsɿ¹,xan₂₁na₄₄(←xa⁵³)tsɔi⁵³li⁰,ia³⁵tsʰei⁵³çi⁵³kai²¹pa₄₄pa₄₄çiɔŋ²¹,e₂₁,ia³⁵man²¹xau²¹tʰəŋ³⁵.kai⁵³ʂɿ¹uo¹³tʰak⁵tsɿ¹.e₂₁.

还有就风车子。用手去摇个咁个风车子。嗯，也系用手个。一般用得个……嬲得多个嘞，滚铁环，嗯，玩具啊，滚铁环。舞下铁圈圈，甚至舞只篾箍圈。你只爱分箇只头驳得好好子嘞，你就咁子去勘，滚铁环。欸。
$xai_{21}^{13}iəu^{35}tsʰiəu^{53}fəu^{35}tʂʰa^{35}tsɿ^0$.$iəŋ^{35}ʂəu^{21}çi^{53}iau_{21}^{13}ke^{53}kan^{21}ke^{53}fəŋ^{35}tʂʰa^{35}tsɿ^0$.$n̩_{21}$,$ia^{35}xe^{53}$
$iəŋ_{44}^{53}ʂəu^{21}ke^0$.$iet^3puən^{35}iəŋ^{53}tek^0ke···liau^{53}tek^3to^{35}ke_{44}le^0$,$kuən^{21}tʰet^3fan^{13}$,$n̩_{21}$,$uan^{13}$
$tʂʅ^{53}za^0$,$kuən^{21}tʰet^3fan_{44}^{13}$.$u^{21}a_{44}^{13}(←xa^{53})tʰiet^3cʰien^{35}cʰien^{35}$,$ʂən^{13}tsɿ^{53}u^{21}tʂak^3miet^5sak^3$
$cʰien^{35}$.$ni_{21}^{13}tsɿ^{21}ɔi_{44}^{53}pən^{35}kai_{44}^{53}sak^3tʰei^{13}pɔk^3tek^3xau^{35}xau^{35}tsɿ^0lei^0$,$ni_{21}tsʰiəu^{53}kan^{21}tsɿ^0$
$çi_{44}^{53}li^{35}$,$kuən^{21}tʰiet^3fan_{44}^{13}$.$e_{21}$.

欸打陀螺。舞只树□，系啊？底下削成尖个，欸，拿条篾箆咁子去抽。
打陀螺。好，还有么个东西啊？跳房子。欸，从前有只跳房子。嗯，还有
滴么个玩具啊？欸，庈伏子。系啊？庈伏子。我等系下山里嘞，还可以到
岭上去庈，嘿嘿嘿，岭……到岭上去庈，庈角子，庈伏子。欸。$e_{44}ta^{21}tʰo^{13}lo^{13}$.$u^{21}$
$tʂak^3ʂəu^{53}kʰuət^5$,$xe_{44}a^0$?$tei^{21}xa^{53}siɔk^3ʂaŋ_{21}tsian^{35}cie_{44}^{53}$,$e_{21}$,$la^{53}tʰiau_{21}^{21}met^5sak^3kan^{21}tsɿ^0$
$çi_{44}^{53}tʂʰəu^{53}$.$ta^{21}tʰo^{13}lo^{13}$.xau^{21},$xai_{21}^{13}iəu^{35}mak^3e^0təŋ_{44}^{35}si^0a^0$?$tʰiau^{21}xɔŋ^{13}tsɿ^0$.$e_{21}$,$tsʰən^{13}$
$tsʰien_{44}^{13}iəu_{44}^{13}tʂak^3tʰiau^{53}xɔŋ^{13}tsɿ^0$.$n̩_{21}$,$xai_{21}^{13}iəu^{13}tiet^3mak^3ke^{53}uan_{21}^{13}tʂʅ^{53}a^0$?$e_{21}$,$piaŋ_{44}^{53}$
$pʰu^{53}tsɿ^0$.$xe_{44}a^0$?$piaŋ_{44}^{53}pʰuk^5tsɿ^0$.$ŋai^{13}tien^0xei^{53}a_{44}^{13}(←xa^{53})san^{21}ni^{21}le^0$,$xai_{21}^{13}kʰo^{13}i^{35}tau^{53}$
$liaŋ^{35}xɔŋ^{13}çi_{44}^{53}piaŋ^{53}$,$xe_{44}xe^{53}xe_{21}$,$liaŋ···tau^{21}liaŋ^{35}xɔŋ^{13}çi_{44}^{53}piaŋ^{53}$,$piaŋ^{53}kɔk^3tsɿ^0$,$piaŋ_{44}^{53}$
$pʰuk^5tsɿ^0$.e_{53}.

还有就冷天呢，冷稳哩嘞，就偏倒壁上来煎油，欸，煎油，放势挤。
我就挤你，你就挤我。挤一阵呢，挤一阵一身大汗，欸，挤起□滚个，系
啊？$xai_{21}^{13}iəu_{53}^{35}tsʰiəu_{44}^{53}laŋ^{35}tʰien_{44}^{35}ne^0$,$laŋ^{35}uən^{21}ni^0le^0$,$tsʰiəu^{53}pʰien^{53}tau^{21}piak^3xɔŋ^{35}$
$lɔi^{13}tsian^{35}iəu^{13}$,$e_{21}$,$tsian^{35}iəu^{13}$,$xɔŋ^{35}ʂʅ^{53}tsi^0$.$ŋai^{13}tsʰiəu^{53}tsi^0ni^{13}$,$ni^{21}tsʰiəu^{53}tsi^0ŋai^{13}$.$tsi^{21}$
$iet^3tsʰən^{53}ne^0$,$tsi^{21}iet^3tsʰən^{53}iet^3ʂən_{44}^{35}tʰai^{35}xɔn_{44}^{53}$,$e_{44}$,$tsi^{21}çi_{44}^{21}pʰaŋ^{53}kuən^{21}cie_{44}^{53}$,$xei_{44}^{53}a^0$?

欸，还有就食羊安做。就是，欸，分人就，分个人就高大滴子个人就
踦啊面前。后背人后背一伴个细人子扯倒渠个衫尾，一只一只咁子衫尾。
渠就做只羊，嗯。以下分个人就来食。分个人就来捉，系？捉后背……后
背箇起羊。欸。捉倒一只嘞就斠嘿去，斠倒渠来食。就安做，安做么个？
我等就安做食羊。唔。e_{21},$xai_{21}^{13}iəu_{44}^{13}tsʰiəu_{44}^{53}ʂət^5iɔŋ^{13}ɔn_{44}^{35}tso_{44}^{53}$.$tsiəu_{53}^{53}ʂʅ_{21}^{21}$,$e_{21}$,$pən^{35}ɲin_{21}^{13}$
$tsʰiəu_{44}^{53}$,$pən^{35}ke^{53}ɲin_{21}tsʰiəu_{44}^{53}kau^{35}tʰai_{44}^{53}tiet^5tsɿ^0ke_{44}ɲin_{21}tsʰiəu_{44}^{53}cʰi^{35}a^0mien^{53}$
$tsʰien^{13}$.$xei^{53}pɔi^{53}ɲin_{21}xei^{53}pɔi_{44}^{53}iet^3pʰuɔn^{53}ke_{44}se^{53}ɲin_{21}tsɿ^0tʂʰa^{21}tau^{21}ci^{13}ke_{44}san^{53}$
mi_{44}^{35},$iet^3tʂak^3iet^3tʂak^3kan^{21}tsɿ^0tʂʰa^{21}san_{44}^{35}mi^{35}$.$ci^{13}tsʰiəu^{53}tso^{53}tʂak^3iɔŋ^{13}$,$n̩_{21}$.$ia_{44}(←i^{21}$
$xa^{53})pən^{35}ke^{53}ɲin_{21}tsʰiəu_{44}^{53}lɔi_{21}^{13}ʂət^5$.$pən^{35}ke^{53}in_{21}^{13}tsʰiəu^{53}lɔi_{21}^{13}tsɔk^3$,$xe^{53}$?$tsɔk^3xei^{53}pɔi^{53}···$
$xei^{53}pɔi_{44}^{53}kai_{44}^{53}çi^{13}iɔŋ^{13}$.$e_{21}$.$tsɔk^3tau^{21}iet^3tʂak^3le^0tsʰiəu^{53}tʰiau^{21}uek^3(←xek^3)çi^{53}$,$tʰiau^{21}$
$tau^{21}ci^{13}lɔi_{21}^{13}ʂət^5$.$tsʰiəu_{21}ɔn_{53}^{35}tso^{53}$,$ɔn_{44}^{35}tso^{53}mak^3ke^{53}$?$ŋai_{21}^{13}tien^0tsʰiəu_{44}^{53}ɔn_{44}^{35}tso^{53}ʂət^5$
$iɔŋ^{13}$.$m̩_{21}$.

就系……看下还有滴么个游戏啊。唔？棋类吧哦？棋。欸，作象棋，

嗨，作军旗，欸，作上天棋，作六子棋。最简单个就裤眼棋，欸，最简单，一只咁丫杈。嗯，唔系话有只笑话？有只人么个棋都唔会作。欸。渠只会作裤眼棋，嘿嘿嘿。嘿。以下嘞，渠个姨夫就同话："我等来作棋呀。"渠话："什么个棋好哇？"箇人就话："作裤眼棋呀。"渠只会作裤眼棋。嘿，最简单个。唔系屌你就屌我呀，欸，就会屌哇，会屌起来呀，欸裤眼棋。六子棋，上天棋，裤眼棋。tsʰiəu⁵³ue₄₄(←xe⁵³)…kʰɔn⁵³na₄₄(←xa⁵³)xai²¹ iəu³⁵tiet⁵ mak³ e⁰ iəu²¹ɕi₄₄⁵³a⁰ .m₃₅?cʰi¹³ lei⁵³ pa⁰ o⁰ ?cʰi¹³.e₂₁,tsɔk³ siɔŋ⁵³ cʰi¹³,m̩₂₁,tsɔk³ tʂən³⁵ cʰi¹³,e₂₁,tsɔk³ ʂɔŋ³⁵tʰien³⁵cʰi¹³,tsɔk³ liəuk³ tsɿ⁰ cʰi¹³.tsei⁵³kan²¹ tan³⁵ke₄₄⁵³tsʰiəu⁵³fu⁵³lɔŋ⁰ cʰi¹³,e₂₁,tsei⁵³kan²¹ tan₄₄³⁵,iet³ tʂak³ kan₄₄²¹a₄₄³⁵tsʰa³⁵.n̩₂₁,m̩₂₁³pʰe₄₄(←xe⁵³)ua₄₄⁵³iəu₄₄³⁵tʂak³ siau⁵³ fa⁵³?iəu³⁵tʂak³ ɲin₂₁³mak³ e⁰ cʰi¹³təu³⁵m̩₂₁³uɔi⁵³tsɔk³ .e₂₁.ci₄₄¹³tsɿ²¹ uɔi⁵³tsɔk³ fu⁵³lɔŋ⁰ cʰi¹³,xe₂₁xe₅₃xe₂₁.xe₂₁.i²¹xa₄₄⁵³e⁰,ci¹³ke⁵³i¹³fu⁵³tsʰiəu⁵³tʰəŋ₂₁¹³ua⁵³:"ŋai₂₁¹³tien¹ lɔi₂₁¹³tsɔk³ cʰi¹³ ia⁰."ia₄₄(←ci¹³ua⁵³):"tsɔk³ mak³ e⁰ cʰi¹³xau²¹ua⁰?"kai⁵³ ɲin₂₁¹³tsʰiəu⁵³ua⁵³:"tsɔk³ fu⁵³lɔŋ⁰ cʰi₂₁¹³ia⁰."ci¹³tsɿ²¹ uɔi⁵³tsɔk³ fu⁵³lɔŋ⁰ cʰi¹³.xe₂₁,tsei⁵³kan²¹ tan₄₄³⁵ke⁰.m̩¹³pʰe₄₄(←xe⁵³)fu⁵³ɲi¹³ tsʰiəu⁵³fu⁵³ŋai¹³ia⁰,e₂₁,tsʰiəu₂₁⁵³uɔi₄₄⁵³fu⁵³va⁰,uɔi₄₄⁵³fu⁵³ɕi²¹lɔi¹³ia⁰,e₂₁,fu⁵³lɔŋ⁰ cʰi¹³.liəuk³ tsɿ⁰ cʰi¹³,ʂɔŋ³⁵tʰien₄₄³⁵cʰi¹³,fu⁵³lɔŋ⁰ cʰi¹³.

　　上天棋，噢。上天棋个走法嘞，以就系嗨顶高一只田字，系，写，地泥下画正啦田字，底下就……就一只界字样，一只一只世界个界字样咁子。欸。以下就三个人，三个人来作，嗯，一个人占一只地方，以映，第二只，第三只。以映就欸一四七，以映就二五八，以映就三六九。三个人手里嘞都……都……都捏正，最多系三只，三条棍子。最多系三条棍子。ʂɔŋ³⁵tʰien³⁵ cʰi¹³,au₅₃.ʂɔŋ³⁵tʰien₄₄³⁵cʰi₂₁¹³ke₄₄⁵³tsei²¹fait³ le⁰,i²¹tsʰiəu⁵³xe⁵³m̩₂₁taŋ²¹kau³⁵iet³ tʂak³ tʰien¹³ tsɿ⁵³,xe₄₄⁵³,sia²¹,tʰi¹³lai₂₁¹³xa₄₄⁵³fa⁵³tʂaŋ⁵³la⁰ tʰien¹³tsɿ⁵³,te²¹xa₄₄⁵³tsʰiəu₄₄…tsʰiəu¹³iet³ tʂak³ kai⁵³sɿ₄₄⁵³iɔŋ₄₄⁵³,iet³ tʂak³ iet³ tʂak³ ʂɿ⁵³kai⁵³ke₄₄⁵³kai⁵³sɿ₄₄⁵³iɔŋ₄₄⁵³kan²¹tsɿ⁰ .e₂₁.i²¹xa₄₄⁵³tsʰiəu₄₄⁵³san³⁵ cie³⁵ɲin¹³,san₄₄⁵³ke₄₄⁵³ɲin₂₁¹³nɔi₂₁¹³tsɔk³,n̩₂₁,iet³ ke¹³ɲin₂₁¹³tʂən⁵³iet³ tʂak³ tʰi₄₄¹³fɔŋ⁵³,i²¹iaŋ⁵³,tʰi¹³ ɲi⁵³tʂak³,tʰi₄₄¹³san³⁵tʂak³ .i²¹iaŋ⁵³tsʰiəu₄₄⁵³e₂₁iet³ si⁵³tsʰiet³,i²¹iaŋ⁵³tsʰiəu₄₄⁵³ɲi⁵³ŋ²¹pait³,i²¹ iaŋ⁵³tsʰiəu⁵³san³⁵ liəuk³ ciəu²¹.san³⁵ ke⁵³ɲin₂₁⁵³ʂəu²¹li¹³le⁰ təu³⁵…təu³⁵…təu³⁵ia²¹ tʂaŋ⁵³,tsei⁵³to³⁵xe⁵³san³⁵tʂak³,san³⁵tʰiau₂₁¹³kuən⁵³tsɿ⁰.tsei⁵³to³⁵xe⁵³san₄₄³⁵tʰiau₂₁¹³kuən⁵³tsɿ⁰.

　　以下……好，以下箇三个人呢同时来拿。嗯，伸出手来，唔……我唔晓你手里几多子，渠也唔晓你手里几多子。拿出来，欸，就来做加法。我一只，你两只，渠三只，加起来就六只，系啊？箇就三六九个人走一步。嗯。好，又来，又来划，又来划。好，加起来，系……八只，箇就二五八个人走一步。走到箇中间，走到箇中间，我也到哩箇，你也到哩箇映子，我先到，你后到，你一到就分我个打下去哩，欸，就分我打下去，我就回到原地，欸，回到原地了。就系到嗨中间箇一下，撞怕嘞一下子又打下来哩，一下子又打下来哩。打到箇中间，过嘿哩，我就，我就走以边上，你就走箇边上，渠就走中间上，系？上到箇顶上，就安做上哩天。分你所有个，欸，你一只上来哩，你还有第二只，还第三只，三只都上齐哩，你就出……你就赢哩。箇安做上天棋。嗯。欸上天棋也系蛮有味道。细人子□……欸，一二年级子个细子做加法呀，箇就学倒哩，系唔系？欸。ia$_{35}$(←i^{21}xa^{53})…xau^{21},i^{21}xa^{53}kai$_{44}^{53}$san^{35}ke$_{44}^{53}$ɲin$_{44}^{13}$ne^{0}t^{h}ən$_{21}^{13}$ʂ̩$_{21}^{13}$lɔi$_{21}^{13}$la^{53}.n̩$_{21}$,tʂ̩ən^{35}tʂ̩ət^3 ʂəu^{21}lɔi^{13},n̩^{13}…ɲai^{13}n̩$_{44}^{13}$çiau^{13}ɲi^{13}ʂəu^{21}li^{0}ci^{21}to^{35}tʂ̩^{0},ci^{13}ia$_{44}^{35}$n̩$_{21}^{13}$çiau^{13}ɲi^{13}ʂəu^{21}li^{0}ci^{21}to$_{44}^{35}$tʂ̩^{0}.la^{53}tʂ̩ət^{3}lɔi^{13},e$_{21}$,tsiəu$_{44}^{53}$lɔi$_{21}^{13}$tso^{53}cia^{53}fait^3.ŋai^{13}iet^3 tʂak^3,ɲi^{13}iɔŋ^{13}tʂak^3,ci^{13}san^{35}tʂak^3,cia^{35}çi^{21}lɔi^{13}tʂʰiəu^{53}liəuk^{13} tʂak^3,xei^{53}a^0?kai$_{44}^{53}$tʂʰiəu$_{44}^{53}$san^{35}liəuk^{13}ciəu^{21}ke^{53}ɲin$_{44}^{13}$tsei^{21}iet^3 pʰu^{53}.n̩$_{21}$.xau^{21},iəu^{53}lɔi$_{44}^{13}$,iəu^{53}lɔi$_{21}^{13}$fa^{13},iəu^{53}lɔi$_{21}^{13}$fa$_{21}^{13}$.xau^{21},cia^{53}çi^{21}lɔi^{13},xei^{53}p…pait^3 tʂak^3,kai$_{21}^{53}$tʂʰiəu$_{44}^{53}$ɲi^{13}ŋ̩^{21}pait^3 ke^{53}ɲin$_{44}^{13}$tsei^{21}iet^3 pʰu^{53}.tsei^{21}tau^{53}kai$_{44}^{53}$tʂəŋ^{35}kan$_{44}^{53}$,tsei^{21}tau^{53}kai$_{44}^{53}$tʂəŋ$_{44}^{35}$kan$_{44}^{53}$,ŋai^{13}ia^{35}tau^{53}li^{0}kai$_{44}^{53}$ɲi^{13}ia^{35}tau^{53}li^{0}kai$_{44}^{53}$iaŋ^{53}tʂ̩^{0},ŋai^{13}sien^{35}tau^{53},ɲi^{13}xei^{53}tau^{53},ɲi^{13}iet^{3}tau^{53}tʂʰiəu$_{44}^{53}$pən^{35}ŋai^{13}ke$_{44}^{53}$ta^{21}xa$_{44}^{53}$çi^{53}li^0,e$_{21}$,tʂʰiəu$_{44}^{53}$pən$_{44}^{35}$ŋai$_{44}^{13}$ta^{21}xa^{53}çi^{53},ŋai^{13}tʂʰiəu^{53}fei^{13}tau^{53}vien^{13}tʰi^{53},e$_{21}$,fei^{13}tau^{53}vien^{13}tʰi^{53}liau^0.tʂʰiəu^{53}ue^{53}(←xe^{53})tau^{53}kʰuek^3(←xek^3)tʂʂən^{35}kan$_{44}^{53}$kai^{53}iet^{3}xa^{53},tʂʰɔŋ^{21}pʰa$_{44}^{53}$le^{0}iet^{3}xa^{53}tʂ̩^{0}iəu$_{44}^{53}$ta^{21}xa^{53}lɔi$_{21}^{13}$li^0,iet^{3}xa^{53}tʂ̩^{0}iəu$_{44}^{53}$ta^{21}xa^{53}lɔi$_{21}^{13}$li^0.ta^{21}tau$_{44}^{53}$kai$_{44}^{53}$tʂʂən^{35}kan$_{44}^{53}$,ko^{53}ek^3(←xek^3)li^0,ŋai^{13}tʂʰiəu$_{44}^{53}$,ŋai^{13}tʂʰiəu^{53}tsei^{21}i^{21}pien$_{44}^{35}$ʂɔŋ$_{44}^{35}$ɲi^{13}tʂʰiəu^{53}tsei^{21}kai^{53}pien$_{44}^{35}$ʂɔŋ^{35},ci^{13}tʂʰiəu^{53}tsei^{21}tʂʂən^{35}kan$_{44}^{53}$ʂɔŋ^{35},xe$_{44}^{53}$?ʂɔŋ^{35}tau$_{44}^{53}$kai$_{44}^{53}$tin^{13}xɔŋ$_{44}^{35}$,tʂʰiəu$_{44}^{53}$ɔn$_{44}^{35}$tso$_{44}^{53}$ʂɔŋ$_{44}^{35}$li^{0}tʰien^{35}.pən^{35}ɲi$_{44}^{13}$so^{21}iəu^{53}kei$_{44}^{53}$,e$_{21}$,ɲi^{13}iet^{3}tʂak^{3}ʂɔŋ^{35}li^0,ɲi$_{21}^{13}$xai$_{21}^{13}$iəu$_{44}^{35}$tʰi^{13}ɲi^{13}tʂak^3,xai$_{21}^{13}$iəu^{53}tʰi^{13}san^{35}tʂak^3,san^{35}tʂak^{3}təu$_{44}^{53}$ʂɔŋ$_{44}^{35}$tsʰe^{13}li^0,ɲi^{13}tʂʰiəu^{53}tʂʂət^3…ɲi^{13}tʂʰiəu^{53}iaŋ^{13}li^0.kai$_{44}^{53}$ɔn$_{44}^{53}$tso$_{44}^{53}$ʂɔŋ^{35}tʰien$_{44}^{35}$cʰi$_{44}^{13}$.n̩$_{21}$.e^{0}ʂɔŋ^{35}tʰien$_{44}^{35}$cʰi$_{44}^{13}$ia^{35}xei^{53}man^{13}iəu^{53}uei^{53}tʰau^{53}.se^{53}ɲin$_{21}^{13}$tʂ̩^{0}so^{53}…e$_{21}$,iet^{3}ɲi^{13}ɲien$_{21}^{13}$ciet^{3}tʂ̩^{0}ke$_{44}^{53}$se^{53}tʂ̩^{0}tso^{53}cia^{35}fait^{3}ia^0,kai$_{44}^{53}$tʂʰiəu$_{44}^{53}$xɔk^{5}tau^{21}li^0,xei$_{44}^{53}$me$_{44}$(←m̩^{13}xe^{53})?e$_{21}$.

　　裤眼棋是，就唔知几简……唔知几简单。嗯，就系……就系一只么个，嗯，一个两只子。就系一只咁个叉叉，一只……一只箇个正方形样，有一面就冇得，正方形有一边冇得，欸，以下箇两边呢对角线呢画出来，就咁个，就咁简单。一只正方形，有一边冇得，就一只咁个同式样个。有一边就冇得，以下嘞两条对角线呢画下去。一个两只，我摆左边两只子，你摆右边两只子。欸。欸，如果我系走以脚下一只摆嘿去个话，一下就撑死哩，箇第一步不能咁子走。fu^{53}lɔŋ^{13}cʰi$_{44}^{13}$ʂ̩$_{44}^{13}$,tʂʰiəu$_{44}^{53}$n̩$_{44}^{13}$ti$_{44}^{13}$ci$_{44}^{13}$kan^{21}…n̩$_{21}$ti$_{44}^{13}$ci$_{21}^{13}$kan^{21}tan$_{44}^{35}$.n̩$_{21}$,tʂʰiəu^{53}xe^{53}…tʂʰiəu^{53}xe^{53}iet^3 tʂak^3 mak^3 ke^{53},ŋ̩$_{21}$,iet^3 ke^{53}iɔŋ^{13}tʂak^3 tʂ̩^{21}.tʂʰiəu^{53}xe^{53}iet^3 tʂak^3 kan^{53}ke^{53}tʂʰa^{53}tʂʰa^{35},iet^3 tʂak^3…iet^3 tʂak^3 kai$_{44}^{53}$ke^{53}tʂən^{53}fɔŋ$_{44}^{35}$çin^{53}iɔŋ^{53},iəu^{35}iet^3 mien^{53}tʂʰiəu^{53}mau^{13}tek^3,tʂən^{53}fɔŋ$_{44}^{35}$çin^{13}iəu^{35}iet^3 pien^{35}mau$_{44}^{13}$tek^3,e$_{21}$,i^{21}a$_{44}$(←xa^{53})kai^{53}iɔŋ^{21}pien$_{44}^{35}$ne^{0}tei^{53}kɔk^{3}sien^{53}ne^{0}fa^{53}tʂ̩ət^{3}lɔi$_{21}^{13}$,tʂʰiəu$_{44}^{53}$kan^{21}ke^{53},tʂʰiəu$_{44}^{53}$

kan²¹kan²¹tan₄₄³⁵.iet³tʂak³tʂən⁵³foŋ₄₄³⁵çin¹³,iəu³⁵iet³pien³⁵mau₂₁¹³tek³,tsʰiəu⁵³iet³tʂak³
kan²¹cie⁵³tʰəŋ¹³sʅ⁵³ioŋ₄₄⁵³ke⁵³.iəu³⁵iet³pien³⁵tsʰiəu⁵³mau¹³tek³,i²¹ia₄₄(←xa⁵³)lei⁰ioŋ²¹
tʰiau²¹tei⁵³kɔk³sien⁵³ne⁰fa₄₄⁵³a₄₄(←xa⁵³)çi⁵³.iet³ke⁵³ioŋ²¹tʂak³,ŋai¹³pai²¹tso⁵³pien₄₄⁵³ioŋ²¹
tʂak³tsʅ⁵³,ȵi¹³pai²¹iəu⁰pien₄₄³⁵ioŋ²¹tʂak³tsʅ²¹.e₄₄.e₄₄,ʅ¹³ko²¹ŋai¹³xe⁵³tsei²¹²¹ciɔk³xa⁵³i₂₁²¹
tʂak³pai²¹ek³(←xek³)çi⁵³ke₄₄⁵³fa₄₄⁵³,iet³xa⁵³tsʰiəu₄₄⁵³tsʰaŋ⁵³si²¹li⁰,kai₄₄⁵³tʰi²¹iet³pʰu₄₄⁵³pət³
nen¹³kan²¹tsʅ⁰tsei²¹.

第一步嘞，就只能从顶高箇映子走下中间来。你走左边走下以映来，我就右边走下以映去。撑死哩，就输嘿哩。咊。撑倒渠有哩走，就输嘿哩，因为底下过唔得啊。底下过唔得啊。欸。就安做裤眼棋，嗯，唔系屌你就屌我。tʰi⁵³iet³pʰu₄₄⁵³lei⁰,tsʰiəu⁵³tsʅ²¹lien¹³tsʰəŋ¹³taŋ²¹kau³⁵kai¹³iaŋ⁵³tsʅ⁰tsei²¹ia₄₄(←xa⁵³)tʂəŋ³⁵kan₄₄³⁵nɔi₂₁¹³,ȵi¹³tsei²¹tso⁵³pien₄₄³⁵tsei³⁵xa₄₄⁵³i²¹iaŋ₄₄⁵³lɔi₂₁¹³,ŋai¹³tsʰiəu⁵³iəu⁰pien₄₄³⁵tsei²¹xa⁵³i²¹iaŋ₄₄⁵³çi⁵³.tsʰaŋ⁵³si²¹li⁰,tsʰiəu₄₄⁵³ʂəu³⁵ek³(←xek³)li⁰.m₂₁.tsʰaŋ⁵³tau⁵³ci₂₁¹³mau¹³li⁰tsei²¹,tsʰiəu₄₄⁵³ʂəu³⁵ek³(←xek³)li⁰,in³⁵uei₄₄⁵³tei²¹xa₄₄⁵³ko⁰ȵ₂₁¹³tek³a⁰.tei²¹xa₄₄⁵³ko⁰ȵ₂₁¹³tek³a⁰.e₂₁.tsʰiəu₄₄⁵³ɔn₄₄³⁵tso⁵³fu⁵³lɔŋ₄₄⁵³cʰi₂₁¹³,ȵ₂₁,m̩¹³pʰe⁵³(←xe⁵³)fu⁵³ȵi¹³tsʰiəu⁵³fu⁵³ŋai¹³.

打禾苗龙

打禾苗龙啊，安做，打龙啊。打禾苗龙。ta²¹uo¹³miau¹³liəŋ¹³ŋa⁰,ɔn₄₄³⁵tso⁵³,ta²¹liəŋ¹³ŋa⁰.ta²¹uo¹³miau¹³liəŋ¹³.（怎么打法呢？）唔晓得。我也嶒嶒看过。ŋ̍₂₁¹³çiau²¹tek³,ŋai¹³ia₄₄³⁵maŋ¹³maŋ¹³kʰɔn⁵³ko⁰.好像话，欸用秆把，用秆把，扎倒个龙，扎倒子个秆把子就系就系龙，就龙身样，舞条绳，摆下去，欸，可以打一百节，欸，可以箇去一百个人，跕倒禾田里打叮叮。去田里啊，田中间个小路上啊打叮叮。xau²¹tsʰiɔŋ¹³ua₄₄⁵³,ei₂₁iəŋ⁵³kɔn²¹pa²¹,iəŋ⁵³kɔn²¹pa²¹,tsait³tau²¹ke⁵³liəŋ¹³,tsait³tau²¹tsʅ⁰ke⁵³kɔn²¹pa²¹tsʅ⁰tsʰiəu⁵³xe₂₁tsʰiəu⁵³xe₂₁liəŋ¹³,tsʰiəu₄₄⁵³liəŋ¹³ʂən³⁵tsʅ⁰ioŋ₄₄⁵³,u²¹tʰiau³⁵ʂən¹³,kʰuan₄₄⁵³na₄₄⁵³çi₄₄⁵³,ei₂₁,kʰo⁰i₄₄³⁵ta²¹iet³pak³tset³,e₂₁,kʰo⁰i₄₄³⁵kai₄₄⁵³çi⁵³iet³pak³cie⁵³ȵin¹³,ku³⁵tau²¹uo¹³tʰien₂₁¹³li⁰ta¹³tin³⁵tin₄₄.çi⁵³tʰien⁵³ni⁰a⁰,tʰien¹³tʂəŋ₄₄³⁵kan⁵³ke₄₄⁵³siau²¹ləu⁰xɔŋ¹³ŋa⁰ta²¹tin³⁵tin₄₄.（啊，去转。）呀转。ia₄₄tʂən²¹.（要点燃吧？）点着来。有滴就插滴香啊。欸。就安做打禾苗龙啊。tian²¹tʂʰɔk⁵lɔi₂₁¹³.iəu³⁵tet⁵tsʰiəu₄₄⁵³tsʰait³tiet⁵çiɔŋ³⁵ŋa⁰.e₂₁.tsʰiəu₄₄⁵³ɔn₄₄³⁵tso⁵³ta²¹uo¹³miau¹³liəŋ¹³ŋa⁰.（要点燃烧吧？）最后烧嘿去，欸。tsei⁵³xei⁵³sau³⁵uek³(←xek³)çi⁵³,e₂₁.（哦，开始不烧？）最后，开头唔烧。tsei⁵³xei⁵³,kʰɔi³⁵tʰei¹³ȵ₂₁¹³sau₄₄.（转的时候不烧？）箇映只烧得几多下就冇得哩嘞。欸。渠爱打叮叮咯。嗯。开头唔烧，最后烧嘿去。kai³⁵iaŋ³⁵tsʅ²¹sau³⁵tek³ci¹³to³⁵xa⁵³tsʰiəu₄₄⁵³mau²¹et³(←tek³)li⁰lei⁰.e₂₁.ci₂₁ɔi⁵³ta²¹tin³⁵tin³⁵ko⁰.ȵ₂₁.kʰɔi³⁵tʰei¹³ȵ₂₁¹³sau₄₄,tsei⁵³xei₄₄⁵³sau³⁵ek³(←xek³)çi⁵³.

打飘石子

（有没有打过那个漂石子？）打过，漂石子。打过。ta²¹ko⁵³₄₄,pʰiau³⁵ʂak⁵ tsʅ⁰.ta²¹ko⁵³₄₄.（好，那个你怎么计算成绩呢？）箇个就怎么人个打得浮起来更多下，欸。我个打下去浮哩六下，或者七下，你个只浮倒三下，我个更煞，我更煞。欸。kai⁵³ke⁵³₄₄tsʰiəu₄₄kʰɔn⁵³mak⁵ɲin¹³ke⁵³ta²¹tek³fei¹³çi¹¹lɔi¹³cien³to³⁵ xa⁵³,e₂₁.ŋai¹³ke⁵³ta²¹xa⁵³çi₄₄fei¹³li⁰liəuk³xa⁵³,xɔit⁵₃tʂa₄₄tsʰiet³xa⁵³,ɲi¹³ke⁵³tsʅ⁵³fei₄₄tau²¹ san³⁵xa⁵³,ŋai¹³ke₄₄cien⁵³sait³,ŋai¹³cien⁵³sait³.e₂₁.（那个讲……讲一下还是一碗？）浮一次啊，飘一次，看得一次啊。fei¹³iet³tsʰʅ⁵³a⁰,pʰiau³⁵iet³tsʰʅ⁵³,kʰɔn⁵³tek³iet³ tsʰʅ⁵³a⁰.（这个跟水接触一次就会一个圈嘛。）就……嗯，穿过水……唔系，不是嘞。tsiəu…en₂₁,tʂʰɔn³³ko⁵³ʂei²¹…m̩¹³pʰe⁵³(←xe⁵³),pət³ʂʅ⁰le⁰.（就一个一圈波浪嘛。）不是一圈波浪。穿过一次水，又出来一次就安……穿过水出来一次就安做一下。pət³ʂʅ⁵³iet³cʰien³po³⁵lɔŋ³.tʂʰɔn⁵³ko⁵³iet³tsʰʅ⁵³ʂei²¹,iəu⁵³tsʰət³lɔi¹³₂₁ iet³tsʰʅ⁵³tsʰiəu²¹ɔn₄₄…tʂʰɔn⁵³ko⁵³ʂei²¹tsʰət³lɔi¹³₂₁iet³tsʰʅ⁵³tsʰiəu²¹ɔn₄₄tso₄₄iet³xa⁵³.（一下？）哎，系，我个就，我个就浮嘿五下或者。看……穿一次浮一次，穿一次浮一次哟，系啊？嗯，就计算咁子样，么人个更煞就，看么人个飘得更多下唠。几多下。ai₅₃,xei₂₁,ŋai¹³ke⁵³tsʰiəu₄₄,ŋai¹³ke⁵³tsʰiəu₄₄fei¹³iek³(←xek³)ŋ²¹ xa⁵³xɔit³₃tʂa²¹.kʰɔn⁵³…tʂʰɔn⁵³iet³tsʰʅ⁵³fei¹³iet³tsʰʅ⁵³,tʂʰɔn⁵³iet³tsʰʅ⁵³fei¹³iet³tsʰʅ⁵³ ʂa⁰,xei⁵³₄₄a⁰?tsʰiəu⁵³ci⁵³sɔn⁵³kan¹³₁₃tsʅ⁰iɔŋ⁵³,mak³ɲin¹³cie₄₄cien⁵³sait³tsʰiəu⁵³,kʰɔn⁵³na⁵³ mak³in₄₄cie⁵³pʰiau³⁵tek³cien²¹₂₁to³⁵xa⁵³lau⁰.ci¹¹to³⁵xa⁵³.（有的地方就讲碗。吃了几碗水。）哦，我等唔讲话食几碗，只讲漂几多下。o₂₁,ŋai²¹tien⁰n̩¹³₂₁kɔŋ²¹ua⁵³₄₄ʂət⁵ ci¹¹uɔn²¹,tsʅ²¹kɔŋ²¹pʰiau³ci¹¹to³⁵xa⁵³.

打日头落山

（好，一个人这样弯起腰在那里，别的人呢就是从他身上跳过去。）哦哦，打翻车□头哟。欸，有滴就有滴走渠脑壳上……吡，也有滴就看呐咁子手放倒。脑壳脑……咁子去……箇只人咁子跕到，系唔系？有滴人走渠脑壳就种啊以映子就一翻车□头，打日头落山呀安做唠。箇我等细细子搞过。打日头落山安做。以个就唔系翻车□头。翻车□头是一个人打。咁子侧空翻呢，咁子侧翻就翻车□头唠。侧翻呐。侧边翻就安做翻车□头。o₄₄ o₂₁,ta²¹fan³⁵ʂʰa³⁵cʰin³tʰei⁰iau⁰.e₂₁,iəu⁵³tet³tsʰiəu₄₄iəu³⁵tet⁵tsei²¹ci¹³₂₁lau¹kʰɔk³ɔŋ⁰(← xɔŋ⁵³)…te²¹,ie²¹iəu³⁵tiet⁵₃tsʰiəu⁵³kʰɔn⁵³na⁰kan²¹tsʅ⁰ʂəu²¹faŋ⁵³tau².lau²¹kʰɔk³lau²¹… kan²¹tsʅ⁰çi…kai⁵³tʂak³ɲin¹³kan²¹tsʅ⁰kʰu³⁵tau²,xei⁵³me₄₄(←m̩¹³xe⁵³)?iəu⁵³tet³in₄₄tsei²¹ ci¹³₂₁lau²¹kʰɔk³tsʰiəu₄₄tʂəŋ⁵³ŋa⁰i¹iaŋ³⁵tsʅ⁰tsʰiəu₄₄iet³fan³⁵tʂʰa₄₄cʰin⁵³tʰei₂₁,ta²¹ɲiet³tʰei¹³

lɔk^5 san^{35}nau^0 ɔn$^{35}_{44}$tso$^{53}_{44}$lau^0 .kai$^{53}_{44}$ŋai$^{13}_{21}$tien^0 se^{53}se^{53}tsʅ^0 kau^{21}ko^{53}.ta^{21}ɲiet^3 tʰei^{13}lɔk^5 san^{35} ɔn$^{35}_{44}$tso$^{53}_{44}$.i^{21}ke^{53}tsʰiəu^{53}m̩^{13}pʰe$_{44}$(←xe^{53})fan^{53}tʂʰa^{35}cʰin^{53}tʰei$^{13}_{21}$.fan^{53}tʂʰa^{35}cʰin^{53}tʰei$^{13}_{21}$ʂʅ$_{44}$ iet^{3}ke^{53}ɲin$^{13}_{21}$ta^{21}.kan$^{35}_{35}$tsʅ^0 tsek^3 kʰəŋ$^{35}_{44}$fan$^{35}_{44}$ne^0 ,kan^{21}tsʅ^0 tsek^3 fan$^{35}_{44}$tsʰiəu$^{53}_{44}$fan^{35}tʂʰa^{35} cʰin^{53}tʰei$^{13}_{21}$lau^0 .tsek^3 fan^{35}na^0 .tsek^3 pien^{53}fan^{35}tsʰiəu$^{53}_{44}$ɔn$^{35}_{44}$tso$^{53}_{44}$fan^{35}tʂʰa^{35}cʰin^{53}tʰei$^{13}_{21}$.
（打那个日头落山到底是怎么打的？）渠就唔像搞箇个……就不是欸不是
翻山羊。ci^{13}tsʰiəu^{53}n̩^{13}tsʰiɔŋ^{53}kau^{53}kai^{53}ke$_{44}$…tsʰiəu^{53}pət^3 ʂʅ$^{53}_{44}$e$_{21}$pət^3 ʂʅ^{53}fan$^{35}_{44}$san^{13}iɔŋ$^{13}_{44}$.
（还有个翻山羊啊？）欸，翻山羊是箇个咯，箇是体育项目咯。渠就不是
么啊咁子跨下过去，不是么啊不是箇么啊舞倒走渠脑上跨下过去。系走渠
脑上翻下过去。背囊对背囊。咁子脑壳对看欸以只背囊就对倒对倒箇只人
个背囊，咁子咁子走渠走渠脑壳顶上翻下过。背靠背咁子翻下过，欸。咁
子就安做安做打日头落山。打日头落山。e$_{44}$,fan$^{44}_{44}$san^{35}iɔŋ$^{13}_{21}$ʂʅ^{53}kai^{53}ke^{53}ko^0 ,kai$_{44}$ ʂʅ$^{53}_{44}$tʰi^{21}iɔk^3 xɔŋ$^{53}_{44}$muk^{5}ko^0 .ci^{13}tsʰiəu^{53}pət^3 ʂʅ^{53}mak^3 a^0 kan^{21}tsʅ^0 cʰia^{53}xa$^{53}_{44}$ko^{44}çi$_{44}$,pət^3 ʂʅ^{53} mak^3 a^0 pət^3 ʂʅ^{53}kai^{53}mak^3 a^0 u^{21}tau^{21}tsei^{53}ci$^{13}_{21}$lau^0 xɔŋ$^{53}_{44}$cʰia^{53}xa$^{53}_{44}$ko$^{53}_{44}$çi^{53}tsei^{21}ci$^{13}_{21}$ lau^{21}xɔŋ$^{53}_{44}$fan^{35}na^0 ko$^{53}_{44}$çi^{53}.pɔi^{53}lɔŋ^{13}ti$^{53}_{44}$pɔi^{53}lɔŋ^{13}.kan^{21}tsʅ^0 lau^{21}kʰɔk^3 ti^{13}kʰɔn$^{53}_{44}$nau^0 i^{13} tʂak^3 pɔi^{53}lɔŋ^{13}tsʰiəu^{53}ti^{13}tau^{21}ti^{13}tau^{21}kai^{53}tʂak^3 ɲin^{13}ke$^{53}_{44}$pɔi^{53}lɔŋ^{13},kan^{21}tsʅ^0 kan^{21}tsʅ^0 tsei^{21}ci$^{13}_{44}$tsei^{21}ci$^{13}_{21}$lau^{21}kʰɔk^3 taŋ^{21}xɔŋ$^{53}_{44}$fan^{35}na$_{44}$ko$^{53}_{44}$.pɔi^{53}kʰau$^{53}_{44}$pɔi^{53}kan^{21}tsʅ^0 fan^{53}na$_{44}$ ko$^{53}_{44}$,e$_{21}$.kan^{21}tsʅ^0 tsʰiəu^{53}ɔn$^{35}_{44}$tso^{53}ɔn$^{35}_{44}$tso^{53}ta^{21}ɲiet^3 tʰei^{13}lɔk^5 san^{35}.ta^{21}ɲiet^3 tʰei^{13}lɔk^5 san^{35}.
（欸，那你这个刚才做的那个动作是什么？）箇只人是坐正来分你等人打
只落山个咯，渠是……渠是坐正来咯咁子，咁子跕正来咯，跕正来咯。剩
下……剩下个人就走渠如映子啊，脑壳就顶下如映啊。kai^{53}tʂak^3 ɲin^{13} ʂʅ$^{53}_{44}$tsʰo^{35} tʂaŋ^{53}lɔi^{13}pən^{35}ɲi$^{21}_{21}$tien^0 ɲin^{13}ta^{21}tʂak^3 lɔk^5 san^{35}cie$^{53}_{44}$ko^0 ,ci^{13}ʂ…ci^{13}ʂʅ$^{53}_{44}$tsʰo^{35} tʂaŋ^{53}lɔi$^{13}_{21}$ ko^0 kan^{21}tsʅ^0 ,kan^{21}tsʅ^0 kʰu^{35}tʂaŋ^{53}lɔi$^{13}_{21}$ko^0 ,kʰu^{35}tʂaŋ$^{53}_{44}$lɔi$^{13}_{21}$ko^0 .ʂən^{13}ç…ʂən^{13}çia^{53}ke$_{44}$ ɲin^{13}tsʰiəu$^{53}_{44}$tsei^{21}ci$^{13}_{21}$i$^{13}_{21}$iaŋ^{53}tsa^0 ,lau^{21}kʰɔk^3 tsʰiəu^{53}tin^{53}na$_{44}$i$^{13}_{21}$iaŋ^{53}ŋa^0 .（这个玩法叫什
么？）日头落山呐。ɲiet^3 tʰei^{13}lɔk^5 san^{53}na^0 .

笛

　　（喇叭呢？）喇……喇叭？la^{21}…la^{21}pa^0 ?（嗯。）安做唢呐啊。安做唢
呐。ɔn$^{35}_{44}$tso$^{53}_{44}$so^{21}la^{53}a^0 .ɔn$^{35}_{44}$tso$^{53}_{44}$so^{21}la^{53}.（你们喊唢呐还是喇叭？）唔喊喇叭。
n̩^{13}xan^{53}la^{21}pa^0 .（吹的什么？）系啊，唢呐。又安做笛。又安做笛啊，吹笛。
xei$^{53}_{44}$a^0 ,so^{21}la^{53}.iəu$^{53}_{44}$ɔn$^{35}_{44}$tso$^{53}_{44}$tʰak^5 .iəu$^{53}_{44}$ɔn$^{35}_{44}$tso$^{53}_{44}$tʰak^5 a^0 ,tʂʰei^{35}tʰak^5 .（也叫唢呐是
吧？）也……也叫唢呐。唢呐系书名号吧？书名啊。ia^{35}…ie$_{21}$ciau^{53}so^{21}la^{53}.so^{21}
la^{53}xe^{53}ʂəu^{35}miaŋ^{13}xau^{53}pa^0 ?ʂəu^{35}miaŋ^{13}ŋa^0 .（噢，你们……）我等客姓人安做
笛。吹笛啊。人老学吹笛啊。吹笛是蛮爱气劲呐，要有肺活量啊。吹笛啊。
人老学吹笛，吹起眼白白。ŋai^{13}tien^0 kʰak^3 sin^{53}ɲin$^{13}_{21}$ɔn$^{35}_{44}$tso$^{53}_{44}$tʰak^5 .tʂʰei^{35}tʰak^5

a^0.ɲin^{13}nau^{21}xɔk^{5}tʂʰei$^{35}_{44}$tʰak^{5}a^0.tʂʰei^{35}tʰak^{5}ʂɻ^{53}man^{13}ɔi$^{53}_{21}$çi^{53}cin^{53}na^0,iau$_{44}$iəu^{35}fei^{53}xɔit^{5}liɔŋ^{21}ŋa^0.tʂʰei$^{35}_{44}$tʰak^{5}a^0.ɲin^{13}nau^{21}xɔk^{5}tʂʰei^{35}tʰak^5,tʂʰei^{35}çi^{21}ŋan^{21}pʰak^{5}pʰak^5. （笛有几种？）笛指唢呐我只晓得两两起，一起……以普通个笛，一起牙笛子。tʰak^{5}ŋai$^{13}_{21}$tsɻçiau^{3}tek^{3}iɔŋ^{21}iɔŋ^{21}çi^{21},iet^{3}çi^{21}ts˙i^{21}pʰu^{21}tʰəŋ$^{35}_{44}$ke^{21}tʰak^5,iet^{3}çi^{21}ŋa^{13}tʰak^{5}tsɻ. （牙笛子是……）牙笛子就更声音更尖哎。ŋa^{13}tʰak^{5}tsɻtsiəu^{21}cien$^{53}_{44}$ʂaŋ^{35}in$^{35}_{44}$cien^{53}tsien^{35}nau^0. （欸小一些还是大一些？）小一滴。细滴子。牙笛子。siau^{21}iet^{3}tiet^5.sei^{53}tiet^{5}tsɻ.ŋa^{13}tʰak^{5}tsɻ. （那个是不是伢子那个伢？）细人细人子个细，哎，小孩子箇只……牙齿个牙，牙笛子啊。sei^{53}ɲin$^{21}_{21}$sei^{53}ɲin$^{13}_{44}$tsɻke^{0}se$^{53}_{21}$,ai$_{21}$,siau^{21}xai^{53}tsɻkai^{53}tʂak^3…ŋa^{13}tsʰɻ^{21}ke^{53}ŋa^{13},ŋa^{13}tʰak^{5}tsɻ^{0}a^0.

电影队

　　箇阵子公社里有电影队咯。放电影个人是第……第一第一箇个咯，我等第一眼热渠呀。kai$^{53}_{44}$tʂʰən^{53}tsɻkəŋ^{35}ʂa$^{53}_{44}$li^{0}iəu^{35}tʰien$^{53}_{44}$iaŋ^{21}ti^{53}ko^0.fɔŋ$^{53}_{44}$tʰien^{53}iaŋ^{21}ke^{53}ɲin^{13}ʂɻtʰi…tʰi^{53}iet^{3}tʰi^{53}iet^{3}kai^{53}ke$^{53}_{44}$ko^0,ŋai$^{13}_{21}$tien^{0}tʰi^{53}iet^{3}ŋan^{21}ɲiet^{5}ci$_{21}$ia^0. （啊？）眼热箇看电影放电影个人。ŋan^{21}ɲiet^{5}kai$^{53}_{44}$kʰɔn^{53}tʰien^{53}vin^{21}fɔŋ$^{53}_{44}$tʰien^{53}iaŋ^{21}ke^{53}ɲin$^{21}_{21}$. （眼热眼热他？）欸，眼眼红渠啊。e$_{21}$,ŋan^{21}ŋan^{21}fəŋ^{13}ci$^{53}_{44}$a^0./眼浅眼浅渠都。ŋan^{21}tsʰien$^{21}_{13}$ŋan^{21}tsʰien$^{21}_{13}$ci$^{53}_{44}$təu$_{44}$. （哦为什么呢？）渠长……渠又唔爱钱呢看电影啊，又又有工资啊，欸。就两个人呢。就两个，电影队。ci^{13}tsʰɔŋ^{13}…ci^{13}iəu$_{44}$m̩^{21}mɔi^{53}tsʰien^{13}ne^{0}kʰɔn^{53}tʰien^{53}iaŋ^{21}a^0,iəu^{53}uei^{0}iəu$_{44}$kəŋ^{53}tsɻa^0,e$_{44}$.tsʰiəu^{53}iɔŋ^{21}ke^{53}ɲin$^{13}_{21}$ne^0.tsʰiəu^{53}iɔŋ^{21}ke^{53},tʰien^{53}iaŋ^{21}ti^{53}.

吊竹①

　　还有吊竹哦。吊竹啊，我等山里是蛮多竹咻。欸，□上去，□上竹上去。□嘿箇竹尾巴上去。欸。总□总尾呀，箇尾巴就受唔了哩啊，就驼啊下来咻。xai$^{13}_{21}$iəu$_{44}$tiau^{53}tsəuk^{3}o^0.tiau^{53}tsəuk^{3}a^0,ŋai$^{13}_{21}$tien^{0}san^{35}li^{21}ʂɻ$_{44}$man^{21}to$_{21}$tsəuk^{3}ʂa^0.e$_{21}$,cʰiet^{5}ʂɔŋ$^{53}_{44}$çi^{53},cʰiet$^3_3$ʂɔŋ^{53}tsəuk^{3}xɔŋ$^{53}_{44}$çi^{53}.cʰiet$^3_3$ek^5(←xek^3)kai$^{53}_{44}$tsəuk^{3}mi^{35}pa^{35}xɔŋ$^{21}_{21}$çi^{53}.e$_{21}$.tsəŋ^{21}cʰiet^{3}tsəŋ^{21}mi^{21}ia^0,kai$^{53}_{44}$mi^{21}pa$_{44}$tsʰiəu^{53}ʂəu^{21}ɲ$^2_{21}$liau^{21}li^{13}a^0,tsʰiəu$_{44}$tʰo^{13}a^{0}xa$^{53}_{44}$lɔi$^{21}_{21}$ʂa^0. （嗯，那叫吊竹？）吊竹哇，去吊。欸，箇……tiau^{53}tsəuk^{3}ua^0,çi$^{53}_{21}$tiau^{53}.e$_{21}$,kai^{53}… （哪个吊字呢？）吊车个吊哇，一只口字箇边有巾字个。吊起来呀。tiau^{53}tsʰa$^{35}_{44}$ke^{53}tiau^{53}ua^0,iak^3(←iet^{3}tsak^3)kʰei^{13}tsʰɻ$^{53}_{44}$kai$^{53}_{44}$pien^{35}iəu^{35}cin^{35}tsɻ$_{44}$ke^0.tiau^{53}çi^{53}lɔi$^{13}_{21}$ia^0. （就是爬到竹尾上……）欸，脚一松啊，唔，分

---

① "吊竹"指小孩子爬到竹子末梢，利用重力使其垂下来。

箇条竹尾巴就吊下来呀。吓死人呢。笑声ei₂₁,ciɔk³iet³səŋ³⁵ŋa⁰,m̩₂₁,pən³⁵kai⁵³tʰiau¹³₂₁ tṣəuk³mi⁴⁴pa³⁵tsʰiəu⁴⁴tiau⁵³xa⁴⁴lɔi¹³₂₁ia⁰.xak³si²¹₄₄ɲin¹³nei⁰.

花灯、春牛灯

欸,出……出花灯个又有呢。出花灯呐。e₂₁,tṣʰət³…tṣʰət³fa³⁵ten⁴⁴ke⁵³iəu⁵³ iəu³⁵nei⁰.tṣʰət³fa³⁵tien³⁵na⁰.（出花灯啊?）欸。话呀耍花灯呐。就搞几搞几 只咁年轻漂亮个妹子啊,欸,拿滴子箇灯笼_子_啊,唱下子歌啊,跳下子舞 啊。咁个有呢。e₂₁.ua⁴⁴ia⁰sa²¹fa³⁵ten³⁵na⁰.tsʰiəu⁵³kau²¹ci₄₄kau²¹ci₄₄tṣak³kan²¹ɲien¹³ cʰin⁴⁴pʰiau⁵³liɔŋ⁵³ke⁵³mɔi⁵³tsɿ⁰a⁰,e₂₁,lak⁵tet⁵tsɿ⁰kai⁴⁴tien³⁵ləŋ₂₁¹³tsa⁰,tsʰɔŋ⁵³ŋa₄₄ (←xa⁵³)tsɿ⁰ko³⁵a⁰,tʰiau⁵³xa⁴⁴tsɿ⁰u³⁵a⁰.kan²¹ke⁵³iəu³⁵nei⁰.（耍……刷花……）耍花 灯。嗯。sa²¹fa³⁵tien³⁵.n̩₂₁.

还有啊还有耍春牛灯,又安做出春牛灯。唔多记得哩。反正有条牛凑。 嗯。有张犁,有只人犁田,欸,有只人牵牛。xai¹³₂₁iəu⁵³a⁰xai¹³₂₁iəu³⁵₅₃sa²¹tṣʰən³⁵ɲiəu₂₁ tien³⁵,iəu⁴⁴ɔn₄₄tso⁵³tṣʰət³tṣʰən³⁵ɲiəu¹³₂₁tien³⁵.n̩₂₁to³⁵ci⁵³tek³li⁰.fan²¹tṣən⁵³₄₄iəu⁴⁴tʰiau¹³₂₁ ɲiəu¹³₂₁tsʰe⁰.n̩₂₁,iəu³⁵tṣɔŋ³⁵₄₄lai¹³,iəu³⁵tṣak³ɲin⁴⁴lai⁴⁴tʰien¹³,e₅₃,iəu³⁵tṣak³ɲin¹³₂₁cʰien³⁵ ɲiəu¹³.

裤眼棋

还有裤眼棋呀。欸,我就坐以边呢,你就坐以边呢。欸。反正以映有 得,系唔系?以映有得,以映去唔得。我走一步,打比样我以映子欸撑下 来啊蹦一步,走嘿以映来,撑下来,你就冇哩走呀,你就走唔得了。箇咁 子走走唔得。箇咁子走就一步就撑嘿哩你。我只能走以只。我走嘿以映来, 好,你就可以走嘿以映。你就分以只走嘿以映来。欸。要我又冇哪映走 啦,我又只好走嘿你以映呢。如个就最简单嘞。□牯都会作。xai¹³₂₁iəu³⁵fu⁵³lɔŋ³⁵ cʰi¹³₂₁ia⁰.e₂₁,ŋai¹³tsʰiəu⁵³tsʰo³ɿ²¹pien³⁵₄₄ne⁰,ɲi¹³tsʰiəu⁵³tsʰo⁵³i²¹pien³⁵₄₄ne⁰.e₂₁.fan²¹tṣən⁵³ɿ¹ iaŋ⁵³mau⁴⁴tek³,xe₄₄me₄₄(←m̩¹³xe⁵³)?i²¹iaŋ⁵³mau⁴⁴tek³,i²¹iaŋ⁵³çi⁵³n̩₂₁tek³.ŋai¹³tsei²¹iet³ pʰu⁵³,ta²¹pi²¹iɔŋ⁵³₄₄ŋai₂₁¹³i²¹iaŋ⁵³tsɿ⁰ei⁰tsʰaŋ⁵³₄₄xa⁴⁴lɔi²¹₂₁a⁰pən⁵³it³pu₄₄,tsei²¹ek³(←xek³)i²¹ iaŋ⁵³lɔi₂₁¹³,tsʰaŋ⁴⁴xa⁴⁴lɔi²¹₂₁ɲi₂₁¹³tsʰiəu⁵³mau⁴⁴li⁰tsei²¹ia⁰,ɲi₂₁¹³tsʰiəu⁵³tsei²¹n̩₂₁tek³liau⁰.kai⁵³ kan²¹tsɿ⁰tsei²¹tsei²¹n̩¹³tek³.kai⁵³kan²¹tsɿ⁰tsei²¹tsʰiəu⁴⁴iet³pʰu⁵³tsʰiəu⁴⁴tsʰaŋ⁵³xek³li⁰ ɲi₂₁¹³.ŋai¹³tsɿ⁰len¹³tsei²¹i²¹tṣak³.ŋai¹³tsei²¹ek³(←xek³)i²¹iaŋ⁵³lɔi₂₁¹³,xau²¹,ɲi¹³tsʰiəu⁵³kʰo⁰₂₁ i³⁵tsei²¹ek³(←xek³)i²¹iaŋ⁵³lɔi₂₁¹³.ɲi₂₁¹³tsiəu⁵³₄₄pən³⁵i²¹tṣak³tsei²¹ek³(←xek³)i²¹iaŋ⁵³ lɔi₂₁¹³.e₂₁.iau₄₄ŋai¹³iəu⁰mau¹³lai¹iaŋ⁵³tsei²¹la⁰,ŋai¹³iəu³⁵tsɿ⁰xau²¹tsei⁴⁴ek³(←xek³)ɲi¹³i₁₃¹³ iaŋ⁵³ne⁰.i²¹ke⁵³tsʰiəu⁴⁴tsei⁵³kan²¹tan³⁵le⁰.ṣe¹³ku²¹təu³⁵₄₄uɔi₄₄tsɔk³.（这个叫什么 fu⁵³……）裤。裤眼啊。裤裆棋呀。只裤裆样啊。kʰu⁵³.fu⁵³lɔŋ⁵³ŋa⁰.kʰu⁵³tɔŋ³⁵cʰi¹³ ia⁰.tʂak³kʰu⁵³tɔŋ³⁵iɔŋ⁵³ŋa⁰.

六子棋

我等有六子棋，上……上天棋。欬。ŋai¹³tien⁰iəu₄₄³⁵liəuk³tʂɿ²¹cʰi¹³,ʂɔŋ…ʂɔŋ³⁵tʰien₄₄³⁵cʰi¹³.e₂₁.（六子棋，什么样子的？）一个人六只子。六子棋是最简单个棋唠。欬，六子棋是最简单个棋噢。iet³cie⁵³in₂₁¹³liəuk³tʂak³tʂɿ²¹.liəuk³tʂɿ²¹cʰi¹³ʂɿ₄₄⁵³tsei⁵³kan²¹tan₄₄³⁵ke₄₄⁵³cʰi¹³lau⁰.e₅₃,liəuk³tʂɿ²¹cʰi¹³ʂɿ₄₄⁵³tsei⁵³kan²¹tan₄₄³⁵ke₄₄⁵³cʰi₂₁¹³au⁰.（你换支笔吧。那个笔好像写不大现。）写得现，写得现。sie²¹tek³cien⁵³,sia²¹tek³cien⁵³.

就画只咁个呢。我六只子就一，二，三，四，五，六，你个你六只子就摆以向，要唔同个，欬，三，四，五，六。欬，你六只子去以向，我六只子去以向。我以映子走呀，咁映子一步步子走，以映也可以走。当你当以……在一只直排上，在一只直行上，我有两只，你一只，又中间嚌脱隙，嚌间，箇就我就分你箇只食嘿哩。嗯。tsiəu⁵³fa⁵³tʂak³kan²¹cie⁵³ne⁰.ŋai¹³liəuk₅³tʂak³tʂɿ²¹tsʰiəu₄₄⁵³iet³,ɲi⁵³,san³⁵,si⁵³,ŋ³,liəuk³,ɲi¹³ke³ɲi¹³liəuk³tʂak³tʂɿ²¹tsʰiəu⁵³pai³i²¹ciɔŋ⁵³,iau³ŋ₂₁¹³tʰəŋ₂₁¹³ke⁵³,e₂₁,san³⁵,si⁵³,ŋ²¹,liəuk³.e₂₁ɲi¹³liəuk³tʂak³tʂɿ²¹ci⁵³i²¹ciɔŋ⁵³,ŋai¹³liəuk³tʂak³tʂɿ²¹ci⁵³i²¹ciɔŋ⁵³.ŋai¹³i²¹iaŋ₄₄⁵³tʂɿ²¹tsei³ia⁰,xan²¹(←kan²¹)iaŋ₄₄⁵³tʂɿ²¹iet³pʰu⁵³pʰu⁵³tʂɿ⁰tsei²¹,i²¹iaŋ₄₄⁵³ŋa₄₄(←ia³⁵)kʰo²¹i²¹tsei²¹.tɔŋ³⁵ɲi¹³tɔŋ³⁵i…tsʰai⁵³iet³tʂak³tʂɿhət⁵pʰai₂₁¹³xɔŋ₄₄⁵³,tsʰɔi⁵³iet³tʂak³tʂɿhət⁵xɔŋ₂₁⁵³ʂɔŋ₄₄⁵³,ŋai¹³iəu⁵³iɔŋ²¹tʂak³,ɲi¹³iet³tʂak³,iəu₄₄⁵³tʂəŋ³kan₄₄³⁵maŋ¹³tʰɔit³cʰiak³,maŋ¹³kan⁵³,kai₂₁⁵³tsʰiəu₄₄⁵³ŋai₂₁¹³tsʰiəu₄₄⁵³pən₄₄³⁵ɲi₂₁¹³kai₂₁⁵³tʂak³ʂət⁵lek³(←xek³)li⁰.m̩₂₁.

打比样，我我以只走嘿以映来哩，我以只走嘿如映来哩，系啊？我就有两只话哩欬话，系啊？我以映就剩倒一只吧？你就麻溜塞一只下来。以只就放下以映来。你放下以映来哩，我分以只拿过来，就食嘿哩你以只。六子棋。ta²¹pi²¹iɔŋ⁵³,ŋai¹³ŋai¹³i²¹tʂak³tsei⁵ek³(←xek³)i²¹iaŋ⁵³lɔi₂₁¹³li⁰,ŋai¹³i⁴₄tʂak³tsei²¹ek³(←xek³)i²¹iaŋ⁵³lɔi₂₁¹³li⁰,xe³a⁰?ŋai₂₁¹³tsʰiəu₄₄⁵³iəu₃₅³iɔŋ²¹tʂak³ua₄₄⁵³lie⁰ua₄₄,xe⁵³a⁰?ŋai₂₁¹³i²¹iaŋ₄₄⁵³tsʰiəu₄₄⁵³ʂən⁵³tau²¹iet³tʂak³pa⁰?ɲi¹³tsʰiəu₄₄⁵³ma₂₁¹³liəu₅₃³⁵sek³iet³tʂak³xa₄₄lɔi₄₄¹³.i²¹tʂak³tsʰiəu⁵³fɔŋ₄₄⁵³a₄₄(←xa³⁵)i²¹iaŋ₄₄⁵³lɔi₂₁¹³,ɲi₂₁¹³fɔŋ₄₄⁵³a₄₄(←xa³⁵)i²¹iaŋ₄₄⁵³lɔi₂₁¹³li⁰,ŋai¹³pən³⁵i²¹tʂak³la₄₄⁵³ko₄₄⁵³lɔi₂₁¹³,tsʰiəu₄₄⁵³ʂət⁵ek³(←xek³)li⁰ɲi₄₄¹³i²¹tʂak³.liəuk³tʂɿ²¹cʰi₂₁¹³.

但是我……如果分以只舞上来，以映三只，箇就嚌食，箇食唔得。反正呢爱两只，打比映两只，我两只，你一只，就食嘿哩你箇只。安做六子棋。嗯。tan₄₄⁵³ʂɿ¹³ŋai₂₁¹³p…ɿ¹³ko₂₁¹³pən³⁵i²¹tʂak³u²¹ʂɔŋ₄₄⁵³lɔi₂₁¹³,i²¹iaŋ₄₄⁵³san³tʂak³,kai₄₄⁵³tsʰiəu₄₄⁵³maŋ₂₁¹³ʂət⁵,kai₄₄⁵³ʂət⁵ɲ₂₁¹³tek³.fan²¹tʂən₄₄⁵³ne⁰ɔi₄₄⁵³iɔŋ²¹tʂak³,ta²¹pi²¹iaŋ₄₄⁵³iɔŋ²¹tʂak³,ŋai¹³iɔŋ²¹tʂak³,ɲi¹³iet³tʂak³,tsʰiəu₄₄⁵³ʂət⁵lek³(←xek³)li⁰ɲi¹³kai₂₁⁵³tʂak³.ɔn₄₄tso₄₄⁵³liəuk³tʂɿ²¹cʰi¹³.n̩₂₁.（噢，两个吃一个？）两只食一只。嗯。iɔŋ²¹tʂak³ʂət⁵iet³tʂak³.n̩₂₁.

上天棋

（还有什么棋啊？）还上天棋。以映就天，以映就系欸是天。咁子吧，上天棋。以映就一四七，二五八，三六九。一个人手里拿三只。一个人手里拿三……哎拿……xai²¹₂₁ʂəŋ³⁵tʰien³⁵cʰi¹³.i²¹iaŋ⁵³₄₄tsʰiəu⁵³₄₄tʰien³⁵,i²¹iaŋ⁵³₄₄tsʰiəu⁵³₄₄xe⁵³e₂₁ʂ̩¹³₂₁tʰien³⁵.kan²¹tsɿ⁰ pa⁰,ʂəŋ⁵³tʰien³⁵₄₄cʰi²¹₂₁.i²¹iaŋ⁵³₄₄tsʰiəu³⁵₄₄iet³ si⁵³tsʰiet³,ɲi⁵³ŋ²¹pait³,san³⁵liəuk³ ciəu²¹.iet³cie⁵³in¹³₄₄ʂəu²¹li³⁵la⁵³san³tʂak³.iet³cie⁵³in¹³₄₄ʂəu²¹li³⁵la⁵³san…ai₃₅la…（三个人吧？）三个人，三个人作。一个人手里拿三只。一个……一个人有三只子。嗯。san³⁵cie⁵³in¹³₂₁,san³⁵cie⁵³in¹³₂₁tsɔk³.iet³cie⁵³in¹³₄₄ʂəu²¹li³⁵la₄₄san³⁵tʂak³.iet³cie⁵³ʂ̩…iet³cie⁵³in¹³₄₄iəu⁵³₄₄san³⁵tʂak³ tsɿ²¹.

（然后呢？）我我以我以只子，打比我以只子就系三角形，系啊？我以只子，欸，你只子就圆个，欸，渠只就欸方个，打比样，系啊？好，三个人，来做加法呀。听你自家拿，你拿几多只，拿，手里出来，拿出来。加起来，打比系加起来五只样，你走一步哇，你就走倒以映来了，系啊？你就走倒，加，你箇首先去以映哟，系唔系？就走一步就你是走倒以映来了。ŋai¹³ŋai¹³i¹ŋai¹³i²¹tʂak³ tsɿ²¹,ta²¹pi²¹ŋai¹i¹tʂak³ tsɿ²¹tsʰiəu⁵³₄₄xe₄₄san³⁵kɔk³cin¹³,xei⁵³₄₄a⁰?ŋai³¹i²¹tʂak³ tsɿ²¹,ei₂₁,ɲi¹³tʂak³ tsɿ²¹tsʰiəu⁵³₄₄ien¹³ke⁵³₄₄,e₂₁,ci¹³tʂak³ tsʰiəu⁵³₄₄e₂₁fɔŋ³⁵ke⁵³₄₄,ta²¹pi²¹iaŋ₄₄,xe⁵³₄₄a⁰?xau²¹,san³⁵ke⁵³ɲin²¹₂₁,lɔi²¹₂₁tso²¹cia³⁵fait¹ ia⁰.tʰin⁵³ɲi²¹₂₁tsʰ̩³⁵₂₁ka₄₄la⁵³,ɲi¹³la⁵³ciau³⁵tʂak³,la⁵³,ʂəu²¹li³⁵tʂʰət³ lɔi¹³,la⁵³tʂʰət³ lɔi¹³.cia³⁵çi²¹lɔi¹³₂₁,ta²¹pi²¹xe₄₄cia³⁵çi²¹lɔi¹³₂₁ŋ²¹tʂak³ iɔŋ⁵³,ɲi¹³tsei²¹iet³ pʰu⁵³ua⁰,ɲi¹³tsʰiəu⁵³tsei²¹ tau²¹i²¹iaŋ⁵³lɔi²¹liau⁰,xe₄₄a⁰?ɲi¹³₂₁tsʰiəu⁵³₄₄tsei²¹ tau²¹,cia³⁵ɲi¹³₂₁kai⁵³ʂəu²¹ sien₄₄çi²¹i²¹iaŋ⁵³ʂa⁰,xe₄₄me₄₄(←m̩¹³xe⁵³)?tsʰiəu⁵³₄₄tsei²¹iet³ pʰu⁵³tsʰiəu⁵³₄₄ɲi¹³₂₁sɿ⁵³tsei²¹tau²¹₄₄i²¹iaŋ⁵³₄₄lɔi¹³₂₁liau⁰.

（看是是看谁的加起来数字大是吧？）加起来呀，三个人啦，三个人出数唔系同数字凑，我就系一四七，一四七就归我走，你就二五八，或者渠就三六九。欸，一个，都，每个，三个人都拿出子来，手里一套符就三只。听你拿几多只。你或者唔只都唔拿，零。嗯。三个人，我一，我，打比我拿一只，你拿两只，渠拿三只样，系唔系？就加起来就六只，箇就渠走，三六九个走，走一脚。欸，三六九个人走一脚。cia³⁵cʰi²¹lɔi¹³₂₁ia⁰,san³⁵ke⁵³ɲin₄₄la⁰,san³⁵ke⁵³in₄₄tʂʰət³ ʂəu²¹m̩²¹₂₁pʰe⁵³(←xe⁵³)tʰəŋ⁰ su⁵³₄₄tsʰ̩⁵³₄₄tsʰe⁰,ŋai¹³tsʰiəu⁵³₄₄xe⁵³₄₄iet³ si⁵³tsʰiet³,iet³ si⁵³tsʰiet³ tsʰiəu⁵³₄₄kuei³⁵₄₄ŋai²¹₂₁tsei²¹,ɲi¹³tsʰiəu⁵³₄₄ɲi²¹ŋ²¹pait³,xɔit³₅tʂa²¹ci¹³tsʰiəu⁵³₄₄san³⁵liəuk³ ciəu²¹.e₂₁,iet³cie⁵³,təu²¹₂₁,mei³⁵ke₄₄,san³⁵ke⁵³in₄₄təu₄₄la⁵³tʂʰət³ tsɿ²¹lai¹³,ʂəu²¹li²¹iet³ tʰau⁵³fu¹³tsʰiəu⁵³san³⁵tʂak³.tʰin⁵³ɲi¹³la⁵³ciəu³⁵(←ci²¹to³⁵)tʂak³.ɲi¹³xɔit⁵ tʂa²¹m̩²¹₂₁tʂak³ təu³⁵₄₄n̩²¹₂₁na⁵³,lin¹³.m̩²¹.san³⁵ke⁵³₄₄in¹³,ŋai¹³iet³,ŋai¹³,ta²¹pi²¹ŋai¹³la⁵³iet³tʂak³,ɲi¹³la⁵³iɔŋ³tʂak³,ci¹³la⁵³₄₄san³tʂak³ iɔŋ₄₄,xe₄₄me₄₄(←m̩¹³xe⁵³)?tsʰiəu⁵³cia₄₄çi²¹₄₄lɔi¹³₂₁

$ts^hiəu^{53}liəuk^3\,tṣak^3$,$kai^{53}_{44}ts^hiəu^{53}_{44}ci^{13}\,tsei^{21}$,$san^{35}\,liəuk^3\,ciəu^{21}ke^{53}\,ɲin^{13}_{21}tsei^{21}$,$tsei^{21}\,iet^3$ $ciɔk^3.e_{21}$,$san^{35}liəuk^3\,ciəu^{21}ke^{53}ɲin^{13}_{21}tsei^{21}iet^3\,ciɔk^3$.

（那就看谁拿几个是吧？）加，做加法呀，就三个人，三个人手里拿个子就来做加法，看下么人先走。就系就轮到么人走。$cia^{35},tso^{53}_{44}cia^{35}fait^3$ ia^0,$ts^hiəu^{53}_{44}san^{35}ke^{53}\,ɲin^{21}_{21}$,$san^{35}\,ke^{53}\,in^{13}\,ṣəu^{21}\,li^0\,la^{53}\,ke^{53}_{44}tsʅ^3\,ts^hiəu^{53}_{44}lɔi^{13}\,tso^{53}\,cia^{35}$ $fait^3$,$k^hɔn^{53}na^{35}_{44}mak^3ɲin^{13}_{44}sien^{35}tsei^{21}$.$ts^hiəu^{53}xe^{53}ts^hiəu^{53}lən^{13}tau^{21}mak^3in^{35}_{44}tsei^{21}$.（是看谁欸谁出的数字大还是什么呢？）唔系，唔系出个数字大。三个人都都只有三只子，手里只有三只子。就看你拿<u>几多</u>只出来。$m̩^{13}p^he^{53}(←xe^{53})$,$m̩^{13}p^he^{53}_{44}$ $(←xe^{53})tṣ^hət^3\,ke^{53}_{21}səu^{53}_{44}sʅ^{53}_{44}t^hai^{53}$.$san^{35}ke^{53}\,ɲin^{21}_{21}təu^{35}təu^{35}tsʅ^{21}iəu^{35}san^{35}tṣak^3\,tsʅ^{21}$,$ṣəu^{21}li^{35}$ $tṣek^3\,iəu^{35}san^{35}tṣak^3\,tsʅ^{21}$.$ts^hiəu^{53}_{44}k^hɔn^{35}ɲi^{13}la^{53}ciau^{35}(←ci^{21}to^{35})tṣak^3\,tṣ^hət^3\,lɔi^{13}$./随便拿几个唠。$sei^{13}p^hien^{44}na^{35}_{44}ci^{13}ko^0lau^0$./随便拿<u>几多</u>只。你拿一只也做得，你拿两只也做得，你拿三只，下拿出来也做得，你唔拿也做得。嗯。$sei^{13}p^hien^{44}_{44}$ $la^{53}ciau^{35}(←ci^{21}to^{35})tṣak^3$.$ɲi^{13}la^{53}iet^3\,tṣak^3\,a^{35}tso^{53}tek^3$,$ɲi^{13}la^{53}iɔŋ^{21}tṣak^3\,a^{35}tso^{53}tek^3$,$ɲi^{13}$ $la^{53}san^{35}tṣak^3$,$xa^{53}la^{53}_{35}tṣ^hət^3\,lɔi^{13}a^{35}tso^{53}tek^3$.$ɲi^{13}_{21}ɲi^{35}_{44}na^{35}_{44}a^{35}_{44}tso^{53}tek^3$.$ɲ̩_{21}$.（那谁走第一步呢？）就他三个人拿来，伸出手来呀，三个人伸出手来呀，看看看让三个人伸出手来，打下开来，我一只，你嘞有得，你嶒拿，系啊？渠拿一只，箇唔系就……三个人加起来就两只，两只就以中间以只人，二五八个人走一脚。就咁子个。$ts^hiəu^{53}_{44}t^ha^{35}san^{35}ke^{53}_{44}ɲin^{13}_{21}na^{13}_{44}lɔi^{13}_{21}$,$tṣ^hən^{35}tṣ^hət^3\,ṣəu^{21}lɔi^{13}ia^0$,$san^{35}ke^{53}_{44}$ $ɲin^{13}tṣ^hən^{35}tṣ^hət^3\,ṣəu^{21}lɔi^{13}ia^0$,$k^hɔn^{53}k^hɔn^{53}k^hɔn^{53}iɔŋ^{35}_{44}san^{35}ke^{53}ɲin^{13}tṣ^hən^{35}tṣ^hət^3\,ṣəu^{21}$ $lɔi^{13}_{21}$,$ta^{21}_{35}a^0\,k^hɔi^{35}_{21}lɔi^{13}_{44}$,$ŋai^{13}iet^3\,tṣak^3$,$ɲi^{13}lei^0\,mau^{13}tek^3$,$ɲi^{13}maŋ^{13}na^{53}$,$xe^{53}_{44}a^0?ci^{13}la^3iet^3$ $tṣak^3$,$kai^{13}_{44}m̩^{13}_{44}p^he^{44}(←xe^{53})ts^hiəu^{53}_{44}s\cdots san^{35}ke^{53}in^{13}_{44}cia^{35}_{44}çi^{13}lɔi^{13}ts^hiəu^{53}_{44}iɔŋ^{13}tṣak^3$,$iɔŋ^{21}$ $tṣak^3\,ts^hiəu^{53}_{44}i^{21}tṣəŋ^{35}kan^{13}_{44}i^3tṣak^3\,ɲin^{13}_{21}ɲi^{13}ŋ̩^{13}pait^3\,ke^{53}ɲin^{13}_{44}tsei^{21}iet^3\,ciɔk^3$.$ts^hiəu^{53}_{44}kan^{21}$ $tsʅ^0\,ke^{53}_{44}$.

（噢，看那个一共加起来几个子？）有几多只子就轮倒么人走。就轮倒么人走。好，打比你二五八你走哩一步，走到以映子来哩，系唔系？好，好箇以一步就走嗨哩吧？三个人又来。又来，又来划子，安做划子。三个人拿出来。嗯，三个人三只手拿出来。加起来，系一只，只有一只，系<u>唔系</u>啊？箇我一四七个人走。欸，我走倒你有一只去箇，我我又来哩，你箇只爱转去，你箇只转去，打转去。分我打分我打下去哩。$iəu^{35}ci^{13}to^{35}tṣak^3\,tsʅ^3$ $ts^hiəu^{53}lən^{13}tau^{21}mak^3ɲin^{13}tsei^{21}$.$ts^hiəu^{53}lən^{13}tau^{21}mak^3ɲin^{13}tsei^{21}$.$xau^{21}$,$ta^{21}pi^{21}ɲi^{13}ɲi^{53}$ $ŋ̩^{21}pait^3\,ɲi^{13}tsei^{21}li^0\,iet^3\,p^hu^{13}$,$tsei^{21}\,tau^{53}_{44}i^{21}iaŋ^{53}tsʅ^0\,lɔi^{13}_{21}li^0$,$xei^{53}_{44}me_{44}(←m̩^{13}$ $xe^{53})?xau^{21}$,$xau^{21}kai^{53}_{44}i^{21}iet^3\,p^hu^{53}_{44}ts^hiəu^{53}_{44}tsei^{21}xek^3\,li^0\,pa^0?san^{35}ke^{53}_{44}in^{13}_{21}iəu^{53}lɔi^{13}$.$iəu^{53}$ $lɔi^{13}$,$iəu^{53}lɔi^{13}_{21}fa^{13}tsʅ^0$,$ɔn^{53}_{44}tso^{53}fa^{13}tsʅ^{21}$.$san^{35}ke^{53}_{44}in^{13}_{21}la^{53}tṣ^hət^3\,lɔi^{13}$.$ən_{21}$,$san^{35}ke^{53}in^{13}san^{35}$ $tṣak^3\,ṣəu^{21}la^{53}tṣ^hət^3\,lɔi^{13}$.$cia^{35}çi^{21}lɔi^{13}$,$xei^{53}iet^3\,tṣak^3$,$tṣek^3\,iəu^{35}_{53}iet^3\,tṣak^3$,$xe^{53}_{44}me^{53}(←m̩^{13}$

xe⁵³)a⁰ ?kai⁵³₄₄ŋai¹³₂₁iet³ si²¹tsʰiet³ cie⁵³ɲin¹³₂₁tsei²¹.e₂₁,ŋai¹³tsei²¹tau⁵³ɲi¹³iəu³⁵iet³ tʂak³ çi⁵³₄₄
kai₄₄,ŋai¹³ŋai¹³iəu¹⁰ləi₄₄li¹⁰,ɲi¹³kai¹³tʂak³ɔi₄₄tʂɔn²¹çi₄₄,ɲi¹³kai¹³tʂak³ tʂɔn²¹çi⁵³,ta²¹tʂɔn²¹
çi⁵³.pən³⁵ŋai¹³ta²¹pən³⁵ŋai¹³ta²¹xa⁵³çi⁵³li⁰.

（这个位置就只能这个位置只能站一个人？）箇一只位置只能只能够
去一个。kai⁵³iet³ tʂak³ uei⁵³tʂṳ⁵³₄₄tʂɿ⁵³len¹³₄₄tʂɿ¹³len¹³ciau⁵³₄₄çi⁵³iet³ cie⁵³.（这两个位置可
以站人吗？）一般是箇个，我唔多记得哩，一般是就以咁子舞下来个。系，
就咁子个。噢，有滴总，总走下子又分别人家打嘿哩。iet³ pɔn³⁵ʂɿ⁵³₄₄kai⁵³ke⁵³₄₄,ŋai¹³
ṇ¹³₂₁to³⁵ci⁵³tek³ li⁰,iet³ pɔn³⁵ ʂɿ⁵³₄₄tsʰiəu⁵³i²¹kan²¹tsɿ⁰ u²¹a⁰lai₄₄ke₄₄.xe⁵³₂₁.tsʰiəu⁵³kan²¹tsɿ⁰
ke⁵³.au₂₁,iəu³⁵tet⁵tsən²¹,tsəŋ²¹tsei⁵³xa₄₄tsɿ⁰iəu³⁵pən₄₄pʰiet³ in¹³₄₄kaₜ₄ta²¹xek³li⁰.（然后然
后这个这个地方呢如果他能够再往前走呢？）欸欸，箇就你……就打唔倒
哩唠。ei₂₁ei₂₁,kai₄₄tsʰiəu³⁵ɲi¹³tsʰ…tsʰiəu³⁵ta²¹ṇ²¹tau²¹li⁰lau⁰.（就走到这里是吧？）
欸。e₂₁.（再往前到这里？）就接倒箇。噢，慢呢又又……三个人来过。tsiəu⁵³₄₄
tsiet³tau²¹kai₄₄.au₁₃,man⁵³ne⁰iəu⁵³₄₄iəu⁵³₂₁l…san³⁵ke¹³in²¹₄₄ləi¹³ko⁵³.（可以到这边上
吧？）唔去边上吧？我唔记得。ŋ¹³çi⁵³pien³⁵xɔŋ⁵³pa⁰?ŋai₂₁ṇ¹³ci⁵³tek³.（噢，走
走进了这一步就登天了？）上哩天，欸，就上哩天了。嗯。么人……看下
么人上天哝。上天棋哟。以个最简单呐。欸，上天棋呀，安做上天棋呀，
又教细人子做哩加法呀，**系唔系**？ʂɔŋ³⁵₄₄li⁰ tʰien³⁵,e₂₁,tsʰiəu⁵³₄₄ʂɔŋ³⁵₄₄li⁰ tʰien³⁵
liau⁰.ṇ₂₁.mak³ in¹³₄₄…kʰɔn₄₄xa₄₄mak³ ɲin₄₄sien₄₄ʂɔŋ₄₄tʰien³⁵ nau⁰.ʂɔŋ³⁵ tʰien₄₄cʰi¹³
iau⁰.i²¹ke₄₄tsei⁵³kan²¹tan²¹na⁰.e₂₁,ʂɔŋ³⁵₄₄tʰien₄₄cʰi¹³ia⁰,ɔn₂₁tso₂₁ʂɔŋ³⁵₄₄tʰien₄₄cʰi¹³ia⁰,iəu⁵³₄₄
kau³⁵sei⁵³ɲin¹³₂₁tsɿ⁰ tso⁵³li⁰ cia³⁵fait³ia⁰,xei⁵³₄₄me₄₄(←m̩¹³xe⁵³)?

枪子

捡倒箇个炮子啊，捡倒箇子弹壳啊，又唔系子弹壳嘞，箇子弹头子样
个嘞，有滴跌嘿哩个子弹头子有只子凼子。我等舞倒箇火柴头，火柴头放
下肚里。放倒……墨黑个火柴头<u>子</u>啊，箇乌滴子箇火柴头药子啊，系啊？
火柴头个药啊，放下肚里。放箇子弹箇箇只凼子肚里。以下以下就以……
以向就舞枚钉子。以下以一舞条铁丝就以以……以底下就缔稳一只子弹
头，系唔系？以映子弯转来，以上背就舞枚钉子，洋钉子。舞枚钉子。箇
枚洋钉子呢放下下子去，欸，咁子，扳下转来。搭嘿去，或者，或者就咁
子，打下去，舞只子石头子么啊打下去，磅声，还好响，火柴头都会响。
cian²¹tau²¹kai⁵³₄₄ke₄₄pʰau⁵³tsɿ²¹a⁰,cian²¹tau²¹kai₄₄tsɿ⁰tʰan⁵³kʰɔk³a⁰,iəu⁵³m̩₂₁pʰei⁵³
(←xei⁵³)tsɿ²¹tʰan⁵³kʰɔk³lei⁰,kai⁵³₄₄tsɿ⁰tʰan⁵³tʰei¹³tsɿ⁰iɔŋ₄₄ke₄₄le⁰,iəu³⁵tet⁵tet⁵ek³
(←xek³)li⁰ ke⁵³₄₄tsɿ⁰tʰan⁵³tʰei¹³tsɿ⁰iəu³⁵tʂak³tsɿ⁰tʰɔŋ₄₄tsɿ⁰.ŋai₂₁tien⁰u²¹tau²¹kai⁵³xɔ²¹
(←fo²¹)tsʰai¹³tʰei¹³,fo²¹tsʰai¹³tʰei¹³fɔŋ⁵³ŋa⁵³(←xa⁵³)təu²¹li⁰.fɔŋ⁵³tau⁰…mek⁵xek³ke⁵³

fo²¹tsʰai¹³tʰei¹³tsa⁰,kai₂₁⁵³u³⁵tet⁵ tsʅ⁰ kai₄₄⁵³xo²¹(←fo²¹)tʰai₂₁²¹(←tsʰai¹³)tʰei¹³iɔk⁵ tsa⁰,xe₄₄⁵³ a⁰ ?fo²¹tsʰai₂₁²¹tʰei₂₁²¹ke₄₄⁵³iɔk⁵ a⁰,fɔŋ⁵³ ŋa⁵³(←xa⁵³)təu²¹li⁰.fɔŋ₄₄⁵³kai⁵³tsʅ⁰ tʰan⁵³kai₄₄⁵³kai⁵³tʂ ak³ tʰɔŋ⁵³tsʅ⁰ təu²¹li⁰.i²¹xa₄₄⁵³i²¹xa₄₄⁵³tsʰiəu⁵³i²¹ç···i²¹çiɔŋ⁵³tsʰiəu₄₄⁵³u²¹mɔi²¹taŋ⁵³tsʅ⁰.i²¹xa₄₄⁵³i²¹ iet³ u²¹tʰiau¹³tʰiet³ sʅ₄₄³⁵tsʰiəu⁵³i²¹i²¹t···i²¹te²¹xa⁵³tsiəu⁵³tʰak³ uən²¹iet³ tʂak³ tsʅ⁰ tʰan⁵³ tʰei₂₁¹³,xei₄₄⁵³me⁵³(←m̩¹³xe⁵³)?iaŋ₄₄⁵³(←i²¹iaŋ)tsʅ⁰ uan³⁵tʂɔn²¹nɔi₄₄¹³,i²¹ʂɔŋ⁵³pɔi⁵³tsʰiəu₄₄⁵³u²¹ mɔi₂₁²¹taŋ³⁵tsʅ⁰,iɔŋ₂₁¹³taŋ₄₄⁵³tsʅ⁰.u²¹mɔi₂₁¹³taŋ³⁵tsʅ⁰.kai₄₄⁵³mɔi₂₁¹³iɔŋ₂₁¹³taŋ⁵³tsʅ⁰ lei⁰ fɔŋ⁵³ xa₄₄⁵³a₄₄ (←xa⁵³)tsʅ⁰ çi₄₄⁵³,e₂₁,kan²¹ tsʅ⁰,pan³⁵ na⁵³(←xa⁵³)tʂɔn²¹ nɔi¹³(←lɔi¹³).tait³ ek³ (←xek³)çi₂₁⁵³,xɔit⁵ tʂa²¹,xɔit⁵ tʂa²¹tsʰiəu⁵³kan²¹tsʅ⁰,ta²¹a⁵³(←xa⁵³)çi⁵³,u²¹tʂak⁵ tsʅ⁰ ʂak⁵ tʰei⁰ tsʅ⁰ mak⁵a⁰ ta²¹a⁵³(←xa⁵³)çi⁵³,paŋ⁵³ʂaŋ₄₄³⁵,xa₂₁¹³xau₄₄⁵³çiɔŋ²¹,fo²¹tsʰai¹³tʰei¹³təu₄₄³⁵uɔi₄₄⁵³ çiɔŋ²¹.

还就拿倒舞个火柴头，一只火柴盒子放倒箇火柴头……火柴边子上，舞根火柴咁子顿到，<u>系唔系</u>？放倒箇映子，一弹下下，哟，就着哩啊。吧声一下。咁个就会搞啊。搞枪子，搞枪子做枪子箇只搞，箇咁个就有。你话箇摔跤咁个系真系赠多去搞过。xai¹³tsʰiəu₄₄⁵³la⁵³tau²¹u²¹ke⁰fo²¹tsʰai¹³tʰei¹³,iet³ tʂak³ fo²¹tsʰai¹³xait⁵ tsʅ⁰ fɔŋ⁵³nau²¹(←tau²¹)kai⁵³fo²¹tsʰai¹³tʰ···fo²¹tsʰai¹³pien³⁵tsʅ⁰ xɔŋ⁵³,u²¹cien₄₄³⁵fo²¹tsʰai₂₁¹³kan²¹tsʅ⁰ tən³⁵tau²¹,xe⁵³me₄₄(←m̩¹³xe⁵³)?fɔŋ₄₄⁵³tau₄₄²¹kai₄₄⁵³iaŋ₄₄⁵³ tsʅ⁰,iet³ tʰan⁵³na⁰ xa₄₄⁵³,iau₄₄⁵³,tsʰiəu₄₄⁵³tʂɔk⁵ li⁰ a⁰.pa₅₃⁵³ʂaŋ₄₄³⁵iet³ xa₂₁⁵³.kan²¹cie⁵³tsʰiəu⁵³uɔi⁵³ kau²¹a⁰.kau²¹tsʰiɔŋ³⁵tsʅ⁰,kau²¹tsʰiɔŋ³⁵tsʅ⁰ tso⁵³tsʰiɔŋ⁵³tsʅ⁰ kai₂₁⁵³tʂak⁵ kau²¹,kai⁵³kan²¹cie₄₄⁵³ tsʰiəu₄₄⁵³iəu³⁵.ɲi¹³ua⁵³kai⁵³sai₂₁³⁵ciau³⁵kan²¹ke₄₄⁵³xei⁵³tʂɔn³⁵nei⁵³(←xei⁵³)maŋ₂₁¹³to₄₄³⁵çi⁵³kau²¹ ko₄₄⁵³.（枪子指的是子弹是吧？）唔系，枪子是自家做个玩具手枪啊。玩具手枪啊。m̩¹³me⁵³(←xe⁵³),tsʰiɔŋ³⁵tsʅ⁰ ʂʅ₄₄⁵³tsʰʅ₄₄³⁵ka³⁵tso⁵³ke₄₄⁵³uan¹³tsʅ⁵³ʂəu²¹tsʰiɔŋ³⁵ a⁰.uan¹³tsʅ⁵³ʂəu²¹tsʰiɔŋ³⁵a⁰.（欸自……自制的玩具手枪？）欸，自家做个玩具手枪啊。自家制个。e₂₁,tsʰʅ³⁵ka³⁵tso⁵³ke₄₄⁵³uan¹³tsʅ⁵³ʂəu²¹tsʰiɔŋ³⁵a⁰.tsʰʅ³⁵ka₄₄³⁵tsʅ⁵³ke⁰.

（好，子弹那个壳呢？）子弹壳捡个，捡个子弹壳啊。tsʅ²¹tʰan⁵³kʰɔk³ cian²¹ cie⁵³,cian²¹cie⁵³tsʅ²¹tʰan⁵³kʰɔk³ a⁰.（嗯，那个前面的那个那个那个嗯那个头呢？）箇个，箇只哟子弹头哟。正先讲个话舞只头……咿子个就舞只舞只舞枚钉子捶下去箇是噢。子弹头底下唔系溜尖？系啊？溜尖个。溜尖个……底下是溜尖个。欸，顶高……顶高嘞就有只子凶子。箇个火柴头子放下箇凶子肚里。kai₄₄⁵³ke₄₄⁵³,kai⁵³tʂak³ ʂa⁰tsʅ²¹tʰan⁵³tʰei¹³io⁰.tʂaŋ⁵³sien₄₄³⁵kɔŋ²¹ke₄₄⁵³ua⁵³ u²¹tʂak⁵ tʰei⁵³···sʅ₄₄³⁵tsʅ⁰ ke₄₄⁵³tsʰiəu₄₄⁵³u²¹tʂak⁵ u²¹tʂak⁵ u²¹mɔi¹³taŋ⁵³tsʅ⁰ tʂʰei¹³ia₄₄⁵³(←xa⁵³)çi₄₄ kai₄₄⁵³sʅ⁵³au⁰.tsʅ²¹tʰan⁵³tʰei¹³tei⁵³xa₄₄⁵³m̩₂₁¹³me₄₄(←xe⁵³)liəu³⁵tsian³⁵?xe₄₄⁵³a⁰ ?liəu³⁵tsian³⁵ ke₂₁²¹.liəu³⁵tsian³⁵ke···te²¹xa₄₄⁵³sʅ₄₄³⁵liəu³⁵tsian₄₄³⁵cie₄₄⁵³.e₂₁,taŋ²¹kau···taŋ²¹kau₄₄⁵³le⁰ tsʰiəu₄₄ iəu₄₄³⁵tʂak³ tsʅ⁰ tʰɔŋ⁵³tsʅ⁰.kai⁵³ke₄₄⁵³fo²¹tsʰai¹³tʰei¹³tsʅ⁰ fɔŋ⁵³xa₄₄⁵³kai₄₄⁵³tʰɔŋ⁵³tsʅ⁰ təu²¹li⁰.

火子纸

（火纸呢？）火纸啊？fo^{21}tʂʅ^{21}a^{0}?（嗯。放铳的时候……）欸，用过。安做么个东西嘞。火子纸。e$_{44}$,iəŋ^{53}ko$_{44}$.ɔn^{53}tso$_{44}$mak^{3}e^{0}təŋ$^{35}_{44}$si^{0}le^{0}.fo^{21}tsʅ^{0}tʂʅ^{21}.（你们火子是指什么东西？）哈？xa$_{35}$?（火子是个什么东西？）火子啊，就系指肚里箇只会发……会会着火个东西。欸，以前打铳就爱箇只东西啦。引火啦。我等就买倒箇起箇只一盒一盒一买倒，就同箇现在买个咁咁个丸子样啊，系唔系啊？买倒欸一张子纸子舞倒欸舞……做做杆子箇枪子啊，打一叭响一下。欸欸，火子纸啊。fo^{21}tʂʅ^{21}a^{0},tsʰiəu^{53}xei^{53}tʂʅ^{0}təu^{21}li^{0}kai^{53}tʂak^{3}uɔi^{53}fait^{5}f…uɔi^{53}uɔi^{53}tʂʰɔk^{5}fo^{21}ke$_{44}$təŋ$_{44}$si^{0}.e$_{21}$,i$_{44}$tsʰien^{35}ta^{21}tʂʰəŋ^{35}tsʰiəu$_{21}$ɔi$_{44}$kai$_{21}^{53}$tʂak^{3}təŋ$^{35}_{44}$si^{0}la^{0}.in^{21}fo^{21}la^{0}.ŋai^{13}tien^{0}tsʰiəu^{53}mai^{35}tau^{21}kai^{53}çi^{21}kai^{53}iak^{3}(←tʂak^{3})iet^{3}xait^{5}iet^{3}xait^{5}iet^{3}mai^{21}tau^{0},tsʰiəu$_{44}$tʰəŋ^{13}ŋai$_{44}$(←kai^{53})çien^{53}tsai$_{44}$mai^{0}ke$_{44}$kan^{21}kan^{21}ke^{53}ien^{13}tsʅ^{0}iɔŋ$^{53}_{44}$a^{0},xei$_{44}$me$_{44}$(←m̩^{13}xe^{53})a^{0}?mai$^{35}_{44}$tau$_{44}$ei^{0}iet^{3}tʂɔŋ$^{35}_{53}$tsʅ^{0}tʂʅ^{0}tsʅ^{0}u^{21}tau^{21}e$_{44}$u^{0}k…tso^{53}tso^{53}kɔn^{21}tsʅ^{0}kai^{53}tʂʰiɔŋ^{35}tsʅ^{0}a^{0},ta^{21}iet^{3}pa^{5}çiɔŋ^{21}iet^{3}xa^{53}.e$_{21}$e$_{21}$.fo^{21}tsʅ^{21}zʅa^{0}.（啊，这以前那个发令枪上面也是用那个火子嘛。）欸欸欸，欸，对。也用咁个。打下去，响一下唠，出蒲烟呐。e$_{44}$e$_{44}$e$_{44}$,e$_{53}$,tei^{53}.ia^{35}iəŋ^{53}kan^{21}cie^{53}.ta^{21}a$_{44}$(←xa^{53})çi$_{44}^{53}$,çiɔŋ^{13}iet^{3}xa$_{44}^{53}$lau^{0},tʂʰət^{3}pʰu$^{13}_{21}$ien^{35}nau^{0}.

食羊

1. 还有就舞几条长短不同个树棍子唠，抓下手里唠，顶高就一样子唠。你抽中箇条短个子你就爱追哟，或者爱你就，追追跑个时候子，就食羊啊，安做食羊啊。分滴分滴人分滴人就追哟，分滴人就分滴人就跑哇。欸。xai$^{13}_{21}$iəu^{35}tsʰiəu^{53}u^{21}ci^{21}tʰiau^{13}tʂʰɔŋ^{13}tɔn^{13}pət^{3}tʰəŋ^{13}ke^{53}ʂəu^{53}kuan^{53}tsʅ^{0}lau^{0},ia^{21}a$_{44}$(←xa^{53})ʂəu^{53}li^{0}lau^{0},taŋ^{21}kau$_{44}$tsʰiəu$_{44}$iet^{3}iɔŋ^{53}tsʅ^{0}lau^{0}.ɲi$_{21}$tsʰəu^{0}tʂʂəŋ$_{44}$kai^{35}tʰiau^{13}tɔn^{21}cie^{53}tsʅ^{0}ɲi^{13}tsʰiəu^{0}ɔi$^{53}_{44}$tʂei^{35}iau^{0},xɔit^{5}tʂa^{21}ɔi$_{44}$ɲi^{13}tsʰiəu^{53},tʂei^{35}tʂei^{35}pʰau^{21}ue^{53}(←ke^{53})ʂe$_{44}$(←ʂʅ^{13}xei^{53})tsʅ^{0},tsʰiəu$_{21}$ʂət^{5}iɔŋ^{13}ŋa^{0},ɔn$_{44}$tso$_{44}$ʂət^{5}iɔŋ^{13}ŋa^{0}.pən^{35}tiet^{5}pən^{35}tiet^{5}ɲin$_{21}$pən^{35}tiet^{5}ɲin$_{21}$tsʰiəu$_{44}$tʂei^{35}iau^{0},pən^{35}tet^{5}ɲin^{13}tsʰiəu$_{44}$pən^{35}tet^{5}ɲin^{21}tsʰiəu^{53}pʰau^{21}ua^{0}.e$_{21}$.（食羊是怎么个食法？就抓阄，是吧？是抓阄的意思吗？）欸，系。分滴人就捉……我就，追个人就做豺狼啊。嗯。箇跑个人就做羊啊。就去禾坪下来跑哇，去操场里跑哇。箇么人跑嘞，么人追嘞？么人追么人跑嘞就先……先舞先舞正几条棍子唠，长长短短，长短个棍子唠。四个人就四个人就搞四条棍子噢。你抽倒长个子就就还爱做羊噢，就跑嘿做羊欸；抽倒短个子就做豺狼噢，就食羊啊。e$_{21}$,xe^{53}.pən^{35}tet^{5}ɲin^{21}tsʰiəu$_{44}$tsɔk^{3}…ŋai^{13}tsʰiəu^{53},tʂei^{35}ke^{53}ɲin$_{44}$tsʰiəu$_{44}$tso^{53}sai^{13}lɔŋ$_{44}$ŋa^{0}.m̩$_{21}$.kai$_{44}$pʰau^{53}ke^{53}ɲin$_{21}$tsʰiəu$_{44}$tso^{53}iɔŋ^{13}

ŋa^0.tsʰiəu$_{44}$çi$_{44}$uo^{13}pʰiaŋ$^{13}_{21}$xa^{35}ləi$^0_{21}$pʰau^{21}ua^0,çi$_{44}$tsʰau^{35}tʂʰɔŋ^{13}li^{21}pʰau^{21}ua^0.kai$_{44}$mak^3
ɲin^{13}pʰau^{21}lei^0,mak^{3}ɲin$^{13}_{44}$tʂei^{35}lei^0?mak^{3}ɲin$^{13}_{44}$tʂei^{35}mak^{3}ɲin$^{13}_{44}$pʰau^{21}lei^0 tsiəu$_{44}$sen^{35}···
sen^{35}u^{21} sen^{35}u^{21}tʂaŋ^{35}ci^{21}tʰiau^{13}kuən^{53}tsʐ^{0}lau^0,tʂʰɔŋ^{13}tʂʰɔŋ$^{13}_{44}$tɔn^{21}tɔn^{21},tʂʰɔŋ^{13}tɔn^{21}ke$_{44}$
kuən^{53}tsʐ^{0}lau^0.si$_{44}$ke^{53}ɲin$^{13}_{21}$tsʰiəu$_{44}$si^{53}ke$^{53}_{21}$ɲin$^{13}_{21}$tsʰiəu$_{44}$kau^{53}si^{53}tʰiau$^{13}_{21}$kuən^{53}tsʐ^{0}au^0.ɲi$^{13}_{21}$
tʂʰəu^{35}tau^{21}tʂʰɔŋ^{13}ke^{53}tsʐ^0 tsʰiəu^{53}tsʰiəu$_{44}$xa$^{13}_{44}$ɔi$_{44}$tso^{53}iɔŋ^{13}ŋau^0,tsʰiəu$^{53}_{44}$pʰau^{21}xek^3 tso^{53}
iɔŋ^{13}ŋe^0;tʂʰəu^{35}tau^{21}tɔn^{21}ke$^{53}_{44}$tsʐ^0 tsʰiəu$^{53}_{44}$tso^{53}sai^{13}lɔŋ^{13}ŋau^0,tsʰiəu$^{53}_{21}$sət^{0}iɔŋ^{13}ŋa^0.（呃，
长的就……）就跑嘿，做羊啊。tsʰiəu^{53}pʰau^{21}xek^3,tso^{53}iɔŋ^{13}ŋa^0.（长的跑？）
嗯。短个子就豺狼啊。 n̩$^{13}_{21}$tɔn^{21}ke^{53}tsʐ^0 tsʰiəu^{53}sai^{13}lɔŋ$^{13}_{21}$ŋa^0.（狼去追羊，是吧？）
唔。狼去追羊哦。安做食羊啊。m̩$^{13}_{21}$lɔŋ^{13}çi$_{44}$tʂei^{35}iɔŋ^{13}ŋo^0.ɔn^{35}tso$^{53}_{44}$sət^{5}iɔŋ^{13}ŋa^0.
（哦。）唔。m̩$_{21}$.

2. 箇有只嘞就安做食羊呢。食羊嗯就是狼食羊啊。也就系老鹰抓小鸡
咁个味道。欸，差唔多。欸，分个人蹄面前，后背个人拖倒个渠个衫尾，
系啊？分个人蹄面前，欸，后背人拖倒渠个衫尾，拖三个四个五个六个，
哈？欸，分……箇箇只就系羊，箇一队就羊。kai^{53}iəu^{35}tʂak^{3}le^0 tsʰiəu$^{53}_{44}$ɔn$^{35}_{44}$tso$^{53}_{44}$
ʂət^{5}iɔŋ^{13}ne^0.ʂət^{5}iɔŋ^{13}n̩$_{21}$tsʰiəu^{53}ʂʐ$^{13}_{44}$lɔŋ^{13}ʂət^{5}iɔŋ^{13}ŋa^0.ia^{35}tsʰiəu^{13}xe^{53}lau^{21}in$^{35}_{44}$tʂa^{35}siau^{21}
ci$_{44}$kan^{53}ke$_{44}$uei^{53}tʰau^{13}.e$_{21}$,tsa^{35}n̩$^{21}_{21}$to^{35}.e$_{21}$,pən^{35}cie^{53}ɲin$^{13}_{21}$cʰi^{35}mien^{53}tsʰien^{13},xei^{0}pɔi^{53}
ke^{53}ɲin$^{13}_{21}$tʰo^{0}tau^{21}ci$^{13}_{21}$ke^{53}san^{35}mi^{35},xei^{53}a^0?pən^{35}cie$^{53}_{44}$ɲin$^{13}_{21}$cʰi^{35}mien^{53}tsʰien^{13},e$_{21}$,xei^0
pɔi^{53}ɲin$^{13}_{21}$tʰo^{0}tau^{21}ci$^{13}_{21}$ke$^{53}_{44}$san^{35}mi^{35},tʰo^{0}san^{35}cie^{53}si^{13}cie^{53}ŋ^{0}cie$^{53}_{44}$liəuk^{3}cie$^{53}_{44}$,xa$_{44}$?ei$_{21}$,
pən^{35}k···kai$^{53}_{44}$kai^{53}tʂak^3 tsʰiəu^{53}xe^{53}iɔŋ^{13},kai^{53}iet^{3}ti^{0}tsʰiəu$^{53}_{44}$iɔŋ^{13}.（是最后一个就是
羊，是吧？）一……唔系最后一个羊，箇箇一队都系羊。iet···m̩^{13}pʰe$_{44}$（←xe^{53}）
tsei^{53}xei^{53}iet^{3}ke^{53}iɔŋ^{13},kai$_{44}$kai$^{53}_{44}$iet^{3}ti^{0}təu$^{35}_{44}$xe^{53}iɔŋ^{13}.（整个这个队伍都是？）整个
箇队伍箇只拖衫尾个队伍都系羊。分个人就做狼，做豺狼，就去捉，呃，
去食羊。分渠抓倒一只就箇个唠，嗬嘿，欸。你就爱跑得快啦。tʂən^{21}ko$^{53}_{44}$kai^{53}
tei^{35}u^{21}kai^{53}tʂak^{3}tʰo^{35}san^{35}mi$^{35}_{44}$ke$_{44}$tei^{35}u^{21}təu^{35}xe^{53}iɔŋ^{13}.pən^{35}cie^{53}ɲin^{13}tsʰiəu$^{53}_{44}$tso^{53}lɔŋ^{13},
tso^{53}sai^{13}lɔŋ^{13},tsʰiəu$_{44}$çi$_{44}$tsɔk^3,ə$_{21}$,çi$_{44}$ʂət^{5}iɔŋ^{13}.pən^{35}ci$_{44}$tʂa^{35}tau^{21}iet^{3}tʂak^{3}tsʰiəu$^{53}_{44}$kai^{53}
ke$_{44}$lau^0,xo$_{53}$xe$_{53}$,e$_{21}$,ɲi^{13}tsʰiəu^{53}ɔi^{53}pʰau^{21}tek^{3}kʰuai^{53}la^0.

煮家饭子食

（那个小时候玩过过家家吗？）唔记得哩，唔记得哩，玩是玩过吧？
过家家让门子玩我唔记得了。n̩^{13}ci^{53}tek^{3}li^0,n̩$^{13}_{21}$ci^{53}tek^{3}li^0,uan^{13}ʂʐ$_{44}$uan^{13}ko^{53}
pa^0?ko$^{53}_{44}$cia$^{35}_{44}$cia^{35}ɲiɔŋ^{53}mən^{0}tsʐ^0 uan$^{13}_{21}$ŋai$^{13}_{21}$n̩^{13}ci^{53}tek^{3}liau^0.（就是几个小孩在一起
玩啊，有的当爸爸有的当妈妈这个什么的。一起像过小家庭一样的。）嗯，
玩过。搞过。搞过。n̩$_{21}$,uan^{13}ko^{53}.kau^{21}ko^{53}.kau^{13}ko^{53}.

（那个这个游戏叫什么？）又系煮……煮家饭子食啦，欸。唔。玩过。

安做煮家饭子食，嗯，煮家饭子。么人当爸爸唠，系唔系啊？当妈妈呦。嗯。舞只舞只布包就安做背人呦。欸。iəu⁵³xe⁵³tʂəu²¹···tʂəu²¹ka³⁵fan⁵³tsŋ⁰ʂət⁵ la⁰,e₂₁.m̩₂₁.uan¹³ko⁵³.on³⁵tso⁵³tʂəu²¹ka³⁵fan⁵³tsŋ⁰ʂət⁵,m̩₂₁,tʂəu²¹ka³⁵fan⁵³tsŋ⁰.mak³ɲin⁴⁴ tɔŋ³⁵pa⁵³pa⁰lau⁰,xe⁵³me₄₄(←m̩¹³xe⁵³)a⁰?tɔŋ³⁵ma³⁵ma⁰nau⁰.m̩₂₁.u²¹tʂak³u²¹tʂak³pu⁰ pau⁴⁴tsʰiəu₂₁⁵³on₄₄³⁵tso⁵³pi⁵³ɲin¹³nau⁰.e₂₁.（怎么？）舞只布包子啊，枕头子咁个布包子就舞···安做背人呦，背细人子唠，背毛毛子唠。u²¹tʂak³pu⁵³pau³⁵tsa⁰,tʂən²¹ tʰei¹³tsŋ⁰kan²¹ke₄₄⁵³pu⁰pau₄₄⁵³tsŋ⁰tsʰiəu₄₄⁵³u²¹tʂ···on₄₄³⁵tso⁵³pi₄₄⁵³ɲin¹³nau⁰,pi₄₄⁵³se⁵³ɲin₂₁¹³tsŋ⁰ lau⁰,pi⁵³mau⁵³mau⁵³tsŋ⁰lau⁰.

（把那个枕头背在背上啊？）欸，欸。做过家家是有带细人子咯，有细人子带咯。欸。欸爸爸或者妈妈，做爸爸或者做妈妈个人呐爱背人咯。e₅₃,e₄₄.tso⁵³ko⁵³cia³⁵cia³⁵sŋ₄₄⁵³iəu³⁵tai₄₄⁵³se⁵³ɲin₂₁¹³tsŋ⁰ko⁰,iəu₄₄³⁵se⁵³ɲin₂₁¹³tsŋ⁰tai⁵³ko⁰.e₂₁.e₂₁pa⁰ pa⁰xoit⁵tʂa²¹ma⁵³ma⁰,tso⁵³pa⁵³pa⁰xoit⁵tʂa²¹tso⁵³ma³⁵ma⁰ke₄₄⁵³ɲin₄₄na⁰ɔi₄₄⁵³pi⁵³ɲin¹³ko⁰.（就是背人？）嗯。m̩₂₁.（你再说一遍。）背人，背细人子。pi⁵³ɲin¹³,pi₄₄⁵³se⁵³ɲin₂₁¹³ tsŋ⁰.

（就是拿枕头背在背上？）欸，缔啊背囊上啊，拿枕头缔啊背囊上啊。e₅₃,tʰak³a⁰pɔi⁵³lɔŋ₄₄¹³xɔŋ₄₄³⁵ŋa⁰,la₂₁⁵³tʂən²¹tʰei¹³tʰak³a⁰pɔi⁵³lɔŋ₂₁¹³xɔŋ₄₄³⁵ŋa⁰.（捆在背上啊？）欸。包转下子来呀，细枕头子啊。或者细枕头子，或者舞件子衫子啊。欸扮做一只毛毛子欸缔下背囊上啊。e₂₁.pau³⁵tʂən²¹na⁵³(←xa⁵³)tsŋ⁰lɔi₄₄ ia⁰,se⁵³tʂən²¹tʰei¹³tsa⁰.xoit₃⁵tʂa²¹se⁵³tʂən²¹tʰei¹³tsŋ⁰,xoit⁵tʂa²¹u²¹cʰien⁵³tsŋ⁰san³⁵tsŋ⁰a⁰.e⁰ pan⁵³tso⁵³iet³tʂak³mau³⁵mau³⁵tsŋ⁰e⁰tʰak³a⁰pɔi⁵³lɔŋ₄₄¹³xɔŋ₄₄³⁵ŋa⁰.

（哦，就是枕头上面还要给穿个衣服啊？）噢箇唔爱唠。就爱反正就缔倒箇映就整细人子唠，带细人子，背细人子啊。欸。一家人就有细人子嘛。系啊？就爱背嘛。箇阵子又有得咁个么啊玩具娃娃，系唔系？au⁰kai⁵³ m̩₂₁¹³mɔi₂₁⁵³lau⁰.tsʰiəu⁵³ɔi⁵³fan²¹tʂən⁵³tsʰiəu⁵³tʰak³tau⁰kai⁵³iaŋ₄₄¹³tsʰiəu₄₄⁵³tʂən²¹se⁵³ɲin₂₁¹³tsŋ⁰ lau⁰,tai₄₄⁵³se⁵³ɲin¹³tsŋ⁰,pi⁵³se⁵³ɲin¹³tsa⁰.e₂₁.iet³ka³⁵ɲin¹³tsʰiəu₄₄⁵³iəu³⁵se⁵³ɲin¹³tsŋ⁰ma⁰.xe₄₄ a⁰?tsʰiəu₂₁⁵³ɔi₄₄pi⁵³ma⁰.kai⁵³tʂʰən⁵³tsŋ⁰iəu⁵³mau¹³tek³kan²¹ke⁵³mak³a⁰uan¹³tsʂ̩⁵³ua⁵³ ua¹³,xe₄₄me₄₄(←m̩¹³xe⁵³)?（就那个才好玩呢！）欸。e₅₃.

捉麻将

（村上有人打吗？）有哇。麻将是，今年就禁呢，架势禁麻将啊。今年硬会捉啊。只有只能够老人家子跍倒你屋下打。你唔准开麻将馆。唔准开麻将馆了。欸老人家子你跍倒屋······自家屋下打下子可以。箇个硬会捉下派出所里啊。会捉啊。渠派出所里，渠十分积极嘞搞箇样路子。欸。捉，捉麻呀，捉，捉赌是这······捉麻将是这十分积极嘞。有利可图啊。系唔系？

iəu³⁵ua⁰.ma¹³tsiɔŋ⁵³ʂʅ⁵³₄₄,cin³⁵ɲien¹³tsʰiəu⁵³₄₄cin⁵³ne⁰,cia⁵³₄₄ʂʅ⁵³cin¹³ma¹³tsiɔŋ⁵³₂₁ŋa⁰.cin³⁵
ɲien₄₄¹³ɲiaŋ³⁵uɔi¹³tsɔk³a⁰.tʂʅ²¹iəu⁵³₄₄tʂʅ¹³len¹³ciau⁵³lau⁵³ɲin¹³ka⁵³₄₄tsʅ⁰kʰu¹³tau²¹₄₄ɲi¹³₄₄uk³xa⁵³
ta²¹.ɲi²¹₂₁ɳ̩¹³tʂən²¹kʰɔi³⁵₄₄ma¹³tsiɔŋ⁵³kɔn²¹.ɳ̩¹³tʂən²¹kʰɔi¹³₄₄ma²¹₂₁tsiɔŋ⁵³kɔn²¹liau⁰.ei₄₄lau¹³ɲin¹³
ka³⁵₄₄tsʅ⁰ɲi¹³ku⁵³₄₄tau₄₄¹³uk³…tsʰʅ¹³₄₄ka³⁵uk³xa⁵³ta⁵³xa⁵³₄₄tsʅ⁰kʰo²¹i³⁵₄₄.kai⁵³ke₄₄⁵³ɲiaŋ⁵³₄₄uɔi¹³₄₄tsɔk³
a₂₁²¹(←xa⁵³)pʰai⁵³tʂʰət³so²¹lia⁰.uɔi⁵³₄₄tsɔk³a⁰.ci²¹₂₁pʰai¹³tʂʰət³so²¹li⁰,ci²¹₂₁ʂət⁵fən³⁵tsiet³
cʰiet¹³le⁰kau¹³kai³⁵₃₅iɔŋ₄₄⁵³ləu¹³tsʅ⁰.e₂₁.tsɔk³,tsɔk³ma²¹₂₁ia⁰,tsɔk³,tsɔk³təu²¹₂₁ʈʂe⁵³…tsɔk³
ma¹³tsiɔŋ⁵³ʂʅ⁵³₄₄ʈʂe⁵³₂₁ʂət⁵fən³⁵tsiet³cʰiet¹³le⁰.iəu²¹li¹³kʰo²¹tʰəu¹³ua⁰,xei⁵³₄₄mei₄₄(←m̩¹³
xei⁵³)?

　　（哦，捉麻将还有利可图啊？）箇当然有利可图哇。欸我等几个人打
麻将，走嘿去，就分桌上个钱就收……收下咁呶，有利……有利可图哇。
我就话你派出所里搞以只东西是积极性高啊。你等默正神呐，系唔系？欸，
你等打……打……打麻将个人默正神呐。嗯。kai³⁵₄₄tɔŋ³⁵vien₄₄¹³iəu³⁵li₄₄¹³kʰo²¹tʰəu¹³
ua₄₄.ei₂₁ŋai¹³tien⁰ci¹³cie⁵³ɲin¹³ta²¹ma¹³tsiɔŋ⁵³,tsei²¹xek⁵₅çi⁵³,tsʰiəu₄₄⁵³pən¹³tsɔk³xɔŋ³⁵₄₄ke⁵³
tsʰien²¹₂₁tsʰiəu⁵³₄₄ʂəu³⁵…ʂəu³⁵xa²¹₄₄kan²¹nau⁰,iəu³⁵li⁵³…iəu³⁵li¹³₄₄kʰo²¹tʰəu¹³ua⁰.ŋai¹³tsiəu₄₄
ua⁵³ɲi¹³pʰai¹³tʂʰət³so²¹li⁰kau¹³i²¹ak³(←tʂak³)təŋ³⁵₄₄si⁰ʂʅ⁵³tsiet³cʰiet³sin¹³kau⁵³a⁰.ɲi¹³
tien⁰mek³tʂaŋ⁵³ʂən¹³na⁰,xei⁵³₄₄me₄₄(←m̩¹³xe⁵³)?e₂₁,ɲi¹³tien⁰ta²¹ma…ta²¹…ta²¹ma¹³
tsiɔŋ⁵³ke₄₄⁵³ɲin¹³mek³tʂaŋ⁵³ʂən¹³na⁰.ɳ̩²¹.

　　渠有人会去报。打比样我等个，打比样我等四个人邀正来打，打麻将。
有人去报嘞。欸。打电话嘞。ci²¹₂₁iəu³⁵ɲin²¹uɔi₄₄¹³çi₄₄⁵³pau⁵³.ta²¹pi²¹iɔŋ⁵³₄₄ŋai¹³tien⁰ke₄₄,ta²¹
pi²¹iɔŋ⁵³₄₄ŋai¹³tien⁰si⁵³ke₄₄⁵³ɲin²¹₂₁iau³⁵tʂaŋ⁵³lɔi₄₄¹³ta²¹,ta²¹ma¹³tsiɔŋ⁵³.iəu³⁵ɲin²¹₂₁çi₄₄⁵³pau⁵³
lei⁰.e₂₁.ta²¹tʰien⁰fa⁵³lei⁰.（啊，这个报就是告密的意思，是吧？）就告密啦。
我箇晡问渠等，我话让门让门几个人嬲得好哇，打下子麻将让门也有人告，
有人会去报，会告密？渠话你去想下子看呶，欸，一家人，两公婆，一只
打麻将一只唔打麻将，你想下子箇只箇只唔打麻将个……高兴呢唔高兴
呢？系吗？欸。有滴话唔信呢。欸嘿。有滴屋下有要紧事都唔搞哩啊，猛
太急，只讲去打麻将啊。渠就会会会打……会箇个噢告密啦，爱政府来捉
下子你啊。tsʰiəu⁵³₄₄kau¹³miet⁵la⁰.ŋai¹³kai₄₄⁵³pu³⁵uən⁰ci²¹₂₁tien⁰,ŋai²¹₂₁ua⁵³ɲiɔŋ⁰mən⁰
ɲiɔŋ⁵³mən⁰ci²¹cie⁵³ɲin¹³liau⁰tek³xau²¹ua⁰,ta²¹xa₄₄⁵³tsʅ⁰ma²¹₂₁tsiɔŋ⁵³₄₄ɲiɔŋ₄₄⁵³mən⁰ia⁰iəu³⁵
ɲin²¹₂₁kau₄₄,iəu³⁵ɲin²¹₂₁uɔi₄₄⁵³çi₄₄pau⁰,uɔi₄₄⁵³kau₄₄miet⁵?cia₄₄(←ci¹³ua⁵³)ɲi¹³çi³⁵siɔŋ¹³xa₄₄⁵³tsʅ⁰
kʰan⁵³nau⁰,e₂₁,iet³ka³⁵ɲin¹³,iɔŋ²¹kəŋ₄₄³⁵pʰo¹³,iet³tʂak³ta²¹ma¹³tsiɔŋ⁵³iet³tʂak³ɳ̩¹³ta²¹ma¹³
tsiɔŋ⁵³,ɲi²¹₂₁siɔŋ²¹ua³(←xa⁵³)tsʅ⁰kai¹³tʂak³kai¹³tʂak³ɳ̩¹³₂₁ta²¹ma²¹₂₁tsiɔŋ⁵³₄₄ke⁵³u…kau¹³çin₄₄
ne⁰ɳ̩²¹kau³⁵₄₄çin₄₄⁵³ne⁰?xei⁵³ma₄₄?e₂₁.iəu³⁵tet³ua₄₄¹³₂₁sin⁵³ne⁰.e₂₁xe₂₁.iəu³⁵tet³uk³xa⁵³₄₄iəu³⁵
iau₄₄³⁵cin²¹sʅ⁰təu₄₄⁵³ɳ̩¹³₄₄kau²¹lia⁰,mən³⁵tʰai⁵³ciet³,tʂʅ²¹kɔŋ²¹çi⁵³ta²¹ma¹³tsiɔŋ⁵³ŋa⁰.ci²¹₂₁
tsʰiəu⁵³₄₄uɔi⁵³uɔi⁵³uɔi⁵³ta…uɔi⁵³₄₄kai⁵³cie₄₄⁵³au⁰kau⁵³miet⁵la⁰,ɔi⁵³₄₄tʂən⁵³fu²¹lɔi²¹₂₁¹³tsɔk³a⁵³

(←xa⁵³)tsɿ⁰ȵi²¹₂₁a⁰.

走马灯

（以前那个那种灯啊那个那个上面搞点那个像马一样的，让它那个一转，走走……）哦，走马灯吧，安做走马灯。看过。爱舞舞盏煤油灯呢，舞盏灯盏呢。发着灯盏来渠就会走呢。系唔系？孔明灯呐。安做孔明灯呐。据说系孔明，诸葛亮发明个。[1]o_{21},$tsei^{21}ma^{35}ten^{35}_{44}pa^0$,$on^{35}_{44}tso^{53}_{44}tsei^{21}ma^{35}ten^{35}_{44}$.$k^hon^{53}$ ko^{53}.$oi^{53}u^{21}u^{21}tsan^{21}mei^{13}iou^{13}_{21}tien^{35}nei^0$,$u^{21}tsan^{21}tien^{35}tsan^{21}nei^0$.$poit^3ts^hok^5ten^{35}tsan^{21}$ $noi^{13}_{44}ci^{13}_{21}ts^hiou^{53}_{44}uoi^{53}tsei^{21}nei^0$.$xe^{53}_{44}me_{44}$(←$m̩^{13}xe^{53}$)?$k^hən^{21}min^{13}_{21}tien^{35}na^0$.$on^{35}_{44}tso^{53}_{44}$ $k^hən^{21}min^{13}_{21}tien^{35}na^0$.$tsʅ_{44}ʂek^3e_{44}$(←$xei^{53}$)$k^hən^{21}min^{13}$,$tsəu^{53}ko^{21}liɔŋ^{53}fait^3min^{13}_{21}cie^{53}_{44}$.

箇阵子我等箇映有只老子渠就会搞咁个呢。发着灯盏来就箇箇个菩萨子就车……车车转呢。就打叮……叮叮呢。就搞滴箇吊滴菩萨子呢。吊滴么个曹操箇滴人个么个。我细细子看过。$kai^{53}_{44}tsʂən^{53}_{44}tsɿ^0 ŋai^{13}tien^{35}kai^{53}_{44}iaŋ^{53}_{44}iəu^{53}_{44}$ $tsak^3lau^{21}tsɿ^0ci^{13}_{21}ts^hiəu^{53}_{21}uoi^{53}kau^{21}kan^{21}cie^{53}_{44}nei^0$.$poit^3ts^hɔk^5tien^{35}tsan^{21}noi^{13}_{21}ts^hiəu^{53}_{44}$ $kai^{53}_{44}kai^{53}_{44}ke^5_{44}p^hu^{13}sait^3tsɿ^0ts^hiəu^{53}_{44}t^hia^{35}$…$tsʂa^{53}tsʂa^{53}_{44}tsʂɔn^{21}nei^0$.$ts^hiəu^{53}_{44}ta^{21}tin^{35}$…$tin^{35}$ $tin^{35}_{44}nei^0$.$tsiəu^{53}_{21}kau^{21}tet^5kai^{53}tiau^{53}tet^5p^hu^{13}sait^3tsɿ^0nei^0$.$tiau^{53}_{44}tiet^3_3mak^3e^0ts^hau^{21}$ $ts^hau^{35}kai^{53}tet^5in^{13}_{21}cie^{53}_{44}mak^3e^0$.$ŋai^{13}se^{53}se^{53}tsɿ^0k^hɔn^{35}_{44}ko^{53}_{21}$.（你们哪种说法说得多一点？）走马灯呐。$tsei^{21}ma^{35}tien^{35}na^0$.（走马灯？）嗯。$m̩_{21}$.

二、社会生活

（一）嫁娶

见面茶

我等两公婆就系哟，我去看渠个时候子，就系是系咁子个啦，如果欸等我我去……我去看……看我老婆，系唔系？我等首先唔认得嘞。如果渠系……如果我系唔同意，我唔合适箇只妹子，茶都唔食就走。嗯，茶都唔食就走。如果我合适箇只妹子，我就会坐正来嘛。坐正来，打下子讲箇只，

---

① 发音人将走马灯和孔明灯搞混了。

系<u>唔系</u>？就意思就我还合适，要得。好，箇是男方。ŋai¹³tien⁰iɔŋ²¹kəŋ³⁵pʰo¹³ tsʰiəu⁵³xei₄₄iau⁰,ŋai¹çi⁵³kʰɔn²³ci¹³ke⁵³sๅ¹xei⁵³tsๅ⁰,tsʰiəu⁵³xei⁵³se⁵³(←sๅ⁵³xe⁵³)kan²¹tsๅ¹ ke⁵³la⁰,ʅ¹³ko⁰e₂₁tən²¹ŋai¹³ŋai¹³çi⁵³tʰi⋯ŋai¹³çi⁵³kʰɔn⁵³⋯kʰɔn⁵³ŋai¹³lau²¹pʰo¹³,xei⁵³₄₄ me⁵³₄₄?ŋai¹³tien⁰ʂəu²¹sien³⁵ŋ̍¹ɲin⁵³tek³le⁰.ʅ¹³ko²¹ci¹³xe⁵³t⋯ʅ¹³ko²¹ŋai¹³xe⁵³ŋ̍¹tʰəŋ¹³ i⁵³,ŋai²¹₂₁m̩¹³xoit⁵sๅ⁵³kai₄₄tʂak³mɔi⁵³tsๅ⁰,tsʰa¹³təu₄₄³⁵ŋ̍²¹ʂət⁵tsʰiəu⁵³tsei²¹.ŋ̍₂₁,tsʰa¹³təu₄₄³⁵n̩²¹ ʂət⁵tsʰiəu⁵³tsei²¹.ʅ¹³ko²¹ŋai²¹₂₁xoit⁵sๅ⁵³kai⁵³tʂak³mɔi⁵³tsๅ⁰,ŋai²¹tsʰiəu₄₄uɔi₄₄¹³tsʰo⁵³tʂaŋ²¹₂₁ lɔi¹³₂₁liau⁵³.tsʰo³⁵tʂaŋ⁵³₂₁lɔi¹³₂₁,ta²¹a₄₄(←xa⁵³)tsๅ⁰kɔŋ²¹kai₄₄³tʂak³,xei₄₄⁵³me₄₄(←m̩¹³ xe⁵³)?tsiəu₄₄⁵³i⁵³sๅ¹tsiəu₄₄³ŋai²¹₂₁xai⁵³xoit⁵sๅ⁵³,iau⁵³tek⁵.xau²¹,kai₄₄⁵³sๅ⁵³₂₁lan¹³fɔŋ³⁵.

女方来讲嘞，渠系唔合适以只伢子，就由别么人来掇茶分渠食。箇茶还要食一碗。欸。就由别么人，或者大人，或者横辈人来泡碗茶渠食哩。如果系妹子合适以只伢子，箇只女方合适以只伢子，就由就由箇只妹子自家泡碗茶掇倒来分渠食。ɲy²¹fɔŋ³⁵lɔi²¹₂₁kɔŋ²¹lei⁰,ci²¹₂₁xe⁵³ŋ̍¹³xoit⁵sๅ¹i¹³tʂak⁵ŋa¹³ tsๅ⁰,tsʰiəu₄₄⁵³iəu¹³pʰiek⁵mak³ɲin¹³nɔi²¹₂₁tɔit³tsʰa¹³pən³⁵ci₄₄³ʂət⁵.kai⁵³tsʰa¹³xai¹³iau⁵³₄₄ʂət⁵ iet³uɔn²¹.e₂₁.tsʰiəu₄₄⁵³iəu¹³pʰiek⁵mak³ɲin²¹₂₁,xoit³tʂa²¹tʰai¹³ɲin¹³,xoit³tʂa²¹uaŋ¹³pei₄₄ɲin²¹₂₁ nɔi²¹₂₁pʰau⁵³uɔn²¹tsʰa¹³ci₄₄³ʂət⁵li⁰.ʅ¹³ko²¹xei₄₄mɔi¹³tsๅ⁰xoit⁵sๅ⁵³²¹tʂak³ŋa¹³tsๅ⁰,kai⁵³tʂak³ ɲy²¹fɔŋ³⁵xoit³sๅ⁵³i¹³tʂak⁵ŋa¹³tsๅ⁰,tsʰiəu⁵³iəu₂₁¹³tsʰiəu⁵³iəu²¹₂₁kai₄₄⁵³tʂak³mɔi¹³tsๅ⁰tsʰ³⁵ka₄₄³⁵ pʰau⁵³uɔn²¹tsʰa¹³tɔit³tau²¹lɔi²¹₂₁pən³⁵ci₄₄²¹ʂət⁵.（这种茶叫什么茶？）安做么个茶唠？ 冇得么个茶，就系一杯茶呢，就系一杯茶。欸。ɔn₄₄³⁵tso₄₄⁵³mak⁵e⁰tsʰa¹³lau⁰?mau¹³ tek³mak⁵e⁰tsʰa¹³,tsʰiəu⁵³xe¹³iet³pei₄₄⁵³tsʰa¹³lei⁰,tsʰiəu⁵³xe¹³iet³pei₄₄⁵³tsʰa¹³.e₂₁.

以下以下我掇倒箇杯茶嘞箇就爱拿只子红包分渠。i²¹xa⁵³i²¹xa⁵³ŋai¹³tɔit³ tau²¹₄₄kai⁵³pei³⁵tsʰa¹³lei⁰kai⁵³tsʰiəu₄₄⁵³ɔi¹³la⁰tʂak³tsๅ⁰fəŋ¹³pau₄₄⁵³pən³⁵ci²¹₂₁.（那个钱叫什么？那个红包。）茶钱，欸，安做茶钱。拿滴_{点儿}茶钱。tsʰa¹³tsʰien¹³,e₂₁,ɔn³⁵tso⁵³ tsʰa¹³tsʰien¹³.la⁵³tiet⁵tsʰa¹³tsʰien¹³.（那个茶叫什么那个茶叫什么茶你想想？）安做么个茶？送茶？箇个是赠见过面个。赠见过面个。我等以前就赠见过面。欸。ɔn₄₄³⁵tso₄₄⁵³mak⁵e⁰tsʰa¹³?səŋ³⁵tsʰa¹³?kai⁵³ke⁵³sๅ₄₄¹³maŋ¹³cien₄₄⁵³ko₄₄⁵³mien⁵³ cie²¹.maŋ¹³cien₄₄⁵³ko⁵³mien⁵³cie²¹.ŋai¹³tien⁰i₄₄⁵³tsʰien¹³tsiəu₄₄⁵³maŋ¹³cien₄₄⁵³ko⁵³mien⁵³.e₂₁.（你想想这种茶叫什么茶，这种茶叫什么茶？）问下子我老婆看呐。我就唔记得安做么啊茶了，欸几十年了嗬。几十年。uən³⁵na₄₄⁵³tsๅ¹ŋai²¹₂₁lau²¹pʰo¹³ kʰɔn₄₄³⁵na⁰.ŋai¹³tsʰiəu⁵³n̩¹ci⁵³tek³ɔn³⁵tso⁵³mak⁵a⁰tsʰa¹³liau⁰,e₄₄ci²¹ʂət⁵ɲien¹³liau⁰ xo⁰.ci²¹ʂət⁵ɲien²¹₂₁.

问你只事啊，箇个箇个欸伢子人去看老婆啊，欸，箇老婆掇杯茶分渠食啦，欸，箇妹子掇杯茶分箇只郎子食啦，箇杯茶安做么个茶唠？你记得吗？安做么个茶？哈？见面茶吧？系啊系啊，茶钱呐，爱拿茶钱呢。见面茶话。箇碗茶安做见面茶，系吧？系安做见面茶吧？见……就爱拿见面礼，系啊？爱拿见面礼。嗯。欸，系，欸。几十年了，四十几年了，我还记得嘞？嗯。唔记得哩。嗯。uən⁵³ɲi²¹₂₁tʂak³ sʐ⁰a⁰,kai⁴⁴ke⁵³kai⁴⁴ke⁵³e₂₁ŋa¹³tsʐ⁰ɲin¹³çi⁵³
kʰɔn⁵³lau²¹pʰo¹³a⁰,e₂₁,kai⁵³lau²¹pʰo¹³tɔit³ pei³⁵tsʰa¹³pən³⁵cʰi¹³₂₁ʂət⁵ la⁰,e₂₁,kai⁴⁴mɔi⁵³tsʐ⁰
tɔit³ pei⁴⁴tsʰa¹³pən³⁵kai⁴⁴tʂak³ lɔŋ¹³tsʐ⁰ ʂət⁵ la⁰,kai⁵³pei³⁵tsʰa¹³ɔn⁴⁴tso⁴⁴mak³ e₄₄
(←ke⁵³)tsʰa¹³₂₁lau⁰?ɲi²¹₂₁ci⁵³tek³ ma⁰?ɔn³⁵tso⁵³mak³ e₄₄(←ke⁵³)tsʰa²¹?xa³⁵?cien⁵³mien⁵³₄₄
tsʰa²¹pʰa⁰?xei⁴⁴a⁰ xei⁵³a⁰,tsʰa¹³tsʰien¹³na⁰,ɔi⁵³la⁵³tsʰa¹³tsʰien⁴⁴ne⁰.cien⁵³mien⁵³tsʰa¹³
ua⁵³.kai⁵³uɔn²¹tsʰa¹³ɔn⁴⁴tso⁵³cien⁵³mien⁴⁴tsʰa¹³,xei⁵³pa⁰?xei⁵³ɔn³⁵tso⁵³cien⁵³mien⁵³₄₄tsʰa¹³
pa⁰?cien⁵³···tsʰiəu⁵³ɔi⁵³la⁵³cien⁵³mien²¹₂₁li³⁵,xei⁵³₄₄a⁰?ɔi³⁵la⁴₄cien⁵³mien²¹₂₁
li³⁵.n̩³⁵.e₂₁,xe⁵³,e₂₁.ci²¹ʂət⁵ɲien¹³liau⁰,si⁵³ʂət⁵ci²¹ɲien¹³liau⁰,ŋai²¹₂₁xai¹³ci⁵³tek³ le⁰?n̩₂₁.n̩¹³
ci⁵³tek³ li⁰.n̩₂₁.

见面茶，嗯，系，安做见面茶。欸，爱拿茶钱就系见面礼。见面礼。就拿只……拿只红包。我等箇阵子拿一块钱。一块钱就爱得。箇就最少啦，起点呐。一块钱就起点。 cien⁵³mien⁵³tsʰa¹³,n̩₂₁,xei⁵³,ɔn³⁵tso⁵³cien⁵³mien⁵³
tsʰa²¹,ei₂₁,ɔi⁵³la⁵³tsʰa¹³tsʰien¹³ tsʰiəu⁵³xe₄₄cien⁵³mien₄₄li³⁵.cien⁵³mien⁵³₄₄li³⁵.tsʰiəu⁵³₂₁la⁴₄
tʂak³···la⁵³tʂak³ fən²¹₂₁pau³⁵.ŋai¹³tien⁰ kai⁵³tʂʰən⁵³₄₄tsʐ⁰ la⁴₄iet³ kʰuai⁵³tsʰien¹³.iet³ kʰuai⁵³
tsʰien²¹₂₁tsʰiəu⁴₄ɔi⁵³tek³.kai⁵³₂₁tsʰiəu⁵³tsei⁵³ʂau²¹la⁰,çi²¹tian⁰na⁰.iet³ kʰuai⁵³tsʰien¹³tsʰiəu⁵³₄₄
çi²¹tian²¹.

驳庚书、合八字

以前是话还爱驳庚书。i⁴₄³⁵tsʰien¹³ʂ₁ua⁵³xai²¹₂₁ɔi⁵³pɔk³ kaŋ³⁵ʂəu³⁵₄₄.（驳是什么意思啊？？）驳啊，接呀。驳就接啊，接拢来呀，欸，来看下渠个生庚合得吗。生庚看下合得吗两个人生庚，看下，驳庚书。唔。pɔk³ a⁰,tsiait³ ia⁰.pɔk³
tsʰiəu⁵³tsiait³ a⁰,tsiait³ lɔŋ³⁵lɔi²¹₂₁ia⁰,e₂₁,lɔi²¹₂₁kʰɔn⁵³₄₄na₄₄(←xa⁵³)ci¹³ke₄₄sen³⁵cien³⁵xɔit⁵
tek³ ma⁰.sen³⁵cien⁴₄kʰɔn⁵³₄₄na₄₄(←xa⁵³)xɔit⁵ tek³ ma⁰iɔŋ²¹ke⁰in²¹₂₁sen³⁵cien₄₄,kʰɔn⁵³₄₄na₄₄
(←xa⁵³),pɔk³ kaŋ³⁵ʂəu³⁵₄₄.m̩₂₁.

如今还有滴箇个箇个迷信滴子个，或或者箇老古董，古董滴子个人，渠也……渠去到庙里箇只啦问八字先生也去问下子嘞，但是冇得正式个驳庚书了凑。如今就唔搞了。打比样，我只妹子，欸，我爱找只找只伢子，欸，我就爱问倒箇只伢子个时生月日来。或者我到庙里去问下子，嗯，以只伢子……我去问下子菩萨，或者我去寻下子箇个算八字个人，要得吗以只伢子个八字，两个，渠两个人个八字啊，八字啊，合得吗，合得吗。唔。也问下子，也有人问下子。欸。硬系差远哩，箇就箇就，箇就硬会讲嘞。i²¹₁³cin³⁵₄₄xai¹³iəu³⁵tet⁵ kai₄₄ke⁵³kai₄₄ke⁵³₄₄mei¹³sin⁵³tiet⁵ tsʐ⁰ ke⁵³,xɔit⁵ xɔit⁵ tʂa₄₄kai⁵³lau²¹
ku²¹təŋ²¹,ku²¹təŋ²¹tet⁵ tsʐ⁰ ke₄₄nin¹³,ci¹³₁³ia⁵³s···ci¹³çi₄₄tau₄₄miau⁵³li⁰ kai₄₄tʂak³ la⁰uən⁵³

pait³sๅ⁵³₄₄sien³⁵₄₄saŋ³⁵₄₄ia³çi³⁵₄₄uən⁵³na₂₁(←xa⁵³)tsๅ⁰lei⁰,tan⁵³sๅ⁵³₄₄mau₂₁tek³tʂən⁵³sๅ⁵³₄₄ke⁵³
pɔk³kaŋ³⁵ʂəu³⁵₄₄liau⁰tsʰe⁰.i₂₁cin³⁵₄₄tsiəu⁵³₄₄ŋ¹³kau²¹liau⁰.ta²¹pi²¹iɔŋ¹³₄₄,ŋai¹³tʂak³mɔi⁵³
tsๅ⁰,e²¹,ŋai¹³ɔi⁵³tsau⁵¹tʂak³tsau²¹tʂak³ŋa¹³tsๅ⁰,e²¹,ŋai¹³tsʰiəu⁵³₄₄ɔi⁵³₄₄uən⁵³tau⁰kai⁵³tʂak³
ŋa¹³tsๅ⁰ke⁵³₄₄sๅ¹³saŋ³⁵₄₄ɲiet⁵ɲiet³lɔi¹³.xɔit⁵₃tʂa²¹ŋai¹³tau⁵³miau⁵³li⁰çi⁵³₄₄uən⁵³na₄₄(←
xa⁵³)tsๅ⁰,ɲ₂₁,i²¹tʂak³ŋa¹³tsๅ⁰···ŋai¹³çi⁵³₄₄uən⁵³na₄₄,(←xa⁵³)tsๅ⁰pʰu¹³sait³,xɔit⁵tʂa²¹ŋai¹³çi⁵³
tsʰin¹³na₄₄(←xa⁵³)tsๅ⁰kai⁵³ke⁵³₄₄sɔn⁵³pait³tsʰๅ⁵³ke⁵³₄₄ɲin¹³,iau⁵³tek³ma⁰i²¹tʂak³ŋa¹³tsๅ⁰ke⁵³₄₄
pait³tsʰๅ⁵³,iɔŋ²¹ke⁵³,ci²¹iɔŋ¹³ke⁵³in¹³ke⁵³₄₄pait³tsʰๅ³a⁰,pait³tsʰๅ⁵³a⁰,kait³tek³ma⁰,xɔit⁵
tek³ma⁰.m₂₁.ia³⁵uən⁵³na₄₄(←xa⁵³)tsๅ⁰,ia³⁵iəu³⁵ɲin¹³₂₁uən⁵³na₄₄(←xa⁵³)tsๅ⁰.e₂₁ɲiaŋ⁵³xe⁵³
tsa³⁵₄₄ien⁵³ɲi⁰,kai⁵³₄₄tsʰiəu⁵³kai⁵³₄₄tsʰiəu⁵³₄₄,kai⁵³₄₄tsʰiəu⁵³₄₄ɲiaŋ⁵³uɔi⁵³kɔŋ⁵³le⁰.

　　驳庚书也驳庚书我唔晓让门驳。大概嘞驳庚书更正式滴子。以个就以个就有得咁箇个，欸，以个就非正式个。有滴丈人娭渠是……渠……有滴……有滴就男方个娭子，有滴就女方个丈人娭呀，渠硬爱去，去接，问到八字来，问到时生月日来呀，合下子八字啊，看下合得吗。pɔk³kaŋ³⁵ʂəu³⁵₄₄
ie²¹pɔk³kaŋ³⁵ʂəu³⁵₄₄ŋai¹³₂₁ŋ¹³çiau²¹ɲiɔŋ⁵³mən⁰pɔk³.tʰai²¹kʰai⁵³lei⁰pɔk³kaŋ³⁵ʂəu³⁵₄₄cien⁵³
tʂən⁵³sๅ⁵³tiet⁵tsๅ⁰.i²¹ke⁵³tsʰiəu⁵³i²¹ke⁵³tsʰiəu⁵³mau²¹tek³kan²¹kai⁵³₄₄cie⁵³₄₄,e₂₁,i²¹ke⁵³tsʰiəu⁵³
fei³⁵tʂən⁵³sๅ⁵³₄₄ke⁵³.iau⁵³tet⁵₃tʂʰɔŋ³⁵₄₄in¹³₄₄ɔi⁵³ci⁵³₄₄sๅ¹³···ci⁵³···iau³⁵tet⁵₃···iəu³⁵tet⁵₃tsʰiəu⁵³₄₄lan¹³
fɔŋ³⁵₄₄ke⁵³₄₄ɔi³⁵tsๅ⁰,iəu³⁵tet⁵₃tsʰiəu⁵³₄₄ɲy²¹fɔŋ³⁵₄₄ke⁵³₄₄tʂʰɔŋ³⁵₄₄in¹³ɔi⁵³ia⁰,ci¹³ɲiaŋ³⁵ɔi⁵³₄₄çi⁵³,çi¹³
tsiet⁵,uən⁵³tau²¹pait³sๅ⁵³lɔi²¹₂₁,uən⁵³tau²¹sๅ¹³saŋ³⁵₄₄ɲiet⁵ɲiet³lɔi¹³₂₁ia⁰,xait⁵a₄₄(←xa⁵³)tsๅ⁰
pait³sๅ⁵³₄₄a⁰,kʰɔn⁵³₄₄na₄₄(←xa⁵³)xait⁵tek³ma⁰.（哦，问时生日……）问时生月日，嗯，问对方个时生月日。时生月日。日欸，日子啊。uən⁵³sๅ¹³saŋ³⁵₄₄ɲiet⁵
ɲiet³,ɲ₂₁,uən⁵³tei⁵³fɔŋ³⁵₄₄ke⁵³₄₄sๅ¹³saŋ³⁵₄₄ɲiet⁵ɲiet³.sๅ¹³saŋ³⁵ɲiet⁵ɲiet³.ɲiet³e⁰ɲiet³tsๅ⁰a⁰.
（时是哪个？）时辰个时啊。问时生……唔，么个时候子出生个。月日。
sๅ¹³ʂən¹³cie⁵³sๅ¹³a⁰.uən⁵³sๅ¹³saŋ³⁵···m̩₂₁,mak³e₄₄(←ke⁵³)sๅ¹³ei₄₄(←xei)tsๅ⁰tʂʰət³saŋ³⁵
ke⁵³.ɲiet⁵ɲiet³.（哪个月呢？）欸三月四月欸，月份呐，几多月啊，么个月
啊，五月六月啊。时生月日，日子啊。e₂₁san³⁵ɲiet⁵si⁵³ɲiet³e⁰,ɲiet³fən⁵³na⁰,ci²¹
tɔ³⁵ɲiet³a⁰,mak³e₄₄(←ke⁵³)ɲiet³a⁰,ŋ²¹ɲiet³liəuk³ɲiet³a⁰.sๅ¹³saŋ³⁵ɲiet⁵ɲiet³,ɲiet³tsๅ⁰
a⁰.（那这就是问八字啦！）也就系问八字了唠。一般想愿意去搞下子个，
渠就系有有滴子么个嘞，有几种咁个情况：一种嘞就系嘞箇个人喜欢搞下
子咁个个人，欸，讲究个人。如今我个新旧来哩了，我问也都唔爱，我就
唔去就。欸箇是一只。第二只嘞，大人唔多满意个。唔多满意个。渠两个
人，如今是都系自由恋爱吵，系唔系？渠两个人呢，都都都蛮合适样，但
是大人呢，觉得唔多愿意个。箇我就来问下子，来来来合下子八字看下合
得吗。硬系合唔得个就硬会岔嘿嘞，渠就硬会岔嘿。ia³⁵₄₄tsʰiəu⁵³xe⁵³₄₄uən⁵³pait³
tsʰๅ⁵³liau²¹lau⁰.iet³pɔn³⁵siɔŋ²¹vien⁵³i⁵³₄₄çi⁵³₄₄kau⁰ua₄₄(←xa⁵³)tsๅ⁰ke⁵³,ci¹³tsʰiəu⁵³₄₄xei⁵³₄₄iəu³⁵₂₁

iəu³⁵tiet⁵tsʅ⁰mak³ke₄₄le⁰,iəu³⁵ci²¹tsʅən²¹kan²¹ke⁵³tsʰin₂₁¹³kʰɔŋ₂₁⁵³:iet³tsʅən²¹lei⁰tsʰiəu⁵³xei⁵³lei₄₄ lei²¹kai⁵³ke⁵³ɲin¹³çi²¹fɔn³⁵kau₂₁⁵³ua₄₄(←xa⁵³)tsʅ⁰kan²¹ke⁵³ke⁵³ɲin₄₄¹³,e₂₁,kɔŋ²¹ciəu⁵³ke⁵³ ɲin₄₄¹³.i₂₁³⁵cin₅₃³⁵ŋai¹³ke₄₄⁵³sin³⁵cʰiəu₄₄³⁵lɔi₄₄¹³li⁰,ŋai³⁵uən⁵³ia₂₁³⁵təu₄₄³⁵m̩₂₁³uɔi⁵³,ŋai¹³tsʰiəu⁵³n̩₂₁¹³çi⁵³ tsʰiəu₂₁⁵³.e⁰kai⁵³sʅ⁵³iet³tsak³.tʰi₄₄²¹ɲi⁵³tsak³lei⁰,tʰai²¹ɲin₂₁¹³n̩₂₁¹³to₄₄³⁵mɔn³⁵i⁵³ke₄₄⁵³.n̩₂₁¹³to₄₄³⁵mɔn³⁵ i⁵³ke₄₄⁵³.ci¹³iɔŋ²¹ke⁵³ɲin₂₁¹³,i₂₁¹³cin₄₄³⁵sʅ₂₁³⁵təu₄₄³⁵xe₄₄⁵³tsʰʅ⁵ʰiəu¹³lien⁵³ŋai⁵³ṣa⁰,xei₄₄⁵³me₄₄(←m̩¹³ xe⁵³)?ci¹³iɔŋ²¹ke⁵³ɲin₂₁²¹ne⁰,təu₄₄⁵³təu₄₄⁵³təu₄₄³⁵man₂₁³⁵xɔit³⁵sʅ⁵³iɔŋ₄₄⁵³,tan³⁵sʅ₄₄⁵³tʰai²¹ɲin₂₁²¹ ne⁰,kɔk³tek⁵n̩₂₁¹³to₄₄³⁵nien⁵³i⁵³ke₂₁⁵³.kai₄₄⁵³ŋai₂₁²¹tsʰiəu⁵³lɔi₂₁¹³uən⁵³na⁵³(←xa⁵³)tsʅ⁰,lɔi₂₁¹³lɔi₂₁¹³lɔi₂₁¹³ xait⁵a₄₄(←xa⁵³)tsʅ⁰pait⁵tsʰʅ₄₄⁵³kʰɔn₄₄³⁵na₄₄(←xa⁵³)xɔit⁵tek³ma⁰.ɲiaŋ⁵³xe₄₄⁵³xɔit⁵n̩₂₁¹³tek³ ke⁰tsʰiəu₄₄⁵³ɲiaŋ₄₄⁵³uɔi₄₄⁵³tsʰa⁵³xek³le⁰,ci₂₁¹³tsʰiəu₄₄⁵³ɲiaŋ⁵³uɔi₄₄⁵³tsʰa⁵³xek³.

（欸如果说欸确定这个男孩子女孩子两个人的八字相合，叫不叫定八字？）箇唔咙，有得咁个订八字，有得。kai⁵³n̩₂₁¹³nau⁰,mau¹³tek³kan²¹ke₄₄⁵³tin⁵³pait³ tsʰʅ²¹⁵³,mau₂₁¹³tek³.就要得啦，就等渠搞稳去啦，就就来讲下一步个订婚箇只唠，系。如果合得个话唠，合得个话就来订婚欸。tsʰiəu₄₄⁵³iau⁵³tek³la⁰,tsʰiəu⁵³ten²¹ci₄₄¹³ kau²¹uən²¹çi⁵³la⁰,tsʰiəu⁵³tsʰiəu⁵³lɔi₂₁¹³kɔŋ²¹xa⁵³iet³pʰu⁵³ke₄₄¹³tin⁵³fən³⁵kai₄₄⁵³tsak³ lau⁰,xe₂₁²¹.y₂₁¹³kɔ₄₄²¹xɔit⁵tek³cie⁵³fa₄₄⁵³lau⁰,xɔit⁵tek³cie⁵³fa₄₄⁵³tsʰiəu₄₄⁵³lɔi¹³tin⁵³fən³⁵nau⁰.

（好，这个，不管男方女方啊，这个这个生辰八字叫什么？）生庚欸。sen³⁵cien³⁵nau⁰.（生庚？）嗯，生生庚欸。具体欸，以咁子统称就生庚，系唔系？具体讲嘞就系时生月日，正先讲个，时生月日。以咁子……统称来讲呢就系生庚。n̩₂₁,sen³⁵sen³⁵cien₄₄³⁵nau⁰.tṣʰʅ₄₄⁵³tʰi²¹e₂₁,i₂₁²¹kan₄₄²¹tsʅ⁰tʰən²¹tṣʰən₃₅³⁵tsʰiəu₄₄ sen³⁵cien₃₅³⁵,xei₄₄⁵³me₄₄(←m̩¹³xe⁵³)?tṣʰʅ⁵³tʰi²¹kɔŋ²¹lei⁰tsʰiəu⁵³xe₄₄⁵³sʅ⁵³saŋ₄₄⁵³ɲiet⁵ ɲiet³,tṣaŋ⁵³sien₄₄³⁵kɔŋ²¹ke⁵³,sʅ⁵¹³saŋ₄₄³⁵ɲiet⁵ɲiet³.i²¹kan₃₅²¹tsʅ²¹k…tʰən²¹tṣʰən³⁵nɔi₂₁¹³kɔŋ²¹ne⁰ tsʰiəu⁵³xe₂₁⁵³sen³⁵cien³⁵.

过定、达嫁场

一般就一般就咁子话嘞我等以映客家人咯，到女家嘞就安做过定，到男方嘞就安做达嫁场。iet³pɔn³⁵tsʰiəu₄₄⁵³iet³pɔn³⁵tsʰiəu₄₄⁵³kan₁₃⁵³tsʅ⁰ua⁵³lei⁰ŋai¹³tien⁰i²¹ iaŋ₄₄⁵³kʰak³ka₄₄³⁵ɲin₄₄¹³kɔ⁰,tau⁵³ɲy²¹ka₃₅⁵³lei⁰tsʰiəu⁵³ɔn₄₄⁵³tso⁵³kɔ₄₄⁵³tʰin⁵³,tau⁵³lan¹³fɔŋ₄₄³⁵lei⁰ tsʰiəu₄₄⁵³ɔn₄₄⁵³tso₄₄⁵³tʰait⁵ka⁵³tsʰɔŋ¹³.

欸，客姓人就咁子搞嘞，到女家头嘞女家头女女方就安做女家头。到女家头就过定，到女家头过定。到男家头达嫁场。一般情况下，都爱搞餐饭食哩，欸，爱喊喊家长，双方双方都爱大人从场，系啊？爱大人在场。都搞餐饭食哩。但是唔搞重个。欸，如果到女家头过定，就搞餐订婚酒，过定酒。箇就唔达哩嫁场了，就唔爱达嫁场了。如果达哩嫁场，就唔就唔去女家头过定了。到男家头来达哩嫁场，就唔搞箇餐唔搞唔到女方去食订婚酒了。唔搞重个。只搞一边。可到男方……男……可以到女家头，也可以到男家头，但只搞一餐。欸，如果到男家头，去男家头搞箇个达嫁场，系唔系？欸，也爱去女也也会去女家头，箇一般呢就唔正式个了，就系就几个子人，几个子人去看下子。系。欸，大人，打比爷娭，去看下子。渠箇嘞也可以招待，也可唔招待。欸。但是箇就双方就箇箇个做介绍个人，做媒人呢，渠就讲正来，还系到男家头达嫁场，还系到女家头欸过定。箇就欸唔搞唔搞两餐酒。e₂₁,kʰak³sin⁵³ɲin₂₁¹³tsʰiəu⁵³kan²¹tsʐ⁰kau²¹lei⁰,tau⁵³ɲi²¹ka³⁵tʰei₂₁¹³lei⁰ɲi²¹ka³⁵tʰei₂₁¹³ɲi²¹ɲy²¹foŋ³⁵tsʰiəu₄₄⁵³ɔn₄₄³⁵tso₄₄⁵³ɲi²¹ka³⁵tʰei₂₁¹³.tau⁵³ɲi²¹ka³⁵tʰei₂₁¹³tsʰiəu₄₄⁵³ko₄₄⁵³tʰin⁵³.tau⁵³ɲi²¹ka³⁵tʰei₂₁¹³ko₄₄⁵³tʰin⁵³.tau⁵³lan¹³ka₄₄³⁵tʰei₂₁¹³tʰait⁵ka⁵³tʂʰɔŋ¹³.iet³pɔn³⁵tsʰin₂₁¹³kʰɔŋ₄₄⁵³çia₄₄⁵³,təu³⁵ɔi₄₄⁵³kau⁵³tsʰɔn³⁵fan⁵³ʂət⁵li⁰,e₂₁.ɔi₄₄⁵³xan⁵³xan⁵³cia⁵³tʂɔŋ²¹,sɔŋ³⁵foŋ₄₄³⁵sɔŋ³⁵foŋ₄₄³⁵təu₄₄³⁵ɔi₄₄⁵³tʰai⁵³ɲin₂₁¹³tsʰəŋ¹³tʂʰəŋ¹³tʂʰəŋ¹³,xei₄₄⁵³aº?ɔi₄₄⁵³tʰai⁵³ɲin⁵³tsʰai⁵³tʂʰəŋ₂₁.təu₄₄³⁵kau²¹tsʰɔn³⁵fan⁵³ʂət⁵li⁰.tan⁵³sʐ̩³ṇ̩¹kau²¹tʂʰəŋ¹³ke⁰.e₂₁,y¹³ko²¹tau⁵³ɲi²¹ka₄₄³⁵tʰei₂₁¹³ko₄₄⁵³tʰin⁵³,tsʰiəu⁵³kau²¹tsʰɔn³⁵tin⁵³fən₄₄³⁵tsiəu²¹,ko⁵³tʰin⁵³tsiəu²¹.kai⁵³tsʰiəu¹³ṇ̩¹tʰait³₅li⁰ka⁵³tʂʰɔŋ¹³liau⁰,tsʰiəu¹³ṃ̩₂₁¹³mɔi₄₄⁵³tʰait⁵ka⁵³tʂʰəŋ₂₁¹³liau⁰.y¹³ko²¹tʰait⁵li⁰ka⁵³tʂʰəŋ₄₄⁵³,tsʰiəu⁵³ṇ̩¹³tsʰiəu⁵³ṇ̩¹³çi⁵³ɲi²¹ka₄₄³⁵tʰei₂₁¹³ko⁵³tʰin⁵³liau⁰.tau⁵³lan¹³ka₄₄³⁵tʰei₂₁¹³lɔi¹³tʰait⁵li⁰ka⁵³tʂʰɔŋ¹³,tsiəu⁵³ṇ̩¹³kau²¹kai⁵³tsʰɔn₄₄³⁵ṇ̩¹kau²¹ṇ̩¹tau⁵³ɲy²¹foŋ₄₄³⁵çi⁵³ʂət⁵tʰin⁵³fən₄₄³⁵tsiəu⁰.ŋ̩¹³kau²¹tʂʰəŋ¹³ke⁰.tsʐ̩⁵³kau²¹uet³(←iet³)pien³⁵.kʰo²¹tau⁵³lan¹³f…lan¹³…kʰo²¹i³⁵tau⁵³ɲi²¹ka³⁵tʰei₂₁,ia³⁵kʰo²¹i³⁵tau⁵³lan¹³ka₄₄³⁵tʰei₂₁,tan⁵³tsʐ̩⁵³kau²¹iet³tsʰɔn³⁵.e₂₁,y¹³ko²¹tau⁵³lan¹³ka₄₄³⁵tʰei₂₁,çi⁵³lan¹³ka₄₄³⁵tʰei₂₁kau²¹kai₄₄⁵³ke⁵³tʰait⁵ka⁵³tʂʰɔŋ¹³,xei₄₄⁵³me₄₄(←ṃ̩¹³xe⁵³)?ei₂₁,ia³⁵ɔi³çi⁵³ɲi²¹ia³⁵ia³⁵uɔi³çi⁵³ɲi²¹ka₄₄³⁵tʰei₂₁,kai⁵³iet³pɔn³⁵nei⁰tsʰiəu⁵³ṇ̩¹tʂən³⁵sʐ̩⁵³ke⁵³liau⁰,tsʰiəu⁵³xei⁵³tsʰiəu⁵³ci²¹cie⁵³tsʐ̩⁰ɲin¹³,ci²¹ke⁵³tsʐ̩⁰ɲin¹³çi₄₄⁵³kʰɔn⁵³xa₄₄³⁵tsʐ̩⁰.xe₂₁⁰.e²¹,tʰai⁵³ɲin¹³,ta²¹pi²¹ia³⁵ɔi³,çi₄₄⁵³kʰɔn⁵³xa₄₄³⁵tsʐ̩⁰.ci₂₁¹³kai₄₄⁵³lei⁰ia³⁵kʰo²¹i³⁵tʂau₄₄³⁵tʰɔi⁵³,ia³⁵kʰo²¹ṇ̩¹³tʂau₄₄³⁵tʰɔi⁵³.e₂₁.tan₄₄⁵³sʐ̩⁵³kai⁵³tsʰiəu₄₄⁵³sɔŋ₄₄³⁵foŋ₄₄³⁵tsʰiəu₄₄⁵³kai⁵³kai₄₄⁵³ke⁵³tso⁵³kai⁵³ʂau₄₄⁵³ke₄₄⁵³ɲin¹³,tso⁵³mɔi¹³ɲin¹³nei⁰,ci₂₁¹³tsʰiəu¹³kɔŋ¹³tʂaŋ³⁵lɔi₂₁¹³,xai¹³xe₄₄⁵³tau⁵³lan¹³ka₄₄³⁵tʰei₂₁¹³tʰait⁵ka⁵³tʂʰɔŋ¹³,xai¹³xe₄₄⁵³tau⁵³ɲi²¹ka₄₄³⁵tʰei₂₁¹³e₂₁ko₄₄⁵³tʰin⁵³.kai₄₄⁵³tsʰiəu₄₄⁵³e₂₁ṇ̩¹kau²¹ṇ̩¹kau²¹iɔŋ²¹tsʰɔn³⁵tsiəu²¹.

但是有一只嘞，箇个箇个开支嘞都系男方出。到女家头过定，箇所有个开支都系男家头出。欸，拿钱。打比样，欸，以只过定，我有几多桌，系啊？欸，欸，我我爱请滴么人，爱打发，爱箇起箇个，通通归男家头出。食个烟食个酒，打爆竹，么个都归男家头出。欸，也可以男家头渠就话：你去办，我拿几多千块钱，拿拿两万块钱或者拿几多钱分你，你去办，我来几多个人。我欸我男家头嘞来来几来四个人或者六个子人，来一桌人，咁子个也有。如果系女家头到男家头去达嫁场，箇就唔爱讲了，女家头你只爱去人凑，听渠大方了。tan₄₄⁵³sʐ̩⁵³iəu³⁵iet³tʂak³lei⁰,kai₄₄⁵³ke₄₄⁵³kai₄₄⁵³ke⁵³kʰɔi³⁵tsʐ̩₄₄³⁵lei⁰

təu³⁵xei⁵³lan¹³fəŋ³⁵tʂʰət³.tau⁵³ɲi²¹ka³⁵tʰei¹³ko⁴⁴tʰin⁵³,kai₄₄so²¹iəu³⁵ke⁵³kʰɔi³⁵tʂʅ³⁵təu₄₄³⁵
xei₄₄⁵³lan¹³ka₄₄³⁵tʰei²¹tʂʰət³.e₂₁,la⁵³tsʰien¹³.ta²¹pi²¹iɔŋ₄₄⁵³,e₂₁,i²¹tʂak³ko⁵³tʰin⁵³,ŋai¹³iəu₄₄³⁵ci¹³
to³⁵tsɔk³,xei₄₄⁵³a⁰ʔe²¹,e²¹,ŋai²¹ŋai¹³ɔi⁵³tsʰiaŋ²¹tet⁵mak³ɲin¹³,ɔi⁵³ta²¹fait³,ɔi₄₄⁵³kai₄₄⁵³çi⁰kai₄₄⁵³
cie₄₄⁵³,tʰəŋ³⁵tʰəŋ³⁵kuei₄₄³⁵lan¹³ka₄₄³⁵tʰei²¹tʂʰət³.ʂət⁵ke₄₄⁵³ien³⁵ʂət⁵ke₄₄⁵³tsiəu²¹,ta²¹pau⁵³
tʂəuk³,mak³ke₄₄⁵³təu₄₄³⁵kuei₄₄³⁵lan¹³ka₄₄³⁵tʰei²¹tʂʰət³.e₂₁,ia³⁵kʰɔ²¹i₄₄³⁵lan²¹ka₄₄³⁵tʰei²¹ci₄₄²¹tsʰiəu₄₄⁵³
ua₄₄⁵³;ɲi¹³çi₄₄⁵³pʰan⁵³,ŋai¹³la⁵³ci¹³to₄₄³⁵tsʰien³⁵kʰuai³tsʰien³,la⁵³la⁵³liɔŋ²¹uan³kʰuai³tsʰien¹³
xɔit⁵₃tʂa²¹la¹³cio₄₄⁵³(←ci²¹to³⁵)tsʰien¹³pən³⁵ɲi²¹,ɲi₂₁¹³çi₄₄⁵³pʰan⁵³,ŋai¹³lɔi¹³cio₃₅⁵³(←ci²¹
to³⁵)ke⁵³ɲin¹³.ŋai¹³e₂₁ŋai¹³lan¹³ka₄₄³⁵tʰei²¹le⁰lɔi¹³lɔi¹³ci₅₃²¹lɔi¹³si¹³ke⁵³ɲin¹³xɔit³tʂa²¹liəuk³
ke¹³tʂʅ⁰ɲin¹³,lɔi¹³iet³tsɔk³ɲin¹³,kan¹³tʂʅ⁰ke₅₃⁵³ia³⁵iəu₄₄³⁵.y¹³ko²¹xei⁵³ɲy²¹ka₄₄³⁵tʰei¹³tau⁵³lan¹³
ka₄₄³⁵tʰei¹³çi₄₄⁵³tʰait⁵ka⁵³tʂʰɔŋ¹³,kai₄₄⁵³tsʰiəu₄₄⁵³m̩₂₁¹³mɔi⁵³kɔŋ²¹liau⁰,ɲi¹³ka₄₄³⁵tʰei²¹ɲi₄₄³⁵tʂʅ²¹ɔi₄₄⁵³
çi⁵³ɲin₂₁¹³tsʰe⁰,tʰin⁵³ci¹³tʰai⁵³fəŋ¹³liau⁰.（那就省事了，是吧？）欸，箇就省省事。
就到男家头达嫁场。e₂₁,kai₄₄⁵³tsʰiəu₄₄⁵³sən²¹saŋ²¹sʅ⁵³.tsiəu₂₁⁵³tau⁵³lan¹³ka₄₄³⁵tʰei¹³tʰait⁵ka⁵³
tʂʰɔŋ¹³.

红单

（男方派人到女家去开一个那个礼单子，这叫什么呢？下礼还是过礼单？）一般呢就唔爱去送，唔爱送，就系举行定婚仪式个时候，定婚个时候子，摎达嫁场箇时候子，三当六面来讲。三当六面来写。有滴就写只红单。箇只单子安做红单。一般是由女方提出来，我爱几多子钱，聘金钱，猪肉，欸，鸡鱼肉几多子，欸。爱爱爱买手表。噢箇以下是唔讲手表了唠。爱买爱买车爱……或者个个。欸。iet³pɔn³⁵ne⁰tsʰiəu₄₄⁵³m̩₂₁¹³mɔi₃₅³⁵(←ɔi⁵³)çi₄₄⁵³sən⁵³,m̩₂₁¹³
mɔi₃₅³⁵(←ɔi⁵³)sən⁵³,tsʰiəu⁵³xe⁵³tʂʅ²¹çin¹³tʰin⁵³fən₄₄³⁵ɲi¹³ʂʅ₄₄⁵³ke₄₄⁵³ʂʅ²¹xei₄₄⁵³,tʰin⁵³fən³⁵ke⁵³ʂʅ¹³
xei₄₄tʂʅ⁰,lau³⁵tʰait⁵ka⁵³tʂʰɔŋ¹³ke₄₄⁵³ʂʅ¹³xei₄₄tʂʅ⁰,san³⁵tɔŋ₄₄³⁵liəuk³mien⁵³lɔi₂₁¹³kɔŋ²¹.san³⁵
tɔŋ₄₄³⁵liəuk³mien⁵³lɔi₂₁¹³sia²¹.iəu³⁵tet⁵tsʰiəu⁵³sia²¹tʂak³fəŋ¹³tan³⁵.kai⁵³tʂak³tan₄₄³⁵tʂʅ¹³ɔn³⁵
tso₄₄³⁵fəŋ¹³tan₄₄³⁵.iet³pɔn³⁵ʂʅ₄₄⁵³iəu₄₄³⁵ɲy²¹fɔŋ⁵³tʰi¹³tʂʰət³lɔi¹³,ŋai¹³ɔi⁵³ci¹³to³⁵tsʅ⁰tsʰien¹³,pʰin₄₄²¹
cin₄₄³⁵tsʰien¹³,tʂəu³⁵ɲiəuk³,e₂₁,cie³⁵ŋ̍¹³ɲiəuk³ci²¹to³⁵tsʅ⁰,e₂₁.ɔi⁵³ɔi⁵³ɔi⁵³mai³⁵ʂəu²¹
piau²¹.au₂₁kai₄₄⁵³i¹³a⁵³(←xa⁵³)ʂʅ₄₄¹³ŋ̍₂₁¹³kɔŋ²¹ʂəu²¹piau²¹liau⁰lau⁰.ɔi₂₁⁵³mai³⁵ɔi₂₁⁵³mai³⁵tʂʰa³⁵ɔi⁵³
m̩…xɔit⁵tʂa²¹mak³ke⁵³.

（写红单。这一般是订婚的时候就定下来了，写下来了，是吧？）欸，订婚个时候子。有滴嘞就嘴巴讲下子，有滴嘞就写红单。唔。e₅₃.tin³⁵fən₄₄³⁵ke⁵³
ʂʅ¹³xei₄₄tʂʅ⁰.iəu³⁵tet⁵le⁰tsʰiəu₄₄⁵³tsi²¹pa³⁵kɔŋ²¹ŋa⁵³(←xa⁵³)tsʅ⁰,iəu³⁵tet³le⁰tsʰiəu₄₄⁵³sia²¹
fəŋ¹³tan₄₄³⁵.m̩₂₁.

恩养钱

我等如今箇是渠就……渠就咁个了啦。专门有一只系聘金聘金。专门一只聘金。几多万块钱。ŋai₂₁¹³tien⁰i₂₁¹³cin₄₄³⁵kai⁵³ʂ̩₂₁¹³ci₂₁¹³tsʰiəu₄₄¹³…ci₂₁¹³tsʰiəu₄₄¹³kan₃₅²¹cie⁵³liau₂₁⁰la⁰.tʂuen⁵³mən₂₁¹³iəu⁰iet³tʂak³xei₄₄⁵³pʰin²¹cin³⁵pʰin⁵³cin³⁵.tʂen³⁵mən₄₄¹³iet³tʂak³pʰin⁵³cin³⁵.ci₂₁²¹to⁵³uan⁵³kʰuai⁵³tsʰien¹³.

除嘿箇只聘金以外，渠有滴还爱讲下子别么个。一般来讲，渠还爱讲滴子别么个。渠唔包在箇一下肚里。欸。箇只嘞就系正式个聘金。渠还爱讲滴子么个。你爱拿滴……tʂʰəu¹³xek³kai⁵³tʂak³pʰin⁵³cin₄₄³⁵i⁵³uai⁵³,ci¹³iəu³⁵tiet⁵xa₂₁¹³ɔi₄₄¹³kɔŋ²¹ŋa⁵³(←xa⁵³)tsʼ̩⁰pʰiek⁵mak³ke⁵³.iet³pɔn³⁵nɔi₂₁¹³(←lɔi¹³)kɔŋ²¹,ci₂₁²¹xa₂₁¹³ɔi₄₄¹³kɔŋ²¹tet⁵tsʼ̩⁰pʰiek⁵mak³ke⁵³.ci₂₁¹³m̩¹³pau³⁵tsʰai₄₄¹³kai₄₄⁵³iet³xa³taəu²¹li⁰.e₂₁.kai⁵³tʂak³le⁰tsʰiəu₄₄⁵³xe⁵³tʂən⁵³ʂ̩₄₄⁵³ke⁵³pʰin³⁵cin³⁵.ci₂₁¹³xa₂₁ɔi⁵³kɔŋ²¹tet⁵tsʼ̩⁰mak³ke⁵³.ɲi₂₁¹³ɔi₄₄¹³la₄₄⁵³tet⁵…

（其他那些叫什么呢？）哈？xa³⁵?（其他那些把它叫做什么呢？）箇就各欸具体个各欸有得一只统一个话法就，有得统一……就具体个讲几多子就几多子。箇是最……欸如今就系咁子讲个。欸，就系嘞嗯我爷娭呀带一场啊，带一场妹子啊，欸，你爱拿滴子恩养钱。恩养钱，有有滴人又话恩养钱。kai₄₄⁵³tsʰiəu₄₄⁵³kɔk³e⁰tʂʰu⁵³tʰi²¹ke⁵³kɔk³e⁰mau¹³tek¹iet³tʂak³tʰəŋ²¹iet³ke₄₄⁵³ua⁵³fait³tsʰiəu⁵³,mau¹³tek¹tʰəŋ²¹iet³…tsʰiəu₄₄⁵³tʂʰu⁵³tʰi²¹ke⁵³kɔŋ²¹ci₂₁to⁵³tsʼ̩⁰tsiəu₄₄⁵³ci₂₁to³⁵tsʼ̩⁰.kai₂₁⁵³ʂ̩₂₁¹³tsei⁵³…ei₂₁i₂₁¹³cin³⁵tsʰiəu⁵³xei⁵³kan²¹tsʼ̩⁰kɔŋ²¹ke₄₄⁵³.e₂₁,tsʰiəu₄₄⁵³xei⁵³lei⁰n̩₂₁ŋai¹³ia¹³ɔi³ia⁰tai³iet³tʂʰɔŋ²¹ŋa⁰,tai³iet³tʂʰɔŋ²¹mɔi⁵³tsʼ̩⁰a⁰,e₂₁,ɲi¹³ɔi₄₄¹³la⁵³tiet⁵tsʼ̩⁰ŋen³⁵iɔŋ₄₄³⁵tsʰien¹³.en³⁵iɔŋ₄₄³⁵tsʰien¹³,iəu³⁵iəu³⁵tet⁵ɲin₂₁¹³iəu₄₄⁵³ua₄₄⁵³en³⁵iɔŋ₄₄³⁵tsʰien¹³.

还讲滴子欸讲滴子猪肉。xai¹³kɔŋ²¹tet⁵tsʼ̩⁰e₂₁kɔŋ²¹tet⁵tsʼ̩⁰tʂəu³⁵ɲiəuk³.（那个肉叫什么肉？）欸，安做红猪肉嘞，讲滴子，讲，箇也唔系红猪肉，讲滴子，讲滴子鱼肉，咁子话个。e₂₁,ɔn³⁵tso₄₄⁵³fəŋ¹³tʂəu₄₄⁵³ɲiəuk³le⁰,kɔŋ²¹tet⁵tsʼ̩⁰,kɔŋ²¹,kai⁵³ia³⁵m̩₂₁¹³pʰe₄₄⁵³(←xe⁵³)fəŋ¹³tʂəu³⁵ɲiəuk³,kɔŋ²¹tet⁵tsʼ̩⁰,kɔŋ²¹tet⁵tsʼ̩⁰ŋ̩¹³ɲiəuk³,kan²¹tsʼ̩⁰ua₄₄⁵³ke⁵³.（嗯？）讲滴子鱼肉，讲一百斤子鱼肉，或者两百斤鱼肉。kɔŋ²¹tet⁵tsʼ̩⁰ŋ̩¹³ɲiəuk³,kɔŋ²¹iet³pak³cin₄₄⁵³tsʼ̩⁰ŋ̩¹³ɲiəuk³,xɔit⁵tʂa²¹iɔŋ⁵³pak³cin₄₄³⁵ŋ̩¹³ɲiəuk³.

还讲下子三金。xai₂₁¹³kɔŋ²¹ŋa⁵³(←xa⁵³)tsʼ̩⁰san³⁵cin³⁵.（三金？）欸。金项链吧，金耳环吧，金戒指吧，箇只三金吧？e₂₁.cin³⁵çiɔŋ⁵³lien⁵³pa⁰,cin³⁵ɲi²¹fan¹³pa⁰,cin³⁵kai⁵³tsʼ̩²¹pa⁰,kai⁵³tʂak³san³⁵cin³⁵pa⁰?

哦，箇只恩养钱又安做离娘钱。又讲下子离娘钱。系系，又安做离娘钱。o₂₁,kai⁵³tʂak³ŋen³⁵iɔŋ₄₄³⁵tsʰien¹³iəu₄₄⁵³ɔn₅₃⁵³tso⁵³li¹³ɲiɔŋ¹³tsʰien¹³.iəu⁵³kɔŋ²¹a₄₄(←xa⁵³)tsʼ̩⁰li¹³ɲiɔŋ¹³tsʰien¹³.xe₂₁⁵³xe⁵³,iəu₄₄⁵³ɔn₅₃⁵³tso⁵³li¹³ɲiɔŋ¹³tsʰien¹³.

嫁妆

欸，嫁妆吧？ e$_{21}$,ka^{53}tsɔŋ$^{35}_{44}$pa^0？（嗯。）嫁妆就看呗，看……看渠等双方让门讲呗。ka^{53}tsɔŋ^{35}tsʰiəu$^{53}_{44}$kʰɔn^{53}nau^0,kʰɔn^{53}…kʰɔn^{53}ci^{13}tien^{0}sɔŋ$^{35}_{44}$fɔŋ$^{35}_{44}$ɲiɔŋ$^{53}_{44}$mən^{0}kɔŋ^{21}nau^0.（你们把嫁妆叫做什么？）安做嫁妆。嫁妆。ɔn^{35}tso$^{53}_{44}$ka^{53}tsɔŋ^{35}.ka^{53}tsɔŋ^{35}.（一般有些什么东西？）一般最多个嘞，是最普遍个嘞就系么个嘞？安做铺陈，铺陈，欸。置套铺陈。欸。iet^{3}pɔn^{35}tsei^{53}to$^{35}_{44}$ke^{0}le^0,sʐ$^{13}_{44}$tsei^{53}pʰu^{21}pʰien^{53}ke^{0}lei^{0}tsʰiəu$^{53}_{44}$xei$^{53}_{44}$mak^{3}e^{0}lei^0?ɔn^{35}tso$^{53}_{44}$pʰu^{35}ʂən^{13},pʰu^{13}tʂʰən^{13},e$_{21}$.tʂʅ^{53}tʰau^{53}pʰu^{35}tʂʰən^{13}.e$_{21}$.

以前是，欸我等箇映有只欸有只有只人呐，渠讨只老婆系大地主个妹子，解放前呐，欸，也系客家，我等客家人哟，系啊？讨只大地主个妹子。有钱。箇家人唔知几有钱，箇家地主有钱。箇渠是全套嫁妆安做。除哩屋冇得，么个都有。水桶脚盆都有。床啊，欸，座钟啊，欸，书桌啊，么啊都有。凳呐，尿桶脚盆都有。欸。欸，全套个嫁妆，箇个是。i$^{35}_{53}$tsʰien^{13}sʐ$^{53}_{44}$,e$_{21}$ŋai$^{13}_{21}$tien^{0}kai$^{53}_{44}$iaŋ$^{53}_{44}$iəu^{35}tʂak^{3}e$_{21}$iəu^{35}tʂak^{3}iəu^{35}tʂak^{3}ɲin$^{13}_{21}$na^0,ci$^{13}_{21}$tʰau^{21}tʂak^{3}lau^{21}pʰo^{13}xe$^{53}_{44}$tʰai^{53}tʰi$^{53}_{44}$tʂʅ^{21}ke$^{53}_{44}$mɔi^{53}tsʅ^0,kai^{53}fɔŋ^{53}tsʰien^{13}na^0,e^{21},ia^{35}xe$^{53}_{44}$kʰak^{3}ka$^{35}_{44}$,ŋai^{13}tien^{0}kʰak^{3}ka$^{35}_{44}$ɲin$^{13}_{21}$ʂa^0,xei$^{53}_{44}$a^0?tʰau^{21}tʂak^{3}tʰai^{53}tʰi$^{53}_{44}$tʂʅ^{21}ke$^{53}_{44}$mɔi^{53}tsʅ^0.iəu^{35}tsʰien^{13}.kai^{53}ka$^{35}_{44}$ɲin$^{13}_{21}$ŋ$^{13}_{21}$ti$^{35}_{44}$ci^{13}iəu^{35}tsʰien^{13},kai$^{53}_{44}$ka$^{35}_{44}$tʰi^{53}tʂʅ^{21}iəu^{35}tsʰien^{13}.kai^{53}ci^{21}sʐ$^{53}_{44}$tsʰien^{13}tʰau^{53}ka^{53}tsɔŋ^{35}ɔn$^{35}_{44}$tso$^{53}_{44}$.tʂʰəu$^{13}_{21}$li^{3}uk^{3}mau$^{13}_{44}$tek^3,mak^{3}ke$^{53}_{44}$təu$^{35}_{44}$iəu$^{35}_{44}$.ʂei^{21}tʰəŋ^{21}ciɔk^{3}pʰən$^{13}_{21}$təu$^{35}_{44}$iəu^{35}.tʂʰɔŋ^{13}ŋa^0,e$_{21}$,tsʰo^{53}tʂəŋ^{35}ŋa^0,e^{21},ʂəu^{13}tsɔk^{3}a^0,mak^{3}a^{0}təu$^{35}_{44}$iəu$^{35}_{44}$.tien^{53}na^{0}ɲiau^{53}tʰəŋ^{21}ciɔk^{3}pʰən$^{13}_{21}$təu$^{35}_{44}$iəu^{35}.e$_{21}$.e$_{21}$,tsʰien^{13}tʰau^{53}ke$^{53}_{44}$ka^{53}tsɔŋ^{35},kai$^{53}_{44}$ke$^{53}_{44}$sʐ$^{13}_{44}$.

渠个嫁妆呢，渠因为结婚箇晡搞唔成器呀，多哩啊，几十杠啊，安做，几十杠啊，尽人捆倒去哟。就就爱结婚酒个半个月之前就架势架势送嫁妆。ci$^{13}_{21}$ke$^{53}_{44}$ka^{53}tsɔŋ$^{35}_{44}$nei^0,ci$^{13}_{21}$in^{35}uei$^{53}_{44}$ciet^{3}fən^{35}kai^{53}pu$^{53}_{44}$kau^{53}ŋ^{13}ʂaŋ^{13}çi^{53}ia^0,to^{35}li^{0}a^0,ci^{21}ʂət^{5}kɔŋ^{53}ŋa^0,ɔn$^{35}_{44}$tso^{53},ci^{21}ʂət^{5}kɔŋ^{53}ŋa^0,tsʰin^{53}ɲin^{13}kɔŋ^{35}tau^{21}çi^{53}ʂa^0.tsʰiəu^{53}tsʰiəu$^{53}_{44}$uɔi$^{53}_{44}$ciet^{5}fən^{53}tsiəu^{0}ke$^{53}_{44}$pan^{53}cie^{53}ɲiet^{5}tsʅ$^{13}_{44}$tsʰien$^{13}_{21}$tsʰiəu$^{53}_{44}$cia^{44}sʐ$^{13}_{44}$cia^{44}sʐ$^{13}_{44}$səŋ^{53}ka^{53}tsɔŋ^{35}.（送嫁妆？）送啊，送嫁妆，女方送倒来。səŋ^{53}ŋa^0,səŋ^{53}ka$^{53}_{44}$tsɔŋ$^{35}_{21}$ɲi^{13}fɔŋ$^{35}_{44}$səŋ^{53}tau^{21}lɔi$^{13}_{21}$.（噢，一般呢？）一般是男方去接。渠箇个，渠有钱呐。iet^{3}pɔn^{35}sʐ^{13}lan$^{13}_{21}$fɔŋ$^{35}_{44}$çi$^{53}_{44}$tsiait^3.ci^{13}kai$^{53}_{44}$ke^{53},ci$^{13}_{21}$iəu^{35}tsʰien^{13}na^0.（那叫接嫁妆是吧？）接嫁妆，嗯。去接嫁妆，男方还要派人去接。tsiait^{3}ka^{53}tsɔŋ^{35},ŋ$_{21}$.çi^{53}tsiait^{3}ka^{53}tsɔŋ^{35},lan^{13}fɔŋ$^{35}_{44}$xai$^{53}_{53}$iau$^{53}_{44}$pʰai^{53}ɲin^{13}çi^{53}tsiait^3.

渠咁个啦，渠个嫁妆是，打比爱送只蛮大个衣橱，系唔系？箇衣橱肚里嘞，不能捞空个啦，爱放滴子东西，不能捞空个，你放滴子衫裤，放滴子被窝箇只。欸，放滴衫裤，放滴子零碎行头，不能放空个。渠江西人有个我等箇峳背有，也唔系么啊完全江西咯，有个有滴人个规矩是，渠冇渠冇么啊舞了呀，搞箩谷，放一箩谷放下肚里。唔系有只江西……要捆尽哩命啊硬话。又冇车嘞以前呢。几十斤呐，百多斤呐，又系一只一杠橱哇，又……又……几十斤谷啊，百多斤谷啊，系要捆尽哩命啊。肩膊都捆痛哩啊，捆捆你几十里呀。欸，远又咁远呐，重又咁重啊。$ci^{13}kan^{21}cie^{53}la^0$,$ci_{21}ke^{53}_{44}$ $ka^{53}tsən^{35}ʂ\underset{.}{n}^{53}_{44}$,$ta^2pi^{21}ɔi^{53}_{44}sən^{13}tʂak^5mən^{35}tʰai^{53}ke^{13}_{44}i^5tʂʰəu^{13}_{21}$,$xei^{53}_{44}me_{44}(←m\underset{.}{}^{13}xe^{53})?kai^{53}_{44}i^{35}$ $tʂʰəu^{13}_{21}təu^1li^0le^0$,$pət^3lən^{13}_{44}lau^{35}kʰəŋ^{13}ke^{53}_{44}la^0$,$ɔi^{53}_{44}fəŋ^{53}tiet^5tsʅ^0təŋ^{35}si^0$,$pət^3lən^{13}_{44}lau^{35}$ $kʰəŋ^{35}ke^{53}_{44}$,$ni^{13}_{21}fəŋ^{53}_{44}tet^5tsʅ^0san^{35}fu^5$,$fəŋ^{53}tet^5tsʅ^0pʰi^5pʰo^0$,$kai^{53}tʂak^3_{44}o_{21}.e_{21}.fəŋ^{53}tet^5san^{35}$ fu^{53},$fəŋ^{53}tet^5tsʅ^0laŋ^{13}sei^{53}çin^{13}tʰei^{13}$,$pət^3lən^{13}fəŋ^{53}kʰəŋ^{35}ke^{53}.ci^{13}kəŋ^{35}_{21}si^{35}\underset{.}{n}in^{13}_{21}iəu^{53}ke^{53}_{44}$ $ŋai^{13}tien^0kei^{53}_{44}cien^{53}pɔi^{35}_{44}iəu^{35}$,$ia^{35}m\underset{.}{}^{13}_{21}pʰe^{53}(←xe^{53})mak^3a^0uɔn^{13}_{21}tsʰien^{13}_{44}kəŋ^{35}si^{53}_{44}$ ko^0,$iəu^{35}ke^{53}_0iəu^{35}tet^5\underset{.}{n}in^{13}_{44}ke^{53}_{44}kuei^{35}_{44}tʂʅ^{21}ʂ\underset{.}{n}^{53}_{44}$,$ci_{21}^{13}mau^{13}ci_{21}^{13}mau_{21}mak^3a^0u^{21}liau^0$ ia^0,$kau^{21}lo^{13}kuk^3$,$fəŋ^{53}iet^5lo^{13}_{21}kuk^3fəŋ^{53}_{44}a_{44}(←xa^{53})təu^{21}li^0.m\underset{.}{}^{13}_{21}pʰe_{44}(←xe^{53})iəu^{35}iəu^{53}$ $tʂak^3kəŋ^{35}_{44}si\cdots iau^{53}_{44}kəŋ^{35}_{44}tsʰin^{13}_{44}li^0miaŋ^{53}ŋa^0\underset{.}{n}iaŋ^{53}ua^{53}.iəu^{53}mau^{13}tʂʰa^{35}lei^0i^{35}_{44}tsʰien^{13}$ $ne^0.ci^{13}ʂət^5cin^{35}na^0$,$pak^3to^{35}_{44}cin^{35}na^0$,$iəu^{53}xei^{53}_{44}iet^5tʂak^3iet^5kəŋ^{35}tʂʰəu^{13}ua^0$,$iəu^{53}p\cdots$ $iəu^{53}p\cdots ci^{21}ʂət^5cin^{35}_{44}kuk^3a^0$,$pak^3to^{35}_{44}cin^{35}_{44}kuk^3a^0$,$xei^{53}_{21}iau^{53}_{44}kəŋ^{35}tsʰin^{53}_{44}li^0miaŋ^{53}$ $ŋa^0.cien^{35}pɔk^3təu^{35}_{21}kəŋ^{13}_{44}tʰəŋ^{53}li^0a^0$,$kɔŋ^{13}kəŋ^{35}_{21}\underset{.}{n}i_{21}^{13}ci_{21}^{13}ʂət^5li^0ia^0.ei^{21}$,$ien^{21}iəu^{53}_{44}kan^{21}ien^{21}$ na^0,$tʂʰəŋ^{35}iəu^{53}_{44}kan^{21}tʂʰəŋ^{35}ŋa^0.$

（那你讲的是打鼓的那个鼓还是那个谷子呢？）唔系噢。谷子哦。谷子哦。$m\underset{.}{}^{13}pʰe^{53}(←xe^{53})au^0$,$kuk^3tsʅ^0o^0.kuk^3tsʅ^0o^0.$（装到那箱子里面。？）欸欸欸，嗯重噢。食饭个谷啊。嗯。硬会收咁哩硬欸。不能空啊，箇肚里不能捞空，总爱放滴子东西呀。$e_{21}e_{21}e_{21}$,$teit^5tʂʰəŋ^{35}ŋau^0.ʂət^5fan^{53}ke^3kuk^3a^0.\underset{.}{n}_{21}.\underset{.}{n}iaŋ^{53}$ $uɔi^{53}_{44}ʂəu^{53}kan^{21}li^0\underset{.}{n}iaŋ^{53}e_{21}.pət^3len^{13}kʰəŋ^{35}ŋa^0$,$kai^3təu^{21}li^0pət^3len^{13}lau^{35}_{44}kʰəŋ^{35}$,$tsəŋ^{21}ɔ$ $i^{53}_{44}fəŋ^{53}tet^5tsʅ^0təŋ^{35}_{44}si^0ia^0.$

篾套笼

欸有篾套笼噢。$e_{21}iəu^{35}_{44}miet^5tʰau^{53}ləŋ^{13}ŋau^0./$欸，篾套笼是渠箇只打……打发新人个箇起。$e_{21}.miet^5tʰau^{53}ləŋ^{13}_{44}ʂ\underset{.}{n}^{53}_{35}ci^{13}_{21}kai^{53}tʂak^3ta^{21}\cdots ta^{21}fait^3sin^{35}\underset{.}{n}in^{13}_{44}ke^{53}_{44}$ $kai^5çi^{21}_{35}./$欸，欸。$e_{53}.e_{21}./$箇是箇是大滴子。篾套笼蛮大。$kai^{53}_{44}ʂ\underset{.}{n}^{53}_{44}kai^{53}_{44}ʂ\underset{.}{n}^{53}_{44}tʰai^5tiet^5$ $tsʅ^0.miet^5_3tʰau^{53}ləŋ^{13}man^{13}tʰai^{53}.$

（篾套笼是干什么用的？）打发新人个。$ta^{21}fait^3sin^{35}\underset{.}{n}in^{13}_{21}cie^0./$用竹子做。$iəŋ^{53}tʂu^{35}tsʅ^0tso^{53}./$欸，这就不是不是用木个。$e_{21}$,$tʂe^{53}_{44}tsʰiəu^{35}_{44}pət^3ʂ\underset{.}{n}^{21}_{44}pət^3ʂ\underset{.}{n}^{21}_{44}iəŋ^{53}$ $muk^3ke^0./$用竹子。$iəŋ^{53}tʂu^{35}tsʅ^0./$用竹，用竹，篾箦做个，用篾箦啊。$iəŋ^{53}$ $tʂəuk^3$,$iəŋ^{53}tʂəuk^3$,$miet^5sak^3tso^{53}_{44}ke^{53}_{44}$,$iəŋ^{53}miet^5sak^3a^0./$篾套笼。$miet^5tʰau^{53}ləŋ^{13}_{21}.$

（是打发新人的是吧？）欸。要做油漆呢，箇个是还爱做又油漆。欸，从前是······e²¹₁.ɔi⁵³tso⁵³iəu¹³tsʰiet³le⁰,kai⁵³ke⁵³₄₄ʂʅ₄₄xa²¹₄₄ɔi⁵³₄₄tso⁵³iəu⁵³iəu¹³tsʰiet³.e²¹₁,tsʰəŋ¹³tsʰien¹³ʂʅ₄₄···/用桐油。iəŋ⁵³tʰəŋ¹³iəu¹³./用桐油油一到啦。系啊。系啊。用桐油油。iəŋ⁵³tʰəŋ¹³iəu¹³iəu¹³iet³tau₄₄la⁰.xei⁵³a⁰.xei⁵³a⁰.iəŋ⁵³tʰəŋ¹³iəu¹³iəu¹³.（是木头的啊？它是木头的是吧？）哈？xa³⁵?（木头的？）不是木······篾······竹子做个噢。pət³ʂʅ₄₄m···miet⁵···tʂəuk⁵tsʅˀtso₄₄ke⁵au⁰./欸，也也有用竹套笼啊。e²¹₁,ia¹³ia³⁵iəu¹³iəŋ⁵³tʂu³⁵tʂu³⁵tʰau₄₄ləŋ₂₁ŋa⁰./你讲话有盖笷起。ɲi¹³kɔn²¹ua⁵³iəu³⁵kɔi⁵³kai⁵³₄₄ci²¹./笷个欸篾个做个呢就系篾套笼，还有起就木套笼。kai₄₄ke⁵³e₄₄miet⁵ke⁵³tso₄₄ke⁵³le⁰tsʰiəu⁵³xe₄₄miet⁵tʰau¹³ləŋ₂₁,xai¹³iəu²¹çi²¹tsʰiəu⁵³muk³tʰau¹³ləŋ¹³./欸，欸。e⁵³,e²¹₁./木套笼。muk³tʰau⁵³ləŋ¹³./也有用用木材做个略。木材做个更多。ia³⁵iəu³⁵₄₄iəŋ₄₄iəŋ⁵³muk³tsʰɔi¹³tso₄₄ke⁵³ko⁰.muk³tsʰɔi¹³tso₄₄ke⁵³ken⁵³to³⁵.

（这是新娘子家里她母呃父母亲给她做的是吧？）欸欸欸送套带嫁个，打发新人个。以下后背我等晓得都么人做了。只系我见过。张家坊都还有噢。e²¹₁e²¹₁e²¹₁,səŋ⁵³tʰau₄₄tai⁵³ka⁵³ke⁰,ta²¹fait³sin³⁵ɲin¹³ke⁵³.i²¹ia₄₄(←xa⁵³)xei⁵³pɔi⁵³ŋai²¹tien⁰çiau¹³tek³təu₄₄mau¹³mak³in₄₄tso⁵³liau⁰.tsʅˀxe⁰ŋai¹³cien⁵³ko⁰.tʂɔŋ⁵³ka³⁵fɔŋ³⁵təu₄₄xai²¹iəu³⁵uau⁰./以只应当应当话应当更有钱个人话个就做箇以起。i²¹tsak³in¹³tɔŋ₄₄in¹³tɔŋ₄₄ua¹³in¹³tɔŋ₄₄ken⁵³iəu³⁵tsʰien¹³ke⁵³ɲin¹³ua⁵³ke⁵³tsʰiəu₄₄tso⁵³kai⁵³i²¹çi²¹./系，系。xe₄₄,xe²¹./更有得钱个就会做木套笼。cien⁵³mau¹³tek³tsʰien¹³ke⁵³tsʰiəu⁵³uɔi¹³tso⁵³muk³tʰau⁵³ləŋ¹³./欸，篾套笼更贵哟。e²¹₁,miet⁵tʰau⁵³ləŋ¹³cien⁵³kuei⁵³io⁰./箇，贵多哩。kai⁵³,kuei⁵³to³⁵li⁰./贵多哩。kuei⁵³to³⁵li⁰./有滴飘轻子唠。iəu³⁵tiet³pʰiau³⁵cʰiaŋ³⁵tsʅˀlau⁰./又飘轻。iəu₄₄pʰiau³⁵cʰiaŋ³⁵./渠渠肚里还有一层薄板子略。ci¹³ci¹³təu²¹li³⁵xai¹³iəu³⁵iet³tsʰien¹³pʰɔk⁵pan²¹tsʅˀko⁰./还有一层薄板子啊？xai¹³iəu₄₄iet³tsʰien¹³pʰɔk⁵pan²¹tsʅˀa⁰?/肚里还有一重板。təu²¹li³⁵xai¹³iəu₄₄iet₅³tsʰəŋ¹³pan²¹./欸。e⁵³./箇欸贵多哩。kai⁵³ei₂₁kuei⁵³to³⁵li⁰./贵多哩。箇欸贵多哩。kuei⁵³to³⁵li⁰.kai⁵³ei₂₁kuei⁵³to³⁵li⁰./你箇只你箇只工工艺也多。ɲi¹³kai⁵³tsak³ɲi¹³kai⁵³tsak³kəŋ³⁵kəŋ³⁵ɲi¹³ia³⁵to³⁵./有钱人搞个。iəu³⁵tsʰien¹³ɲin₄₄kau²¹ke⁵³./有钱人搞个。唔系要箇桐油油到去硬完全来浸湿哟。iəu³⁵tsʰien¹³₄₄ɲin₄₄kau²¹ke⁵³.m̩¹³me⁵³(←xe⁵³)iau₄₄kai⁵³tʰəŋ¹³iəu¹³₂₁iəu¹³tau²¹çi₄₄ɲiaŋ³⁵xɔn²¹tsʰien¹³nɔi₄₄(←lɔi¹³)tsin⁵³ʂek³iau⁰.

皮篓子

箇阵子是欸卖妹子箇只都还爱······接新人箇只都还爱搞担子······kai⁵³₄₄tsʰən₄₄tsʅˀʂʅ₄₄e²¹mai⁵³mɔi¹³tsʅˀkai⁵³tsak³təu₄₄xa₂₁ɔi⁵³···tsiet³sin³⁵ɲin¹³kai⁵³tsak³təu³⁵xa²¹ɔi₄₄kau²¹tan₄₄tsʅˀ···/接接新旧箇哺硬爱皮篓子吧？tsiait³tsiait³sin³⁵cʰiəu³⁵kai⁵³pu³⁵ɲiaŋ⁵³ɔi¹³pʰi¹³lei²¹tsʅˀpa⁰?/搞担皮篓子。kau²¹tan³⁵pʰi¹³lei²¹tsʅˀ./搞担子皮篓子，有盖子个。嗯。kau²¹tan₄₄tsʅˀpʰi¹³lei²¹tsʅˀ,iəu³⁵kɔi⁵³tsʅˀke⁵³.m̩₂₁./你你你箇

只皮箩料是就更大哟。有有皮篓子。ɲi¹³ɲi¹³ɲi¹³kai⁵³tʂak³pʰi¹³lo¹³liau₄₄⁵³ʂ̩₄₄⁵³tsʰiəu⁵³cien⁵³tʰai³io₄₄.iəu³⁵iəu³⁵pʰi¹³lei²¹tsʐ̩⁰.^{普通话:}比那个还要大。/皮篓子就箇只非常标致个啦箇只东西就啦,做得……pʰi¹³lei²¹tsʐ̩⁰tsʰiəu⁵³kai₂₁tʂak³fei³⁵ʂɔŋ₂₁piau³⁵tʂ̩⁵³ke₄₄la⁰kai⁵³tʂak³təŋ₄₄³⁵si³tsʰiəu⁵³la⁰,tso⁰tek³…箇蛮精致啊。kai⁵³man¹³tsin₄₄tʂʐ̩⁵³a⁰./蛮精致个啦。man¹³tsin³⁵tʂʐ̩⁵³ke₄₄la⁰.(啊。)

手索

有是有只咁个话法哈。iəu³⁵ʂʐ̩⁵³iəu³⁵tʂak³kan²¹ke₄₄⁵³ua⁵³fait³xa⁰./欸。e₂₁./缫嫁妆个箇只绳不是喊喊么个啊?sau³⁵ka⁵³tsɔŋ³⁵ke⁵³kai₄₄tʂak³ʂən³pət³ʂ̩⁵³xan₄₄xan⁵³mak³ke₄₄a⁰?/分手索。pən³⁵ʂəu⁵³sɔk³./手,手,手索。ʂəu²¹,ʂəu²¹,ʂəu²¹sɔk³./手索。如今箇起捆捆死尸箇只就系就系缫绳。系唔系啊?ʂəu²¹sɔk³.i₂₁¹³cin³⁵kai³çi²¹kɔŋ³⁵kɔŋ³⁵si³ʂ̩³⁵kai⁵³tʂak³tsʰiəu₄₄xe⁵³tsʰiəu⁵³xe³tʰau³ʂən¹³.xe₄₄me₄₄(←m̩¹³xe⁵³)a⁰?/缫绳。缫绳。喊缫绳。tʰau³⁵ʂən₂₁³.tʰau³⁵ʂən₂₁³.xan⁵³tʰau³⁵ʂən₂₁³./欸。欸。e₅₃.e₅₃./手索,哎,安做手索。ʂəu²¹sɔk³,ai₂₁,ɔn₄₄³⁵tso₄₄⁵³ʂəu²¹sɔk³./系呀。xei₄₄ia⁰./系呀。xei⁵³ia⁰./欸。e₅₃.(手索是指的是什么?)捆嫁妆。kɔŋ³⁵ka⁵³tsɔŋ₄₄³⁵./捆嫁妆个。kɔŋ³⁵ka⁵³tsɔŋ₄₄ke⁵³./捆嫁妆个就系手索。kɔŋ³⁵ka⁵³tsɔŋ₄₄³⁵ke⁵³tsʰiəu₄₄xe₄₄ʂəu²¹sɔk³./办红喜事拿哩手索。pʰan⁵³fəŋ³çi³ʂ̩⁵³la⁵³li⁰ʂəu²¹sɔk³./真系唔爱绳哈?唔爱绳哈?tʂən₄₄³⁵ne₄₄(←xe⁵³)m̩¹³mɔi³⁵ʂən³xa⁰?m̩₂₁¹³mɔi₃₅³⁵ʂən¹³xa⁰?/箇个唔拿。kai⁵³ke⁵³n̩¹³na¹³./系吧?你哪天你也话拿条绳来呀,箇就真唔咁个啦!xe₄₄⁵³pa⁰?ɲi¹³la₄₄tʰien₄₄³⁵ɲi¹³a³⁵ua₄₄⁵³la⁵³tʰiau₂₁³ʂən¹³nɔi₄₄(←lɔi¹³)ia⁰,kai⁵³tsiəu⁵³tʂən³⁵n̩₂₁¹³kan₃₅³⁵ke⁵³la⁰!/真唔咁个。拿手索来。tʂən³⁵n̩₂₁¹³kan₃₅³⁵ke⁵³.la⁵³ʂəu²¹sɔk³lɔi⁰./欸,寻副手索来,还少一副手索。e₅₃,tsʰin¹³fu⁵³ʂəu²¹sɔk³lɔi¹³,xai¹³ʂau²¹iet³fu⁵³ʂəu²¹sɔk³./欸,系呀哈。e₅₃,xei⁵³ia⁰xa⁰!/箇就讲唔得绳呢,系唔系啊?kai²¹tsʰiəu⁵³kɔŋ²¹ŋ̩₂₁¹³tek³ʂən¹³ne⁰,xei₄₄⁵³me⁵³(←m̩¹³xe⁵³)a⁰?/嗯。系。ŋ̩₄₄.xe⁵³./嘿嘿。xe₅₃xe₅₃.

起媒

打比十二晡个日子样,系啊?十二晡结婚,十一晡个昼边,十一晡哇,欸,十一晡之前,你就爱就爱拿只红包,买滴子猪肉,斫斫滴猪肉,欸,买滴子水果,提两瓶酒,爱起媒。ta²¹pi³ʂət³ɲi³pu₄₄⁵³ke⁵³ɲiet³tsʐ̩⁰iɔŋ⁵³,xei₄₄a⁰?ʂət⁵ɲi⁵³pu₄₄ciet³fən³⁵,ʂət⁵iet³pu³⁵ke⁵³tʂəu⁵³pien³⁵,ʂət⁵iet³pu³⁵ua⁰,e₂₁,ʂət⁵iet³pu₄₄tʂʐ̩³⁵tsʰien⁵³,ɲi³tsʰiəu₄₄ɔi³⁵tsʰiəu₄₄ɔi³la⁵³tʂak³fəŋ¹³pau³⁵,mai³⁵tiet⁵tsʐ̩⁰tʂəu³ɲiəuk³,tʂɔk³tʂɔk³tet⁵tʂəu³⁵ɲiəuk³,e₂₁,mai³⁵tiet⁵tsʐ̩⁰sei²¹kɔ²¹,tʰia³⁵iɔŋ²¹pʰin¹³tsiəu²¹,ɔi³çi²¹mɔi¹³.

(哪个çi²¹呢?)就系请起箇只媒人来。如果有媒人个就爱请起媒人来。tsʰiəu⁵³xei⁵³tsʰiaŋ²¹çi²¹kai³tʂak³mɔi³ɲin₂₁¹³lɔi¹³.y¹³kɔ²¹iəu³⁵mɔi¹³ɲin¹³ke⁵³tsiəu₄₄ɔi⁵³ tsʰiaŋ²¹çi²¹mɔi¹³ɲin¹³nɔi¹³₄₄.（起媒，是吧？）起媒，欸。起媒。欸，欸以只事嘞我我是结婚了，欸，请媒人公啊达步，请媒人公着累。欸。çi²¹mɔi¹³,e₅₃.çi²¹mɔi¹³.ei²¹,ei⁰i²¹tʂak³sɿ⁵³lei⁰ŋai¹³ŋai⁰sɿ⁵³ciet⁵fən³⁵liau⁰,e₄₄,tsʰiaŋ²¹mɔi¹³ɲin¹³kəŋ³⁵ŋa⁰tʰait⁵pʰu⁵³,tsʰiaŋ²¹mɔi¹³ɲin¹³kəŋ³⁵tʂʰɔk⁵li⁵³.e₂₁.（tʰait⁵pʰu⁵³?）达步，就系到我屋下来啊，哎，你就爱来呀。tʰait⁵₃pʰu⁵³,tsʰiəu₄₄xe⁵³tau⁵³ŋai₄₄uk³xa⁵³lɔi₄₄a⁰,ai²¹ɲi¹³tsʰiəu⁵³₄₄ɔi⁵³lɔi¹³ia⁰.

我就做过介绍啊旧年冬下。头几晡就是达……就起媒嘞。纵……纵竖都好哩嘞，我只学生哎，欸，做介绍唠，纵竖都好哩，都爱都爱起媒。ŋai¹³tsʰiəu⁵³₄₄tso⁵³kɔ⁵³kai⁵³sau⁵³a⁰cʰiəu⁵³ɲien₄₄¹³təŋ³⁵ŋa⁰(←xa⁵³).tʰei²¹₂₁ci¹³pu₄₄³⁵tsʰiəu⁵³₄₄sɿ₄₄⁵³tʰait…tsʰiəu₄₄⁵³çi²¹mɔi¹³lei¹³.tsəŋ⁵³…tsəŋ⁵³ʂəu⁵³təu₄₄⁵³xau²¹li⁰lei¹³,ŋai¹³tʂak³xɔk⁵saŋ₄₄³⁵nau⁰,e²¹,tso⁵³kai⁵³ʂau⁵³lau⁰,tsəŋ⁵³ʂəu⁵³təu₄₄³⁵xau²¹li⁰,təu³⁵ɔi₄₄⁵³təu₄₄³⁵ɔi₄₄⁵³çi²¹mɔi¹³.

陪媒酒

1. 好，起哩媒以后嘞箇就箇介绍就媒人公就会来呀，系唔系啊？打比十二晡个日子样，十一晡渠就爱来食昼饭呐。箇晡昼边就陪媒酒，陪媒人个酒。欸，箇就爱爱爱十爱十碗菜啦，箇就爱箇就爱仅次于比箇个嘞，仅次于正酒嘞。箇晡个席面就爱仅次于正酒。请媒人来。嗯。xau²¹,çi²¹li⁰mɔi¹³i³⁵xei⁵³₄₄lei⁰kai⁵³tsʰiəu₄₄⁵³kai₄₄⁵³kai⁵³ʂau₄₄⁵³tsʰiəu⁵³₄₄mɔi¹³ɲin²¹₂₁kəŋ³⁵tsʰiəu⁵³uɔi⁵³lɔi¹³ia⁰,xei⁵³₄₄me₄₄(←m̩¹³xe⁵³)a⁰?ta²¹pi²¹ʂət⁵ɲi¹³pu₄₄³⁵ke₄₄⁵³ɲiet⁵tsɿ²¹iɔŋ⁵³,ʂət⁵iet⁵pu₄₄³⁵ci¹³₁₃tsʰiəu₄₄⁵³ɔi⁵³lɔi¹³ʂət⁵tʂəu⁵³fan⁵³na⁰.ka⁵³pu₄₄³⁵tʂəu⁵³pien₄₄³⁵tsʰiəu₄₄⁵³pʰi¹³mɔi¹³tsiəu²¹,pʰi¹³mɔi¹³ɲin²¹₂₁ke⁵³tsiəu²¹.e₂₁,kai₄₄⁵³tsʰiəu₄₄⁵³ɔi₄₄⁵³ɔi₄₄⁵³ɔi₄₄⁵³ʂət⁵ɔi₄₄⁵³ʂət⁵uɔn²¹tsʰɔi⁵³la⁰,kai₄₄⁵³tsʰiəu₄₄⁵³ɔi⁵³kai₄₄⁵³tsʰiəu⁵³ɔi⁵³cʰin⁵³tsʰɿ⁵³vy¹³pi²¹kai⁵³cie₄₄⁵³le⁰,cʰin⁵³tsʰɿ⁵³vy₄₄¹³tʂən⁵³tsiəu²¹le⁰.kai₄₄⁵³pu₄₄³⁵ke₄₄⁵³siet⁵mien₄₄⁵³tsʰiəu₄₄⁵³ɔi⁵³cʰin⁵³tsʰɿ⁵³vy₄₄¹³tʂən⁵³tsiəu²¹.tsʰiaŋ²¹mɔi¹³ɲin₄₄¹³lɔi¹³.n̩₂₁.

（嗯。这是头天中午，是吧？）头晡昼边，欸。陪媒酒。大家都食啦，唔系么啊只有媒人就食啦。大家样个酒啦。所有来个人，有十桌就十桌，欸，有六桌就六桌啦。tʰei²¹₂₁pu₄₄³⁵tʂəu⁵³pien³⁵,e₂₁.pʰi¹³mɔi¹³tsiəu²¹.tʰai⁵³cia³⁵təu₄₄³⁵ʂət⁵la⁰,m̩¹³pʰe⁵³(←xe⁵³)mak³a⁰tsɿ²¹iəu⁵³₅₃mɔi¹³ɲin₄₄¹³tsʰiəu⁵³ʂət⁵la⁰.tʰai⁵³cia³⁵iɔŋ³⁵ke₄₄⁵³tsiəu²¹la⁰.so²¹iəu³⁵lɔi¹³ke⁵³ɲin²¹₂₁,iəu³⁵ʂət⁵tsɔk³tsʰiəu₄₄⁵³ʂət⁵tsɔk³,e²¹,iəu₄₄³⁵liəuk³tsɔk³tsʰiəu⁵³liəuk³tsɔk³la⁰.

2. 箇晡夜饭呢就就就到女家头去哩哟。到女家头去。女家头箇晡夜晡就爱渠又爱整陪媒酒。渠又爱搞餐陪媒酒。就介绍来哩啊，媒人公来哩啊。系啊？kai₄₄⁵³pu₄₄³⁵ia⁵³fan⁵³ne⁰tsʰiəu⁵³tsʰiəu₄₄⁵³tsʰiəu₄₄⁵³tau⁵³ɲy²¹ka⁵³₅₃tʰei²¹çi⁵³li⁰ʂa⁰.tau₄₄ɲy²¹ka₄₄³⁵tʰei₄₄⁵³çi⁵³.ɲy²¹ka₄₄³⁵tʰei²¹kai⁵³pu₄₄³⁵ia⁵³pu₄₄³⁵tsʰiəu⁵³₄₄ɔi⁵³ci¹³iəu⁵³ɔi⁵³tʂaŋ²¹pʰi¹³mɔi¹³tsiəu²¹.ci¹³iəu⁵³ɔi⁵³kau²¹tsʰɔn₄₄³⁵pʰi¹³mɔi¹³tsiəu²¹.tsʰiəu⁵³₄₄kai⁵³ʂau⁵³lɔi¹³₁₃li⁰a⁰,mɔi¹³ɲin²¹₂₁

kəŋ³⁵lɔi¹³li⁰a⁰.xei⁵³₄₄a⁰?

（男家是头天中午……）欸，男家就系头晡昼边，女家就系头晡夜晡。欸。食嘿昼饭就到女家头去哩啊。欸，我以到我是来接亲了啦，系啊？嗯。我带滴东西来哩啦。好，你带倒去个东西少哩吗？欸。少哩吗？齐哩吗？爱爱女家头检查。嗯。系唔系咁多子？少哩，就爱箇只箇只提郎夫子想办法。欸，箇包封是不是戉系唔系轻哩？e₂₁,lan¹³ka³⁵₄₄tsʰiəu⁵³xe³tʰei¹³pu³⁵₄₄ʂəu⁵³pien³⁵₄₄ɲy²¹ka³⁵₄₄tsʰiəu⁵³xe³tʰei¹³pu³⁵₄₄ia⁵³pu³⁵₄₄.e₂₁.ʂət⁵xek³tʂəu⁵³fan⁵³tsʰiəu¹³₄₄tau⁵³ɲi¹³ka³⁵₄₄tʰei²¹₂₁çi⁵³lia⁰.e₂₁,ŋai¹³i⁴⁴₂₁tau⁴⁴₄₄ŋai⁰ʂ¹³₄₄lɔi¹³₂₁tsiet³tsʰin¹³liau⁰la⁰,xei⁵³a⁰?ŋ₂₁.ŋai¹³tai⁵³tiet³təŋ⁰si⁰lɔi¹³₂₁li⁰la⁰.xau²¹,ɲi¹³tai⁵³tau⁰çi⁵³ke⁰₀təŋ³⁵si⁰ʂau²¹li⁰ma⁰?e₂₁.ʂau²¹li⁰ma⁰?tsʰe¹³li⁰ma⁰?ɔi⁵³ɔi⁵³ɲy²¹ka³⁵₄₄tʰei¹³cian¹³tsʰa¹³.m₂₁.xe⁰me₄₄(←m̩¹³xe⁵³)kan¹³to⁰tsʅ⁰?ʂau²¹li⁰,tsʰiəu⁰ɔi⁵³kai⁰tʂak³kai⁰tʂak³tʰia³⁵lɔŋ²¹₂₁fu³⁵₄₄tsʅ⁰siɔŋ²¹pʰan⁵³fait⁰.e₂₁,kai⁰₄₄pau³⁵fəŋ³⁵ʂʅ⁵³pət³ʂ⁵³₄₄tʰet³xe⁵³me₄₄(←m̩¹³xe⁵³)cʰiaŋ³⁵li⁰?

轻哩个意思欸晓得吧？包封轻哩么个意思啊？cʰiaŋ³⁵li⁰ke⁰i⁵³₄₄sʅ⁰e⁰çiau²¹tek³pa⁰?pau³⁵₄₄fəŋ³⁵₄₄cʰiaŋ³⁵li⁰mak⁰e⁰i⁵³₄₄sʅ⁰a⁰?（就是少啦？）少啦。欸。打比我爱一百块，你只来六十块，箇你还爱还爱重包封，爱重，爱重起下子来。欸。ʂau₂₁la⁰,e₂₁.ta²¹pi²¹ŋai²¹₂₁ɔi⁵³iet³pak³kʰuai⁵³,ɲi¹³tsʅ²¹lɔi¹³liəuk⁰ʂət³kʰuai⁵³,kai¹³₄₄ɲi¹³xai¹³ɔi⁵³₄₄xai¹³ɔi⁵³₄₄tʂʰəŋ³⁵pau⁵³fəŋ³⁵,ɔi⁵³₄₄tʂʰəŋ³⁵,ɔi⁵³₄₄tʂʰəŋ³⁵çi⁰xa₄₄⁵³tsʅ⁰lɔi₂₁¹³.e₂₁.

提郎夫子

食完饭以后就媒人公就出发啦，㧅……媒……媒人就㧅㧅东家个代表哇，㧅……㧅男家头个代表，男家头就爱去下代表哇，打比姓我姓万个人，我讨新旧样，我就请倒姓万个人当代表。嗯。欸大人是唔……不能去哟，去唔得哟，系唔系啊？爱请只人当代表，代表我万家里，代表我男方，姓万个，讲话。欸。箇只就安做提郎夫子。ʂət⁵ien¹³fan⁵³i³⁵xei⁵³tsʰiəu¹³₄₄mɔi¹ɲin¹³₂₁kəŋ³⁵tsʰiəu¹³tʂʰ³ət³fait⁰la⁰,lau³⁵…mɔi¹³…mɔi¹³ɲin¹³₄₄tsʰiəu⁵³₄₄lau³⁵lau³⁵təŋ⁰ka³⁵₄₄ke³⁵₄₄tʰɔi⁵³piau²¹ua⁰,lau³⁵…lau³⁵lan¹³ka³⁵₄₄tʰei¹³₄₄ke³⁵₄₄tʰɔi⁵³piau²¹,lan¹³ka³⁵₄₄tʰei¹³tsʰiəu⁵³₄₄ɔi¹³₄₄çi⁵³a⁰(←xa⁵³)tʰɔi⁵³piau²¹ua⁰,ta²¹pi⁰siaŋ⁰ŋai¹³siaŋ⁰uan⁵³ke⁰₀ɲin₄₄,ŋai¹³tʰau⁰sin₄₄cʰiəu¹³₄₄iɔŋ⁵³,ŋai¹³tsʰiəu⁵³₄₄tsʰiaŋ²¹tau²¹siaŋ⁰uan⁵³ke⁵³ɲin²¹₂₁təŋ³⁵tʰɔi⁵³piau²¹.m₂₁.e₂₁tʰai⁵³ɲin²¹₂₁sʅ⁰n̩¹³…pət³lən⁰çi⁵³ʂa⁰,çi⁰n̩²¹₂₁tek³ʂa⁰,xei⁵³mei⁵³(←m̩¹³xe⁵³)a⁰?ɔi¹³₄₄tsʰiaŋ²¹tʂak³ɲin²¹₂₁təŋ³⁵tʰɔi⁵³piau²¹,tʰɔi⁵³piau²¹ŋai¹³uan⁵³ka³⁵₄₄li⁰,tʰɔi⁵³piau²¹ŋai¹³lan¹³fəŋ³⁵,siaŋ⁵³₄₄uan⁵³ke⁵³⁰,kəŋ²¹fa⁵³.e₂₁.kai⁵³tʂak³tsʰiəu⁰ɔn₄₄tso⁰₄₄tʰia³⁵lɔŋ₂₁²¹fu³⁵₄₄tsʅ⁰.

本来以前是渠就荷只子担子嘞，也就安做荷担子个。担子肚里就放正一滴去女家头个东西。本来是系挑担子去，以下是都系搞张车唠。开辆车去唠。也安做荷担子个。pən²¹lai¹³i³⁵tsʰien¹³sʅ³⁵₄₄ci¹³tsʰiəu¹³₄₄kʰai⁵³tʂak³tsʅ⁰tan³⁵tsʅ⁰ lei⁰,ia³⁵tsʰiəu⁵³ɔn³⁵tso⁵³kʰai³⁵tan³⁵tsʅ⁰ ke⁵³.tan³⁵tsʅ⁰ təu²¹li⁰ tsʰiəu₄₄fəŋ⁵³tʂaŋ⁵³iet³ tet⁵ çi⁵³ ɲi²¹ka₄₄³⁵tʰei₂₁¹³ke₄₄³⁵təŋ₄₄³⁵si⁰.pən¹³nɔi²¹ʂʅ₄₄⁵³xe₄₄³⁵tʰiau³⁵tan³⁵tsʅ⁰ çie₄₄⁵³,i²¹xa³⁵ʂʅ³⁵təu⁵³xei⁵³kau²¹ tʂɔŋ₄₄³⁵tʂʰa⁵³lau⁰.kʰɔi³⁵liɔŋ²¹tʂʰa³⁵çi⁵³lau⁰.ia³⁵ɔn₄₄³⁵tso⁵³kʰai³⁵tan³⁵tsʅ⁰ ke⁰.（噢，就是这个这个男家的代表？）提……提郎夫子，男家个代表。嗯。tʰia³⁵…tʰia³⁵lɔŋ²¹₂₁ fu₄₄³⁵tsʅ⁰,lan¹³ka₄₄³⁵ke⁰tʰɔi⁵³piau²¹.m̩²¹₂₁.

帖盒

1. 噢，箇晡去是还有箇个嘞，欸，还……男家头还爱，有滴是，欸，一般来讲男家头是渠还爱，还爱写请帖嘞，请高亲呢。欸。au₂₁,kai₄₄⁵³pu₄₄³⁵çi⁵³ ʂʅ⁰xai¹³iəu₄₄³⁵kai⁵³ke⁵³le⁰,e₄₄,xai²¹…lan¹³ka₄₄³⁵tʰei₂₁¹³xai²¹ɔi²¹,iəu⁵³tet⁵ ʂʅ₄₄⁵³,e₂₁,iet³ pɔn³⁵nɔi²¹ (←lɔi¹³)kɔŋ²¹lan¹³ka₄₄³⁵tʰei₂₁ʂʅ⁰ ci¹³xai²¹ɔi²¹,xai²¹ɔi⁵³sia¹³tsʰiaŋ²¹tʰiait³ le⁰,tsʰiaŋ²¹kau³⁵ tsʰin³⁵ne⁰.e₂₁.（请帖就是请……）请帖。tsʰiaŋ²¹tʰiait³.

欸，又……分箇个请高亲个帖子摓箇个去个礼单，嗯，我我以到是有滴么个礼，打哩滴么个啊礼来哩，猪肉几多子，<u>鱼子几多子</u>，<u>系唔系</u>？聘金几多子，有滴么个啊包封。箇红包蛮多啦。渠有滴讲究个是二十几只包封呐。箇爱讲是够讲哩啦。二十几只包封呐。欸。有只去女家头食酒个包封，男家头，箇只荷担子个人。e₂₁,iəu⁵³…pən³⁵kai₄₄¹³ke₄₄⁵³tsʰiaŋ²¹kau³⁵tsʰin³⁵ke₄₄⁵³tʰiait³ tsʅ⁰ lau³⁵kai⁵³ke₄₄⁵³çi⁵³ke⁵³li³⁵ tan₄₄,n̩₂₁,ŋai¹³ŋai¹³₁₃tau⁵³ʂʅ₄₄iəu³⁵tet⁵ mak³ ke₄₄⁵³li³⁵,ta²¹li⁰ tiet⁵ mak³ a⁰ li³⁵lɔi₂₁¹³li⁰,tʂəu⁵³ɲiəuk³ ci²¹to₄₄³⁵tsʅ⁰,ŋ̩¹³tsʅ⁰ ci²¹to₄₄³⁵tsʅ⁰,xei⁵³me⁵³(←m̩¹³xe⁵³)? pʰin²¹cin³⁵ci²¹to₄₄³⁵tsʅ⁰,iəu³⁵tet⁵ mak³ a⁰ pau³⁵fəŋ₄₄.kai₄₄⁵³fəŋ¹³pau₄₄³⁵man₂₁¹³to⁵³la⁰.ci₂₁¹³iəu³⁵ tet⁵ kɔŋ²¹ciəu⁵³ke₄₄⁵³ʂʅ₄₄ɲi¹³ʂət⁵ ci²¹tʂak³ pau₄₄³⁵fəŋ₄₄³⁵na⁰.kai₄₄⁵³ɔi⁵³kɔŋ²¹ʂʅ₄₄ciei⁵³kɔŋ²¹li⁰ la⁰.ɲi⁵³ʂət⁵ ci²¹tʂak³ pau₄₄³⁵fəŋ₄₄³⁵na⁰.e²¹.iəu³⁵tʂak³ çi⁵³ɲi³⁵ka₄₄³⁵tʰei₂₁¹³ʂət⁵ tsiəu²¹ke₄₄pau³⁵ fəŋ₄₄³⁵,lan¹³ka₄₄³⁵tʰei₂₁,kai₄₄⁵³tʂak³ kʰai³⁵tan³⁵tsʅ⁰ ke₄₄⁵³in²¹.

箇还有只有只盒子，安做帖盒。一只盒子，唔知几漂亮个，有，盒子，安做帖盒。肚里有两本帖，嗯，一本礼帖，一本请帖。kai⁵³xai²¹iəu⁵³tʂak³ iəu³⁵ tʂak³ xait⁵ tsʅ⁰,ɔn₄₄³⁵tso₄₄⁵³tʰiait³ xait⁵.iet³ tʂak³ xait⁵ tsʅ⁰,ɔn₄₄³⁵tso₄₄⁵³tʰiait³ xait⁵.n̩₂₁¹³ti₄₄¹³ci²¹pʰiau⁵³liɔŋ₄₄⁵³ke⁰,iəu²¹, xait⁵ tsʅ⁰,ɔn₄₄³⁵tso₄₄⁵³tʰiait³ xait⁵.təu²¹li⁰ iəu₄₄³⁵iɔŋ²¹pən²¹tʰiait³,m̩₂₁,iet³ pən²¹li³⁵tʰiait³,iet³ pən²¹tsʰiaŋ²¹tʰiait³.

（那个礼帖是什么东西？）就系礼……礼物个清单呐，礼帖咯噢，就礼物个清单。我送滴么个啊礼来哩，我有只清单。请你请你看下子，鉴下子。欸。tsʰiəu⁵³xei⁵³li⁵³…li³⁵uk³ ke₄₄tsʰin³⁵tan₄₄³⁵na⁰,li³⁵tʰiait³ kau⁰,tsʰiəu⁵³li³⁵uk³ ke₄₄tsʰin³⁵ tan₄₄³⁵.ŋai¹³səŋ³⁵tet⁵ mak³ a⁰ li³⁵lɔi₂₁¹³li⁰,ŋai¹³iəu³⁵tʂak³ tsʰin³⁵tan₄₄³⁵.tsʰiaŋ²¹ɲi₄₄¹³tsʰiaŋ²¹ɲi₄₄¹³ kʰɔn⁵³na⁰(←xa⁵³)tsʅ⁰,kan⁵³(←xa⁵³)na⁰tsʅ⁰.e₂₁.

（就……用个那个，用这个帖盒装起？）男家头个礼，用用欸用红纸子写倒，欸，几多束个全书，几多束。欸打比以张红纸咁大样，系啊？以张红纸咁大样，渠爱咁子折得好好子，红纸子咁子折倒。咁子折倒。咁子折倒。折倒，咁子长长子，折倒。封首写倒，欸，嘿嘿，礼……礼帖就，礼帖礼礼……欸，礼帖，写礼字也做得。请帖嘞，以映就写只子请柬。爱折得好好子。渠等爱爱一张整张红纸，咁长，箇红纸咯，□长，□长个红纸。$lan^{13}ka_{44}^{35}t^hei_{21}^{13}ke^{53}li^{21}$,$iəŋ^{53}iəŋ^{53}ei_{21}iəŋ^{53}fəŋ^{13}tʂʅ^{21}tsʅ^0$ $sia^{21}tau^{21}$,e_{21},$ci^{21}to^{35}kan^{21}ke_0^{53}$ $ts^hien^{13}ʂəu^{35}$,$ci^{21}to^{35}kan^{21}$.$e_{44}ta^{21}pi^{21}i^3tʂɔŋ^{35}fəŋ^{13}tʂʅ_{44}^{21}kan^{21}t^hai_{44}^{53}iɔŋ_{44}^{53}$,$xei^{53}a?i^3tʂɔŋ^{35}fəŋ^{13}$ $tʂʅ_{44}^{21}kan^{21}t^hai_{44}^{53}iɔŋ_{44}^{53}$,$ci^{13}ɔi^{53}kan^{21}tsʅ^3tʂait^3tek^3xau^{21}xau^{21}tsʅ^0$,$fəŋ^{13}tʂʅ^{21}tsʅ^0kan^{21}tsʅ^0tʂait^3$ tau^{21}.$kan^{21}tsʅ^0tʂait^3tau^{21}$.$kan^{21}tsʅ^0tʂait^3tau^{21}$.$tʂait^3tau_{44}^{21}$,$kan^{21}tsʅ^0tʂ^hɔŋ^{13}tʂ^hɔŋ^{13}$ $tsʅ^0$,$tʂait^3tau^{21}$.$fəŋ^{35}ʂəu^{35}sia^{21}tau^{21}$,$e_{21}$,$xe^{53}xe_{21}$,$li^{35}t^h…li^{35}t^hiait^3ts^hiəu^{53}$,$li^{35}t^hiait^3li^{35}$ $m…e_{21}$,$li^{35}t^hiait^3$,$sia^{21}li^{35}sʅ_{44}^{53}a_{44}^{35}tso^3tek^3$.$ts^hiaŋ^3t^hiait^3lei^0$,$i_{13}^{21}iaŋ_{44}^{53}ts^hiəu_{44}^{53}sia^{21}tʂak^3tsʅ^3$ $ts^hiaŋ^3kan^{21}$.$ɔi^{53}tʂait^3tek^3xau^{21}xau^{21}tsʅ^0$.$ci^{13}tien^3ɔi^3ɔi^{53}iet^3tʂɔŋ^3tʂən^3tʂɔŋ^{35}fəŋ^{13}$ $tsʅ^{21}$,$kan^{21}tʂ^hɔŋ^{13}$,$kai^{53}fəŋ^{13}tsʅ^{21}ko^0$,$lai^{35}tʂ^hɔŋ_{21}^{13}$,$lai_{44}^{35}tʂ^hɔŋ_{44}^{13}ke^0fəŋ^{13}tsʅ_{44}^{21}$.（这是不能接的吧？）哈？不能驳，不能够驳，整张红纸咁长，唔爱呃……爱咁长，但是唔爱咁阔唠。箇红纸是咁阔吵，系啊？你箇搞一绺子唠，搞咁阔来，搞咁阔子唠。用整张红纸折做八下子，折做六下子，欸，八束全书，六束全书。嘿嘿，嘿。欸。全红帖子啊。一般就系八束全书。$xa_{35}?pət^3lən^{13}pok^3$,$pət^3$ $lən^{13}ciau^3pok^3$,$tʂən^{21}tʂɔŋ_{44}^{35}fəŋ^{13}tʂʅ^{21}kan^{21}tʂ^hɔŋ^{13}$,$m̩^{13}mɔi^{53}ɔ^0…ɔi^3kan^{21}tʂ^hɔŋ^{13}$,$tan^3sʅ^3$ $m̩_{21}^{13}mɔi^{53}kan^{21}k^hɔit^3lau^0$.$kai^{53}fəŋ^{13}tsʅ^{21}sʅ_{44}^{53}kan^{21}k^hɔit^3ʂa^0$,$xei_{44}^{53}a^0?ɲi_{13}^{13}kai_{44}^{21}kau^{21}iet^3$ $liəu^3tsʅ^0lau^0$,$kau^{21}kan^{21}k^hɔit^3lɔi_0^{13}$,$kau^{21}kan^{21}k^hɔit^3tsʅ^0lau^0$.$iəŋ^{13}tʂən^{21}tʂɔŋ^{35}fəŋ^{13}tʂʅ^{21}$ $tʂait^3tso^{53}pait^3xa^{53}tsʅ^0$,$tʂait^3tso^{53}liəuk^3xa^{53}tsʅ^0$,$e_{21}$,$pait^3kan^{21}ts^hien^{13}ʂəu^{35}$,$liəuk^3kan^{21}$ $ts^hien^{13}ʂəu^{35}$.$xe^{53}xe_{53}$,xe^{53}.e_{21}.$ts^hien^{13}fəŋ^{13}t^hiait^3tsa^0$.$iet^3pɔn^{35}ts^hiəu^{53}xe_{44}pait^3kan^{21}$ $ts^hien_{21}^{13}ʂəu_{44}^{35}$.

　　礼帖就可以简单滴子。请帖就箇就噢非常箇个嘞。欸。$li^{35}t^hiait^3ts^hiəu^{53}$ $k^hɔ^{21}i^{35}kan^{21}tan_{44}^{35}tiet^5tsʅ^0$.$ts^hiaŋ^{21}t^hiait^3ts^hiəu^{53}kai^{53}ts^hiəu^{53}au_{53}fei^{35}ʂɔŋ^{13}kai^{53}ke_{44}^{53}le^0$.$e_{21}$.（这是礼单，是吧？）欸，礼帖就系礼单呐。$e_{21}$,$li^{35}t^hiait^3ts^hiəu^{53}xe^{53}li^{35}tan^{35}na^0$.（礼单是折成八……八下，是吧？）也系也折做八下子。欸。欸，请帖也系折做八下子。$ia^{35}xei^{35}ia^{35}tʂait^3tso^{53}pait^3xa^{53}tsʅ^0$.$e_{21}$.$ei_{21}$,$ts^hiaŋ^{21}tiait^3ia^{35}xei_{44}^{35}tʂait^3$ $tso^{53}pait^3xa^{53}tsʅ^0$.（哦。这个八束……八束全书指的是礼单还是请帖？）请帖欸。礼单冇得咁的要求哇。礼单冇得咁咁咁多要求哇。礼单可以更简单滴子。你冇么个写你就唔爱写咁多。礼单是。$ts^hiaŋ^{21}t^hiait^3$,ei_{21}.$li^{35}tan_{44}^{35}mau_{21}^{13}tek^3$ $kan^{21}tet^3iau_{44}^{35}c^hiəu_{13}^{13}ua^0$.$li^{35}tan_{44}^{35}mau_{21}^{13}tek^3kan^{21}kan^{21}kan^{21}to^{35}iau_{44}^{35}c^hiəu_{13}^{13}ua^0$.$li^{35}tan_{44}^{35}$ $k^hɔ^{21}i^{35}ken^{53}kan^{21}tan_{44}^{35}tiet^5tsʅ^0$.$ɲi^{13}mau^{13}mak^3e^0sia^{21}ɲi^{13}ts^hiəu^{53}m̩^{21}mɔi^{53}sia^{21}kan^{21}$ to_{21}^{35}.$li^{35}tan_{44}^{35}sʅ^0$.

也还有滴唔用礼单呐。渠就系非常简单呐。我就系讲两万块钱，或者讲十万块钱，就咁子，就十万块钱，就咁个。么个都唔搞。ia³⁵xai¹³ᵢₐᵤ³⁵tiet⁵ŋ¹³iəŋ⁵³li³⁵tan³⁵₄₄na⁰.ci¹³tsʰiəu⁵³ue⁵³(←xe⁵³)fei³⁵ʂɔŋ²¹₁kan²¹tan³⁵₄₄na⁰.ŋai¹³tsʰiəu⁵³ue⁵³(←xe⁵³)kɔŋ²¹iɔŋ²¹uan⁵³kʰuai⁵³tsʰien¹³,xɔit⁵₃tʂa²¹kɔŋ²¹ʂət⁵uan⁵³kʰuai⁵³tsʰien²¹,tsʰiəu⁵³kan²¹tsʅ⁰,tsʰiəu⁵³ʂət⁵uan³⁵₄₄kʰuai⁵³₄₄tsʰien²¹,tsiəu³⁵₄₄kan²¹cie⁵³.mak³e⁰təu³⁵₅₃ŋ¹³₂₁kau₄₄.

2. 红喜事用个是还有书盒帖盒哟。fəŋ¹³çi²¹sʅ⁵³iəŋ⁵³ke⁵³sʅ⁰xai¹³iəu³⁵ʂəu³⁵xait⁵tʰiait³xait⁵io⁰./嗬，欸，书盒帖盒。m̩₂₁,e₂₁,ʂəu³⁵xait⁵tʰiait³xait⁵./还赠写。xai¹³maŋ¹³sia²¹.（什么东西？）做红喜事啊，讨新人呐。欸。tso⁵³fəŋ¹³çi²¹sʅ⁵³a⁰,tʰau²¹sin³⁵ɲin¹³na⁰.e₂₁./书盒帖盒。ʂəu³⁵xait⁵tʰiait³xait⁵./你就写就系哦写请帖呀首先，爱请高亲食酒哇。箇帖写好哩以后要舞只子唔知几精致个盒子装倒。蛮精致个盒子装倒。箇就安做书盒帖盒。ɲi¹³tsʰiəu⁵³₄₄sia²¹tsʰiəu⁵³xei⁰⁵³o⁰sia²¹tsʰiaŋ²¹tʰiait³ia⁰ʂəu²¹sien₄₄,oi⁵³tsʰiaŋ²¹kau³⁵tsʰin³⁵₄₄ʂət⁵tsiəu²¹ua⁰.kai³⁵₄₄tʰiait³sia²¹xau²¹li⁰i¹³⁵xei⁵³₄₄iau⁵³u²¹tʂak⁵tsʅ⁰n̩¹³ti³⁵₅₃ci²¹tsin³⁵tsʅ⁵³₄₄ke⁰xait⁵tsʅ⁰tʂɔŋ³⁵tau⁰.man¹³tsin³⁵tsʅ⁵³₄₄ke⁰xait⁵tsʅ⁰tʂɔŋ³⁵tau⁰.kai³⁵₄₄tsiəu³⁵₄₄ɔn³⁵₄₄tso⁵³₄₄ʂəu³⁵xait⁵tʰiait³xait⁵./欸。e₂₁.

（噢，那个那个盒子叫什么名字？）就帖盒，又安做书盒，系唔系啊？tsəu³⁵₄₄tʰiait³xait⁵,iəu³⁵₄₄ɔn³⁵₄₄tso⁵³₄₄ʂəu³⁵xait⁵,xei⁵³₄₄mei₄₄(←m̩¹³xei⁵³)a⁰?/有个书盒写滴。iəu³⁵ke⁵³₄₄ʂəu³⁵xait⁵sia²¹tiet⁵./写一版帖子。sia²¹iet³pan²¹tʰiait⁵₃tsʅ⁰./帖盒。tʰiait³xait⁵./帖盒呀。tʰiait³xait⁵₃ia⁰.（也叫什么？）也叫书盒呀。ia³⁵ciau⁵³₄₄ʂəu³⁵xait⁵ia⁰./书盒呀。ʂəu³⁵xait⁵₃ia⁰.（哪个书呢？）一本书个书。iet³pən²¹ʂəu³⁵ke⁵³ʂəu³⁵./书盒，一本书个书。ʂəu³⁵₄₄xait⁵₃,iet³pən²¹ʂəu³⁵ke⁵³ʂəu³⁵.（噢，哦。）

发烛

发烛，我等就系安做发烛。因为渠……渠箇只发烛个过程就系就系婚礼过程个一部分。就婚礼……fait³tʂəuk⁵,ŋai¹³tien⁰tsʰiəu⁵³₄₄xe⁵³ɔn³⁵₄₄tso⁵³fait³tʂəuk⁵.in³⁵uei³ci¹³₄₄tʂe···ci¹³₂₁kai⁵³tʂak³fait³tʂəuk⁵ke⁵³ko⁰tsʰ̩ən¹³₂₁tsʰiəu⁵³xe⁵³tsʰiəu⁵³xe⁵³fən³⁵li³⁵ko⁵³tsʰ̩ən²¹₂₁ke⁵³₄₄iet³pʰu⁵³fən⁵³₄₄.tsʰiəu⁵³₄₄fən³⁵li···（是请德高望重的人发吧？）欸，请德高望重个人。嗯。请两姓人呢，两边个蜡烛哟，两边个油烛哟，爱两姓人呢，两姓人呢，一只是外家，嗯。爱外家分你人来，就系舅爷，欸正讲个舅爷姐公啊，箇姓啊，就娘家，欸，噢，唔系娘家噢，就系，母亲的，母党啊，母党，母党箇边来个人。嗯。母党箇边一个人，本家一个人。嗯。我等人本家就长日爱我发哟，我就唔想发烛。嗯。长日爱我发烛啊，因为我嘞让门子嘞，我又有文化，读哩书，哎，又有赖子，系唔系？又有孙子。e₂₁,tsʰiaŋ²¹tek³kau³⁵uɔŋ⁵³tsʰ̩əŋ⁵³ke⁰ɲin¹³.n̩₂₁.tsʰiaŋ²¹iɔŋ²¹siaŋ⁵³ɲin¹³ne,iɔŋ²¹pien₄₄ke₄₄lait⁵tʂəuk³ʂa⁰,iɔŋ²¹pien₄₄ke⁵³₄₄iəu¹³tʂəuk³ʂa⁰,oi³iɔŋ²¹siaŋ⁵³ɲin¹³₂₁

ne⁰,siaŋ⁵³ɲin₂₁ne⁰,iet³tʂak³ʂʅ₄₄⁵³iɕiŋ⁵³ka₄₄,n₂₁.ɔi₄₄⁵³iɕiŋ⁵³ka₄₄pən³⁵ɲi₂₁ɲin₁₃nɔi₂₁,tsʰiəu₄₄⁵³xei⁵³
cʰiəu³⁵ia₁₃,e⁰tʂaŋ⁵³kɔŋ²¹ke⁵³cʰiəu³⁵ia₄₄tsia²¹kəŋ₄₄ŋa⁰,kai³⁵siaŋ⁵³a⁰,tsʰiəu₄₄⁵³ɲiɔŋ¹³
cia₄₄,ei²¹,au²¹,m̩¹³pʰe₄₄(←xei⁵³)ɲiɔŋ¹³cia₃₅au⁰,tsʰiəu₄₄⁵³xei⁵³,mu²¹tsʰin₄₄⁵³ti⁰,mu³⁵tɔŋ²¹
ŋa⁰,mu³⁵tɔŋ²¹,mu³⁵tɔŋ²¹kai₄₄⁵³pien₃₅lɔi₁₃ke⁵³ɲin₁₃.n₂₁.mu³⁵tɔŋ²¹kai₄₄⁵³pien₄₄iet³ke⁵³
ɲin₂₁,pən²¹ka₄₄⁵³iet³ke⁵³ɲin₁₃.n₂₁.ŋai¹³tien¹³in₂₁pən²¹ka₄₄⁵³tsʰiəu⁵³tʂʰɔŋ¹³ɲiet³ɔi⁵³ŋai¹³fait³
iau⁰,ŋai¹³tsʰiəu⁵³n̩¹³siəŋ²¹fait³tʂəuk³.n̩₂₁.tʂʰɔŋ¹³ɲiet³ɔi⁵³ŋai¹³fait³tʂəuk³a⁰,in³⁵uei²¹
ŋai¹³lei⁰ɲiɔŋ⁵³mən⁰tsʅ⁰lei⁰,ŋai¹³iəu₄₄iəu₄₄uən⁰fa⁵³,tʰəuk³li⁰ʂəu³⁵,ai₂₁,iəu₄₄iəu₄₄lai⁵³
tsʅ⁰,xei₄₄me₄₄(←m̩¹³xe⁵³)?iəu₄₄⁵³iəu₄₄sən³⁵tsʅ⁰.（那你那你是经常要被邀请的啦？）
欸，被邀请个。欸经常渠等话请我发烛哇。我话你等去发嘿，我就系么个
嘞，就系年纪还唔系几大子嘞，还系嗯还系辈分细。我辈分唔知几细。嗯。
e₂₁,pʰei⁵³iau³⁵tsʰin²¹ke.e⁰cin³⁵tʂʰɔŋ₂₁ci₂₁³tien⁰ua₄₄⁵³tsʰiaŋ²¹ŋai¹³fait³tʂəuk³ua⁰.ŋai₂₁ua₄₄
ɲi₂₁tien⁰çi⁵³fait³xek³,ŋai₂₁¹³tsʰiəu⁵³xei⁵³mak³ke₄₄⁵³lei⁰,tsʰiəu⁵³xei⁵³ɲien¹³ci²¹xai₂₁m̩¹³
pʰe₄₄(←xei⁵³)ci²¹tʰai⁵³tsʅ⁰le⁰,xai₂₁xe₄₄n̩₂₁xai₂₁xe₄₄pei⁵³fən₄₄⁵³se⁵³.ŋai₂₁pei⁵³fən₄₄¹³ti₄₄³⁵ci²¹
se⁵³.n̩₂₁.

拜祖

（女方在出嫁之前要拜……拜那个……）爱拜祖。ɔi₄₄⁵³pai⁵³tsəu²¹.（拜祖，
告别祖宗是吧？）欸欸欸欸，爱拜下子祖，爱拜祖。e₂₁e₂₁e₂₁e₂₁,ɔi⁵³pai⁵³xa₄₄⁵³tsʅ⁰
tsəu²¹,ɔi⁵³pai⁵³tsəu²¹.（是头……出嫁前一天还是什么时候？）去出嫁个头晡
夜晡，唔，头晡夜晡，欸，讲规矩是爱……爱过嘿子时来，爱过嘿十二点
钟来，拜子。子时，欸，到哩子时。tsʰʅ⁵³tʂʰət³ka⁵³ke³tʰei¹³pu₄₄³⁵ia⁵³pu₄₄,m̩₂₁,tʰei¹³
pu₄₄ia³⁵pu₄₄,e₂₁,kɔŋ²¹kuei¹³tsʅ³⁵ʂʅ₄₄⁵³ɔi⁵³…ɔi⁵³ko⁰ek³(←xek³)tsʅ²¹ʂʅ¹³lɔi₂₁,ɔi₄₄ko₄₄⁵³ek³
(←xek³)ʂət⁵ɲi⁵³tian²¹tʂəŋ³⁵lɔi₂₁,pai⁵³tsʅ⁰.tsʅ²¹ʂʅ¹³,e₂₁,tau⁵³li⁰tsʅ²¹ʂʅ¹³.（子时还是子时
之后？）爱到哩交哩子时，十二点钟系交子时，交哩子时就可以啊。欸，
十二点钟就子时。一般只爱是就话十一点钟箇就可以了。十一点钟就交子
时嘞。系吗？欸。到哩十一点钟就可以啊，拜子就渠个渠箇只祖宗个祖孲
子时个子搞做一坨去哩，就爱过嘿子时来。欸。爱拜。ɔi₄₄⁵³tau⁵³li⁰ciau³⁵li⁰
tsʅ²¹ʂʅ¹³,ʂət⁵ɲi⁵³tian²¹tʂəŋ₄₄³⁵xei₄₄ciau₄₄⁵³tsʅ²¹ʂʅ¹³,ciau³⁵li⁰tsʅ²¹ʂʅ¹³tsiəu⁰kʰo²¹i₃₅a⁰.e₂₁,ʂət⁵
ɲi⁵³tian²¹tʂəŋ³⁵tsʰiəu⁵³tsʅ²¹ʂʅ¹³.iet³pon³⁵tsʅ²¹ɔi⁵³ʂʅ⁵³⁵tsiəu₄₄ua⁵³ʂət⁵iet³tian²¹tʂəŋ³⁵kai₄₄
tsʰiəu⁵³kʰo²¹i³⁵liau⁰.ʂət⁵iet³tian²¹tʂəŋ₄₄³⁵tsʰiəu₄₄ciau⁵³tsʅ²¹ʂʅ₂₁le⁰.xei₄₄ma⁰?e₂₁.tau⁵³li⁰
ʂət⁵iet³tian²¹tʂəŋ₄₄³⁵tsʰiəu⁵³kʰo²¹i₃₅a⁰,pai⁵³tsʅ²¹tsʰiəu⁵³ci₂₁³ke₄₄ci₁₃kai⁵³tʂak³tsəu²¹tsəŋ³⁵
ke⁵³tsəu²¹lau³⁵tsʅ²¹ʂʅ¹³ke⁵³tsʅ²¹kau⁵³tso⁵³iet³tʰo¹³çi⁵³li⁰,tsiəu₂₁ɔi₄₄ko⁰ek³(←xek³)tsʅ²¹ʂʅ¹³
lɔi₄₄.e₂₁.ɔi₄₄⁵³pai⁵³tsʅ²¹.

箇只拜子是咁个啦，女方就爱安祖宗牌位，系唔系啊？女方啊，渠

就一般就到女方嘞，卖妹子个人家嘞，箇家人家卖妹子就爱拜子嘞。男方唔爱拜祖嘞。男方是渠就爱举行结婚仪……典礼哟，系唔系啊？嗯。卖妹子箇家爱拜子。kai⁴⁴tʂak³ pai⁵³tsɿ²¹sɿ⁵³kan²¹cie⁴⁴la⁰ ,ȵy²¹foŋ³⁵tsʰiəu³⁵ɔi⁴⁴ɔn²⁴tsəu³⁵tsəŋ³⁵pʰai¹³uei⁵³,xe⁴⁴me₄₄(←m̩¹³xe⁵³)a⁰ ?ȵy²¹foŋ³⁵ŋa⁰ ,ci¹³tsʰiəu₄₄iet³ pɔn³⁵tsʰiəu₄₄tau⁵³ȵy²¹foŋ³⁵le⁰ ,mai₄₄mɔi⁵³tsɿ⁰ke₄₄ȵin²¹ka₄₄lei⁰ ,kai⁵³ka₄₄ȵin²¹ka₄₄mai₄₄mɔi⁵³tsɿ⁰tsʰiəu₄₄ɔi⁴⁴pai⁵³tsɿ²¹lei⁰ .lan¹³foŋ₄₄m̩²¹mɔi₄₄pai⁵³tsɿ²¹le⁰ .lan¹³foŋ₅₃sɿ¹³ci¹³tsʰiəu₄₄ɔi⁴⁴tʂɿ²¹çin¹³ciet³fən₄₄ȵi¹³…tian²¹li³ʂa⁰ ,xei₄₄me₄₄(←m̩¹³xe⁵³)a⁰ ?m̩²¹ .mai₄₄mɔi⁵³tsɿ⁰kai₄₄ka³⁵ɔi⁵³pai⁵³tsɿ²¹ .

欸，渠箇只拜祖嘞，爱交哩子时，系唔系？爱交哩子时正可以。渠首先就安牌位，爱安只祖……祖牌。祖宗牌位呀，安祖牌。你……e₂₁ ,ci¹³kai⁵³tʂak³ pai⁵³tsɿ⁰le⁰ ,ɔi₄₄ciau³⁵li⁰tsɿ²¹sɿ¹³ ,xei⁵³me₄₄(←m̩¹³xe⁵³)?ɔi₄₄ciau³⁵li⁰tsɿ²¹sɿ¹³tʂaŋ⁰kʰɔ²¹i³⁵ .ci¹³ʂəu²¹sien₄₄tsʰiəu⁰ɔn₄₄pʰai¹³uei⁵³ ,ɔi₄₄ɔn³⁵tʂak³tsɿ²¹…tsɿ²¹pʰai¹³ .tsəu²¹tsəŋ³⁵pʰai¹³uei⁵³ia⁰ ,ɔn³⁵tsɿ²¹pʰai¹³ .ȵi²¹…（怎么安法呢？）哦，箇个非常简单呐。欸。请人写张子么个，正背凑，我等姓万个就万氏宗祖神位呀。欸。欸，写张写张子红纸子啊。舞只子咁个牌位个样子，舞只子纸壳啊么个做只子咁个牌位样子，用红纸子包到哇。箇就用红纸子啦，红用红纸做只咁个牌位子样个，咁大子个牌位子。唔爱几大。o₂₁ ,kai⁵³ke₄₄fei³⁵tʂʰɔŋ²¹kan²¹tan³⁵na⁰ .e₂₁ .tsʰiaŋ¹³ȵin¹³sia²¹tʂɔŋ³⁵tsɿ⁰mak³kei⁰ ,tʂaŋ⁵³pei₄₄tsʰe⁰ ,ŋai¹³tien³⁵siaŋ⁰uan⁰ke⁵³tsʰiəu₄₄uan⁵³sɿ¹³tsəŋ³⁵tsəu²¹ʂən¹³uei⁵³ia⁰ .e₂₁ .e₂₁ ,sia²¹tʂɔŋ³⁵sia²¹tʂɔŋ³⁵tsɿ⁰fəŋ¹³tsɿ²¹tsa⁰(←tsɿ²¹a⁰) .u²¹tʂak³tsɿ⁰kʰan²¹(←kan²¹)ke₄₄pʰai¹³uei₄₄ke₄₄iɔŋ³⁵tsɿ⁰ ,u²¹tʂak³tsɿ⁰tsɿ²¹kʰɔk³a⁰mak³ke₄₄tso⁰tʂak³tsɿ⁰kan²¹ke₄₄pʰai¹³uei₄₄iɔŋ³⁵tsɿ⁰ ,iəŋ¹³fəŋ¹³tsɿ²¹tsɿ⁰pau³⁵tau²¹ua⁰ .kai³⁵tsʰiəu⁵³iəŋ¹³fəŋ¹³tsɿ²¹tsɿ⁰la⁰ ,fəŋ¹³iəŋ⁵³fəŋ¹³tsɿ²¹tso⁰tʂak³kan³⁵ke₄₄pʰai¹³uei⁵³tsɿ⁰iɔŋ³⁵ke⁵³ ,kan²¹tʰai¹³tsɿ⁰ke₄₄pʰai¹³uei⁵³tsɿ⁰ .m̩²¹mɔi₃₅(←ɔi⁵³)ci²¹tʰai⁵³ .

（他怎么，然后呢，写完之后呢？）写正哩以后就就就立起来呀，放下厅下，放下大厅下，放下大厅下。sia²¹tʂaŋ⁵³li⁰i³⁵xei⁵³tsʰiəu₄₄tsʰiəu⁵³tsʰiəu₄₄liet⁵çi²¹lɔi₂₁ia⁰ ,fɔŋ₄₄ŋa₄₄(←xa⁵³)tʰaŋ⁵³xa₄₄ ,fɔŋ₄₄ŋa₄₄(←xa⁵³)tʰai⁵³tʰaŋ₄₄xa³⁵ ,fɔŋ₄₄ŋa₄₄(←xa⁵³)tʰai⁵³tʰaŋ₄₄xa³⁵ .（以后就放在那里了是吧？）箇唔呶。搞嘿哩箇时候箇场事你就唔爱了，你就烧嘿去噢。做嘿哩箇场事，做嘿哩箇场……婚礼结束哩了，客佬子走咁哩，新人送走哩了，你就你就分渠烧咁去啊。唔爱哩。唔爱留哇。kai⁵³ŋ¹³nau⁰ ,kau²¹xek³li⁰kai⁵³sɿ¹³xəu₄₄kai⁵³tʂʰɔŋ²¹sɿ¹³ȵi₄₄tsʰiəu₄₄m̩²¹mɔi₃₅(←ɔi⁵³)liau⁰ȵi₂₁tsʰiəu⁵³sau³⁵uek³(←xek³)çiau⁰(←çi⁵³au⁰) .tso⁵³uek³(←xek³)li⁰kai₄₄tʂʰɔŋ₂₁sɿ¹³ ,tso⁵³uek³(←xek³)li⁰kai₄₄tʂʰɔŋ₂₁sɿ¹³…fən³⁵li²¹ciet³tʂʰuk⁵li⁰liau⁰ ,kʰak³lau²¹tsɿ⁰tsei²¹kan²¹li⁰ ,sin³⁵ȵin₂₁səŋ⁵³tsei²¹li⁰liau⁰ȵi¹³tsʰiəu⁵³ȵi¹³tsʰiəu⁵³pən³⁵ci₂₁sau³⁵kan²¹çi⁵³a⁰ .m̩²¹mɔi₃₅(←ɔi⁵³)li⁰ .m̩²¹mɔi₃₅(←ɔi⁵³)liəu¹³ua⁰ .

（噢，这是临时性的，就是表示向祖宗告个别。）唔唔，临时性个。欸欸。打比我系去下祠堂里，我就唔爱呀，我就到厅下去啊。箇我祠堂里是长日有哨，系唔系？祠堂里个。老屋里啊，祠堂里，箇长日有牌位去箇呀。打比家得近呐，我就唔爱去屋下搞哇，我就就到箇祠堂里去啊，就到箇老屋里去啊。唔。但是家远哩，我就就自家屋下安只临时个。m̩₅₃m̩₅₃,lin¹³ʂ̩¹³sin⁵³ ke⁵³.e₂₁e₂₁.ta²¹pi²¹ŋai¹³xe₄₄xei⁵³xa⁵³tsʰ̩¹³tʰɔŋ₂₁li⁰,ŋai¹³tsʰiəu⁵³m̩₂₁mɔi₃₅(←ɔi⁵³)ia⁰,ŋai¹³ tsʰiəu⁵³tau⁵³tʰaŋ³⁵xa₄₄çi₄₄a⁰.kai₄₄ŋai¹³tsʰ̩¹³tʰɔŋ¹³li⁰ʂ̩₄₄tʂʰɔŋ¹³niet³iəu₄₄ʂa⁰,xei₄₄me₄₄(← m̩¹³xe⁵³)?tsʰ̩¹³tʰɔŋ₄₄li⁰ke₄₄⁵³.lau²¹uk³li¹a⁰,tsʰ̩¹³tʰɔŋ₄₄li⁰,kai₄₄tʂɔŋ⁵³niet³iəu₄₄pʰai⁵³uei₄₄ çi⁵³kai⁵³ia⁰.ta²¹pi²¹ka₄₄⁵³tek³cʰin³⁵na⁰,ŋai₂₁tsʰiəu⁵³m̩₂₁mɔi₄₄çi⁵³uk³xa⁵³kau²¹ua⁰,ŋai¹³ tsʰiəu⁵³tsʰiəu₄₄tau₄₄kai⁵³tsʰ̩¹³tʰɔŋ₂₁li⁰çi₄₄a⁰,tsʰiəu⁵³tau⁵³kai⁵³lau²¹uk³li⁰çi₄₄a⁰.m̩₂₁.tan⁵³ ʂ̩⁵³ka₄₄³⁵ien²¹li⁰,ŋai₂₁tsʰiəu⁵³tsʰiəu⁵³tsʰ̩¹³ka₄₄³⁵uk³xa⁵³ɔn₄₄⁵³tʂak⁵³lin¹³ʂ̩¹³ke⁵³.

但是爱送呐，爱送一下啦。嗯有只牌位嘞，欸新人走嘿哩了，系唔系？高亲都走嘿哩了，你就分箇只牌位请倒，掇倒，和香火，和箇个香火箇只放下禾坪舷口，放下厅下门口，禾坪舷口。禾坪舷晓得哨？欸，放禾坪舷口，请下子，嘴里请下子，箇几根香嘞插下箇禾坪角上，箇个牌位嘞就舞滴子纸子，搞滴子草纸子，和牌位烧嘿去。tan₄₄⁵³ʂ̩₄₄⁵³ɔi₄₄⁵³sən⁵³na⁰,ɔi⁵³sən⁵³iet³xa⁵³ la⁰.ən⁰iəu³⁵tʂak³pʰai¹³uei⁵³lei⁰,e₂₁sin³⁵nin₂₁tsei²¹ek³(←xek³)li⁰liau⁰,xe₂₁me⁵³(←m̩¹³ xe⁵³)?kau³⁵tsʰin₄₄təu₄₄tsei²¹xek³li⁰liau⁰,ni¹³tsʰiəu⁵³pən⁵³kai₂₁tʂak³pʰai¹³uei₄₄tsʰiaŋ²¹ tau²¹,tɔit³tau²¹,uo⁵³çiɔŋ³⁵fo²¹,uo⁵³kai⁵³ke₄₄⁵³çiɔŋ⁵³fo²¹kai⁵³tʂak³fɔŋ⁵³ŋa₄₄(←xa⁵³)uo₂₁³ pʰiaŋ₄₄¹³cʰien¹³xei⁰,fɔŋ₄₄⁵³ŋa₄₄(←xa⁵³)tʰaŋ³⁵xa₄₄mən¹³xei²¹,uo₂₁pʰiaŋ₂₁¹³cʰien¹³xei²¹.uo₂₁ pʰiaŋ¹³cʰien¹³çiau²¹tek³ʂa⁰?e₂₁,fɔŋ⁵³uo₂₁¹³pʰiaŋ¹³cʰien¹³xei²¹,tsʰiaŋ²¹ŋa⁵³(← xa⁵³)tsʰ̩⁰,tʂɔi⁵³li⁰tsʰiaŋ²¹ŋa⁵³(←xa⁵³)tsʰ̩⁰,kai⁵³ci²¹cien₂₁³⁵çiɔŋ³⁵lei⁰tsʰait³a⁵³(←xa⁵³)kai₄₄ uo₂₁¹³pʰiaŋ₂₁¹³kɔk³xɔŋ⁵³,kai₄₄ke⁵³pʰai¹³uei⁵³le⁰tsʰiəu₄₄u²¹tiet⁵tsʰ̩⁰tsʰ̩²¹tsʰ̩⁰,kau²¹tiet⁵tsʰ̩⁰ tsʰau²¹tʂ̩⁰tsʰ̩⁰,uo⁵³pʰai¹³uei₄₄⁵³sau₄₄³⁵ek³(←xek³)çi⁵³.

叫嘴

（好，然后那个出嫁之前还要哭吧？）欸，箇一般都冇得肯定冇限定了唠。有冇箇个有冇哭嫁个有欸有叫嘴个，安做么个安做？系，安做⋯⋯ e₂₁,kai⁵³iet³pɔn³⁵təu³⁵mau¹³tek³cʰien²¹tʰin⁵³mau¹³xan⁵³tʰin⁵³liau⁰lau⁰.iəu⁰iəu³⁵kai⁵³ ke⁵³iəu³⁵iəu³⁵kʰu₄₄cia⁵³ke⁰iəu³⁵ei₂₁iəu³⁵ciau⁵³tʂɔi⁵³ke₄₄,ɔn³⁵tso₄₄mak³ke₄₄ɔn³⁵tso₄₄?xe⁵³, ɔn³⁵tso₄₄⁵³⋯（叫嫁还是哭嫁？）我去食过嘞，食过一餐酒嘞。我⋯我个姑姑卖妹子。渠⋯⋯我等以边一般都唔搞咁个路子了，渠⋯⋯一般都唔正式了。都唔⋯⋯以下就以咁多年都冇得咁个路子了。还蛮多年前呢。渠个就还保留哩我等以边个，渠就系嘿江西呀，嫽稳呐，渠就还保留哩我等客姓人个规矩。我等以向冇么人搞哩。渠等就还保留哩。$\eta ai^{13}\varepsilon i^{53}_{44}s\partial t^{5}ko^{53}le^{0}$,$s\partial t^{5}ko^{53}iet^{3}$ $ts^{h}\supset n^{35}tsi\partial u^{21}le^{0}$.$\eta ai^{13}k\cdots\eta ai^{13}ke^{53}_{44}ku^{53}ku^{53}mai^{53}m\partial i^{53}ts\textrm{ʅ}$.$ci^{213}\cdots\eta ai^{13}tien^{0}i^{21}pien^{35}iet^{3}$ $p\supset n^{35}t\partial u^{35}_{44}\eta^{13}kau^{21}kan^{21}cie^{35}l\partial u^{53}_{44}ts\textrm{ʅ}^{0}liau^{0}$,$ci^{21}\cdots iet^{3}p\supset n^{35}t\partial u^{35}_{44}\textrm{ņ}^{13}t\textrm{ʂ}\partial n^{53}\textrm{ʂʅ}^{53}liau$.$t\partial u_{44}$ $\textrm{ņ}^{21}\cdots i^{21}xa^{53}ts^{h}i\partial u^{53}_{44}i^{13}_{153}kan^{21}to^{35}\textrm{ɲ}ien^{21}_{3}t\partial u_{44}mau^{13}tek^{3}kan^{21}ke^{53}_{44}l\partial u^{53}ts\textrm{ʅ}^{0}liau^{0}$.$xai^{13}man^{13}_{21}$ $to^{35}_{44}\textrm{ɲ}ien^{21}_{3}ts^{h}ien^{13}_{21}nei^{0}$.$ci^{13}ke^{53}_{44}ts^{h}i\partial u^{53}xai^{13}pau^{21}li\partial u^{13}li^{0}\eta ai^{13}tien^{0}i^{21}pien^{35}ke^{53}_{44}$,$ci^{21}$ $ts^{h}i\partial u^{53}_{44}xe^{53}ek^{3}(\leftarrow xek^{3})k\supset\eta^{35}si^{13}_{44}ia^{0}$,$\textrm{ɲ}ia^{13}u\partial n^{21}na^{0}$,$ci^{13}ts^{h}i\partial u^{53}xai^{13}pau^{21}li\partial u^{13}li^{0}\eta ai^{13}$ $tien^{0}k^{h}ak^{3}sin^{53}\textrm{ɲ}in^{13}_{21}ke^{53}_{44}kuei^{13}t\textrm{ʂʅ}^{21}$.$\eta ai^{13}tien^{0}i^{21}\varepsilon i\supset\eta^{53}mau^{13}mak^{3}in^{13}_{44}kau^{21}li^{0}$.$ci^{13}tien^{0}$ $ts^{h}i\partial u^{13}xai^{21}pau^{21}li\partial u^{13}li^{0}$.

（以前也有吗？）以前有喔。以前有哇。$i^{35}_{44}ts^{h}ien^{13}_{44}i\partial u^{35}uo^{0}$.$i^{35}ts^{h}ien^{13}_{21}i\partial u^{35}ua^{0}$. （你小时候见过？）我细细子，唔晓，欸。$\eta ai^{13}se^{53}se^{53}ts\textrm{ʅ}^{0}$,$\textrm{ņ}^{13}_{21}\varepsilon iau^{21}$,$e_{53}$.（那叫哭嫁还是叫？）我懂事都有得哩。只系我去过。哭嫁，欸。箇是喊倒一个一个子来……叫嘴哟。喊倒来哟。喊倒来，打比方，舅爷喊倒来，嗯，喊倒舅爷来，欸，喊倒姑姑来，嗯，以下是我是明晡爱出嫁了，欸，唔舍得你，系唔系啊？就叫起来，箇新人就叫起来。欸，箇个妹子啊就叫起来。箇只时候子嘞你箇只当舅爷个当姑姑个嘞你就拿红包分渠。安做安做么个礼呀？欸。安做么个礼去哩啊？我我都去食哩啦。我舞……我也……舞倒我只当老表个也也打只红包喔。嘿。欸。$\eta ai^{13}t\partial\eta^{21}ts\textrm{ʅ}^{53}t\partial u^{35}mau^{13}_{21}tek^{3}li^{0}$.$ts\textrm{ʅ}^{21}_{53}xe^{53}$ $\eta ai^{13}\varepsilon i^{53}kuo^{0}$,$k^{h}u_{44}cia_{53}$,$e_{21}$.$kai^{53}_{44}\textrm{ʂʅ}_{44}xan^{53}tau^{21}iet^{3}cie^{3}iet^{3}cie^{53}ts\textrm{ʅ}^{0}l\supset i^{13}c\cdots ciau^{53}t\textrm{ʂ}\supset i^{53}$ io^{0}.$xan^{53}tau^{21}l\supset i^{13}_{44}io^{0}$.$xan^{53}tau^{21}l\supset i^{13}$,$ta^{21}pi^{0}x\supset\eta^{35}_{44}$,$c^{h}i\partial u^{35}ia^{13}xan^{53}tau^{21}l\supset i^{13}_{21}$,$n_{53}$,$xan^{53}tau^{21}$ $c^{h}i\partial u^{35}ia^{13}l\supset i^{13}$,$e_{21}$,$xan^{53}tau^{21}ku^{53}ku^{53}_{44}l\supset i^{13}$,$\textrm{ņ}_{21}$,$i^{21}xa^{53}\textrm{ʂʅ}^{13}\eta ai^{13}_{21}\textrm{ʂʅ}^{53}mia\eta^{13}pu^{53}_{44}\supset i^{53}ts^{h}\partial t^{3}ka^{53}$ $liau^{0}$,e_{21},$\textrm{ņ}^{13}\textrm{ʂ}a^{21}tek^{3}\textrm{ɲ}i^{13}$,$xei^{53}me_{44}(\leftarrow\textrm{m}^{13}xe^{53})a^{0}$?$ts^{h}i\partial u^{53}_{44}ciau^{53}\varepsilon i^{0}l\supset i^{13}$,$kai^{53}sin^{35}\textrm{ɲ}in^{13}_{21}$ $ts^{h}i\partial u^{53}_{44}ciau^{53}\varepsilon i^{13}l\supset i^{13}_{21}$.$e_{44}$,$kai^{53}ke^{53}_{44}m\supset i^{53}ts\textrm{ʅ}^{0}a^{0}ts^{h}i\partial u^{53}_{44}ciau^{53}\varepsilon i^{13}l\supset i^{13}_{21}$.$kai^{13}t\textrm{ʂ}ak^{3}\textrm{ʂʅ}^{13}xei^{53}_{44}ts\textrm{ʅ}^{0}$ $lei^{0}\textrm{ɲ}i^{13}kai^{53}t\textrm{ʂ}ak^{3}t\partial\eta^{35}c^{h}i\partial u^{13}ia^{13}ke^{53}_{44}t\partial\eta^{35}ku^{53}ku^{53}_{44}ke^{53}lei^{0}\textrm{ɲ}i^{13}ts^{h}i\partial u^{53}_{44}la^{53}f\partial\eta^{13}pau^{35}_{44}p\partial n^{35}$ ci^{13}_{21}.$\supset n^{35}_{44}tso^{53}\supset n^{35}_{44}tso^{53}mak^{3}e_{44}(\leftarrow ke^{53})li^{35}ia^{0}$?$e_{21}$.$\supset n^{35}_{44}tso^{53}mak^{3}ke^{53}_{44}li^{13}\varepsilon i^{0}_{44}lia^{0}$?$\eta ai^{13}\eta ai^{13}$ $t\partial u^{35}_{44}\varepsilon i^{13}_{44}s\partial t^{5}li^{0}la^{0}$.$\eta ai^{13}_{21}u^{21}\cdots\eta ai^{13}ia^{35}_{53}\cdots u^{21}tau^{21}\eta ai^{13}t\textrm{ʂ}ak^{3}t\partial\eta^{35}_{44}lau^{21}piau^{21}ke^{53}ia^{35}ia^{35}ta^{21}$ $t\textrm{ʂ}ak^{3}f\partial\eta^{13}pau^{35}_{44}uo^{0}$.$xe_{53}$.$e_{21}$.

发亲

（噢，以前叫催亲还是催轿？）冇得，以……以……欸，以前你话让门子催我又唔晓得嘞。又冇得么啊正式个催法。就系早滴子出门呐。新人爱……新人早滴子发轿哇。$mau^{13}tek^{3}$,$i^{21}\cdots i^{35}\cdots e_{53}$,$i^{35}_{44}ts^{h}ien^{13}_{21}\textrm{ɲ}i^{13}ua^{13}_{44}\textrm{ɲ}i\supset\eta^{53}_{44}m\partial n^{0}ts\textrm{ʅ}^{0}$ $ts^{h}i^{35}\eta ai^{13}i\partial u^{53}\textrm{ņ}^{13}_{21}\varepsilon iau^{21}tek^{3}lei^{0}$.$i\partial u^{53}mau^{13}_{21}tek^{3}mak^{3}a^{0}t\textrm{ʂ}\partial n^{53}\textrm{ʂʅ}^{13}_{44}ke^{53}_{44}ts^{h}i^{13}fait^{3}$.$ts^{h}i\partial u^{53}_{44}$ $ue^{53}(\leftarrow xe^{53})tsau^{21}tiet^{3}ts\textrm{ʅ}^{0}t\textrm{ʂ}\partial t^{3}m\partial n^{0}na^{0}$.$sin^{35}\textrm{ɲ}in^{13}_{21}\supset i^{13}ts\cdots sin^{35}\textrm{ɲ}in^{13}_{21}tsau^{21}tiet^{3}ts\textrm{ʅ}^{0}fait^{3}$ $c^{h}iau^{53}ua^{0}$.（啊，发轿？）发轿哇，早滴子发轿哇。欸。$fait^{3}c^{h}iau^{53}ua^{0}$,$tsau^{21}$

tet⁵tsๅ⁰fait³cʰiau⁵³ua⁰.e₂₁.

　　渠就咁个，一般都就系口头个。欤。一般就系口头个。就系箇只……箇只接亲个箇只接亲个队伍就派倒箇只荷担子个人就做代表哟，就男方个代表哟，由渠去交涉，"请你等……请你等……"拿拿拿滴子么啊东西啊，发滴子烟，或者拿滴子么啊烟箇只："请你等早滴子发亲呐。"欤。ci¹³tsʰiəu⁵³₄₄kan²¹₁₃kei⁵³₄₄,iet³puɔn³⁵təu³⁵₄₄tsʰiəu⁵³ue₄₄(←xe⁵³)kʰei²¹tʰei¹³ke⁰.e₂₁.iet³puɔn³⁵tsʰiəu⁵³ue⁵³(←xe⁵³)kʰei²¹tʰei¹³ke⁰.tsʰiəu⁵³₄₄xe₄₄kai⁵³tʂak³…kai⁵³tʂak³tsiet³tsʰin³⁵ke₄₄kai⁵³tʂak³tsiet³tsʰin³⁵ke₄₄tei³u²¹tsʰiəu⁵³pʰai⁵³tau²¹kai⁵³tʂak³kʰai³⁵tan³tsๅ⁰ke₄₄nin¹³₂₁tsʰiəu⁵³₄₄tso₄₄tʰɔi⁵³piau²¹ʂa⁰,tsiəu⁵³₄₄lan¹³fɔŋ³⁵₄₄ke₄₄tʰɔi⁵³piau²¹ʂa⁰,iəu¹³ci¹³çi⁵³ciau³⁵ʂek³,"tsʰiaŋ²¹ɲi¹³tien⁰…tsʰiaŋ²¹ɲi¹³tien⁰."la⁵³la³la⁵³tiet⁵tsๅ⁰mak³a⁰təŋ³⁵si⁰a⁰,fait³tiet⁵tsๅ⁰ien⁰,xɔit⁵tʂa²¹la⁵³tiet⁵tsๅ⁰mak³a⁰ien³⁵kai₄₄tʂak³:"tsʰiaŋ²¹ɲi¹³tien⁰tsau²¹tet⁵tsๅ⁰fait³tsʰin³⁵na⁰."e₂₁.（发亲？）发亲。fait³tsʰin³⁵.（男的叫发轿是吧？）发亲哎。都安做发亲哎。fait³tsʰin³⁵nau⁰.təu³⁵ɔn₄₄tso₄₄fait³tsʰin³⁵nau⁰.（男的从家里出发啊。）欤，男个是唔系发……唔系安到发亲……唔系安做发轿。也唔安做发亲。男个是去接咯。早滴子去接哟。男个冇唔爱嘞，箇早……早哇昼就就出欤系……噢要你男方去昼哩箇就只昼倒你自家嘞。女方唔得去催嘞，女方唔得催男方早滴子来嘞。唔得。e₂₁lan¹³ke⁵³ʂๅ⁵³₄₄mๅ̩¹³₂₁pʰe⁵³(←xe⁵³)fait³…mๅ̩²¹pʰɔ₄₄(←xe⁵³)en₄₄(←ɔn³⁵)tau²¹fait³tsʰin³…mๅ̩²¹₂₁pʰe₄₄(←xe⁵³)ɔn₄₄tso₄₄fait³cʰiau³.ia³⁵ɲๅ̩²¹ɔn₄₄tso₄₄fait³tsʰin³⁵.lan¹³ke⁵³ʂๅ⁵³₄₄çi⁵³tsiait³ko⁰.tsau²¹tet⁵tsๅ⁰ç⁵³tsiait³io⁰.lan¹³cie⁵³mau¹³₄₄mๅ̩²¹moi³⁵(←ɔi⁵³)le⁰,kai⁵³tsau²¹…tsau²¹ua⁵³tʂəu⁵³tsʰiəu⁵³₄₄tsʰiəu⁵³tʂʰət³e₄₄xe₄₄ts…au₄₄iau⁵³ɲi²¹₂₁lan¹³fɔŋ³⁵₄₄çi⁵³tʂəu⁵³li⁰kai₄₄tsiəu⁵³tʂe²¹tʂəu⁵³tau²¹ɲi¹³tsʰๅ̩³⁵ka₄₄lei⁰.ɲy²¹fɔŋ³⁵nๅ̩¹³tek³çi⁵³tsʰi³⁵le⁰,ɲy²¹fɔŋ³⁵nๅ̩₄₄tek³tsʰi³⁵lan¹³fɔŋ₄₄tsau²¹tet⁵tsๅ⁰lɔi¹³le⁰.nๅ̩¹³tek³.

换鞋

　　（新娘出嫁那个的时候要换鞋不？）爱哟，爱换双鞋哟。ɔi⁵³io⁰,ɔi⁵³uɔn⁵³səŋ³⁵xai¹³io⁰.（什么时候换？）以前是上轿啰爱换双鞋唠，嗯。i³⁵tsʰien²¹₂₁ʂๅ⁵³₄₄ʂɔŋ³⁵cʰiau⁵³lo⁰ɔi₄₄uɔn⁵³səŋ₄₄xai¹³lau⁰,mๅ̩²₁.（上轿的时候换？）就我嗯着双鞋，系唔系？着倒，着双鞋去上轿。好，到哩轿门口，如今就坐车唠，莫去讲轿唠。坐车唠，上车了，换双鞋，箇双鞋就拿归去。欤，换双新鞋，坐下车上去。tsʰiəu⁵³₄₄ŋai¹³tek³tʂɔk³səŋ³⁵xai¹³,xei⁵³₄₄me₄₄(←m¹³xe⁵³)?tʂɔk³tau²¹,tʂɔk³səŋ³⁵xai¹³çi⁵³₄₄ʂɔŋ³⁵cʰiau⁵³.xau²¹,tau⁵³li⁰cʰiau⁵³mən¹³xei²¹,i¹³₂₁cin³⁵tsʰiəu⁵³tsʰo₄₄tʂʰa³⁵lau⁰,mɔk³çi⁵³kɔŋ²¹cʰiau⁵³lau⁰.tsʰo₄₄tʂʰa³⁵lau⁰,ʂɔŋ₄₄tʂʰa³⁵liau⁰,uɔn⁵³səŋ₄₄xai¹³,kai₄₄səŋ³⁵xai¹³tsʰiəu⁵³lak⁵kuei³⁵çi⁵³.e²¹,uɔn⁵³səŋ₄₄sin³⁵xai¹³,tsʰo³⁵₄₄a⁰tʂʰa³⁵xɔŋ₄₄çi⁵³.

换肩礼

（有换肩礼这个说法吗？）换肩礼有噢，有换肩礼呀。欸。但是我还因为箇客姓人欸地方宽哩欸我就搞就搞过一回。渠个如今个换肩礼是如今就<u>以下</u>就唔系坐轿哟，你就坐车哟，<u>系唔系</u>？渠个到哩一只栏场，到哩一只栏场啊，打比样，以映子下凤溪，欸，新人呢去口出发，新人呢去张坊出发，欸嫁啊凤溪去。到哩牛轭岭，到箇有座桥个栏场子，停下来，嗯，等下子，等下子伴呐。箇新郎子嘞就下来，新郎新郎就下来，以只师傅也发筒子烟，打只子红包分渠，欸，箇只开车……开箇场车个师傅也……反正系接亲个箇一伴车，就就打只子红包分渠。欸。fɔn⁵³cien³⁵₄₄li¹³₄₄iəu³⁵uau⁰,iəu³⁵ fɔn⁵³cien³⁵₄₄li¹³⁵ia⁰.e₂₁.tan⁵³ʂʅ⁵³ŋai¹³₂₁xai¹³in³⁵uei¹³kai⁵³kʰak³sin⁵³ɲin¹³e⁰tʰi⁵³fɔŋ³⁵₄₄kʰɔn³⁵ni ei₄₄ŋai¹³tsʰiəu⁵³kau²¹tsʰiəu⁵³₄₄kau²¹ko⁰et³(←iet³)fei²¹₂₁.ci¹³ko⁰i¹³₂₁cin³⁵₄₄ke⁵³₄₄xuɔn⁵³cien⁵³li³⁵ ʂʅ⁵³;¹³₄₄₂₁cin³⁵tsiəu⁵³ia₂₁(←i²¹xa⁵³)tsiəu⁵³m̩¹³₂₁pʰe₄₄(←xe⁵³)tsʰo³⁵₄₄cʰiau⁵³ʂa⁰,ɲi¹³₂₁tsʰiəu⁵³₄₄tsʰo³⁵₄₄ tsʰa³⁵ʂa⁰,xei₄₄me⁵³(←m̩¹³xe⁵³)ʔci¹³ko⁰tau⁵³li⁰iet³tʂak³laŋ₂₁(←lan¹³)tʂʰɔŋ¹³₄₄,tau⁵³li⁰ iet³tʂak³laŋ₂₁(←lan¹³)tʂʰɔŋ¹³ŋa⁰,ta¹pi²¹iɔŋ⁵³₄₄,i¹³iaŋ⁵³₄₄tsʅ⁰xa⁵³fɔŋ⁰çi⁵³,e₂₁,sin³⁵ɲin¹³nei⁰ çi⁵³₄₄tʂəu₄₄tʂʰət³fait³.sin³⁵ɲin¹³nei⁰çi⁵³₄₄tʂɔŋ³⁵xɔŋ⁵³₅₃tʂʰət³fait³,e₄₄ka⁵³a⁰fəŋ¹³çi⁵³₄₄çi¹³₄₄.tau⁵³li⁰ ɲiəu¹³₂₁uak³(←ak³)liaŋ³⁵,tau⁵³₄₄kai⁵³₄₄iəu³⁵tsʰo³⁵₄₄cʰiau¹³ke⁵³lan¹³₂₁tʂʰɔŋ¹³tsʅ⁰,tʰin¹³xa⁵³ lɔi¹³,m̩₂₁,tien²¹na⁵³(←xa⁵³)tsʅ⁰,tien²¹xa⁵³tsʅ⁰pʰɔn⁵³na⁰.kai⁵³sin³⁵nɔŋ₂₁(←lɔŋ¹³)tsʅ⁰lei⁰ tsʰiəu⁵³₄₄xa³⁵lɔi¹³,sin³⁵nɔŋ₂₁(←lɔŋ¹³)sin³⁵nɔŋ₂₁(←lɔŋ¹³)tsʰiəu⁵³xa³⁵lɔi¹³₂₁,i¹³tʂak³ʂʅ³⁵₄₄fu⁵³₄₄ia³⁵ fait³tʰəŋ¹³₂₁tsʅ⁰ien³⁵,ta¹³tʂak³tsʅ⁰fəŋ¹³pau³⁵₄₄pən³⁵ci¹³₂₁.e₂₁.kai⁵³tʂak³kʰɔi⁵³tʂʰa³⁵₄₄…kʰɔi⁵³ kai⁵³tʂʰɔŋ¹³₂₁tʂʰa³⁵₄₄ke⁵³ʂʅ³⁵₄₄fu⁵³₄₄ia³⁵…fan²¹tʂən⁵³xe⁵³tsiet³tsʰin¹³ke⁵³₄₄kai⁵³₄₄iet³pʰɔn⁵³ tsʰa³⁵,tsʰiəu⁵³₄₄tsʰiəu⁵³₄₄ta²¹tʂak³tsʅ⁰fəŋ¹³pau³⁵₄₄pən³⁵ci¹³₂₁.e₂₁.（这叫什么？还是叫换……）箇就讲起来就换肩礼呀。我首先让门搞么个爱咁子搞？有咁个搞法，不是么啊所有个都咁子搞。系。有咁个搞法，换肩礼。kai⁵³tsʰiəu⁵³kɔŋ²¹ çi²¹lɔi¹³₂₁tsʰiəu⁵³₄₄uɔn⁵³cien³⁵₄₄li¹³ia⁰.ŋai¹³ʂəu²¹sien³⁵₄₄ɲiɔŋ⁵³mən⁰kau²¹mak³ke⁵³ɔi⁵³kan²¹tsʅ⁰ kau²¹?iəu³⁵kan⁵³ke⁵³kau²¹fait³,pət³ʂʅ⁵³mak³a⁰so²¹iəu³⁵ke⁵³təu³⁵kan²¹tsʅ⁰ kau²¹.xe₂₁.iəu³⁵kan⁵³ke⁵³kau²¹fait³,uɔn⁵³cien³⁵₄₄li³⁵.

牵新人

（新娘在娘家上轿的时候抚着她的那个女的叫什么？）牵新人个。cʰien³⁵₄₄sin³⁵ɲin¹³₂₁cie⁵³₄₄.（一般是个什么样的人啊？）一般就年轻妇女呀，摎渠比较亲个唠，年轻妇女唠。欸，正讲个，不……最好就不是再婚哎。欸，欸最好是生哩人个唠，生过哩细人子个。比较亲个。不是再婚。iet³pɔn³⁵ tsʰiəu⁵³₄₄ɲien¹³cʰin³⁵₄₄fu⁵³ɲy²¹ia⁰,lau³⁵ci²¹₂₁pi²¹ciau⁵³₄₄tsʰin³⁵cie⁵³₂₁lau⁰,ɲien¹³cʰin³⁵₄₄fu⁵³ɲy²¹ lau⁰.e₂₁,tʂaŋ⁵³kɔŋ²¹ke₄₄,pət³ ···tsei⁵³xau²¹tsʰiəu⁵³pət³ ʂ̩⁴⁴tsai⁵³fən₄₄nau⁰.e₂₁,ei₄₄tsei⁵³ xau²¹ʂ̩⁴⁴saŋ³⁵li⁰ɲin¹³cie⁵³lau⁰,saŋ³⁵ko₄₄li⁰ se⁵³ɲin₂₁tsʐ̩⁵³ke₄₄,pi²¹ciau⁵³tsʰin³⁵cie⁵³.pət³ ʂ̩⁴⁴ tsai⁵³fən₄₄cie⁵³.（叫不叫呃是不是就叫牵轿娘？）牵轿娘，也讲，欸。cʰien³⁵ cʰiau⁵³ɲiɔŋ¹³,ia³⁵kɔŋ²¹,e₂₁.

（那个男的呢？她的老公呢？也来吗？）渠个老公唔爱来做得啦。牵轿娘个老公唔爱去，唔爱去。ci¹³ke¹³lau²¹kəŋ¹³m̩¹³mɔi¹³lɔi₂₁tso⁵³tek³la⁰.cʰien³⁵ cʰiau⁵³ɲiɔŋ¹³ke₄₄lau²¹kəŋ³⁵m̩¹³mɔi⁵³çi⁵³,m̩¹³mɔi⁵³çi⁵³.

渠男方去接新人吵，渠唔限定有一······唔限定两公婆去嘞。渠只爱女个去。ci¹³lan¹³fɔŋ³⁵çi₄₄tsiait³ sin³⁵ɲin¹³ʂa⁰,ci₂₁ɲi¹³kʰan₂₁tʰin¹³iəu³⁵iet³···n̩¹³kʰan₂₁tʰin⁵³ iɔŋ²¹kəŋ³⁵pʰo²¹çi⁵³le⁰.ci¹³tsʐ̩⁵³ɔi⁵³ɲy²¹ke⁵³çi₄₄.（噢，男方是派女的？）派······派女 个去接新人。欸。pʰai⁵³···pʰai⁵³ɲy²¹ke⁵³çi⁵³tsiait³ sin³⁵ɲin¹³.e₂₁.（噢，那女家呢？） 女家唔爱送啊。唔唔······就就去高亲呹女家是。去高亲。欸。ɲy²¹ka₄₄m̩¹³ mɔi₄₄sən⁵³ŋa⁰.m̩¹³m̩¹³···tsiəu₄₄tsiəu₄₄çi⁵³kau⁵³tsʰin³⁵nau⁰ɲy²¹ka⁵³ʂ̩⁴⁴.çi⁵³kau⁵³tsʰin₄₄.e₂₁.

但是有一点，牵新人个嘞，男方去接新人个有一点，你爱陪倒渠举行 婚礼个时候子，伴郎伴娘爱两公婆，箇就也有爱有一对。tan₄₄ʂ̩⁴⁴iəu³iet³ tian²¹,cʰien³⁵sin³⁵ɲin²¹cie₄₄le⁰,lan¹³fɔŋ₄₄çi¹³tsiet³sin³⁵ɲin²¹ke⁵³iəu³⁵iet³tian³,ɲi¹³ɔi⁵³ pʰei¹³tau²¹ci¹³tsʐ̩¹³çin¹³fən³⁵li₄₄ke⁵³ʂ̩¹³xei₄₄tsʐ̩⁰,pʰɔn¹³lɔŋ¹³pʰɔn¹³ɲiɔŋ¹³ɔi⁵³iɔŋ²¹kəŋ³⁵ pʰo₂₁³,kai₄₄tsʰiəu₄₄ia²¹iəu³⁵ɔi⁵³iəu⁵³iet³ ti⁵³.（噢，伴郎伴娘？）欸，就······我等唔 讲伴郎伴娘呹，就系牵新人个唠。牵新人个爱有一对。打比样，我两公婆 去，我两公婆，定倒我两公婆样系呀爱我，欸，我老婆去接新人，我可以 唔爱去。但是到新人进来哩，接倒新人来哩，箇就箇就唝我老婆就牵倒箇 只新人，扶倒箇只新人，我就扶······我就扶倒箇只郎子，欸，扶倒箇只新 郎。举行仪式个时候子啊，就爱有人牵呐，牵新人呢。e₂₁,tsʰiəu₄₄···ŋai¹³tien⁰ ŋ̍¹³kɔŋ²¹pʰan⁵³lɔŋ¹³pʰɔn³⁵ɲiɔŋ¹³nau⁰,tsiəu⁵³xei₄₄cʰien₄₄sin³⁵ɲin²¹cie⁵³lau⁰.cʰien₄₄sin³⁵ ɲin¹³cie₄₄ɔi₄₄iəu³⁵iet³ ti⁵³.ta¹³pi²¹iɔŋ₄₄,ŋai¹³iɔŋ²¹kəŋ₄₄pʰo₂₁³çi⁵³,ŋai¹³iɔŋ²¹kəŋ₄₄pʰo₂₁³,tʰin¹³ tau²¹ŋai¹³iɔŋ²¹kəŋ₄₄pʰo²¹iɔŋ₄₄xei⁵³a⁰ ɔi⁵³ŋai¹³,e₂₁,ŋai¹³lau²¹pʰo¹³çi₄₄tsiet³sin₄₄ɲin¹³,ŋai¹³ kʰo²¹i₄₄m̩¹³mɔi₄₄çi¹³.tan₄₄ʂ̩⁴⁴tau⁵³sin³⁵ɲin²¹tsin³lɔi¹³li⁰,tsiet³tau²¹sin³⁵ɲin₄₄nɔi₄₄li⁰,kai₄₄ tsʰiəu₄₄kai₄₄tsʰiəu⁵³m̩₂₁ŋai¹³lau²¹pʰo₂₁³tsʰiəu₄₄cʰien³⁵tau²¹kai₄₄tʂak³sin³⁵ɲin²¹,fu¹³tau²¹ kai₄₄tʂak³sin³⁵ɲin²¹,ŋai¹³tsʰiəu³f···ŋai¹³tsʰiəu³fu₂₁tau²¹kai₄₄tʂak³lɔŋ¹³tsʐ̩⁰,e²¹,fu¹³tau²¹ kai₄₄tʂak³sin³⁵nɔŋ¹³.tʂʐ̩²¹çin¹³ɲi¹³ʂ̩⁴⁴ke⁵³ʂ̩¹³xei⁰tsa⁰,tsʰiəu₂₁ɔi³iəu₄₄ɲin²¹cʰien³⁵ na⁰,cʰien₄₄sin³⁵ɲin₄₄ne⁰.

行礼

（那个拜堂的时候喊什么？）喊呐？xan⁵³na⁰?（司仪，司仪要喊什么？）

噢，司仪就首先就系行宾主礼。首先呢新人来还系客，还系客佬子啊，行宾主礼。箇箇只箇只呃呃伢子就系主人呐，宾主礼呀应该咁子话，宾主礼呀。箇只妹子就还客，还系来宾呐。箇就新郎更细箇只时候子就。新娘更大，新娘系客。鞠三……三只躬，三鞠躬啊。o$_{21}$,ʂʅ^{35}ɲi^{13}tsiəu$^{44}_{44}$ʂəu^{35}sien$^{44}_{44}$tsʰiəu^{53}xei^{53}çin^{13}pin^{35}tʂʅ^{21}li^{35}.ʂəu^{35}sien^{53}ne^0 sin^{35}ɲin^{13}ləi^{21}xai^{21}xei^{53}kʰak^3 ,xai^{21}xe^{53}kʰak^3 lau^{21}tsa^0 ,çin^{13}pin^{35}tʂʅ^{21}li^{35}.kai^{13}kai^{53}tʂak^3 kai^{53}tʂak^3 ə$_{21}$ə$_{21}$ŋa^{13}tsʅ^0 tsʰiəu^0 xe^{53}tʂəu^{21}ɲin^{13}na^0 ,pin^{13}tʂəu^{21}li^{13}ia^0 in^{35}kɔi^{35}kan^{21}tsʅ^0 ua^0 ,pin^{13}tʂəu^{21}li^{13}ia^0 .kai^{13}tʂak^3 mɔi^{13}tsʅ^0 tsʰiəu^0 xai^{13}kʰak^3 ,xai^{13}xe$^{53}_{44}$ləi^{13}pin^{35}na^0 .ka^{53}tsʰiəu$^{44}_{44}$sin^{35}nɔŋ^{13}cien^{53}se^{53}kai^{53}tʂak^3 sʅ^{13}xəu^{53}tsʅ^0 tsʰiəu^{53}.sin^{35}ɲiɔŋ^{13}cien^{53}tʰai^{53},sin^{35}ɲiɔŋ^{13}xe^{53}kʰak^3 .cʰiəuk^3 san^{35}···san^{35}tʂak^3 kəŋ^{35},san^{35}cʰiəuk^3 kəŋ^{35}ŋa^0 .

箇箇阵子还赠，我等唔咁子个拜。好，箇行哩宾主礼嘞，箇就接进来哩了，欸，客佬子接进来哩，以下就行夫妇礼。系吧？系行夫妇礼吧？以到就。欸，行夫妇礼。两公婆就对拜。嗯。kai^{53}kai^{53}tsʰən^{13}tsʅ^0 xai^{13}maŋ^{13},ŋai^{13}tien^0 n̩^{13}kan$^{13}_{13}$tsʅ^0 ke$^{53}_{44}$pai^{53}.xau^0 ,kai$^{53}_{44}$çin^{13}li^0 pin^{35}tʂəu^{21}li^{35}le^0 ,kai$^{53}_{44}$tsʰiəu$^{44}_{44}$tsiet^3 tsin^{53}ləi^{13}li^0 liau^0 ,e^{21},kʰak^3 lau^{21}tsʅ^0 tsiet^3 tsin^{53}ləi$^{21}_{21}$li^0 ,i^{21}xa^{53}tsʰiəu$^{44}_{44}$çin^{13}fu^{35}fu^{53}li^{35}.xe^{53}pa^0 ?xe^{53}çin$^{13}_{21}$fu^{35}fu^{53}li^{53}pa^0 ?i^{21}tau^{53}tsʰiəu$^{44}_{44}$.e$_{21}$,çin^{13}fu^{35}fu^{53}li^{35}.iɔŋ^{13}kəŋ^{35}pʰo^{13}tsʰiəu$^{44}_{44}$ti^0 pai$^{53}_{44}$.m̩$_{53}$.

以以下就行夫妇礼，行庙见礼。就见祖宗。你系两公婆了，以下就两公婆来去见祖宗。请祖宗菩萨来见证只只事情。行哩庙就见祖宗，又是三鞠躬。嗯。i^{21}i^{21}xa$^{53}_{44}$tsʰiəu^{53}çin$^{13}_{21}$li^0 fu^{35}fu^{53}li^{35},çin$^{13}_{21}$miau^{53}cien^{53}li^{35}.tsʰiəu$^{44}_{44}$cien^{53}tsəu^{21}tsəŋ$^{35}_{44}$.ɲi^{13}xei^{53}iɔŋ^{13}kəŋ$^{35}_{44}$pʰo^{13}liau^0 ,i$_{21}$xa$^{53}_{44}$tsʰiəu^{44}iɔŋ^{21}kəŋ$^{35}_{44}$pʰo^{13}ləi^{21}çi$^{44}_{44}$cien^{53}tsəu^{21}tsəŋ$^{35}_{44}$.tsʰiaŋ^{21}tsəu^{21}tsəŋ$^{35}_{44}$pʰu$^{13}_{21}$sait^3 ləi^{13}cien^{53}tʂən^{53}i^{21}ak^3 (←tʂak^3)sʅ^{53}tsʰin$^{13}_{21}$çin^{13}li^0 miau^{53}tsʰiəu^{53}cien^{53}tsəu^{21}tsəŋ$^{35}_{44}$,iəu^{53}sʅ$^{44}_{44}$san$^{44}_{44}$tʂʅ^{44}kuŋ$^{44}_{44}$.m̩$_{21}$.

见啦祖宗以后就见天地，拜天地，行天地礼。cien^{53}la^0 tsəu^{21}tsəŋ$^{35}_{44}$i^{21}xəu$^{53}_{44}$tsʰiəu$^{44}_{44}$cien^{53}tʰien$^{35}_{44}$tʰi^0 ,pai^{53}tʰien$^{35}_{44}$tʰi^0 ,çin$^{13}_{21}$tʰien^{35}tʰi^{53}li^{21}.

还要拜……拜高堂咯，嗯。行觐见礼。xai^{13}iau^{53}pai^{53}···pai^{53}kau$^{35}_{44}$tʰaŋ^{13}ko^0 ,n̩$_{21}$.çin^{13}tsin^{53}cien^{53}li^{35}.

行啦觐见礼就那就是欸捧烛啦，嗯，进洞进洞房啦。çin^{13}la^0 tsin^{53}cien^{53}li^{21}tsʰiəu^{53}na$_{21}$tsiəu^{53}sʅ$^{44}_{44}$e$_{21}$pʰəŋ^{21}tsəu^{53}la^0 ,m̩$_{21}$,tsin$^{53}_{44}$tʰəŋ^{53}tsin^{53}tʰəŋ^{53}faŋ^{13}la^0 .

送耙子

以下是还有咁个习惯呐，以映我等以映个栏场子就啦。安做安做箇个啦，家爷老子是还爱送耙子啦。嗯。啊扒灰佬喔。家爷就扒灰佬喔，送只耙子分渠啦。送只耙子分家爷老子啦。箇就食哩昼饭个事了。客……大客走咁哩，高亲送走哩了，高亲呐走嘿哩了哇，更空……更空滴子了吵，箇就来□箇条路子了，就来就来送耙子啦。箇个都系客姓人搞滴咁个，我等以个栏场有啊。有咁个，想搞个就有人咁子搞哇。送只耙子啊。i^{21}xa^{53}ʂʅ$^{53}_{44}$xai$^{13}_{21}$iəu^{35}kan^{21}ke^{53}siet^{5}kuan$^{53}_{44}$na^0,i^{21}iaŋ^{53}ŋai$^{13}_{21}$tien^{0}i^{21}iaŋ$^{53}_{44}$ke^{53}lan$^{13}_{21}$tʂʰɔŋ$^{53}_{21}$tsʅ^{0}tsʰiəu^{53}la^0.ɔn$^{53}_{44}$tso$^{35}_{44}$ɔn$^{35}_{44}$tso$^{53}_{44}$kai$^{53}_{44}$ke^{53}la^0,ka$^{13}_{21}$ia$^{13}_{21}$lau^{21}tsʅ^{0}ʂʅ$^{53}_{44}$xa$^{53}_{21}$ɔi$^{53}_{44}$səŋ^{53}pʰa^{13}tsʅ^{0}la^0.m̩^{21}.a$_{21}$pʰa^{13}fɔi$^{53}_{44}$lau^{21}uau^0.ka$^{13}_{21}$ia$^{13}_{44}$tsiəu$^{44}_{44}$pʰa^{13}fɔi$^{53}_{44}$lau^{21}uo^0,səŋ^{53}tʂak^{3}pʰa^{13}tsʅ^{0}pən$^{35}_{21}$ci$^{21}_{21}$la^0.səŋ^{53}tʂak^{3}pʰa^{13}tsʅ^{0}pən^{35}ka$^{35}_{21}$ia$^{13}_{21}$lau^{21}tsʅ^{0}la^0.kai$^{53}_{44}$tsʰiəu$^{53}_{44}$ʂət^{5}li^{0}tʂəu^{53}fan$^{53}_{44}$ke^{53}sʅ^{0}liau^0.kʰak^3…tʰai^{53}kʰak^{3}tsei^{21}kan^{21}ni^0,kau^{53}tsʰin$^{53}_{44}$səŋ^{53}tsei^{21}li^{0}liau^0,kau^{53}tsʰin$^{44}_{44}$na^{0}tsei^{21}ek^3(←xek^3)li^{0}liau^{0}ua^0,cien$^{53}_{44}$kʰəŋ^{53}…cien$^{53}_{44}$kʰəŋ^{53}tet$^3_{21}$tsʅ^{0}liau^0,ʂa^0,kai$^{53}_{44}$tsʰiəu^{53}lɔi$^{13}_{21}$liak^{3}kai^{53}tʰiau$^{53}_{21}$ləu^{53}tsʅ^{0}liau^0,tsʰiəu$^{53}_{44}$lɔi$^{13}_{21}$tsʰiəu^{53}lɔi$^{13}_{21}$səŋ^{53}pʰa^{13}tsʅ^{0}la^0.kai$^{53}_{44}$ke^{53}təu^{35}xe^{53}kʰak^{3}sin^{35}nin^{21}kau^{53}tet^{5}kan^{21}ke$^{53}_{44}$,ŋai$^{13}_{21}$tien^{0}i^{21}ke^{53}laŋ$^{53}_{21}$tʂʰɔŋ$^{53}_{44}$iəu^{35}a^0.iəu^{35}kan^{21}ke$^{53}_{44}$,siɔŋ^{53}kau^{21}ke$^{53}_{44}$tsʰiəu$^{53}_{44}$iəu^{35}nin$^{21}_{21}$kan^{21}tsʅ^{0}kau^{21}ua^0.səŋ^{53}tʂak^{3}pʰa^{13}tsʅ^{0}a^0.

（那个耙子是哪一种样子啊？什么样子啊？）安做安做箇扒灰佬喔。欸。ɔn^{35}tso$^{53}_{44}$ɔn$^{35}_{44}$tso$^{53}_{44}$kai$^{53}_{44}$pʰa$^{13}_{21}$fɔi^{35}lau^{21}uo^0.e$_{21}$.（那个耙子那是是哪……）耙子就一般呐就系就系……一只咁个欸象征性个，一只咁树做个东西啊，渠有几只齿啊。有个齿个耙子啊。也有箇个噢，有滴人是有滴人是专门锯正来哟。嗯。有的舞倒舞滴钢筋去焊唦。百多斤咯，喊渠去背哟，反正就是箇取笑嘞。反正取笑。pʰa^{13}tsʅ^{0}tsʰiəu^{53}iet^{3}pən^{35}na^{0}tsʰiəu^{53}xei^{53}tsʰiəu^{53}xei^{53}tʂuŋ^0…iet^{3}tʂak^{3}kan^{21}kei^{0}e$_{21}$,siɔŋ^{53}tʂən$^{53}_{44}$sin^{53}ke$^{53}_{44}$,iet^{3}tʂak^{3}kan^{21}ʂəu^{53}tso^{53}ke$^{53}_{44}$təŋ$^{53}_{44}$si^{0}a^0,ciəu^{35}(←ci^{13}iəu^{35})ci^{21}tʂak^{3}tʂʅ^{21}a^0.iəu^{35}cie$^{53}_{44}$tʂʰʅ^{21}ke^{53}pʰa^{13}tsʅ^{0}a^0.ia^{35}iəu$^{35}_{44}$kai$^{53}_{44}$ke^{53}au^0,iəu^{35}tet^{3}nin$^{13}_{21}$ʂʅ$^{21}_{44}$iəu^{35}tet^{3}nin$^{13}_{21}$ʂʅ$^{21}_{44}$tʂen^{35}mən$^{21}_{21}$tʂʅ^{21}tʂaŋ$^{53}_{44}$lɔi^{21}iau^0.m̩$_{21}$.iəu^{35}tet^{3}u^{21}tau^{21}u^{21}tet^{5}kɔŋ^{35}cin$^{53}_{44}$ci$^{53}_{44}$xɔn^{53}nau^0.pak^{5}to$^{35}_{44}$cin^{35}ko^0,xan$^{53}_{44}$ci^{21}çi$^{53}_{44}$pi^{53}iau^0,fan$^{53}_{21}$tʂən^{53}tsiəu$^{53}_{44}$ʂʅ$^{53}_{44}$kai^{53}tsʰi$^{21}_{21}$siau^{53}lei^0.fan^{21}tʂən^{21}tsʰi^{21}siau^{53}.

箇是爱只大包封噢，箇就爱大包封啊，拿箇只耙子是爱大包封呐，起……起码是五六百啦。欸，拿一千块都要得啦。kai^{53}ʂʅ$^{53}_{44}$ai$_{44}$(←ɔi^{53})tʂak^{3}tʰai^{53}pau$^{35}_{44}$fəŋ$^{35}_{44}$ŋau^0,kai^{53}tsʰiəu$^{53}_{44}$ɔi$^{53}_0$tʰai^{53}pau$^{35}_{44}$fəŋ$^{35}_{44}$ŋa^0,la^{53}kai^{53}tʂak^{3}pʰa^{13}tsʅ^{0}ʂʅ$^{53}_{44}$ɔi$^{53}_0$tʰai^{53}pau$^{35}_{44}$fəŋ$^{35}_{44}$na^0,çi^{21}…çi^{21}ma$^{35}_{44}$ʂʅ$^{44}_{44}$ŋ^{0}liəuk^{3}pak^{3}la^0.e$_{21}$,la^{53}iet^{3}tsʰien^{35}kʰuai$^{53}_{44}$təu$^{44}_{44}$iau^{21}tek^{3}la^0.（是这个公公拿钱给送他耙子的人啊？）欸欸欸。也就系撩渠公公，撩渠个家爷老子嬲得好个人，欸，箇箇个欸箇个朋友子啊。渠等送哟。e$_{44}$e$_{44}$e$_{44}$.ia^{35}tsʰiəu^{53}xe$^{53}_0$lau^{35}ci$^{13}_{21}$kəŋ^{35}kəŋ$^{35}_{44}$,lau^{35}ci$^{21}_{21}$ke^{53}ka$^{13}_{21}$ia$^{13}_{21}$lau^{21}tsʅ^{0}liau^{53}tek^{3}xau^{21}ke^{0}nin$^{13}_{21}$,e$_{21}$,kai^{53}kai$^{53}_{44}$kei$^{53}_{44}$e$_{21}$kai$^{53}_{44}$kei$^{53}_{44}$pʰəŋ^{13}iəu^{53}tsa^0(←tsʅ^{0}a^0).ci$^{13}_{21}$tien^{0}səŋ^{53}ŋa^0.

还有舞倒去游街个噢。欸，舞倒去游街哟。背只耙子噢，敲锣打鼓呢。箇就敲锣打鼓呢。xai^{13}iəu$^{35}_{44}$u^{21}tau$^{21}_{44}$çi^{53}iəu^{13}kai^{53}ke^{53}au^0.e$_{21}$,u^{21}tau^{21}çi^{53}iəu^{13}kai^{53}iau^0.pi^{53}tʂak^{3}pʰa^{13}tsʅ^{0}au^0,kʰau^{35}lo$^{21}_{21}$ta^{21}ku^{21}nei^0.kai^{53}tsʰiəu$^{53}_{44}$kʰau$^{35}_{44}$lo$^{13}_{21}$ta^{21}ku^{21}nei^0.

（噢，游街？）游街呢。到箇街子上去打叮叮呢。游街。尽都来取笑哇，来笑哇。欸，以只箇家爷老子，以只扒灰佬哇。普通话：有人喜欢呢，本身他自己。本身渠自家喜欢逗霸，喜欢搞哇。比方你，我撂你系朋友，你讨新旧，欸，我就来送哩耙子，系唔系啊？我系只积极分子，来送耙子。等得轮到我讨新旧，你唔会搞转我去啊？渠好笑嘞。欸，就咁个。iəu₁₃¹³kai³⁵nei⁰.tau⁵³kai³⁵kai³⁵tsʅ⁰xəŋ₄₄⁵³çi₄₄⁵³ta²¹tin₃₅¹³tin₃₅¹³nei⁰.iəu₂₁¹³kai³⁵.tsʰin₄₄¹³təu³⁵lə₂₁(←lɔi¹³)tsʰi²¹siau⁵³ua⁰,lɔi₂₁¹³siau⁵³ua⁰.e₂₁,i²¹tʂak³kai₄₄³³ka²¹ia₂₁¹³lau⁵³tsʅ⁰,i²¹tʂak³pʰa¹³fɔi₃₅³⁵lau⁵³ua⁰.···pən²¹ʂən₄₄³³ci²¹tsʰʅ⁵³ka₄₄³⁵çi²¹fɔn³⁵tei⁵³pa⁵³,çi²¹fɔn₄₄³⁵kau²¹ua⁰.pi²¹fəŋ₃₅³⁵ɲi¹³,ŋai¹³lau₃₅³⁵ɲi¹³xe₄₄⁵³pʰəŋ¹³iəu₄₄¹³,ɲi¹³tʰau²¹sin₄₄³⁵cʰiəu₄₄³⁵,e₂₁,ŋai¹³tsʰiəu⁵³lɔi₂₁¹³səŋ⁵³li¹³pʰa¹³tsʅ⁰,xei⁵³mei⁵³(←m̩¹³xei⁵³)a⁰?ŋai¹³xei⁵³tʂak³tsiet³cʰiet⁵fən⁵³tsʅ⁰,lɔi¹³səŋ⁵³pʰa¹³tsʅ⁰.tien₄₄²¹tek³lən¹³tau₄₄⁵³ŋai¹³tʰau²¹sin₃₅⁵cʰiəu₄₄³⁵,ɲi¹³m̩₂₁¹³mɔi₄₄¹³(←ɔi⁵³)kau²¹tʂɔn²¹ŋai¹³çi²¹a⁰?ci²¹xau²¹siau₄₄⁵³le⁰.e₂₁,tsʰiəu⁵³kan²¹ke⁵³.

（啊，那有没有几个人都送耙子来啦？）箇有得。只送一只。只送一副。kai⁵³mau₂₁¹³tek³.tsʅ²¹səŋ⁵³iet³tʂak³.tsʅ²¹səŋ⁵³iet³fu⁵³.（只送一只。那怎么知道别人送啦呢？）箇首先讲正下子来唠。首先讲好下子嘞。面前就讲好下子呢。"我等是会来送耙子啦。"欸，你，你系话欸你系话你唔想搞咁呢，"箇个不要去搞啦，我等唔搞咁个路子嘞"，系呀？或者你话："要得嘞，你送下来嘞，我就会爱嘞。"欸，讲好哩，就可以送啊。箇是所有箇渠嬲得好个，都可以来，打个打锣鼓，打个打爆竹，系啊？就搞咁个。kai₄₄⁵³ʂəu²¹sien₃₅⁵kɔŋ²¹tʂaŋ⁵³a⁵³tsʅ(←xa⁵³)tsʅ⁰lɔi₂₁¹³lau⁰.ʂəu²¹sien₃₅⁵kɔŋ²¹xau²¹a⁵³tsʅ(←xa⁵³)tsʅ⁰le⁰.mien⁵³tsʰien₂₁¹³tsʰiəu₄₄¹³kɔŋ²¹xau²¹a⁵³(←xa⁵³)tsʅ⁰le⁰."ŋai₂₁²¹tien⁰ʂʅ⁵³uɔi₄₄¹³lɔi₂₁¹³səŋ⁵³pʰa¹³tsʅ⁰la⁰."e₂₁,ɲi¹³,ɲi¹³xei₄₄⁵³ua⁵³e⁰ɲi¹³xei⁵³ua⁵³ɲi₂₁¹³n̩¹³siɔŋ²¹kau²¹kan²¹nei⁰,"kai⁵³cie⁵³pət³iau₄₄⁵³çie⁵³kau²¹la⁰,ŋai¹³tien⁰n̩¹³kau²¹kan²¹cie⁵³ləu⁵³tsʅ⁰le⁰",xei₄₄⁵³ia⁰?xɔit⁵tʂa²¹ɲi¹³ua₄₄⁵³:"iau⁵³tek³lei⁰,ɲi¹³səŋ⁵³xa₄₄⁵³lɔi¹³lei⁰,ŋai¹³tsʰiəu₄₄⁵³uɔi₄₄⁵³ɔi⁵³le⁰."e²¹,kɔŋ²¹xau²¹li⁰,tsʰiəu₄₄⁵³kʰo²¹i³⁵səŋ⁵³ŋa⁰.kai₄₄⁵³sʅ₄₄⁵³so²¹iəu³⁵kai₄₄⁵³ci₂₁¹³liau⁵³tek³xau²¹ke⁵³,təu³⁵kʰo²¹i₃₅¹³lɔi₂₁¹³,ta²¹ke₄₄⁵³ta¹³lo¹³ku²¹,ta²¹ke₄₄⁵³ta¹³pau⁵³tʂəuk³,xe₄₄⁵³a⁰?tsiəu⁵³kau²¹kan₃₅²¹cie⁵³.

打新房

一般是就箇个嘞，还爱去……欸本本箇晡夜晡这里指新婚之夜还还还爱办滴子席面子啦，还爱办席面呐。欸，一般是有得几多人去箇歇呀唠。系啊？最多最……欸最多就就系……有有滴子人唠，有有滴舅爷箇只，老个姐公箇只啦，啊，去下子歇下子唠。就还爱办还爱办席面唠。欸办净来。箇些新郎新娘就去敬下子酒唠。有得别么个，食下子早茶唠夜晡就比较随意了。嗯。iet³puɔn³⁵sʅ₄₄³⁵tsʰiəu⁵³kai⁵³ke³⁵le⁰,xa₂₁¹³ɔi₄₄¹³çi⁵³···e⁰pən²¹pən²¹kai⁵³pu₄₄³⁵ia₄₄⁵³pu₄₄³⁵xai¹³

xai^{13}xai$_{21}$ɔi$_{44}$pʰan^{53}tiet^5 tsʅ^0 siet^5 mien$_{44}$tsʅ^0 la^0,xai^{13}ɔi$_{44}$pʰan$_{44}$siet^5 mien$_{44}$na^0.e^{21},iet^3
pɔn^{35}sʅ^{53}mau$_{21}$tek^5 ci^{21}to^{35}ȵin$_{21}$çi^{5}kai^{53}çiet^5 ia^{5}lau^0.xei$_{44}$a^0 ʔtsei$_{21}$to^{35}tsei^{53}…e^0 tsei^{5}to^{35}
tsʰiəu$_{44}$tsiəu^{53}xe$_{44}$…iəu^{35} iəu^{35}tiet^5 tsʅ^0 ȵin$_{21}$nau^0,iəu^{35} iəu^{35}tiet^5 cʰiəu^{35}ia$_{21}$kai^{53}
tʂak^5,lau$_{21}$ke^{53}tsia$_{21}$kəŋ^{35}kai$_{44}$tʂak^3 la^0,a$_{21}$,çi^{5}a$_{44}$(←xa^{53})tsʅ^0 çiet^5 a^{53}(←xa^{53})tsʅ^0
lau^0.tsʰiəu$_{44}$xai^{13}ɔi$_{21}$pʰan^{53}xai$_{21}$ɔi^{53}pʰan$_{44}$siet^5 mien$_{44}$nau^0.e$_{21}$pʰan^{53}tsʰiaŋ^{53}lɔi$_{21}$.kai^{53}
sia$_{44}$sin^{35}nɔŋ$_{21}$(←lɔŋ^{13})sin^{35}ȵiəŋ$_{21}$tsiəu$_{44}$çi^{5}cin^{5}na$_{44}$(←xa^{53})tsʅ^0 tsiəu^{21}lau^0.mau^{13}tek^3
pʰiet^5 mak^3 ke^{53},ʂət^5 a$_{44}$(←xa^{53})tsʅ^0 uɔn^{53}tsʰa$_{21}$lau^0 ia^{53}pu$_{44}$tsiəu^{53}pi^{21}ciau^{53}sei^{13}i^{53}
liau^0.m$_{21}$.

还有滴闹下子洞房哦。闹下子洞房唠。xai^{13}iəu^{35}tiet^5 lau$_3$a$_{44}$(←xa^{53})tsʅ^0
tʰəŋ^{53}fɔŋ^{13}ŋo^0.lau^{53}a$_{44}$(←xa^{53})tsʅ^0 tʰəŋ^{53}fɔŋ^{13}lau^0.（闹洞房还是闹新房？）闹……
打新房，安做打新房。打新房。打新房是就系新郎啊箇些男方啊箇个欬嬲
得好个人呐，嗯，箇个年纪相差唔大个朋友子箇只啦，欬，渠等来闹。箇
舅爷箇只是唔得，让门渠会闹哇？爱请倒渠去参加下子就。请倒舅爷去参
加。lau^{53}…ta$_{21}$sin^{35}fɔŋ^{13},ɔn$_{44}$tsɔ^{35}ta^{21}sin^{35}fɔŋ^{13}.ta^{21}sin^{35}fɔŋ$_{21}$.ta^{21}sin^{35}fɔŋ^{13}sʅ^{21}tsʰiəu$_{44}$xei$_{44}$
sin^{35}nɔŋ$_{21}$(←lɔŋ^{13})ŋa^0 kai$_{21}$sia$_{21}$lan^{13}fɔŋ^0 a^0 kai^{53}ke^{53}ŋe^0 liau^{53}tek^3 xau$_{21}$ke^{53}ȵin^{13}
na^0,n$_{21}$,kai$_{44}$ke$_{44}$ȵien^{13}ci^{21}siɔŋ^{35}tsʰa$_{21}$ȵi$_{21}$tʰai^{53}ke$_{44}$pʰəŋ^{13}iəu^{35}tsʅ^0 kə^{53}(←kai^{53})tʂak^3
la^0,e$_{21}$,ci$_{21}$tien^{0}nɔi$_{21}$(←lɔi^{13})lau^0.kai$_{44}$cʰiəu^{35}ia$_{21}$kai^{53}tʂak^3 sʅ^{21}n̩^{13}tek^3,ȵiɔŋ^{53}mən^0 ci$_{44}$
uɔi^{53}lau^{53}ua^0 ʔɔ$_{44}$(←ɔi^{53})tsʰiəŋ^{21}tau^{21}ci^{13}çi^{53}tsʰan^{35}cia$_{44}$a$_{44}$(←xa^{53})tsʅ^0 tsiəu^{53}. tsʰiaŋ^{21}
tau^{21}cʰiəu^{35}ia$_{21}$çi^{53}tsʰan^{35}cia$_{44}$.

（那个闹得很厉害吗？）箇有得。箇是一……箇有得。冇得么人……
蛮厉害有得，就系讲下子笑话子箇只唠。欬咁……欬咁渠等人呢欬拥抱下
子箇只唠，欬。kai^{53}mau^{13}tek^3.kai^{53}sʅ$_{44}$iet^5…kai^{53}mau$_{21}$tek^3.mau$_{21}$tek^3 mak^3 ȵin$_{44}$
man^{13}li^{53}xɔi$_{44}$mau^{13}tek^3,tsʰiəu$_{21}$ei$_{44}$(←xei^{53})kɔŋ^{21}a$_{44}$(←xa^{53})tsʅ^0 siau^{53}fa^{53}tsʅ^0 kai$_{21}$tʂak$_5$
lau^0.ei$_{21}$kan$_{35}$…e^0 kan$_{44}$ci^{13}tien^0 in$_{21}$ne^0 ei$_{21}$iəŋ^{35}pʰau^{53}a$_{44}$(←xa^{53})tsʅ^0 kai$_{44}$tʂak^3 lau^0,e$_{21}$.

（还唱歌跳舞吗？）如今就有哇欬。箇晡夜晡就就去包只歌厅呐，去
唱歌啊，去跳舞哇，如今就搞咁个了。i$_{21}$^{13}cin^{35}tsʰiəu^{53}iəu^{35}ua^0 ei^0.kai$_{44}$pu^{35}ia$_{44}$pu$_{44}$
tsiəu$_{44}$tsiəu$_{44}$çi^{53}pau^{35}tʂak^3 ko^{35}tʰin^{53}na^0,çi^{53}tʂʰɔŋ^{53}ko^{35}a^0,çi^{53}tʰiau^{35}u^{53}ua^0,i$_{21}$cin^{35}
tsʰiəu^{53}kau^{21}kan$_{35}$cie^{53}liau^0.（以前呐。）以前冇得嘞。冇得，唱歌跳舞冇得嘞。
i^{35}tsʰien^{13}mau^{13}tek^3 le^0.mau^{13}tek^3,tʂʰɔŋ$_{44}$ko^{35}tʰiau$_{44}$u^{53}mau$_{21}$tek^3 le^0.

高亲

新郎新娘坐个轿子吧？sin^{35}nɔŋ^{13}sin$_{44}$ȵiɔŋ^{13}tsʰo^{53}ke$_{44}$cʰiau^{53}tsʅ^0 pa^0？（嗯。）
喜轿哇安做。çi^{21}cʰiau^{53}ua^{0}ɔn$_{44}$tsɔ$_{44}$.（喜轿？）嗯。n̩$_{21}$.
（呃，女方的哥哥或者是舅爷、老表什么那个他们坐不坐轿？）女方

个哥哥……来做高亲个，来当高亲个就会坐轿。ɲy^{21}fəŋ^{35}ke^{53}ko^{35}ko^{44}···ləi^{13}tso^{53}kau^{35}tsʰin^{35}ke$_{44}$ɪ,ləi^{13}təŋ$_{44}$kau^{35}tsʰin$_{44}$ke$_{44}$tsʰiəu$_{44}$uɔi^{21}tsʰo^{53}cʰiau^{53}.（那个那个高亲坐的轿叫什么呢？）嗯高亲坐个轿冇得别么个话法吧？就系高亲个轿子吧？n̩$_{13}$kau^{35}tsʰin^{35}tsʰo^{53}ke$_{44}$cʰiau^{53}mau^{13}tek^{3}pʰiek^{5}mak^{5}e^{0}ua^{53}fait^{3}pa^{0}?tsʰiəu$_{44}$xe$_{44}$kau^{35}tsʰin^{35}ke$_{44}$cʰiau^{53}tsʅ^{0}pa^{0}?（叫不叫小轿？）唔讲，唔讲小轿唔讲。箇个就不是喜轿。嗯。箇就唔讲喜轿。n̩^{13}kɔŋ^{21},n̩$_{21}$kɔŋ^{21}siau^{21}cʰiau^{21}n̩$_{21}$kɔŋ^{21}.kai$_{44}$ke$_{44}$tsʰiəu$_{44}$pət^{3}sʅ^{53}çi^{21}cʰiau^{53}.n̩$_{21}$kai^{53}tsʰiəu$_{44}$n̩^{13}kɔŋ^{21}çi^{21}cʰiau^{53}.（呃，新郎新娘也叫……坐的就是喜轿？）欸。欸。坐个就喜轿。e$_{21}$.e$_{21}$.tsʰo^{53}ke$_{44}$tsʰiəu$_{44}$çi^{21}cʰiau^{53}.（噢，这个高亲也坐轿子？）也坐轿子。高亲也坐轿子哦，箇是哦。ia^{35}tsʰo^{35}cʰiau^{53}tsʅ^{0}.kau^{35}tsʰin$_{44}$na$_{44}$(←ia^{35})tsʰo$_{44}$cʰiau^{53}tsʅ^{0}o^{0},kai$_{44}$sʅ^{21}o^{0}.

　　（问题是这个轿子叫什么呢？要怎么区别？）从前所以因为高亲也坐轿子，箇我唔晓得箇区别箇样分区别我就唔晓得。因为高亲也坐轿子，所以嘞高亲就不能多。如今是坐车唠，有滴去几十个人啾，喊高亲。tsʰəŋ^{13}tsʰien$_{21}$so^{21}i^{13}in$_{35}$uei$_{44}$kau^{35}tsʰin$_{44}$na$_{44}$(←ia^{35})tsʰo^{35}cʰiau^{53}tsʅ^{0},kai^{53}ŋai$_{21}$n̩$_{21}$çiau^{21}tek^{3}kai^{53}tsʅ$_{44}$pʰiet^{3}kaiiɔŋ^{53}fən^{35}tsʅ$_{44}$pʰiet^{3}ŋai^{21}tsʰiəu^{53}n̩$_{21}$çiau^{21}tek^{3}.in^{35}uei$_{44}$kau^{35}tsʰin$_{44}$na$_{44}$(←ia^{35})tsʰo^{35}cʰiau^{53}tsʅ^{0},so^{21}i$_{44}$lei^{21}kau$_{44}$tsʰin$_{44}$tsʰiəu$_{44}$pət^{3}lən$_{21}$to^{53}.i$_{21}$cin$_{44}$sʅ^{21}tsʰo^{35}tsʰa^{35}lau^{0},iəu^{3}tet^{3}çi^{53}ci^{21}sət^{3}ke^{53}ɲin^{13}nau^{0},xan^{53}kau$_{44}$tsʰin^{35}.

　　（那高亲都规定数量，是吧？）欸欸，只能一个。以前是只能一个，一只高亲。e$_{21}$e$_{21}$,tsʅ^{21}lən^{13}iet^{3}cie^{53}.i^{13}tsʰien$_{21}$sʅ$_{44}$tsʅ^{21}lən^{13}iet^{3}cie^{53},iet^{3}tsak^{3}kau$_{44}$tsʰin^{35}.（一个啊？）欸，一个。e$_{21}$,iet^{3}cie^{53}.（那不太孤单了吗？）噢，箇箇当然唠，渠唔爱紧呢。渠就只有一个高亲。坐轿来。au$_{44}$,kai^{53}kai^{53}təŋ^{35}ven^{13}lau^{0},ci^{13}m̩$_{21}$mɔi^{53}cin^{21}ne^{0}.ci^{13}tsiəu^{53}tsʅ^{21}iəu^{35}iet^{3}cie^{53}kau^{35}tsʰin$_{44}$.tsʰo^{35}cʰiau^{53}ləi^{13}.（哦，其他高亲就不来啦？）其他高亲唔来哩。欸。啊落尾唔坐轿了嘞箇就可以多去几个唠。两个呀，四个呀，欸，两个六个呀，嗨，成双呢，高亲爱成双。箇一伴人爱算正人来嘞，你不能够七八个人呢。八个人就抠死尸个嘞，抠棺材个嘞。所以我等客姓人呢对"八"字唔太啊蛮感冒哇。欸。cʰi^{13}tʰa^{35}kau$_{44}$tsʰin^{35}n̩$_{21}$nɔi$_{21}$li^{13}.e$_{21}$.a^{0}lɔk^{5}mi$_{44}$n̩^{13}tsʰo^{35}cʰiau^{53}liau^{0}lei^{0}kai$_{44}$tsʰiəu$_{44}$kʰo^{21}i$_{44}$to^{53}çi^{53}ci^{21}cie^{53}lau^{0}.iɔŋ^{21}ke^{53}ia^{0},si^{53}ke^{53}ia^{0},e$_{21}$,iɔŋ^{21}ke^{53}liəuk^{3}ke^{53}ia^{0},m̩$_{21}$,tsʅʰən^{13}sɔŋ^{35}ne^{0},kau$_{44}$tsʰin^{35}nɔi$_{44}$(←ɔi^{3})tsʅʰən^{21}sɔŋ^{35}.kai^{53}iet^{3}pʰɔn^{21}ɲin^{21}ɔi^{53}sɔn^{3}tsaŋ^{35}ɲin^{13}nɔi$_{21}$le^{0}ɲi$_{21}$pət^{3}lən$_{44}$ciau^{53}tsʰiet^{3}pait^{3}cie^{53}ɲin$_{21}$ne^{0}.pait^{3}cie^{53}ɲin$_{21}$tsʰiəu$_{44}$kɔŋ^{35}si^{21}sʅ$_{44}$ke^{53}le^{0},kɔŋ$_{44}$kɔn^{3}tsʰɔi$_{21}$ke^{53}le^{0}.so^{21}i$_{44}$ŋai$_{21}$tien^{0}kʰak^{3}sin^{0}ɲin$_{21}$ne^{0}tei^{3}pait^{3}sʅ^{1}n̩^{1}tʰai^{53}mak^{3}a^{0}man^{13}kɔn^{21}mau^{53}ua^{0}.e$_{21}$.（噢，不能不能不能是……高亲都高亲嗯……）不能八不能八只高亲。不能够去八只高亲。箇一伴人，箇接新人个箇一伴人，也不能系八个。pət^{3}lən^{13}pait^{3}pət^{3}lən^{13}pait^{3}tsak^{3}kau$_{44}$tsʰin^{35}.pət^{3}lən^{13}ciau^{53}çi^{53}pait^{3}tsak^{3}

kau⁴⁴tsʰin³⁵.kai⁵³iet³ pʰɔn⁵³ɲin¹³,kai⁵³tsiet³ sin³⁵ɲin²₁ke⁵³kai⁵³iet³ pʰɔn⁵³ɲin¹³,ia³⁵pət³
lən¹³xei⁵³pait³ke⁵³.

打发

1. 渠有滴箇个，打比以个妹子个……打比我个妹子出嫁，欸，当姑姑
个，我个老妹子箇只，欸，哎，我个阿姐老妹箇只当姑姑个，渠会送滴子
送滴子东西分渠啊，买滴子东西，送分侄女子啊，安做送分侄女子啊。或
者就……ci¹³₂₁iəu³⁵tet⁵ kai⁴⁴ke⁴⁴,ta²¹pi²¹i¹³ke⁴⁴mɔi⁵³tsʅ kei⁵³·ta²¹pi²¹ŋai¹³ke⁴⁴mɔi⁵³tsʅ
tʂʰət³ ka⁵³,e₂₁,tɔŋ⁴⁴ku³⁵ku⁴⁴ke⁵³,ŋai¹³ke⁴⁴lau²¹mɔi⁵³tsʅ kai⁴⁴tʂak⁰,e₂₁,ai₄₄,ŋai¹³ke⁵³a³⁵tsia²¹
lau²¹mɔi⁵³kai⁴⁴tʂak⁰ tɔŋ³⁵ku³⁵ku⁴⁴ke⁴⁴,ci¹³₂₁uɔi₄₄sən⁵³tiet³ tsʅ sən⁵³tiet³ tsʅ tən⁴⁴si⁰ pən₄₄
ci¹³₂₁a⁰,mai³⁵tiet³ tsʅ tən³⁵si⁰,sən⁵³pən₃₅tʂət⁵ ŋ²¹tsa⁰,ɔn³⁵tsɔ₂₁sən⁵³pən₃₅tʂət⁵ ŋ²¹tsa⁰.xoit⁵₃

tʂa²¹tsʰiəu⁵³···（哪个 tʂət⁵ŋ²¹子？）我老妹子，话我个妹子安做侄女略。
ŋai¹³lau²¹mɔi⁵³tsʅ,ua⁵³ŋai¹³ke⁰mɔi⁵³tsʅ ɔn³⁵tsɔ₂₁tʂʰət⁵ ŋ²¹ko⁰.（好，这种行为叫什么
呢？）欸，打发下子渠唠。e₂₁,ta²¹fait³ a⁵³(←xa⁵³)tsʅ ci₂₁lau⁰.（打发谁？）打
发新人呐，打发侄女啊。箇是最亲个人呐。旁……横……横辈人就唔爱呀。
最亲个人呐。ta²¹fait³ sin³⁵ɲin₂₁na⁰,ta²¹fait³ tʂət⁵ ŋ²¹ŋa⁰.kai₄₄ʂʅ₄₄tsei⁵tsʰin³⁵cie⁵³ɲin²₁
na⁰.pʰaŋ¹³···uɔŋ¹³···uɔŋ¹³pei₄₄ɲin²₁tsʰiəu₄₄m²₁mɔi¹³ia⁰.tsei⁵tsʰin³⁵cie⁵³ɲin¹³na⁰.（你
把打发再说一遍。）打发侄女啊。打发侄女。嗯。或者打发老妹子啊。欸，
打比我等有几姊妹，欸，欸面前几只都嫁咁哩，卖嘿哩了，还有只最细个
老妹子，我有最细个老妹子结婚以到，系唔系？渠个阿姐，欸，渠个阿姐，
买滴子东西打发渠呀。ta²¹fait³ tʂət⁵ ŋ²¹ŋa⁰.ta²¹fait³ tʂət⁵ ŋ²¹.n₂₁.xoit⁵ tʂa²¹ta²¹fait³
lau²¹mɔi⁵³tsa⁰.e²¹,ta²¹pi²¹ŋai¹³tien⁰ iəu₄₄ci²¹tsi²¹mɔi⁵³,e²¹,e:₂₁mien⁵³tsʰien²₁ci²¹tʂak³ təu³⁵
ka⁵³kan²₁li⁰,mai⁵³ek³li⁰liau⁰,xai₂₁iəu₄₄tʂak³ tsei⁵se₄₄ke⁵³lau²¹mɔi⁵³tsʅ,ŋai₂₁iəu₄₄tsei⁵
se₄₄ke⁴⁴lau²¹mɔi⁵³tsʅ ciet⁵ fən³⁵i²¹tau₄₄,xei₄₄me₄₄(←m̩¹³xe⁵³)?ci₂₁ke⁰ a³⁵tsia²¹,e₂₁,ci₂₁ke⁴⁴
a³⁵tsia²¹,mai⁵³tiet³ tsʅ tən₄₄si⁰ta²¹fait³ ci₂₁ia⁰.（那那就打发老妹子。）打发老妹子
啊箇就。欸。有滴舅爷打发外甥女啊。欸。ta²¹fait³ lau²¹mɔi⁵³tsa⁰ kai⁵³
tsʰiəu₄₄.e₂₁.iəu³⁵tiet⁵ cʰiəu⁰ia₂₁ta²¹fait³ ŋɔi⁵saŋ₄₄ŋ²¹ŋa⁰.e₂₁.

2.（那个女方亲友，高亲，离开男家的时候要送……送什么礼给他们
吧？送什么东西给他们？）噢，打发哟，安做舞只打发哟，离开个时子爱
打发呀。au₂₁,ta²¹fait³ iau⁰,ɔn₄₄tsɔ⁵³u²¹tʂak³ ta²¹fait³ iau⁰,li¹³kʰɔi₃₅ke₄₄ʂʅ₄₄tsʅ ɔi₄₄ta²¹faiti
ia⁰.（要打发些什么东西？）噢，箇打发一滴个啊东西，如今是就系打发一
只红包啦。如今就系打发一只红包嘞，以前也系嘞。渠个打发就我等人客
姓人就蛮多名堂呢。渠个高亲呢舞舞……有正高亲。嗯，唔同。主高亲。
箇主高亲系么人呢？就系新娘个兄弟，新娘个阿哥，欸，就系主高亲，欸

为首，就为主的。嗯。au²¹,ka⁵³ta²¹fait³iet³tet⁵mak³a⁰təŋ³⁵si⁰,i¹³cin³⁵sʅ⁴⁴tsʰiəu⁵³xe⁵³ta²¹fait³iet³tsak³fəŋ²¹pau⁴⁴la⁰.i²¹cin³⁵tsʰiəu⁵³xe⁵³ta²¹fait³iet³tsak³fəŋ²¹pau⁴⁴lei⁰,i⁴⁴tsʰien¹³ia³⁵xe⁵³le⁰.ci²¹ke¹³ta²¹fait³tsʰiəu⁵³ŋai¹³tien⁰in¹³kʰak³sin⁵³nin²¹tsʰiəu⁴⁴man²¹to⁴⁴min¹³tʰəŋ¹³le⁰.ci¹³ke¹³kau³⁵tsʰin⁴⁴nei⁰u²¹u³⁵⋯iəu³⁵tsən³⁵kau⁴⁴tsʰin⁴⁴.ŋ²¹,ŋ²¹tʰəŋ¹³.tsʅ²¹kau⁴⁴tsʰin⁴⁴.kai⁵³tsʅ²¹kau³⁵tsʰin⁴⁴xei⁵³mak³ɲin²¹nei⁰?tsʰiəu⁵³xe⁴⁴sin⁵³ɲioŋ¹³ke⁴⁴çin³⁵tʰi⁵³,sin³⁵ɲioŋ¹³ke⁵³a³⁵ko⁰,e²¹,tsʰiəu⁴⁴xei⁵³tsʅ²¹kau⁴⁴tsʰin⁴⁴,e⁴⁴uei¹³səu⁴⁴,tsiəu³⁵uei¹³tsəu²¹tet³.ŋ²¹.（主，欸，噢，客家话怎么讲啊？）欸 tsəu²¹高亲……主高亲唛。哎呀，个么 tsəu²¹高亲。主高亲。就新……新娘子个阿哥。箇就主高亲。嗯。e⁰tsəu²¹kau³⁵tsʰin⋯tsʅ²¹kau³⁵tsʰin³⁵nau⁰.ai₁₃ia⁰,mak³e⁵³(←ke⁵³)tsəu²¹kau³⁵tsʰin³⁵.tsʅ²¹kau³⁵tsʰin⁴⁴.tsʰiəu⁵³sin⋯sin³⁵ɲioŋ²¹tsŋ⁰ke⁰a³⁵ko⁴⁴.kai⁵³tsʰiəu⁴⁴tsʅ²¹kau³⁵tsʰin⁴⁴.m̩²¹.渠个打发嘞唔同。新娘个阿哥啊，主高亲个打发唔同。渠除哩摎渠等人摎其他人一样个，我先讲其他人唙。其他……所有个高亲，欸，都有只红包。嗯。欸，箇就，欸其他东西嘞箇就看渠看看男男男方，渠拿么个，有滴系打发一条子面巾子啦，有滴是还一包子烟呐，系啊？欸。欸，糖子啦。欸，点茶啦。有滴还打发一包子旱茶啦。嗯。箇是所有个都有个。都有。每个，反正系高亲都有。嗯。如今是一般就两百块子钱，四百块子钱唙。嗯。好，以下你就两十个人就两十起，嗯，两十个人都有。ci¹³ke⁴⁴ta²¹fait³lei⁰ŋ¹³tʰəŋ¹³.sin³⁵ɲioŋ¹³ke⁴⁴a³⁵ko⁴⁴a⁰,tsʅ²¹kau³⁵tsʰin⁴⁴ke⁴⁴ta²¹fait³ŋ̩¹³tʰəŋ¹³.ci²¹tsʰəu⁴⁴li⁰lau³⁵ci²¹tien⁰ɲin⁰lau⁴⁴cʰi¹³tʰa³⁵nin²¹iet³ioŋ⁵³ke⁴⁴,ŋai¹³sien³⁵koŋ²¹cʰi²¹tʰa⁴⁴nin²¹nau⁰.cʰi²¹tʰa⁴⁴⋯so²¹iəu⁴⁴ke⁴⁴kau⁴⁴tsʰin⁴⁴,e²¹,təu⁴⁴iəu⁴⁴tsak³fəŋ²¹pau⁴⁴.m̩²¹.e²¹,ka⁴⁴tsʰiəu⁵³,e⁰cʰi²¹tʰa³⁵təŋ³⁵si⁰lei⁰ka⁵³tsʰiəu⁵³kʰon⁵³ci¹³kʰon⁵³kʰon⁵³nan¹³nan¹³nan¹³foŋ⁴⁴,ci¹³la³⁵mak³ke⁵³,iəu³⁵tet³xe⁵³ta²¹fait³iet³tʰiau²¹tsŋ⁰mien¹³cin⁴⁴tsŋ⁰la⁰,iəu³⁵tet³sŋ⁴⁴xai¹³iet³pau³⁵tsŋ⁰ien⁰na⁰,xei⁴⁴a⁰?e²¹.e⁴⁴,tʰoŋ¹³tsŋ⁰la⁰.e²¹,tian²¹tsʰa¹³la⁰.iəu³⁵tet³xai¹³ta²¹fait³iet³pau⁴⁴tsŋ⁰uon⁵³tsʰa¹³la⁰.ŋ²¹.kai⁴⁴sŋ⁴⁴so¹³iəu³⁵ke⁴⁴təu³⁵iəu⁴⁴ke⁴⁴.təu⁴⁴iəu⁴⁴.mei⁰cie⁵³,fan²¹tsən³⁵xe⁵³kau³⁵tsʰin⁴⁴təu³⁵iəu³⁵.ŋ²¹.i¹³cin⁴⁴sŋ¹³iet³pon³⁵tsʰiəu⁴⁴ioŋ³⁵pak³kʰuai³tsŋ⁰tsʰien²¹,si⁵³pak³kʰuai³tsŋ⁰tsʰien²¹nau⁰.ŋ²¹.xau²¹,i¹³xa³⁵ɲi²¹tsʰiəu⁴⁴ioŋ³⁵sət³ke⁵³in²¹tsʰiəu⁴⁴ioŋ³⁵sət³çi²¹,ŋ²¹,ioŋ³⁵sət³ke⁵³in²¹təu³⁵iəu⁴⁴.

以下箇只主高亲呢，箇只新娘个新娘个阿哥嘞，渠就又唔同滴子，渠就还有只步仪包封。i²¹xa⁴⁴kai⁵³tsak³tsʅ²¹kau³⁵tsʰin³⁵ne⁰,kai⁵³tsak³sin³⁵ɲioŋ¹³ke⁰sin³⁵ɲioŋ¹³ke⁰a³⁵ko³⁵lei⁰,ci¹³tsʰiəu⁴⁴iəu⁵³ŋ̩²¹tʰəŋ¹³tiet³tsŋ⁰,ci¹³tsʰiəu⁴⁴xai¹³iəu³⁵tsak³pʰu⁵³ɲi²¹pau³⁵fəŋ³⁵.（这个有什么特别呢？）我开头讲个唠，本来是只有一本来本来是只有一只高亲个唠。欸，新娘个阿哥子啰，阿哥啰，或者老弟啰。本来是只有一只个唠。欸。所以你后背来个都有打发嘞，但是冇得步仪。箇滴人冇得步仪。还还有只猪裤子。ŋai¹³kʰoi³⁵tʰei²¹koŋ²¹ke⁰lau⁰,pən²¹noi¹³sŋ⁴⁴

tʂ̩²¹iəu⁵³iet³ pən²¹nɔi¹³pən²¹nɔi¹³ʂ̩⁵³tʂ̩²¹iəu⁵³iet³ tʂak³ kau⁴⁴tsʰin⁴⁴ke⁵³lau⁰.e₂₁,sin³⁵
ɲiɔŋ¹³ke⁵³a³⁵ko³⁵tsɔ⁰lo⁰,a³⁵ko⁴⁴lo⁰,xɔit₃³tʂa²¹lau²¹tʰe¹³lo⁰.pən²¹nɔi¹³ʂ̩⁵³tʂ̩²¹iəu⁵³iet³
tʂak³ ke⁵³lau⁰.e₂₁.sɔ²¹i³⁵ɲi¹³xei⁵³pɔi⁴⁴lɔi¹³ke⁵³təu³⁵iəu⁵³ta²¹fait⁵le⁰,tan⁵³ʂ̩⁴⁴mau¹³tek³
pʰu⁵³ɲi¹³.kai⁴⁴tiet⁵ɲin₂₁mau¹³tek³ pʰu⁵³ɲi¹³.xai⁵³xai₂₁iəu³⁵tʂak³ tʂəu³⁵kʰu⁵³tʂ̩⁰.（这个步仪一般多少？一般要给多少呢？）哈？xa₃₅？（一般要给多少呢？）以下箇只主高亲呢，箇只新娘个新娘个阿哥嘞，渠就又唔同滴子，渠就还有只步仪包封，箇就欸比箇只钱还更多啦，比箇打发个钱还更多啦。噢，还有就猪□子。猪□子，爱打发一只猪□子。i²¹xa⁴⁴kai⁵³tʂak³ tʂəu³⁵kau⁴⁴tsʰin³⁵ne⁰,kai⁵³
tʂak³ sin³⁵ɲiɔŋ¹³ke⁴⁴sin³⁵ɲiɔŋ²₁ke⁴⁴a³⁵ko¹³le⁰,ci₂₁¹³tsʰiəu⁵³iəu⁴⁴ɲi¹³tʰəŋ²₁tiet⁵tʂ̩⁰,ci₂₁¹³
tsʰiəu⁴⁴xai₂₁iəu⁴⁴tʂak³ pʰu⁵³ɲi₂₁pau⁴⁴fəŋ⁴⁴,kai⁴⁴tsʰiɔːu⁴⁴e₂₁pi⁵³kai⁵³tʂak³ tsʰien₂₁xai₂₁
cien⁵³to³⁵la⁰,pi²¹kai⁴⁴ta²¹fait⁵ke⁵³tsʰien₂₁xai₂₁cien⁵³to³⁵la⁰.au₂₁,xai₂₁¹³iəu³⁵tsʰiəu⁴⁴tʂəu³⁵
kʰu⁵³tʂ̩⁰.tʂəu³⁵kʰu⁵³tʂ̩⁰,ɔi⁵³ta²¹fait⁵iet³tʂak³ tʂəu³⁵kʰu⁵³tʂ̩⁰.（猪裤子啊？）欸，爱打发一块猪肉。e₂₁,ɔi⁵³ta²¹fait⁵iet³kʰuai⁵³tʂəu³⁵ɲiəuk³.（猪裤子是猪……）猪脚，最脚跟下个。嗯。箇有有几斤呀，有四斤子，食猪□子咯。欸。还有一块猪肉，也三四斤。欸。一块猪肉，一只猪□子，一只红欸一只步仪，三项东西，渠就会多三项东西。正高亲。tʂəu³⁵ciɔk³,tsei⁵³ciɔk³cien³⁵xa³⁵ke⁰.ŋ₂₁.kai⁴⁴
iəu³⁵iəu³⁵ci²¹cin³⁵no⁰,iəu³⁵si⁵³cin³⁵tʂ̩⁰,ʂət₃⁵tʂəu³⁵kʰu⁵³tʂ̩⁰ko⁰.e₂₁.xai₂₁iəu⁴⁴iet³kʰuai⁵³
tʂəu³⁵ɲiəuk³,ia³⁵san⁴⁴si⁵³cin³⁵.e₂₁.iet³kʰuai⁵³tʂəu³⁵ɲiəuk³,iet³tʂak³ tʂəu³⁵kʰu⁵³tʂ̩⁰,iet³
tʂak³ fəŋ¹³ei₂₁iet³tʂak³ pʰu⁵³ɲi₂₁,san³⁵xɔŋ³⁵təŋ³⁵si⁰,ci¹³tsʰiəu⁴⁴uɔi⁵³to⁴⁴san³⁵xɔŋ⁵³təŋ⁴⁴
si⁰.tʂən⁵³kau⁴⁴tsʰin⁴⁴.

还有箇只媒人公，箇只做媒个人，渠也有三项东西，箇只个渠也有只步仪，渠也有只猪□子，也也有块猪肉。欸。渠还有只谢媒包封。感谢渠做哩媒。如今的一般就一千块钱。欸，我也得哩一千块钱个。谢媒包封。xai₂₁¹³iəu⁴⁴kai⁵³tʂak³ mɔi¹³ɲin₂₁kəŋ⁴⁴,kai⁴⁴tʂak³ tso⁵³mɔi¹³ke⁵³ɲin₂₁,ci₂₁ia⁴⁴iəu⁴⁴san³⁵xɔŋ³⁵
təŋ⁴⁴si⁰,kai³⁵tʂak³ ke⁰ci₂₁¹³ia⁴⁴iəu³⁵tʂak³ pʰu⁵³ɲi⁴⁴,ci₂₁¹³ia⁴⁴iəu³⁵tʂak³ tʂəu³⁵kʰu⁵³tʂ̩⁰,ia³⁵ia³⁵
iəu⁴⁴kʰuai⁴⁴tʂəu³⁵ɲiəuk³.e₂₁.ci₂₁¹³xai₂₁iəu⁴⁴tʂak³ tsʰia³⁵mɔi¹³pau³⁵fəŋ³⁵.kɔn²¹tsʰia⁵³ci¹³
tso⁵³li⁰mɔi¹³.i₂₁³⁵cin⁴⁴tet¹iet³ pən³⁵tsʰiəu¹iet³ tsʰien³⁵kʰuai⁴⁴tsʰien⁴⁴.e₂₁,ŋai¹³ia⁵³tek⁵li⁰
iet³tsʰien³⁵kʰuai⁴⁴tsʰien₂₁ke⁵³.tsʰia⁵³mɔi¹³pau³⁵fəŋ⁴⁴.

回和席

哦，还有只东西，还有只东西。有滴人是有滴妹子是欸新娘吵还有还有公公婆婆，因为渠老嘿哩，渠不能来，渠不能来咁映子食饭，还爱回一桌酒席分渠，欸，渠嬾来食饭。o₂₁,xai₂₁¹³iəu¹³tʂak³ təŋ⁴⁴si⁰,xai₂₁iəu¹³tʂak³ təŋ⁴⁴
si⁰.iəu³⁵tet⁵ɲin₂₁³⁵ʂ̩⁴⁴iəu³⁵tet⁵mɔi⁵³tʂ̩⁰ʂ̩⁴⁴e₂₁sin³⁵ɲiɔŋ₂₁⁵ʂa⁰ xai₂₁¹³iəu³⁵xai₂₁iəu³⁵kəŋ³⁵kəŋ³⁵

pʰo¹³pʰo¹³,in¹³uei⁵³ci¹³lau²¹ek³li⁰,ci¹³pət³nən²¹ləi¹³,ci²¹pət³nən²¹ləi¹³kan³⁵iaŋ⁵³tsʅ⁰ ʂət⁵ fan⁵³,xa²¹ɔi⁵³fei¹³iet³ tsɔk³ tsiəu²¹siet⁵ pən³⁵ci²¹,e₂₁,ci²¹maŋ²¹ləi¹³ʂət⁵ fan⁵³.（这是回门的时候是吧？）唔系，唔系回门个时候子，就系，就系高亲归屋下个时候子，安做爱回一桌酒席。又但是不能够话提咁多菜去哟，嗯，有滴就……安做安做回和席。一般就现在就一桌酒席子个钱唉，乡下就五百块子钱，城里一千块子钱唉。欸。以前就讲回回和席就回一桌菜哟，欸，有滴就回……以前就因为不能回菜就搞几斤猪肉哇，也安做整和席唠。反正爱回只和席凑。爱有……爱有公公婆婆个。有得公公婆婆个唔爱回和席。m̩¹³pʰe⁵³(←xe⁵³),m̩¹³pʰe⁵³(←xe⁵³)fei¹³mən²¹ke⁵³ʂʅ¹³xei⁵³tsʅ⁰,tsʰiəu⁴⁴xe⁵³,tsʰiəu⁴⁴xe⁴⁴kau⁴⁴tsʰin⁴⁴ kuei³⁵uk⁵ xa⁵³ke⁵³ʂʅ¹³xei⁵³tsʅ⁰,ɔn⁴⁴tsɔ⁵³ɔi⁵³fei²¹iet³ tsɔk³ tsiəu²¹siet⁵.iəu⁵³tan³⁵ʂʅ³ pət³ lən¹³kəu⁵³ua⁴⁴tʰia³⁵kan²¹to⁴⁴tsʰɔi⁵³çi⁵³ʂa⁰,m̩₂₁,iəu³⁵tet³ tsʰiəu⁵³f…ɔn⁴⁴tsɔ⁵³ɔn⁴⁴tsɔ⁵³fei¹³ xo²¹siet⁵.iet³ pɔn³⁵tsʰiəu⁴⁴çien⁴⁴tsʰai⁴⁴tsʰiəu⁴⁴iet³ tsɔk³ tsiəu²¹siet⁵ tsʅ⁰ ke⁴⁴tsʰien¹³ nau⁰,çiɔŋ³⁵xa⁵³tsʰiəu⁵³ŋ̩²¹pak³ kʰuai⁵³tsʅ⁰ tsʰien¹³,tʂʰən²¹ni⁰iet³ tsʰien³⁵kʰuai⁵³tsʅ⁰ tsʰien²¹nau⁰.e²¹.i⁴⁴tsʰien²¹tsʰiəu⁵³kɔŋ⁵³fei¹³fei¹³xo⁵³siet⁵ tsʰiəu⁴⁴fei¹³iet³ tsɔk³ tsʰɔi⁵³ iau⁰,e²¹,iəu³⁵tet³ tsʰiəu⁵³fei¹³…i⁴⁴tsʰien²¹tsiəu⁵³in²¹uɔi³⁵pət³ lən¹³fei¹³tsʰɔi⁵³tsʰiəu⁵³kau⁴⁴ ci²¹cin⁴⁴tʂʂ⁵³ɲiəuk⁵ ua⁰,ia⁵³ɔn⁴⁴tsɔ⁵³tʂən²¹xo⁵³siet⁵ lau⁰.fan²¹tʂən⁵³ɔi⁵³fei²¹tʂak⁵ xo⁵³ siet⁵ tsʰe⁰.ɔi⁵³iəu³⁵…ɔi⁵³iəu⁴⁴kɔŋ³⁵kɔŋ³⁵pʰo²¹pʰo¹³ke⁵³.mau⁰tek³ kɔŋ⁵³kɔŋ⁴⁴pʰo¹³pʰo²¹ ke⁵³m̩²¹mɔi⁴⁴fei¹³xo¹³siet⁵.（现在都是拿红包是吧？）欸，现在都是都系拿钱折。安做拿钱折。欸，折价个意思啊，折做钱呐。用钱折啊。e₅₃,çien⁵³tsʰai⁵³ təu⁴⁴ʂʅ⁴⁴təu³⁵xe⁵³la⁵³tsʰien¹³tʂek³.ɔn³⁵tsɔ⁴⁴la⁵³tsʰien¹³tʂek³.e₂₁,tʂek³ cia⁵³ke⁴⁴i⁵³sʅ⁰ a⁰,tʂek³ tsɔ⁵³tsʰien¹³na⁰.iəŋ³⁵tsʰien¹³tʂek³ a⁰.

赏封

赏封是就客姓人讲嘞就欢喜钱子啊。因为因为系只好事哟，因为系结婚系只好事，所以哪样都用得欢喜钱子，得赏封。嗯。打比方我箇箇去……到女方去接亲，欸，正先讲个，拿只大包封，拿两千块钱或者一万块钱，箇离娘钱，系唔系？拿分渠娭子个，拿分新娘个娭子个，爷娭个，箇个就唔喊赏封啊。箇个就包封啊。箇个就不是赏封啊，箇就不是么啊欢喜钱子啊。箇个就硬正正当当个必须爱拿个钱呢。打比样拿五万块钱定金，欸，拿五万块钱聘金，就系礼金呐，欸，欸，聘礼呀，系唔系啊？箇个就不是赏封啊，箇个就唔属赏封了。欸。赏封就欢喜钱子。可……也慢讲得来嘞可有可无，可大可小个，可大可小个钱。嗯。嗯。ʂɔŋ²¹fəŋ³⁵ʂʅ⁴⁴tsʰiəu⁵³kʰak³ sin⁵³ ɲin¹³kɔŋ²¹lei⁰tsʰiəu⁵³fən³⁵çi²¹tsʰien¹³tsa⁰.in³⁵uei⁵³in³⁵uei⁵³xei⁵³tʂak⁵ xau²¹sʅ³ʂa⁰,in⁵³ uei⁴⁴xei⁵³ciet³ fən³⁵xei⁵³tʂak⁵ xau²¹sʅ³,so²¹i⁴⁴la⁵³iɔŋ⁴⁴təu⁴⁴iəŋ³⁵tek³ fɔŋ³⁵çi²¹tsʰien¹³ tsʅ^{0},tek^{3} ʂɔŋ^{21}fɔŋ^{35}.m̩$_{21}$.ta^{21}pi^{21}xɔŋ$_{44}$ŋai$_{21}$kai$_{21}$kai$_{44}$çi^{53}···tau^{53}ɲy^{21}fɔŋ$_{44}$çi$_{44}$tsiet^{3} tsʰin^{35},e^{21},tʂaŋ^{35}sien$_{35}$kɔŋ^{21}ke^{53},la^{53}tʂak^{3} tʰai^{53}pau$_{44}$fɔŋ$_{44}$,la^{53}iɔŋ^{21}tsʰien^{35}kʰuai^{53}tsʰien^{13} xɔit^{5}tʂa^{21}iet^{5}uan^{53}kʰuai^{53}tsʰien^{13},kai$_{44}$li^{13}ɲiɔŋ^{13}tsʰien^{13},xei^{53}me^{5}(←m̩^{13}xe^{53})?la^{53}pən$_{44}$ ci$_{44}$ɔi^{35}tsʅ^{0}ke^{53},la^{53}pən$_{44}$sin^{35}ɲiɔŋ^{13}ke$_{44}$ɔi^{35}tsʅ^{0}ke^{53},ia^{13}ɔi^{53}ke^{53},kai^{53}ke^{53}tsʰiəu$_{44}$m̩^{13}xan^{53} ʂɔŋ^{21}fɔŋ^{35}ŋa^{0}.kai^{53}ke^{53}tsʰiəu$_{44}$pau^{35}fɔŋ^{35}ŋa^{0}.kai$_{44}$ke$^{53}_{44}$tsʰiəu$_{44}$pət^{5}ʂʅ^{53}ʂɔŋ^{21}fɔŋ^{35}ŋa^{0},kai^{53} tsʰiəu$_{44}$pət^{5}ʂʅ^{5}mak^{5}a^{0}fɔn^{35}çi^{21}tsʰien^{13}tsa^{0}.kai^{53}ke$^{53}_{44}$tsʰiəu$_{44}$niaŋ$^{35}_{44}$tʂən^{53}tʂən^{53}tɔŋ$_{44}$tɔŋ^{35} ke$^{53}_{44}$piet^{5}si$^{35}_{44}$ɔi^{13}la$^{53}_{44}$ke^{53}tsʰien$_{21}$ne^{0}.ta^{21}pi^{21}iɔŋ$^{53}_{44}$la^{53}ŋ̍^{13}uan^{53}kʰuai^{53}tsʰien$_{21}$tʰin^{13} cin$_{44}$,e^{53},la^{53}ŋ̍^{21}uan^{53}kʰuai^{53}tsʰien$_{21}$pʰin^{13}cin$_{44}$,tsʰiəu$_{44}$xe$_{44}$li^{13}cin$_{44}$na^{0},e$_{53}$,e$_{21}$,pʰin^{13}li^{13} ia^{0},xei^{53}mei^{53}(←m̩^{13}xei^{53})a^{0}?kai^{53}ke^{53}tsʰiəu^{53}pət^{5}ʂʅ$^{53}_{44}$ʂɔŋ^{35}fɔŋ^{35}ŋa^{0},kai^{53}ke^{53}tsʰiəu^{13}ŋ̍^{13} ʂəuk^{5}ʂɔŋ^{21}fɔŋ^{35}liau^{5}.e$_{21}$.ʂɔŋ^{21}fɔŋ$_{44}$tsʰiəu$_{44}$fɔn^{35}çi^{21}tsʰien^{13}tsʅ^{0}.kʰɔ^{21}···ia^{35}man^{5}kɔŋ^{21} tek^{3}lɔi^{13}lei^{0}kʰɔ^{21}iəu^{35}kʰɔ^{21}u^{13},kʰɔ^{21}tʰai^{53}kʰɔ^{21}siau^{21}ke^{53},kʰɔ^{21}tʰai^{53}kʰɔ^{21}siau^{21}ke^{53} tsʰien$_{21}$.m̩$_{21}$.m̩$_{21}$.（是带点奖励性质的，是吧？）奖励性质，欸，高兴个性质。 tsiɔŋ^{21}li^{53}sin^{53}tʂek^{3},e$_{21}$,kau^{53}çin^{53}ke^{0}sin^{53}tʂek^{3}.

回门

（呃，那个回门啊，有些什么那个？）三朝回门唉。san^{35}tʂau$_{44}$fei^{13}mən$_{21}$ nau^{0}.（有些什么讲究？）今晡今晡个今晡个结婚酒样，明晡过一天，后日 晡就系三朝。欸，三朝就回门。欸。cin^{35}pu$_{44}$cin^{35}pu$_{44}$ke^{0}cin^{35}pu$_{44}$ke^{0}ciet^{5}fən^{35} tsiəu^{21}iɔŋ$_{44}$,mian^{13}pu^{35}ko^{53}iet^{3} tʰien^{35},xei^{53}ɲiet^{5}pu$_{44}$tsʰiəu$_{44}$xei^{53}san^{35}tʂau^{35}.e$_{21}$,san^{35} tʂau$_{44}$tsiəu$_{44}$fei^{13}mən$^{13}_{21}$.e$_{21}$.

（那个回门的时候有些什么讲究呢？）有么啊几多讲究。mau^{13}mak^{3}a^{0}ci^{21} tɔ$^{35}_{44}$kɔŋ^{21}ciəu^{53}.（怎么回法？）就系新郎新娘，一般就渠两公婆归去。归娘 家。食餐饭。就咁个。tsʰiəu^{53}xe^{53}sin^{53}nɔŋ$^{13}_{21}$sin^{53}ɲiɔŋ$^{13}_{21}$,iet^{3}pən^{35}tsʰiəu^{53}ci$^{13}_{21}$iɔŋ^{21}kəŋ^{35} pʰo^{35}kuei^{21}çi^{53}.kuei^{53}ɲiɔŋ^{13}cia$^{35}_{44}$.ʂət^{5}tsʰɔn$^{35}_{44}$fan^{13}.tsʰiəu^{53}kan^{21}cie$^{53}_{44}$.

（那归娘家的时候他有人送吧？）渠箇边呢唔爱送。不要送。也可以 来也可以来送。箇个么个就拿滴子酒哇，欸，提滴子猪肉哇，买滴子水果 箇只啦，如今是开辆车去啦。ci$^{13}_{21}$kai^{53}pien$^{35}_{44}$ne^{0}m̩$^{13}_{21}$mɔi$_{44}$(←ɔi^{53})sən^{53}.pu^{35}iau$_{53}$ sən^{53}.ia^{35}kʰɔ^{21}i$^{35}_{44}$lɔi$^{13}_{21}$ia^{35}kʰɔ^{21}i$^{35}_{44}$lɔi$^{13}_{21}$sən^{53}.kai$^{53}_{44}$ke$^{53}_{44}$mak^{3}e^{53}(←ke^{53})tsʰiəu$_{44}$la^{53}tiet^{5}tsʅ^{0} tsiəu^{21}ua^{0},e^{21},tʰia^{35}tiet^{5}tsʅ^{0}tʂu^{53}ɲiəuk^{5}ua^{0},mai^{35}tiet^{5}tsʅ^{0}ʂei^{53}ko^{21}kai$^{53}_{44}$tʂak^{3}la^{53},i$^{13}_{21}$cin$_{44}$ ʂʅ^{53}kʰɔi$^{35}_{44}$liɔŋ^{21}tʂʰa^{35}çi$^{53}_{44}$la^{0}.

（那是如今嘛。以前呢？）嗯，以前就系也就系买滴子买滴子旱茶子 箇只送滴子酒箇只，拿只子红包哇。n̩$_{21}$,i$^{35}_{44}$tsʰien^{13}tsʰiəu^{13}xei^{53}ia^{35}tsʰiəu^{13}xe^{53}mai^{35} tiet^{5}tsʅ^{0}mai^{35}tiet^{5}tsʅ^{0}uɔn^{53}tsʰa$^{13}_{21}$tsʅ^{0}kai$^{53}_{44}$tʂak^{3}sən^{53}tet^{5}tsʅ^{0}tsiəu^{21}kai$^{53}_{44}$tʂak^{3},lak^{5}tʂak^{3} tsʅ^{0}fəŋ^{13}pau$^{35}_{44}$ua^{0}.

（有没有搞个人给他挑个担子啊？）唔爱做得。箇唔爱做得。m̩$_{21}^{13}$mɔi$_{35}^{53}$
tsɔ^{53}tek^3.kai^{53}m̩$_{21}^{13}$mɔi$_{35}^{53}$tsɔ^{53}tek^3.（他那些礼物什么东西……）唔爱唔爱。冇几
多了。就渠两公婆去。欸呀，归去哩嘞就箇边也还爱还爱搞餐饭呐，饭呐
办餐饭呐。唔。m̩$_{21}^{13}$mɔi$_{35}^{53}$m̩$_{21}^{13}$mɔi$_{35}^{53}$.mau^{13}ci$_{21}^{53}$to^{35}liau^0.tsʰiəu^{53}ci$_{21}^{13}$iɔŋ^{21}kəŋ$_{44}^{35}$pʰo$_{21}^{13}$çi$_{44}^{53}$.ei$_{21}$
ia$_{21}$,kuei^{35}çi^{53}li^{0}lei^{0}tsʰiəu$_{44}^{53}$kai^{53}pien$_{44}^{35}$ie^{53}xa$_{21}^{13}$ɔi$_{44}^{53}$xa$_{21}^{53}$ɔi$_{44}^{53}$kau^{21}tsʰɔn$_{44}^{35}$fan^{53}na^0,fan^{53}na^0
pʰan^{53}tsʰɔn$_{44}^{35}$fan^{53}na^0.m̩$_{21}$.

　　如今是有咁个唠，我等以映子欸有咁子个，渠有滴女方吵渠结婚箇哺
唔整酒，结婚个箇哺哇，卖妹子箇哺唔整酒，回门箇哺嘞，新人，两公婆
归来哩，整回门酒。箇是现在个搞法嘞，以前冇得咁个搞法。女方整回门
酒。i$_{21}^{13}$cin$_{44}^{35}$s̩$_{44}^{53}$iəu$_{44}^{35}$kan$_{13}^{13}$cie$_{44}^{53}$lau^0,ŋai^{13}tien^{13}i^{13}iaŋ^{35}tsŋ^{53}e$_{21}$iəu$_{44}^{35}$kan^{21}tsŋ^{53}cie$_{44}^{53}$,ci$_{21}^{13}$iəu^{35}tet^5
ɲy^{21}fɔŋ$_{44}^{35}$s̩a^{0}ci$_{13}^{13}$ciet^{5}fən^{35}kai$_{44}^{35}$pu$_{44}^{35}$n̩^{13}tʂaŋ^{35}tsiəu^{21},ciet^{5}fən^{35}ke$_{44}^{53}$kai$_{44}^{35}$pu$_{44}^{35}$ua^0,mai$_{44}^{53}$mɔi^{53}
tsŋ^{0}kai$_{44}^{53}$pu$_{44}^{35}$n̩^{13}tʂaŋ^{35}tsiəu^{21},fei$_{21}^{13}$mən^{13}kai$_{44}^{53}$pu$_{44}^{35}$le^0,sin^{35}ɲin$_{21}$,iɔŋ^{21}kəŋ$_{44}^{35}$pʰo$_{21}^{13}$kuei^{53}lɔi$_{21}^{13}$
li^0,tʂaŋ^{21}fei$_{21}^{13}$mən^{13}tsiəu^{21}.kai$_{21}^{53}$s̩$_{44}^{53}$sien^{53}tsʰai$_{44}^{53}$ke^{53}kau^{21}fait^{3}le^0,i^{35}tsʰien^{13}mau$_{21}^{13}$tek^5
kan^{21}ke^{53}kau^{21}fait^3.ɲy^{21}fɔŋ$_{44}^{35}$tʂaŋ^{21}fei^{13}mən^{13}tsiəu^{21}.

　　女方个卖妹子个酒就就就箇哺回门箇哺来整。渠有个好……渠个好处
就么个嘞？箇就男方可以多去几个人呢。欸，两边个亲家，可以坐在一起
来哩。ɲy^{21}fɔŋ$_{44}^{35}$ke^{53}mai$_{44}^{35}$mɔi^{53}tsŋ^{0}ke$_{44}^{53}$tsiəu^{21}tsʰiəu$_{44}^{53}$tsʰiəu^{53}tsʰiəu$_{44}^{53}$kai^{53}pu$_{44}^{53}$fei^{13}mən^{13}
kai$_{44}^{53}$pu$_{44}^{35}$lɔi$_{21}^{13}$tʂaŋ^{21}.ci^{13}iəu^{35}ke^{53}xau^{21}…ci^{13}ke$_{44}^{53}$xau^{21}tʂ$_{44}^{h}$tsʰiəu$_{44}^{53}$mak^{3}ke^{53}lei^0?kai$_{44}^{53}$
tsʰiəu$_{44}^{53}$lan^{13}fɔŋ$_{44}^{35}$kʰo$_{21}^{13}$i$_{44}^{35}$to^{35}çi^{53}ci^{21}ke$_{44}^{53}$ɲin^{13}nei^0.ei$_{44}^{53}$,iɔŋ^{21}pien$_{44}^{35}$ke$_{44}^{53}$tsʰin^{35}ka$_{44}^{53}$,kʰo$_{21}^{21}$i^{13}
tsʰo^{35}tsʰai$_{44}^{53}$iet^{3}çi^{21}lɔi^{13}li^0.（噢，回门的时候亲家也可以去啊？）箇就可以去
呢。男方个家长可以去哩。欸。kai^{53}tsʰiəu^{53}kʰo$_{21}^{21}$i^{35}çi^{53}nei^0.lan$_{21}^{21}$fɔŋ$_{44}^{35}$ke$_{44}^{53}$cia^{35}tʂɔŋ^{21}
kʰo$_{21}^{21}$i^{35}çi^{53}li^0.e$_{21}$.

　　但是你系爱话嘞头哺整酒，打比打比今哺早晨整卖妹子酒，欸，今哺
是今哺定倒今哺个日子，早晨就女方个卖妹子个酒，夜哺……昼边就男方
个收亲酒，系唔系？安做收亲酒嘞。收亲呐。箇就……箇就男方个家长唔
去嘞。箇男方个家长唔去嘞。一般是客姓人是欸爷娭唔送嫁啦。父母唔送
嫁。唔送嫁。我我我卖妹子我就赠去呀。我两公婆都赠去。都唔去。tan^{53}s̩^{53}
ɲi$_{44}^{13}$xei$_{44}^{53}$ɔi$_{44}^{53}$ua^{53}lei^{0}tʰei$_{21}^{53}$pu$_{44}^{53}$tʂaŋ^{21}tsiəu^{21},ta^{21}pi^{21}ta^{21}pi^{21}cin$_{44}^{35}$pu$_{44}^{53}$tsau^{21}sən^{35}tʂaŋ^{21}mai^{53}
mɔi^{53}tsŋ^{0}tsiəu^{21},e$_{21}$,cin^{35}pu$_{44}^{53}$s̩$_{44}^{53}$cin^{35}pu$_{44}^{53}$tʰin^{35}tau^{21}cin$_{44}^{35}$pu$_{44}^{53}$ke^{53}ɲiet^{3}tsŋ^0,tsau^{21}sən^{35}
tsʰiəu$_{44}^{53}$ɲy^{21}fɔŋ$_{44}^{35}$ke$_{44}^{53}$mai^{35}mɔi^{53}tsŋ^{0}ke$_{44}^{53}$tsiəu^{21},ia^{53}p…tʂəu^{13}pien$_{44}^{35}$tsʰiəu$_{44}^{53}$lan$_{21}^{13}$fɔŋ$_{44}^{35}$ke$_{44}^{53}$
ʂəu$_{44}^{35}$tsʰin$_{44}^{35}$tsiəu^{21},xei$_{44}^{53}$me$_{44}$（←m̩^{13}xe^{53}）?ɔn$_{21}^{35}$tso$_{44}^{53}$ʂəu^{35}tsʰin$_{44}^{35}$tsiəu^{21}le^0.ʂəu$_{44}^{35}$tsʰin^{35}
na^0.kai^{53}tsʰiəu$_{44}^{53}$l…kai^{53}tsʰiəu$_{44}^{53}$lan^{13}fɔŋ$_{44}^{35}$ke$_{44}^{53}$cia$_{44}^{35}$tʂɔŋ^{21}m̩^{13}çi^{53}le^0.kai^{53}lan$_{21}^{13}$fɔŋ$_{44}^{35}$ke$_{44}^{53}$
cia$_{44}^{35}$tʂɔŋ^{21}m̩$_{21}^{13}$çi^{53}le^0.iet^{3}pɔn^{35}s̩$_{44}^{53}$kʰak^{3}sin^{35}ɲin$_{13}^{13}$s̩$_{44}^{53}$e$_{21}$,ia^{13}ɔi$_{44}^{53}$n̩^{13}səŋ^{35}ka^{53}la^0.fu^{53}mu^{53}n̩^{13}
səŋ^{53}ka^{53}.n̩^{13}səŋ^{53}ka^{53}.ŋai$_{21}^{13}$ŋai$_{21}^{13}$ŋai^{13}mai^{53}mɔi^{53}tsŋ^{0}ŋai^{13}tsʰiəu^{53}maŋ^{13}çi^{53}ia^0.ŋai$_{21}^{13}$iɔŋ^{21}

kəŋ⁴⁴pʰo¹³təu⁴⁴maŋ¹³çi⁵³.təu⁴⁴ɳ¹³çi⁵³.（那一般都是这样啦，那那有面子啦。）唔系么啊面子，我就……我觉得咯，我话嘞，渠等爱我去唠，我婿郎都爱我去啊，我我婿郎啊，爱我去呀，我又当老师个哟，渠跟渠等人箇箇阵子个箇学校里个老师尽系摎我唔知几熟啊，姚峰你爱你爱你岳老子来哟，我婿郎硬讲嘿几到，我话渠莫，我走唔得，我还咁多客去以映啊，我就一走呀，屋下让门了哇，系唔系？屋下咁多事啊。咁多客来哩咯，我唔爱送倒渠客走嘿，唔爱捡场啊，系啊？欸，我还有大客咯。m̩¹³pʰe⁵³(←xe⁵³)mak³aº mien⁵³ tsʅº,ŋai¹³tsʰiəu⁵³…ŋai¹³kɔk³tek³koº,ŋai₂₁uaº leº,ci₂₁tien⁰ɔi⁵³ŋai₂₁çi¹³lauº,ŋai₂₁sei⁵³ lɔŋ₂₁təu⁴⁴ɔi¹³ŋai₂₁çi¹³aº,ŋai₂₁ŋai₂₁se⁵³lɔŋ⁴⁴ŋaº,ɔi¹³ŋai₂₁çi¹³iaº,ŋai₂₁iəu⁴⁴tɔŋ⁵³lauº sʅ⁴⁴ke⁴⁴ ʂaº,ci₂₁kən₃₅ci₂₁tienº ɲin¹³kai⁵³kai⁵³tʂʰən⁵³tsʅº ke⁴⁴kai⁴⁴çiɔk⁵çiau⁴⁴liº ke⁴⁴lau²¹sʅ⁴⁴tsʰin⁵³ xe⁵³lauº ŋai₂₁m̩¹³ti¹³⁵ci²¹ʂəuk₃aº,iau¹³fəŋ₃₅ɲi₂₁ɔi¹³ɲi₄₄ɔk⁵lau²¹tsʅ¹³lɔi₂₁iauº,ŋai₂₁ se⁵³lɔŋ₂₁ɲiaŋ⁵³kɔŋ⁰ek³ci²¹tau⁵³,ŋai¹³ua⁵³ci₂₁mɔk⁵,ŋai₂₁tsei²¹ɳ̍²¹tek³,ŋai₂₁xai¹³kan²¹to³⁵ kʰak³çi¹i⁵³i²¹iaŋ⁵³ŋaº,ŋai₂₁tsʰiəu⁵³iet³tsei²¹iaº,uk³xa⁴⁴ɲiɔŋ⁵³mənº liau²¹uaº,xei₄₄me⁴⁴(← m̩¹³xe⁵³)?uk³xa⁵³kan²¹to³⁵sʅ⁵³zaº.kan²¹to³⁵kʰak³lɔi₂₁li¹³koº,ŋai₂₁m̩¹³mɔi₃₅səŋ⁰tauº ci³ kʰak³tsei²¹xek³,m̩¹³mɔi₃₅³cian²¹tʂʰɔŋ¹³ŋaº,xei⁵³aº?e²¹,ŋai₂₁xai¹³iəu⁴⁴tʰai⁵³kʰak³koº.

（这个回门酒时候女方家长筹办的，是吧？）欸，欸。ei₅₃,ei₅₃.（它不是新郎请他们吃吧？）不是。不是新郎请。女方家长筹办个，新郎只做客了到箇晡是。pət³sʅ⁵³.pət³sʅ⁵³sin⁴⁴nɔŋ¹³tsʰiaŋ²¹.ɲy²¹fɔŋ₃₅cia₄₄tʂɔŋ²¹tsʰəu₂₁pʰan⁵³ keº,sin³⁵nɔŋ¹³tʂʅ⁵³tsoº kʰak³liauº tau⁴⁴kai₄₄pu₄₄sʅ⁴⁴.

新客

（呃，以前没怎么来过的客人？）噢，生客噢。欸，写生客，赠多来过个。系唔系？还有嘞就系新客。正结婚个样啊。打比箇只妹子嫁下箇映子，欸，新郎……新……新回门呐，系唔系？正嫁只老公啊。箇只不是生客，系新客。au₂₁,saŋ³⁵kʰak³auº.ei₄₄,sia²¹saŋ³⁵kʰak³,maŋ¹³to³⁵lɔi¹³koº keº,xei⁵³me⁴⁴ (←m̩¹³xe⁵³)?xai₂₁iəu⁴⁴leº tsʰiəu⁵³xe₄₄sin³⁵kʰak³.tʂaŋ⁵³ciet³fən³⁵keₖ₄iɔŋ₄₄ŋaº.ta²¹pi²¹ kai⁵³tʂak³mɔi¹³tsʅº ka⁵³a₄₄(←xa⁵³)kai₄₄iaŋ₄₄tsʅº,e₂₁,sin³⁵nɔŋ¹³k…sin³⁵…sin³⁵fei₂₁mən¹³ naº,xei₄₄me⁴₄(←m̩¹³xe⁵³)?tʂaŋ⁵³ka⁵³tʂak³lauº kəŋ₄₄ŋaº.kai⁵³tʂak³puk³sʅ₄₄saŋ³ kʰak³,xe₄₄sin³⁵kʰak³.（啊，就是结婚不久个新人？）欸欸，结婚不久个新人就安做新客。嗯。你正月头是有新客是就……e₄₄e₄₄,ciet³fən₄₄puk³ciəu⁰ke₄₄sin³⁵ ɲin¹³tsʰiəu⁵³ɔn₄₄tso⁵³sin³⁵kʰak³.ɳ̍₂₁.ɲi₂₁tʂaŋ³⁵ɲiet₅tʰeiº sʅ⁵³iəu⁴⁴sin³⁵kʰak³ sʅ⁴⁴tsʰiəu⁵³…

（一般是指那个女婿吧？）欸欸，一般系指女婿，还有就指箇个啦，还有指女女……婿郎个箇一家人呐。欸，打比欸也还……欸，正讨进来个呀，正讨进来个，渠个娘家箇起人也安做新客啊。一般系指女婿。欸。一般系指女婿。妹子正嫁倒去，正卖到去。新客。e$_{21}$e$_{21}$,iet^{3}pɔn^{35}xe^{53}tʂ̩^{21}ɲy^{21}sy^{53},xai$_{21}^{13}$iəu$_{44}^{35}$tsʰiəu$_{44}^{53}$tʂ̩^{21}kai^{53}ke$_{44}$la^0,xai$_{21}^{13}$iəu$_{44}^{35}$tʂ̩^{21}ɲy^{21}s·se^{53}lɔŋ$_{21}^{13}$ke$_{44}^{53}$kai^{53}iet^{3}ka$_{44}^{35}$ɲin^{13}na^0.e$_{21}$,ta^{21}pi$_{44}^{21}$ia^{35}xai^{13}···e:$_{44}$,tʂaŋ^{53}tʰau^{21}tsin^{53}lɔi$_{21}^{13}$ke$_{44}^{35}$ia^0,tʂaŋ^{53}tʰau^{21}tsin^{53}lɔi$_{21}^{13}$ke$_{44}^{53}$,ci$_{21}^{13}$ke$_{44}^{53}$ɲiɔŋ$_{21}^{13}$cia$_{44}^{35}$kai^{53}çi^{21}ɲin^{13}ia^{35}ɔn$_{44}^{35}$tso$_{44}^{53}$sin^{35}kʰak^{3}a^0.iet^{3}pɔn^{35}xe^{53}tʂ̩^{21}ɲyse^{53}.e$_{21}$.iet^{3}pɔn^{35}xe^{53}tʂ̩^{21}ɲyse^{53}.mɔi^{53}tʂ̩^{0}tʂaŋ^{53}ka^{53}tau^{21}çi^{53},tʂaŋ^{53}mai^{53}tau^{21}çi^{53}.sin^{35}kʰak^3.

踏青

哦，只有开头有只咁个呢。箇妹子同渠……以前呐，早……早年间子，欸，卖出……妹子卖出去哩以后，卖嘿哩妹子以后，到哩春天会归去踏青呢。箇妹子归去娘家去啊。三天就系归去回门哟。到哩春天呢，到哩嘞，欸，一般是冬下天结婚，欸，今年冬下十二月么啊日子，欸，讨倒箇只妹子归来哩。到哩明年春天，欸，安做安做归去娘家踏青……踏青。o$_{21}$,tʂ̩^{21}iəu$_{53}^{35}$kʰɔi^{21}tʰei$_{21}^{13}$iəu^{35}tʂak^{3}kan$_{35}^{35}$cie^{53}nei^0.kai$_{44}^{53}$mɔi^{53}tʂ̩^{0}tʰəŋ$_{44}^{21}$ci$_{21}^{13}$···i$_{53}^{35}$tsʰien$_{21}^{13}$na^0,tsau^{21}···tsau^{21}ɲien^{13}kan$_{44}^{35}$tʂ̩^{0},e$_{21}$,mai^{53}tʂ̩ət^3···mɔi^{53}tʂ̩^{0}mai^{53}tʂ̩ət^{3}çi^{53}li^{0}i$_{44}^{35}$xei$_{44}$,mai^{53}ek^{3}li^{0}mɔi^{53}tʂ̩^{0}i$_{44}^{35}$xei$_{44}$,tau^{53}li^{0}tʂʰən^{35}tʰien$_{44}^{35}$uɔi^{53}kuei^{35}çi$_{44}^{53}$tʰait^{5}tsʰiaŋ^{35}nei^0.kai$_{44}^{53}$mɔi^{53}tʂ̩^{0}kuei^{35}çi$_{44}^{53}$ɲiɔŋ^{13}cia$_{44}^{35}$çi$_{44}^{53}$a^0.san^{35}tʰien$_{44}^{35}$tʂ̩iəu^{53}xe^{53}kuei^{35}çi^{53}fei^{13}mən^{13}ʂa^0.tau^{53}li^{0}tʂʰən^{35}tʰien$_{44}^{35}$ne^0,tau^{53}li^{0}le$_{35}$,ei^{21},iet^{3}pɔn^{35}ʂ̩$_{44}^{13}$təŋ^{35}xa$_{44}^{35}$tʰien$_{44}^{35}$ciet^{3}fən^{35},e$_{21}$,cin^{35}ɲien$_{21}^{13}$təŋ$_{44}^{35}$xa$_{44}^{35}$ʂət^{3}ɲi^{53}ɲiet^{3}mak^{3}a^{0}ɲiet^{3}tʂ̩^{0},e$_{21}$,tʰau^{21}tau^{21}kai^{53}tʂak^{3}mɔi^{53}tʂ̩^{0}kuei^{35}lɔi$_{21}^{13}$li^0.tau^{53}li^{0}ɲiaŋ^{13}(←miaŋ^{13})ɲien$_{21}^{13}$tʂʰən^{35}tʰien$_{44}$,e$_{21}$,ɔn$_{44}^{35}$tso$_{44}^{53}$ɔn$_{44}^{35}$tso$_{44}^{53}$kuei^{35}çi$_{2}^{53}$ɲiɔŋ^{13}cia$_{44}^{35}$tʰait^{5}tsʰin^{35}···tʰait^{5}tsʰiaŋ^{35}.

（tʰait^5，哪个tʰait^5？）普通话：脚踏，踏，踏步的踏。踏青。欸。爱做滴子米粿子箇只呢送倒渠归呢。tʰait^{5}tsʰiaŋ^{35}.e$_{21}$.ɔi$_{44}^{53}$tso$_{44}^{53}$tet^{5}tʂ̩^{0}mi^{21}ko^{21}tʂ̩^{0}kai$_{44}^{53}$tʂak^{3}nei^{0}səŋ^{21}tau^{21}ci$_{21}^{13}$kuei$_{44}^{35}$nei^0.

（就是就是出嫁之后第二年春天？）欸，第……第二年春天。唔。踏青。爱归去鹏一回。唔。e$_{53}$,tʰi$_{44}^{53}$···tʰi$_{44}^{53}$ɲi^{0}ɲien$_{21}^{13}$tʂʰən$_{44}^{35}$tʰien$_{44}$.m$_{21}$.tʰait^{5}tsʰiaŋ^{35}.ɔi$_{44}$kuei$_{44}^{35}$çi$_{44}^{53}$liau^{53}iet^{3}fei$_{21}^{13}$.m$_{21}$.

驳脚

我等以映是还有只咁个啦，安做驳脚妹子。驳脚妹子，驳脚新旧。打比样——一只男子人，渠个老婆死嘿哩，头只老婆死嘿……欸，箇爱系死嘿哩个。唔唔在世哩，渠个老婆死嘿哩。老婆死嘿哩，讨过一只吧，但是头只老婆个嗯丈人爷呀丈人娭，岳父岳母啊，还有摎渠有关系哟，渠个妹子不是离咁哩，只系死嘿哩，系唔系？还摎渠有关系，但是以只后来个老婆，同同渠同同前面前箇只老婆个爷娭就安做驳脚。驳上去啊。驳脚娭子。以只就我驳脚妹子。驳脚妹子，对渠个丈人爷丈人娭来讲，我以只我驳脚妹子。欸。ŋai¹³tien⁰i²¹₄₄iaŋ⁵³ʂ₄₄⁵³xai¹³iəu⁵³₅₃tʂak³kan²¹₁₃cie⁵³la⁰,ɔn³⁵₄₄tsɔ⁵³pɔk³ciɔk³mɔi⁵³tʂη⁰.pɔk³ciɔk³mɔi⁵³tʂη⁰,pɔk³ciɔk³sen³⁵cʰiɛu₄₄⁵³.ta²¹pi²¹iɔŋ¹³iet³iet³iet³tʂak³lan¹³tʂη⁰ɲin₄₄¹³,ci¹³ke⁵³lau²¹pʰo¹³si²¹ek³(←xek³)li⁰,tʰei¹³tʂak³lau²¹pʰo¹³si²¹ek³(←xek³)⋯ei₂₁,ka₄₄⁵³ɔi⁵³xei⁵³si²¹xek³li⁰ke⁵³.n̩¹³n̩¹³tsʰai₄₄⁵³ʂη⁵³li⁰,ci¹³ke⁵³lau²¹pʰo¹³si²¹ek³(←xek³)li⁰.lau²¹pʰo¹³si²¹ek³(←xek³)li⁰,tʰau²¹kɔ⁵³iet³tʂak³pa⁰,tan⁵³ʂη̩⁵³tʰei¹³tʂak³lau²¹pʰo¹³kei⁰n̩₂₁,tʂʰɔŋ³⁵in̩₂₁¹³ia₂₁¹³tʂʰɔŋ⁵³in̩₂₁¹³ɔi⁵³,iɔk⁵fu⁵³iɔk⁵mu³⁵a⁰,xai₂₁¹³iəu³⁵lau¹³ci₂₁¹³iəu³⁵₄₄kuan³⁵₄₄çi³⁵₄₄ʂa⁰,ci¹³ke⁵³mɔi⁵³tʂη⁰puk⁵ʂη̩¹³li¹³kan²¹li⁰,tʂη̩⁵³xei⁵³si²¹xek³li⁰,xei⁵³me⁵³(←m̩¹³xe⁵³)?xai₂₁¹³lau₄₄³ci₂₁¹³iəu₄₄³kuan₄₄⁵³çi³⁵,tan₄₄⁵³ʂη̩⁵³i²¹tʂak³xei⁵³lɔi₂₁¹³ke⁵³lau²¹pʰo¹³,tʰəŋ¹³tʰəŋ¹³ci¹³tʰəŋ¹³tʰəŋ¹³tsʰien¹³mien⁵³tsʰien₂₁¹³kai⁵³tʂak³lau¹³pʰo¹³ke⁵³ia⁵³ɔi⁵³tsʰiəu₂₁¹³ɔn⁵³₄₄tsɔ⁵³pɔk³ciɔk³.pɔk³ʂɔŋ₄₄⁵³çi₄₄³a⁰.pɔk³ciɔk³ɔi³⁵tʂη⁰.i²¹tʂak³tsʰiəu⁵³ŋai₄₄¹³pɔk³ciɔk³mɔi⁵³tʂη⁰.pɔk³ciɔk³mɔi⁵³tʂη⁰,tei²¹ci₂₁¹³ke⁵³tʂʰɔŋ⁵³in₄₄¹³ia₂₁¹³tʂʰɔŋ³⁵in₂₁¹³ɔi¹³lɔi₂₁¹³kɔŋ²¹,ŋai¹³i²¹tʂak³ŋai₄₄¹³pɔk³ciɔk³mɔi⁵³tʂη⁰.e₂₁.

（就是称老公的前妻她的母亲……）称称欸前妻个母亲就驳脚娭子，姆。tʂʰən₄₄³⁵tʂʰən³⁵ei₂₁tsʰien¹³tsʰi₄₄⁵³ke⁵³mu²¹tsʰin₄₄⁵³tsʰiəu₄₄³pɔk³ciɔk³ɔi³⁵tʂη⁰,m̩₂₁.（那是老公的前妻。）欸，看呐让门子啊，有只驳脚个关系，就系……关键就系称老公第二只老婆。老公第一只老婆死咁哩，在箇只情况下。孀死，如果离婚个，有……不存在箇只关系，唔称驳脚。e₂₁,kʰɔn⁵³na⁰ɲiɔŋ⁵³məŋ₄₄¹³tsa⁰,iəu³⁵tʂak³pɔk³ciɔk³ke₄₄³kuan₄₄⁵³çi₄₄⁵³,tsʰiəu₄₄³xe₄₄⁵³⋯kuan⁵³cien₄₄⁵³tsʰiəu₄₄³xe₄₄⁵³tʂʰən₄₄³lau¹³kəŋ⁰tʰi₄₄⁵³ɲi¹³tʂak³lau²¹pʰo¹³.lau²¹kəŋ³⁵tʰi¹³iet³tʂak³lau²¹pʰo¹³si²¹kan²¹ni⁰,tsʰai₄₄³kai⁵³tʂak³tsʰin₂₁¹³kʰɔŋ₄₄³çia₄₄⁵³.maŋ¹³si²¹,η̩³ko²¹li¹³fən³⁵cie⁵³,mau¹³⋯pət³tsʰən¹³tsʰai⁵³kai₂₁³tʂak³kuan⁵³çi⁵³,n̩¹³tʂʰən³⁵pɔk³ciɔk³.（就是已经去世的那个。）欸已经去世个，死嘿哩老婆个人，嗯，渠系就后背就……e₂₁i²¹₂₁cin³⁵tʂʰη̩⁵³ʂη̩⁵³ke₄₄⁵³,si²¹xek³li⁰lau²¹pʰo¹³ke⁵³ɲin₄₄⁵³,n̩₂₁,ci¹³xe₄₄⁵³tsʰiəu³⁵xei⁵³pɔi₄₄⁵³tsʰiəu₄₄³⋯（驳脚妹子。）驳脚妹子，欸。打比一只男子人，渠箇妹子嫁下别人家屋下，死咁哩，系唔系？渠箇只婿郎嘞，渠箇只婿郎嘞，又讨过只老婆，讨过只老婆。本本有关系。欸。箇就驳脚妹子。姆。pɔk³ciɔk³mɔi⁵³tʂη⁰,e₂₁.ta²¹pi²¹iet³tʂak³lan¹³tʂη⁰ɲin¹³,ci¹³kai⁵³₄₄mɔi¹³tʂη⁰ka⁵³a₄₄⁰(←xa⁵³)pʰiek⁵in₄₄¹³ka₄₄⁵³uk³xa₄₄⁵³,si²¹kan²¹ni⁰,xei⁵³me⁵³(←m̩¹³xe⁵³)?ci¹³kai₂₁⁵³tʂak³sei⁵³lɔŋ₂₁¹³lei⁰,ci¹³kai⁵³tʂak³sei⁵³lɔŋ₂₁¹³lei⁰,iəu₄₄³tʰau²¹kɔ⁵³tʂak³lau²¹pʰo¹³₄₄,tʰau²¹kɔ⁵³tʂak³lau²¹pʰo¹³₄₄.pən²¹pən²¹iəu³⁵kuan³⁵₄₄çi⁵³,e₂₁.kai₂₁³tsʰiəu₄₄³pɔk³ciɔk³mɔi⁵³tʂη⁰.m̩₂₁.

（二）丧葬

烧落气笼

死哩人个路子最多，最复杂。死啊下来人……箇个人一死啊下来吵，就要烧落气笼。si²¹li⁰ɲin¹³ke⁵³₄₄ləu⁵³tsɿ⁰ tsei⁵³to³⁵₄₄,tsei⁵³fuk³ tsʰait⁵.si²¹a⁰ xa⁵³₄₄ləi²¹₂ɲin¹³₂₁…kai⁵³₄₄ke⁵³₄₄ɲin¹³iet³ si²¹a⁰ xa⁵³₄₄ləi¹³₂₁ʂa⁰,tsʰiəu⁵³₄₄ɔi⁵³₄₄ʂau³⁵lɔk⁵ çi⁵³₄₄ləŋ²¹.

（怎么烧法呢？）烧……就系舞倒箇草纸啊，装下箇个装下箇个箧箱子肚里啊，就箇只箱子就安做笼啊。欸。就当天烧分烧哇烧哇。欸。同时最好是还爱还爱写，还爱上背搞块子封皮呢。搞块子封皮哩。安做"起身之期"。为为欸为么人箇箇张箇个箇箇个箇个笼上咯还爱用舞张子纸，用红纸，写张咁个单子，欸，"起身之期"，起身了，架势走了，唔，归去了，"起身之期"。欸。ʂau³⁵₄₄…tsʰiəu⁵³₄₄xei⁵³₄₄u⁰₄₄tau²¹kai⁵³₄₄tsʰau²¹tsɿ⁰ za⁰,tsɔŋ³⁵a⁰ kai⁵³ke⁵³₄₄ tsɔŋ³⁵a⁰ kai⁵³₄₄ke⁵³₄₄miet⁵ sɔiŋ³⁵tsɿ⁰ təu²¹li⁰ a⁰,tsʰiəu⁵³₄₄kai⁵³tsak⁵ sɔiŋ³⁵tsɿ⁰ tsʰiəu⁵³₄₄ɔn⁴⁴₄₄tso⁵³₄₄ləŋ²¹ŋa⁰.e₂₁.tsʰiəu⁵³₄₄tɔŋ³⁵tʰien³⁵ʂau³⁵₄₄pən⁴⁴₄₄ʂau³⁵ua⁰ ʂau³⁵ua⁰.e₂₁.tʰəŋ¹³₂₁sɿ¹³₂₁tsei⁵³xau²¹sɿ⁵³₄₄ xa²¹₂₁ɔi⁵³₄₄xa²¹₂₁ɔi⁵³ sia²¹,xai²¹₂₁ɔi⁵³₄₄ʂɔŋ⁵³₄₄pɔi⁵³₄₄kau²¹kʰuai⁵³tsɿ⁰ fəŋ³⁵ pʰi⁵³₄₄nei⁰.kau²¹kʰuai⁵³tsɿ⁰ fəŋ³⁵ pʰi⁵³₄₄li⁰.ɔn⁴⁴₄₄tso⁵³₄₄çi⁵³ ʂən⁴⁴₄₄tsɿ³⁵₄₄cʰi¹³.uei⁵³ uei⁵³ e₂₁uei⁵³mak³ ɲin¹³kai⁵³kai⁵³tsɔŋ³⁵kai⁵³ke⁵³₄₄kai⁵³₄₄kai⁵³ke⁵³ kai⁵³ke⁵³₄₄ləŋ²¹ʂɔŋ³⁵ko⁰ xa²¹₂₁ɔi¹³iəŋ⁴⁴₄₄u²¹tsɔŋ⁴⁴₄₄tsɿ⁰ tsɿ⁵³,iəŋ⁵³fəŋ³⁵tsɿ²¹,sia²¹ tsɔŋ³⁵₄₄kan²¹ke⁵³₄₄tan³⁵tsɿ⁰,e₂₁,çi²¹ ʂən⁴⁴₄₄tsɿ³⁵₄₄cʰi¹³,çi²¹ʂən³⁵liau⁰,cia⁵³sɿ⁰ tsei⁵³liau⁰,m̩₂₁,kuei³⁵ çi⁵³liau⁰,çi²¹ʂən⁴⁴₄₄tsɿ³⁵₄₄cʰi¹³₂₁.e₂₁.

（这是最最开始死刚刚死了之后就就要做的，是吧？）箇是最箇正眼珠正死，安做落气笼。烧落气笼。唔。kai⁵³₄₄sɿ⁵³₄₄tsei³⁵sɿ⁵³₄₄kai⁵³tʂaŋ³⁵ŋan²¹tʂəu³⁵₄₄tʂaŋ⁵³si²¹,ɔn⁴⁴₄₄tso⁵³₄₄lɔk⁵ çi⁵³ləŋ²¹.ʂau³⁵lɔk⁵ çi⁵³ləŋ²¹m̩₂₁.

（这个这个笼要烧掉，是吧？）要烧哇。就系草纸啊。草纸装……草纸用么个装稳呢？箇就比较多啊。草纸比较多，不能咁子不能咁子欸咁子……安做咁子烧，就咁子随便烧安做烧散纸。散纸也爱滴子欸箇是。就爱烧笼。爱烧落气笼。正落气呀。iau⁵³ʂau³⁵₄₄ua⁰.tsʰiəu⁵³xei⁵³tsʰau²¹tsɿ²¹za⁰.tsʰau²¹tsɿ²¹tʂɔŋ…tsʰau²¹tsɿ²¹iəŋ⁵³mak³ ke⁵³tʂɔŋ³⁵uən²¹ne⁰?kai⁴⁴₄₄tsʰiəu⁵³₄₄pi²¹ciau⁴⁴₄₄to³⁵a⁰.tsʰau²¹ tsɿ²¹pi²¹ciau⁴⁴₄₄to³⁵,pət³ len¹³kan²¹tsɿ⁰ pət³ len¹³kan²¹tsɿ⁰ ei₄₄kan²¹tsɿ⁰ s…ɔn³⁵tso⁵³₄₄kan²¹tsɿ⁰ ʂau³⁵,tsʰiəu⁵³kan²¹tsɿ⁰ sei¹³pʰien⁵³ʂau³⁵ɔn⁴⁴₄₄tso⁵³₄₄ʂau³⁵san²¹tsɿ²¹.san²¹tsɿ²¹ia³⁵₄₄ɔi⁴⁴₄₄tiet⁵ tsɿ⁰ ei₄₄kai⁵³sɿ⁵³.tsʰiəu⁵³₄₄ɔi⁴⁴₄₄ʂau³⁵ləŋ²¹.ɔi⁴⁴₄₄ʂau³⁵lɔk⁵ çi⁵³ləŋ²¹.tʂaŋ⁵³₄₄lɔk⁵ çi⁵³ia⁰.

（这个烧落气笼就是烧散纸，是吧？）欸，渠等话是话烧落气笼。ei₂₁,ci¹³ tien⁰ua⁵³sɿ⁵³₄₄ua⁴⁴₄₄ʂau³⁵lɔk⁵ çi⁵³ləŋ²¹.唔系烧散纸欸，就烧烧……整……整箱整箱个纸啊。欸，渠做只箇做成只箇你你去看唉，我哪时候带你去看下子。落气嗯个笼啊。迷信个栏场个。n̩¹³tʰe₄₄(←xe⁵³)ʂau³⁵san²¹tʂʅ²¹e⁰,tsʰiəu₄₄ʂau₄₄ʂau₄₄pi···
tʂən²¹···tʂən²¹siɔŋ³⁵tʂən²¹siɔŋ³⁵ke₄₄tʂʅ²¹a⁰.e₂₁,ci¹³tso⁵³tʂak³kai₄₄tso⁵³ʂaŋ₂₁tʂak³kai³ɲi¹³
ɲi₂₁cʰi₄₄kʰɔn⁵³nau⁰,ŋai¹³nai₄₄ʂʅ₄₄xəu₄₄tai³ɲi₂₁cʰi₄₄kʰɔn⁵³na⁰tsʅ⁰.lɔk⁵çi₄₄n̩₂₁ke⁵³ləŋ²¹
ŋa⁰.mei¹³sin⁵³ke⁵³laŋ₂₁tʂɔŋ₂₁ke⁵³.

（噢，它是纸扎的还是怎么的？）欸，篾箕个。篾织……竹子织个。
也……以下是有也有纸壳箱个。舞嘿纸壳箱装倒唠。e₂₁,miet⁵sak³ke₄₄.miet⁵
tʂət³···tʂouk³tsʅ⁰tʂət³cie⁵³.ia₂₁···i²¹xa₄₄ʂʅ₄₄iəu³ia³iəu₄₄tʂʅ²¹kʰɔk³siɔŋ³⁵ke₀.u²¹xek³
tʂʅ²¹kʰɔk³siɔŋ³⁵tʂɔŋ³⁵tau²¹lau⁰.（没有用木头做的吧？）有得，箇唔用木头，唔
做。唔用树做，箇箇烧起唔得□燃烧殆尽咯。欸。mau¹³tek³.kai⁵³n̩¹³iəŋ⁵³muk⁵
tʰəu⁰,n̩¹³tso⁵³.n̩¹³ɲiəŋ⁵³ʂəu⁵³tso⁵³,kai₄₄kai₄₄ʂau₄₄çi₄₄n̩₂₁tek³kɔ₄₄kɔ⁰.e₂₁.

擦身

（给那个死者那个擦身子叫什么？）都系装殓个一只过程，一只阶段。
唔，渠箇讣告上嘞渠就系……也有得么个它。擦身唉，擦擦擦身子。欸。
由亲人同渠去搞。唔。也有滴怕，亲人呢怕，后生人吵唔敢搞吵，也有请
人个，请人。təu³⁵xe⁵³tsɔŋ³⁵lian⁵³ke₄₄iet³tʂak³kɔ⁰tsʰən¹³,iet³tʂak³kai³⁵tɔn⁵³.m̩₂₁,ci¹³
kai₄₄fu⁵³kau₄₄xɔŋ⁵³lei⁰ci¹³tsiəu⁵³xei⁵³···ia³⁵mau¹³tek³mak³e⁵³(←ke⁵³)tʰa⁰.tsʰait⁵ʂən³⁵
nau⁰,tsʰait⁵tsʰait⁵tsʰait⁵ʂən³⁵tsʅ⁰.e₂₁.iəu₂₁tsʰin³⁵ɲin₂₁tʰəŋ₂₁ci₂₁çi³⁵kau²¹.m̩₂₁.ia³⁵iəu³tet³
pʰa⁵³,tsʰin³⁵ɲin₂₁ne⁰pʰa⁵³,xei⁵³saŋ₄₄ɲin₂₁ʂa⁰ŋ̍¹³kan²¹kau²¹ʂa⁰,ia³⁵iəu₄₄tsʰiaŋ²¹ɲin¹³
cie⁵³,tsʰiaŋ²¹ɲin¹³.（请一些老人？）请箇咁个年纪大滴子个，唔怕死……唔
怕死人个人。有专门搞咁样路子个人咯。tsʰiaŋ²¹kai⁵³kan²¹cie⁵³ɲien¹³ci²¹tʰai⁵³tiet⁵
tsʅ⁰cie⁵³,m̩¹³pʰa⁵³si²¹···m̩¹³pʰa⁵³si²¹ɲin₂₁cie⁵³ɲin₂₁.iəu₄₄tʂen⁵³mən⁰kau²¹kan²¹iɔŋ₄₄ləu⁵³
tsʅ⁰ke₄₄ɲin₂₁kɔ⁰.（哦，有专门做的？）唔。还有封殡呢请人呢。封殡呢请人
呢，爱只红包啦。欸。爱只爱爱爱只红包啦。m̩₂₁.xai₂₁iəu₄₄fəŋ³⁵pin⁵³ne⁰tsʰiaŋ²¹
ɲin₂₁ne⁰.fəŋ³⁵pin⁵³ne⁰tsʰiaŋ²¹ɲin¹³ne⁰,ɔi⁵³tʂak³fəŋ⁵³pau₄₄la⁰.e₂₁,ɔi₄₄tʂak³ɔi₄₄ɔi₄₄ɔi⁵³
tʂak³fəŋ⁵³pau₄₄la⁰.（一般抹是抹几下呢？）箇冇得规定，冇得规定抹几多下
冇得。kai⁵³mau¹³tek³kuei³⁵tʰin⁵³,mau¹³tek³kuei³⁵tʰin⁵³mait⁵ci²¹tɔ₄₄xa³⁵mau₄₄tek³.（平
江是前七后八。）哦，冇得。o₂₁,mau¹³tek³.（前面抹七下，后面还抹八下。）
哦哦哦哦，冇得。以映冇得。冇得。哎呀，渠等还有咁规矩啊？o₂₁o₂₁o₂₁
o₂₁,mau¹³tek³.i²¹iaŋ₄₄mau¹³tek³.mau¹³tek³.ai₃₅ia⁰,ci₄₄tien⁵³xai₂₁iəu₄₄kan²¹kuei³⁵tsʅ²¹a⁰?
（哦，抹哪些位置呢？）以欸佢他，渠去……箇就听你啦。有滴是……有
滴人是象征性抹下子啊，有滴人死得干干净净个人呢。有滴就死得滴屎滴
尿个人呢，髹愁死人哩啊，系唔系？愁死人个就箇脱嘿衫裤来同渠抹呀，
身上都抹呀。有滴是只爱抹下子嘴呀，有滴干干净净就咁子死嘿哩个。箇

就随便呢，随意呀。欸。就就系只过程。i²¹ei₂₁iei₂₁iei₂₁,ci¹³çi⁵³···kai⁵³tsʰiəu⁵³tʰin⁵³ɲi¹³la⁰.iəu³⁵tet⁵ʂʅ⁵³···iəu³⁵tet⁵ɲin¹³ʂʅ⁵³siəŋ⁵³tʂən³⁵sin⁵³mait⁵a₄₄tsa⁰,iəu³⁵tet⁵ɲin¹³si²¹tek³kɔn³⁵kɔn₄₄tsʰin⁵³tsʰin₄₄ke⁵³ɲin₄₄ne⁰.iəu³⁵tet⁵tsʰiəu₄₄si²¹tek³lai¹³ʂʅ²¹lai³ɲiau⁵³ke₄₄ɲin₄₄ne⁰,ɲia¹³tsʰei⁵³si²¹ɲin¹³li⁰a⁰,xei⁵³me₄₄(←m̩¹³xe⁵³)?tsʰei⁵³si²¹ɲin¹³ke⁵³tsʰiəu₄₄kai⁵³tʰɔk³ek³san³⁵fu⁵³lɔi₂₁tʰəŋ₂₁ci₂₁mait³ia⁰,ʂən³⁵xəŋ₄₄təu⁵³mait³ia⁰.iəu³⁵tet⁵ʂʅ₄₄tsʅ²¹ɔi₄₄mait³a⁰tsʅ⁰tʂɔi⁵³ia⁰,iəu³⁵tet⁵kɔn³⁵kɔn₄₄tsʰin⁵³tsʰin₄₄tsʰiəu⁵³kan²¹tsʅ⁰si²¹xek³li⁰ke⁰.kai₄₄tsʰiəu⁵³sei₄₄pʰien⁵³ne⁰,sei¹³i⁵³ia⁰.e₂₁.tsʰiəu₄₄tsʰiəu₄₄xei₂₁tʂak⁵ko⁵³tʂʰən¹³.（有的地方是额头抹一下，手心抹一下，脚······脚心抹一下，就这么完了。）哦哦哦，哦。o₄₄o₄₄o₂₁,o₂₁.我爷子嗯嗯嗯我爷子过身就伶伶俐俐，身上么啊都有得，就象征性个同渠抹哩下子就要得哩啊。ŋai¹³ia¹³tsʅ⁰ŋ̩₄₄ŋ̩₄₄ŋ̩₄₄ŋai¹³ia¹³tsʅ⁰ko⁵³ʂən³⁵tsʰiəu₄₄lin¹³lin¹³li⁵³li⁵³,ʂən₄₄xəŋ⁵³mak³a⁰təu₄₄mau₂₁tek³,tsʰiəu₄₄siəŋ⁵³tʂən₄₄sin₄₄ke₄₄tʰəŋ₂₁ci₂₁mait³li⁰xa₄₄tsʅ⁰tsʰiəu₄₄iau³tet³lia⁰.

装殓

入殓之前就爱装啊，欸，爱装殓呢。爱搞装殓呢。第二只就爱装殓呢。（妆，化妆的妆啊？）爱同渠······欸，爱同渠洗面。嗯。爱同渠分身上个□邋箇个着个衫裤换嘿去，欸，搞倒有血啊有痰箇只个衫裤啊换嘿去。爱同渠抹净身上来，有漓哩屎箇只啦，欸，吐哩血箇只，爱同渠搞净来身上。欸。爱同渠着······着衫。ɲiet³lian⁵³tsʅ³⁵tsʰien₂₁tsʰiəu⁵³ɔi₄₄tsɔŋ³⁵ŋa⁰,e₂₁,ɔi₄₄tsɔŋ³⁵lian⁵³ne⁰.ɔi₄₄kau²¹tsɔŋ³⁵lian⁵³ne⁰.tʰi⁵³ɲi⁵³tʂak³tsʰiəu₄₄ɔi₄₄tsɔŋ³⁵lian⁵³ne⁰.ɔi⁵³tʰəŋ₂₁ci₂₁s···e₂₁,ɔi⁵³tʰəŋ₂₁ci₂₁se²¹mien⁵³.ṇ₂₁.ɔi⁵³tʰəŋ₂₁ci₂₁pən³⁵ʂən³⁵xəŋ⁵³ke⁵³li¹³lait³kai₄₄ke₄₄tʂɔk³ke⁰san³⁵fu₄₄uɔn⁵³nek³(←xek³)çi⁵³,e₂₁,kau²¹tau²¹iəu³çiet³a⁰iəu³tʰan₂₁kai₄₄tʂak³ke₄₄san₂₁fu₄₄a⁰uɔn⁵³na⁰çi⁵³.ɔi⁵³tʰəŋ₂₁ci₄₄mait³tsʰiaŋ⁵³ʂən³⁵xəŋ⁵³lɔi₂₁,iəu₄₄lai¹³li⁰ʂʅ²¹kai⁵³tʂak³la⁰,ei₂₁,tʰəu²¹li⁰çiet³kai₄₄tʂak³,ɔi⁵³tʰəŋ₂₁ci₂₁kau⁰tsʰiaŋ⁵³lɔi₂₁ʂən₄₄xəŋ₄₄.e₂₁.ɔi⁵³tʰəŋ₂₁ci₂₁tʂɔk³···tʂɔk³san³⁵.

（那个水要水要到哪里去弄啊？）哈？箇水都唔爱唔爱紧，搞滴子······搞滴水。随便搞滴水凑。一般就系亲人，身边个人同渠搞做只事，欸，同渠换了衫裤去，同渠洗净来。嗯。面上抹净来，着上着好着上箇个装死个衫裤，衫裤鞋袜，装正来，放正箇个凳上，欸放正箇个睏椅上，一张欸睏椅咁子仰仰子睡倒，或者放倒木床，放倒门板上。xa³⁵?kai₄₄sei²¹təu³⁵ṃ¹³mɔi³⁵ṃ̩¹³mɔi³⁵cin²¹.kau²¹tet⁵tsʅ⁰ʂ···kau²¹tet⁵sei²¹.sei²¹pʰien⁵³kau⁰tet⁵sei₂₁tsʰe⁰.iet³pɔn³⁵tsʰiəu⁵³xe⁵³tsʰin³⁵ɲin₂₁,ʂən³⁵pien₄₄ke₄₄ɲin¹³tʰəŋ₂₁ci₂₁kau⁵³tso⁵³i²¹tʂak³ʂʅ⁵³,e₂₁,tʰəŋ₂₁ci₄₄uɔn⁵³liau⁰san³⁵fu₄₄çi⁵³,tʰəŋ₂₁ci₂₁se²¹tsʰiaŋ⁵³lɔi₂₁.ṃ₂₁.mien₄₄xəŋ⁵³mait³tsʰiaŋ⁵³lɔi₂₁,tʂɔk³ʂɔŋ³⁵tʂɔk³xau²¹tʂɔk³ʂɔŋ³⁵kai⁵³ke₄₄tsɔŋ³⁵si²¹ke₄₄san³⁵fu⁵³,san³⁵fu⁵³xai¹³

mait³,tsɔŋ³⁵tʂaŋ⁵³lɔi¹³₂₁,fɔŋ⁵³tʂaŋ⁵³kai⁵³ke₄₄tien⁵³xɔŋ⁵³,ŋe₂₁fɔŋ⁵³tʂaŋ⁵³kai⁵³ke₄₄kʰuən⁵³i³;²¹
xɔŋ⁵³,iet³tʂɔŋ₄₄³⁵e₃₅kʰuən⁵³i³²¹kan²¹tsʔ⁰ŋɔŋ³⁵ŋɔŋ³⁵tsʔ⁰ʂɔi³icɕ⁵³tau⁵³,xɔit³tʂa²¹fɔŋ⁵³tau²¹muk³
tsʰɔŋ¹³,fɔŋ⁵³tau²¹mən¹³pan²¹xɔŋ⁵³.

入殓

好，装正哩以后嘞，敲锣打鼓，放下棺材里去。就分人就去传倒棺材下来。xau²¹tsɔŋ³⁵tʂaŋ⁵³li⁰i³⁵xei₄₄⁵³le⁰,kʰau²¹lɔ₂₁¹³ta²¹ku²¹,fɔŋ₄₄⁵³xa₄₄⁵³kɔn³⁵tsʰɔi₂₁²¹li⁰ɕi⁵³.tsʰiəu₄₄⁵³pən³⁵ɲin₂₁¹³tsʰiəu₄₄⁵³ɕi₄₄⁵³tʂɔŋ¹³tau²¹kɔn⁵³tsʰɔi₂₁²¹xa₄₄⁵³lɔi₂₁.

（这个呃装那个的时候啊他那个什么地方要点个灯吧？）爱点灯盏，欸，爱点等哩。ɔi⁵³tian²¹tien³⁵tsan²¹,e₂₁,ɔi₄₄⁵³tian⁵³ten₂₁¹³li⁰.（哦，那个灯叫什么灯？）唔晓得安做么个灯嘞，安做落气灯吧？爱点盏灯盏，系，日里都爱点盏灯。n̩¹³ɕiau²¹tek³ɔn₄₄³⁵tso₄₄⁵³mak⁵e⁰tien₃₅⁵³le⁰,ɔn₄₄³⁵tso₄₄⁵³lɔk⁵ɕi⁵³tien⁵³pa⁰?ɔi⁵³tian⁵³tsan⁵³tien³⁵tsan²¹,xe₄₄⁵³ɲiet³li⁰təu₄₄³⁵ɔi₄₄⁵³tian²¹tsan²¹tien₄₄³⁵.（叫不叫长明灯？）怕是安做长明灯吧？我唔晓得，唔知安做长明灯呐安做么个灯。pʰa₄₄⁵³ʂʅ⁰ɔn₄₄³⁵tso₄₄⁵³tʂɔŋ₂₁¹³min₂₁ten₄₄³⁵pa⁰?ŋai¹³n̩₄₄¹³ɕiau²¹tek³,n̩¹³ti₃₅³⁵ɔn₄₄³⁵tso₄₄⁵³tʂɔŋ₂₁¹³min₄₄¹³ten₃₅⁵³na⁰ɔn₄₄³⁵tso⁵³mak⁵e⁰ten₄₄³⁵.

（哦，那个，那个洗净以后脸上要放张纸吧？）箇是怕莫分别家看倒，舞块布蒙稳唠。kai₄₄⁵³ʂʅ₄₄³⁵pʰa₄₄⁵³mɔk⁵pən³⁵pʰiet₃⁵a⁰kʰɔn⁵³tau⁵³,u²¹kʰuai₄₄³⁵pu⁵³maŋ³⁵uən²¹nau⁰.（用布啊？）嗯，用布哇。m̩₂₁,iəŋ₄₄³⁵pu⁵³ua⁰.（不用黄……草纸吗？）唔，唔用草纸。用布蒙稳。n̩¹³,n̩¹³ɲiəŋ₄₄⁵³tsʰau²¹tʂʅ⁵³.iəŋ₄₄³⁵pu⁵³maŋ³⁵uən²¹.（那个布叫什么？）有得么啊话法。有得么个话法。只系遮倒莫分别人家看呢。舞条面巾子也做得，舞条毛巾呐，蒙稳面上啊，蒙稳箇只面莫分别人家看呐。渠是搞么啊莫分别人家看呢？就怕渠有咁个唔唔安详啊，死哩以后眼珠暴暴哩箇只嘞，系唔系啊？怕难看。mau¹³tek³mak⁵a⁰ua⁵³fait³.mau¹³tek³mak⁵ke⁰uait⁵.tʂʅ⁵³xe₄₄⁵³tʂa⁵³tau⁵³mɔk⁵pən₄₄³⁵pʰiet₃⁵in₄₄¹³ka₄₄³⁵kʰɔn⁵³ne⁰.u²¹tʰiau¹³mien⁵³cin₄₄³⁵tsʅ⁰a₄₄³⁵tso⁵³tek³,u²¹tʰiau¹³mau¹³cin³⁵na⁰,maŋ³⁵uən²¹mien⁵³xɔŋ₄₄⁵³ŋa⁰,maŋ³⁵uən²¹kai₄₄⁵³tʂak³mien⁵³mɔk⁵pən₄₄³⁵pʰiet₃⁵in₄₄¹³ka₄₄³⁵kʰɔn⁵³nei⁰?tsʰiəu₄₄⁵³pʰa⁵³ci₂₁¹³iəu³⁵kan²¹ke⁵³n̩¹³n̩¹³ŋɔŋ³⁵tsʰiɔŋ₂₁¹³ŋa⁰,si⁵³li¹³i³⁵xei₄₄⁵³ŋan²¹tʂəu³⁵pau⁵³pau¹³li⁰kai₄₄⁵³tʂak³le⁰,xei₃₅⁵³mia⁰(←m̩¹³xei³a⁰)?pʰa⁵³nan¹³kʰɔn⁵³.

（入殓的时候有什么讲究？）爱打锣鼓，箇就爱敲锣打鼓，欸。ɔi₄₄⁵³ta⁵³lo¹³ku²¹,kai₄₄³⁵tsʰiəu₄₄⁵³ɔi₄₄⁵³kʰau³⁵lo₄₄¹³ta²¹ku²¹,e₂₁.（那这个锣鼓还没请过来呢？）箇些唔系分人就去借啊？分人就去借倒来呀。欸。就搞滴人来呀，打爆竹哇，打下子锣鼓哇，欸，搞几个子人呢。kai₄₄⁵³ɕie₃₅³⁵n̩₂₁¹³me₄₄(←m̩¹³xe⁵³)pən³⁵ɲin₂₁¹³tsʰiəu₄₄⁵³ɕi₄₄⁵³tsia⁵³a⁰?pən³⁵ɲin₂₁¹³tsʰiəu₄₄⁵³ɕi₄₄⁵³tsia⁵³tau²¹lɔi₂₁ia⁰.e₄₄,tsʰiəu₄₄⁵³kau²¹tet⁵ɲin¹³nɔi₂₁¹³ia⁰,ta²¹pau⁵³tʂəuk³ua⁰,ta²¹xa₄₄⁵³tsʅ⁰lo¹³ku²¹ua⁰,e₂₁,kau²¹ci¹³ke⁵³tsʅ⁰ɲin₂₁¹³ne⁰.

（那个那这个他入殓之前还要把那些什么关键人要请过来吧？）欵
欵，箇个是系唠。尽量能够请得过来个就尽量请过来。e₄₄e₂₁,kai⁵³ke⁵³ʂʅ⁵³xei⁵³
lau⁰.tsʰin⁵³liɔŋ⁵³len¹³ciau⁵³tsʰiaŋ²¹tek³ko⁵³lɔi₄₄ke₄₄tsʰiəu₄₄⁵³tsʰin⁵³liɔŋ⁵³tsʰiaŋ⁵³ko⁵³lɔi₄₄.

就系也就也就系死嘿哩以后你不能再放下间里，房间里啊。也不能放
下厅……呃，也不能放下厅子食饭厅子里，欵，你爱舞倒舞只棺材下来，
爱放棺材肚里。怕渠有箇个唦。放下棺材肚里就落哩心唦。你又怕怕老鼠
箇只啮咯，一下嚠照顾得箇只，系唔系？嗯，怕老鼠挖眼珠箇只咯。就一
只咁个意思，就放下棺材肚里去了。入殓。tsʰiəu₄₄⁵³xei³³ia³⁵tsʰiəu₄₄ia³⁵tsʰiəu₄₄xei₄₄
si²¹xek³li⁰i³⁵xei₄₄ɲi¹³pət³lən¹³tsai⁵³fɔŋ⁵³xa⁰kan³⁵ni⁰,fɔŋ¹³kan₄₄ni²¹a⁰.ia³⁵pət³lən¹³fɔŋ⁵³
xa⁰tʰaŋ···ua₄₄,ia³⁵pət³lən¹³fɔŋ⁵³xa⁰tʰaŋ³⁵tsʅ⁰ʂət³fan⁰tʰaŋ³⁵tsʅ⁰li²¹,ei₂₁,ɲi²¹ɔi⁵³u²¹tau⁰
u²¹tʂak³kɔn³⁵tsʰɔi₂₁xa₄₄lɔi₂₁,ɔi₄₄fɔŋ₄₄kɔn³⁵tsʰɔi₂₁təu²¹li⁰.pʰa⁵³ci₂₁iəu³⁵kai₄₄ke⁵³ʂa⁰.fɔŋ₄₄
xa⁵³kɔn³⁵tsʰɔi₂₁təu²¹li⁰tsʰiəu₄₄lɔk⁵li⁰sin³⁵ʂa⁰.ɲi¹³iəu⁵pʰa⁵³pʰa⁵³lau¹tsʰəu²¹kai⁵³tʂak³
ŋait³ko⁰,iet³xa₄₄maŋ₂₁tʂau⁵³ku₂₁tek³kai₂₁tʂak³,xei₄₄me₄₄(←m̩¹³xe⁵³)?ən₂₁,pʰa₄₄⁵³lau³
tsʰəu²¹ua³⁵ŋan²¹tʂəu₄₄kai₄₄tʂak³ko⁰.tsʰiəu₂₁iet³tʂak³kan²¹ke₄₄i⁵³sʅ⁰,tsʰiəu⁵³fɔŋ₄₄xa⁵³
kɔn³⁵tsʰɔi₂₁¹³təu²¹li⁰çi⁵³liau⁰.ɲiet⁵lian⁵³.

（哦，这个要把要把他的那个比方说这个舅舅啊什么这些关键人物请
过来看一下才能够入殓吧？）欵，箇入殓可以。箇唔限定。箇唔不一定。
e₂₁,kai₄₄⁵³ɲiet⁵lian⁵³kʰo²¹i³⁵.kai⁵³m̩¹³kʰan₄₄²¹tʰiaŋ⁵³.kai⁵³m̩¹³pət³iet³tʰin⁵³.（不一定啊？）
欵。你入哩殓你还可以看得倒咯，还可以见得倒咯，有滴有滴亲人来哩渠
也打开棺材盖来见下子咯。欵。e₂₁,ɲi₄₄¹³ɲiet⁵li⁰lian⁵³ɲi₄₄xai₂₁kʰo²¹i³⁵kʰɔn⁵³tek³tau²¹
ko⁰,xai₂₁kʰo²¹i³⁵cien⁵³tek³tau⁵³ko⁰,iəu³⁵tet⁵iəu³⁵tet⁵tsʰin³⁵ɲin₂₁lɔi₂₁li⁰ci₂₁a³⁵ta²¹kʰɔi³
kɔn³⁵tsʰɔi₂₁kɔi⁵³lɔi₂₁cien⁵³na⁰tsʅ⁰ko⁰.e₂₁.

（这棺材里面要垫什么东西吗？）爱哟，爱垫哎。棺材底下就有块板，
七只眼，安做七星板。七星板。七星板面上呢放块布，安做弥抹席布，弥
席布哇，就代替席子个，唔系分渠直接放下板上啊。ɔi₄₄⁵³io⁰,ɔi₄₄⁵³tʰian⁵³nau⁰.kɔn³⁵
tsʰɔi₂₁¹³tei²¹xa₄₄³⁵tsʰiəu₄₄iəu₄₄kʰuai₄₄⁵³pan²¹,tsʰiet³tʂak³ŋan²¹,ɔn³⁵tso⁵³tsʰiet³sin₄₄
pan⁵³.tsʰiet³sin₄₄pan⁵³.tsʰiet³sin³⁵pan²¹mien⁵³xɔŋ⁵³nei⁰fɔŋ⁵³kʰuai⁵³pu⁵³,ɔn³⁵tso⁵³mien¹³
tsʰiak³⁵pu⁵³,mi¹³tsʰiak⁵pu⁵³ua⁰,tsʰiəu₄₄tsʰɔi⁵³tʰi₄₄tsʰiak⁵tsʅ⁰ke₄₄,m̩¹³pʰe₄₄(←xe⁵³)pən³⁵
ci₂₁¹³tʂʅ⁰ət¹tsiet³fɔŋ⁵³xa₄₄³⁵pan²¹xɔŋ⁵³ŋa⁰.

（那个布上面呢？）就放倒死尸去啊，放倒箇死人去啊。tsʰiəu₄₄⁵³fɔŋ⁵³
tau²¹si²¹ʂʅ₄₄³⁵çi⁵³a⁰,fɔŋ⁵³tau²¹kai₄₄⁵³si²¹ɲin¹³çi₄₄²¹a⁰.（他不要欵还垫点什么东西？）唔
爱垫么个，唔爱垫么个。就爱直莫直接放下板上凑。欵。m̩¹³mɔi₃₅⁵³tʰian₄₄mak³
ke⁵³,m̩₂₁¹³mɔi₃₅⁵³tʰian₄₄mak³ke⁵³.tsʰiəu₄₄ɔi₄₄⁵³tʂʅ⁵mɔk⁵tʂʰət¹tsiet³fɔŋ⁵³xa₄₄⁵³pan²¹xɔŋ⁵³
tsʰe⁰.e₂₁.

哦，分死人放倒去嘞面上爱盖盖床……盖床寿被。o₂₁,pən₂₁si²¹ɲin¹³fəŋ⁵³ tau²¹çie⁵³lei⁰ mien⁵³xoŋ⁵³ɔi⁵³kɔi⁵³kɔi⁵³tsʰɔŋ₂₁ş…kɔi⁵³tsʰɔŋ₂₁şɔu⁵³pʰi₄₄.（寿……寿披？）欸，寿被，被窝啊。箇寿被是系一欸男红女绿，男个就爱红个，女个就系绿个。你只爱有一床子就有哩。冇得就爱冇得正了，搞唔赢呢，你就也可以唔爱盖。e₂₁,şɔu⁵³pʰi³⁵,pʰi³⁵pʰo₄₄a⁰.kai₄₄şɔu⁵³pʰi₄₄şɻ⁵³xei⁵³iet⁵ e₂₁lan¹³fəŋ¹³ɲy²¹liəuk⁵,lan¹³ke₄₄tsʰiəu⁵³ɔi⁵³fəŋ¹³ke₄₄ɲy²¹ke₄₄tsʰiəu₄₄xei⁵³liəuk⁵ ke₄₄.ɲi¹³tsɻ²¹ɔi¹iəu³⁵iet⁵ tsʰɔŋ₄₄tsɻ⁰ tsʰiəu₄₄iəu³⁵li⁰.mau¹³tek³ tsʰiəu⁵³ɔi⁵³mau¹³tek³ tşaŋ⁵³liau⁰,kau²¹m̩¹³iaŋ¹³nei⁰,ɲi₂₁tsʰiəu⁵³ia³⁵kʰo²¹i⁰₄₄m̩³¹mɔi₄₄kɔi⁵³.（不改啊？）嗯，欸欸，随便盖滴子么个。箇就唔限定盖寿被呀。欸，但是但是一定爱盖寿被。你可以嘞第二晡么啊时候子打开来再放。最后嘞，渠有滴是，欸，有几只细人子，有几只赖子妹子箇只系<u>唔系</u>？每只赖子都爱有寿被。m̩₂₁,ei₂₁ei₄₄,sei¹³pʰien₄₄kɔi⁵³tiet⁵ tsɻ⁰ mak³ke⁵³.kai⁵³tsʰiəu₄₄m̩¹³kʰan²¹tʰin₄₄kɔi⁵³şɔu⁵³pʰi₄₄ia⁰.e₄₄,tan₄₄şɻ⁵³tan₄₄şɻ⁵³iet⁵ tʰin₄₄ ɔi⁵³kɔi⁵³şɔu⁵³pʰi³⁵.ɲi₂₁kʰo²¹i⁵³₄₄lei⁰ tʰi₄₄ɲi⁵³pu₄₄mak³a⁰ şɻ⁵³xəu⁵³tsɻ⁰ ta²¹kʰɔi¹³lɔi₂₁tsai¹³fəŋ⁵³.tsei⁵³xei₄₄lei⁰,ci₂₁iəu¹³tet⁵ şɻ⁵³₄₄,ei₂₁,iəu¹³ci²¹tşak³ sei⁵³ɲin₂₁tsɻ⁰,iəu¹³ci²¹tşak³ lai¹³tsɻ¹ mɔi⁵³tsɻ⁰ kai⁵³₄₄tşak³ xei₄₄me₄₄.(←m̩¹³xe⁵³)?mei⁵³tşak³lai¹³tsɻ¹ təu³⁵ɔi¹iəu³⁵şɔu⁵³pʰi₄₄.（好，每一个儿子都要？一床？）欸，妹子妹子也爱一床。还有就亲人，渠话男双女单，嗯。打比样欸打比样你有五只妹子样，系唔系？五只妹子。欸，打比系男个来讲就五床寿被。女个来讲呢就爱……男男双哦，男双哦，男个就爱成双哦，欸，爱六床寿被或者用四床寿被。嗯。欸，妹子个嘞爱盖倒鲹肉，就系爱鲹肉。e₂₁.mɔi⁵³tsɻ⁰ mɔi⁵³tsɻ¹ia³⁵ɔi₄₄iet⁵tsʰɔŋ¹³.xai₂₁iəu³⁵tsʰiəu₄₄tsʰin³⁵ɲin¹³,ci₂₁ua⁵³lan¹³sɔŋ³⁵ɲy²¹tan⁵³,m̩₂₁.ta²¹pi²¹iɔŋ₄₄e₂₁ta²¹pi²¹iɔŋ₄₄ɲi¹iəu₄₄ŋ¹tşak³ mɔi⁵³tsɻ¹iɔŋ⁵³,xei⁵³me₄₄.(←m̩¹³xe⁵³)?ŋ²¹tşak³ mɔi⁵³tsɻ¹.e²¹,ta²¹pi²¹xei₄₄lan₂₁cie⁵³lɔi₂₁kɔŋ²¹ tsʰiəu₄₄ŋ¹tsʰɔŋ¹³şɔu⁵³pʰi³⁵.ɲy²¹ke⁴¹lɔi¹³kɔŋ²¹nei⁰ tsʰiəu⁵³ɔi⁵³…lan¹³lan¹³sɔŋ³⁵ŋo⁰,lan¹³sɔŋ³⁵ŋo⁰,lan¹³ke₄₄tsʰiəu₄₄ɔi₄₄tşʰən₂₁sɔŋ³⁵ŋo⁰,e₂₁,ɔi₄₄liəuk³ tsʰɔŋ⁵³şɔu⁵³pʰi₄₄xɔit⁵ tşa²¹iɔŋ₄₄si²¹tsʰɔŋ¹³şɔu⁵³pʰi³⁵.m̩₂₁.e₄₄,mɔi⁵³tsɻ⁰ ke⁵³le⁰ ɔi₄₄kɔi¹³tau²¹ɲia¹³ɲiəuk³,tsʰiəu₄₄xe⁵³ɔi₄₄ɲia¹³ɲiəuk³.（哦，就是最底下的？）第一层第一层就爱盖妹子个，盖子女个。其他还有滴别人也有送呢。tʰi¹³iet⁵ tsʰien¹³tʰi¹³iet⁵ tsʰien¹³tsʰiəu₄₄ɔi₄₄kɔi⁵³mɔi⁵³tsɻ⁰ ke₄₄,kɔi⁵³tsɻ²¹ɲ²¹ke⁵³.cʰi₂₁tʰa₄₄xai₂₁iəu³⁵tet⁵ pʰiet⁵ɲin₂₁na⁰ iəu³⁵səŋ⁵³ne⁰.（儿子的就放上面？）盖赖子个也可以唠，子女个唠。反正子女个就爱鲹稳。爱爱箇个的。你有滴是渠有么个舅爷箇滴也送床寿被来呀，欸，侄子箇只啦，也送送床寿被来哩啊。kɔi⁵³lai¹³tsɻ¹ ke₄₄a₄₄kʰo²¹i³⁵lau⁰.tsɻ¹ŋ²¹ke⁵³lau⁰.fan₂₁tşən⁵³tsɻ²¹ŋ²¹ke⁵³tsʰiəu⁵³ɔi¹ɲia¹³uən²¹.oi.oi⁵³kai⁵³cie⁵³tet⁵.ɲi¹³iəu³⁵tet⁵ şɻ⁵³₄₄ci₂₁iəu³⁵mak³ke₄₄cʰiəu³⁵ia₂₁kai⁵³tet⁵ ia¹³səŋ⁵³tsʰɔŋ₂₁şɔu⁵³pʰi₄₄lɔi₂₁ia⁰,e₂₁,tşʰət⁵tsɻ¹ kai⁵³tşak³ la⁰,ia¹³səŋ⁵³səŋ⁵³tsʰɔŋ¹³şɔu⁵³pʰi₄₄lɔi₂₁lia⁰.（那不要盖很多啊？）箇有滴就盖七八十几床个都有

哇。唔爱紧呢，都系一重子布嘞。一重子布个嘞。鲜薄嘞。唔系么啊咁咁多被窝嘞。渠就箇样东西安做寿被。得一重子布也系，两重子布也系。kai⁵³iəu³⁵tet⁵tsʰiəu⁵³kɔi⁵³tsʰiet³pait³sət⁵ci¹³tsʰɔŋ¹³ke⁵³təu₄₄³⁵iəu₄₄³⁵ua⁰.m̩²¹₂₁məi⁵³cin²¹nei⁰,təu³⁵xe⁵³iet³ts̺ʰən²¹₂₁tsʅ⁰pu⁵³le⁰.iet³ts̺ʰən²¹₂₁tsʅ⁰pu⁵³ke₄₄⁵le⁰.sen³⁵pʰɔk⁵le⁰.m̩²¹₂₁pʰe₄₄(←xe⁵³)mak³aⁿkan²¹kan²¹to₄₄³pʰi³⁵pʰo₄₄³⁵le⁰.ci¹³tsʰiəu₄₄⁵³kaⁿiɔŋ₄₄³təŋ₄₄³si⁰ɔn₄₄³⁵tso₄₄⁵³sɵu⁵³pʰi₄₄⁴⁴.tek₅⁵iet₅ts̺ʰən¹³tsʅ⁰pu₄₄⁵³ia₄₄³⁵xei₄₄⁵³,iɔŋ²¹ts̺ʰən¹³tsʅ⁰pu₄₄⁵³ia₄₄³⁵xei₄₄⁴⁴.

（那个就是装……装老的时候啊，他身上穿的那些东西，比方说还要戴帽子啵？）爱哟。爱戴帽。ɔi⁵³ioⁿ.ɔi₄₄⁵³tai⁵³mau₄₄⁵³.（那个帽子叫什么帽？）寿帽哇。sɵu⁵³mau⁵³uaⁿ.（寿帽？）嗯。m̩²¹₂₁.（呃，还有别的？）寿衣呀。sɵu⁵³i³⁵iaⁿ.（寿衣？）寿……寿鞋呀。嗯。s̺ˌs̺ɵu⁵³xai¹³iaⁿ.m̩²¹₂₁.（那个寿衣包括寿裤吗？）呃，包括呀。ə²¹₂₁,pau³⁵kuait³iaⁿ.（寿衣是叫寿衣还是寿衫？）又安做装死衫。iəu⁵³ɔn₄₄³⁵tso₄₄⁵³tsɔŋ³⁵si²¹san³⁵.（还要戴什么东西吗身上？）箇有滴是会食烟个人带把烟筒噢。有滴人就渠就渠爷子渠爱同渠嘞戴只子金箍子箇只东西啰。欸。手圈呶有滴唠。有滴把……婆婆子死哩个话渠个手圈呐，分渠戴倒去啊。kai₄₄⁵³iəu³⁵tiet⁵s̺ʅ₄₄⁵³uɔi¹³sət⁵ien³⁵ke⁵³in₄₄¹³tai⁵³pa²¹ien³⁵tʰəŋ²¹₂₁ŋauⁿ.iəu³⁵tet⁵ɲin₄₄¹³tsʰiəu₄₄⁵³ci¹³tsʰiəu₄₄⁵³ci¹³ia¹³tsʅⁿci²¹ci⁵³tʰən₄₄¹³ci₄₄¹³leⁿtai²¹tsak³tsʅⁿcin³⁵kʰu⁵³tsʅⁿkai¹³tsak³təŋ¹³si⁰loⁿ.eˌə²¹₂₁,sɵu⁵³cʰien³⁵nauⁿiəu³⁵tet⁵lauⁿ.iəu³⁵tet⁵pa²¹…pʰo¹³pʰo₄₄¹³tsʅⁿsi²¹liⁿke₄₄⁵³fa₄₄⁵³ci¹³ke₄₄⁵³sɵu²¹cʰien³⁵naⁿ,pən³⁵ci²¹₂₁tai⁵³tauⁿçiⁿaⁿ.

（嘴里面要放什么东西吗？）好像嘴里爱放滴米去吧？放……渠放滴米。xau²¹siɔŋ₄₄⁵³tsɔi⁵³li²¹₂₁ɔi₄₄⁵³fɔŋ⁵³tet₅mi²¹çi₄₄¹³pa⁰?fɔŋ⁵³…ci²¹₂₁fɔŋ⁵³tet⁵mi²¹.（还有别的什么？）欸，爱……欸，还有嘞，箇箇放嘿哩箇起东西以后嘞，手里手里嘞爱做几只米馃呢。e₄₄⁴⁴,ɔi⁵³f…ə²¹₂₁,xai²¹₂₁iəu³⁵leⁿ,kai₄₄¹³kai₄₄¹³fɔŋ⁵³xek³liⁿkai₄₄⁵³çi²¹təŋ₄₄³⁵si⁰i₄₄³⁵xei₄₄⁵³leiⁿ,sɵu²¹liⁿsɵu²¹liⁿleiⁿɔi₄₄⁵³tsoⁿci²¹tsak³mi²¹koⁿneiⁿ.（哦，抓在手里面？）抓下手里，安做打狗板呢。就系到阴间去个时候子怕路上有狗。ia²¹xa⁵³sɵu²¹li²¹₂₁,ɔn₄₄⁵³tso₄₄⁵³ta²¹ciei¹³pan²¹neiⁿ.tsʰiəu₄₄⁵³xei₄₄⁵³tau⁵³in³⁵kan³⁵çi¹³ke⁵³s̺ʅ¹³xei₄₄⁵³tsʅⁿpʰa⁵³ləu⁵³xɔŋ₄₄⁵³iəu³⁵ciei²¹.（哦，拿来打狗的？）欸，欸逐狗个。狗来哩就分只米馃分渠丢嘿去。打狗板。e²¹₂₁,e²¹₂₁ciəuk⁵ciei¹³ke⁵³.ciei²¹lɔi¹³liⁿtsʰiəu⁵³pən³⁵tsak³mi²¹koⁿ²¹pən³⁵ci²¹₂₁tiəu³⁵xek³çi₄₄⁵³.ta²¹kei²¹pan²¹.

（哦。脚上穿什么呢？）脚下着寿鞋呀，一重子布个，也系一重子布个，样子像鞋呀。用……ciɔk³xa₄₄⁵³tsʅɔk³sɵu⁵³xai¹³iaⁿ,iet³ts̺ʰən¹³tsʅ⁰pu⁵³ke⁵³,ia³⁵xe₄₄⁵³iet³ts̺ʰən¹³tsʅ⁰pu⁵³ke⁵³,iɔŋ⁵³tsʅⁿtsʰiɔŋ₄₄⁵³xai¹³iaⁿ.iəŋ⁵³…（不穿袜子啊？）着袜子噢，也着袜子噢。tsɔk³mait³tsʅⁿauⁿ,ia³⁵tsɔk³mait³tsʅⁿauⁿ.（那那个袜子叫什么呢？）寿袜呀。寿鞋寿袜呀。箇唔打赤脚噢。嗯。sɵu⁵³mait³iaⁿ.sɵu⁵³xai¹³sɵu⁵³mait³iaⁿ.kai⁵³ŋ̩²¹₂₁ta²¹tsʰak³ciɔk³auⁿ.n̩²¹₂₁.

欸，还有就让门子箇箇就裤带有只么啊话法咯，有只有只……裤带呀。哦哦，袜子爱用袜带子。裤爱用裤带子，用线。渠等要……e_{21},$xai_{21}iəu^{35}$ $tsʰiəu_{44}ɲiəŋ^{53}men^{13}tsɿ^{0}kai_{44}^{53}kai_{44}^{53}tsʰiəu_{44}fu_{44}^{53}tai_{44}^{44}iəu^{35}tʂak^{3}mak_{4}^{0}a^{0}ua^{53}fait^{0}ko^{0}$,$iəu^{35}$ $tʂak^{0}iəu^{35}tʂak^{0}$…$fu^{53}tai^{13}ia^{0}.o_{21}o_{44}$,$mait^{0}tsɿ^{0}oi^{53}iəŋ^{0}mait^{0}tai^{0}tsɿ^{0}.fu^{53}oi_{44}iəŋ_{44}fu^{53}tai$ $tsɿ^{0}$,$iəŋ_{44}^{53}sien^{53}.ci^{13}tien^{0}iau_{44}^{53}s$…（那个那个带子有什么说法没有？名称？）就喊裤带呀，就喊裤带。袜带呀，裤带。用线。欸，爱用线。所以有滴人笑人家你你不要系皮带，肯做用线呐。死嘿哩就用线哟，就系笑别人家。$tsʰiəu^{53}xan^{53}fu^{53}tai^{53}ia^{0}$,$tsʰiəu^{53}xan_{44}fu^{53}tai^{53}.mait^{0}tai^{0}ia^{0}$,$fu^{53}tai^{0}.iəŋ_{44}sen^{0}.e_{21}$,$oi_{44}$ $iəŋ_{44}^{53}sen^{53}.so^{21}i_{44}^{35}iəu^{35}tet^{5}ɲin^{13}siau_{35}^{53}ɲin^{13}ka^{0}ɲi_{21}ɲi^{13}pət^{3}iau_{44}^{53}cie^{53}pʰi_{21}^{53}tai^{53}$,$xen^{21}tso^{53}$ $iəŋ_{44}^{53}sien^{53}na^{0}.si^{21}ek^{3}li^{0}tsʰiəu_{44}iəŋ_{44}sien^{53}ʂa^{0}$,$tsʰiəu^{53}xei^{53}siau_{35}^{53}pʰiet^{5}in_{21}^{53}ka^{0}$.（有没有用红线来扎一下哪个地方的？）有得。唔用红线。用白线吧？我问下子看，唔多记得哩箇个。$mau^{13}tek^{0}.m^{13}ɲiəŋ^{13}fəŋ^{13}sen^{0}.iəŋ_{44}pʰak^{5}sen^{53}pʰa^{0}?ŋai^{13}uən^{53}na_{21}$ （←xa^{53}）$tsɿ^{0}kʰan_{21}^{53}$,$ɳ^{13}to_{35}^{35}ci^{53}tek^{5}li^{0}kai^{53}cie^{53}$.

（噢，好，那个被子，寿寿寿被盖上以后呢，再接着怎么办呢？）以下就放稳箇映子正啊。盖盖盖转盖去呀。就举行举行箇个就就就可以盖几天呐。$i^{21}xa_{44}^{53}tsʰiəu_{44}fəŋ^{53}uən^{21}kai^{53}iaŋ^{13}tsɿ^{0}tʂaŋ^{53}ŋa^{0}.koi^{53}koi^{53}koi^{53}tʂon^{53}koi^{53}çi_{44}^{53}ia^{0}$. $tsʰiəu_{44}^{53}tʂɿ_{21}^{53}çin^{13}tʂʅ^{0}çin^{13}kai_{44}^{53}ke_{21}^{53}tsʰiəu^{53}tsʰiəu^{53}tsʰiəu_{44}^{53}kʰo^{21}^{35}koi^{53}ci^{21}tʰien^{53}na^{0}$.

（这个盖子盖子什么盖上？这个棺材盖？）就就进哩入哩棺就可以盖呀，怕不正讲个怕老鼠啮呀。<small>普通话：但是不钉钉子。</small>只盖稳，还可以打开来。渠还爱打开来。就系埋个头晡夜晡还爱打开来。$tsʰiəu^{53}tsʰiəu^{53}tsin^{53}li^{0}ɲiet^{5}li^{0}kon^{35}$ $tsʰiəu_{44}^{53}kʰo^{21}^{35}koi^{53}ia^{0}.pʰa^{53}puk^{5}tʂaŋ^{53}kon^{21}ke^{0}pʰa^{53}lau^{21}tʂʰəu^{21}ŋait^{3}ia^{0}$.…$tʂɿ^{21}koi^{53}$ $uən^{21}xai_{21}^{13}kʰo^{21}^{35}i^{35}ta^{21}kʰoi_{44}^{35}loi_{21}^{13}.ci^{13}xa_{21}^{53}oi^{53}ta^{21}kʰoi_{44}kʰoi_{21}loi_{21}.tsʰiəu_{44}xei_{44}mai^{53}ke^{53}tʰei^{13}pu^{35}$ $ia^{53}pu^{35}xa_{21}^{13}oi^{53}ta^{21}kʰoi_{44}^{35}loi_{21}^{13}$.

倒头饭

（欸，这个入殓以后哇邀请这个参加的人吃饭吗？）欸，爱爱请只子安做安做倒头饭。e_{21},$oi_{44}^{53}oi_{44}^{53}tsʰiaŋ^{21}tʂak^{3}tsɿ^{0}on^{35}tso_{44}^{53}on^{35}tso_{44}^{53}tau^{21}tʰei^{13}fan^{53}$.（倒头饭？）倒头饭。嗯。有滴又安做家门饭。有滴安……安做倒头饭个多。就系就系最箇场丧事让门子搞哇，喊倒滴人来呀，磋商下子，安排工夫哇，么人就去……渠爱通知亲友哟，系唔系？么人就为首哇，么个……哪晡日架势啊，么个……哪晡个日子架势去搞丧事啊，请几多个人做醮哇，做不做醮哇，系唔系啊？请西乐队吗？箇东西都都首先就商量正来就箇晡就公布一下。欸，以下就还爱请还爱报滴通知滴么个亲戚啦。通知亲戚就安做报啦。报丧啊，就报丧啊。报死呀，也就系报死呀。$tau^{21}tʰei^{13}fan^{53}.ɳ_{21}.iəu^{35}tet^{5}$

iəu⁵³ɔn₄₄³⁵tso⁵³cia³⁵mən¹³fan⁵³.iəu³⁵tiet⁵ɔn₄₄³⁵···ɔn³⁵tso⁵³tau²¹tʰei¹³fan⁵³ke⁵³to₄₄³⁵.tsʰiəu⁵³xe₄₄

tsʰiəu⁵³₄₄xe⁵³tsei⁵³kai⁵³tʂʰɔŋ²¹₂₁sɔŋ³⁵sɻ̩₄₄ɲiɔŋ¹³mən₄₄¹³tsɻ̩⁰kau²¹ua⁰,xan³⁵tau²¹tiet³ɲin₂₁¹³lɔi¹³

ia⁰,tsʰo³⁵ʂɔŋ₄₄³⁵xa³⁵tsɻ̩⁰,ŋɔn³⁵pʰai₂₁¹³kəŋ³⁵fu⁰ua⁰,mak³ɲin₂₁¹³tsʰiəu⁰çi⁵³···ci₂₁¹³ɔi₄₄¹³tʰəŋ³⁵tʂɻ̩³⁵₄₄

tsʰin³⁵iəu²¹ʂa⁰,xei₂₁¹³me₄₄(←m̩¹³xe⁵³)?mak³ɲin₂₁¹³tsʰiəu⁰uei₂₁¹³ʂəu²¹ua⁰,mak³e⁰···lai⁵³

pu³⁵ɲiet³ cia⁵³ʂɻ̩⁵³a⁰,mak³ ke⁵³···lai⁵³ pu³⁵ke₄₄⁵³ɲiet³tsɻ̩⁰ cia³⁵ʂɻ̩⁵³tʂʰɻ̩⁵³₄₄kau²¹sɔŋ³⁵sɻ̩⁵³₄₄

a⁰,tsʰiaŋ²¹ci²¹to₄₄⁵³ke⁵³ɲin₂₁¹³tso⁵³tsiau⁵³ua⁰,tso⁵³pət³ tso⁵³tsiau⁵³ua⁰,xei₄₄³⁵me₄₄(←m̩¹³

xe⁵³)a⁰?tsʰiaŋ²¹si³⁵iɔk⁵ti⁵³ma⁰?kai₄₄⁵³təŋ₄₄³⁵si⁰ təu⁵³təu³⁵ʂəu²¹sien³⁵tsʰiəu⁵³₄₄ʂɔŋ³⁵liɔŋ₂₁¹³tʂaŋ³⁵₄₄

lɔi₂₁¹³tsʰiəu⁵³₄₄kai⁵³pu⁵³tsʰiəu⁵³₄₄kəŋ³⁵pu₂₁⁵³iet³ xa⁰.ei₂₁,i²¹xa³⁵tsʰiəu⁵³₄₄xa₄₄²¹ɔi₄₄¹³tʰiaŋ³⁵xa₂₁²¹ɔi₄₄¹³

pau⁵³tiet⁵tʰəŋ³⁵tʂɻ̩³⁵₄₄tiet⁵mak³e⁰tsʰin³⁵tsʰiet³la⁰.tʰəŋ³⁵tʂɻ̩³⁵₄₄tsʰin³⁵tsʰiet³tsiəu₄₄⁵³ɔn₄₄³⁵tso⁵³₄₄

pau⁵³la⁰.pau⁵³sɔŋ³⁵ŋa⁰,tsʰiəu⁵³pau⁵³sɔŋ³⁵ŋa⁰.pau⁵³si²¹ia⁰,ia³⁵tsʰiəu⁵³₄₄xe₄₄⁵³pau⁵³si²¹ia⁰.

孝堂下

（灵堂里面布置怎么布置？）哦，布置啊？布置是，第一只嘞就棺材一放下去嘞渠就爱有块孝堂帐。安做孝堂帐。一块布拖下过去也可以啊。

o₂₁,pu⁵³tsɻ̩³⁵ɻ̩⁰a⁰?pu⁵³tsɻ̩⁵³₄₄ʂɻ̩²¹₄₄,tʰi⁵³iet³ tʂak³lei⁰tsʰiəu⁵³₄₄kɔn³⁵tsʰɔi₂₁¹³iet³ fɔŋ⁵³ŋa₄₄(←xa⁵³)çi⁵³₄₄

lei⁰ci₂₁¹³tsʰiəu⁵³₄₄ɔi₄₄¹³iəu⁰kʰuai⁵³xau³⁵tʰɔŋ₂₁¹³tʂɔŋ⁵³.ɔn³⁵tso⁵³₄₄xau³⁵tʰɔŋ¹³tʂɔŋ⁵³.iet³ kʰuai⁵³pu₂₁

tʰo²¹a₄₄(←xa⁵³)ko⁵³çi¹³a³⁵kʰo²¹¹³₄₄a⁰.（它是布做的吗？）欸，布啊。有滴就系布，有滴就系······欸······有滴就舞床晒簟呦。e₂₁,pu⁵³a⁰.iəu³⁵tet⁵ tsʰiəu⁵³₄₄xe₄₄⁵³pu⁵³,iəu⁵³

tet⁵ tsʰiəu⁵³₄₄xe⁵³···e₂₁n···iəu³⁵tet⁵ tsʰiəu⁵³₄₄u²¹tsʰɔŋ¹³sai⁵³tʰian₄₄⁵³nau⁰.（晒簟啊？）舞床晒簟，有······正有咁大哟，以子厅下咯。欸。舞床晒簟拦下倒哇。有滴就舞几块笪呀，番薯丝笪呀，拦稳呐。箇拦稳是只系第一次拦稳呢。u²¹tsʰɔŋ¹³

sai⁵³tʰian⁵³,iəu³⁵···tʂaŋ₄₄³⁵iəu³⁵kan²¹tʰai⁵³iau⁰,i²¹tsɻ̩⁰ tʰaŋ³⁵xa₄₄⁵³ko⁰.e₂₁.u²¹tsʰɔŋ¹³sai⁵³

tʰian₄₄¹³lan₂₁¹³la⁵³(←xa⁵³)tau²¹ua⁰.iəu³⁵tet⁵ tsʰiəu⁵³₄₄u²¹ci²¹kʰuai⁵³tait³ia⁰,fan³⁵ʂəu₂₁¹³sɻ̩¹³tait³

ia⁰,lan¹³uən²¹na⁰.kai₄₄¹³lan₂₁¹³uən²¹sɻ̩⁵³₄₄tʂɻ̩⁵³xe₄₄⁵³tʰi¹³iet³tsɻ̩ʰ¹³lan¹³uən²¹ne⁰.

面上再再贴······贴纸箇只，贴对子箇只嘞。灵前对呀。mien⁵³xɔŋ₄₄⁵³tsai⁵³

tsai⁵³tiet³···tiet³ tʂɻ̩²¹kai₄₄¹³tʂak³,tiet³ ti⁵³tsɻ̩⁰ kai₄₄⁵³tʂak³ le⁰.lin¹³tsʰien₂₁¹³ti⁵³ia⁰.（灵前对？）嗯。灵前对子嘞。n̩₂₁,lin¹³tsʰien₂₁¹³ti⁵³tsa⁰.（那也就是挽联，是吧？）箇不是挽联。kai⁵³pət³ʂɻ̩⁵³uan²¹lien¹³.（这不是挽联？）箇挽系挽联呢，就系主家个挽联。主家写个。唔唔。kai⁵³uan₂₁¹³xe⁵³uan²¹lien¹³ne⁰,tsʰiəu⁵³xe₄₄⁵³tsɻ̩ʰ⁰ka³⁵ke⁵³

uan²¹lien¹³.tʂɻ̩ʰ²¹cia₄₄⁵³sia²¹ke⁵³.m̩₂₁m̩₂₁.（那个这个对是什么人写的？）就系就系帮忙个人呐。要副灵前对子啊。还有别么啊对子啊。还有别么个对子啊。

tsʰiəu⁵³xei⁵³tsʰiəu⁵³₄₄xei₄₄⁵³pɔŋ³⁵mɔŋ¹³ke⁵³ɲin₂₁¹³na⁰.iau₄₄⁵³fu⁰lin¹³tsʰien₂₁¹³ti⁵³tsa⁰.xai₂₁³⁵iəu₄₄³⁵

pʰiet³mak³a⁰ti⁵³tsa⁰.xai₂₁³⁵iəu³⁵pʰiet³mak³ke⁰ti₄₄⁵³tsa⁰.

（然后里面还要摆一些什么东西吧？棺材上面罩什么东西？）渠是咁

个，棺材顶高嘞，来一只寿被嘞又放放放倒去，放下棺材盖上。箇首先是放正哩吵，系<u>唔系</u>？首先是还赠来么啊客吵。就系自家几个人吵。欸，入殓个时候<u>子</u>啊，棺材盖就盖嘿哩吵。但是赠钉钉子，还可以打开来。箇客来送倒来哩个寿被呀，唔，送倒来哩个寿被放下棺材盖面上，铺下箇映子正。哪床寿被么人个，哪床么人个，放倒箇棺材盖面上。ci$_{21}^{13}$ṣ$_{44}^{13}$kan$_{35}^{35}$ke^{53},kɔn^{35}ts^{h}ɔi$_{21}^{13}$taŋ^{21}kau$_{44}^{35}$le^0,lɔi^{13}iet^3 tṣak^3 ṣəu^{21}p^{h}i$_{44}^{35}$lei^{0}iəu$_{21}^{13}$fɔŋ^{53}fɔŋ^{53}fɔŋ^{53}tau^{21} çi^{53},fɔŋ$_{44}^{53}$xa$_{44}^{53}$kɔn^{35}ts^{h}ɔi$_{21}^{13}$kɔi^{53}xɔŋ$_{44}^{53}$.kai$_{44}^{53}$ṣəu^{21}sien^{53}ṣ$_{44}^{13}$fɔŋ^{53}tṣaŋ$_{21}^{13}$li^0 ṣa^0,xei$_{44}^{53}$me$_{44}^{44}$(←m̩^{13}xe^{53})?ṣəu^{21}sien^{53}ṣ$_{44}^{13}$xai$_{21}^{13}$maŋ^{13}lɔi^{13}mak^{3}a^{0}k^{h}ak^3 ṣa^0.ts^{h}iəu$_{44}^{53}$xe$_{44}^{53}$ts^h$_{35}^{35}$ka$_{44}^{53}$ci^{21}ke$_{44}^{53}$ɲin$_{21}^{13}$ṣa^0.ei$_{21}^{21}$ɲiet^{5}lian^{53}ke$_{44}^{35}$ṣ$_{44}^{13}$xei$_{44}^{53}$tsa^0,kɔn^{35}ts^{h}ɔi$_{21}^{13}$kɔi^{53}ts^{h}iəu$_{44}^{53}$kɔi^{53}ek^3 li^0 ṣa^0.tan$_{35}^{53}$ṣ$_{44}^{13}$maŋ$_{21}^{13}$taŋ$_{44}^{53}$taŋ^{53}tṣ^0,xai^{13}k^{h}o$_{21}^{21}$ta^{21}k^{h}ɔi$_{21}^{13}$lɔi$_{21}^{13}$.kai$_{21}^{53}$k^{h}ak^3 lɔi^{13}səŋ^{35}tau^{21}lɔi$_{21}^{13}$li^0 ke$_{44}^{53}$ṣəu^{21}p^{h}i$_{35}^{35}$ia^0,m̩$_{21}$,səŋ^{35}tau^{21}lɔi$_{21}^{13}$li^0 ke$_{44}^{53}$ṣəu^{21}p^{h}i^{35}fɔŋ^{53}xa$_{44}^{53}$kɔn^{35}ts^{h}ɔi$_{21}^{13}$kɔi^{53}mien^{53}xɔŋ$_{21}^{53}$,p^{h}u^{53}tau^{21}kai$_{44}^{53}$iaŋ$_{44}^{53}$tṣ^{0}tṣaŋ^{53}.lai^{13}ts^{h}ɔŋ$_{21}^{13}$ṣəu^{21}p^{h}i$_{44}^{35}$mak^3 ɲin$_{21}^{13}$ke$_{44}$,lai^{53}ts^{h}ɔŋ$_{21}^{13}$mak^3 ɲin$_{21}^{13}$ke^{53},fɔŋ$_{44}^{53}$tau^{21}kai$_{44}^{53}$kɔn^{35}ts^{h}ɔi$_{21}^{13}$kɔi^{53}mien$_{44}^{53}$xɔŋ^{53}.

（那这些以后怎么处理啊？）封殡个时候<u>子</u>放进<u>去</u>啊。fəŋ^{35}pin^{53}ke$_{21}^{53}$ṣ$_{44}^{13}$xei$_{44}^{53}$tṣ^0 fɔŋ^{53}tsin$_{21}^{53}$çia^0.（放到里面？）封进…殡个时候子打开棺材盖来，分箇寿被放进去。fəŋ^{35}tsin^{53}…pin^{53}ke$_{21}^{53}$ṣ$_{44}^{13}$xei$_{44}^{53}$tṣ^0 ta$_{21}^{13}$k^{h}ɔi^{53}kɔn^{35}ts^{h}ɔi$_{21}^{13}$kɔi^{53}lɔi^{13},pəŋ^{35}(←pən^{35})kai$_{44}^{53}$ṣəu^{21}p^{h}i^{35}fɔŋ^{53}tsin^{53}çi$_{44}^{53}$.（啊，全部放进去？）欸，就放进去。有时候也唔放齐唠。有滴隔……有滴就唔可以唔爱放嘞，正讲话男双女单呶。有唔合抠个就唔爱放倒去唠。尽量放进去。就咁个。咁个冇么啊用呢。e$_{21}$,ts^{h}iəu^{53}fɔŋ^{53}tsin^{53}çi^{53}.iəu^{13}ṣ$_{44}^{13}$xei$_{44}^{53}$ia^{35}m̩$_{21}^{13}$fɔŋ^{53}ts^{h}e^{13}lau^0.iəu^{13}tet^5 kak^3…iəu^{35}tet^{5}ts^{h}iəu$_{44}^{53}$m̩$_{21}^{13}$k^{h}o$_{21}^{21}$i^{35}m̩$_{21}^{13}$mɔi$_{44}^{53}$fɔŋ^{53}le^0,tṣaŋ^{53}kɔn$_{21}^{21}$ua$_{21}^{13}$lan$_{21}^{13}$sɔŋ$_{44}^{35}$ɲy^{13}tan^{35}nau^0.iəu^{35}m̩$_{21}^{13}$xɔit^{5}k^{h}ei^{35}ke$_{44}^{53}$ts^{h}iəu$_{44}^{53}$m̩$_{21}^{13}$mɔi$_{44}^{53}$fɔŋ^{53}tau^{21} çi$_{44}^{53}$lau^0.ts^{h}in^{53}liɔŋ$_{21}^{53}$fɔŋ^{53}tsin$_{21}^{53}$çi$_{21}^{53}$.ts^{h}iəu$_{44}^{53}$kan^{21}cie^{53}.kan^{21}ke^{53}mau$_{21}^{13}$mak^3 a^0 iəŋ^{53}ne^0.

（然后那个那个棺材上面盖不盖纸扎？）棺材面上盖纸扎呀？kɔn^{35}ts^{h}ɔi$_{21}^{13}$mien^{53}xɔŋ$_{44}^{53}$kɔi^{53}tṣ$_{21}^{53}$tsait^3 ia^0?（嗯。欸，搞个什么纸扎的罩子啊罩在上面，扎个什么仙鹤啊？）唔，冇得冇得。箇冇得。m̩$_{44}$,mau^{13}tek^3 mau^{13}tek^3.kai^{53}mau^{13}tek^3.（不搞那些啊？）唔搞。唔搞。n̩$_{44}^{13}$kau^{21}.n̩$_{44}^{13}$kau^{21}.（就除了寿被什么啊什么都不放？）哈？除……就系放滴子寿被放稳正啊。盖……放稳箇映子啊。xa$_{35}$?tṣ^{h}əu$_{21}^{13}$…ts^{h}iəu$_{44}^{13}$xe$_{44}^{53}$fɔŋ^{53}tet^5 tṣ^0 ṣəu^{53}p^{h}i^{35}fɔŋ^{53}uən^{21}tṣaŋ^{53}ŋa^0.kɔi^{53}u…fɔŋ^{53}uən^{21}kai$_{44}^{53}$iaŋ$_{44}^{53}$tsa^0.（别的都不放再放什么？）欸。ei$_{21}$.

渠个一般女……女欸渠屋下个，渠个赖子欸孝子箇只就……赖子箇只就爱去孝堂下守稳呶。妹子啊，赖子妹子啊，老婆箇只啦，爱守嘿孝堂下，守稳箇里背，守稳箇副棺材呀。日日夜夜不能离人呶。ci^{13}kai^{53}iet^3 pɔn^{35}ɲy^{21}…ɲy^{21}ei$_{44}$ci^{13}uk^3 xa$_{44}^{53}$ke^{53},ci^{13}ke^{53}lai^{53}tṣ$_{21}$ e$_{21}^{53}$çiau^{53}tṣ$_{21}^{21}$kai$_{44}^{53}$tṣak$_5^3$ ts^{h}iəu$_{44}^{53}$…lai^{53}tṣ$_{21}$ kai$_{44}^{53}$

tʂak₅³tsʰiəu⁵³ɔi⁵³çi⁵³xau⁵³tʰɔŋ₂₁¹³xa³⁵ʂəu²¹uən²¹nau⁰.icn⁵³tsɿ⁰a⁰,lai⁵³tsɿ⁰icn⁵³tsɿ⁰a⁰,lau²¹
pʰɔ⁵³kai⁵³tʂak₅la⁰,ɔi⁵³ʂəu²¹uek³(←xek³)xau⁵³tʰɔŋ₂₁¹³xa³⁵,ʂəu²¹uən²¹kai⁵³ti⁰pɔi⁵³,ʂəu²¹
uən²¹kai⁵³fu₄₄⁵³kɔn³⁵tsʰɔi₄₄³ia⁰.ɲiet³ɲiet³ia⁵³ia⁵³pət³len¹³li¹³ɲin¹³nau⁰.（这就是这叫守
什么？）守灵呐。ʂəu²¹lin¹³na⁰.（守灵？）嗯。m₂₁.

当大事

（家里面如果老了人的话那个门上面要写什么字吗？）门上面，箇就
看呐，看哪只地方唠。渠是咁个，欬，嗯，爱写爱……爱写爱写么个写"哀
思"箇只唠。欬。大门上面写读礼呀。写"奠"字啊。mən¹³ʂɔŋ⁵³mien₄₄⁵³,kai₄₄iəu₄₄(←
tsʰiəu⁵³)kʰɔn⁵³nau⁰,kʰɔn₄₄nai₄₄tʂak³tʰi⁵³fɔŋ⁵³nau⁰.ci²₁³sɿ₄₄kan²¹cie⁰,e₂₁,n₂₁,ɔi⁵³sia²¹ɔi⁵³
s…ɔi⁵³sia²¹ɔi₄₄⁵³sia²¹mak³e₄₄(←ke⁵³)sia²¹ŋai³⁵si₄₄³⁵kai₄₄⁵³tʂak³lau⁰.e₂₁.sia²¹"tʰien⁵³"
tsʰɿ⁵³a⁰.（嗯，怎么说？）啊就是写只"哀思"啊，嗯哀呀。哀思啊。有滴
写"寄托哀思"啊。嗯。咁子写个也有哇。"读礼"也有哇。还有写"当
大事"啊。有滴写"当大事"。a⁰tsʰiəu⁵³sɿ₄₄⁵³sia²¹tʂak³"ŋai³⁵sɿ₄₄³⁵"a⁰,ŋ⁰ŋai³⁵ia⁰.ŋai³⁵
sɿ₄₄³⁵a⁰.iəu³⁵tet⁵sia²¹"ci³tʰɔk³ŋai³⁵sɿ³⁵"a⁰.n₂₁.kan²¹tsɿ⁰sia²¹ke⁵³ia³⁵iəu³⁵ua⁰."tʰəuk⁵
li³⁵"ia₄₄iəu₄₄ua⁰.xai₄₄iəu₄₄sia²¹"tɔŋ³⁵tʰai³⁵sɿ³⁵"a⁰.iəu³⁵tiet⁵sia²¹"tɔŋ³⁵tʰai⁵³sɿ⁵³".
（寄……寄托……）寄托哀思。ci⁵³tʰɔk³ŋai³⁵sɿ₄₄³⁵.（也有写当大事的是吧？）
啊，啊，有滴写"当大事"。也有写"读礼"。a₄₄,a₄₄,iəu³⁵tiet⁵sia²¹"tɔŋ³⁵tʰai⁵³
sɿ₄₄⁵³".ia³⁵iəu³⁵sia²¹"tʰəuk⁵li³⁵".（哪个"读礼"？）"读书"个"读"，"礼貌"
个"礼"。箇只门顶高哇。写哩咁个字个栏场，"当大事"也好，"读礼"
也好，写哩咁个字个箇门呢门就……箇个就系就安做么个，横批哟。箇两
边就必须要有对子，爱有白对子。"tʰəuk⁵ʂəu³⁵ke₄₄⁵³tʰəuk⁵","li³⁵mau⁵³"ke⁰
"li³⁵".kai₄₄tʂak³mən²¹taŋ²¹kau³⁵ua⁰.sia²¹li⁰kan²¹ke₄₄⁵³sɿ⁵³ke⁵³laŋ₂₁tsʰɔŋ₂₁¹³,"tɔŋ³⁵tʰai⁵³
sɿ₄₄⁵³a₄₄xau⁰,"tʰəuk⁵li³⁵"ia₄₄xau²¹,sia²¹li⁰kan²¹ke₄₄⁵³sɿ⁵³ke₄₄mən¹³neᵒmən²¹tsiəu…kai⁵³
ke₄₄tsʰiəu₄₄xe⁵³tsʰiəu₄₄ᵒn³⁵tso₄₄mak³ke⁵³,fəŋ¹³pʰi₄₄⁵³ʂa⁰.kai⁵³iɔŋ²¹pien³⁵tsʰiəu₄₄piet³si₄₄³⁵
iau₄₄⁵³iəu³⁵ti⁰tsɿ⁰,ɔi₄₄⁵³iəu³⁵pʰak⁵ti⁵³tsɿ⁰.

神榜

欬，箇个有哇，写神榜有哇。e₂₁,kai⁵³ke⁵³iəu³⁵ua⁰,sia²¹ʂən¹³pɔŋ²¹iəu³⁵ua⁰.
（你们把它叫什么？）就系写神榜啊。tsʰiəu⁵³xe⁵³sia²¹ʂən²¹pɔŋ¹³ŋa⁰.（写神榜
还是过黄道？）欬，欬，过黄道哇。e₂₁,e₂₁,ko⁵³uɔŋ¹³tʰau⁵³ua⁰.（到底讲什么？）
我唔晓得哦，我分唔清。箇只东西我分唔清。搞唔清。ŋai¹³n¹³çiau¹³tek⁵oᵒ,
ŋai¹³fən¹³n₂₁tsʰin₄₄.kai₄₄tʂak³təŋ₄₄si⁰ŋai₄₄fən₂₁n₂₁tsʰin₄₄.kau²¹n¹³tsʰin³⁵.
有写神榜个，出榜咯，每次做道场都爱做醮都爱出榜啊。挂倒箇映噢，

挂倒箇地方，有滴……请哩一通，请哩滴么啊神哎，欸，做哩滴么啊法事噢，都爱出神榜啊。做醮都爱出榜啊。专门渠是要打比样几个……几个人来，专门有个人就跍倒箇映子，法事都唔爱做，放势写噢，舞滴白纸，写倒又挂起来呀。欸。每次都爱写噢。iəu^{35}sia^{21}ʂən^{13}pɔŋ^{13}ke^{53},tʂʰət^{5}pɔŋ^{21}ko^{0},mei^{35} tsʰŋ̍^{53}tso^{53}tʰau^{53}tʂʰɔŋ̍^{13}təu^{35}ɔi^{44}tso^{53}tsiau^{53}təu^{35}ɔi^{44}tʂʰət^{3} pɔŋ^{21}ŋa^{0}.kua^{53}tau^{21}kai^{44}iaŋ^{44} ŋau^{0},kua^{53}tau^{44}kaitʰi^{53}fəŋ^{0},iəu^{21}tiet^{5}…tsʰiaŋ^{21}li^{0}iet^{3}tʰəŋ^{35},tsʰiaŋ^{21}li^{0}tiet^{5}mak^{3}a^{0} ʂən^{13}nau^{0},e$_{21}$,tso^{53}li^{0}tiet^{5}mak^{3}a^{0}fait^{3}sŋ̍^{3}au^{0},təu^{35}ɔi^{44}tʂʰət^{3}ʂən^{13}pɔŋ^{21}ŋa^{0}.tso^{44}tsiau^{53} təu^{35}ɔi^{53}tʂʰət^{3} pɔŋ^{21}ŋa^{0}.tʂen^{35}mən$_{21}$ci^{13}ʂŋ̍^{53}iau^{53}ta^{21}pi^{0}iɔŋ^{53}ci^{13}ke^{53}…ci^{13}ke^{53}ŋin^{13} ləi^{13},tʂen^{35}mən$_{21}$iəu^{35}ke^{44}ŋin$_{21}$tsʰiəu^{53}kʰu^{53}tau^{21}kai^{44}iaŋ^{53}tsŋ̍^{0},fait^{3}sŋ̍^{13}təu^{44}m̩$_{21}$mɔi^{13} tso^{53},xɔŋ^{13}ʂŋ̍^{53}sia^{31}au^{0},u^{21}tet^{5}pʰak^{5}tsŋ̍^{21},sia^{21}tau^{21}iəu^{44}kua^{53}çi^{21}ləi$_{21}$ia^{0}.e$_{21}$.mei^{35}tsʰŋ̍^{53} təu^{35}ɔi^{53}sia^{21}au^{0}.

　　（写什么？）用墨笔写，抄滴抄滴箇，安做安做么个，嗯，出神榜啊。唔。蛮多内容哦，我都唔多记得咁多。iəŋ^{53}miet^{5}piet^{3}sia^{21},tsʰau^{35}tet^{5}tsʰau^{35}tet$_{3}$ kai^{53},ɔn^{44}tso^{53}ɔn^{44}tso^{44}mak^{3}ke^{53},n̩$_{21}$,tʂʰət^{3}ʂən^{13}pɔŋ^{21}ŋa^{0}.m̩$_{21}$.man^{13}to^{44}lei^{53}iəŋ^{53}ŋo^{0},ŋai$_{21}$ təu^{35}n̩$_{21}$to^{44}ci^{13}tek^{3}kan^{21}to^{35}.

封殡

　　1. 埋个箇晡早晨，安做安做封殡。箇就箇就最后了。箇就有多个寿被拿出来。唔。好像箇打狗粄要丢嘿去了嘞，欸唔爱哩嘞，欸。以下就封殡了是就箇个啦。mai^{13}ke^{44}kai^{53}pu^{44}tsau$_{21}$ʂən^{13},ɔn^{44}tso^{53}ɔn^{44}tso^{44}fəŋ^{35}pin^{53}.kai^{44}tsʰiəu^{44} kai^{53}tsʰiəu^{53}tsei^{53}xei^{53}liau^{0}.kai^{44}tsʰiəu^{44}iəu^{35}to^{35}ke^{44}ʂəu^{53}pʰi^{35}lak^{5}tʂʰət^{3}ləi$_{21}$.m̩$_{21}$.xau^{21} siɔŋ^{44}kaita^{21}ciei^{21}pan^{21}iau^{44}tiəu^{35}xek^{3}çi^{53}liau^{0}lei^{0},e$_{21}$m̩$_{21}$mɔi^{44}li^{0}lei^{0},e$_{21}$.i^{21}xa^{35}tsʰiəu^{44} fəŋ^{35}pin^{53}niau^{21}sŋ̍^{53}tsʰiəu^{53}kai^{53}la^{0}.

　　（封殡是拿什么东西来封？）呃箇就封这就系分渠肚里整理好哇，整理一下。整理一下就分以只盖棺材盖盖上去呀，盖眯来呀。渠有……渠有……渠肚里又还有闩子啊，又还有……又还有榫子啊。用棺材钉分渠钉死来呀，分渠分箇盖钉死来，就唔再开了。就……就送下岭上去了，唔再开了。欸。如今有火化个是箇就唔系咁个哖。欸。ə$_{21}$kai^{44}tsʰiəu^{44}fəŋ^{35}pin^{53} tʂe^{0}tsʰiəu^{53}xe^{53}pən^{35}ci^{13}təu$_{21}$li^{0}tʂən^{21}li^{35}xau^{21}ua^{0},tʂən^{21}li^{35}iet^{3}xa^{53}.tʂən^{21}li^{35}iet^{3}xa^{53} tsʰiəu^{44}pən^{35}i^{1}tsak^{3}kɔi^{21}kɔn^{13}tsʰɔi$_{21}$kɔi^{44}kɔi^{0}ʂɔŋ^{53}çi^{44}ia^{0},kɔi^{53}mi^{0}ləi$_{21}$ia^{0}.ci$_{21}$iəu^{44}s… ci^{13}iəu^{44}s…ci$_{21}$təu^{21}li^{0} iəu^{44}xai$_{21}$iəu^{35}tʂʰɔn^{35}tsŋ̍^{0}a^{0},iəu^{35}xai$_{21}$iəu^{35}s…iəu^{44}xai$_{21}$iəu^{44}sien^{21} tsŋ̍^{0}a^{0}.iəŋ^{53}kɔn^{35}tsʰɔi$_{21}$taŋ^{35}pən^{44}ci$_{21}$taŋ^{35}si^{21}ləi$_{21}$ia^{0},pən^{44}ci$_{21}$pən^{44}kai^{44}kɔi^{21}taŋ^{35}si^{21} ləi^{13},tsʰiəu^{53}m̩^{1}tsai^{53}kʰɔi^{44}liau^{0}.tsʰiəu^{44}fu…tsʰiəu^{53}səŋ^{35}xa^{53}liaŋ^{35}xɔŋ^{53}çi^{53}liau^{0},n̩^{13} tsai^{53}kʰɔi^{44}liau^{0}.e$_{21}$.i$_{21}$cin^{35}iəu^{44}xo^{21}fa^{53}ke^{53}ʂŋ̍^{53}kai^{44}tsʰiəu^{44}m̩^{13}pʰe^{44}(←xe^{53})kan^{21}cie^{53}

liau⁰şa⁰.e₂₁.

2. 有滴是封殡了嘞还放把子扇子。iəu³⁵tet⁵ʂꭓ⁵³fən³⁵pin⁵³liau²¹le⁰xai¹³fəŋ⁵³pa²¹tsꭓ⁰şen⁵³tsꭓ⁰.（噢，那扇子叫什么呢？）会食烟个人放把烟筒，有滴是有只老子是渠交代渠死哩吵爱放两瓶酒。渠话渠是渠渠就走阴间渠都还爱食酒。箇个都有得么啊话法个，冇得。uɔi⁵³ʂət⁵ien³⁵ke⁴⁴ɲin₂₁fəŋ⁵³pa²¹ien³⁵tʰəŋ₂₁,iəu³⁵tet⁵ʂꭓ⁵³iəu³⁵tʂak⁵lau²¹tsꭓ⁰ʂꭓ⁵³ci₂₁ciau⁴⁴tai¹³ci₂₁si¹³li³şa⁰ɔi⁵³fəŋ³iɔŋ²¹pʰin¹³tsiəu⁰.ci₂₁³ua¹³ci₂₁ʂꭓ⁵³ci₂₁³ci¹³tsʰiəu⁵³tsei²¹in³⁵kan₂₁ci₂₁təu⁴⁴xa₂₁ɔi⁴⁵ʂət⁵tsiəu⁰.kai⁴⁴cie⁴⁴təu³⁵mau₂₁tek³mak³a⁰ua⁵³fait⁰ke⁵³,mau₂₁³tek³.

覆三坟

1. 箇就三天以后覆三坟。嗬。三天以后呀。你搞正哩嘞就……打比渠今晡还山去样，明晡间一天，后日晡就爱去覆三坟。kai⁴⁴tsʰiəu⁵³san³⁵tʰien₂₁³i³⁵xei⁵³pʰuk³san³⁵fən¹³.m̩₂₁.san³⁵tʰien₂₁³i³⁵xei⁵³ia⁰.ɲi¹³kau²¹tʂaŋ⁵³li⁰lei⁰tsʰiəu⁵³···ta²¹pi¹³ci₂₁cin³⁵pu⁴⁴fan₂₁³san₂₁³ci⁴⁴iɔŋ⁵³,miaŋ¹³pu⁴⁴kan⁵³iet³tʰien₂₁³,xei⁵³ɲiet³pu³⁵tsʰiəu⁴⁴ɔi⁵³ci⁴⁴pʰuk³san³⁵fən¹³.

覆三坟是就系打挂子爆竹。又搞滴子三牲去敬下子。去叫一场，欸，出个出下子眼泪呀，系唔系？箇赖子新旧箇只箇都爱去呀。覆下三坟你等就可以归。妹子箇只啦。pʰuk³san³⁵fən¹³ʂꭓ⁴⁴tsʰiəu⁵³xe⁴⁴ta²¹kua³⁵tsꭓ⁰pau⁵³tʂəuk³.iəu⁵³kau²¹tet⁵tsꭓ⁰san³⁵sien³⁵ci⁴⁴cin⁵³na₂₁tsꭓ⁰.ci⁴⁴ciau⁵³iet³tʂʰɔŋ¹³,e₂₁,tʂʰət⁰ke⁰tʂʰət⁰xa⁴⁴tsꭓ⁰ŋan²¹li⁵³ia⁰,xe⁴⁴me₄₄(←m̩¹³xe⁵³)?kai⁵³lai⁵³tsꭓ⁰sin⁴⁴cʰiəu⁴⁴kai⁴⁴tʂak⁵kai⁴⁴təu³⁵ɔi⁴⁴ci⁵³ia⁰.pʰuk³a⁰san³⁵fən¹³ɲi₂₁tien⁰tsʰiəu⁴⁴kʰo²¹i⁴⁵kuei⁰.mɔi⁵³tsꭓ⁰kai⁴⁴tʂak₅la⁰.

（这个 pʰuk³ 是哪个字啊？）好像就系一竖一点个占卜个卜。xau²¹tsʰiɔŋ⁵³tsʰiəu⁵³xei⁵³iet³ʂəu⁵³iet³tian²¹ke⁰tʂan⁵³puk⁰ke⁰puk³.（占……占卜的卜，是吧？）占卜个卜。也唔晓得。我唔晓得。我……我默神系箇只字。tʂan³⁵puk³ke⁰puk³.ia³⁵n̩¹³çiau²¹tek³.ŋai¹³n̩₄₄çiau²¹tek³.ŋai¹³···ŋai¹³mek³ʂən¹³xe⁵³kai⁵³tʂak⁵tsʰꭓ⁵³.

2. 覆三坟是渠箇个咁个啦，覆三坟是爱带三牲呐。欸，鸡鱼肉啊。欸。鸡鱼肉哇。爱饭呐，爱敬饭呐。饭呐，酒哇。欸。香烛哇。箇个行头都唔带归来。箇碗箇只都唔带归来。过哩背，搞清哩，打比样我搞跕倒箇映子是舞倒舞倒箇碗呐舞倒箇饭箇只放倒箇映子，搞嘿阵了，不能总跕倒箇映子哟，爱归哟，嗬，就分箇个倾嘿去，覆转来，就分箇碗覆转来。pʰuk³san³⁵fən¹³ʂꭓ⁴⁴ci³kai⁵³cie⁵³kan⁰cie⁵³la⁰,pʰuk³san³⁵fən¹³ʂꭓ⁴⁴ɔi⁵³tai⁵³san³⁵sien³⁵na⁰.e₂₁,cie³⁵ŋ₂₁ɲiəuk³a⁰.e₂₁.cie³⁵ŋ₂₁ɲiəuk⁰u₀a⁰.ci⁴⁴fan⁰na⁰,ɔi⁴⁵cin⁰fan⁵³na⁰.fan⁵³na⁰,tsiəu²¹ua⁰.e₂₁.çiɔŋ³⁵tʂəuk⁰ua⁰.kai⁵³ke⁴⁴çin¹³tʰei⁰təu³⁵ŋ₂₁tai⁵³kuei³⁵lɔi₂₁.kai⁴⁴uon²¹kai⁵³tʂak₅təu³⁵n̩₂₁tai⁵³kuei³⁵lɔi₂₁.ko⁵³li⁰pɔi⁵³,kau²¹tsʰin¹³ni⁰,ta²¹pi¹³iɔŋ⁴⁴ŋai¹³kau²¹ku³⁵tau²¹kai⁵³

iaŋ^{53}tsɿ^{0}ʂɿ̩^{53}u^{21}tau^{21}u^{21}tau^{21}kai^{44}uən^{21}na^{0}u^{21}tau^{21}kai^{53}fan^{44}kai^{53}tʂak$_{5}$fəŋ^{53}tau^{21}kai^{44}iaŋ^{53}
tsɿ^{0},kau^{21}ek$_{3}$tʂʰən^{53}niau^{0},pət$_{3}$nen^{35}tsəŋ^{21}ku^{35}tau^{21}kai^{53}iaŋ^{44}tsɿ^{0}ʂa^{0},ɔi^{53}kuei^{35}
ʂa^{0},m̩$_{21}$,tsʰiəu^{44}pəŋ^{35}kai^{53}ke^{53}kʰuaŋ^{35}ek$_{3}$çi^{53},pʰuk$_{3}$tʂɔn^{21}nɔi$_{13}$,tsiəu^{44}pəŋ^{44}kai^{53}uən^{21}
pʰuk$_{3}$tʂɔn^{21}nɔi$_{44}^{13}$.（噢，就盖倒那里？）唔，覆倒箇映子。酒哇，饭呐，碗都
不要哩。m̩$_{21}$.pʰuk$_{3}$tau^{21}kai^{44}iaŋ^{44}tsɿ^{0}.tsiəu^{44}ua^{0},fan^{53}na^{0},uən^{21}təu^{44}pət$_{3}$iau^{44}li^{0}.

（就这么连饭带带酒什么东西全部就这样盖住盖过来？）就欸就就就
覆下箇地泥下。欸，放下箇一边，盖下地坟塘里。覆倒箇面前。覆三坟。
所以我等一般呢人家屋下嘞，欸，食饭个时候子嘞，我呀我……蛮多人蛮
讲究哇。你个碗只能够咁子就系咁子放倒，系啊？你不能够话覆覆哩放倒。
覆覆哩放倒覆三坟呢。我就死嘿哩个嘞。tsʰiəu^{44}e$_{21}$tsʰiəu^{44}tsʰiəu^{44}tsʰiəu^{44}pʰuk$_{3}$
a^{44}kai^{44}tʰi^{53}lai$_{21}$xa^{53}.e$_{21}$,fəŋ^{53}a^{0}kai^{53}iet$_{3}$pien^{35},kɔi^{44}a^{0}tʰi^{53}fən$_{13}$tʰɔŋ^{13}li^{0}.pʰuk$_{3}$tau^{21}kai^{44}
mien^{53}tsʰien$_{13}$.pʰuk$_{3}$san^{35}fən$_{21}$.so^{21}i^{35}ŋai$_{21}$tien^{0}iet$_{3}$pon^{35}nei^{0}ɲin$_{13}$ka$_{21}$uk$_{3}$xa$_{44}$
lei^{0},e$_{21}$,ʂət$_{5}$fan^{53}ke$_{44}$sɿ$_{13}$xəu^{44}tsɿ^{0}lei^{0},ŋai^{13}ia^{0}ŋai$_{21}$…man$_{21}$to^{35}ɲin$_{21}$ʂɿ̩$_{44}$man^{13}kɔŋ^{21}ciəu^{53}
ua^{0}.ɲi^{13}ke^{53}uən^{21}tsɿ^{21}lien^{13}ciau^{53}kan^{21}tsɿ^{0}tsʰiəu^{0}xe^{0}kan^{21}tsɿ^{0}fəŋ^{53}tau^{21},xei$_{44}$a^{0}ʔɲi$_{21}$pət$_{3}$
len^{13}ciau$_{44}$ua$_{44}$pʰuk$_{3}$pʰuk$_{3}$li^{0}fəŋ^{53}tau^{21}.pʰuk$_{3}$pʰuk$_{3}$li^{0}fəŋ^{53}tau^{21}pʰuk$_{3}$san^{35}fən$_{21}$
nei^{0}.ŋai$_{21}$tsʰiəu^{0}si^{21}xek$_{3}$li^{0}ke^{53}lei^{0}.

还有只嘞你只你你你……打比样我三个人食饭，我摎你先架势，还有
只人嬲，你就等渠空只碗放倒箇映子。筷子放下放下底下。你不要装正
碗饭呢。筷子放下箇映子。箇就成哩供饭。欸。箇就唔好看。xai^{13}iəu^{35}tʂak$_{3}$
lei^{0}ɲi$_{44}$tsɿ^{0}ɲi$_{44}$ɲi$_{44}$ɲi^{13}…ta^{0}pi^{13}iəŋ^{53}ŋai^{13}san^{35}cie^{0}in$_{21}$ʂət$_{3}$fan^{53},ŋai^{13}lau^{44}ɲi$_{21}$sien^{35}cia^{0}
sɿ^{53},xai^{13}iəu^{53}tʂak$_{3}$ɲin$_{21}$maŋ^{44}lɔi^{13},ɲi^{13}tsʰiəu^{53}ten^{21}ci^{13}kʰəŋ^{35}tʂak$_{3}$uən^{21}fəŋ^{53}tau^{21}kai^{53}
iaŋ^{53}tsɿ^{0}.kʰuai^{53}tsɿ^{0}fəŋ$_{44}$xa^{53}fəŋ$_{44}$xa$_{44}$te^{0}xa^{0}.ɲi^{13}pət$_{3}$iau$_{44}$tʂɔŋ^{35}tʂaŋ^{53}uən^{21}fan^{53}
ne^{0},kʰuai^{53}tsɿ^{0}fəŋ^{53}xa$_{44}$kai^{53}iaŋ^{53}tsɿ^{0}.kai^{53}tsʰiəu^{0}ʂaŋ$_{21}$li^{0}ciəŋ^{53}fan^{53}.e$_{21}$.kai^{53}tsʰiəu^{0}m̩$_{21}$
mau^{21}(←xau^{21})kʰɔn^{53}.

（那筷子筷子是怎么放法叫做供饭呢？）哈？你不能就系不能装正碗
饭来。xa$_{35}$ʔɲi^{13}pət$_{3}$len^{13}tsʰiəu^{53}xe^{0}pət$_{3}$len$_{21}$tʂɔŋ^{35}tʂaŋ^{53}uən^{21}fan^{53}lai$_{21}$.（噢，饭不能
装上？）欸，不能装正来等。等箇只人。渠嬲来你就不要装饭。就咁个。
你还嬲来你就不要装饭饭来。你来哩你装正饭来可可以。渠来哩了你再装。
你不要装正碗饭嘞，筷子就放下以映子啊。欸就系是……同供饭样。欸渠
就会唔高兴，系啊？特别不能够又分只碗覆转来。欸。欸。e$_{21}$,pət$_{3}$len^{13}
tʂɔŋ^{35}tʂaŋ^{53}lai$_{21}$ten^{21}.tien^{21}kai^{53}tʂak$_{3}$ɲin$_{21}$.ci^{13}maŋ^{13}lɔi^{0}ɲi^{13}tsʰiəu^{0}pət$_{3}$iau$_{44}$tʂɔŋ^{35}fan^{53}.
tsʰiəu^{53}kan^{21}ke^{0}.ɲi^{13}a$_{44}$(←xa$_{44}$)maŋ^{13}lɔi^{0}ɲi^{13}tsʰiəu^{0}pət$_{3}$iau$_{44}$tʂɔŋ^{44}fan$_{44}$fan^{53}lɔi$_{21}$.ɲi^{13}
lɔi^{13}li^{0}ɲi$_{44}$tʂɔŋ^{35}tʂaŋ^{53}fan^{53}lɔi^{0}kʰɔ^{21}kʰɔ^{21}i$_{44}^{35}$.ci^{13}lɔi^{13}li^{0}liau^{0}ɲi^{13}tsai^{0}tʂɔŋ^{35}.ɲi^{13}puk$_{3}$iau^{53}
tʂɔŋ^{35}tʂaŋ^{53}uən^{21}fan^{53}le^{0},kʰuai^{53}tsɿ^{0}tsʰiəu^{44}fəŋ$_{44}$xa$_{44}$i^{21}iaŋ$_{44}$tsɿ^{0}a^{0}.e$_{44}$tsʰiəu^{44}xe$_{44}$ʂ…

tʰəŋ¹³ciəŋ⁵³fan⁵³iəŋ⁵³.e₄₄ci₄₄tsʰiəu⁵³uɔi₄₄ŋ₄₄kau³⁵çin⁵³.xei⁵³a⁰?tʰek⁵pʰek⁵pət³len¹³ciau₄₄iəu₄₄pən³⁵tʂak³uɔn²¹pʰuk³tʂɔn²¹nɔi²¹.e₂₁.e₂₁.

安做覆三坟，安做覆三坟，覆转……ɔn³⁵tso₄₄pʰuk³san³⁵fən₂₁.ɔn³⁵tso⁵³pʰuk³san³⁵fən₂₁.pʰuk³tʂɔn²¹…（哪个三呢？）一二三呐。iet³ɲi₄₄san³⁵na⁰.（一二三的三，是吧？）嗯嗯，覆三坟呐。三天呐，就系第三天就去覆三坟。ŋ₂₁ŋ₂₁.pʰuk³san³⁵fən₂₁na⁰.san³⁵tʰien₄₄na⁰.tsʰiəu⁵³xei³tʰi⁵³san³⁵tʰien₄₄tsʰiəu⁵³çi₄₄pʰuk³san³⁵fən₂₁.（哦，第三天去覆三坟？）欸，第三天呐。e₂₁.tʰi⁵³san³⁵tʰien₄₄na⁰.

三角豆腐

1.（那个油豆腐啊……）欸？e₄₄?（都做成一些什么形状呢？）油豆腐吧？炮豆腐哇？欸，有得么个情况。只有一种，死哩人呢用三角豆腐我等以个栏场。我等客家人，死哩人，食三角豆腐，切成三只角呢。欸。iəu¹³tʰei⁵³fu⁰pa⁰?pʰau₂₁tʰei₄₄fu₄₄ua⁰?e₂₁,mau¹³tek³mak³e₄₄(←ke⁵³)tsʰin₂₁kʰɔŋ⁵³.tʂʅ²¹iəu₅₃iet³tʂəŋ²¹,si²¹li⁰ɲin¹³ne⁰iəŋ⁵³san³⁵kɔk³tʰei₄₄fu⁵³ŋai¹³tien⁰i²¹ke⁵³lɔŋ₂₁(←lan¹³)tʂʰɔŋ₂₁.ŋai¹³tien⁰kʰak³ka₄₄ɲin₂₁,si²¹li⁰ɲin¹³,şət⁵san³⁵kɔk³tʰei⁵³fu₄₄,tsʰiet³şaŋ₄₄san³⁵tʂak³kɔk³nei⁰.e₂₁.

客家人……死哩人，食三角豆腐，我等以映子咯。欸。箇如果你系讨新人箇只你箇炮……油……炮豆腐系三角是别人家就唔高兴呐。欸，用唔得三只角啦。kʰak³ka₅₃ɲin¹³s…si²¹li⁰ɲin¹³,şət⁵san³⁵kɔk³tʰei⁵³fu₄₄,ŋai¹³tien⁰i²¹iaŋ¹³tsʅ⁰ko⁰.e₂₁.kai⁵³vy₄₄ko²¹ɲi¹³xei⁵³tʰau²¹sin⁵³ɲin¹³kai₄₄tʂak³ɲi¹³kai⁵³pʰ…iəu¹³…pʰau¹³tʰei₄₄fu⁵³xei₄₄san³⁵tʂak³kɔk³şʅ⁰pʰiek⁵in₄₄ka₄₄tsʰiəu⁵³ŋ̍⁰kau₄₄çin⁵³na⁰.e₂₁,iəŋ⁵³ŋ̍¹³tek³san³⁵tʂak³kɔk³la⁰.

但是本地人就有得咁个规矩。官渡箇只下背呀，整么个酒都用三角豆腐。我等以映就食三角豆腐啊……我等以映死哩人就安做食豆腐咯。欸。tan⁵³şʅ₄₄pən²¹tʰi⁵³ɲin₂₁tsʰiəu⁵³mau¹³tek³kan²¹ke⁵³kuei³⁵tʂʅ²¹.kɔn³⁵tʰəu₄₄kai⁵³tʂak³xa₄₄pɔi⁵³ia⁰,tşaŋ⁵³mak³ke⁰tsiəu²¹təu⁰iəŋ₄₄san³⁵kɔk³tʰei⁵³fu⁵³.ŋai¹³tien⁰i²¹iaŋ₄₄tsʰiəu₄₄şət⁵san³⁵kɔk³tʰei⁵³fu⁵³a⁰.ŋai¹³tien⁰i²¹iaŋ⁵³si²¹li⁰ɲin¹³tsʰiəu⁵³ɔn³⁵tso₄₄şət⁵tʰei⁵³fu₅₃ko⁰.e₂₁.

2. 哦，开头讲食豆腐啊炮豆腐都还有起有起我等欸客姓人欸有起我等以映个东乡客姓人有只规矩，死哩人箇只炮豆腐，炮豆腐，爱切成三只角，爱切成三只角。三角豆腐，唔。o₂₁,kʰɔi³⁵tʰəu⁰kɔŋ²¹şət⁵tʰei⁵³fu⁰a⁰pʰau¹³tʰei⁵³fu⁰təu₄₄xai₂₁iəu⁵³çi⁰iəu³⁵çi⁰ŋai¹³tien⁰ei₄₄kʰak³sin⁵³ɲin₂₁ei₄₄iəu⁰çi⁰ŋai¹³tien⁰i²¹iaŋ₄₄kei₄₄təŋ³⁵çiəŋ³⁵kʰak³sin⁵³ɲin₂₁iəu⁰tʂak³kuei₄₄tʂʅ²¹,si²¹li⁰ɲin¹³kai⁵³tʂak³pʰau¹³tʰei⁵³fu⁰,pʰau¹³tʰei₄₄fu⁵³,ɔi₄₄tsʰiet³tʂʰaŋ₂₁san³⁵tʂak³kɔk³,ɔi₄₄tsʰiet³tʂʰaŋ₂₁san³⁵tʂak³kɔk³.san³⁵kɔk³tʰei⁵³fu⁰,m̩₂₁.

（三角豆腐？）欸。好像蛮多地方都有咁个特……特色嘞，就系死哩人就讲食豆腐。你去哪映来？食豆腐来。系唔系？有咁个吧？箇就唔爱写。欸，客姓人呢系咁子个。e_{21}.xau^{21}tsʰiəŋ^{53}man^{13}to$_{44}$tʰi^{53}fɔŋ$_{44}^{35}$təu$_{44}^{35}$iəu$_{44}^{35}$kan^{21}ke^{53}tʰ… tʰek^{5}sek^{3}le^{0},tsʰiəu$_{44}^{53}$xei^{53}si$_{44}$li^{0}ɲin^{13}tsʰiəu^{53}kɔŋ^{21}ʂət^{5}tʰei^{53}fu^{0}.ɲi^{13}cʰi$_{44}^{53}$lai^{53}iaŋ^{35}lɔi$_{21}^{13}$? ʂət^{5}tʰei^{53}fu^{0}lɔi^{13}.xei$_{44}$me$_{44}$(←m̩^{13}xe^{53})?iəu^{35}kan^{21}cie^{53}pa^{0}?kai$_{44}$tsʰiəu^{35}m̩$_{21}^{13}$mɔi^{53} sia^{21}.e$_{21}$,kʰak^{3}sin^{53}ɲin$_{21}^{13}$ne^{0}xei^{53}kan^{21}tsʅ^{0}ke^{0}.

（三角豆腐……）三角豆腐。san^{35}kɔk^{3}tʰei^{53}fu$_{44}^{53}$.（就是办丧事用的？）丧事专用。油豆腐肚里个三角豆腐就丧事专用个。你欸箇个嘞，客姓人是你话讨新旧用……讨新人用三角豆腐是箇系箇就别人家就会……会会骂得你好看呐。你箇只厨官呢，渠只骂厨官呢，欸。只骂厨官呢。sɔŋ^{35}sʅ$_{44}$tʂen^{35}iəŋ^{53}.iəu^{13}tʰei^{53}fu^{53}təu^{21}li^{0}ke^{0}san^{35}kɔk^{3}tʰei^{53}fu$_{44}$tsʰiəu$_{44}^{53}$sɔŋ^{35}sʅ$_{44}$tʂen^{35}iəŋ^{53}ke^{0}. ɲi^{13}e$_{44}$kai^{53}ke^{0}le^{0},kʰak^{3}sin^{53}ɲin$_{21}^{53}$ʂʅ$_{21}$ɲi^{13}ua^{53}tʰau^{21}sin^{53}cʰiəu^{35}ie…tʰau^{21}sin^{53}ɲin$_{21}^{13}$iəŋ^{53} san^{35}kɔk^{3}tʰei^{53}fu$_{44}^{53}$ʂʅ$_{21}$kai$_{35}$xe$_{44}$kai^{53}tsʰiəu$_{44}$pʰiet^{5}in$_{44}^{13}$ka$_{44}^{35}$tsʰiəu$_{44}$uɔi$_{44}$u…uɔi$_{44}$uɔi$_{44}$ma^{53} tek^{3}ɲi$_{21}$xau^{21}kʰɔn^{53}na^{0}.ɲi^{13}kai$_{44}^{53}$tʂak^{3}tʂʰəu^{13}kɔn^{53}ne^{0},ci$_{21}$tsʅ^{21}ma^{53}tʂʰəu^{13}kɔn^{35}ne^{0},e$_{21}$. tsʅ^{21}ma^{53}tʂʰəu^{13}kɔn^{35}ne^{0}.

但是到哩官渡箇了，就冇得箇只规矩了。欸。只有我等以东乡箇只欸客家人有以规矩。三角豆腐就系老哩人食个。tan$_{44}^{53}$ʂʅ$_{44}$tau^{53}li^{0}kɔn^{35}tʰəu$_{44}^{53}$kai^{53}liau^{0},tsʰiəu$_{44}$mau^{13}tek^{3}kai$_{44}$tʂak^{3}kuei^{35}tsʅ^{21}liau^{0}.e$_{21}$.tsʅ^{0}iəu^{53}ŋai$_{21}$tien^{0}i^{21}təŋ^{0}çiəŋ$_{44}$ kai$_{44}$tʂak^{3}e$_{21}$kʰak^{3}ka^{35}ɲin$_{21}^{13}$iəu$_{35}^{13}$i^{21}kuei$_{44}$tsʅ^{0}.san^{35}kɔk^{3}tʰei^{53}fu$_{44}$tsʰiəu$_{44}$xei$_{44}^{53}$lau^{21}li^{0} ɲin^{13}ʂek^{5}ke^{0}.

科仪

（呃，像那个做那个纸扎那个行业的呢？）纸扎欸。欸，书书上个……书面讲欸就科仪嘞。科仪店呢。做纸扎呀。安做纸扎，又安做科仪。科学个科，仪式个仪，科仪。要舞……以个栏场死哩人吵，死哩人爱列只表。么人搞纸扎，系唔系？么人当么个，管么个话。箇当搞纸扎个人是唔写纸扎，写科仪。tsʅ^{21}tsait^{3}e^{0}.e$_{21}$,ʂəu^{35}ʂəu^{35}xɔŋ$_{44}^{53}$ke$_{44}$k…ʂəu^{35}mien^{53}kɔn^{21}ŋe$_{44}^{0}$tsʰiəu$_{44}^{53}$kʰo^{35}ɲi$_{21}$lei^{0}.kʰo^{35}ɲi^{13}tian^{53}nei^{0}.tso^{0}tsʅ^{21}tsait^{3}ia^{0}.ɔn^{35}tso^{0}tsʅ^{21}tsait^{3},iəu$_{44}^{53}$ɔn$_{44}$tso$_{44}$kʰo^{35} ɲi$_{21}^{13}$.kʰo^{35}çiɔk^{5}ke$_{44}^{53}$kʰo^{0},ɲi^{13}sʅ$_{44}^{53}$ke$_{44}^{53}$ɲi^{13},kʰo^{35}ɲi$_{21}^{13}$.iau^{53}u^{21}…i^{21}ke^{53}lɔŋ$_{21}^{13}$tʂʰɔŋ$_{44}^{13}$si^{21}li^{0}ɲin^{13} ʂa^{0},si^{21}li^{0}ɲin^{0}ɔi$_{44}$liet^{5}tʂak^{3}piau^{0}.mak^{3}ɲin$_{44}$kau^{21}tsʅ^{21}tsait^{3},xei$_{44}$me$_{44}$(←m̩^{13} xe^{53})?mak^{3}ɲin$_{44}^{13}$tɔŋ^{35}mak^{3}ke$_{44}^{53}$,kɔn^{21}mak^{3}ke$_{44}^{53}$ua^{0}.kai^{0}tɔŋ$_{44}^{35}$kau^{21}tsʅ^{21}tsait^{3}ke^{53}ɲin^{13}sʅ$_{21}^{0}$ n̩^{13}sia^{21}tsʅ^{21}tsait^{3},sia^{21}kʰo^{35}ɲi^{13}.

欸，有滴人开店子，卖咁么个欸迷信用品吵，渠安做科仪店。欸。科仪店，卖咁个迷信用品呐，卖个花圈呢，卖咁个东西个。ei$_{21}$,iəu^{35}tet^{3}ɲin$_{44}$

kʰɔi³⁵tian⁵³tsʅ⁰,mai⁵³kan²¹cie₄₄mak³ke⁰e₂₁mei¹³sin⁵³iəŋ⁵³pʰin²¹ʂa⁰,ci₂₁³ɔn₄₄³⁵tso₄₄⁵³kʰo³⁵ɲi¹³tian⁵³.e₂₁.kʰo³⁵ɲi¹³tian⁵³,mai⁵³kan²¹ke₄₄⁵³mei¹³sin⁵³iəŋ⁵³pʰin²¹na⁰,mai₄₄⁵³ke₄₄fa³⁵cʰien₄₄³⁵ne⁰,mai⁵³kan²¹ke₄₄⁵³təŋ₄₄³⁵si⁰ke⁵³.

（做这个行业的人……）欬，就安做科仪欬……箇项工作安做科仪。e⁵³,tsiəu⁵³ɔn₄₄³⁵tso₄₄⁵³kʰo³⁵ɲi¹³e₂₁…kai₄₄⁵³xɔŋ₄₄⁵³kəŋ³⁵tsɔk³ɔn₄₄³⁵tso₄₄⁵³kʰo³⁵ɲi²₁¹³.

（那个人呢？科仪匠？）箇就有得么个讲法欬。箇纸扎个唠。欬。安做渠搞纸扎个噢。有么人话科仪师傅。扎匠啊安做。安做扎匠啊，又安做扎匠。kai⁵³tsiəu⁵³mau₂₁tek³mak³e⁵³ciɔŋ₄₄²¹fait³e⁰.kai⁵³tsʅ¹tsait³cie₄₄lau⁰.e₂₁.ɔn₄₄³⁵tso₄₄⁵³ci₂₁kau²¹tsʅ²¹tsait³cie⁵³au⁰.mau₂₁mak³in₄₄¹³ua⁵³kʰo³⁵ɲi²₁¹³sʅ₄₄fu₄₄⁵³.tsait³siɔŋ⁵³ŋa⁰ɔn₄₄³⁵tso₄₄⁵³.ɔn₄₄³⁵tso₄₄⁵³tsait³siɔŋ⁵³ŋa⁰,iəu⁵³ɔn₄₄³⁵tso⁵³tsait³siɔŋ⁵³.（扎匠，是吧？）欬，扎匠。e₂₁,tsait³siɔŋ⁵³.

火陌子

1.（像以前小孩呃早……那个就是夭亡了，那那个用什么东西来给他装呢？）箇就有得咁多箇个规矩唠，箇个装死衫箇只么啊寿被箇只，就有咁多规矩。但是也也同渠着正来啦，系啊？也同渠着好来啦。kai⁵³tsʰiəu⁵³mau₂₁tek³kan²¹to₄₄³⁵kai⁵³cie₄₄kuei⁵³tsʅ²¹lau⁰,kai₄₄⁵³ke₄₄⁵³tsɔŋ³⁵si²¹san³⁵kai₄₄tʂak³mak³a⁰ʂəu⁰pʰi₄₄³⁵kai₄₄⁵³tʂak³,tsʰiəu₄₄mau₂₁kan²¹to₄₄³⁵kuei⁵³tsʅ²¹.tan₄₄⁵³sʅ²¹ia³⁵ia³⁵tʰəŋ₂₁¹³ci₂₁³tʂɔk³tʂaŋ⁵³lɔi₂₁la⁰,xei₂₁a⁰?ia³⁵tʰəŋ₂₁¹³ci₂₁³tʂɔk³xau²¹lɔi¹³la⁰.

箇一般就细人子个箇箇咁长子个细人子箇只啦，箇就唔得舞副大棺材嘞，箇就舞滴树板子嘞。舞滴板子呢钉副子棺材呢。箇个树板子钉个安做火陌子呢。kai₄₄⁵³iet³pɔn³⁵tsʰiəu₄₄⁵³sei⁵³ɲin₂₁³tsʅ⁰ke₄₄kai⁵³kai⁵³kan₃₅³⁵tʂʰɔŋ₂₁¹³tsʅ⁰ke₄₄⁵³sei⁵³ɲin¹³tsʅ⁰kai⁵³tʂak³la⁰,kai⁵³tsʰiəu₄₄m̩¹³tek³u²¹fu₄₄⁵³tʰai⁵³kɔn³⁵tsʰɔi₂₁¹³lei⁰,kai₂₁tsʰiəu₄₄u²¹tiet⁵ʂəu⁰pan²¹tsʅ⁰lei⁰.u²¹tiet⁵pan²¹tsʅ⁰nei⁰taŋ⁵³fu⁵³tsʅ⁰kɔn³⁵tsʰɔi₂₁¹³nei⁰.kai₄₄ke₄₄⁵³ʂəu⁵³pan²¹tsʅ⁰taŋ³⁵ke₄₄⁰ɔn₄₄³⁵tso₄₄⁵³fo⁰lei⁵³tsʅ⁰nei⁰.

（嗯，小孩子那个欬那种早死叫什么？你们把它叫什么？）骂人个话就系打短命。ma⁵³ɲin¹³ke₄₄⁵³fa⁵³tsʰiəu₄₄⁵³xe₄₄ta²¹tɔn³⁵miaŋ⁵³.（打短命，这是骂人的唠？）欬，箇是骂人个话。e₂₁,kai⁵³sʅ₄₄⁵³ma⁵³ɲin¹³ke₄₄⁵³fa⁵³.（噢，那个不是骂人的呢？）欬，细人子死嘿哩就安做走嘿哩。箇细子走嘿哩唠。ei₂₁,se⁵³ɲin¹³tsʅ⁰si²¹xek³li⁰tsiəu₄₄⁵³ɔn₄₄³⁵tso₄₄⁵³tsei²¹xek³li⁰.ka₄₄⁵³sei⁵³tsʅ⁰tsei²¹ek³(←xek³)li⁰lau⁰.（走嘿哩？）走嘿哩。唔讲死咁哩，只讲走咁哩。tsei²¹xek³li⁰.n̩¹³kɔŋ³⁵si²¹kan²¹ni⁰,tsʅ₃₅²¹kɔŋ²¹tsei²¹kan²¹ni⁰.

2.火陌子也唔系指么个早死个细人子。火陌子是渠是咁个，箇个细人子，嚼成人个人死嘿哩，简简单单，舞几块板，钉只咁个，钉副细棺材子。

埋嘿岭上去。箇箇副细棺材子就安做火陋子。嗯。安做火陋子。就是欸也
有滴同箇战场上个人是火陋子都冇得啊，**系唔系**？fo²¹lei⁵³tsʅ⁰ia³⁵m̩¹³pʰe⁵³
(←xe⁵³)tsʅ²¹mak⁵e⁰tsau²¹si²¹ke⁰sei⁵³ɲin¹³tsʅ⁰.fo²¹lei⁵³tsʅ⁰sʅ⁵³ci¹³sʅ⁴⁴kan³⁵ke⁵³,kai⁴⁴ke⁴⁴
se⁵³ɲin²¹tsʅ⁰,maŋ¹³tsʰən¹³nien¹³ke⁵³ɲin²¹si²¹xek³li⁰,kan²¹kan²¹tan⁴⁴tan⁴⁴,u²¹ci²¹kʰuai⁵³
pan²¹,taŋ³⁵tsak³kan²¹ke⁵³,taŋ³⁵fu⁵³sei⁵³kɔn³⁵tsʰɔi¹³tsʅ⁰.mai¹³ek³(←xek³)liaŋ³⁵xɔŋ⁵³
çi⁵³.kai⁵³kai⁵³fu⁴⁴sei⁵³kɔn⁴⁴tsʰai¹³tsʅ⁰tsiəu⁴⁴ɔn⁴⁴tso⁴⁴fo²¹lei⁵³tsʅ⁰.n̩²¹.ɔn⁴⁴tso⁵³fo²¹lei⁵³tsʅ⁰.
tsiəu⁵³sʅ⁴⁴ei²¹ia³⁵iəu³⁵tet⁵tʰəŋ¹³kai⁴⁴tsen⁵³tsʰɔŋ¹³xɔŋ⁵³ke⁰ɲin²¹sʅ⁰fo²¹lei⁵³tsʅ⁰təu⁵³mau¹³
tek³a⁰,xei⁴⁴me⁴⁴(←m̩¹³xe⁵³)?

码面

码面系哪映啦？码面可能就系就系面前甑放碑石个箇只笔顿个就安
做码面。ma³⁵mien⁵³xe⁴⁴lai⁵³iaŋ⁴⁴la⁰?ma³⁵mien⁵³kʰo²¹len¹³tsʰiəu⁴⁴xei⁴⁴tsʰiəu⁴⁴xei⁴⁴
mien⁵³tsʰien¹³maŋ¹³fɔŋ⁵³pi³⁵sak⁵ke⁵³kai⁵³tsak³piet³tən⁵³ke⁵³tsʰiəu⁴⁴ɔn⁴⁴tso⁴⁴ma³⁵
mien⁴⁴.（那是……）箇地呀，甑放碑石个，就碑石个壁下子。码面。kai⁴⁴tʰi⁵³
ia⁰,maŋ¹³fɔŋ⁵³pi³⁵sak⁵ke⁵³,tsʰiəu⁵³pi³⁵sak⁵ke⁵³piak³xa⁴⁴tsʅ⁰.ma³⁵mien⁴⁴.（它是在坟
的墓呃那个堆的前面，是吧？）欸前面，前面，就系就笔顿子个，箇也就
码面。系噢，我觉得箇只东西安做……e⁰tsʰien²¹mien⁴⁴,tsʰien²¹mien⁴⁴,tsiəu⁵³xe⁴⁴
tsiəu⁴⁴piet³tən⁵³tsʅ⁰ke⁴⁴,kai⁴⁴a⁴⁴tsʰiəu⁴⁴ma³⁵mien⁴⁴.xe⁵³au⁰,ŋai¹³kɔk³tek³kai⁵³tsak³
təŋ³⁵si⁰ɔn³⁵tso⁵³…

（是不是就相当于平江人说的那个那个墓头？）<small>普通话：墓头是什么？他们说墓头是什么？</small>（这个坟前面砌的。）系啊，用石头砌个，欸，对。用石头砌个。xei⁴⁴a⁰,
iəŋ⁵³sak⁵tʰei⁵³tsʰi⁵³ke⁰,e₂₁,tei⁰.iəŋ⁵³sak⁵tʰei⁵³tsʰi⁵³ke⁴⁴.（哦，男单……男双女单？
你们有这个讲究吗？）箇程序唔晓得，箇冇得，冇得。是用石头砌个，甑
放碑石个栏场。呃就爱准备放碑……碑石壁下，碑石肚里，就安做码面。
系安做码面。欸。碑石肚里就安做码面。kai⁵³tsʰən⁵³si¹³n̩²¹çiau¹³tek³,kai⁵³mau¹³
tek³,mau²¹tek³.sʅ⁵³iəŋ⁵³sak⁵tʰei¹³tsʰi⁵³ke⁴⁴,maŋ¹³fɔŋ⁴⁴pi³⁵sak⁵ke⁴⁴laŋ²¹tsʰɔŋ¹³.ə₂₁
tsʰiəu⁴⁴ɔi⁴⁴tsən⁵³pʰi¹³fɔŋ⁵³pi⁵³…pi³⁵sak⁵piak³xa⁴⁴,pi⁵³sak⁵təu²¹li⁰,tsʰiəu⁴⁴ɔn⁴⁴tso⁵³ma³⁵
mien⁴⁴.xe⁴⁴ɔn⁴⁴tso⁵³ma³⁵mien⁵³.e₂₁.pi³⁵sak⁵təu²¹li⁰tsʰiəu⁴⁴ɔn³⁵tso⁵³ma³⁵mien⁴⁴.

暖土

箇晡有一只东西讲错哩。我问倒箇老子，渠正话我知。欸，首先我安
做暖土。唔，棺……我分暖土嘞搞做么啊嘞？搞做大金，棺材，到碑石之
间个泥，个泥，箇一部分安做暖土。其实……就唔系，搞错哩，系。kai⁴⁴pu³⁵
iəu³⁵iet³tsak⁵təŋ⁴⁴si⁰kɔŋ²¹tsʰo⁵³li⁰.ŋai²¹uən⁵³tau⁴⁴kai⁵³lau⁵³tsʅ⁰,ci¹³tsaŋ⁴⁴ua⁵³ŋai¹³

$ti_{44}^{35}.e_{21}$,$ʂəu^{21}sien_{44}^{35}ŋai_{21}^{13}ɔn^{35}tso_{44}^{53}lɔn^{35}tʰəu^{21}.m̩_{21}$,$kɔn^{35}ts…ŋai^{13}pən^{35}lɔn^{35}tʰəu^{21}lei^{0}kau^{21}$ $tso^{53}mak^{3}a^{0}lei^{0}$?$kau^{21}tso_{44}^{53}tʰai_{44}^{35}cin^{35}$,$kɔn^{35}tsʰɔi^{13}$,$tau^{21}pi_{35}^{35}ʂak^{3}tʂ_{44}^{35}kan_{44}^{35}kei^{53}lai^{13}$,$kei^{53}$ lai^{13},$kai^{53}iet^{3}pʰu^{53}fən^{53}ɔn^{35}tso_{44}^{53}lɔn^{35}tʰəu^{21}.cʰi^{13}ʂ…tsʰiəu^{53}m̩^{13}pʰe^{53}(←xe^{53})$,$kau^{21}tsʰo^{53}$ li^{0},$xe_{44}^{53}.$

　　我问倒老人家讲嘞，么……欸，大金就系棺材，冇得暖土。棺材冇得暖土。只有小金，金罂，捡哩骨头以后个金罂，金罂顶高箇滴子泥，金罂上背个泥，就安做暖土。金罂上背到墓顶箇滴子泥，就安做暖土。安做暖金，欸，安做暖金，箇滴子就安做暖土。$ŋai^{13}uən^{53}tau^{21}lau^{21}ȵin^{13}ka_{44}^{35}kɔŋ^{21}$ lei^{0},$mak^{3}…e_{21}$,$tʰai^{35}cin^{35}tsʰiəu_{44}^{53}xe_{44}^{53}kɔn^{35}tsʰɔi_{21}^{13}$,$mau^{13}tek^{3}lɔn^{35}tʰəu^{21}.kɔn^{35}tsʰɔi_{21}^{13}$ $mau_{21}^{13}tek^{3}lɔn^{35}tʰəu^{21}.tʂ̩^{21}iəu_{44}^{35}siau^{21}cin^{35}$,$cin^{35}aŋ^{35}$,$cien^{13}li^{0}kuət^{3}tʰei^{13}i^{35}xei^{53}ke_{44}^{35}cin^{35}$ $aŋ^{35}$,$cin^{35}aŋ_{44}^{35}taŋ^{21}kau^{53}kai_{44}^{53}tiet^{5}tʂ̩^{0}lai^{13}$,$cin^{35}aŋ_{44}^{35}ʂɔŋ^{53}pɔi^{53}cie_{44}^{53}lai^{13}$,$tsʰiəu_{44}^{53}ɔn^{35}tso_{44}^{53}$ $lɔn^{35}tʰəu^{21}.cin^{35}aŋ_{44}^{35}ʂɔŋ^{53}pɔi^{53}tau_{44}^{53}mu^{53}taŋ^{21}kai_{44}^{53}tiet^{5}tʂ̩^{0}lai^{13}$,$tsʰiəu_{44}^{53}ɔn^{35}tso_{44}^{53}lɔn^{35}$ $tʰəu^{21}.ɔn_{44}^{35}tso_{44}^{53}lɔn^{35}cin^{35}$,$e_{21}$,$ɔn_{44}^{35}tso_{44}^{53}lɔn^{35}cin^{35}$,$kai^{53}tiet^{5}tʂ̩^{0}tsʰiəu_{44}^{53}ɔn_{44}^{35}tso_{44}^{53}lɔn^{35}tʰəu^{21}.$

　　大金冇得暖土。大金就系棺材咯。如果箇只墓还系棺材个话，冇得暖土，冇得暖土，冇……也冇得暖土个讲法。只有小金，所谓小金呢就系金罂，捡哩骨头了，客家人是还爱捡骨头，捡哩骨头了，骨头金罂个顶上，箇映子就安做暖土，安做暖金。系，安做暖金。箇只正安做暖土，咁以爱改过来。$tʰai^{53}cin^{35}mau^{13}tek^{3}lɔn^{35}tʰəu^{21}.tʰai^{53}cin^{35}tsʰiəu_{44}^{53}xei^{53}kɔn^{35}tsʰɔi_{21}^{13}ko^{0}.vy^{13}ko^{21}$ $kai_{44}^{53}tʂak^{3}mu^{53}xai_{21}^{13}xei^{53}kɔn^{35}tsʰɔi_{21}^{13}ke_{44}^{53}fa_{21}^{53}$,$mau^{13}tek^{3}lɔn^{35}tʰəu^{21}$,$mau^{13}tek^{3}lɔn^{35}$ $tʰəu^{21}$,$mau^{13}…ia^{35}mau^{13}tek^{3}lɔn^{35}tʰəu^{21}ke^{53}kɔŋ^{21}fait^{3}.tʂ̩^{21}iəu_{53}^{35}siau^{21}cin^{35}$,$so^{21}uei^{53}$ $siau^{21}cin^{35}nei^{0}tsʰiəu_{44}^{53}xei^{53}cin^{35}aŋ^{35}$,$cian^{21}ni^{0}kuət^{3}tʰei^{13}liau^{0}$,$kʰak^{3}ka_{44}^{35}ȵin^{13}tʂ̩_{21}^{21}xai_{21}^{13}$ $ɔi^{53}cian^{21}kuət^{3}tʰei^{0}$,$cian^{21}ni^{0}kuət^{3}tʰei^{0}liau^{0}$,$kuət^{3}tʰei^{0}cin^{35}aŋ_{44}^{35}ke_{44}^{35}taŋ^{21}xɔŋ^{53}$,$kai_{44}^{53}$ $iaŋ_{44}^{53}tʂ̩^{0}tsʰiəu_{44}^{53}ɔn_{44}^{35}tso_{44}^{53}lɔn^{35}tʰəu^{21}$,$ɔn_{44}^{35}tso_{44}^{53}lɔn^{35}cin^{35}.xe^{53}$,$ɔn_{44}^{35}tso_{44}^{53}lɔn^{35}cin^{35}.kai^{53}tʂak^{3}$ $tʂaŋ_{53}^{35}ɔn_{53}^{35}tso^{53}lɔn^{35}tʰəu^{21}$,$kan^{21}i^{21}ɔi^{53}kɔi^{21}ko^{53}lɔi_{21}^{13}.$

（三）社交

凑伴

　　人少哩就也安做凑伴呢。人少哩，打比你夜晡走路你怕畏呀，我撩你凑伴，我撩你打伴。凑伴，我撩你凑伴。你夜晡走夜路唔敢走呀，或者你一个人做唔到，我同你凑伴。$ȵin^{13}ʂau^{21}li^{0}tsʰiəu_{44}^{53}ia^{35}ɔn_{44}^{35}tso_{44}^{53}tsʰei_{44}^{53}pʰɔn^{53}nei^{0}.ȵin^{13}$

ṣau^{21}li^{0},ta^{21}pi$_{44}$ɲi^{13}ia^{53}pu$_{44}$tsei^{21}ləu^{53}ɲi$_{21}$pʰa$_{44}$uei^{53}ia^{0},ŋai$_{21}$lau$_{44}$ɲi$_{21}$tsʰei$_{44}$pʰɔn^{53},ŋai$_{21}$lau$_{44}$ɲi^{13}ta^{21}pʰɔn^{53}.tsʰei$_{44}$pʰɔn^{53},ŋai$_{21}$lau$_{44}$ɲi$_{21}$tsʰei$_{44}$pʰɔn^{53}.ɲin^{13}ia^{53}pu^{35}tsei^{21}ia^{53}ləu^{53}ŋ^{13}kan^{21}tsei^{21}ia^{0},xɔie^{5}tṣa^{21}ɲi$_{21}$iet^{3}cie^{53}in$_{21}$tso^{53}n̩^{13}tau^{53},ŋai$_{21}$tʰəŋ$_{2}$ɲi$_{21}$tsʰei^{53}pʰɔn^{53}.

写捐

（那个认捐东西呢？认捐钱物。比方说有人发起募捐，那么我我去认捐一部分呢？）嗯，哦，捐，捐钱唉，捐东西。ŋ$_{21}$,o$_{21}$,tṣen^{35},tṣen^{35}tsʰien^{13}nau^{0},tṣen^{35}təŋ^{35}si^{0}.（捐钱还是写……写捐？）写捐，系，写捐。嗯。写滴子捐。对。系。sia^{21}tṣen^{35},xe^{53},sia^{21}tṣen^{35}.ŋ$_{21}$.sia^{21}tiet^{3}tṣ^{2}tṣen^{35}.tei^{53}.xe^{53}.

写捐就更欸更古老滴子个讲法。嘿嘿。sia^{21}tṣen^{35}tsʰiəu$_{44}$cien$_{44}$e$_{21}$cien^{53}ku^{21}lau^{21}tiet^{5}tṣ^{0}ke^{53}kɔŋ^{21}fait^{3}.xei$_{53}$xei$_{21}$.（现在呢？现在？）欸，捐呢。如今就安做欸去捐滴子钱呐。欸，写……也讲捐钱呢。也讲写捐呢。你讲写捐大家都懂。都懂。去写滴子捐呢。欸。e$_{21}$,tṣen^{35}ne^{0}.i$_{21}$cin$_{44}$tsʰiəu$_{44}$ɔn$_{44}$tso$_{44}$e$_{21}$çi$_{44}$tṣen^{35}tiet^{5}tṣ^{0}tsʰien^{13}na^{0}.e$_{44}$,sia^{21}……ia^{35}kɔŋ^{21}tṣen$_{44}$tsʰien$_{21}$ne^{0}.ia^{35}kɔŋ^{21}sia^{21}tṣen^{35}ne^{0}.ɲi^{21}kɔŋ^{21}sia^{21}tṣen^{35}tʰai$_{44}$cia^{35}təu$_{44}$təŋ^{21}.təu^{35}təŋ^{21}.çi$_{44}$sia^{21}tiet^{5}tṣ^{0}tṣen^{35}ne^{0}.e$_{21}$.（讲捐钱呢？）捐钱他……也懂噢，尽滴都晓得系么啊意思啊，去捐滴子钱唉。tṣen^{35}tsʰien^{13}tʰa^{35}c……ia^{35}təŋ^{21}ŋau^{0},tsʰin$_{44}$tet^{5}təu$_{44}$çiau^{21}tek^{5}xe^{53}mak^{3}a^{0}i^{53}sɿ^{0}a^{0},tṣʰɿ$_{44}$tṣen^{35}tiet^{5}tṣ^{0}tsʰien$_{21}$nau^{0}.

写捐，一般好像写捐就系去募捐呢。sia^{21}tṣen^{35},iet^{3}pɔn^{35}xau^{21}tsʰiɔŋ^{53}sia^{21}tṣen^{35}tsʰiəu$_{44}$xe$_{44}$çi$_{44}$mu^{53}tṣen^{35}nei^{0}.（唔？）写捐就系去募捐呢。sia^{21}tṣen^{35}tsʰiəu$_{44}$xe$_{44}$çi$_{44}$mu^{53}tṣen^{35}nei^{0}.（募捐啊？）唔。欸，简年我等一只亲戚嘞，渠只渠只渠只啦外甥子啊，得哩恶病唠，爱爱十几万，渠到处去写捐呢。就去募捐呐。m$_{21}$.ei$_{21}$,kai^{53}ɲien$_{44}$ŋai$_{21}$tien^{0}iet^{3}tṣak^{5}tsʰin^{35}tsʰiet^{5}lei^{0},ci$_{21}$tṣak^{5}ci$_{21}$tṣak^{5}ci$_{21}$tṣak^{5}la^{0}ŋɔi^{53}saŋ^{35}tṣ^{0}a^{0},tek^{5}li^{0}ɔk^{5}pʰiaŋ$_{44}$lau^{0},ɔi$_{44}$ɔi$_{44}$sət^{5}ci^{21}uan^{53},ci$_{21}$tau^{53}tṣʰəu$_{44}$çi^{53}sia^{21}tṣen^{35}nei^{0}.tsʰiəu$_{21}$çi$_{44}$mu^{53}tṣen^{35}na^{0}.（募捐呀？）募捐就安做写捐。欸，我等都捐哩钱呐。我等都捐哩滴子钱呐。欸。募捐就系写捐。mu^{53}tṣen$_{44}$tsʰiəu$_{44}$ɔn$_{44}$tso^{53}sia^{21}tṣen^{35}.e$_{21}$,ŋai^{13}tien^{0}təu^{35}tṣen^{35}ni^{0}tsʰien$_{21}$na^{0}.ŋai^{13}tien^{0}təu^{0}tṣen^{35}ni^{0}tet^{5}tṣ^{0}tsʰien$_{21}$na^{0}.e$_{21}$.mu^{53}tṣen^{35}tsʰiəu$_{44}$xe$_{44}$sia^{21}tṣen^{35}.

（有捐东西的吗？）有哇，也有。iəu^{35}ua^{0},ia^{35}iəu^{35}.（捐东西怎么说？）捐钱唉，捐东西唠。箇是学倒箇个正规滴子个说法讲法就欸捐款唉。捐款也有唠，蛮多话……也话捐款呢。tṣen^{35}tsʰien^{13}nau^{0},tṣen^{35}təŋ^{35}si^{0}lau^{0}.kai$_{44}$sɿ$_{44}$xɔk^{5}tau^{21}kai$_{44}$ke^{53}tṣən^{53}kuei^{35}tiet^{5}tṣ^{0}ke$_{44}$sek^{3}fait^{3}kɔŋ^{21}fait^{3}tsʰiəu^{53}ei$_{35}$tṣen^{35}kʰɔn^{21}nau^{0}.tṣen$_{44}$kʰɔn^{21}na$_{44}$(←ia^{35})iəu^{35}lau^{0},man$_{21}$to^{35}ua$_{44}$……ia^{35}ua^{53}tṣen$_{44}$kʰɔn^{21}nei^{0}.

作揖

1. 哦，以咁以咁子吧？o_{44},$i^{21}kan^{21}i^{21}kan^{21}_{13}ts\eta^0pa^0$？（嗯。）以咁子吧？$i^{21}kan^{21}_{13}$ $ts\eta^0pa^0$？（嗯。）哦，作揖唠。安做唠，安做作揖唠。作揖。作两只揖啦。只系见……见箇个欸……箇箇箇个就会作揖呢，打比我我屋下就爱……欸讨新旧，系唔系？讨新人，我装……安哩牌……祖宗牌位，或者我卖妹子，我安哩祖宗，系唔系？安哩祖宗。箇客来哩，嗨，渠看倒我安哩祖宗，箇就爱去作两只揖。欸，我来报个到哈。欸。欸欸。系唔系哈？像来报只到样。欸。爱作两只揖。好事成双，一般就两只。讨新人，卖妹子，一般就系双，成双，两只。欸，但是系老哩人个，死哩人个，箇就三只，成单。嗨。o_{21},$ts\mathupsilon k^3iet^3lau^0$,$\text{.}\circ n^{35}_{44}tso^{53}lau^0$,$\text{.}\circ n^{35}_{44}tso^{53}ts\mathupsilon k^3iet^3lau^0$.$ts\mathupsilon k^3iet^3$.$ts\mathupsilon k^3i\circ\eta^{21}ts\underset{\cdot}{a}k^3iet^3$ la^0.$ts\underset{\cdot}{\eta}^{21}ei_{44}(\leftarrow xei^{53})cien^{53}\cdots cien^{53}kai^{35}_{44}ke^{35}_{44}e_{44}\cdots kai^{53}_{44}kai^{53}_{44}kai^{53}_{44}ke^{53}_{44}ts^hi\mathupsilon u_{44}u\mathupsilon i^{35}_{44}ts\mathupsilon k^3iet^3$ nei^0,$ta^{21}pi^0\text{.}\eta ai^{13}uk^3xa^{53}ts\mathupsilon u^{53}_{21}\circ i^{35}_{44}ts\cdots e_{21}t^hau^{21}sin^{35}c^hi\mathupsilon u^{35}$,$xei^{53}_{44}me_{44}(\leftarrow\underset{\cdot}{m}^{13}xe^{53})?t^hau^{21}$ $sin^{35}\underset{\cdot}{n}in^{13}_{21}$,$\eta ai^{13}_{21}ts\circ\eta^{35}\cdots\circ n^{35}li^0p^hai^{13}\cdots ts\mathupsilon u^{21}ts\circ\eta^{35}p^hai^{13}uei^{53}$,$x\circ ict^3ts\underset{\cdot}{a}^{21}\eta ai^{13}mai^{53}m\circ i^{53}$ $ts\eta^0$,$\eta ai^{13}\circ n^{35}li^0tsou^{21}ts\circ\eta^{35}$,$xei^{53}_{44}me_{44}(\leftarrow\underset{\cdot}{m}^{13}xe^{53})?\circ n^{35}li^0tsou^{21}ts\circ\eta^{35}$.$kai^{53}_{44}k^hak^3l\circ i^{13}_{21}$ li^0,$\underset{\cdot}{m}_{21}$,$ci^{13}k^h\circ n^{53}tau^{21}\eta ai^{13}_{21}\circ n^{35}li^0tsou^{21}ts\circ\eta^{35}$,$kai_{44}ts^hi\mathupsilon u^{53}_{44}\circ i^{53}_{44}\underset{\cdot}{ci}_{44}ts\mathupsilon k^3i\circ\eta^{21}ts\underset{\cdot}{a}k^3$ iet^3.e_{21},$\eta ai^{13}l\circ i^{13}_{21}pau^{53}ke_{44}tau^{53}xa^0$.$e_{21}$.$e_{21}e_{21}$.$xei^{53}_{44}mei_{44}(\leftarrow\underset{\cdot}{m}^{13}xei^{53})xa^0?si\circ\eta^{53}l\circ i^{13}_{21}pau^{53}$ $ts\underset{\cdot}{a}k^3tau^{53}i\circ\eta^{53}_{44}$.$e_{21}$.$\circ i^{35}_{44}ts\mathupsilon k^3i\circ\eta^{21}ts\underset{\cdot}{a}k^3iet^3$.$xau^{21}s\underset{\cdot}{\eta}^{53}ts^h\circ n^{13}_{21}s\circ\eta^{35}$,$iet^3p\circ n^{35}ts^hi\mathupsilon u^{53}i\circ\eta^{21}$ $ts\underset{\cdot}{a}k^3$.$t^hau^{21}sin^{35}\underset{\cdot}{n}in^{13}$,$mai^{53}m\circ i^{53}ts\eta^0$,$iet^3p\circ n^{35}ts^hi\mathupsilon u^{53}xei^{53}s\circ\eta^{35}$,$ts^h\circ n^{13}s\circ\eta^{35}$,$i\circ\eta^{21}$ $ts\underset{\cdot}{a}k^3$.e_{21},$tan^{53}s\underset{\cdot}{\eta}^{53}xe^{53}lau^{21}li^0\underset{\cdot}{n}in^{13}ke^{53}$,$si^{21}li^0\underset{\cdot}{n}in^{13}ke^{53}$,$kai^{53}_{44}ts^hi\mathupsilon u_{44}san^{35}ts\underset{\cdot}{a}k^3$,$ts^h\circ n^{13}$ tan^{35}.$\underset{\cdot}{m}_{21}$.（有没有拜错的？）哈？拜错个。$xa^{35}?pai^{53}ts^h\circ^{53}ke^0$？（作揖作……搞错了。）箇也有。搞错哩也冇人话渠么个。冇人话么个。多拜哩少拜哩冇人话么个。唔得。$kai^{53}ie^{21}i\mathupsilon u^{13}$.$kau^{13}ts^h\circ^{53}li^0a^{53}mau^{13}_{21}in^{13}ua^{53}ci^{21}_{21}mak^3ke^{53}$.$mau^{13}_{21}$ $in^{13}ua^{53}mak^3ke^{53}$.$to^{35}pai^{53}li^0\underset{\cdot}{s}au^{21}pai^{53}li^0mau^{13}_{21}in^{13}ua^{53}mak^3ke^{53}$.$\underset{\cdot}{n}^{13}tek^3$.

2. 我等是箇我等个欸老老……我爷子我爷子等还教过我让门作揖啦。欸我我阿舅子等人咯，我我阿舅子嘞，就我老婆个兄弟呀，我硬唔知教嘿几多到，作倒个揖就唔像作揖。咁子作揖。$\eta ai^{13}tien^0s\underset{\cdot}{\eta}^{53}_{44}kai^{13}\eta ai^{13}tien^0ke^{53}_{44}e_{21}lau^{21}$ $lau^{21}\cdots\eta ai^{13}_{21}ia^{13}ts\eta^0\eta ai^{13}_{21}ia^{13}ts\eta^0tien^0xai^{13}_{21}kau^{35}_{44}ko^{53}_{44}\eta ai^{13}_{21}\underset{\cdot}{n}i\circ\eta^{53}_{44}m\circ n^0ts\mathupsilon k^3iet^3la^0$.$e_{53}\eta ai^{13}$ $\eta ai^{13}a^{35}c^hi\mathupsilon u_{44}ts\eta^0tien^{21}_{21}\underset{\cdot}{n}in^{13}_{21}ko^0$,$\eta ai^{13}_{21}\eta ai^{13}_{21}a^{35}c^hi\mathupsilon u^{53}_{44}le^0$,$ts^hi\mathupsilon u^{53}\eta ai^{13}_{21}lau^0p^h\circ^{21}_{21}kei^{53}$ $ci\circ\eta^{35}t^hi^{53}ia^0$,$\eta ai^{13}_{21}\underset{\cdot}{n}ia\eta^{53}\underset{\cdot}{n}ti^{35}_{44}kau^{35}_{44}uek^3(\leftarrow xek^3)ci^{21}to^{35}tau^{53}$,$ts\mathupsilon k^3tau^{21}ke^{53}_{44}iet^3ts^hi\mathupsilon u^{53}_{44}$ $\underset{\cdot}{m}^{13}si\circ\eta^{53}ts\mathupsilon k^3iet^3$.$kan^{13}_{21}ts\eta^0ts\mathupsilon k^3iet^3$.（怎么这样作揖呢？）唔像啊，他教唔会呀。我教都教唔会呀。欸嘿。$\underset{\cdot}{n}^{13}ts^hi\circ\eta^{53}_{44}\eta a^0$,$t^ha^{35}_{44}kau^{35}\underset{\cdot}{n}^{13}_{21}u\circ i^{13}ia^0$.$\eta ai^{13}_{21}kau^{35}t\circ u^{35}_{44}kau^{35}$ $\underset{\cdot}{m}^{13}_{21}u\circ i^{13}ia^0$.$e_{53}xe_{21}$.（那那蛮搞笑啦！）

我系横巷里个，我等老家个，我是长日教渠等作揖。作揖爱让门子作嘞？欸，踦倒笔顿子，系唔系啊？欸，首先分只手咁子自然个伸出来，自然个伸倒以映子。自然伸出来啦。莫脱……莫含腰嘞，莫含背啦。胸脯爱挺直来嘞，咁子，咁子放下子下。系？欸，咁子去，系唔系啊？啊，看呐！欸，一双手就合拢来，咁子斜斜子。ŋai¹³xei⁵³uaŋ¹³xɔŋ⁵³li²¹ke⁵³,ŋai²¹₃tien³ lau²¹cia₄₄³⁵ke₄₄⁵³,ŋai²¹₂₁ʂ²¹₄₄tʂʰɔŋ¹³ɲiet³ kau₂₁³⁵ci₄₄³⁵tien³ tsɔk³ iet³ .tsɔk³ iet³ ɔi⁵³ɲiɔŋ₄₄⁵³mən⁰ tsɻ⁰ tsɔk³le⁰ ?e₂₁,cʰi³⁵tau²¹piet³ tən⁵³tsɻ⁰,xei₄₄⁵³me₄₄(←m̩¹³xe⁵³)a⁰ ?e₂₁,ʂəu²¹sien₄₄³pən¹³tʂak³ ʂəu²¹kan²¹tsɻ⁰ tsʰɻ⁵³vien¹³ke₄₄³⁵tʂʰən³⁵tʂʰət³ lɔi¹³,tsʰɻ¹³ vien¹³ke₄₄³⁵tʂʰən³⁵tau²¹ i²¹iaŋ₄₄⁵³tsɻ⁰ .tsʰɻ⁵³vien¹³tʂʰən³⁵tʂʰət₅⁵³lɔi²¹₁₃la⁰.mɔk⁵ tʰɔit³···mɔk⁵ xɔn²¹₁₃iau³⁵le⁰,mɔk⁵ xɔn¹³pɔi⁵³la⁰.çiəŋ⁵³pʰu₄₄⁵³ɔi₄₄⁵³tʰin²¹tʂʰət₅⁵ lɔi²¹₁₃le⁰,kan²¹tsɻ⁰,kan²¹tsɻ⁰ fɔŋ₄₄⁵³ŋa₄₄(←xa⁵³)tsɻ⁰ xa³⁵.xe₄₄⁵³?e₂₁,kan²¹tsɻ⁰ cʰi₄₄¹³,xei₄₄⁵³me₄₄a⁰ ?a₂₁,kʰɔn⁵³na⁰ !e₂₁,iet³ sən³⁵ʂəu²¹tsʰiəu₄₄⁵³xɔit⁵ ləŋ³⁵lɔi²¹₁₃,kan²¹tsɻ⁰ tsʰia¹³tsʰia¹³tsɻ⁰.

　　（哪个手放在外面？）箇有得会那个，两只手，有得么啊蛮多规矩。kai²¹₂₁mau²¹₂₁tek³ uɔi₄₄⁵³na¹³kə²¹₂₁,iɔŋ²¹tʂak³ ʂəu²¹,mau¹³tek³ mak³ a⁰ man₂₁¹³to₄₄⁵³kuei₄₄³⁵tʂʅ²¹.（呃，是这样抱还是这样的，哪哪个左手右手……）我嶒嶒嶒管得渠咁多，我就咁子放倒，咁子放下子下，咁子放下子下，箇手哇。然后嘞□下子上。咁子，然后走以映子□下子上。放下以放下以嘴上肚，底下子，欸，胸脯前子。就咁子就安做，嘞，欸，咁子。爱有只咁个大概有只咁个过程嘞以映子又舞下去，舞下去，咁子放……弯腰，然后再咁子。再咁子舞下去。箇只像正系作揖。比……比较标准个作揖个方式。别人家教过我呀。唔系我就……噢揖都唔会作啊。有滴人就咁子，以样子挖一下，算哩，安做挖土哇。安做挖土哇。又挖哟，作揖啦。ŋai¹³maŋ¹³maŋ¹³maŋ¹³kɔn²¹tek³ ci¹³kan²¹to₄₄³⁵,ŋai¹³tsʰiəu¹³kan²¹tsɻ⁰ fɔŋ⁵³tau²¹,kan²¹tsɻ⁰ fɔŋ₄₄⁵³ŋa₄₄(←xa⁵³)tsɻ⁰ xa³⁵,kan²¹tsɻ⁰ fɔŋ₄₄⁵³ŋa₄₄(←xa⁵³)tsɻ⁰ xa³⁵,kai⁵³ʂəu²¹ua⁰.vien¹³xei⁵³lei²¹ʂəu²¹ a⁰(←xa⁵³)çiɔŋ³⁵.kan²¹tsɻ⁰,vien¹³xei₄₄⁵³tsei²¹i²¹iaŋ₄₄⁵³tsɻ⁰ sau²¹ a⁰(←xa⁵³)tsɻ⁰ ʂɔŋ³⁵.fɔŋ₄₄⁵³xa₄₄⁵³i²¹fɔŋ⁵³xa³⁵i²¹tʂɔi⁵³ʂɔŋ₄₄⁵³təu⁰,tei³ xa⁵³tsɻ⁰,e₂₁,çiəŋ₄₄³⁵pʰu₂₁¹³tsʰien¹³tsɻ⁰ .tsʰiəu⁵³kan²¹tsɻ⁰ tsʰiəu₄₄⁵³ɔn³⁵tso₄₄⁵³,le₂₁,kan²¹tsɻ⁰ .ɔi⁵³iəu³⁵tʂak³ kan²¹cie₄₄³tʰai₄₄⁵³kʰɔi₄₄³⁵iəu³⁵tʂak³ kan²¹cie₄₄³ko⁵³tʂʰən¹³le⁰ i²¹iaŋ₄₄⁵³tsɻ⁰ iəu₂₁³⁵u²¹a₄₄(←xa⁵³)çi⁵³,u²¹a₄₄(←xa⁵³)çi⁵³,kan²¹tsɻ⁰ faŋ⁵³···uan₄₄³⁵iau³⁵,vien₂₁¹³xei₄₄⁵³tsai⁵³kan²¹tsɻ⁰ .tsai⁵³kan²¹tsɻ⁰ u²¹a₄₄(←xa⁵³)çi⁵³.kai₄₄⁵³tʂak³ tsʰiɔŋ⁵³tʂaŋ⁵³xei⁵³tsɔk³ iet³ .pi²¹···pi²¹ciau₄₄³⁵piau⁵³tʂən²¹ke⁵³tsɔk³ iet³ ke⁵³fɔŋ₄₄⁵³ʂʅ³⁵.pʰiet³ in₄₄¹³a₄₄,kɔi³⁵kau³⁵ko⁵³ŋai²¹₁₃ia⁰ .m̩¹³pʰe⁵³(←xe⁵³)ŋai¹³tsʰiəu⁵³···au₂₁iet³ təu₄₄⁵³n̩²¹₂₁uɔi¹³tsɔk³ a⁰ .iəu⁵³tet⁵ ɲin₄₄¹³tsʰiəu⁵³kan²¹tsɻ⁰ ,i²¹₁₃iɔŋ₄₄¹³tsɻ⁰ uait³ iet³ xa⁵³,sɔn⁵³ni⁰ ,ɔn₄₄³⁵tso⁵³ uait³ tʰəu²¹ua⁰ .ɔn₄₄³⁵tso⁵³ uait³ tʰəu²¹ua⁰ .iəu⁵³uait³ iau⁰ ,tsɔk³ iet³ la⁰.

　　欸客家人作揖都有讲究哇。欸。系，系有只么个哪只手包下去，我唔记得。有滴话左边包右边，右边包左边。我唔记得箇映子，反正就系咁子。

作揖。嗯。ei$_{44}$k^{h}ak^3 ka$_{35}^{35}$ɲin$_{21}^{13}$tsɔk^3 iet^3 təu$_{44}^{35}$iəu$_{44}^{35}$kɔŋ$_{35}^{21}$ciəu^{53}ua^0 .e$_{21}$.xe^{53},xei$_{53}^{53}$iəu^{35}tʂak^3 mak^3 ke$_{44}^{53}$lai$_{44}$tʂak^3 ʂəu^{21}pau^{35}xa$_{44}^{53}$çi^{53},ŋai$_{21}^{13}$ŋ^{13}ci^{53}tek^3 .iəu^{35}tet^3 ua$_{44}^{53}$tso^{21}pien^{35}pau^{35},iəu^{53} pien$_{44}^{35}$,iəu$_{44}^{35}$pin$_{44}^{35}$pau^{35}tso^{21} pien^{35}.ŋai^{13}ŋ^{13}ci^{53}tek^3 kai$_{44}^{53}$iaŋ$_{44}^{53}$tsɿ^0 ,fan^{21}tʂən$_{44}^{53}$tsʰiəu$_{44}^{53}$xei$_{44}^{53}$ kan^{21}tsɿ^0 .tsɔk^3 iet^3 .n̩$_{53}$.

整酒

屋下有么个好事，就爱整……安做整酒。嗯。整餐酒。欸，欸当哩爷，系<u>唔系</u>啊？做哩新屋。当哩爷，整餐满月酒，半月酒。当哩爷。当哩阿公，爱整餐酒，系唔系？嗯，以下就欸讨老婆是箇爱搞餐酒，爱搞餐食哩，咁爱整酒。欸，以下就，欸你细人子考倒哩大……大学，系唔系？考倒大学，爱搞一餐食哩。欸，有滴就搞餐食哩安做，搞餐食哩。整酒爱。uk^3 xa$_{44}^{53}$iəu$_{44}^{35}$ mak^3 ke$_{44}^{53}$xau^{21}sɿ^{53},tsʰiəu$_{44}^{53}$ɔi$_{44}^{53}$tʂaŋ^{21}…ɔn$_{44}^{35}$tso^{53}tʂaŋ^{21} tsiəu^{21}.m̩$_{21}$.tʂaŋ^{21}ts^{h}ɔn^{35} tsiəu^{21}.e$_{21}$,ei$_{44}$tɔŋ^{35}li^0 ia^{13},xei$_{44}^{53}$me$_{44}$(←m̩^{13}xe^{53})a^0 ?tso^{53}li^0 sin^{35}uk^3 .tɔŋ^{35}li^0 ia^{13},tʂaŋ^{21} tsʰɔn$_{44}^{35}$man^{35}ɲiet^5 tsiəu^{21},pan^{53}ɲiet^5 tsiəu^{21}.tɔŋ^{35}li^0 ia^{13}.tɔŋ^{35}li^0 a^{35}kəŋ$_{44}^{53}$,ɔi$_{44}^{53}$tʂaŋ^{21}ts^{h}ɔn$_{44}^{35}$ tsiəu^{21},xei$_{44}^{53}$me$_{44}$(←m̩^{13}xe^{53})?n̩$_{21}$,i^{21}xa$_{44}^{53}$tsiəu$_{44}^{53}$,e$_{21}$,t^{h}au^{21}lau^{21}p^{h}o^{13}sɿ$_{44}^{53}$kai^{53}ɔi$_{44}^{53}$kau^{21}ts^{h}ɔn^{35} tsiəu^{21},ɔi$_{44}^{53}$kau^{21}ts^{h}ɔn$_{44}^{35}$ʂət^5 li^0 ,kan^{21}ɔi$_{44}^{53}$tʂaŋ^{21} tsiəu^{21}.ei$_{21}$,i^{21}xa$_{44}^{53}$tsiəu$_{44}^{53}$,e$_{21}$,ɲi$_{21}^{13}$sei^{53}in$_{21}^{13}$tsɿ^0 k^{h}au^{21}tau^{21}li^0 t^{h}ai^{53}…t^{h}ai^{53}xɔk^5 ,xei$_{44}^{53}$me$_{44}$(←m̩^{13}xe^{53})?k^{h}au^{21}tau^{21}t^{h}ai^{53}xɔk^5 ,ɔi$_{44}^{53}$kau^{21} iet^3 ts^{h}ɔn$_{44}^{35}$ʂət^5 li^0 .e^{21} ,iəu^{35}tet^5 tsʰiəu$_{44}^{53}$kau^{21}ts^{h}ɔn$_{44}^{35}$ʂət^5 li^0 ɔn$_{44}^{35}$tso^{53} ,kau^{21}ts^{h}ɔn$_{44}^{35}$ʂət^5 li^0 .tʂaŋ^{21}tsiəu^{21}ɔi$_{21}^{53}$.

有滴是谦虚滴子，唔讲话整酒。就搞餐食哩。嗯。iəu^{35}tet^5 sɿ$_{44}^{53}$cʰien^{35}sɿ$_{44}^{35}$ tiet^5 tsɿ^0 ,ŋ^{13}kɔŋ^{21}ua^{21}tʂaŋ^{21}tsiəu^{21}.tsiəu$_{44}^{53}$kau^{21}ts^{h}ɔn$_{44}^{35}$ʂət^5 li^0 .m̩$_{21}$.

还有滴就讲爱食……来食两杯。啊食两杯。xai$_{21}^{13}$iəu$_{44}^{35}$tet^3 tsʰiəu$_{44}^{53}$kɔŋ^{21}ɔi$_{44}^{53}$ ʂət^5…lɔi$_{21}^{13}$ʂət^5 iɔŋ^{21}pi$_{44}^{35}$.a^0 ʂət^5 iɔŋ^{21}pi$_{44}^{35}$.（ʂət^5 什么？）食两杯呀。食两杯酒哇。到我屋下来食两杯呀。嗯。ʂət^5 iɔŋ^{21}pi^{35}ia^0 .ʂət^5 iɔŋ^{21}pi^{35}tsiəu^{21}ua^0 .tau^{21}ŋai$_{44}^{13}$uk^3 xa$_{44}^{53}$ lɔi$_{21}^{13}$ʂət^5 iɔŋ^{21}pi^{35}ia^0 .n̩$_{21}$.

客姓是就唔系让门子……除哩除哩箇个非常正式个嘞，一般就唔请呢。只爱话，来食杯子淡酒啊。欸，请就唔请啊。唔好意思请啊。唔好意思请。只有……嗯，都一般都谦虚滴子。打比欸系爷子八十岁，欸，我爷子八十岁呀，嗯，搞两桌子客，来食杯子淡酒。就咁子话，谦虚滴子。k^{h}ak^3 sin$_{44}^{53}$sɿ$_{44}^{53}$tsʰiəu$_{44}^{53}$m̩$_{21}^{13}$p^{h}e$_{44}$(←xe^{53})ɲiɔŋ$_{44}^{53}$mən^0 tsɿ^0 …tʂ^{h}əu^{13}li^0 tʂ^{h}əu^{13}li^0 kai^{53}ke$_{44}^{53}$fei^{35} tʂ^{h}ɔŋ$_{21}^{35}$tʂən^{21}sɿ^0 ke$_{44}$le^0 ,iet^3 pɔn^{53}tsiəu$_{44}^{53}$m̩$_{21}^{13}$tsʰiaŋ^{21}ne^0 .tsɿ^0 ɔi$_{44}^{53}$ua$_{44}^{53}$,lɔi^{13}ʂət^5 pi$_{44}^{21}$tsɿ^0 t^{h}an^{35} tsiəu^{21}a^0 .e$_{21}$,tsʰiaŋ^{21}tsʰiəu$_{44}^{53}$n̩$_{21}^{13}$tsʰiaŋ^{21}ŋa^0 .n̩$_{21}^{13}$xau^{21}i^{53}sɿ^0 tsʰiaŋ^{21}ŋa^0 .n̩$_{21}^{13}$xau^{21}i^{53}sɿ^0 tsʰiaŋ^{21}.tsɿ^0 iəu$_{44}^{35}$…m̩$_{21}$,təu$_{44}^{35}$iet^3 pɔn^{35}təu$_{44}^{35}$cʰien^{35}çy$_{44}^{35}$tiet^5 tsɿ^0 .ta^{21}pi^0 ei$_{21}$xei$_{44}^{53}$ia^{13}tsɿ^0 pait^3 ʂət^5 sɔi^{53},e$_{21}$,ŋai$_{21}^{13}$ia^{13}tsɿ^0 pait^3 ʂət^5 sɔi^0 ia^0 ,n̩$_{21}$,kau^{21}iɔŋ^{21}tsɔk^3 tsɿ^0 k^{h}ak^3 ,lɔi^{13}ʂət^5 pi$_{44}^{35}$

tsʅ[0] tʰan[35]tsiəu[21].tsʰiəu[53][44]kan[21]tsʅ[0]ua[53],cʰien[35]çy[35][44]tiet[5] tsʅ[0].

请坐

　　客姓人呢欸蛮讲……也蛮讲究请坐啦，蛮讲究请坐。欸大客啦。渠是箇……客姓人呢渠搞来搞去嘞以下嘞，搞来搞去嘞箇只请坐个路子呢，渠请又爱请，但是嘞渠又怕……怕……怕有滴爱请个繒请得，请多哩嘞会见怪。欸，请多哩会见怪。渠话么人就请哩，么人就繒请。嗬。以下就咁个唠，以下就，我等以映子客姓……客家人就，以前是箇就到处只只厅子……只只厅子都爱请，嗯，请……请坐上个。以下就唔咁子搞了。请一只子厅子了。请一只厅子。嗯。请四只子位子，尽都都请四只子位子。请四只子位子啊，欸。kʰak[3] sin[53]ɲin[13][21]ne[0] e[44]man[13]kɔŋ[21]…ia[35]man[13][21]kɔŋ[21]ciəu[53]tsʰiaŋ[21]tsʰo[35]la[0].man[13][21]kɔŋ[21]ciəu[53]tsʰiaŋ[21]tsʰo[35].e[21]tʰai[53]kʰak[3]la[0].ci[13][44]sʅ[53][44]kai[53]…kʰak[3] sin[53]ɲin[13][21]nei[0]ci[13][21]kau[21]lɔi[13]kau[21]çi[53]lei[0] i[21]xa[53][44]lei[0],kau[21]lɔi[13]kau[21]çi[53]lei[0] kai[44][44]tʂak[3] tsʰiaŋ[21]tsʰo[35]ke[53]ləu[44][44]tsʅ[0] lei[0],ci[13][21]tsʰiaŋ[21]iəu[53][44]ɔi[53]tsʰiaŋ[21],tan[13][44]sʅ[53][44]lei[0] ci[13][21]iəu[44][44]pʰa[35]…pʰa[35]m…pʰa[53]iəu[0]tet[5] ɔi[53]tsʰiaŋ[21]ke[44][44]maŋ[13]tsʰiaŋ[21]tek[3],tsʰiaŋ[21]to[35]li[0] lei[0] uɔi[53][44]cien[53][44]kuai[53].e[21]tsʰiaŋ[21]to[35]li[0] uɔi[53][44]cien[44][44]kuai[53].ci[13][44]ua[53][44]mak[3]ɲin[13][44]tsʰiəu[53] tsʰiaŋ[21][44]li[0],mak[3] ɲin[13][44]tsʰiəu[53] maŋ[13]tsʰiaŋ[21].m̩[21].i[21]xa[53]tsʰiəu[53][44]kan[35]cie[53][44]lau[0],i[21]xa[53] tsʰiəu[53][0],ŋai[21]tien[0] i[21]iaŋ[53]tsʅ[0] kʰak[3]sin[53][44]…kʰak[3] ka[35]ɲin[13][21]tsʰiəu[53][44],i[21]tsʰien[13]sʅ[13][44]kai[53]tsʰiəu[53][44]tau[0]tsʰ[44]əu[44][44]tʂak[3] tʂak[3] tʰaŋ[35]tsʅ[0]…tʂak[3] tʂak[3] tʰaŋ[35]tsʅ[0] təu[35][44]ɔi[13][44]tsʰiaŋ[21],n̩[21],tsʰiaŋ[21]…tsʰiaŋ[21]tsʰo[35][44]sɔŋ[35]ke[53].i[21]xa[53] tsʰiəu[53]m̩[13]kan[21]tsʅ[0] kau[44]liau[0],tsʰiaŋ[21]iet[3]tʂak[3] tsʅ[0] tʰaŋ[35]tsʅ[0] liau[0].tsʰiaŋ[21]iet[3]tʂak[3] tʰaŋ[35]tsʅ[0].n̩[21].tsʰiaŋ[21]si[53]tʂak[3] tsʅ[0] uei[53]tsʅ[0],tsʰin[53][44]təu[35][44]təu[44][44]tsʰiaŋ[21]si[53]tʂak[3] tsʅ[0] uei[53]tsʅ[0].tsʰiaŋ[21]si[53]tʂak[3] tsʅ[0] uei[53]tsʅ[0] a[0],e[21].

　　请四只子位子嘞，就系大厅下，正厅，最上向，两张桌，一般都打双桌，两张桌，品排子，两张桌，四只子位子。欸，我就我就，爱根据渠个根据渠个大细嘞我画你看哈。欸以映子就正厅，以映子就系祖牌样，祖宗牌位。欸，咁子去画唠，咁子画唠祖牌唠，祖牌呀。系呀？祖位面前呢，以映就开两张桌。以映坐一只……以上向，以映就上座，以向就是上座。欸，上座，系啊？以映四只位子嘞有大细嘞。第一只位子就以映。第一，以只就第一。走以映中间进呐，进菜呀。出……进菜。以只就前向呠，系啊？以只就一，第一位子。以只就第二只位子。以映就第三只位子。欸，以映就第四只位子。一二……一二三四。欸，咁子，欸。以只位子最大。第一位子最大。tsʰiaŋ[21]si[53]tʂak[3] tsʅ[0] uei[53]tsʅ[0] le[0],tsʰiəu[44][44]xei[53][44]tʰai[53]tʰaŋ[35][44]xa[35],tʂən[53]tʰaŋ[35],tsei[53]sɔŋ[53] çiɔŋ[53],iɔŋ[21]tʂɔŋ[35][44]tsɔk[3],iet[3] pɔn[35]təu[35][44]ta[21] sɔŋ[35]tsɔk[3],iɔŋ[21]tʂɔŋ[35][44]tsɔk[3],pʰin[21]pʰai[13]tsʅ[0],iɔŋ[21]tʂɔŋ[35][44]tsɔk[3],si[53]tʂak[3] tsʅ[0] uei[53]tsʅ[0].e[21],ŋai[13]tsʰiəu[44][44]ŋai[13] tsʰiəu⁵³₄₄ɔi⁵³₄₄cien³⁵tʂʅ⁵³ci⁵³₂₁ke⁵³₄₄cien³⁵tʂʅ⁵³ci¹³₂₁ke⁵³₄₄tʰai⁵³se⁵³le⁰ŋai²₁fa⁵³ɲi¹³₂₁kʰɔn⁵³₄₄xa⁰.e⁰i²₁ iaŋ⁵³tsʅ⁰tsʰiəu⁵³₄₄tʂən⁵³tʰaŋ³⁵,i²₁iaŋ⁵³tsʅ⁰tsʰiəu⁵³₄₄xe⁵³₄₄tsəu²₁pʰai¹³iɔŋ⁵³₄₄,tsəu²₁tsəŋ³⁵₄₄pʰai²₁ uei⁵³.e₄₄,kan²₁tsʅ⁰çi⁵³₄₄fa⁵³lau⁰,kan²₁tsʅ⁰fa⁵³lau⁰tsəu²₁pʰai¹³lau⁰,tsəu²₁pʰai¹³ia⁰.xei⁵³₄₄ ia⁰?tsəu²₁uei²₁mien⁵³tsʰien⁵³ɲne⁰,i²₁iaŋ⁵³₄₄tsʰiəu⁵³₄₄kʰɔi⁵³iɔŋ²₁tʂɔŋ³⁵tʂɔk³.i²₁iaŋ⁵³₄₄tsʰo⁵³₄₄iet³ tʂak³···i²₁ʂɔŋ⁵³çiɔŋ⁵³,i²₁iaŋ⁵³₄₄tsʰiəu⁵³₄₄ʂɔŋ⁵³tsʰo⁵³,i²₁çiɔŋ⁵³tsʰiəu⁵³ʂʅ⁵³₄₄ʂɔŋ³⁵tsʰo⁵³.e₂₁,ʂɔŋ⁵³ tsʰo⁵³₄₄,xe⁵³₄₄a⁰?i²₁iaŋ⁵³si⁵³tʂak³ uei⁵³tsʅ⁰lei⁵³iəu⁵³tʰai⁵³₄₄sei⁵³le⁰.tʰi⁵³iet³tʂak³ uei⁵³tsʅ⁰tsʰiəu⁵³₄₄ i²₁iaŋ⁵³₄₄.tʰi⁵³iet³,i²₁tʂak³tsʰiəu⁵³tʰi⁵³iet³.tsei²₁i²₁iaŋ⁵³₄₄tʂəŋ³⁵kan₄₄tsin⁵³na⁰,tsin⁵³tsʰɔi³ia⁰. tʂʰət⁵₅tsʰ···tsin⁵³tsʰɔi⁵³.i²₁tʂak³tsʰiəu⁵³tsʰien⁵³çiɔŋ⁵³ʂa⁰,xe⁵³₄₄a⁰?i²₁tʂak³tsʰiəu⁵³iet³,tʰi⁵³ iet³uei⁵³tsʅ⁰.i²₁tʂak³tsʰiəu⁵³₄₄tʰi⁵³₄₄ɲi²₁tʂak³ uei⁵³tsʅ⁰.i²₁iaŋ⁵³tsʰiəu⁵³₄₄tʰi⁵³₄₄san³⁵tʂak³ uei⁵³ tsʅ⁰.ei₂₁,i²₁iaŋ⁵³₄₄tsʰiəu⁵³₄₄tʰi⁵³₄₄si²₁tʂak³ uei⁵³tsʅ⁰.iet³ɲi⁵³···iet³ɲi²₁san³⁵si⁵³.e₂₁,kan²₁ tsʅ⁰,e₅₃.i²₁tʂak³ uei⁵³tsʅ⁰tsei⁵³tʰai⁵³.tʰi⁵³iet³ uei⁵³tsʅ⁰tsei⁵³tʰai⁵³.

（这个位置叫什么？）欸，箇只就都系大……第一只位子，嗯就安做第一只位子。请第一只位子。以只位子最大。e₅₃,kai⁵³tʂak³tsʰiəu⁵³₄₄təu³⁵xe⁵³₄₄tʰai···tʰi⁵³iet³tʂak³ uei⁵³tsʅ⁰,ən₂₁tsʰiəu⁵³₄₄ɔn₄₄tso⁵³tʰi⁵³iet³tʂak³ uei⁵³tsʅ⁰.tsʰiaŋ²₁tʰi⁵³iet³tʂak³ uei⁵³₄₄tsʅ⁰tsei⁵³tʰai⁵³.（啊，这个，这个就是上席是吧？）以个都系上席。都系上席，欸。以个以个前向就唔请嘞。以个下……如果以只厅下欸有……开得六张桌样，系啊？咁子开六张桌。以向三张桌，以向三张桌。啊，我等客家人呢搞法，以个都唔算了。只有以四只位子，最大。欸，本来是本来是以映又系一二三四唠。一二三四哟。欸，一，以映三，以映二，以映四。欸，以映又系一，二，三，四呀。本来是咁子唠，但是现在又就怕……就怕请错哦。i²₁ke⁵³₄₄təu³⁵xe⁵³₄₄ʂɔŋ⁵³siet³.təu³⁵xe⁵³₄₄ʂɔŋ⁵³siet³,e₂₁.i²₁ke⁵³₄₄i²₁ ke⁵³tsʰien⁵³çiɔŋ⁵³tsʰiəu⁵³₄₄m̩¹³tsʰiaŋ⁵³le⁰.i²₁ke⁵³₄₄xa⁵³···ʮ⁵³ko⁰i²₁tʂak³tʰaŋ³⁵xa₄₄ei₂₁iəu³⁵··· kʰɔi³⁵tek³liəuk³tʂɔŋ³⁵tsɔk³iɔŋ₄₄,xei₄₄a⁰?kan²₁tsʅ⁰kʰɔi³⁵liəuk³tʂɔŋ³⁵tsɔk³.i²₁çiɔŋ⁵³san³⁵ tʂɔŋ³⁵₄₄tsɔk³,i²₁çiɔŋ⁵³san³⁵tʂɔŋ³⁵₄₄tsɔk³.a₂₁,ŋai¹³tien⁵³kʰak³ka₄₄ɲin¹³nei⁰kau⁵³fait³,i²₁ke⁵³₄₄ təu³⁵m̩¹³son⁵³niau⁰.tsʅ²₁iəu³⁵₄₄si²₁tʂak³ uei⁵³tsʅ⁰,tsei⁵³tʰai⁵³.e₄₄,pən²₁nɔi³⁵ʂʅ⁵³₄₄pən²₁nɔi¹³ʂʅ⁵³ i²₁iaŋ⁵³₄₄iəu⁵³xei⁵³iet³ɲi⁵³san₄₄si⁵³₄₄lau⁰.iet³ɲi⁵³san₄₄si⁵³iau⁰.e₄₄,iet³,i²₁iaŋ⁵³san₄₄,i²₁iaŋ⁵³ ɲi⁵³,i²₁iaŋ⁵³si⁰.e₂₁,i²₁iaŋ⁵³₄₄iəu⁵³xei⁵³iet³,ɲi⁵³,san³⁵,si⁵³₄₄ia⁰.pən²₁nai⁵³ʂʅ⁵³₄₄kan²₁tsʅ⁰lau⁰,tan⁵³₂₁ ʂʅ⁵³₂₁çien⁵³₄₄tsai⁵³₄₄iəu⁵³₄₄tsʰiəu⁵³pʰa⁵³tsʰ···tsʰiəu⁵³pʰa⁵³tsʰiaŋ⁵³tsʰo⁵³o⁰.（哦，就管好这个四个位置？）欸，只只请四只位子。ei₅₃,tsʅ⁵³tsʅ²₁tsʰiaŋ⁵³si⁵³tʂak³ uei⁵³₄₄tsʅ⁰.

（我把风关小一点。）哼哼，唔爱紧，唔爱紧。xŋ₄₄xŋ₂₁,m̩¹³₂₁mɔi₃₅(←ɔi⁵³)cin²₁,m̩¹³₂₁mɔi₃₅(←ɔi⁵³)cin²₁.

（我把风速调小一点。）请四只位子。哈。tsʰiaŋ²₁si⁵³tʂak³ uei⁵³₄₄tsʅ⁰.xa₄₄.

好，箇就根据么个酒呢。根据么个酒来请呢。如今呢打比样讨新人样，嗯，讨新人，收亲呐，收亲酒哇，收亲酒昨晡唔系讲哩，头晡昼边，爱陪

媒，陪媒酒。陪媒酒。陪媒酒个时候子，陪媒人呢。媒人呢。陪媒酒，媒
人坐第一只位子。媒人呢。xau²¹,kai⁵³tsʰiəu⁵³cien³⁵tʂʅ⁴⁴mak³ke⁵³tsiəu²¹nei⁰.cien³⁵
tʂʅ⁵³mak³e⁰ tsiəu²¹lɔi¹³tsʰiaŋ²¹nei⁰.i²¹cin³⁵ne⁰ ta²¹pi²¹iɔŋ⁵³tʰau²¹sin³⁵ɲin¹³
ɲioŋ⁵³,ɲ₂₁,tʰau²¹sin³⁵ɲin²¹,ʂəu⁴⁴tsʰin³⁵na⁰,ʂəu⁴⁴tsʰin³⁵tsiəu⁰ua⁰,ʂəu⁴⁴tsʰin³⁵tsiəu²¹tsʰɔ₂₁
pu₅₃m₂₁pʰe₄₄(←xe⁵³)kɔŋ²¹li⁰,tʰei¹³pu⁴⁴tʂəu⁵³pien⁴⁴,ɔi⁵³pʰi¹³mɔi¹³,pʰi¹³mɔi¹³tsiəu⁰.pʰi¹³
mɔi¹³tsiəu⁰.pʰi¹³mɔi¹³tsiəu²¹ke⁵³ʂʅ⁴⁴xei⁴⁴tsʅ⁰,pʰi¹³mɔi¹³ɲin⁴⁴ne⁰.mei¹³ɲin⁴⁴ne⁰.pʰi¹³
mɔi¹³tsiəu²¹,mɔi¹³ɲin⁴⁴tsʰɔ⁴⁴tʰi⁵³iet³tʂak³uei⁵³tsʅ⁰.mei¹³ɲin¹³ne⁰.

（他是主宾？）欸，渠就……箇餐酒就专门为渠，为渠设个。欸。坐
第一只位子，媒人坐第一只位子。嗯。媒人坐第一位，系啊？其他个嘞就
就再来排。欸。e₂₁,ci¹³tsʰiəu⁴⁴···kai⁴⁴tsʰɔn⁵³tsiəu⁰tsʰiəu⁴⁴tʂen³⁵mən₂₁uei⁵³ci³,uei¹³ci¹³
ʂek¹³ke⁵³.e₂₁.tsʰɔ³⁵tʰi⁵³iet³tʂak³uei⁵³tsʅ⁰,mɔi¹³ɲin¹³tsʰɔ⁴⁴tʰi⁵³iet³tʂak³uei⁵³tsʅ⁰.m̩₂₁.mɔi¹³
ɲin¹³tsʰɔ³⁵tʰi¹³iet³uei⁵³,xei⁵³a⁰? cʰi¹³tʰa⁴⁴ke⁵³lei⁰tsʰiəu⁵³tsʰiəu⁴⁴tsai⁵³lɔi₂₁pʰai¹³.

（那个，这个位置就讲第……第一位？）第一只位子。欸。e₂₁.tʰi⁵³iet³tʂak³
uei⁵³tsʅ⁰.e₂₁.

（讲不讲一席？）欸，唔讲一席，唔讲一席。大边，安做大边。嗯。
坐大边。e₂₁,ŋ¹³kɔŋ²¹iet³siet³,ŋ¹³kɔŋ²¹iet³siet⁵.tʰai⁵³pien³⁵,ɔn⁴⁴tso⁴⁴tʰai⁵³pien³⁵.n̩₂₁.
tsʰɔ³⁵tʰai⁵³pien³⁵⁴⁴.

（嗯，其他那个呢？）欸，其他就系照推唠。箇就我先讲哩第一只位
子来。欸。e₂₁,cʰi¹³tʰa³⁵tsʰiəu⁴⁴xe⁵³tʂau⁵³tʰi¹³lau⁰.kai⁵³tsʰiəu⁴⁴ŋai₂₁sien³⁵kɔŋ²¹li⁰tʰi¹³iet³
tʂak³uei⁵³tsʅ⁰lɔi₂₁.e₂₁.

如下欸讨新人个箇餐正酒，讨新人个正酒，就打比选倒今晡个日子样，
今晡个昼饭，欸，欸中餐呐，讨新人个正酒，讨新人箇晡么人更大嘞？讨
新人个箇晡嘞，就系渠最大，上亲最大，高亲最大。高亲坐一……坐上大
边。欸，就系就系新娘新娘子个阿哥啊。渠就第一只位子。渠主高亲呢。
但是新娘子，如果新娘子个爷子来哩，或者伯伯叔叔来哩，有有滴人呢渠
就唔请箇只箇个了。渠就请倒箇只伯伯叔叔坐。i²¹xa⁵³e₂₁tʰau²¹sin³⁵ɲin¹³ke⁵³kai⁴⁴
tsʰɔn⁴⁴tʂən⁵³tsiəu²¹,tʰau²¹sin³⁵ɲin¹³ke⁵³tʂən⁵³tsiəu²¹,tsiəu⁴⁴ta²¹pi²¹sien³⁵tau²¹cin³⁵pu⁴⁴ke⁴⁴
ɲiet³tsʅ⁰iɔŋ⁵³,cin³⁵pu³⁵ke⁴⁴tʂəu³⁵fan⁵³,e₂₁,e⁰tʂəŋ³⁵tsʰɔn⁴⁴na⁰,tʰau²¹sin³⁵ɲin₂₁ke⁴⁴tʂən⁵³
tsiəu²¹,tʰau²¹sin³⁵ɲin₂₁kai⁴⁴pu⁴⁴mak³in₂₁cien⁴⁴tʰai⁴⁴lei⁰?tʰau²¹sin³⁵ɲin₂₁ke⁵³kai⁴⁴pu⁴⁴
lei⁰,tsʰiəu⁴⁴ci⁴⁴tsɔi⁴⁴tʰai⁴⁴,ʂɔŋ⁵³tsʰin³⁵tsei⁴⁴tʰai₂₁,kau³⁵tsʰin³⁵tsei⁴⁴tʰai₂₁.kau³⁵tsʰin³⁵
tsʰɔ³⁵iet³···tsʰɔ³⁵ʂɔŋ³⁵tʰai⁵³pien⁴⁴.e₂₁,tsʰiəu⁴⁴xe⁵³tsʰiəu⁴⁴xe⁵³sin³⁵ɲiɔŋ¹³sin³⁵ɲiɔŋ¹³tsʅ⁰
ke⁵³a³⁵ko³⁵a⁰.ci₂₁tsʰiəu⁴⁴tʰi⁵³iet³tʂak³uei⁵³tsʅ⁰.ci¹³tʂʅ²¹kau³⁵tsʰin⁴⁴ne⁰.tan⁴⁴sʅ⁴⁴sin³⁵
ɲiɔŋ¹³tsʅ⁰,vy¹³ko⁰sin³⁵ɲiɔŋ⁴⁴tsʅ⁰ke⁴⁴ia¹³tsʅ⁰lɔi₂₁li⁰,xɔit³tʂa²¹pak³pak³ʂəuk³ʂəuk³lɔi₂₁
li⁰,iəu³⁵iəu³⁵tet⁵ɲin⁴⁴ne⁰ci₂₁tsʰiəu⁴⁴m̩¹³tsʰiaŋ²¹kai⁵³tʂak³kai⁵³cie⁴⁴liau⁰.ci₂₁tsʰiəu⁵³

$ts^hiaŋ^{21}tau^{21}kai^{53}tṣak^3pak^3pak^3ṣəuk^3ṣəuk^3ts^ho^{35}_{44}.$

现在渠等以……以现在那个人嘞渠又更雀啊哩。渠唔咁子请。我等就都咁子，都让门子啊？箇只主高亲，为首个高亲呢，就系新娘个阿哥老弟呀，渠坐第一只位子，还系分渠坐大边。但是嘞共在一只厅子肚里，打比样，欸，我妹子结婚，我个妹子，卖人家，系唔系？我妹子卖人家。我赖子就系主高亲呢。渠就为主啦，渠就正……正式个高亲主……其实上亲指个就系渠嘞。但是如果我又去哩，或者我爷子又去哩，或者我个叔叔又去哩，嗯，假设我又去哩，箇舞倒我赖子坐倒以只大边呐，箇我……打比样我坐下别哪映子我我坐我……我撂渠坐做一桌，我赖子坐唔住咯。我还有只……我还有只爷子去箇咯。系唔系啊？$çien^{53}ts^hai^{53}ci_{21}^{13}tien^0i^{21}\cdots i^{21}çien^{53}ts^hai^{53}_{44}$ $lai^{53}_{44}ke^{53}_{44}ȵin_{21}^{13}nei^0ci_{21}^{13}iəu^{53}cien^{53}ts^hiɔk^3a^0li^0.ci^{13}ŋ^{13}kan_{44}^{21}tsɿ^0ts^hiaŋ^{21}.ŋai^{13}tien^0ts^hiəu^{53}_{44}$ $təu^{35}_{44}kan^{21}tsɿ^0,təu^{35}ȵiɔŋ_{44}^{13}mən^0tsɿ^0a^0?kai^{53}tṣak^3tṣɿ^{21}kau^{35}ts^hin_{44}^{35},uei^{53}ṣəu^{21}ke^{53}_{44}kau^{21}_{44}$ $ts^hin_{44}^{35}ne^0,ts^hiəu_{44}^{53}ue^{53}_{44}(←xe^{53})sin^{35}ȵiɔŋ_{44}^{13}ke^{35}a^{35}ko^0lau^{21}t^hei^{35}_{44}ia^0,ci_{21}^{13}ts^ho^{53}_{44}t^hi^{53}iet^3tṣak^3$ $uei^{21}tsɿ^0,xai_{21}^{21}xe^{53}_{44}pən_{44}^{21}ci_{21}^{13}ts^ho^{53}_{44}t^hai^{21}pien_{44}^{35}.tan_{44}^{35}ṣɿ^{53}_{44}lei^0c^hiaŋ^{53}ts^hai^{53}iet^3tṣak^3t^haŋ^{35}tsɿ^0$ $təu^{21}li^0,ta^{21}pi^{21}iɔŋ^{53},e_{21},ŋai^{13}mɔi^{21}tsɿ^0ciet^3fən^{35},ŋai^{13}ke^{53}_{44}mɔi^{21}tsɿ^0,mai^{53}ȵin_{21}^{13}ka_{44}^{35},xei^{21}_{44}$ $me_{44}^{21}(←m̩^{13}xe^{53})?ŋai^{13}mɔi^{21}tsɿ^0mai^{53}ȵin_{21}^{13}ka_{44}^{35}.ŋai^{13}lai^{21}tsɿ^0ts^hiəu^{21}uei^{53}tṣɿ^{21}kau_{44}^{35}ts^hin^{35}_{44}$ $ne^0.ci^{13}ts^hiəu^{53}uei_{21}^{21}tṣəu^{21}la^0,ci^{13}ts^hiəu_{44}^{53}tṣən^{53}\cdots tṣən^{53}ṣɿ^{53}_{44}ke^{53}_{44}kau^0ts^hin^{35}tsɿ^{21}\cdots c^hi_{21}^{13}$ $ṣət^5ṣɔŋ^{53}ts^hin^{35}_{44}tsɿ^{21}ke^{53}_{44}ts^hiəu^{53}xei_{44}^{21}ci_{21}^{13}lei^0.tan^{53}ɿ^0vy_{44}^{53}ko^{21}ŋai^{13}iəu_{44}^{53}çi^{53}li^0,xɔit^3tṣa^{21}_{44}$ $ŋai_{21}^{13}ia^{21}tsɿ^0iəu^{53}çi^{53}li^0,xɔit^3tṣa^{21}ŋai_{21}^{13}ke^{53}_{44}ṣəuk^3ṣəuk^3iəu^{21}çi^{53}li^0,n̩_{53},cia_{21}^{21}ṣek^3ŋai^{13}iəu^{53}$ $çi^{53}li^0,kai^{53}u^{21}tau^{21}ŋai^{13}lai^{21}tsɿ^0ts^ho^{35}tau^{21}i^{21}tṣak^3t^hai_{44}^{35}pien_{44}^{21}na^0,kai_{44}^{21}ŋai^{13}\cdots ta^{21}pi^{21}iɔŋ_{44}^{53}$ $ŋai^{13}ts^ho^{35}_{44}xa_{44}^{21}p^hiet^5lai_{44}^{13}iaŋ^{53}tsɿ^0ŋai^{13}ŋai^{13}ts^ho^{35}_{44}ŋai^{13}ts\cdots ŋai^{13}lau^{35}ci_{44}^{13}ts^ho^{35}_{44}tsɔ_{44}^{53}e^0$ $(←iet^3)tsɔk^3,ŋai^{13}lai^{21}tsɿ^0ts^ho^{35}_{44}ⁿ̩^{21}tṣ^həu^{53}ko^0.ŋai_{21}^{21}xai^{13}iəu_{44}^{35}tṣak^3i\cdots ŋai_{21}^{21}xai^{13}iəu^{35}_{44}$ $tṣak^3ia^0tsɿ^0çi^{53}kai_{44}^{53}ko^0.xei_{44}^{21}me_{44}^{21}(←m̩^{13}xe^{53})a^0?$

欸，以下就唔同咁……唔同咁子搞了。以只高亲呢主高亲呢，以只新人个阿哥嘞，还系坐大边，坐第一只位子。分我等以等人搞下别只厅子去坐倒。换只厅子。罾看倒就唔爱紧。欸。但是在一只厅子肚里，你就不能坐。嗯，你就有得你个份。爱……箇就爱让分长辈坐。嗨。是咁子。你又不能请我嘞，因为渠，我赖子系主高亲呢，系唔系？渠系主高亲呢。尤其请……我去哩都见得，箇请我也唔要紧。特别我阿叔去，我叔叔去哩呀，欸，或者或者或者箇肚里有有比我赖子辈分更大个啊，欸，箇就唔好搞了，系唔系啊？我赖子坐唔住哇。$ei_{21},i^{21}xa^{53}ts^hiəu^{53}n̩^{13}t^hən_{44}^{21}kan_{44}^{21}\cdots n̩^{13}t^hən_{44}^{21}kan^{21}tsɿ^0$ $kau^{21}liau^0.i^{21}tṣak^3kau^{35}ts^hin^{35}_{44}ne^0tṣɿ^{21}kau_{44}^{53}ts^hin^{35}_{44}ne^0,i^{21}tṣak^3sin^{35}ȵin_{21}^{13}ke_{44}^{53}a^{35}ko_{44}^{35}$ $le^0,xa_{44}^{13}xei_{44}^{21}ts^ho^{35}_{44}t^hai^{21}pien_{44}^{35},ts^ho^{35}t^hi^{53}iet^3tṣak^3uei^{21}tsɿ^0.pən^{35}ŋai^{13}tien^0i^{21}tien^0ȵin_{21}^{13}$ $kau^{21}ua^{53}_{44}p^hiet^5tṣak^3t^haŋ^{35}_{44}tsɿ^0çi^{53}ts^ho^{35}tau^{21}.xɔn^{53}tṣak^3t^haŋ^{35}tsɿ^0.maŋ^{13}k^hɔn^{53}tau^{21}$

tsʰiəu⁵³₄₄m̩¹³mɔi⁵³₄₄cin²¹.e₂₁.tan⁵³₄₄ʂ̍⁴⁴tsʰai⁵³iet³tʂak³tʰaŋ³⁵tʂ̍⁰təu²¹li⁰,ɲi₂₁tsʰiəu⁵³pət³nen¹³
tsʰo³⁵₂₁.n̩₂₁.ɲi¹³tsʰiəu⁵³₄₄mau²¹tek³ɲi⁴⁴e₄₄(←ke⁵³)fən⁵³.ɔi⁵³···kai⁵³tsʰiəu⁵³₄₄ɔi⁵³₄₄ɲiɔŋ⁵³mən³⁵
(←pən³⁵)tʂɔŋ²¹pei⁵³tsʰo³⁵.m̩₂₁.ʂ̍⁵³kan²¹tʂ̍⁰.ɲi¹iəu⁵³₄₄puk⁰nen¹³₄₄tsʰiaŋ²¹ŋai¹lei⁰,in³⁵uei⁵³
ci¹³,ŋai¹³lai⁵³tʂ̍⁰xei₂₁tʂʂ̍⁰kau⁴⁴tsʰin³⁵nei⁰,xei₄₄me₄₄(←m̩¹³xe⁵³)?ci¹³xe₄₄tʂʂ̍⁰kau⁴⁴
tsʰin³⁵₄₄ne⁰.iəu¹³cʰi¹³₄₄tsʰiaŋ²¹···ŋai¹³çi⁵³li⁰təu³⁵₄₄cien⁵³₄₄tek³,kai⁵³tsʰiaŋ²¹ŋai¹³ia³⁵₄₄m̩¹³mɔi⁵³
cin²¹.tʰek⁵pʰiet⁵ŋai¹³a⁵ʂəuk³çi⁵³,ŋai₂₁ʂəuk³ʂəuk³çi⁵³li⁰ia⁰,ei₄₄,xɔit⁵₃tʂa⁵xɔit⁵tʂa²¹
xɔit⁵tʂa²¹kai⁵³təu²¹li¹³⁵iəu³⁵iəu⁵³pi²¹ŋai¹³lai⁵³tʂ̍⁰pi⁵³fən₂₁cien⁵³₄₄tʰai⁵³ke₄₄a⁰,e₂₁,kai⁵³
tsʰiəu⁵³₄₄m̩¹³xau⁵³kau²¹liau⁰,xei⁵³₄₄me₄₄(←m̩¹³xe⁵³)a⁰?ŋai¹³lai⁵³₄₄tʂ̍⁰tsʰo³⁵₄₄n̩₂₁tʂʰəu⁵³ua⁰.

我赖子坐唔住,**箇唔系**以只事是白请个,系唔系唠?欸,以以餐酒硬爱渠箇个咯。所以嘞箇就有滴有滴人呢,打比样,我今晡今晡以餐酒,我系姓万,我我欸我唔系我唔系万……打比样咯,我唔系万典松个爷子,欸,万典松今晡系子当高亲,来食,以子来来请坐,坐第一张……坐以只以只席。欸,渠喊喊我系喊叔公样,欸,喊叔公,我又比渠更老,又比渠更大。欸,箇我就尽量想办法,我厅下我都唔坐。今晡今晡慢呢渠唔好唔好得咯,慢呢渠坐唔住咯。我就坐下别哪映子去,哼哼嗨,欸,箇就也……(主动回避。)主动回避,欸。箇就回避**一下子**。好,高亲……嘞,以餐酒就高亲坐倒箇映子,欸。高亲更大。ŋai¹³lai⁵³₄₄tʂ̍⁰tsʰo³⁵₄₄n̩₂₁tʂʰəu⁵³,kai⁵³₄₄mei₄₄(←m̩¹³xe⁵³)i²¹tʂak³s̩¹³₄₄ʂ̍⁵³₄₄pʰak⁵tsʰiaŋ²¹ke₄₄,xei⁵³₄₄mei₄₄(←m̩¹³xe⁵³)lau⁰?e₂₁,i²¹i²¹tsʰɔn³⁵tsiəu²¹ɲiaŋ⁵³ɔi₄₄ci₂₁³kai⁵³cie⁵³kɔ⁰.so²¹i¹³⁵lei⁰kai⁵³tsʰiəu⁵³₄₄iəu³⁵tet⁰iəu³⁵tet⁵ɲin¹³nei⁰,ta²¹pi²¹iaŋ₄₄,ŋai₂₁³cin³⁵pu₄₄cin³⁵pu₄₄i⁵tsʰɔn⁵³₄₄tsiəu⁰,ŋai₂₁³xei₄₄siaŋ⁵³uan⁵³,ŋai¹³ŋai¹³e₂₁,ŋai¹³m̩¹³pʰe⁵³(←xe⁵³)ŋai¹³m̩¹³pʰe⁵³(←xe⁵³)uan⁵³···ta²¹pi²¹iɔŋ⁵³₄₄kɔ⁰,ŋai¹³m̩¹³pʰe₄₄(←xe⁵³)uan⁵³tian²¹səŋ³⁵₄₄ke³⁵₄₄ia¹³tʂ̍⁰,e₂₁,uan⁵³tian²¹səŋ³⁵cin³⁵pu₄₄xe₄₄tʂ̍⁰tɔŋ³⁵₄₄kau³⁵tsʰin³⁵,lɔi¹³ʂət⁵,i²¹tʂ̍⁰lɔi¹³lɔi¹³tsʰiaŋ²¹tsʰo³⁵,tsʰo³⁵tʰi²¹iet³tsɔŋ³⁵₄₄···tsʰo³⁵i²¹tʂak³i²¹tʂak³set⁵.ei₂₁,ci¹xan⁵³xan⁵³ŋai¹³xei₄₄xan⁵³ʂəuk³kəŋ³⁵iɔŋ³⁵,e₂₁,xan₄₄ʂəuk³kəŋ₄₄³⁵,ŋai₂₁³iəu³⁵pi²¹ci¹cien⁵³nau²¹,iəu³⁵pi²¹ci¹cien₄₄⁵³tʰai⁵³.e₂₁,kai⁵³₄₄ŋai¹³tsʰiəu⁵³₄₄tsʰin⁵³niɔŋ⁵³₄₄siɔŋ²¹pʰan⁵fait⁵,ŋai¹³tʰaŋ³⁵xa₄₄ŋai₂₁³təu³⁵n̩¹³tsʰo³⁵₄₄.cin³⁵pu₄₄cin³⁵pu₄₄man⁵³ne⁰ci¹³n̩₂₁¹³xau₂₁¹³xau²¹tek³ko⁰,man⁵³ne⁰ci₄₄³⁵tsʰo³⁵₄₄n̩₂₁¹³tʂʰəu⁵³kɔ⁰.ŋai₂₁³tsʰiəu⁵³₄₄tsʰo³⁵₄₄xa₄₄⁵³piet⁵lai⁵³₄₄iaŋ₄₄³⁵tʂ̍⁰çi⁵³,xŋ̍₅₃xŋ̍₅₃xai⁰,e₂₁,kai⁵³₄₄tsʰiəu⁵³ia³⁵···tʂʂ̍²¹tʰəŋ⁵³fei¹³pi⁵³,e₂₁.kai⁴⁴tsʰiəu⁵³₄₄fei¹³pʰi⁵³ia₄₄(←iet³xa⁵³)tʂ̍⁰.xau²¹,kau³⁵tsʰin³⁵···lei₄₄,i²¹tsʰɔn³⁵tsiəu²¹tsʰiəu⁵³₄₄kau³⁵tsʰin³⁵tsʰo³⁵tau²¹kai⁵³₄₄iaŋ₄₄³⁵tʂ̍⁰,e₂₁.kau³⁵tsʰin³⁵cien⁵³tʰai⁵³.

然后嘞,以下就么人更大了嘞?然后就一般就系母党呢。母党。欸。打比我万典……欸喂,万万……欸万典松结婚样,嗯,我个,渠,渠老婆个兄弟,**系唔系**?阿哥,或者老弟子来哩。箇渠系高亲,坐第……坐大边。好,第二只位子嘞,就系母党。就系我老婆个阿哥,舅爷。嗯。渠坐第二只位子。欸。嗯，第三只位子嘞，就婆党，安做婆党，箇硬爱排正来啦。欸，婆党。第三只位子就婆党。我娭子个外家。哩。阿婆咯，婆党就阿婆个咯。欸。母党就娭子个外家咯。婆党就阿婆个外家咯。欸。我等以映子个规矩嘞，第……箇就第一只位子就高亲哆，系唔系啊？第二只位子就母党哆。第三只位子就婆党哆。vien¹³xei⁵³lei⁰,i²¹xa⁵³tsʰiəu₄₄mak³in₄₄cien₄₄⁵³tʰai₄₄liau²¹ lei⁰ ?vien¹³xei⁵³tsʰiəu₄₄iet³ pɔn³⁵tsʰiəu₄₄xe₄₄⁵³mu³⁵tɔŋ²¹nei⁰ .mu³⁵tɔŋ²¹.e₂₁.ta²¹pi²¹ŋai¹³ uan⁵³tian²¹…e₂₁uei₂₁,uan₄₄⁵³uan₄₄⁵³…e₂₁ uan⁵³ tian²¹ səŋ³⁵ ciet³ fən³⁵ ɲiɔŋ²¹₂₁,n̩₂₁,ŋai¹³ ke₄₄⁵³,ci¹³,ci²¹₂₁lau²¹pʰo¹³ke⁵³çiəŋ₄₄³⁵tʰi⁵³,xei₄₄⁵³me₄₄(←m̩¹³xe⁵³)?a³⁵ko₄₄⁵³,xɔit⁵ tʂa²¹lau⁴tʰei⁵³ tʂʅ⁰ lɔi²¹₂₁li⁰ .kai₄₄⁵³ci²¹₂₁xei⁵³kau³⁵tsʰin³⁵,tsʰo³⁵tʰi⁵³…tsʰo³⁵tʰai⁵³pien³⁵.xau²¹,tʰi⁴⁴⁵³ɲi⁵³tʂak³ uei⁵³tʂʅ⁰ lei⁰,tsʰiəu₄₄⁵³xei₄₄⁵³mu³⁵tɔŋ²¹.tsʰiəu₄₄⁵³xei₄₄⁵³ŋai¹³lau⁰pʰo⁰ke₄₄⁵³a³⁵ko₄₄⁵³,cʰiəu¹³ ia²¹₂₁.n̩₂₁.ci¹³tsʰo³⁵tʰi⁵³ɲi⁵³tʂak³ uei⁵³tʂʅ⁰.e₂₁.n̩₂₁,tʰi₄₄⁵³san³⁵tʂak³ uei⁵³tʂʅ⁰lei⁰,tsʰiəu₄₄⁵³pʰo¹³ tɔŋ²¹,ɔn₄₄³⁵tsɔ₄₄⁵³pʰo¹³tɔŋ²¹,kai₄₄⁵³ɲiaŋ³⁵ɔi₄₄⁵³pʰai¹³tʂaŋ⁵³lɔi²¹la⁰.e₂₁,pʰo¹³tɔŋ²¹.tʰi₄₄⁵³san₄₄⁵³tʂak³ uei⁵³tʂʅ⁰ tsʰiəu⁵³₄₄pʰo¹³tɔŋ²¹.ŋai¹³ɔi⁵³tʂʅ⁰ke⁵³ŋɔi₄₄⁵³ka³⁵.m̩₂₁.a³⁵pʰo²¹₂₁ko⁰,pʰo¹³tɔŋ²¹tsʰiəu⁵³₄₄a³⁵ pʰo²¹₂₁ke₄₄⁵³ko⁰.e₂₁.mu³⁵tɔŋ²¹tsʰiəu₄₄⁵³ɔi⁵³tʂʅ⁰ke₄₄⁵³ŋɔi⁵³ka₄₄⁵³ko⁰.pʰo¹³tɔŋ²¹tsʰiəu₄₄⁵³a³⁵pʰo²¹₂₁ke₄₄ ŋɔi⁵³ka₄₄⁵³ko⁰.e₂₁.ŋai¹³tien⁰ i²¹iaŋ³⁵tʂʅ⁰ke⁵³kuei₄₄⁵³tʂʅ²¹lei⁰,tʰi₄₄⁵³s…kai₄₄⁵³tsʰiəu⁵³₄₄tʰi⁵³iet³ tʂak³ uei⁵³tʂʅ⁰ tsʰiəu₄₄⁵³kau³⁵tsʰin₄₄⁵³ʂa⁰,xei₄₄⁵³me₄₄(←m̩¹³xe⁵³)a⁰ ?tʰi₄₄⁵³ɲi⁵³tʂak³ uei⁵³tʂʅ⁰ tsʰiəu⁵³₄₄mu³⁵tɔŋ²¹ʂa⁰.tʰi₄₄⁵³san₄₄⁵³tʂak³ uei⁵³tʂʅ⁰ tsʰiəu⁵³₄₄pʰo¹³tɔŋ²¹ʂa⁰.

哎渠箇来几个人，我只请一个。我只请一个人。嗯，只请一个。欸，打比渠两兄弟三兄弟来哩，箇只请一个，请个大个，有代表个。或者渠话你们请么人。以个婆党，我娭子个外氏，舅爷也好就欸老表也好，欸舅爷来哩请舅爷，请最亲个箇个。欸，我就最亲个嘞就有得哩舅爷唠，只有老表唠。箇就请老表。箇个舅爷你就莫坐以映啊，你就莫坐，慢欸慢欸我以只老表又坐唔住啦。系唔系啊？慢我老表坐倒箇映又坐唔住啦。欸。好，你箇起人呢，你就只好坐倒别只厅子去啊。ai₄₄ci²¹₂₁kai⁵³lɔi¹³ci²¹cie⁵³ɲin²¹₂₁,ŋai¹³tʂʅ⁰ tsʰiaŋ²¹iet³ cie⁵³.ŋai²¹₂₁tʂʅ⁰ tsʰiaŋ²¹iet³ cie⁵³ɲin²¹.n̩₂₁,tʂʅ²¹tsʰiaŋ²¹iet³ cie⁵³.ei₂₁,ta²¹pi²¹ci¹³₂₁ iɔŋ²¹çiəŋ₄₄³⁵tʰi⁵³san₄₄³⁵çiəŋ₄₄³⁵tʰi⁵³lɔi²¹₂₁li⁰,kai⁵³ŋai²¹₂₁tʂət³ tsʰiaŋ²¹iet³ cie⁵³,tsʰiaŋ²¹cie₄₄⁵³tʰai⁵³ cie₄₄⁵³,iəu³⁵tʰɔi⁵³piau²¹cie⁰.xɔit⁵ tʂa²¹ci¹³₂₁ua²¹₂₁ɲi₄₄⁵³mən⁰ tsʰiaŋ²¹mak³ in⁰.i²¹ke⁵³pʰo¹³ tɔŋ²¹,ŋai¹³ɔi⁵³tʂʅ⁰ ke₄₄⁵³ɔi⁵³ʂʅ⁵³,cʰiəu³⁵ia₄₄¹³a₄₄³⁵xau²¹tsʰiəu₄₄⁵³e₂₁lau²¹piau⁰ua₄₄⁵³xau²¹,ei₂₁ cʰiəu¹³ia₄₄¹³lɔi₄₄¹³li⁰ tsʰiaŋ²¹cʰiəu³⁵ia₄₄¹³,tsʰiaŋ²¹tsei⁵³tsʰin³⁵cie₄₄⁵³kai⁵³cie⁵³.e₂₁,ŋai¹³tsiəu₄₄⁵³tsei⁵³ tsʰin³⁵ cie⁵³le⁰ tsʰiəu⁵³₄₄mau¹³tek³ li⁰ cʰiəu³⁵ia²¹₂₁lau⁰,tʂʅ²¹iəu⁵³₄₄lau²¹piau²¹lau⁰.kai₄₄⁵³tsʰiəu₄₄ tsʰiaŋ²¹lau²¹piau²¹.kai⁵³kei⁵³cʰiəu¹³ia₄₄⁵³ɲi¹³tsʰiəu₄₄⁵³mo⁵³tsʰo₄₄⁵³i₄₄¹³iaŋ₄₄³⁵ŋa⁰,ɲi¹³tsʰiəu₄₄⁵³mo⁵³ tsʰo₄₄³⁵,man⁵³ei₂₁man⁵³ei₂₁ŋai₄₄¹³i²¹tʂak³lau²¹piau²¹iəu⁵³tsʰo₄₄³⁵n̩₂₁tʂʰəu⁵³la⁰.xei₄₄⁵³me₄₄(←m̩¹³ xe⁵³)a⁰ ?man⁵³ŋai²¹₂₁lau²¹piau²¹tsʰo⁰tau²¹kai₄₄iaŋ₄₄³⁵iəu⁵³tsʰo₄₄³⁵n̩₂₁tʂʰəu⁵³la⁰.e₂₁.xau²¹ ,ɲi¹³ kai⁵³çi²¹ɲin¹³nei⁰,ɲi²¹₂₁tsʰiəu₄₄⁵³tʂʅ²¹xau²¹tsʰo³⁵tau²¹pʰiet³ tʂak³ tʰaŋ³⁵tʂʅ⁰çi₄₄⁵³a⁰ .

还……以下最后嘞，还有只位子，四只位子，箇就请下子新郎，欸，唔系噢，嗯，我老婆个哈，箇就请下子请下子其他人。噢嘞还还有还有，还有介绍，媒人，欸，请下子媒人。媒人呢，箇就坐第四只位子。欸，系系，咁子请。$xai^{13}\cdots i^{21}a_{44}^{35}tsei^{53}xei^{53}lei^0$,$xai_{21}^{13}i\vartheta u^{35}t\d{s}ak^3uei_{44}^{53}t\d{s}\textrm{\c{l}}^0$,$si^{53}iak^3(\leftarrow t\d{s}ak^3)uei_{44}^{53}t\d{s}\textrm{\c{l}}^0$,$kai_{44}^{53}t\d{s}^hi\vartheta u_{44}^{53}t\d{s}^hia\eta^0\eta a_{44}(\leftarrow xa^{53})t\d{s}\textrm{\c{l}}^0sin_{44}^{53}n\textrm{\c{o}}\eta^{13}$,$e_{21}$,$\d{m}_{21}^0p^he^{53}(\leftarrow xe^{53})au^0$,$\dot\eta_{21}$,$\eta ai^{13}lau^{21}p^ho^{13}cie^{53}xa^0$,$kai_{44}^{53}t\d{s}^hi\vartheta u_{44}^{53}t\d{s}^hia\eta^0xa^{53}t\d{s}\textrm{\c{l}}^0t\d{s}^hia\eta^{21}xa^{53}t\d{s}\textrm{\c{l}}^0c^hi_{21}^{13}t^ha_{53}^{35}\text{ɲ}in_{21}^0$.$au_{21}le^0xai_{21}^{13}xai_{21}^{13}i\vartheta u_{44}^{35}xai_{21}^{13}i\vartheta u_{44}^0$,$xai_{21}^{13}i\vartheta u^{35}kai^{53}\text{ʂ}au^{53}$,$m\text{ɔ}i^{13}\text{ɲ}in_{44}^0$,$e_{21}$,$t\d{s}^hia\eta^{21}xa^{53}t\d{s}\textrm{\c{l}}^0m\text{ɔ}i^{13}\text{ɲ}in_{44}^0$.$m\text{ɔ}i^{13}\text{ɲ}in_{44}ne^0$,$kai_{44}^{53}t\d{s}^hi\vartheta u_{44}^{53}t\d{s}^ho_{44}^{53}t^hi_{44}^{13}si^{53}t\d{s}ak^3uei^{53}t\d{s}\textrm{\c{l}}^0$.$e_{21}$,$xe^{53}xe^{53}$,$kan^{21}t\d{s}\textrm{\c{l}}^0t\d{s}^hia\eta^{21}$.

好，以下是还有咁多高亲咯，打比来你十几个高亲呐，肚里有伯伯啊，有甚至有喊叔公个，系<u>唔系</u>啊？搞只厅子，安做，专门搞只厅子。私席厅。嗯。（什么厅？）私席厅。私席，专席啦。（哦，私席厅，厅。）厅欸私席厅子。专席啦就系。xau^{21},$i^{21}xa^{53}\text{ʂ}\textrm{\c{l}}_{44}^{13}xai^{13}i\vartheta u^{35}kan^{21}to_{44}^{35}kau_{44}^{53}t\d{s}^hin_{44}^{35}ko^0$,$ta^{21}pi^{21}l\text{ɔ}i_{21}^{13}\text{ɲ}i_{21}^{13}\text{ʂ}\vartheta t^5ci^{13}ke^{53}kau_{44}^{53}t\d{s}^hin_{44}^{35}na^0$,$t\vartheta u^{21}li^0i\vartheta u_{44}^{35}pak^5pak^3a^0$,$i\vartheta u_{44}^{35}\text{ʂ}\vartheta n^{53}t\d{s}\textrm{\c{l}}_{44}^{53}i\vartheta u^{35}xan_{44}^{53}\text{ʂ}\vartheta uk^3k\vartheta\eta^0ke_{21}^{53}$,$xei_{44}^{53}me_{44}(\leftarrow\d{m}^{13}xe^{53})a^0$?$kau^{21}t\d{s}ak^3t^ha\eta^{35}t\d{s}\textrm{\c{l}}^0$,$\text{ɔ}n_{44}^{35}tso_{44}^{53}$,$t\d{s}en^{35}m\vartheta n_{44}^{13}kau^{21}t\d{s}ak^3t^ha\eta^{35}t\d{s}\textrm{\c{l}}^0$.$\text{ʂ}\textrm{\c{l}}^{53}set^5t^ha\eta^{35}$.$\dot n_{21}$.$\text{ʂ}\textrm{\c{l}}^{53}set^5t^ha\eta^{35}$.$\text{ʂ}\textrm{\c{l}}^{53}set^5$,$t\d{s}en^{35}set^5la^0$.$t^hin_{44}^{35}e_{21}\text{ʂ}\textrm{\c{l}}^{53}siet^5t^ha\eta^{35}t\d{s}\textrm{\c{l}}^0$.$t\d{s}en^{35}siet^5la^0t\d{s}^hi\vartheta u_{44}^{53}xe_{44}^{53}$.

欸，以个就外氏专席。嗯。还有滴是老哩人个又是人又多，外外氏又来又来得多。搞棚龙，或者搞滴么个西乐队箇只，系<u>唔系</u>？搞你几十个人来。搞只厅子搞你几桌。尽系，以只是系欸哪只府上个，打比我娭等我噢娭欸我娭子个，唐府上个嗯外家坐以只厅子。<u>以下</u>就欸我老婆个曾府上个，嘿，坐以只厅子，有只厅子。<u>以下</u>就反正呢欸张府上个又哪只厅子，嘿嘿，咁子搞。渠就系怕得罪别人家。嗨。又怕渠嫒坐得。（就分厅坐？）分厅子坐。嗨。写就写倒箇，你嫒坐得就莫怪。欸，箇就莫怪凑。以系也系对箇个对箇个人个重视啊，系<u>唔系</u>？嗯。e_{21},$i^{21}ke_{44}^{53}t\d{s}^hi\vartheta u_{44}^{53}\eta\text{ɔ}i^{53}\text{ʂ}\textrm{\c{l}}_{44}^{53}t\d{s}en^{35}siet^5$.$\dot n_{21}$.$xai_{21}^{13}i\vartheta u^{35}tiet^5\text{ʂ}\textrm{\c{l}}_{44}^{53}lau^{21}li^0\text{ɲ}in^{13}ke_{44}^{53}i\vartheta u^{53}\text{ʂ}\textrm{\c{l}}_{44}^{53}\text{ɲ}in^{13}i\vartheta u_{44}^{53}to^{35}$,$\eta\text{ɔ}i_{44}^{53}\text{ɲ}\text{ɔ}i^{53}\text{ʂ}\textrm{\c{l}}^{53}i\vartheta u_{44}^{53}l\text{ɔ}i^{53}l\text{ɔ}i^{13}tek^5to^{35}$.$kau^{21}p^ha\eta^{13}lia\eta^{13}$,$x\text{ɔ}it_3^5t\d{s}a^{21}kau^{21}tiet_3^5mak^5ke_{53}^{53}si_{44}^{53}i\text{ɔ}k^5ti^{53}kai_{44}^{53}t\d{s}ak^3$,$xei_{44}^{53}me_{44}(\leftarrow\d{m}^{13}xe^{53})$?$kau^{21}\text{ɲ}i^{13}ci^{21}\text{ʂ}\vartheta t^5cie^{53}\text{ɲ}in^{13}n\text{ɔ}i^{13}$.$kau^{21}t\d{s}ak^3t^ha\eta^{35}t\d{s}\textrm{\c{l}}^0kau^{21}\text{ɲ}i^{13}ci^{21}t\d{s}\text{ɔ}k^3$.$t\d{s}^hin^{53}xei^{53}$,$i^{21}t\d{s}ak^3\text{ʂ}\textrm{\c{l}}_{44}^{53}xei^{53}e_{21}lai^{53}t\d{s}ak^3fu^{21}x\text{ɔ}\eta_{44}^{53}ke_{44}^{53}$,$ta^{21}pi^{21}\eta ai_{21}^{13}\text{ɔ}i^{53}t\d{s}\textrm{\c{l}}^0tien^0\eta ai_{44}^{13}au^0\text{ɔ}i_{44}^{13}e_{21}\eta ai_{21}^{13}\text{ɔ}i^{53}t\d{s}\textrm{\c{l}}^0ke_{44}^{53}$,$t^ho\eta_{21}^{13}fu^{21}x\text{ɔ}\eta_{44}^{53}ke_{44}^{53}\eta\text{ɔ}i^{53}ka_{44}^{35}t\d{s}^ho_{44}^{35}i^{21}t\d{s}ak^3t^ha\eta^{35}t\d{s}\textrm{\c{l}}^0$.$ia^{35}(\leftarrow i^{21}xa^{35})tsi\vartheta u_{44}^{53}e_{21}\eta ai_{21}^{13}lau^{21}p^ho^{13}ke^{53}tsien^{35}fu^{21}x\text{ɔ}\eta_{44}^{53}ke_{44}^{53}$,$xe_{21}$,$t^ho^{35}(\leftarrow ts^ho^{53})i^{21}t\d{s}ak^3t^ha\eta^{35}t\d{s}\textrm{\c{l}}^0$,$i\vartheta u_{53}^{35}t\d{s}ak^3t^ha\eta^{35}t\d{s}\textrm{\c{l}}^0$.$ia^{35}(\leftarrow i^{21}xa^{35})tsi\vartheta u_{44}fan_{44}^{21}t\d{s}\vartheta n_{44}^{53}ne^0e_{21}t\d{s}\text{ɔ}\eta^{53}fu^{21}x\text{ɔ}\eta^{53}ke_{44}^{53}i\vartheta u_{44}^{53}lai_{21}^{13}t\d{s}ak^3t^ha\eta^{35}t\d{s}\textrm{\c{l}}^0$,$xe_{21}xe_{21}$,$kan^{21}t\d{s}\textrm{\c{l}}^0kau^{21}$.$ci^{13}ts^hi\vartheta u^{53}xe_{44}^{53}p^ha^{53}tek^3ts^hi_{44}^{53}p^hiet^5in_{21}^{13}ka_{44}^{35}$.$\d{m}_{21}$,$i\vartheta u_{44}^{53}p^ha^{53}ci_{21}^{13}ma\eta_{21}^{13}ts^ho_{44}^{35}tek^3$.$f\vartheta n_{44}^0t^ha\eta^{35}t\d{s}\textrm{\c{l}}^0ts^ho_{44}^{35}$.$\d{m}_{21}$.$sia^{21}ts^hi\vartheta u^{53}sia^{21}tau^{21}kai_{44}^{53}\text{ɲ}i_{21}^{13}ma\eta_{21}^{13}ts^ho_{44}^{35}tek^3ts^hi\vartheta u_{44}^{53}mo_{21}^{53}kuai^{53}$.$e_{21}$,$kai_{44}^{53}ts^hi\vartheta u_{44}^{53}mo_{21}^{53}kuai^{53}ts^he^0$.$i^{21}xe_{44}^{53}ia^{35}$

xe⁵³tei⁵³kai⁵³ke⁴⁴tei⁵³kai⁵³ke⁵³n̩in¹³ke⁵³tsʰən³⁵s̩⁴⁴a⁰,xei⁵³me₄₄(←m̩¹³xe⁵³)ʔn̩₂₁.

（这是这是办大酒席的时候是吧？）办办大酒席个时候子，欸。pʰan⁵³
pʰan⁵³tʰai⁵³tsiəu⁵³siet³ke₄₄s̩¹³xei³ts̩⁰,e₂₁.

看哪餐酒，一般是看哪餐酒。嗨。欸，打比样啊，陪媒酒样啊，陪媒
酒箇餐酒，你当舅爷都有得第一只位子坐。嗨。有得。箇餐硬系陪媒酒。
你你就爱你就爱懂味。你，你莫，你系发气你就唔懂味。嗨。你打比你当
舅爷，今哺来食酒，系唔系？你当舅爷系以子爱……爱坐上啊，但是今哺
以餐陪媒酒你有得上坐。你有得第一只位子坐。上有坐。陪……请哩媒人
就请母党啦。箇就请哩媒人就请母党。以下以下欸箇箇就你就不能够不能
够话我爱……我更大呀，我外氏哈，我坐第一只位子啊，有得。嗯，以餐
酒系陪媒酒。kʰon₄₄nai⁵³tsʰon₄₄tsiəu²¹,iet³pon³⁵s̩¹³kʰon³⁵nai⁵³tsʰon₄₄tsiəu²¹.m̩₂₁.e₄₄,ta²¹
pi²¹ion⁵³ŋa⁰,pʰi¹³mɔi¹³tsiəu²¹ion⁵³ŋa⁰,pʰi¹³mɔi¹³tsiəu²¹ka⁵³tsʰon³⁵tsiəu²¹,n̩i¹³ton₄₄cʰiəu⁵³
ia¹³təu₄₄mau¹³tekʰ tʰi⁵³iet³ tsak³ uei⁵³ts̩⁰tsʰo³⁵.m̩₂₁.mau¹³tekʰ.kai⁵³tsʰon₄₄n̩ian⁵³xai₄₄pʰi¹³
mɔi¹³tsiəu²¹.n̩i¹³n̩i¹³tsʰiəu₄₄ɔi₄₄n̩i¹³tsʰiəu₄₄ɔi₄₄tən⁰uei⁵³.n̩i¹³n̩i¹³mo⁵³,n̩i¹³xe⁵³fait³ ci⁵³n̩i¹³
tsʰiəu₄₄n̩¹³tən²¹uei⁵³.m̩₂₁.n̩i¹³ta²¹pi²¹n̩i¹³ton₄₄cʰiəu¹³ia₂₁,cin³⁵pu₄₄lɔi¹³sət³tsiəu²¹,xei₄₄me₄₄
(←m̩¹³xe⁵³)ʔn̩i¹³ton₄₄cʰiəu₄₄ia₂₁xei⁵³²¹ts̩⁰ɔi₄₄ts···ɔi¹³tsʰo³⁵son₄₄ŋa⁰,tan⁵³s̩⁵³cin³⁵pu₄₄⁵³ts̩⁰
tsʰon₄₄pʰi¹³mɔi¹³tsiəu²¹n̩i¹³mau₂₁tekʰ.son₄₄tsʰo³⁵.n̩i₂₁mau₂₁tekʰ tʰi¹³iet³ tsak³ uei⁵³ts̩⁰
tsʰo⁵³.son₄₄iəu₄₄tsʰo₄₄.pʰi¹³···tsʰian⁵³li⁰mɔi¹³n̩in¹³tsʰiəu₄₄tsʰian²¹mu³⁵tən²¹la⁰.kai⁵³
tsʰiəu₄₄tsʰian⁵³li⁰mɔi¹³n̩in₄₄tsʰiəu₄₄tsʰian²¹mu³⁵tən²¹.i²¹xa₄₄ⁱ²¹xa⁵³e₂₁,kai⁵³kai⁵³tsʰiəu¹³n̩i¹³
tsʰiəu¹³pət³len¹³ciəu₄₄pət³len¹³ciəu₄₄ua₄₄ŋai¹³ɔi₄₄···ŋai¹³cien⁵³tʰai⁵³ia⁰,ŋai¹³ŋɔi⁵³s̩¹³
xa⁰,ŋai¹³tsʰo³⁵tʰi⁵³iet³ tsak³ uei⁵³tsa⁰,mau₂₁tekʰ.n̩₂₁,i²¹tsʰon₄₄tsiəu²¹xe⁵³pʰi¹³mɔi¹³tsiəu²¹.

（如果是一张桌子呢，这个这个座位怎么安排？）一张桌子啊？iet³
tson³⁵tsok³tsa⁰?（啊，客人也不多。就一张桌子。那怎么安顿？）噢，一张
桌子就只有两只位子。只有两只位子。au₂₁,iet³tson³⁵tsok³ts̩⁰tsʰiəu⁵³ts̩⁵³iəu₄₄ion²¹
tsak³uei⁵³ts̩⁰.ts̩²¹iəu₄₄ion²¹tsak³uei⁵³ts̩⁰.（嗯，就是……）欸，一张桌子就只有
两只位子。e₂₁,iet³tson³⁵tsok³ts̩⁰tsʰiəu₄₄ts̩⁵³iəu₄₄ion²¹tsak³uei⁵³ts̩⁰.（你画一下看
看。）打比欸以张桌子，打比以张桌子。ta²¹pi²¹e₂₁ⁱ²¹tson₄₄tsok³ts̩⁰,ta²¹pi²¹ⁱ²¹tson₄₄
tsok³ts̩⁰.（方桌？）欸欸。以映咯以映子就欸大厅下，哎，以映子就系祖
位，系啊？欸，以映子爱写只祖位来嘞。唔系怎么嘞。以映就上背嘞，系
啊？欸，以以只箇厅下样。嗯。欸。箇嘞，以只位子最大，以只位子最
大，欸，也就系嘞，右边更大。右边更大。左边小。第二只位子。一只，
一张桌个时候子，就咁子个。e₂₁e₂₁.i²¹ian⁵³kə⁰ⁱ²¹ian⁵³ts̩⁰tsʰiəu₄₄e₂₁tʰai⁵³tʰan³⁵
xa₄₄,ai₂₁,i²¹ian⁵³ts̩⁰tsʰiəu₄₄xe⁵³tsəu²¹uei⁵³,xei₄₄a⁰?ei₂₁,i²¹ian₄₄ts̩⁰ɔi⁵³sia²¹tsak³tsəu²¹uei⁵³
lai₂₁le⁰.m̩₂₁pʰe⁵³(←xe⁵³)tsen₂₁me₂₁le⁰.i²¹ian₄₄tsʰiəu₄₄son⁵³pɔi⁵³le⁰,xei₄₄a⁰?e₂₁,i²¹i²¹i²¹

tʂak³ kai⁵³tʰaŋ³⁵xa⁴⁴ioŋ⁵³.ŋ̍₂₁.ei₂₁.kai⁴⁴lei⁰,i²¹tʂak³ uei⁵³tsɿ⁰ tsei⁵³tʰai⁵³,i²¹tʂak³ uei⁵³tsɿ⁰ tsei⁵³tʰai⁵³,ei₂₁,ia²¹tsʰiəu⁵³xe⁴⁴le⁰,iəu²¹ pien³⁵cien⁵³tʰai⁵³.iəu²¹ pien³⁵cien⁴⁴tʰai⁴⁴.tso²¹ pien⁴⁴siau²¹.tʰi⁵³ni²¹tʂak³ uei⁵³tsɿ⁰.iet³ tʂak³,iet³ tʂɔŋ³⁵tsɔk³ ke⁴⁴ɕɿ¹³xei⁴⁴tsɿ⁰,tsiəu⁴⁴kan²¹tsɿ⁰ke²¹.

（就别的位子怎么怎么那个呢？）别的位子就唔管了，箇听你坐了。pʰiet⁵ tet³ uei⁵³tsɿ⁰ tsʰiəu⁵³ŋ̍₂₁kuɔn²¹niau⁰,kai⁴⁴tʰin⁵³ni²¹tsʰo⁵³liau⁰.（不管了？）我等我等也……我等……ŋai²¹tien¹³ŋai¹³tien⁵³ie²¹…ŋai¹³tien⁵³…（如果如果如果要细论歀细那个细论的话，那么这几个位子怎么摆？）箇就有前向哦，上向，以映子以映子就一唠，<u>系唔系</u>？以映子就二哟，歀。以映子就三呶。以映子就四哟。咁子噢。前向噢。kai⁴⁴tsʰuei⁵³iəu⁴⁴tsʰien¹³çioŋ⁵³ŋo⁰,sɔŋ⁵³ çioŋ⁵³,i²¹ iaŋ⁴⁴tsɿ⁰ i²¹ iaŋ⁵³tsɿ⁰ tsʰiəu⁵³iet³ lau⁰,xei⁵³me⁴⁴(←m̩¹³ xe⁵³)?i²¹ iaŋ⁵³tsɿ⁰ tsʰiəu⁴⁴ni⁵³iau⁰,e₂₁.i²¹ iaŋ⁵³tsɿ⁰ tsʰiəu⁴⁴san⁵³nau⁰.i²¹ iaŋ⁵³tsɿ⁰ tsʰiəu⁴⁴si⁵³iau⁰.kan²¹tsau⁰.tsʰien¹³ çioŋ⁵³ŋau⁰.（前向？）前向噢，歀。tsʰien¹³çioŋ⁵³ŋo⁰,e₂₁.（这个，这个叫前向，是吧？）嗯。ŋ̍₂₁₄₄.（哪个……前面的前，是吧？）就对门呐，就对门。以映就上向啊。坐上，坐前呢。以映就坐上，以映就坐前呢。两边就侧边就陪客个。侧边就陪客个。tsʰiəu⁴⁴ti⁵³mən¹³na⁰,tsʰiəu⁴⁴ti⁵³mən¹³.i²¹ iaŋ⁴⁴tsʰiəu⁴⁴sɔŋ⁵³ çioŋ⁵³ŋa⁰.tsʰo⁵³ sɔŋ³⁵,tsʰo³⁵tsʰien¹³ne⁰.i²¹ iaŋ⁵³tsʰiəu⁴⁴tsʰo³⁵ sɔŋ³⁵,i²¹ iaŋ⁴⁴tsʰiəu⁵³tsʰo³⁵tsʰien¹³ne⁰.ioŋ²¹ pien³⁵tsʰiəu⁴⁴tsek³ pien³⁵tsʰiəu⁴⁴pʰi¹³kʰak³ ke⁰.tsek³ pien³⁵tsʰiəu⁴⁴pʰi¹³kʰak³ ke⁰.（坐上，坐前。）坐上，坐……坐前。tsʰo³⁵sɔŋ³⁵,tsʰo³⁵…tsʰo³⁵tsʰien¹³.（噢。）歀。坐侧。箇两侧边就唔管，侧边有得大细，都系陪正个位子。e₂₁.tsʰo³⁵tsek³.kai⁵³ioŋ²¹tsek³ pien³⁵tsʰiəu⁴⁴ŋ̍₂₁kɔn²¹,tsek³ pien³⁵mau¹³tek³ tʰai⁵³se⁵³,təu³⁵ue⁴⁴(←xe⁵³)pʰi¹³ tʂaŋ⁴⁴ke⁵³uei⁵³tsɿ⁰.

（这个两侧啊哪边大一点？就是就这这个四个位子。）有得大细，两边有得，两边有得。但是又有……箇唔讲，客姓人有得。以两边有得大细。但是外背人呢，北乡人呢渠就渠就咁个呢，渠就唔，打比样两张桌样，系啊？歀。最……以中间硬唔坐人呢，以映唔坐人。以映不坐人，歀，安做朝阳席。mau¹³tek³ tʰai⁵³se⁵³,ioŋ²¹ pien³⁵mau₂₁tek³,ioŋ²¹ pien³⁵mau₂₁tek³.tan²¹sɿ⁵³ iəu⁴⁴iəu⁰…kai⁵³ŋ̍¹³kɔŋ²¹.kʰak³ sin¹³nin₂₁mau¹³tek³.i²¹ioŋ²¹ pien³⁵mau₂₁tek³ tʰai⁴⁴se⁵³.tan²¹sɿ⁵³ŋoi⁵³poi⁴⁴nin₂₁ne⁰,pəit³ çioŋ⁴⁴nin₂₁nei⁰ ci₂₁tsʰiəu⁴⁴ci₂₁tsʰiəu⁴⁴kan²¹ke⁴⁴lei⁰,ci₂₁tsʰiəu⁵³m̩⁴⁴,ta²¹ pi²¹ iaŋ⁵³ioŋ²¹tʂɔŋ³⁵tsɔk³ ioŋ⁵³,xei⁵³a⁰ ?e₂₁.tsei⁵³s…i²¹tʂəŋ³⁵kan⁴⁴niaŋ⁵³ ŋ̍¹³ tsʰo³⁵nin₂₁nei⁰,i²¹ iaŋ⁴⁴ŋ̍¹³ tsʰo⁴⁴nin₂₁.i²¹ iaŋ⁵³pət⁵ tsʰo³⁵nin₂₁,e₂₁,ɔn₂₁tso⁵³tʂʰau¹³ioŋ¹³siet⁵.（这是北乡的，不是你们啊？）北乡人啊，不是……不是我等以映。我等也唔坐朝阳席。但是要……也晓得它。歀。嘞，以映子，以映子大呢，唔知让门子大凑，反正以两……以两向唔坐人。歀。坐都唔坐人。一张桌子坐六个

人。嘿。pɔit³çiɔŋ^{35}ɲin^{13}a⁰,pət³ʂ…pət³ʂʅ^{53}ŋai^{13}tien⁰i^{21}iaŋ^{53}.ŋai^{13}tien⁰ia$_{44}$ŋ$_{21}$tsʰo^{35} tsʰau^{13}iɔŋ^{13}siet⁵.tan$_{21}$ʂʅ^{13}iau^{53}…ia^{35}çiau^{13}tekˀtʰa$_{53}$.e$_{53}$.lei$_{21}$,i^{21}iaŋ^{53}tsʅ⁰,i^{21}iaŋ^{53}tsʅ⁰tʰai^{53} nei⁰,n̩^{13}ti^{35}ɲiɔŋ^{53}mən⁰tsʅ⁰tʰai^{53}tsʰe⁰,fan^{21}tʂən^{53}i^{21}iɔŋ^{21}…i^{21}iɔŋ^{21}çiɔŋ^{53}n̩^{13}tsʰo^{53} ɲin^{13}.e$_{21}$.tsʰo^{53}təu$_{53}$ŋ$_{21}$tsʰo$_{44}$ɲin^{13}.ietˀtʂɔŋ$_{44}$tsɔkˀtsʅ⁰tsʰo^{35}liəukˀkei$_{44}$ɲin^{13}.xe$_{44}$.（他北乡 是那讲浏阳话的吗？）歆，讲浏阳话个。e$_{21}$,kɔŋ^{21}liəu^{13}iɔŋ$_{44}$fa^{53}ke^{53}.（就不是 讲客家话的？）唔系客家话。n̩^{13}tʰe^{53}(←xe^{53})kʰakˀka^{35}fa$_{21}$.

（哦，这个这个是大边，是吧？右边是大边？）一张桌来讲，以只[指右边的上座]系大边。ietˀtʂɔŋ^{35}tsɔkˀlɔi$_{44}$kɔŋ$_{21}$,i^{21}tʂakˀxe$_{44}$tʰai$_{44}$pien$_{44}$.（这个大边的这个旁边叫小边吗？）就小边，歆。髅稳箇只位子是小边。tsiəu$_{44}$siau^{21}pien$_{44}$,e$_{21}$ɲia^{13} uən^{21}kai^{53}tʂakˀuei^{53}tsʅ⁰ʂʅ$_{44}$siau^{21}pien$_{44}$.（这个第二个位子是小边，是吧？）歆，第二只位子就小边。e$_{21}$,tʰi$_{44}$ɲi^{53}tʂakˀuei^{53}tsʅ⁰tsiəu$_{44}$siau^{21}pien$_{35}$.（这个，像…… 哦，这个位子呢？）箇只也大边呐。箇一张桌来讲啊，就箇只就大边呐。嗯。kai^{53}tʂakˀia^{35}tʰai^{53}pien$_{44}$na⁰.kai^{53}ietˀtʂɔŋ^{35}tsɔkˀlɔi^{13}kɔŋ^{21}ŋa⁰,tsʰiəu^{53}kai$_{44}$tʂakˀ tsʰiəu$_{44}$tʰai^{53}pien$_{35}$na⁰.n̩$_{21}$.（啊，那个是小边。也可以讲第二个位子吗？）小边呐，箇只就小边。一张桌来讲，那只系大边，那只系小边。两张桌来讲，箇就唔同了，两边唔同了。中间系大边。两张桌摆倒，中间系大边。哎，打比看呢，以映子两张桌，以箇子两张桌，系啊？以向一张桌，以向一张桌，髅中间以只位子，髅中间个就大边，以只系大边，以只系大边。唔髅中间个就小边。siau^{21}pien^{35}nau⁰,kai^{53}tʂakˀtsʰiəu^{53}siau^{21}pien^{35}.ietˀtʂɔŋ^{35}tsɔkˀlɔi$^{13}_{21}$ kɔŋ^{21},lai^{53}tʂakˀxe$_{44}$tʰai^{53}pien^{35},lai^{53}tʂakˀxe$_{21}$siau^{53}pien$_{44}$.iɔŋ^{21}tʂɔŋ^{53}tsɔkˀlɔi^{13}kɔŋ^{21},kai$_{44}$ tsʰiəu$_{44}$n̩$_{21}$tʰəŋ^{13}liau⁰,iɔŋ^{21}pien^{35}n̩$_{21}$tʰəŋ^{13}liau⁰.tʂən^{53}kan$_{44}$xe^{53}tʰai^{53}pien^{35}.iɔŋ^{21}tʂɔŋ^{35} tsɔkˀpai^{21}tau^{21},tʂən^{35}kan$_{44}$xe^{53}tʰai^{53}pien^{35}.ai$_{21}$,ta^{21}pi^{21}kʰɔn^{53}ne⁰,i^{21}iaŋ$^{53}_{44}$tsʅ⁰iɔŋ^{21}tʂɔŋ$_{44}$ tsɔkˀ,i^{21}ka^{53}tsʅ⁰iɔŋ^{21}tʂɔŋ^{35}tsɔkˀ,xei$^{53}_{53}$a⁰?i^{21}çiɔŋ^{53}ietˀtʂɔŋ^{35}tsɔkˀ,i^{21}çiɔŋ^{53}ietˀtʂɔŋ^{35} tsɔkˀ,ɲia^{13}tʂən^{35}kan$^{35}_{44}$i^{21}tʂakˀuei^{53}tsʅ⁰,ɲia^{13}tʂən^{35}kan$_{44}$ke^{53}tsiəu$^{53}_{44}$tʰai^{53}pien$^{35}_{44}$,i^{21}tʂakˀxe$_{44}$ tʰai$_{44}$pien$_{44}$,i^{21}tʂakˀxe^{53}tʰai^{53}pien$_{21}$.ŋ̍^{13}ɲia^{13}tʂən^{35}kan$^{35}_{44}$ke^{53}tsʰiəu$_{44}$siau^{21}pien$_{44}$.（噢，第三个和第四个位子就是小边？）就对箇张桌来讲，就小边。tsʰiəu^{21}tei^{53}kai$_{44}$ tsʰɔŋ$_{44}$tsɔkˀlɔi^{13}kɔŋ^{21},tsʰiəu$_{44}$siau^{21}pien^{35}.（这个一、二是大边？）歆，对。e$_{53}$,tei^{53}.（三、四是小边？）小，小边。嗯。歆歆。以中间一条巷子啊，以只一二系大边呐，以两只系小边呐。siau^{21},siau^{21}pien$_{44}$.n̩$_{21}$.e$_{44}$e$_{21}$.i^{21}tʂɔŋ^{35}kan^{35}ietˀtʰiau^{13} xɔŋ^{53}tsʅ⁰a⁰,i^{21}tʂakˀietˀɲi^{53}xe$_{44}$tʰai$_{44}$pien$_{44}$na⁰,i^{21}iɔŋ^{21}tʂakˀe^{53}(←xe^{53})siau^{21}pien$_{44}$na⁰.

侧……tsekˀ…（你想想坐侧面坐侧席有什么说法吗？）冇得冇得么个箇个了，冇得么个讲法了。嗯，侧边就做陪个。也系……以……以两向就安做坐前呲，箇正讲哩唠。以只第三只位子擤以只，以映打比以映系第，歆，以映以以前向咚，以只位子，擤以只位子，歆，以只，以映位髅稳以映子，嗦稳以映子。嗦稳以映唉，以映安做席口上。席口上。去菜呀，菜就去走以映去。掇_端菜个人咯，上菜咯，就走以映子去，走以只栏场去。渠走中间去哟，走以中间去哟。箇个掇菜来。mau¹³tek³ mau¹³tek³ mak³ke⁵³kai⁵³₄₄ ke⁵³₄₄liau⁰,mau¹³tek³ mak³ke⁵³kɔŋ²¹fait³ liau⁰.n̩₂₁,tsek³ pien³⁵tsʰiəu⁵³₄₄tsɔ⁰pʰi¹³ke⁵³.a³⁵ xei⁵³₂₁⋯i²¹⋯i²¹iɔŋ²¹çiɔŋ⁵³tsʰuei⁵³₄₄ɔn²¹₄₄tsɔ⁵³₄₄tsʰo⁵³tsʰien¹³nau⁰,kai⁵³₄₄tʂaŋ⁵³kɔŋ²¹li²¹lau⁰.i²¹ tʂak³tʰi¹³san³tʂak³uei⁵³tsɿ⁵³lau⁴⁴₄₁i²¹tʂak³,i²¹iaŋ⁵³ta²¹pi²¹i²¹iaŋ³xe⁵³tʰi¹³,e₂₁,i²¹iaŋ⁵³i²¹i²¹ tsʰien¹³çiɔŋ⁵³₄₄ʂa⁰,i²¹tʂak³uei⁵³tsɿ⁵³,lau⁴⁴₄₄i²¹tʂak³uei⁵³tsɿ⁵³,e₂₁,i²¹tʂak³,i²¹iaŋ⁵³uei⁵³₄₄nia¹³ uən²¹i²¹iaŋ⁵³tsɿ⁵³,nia¹³uən²¹i²¹iaŋ⁵³tsɿ⁵³.nia¹³uən²¹i²¹iaŋ⁵³nau⁰,i²¹iaŋ⁵³ɔn²¹₄₄tsɔ⁵³siet⁵ xei²¹ xɔŋ⁵³₄₄.siet⁵ xei²¹xɔŋ⁵³₄₄.çi⁵³₄₄tsʰɔi³ia⁰,tsʰɔi⁵³tsiəu⁵³₄₄çi⁵³₄₄tsei²¹i²¹iaŋ⁵³₄₄çi⁵³.tɔit³tsʰɔi⁵³ke⁵³₄₄nin¹³ ko⁰,ʂɔŋ⁵³₄₄tsʰɔi²¹ko⁰,tsiəu⁵³tsei⁵³i²¹iaŋ⁵³₄₄tsɿ⁵³çi⁵³,tsei⁵³i²¹tʂak³laŋ⁵³₄₄tsʰɔŋ⁵³₄₄çi⁵³.çi²¹tsei²¹tʂɔŋ⁵³ kan³⁵₄₄çi⁵³₄₄ʂa⁰,tsei²¹i²¹tʂɔŋ³⁵kan³⁵₄₄çi⁵³₄₄ʂa⁰.kai⁵³₄₄ke⁵³tɔit³tsʰɔi¹³₄₄lɔi¹³₂₁.（这是前⋯⋯前席的那个靠中间的那个位子，是吧？）嗦以下，靠中间箇映就安做席口上。安做席口上。nia¹³₂₁i²¹xa⁵³,kʰau⁵³₄₄tʂɔŋ³⁵₄₄kan⁵³₄₄kai⁵³iaŋ⁵³₄₄tsʰiəu⁵³₄₄ɔn²¹₄₄tsɔ⁵³₄₄siet⁵ xei²¹xɔŋ⁵³₄₄.ɔn³⁵₄₄ tsɔ⁵³₄₄siet⁵ xei²¹xɔŋ⁵³₄₄.（啊，席口？）嗯。唔坐，箇个都唔请个。都唔请。我都唔请。n̩₂₁.n̩₂₁ts⁵³o⁵³,kai⁵³ke⁵³₄₄təu³⁵₄₄n̩₂₁tsʰiaŋ²¹ke⁵³.təu⁰n̩₂₁¹³tsʰiaŋ²¹.ŋai¹³təu⁰n̩₂₁¹³tsʰiaŋ²¹.（这这这个，这两个位子呢？这个外面这个呢？）箇个都唔请坐。客姓人都唔请了。箇你话带倒客坐下箇映去是箇就有么个。kai⁵³₄₄ke⁵³₄₄təu³⁵n̩₂₁¹³tsʰiaŋ²¹ tsʰo⁵³₄₄.kʰak³sin³ɲin¹³₂₁təu⁰n̩₂₁¹³tsʰiaŋ²¹niau⁰.kai⁵³₄₄ni²¹ua⁵³tai²¹tau⁵³kʰak³tsʰo⁵³xa⁵³₄₄ka⁵³iaŋ⁵³ çi⁵³ʂɿ⁵³₄₄kai⁵³₄₄tsʰiəu⁵³iəu⁵³₄₄mak³kai⁵³.（一张桌子不存在席口的问题吗？）一⋯⋯一张桌子也有席口哟。嗯。iet³⋯iet³tʂɔŋ³⁵tsɔk³tsɿ⁵³a³⁵₄₄iəu³⁵₄₄siet⁵ xei²¹io⁰,e₂₁.（那个那个席口在哪里呢？）哦，嘞，箇就箇箇映就席口呀，嗯嗯，箇映席口。噢，像只有一张桌有得席口。一张桌就唔晓哪映是席口。嗯。o²¹,lei₁₃,kai⁵³₄₄ tsʰiəu⁵³kai⁵³₄₄kai⁵³iaŋ⁵³tsʰiəu⁵³siet⁵ xei²¹ia⁰,n̩₄₄n̩₂₁,kai⁵³₄₄iaŋ⁵³₂₁siet⁵ xei²¹.au⁰,tsʰiaŋ⁵³tsɿ²¹ iəu⁵³₄₄iet³tʂɔŋ³⁵tsɔk³mau²¹₄₄tek³siet⁵ xei²¹.iet³tʂɔŋ³⁵tsɔk³tsʰiəu⁵³₄₄n̩³çiau⁵³₄₄lai⁵³iaŋ⁵³ʂɿ⁵³₄₄siet⁵ xei²¹.n̩₂₁.（一张桌，那上菜从哪里上呢？一般⋯⋯）箇听你走哪边上，箇听你走哪边上，有得席口。kai⁵³₄₄tʰin⁵³ni⁵³tsei²¹lai⁵³₄₄pien⁵³ʂɔŋ⁵³₄₄,kai⁵³₄₄tʰin⁵³ni⁵³tsei⁵³lai⁵³₄₄ pien³⁵ʂɔŋ⁵³,mau¹³tek³siet⁵ xei²¹.（那总不能从上席那边做吧？上吧？）欸欸欸，欸欸，箇唔。总齐⋯⋯走前向上唉。欸箇就有得哪边席口。e₄₄e₄₄e₂₁,e₂₁e₂₁,kai⁵³ n̩¹³₂₁.tsəŋ³tsʰe¹³⋯tsei²¹tsʰien¹³çiɔŋ⁵³ʂɔŋ³⁵nau⁰.e₂₁kai⁵³₄₄tsiəu⁵³mau¹³tek³lai⁵³pien³⁵siet⁵ xei²¹.（不不不分席口啊？）欸欸，唔分席口。e₂₁e₂₁,n̩¹³₂₁fən³⁵₄₄siet⁵ xəu²¹.

请坐是有咁个啦，我等客姓人请坐是爱⋯⋯爱几个人呐。一个人唱单子。tsʰiaŋ²¹tsʰo³⁵ʂɿ⁵³₄₄iəu⁵³₄₄kan²¹cie⁵³la⁰,ŋai¹³tien⁵³kʰak³sin⁵³ɲin¹³₂₁tsʰiaŋ²¹tsʰo³⁵ʂɿ⁵³₄₄ɔi⁵³ ɔi⁵³ci²¹ke⁵³ɲin²¹¹³na⁰.iet³ke⁵³ɲin²¹₂₁tsʰɔŋ⁵³tan³⁵tsɿ⁵³.（唱单子？）唱单子。手里拿倒一张单子，红纸子写倒个单子。嗯。请么个舅爷，嗯，嘞，请坐！张府上

啊李府上啊，么啊舅爷，请坐！箇就唱单子。跻倒门口，声音大滴子。请坐！箇就安做唱单子。tsʰɔŋ⁵³tan³⁵tsɿ⁰.ʂəu²¹li⁵³la⁵³tau²¹iet³tʂɔŋ⁵³₄₄tan³⁵tsɿ⁰,fəŋ²¹tsɿ²¹tsɿ⁰ sia²¹tau²¹ke⁵³₄₄tan³⁵tsɿ⁰.n̩₂₁.tsʰiaŋ²¹mak³ke⁵³cʰiəu³⁵ia¹³₄₄,n̩₂₁,le₂₁,tsʰiaŋ²¹tsʰo³⁵!tʂɔŋ³⁵fu²¹ xɔŋ⁵³ŋa⁰li²¹fu²¹xɔŋ⁵³ŋa⁰,mak³a⁰cʰiəu³⁵ia¹³₄₄,tsʰiaŋ²¹tsʰo³⁵!kai⁵³tsʰiəu⁵³tsʰɔŋ⁵³tan³⁵ tsɿ⁰.cʰi³⁵tau²¹mən¹³xei²¹,ʂaŋ³⁵in³⁵₄₄tʰai⁵³tiet³tsɿ⁰.tsʰiaŋ²¹tsʰo³⁵!kai⁵³₄₄tsʰiəu⁵³₄₄ɔn³⁵₄₄tso⁵³₄₄tsʰɔŋ⁵³ tan³⁵tsɿ⁰.（这个人叫什么呢？）唱单子啊。唱单子个人呢。欸。箇个人就唱他，随便喊个人唲，箇是爱渠唱下子的唠，爱渠照念吶。就……表示我系……我系写正哩个，请哪几个人吶，系啊？嗯，一……一个个子来喊吶。就爱喊呢，喊……最大个就先喊吶。欸。欸，打比样啊，张府上个上亲大人请坐！嗯。唔爱称张府上，只讲上亲大人请坐。好，箇是第……箇是第一个人，就系唱单子。tsʰɔŋ⁵³tan³⁵tsɿ⁰a⁰.tsʰɔŋ⁵³tan³⁵tsɿ⁰ke⁵³₄₄nin¹³₄₄ne⁰.e₂₁.kai⁵³e₂₁ (←ke⁵³)nin¹³tsʰiəu⁵³tsʰɔŋ³⁵₃₅tʰa⁵³₅₃,sei¹³₄₄pʰien⁵³₄₄xan⁵³₄₄cie⁵³₄₄nin¹³nau⁰,kai⁵³₄₄sɿ¹³₄₄ɔi¹³₄₄ci¹³₄₄tsʰɔŋ⁵³ ŋa₂₁(←xa⁵³)tsɿ⁰tet³lau⁰,ɔi₄₄ci¹³₄₄tʂau⁵³₄₄nian⁵³na⁰.tsʰiəu⁵³₄₄tsʰ…piau²¹sɿ¹³ŋai¹³xe⁵³₄₄s…ŋai¹³ xe⁵³sia²¹tʂaŋ⁵³li⁰kei₄₄,tsʰiaŋ²¹lai₄₄ci¹³ke⁵³nin¹³na⁰,xei₄₄a⁰?n̩₂₁,iet³…iet³cie⁵³cie⁵³tsɿ⁰ lɔi¹³xan⁵³na⁰.tsʰiəu⁵³₂₁ɔi₄₄xan⁵³ne⁰,xan⁵³₄₄…tsei⁵³tʰai⁵³₄₄ke⁵³₄₄tsʰiəu₄₄sien³⁵xan⁵³₂₁ na⁰.e₂₁.e₄₄,ta²¹pi²¹iɔŋ⁵³ŋa⁰,tʂɔŋ⁵³fu²¹xɔŋ⁵³₄₄ke⁵³₄₄ʂɔŋ⁵³tsʰin³⁵₄₄tʰai₄₄nin²¹tsʰiaŋ²¹tsʰo³⁵!n̩₂₁.m̩²¹ mɔi¹³₄₄tsʰən³⁵₄₄tʂɔŋ³⁵fu²¹xɔŋ⁵³,tsɿ²¹kɔŋ³⁵ʂɔŋ⁵³tsʰin³⁵₄₄tʰai⁵³nin¹³₂₁tsʰiaŋ²¹tsʰo³⁵.xau⁰,kai⁵³₄₄sɿ⁵³₄₄ tʰi⁵³…kai⁵³₄₄sɿ¹³₄₄tʰi¹³iet³cie⁵³nin¹³₂₁.tsʰiəu⁵³₄₄xe⁵³tsʰɔŋ⁵³tan³⁵tsɿ⁰.

第二个人就寻客。寻，去寻倒箇只客来呀。欸。有滴是喊渠跻倒箇映子，有……坐倒箇映子，有滴是客佬子去欸去外背，去别张桌坐下哩了哇。嗨。寻倒箇只客来。寻东西个寻呢。寻客。渠就带盏马灯去。嗨。打比你系坐……坐上个人，欸，我喊，陈府上个老师请坐。嗯。箇寻客个人呢就寻倒你，马灯就一照，就你就爱上身。tʰi⁵³₄₄ni⁵³ke⁵³₄₄nin¹³₂₁tsʰiəu⁵³₄₄tsʰin¹³ kʰak³.tsʰin¹³,ci⁵³₄₄tsʰin¹³tau²¹kai⁵³tsak³kʰak³lɔi¹³ia⁰.ei₂₁.iəu⁵³tiet³sɿ¹³₄₄xan⁵³ci¹³₄₄cʰi¹³tau²¹ kai⁵³₄₄iaŋ⁵³₄₄tsɿ⁰,iəu⁵³…tsʰo³⁵tau²¹kai⁵³₄₄iaŋ⁵³₄₄tsɿ⁰,iəu³⁵tet³sɿ¹³₄₄kʰak³lau²¹tsɿ⁰ci¹³₂₁e₄₄ci¹³₄₄ŋɔi⁵³₄₄ pɔi¹³₄₄,ci¹³₄₄pʰet⁵tʂɔŋ³⁵₄₄tsɔk³tsʰo³⁵a₂₁(←xa⁵³)li⁰liau¹³₄₄ua⁰.m̩₂₁.tsʰin¹³tau²¹kai⁵³tsak³kʰak³ lɔi¹³₄₄.tsʰin¹³təŋ¹³si⁰ke⁵³tsʰin¹³ne⁰.tsʰin¹³kʰak³.ci¹³tsʰiəu⁵³tai⁵³tsan³⁵ma³⁵ten³⁵ci⁵³₄₄.m̩₂₁.ta pi²¹ni¹³xe⁵³₄₄tsʰo³⁵₄₄…tsʰo³⁵₄₄ʂɔŋ⁵³ke⁵³₄₄nin¹³₄₄,e₂₁,ŋai¹³xan⁵³₄₄,tsʰən²¹fu²¹xɔŋ⁵³₄₄ke⁵³₄₄lau²¹sɿ¹³tsʰiaŋ²¹ tsʰo³⁵.n̩₂₁.kai⁵³₄₄tsʰin¹³kʰak³ke⁵³₄₄nin¹³ne⁰tsʰiəu⁵³₄₄tsʰin¹³tau²¹ni¹³,ma³⁵tien³⁵tsʰiəu⁵³₄₄iet³ tʂau⁵³,tsʰiəu⁵³₄₄ni¹³tsʰiəu⁵³ɔi⁵³₄₄xɔŋ⁵³ʂən³⁵.（什么东西啊？）马灯就一照，提盏马灯，马灯就一照，就到你面前一照，请你坐。嗨。ma³⁵ten³⁵tsʰiəu⁵³₄₄iet³tʂau⁵³,tʰia³⁵tsan²¹ ma³⁵ten₄₄,ma³⁵tien₄₄tsʰiəu⁵³₄₄iet³tʂau⁵³,tsʰiəu₄₄tau₄₄ni₄₄mien⁵³tsʰien₄₄iet³tʂau⁵³,tsʰiaŋ²¹ ni¹³₂₁tsʰo³⁵.m̩₂₁.（还搞个马灯啊？）欸，箇只马灯，嗯。就请你坐。你就要上身。箇是第二个人，提马灯个寻客。e₅₃,kai⁵³tsak³ma³⁵ten³⁵₄₄,n̩₂₁.tsʰiəu⁵³₄₄tsʰiaŋ²¹ni¹³₂₁ tsʰo³⁵₄₄.ɲi¹³₂₁tsʰiəu⁵³₄₄ɔi⁵³₄₄xɔŋ⁵³ʂən³⁵.kai⁵³₂₁ʂʅ⁴⁴tʰi⁵³ɲi¹³ke⁴⁴ɲin¹³₂₁,tʰia³⁵ma³⁵ten⁴⁴ke⁵³tsʰin¹³kʰak³.

第三个人带客，嗯。啊带客，带路个带呀。第三个人呢跂倒你面前，同你作只揖，唔。同你作只揖，作揖。你就回只揖。欸。我就系来带客个。我就带倒你走。欸。好，作只揖以后，欸，请，请，请，请坐，系？请去。欸，以下就渠走面前。箇带客个人走面前。我带倒你，欸，或者别只厅子，或者去系哪映子，系禾坪下哪映子，寻倒哩你，<u>系唔系</u>？马灯就一照，箇只是寻客个吵，以只带客个嘞，渠就跟倒箇只马灯来呀。跟那个马灯来。看渠马灯一照是，就系以只人。欸。渠就同你作只揖，唔，作只揖，你就跟欸渠去。欸，跟倒渠去。好，跟倒去嘞，渠就带嘿你，打比以张……以张桌吵，带嘿你以只栏场子来，唔。带你嘞以只栏场子来。呔，渠就你，渠就，渠就咁子带倒。tʰi⁵³san³⁵ke⁴⁴ɲin⁴⁴tai⁵³kʰak³,ɲ₂₁.a₂₁tai⁵³kʰak³,tai⁵³₄₄ləu⁵³ke⁴⁴tai⁵³ia⁰.tʰi⁵³san³⁵ke⁴⁴in¹³₂₁ne⁰cʰi³⁵tau²¹ɲi¹³₄₄mien⁵³tsʰien⁴⁴,m̩₅₃.tʰəŋ¹³ɲi¹³tsɔk³tʂak³iet³,tsɔk³iet₅³.ɲi¹³tsʰiəu⁵³₄₄fei¹³tʂak³iet³.e₂₁.ŋai¹³tsʰiəu⁵³₄₄xe⁵³lɔi¹³₄₄tai⁵³kʰak³ke⁵³.ŋai¹³tsʰiəu⁵³₄₄tai⁵³tau²¹ɲi¹³tsei²¹.e₂₁.xau²¹,tsɔk³tʂak³iet³i¹³₄₄xei⁴⁴,e₂₁,tsʰiaŋ¹³,tsʰiaŋ¹³,tsʰiaŋ¹³,tsʰiaŋ¹³tsʰo³⁵,xe⁴⁴?tsʰiaŋ¹³çi⁵³₄₄.e₂₁.i²¹xa⁴⁴tsʰiəu⁵³ci²¹₂₁tsei⁵³₄₄mien⁵³tsʰien¹³.kai⁵³₂₁tai⁵³kʰak³ke⁵³ɲin¹³tsei²¹mien⁵³tsʰien¹³.ŋai¹³tai⁵³tau²¹ɲi⁴⁴,e₂₁,xɔit₅³tʂa²¹pʰiet⁵tʂak³tʰaŋ³⁵tsʅ⁰,xɔit₅³tʂa²¹çi⁵³xe⁴⁴lai⁵³iaŋ⁴⁴tsʅ⁰,xe⁴⁴uo¹³₂₁pʰiaŋ¹³₂₁xa³⁵lai⁵³iaŋ⁴⁴tsʅ⁰,tsʰin¹³tau²¹li⁰ɲi⁴⁴,xei⁴⁴me⁴⁴(←m̩¹³xe⁵³)?ma³⁵tien⁴⁴tsʰiəu⁵³₄₄iet³tʂak⁵³,kai⁵³₂₁tʂak³ʂʅ⁴⁴tsʰin¹³kʰak³ke⁴⁴ʂa⁰,i²¹ak³(←tʂak³)tai⁵³kʰak³ke⁴⁴lei⁰,ci²¹₂₁tsʰiəu⁵³cien³⁵tau²¹kai⁵³tʂak³ma³⁵tien⁴⁴lɔi¹³ia⁰.cien³⁵na²¹ke⁰ma³⁵tien³⁵₄₄nɔi¹³₄₄.kʰɔn⁵³ci²¹₂₁ma³⁵tien³⁵₄₄iet³tʂau⁵³ʂʅ⁴⁴,tsʰiəu⁵³₄₄xei⁴⁴₄₄i²¹tʂak³ɲin¹³.e₂₁.ci²¹₂₁tsʰiəu⁵³tʰəŋ¹³₄₄ɲi¹³₄₄tsɔk³ak³(←tʂak³)iet³,m̩₂₁,tsɔk³ak³(←tʂak³)iet³,ɲi¹³tsʰiəu⁵³cien³⁵tau²¹e⁰ci¹³₂₁çi⁵³.e₂₁,cien³⁵tau⁴⁴ci²¹₂₁çi⁴⁴.xau²¹,cien³⁵tau⁴⁴çi¹³₄₄lei⁰,ci¹³₂₁tsʰiəu⁵³tai⁵³ek³(←xek³)ɲi⁴⁴,ta²¹pi²¹i²¹tʂɔŋ³⁵₄₄ts···i²¹tʂɔŋ³⁵₄₄tsɔk³ʂa⁰,tai⁵³ek³(←xek³)ɲi¹³₄₄i²¹iak³(←tʂak³)laŋ¹³₄₄tsʰɔŋ¹³₄₄tsʅ⁰lɔi¹³₄₄,m̩₂₁.tai⁵³ɲi¹³₄₄le⁰i²¹iak³(←tʂak³)laŋ¹³₄₄tsʰɔŋ¹³₄₄tsʅ⁰lɔi¹³₄₄.tʰei⁴⁴,ci¹³tsʰiəu⁵³ɲi¹³₂₁,ci¹³tsʰiəu⁵³,ci¹³tsʰiəu⁵³kan²¹tsʅ⁰tai⁵³tau²¹.

打比样带倒你，带倒你来，你就走后背，<u>系唔系</u>？我带到以映，你爱坐以只位子样，欸，你坐以只位子样，你坐以只位子，我就拿倒以只位子上个碗筷捡正下子，摆正下子。欸，哎，打比个碗，欸，我放正下子。嗯。筷子，我捡正下子。你就去……就爱晓得，你就坐以只位子。就坐以只位子。好，箇你就你就就就请你去，好，你就跂下以只位子以映子。跂倒，你跂倒，面向面向客佬子，系？你就莫坐正呐！你就莫坐正，你跂倒。渠嘞，就退一……退一下脚子来，又同你作只子揖，欸，又同你作只子揖，好，箇你……你就，你就跂倒箇映子了。嗯，箇只就你个位子。ta²¹pi²¹iɔŋ⁵³₄₄tai⁵³tau²¹ɲi¹³₄₄,tai⁵³tau²¹ɲi²¹₂₁lɔi¹³ɲi¹³tsʰiəu⁵³₄₄tsei²¹xei⁴⁴pɔi⁵³₄₄,xei⁴⁴me⁴⁴(←m̩¹³xe⁵³)?ŋai¹³tai⁵³ tau⁵³i²¹iaŋ₄₄ɲi₂₁¹³ɔi₄₄⁵³tsʰo₄₄³⁵tʂak³uei₄₄⁵³tsʴⁿⁱⁿⁱⁿⁱⁿⁱⁿⁱⁿⁱⁿⁱⁿⁱⁿⁱⁿⁱ ... [音标内容]

（噢，噢，就可以坐下来了？）欸，箇就莫，还坐唔得。还坐唔得。你就不要即即哩坐正嘞哈。渠等你箇四只位子请齐哩，你爱跂一阵子。等你箇四只位子请，请齐哩，系啊？欸，渠就跑，又跑啊以映来席口唠，又请倒，作只子揖。请坐，系，请坐，请坐。欸，请坐。e₂₁,kai₄₄⁵³tsʰiəu₄₄⁵³mo₄₄,xai₂₁¹³tsʰo³⁵n̩₂₁¹³tek³.xai₂₁¹³tsʰo³⁵n̩₂₁¹³tek³,ɲi₂₁¹³iəu₄₄(←tsʰiəu)pət⁵iau₄₄³tsek⁵sek⁵li⁰tsʰo³⁵tʂaŋ₂₁⁵³le⁰xa⁰.ci₂₁¹³ten²¹ɲi¹³kai₄₄⁵³si¹³tʂak³uei⁵³tsʴtsʰiaŋ²¹tsʰe¹³li⁰,ɲi²¹ɔi₄₄⁵³cʰi¹³iet³tʂʰən⁵³tsʴ.ten²¹ɲi¹³kai₄₄⁵³si¹³tʂak³uei⁵³tsʴtsʰiaŋ²¹,tsʰiaŋ²¹tsʰe¹³li⁰,xe₄₄⁵³a⁰?e₂₁,ci¹³tsʰiəu₄₄⁵³pʰau¹³,iəu⁵³pʰau¹³a³⁵i²¹iaŋ₄₄⁵³lɔi₂₁¹³siet³xei²¹lau⁰,iəu⁵³tsʰiaŋ²¹tau²¹,tsɔk³tʂak³tsʴiet³.tsʰiaŋ²¹tsʰo³⁵,xe₂₁⁵³,tsʰiaŋ₄₄²¹tsʰo₄₄³⁵,tsʰiaŋ²¹tsʰo³⁵.e₄₄,tsʰiaŋ²¹tsʰo³⁵.（哦，要四个上席……）四个人都跂齐哩，跂那个箇肚肚里啦，四个人都跂倒箇肚肚里啦，欸，你再坐。渠就会请你坐。si⁵³keⁿin₂₁¹³təu₄₄³⁵cʰi₄₄³⁵tsʰe¹³li⁰,cʰi¹³la³⁵ke₄₄⁵³kai₄₄¹³təu²¹təu²¹li⁰la⁰,si⁵³keⁿin₂₁¹³təu₄₄³⁵cʰi³⁵tau⁵³kai₄₄¹³təu²¹təu²¹li⁰la⁰,e₂₁,ɲi¹³tsai⁵³tsʰo³⁵.ci₂₁¹³tsiəu⁵³uɔi₄₄⁵³tsʰiaŋ²¹ɲi¹³tsʰo³⁵.（坐，等，等齐了才能够坐下来？）欸，就系箇……渠一般请四只位子吵，箇也只爱跂咁久吵。也只爱下子就系唔系？你就跂倒箇映，你就不能要就坐啦。箇你坐你就唔懂。坐也坐得唠。你坐哩就说明你唔懂。e₂₁,tsʰiəu₄₄xe₄₄kai…ci₂₁¹³iet³pɔn³⁵tsʰiaŋ²¹si¹³tʂak³uei⁵³tsʴʂa⁰,kai₄₄¹³ia³⁵tsʴ₂₁⁵³ɔi₄₄¹³cʰi³⁵kan²¹ciəu²¹ʂa⁰.a³⁵tsʴ₂₁⁵³ɔi₄₄⁵³xa⁵³tsʴtsʰiəu₂₁⁵³xei₄₄⁵³me₄₄(←m̩¹³xe⁵³)?ɲi¹³tsʰiəu₄₄cʰi₄₄³⁵tau₄₄kai₄₄iaŋ₄₄³⁵,ɲi₂₁¹³tsʰiəu₄₄pət⁵len¹³iau₄₄tsʰiəu₄₄⁵³tsʰo₄₄³⁵la⁰.kai₄₄⁵³ɲi₄₄¹³tsʰo³⁵ɲi₂₁¹³tsʰiəu⁵³n̩₂₁¹³təŋ⁰.tsʰo³⁵a₅₃³⁵tsʰo³⁵tek³lau⁰.ɲi₂₁¹³tsʰo³⁵li⁰tsʰiəu⁵³ʂet³min₂₁¹³ɲi₂₁¹³n̩₄₄¹³təŋ²¹.（不懂礼。）你唔懂礼。嗯。就咁子个，箇请客……请坐个就系下数就咁子请。欸。ɲi₂₁¹³ŋ₂₁¹³təŋ²¹li²¹.n̩₂₁.tsʰiəu₄₄⁵³kan²¹tsʴke₄₄⁵³,kai₄₄⁵³tsʰiaŋ²¹kʰak³…tsʰiaŋ²¹tsʰo³⁵ke₄₄⁵³tsʰiəu₄₄xei₄₄⁵³xa³⁵s₄₄¹³tsʰiəu₄₄kan²¹tsʴtsʰiaŋ²¹.e₂₁.

箇以咁个东西搞倒还系好嘞。尊重别人家，系唔系？欸。尊重别人家。箇也易得嘞都，请四只子位子是易得嘞。有滴请你蛮多位子个就请嘿一轮，又坐下来。又来请第二轮。欸，请得……请嘿以四只位子，等你等坐下来，又来请以四只，第二四只位子。嗯。kai$_{44}^{53}$i^{21}kan^{21}ke$_{44}^{53}$təŋ$_{44}^{35}$si^0 kau^{21}tau^{21}xa$_{21}^{13}$xei^{53}xau^{13}lei^0.tsən^{35}tʂ^{h}əŋ^{53}p^{h}iek^5 ɲin$_{21}^{13}$ka^{35},xei$_{44}^{53}$me$_{44}$(←m̩^{13}xe^{53})?e$_{21}$.tsən^{35}tʂ^{h}əŋ$_{44}^{53}$p^{h}iek^5 ɲin$_{21}^{13}$ka$_{44}^{35}$.kai$_{44}^{53}$ia^{35}i^{13}tek^3 le^0 təu^0,ts^{h}ian^{21}si^{53}tʂak^3 tʂ^5 uei^{53}tʂ^5 ʂ$_{44}^{53}$i^{13}tek^3 le^0.iəu^{35}tet^3 ts^{h}ian^{21}ɲi$_{44}^{13}$man$_{44}^{13}$to$_{44}^{53}$uei^{53}tʂ^5 ke$_{44}^{53}$s^{h}iəu$_{44}^{53}$ts^{h}ian^{21}xek^3 iet^3 lən^{13},iəu^{53}ts^{h}o^{35}xa$_{44}^{53}$ləi$_{21}^{13}$.iəu^{53}ləi$_{21}^{13}$ts^{h}ian^{21}t^{h}i$_{44}^{53}$ɲi^{13}lən^{13}.e$_{21}$,ts^{h}ian^{21}tek^3…ts^{h}ian^{21}xek^3 i^{21}si^{53}tʂak^3 uei^{53}tʂ^5,tən$_{35}^{21}$ɲi$_{21}^{13}$tien^0 ts^{h}o^{35}xa^{53}ləi$_{21}^{13}$,iəu^{53}ləi$_{21}^{13}$ts^{h}ian^{21}i^{21}si^{53}tʂak^3,t^{h}i^{13}ɲi^{53}si^{53}ak^3(←tʂak^3)uei$_{44}^{53}$tʂ^5.n̩$_{21}$.

（四）生育

枣生桂子

（呃新娘的那个床上要撒点什么东西吗？）也冇么人搞滴，也冇人搞滴。ia^{35}mau^{13}mak^3 in$_{44}^{13}$kau^{21}tiet^5,ia^{35}mau^{13}ɲin^{13}kau^{21}tiet^5.（五子？）哈？箇是渠……箇是箇个咯，嗨，欸新……欸娘家会打发渠咯，打发……打发箇个咯，枣生桂子啊。四项子旱茶唠，红枣，花生，桂皮欸桂……欸，桂枝，嗯，子就系么啊唠？嗯，桂子个子系么啊嘞？枣生桂子啦。爱打发，打发两起子旱茶唠。糖子。xa$_{35}$?kai$_{44}^{53}$ʂ$_{44}^{53}$ci…kai^{53}ʂ$_{44}^{53}$kai^{53}ke^{53}ko^0,m̩$_{21}$,e$_{21}$sin^{35}…e$_{44}$ɲiəŋ^{13}cia$_{44}^{53}$uoi^{13}ta^{21}fait^3 ci$_{44}^{13}$ko^0,ta^{21}fait^3…ta^{21}fait^3 kai^{53}ke$_{44}^{53}$ko^0,tsau^{21}sien$_{44}^{35}$kuei^{53}tʂ^5 a^0.si^{53}çiɔŋ^{53}tʂ^5 uon^{53}ts^{h}a$_{44}^{13}$lau^0,fəŋ^{53}tsau^{21},fa^{35}sien^{35},kuei^{53}p^{h}i^{13}e$_{21}$kuei^{53}…e$_{21}$,kuei^{53}tʂ^{35},n̩$_{21}$,tʂ^5 ts^{h}iəu^{53}xe^{53}mak^3 a^0 tʂ^5 lau^0 ?n̩$_{21}$,kuei^{53}tʂ^5 ke^{53}tʂ^5 xei^{53}mak^3 a^0 lei^0 ?tsau^{21}sien$_{44}^{35}$kuei^{53}tʂ^{21}la^0.oi^{53}ta^{21}fait^3,ta^{21}fait^3 iɔŋ^{53}çi^{21}tʂ^5 uon^{53}ts^{h}a$_{21}^{13}$lau^0.t^{h}ɔŋ^{13}tʂ^{21}.（糖子？）啊糖子，欸。枣生桂子，欸。生就花……花生，爱生个啦，生花生，唔爱炒熟哩个啦。a$_{44}$t^{h}ɔŋ^{13}tʂ^{21},e$_{21}$.tsau^{21}sien$_{44}^{35}$kuei^{53}tʂ^{21},e$_{21}$.sen^{35}ts^{h}iəu$_{44}^{53}$fa^{35}…fa^{35}sen$_{44}$,oi$_{44}^{53}$saŋ^{35}ke^{53}la^0,saŋ^{35}fa$_{44}^{35}$sen$_{44}$,m̩$_{21}$məi^{13}ts^{h}au^{13}ʂəuk^5 li^0 ke$_{44}^{53}$la^0.

（那只有四子啦？）枣生桂子啊，四起呀，四起呀，系呀。tsau^{21}sien^{35}kuei^{53}tʂ$_{44}^{21}$a^0,si^{53}çi^{21}ia^0,si^{53}çi^{21}ia^0,xei$_{44}^{53}$ia^0.（还五子呢，五子还……）唔系五子。就四起啦。四子。四起东西，唔搞五子。m̩^{13}p^{h}e^{53}(←xe^{53})u^{21}tʂ$_{44}^{21}$.ts^{h}iəu$_{44}^{53}$si^{53}çi^{21}la^0.si^{53}tʂ^{21}.si^{53}çi^{21}təŋ$_{44}^{35}$si^0,m̩^{13}kau^{21}ŋ^{21}tʂ^{21}.

（就枣……）欸，红枣。e$_{21}$,fəŋ^{13}tsau^{21}.（生？）生花生。桂枝啊，啊买滴子桂枝啊，嗯。子啊，就系糖子啊。saŋ^{35}fa$_{44}^{35}$sen^{35}.kuei^{53}tʂ$_{44}^{35}$a^0,a^0 mai^{35}tiet^5 tʂ^0 kuei^{53}tʂ$_{44}^{35}$a^0,n̩$_{21}$.tʂ^{21}za^0,ts^{h}iəu^{53}xe^{53}t^{h}ɔŋ^{13}tʂ^{21}a^0.

（它这个是女家带过来的吧？）女家带过来个。欸。枣生桂子。ɲy²¹ka³⁵₄₄
tai⁵³ko⁵³lɔi¹³₂₁ke⁵³₀.e₂₁.tsau²¹sien³⁵₄₄kuei⁵³tsʅ²¹.

逢生

（小孩出生以后第一次有外人进了家门，那个这个主人呢一般要煮荷包蛋给他招待他吗？）嗯。欸欸欸欸。逢哩生，安做逢生。爱拜渠当干爷。好像话三天之内呢。m̩⁵³₅₃.e₄₄e₄₄e₅₃e₅₃.fəŋ¹³li⁰saŋ³⁵.ɔn₄₄tsɔ⁵³fəŋ¹³saŋ³⁵.ɔi⁵³pai¹³ci₄₄tɔŋ³⁵₄₄
kɔn³⁵ia₂₁¹³.xau²¹siɔŋ³⁵ua₂₁san³⁵tʰien³⁵₄₄tsʅ₄₄li¹³nei⁰.（三天之内，是吧？）三天之内，
第一只来屋下个人。毛毛子出哩世以后，细人子出哩世以后呀，三天之内，
第一只来屋下个生埕人，唔系生埕人，第一只来屋下个客，只爱不是自家
人。san³⁵tʰien₄₄tsʅ₄₄lei⁵³,tʰi¹³iet³tsak³lɔi¹³uk³xa⁵³ke⁵³ɲin¹³,mo³⁵mo³⁵₄₄tsʅ⁰tʂʰət³li⁰sʅ²¹i³⁵
xei⁵³,sei⁵³ɲin₂₁tsʅ⁰tʂʰət³li⁰sʅ²¹i³⁵xei⁵³ia⁰,san³⁵tʰien³⁵₄₄tsʅ₄₄lei⁵³,tʰi¹³iet³tsak³lɔi¹³uk³xa⁵³
ke⁵³saŋ³⁵tɔŋ⁵³ɲin¹³,m̩₂₁pʰe₄₄(←xe⁵³)saŋ³⁵tɔŋ⁵³ɲin¹³,tʰi¹³iet³tsak³lɔi¹³uk³xa⁵³ke⁵³
kʰak³,tsʅ²¹ɔi₄₄pət³sʅ⁵³tsʰʅ³⁵ka₄₄ɲin¹³.（嗯，客人，是吧？）欸，别家个人，只爱
系别家个人，就煮碗饳饳渠食哩噢。e₂₁,pʰiet³ka³⁵₄₄ke⁵³₄₄ɲin¹³,tsʅ⁰ɔi⁵³xe₄₄pʰiet³ka³⁵₄₄
ke⁵³₄₄ɲin²¹₂₁,tsʰʰiəu⁵³tʂəu²¹uɔn¹³pɔ₄₄po⁰ci²¹₂₁sət⁵liau⁰.（嗯，一般放几个？）箇都有得
规定，有得规定。起码爱煮三四只。起码爱煮三四只。嗯。我我等人，欸
欸欸，万典松啊，万百灵渠等出世都喊哩干娘呢，干爷嘞，欸，来我家嬲
唠，哎呀，箇就恭喜你当哩干爷！恭喜你当哩干爷！以下就煮碗饳饳渠食
哩。三朝渠就爱来嘞。嗯。kai⁵³təu³⁵₅₃mau¹³₂₁tek³kuei³⁵₄₄tʰin⁵³,mau¹³₂₁tek³kuei³⁵₄₄tʰin⁵³.çi²¹
ma³⁵ɔi¹³tʂəu²¹san⁵³₄₄si⁵³tsak³.çi²¹ma³⁵ɔi¹³tʂəu²¹san⁵³₄₄si⁵³tsak³.n̩₂₁.ŋai¹³ŋai¹³tien⁰in¹³,e₂₁e₂₁
e₂₁,uan⁵³tian²¹səŋ⁰ŋa⁰,uan⁵³pɔit³lin¹³ci₂₁tien⁰tʂʰət³sʅ⁵³təu³⁵xan⁵³ni⁰kɔn³⁵ɲiɔŋ¹³₂₁
nei⁰,kɔn³⁵ia₂₁lei⁰,e₂₁,lɔi¹³ŋai₂₁ka₄₄liau⁵³lau⁰,ai₄₄ia₄₄,kai⁵³tsʰiəu⁰kəŋ³⁵çi²¹ɲi¹³tɔŋ³⁵₄₄li⁰
kɔn³⁵ia₂₁¹³!kəŋ⁰çi²¹ɲi¹³tɔŋ₄₄li⁰kɔn³⁵ia₂₁¹³!i²¹xa₄₄tsiəu⁵³tʂəu²¹uɔn¹³pɔ₄₄po⁰ci²¹₂₁sət⁵li⁰.san³⁵
tsau₄₄ci²¹₂₁tsʰiəu⁵³ɔi₄₄lɔi¹³le⁰.m̩₂₁.（kɔn³⁵还是kuɔn³⁵?）干爷。恭喜你当哩干爷！
也安做恭喜你逢哩生。恭喜你当哩干爷唠，咁子个唠。kɔn³⁵ia₂₁¹³.kəŋ³⁵çi²¹ɲi¹³
tɔŋ₄₄li⁰kɔn³⁵ia₂₁¹³!ia³⁵ɔn₄₄tsɔ⁵³kəŋ⁰çi²¹ɲi¹³fəŋ¹³li⁰saŋ³⁵.kəŋ³⁵çi²¹ɲi¹³tɔŋ₄₄li⁰kɔn³⁵ia₂₁¹³
lau⁰,kan²¹tsʅ⁰ke⁵³lau⁰.

拜菩萨做干爷

还有就拜哪只……拜哪只神明做干爷唠。欸，安做……我个爷子是细
细子，我爷子啊，细细子嘞，尽病。嗯。箇晡我娭子都去系讲啊。渠话让
门你叔叔哇八十几岁咁健，你爷子七十几子就死嘿哩，<u>系唔系</u>？我娭子就
话我爷子细细子嘞，听我听我阿婆讲啊，我爷子细细子尽病。看稳带唔大

哩，常常夜咁子捧倒来走话，捧倒。一直到三四岁四五岁都还系咁个话。
唔。落尾让门子见好哩嘞？拜包公老爷拜包公老爷啊做干爷。我爷子个小
名就安做包伢子。唔。包伢子。包公老爷，拜渠。落尾就，落尾正见好哩。
欸。阿。xai¹³iəu₄₄³⁵tsʰiəu₄₄pai⁵³lai¹³tʂak³ ʂ···pai⁵³lai¹³tʂak³ ʂən¹³min¹³tso³kɔŋ³⁵ia¹³lau·.
ə₂₁,ɔn³⁵tso⁵³···ŋai¹³ke⁵³ia¹³tsʅ⁰ ʂʅ₄₄se⁵³se⁵³tsʅ⁰,ŋai₂₁ia¹³tsʅ⁰ a⁰,se⁵³se⁵³tsʅ⁰ le⁰,tsʰin⁵³
pʰiaŋ⁵³.ŋ̩₂₁.kai⁵³pu₄₄ŋai₂₁oi¹³tsʅ⁰ təu₄₄çi¹³xe⁵³kɔŋ¹³ŋa⁰.ci²¹ua¹³ɲiɔŋ¹³mən⁰ɲi₂₁ʂəuk³ ʂəuk³
ua⁰pait³ ʂət⁵ci²¹sɔi⁵³kan²¹cʰien⁵³,ɲi₂₁ia¹³tsʅ⁰ tsʰiet³ ʂət⁵ci²¹tsʅ⁰ tsʰiəu₄₄si¹³xek³li⁰,xei₄₄⁵³
me₄₄(←m̩¹³xe⁵³)?ŋai¹³ɔi¹³tsʅ⁰ tsʰiəu⁵³ua⁰ŋai¹³ia¹³tsʅ⁰ se⁵³se⁵³tsʅ⁰ le⁰,tʰaŋ³⁵ŋai₂₁tʰaŋ³⁵ŋai₂₁
a³⁵pʰo₂₁kɔŋ²¹ŋa⁰,ŋai₂₁ia¹³tsʅ⁰ se⁵³se⁵³tsʅ⁰ tsʰin⁵³pʰiaŋ⁵³.kʰɔn²¹uən²¹tai⁰ŋ̩¹³tʰai¹³li⁰,tʂʰɔŋ¹³
tʂʰɔŋ₄₄ia¹³kan²¹tsʅ⁰ pəŋ²¹tau⁰lɔi¹³tsei²¹ua⁰,pəŋ²¹tau⁰.iet³ tʂʰət⁵ tau₄₄²¹san₄₄si₄₄sɔi⁵³si⁵³ŋ̩⁰
sɔi⁵³təu₄₄³⁵xai₂₁xe₄₄⁵³kan²¹cie₄₄ua₄₄⁵³.m̩₂₁.lɔk⁵ mi₄₄³⁵ɲiɔŋ⁰mən⁰tsʅ⁰ cien⁵³xau²¹li⁰lei⁰?pai⁵³
pau³⁵kəŋ₄₄lau¹³ia⁵³pai⁵³pau³⁵kəŋ₄₄lau¹³ia⁰ tso⁵³kɔŋ³⁵ia₂₁.ŋai₂₁ia¹³tsʅ⁰ ke₄₄⁵³siau⁵³miaŋ¹³
tsiəu₂₁³⁵ɔn₄₄³⁵tso⁵³pau³⁵ŋa₂₁tsʅ⁰.m̩₂₁.pau³⁵ ŋa¹³tsʅ⁰.pau³⁵kəŋ₄₄lau²¹ia⁰,pai⁵³ci¹³.lɔk⁵ mi₄₄³⁵
tsʰiəu₄₄³⁵,lɔk⁵ mi³⁵tʂaŋ⁵³cien⁵³xau²¹li⁰.e₂₁.xə₅₃.

（还可以拜什么呢？）还⋯⋯还可以拜⋯⋯拜观音娘娘啊做干爷。xai¹³
kʰ···xai₂₁¹³kʰo²¹i³⁵pai⁵³···pai⁵³kɔŋ³⁵in₄₄³⁵ɲiɔŋ₂₁¹³ɲiɔŋ₂₁¹³ŋa⁰ tso⁵³kɔŋ³⁵ia₂₁.（观什么？）观
音娘娘啊。观音呐。就安做观⋯⋯观伢子啊，有滴就安做观伢子啊，观妹
子啊，观音个观呐。欸，几多子观伢子个。但是只爱一只字凑。只爱用一
只观字。唔。kɔŋ³⁵in₄₄³⁵ɲiɔŋ₂₁¹³ɲiɔŋ₂₁¹³ŋa⁰.kuan₄₄in₄₄na⁰.tsiəu₂₁³⁵ɔn₄₄³⁵tso⁵³kɔŋ³⁵···kɔŋ³⁵ŋa₂₁
tsa⁰,iəu₄₄³⁵tet⁵ tsʰiəu₄₄³⁵ɔn₄₄³⁵tso⁵³kɔŋ³⁵ŋa₂₁tsa⁰,kɔŋ³⁵mɔi⁵³tsa⁰,kɔŋ³⁵in₄₄³⁵ke₄₄⁵³kɔŋ³⁵na⁰.e₄₄,ci²¹
to³⁵tsʅ⁰ kɔŋ³⁵ŋa₂₁¹³tsʅ⁰ ke⁵³.tan₄₄⁵³ʂʅ₄₄tsʅ⁰ oi⁵³iet³ tʂak³ tsʰʅ⁵³tsʰe⁰.tsʅ⁰ oi₄₄³⁵iəŋ⁵³iet³ tʂak³ kɔŋ³⁵
tsʰʅ₄₄⁵³.m̩₂₁.

（欸，还有什么那个吗？）拜将军老爷个将牯子安做。将伢子，将牯
子。唔。欸。拜将军老爷个。pai⁵³tsiɔŋ³⁵tʂən₄₄³⁵nau²¹ia¹³ke₄₄⁵³tsiɔŋ³⁵ku²¹tsʅ⁰ ɔn₄₄
tso₄₄⁵³.tsiɔŋ³⁵ŋa₂₁¹³tsʅ⁰,tsiɔŋ³⁵ku²¹tsʅ⁰.m̩₂₁.e₂₁.pai⁵³tsiɔŋ³⁵tʂən₄₄³⁵nau²¹ia¹³ke₄₄⁵³.（噢，那妹子
可以拜将军吗？）也可以啊，将妹子啊，安做将妹子啊。唔。渠就拜箇只
渠就箇个唠到箇庙里去唠，嗯，问哎，问系唔系，系唔系，庙里菩萨渠都
转哩告子嘞渠你就照办哎。欸。你就照办哎。拜菩萨做干爷。ia³⁵kʰo²¹i³⁵
a⁰,tsiɔŋ³⁵mɔi₄₄³⁵tsʅ⁰ a⁰,ɔn₄₄³⁵tso₄₄⁵³tsiɔŋ³⁵mɔi₄₄³⁵tsʅ⁰ a⁰.m̩₂₁.ci¹³tsʰiəu₄₄³⁵pai⁵³kai₄₄tʂak³ ci₂₁²¹
tsʰiəu₄₄³⁵kai₄₄³⁵ke⁵³lau¹³tau⁵³kai₄₄³⁵miau⁵³li⁰çi⁵³lau¹³,ŋ̩₂₁,uən⁵³nau⁰,uən⁵³xe₂₁⁵³me₄₄(←m̩¹³
xe⁵³),xei³⁵me₄₄(←m̩¹³xe⁵³),miau⁵³li⁰pʰu¹³sait³ ci₂₁²¹təu₄₄³⁵tʂən²¹ni⁰ kau⁵³tsʅ⁰ lei⁰ ci₂₁ɲi₂₁²¹
tsʰiəu₄₄³⁵tʂau⁵³pʰan⁵³nau⁰.e₂₁ɲi₂₁¹³tsʰiəu₄₄³⁵tʂau⁵³pʰan⁵³nau⁰.pai⁵³pʰu¹³sait³ tso⁵³kɔŋ³⁵ia₄₄¹³.

狗妹子

我等以映有取名字有只咁样个子取法呢。有滴分细人子取个名字取得唔知几贱呢。狗伢子，嗯，欸，狗伢子。欸，告化子。嗯。取得唔知几贱。我等箇只外甥就安做狗妹子。伢子嘞，渠安做渠狗妹子。欸。欸，大外甥<u>咯噢</u>。我我老妹子头只鳝带倒，去肚子里就坏咁哩，同我嘞同我以只赖子同年个，欸，摎我老婆两两两子嫂同时揞只大肚。渠箇只就鳝带倒。所以第二只嘞渠就安得渠贱贱哩，安得渠狗妹子。ŋai¹³tien⁰i²¹iaŋ⁵³iəu³⁵ₜₛhi²¹miaŋ¹³tsʰɿ⁵³iəu³⁵tʂak³kan²¹iɔŋ⁵³ke⁵³tsɿ⁰tshi²¹fait⁵nei⁰.iəu³⁵tet⁵pən³⁵se⁵³ɲin²¹ₜₛɿ⁰tshi²¹ke⁵³miaŋ¹³tsʰɿ⁴⁴⁵³tshi²¹tek³ɲ₂¹¹ti³⁵₄₄ci²¹tshien⁵³nei⁰.ciei²¹ŋa¹³tsɿ⁰,ɲ₂¹,iei₂₁,ciei²¹ŋa¹³tsɿ⁰.e₂₁,kaufa³tsɿ⁰.ɲ₂¹.tshi²¹tek³ɲ₂¹¹ti³⁵₄₄ci²¹tshien⁵³.ŋai₂₁tien⁰kai₄₄tʂak³ŋɔi⁵³saŋ³⁵shiəu³⁵ₒn³⁵₄₄tso³⁵₄₄kei³³mɔi⁵³tsɿ⁰.ŋa¹³tsɿ⁰lei⁰,ci²¹ɔn³⁵₄₄tso⁵³₄₄ci²¹kei²¹mɔi⁵³tsɿ⁰.e₂₁.e₂₁,tʰai⁵³ŋɔi⁴⁴saŋ³⁵₄₄kau⁰.ŋai¹³ŋai¹³lau²¹mɔi⁵³tsɿ⁰tʰei¹³tʂak³maŋ¹³tai⁵tau²¹,çi⁵təu²¹tsɿ⁰li⁰tsiəu⁵³₄₄fai⁵³kan²¹ni⁰,tʰəŋ¹³ŋai¹³lei⁰tʰəŋ¹³ŋai¹³i²¹tʂak³lai⁵³tsɿ⁰tʰəŋ¹³ɲien¹³ke⁵³,e₂₁,lau³⁵ŋai¹³lau²¹pho¹³₄₄iɔŋ²¹iɔŋ²¹₁₃iɔŋ²¹tsɿ²¹sau²¹tʰəŋ¹³ʂɿ¹³₄₄kʰuan⁵³tʂak³tʰai⁵³təu²¹.ci¹³₂₁kai²¹tʂak³tshiəu³⁵maŋ²¹₁tai⁵tau²¹.so²¹₁₅tʰi⁵³ɲi²¹tʂak³lei⁰ci¹³₂₁tshiəu⁵³₄₄ɔn³⁵tek³ci¹³₂₁tshien⁵³tshien⁵³li⁰,ɔn³⁵tek³ci¹³₂₁kei²¹mɔi⁵³tsɿ⁰.

喊开下子

还有滴滴就欸就箇个呢，怕渠带唔大咯，本来系本来系亲生个娘爷，唔喊唔喊爸爸妈妈，唔喊，爱喊做叔叔。爷子就安做叔叔。欸，娭子就喊嬷嬷。唔。xai¹³iəu³⁵₄₄tet⁵tet⁵tshiəu⁵³e₂₁tshiəu⁵³kai⁵³ke⁵³₄₄nei⁰,phaₜ₄₄ci²¹tai⁵³ɳ̍¹³tʰai⁵³₄₄ko⁰,pən²¹nɔi¹³xe⁵³pən²¹nɔi¹³xe⁵³tshin³⁵sien³⁵₄₄ke⁵³₄₄ɲiɔŋ²¹ia¹³,ɳ̍¹³xan⁵³ɳ̍¹³xan⁵³pa⁰pa⁰ma⁰ma⁰,ɳ̍¹³xan⁵³,ɔi⁴⁴xan⁵³tso²¹₂₁ʂəuk³ʂəuk³.ia¹³tsɿ⁰tsiəu⁵³₄₄ɔn³⁵₄₄tso⁵³₄₄ʂəuk³ʂəuk³.e₂₁,ɔi³⁵tsɿ⁰tshiəu⁵³xan⁵³₄₄me³⁵me³⁵.m̩₂₁.

我细细子嘞，怕我怕我长唔大，也箇么啊问哩算算哩八字。我喊我姆……喊我妈妈咯，本来是照……照一般个话法就喊姆嬷，我等是客姓人喊姆嬷。欸，但是爱……一直几……几十年来都爱……教我喊伯嬷。欸。ŋai¹³se⁵³se⁵³tsɿ⁰le⁰,pha⁵³ŋai¹³pha⁵³ŋai¹³tʂɔŋ²¹ɳ̍¹³tʰai⁵³,ia³⁵kai⁵³mak³a⁰uən⁵³ni⁰sɔn⁵³sɔn⁵³ni⁰pait³ʂɿ⁵³.ŋai¹³xan⁵³ŋai²¹₂₁m̩⁵³…xan⁵³ŋai²¹₂₁ma⁵³ma⁴⁴ko⁰,pən²¹lai¹³ʂɿ¹³₄₄tʂau⁵³s…ʂau⁵³iet⁵pən⁰ke⁵³₄₄ua⁵³fait³tsiəu⁵³xan⁵³m̩³⁵me³⁵₄₄,ŋai¹³tien⁰ʂɿ⁵³₄₄kʰak³sin⁵³ɲin²¹xan⁵³m̩³⁵me³⁵₄₄.e₂₁,tan⁵³₄₄ʂɿ⁵³₄₄…iet⁵tʂhət⁵ci¹…ci⁵ʂət⁵ɲien¹³nɔi¹³təu⁴⁴ɔi⁵³…kau⁰ŋai¹³xan⁵³₄₄pak³me³⁵₄₄.e₂₁.

（你现在还喊还那么喊吗？）我以下唔系咁子喊了。我喊一阵唔想咁子喊了，我喊我姆嬷了。姆嬷。欸。欸。ŋai¹³i²¹xa⁵³ɳ̍¹³₂₁xe⁴⁴kan²¹tsɿ⁰xan⁵³liau²¹.ŋai²¹₁ xan⁵³iet³ tsʰ ən⁵³ n̩²¹₂₁siɔŋ²¹kan²¹tsʅ⁰ xan⁵³liau²¹,ŋai²¹₂₁xan⁵³ŋai²¹₂₁m̩³⁵ me³⁵₄₄liau⁰.m̩³⁵ me³⁵₄₄.e₂₁.e₂₁.

喊伯嬷，欸，一开······唔知姓个时候子一开嘴就伯嬷。欸，喊伯嬷。安做喊开下子。xan⁵³₄₄pak³ me³⁵,e²¹,iet³kʰɔi³⁵···n̩²¹₂₁ti⁴⁴sin⁵³ke⁵³ʂʅ¹³xəu⁵³tsʅ⁰ iet³kʰɔi³⁵ tsɔi⁵³₂₁tsʰ iəu⁵³₄₄pak³ me³⁵₄₄.e₂₁,xan⁵³pak³ me³⁵₄₄.ɔn³⁵tsɔ⁵³₄₄xan⁵³kʰɔi³⁵ia₄₄(←xa⁵³)tsʅ⁰.（喊开下子？）唔。喊开下子。m̩₂₁,xan⁵³kʰɔi³⁵xa⁵³₄₄tsʅ⁰.就系就系为哩使箇只细子呢能够欸更好个长大。喊开下子。也就本来他有妈妈嘞喊······喊嬷嬷，唔，本来系爷子也喊叔叔。tsʰiəu⁵³xe⁵³₄₄tsʰiəu⁵³xe⁵³₄₄uei²¹li⁰ ʂʅ²¹kai⁵³tsak³ se⁵³₂₁ne⁰ nen¹³ciəu⁵³₂₁cien⁵³xau²¹ke⁵³₄₄tʂəŋ²¹tʰai⁵³.xan⁵³kʰɔi³⁵ia₄₄(←xa⁵³)tsʅ⁰.ie²¹tsʰiəu⁵³₄₄pən⁵³nɔi¹³tʰa³⁵₄₄ iəu³⁵₄₄ma³⁵ma³⁵₄₄le⁰xan⁵³···xan⁵³me³⁵me³⁵₄₄,m̩₂₁,pən²¹nɔi¹³xei⁵³ia¹³tsʅ⁰a⁵³₅₃xan²¹ʂəuk³ ʂəuk³.

妹子轻是姐婆重

从前是细人子是背倒嘞，背下背囊上嘞。欸。唔。顶高就搞块欸身上就包块棉裙呢，系啊？欸。以下就舞······舞床披衫嘞，安做披子。披风啊，就披子。tsʰ ə¹³tsʰien¹³ʂʅ⁵³₄₄sei⁵³nin¹³₄₄tsʅ⁰ ʂʅ⁵³₄₄pi⁵³tau²¹ lei⁰,pi⁵³ia₄₄pɔi⁵³lɔŋ¹³₂₁xɔŋ¹³lei⁰.e₂₁.m̩₂₁.taŋ²¹kau³⁵₄₄tsʰiəu⁵³kau²¹kʰuai⁵³₂₁ʂən⁵³xɔŋ³⁵₄₄tsʰiəu⁵³₄₄pau⁵³kʰuai⁵³mien¹³cʰin¹³ ne⁵³,xe⁵³₄₄a⁰?e₂₁.i²¹xa⁵³tsʰiəu⁵³u²¹kʰ···u²¹tsʰ ə¹³pʰi¹³tsʅ⁰lei⁰,ɔn³⁵tsɔ⁵³₄₄pʰi¹³tsʅ⁰.pʰi¹³fəŋ³⁵ ŋa⁰,tsʰiəu⁵³₄₄pʰi¹³tsʅ⁰.（现在还有人用吗？）有喔，有人用哦。iəu³⁵uo⁰,iəu³⁵nin¹³₂₁ iəŋ⁵³ŋo⁰.

（呃，小孩他是拿什么东西把他那个······就是有个······）背带。欸，披子，背带，从前是硬爱欸生哩细人子是当姐婆个姐公姐婆个是就爱置披子背带呀，摇篮坐枷，欸。披子背带，摇篮坐枷啦，欸。pi⁵³tai₄₄.e₂₁,pʰi¹³tsʅ⁰,pi⁵³ tai⁵³₄₄,tsʰ ə¹³tsʰien¹³ʂʅ⁵³niaŋ⁵³ɔi₄₄.e₂₁saŋ³⁵li⁰ se⁵³nin⁴⁴tsʅ⁰ ʂʅ⁵³tɔŋ³⁵tsia²¹pʰo⁵³ke⁵³tsia²¹kəŋ³⁵ tsia²¹pʰo⁵³ke⁵³₄₄tsʰiəu⁵³₂₁ɔi₄₄tsʅ⁰pʰi¹³tsʅ⁰pi⁵³tai⁵³ia⁰,iau¹³lan¹³tsʰo⁵³ka³⁵₄₄,e₂₁.pʰi¹³tsʅ⁰pi⁵³ tai⁵³,iau¹³lan¹³tsʰo³⁵ka³⁵₄₄la⁰,e₂₁.

渠是安做欸妹子轻是姐婆重啊。妹子，妹子，嫁出去个妹子，生哩人就安做轻哩。妹子轻，你妹子轻哩么？轻哩，轻哩。生哩人就安做轻哩。妹子轻就姐婆重。姐婆就爱买买唔知几多东西。欸，箇个欸细人子一身下，都都爱姐婆买，披子背带，摇篮坐枷。唔，以下是有滴是就系拿拿滴钱子就咁个。以前是箇个啦，系啦。欸，做满月半月个时候子嘞，就爱置披子背带。嗯，爱爱置披子背带，嗯，摇篮。做满月个时候子，渠箇时候子唔爱还唔爱做坐枷也做得，因为渠还唔会坐。做满月了嘞，就爱置坐枷。欸。欸，置踦桶。爱做踦桶，爱做坐枷。渠会会会坐会踦了哇。欸，箇就爱置······也可以一下送倒来。ci²¹₂₁ʂʅ⁵³ɔn³⁵tsɔ⁵³₄₄.e₂₁mɔi¹³tsʅ⁰cʰiaŋ³⁵sʅ⁰tsia²¹pʰo⁰tʂ ə³⁵ŋa⁰.mɔi⁵³

tsṇ⁰,mɔi⁵³tsṇ⁰,ka⁵³tʂʰət³çi₄₄ke₄₄⁵³mɔi⁵³tsṇ⁰,saŋ³⁵li⁰ɲin¹³tsʰiəu₄₄⁵³ɔn₄₄³⁵tso₄₄⁵³cʰiaŋ³⁵li⁰.mɔi⁵³
tsṇ⁰cʰiaŋ³⁵,ɲi¹³mɔi⁵³tsṇ⁰cʰiaŋ³⁵li⁰mo⁰?cʰiaŋ³⁵li⁰,cʰiaŋ³⁵li⁰.saŋ₄₄³⁵li⁰ɲin¹³tsiəu₄₄⁵³ɔn₄₄³⁵tso₄₄
cʰiaŋ³⁵li⁰.mɔi⁵³tsṇ⁰cʰiaŋ³⁵tsʰiəu₄₄⁵³tsia²¹pʰo¹³tʂʰən³⁵.tsia²¹pʰo¹³tsʰiəu⁵³ɔi⁵³mai³⁵mai³⁵ṇ¹³
ti₄₄³⁵ci²¹to³⁵təŋ³⁵si⁰.e₂₁,kai₄₄⁵³ke₄₄⁵³e₂₁sei⁵³ɲin¹³tsṇ⁰iet³ʂən³⁵xa₄₄⁵³,təu³⁵təu³⁵ɔi⁵³tsia²¹pʰo¹³
mai³⁵,pʰi³⁵tsṇ⁰pi⁵³tai⁵³,iau¹³lan¹³tsʰo³⁵ka₄₄⁵³.m̩₂₁,i²¹xa⁵³ʂṇ⁵³iəu₄₄⁵³tet⁵ʂṇ₄₄⁵³tsʰiəu⁵³xe⁵³la⁵³la⁵³
tiet³tsʰien⁵³tsṇ⁰tsʰiəu₄₄kan²¹cie⁰.i₄₄³⁵tsʰien⁵³ʂṇ₄₄⁵³kai₄₄cie⁵³la⁰,xei₂₁la⁵³.e₄₄,tso⁵³man³⁵ɲiet⁵
pan⁵³ɲiet⁵ke₄₄⁵³ʂṇ¹³xei₄₄⁵³tsṇ⁰lei⁰,tsʰiəu⁵³ɔi₄₄⁵³tsṇ⁵³pʰi³⁵tsṇ⁰pi⁵³tai⁵³.ṇ₅₃,ɔi₄₄⁵³ɔi₄₄⁵³tsṇ₄₄⁵³pʰi³⁵tsṇ⁰pi⁵³
tai⁵³,ṇ₂₁,iau¹³lan¹³.tso⁵³man³⁵ɲiet³ke⁵³ʂṇ₄₄⁵³xei₄₄⁵³tsṇ⁰,ci¹³kai⁵³ʂṇ₄₄⁵³xei₄₄⁵³tsṇ⁰m̩₂₁mɔi₃₅⁵³xai₂₁⁵³m̩¹³
mɔi₃₅⁵³tso⁵³tsʰo³⁵ka₄₄³⁵a₄₄tso⁵³tek³,in³⁵uei₄₄⁵³ci₂₁¹³xai₂₁¹³m̩₂₁uɔi⁵³tsʰo³⁵.tso⁵³man³⁵ɲiet³liau²¹
lei⁰,tsʰiəu₄₄⁵³ɔi₄₄⁵³tsṇ⁵³tsʰo³⁵ka₄₄⁵³.e₂₁.e₄₄,tsṇ₄₄⁵³cʰi³⁵tʰəŋ²¹.ɔi₄₄⁵³tso⁵³cʰi³⁵tʰəŋ²¹,ɔi₄₄⁵³tso₄₄⁵³tsʰo³⁵
ka₄₄³⁵.ci⁰uɔi⁰uɔi⁵³uɔi⁵³tsʰo³⁵uɔi⁵³cʰi³⁵liau²¹ua⁰.e₂₁,kai⁵³tsʰiəu⁵³ɔi₄₄⁵³tsṇ₄₄⁵³…ia⁵³kʰo²¹i³⁵iet³
xa⁵³səŋ⁵³tau²¹lɔi¹³.

摇窠

（欸，以前给那个小孩呀站的，站在里面那个木桶啊。）哦。欸，跨桶，安做跨桶。也有。如今都还有人用。箇只东西蛮好嘞。ɔ₂₁,e₂₁,cʰi³⁵tʰəŋ²¹,ɔn₃₅tso₄₄⁵³cʰi³⁵tʰəŋ²¹.a₄₄³⁵iəu³⁵.i₂₁¹³cin₄₄təu₄₄xai₂₁¹³iəu⁵³ɲin₂₁¹³iəŋ⁵³.kai⁵³tʂak³təŋ₄₄³⁵si⁰man¹³xau⁵³
lei⁰.（你有没有给你孙子做一个？）呃，做过嘞。跨桶安做。坐枷，摇篮，跨桶。欸，坐枷。ə₄₄,tso⁵³ko⁵³le⁰.cʰi³⁵tʰəŋ²¹ɔn₄₄tso⁵³.tsʰo³⁵ka₄₄³⁵,iau¹³lan¹³,cʰi³⁵tʰəŋ²¹.e₂₁.
tsʰo³⁵ka₄₄³⁵.

最细个时候子嘞爱摇窠，安做摇窠。搞只篾丝箩，圆箩啊，搞只箩啊。肚里放滴秆，做只咁子个斜斜子，箇毛毛子，舞得倒，然后嘞铺铺床被窝棉絮，欸，铺床棉絮又铺床被……欸，舞床被窝子放倒，以只毛毛子放倒箇肚里。嗯。箇是箇箇箇还系只咁长子个时候子啊，箇箇几个子月欸，欸正出世啊，欸，正出世个时候子，就系摇窠。tsei⁵³se⁵³ke₄₄⁵³ʂṇ¹³xei⁵³tsṇ⁰lei⁰ɔi₄₄¹³iau¹³
kʰo³⁵,ɔn₄₄³⁵tso₄₄⁵³iau¹³kʰo³⁵.kau²¹tʂak³miet⁵ʂṇ₄₄³⁵lo⁰,ien³⁵no⁰a⁰,kau²¹tʂak³lo¹³a⁰.təu²¹li³⁵
fɔŋ₄₄⁵³tet⁵kɔn²¹,tso⁵³tʂak³(←xa⁵³)kan₂₁¹³tsṇ⁰ke₄₄⁵³tsʰia¹³tsʰia¹³tsṇ⁰,kai₄₄mau⁵³mau³⁵tsṇ⁰,u²¹
tek⁵tau²¹,vien⁵³xei⁵³lei⁰pʰu⁵³pʰu³⁵tsʰɔŋ₂₁¹³pʰi³⁵pʰo₄₄⁵³mien¹³si⁵³,e₄₄,pʰu³⁵tsʰɔŋ₂₁¹³mien¹³si₄₄⁵³
iəu₄₄⁵³pʰu³⁵tsʰɔŋ₄₄pʰi³⁵…e₂₁,u²¹tsʰɔŋ₂₁¹³pʰi³⁵pʰo₃₅⁵³tsṇ⁰fɔŋ⁵³tau²¹,iak³(←i²¹tʂak³)mau⁵³
mau³⁵tsṇ⁰fɔŋ⁵³tau₄₄kai⁵³təu₄₄¹³li⁰.ṇ₂₁.kai₄₄⁵³ʂṇ⁵³kai⁵³kai₄₄kai⁵³xai¹³xe⁵³tsṇ¹³kan₃₅⁵³tsʰɔŋ₂₁¹³tsṇ⁰
ke₄₄⁵³ʂṇ¹³xɛu₄₄⁵³tsa⁰,kai₄₄kai⁵³ci²¹cie⁵³tsṇ⁰ɲiet⁵ei⁰,e₂₁tsaŋ⁵³tʂʰət³ʂṇ⁵³za⁰,e₂₁,tsaŋ⁵³tʂʰət³ʂṇ⁵³
ke₄₄⁵³ʂṇ¹³xɛu₄₄⁵³tsṇ⁰,tsiəu₄₄⁵³xei₄₄iau¹³kʰo³⁵.

好，大滴子嘞，就摇篮。就长滴子嘞，渠高滴子了。摇窠就欸一只箩只有咁大子啊，系唔系啊？就放唔倒哩啊，就放摇篮。欸。摇篮嘞有……

有树做个，有篾做个，有竹子竹子做个。一般竹子做个更多。摇篮就长长子，长方形。xau^{21},tʰai^{53}tiet^{5}tsʅ^{0}lei^{0},tsʰiəu^{53}iau^{13}lan^{13}.tsʰiəu^{53}tʂʰɔŋ^{13}tiet^{5}tsʅ^{0}le^{0},ci^{13}kau^{35}tet^{5}tsʅ^{0}liau^{0}.iau^{13}kʰo^{35}tsʰiəu$_{44}^{53}$ei^{13}iet^{3}tʂak^{5}lo^{13}tsʅ^{21}iəu$_{44}$kan^{13}tʰai^{53}tsʅ^{0}a^{0},xei^{53}mei$_{44}$(←m̩^{13}xei^{53})a^{0}ʔtsʰiəu$_{44}^{53}$fɔŋ^{53}ŋ̍^{13}tau^{0}lia^{0},tsiəu^{53}fɔŋ^{53}iau^{13}lan^{13}.e$_{21}$.iau^{13}lan$_{13}^{13}$lei^{0}iəu^{35}ʂ···iəu^{35}ʂəu^{53}tso$_{44}$ke^{53},iəu^{13}miet^{5}tso$_{44}$ke^{53},iəu^{13}tʂəuk^{3}tsʅ^{0}tʂəuk^{5}tsʅ^{0}tso$_{44}$ke^{53}.iet^{3}pɔn^{35}tʂəuk^{3}tsʅ^{0}tso^{53}ke^{53}ken^{53}to^{35}.iau^{13}lan^{13}tsʰiəu$_{44}$tʂʰɔŋ^{13}tʂʰɔŋ^{13}tsʅ^{0},tʂʰɔŋ^{13}fɔŋ$_{44}$çin^{21}.（可以睡觉。）欸睡……睡觉的。欸。也可以摇。底下安四只子轮子。安四只子轮子。用篾篁子做个。左……两边上个篾篁子嘞嵌滴子么个"易长成人"呐，欸写滴子咁好话子箇滴，欸。箇就摇篮。e^{0}ʂei^{53}···ʂei^{53}ciau^{53}te^{0}.e$_{21}$.ia$_{44}^{35}$kʰo^{21}i^{35}iau^{13}.te^{21}xa$_{44}^{53}$ɔn^{35}si^{53}tʂak^{3}tsʅ^{0}lən^{13}tsʅ^{0}.ɔn^{35}si^{53}tʂak^{3}tsʅ^{0}lən^{13}tsʅ^{0}.iəŋ$_{44}$miet^{5}sak^{3}tsʅ^{0}tso$_{44}$ke^{53}.tso^{21}···iɔŋ^{21}pien^{35}xɔŋ$_{44}$ke$_{44}$miet^{5}sak^{3}tsʅ^{0}lei^{0}xan^{53}tiet^{5}tsʅ^{0}mak^{3}ke$_{44}^{53}$i^{13}tʂɔŋ^{53}tʂʰən^{13}ɲin^{13}na^{0},e^{0}sia^{21}tet^{5}tsʅ^{0}kan^{21}xau^{21}fa^{53}tsʅ^{0}kai$_{21}$tiet^{5},e$_{21}$.kai$_{44}$tsʰiəu^{53}iau^{13}lan^{13}.

大……大滴子嘞就坐枷。会坐了。箇就坐枷。也系底下四只子轮子。箇就两层子板。一层板矮滴子，就坐个。顶高一层板高滴子，就放下面前个承倒箇，分渠一双手伸出来搞么个东西个，搞玩具子个。箇是坐枷。tʰai^{53}···tʰai^{53}tiet^{5}tsʅ^{0}lei^{0}tsʰiəu$_{44}$tʂʰo^{35}ka$_{44}$.uɔi^{53}tʂʰo^{35}liau^{21}.kai$_{44}$tsʰiəu$_{44}$tʂʰo^{35}ka$_{44}$.ia^{53}xei$^{}$te^{21}xa^{53}si^{53}tʂak^{3}tsʅ^{0}lən^{13}tsʅ^{0}.kai^{53}tsʰiəu$_{44}$iɔŋ^{21}tsʰien^{13}tsʅ^{0}pan^{21}.iet^{3}tsʰien^{13}pan^{21}ai^{21}tiet^{5}tsʅ^{0},tsʰiəu$_{44}$tʂʰo^{35}ke^{0}.taŋ^{21}kau$_{44}$iet^{3}tsʰien$_{21}$pan^{21}kau^{35}tiet^{5}tsʅ^{0},tsʰiəu$_{44}$fɔŋ$_{44}$ŋa^{0}mien^{53}tsʰien$_{21}^{13}$ke$_{21}^{53}$ʂən^{13}tau^{21}kai^{53},pɔn^{35}ci$_{21}$iet^{3}səŋ^{35}ʂəu^{21}tsʰən^{35}tʂʰət^{3}lɔi$_{21}^{13}$kau^{21}mak^{3}e^{53}(←ke^{53})təŋ$_{44}^{35}$si^{0}ke$_{44}^{53}$,kau^{0}uan^{21}tsʅɥ^{53}tsʅ^{0}ke$_{21}$.kai$_{44}^{53}$tsʅɥ$_{44}$tʂʰo^{35}ka$_{44}$.

以下就踦桶。会踦了就踦桶。ia$_{44}$(←i^{21}xa^{53})tsʰiəu^{53}cʰi^{35}tʰəŋ^{0}.uɔi^{53}cʰi^{35}liau^{0}tsʰiəu$_{44}$cʰi^{35}tʰəŋ^{21}.

（现在这些东西都还有吗？）爱去寻还也寻得倒。ɔi$_{44}^{53}$çi^{53}tsʰin^{13}xai^{13}ia^{35}tsʰin$_{44}^{13}$tek^{3}tau^{21}.（还有卖……卖的吗？）有得。有得卖了。mau^{13}tek^{3}.mau$_{21}^{13}$tek^{3}mai^{53}liau^{0}.（这没人做？）有人做了。mau^{13}ɲin$_{44}^{13}$tso^{53}liau^{0}.

欸箇个……欸摇窠是唔爱唔爱做唠。欸只爱舞只箩，自家舞得成唠，舞只篾丝箩唠，摇窠是好搞唠。欸摇欸摇篮摇篮有得卖唠，唔，如今是摇篮车唠，系啊？e^{0}kai^{53}ke^{53}l···e$_{21}$iau^{13}kʰo^{35}sʅ$_{44}$m̩$_{21}$mɔi^{13}m̩$_{21}$mɔi$_{44}$tso^{53}lau^{0}.e$_{44}$tsʅ^{0}ɔi^{53}u^{21}tʂak^{3}lo^{13},tsʅʅ^{35}ka$_{53}^{35}$u^{21}tek^{3}ʂaŋ$_{44}^{13}$lau^{0},u^{21}tʂak^{3}miet^{5}sʅ^{35}lo^{13}lau^{0},iau^{13}kʰo^{35}sʅ^{53}xau^{21}kau^{21}lau^{0}.e$_{44}$iau^{13}e$_{44}$iau^{13}lan^{13}iau^{13}lan^{13}mau^{13}tek^{3}mai^{53}lau^{0},m̩$_{21}$,i$_{21}^{13}$cin$_{44}^{13}$sʅ^{53}iau^{13}lan^{13}tʂʰa^{13}lau^{0},xei$_{44}^{53}$a^{0}?

红饽饽

（比方说生了小孩，生了小孩以后，那个庆祝啊，什么做做三朝什么的啊，那个要不要拿那个鸡蛋去煮，然后擦点红的那个？）欬欬，要红饽饽。箇是爱哟，箇是你……你食嘞半月酒满月酒是，食细人子出世个酒，不论半月还系满月，都爱发饽饽，发红饽饽。有发三只个，有发四只个。我等都搞嘿一千只饽饽哦，我等都喔。欬。e₂₁e₂₁,iau⁵³ᵣ⁴⁴fən¹³pɔk⁵pɔk⁵.kai⁴⁴ᵣ⁵³ᵣ̩ᵣ̩

ɔi⁵³io⁰,kai⁴⁴ᵣ⁵³ᵣ̩ɲi¹³₂₁···ɲi¹³sət⁵le⁰pan³ɲiet⁵tsiəu²¹man³⁵ɲiet⁵tsiəu²¹ᵣ̩³,sət⁵sei⁵³ɲin¹³₂₁tsᵣ̩⁰

tsʰət³ᵣ̩⁵³ke⁵³tsiəu²¹,pət³lən⁴⁴pan⁵³ɲiet⁵xai²¹xe⁵³man³⁵ɲiet⁵,təu³⁵ɔi⁵³fait³pɔk⁵

pɔk⁰,fait³fən¹³pɔk⁵pɔk⁰.iəu³⁵fait³san³⁵tʂak³ke⁵³₄₄,iəu³⁵fait³si⁵³tʂak³ke⁵³.ŋai¹³tien⁰təu⁵³

kau²¹uek³(←xek³)iet³tsʰien³⁵tʂak³pɔk⁵pɔk⁰o⁰,ŋai¹³tien⁰kai⁵³təu⁴⁴uo⁰.e₂₁.

叫夜郎

箇还有喔，还有贴张子条子个噢。舞张子红纸，箇细人子着哩吓啊，夜晡总系，欬，打针食药箇只么啊总系咁子夜咖哩叫哇。总咁子叫哇，长夜咁子叫哇，着哩吓啊。吓倒哩<u>哩</u>啊。就睡着哩会咁子□_{惊悸}啊，睡着哩会咁子心悸个讲法。你食药箇只食唔好嘞。kai⁴⁴xai²¹iəu⁴⁴uo⁰,xai²¹iəu⁴⁴tiet³tʂɔŋ³⁵tsᵣ̩⁰

tʰiau⁰tsᵣ̩⁰ke⁵³au⁰.u²¹tʂɔŋ³⁵tsᵣ̩⁰fəŋ¹³tsᵣ̩²¹,kai⁵³sei⁵³ɲin⁴⁴tsᵣ̩⁰tʂʰɔk⁵li⁰xak³a⁰,ia⁵³pu⁴⁴tsəŋ²¹

xe⁵³,e₂₁,ta²¹tʂən³⁵sət³iɔk⁵kai⁴⁴tʂak³mak³a⁰tsəŋ²¹xei⁰kan²¹tsᵣ̩⁰ia⁵³ka⁰li⁰ciau⁵³

ua⁰.tsəŋ²¹kan²¹tsᵣ̩⁰ciau⁵³ua⁰,tsʰɔŋ¹³ia⁰kan²¹tsᵣ̩⁰ciau⁰ua⁰,tʂʰɔk⁵li⁰xak³a⁰.xak³tau²¹

lia²¹.tsʰiəu⁵³₂₁sɔi⁰tsʰɔk⁵li⁰uɔi⁵³kan²¹tsᵣ̩⁰luŋ²¹a⁰,sɔi⁰tsʰɔk⁵li⁰uɔi²¹kan²¹tsᵣ̩⁰sin³⁵ci¹³ke⁵³₄₄

kɔŋ²¹fait³.ɲi¹³₂₁sət³iɔk⁵kai⁵³tʂak³sət⁵ŋ̩²¹xau²¹le⁰.

渠就舞张子红纸子，舞张子红纸子，写几句子话，贴嘿箇电线树上，欬。（几句欬，哪几句话呢？）"天皇皇，地皇皇"，欬，"我家有个叫夜郎"，欬。ci¹³₂₁tsʰiəu⁰u²¹tʂɔŋ³⁵tsᵣ̩⁰fəŋ¹³tsᵣ̩⁰tsᵣ̩⁰,u²¹tʂɔŋ³⁵tsᵣ̩⁰fəŋ¹³tsᵣ̩⁰tsᵣ̩⁰,sia⁵³ci¹³tsᵣ̩u⁴⁴tsᵣ̩⁰

fa⁵³,tiet³ek⁵kai⁴⁴tʰien³⁵sien⁵³səu⁵³xɔŋ⁵³,e₂₁.tʰien³⁵fɔŋ¹³fɔŋ¹³,tʰi⁵³fɔŋ²¹fɔŋ¹³,uo₂₁cia⁴⁴iəu²¹

kɔ⁵³ciau⁵³ie⁵³laŋ¹³,e₂₁.（客家话！）"我家我家有个叫夜郎"。夜晡放势叫嘴个，欬。"过路君子念一念，安眠顺睡到天光。"箇写几句咁个话。欬。ŋɔ₂₁cia⁴⁴

ŋɔ₂₁cia⁴⁴iəu³⁵kɔ⁵³ciau⁵³ie⁵³lɔŋ¹³.ia⁵³pu⁰xɔŋ⁵³ᵣ̩⁵³ciau⁵³tsɔi⁵³ke₂₁,e₂₁.kɔ⁵³ləu⁰tʂən⁰tsᵣ̩⁰

ɲian⁵³iet³ɲian⁵³,ŋɔn³⁵min¹³sen⁰sɔi⁵³tau⁵³tʰien³⁵kɔŋ⁵³.kai⁵³sia⁵³ci¹³ci⁵³kan²¹cie⁴⁴fa⁵³.e₂₁.

（好，再完整地念一遍吧。）"天皇皇，地皇皇，我家有个叫夜郎，过路君子念一念，安眠顺睡到天光。"就写箇几句话。tʰien³⁵fɔŋ¹³fɔŋ¹³,tʰi⁵³fɔŋ¹³fɔŋ¹³,ŋɔ²¹

cia⁴⁴iəu²¹kɔ⁴⁴ciau⁵³ia⁵³lɔŋ¹³,kɔ⁵³ləu⁰tʂən³⁵tsᵣ̩⁰ɲian⁵³iet³ɲian⁵³,ɔn³⁵min¹³sen⁰sɔi⁵³tau⁵³

tʰien³⁵kɔŋ³⁵.tsʰiəu⁴⁴sia⁵³kai⁵³ci¹³tsᵣu⁵³fa⁵³.

（啊，他贴了以后怎么样呢？）你等就分你等看呐，也贴哩去唔管哩去啊个。就分你等去看下子，分箇过路个人眙下子啊看。念个就念呐有眙个就眙啊。有滴人就看下<u>子</u>啊。有滴人就念呢箇，也念下<u>子</u>啊。同……

就……有滴人是像就我等咁大个人，年纪个人是渠就会做下子好事啊，明个晓得渠滴么个会念下子，特事去念下<u>子啊</u>。$\text{ɲi}_{21}^{13}\text{tien}^{0}\text{tsʰiəu}_{44}^{53}\text{pən}^{35}\text{ɲi}_{21}^{13}\text{tien}^{0}$ $\text{kʰɔn}^{53}\text{na}^{0}$,$\text{ia}^{35}\text{tʰiait}^{5}\text{li}^{0}\text{çi}^{53}\text{ŋ}^{13}\text{kɔn}^{21}\text{ni}^{0}\text{çi}_{44}^{53}\text{a}^{0}\text{ke}_{21}^{53}$.$\text{tsʰiəu}_{44}^{53}\text{pən}^{35}\text{ɲi}_{21}^{13}\text{tien}^{0}\text{çi}_{44}^{53}\text{kɔn}^{53}\text{na}^{44}$ tsʅ^{0},$\text{pən}^{35}\text{kai}_{44}^{53}\text{ko}^{53}\text{ləu}^{53}\text{ke}_{44}^{53}\text{nin}_{21}^{13}\text{tsʅ}^{ŋ}\text{ʅ}^{13}\text{a}^{0}\text{tsa}^{0}\text{kʰɔn}^{0}$.$\text{ɲian}^{53}\text{ke}_{44}^{53}\text{tsʰiəu}_{44}^{53}\text{ɲian}^{53}\text{na}^{0}\text{iəu}^{35}\text{tsʅ}^{ŋ}\text{ʅ}^{13}$ $\text{ke}_{44}^{53}\text{tsʰiəu}_{44}^{53}\text{tsʅ}^{ŋ}\text{ʅ}^{35}\text{a}^{0}$.$\text{iəu}^{35}\text{tet}^{5}\text{ɲin}_{21}^{13}\text{tsʰiəu}_{44}^{53}\text{kʰɔn}^{0}\text{na}^{53}\text{tsa}^{0}$.$\text{e}_{21}^{0}$.$\text{iəu}^{35}\text{tet}^{5}\text{ɲin}_{21}^{13}\text{tsʰiəu}_{44}^{53}\text{ɲian}^{53}$ $\text{nei}^{0}\text{kai}_{21}^{53}$,$\text{ia}^{35}\text{ɲian}^{0}\text{na}_{44}^{53}\text{tsa}^{0}$.$\text{tʰəŋ}_{21}^{13}$…$\text{tsʰiəu}^{53}$…$\text{iəu}^{35}\text{tet}^{5}\text{ɲin}_{21}^{13}\text{sʅ}_{44}^{13}\text{tsʰiɔŋ}^{53}\text{tsʰiəu}_{44}^{53}\text{ɲai}_{21}^{13}\text{tien}^{0}$ $\text{kan}^{21}\text{tʰai}^{53}\text{ke}_{44}^{53}\text{ɲin}_{21}^{13}\text{ɲien}_{21}^{13}\text{ci}^{21}\text{cie}^{53}\text{ɲin}_{21}^{13}\text{sʅ}^{0}\text{ci}_{21}^{13}\text{tsʰiəu}_{44}^{53}\text{uɔi}_{44}^{53}\text{tso}^{53}\text{a}^{0}\text{tsʅ}^{0}\text{xau}^{21}\text{sʅ}^{53}\text{a}^{0}$,$\text{min}^{13}$ $\text{ke}_{44}^{53}\text{çiau}^{21}\text{tek}^{3}\text{ci}^{13}\text{tet}^{5}\text{mak}^{5}\text{ke}_{44}^{53}\text{uɔi}_{44}^{53}\text{ɲian}^{53}\text{na}_{21}^{53}\text{tsʅ}^{0}$,$\text{tʰek}^{5}\text{sʅ}_{44}^{53}\text{çi}_{44}^{53}\text{ɲian}^{53}\text{na}_{21}^{53}\text{tsa}^{0}$.

"天皇皇，地皇皇"，系啊？欸，"我家有个叫夜郎"。$\text{tʰien}^{35}\text{fɔŋ}_{13}^{13}\text{fɔŋ}_{21}^{13}$,$\text{tʰi}^{53}$ $\text{fɔŋ}_{13}^{13}\text{fɔŋ}_{21}^{13}$,$\text{xei}_{44}^{35}\text{a}^{0}$?$\text{e}_{21}^{0}$,$\text{ŋo}^{21}\text{cia}_{44}^{35}\text{iəu}_{21}^{13}\text{ko}^{53}\text{ciau}^{53}\text{ia}_{21}^{53}\text{lɔŋ}^{13}$.（$\text{ŋo}^{21}$还是 ŋai^{13}？）"我"字，欸，写……渠写"我"，欸，我等就读，都要读做 ŋo^{21}。箇就唔读 ŋai^{13}家。嗯，我家。"过路君子念一念，安眠顺睡到天光。"我等我等就会同别人家念下子，同箇做好事样啊。又唔晓么人呢。反正唔晓么人。唔晓得系么人写个。也有名，有名有姓。嗯。也有写好哩个箇个。箇系，欸。$\text{ŋo}^{21}\text{tsʅ}^{ŋ}\text{ʅ}^{53}$,$\text{e}_{21}^{0}$,$\text{sia}$…$\text{ci}^{13}\text{sia}^{21}\text{ŋo}^{21}$,$\text{e}_{21}^{0}$,$\text{ŋai}_{21}^{13}\text{tien}^{0}\text{tsʰiəu}_{44}^{53}\text{tʰəuk}^{5}$,$\text{təu}_{44}^{35}\text{iau}_{44}^{35}\text{tʰəuk}^{5}\text{tso}_{44}^{53}\text{ŋo}^{21}$.$\text{kai}_{44}^{53}\text{tsʰiəu}_{44}^{53}\text{m̩}_{21}^{13}$ $\text{tʰəuk}^{5}\text{ŋai}_{21}^{13}\text{cia}^{35}$.$\text{n̩}_{21}$,$\text{ŋo}^{21}\text{cia}_{44}^{35}$.$\text{ko}^{0}\text{ləu}^{53}\text{tsən}^{53}\text{tsʅ}^{0}\text{ɲian}^{53}\text{iet}_{21}^{53}\text{ɲian}^{0}$,$\text{ɔn}^{35}\text{min}^{13}\text{sen}^{0}\text{sɔi}^{53}\text{tau}^{0}$ $\text{tʰien}_{44}^{35}\text{kɔŋ}^{35}$.$\text{ŋai}^{13}\text{tien}^{0}\text{ŋai}^{13}\text{tien}^{0}\text{tsʰiəu}_{44}^{53}\text{uɔi}_{44}^{53}\text{tʰəŋ}_{21}^{13}\text{pʰiet}^{5}\text{ŋin}_{44}^{13}\text{ka}_{44}^{35}\text{ɲian}^{53}\text{na}_{21}^{53}\text{tsʅ}^{0}$,$\text{tʰəŋ}_{21}^{13}$ $\text{kai}_{44}^{53}\text{tso}^{53}\text{xau}^{21}\text{sʅ}^{53}\text{iɔŋ}_{44}^{53}\text{ŋa}^{0}$.$\text{iəu}^{35}\text{m̩}_{21}^{13}\text{çiau}^{21}\text{mak}^{3}\text{ɲin}^{13}\text{nei}^{0}$.$\text{fan}^{13}\text{tsən}^{53}\text{n̩}_{44}^{13}\text{çiau}^{21}\text{mak}^{3}$ ɲin_{21}^{13}.$\text{n̩}_{21}^{13}\text{çiau}^{21}\text{tek}^{3}\text{xei}^{53}\text{mak}^{3}\text{ɲin}_{21}^{13}\text{sia}^{0}\text{ke}^{53}$.$\text{ia}^{35}\text{mau}_{21}^{13}\text{miaŋ}^{13}$,$\text{mau}^{13}\text{miaŋ}_{21}^{13}\text{mau}^{13}$ siaŋ^{53}.n̩_{53}^{13}.$\text{ia}^{35}\text{iəu}_{44}^{35}\text{sia}^{0}\text{xau}^{21}\text{li}^{0}\text{ke}_{44}^{53}\text{kai}^{53}\text{ke}^{0}$.$\text{kai}^{53}\text{xe}^{53}$,$\text{e}_{21}^{0}$.

喊归来

渠欸咁个招魂咁个有得呢。箇个有滴咯细人子咯着哩吓咯，着哩吓啊。<u>以只大人要信个话嘞</u>，箇夜晡头呀，半夜三更啊，踦倒箇大路上啊，喊，等箇只细子睡着哩，走蛮远子，听唔倒个栏场，箇细子听唔倒个栏场，等箇只细子睡着哩，到箇去喊，喊渠个名字。嗯。归来呀！欸。就失哩魂呐，意思就系失哩魂。箇就怕系招魂。咁子个有。$\text{ci}_{21}^{13}\text{ei}_{44}^{13}(\leftarrow\text{ke}^{53})\text{kan}_{21}^{13}\text{ɲie}_{44}$ $(\leftarrow\text{ke}^{53})\text{tsau}_{44}^{35}\text{fən}^{13}\text{kan}^{21}\text{ie}^{53}(\leftarrow\text{ke}^{53})\text{mau}_{21}^{13}\text{tek}^{3}\text{nei}^{0}$.$\text{kai}_{44}^{53}\text{ke}_{44}^{53}\text{iəu}^{35}\text{tet}^{5}\text{ko}^{0}\text{sei}^{0}\text{ɲin}_{21}^{13}\text{tsʅ}^{0}$ $\text{ko}^{0}\text{tʰɔk}^{5}\text{li}^{0}\text{xak}^{5}\text{ko}^{0}$,$\text{tʰɔk}^{5}\text{li}^{0}\text{xak}^{3}\text{a}^{0}$.$\text{iak}^{3}(\leftarrow\text{i}^{21}\text{tsak}^{3})\text{tʰai}^{0}\text{ɲin}_{21}^{13}\text{iau}_{44}^{35}\text{sin}^{53}\text{ke}_{44}^{53}\text{fa}_{44}^{53}$ le^{0},$\text{kai}_{44}^{53}\text{ia}^{53}\text{pu}_{44}^{35}\text{tʰei}_{21}^{13}\text{ia}^{0}$,$\text{pan}^{53}\text{ia}^{53}\text{san}_{44}^{35}\text{kaŋ}_{44}^{35}\text{a}^{0}$,$\text{cʰi}^{35}\text{tau}^{21}\text{kai}_{44}^{53}\text{tʰai}^{53}\text{ləu}_{44}^{53}\text{xɔŋ}_{44}^{53}$ ŋa^{0},xan^{53},$\text{tien}^{21}\text{kai}_{44}^{53}\text{tsak}^{3}\text{sei}^{53}\text{tsʅ}^{0}\text{sɔi}^{53}\text{tsʰɔk}^{5}\text{li}^{0}$,$\text{tsei}^{53}\text{man}^{21}\text{ien}^{21}\text{tsʅ}^{0}$,$\text{tʰaŋ}^{35}\text{m̩}_{21}^{13}\text{tau}^{21}\text{ke}^{53}$ $\text{laŋ}_{21}^{13}(\leftarrow\text{lan}^{13})\text{tsʰɔŋ}_{44}^{13}$,$\text{kai}_{44}^{53}\text{se}^{53}\text{tsʅ}^{0}\text{tʰaŋ}^{35}\text{m̩}_{21}^{13}\text{tau}^{21}\text{ke}^{53}\text{laŋ}_{21}^{13}(\leftarrow\text{lan}^{13})\text{tsʰɔŋ}_{44}^{13}$,$\text{tien}^{21}\text{kai}_{44}^{53}\text{tsak}^{3}$ $\text{se}^{53}\text{tsʅ}^{0}\text{sɔi}^{53}\text{tsʰɔk}^{5}\text{li}^{0}$,$\text{tau}_{44}^{53}\text{kai}_{44}^{53}\text{çi}_{44}^{53}\text{xan}^{53}$,$\text{xan}^{53}\text{ci}^{0}(\leftarrow\text{ke}^{53})\text{miaŋ}_{21}^{13}\text{sʅ}_{44}^{53}$.$\text{m̩}_{21}$.$\text{kuei}^{35}\text{lɔi}_{44}^{13}$ ia^{0}!e_{53}.$\text{tsʰiəu}_{44}^{53}\text{sek}^{5}\text{li}^{0}\text{fən}^{13}\text{na}^{0}$,$\text{i}^{53}\text{sʅ}^{0}\text{tsʰiəu}^{53}\text{ue}_{44}(\leftarrow\text{xe}^{53})\text{sek}^{5}\text{li}^{0}\text{fən}_{21}^{13}$.$\text{kai}_{44}^{53}\text{tsʰiəu}_{44}^{53}\text{pʰa}_{44}$

$xei_{44}^{53}tşau_{44}^{35}fən^{13}.kan^{21}tsʅ^0ke_{44}^{53}iəu^{35}.$

（欸，这个是叫叫什么……这种，把这种欸做法就喊什么？叫什么？）
安做分箇细子喊归来哟。着哩吓噢。喊归来哟。喊归来。到箇外背去喊。
$ɔn^{35}tso_{44}^{53}pən_{44}^{35}kai_{44}^{53}se^{53}tsʅ^0 xan^{53}kuei^{35}lɔi_{21}^{13}iau^0.tşʰɔk^5 li^0 xak^3 au^0.xan^{53}kuei^{35}lɔi_{21}^{13}$
$iau^0.xan^{53}kuei^{35}lɔi_{21}^{13}.tau_{44}^{53}kai_{44}^{53}ŋɔi_{44}^{53}pɔi_{44}^{53}çi_{44}^{53}xan^{53}.$

欸，你不话有滴也系哼，渠又唔爱本钱哟，系唔系？又唔爱付出钱箇
只么啊哟。有时候箇个大人冇哩办法了是欸咁个路子，夜晡头呀，半夜三
更啊，走嘿外背去喊呐。$ei_{53}^{53}ɲi^{13}puk^5 ua_{44}^{53}iəu^{35}tet^5 ia^{35}xei^{53}xɳ_{21}^{13},ci_{21}^{13}iəu^{35}m_{21}^{13}mɔi_{44}^{53}pən^{21}$
$tsʰien^{13}şa^0,xei_{44}^{53}me_{44}(←m_{}^{13} xe^{53})?iəu^0 m_{21}^{13}mɔi_{44}^{53}fu^{53}tsʰət^3 tsʰien_{21}^{13}kai_{44}^{53}tşak^3 mak^3 a^0$
$şa^0.iəu^0 sʅ_{21}^{13}xei_{44}^{53}kai_{44}^{53}ke_{44}^{53}tʰai^{35}ɲin_{21}^{13}mau_{21}^{13}li^0 pʰan^{53}fait^3 liau^0 sʅ_{}^{53}ei_{21}kan^{53}ke_{44}^{53}ləu^{53}$
$tsʅ^0,ia_{}^{53}pu^{53}tʰei^0 ia^0,pan^{53}ia^{53}san_{44}^{35}kaŋ_{44}^{35}a^0,tsei^{21}xek^3 ŋɔi_{44}^{53}pɔi_{44}^{53}çi_{44}^{53}xan^{53}na^0.$

（五）宗族

高曾祖考，子孙曾玄

箇还有只东西嘞，我听人讲过我等有只老祖宗个坟墓个碑石打烂哩，
冇哩用。到我都系几多代了哇？欸，看呐，嗯，问字辈，问际昌，培谟昭，
我系昭字辈，到我第六代了。还有……我有赖子哟，典字，万典松，典。
我有孙子哟，道，欸，我以只孙子安做万道怡。八代人，系啊？八代人。
我等是走得最快个。还有啊，总共有百多人。百……百多人，箇只箇只老
子名下有百多两百人了。箇上背就让门子嘞？渠有赖子。箇碑石上啊，有
赖子。赖子就写男。嗯，男，么啊名字，系啊？男。欸，孙子就写孙。孙
么啊名字。正两代呀。第三代就曾孙。嗯。第四代就玄孙。五代以下嘞？
五代以下么啊孙子了？还有五代，六代，七代，八代，么啊孙子了？$kai_{44}^{53}xai_{21}^{13}iəu^{35}$
$tşak^3 təŋ_{44}^{35}si^0 le^0,ŋai_{21}^{13}tʰin_{44}^{35}in_{44}^{13}kɔŋ_{}^{21}ko^{53}ŋai_{21}^{13}tien^0 iəu_{44}^{35}tşak^3 lau^{21}tsu^{21}tsəŋ_{44}^{35}ke_{44}^{53}fən_{21}^{13}mu^{53}$
$ke_{44}^{53}pi^{35} şak^5 ta^{21} lan^{53}ni^0,mau_{21}^{13} li^0 iəŋ^0.tau^{53}ŋai^{13}təu_{44}^{35}xei^{53}ci^{21}to^{35}tʰɔi^{53}liau^{21}$
$ua^0?e_{21},kʰan_{44}^{53}na^0,ŋ_{21},uən^{53}tsʰʅ_{21}^{53}pi^{53},uən^{53}tsi^{53}tşʰɔŋ^{35},pʰi^{35} mu^{13}tşau^{35},ŋai_{21}^{13}ie_{44}$
$(←xe^{53})tşau^{35}tsʰʅ_{44}^{53}pi^{53},tau^{53}ŋai^{13}tʰi^{53}liəuk^3 tʰɔi^{53}liau^0.xai_{21}^{13}iəu^{35}···ŋai^{13}iəu_{44}^{35}lai^{53}tsʅ^0$
$şa^0,tian^{21}tsʰʅ^{53},uan^{53}tian^{21}səŋ^{35},tian^0.ŋai_{21}^{13}iəu_{44}^{35}sən^{35}tsʅ^0 şa^0,tʰau^{53},e_{21},ŋai^{13}i^{21}tşak^3 sən_{44}^{35}$
$tsʅ^0 ɔn_{44}^{53}tso_{44}^{53}uan^{53}tʰau^0 i^{13}.pait^3 tʰɔi^{53}ɲin_{21}^{13},xei_{44}^{53}a^0?pait^3 tʰɔi^{53}ɲin^{13}.ŋai_{21}^{13}tien^0 sʅ_{44}^{53}tsei^{21}$
$tek^3 tsei^{53}kʰuai^{53}ke_{44}^{53}.xai_{21}^{13}iəu^{35}a^0,tsəŋ^{21}kʰɔŋ_{44}^{35}iəu_{44}^{35}pak^3 to_{44}^{35}ɲin_{21}^{13}.pak^3···pak^3 to_{44}^{35}$

ɲin$_{21}^{13}$,kai^{53}iak^3 kai^{53}tʂak^3 lau^{21}tsʅ^0 miaŋ^{13}xa$^{⌐}$iəu$_{44}^{35}$pak^3 to$_{44}^{35}$iɔŋ^{21}pak^{3}ɲin$_{21}^{13}$liau^0.kai$_{44}^{53}$sɔŋ^{53}pɔi^{53}tsʰiəu$_{44}^{53}$ɲiɔŋ$_{44}^{53}$mən^0 tsʅ^{0}lei^0?ci$_{21}^{13}$iəu$_{44}^{35}$lai^{53}tsʅ^0.ka$_{44}^{53}$pi$^{⌐}$ʂak^{5}xɔŋ$_{44}^{53}$ŋa^0,iəu^{35}lai^{53}tsʅ^0.lai^{53}tsʅ^0 tsʰiəu^{53}sia^{21}lan^{13}.m̩$_{21}$,lan^{13},mak^3 a^0 miaŋ$_{21}^{13}$tsʰʅ$_{44}^{53}$,xei$_{44}^{53}$a^0 ?lan^{13}.e$_{21}$,sən^{35}tsʅ^0 tsʰiəu^{53}sia^{21}sən^{35}.sən^{35}mak^3 a^0 miaŋ$_{21}^{13}$tsʰʅ$_{44}^{53}$.tʂaŋ^{53}iɔŋ^{21}tʰɔi^{53}ia^0.tʰi$_{44}^{53}$san^{35}tʰɔi^{53}tsiəu^{53}tsʰien^{13}sən$_{44}^{35}$.ŋ̩$_{21}$.tʰi$_{44}^{53}$si$^{⌐}$tʰɔi$_{44}^{53}$tsiəu$_{44}^{35}$çyn^{13}sən$_{44}^{35}$.ŋ̩^{21}tʰɔi$_{44}^{53}$i^{35}xa$_{44}^{53}$lei^0?ŋ̩^{21}tʰɔi$_{44}^{53}$i^{35}xa$_{44}^{53}$mak^3 a^0 sən^{35}liau^0?xai$_{21}^{13}$iəu$_{44}^{35}$ŋ̩^{21}tʰɔi^{53},liəuk^{3}tʰɔi^{53},tsʰiet^{3}tʰɔi^3,pait^{3}tʰɔi^{53},mak^{3}a^{0}sən^{35}liau^0?

　　我以到就唔记得，我我屋下就写记得哩。屋下就写记哩。有有有几种话法就唔知，箇只顺序我就唔记得哩。有喊来孙。有喊舅孙。舅字系哪只嘞？有滴人写……欸，有滴人写箇只昆明个昆。昆明市啊，昆明个昆。有滴人写箇只舅，一只日字，底下一只兄弟的弟字，也系舅字，舅孙。欸，有滴人写仍旧个仍字，仍孙。嗯，有写来孙。ŋai^{13}i^{21}tau^{53}tsʰiəu$_{44}^{53}$n̩^{13}ci^{53}tek^3,ŋai^{13}ŋai^{13}uk^3 xa$_{44}^{53}$tsʰiəu$_{44}^{53}$sia^{21}ci^{53}li^0.uk^3 xa$_{44}^{53}$tsʰiəu$_{44}^{53}$sia^{21}ci^{53}li^0.iəu^{53}iəu^{53}iəu^{35}ci^{21}tʂəŋ^{21}ua^{53}fait^3 tsʰiəu$_{44}^{53}$n̩^{13}ti$_{44}^{35}$,kai$_{44}^{53}$tʂak^3 ʂən^{53}si$_{44}^{53}$ŋai$_{21}^{13}$tsʰiəu$_{44}^{53}$n̩^{13}ci^{53}tek^3 li^0.iəu^{35}xan$_{44}^{53}$lɔi^{13}sən$_{44}^{35}$.iəu^{35}xan^{53}kʰuən^{35}sən$_{44}^{35}$.kʰuən^{35}tsʰʅ$_{44}^{53}$xe$_{44}^{53}$lai^{53}tʂak^3 le^0?iəu^{35}tet^5 ɲin$_{21}^{13}$sia^{21}…ei$_{21}$,iəu^{35}tet^5 ɲin$_{21}^{13}$sia^{21}kai^{53}tʂak^3 kʰuən^{35}min$_{21}^{13}$ke$_{44}^{53}$kʰuən$_{44}^{35}$.kʰuən^{35}min$_{21}^{13}$ʂʅ^0 a^0,kʰuən^{35}min$_{21}^{13}$ke$_{44}^{53}$kʰuən$_{44}^{35}$.iəu^{35}tet^5 ɲin^{13}sia^{21}kai^{53}tʂak^3 kʰuən^{35},iet^3 tʂak^3 ɲiet^3 tsʰʅ$_{44}^{53}$,tei^{21}xa$_{44}^{53}$iet^3 tʂak^3 çiəŋ$_{44}^{53}$ti^{53}tet^3 ti^{53}tsʰʅ$_{44}^{53}$,ia^{35}xe^{53}kʰuən^{35}tsʰʅ$_{44}^{53}$,kʰuən^{35}sən$_{44}^{35}$.e$_{21}$,iəu^{35}tet^5 ɲin$_{21}^{13}$sia^{21}vən^{13}cʰiəu^{13}ke$_{44}^{53}$vən^{13}tsʅ^{53},uən^{13}sən$_{44}^{35}$.m̩$_{21}$,iəu^{35}sie^{21}lai^{13}sən$_{44}^{35}$.

　　好，为倒搞以只东西我都只猛搞得。我同噢放势去寻。欸，后背还有滴就系统称。统称是……反正到哩后背了唔知哪几只孙就系，到哩后背了就都可以用个。欸。八代唠，第八代哟，我唔系正先就讲欸嗯高曾祖考，系唔系？祖考，子孙，欸，子孙曾玄吧？子孙，儿子，孙子，孙，曾孙，玄孙，子孙曾玄，只有九代。以样子往下第四代就玄孙。第五代么啊孙我唔记得哩，我唔记得哩。xau^{21},uei^{53}tau$_{44}^{21}$kau^{21}i^{21}tʂak^3 təŋ$_{44}^{13}$si^0 ŋai$_{13}^{13}$təu$_{44}^{13}$tsət^{3}mən^{35}kau^{21}tek^3.ŋai^{13}tʰəŋ$_{21}^{13}$au$^{⌐}$fɔŋ$_{53}^{53}$ʂʅ$^{⌐}$çi^{53}tsʰin^{13}.ei$_{21}$,xei^{53}pɔi^{53}xai$_{21}^{13}$iəu^{35}tet^5 tsʰiəu$_{44}^{53}$xe$_{44}^{53}$tʰəŋ^{21}tʂʰən$_{44}^{13}$.tʰəŋ^{13}tʂʰən^{35}ʂʅ$_{44}^{13}$…fan^{21}tʂən$_{44}^{53}$tau^{53}li^0 xei^{53}pɔi$_{44}^{53}$liau^0 n̩$_{21}^{13}$ti$_{44}^{13}$lai^{53}ci^{13}tʂak^3 sən^{13}tsʰiəu$_{44}^{53}$xe^{53},tau$_{44}^{53}$li^0 xei^{53}pɔi$_{44}^{53}$liau^0 tsʰiəu$_{44}^{53}$təu^{35}kʰo^{21}i$_{44}^{13}$iəŋ$_{44}^{35}$ke^{53}.e$_{21}$.pait^3 tʰɔi$_{44}^{53}$lau^0,tʰi^{13}pait^{3}tʰɔi^{53}iau^0,ŋai^{13}m̩$_{21}^{13}$pʰe$_{44}$(←xe^{53})tʂaŋ^{53}sien^{35}tsʰiəu$_{44}^{53}$kɔŋ$_{44}^{53}$e$_{21}$n̩$_{21}$kau^{35}tsien^{35}tsəu$^{⌐}$kʰau^{21},xei$_{44}^{53}$me$_{44}$(←m̩^{13}xe^{53})?tsəu$^{⌐}$kʰau^{21},tsʅ^{21}sən^{35},e$_{21}$,tsʅ^{21}sən^{35}tsʰien^{13}fien^{13}pa^0?tsʅ^{21}sən^{35},e$^{⌐}$tsʅ^{21},sən$_{44}^{35}$tsʅ^0,sən^{35},tsʰien^{13}sən^{35},çyen^{13}sən$_{44}^{35}$,tsʅ^{21}sən$_{44}^{35}$tsʰien^{13}çyen^{13},tsʅ$^{⌐}$iəu^{53}ciəu$^{⌐}$tʰɔi$_{44}^{53}$.i^{21}iɔŋ$_{44}^{53}$tsʅ^0 uɔŋ$_{44}^{21}$xa^{35}tʰi$_{44}^{53}$si$^{⌐}$tʰɔi$_{44}^{53}$tsiəu$_{44}^{53}$çyen^{13}sən$_{44}^{35}$.tʰi^{53}ŋ̩^{21}tʰɔi^{53}mak^3 a^0 sən^{35}ŋai$_{21}^{13}$n̩$_{21}^{13}$ci^{53}ek^3 li^0,ŋai$_{21}^{13}$n̩$_{21}^{13}$ci^{53}tek^3 li^0.

　　欸，箇映有，嗯，箇映有有有有坟地，有坟地可……我就根据箇坟地上写个。落尾我归去，照倒渠个抄倒以后归去，箇个《辞源》上一查，渠觺写错。觺写错，唔，写对哩。箇也系一只东西嘞。渠咁……渠等咁我写……我等个尽……咁个卵东西尽规……别家还寻，寻倒我，我就到处欶也去经历哩下子咯，还晓得下子咯。e_{21},$kai_{44}^{53}ia\eta_{44}^{53}i\partial u^{35}$,$\mathring{n}_{21}$,$kai_{44}^{53}ia\eta_{44}^{53}i\partial u^{35}i\partial u_{44}^{35}nei_{21}^{53}i\partial u_{44}^{35}$ $p^h\partial\eta_{21}^{13}t^hi^{53}$,$i\partial u_{44}^{35}p^h\partial\eta_{21}^{13}t^hi^{53}k^ho^{21}$…$\eta ai^{13}ts^hi\partial u_{44}^{53}cien^{35}ts\c{u}_{44}^{53}kai^{53}p^h\partial\eta_{21}^{13}t^hi^{13}x\partial\eta_{44}^{35}sia^{21}$ $ke_{44}^{53}.l\partial k_5^3mi_{44}^{35}\eta ai_{21}^{13}kuei^{35}\c{c}i^{53}$,$tsau^{53}tau^{21}ci^{\circ}ke_{44}^{53}ts^hau^{35}tau^{21}i^{\circ}xei_{44}^{53}kuei^{35}\c{c}i^{\circ}$,$kai_{44}^{53}ke_{44}^{53}ts^h\c{l}^{13}$ $vien^{13}x\partial\eta^{53}iet^3ts^ha^{13}$,$ci_{21}^{\circ}ma\eta_{21}^{13}sia^{21}ts^ho^{\circ}$.$ma\eta^{13}sia^{21}ts^ho^{53}$,$\mathring{m}_{21}$,$sia^{21}tei^{53}li^{\circ}$.$kai_{44}^{53}ia^{35}xei^{53}$ $iet^3ts\u{a}k^3t\partial\eta_{44}^{35}si^{\circ}lei^{\circ}$.$ci_{21}^{\circ}kan_{35}^{21}$…$ci_{21}^{\circ}tien^{\circ}kan_{35}^{21}\eta ai_{21}^{13}sia^{21}$…$\eta ai_{21}^{13}tien^{\circ}ke_{44}^{53}ts^hin^{53}$…$kan^{21}$ $ke_{44}^{53}lan^{21}t\partial\eta_{44}^{35}si^{\circ}ts^hin^{13}kuei^{35}$…$p^hiet_3^5ka_{44}^{53}xai^{13}ts^hin_{21}^{13}$,$ts^hin^{13}tau^{21}\eta ai^{13}$,$\eta ai^{13}ts^hi\partial u_{44}^{35}tau^{53}$ $ts\c{h}\partial u^{53}e_{21}ia^{35}\c{c}i_{44}^{53}cin^{35}liet^3li^{\circ}a_{44}^{53}ts\c{l}^{\circ}ko^{\circ}$,$xai_{44}^{13}\c{c}iau^{21}tek^3a_{44}^{53}ts\c{l}^{\circ}ko^{\circ}$.

晚姑子

我老婆称我阿姐？$\eta ai^{13}lau^{21}p^ho^{13}ts\c{h}\partial n_{44}^{35}\eta ai_{21}^{13}a^{35}tsia^{21}$?（嗯。）姑子啦。大晚姑子啦。$ku^{35}ts\c{l}^{\circ}la^{\circ}$.$t^hai^{53}man^{35}ku_{44}^{35}ts\c{l}^{\circ}la^{\circ}$.（大晚姑子？）嗯。$\mathring{n}_{21}$.（都是叫晚姑子，是吧？）都安做晚姑子。$t\partial u^{35}\partial n_{44}^{35}tso_{44}^{53}man^{35}ku_{44}^{35}ts\c{l}^{\circ}$.（呃，如果区分就是大……）大细，欶。$t^hai^{53}se^{53}$,$e_{21}$.（大晚姑子……）大晚姑子，嗯，细晚姑子。$t^hai^{53}man^{35}ku_{44}^{35}ts\c{l}^{\circ}$,$\mathring{n}_{21}$,$se^{53}man^{35}ku_{44}^{35}ts\c{l}^{\circ}$.（比……比你小的就是细晚姑子。）细晚姑子。欶。$se^{53}man^{35}ku_{44}^{35}ts\c{l}^{\circ}$.$e_{21}$.

还不是比我细个就安做细晚姑子噢。箇唔系咁个哦。打比我只我只有只晚姑子，不论比我大比我细，都称她喊晚姑子，系唔系？只我只有只老妹子样，系。$xa_{21}^{21}p\partial t^3\c{s}\c{l}^?pi^3\eta ai^{13}se^{53}ke_{21}^{53}ts^hi\partial u_{44}^{35}\partial n_{44}^{35}tso_{44}^{53}se^{53}man^{35}ku_{44}^{35}ts\c{l}^{\circ}au^{\circ}$.$kai^{53}\mathring{n}_{21}$ $t^he^{53}(\leftarrow xe^{53})kan^{21}cie^{53}au^{\circ}$.$ta_{21}^{21}pi^{\circ}\eta ai_{44}^{13}ts\c{l}^{21}\eta ai_{21}^{13}ts\c{l}^{21}i\partial u_{35}^{35}ts\u{a}k^3man^{35}ku^{\circ}ts\c{l}^{\circ}$,$p\partial t^3l\partial n^{53}$ $pi^{21}\eta ai^{\circ}t^hai^{\circ}pi^{\circ}\eta ai^{13}se^{53}$,$t\partial u^{35}ts\c{h}\partial n_{44}^{35}t^ha_{44}xan^{\circ}man^{\circ}ku_{44}^{35}ts\c{l}^{\circ}$,$xe_{44}^{53}me_{44}(\leftarrow\mathring{m}_1^?xe^{53})$?$ts\c{l}^{21}$ $\eta ai^{13}ts\c{l}^{21}i\partial u_{35}^{35}ts\u{a}k^3lau^{\circ}m\partial i^{53}ts\c{l}^{\circ}i\partial\eta_{44}^{53}$,$xe_{44}^{53}$.

好，我有我两只阿姐，我有两只姐姐，两只阿姐样，欶，我有两只阿姐，渠称我……我老婆称我个箇两只阿姐都称大晚姑子，细晚姑子。都称都称晚……晚姑子。欶呀唔称唔称么个……xau^{21},$\eta ai_{21}^{13}i\partial u^{35}\eta ai_{21}^{13}nei^{13}i\partial\eta^{21}$ $ts\u{a}k^3a^{35}tsia^{21}$,$\eta ai^{13}i\partial u_{35}^{35}i\partial\eta^{21}ts\u{a}k^3tsia^{21}tsia^{\circ}$,$i\partial\eta^{21}ts\u{a}k^3a^{35}tsia^{21}i\partial\eta_{44}^{53}$,$e_{21}$,$\eta ai^{13}i\partial u_{53}^{35}i\partial\eta$ $ts\u{a}k^3a^{35}tsia^{21}$,$ci_{21}ts\c{h}\partial n_{44}^{13}\eta ai^{\circ}$…$\eta ai_{21}^{13}lau^{\circ}p^ho^{13}ts\c{h}\partial n_{44}^{35}\eta ai^{13}cie_{44}^{53}kai^{\circ}i\partial\eta^{21}ts\u{a}k^3a^{35}tsia^{21}$ $t\partial u^{35}ts\c{h}\partial n_{44}^{35}t^hai^{\circ}man_{35}^{35}ku_{44}^{35}ts\c{l}^{\circ}$,$se^{53}man_{44}^{35}ku_{44}^{35}ts\c{l}^{\circ}$.$t\partial u^{35}ts\c{h}\partial n_{44}^{35}t\partial u^{35}ts\c{h}\partial n_{44}^{35}man$…$man_{44}^{35}$ $ku_{44}^{35}ts\c{l}^{\circ}$.$ei_{21}ia^{\circ}\mathring{n}_1^{\circ}ts\c{h}\partial n_{44}^{35}\mathring{n}^{13}ts\c{h}\partial n_{44}^{35}mak^3ke_{44}^{53}$…

如果我两……两只都系老妹子，打比我样，打比我我三只老妹子，欶，我三只老妹子。我老婆称渠等就系大晚姑子，唔，第二个晚姑子，啊细晚姑子。咁子称。$vy^{13}ko^{21}\eta ai^{13}i\partial\eta^{13}$…$i\partial\eta^{21}ts\u{a}k^3t\partial u^{35}xe^{53}lau^{\circ}m\partial i^{53}ts\c{l}^{\circ}$,$ta^{21}pi^{21}\eta ai^{13}$ $i\partial\eta^{53}$,$ta^{21}pi^{21}\eta ai^{13}\eta ai^{\circ}san^{35}ts\u{a}k^3lau^{\circ}m\partial i^{53}ts\c{l}^{\circ}$,$e_{21}$,$\eta ai_{21}^{13}san^{35}ts\u{a}k^3lau^{\circ}m\partial i^{53}ts\c{l}^{\circ}$.$\eta ai_{21}^{13}$

lau^{21}p^{h}o^{13}tʂʰən^{35}ci$^{13}_{21}$tien^{0}tsʰiəu$^{53}_{44}$xe^{53}tʰai^{53}man$^{53}_{44}$ku$^{53}_{44}$tsʅ^{0},n̩$_{21}$,tʰi$^{53}_{44}$ni^{53}ke$^{53}_{44}$man^{35}ku^{35}tsʅ^{0},a^{0}
se^{53}man$^{35}_{44}$ku$^{35}_{44}$tsʅ^{0}.kan^{21}tsʅ^{0}tʂʰən^{44}.

（噢，就是就是还是晚姑子里面也排行？）唔分，分唔出，箇个，欸，
称，分唔出，欸，只系话，话大……大个，第……细个。分唔出，比我更
大更细分唔出。n̩^{13}fən^{35},fən^{35}n̩$^{13}_{21}$tʂ^{h}ət^{3},kai$^{53}_{44}$ke$^{53}_{44}$,e$_{21}$,tʂʰən^{35},fən^{35}n̩$^{13}_{21}$tʂʰət^{3},e$_{21}$,tsʅ^{21}xei^{53}
ua^{53},ua$^{21}_{21}$tʰai^{3}t···tʰai^{53}ke$^{53}_{44}$,tʰi$^{53}_{21}$s···se^{53}ke$^{53}_{21}$.fən^{35}n̩$^{13}_{21}$tʂʰət^{3},pi^{21}ŋai^{13}cien^{53}tʰai^{53}cien^{53}se^{53}
fən^{35}n̩$^{13}_{21}$tʂʰət^{3}.

（第二个可以讲二晚姑子？）二晚姑子，欸。ɲi^{53}man^{35}ku^{35}tsʅ^{0},e$_{21}$.

过房赖子

（那个过房啊，过房以后，这个这个小孩叫做什么呢？男，男孩子的
话。叫过房……）箇只细子……kai$^{53}_{44}$tʂak^{3} se^{53}tsʅ^{0}···（叫过房……过房赖子还
是？）过房赖子，欸。称过房赖子，嗯。ko^{53}fɔŋ^{13}lai^{53}tsʅ^{0},e$_{21}$.tʂʰən^{35}ko^{53}fɔŋ^{13}lai^{53}
tsʅ^{0},n̩$_{21}$.（过房赖子还是过房子？）过房赖子。ko^{53}fɔŋ^{13}lai^{53}tsʅ^{0}.

唔称过房新旧呢，欸，只有过房赖子。n̩^{13}tʂʰən^{44}ko^{53}fɔŋ^{13}sin^{35}cʰiəu^{35}nei^{0},e$_{21}$,
tʂʅ^{21}iəu^{53}ko^{53}fɔŋ^{13}lai^{53}tsʅ^{0}.（呵呵，新旧就不存在过房的问题。）欸，唔存在过
房。e$_{21}$,n̩^{13}tʂʰən^{13}tsʰai$^{53}_{44}$ko^{53}fɔŋ$^{13}_{21}$.

（那个如果是女孩子呢？）女孩子一般都唔过房，唔称过房。ɲy^{21}xai^{13}
tsʅ^{0}iet^{3}pɔn^{35}təu$^{35}_{53}$n̩^{13}ko^{53}fɔŋ^{13},n̩^{13}tʂʰən^{35}ko^{53}fɔŋ^{13}.（他实在没得没人呢那总要有个
人来养老啦。过房女？）也唔唔过房，箇就系我带个妹子。欸。ia^{35}n̩^{13}n̩^{13}ko^{53}
fɔŋ^{13},kai$^{53}_{44}$tʂiəu^{53}xe^{53}ŋai^{13}tai^{53}ke$^{53}_{44}$mɔi^{53}tsʅ^{0}.e$_{21}$.（本家的。）本家个。也就系，当
我我有只姑爷就咁个啦，渠就带只侄……带只老弟子个妹子呢。欸。以个
是我带倒带倒我老弟子个妹子。pən^{21}cia$^{53}_{44}$ke^{0},ia^{35}tsʰiəu^{53}xe^{53},taŋ$^{35}_{44}$ŋai^{13}ŋai^{13}iəu$^{35}_{53}$
tʂak^{35}ku^{35}ia^{13}tsʰiəu^{53}kan^{13}ke$^{53}_{21}$la^{0},ci^{13}tsʰiəu$^{53}_{44}$tai^{53}tʂak^{3} tʂʰət^{5}···tai^{53}tʂak^{3} lau^{21}tʰe$^{53}_{53}$tsʅ^{0}
ke$^{53}_{44}$mɔi^{53}tsʅ^{0} nei^{0}.e$_{21}$.i^{21}kei^{53}ʂʅ^{44}ŋai^{13}tai^{53}tau^{21}tai^{53}tau^{21}ŋai$^{13}_{21}$lau^{21}tʰe$^{53}_{53}$tsʅ^{0} ke$^{53}_{44}$mɔi^{53}tsʅ^{0}.
（这就不叫过房妹子？）唔叫过房，唔喊唔喊过房。妹子唔喊过房。只有
欸只有赖子正喊过房。妹子唔喊过房。只有过房赖子，冇得过房妹子。n̩^{13}
ciau$^{53}_{53}$ko$^{53}_{44}$fɔŋ$^{13}_{44}$,n̩^{13}xan^{53}n̩^{13}xan^{53}ko^{53}fɔŋ^{13}.mɔi^{53}tsʅ^{0}n̩^{13}xan^{53}ko^{53}fɔŋ^{13}.tsʅ^{21}iəu$^{35}_{53}$e$_{21}$tsʅ^{21}iəu$^{35}_{53}$
lai$^{53}_{53}$tsʅ^{0} tʂaŋ$^{53}_{44}$xan$^{53}_{44}$ko^{53}fɔŋ^{13}.mɔi^{53}tsʅ^{0}n̩^{13}xan^{53}ko^{53}fɔŋ$^{13}_{21}$.tsʅ^{21}iəu$^{35}_{53}$ko^{53}fɔŋ^{13}lai^{53}tsʅ^{0},mau^{13}
tek^{3} ko^{53}fɔŋ^{13}mɔi^{53}tsʅ^{0}.

刑凳

1. 祠堂里个厅下放个囗长个凳，安做刑凳。我等嘞祠堂里就还有箇张
刑凳。祠堂祠堂里欸打箇起唔听话个人。tsʰʅ^{13}tʰɔŋ$^{13}_{21}$li^{0}ke$^{53}_{44}$tʰaŋ^{35}xa$^{53}_{44}$fɔŋ$^{53}_{44}$ke$^{53}_{44}$lai^{35}

tʂʰɔŋ$_{21}^{13}$ke$_{44}^{53}$tien^{53},ɔn$_{44}^{35}$tso$_{44}^{35}$çin^{13}tien$_{44}^{53}$.ŋai$_{21}^{13}$tien^{0}ne^0 tsʰɿ^{13}tʰɔŋ$_{21}^{13}$li^0 tsʰiəu$_{44}^{53}$xai$_{21}^{13}$iəu$_{35}^{35}$kai$_{44}^{53}$
tʂɔŋ$_{44}^{35}$çin^{13}ten^{53}.tsʰɿ^{13}tʰɔŋ$_{21}^{13}$tsʰɿ^{13}tʰɔŋ$_{21}^{13}$li^0 e$_{21}$ta^{21}kai^{53} çi^{21}n^{0}tʰaŋ$_{44}^{35}$ua^{53}ke$_{44}^{53}$nin$_{21}^{13}$.（打过
吗？）缯打过，我等缯看过。放正箇映子来。爱睡正来打屁股哇。刑凳。
箇是有以映到箇映咁长啊。坐得是……箇一箄，箇一边嘞，箇厅下箇箇一
边就一张凳就放嘿了。maŋ$_{13}^{13}$ta$_{21}^{21}$ko$_{44}^{53}$,ŋai$_{21}^{13}$tien^{0}maŋ$_{13}^{13}$kʰɔn$_{44}^{53}$ko$_{21}^{53}$.fɔŋ$_{44}^{53}$tʂaŋ$_{44}^{53}$kai$_{44}^{53}$iaŋ$_{44}^{35}$
tsɿ$_{44}^{13}$lɔi$_{21}^{13}$.ɔi$_{44}^{53}$ʂɔi^{53}tʂaŋ^{53}lɔi$_{21}^{13}$ta^{3}pʰi^{53}ku^{21}ua^0.çin^{13}ten^{53}.kai^{53}ʂɿ$_{44}^{13}$iəu^{13}i^{0}iaŋ$_{44}^{35}$tau$_{44}^{53}$kai$_{44}^{53}$iaŋ$_{44}^{35}$
kan^{21}tʂʰɔŋ$_{13}^{13}$ŋa^0.tsʰo^{35}tek^{3}ʂɿ$_{44}^{53}$…kai^{53}iet^{3}sak^3,kai^{53}iet^{3}pien^{35}ne^0,kai$_{44}^{53}$tʰaŋ^{35}xa$_{44}^{53}$kai$_{44}^{53}$
kai$_{44}^{53}$iet^{3}pien^{35}tsʰiəu$_{44}^{53}$iet^{3}tʂɔŋ^{35}tien$_{44}^{53}$tsʰiəu$_{44}^{53}$fɔŋ^{53}ŋek^3(←xek^3)liau^0.

2. 祠堂里就还有张刑凳。tsʰɿ$_{21}^{13}$tʰɔŋ$_{21}^{13}$li^0 tsʰiəu$_{44}^{53}$xai^{13}iəu$_{44}^{35}$tʂɔŋ^{35}çin^{13}ten^{53}.（刑
凳啊？）刑……哦，渠等话安做刑凳。我等箇老屋里就有张刑凳呐。放啊
厅下啦。箇有以映有以张床到箇墙咁长哦。çin^{13}te…o$_{21}$,ci^{13}tien^{0}ua^{53}ɔn$_{44}^{35}$tso$_{44}^{35}$çin^{13}
ten^{53}.ŋai^{13}tien^{0}kai^{53}lau^{0}uk^{3}li^{0}tsʰiəu$_{44}^{53}$iəu$_{44}^{35}$tʂɔŋ^{35}çin^{13}ten^{53}na^0.fɔŋ$_{44}^{35}$a^{0}tʰaŋ$_{44}^{35}$xa^{0}la^0.kai^{53}
iəu^{35}i$_{21}^{21}$iaŋ^{0}iəu$_{35}^{35}$i^{0}tʂɔŋ^{35}tsʰɔŋ^{13}tau^{53}kai^{53}tsʰiɔŋ^{13}kan^{21}tsʰɔŋ^{13}ŋo^0.（打屁股的，是吧？）
敳。打屁股个，渠等话。咁厚，咁阔。敳，高就也只有咁高子，正好正好
坐人咁高子。摆嘿箇厅下，以边一张，箇边一张。刑凳。旧年敳烂都烂稳
哩都还缯丢咁。e$_{21}$.ta^{21}pʰi^{53}ku^{21}ke^{53},ci^{13}tien^{0}ua^{53}.kan^{21}xei^{35},kan^{21}kʰɔit^3.e$_{21}$,kau^{35}
tsʰiəu$_{44}^{53}$ia^{35}tsɿ^{0}iəu^{0}kan^{21}kau$_{44}^{35}$tsɿ^0,tʂən^{53}xau^{21}tʂən^{53}xau$_{44}^{21}$tsʰo$_{44}^{35}$nin$_{21}^{13}$kan^{21}kau$_{44}^{35}$tsɿ^0.pai^{21}
ek^3(←xek^3)kai$_{44}^{53}$tʰaŋ^{35}xa^{35},i^{21}pien^{35}iet^{3}tʂɔŋ^{35},kai^{53}pien^{35}iet^{3}tʂɔŋ^{35}.cʰin^{13}ten$_{44}^{53}$.cʰiəu^{13}
ɲien$_{21}^{13}$.e$_{44}^{21}$lan^{53}təu$_{44}^{35}$lan^{53}uən^{21}li^{0}təu$_{44}^{35}$xai^{13}maŋ$_{21}^{13}$tiəu^{53}kan^0.（打屁股的时候是把人绑
在这个凳子上面还是怎么的？）话就咁子话，从来也缯打过么人个屁股。
缯看过用箇张凳打屁股。话就咁子话。ua^{53}tsʰiəu$_{44}^{53}$kan^{0}tsɿ^{0}ua^{53},tsʰəŋ^{13}lɔi^{0}a$_{53}^{35}$
maŋ$_{21}^{13}$ta^{21}ko^{53}mak^{3}in$_{13}^{13}$ke$_{44}^{53}$pʰi^{53}ku^{21}.maŋ$_{13}^{13}$kʰɔn^{13}ko$_{44}^{53}$iəŋ^{53}kai$_{44}^{53}$tʂɔŋ$_{44}^{35}$ten^{53}ta^{21}pʰi^{53}
ku^{21}.ua^{53}tsʰiəu$_{44}^{53}$kan^{21}tsɿ^{0}ua^{53}.（嗯，你都没见过打屁股？）缯见过。maŋ^{13}cien^{53}
ko$_{44}^{53}$.

三、物质生活

（一）服饰

传统衣着

我觉得最大个特点呢，从前个人有得皮带。嗯。皮带系蛮奢侈个东西，

蛮奢侈个东西。箇有条皮带是了不起个唠。尽系用么个嘞？舞条绳，嗯。
欸，我记得我细细子嘞，我姥子就舞倒箇袜子，袜筒子啊，袜子个筒筒啊，
烂袜子啊。箇筒筒就咁子剪，剪成一条子咁阔子个带子，用裤带，就整裤
带以羁，欸。欸，羁来羁去嘞，羁倒嘞，箇裤就会拢稳下，系唔系啊？欸，
舞条绳子缔……舞条裤带羁羁倒。顶高就放势扯，欸，扯上来，以映扯，
以映扯箇映扯，扯倒来……扯倒嘞，扯倒就一搭嘿下去，安做打眼伞，呵
呵，打眼伞。欸。ŋai¹³kɔk³tek³tsei⁵³tʰai₄₄⁵³ke⁰tʰek⁵tien¹³ne⁰,tsʰən¹³tsʰien₂₁²¹ke⁰ɲin¹³
mau¹³tek³pʰi¹³tai⁵³.ɳ₂₁.pʰi¹³tai⁵³xe⁰man¹³ʂa³⁵tʂʅ²¹ke⁰təŋ³⁵si⁰,man¹³ʂa³⁵tʂʅ²¹ke⁰təŋ₄₄
si⁰.kai⁵³iəu¹³tʰiau₂₁²¹pʰi¹³tai⁵³ɳ₄₄²¹liau²¹pət²¹çi²¹ke⁰lau⁰.tsʰin¹³xei₄₄⁵³iəŋ⁵³mak³ke₄₄⁰le⁰?u²¹
tʰiau¹³ʂən¹³,ɳ₂₁.e₂₁,ŋai¹³ci⁵³tek³ŋai⁵³se⁵³se⁵³tsʅ⁰le⁰,ŋai₂₁²¹ɔi²¹tsʅ⁰tsʰiəu⁵³u²¹tau⁰kai⁵³mait³
tsʅ⁰,mait³tʰən¹³tsʅ⁰a⁰,mait³tsʅ⁰ke⁰tʰən¹³tʰən₄₄¹³ŋa⁰,lan³mait³tsʅ⁰a⁰.kai₄₄⁵³tʰən¹³tʰən₄₄
tsʰiəu⁵³kan²¹tsʅ⁰tsen²¹,tsen²¹ʂaŋ¹³iet³tʰiau¹³tsʅ⁰kan²¹kʰɔit³tsʅ⁰ke⁰tai²¹tsʅ⁰,iəŋ₄₄⁵³fu
tai⁵³,tsiəu₂₁⁵³tʂən²¹fu⁵³tai₄₄⁵³i²¹cie³⁵,e₂₁.e₄₄,cie³⁵lɔi₂₁¹³cie³⁵çi⁵³lei⁰,cie³⁵tau²¹lei⁰,kai₄₄⁵³fu
tsʰiəu₄₄⁵³uɔi₄₄⁵³ləŋ²¹uən²¹xa³⁵,xe₄₄⁵³me₄₄(←m̩¹³xe⁵³)a⁰?e₂₁,u²¹tʰiau¹³ʂən¹³tsʅ⁰tʰak³tʰ…u²¹
tʰiau¹³fu⁵³tai₄₄⁵³cie²¹cie³⁵tau²¹.taŋ²¹kau⁵³tsʰiəu₄₄⁵³fɔŋ⁵³ʂʅ⁵³tʂʰa²¹,e₂₁,tʂʰa²¹tʂʰɔŋ¹³lɔi¹³,i₁₃²¹iaŋ⁵³
tʂʰa²¹,i₁₃²¹iaŋ⁵³tʂʰa²¹kai⁵³iaŋ⁵³tʂʰa²¹,tʂʰa²¹tau²¹lɔi…tʂʰa²¹tau²¹lei⁰,tʂʰa²¹tau²¹tsʰiəu₄₄⁵³iet³
tait₅³ek³(←xek³)xa³⁵çi⁵³,ɔn³tso⁰ta²¹lɔŋ¹³san⁵³,xe⁵³xe₂₁⁵³,ta²¹lɔŋ⁵³san₄₄¹³iəŋ⁵³.e₂₁.

　　欸，从前个老人家着裤嘞，也冇得衣……正讲冇皮带呀，欸老人家就
唔得打眼伞唉，渠等个裤嘞就唔同。渠等个嘞，蛮大，也冇得咁个么个舞
皮带的襻子，冇得。欸。欸，有只裤头唔知几大，着下上去以后嘞，折下
转来，欸，折下转来，安做么个裤去哩啊，唔知安做么个。裤脚也蛮大，
欸，裤裆也唔知几深，箇条裤唔知几简单。就系，一只筒筒下，底下就分
开两只脚来哩，嗯。顶高也蛮大。反正你，三尺腰个人也着得就二尺五个
腰个人也着得，两尺个腰个人也着得，一折嘿转来，舞条绳子一缔下倒。
就系咁个。从前箇是一……一只，唔同。e₂₁,tsʰəʰ₂₁¹³tsʰien₂₁²¹ke⁰lau⁰ɲin¹³ka₄₄³⁵tʂɔk³
fu⁵³le⁰,ie³⁵mau¹³tek³i³⁵…tʂaŋ⁵³kɔŋ²¹mau¹³pʰi¹³tai⁵³ia⁰,e₂₁,lau²¹in¹³ka₄₄³⁵tsʰiəu⁵³ɳ¹³tek³ta²¹
lɔŋ⁵³san⁵³nau⁰,ci¹³tien⁰ke⁰fu₄₄⁵³le⁰tsʰiəu²¹ɳ¹³tʰəŋ¹³.ci¹³tien⁰ke⁰le⁰,mən³⁵tʰai¹³,ia³⁵mau₂₁¹³
tek³kan²¹ke⁵³mak³e⁵³(←ke⁰)u²¹pʰi¹³tai⁵³ke⁰pʰan⁵³tsʅ⁰,mau¹³tek³.e₂₁.e₂₁,iəu₂₁³⁵tʂak³fu⁵³
tʰei₄₄¹³ɳ¹³ti₅₃³⁵ci¹³tʰai⁵³,tʂɔk³a₄₄³(←xa⁵³)ʂɔŋ⁵³çi¹³i³⁵xei₄₄⁵³lei⁰,tʂait³a⁵³(←xa⁵³)tʂuɔn³
nɔi₄₄¹³,e₂₁,tʂait³ia⁵³(←xa⁵³)tʂuɔn²¹nɔi₄₄¹³,ɔn₄₄⁵³tso₄₄⁵³mak³ke₄₄⁰fu⁵³çi₄₄²¹li⁰a⁰,ɳ₂₁¹³ti₅₃³⁵ɔn₄₄³⁵tso₄₄
mak³e⁰.fu⁵³ciɔk³e₄₄⁴⁴(←ie³⁵)mən³⁵tʰai₄₄¹³,e₂₁,fu⁵³tɔŋ⁵³ŋa₄₄³⁵(←a⁵³)ɳ¹³ti₅₃³⁵ci¹³tʂʰən⁰,kai₄₄
tʰiau₂₁¹³fu⁵³ɳ¹³ti₅₃³⁵ci²¹kan²¹tan³⁵.tsʰiəu⁵³xe₄₄⁵³,iet³tʂak³tʰəŋ¹³tʰəŋ₄₄¹³xa³⁵,tei²¹xa⁵³tsiəu⁵³fən³⁵
kʰɔi³⁵iəŋ³⁵tʂak³ciɔk³lɔi₂₁¹³li⁰,ɳ₂₁.taŋ²¹kau⁵³ua₄₄³⁵(←a³⁵)mən³⁵tʰai¹³.fan²¹tʂən⁵³ɲi¹³,san⁵³
tʂʰak³iau³⁵ke⁰ɲin¹³ne₄₄(←ie³⁵)tʂɔk³tek³tsʰiəu₄₄⁵³ɳi²¹tʂʰak³ŋ²¹ke⁵³iau³⁵ke⁵³ɲin₂₁¹³ne₄₄(←

ie^{35})tʂɔk^3 tek^3 ,iəŋ^{21}tʂʰak^3 ke^0 iau^{35}ke^{0}ȵin^{13}ne$_{44}$(←ie^{35})tʂɔk^3 tek^3 ,e$_{21}$,iet^3 tʂait^3 ek^3 (←xek^3)tʂuɔn^{21}nɔi^{13} ,u^{21}tʰiau$^{13}_{44}$ʂən^{21}tʂ̩^{0} iet^3 tʰak^3 a^{53} (←xa^{53})tau^{21}.tsʰiəu^{13}xe^{53}kan^{21}cie^{53}.tsʰən$^{13}_{21}$tsʰien^{13}kai^{53}ʂ̩^{53}iet^3···iet^3 tʂak^3 ,ȵ$^{13}_{21}$tʰəŋ^{13}.

　　第二只嘞冇得羊毛衫。就着么个衫呢？最好个就着绳子衫。欸，用……用毛绳子去打，欸。打绳子衫。冇得绳子嘞，用箇棉线去打。嗯，我等也着过棉线个衫。如果有拉链个是咁个夹克衫子样是蛮奢侈个，欸衫都蛮奢侈。欸，箇是我等细细子着个衫。tʰi^{53}ȵi^{53}tʂak^3 lei^0 mau^{13}tek^3 iɔŋ^{13}mau$^{35}_{44}$san$^{35}_{44}$.tsʰiəu^{53}tʂɔk^3 mak^3 e$_{44}$(←ke^{53})san^{35}ne^0 ?tsei^{35}xau^{21}ke^0 tsʰiəu$^{53}_{44}$tʂɔk^3 ʂən^{35}tʂ̩^{0}san^{35}.e$_{21}$,iəŋ···iəŋ^{53}mau^{35}ʂən$^{13}_{21}$tʂ̩^{0}çi^{53}ta^{21},e$_{21}$,.ta^{21}ʂən^{13}tʂ̩^{0}san^{35}.mau^{35}tek^3 ʂən^{13}tʂ̩^{0}le^0,iəŋ^{53}kai$^{53}_{44}$ke$^{53}_{44}$men sen^{53}çi^{53}ta^{21}.ȵ$_{21}$,ŋai^{13}tien^{0}ia^{35}tʂɔk^3 ko^{0}men^{0}sen^{0}ke$_{44}$san^{35}.ʐ̩^{0}ko^{21}iəu^{53}la^{35}lien^{53}ke$^{53}_{44}$ʂ̩$^{13}_{44}$kan^{53}ke^{53}ciak^3 kʰek^3 san^{35}tʂ̩^{0}iɔŋ$^{53}_{44}$man^{13}ʂa^{35}tʂʰ̩^{21}ke^0,e$_{53}$san$^{35}_{44}$təu$^{35}_{44}$man^{13}ʂa^{35}tʂʰ̩^{21}.e$_{21}$,kai$^{53}_{44}$ŋai$^{13}_{21}$tien^{0}se^{53}se^{53}tʂ̩^{0}tʂɔk^3 ke^{53}san^{35}.

　　欸，还有嘞冇得如今箇咁么个，底裤，冇得咁个运动裤哇，底裤哇，冇得。嗯，冷稳哩着两条罩裤，呵呵，着两条罩裤，欸。欸，细人子嘞，短裤子都……冇得，嗯嗯，冇得短裤子。箇短裤子可惜哩，嗯。就着两条罩裤就咁个。e$_{21}$,xai$^{13}_{21}$iəu$^{35}_{53}$le^{0}mau^{13}tek^3 i$^{13}_{21}$cin^{35}kai^{53}kan^{21}ke$^{53}_{44}$mak^3 ke$^{53}_{44}$,ti^{21}fu^{53},mau^{13}tek^3 kan^{21}ke$^{53}_{44}$uən^{53}tʰəŋ^{13}fu^{53}va^0,te^{21}fu^{53}va^0,mau^{13}tek^3 .ȵ$_{21}$,naŋ^{35}uən^{21}ni^0 tʂɔk^3 iɔŋ^{21}tʰiau^{13}tsau^{53}fu^{53},xe$_{53}$xe$_{53}$,tʂɔk^3 iɔŋ^{21}tʰiau^{13}tsau^{53}fu^{53},e$_{21}$.e$_{21}$,sei^{53}ȵin$^{13}_{21}$tʂ̩^{0} lei^0,tɔn^{21}fu^{53}tʂ̩^{0} təu$^{35}_{44}$m···mau^{13}tek^3 ,m̩$_{21}$,m̩$_{21}$,mau^{13}tek^3 tɔn^{21}fu^{53}tʂ̩^{0} .kai$^{53}_{44}$tɔn^{21}fu^{53}tʂ̩^{0} kʰo^{21}set^3 li^0,ȵ$_{21}$.tsʰiəu^{53}tʂɔk^3 iɔŋ^{21}tʰiau^{13}tsau^{53}fu^{53}tsiəu$^{53}_{44}$kan^{21}cie^{53}.

　　从前个袜子嘞就爱缲，欸，缲袜底，欸。鞋嘞就冇得皮鞋。落水天呢，欸首先是着屐鞋，绷硬个，硬跌死人呐，我着过啊，应摆摆跌啊跌死人呐。你系碰倒踩下箇石头上是硬……硬会……会跌死人呐。绷硬，就系用……用牛皮，欸，舞滴桐油一刷，做倒箇像咁个布鞋样个东西，欸，用桐油一刷，咁子去着。tsʰən^{13}tsʰien$_{44}$ke^{13}mait^3 tʂ̩^{0}le^0 tsʰiəu^{53}ɔi$^{13}_{44}$tsʰiau^{35},e$_{21}$,tsʰiau^{35}mait^3 te^{21},e$_{21}$.xai^{13}le^0 tsʰiəu^{53}mau^{13}tek^3 pʰi^{13}xai^{13}.lɔk^5 ʂei^{21}tʰien^{35}ne^0 ,e$_{21}$ʂəu^{21}sen$^{35}_{53}$$^{53}_{44}$tʂɔk^3 cʰiak^5 xai^{21},paŋ^{35}ŋaŋ^{53}ke^0 ,ȵiaŋ^{53}tet^3 si^{21}ȵin^{13}na^0 ,ŋai^{13}tʂɔk^3 ko^{0}a^0 ,ȵiaŋ$_{44}$pai^{53}pai^{53}tet^3 a^0 tet^3 si^{21}ȵin^{13}na^0 .ni^{13}e$_{44}$(←xe^{53})pʰəŋ^{53}tau^{21}tsʰai$_{44}$(←xa^{53})kai$^{53}_{44}$ʂak^5 tei^{13}xɔŋ$^{53}_{44}$ʂ̩$^{53}_{44}$ȵiaŋ^{53}···ȵiaŋ^{53}uɔi$_{44}$···uɔi^{53}tet^3 si^{21}ȵin^{13}na^0 .paŋ^{35}ŋaŋ^{35},tsʰiəu^{53}xei$^{53}_{44}$iɔŋ^{53}···iəŋ^{53}ȵiəu^{13}pʰi^{35},e$_{21}$,u^{21}tet^5 tʰəŋ^{13}iəu^{13}iet^3 sɔit^3 ,tso^{53}tau^{21}kai^{53}tsʰiɔŋ^{53}kan^{21}ke$_{44}$pu^{53}xai^{13}iɔŋ$^{53}_{44}$ke$_{44}$tʰəŋ$^{35}_{44}$si^0 ,e$_{21}$,iəŋ^{53}tʰəŋ^{13}iəu^{13}iet^3 sɔit^3 ,kan^{21}tsʰ̩^{0} çi^{53}tʂɔk^3 .

　　欸，以下嘞，妹子卖人家嘞，就也冇得鞋卖，冇得咁多么个鞋去买，啊，跑鞋子啊，皮鞋呀，箇是唔知几奢侈个东西，欸。就，做婑子个人，欸，就爱做正鞋啦。嗯，家娘一双鞋啦，家爷一双鞋啦，欸，晚姑子个鞋

啦，系唔系？大郎子个鞋啦，箇个都爱做啦。一个人双子鞋是硬少唔得。再少啊还系垫郎鞋呀。郎子着个鞋就安做垫郎鞋，嗯。箇个就少唔得个。爱做布鞋，欸，自家唔会做，请都请倒人来做，嗯。看下么人个鞋做得更熨帖。呵呵，箇起，你嫁妆一舞下去就……就有人来评价啦。你系以个鞋呀做得好哇，系唔系啊？有人来评价。新娘子个嫁妆肚里嘞，欸鞋是不是做得熨帖。e₂₁,i²¹xa⁵³le⁰,mɔi⁵³tsʅ²¹mai¹³ɲin¹³ka₄₄³⁵lei⁰,tsʰiəu¹ia³⁵mau¹³tek³xai¹³mai⁵³,mau₂₁¹³tek³kan²¹tɔ₅₃³⁵mak⁵³e⁵³(←ke⁵³)xai¹³çi₄₄⁵³mai³⁵,a₅₃,pʰau²¹xai¹³tsʅ⁰a⁰,pʰi¹³xai₄₄¹³ia⁰,kai⁵³ʂʅ₂₁ɳti₄₄³⁵ci¹³ʂa³⁵tʂʰʅ²¹ke₄₄¹təŋ₄₄³⁵si⁰,e₂₁.tsʰiəu⁵³,tsɔ⁵³ɔi³⁵tsʅ⁰ke⁵³ɲin₂₁,e₂₁,tsʰiəu₄₄³⁵ɔi₄₄tsɔ⁵³tʂaŋ₄₄⁵³xai¹³la⁰.ṇ₂₁,ka³⁵ɲiɔŋ₂₁¹³iet³səŋ₄₄³⁵xai¹³la⁰,ka¹³ia¹³iet³səŋ₄₄³⁵xai₂₁la⁰,e₂₁,man³⁵ku₄₄³⁵tsʅ⁰ke⁵³xai₄₄¹³la⁰,xei₄₄¹³me₄₄(←ṃ¹xe⁵³)?tʰai¹³lɔŋ¹³tsʅ⁰ke⁵³xai₄₄¹³la⁰,kai¹³ke₄₄⁵³təu⁵³ɔi₄₄tsɔ⁵³la⁰.iet³ke⁵³ɲin₄₄¹səŋ³⁵tsʅ⁰xai¹³ʂʅ⁵³ɲiaŋ³⁵ʂau²¹ṇ¹³tek³.tsai⁵³ʂau²¹a⁰xai₂₁¹³xe₄₄tʰien⁵³nɔŋ¹³xai¹³ia⁰.lɔŋ¹³tsʅ⁰tʂɔk⁵³ke⁵³xai¹³tsʰiəu₄₄³⁵ɔŋ₄₄²¹tsɔ₄₄⁵³tʰien⁵³nɔŋ¹³xai¹³,ṇ₂₁.kai¹³ke₄₄⁵³tsʰiəu₄₄³⁵ʂau²¹ṇ₂₁¹tek³ke⁵³.ɔi⁵³tsɔ₄₄⁵³pu⁵³xai¹³,e₂₁,tsʰʅ³⁵ka₄₄³⁵ṇ₂₁uɔi₄₄⁵³tsɔ⁵³,tsʰiaŋ²¹təu³⁵tsʰiaŋ¹tau²¹ɲin¹³nɔi¹³tsɔ⁵³,ṇ₂₁.kʰɔn⁵³na₄₄(←xa⁵³)mak¹ɲin₄₄¹ke⁵³xai₂₁tsɔ⁵³tek³ken¹iet³tʰiait³.xe₅₃xe₅₃,kai₂₁çi²¹ɲi¹³ka⁵³tsɔŋ₄₄³⁵iet³u²¹a⁵³(←xa⁵³)çi⁵³tsʰiəu₄₄⁵³…tsʰiəu₄₄³⁵iəu³⁵ɲin₂₁nɔi₄₄¹³pʰin¹³cia⁵³la⁰.ɲi¹³xe₅₃¹i₅₃²¹ke⁵³xai₂₁ia⁰tsɔ⁵³tek³xau²¹ua⁰,xei⁵³me⁵³(←ṃ¹xe⁵³)a⁰?iəu³⁵ɲin₂₁lɔi₂₁pʰin¹³cia⁵³.sin³⁵ɲiɔŋ₂₁¹³tsʅ⁰ke₄₄⁵³ka⁵³tsɔŋ₄₄³⁵təu²¹li⁰le⁰,e₂₁xai¹³ʂʅ₄₄⁵³puk⁰ʂʅ₄₄⁵³tsɔ⁵³tek³iet³tʰiait³.

欸，讲帽子嘞，从前个人我记得最多个就系秆口帽。一只秆口样，欸，底下一只圈圈，系啊？一轮一轮子上。顶高嘞系只球球，一只球球搭嘿转，秆口帽。欸最多个，我等是我等细细子都戴秆口帽。嗯。从前衣着是我就怕就系以滴子吧？欸，再有比较有特色个。欸，咁个 T 恤衫呐，以个咁个衫都有得，罾看过，都系以……落尾正有个。e₂₁,kɔŋ¹³mau⁵³tsʅ⁰le⁰,tsʰəŋ₂₁¹³tsʰien₂₁ke⁵³in₄₄¹³ŋai¹³ci¹tek³tsei⁵³tɔ₄₄³⁵ke⁵³tsʰiəu₄₄¹³xe₄₄⁵³kɔn²¹tsiau³⁵mau⁵³.iet³tʂak³kɔn²¹tsiau³⁵iɔŋ⁵³,e₂₁,te²¹xa₄₄¹iet³tʂak³cʰien³⁵cʰien₄₄,xei₄₄⁵³a⁰?iet³lən¹³iet³lən¹³tsʅ⁰ʂɔŋ⁵³.taŋ²¹kau³⁵le⁰xei⁵³tʂak³cʰiəu¹³cʰiəu₄₄¹³,iet³tʂak³cʰiəu¹³cʰiəu₄₄¹³tait⁵³ek³(←xek³)tʂuɔn²¹,kɔn²¹tsiau³⁵mau⁵³.e₂₁tsei⁵³tɔ₄₄³⁵ke⁰,ŋai¹³tien⁰ʂʅ₄₄⁵³ŋai¹³tien¹³se⁵³se⁵³tsʅ⁰təu³⁵tai⁵³kɔn²¹tsiau³⁵mau⁵³.ṇ₂₁.tsʰəŋ²¹tsʰien₄₄¹³¹⁵tʂɔk³ʂʅ₄₄⁵³ŋai¹³tsʰiəu₄₄⁵³pʰa₄₄⁵³tsʰiəu¹³xei³⁵i²¹tiet³tsʅ⁰pa⁰?e₂₁,tsai⁵³iəu₄₄³⁵pi¹ciau₄₄⁵³iəu³⁵tʰek⁵³sek¹ke⁰.e₂₁,kan²¹ke₄₄¹³tʰi¹çiet³san³⁵na⁰,i²¹ke⁵³kan₄₄¹³cie₄₄⁵³san₃₅¹³təu³⁵mau₂₁¹³tek³,maŋ₂₁¹³kʰɔn₄₄¹³kɔ₄₄⁵³,təu³⁵xe⁵³i²¹…lɔk¹mi³⁵tʂaŋ₄₄⁵³iəu₄₄¹³ke⁰.

团胸衫

欸，话你知唠，我问你一只事唠。箇个夫娘子着个箇老……老婆婆子着个箇起团胸衫呐，箇件箇件猛大个箇块，箇块打嘿转个箇块大个安做么个？系唔系安做大襟呐？哎。箇块少滴子个安做么个，你晓得么？欸，唔系噢。我等客姓人让门话，你也唔晓得吧？嘿，我架势叫……欸，安做么个？嘿。欸，系唔系安做大襟？唔系吧？唔晓得吧？你慢滴……你慢问……你慢滴问倒哩，问倒哩，你发…发短信发过来唠。赶快话我知噢。欸，箇块大个安做么个，细个子安做么个。嗯。团胸衫，嗯。嗯。好，唔记得唔爱紧，你慢滴……慢想下子记得哩话我知，啊。好，我去下子我去下子摎陈老师去下子搞有箇个了，啊。欸，上班去哩嘞，好。ei$_{53}$,ua$_{44}^{35}$ɲi$_{21}^{13}$ti$_{44}^{35}$lau^0,ŋai$_{21}^{13}$uən^{53}ɲi$_{21}^{13}$iet^{3}tʂak^{3}sʅ^{53}lau^0.kai$_{44}^{53}$ke$_{44}^{53}$pu^{4}ɲioŋ$_{44}^{35}$tsʅ^{0}tʂok^{3}ke$_{44}^{53}$kai^{53}lau^0…lau^{21}pʰo^{13}pʰo$_{21}^4$tsʅ^{0}tʂok^{3}ke$_{44}^{53}$çi^{4}tʰon^{13}çiəŋ$_{44}^{35}$san^{4}na^0,kai$_{44}^{53}$cʰien$_{44}^{53}$kai$_{44}^{53}$cʰien$_{44}^{53}$mən^{4}tʰai^{3}ke$_{21}^{53}$kai^{53}kʰuai$_{44}^{53}$,kai$_{44}^{53}$kʰuai$_{44}^{44}$ta$_{53}^{21}$xek^{3}tʂon^{21}ke$_{44}^{53}$kai^{53}kʰuai$_{44}^{53}$tʰai^{4}ke$_{44}^{53}$ɔn$_{44}^{35}$tso$_{44}^{53}$mak^{3}ke$_{44}^{53}$?xei$_{44}^{53}$me$_{44}$(←m̩^{13}xe^{53})ɔn$_{44}^{35}$tso$_{44}^{53}$tʰai^{4}cin$_{44}^{35}$na^0?ai$_{21}$.kai$_{44}^{53}$kʰuai$_{44}^{53}$sau^{21}tiet^{3}tsʅ^{0}ke$_{44}^{53}$ɔn$_{44}^{35}$tso$_{44}^{53}$mak^{3}ke$_{44}^{53}$,ɲi$_{21}^{13}$çiau^{21}tek^{3}mo^0?e$_{21}$,m̩^{13}pʰe^{53}(←xe^{53})au^0.ŋai$_{21}^{13}$tien^{4}kʰak^{3}sin^{4}ɲin$_{21}^{13}$ɲioŋ$_{44}^{35}$mən$_{21}^{13}$ua^4,ɲi$_{21}^{13}$ia$_{53}^{35}$ɲi$_{21}^{13}$çiau^{21}tek^{3}pa^4?xe$_{53}$,ŋai^{13}cia^{4}sʅ$_{44}^{53}$ciau^{53}…e$_{21}$,ɔn^{4}tso$_{44}^{53}$mak^{3}ke^0?xe$_{53}$.e$_{21}$,xei$_{44}^{53}$mei$_{44}$(←m̩^{13}xei^{53})ɔn$_{44}^{35}$tso$_{44}^{53}$tʰai^{4}cin$_{44}^{35}$?ŋ̩^{13}xei^{53}pa^0?ŋ̩$_{21}^{13}$çiau^{21}tek^{3}pa^4?ɲi^{13}man$_{44}^4$tet$_5^3$…ɲi$_{21}^{13}$man$_{44}^4$uən^{53}…ɲi^{13}man$_{44}^4$tet$_5^3$uən^{4}tau^{4}li^0,uən^{4}tau^{4}li^0,ɲi^{13}fait^3…fait^{3}tɔn^{4}sin^{53}fait^{3}ko$_{53}^{53}$lɔi$_{21}^{13}$lau^0.kɔn^{21}kʰuai$_{44}^{53}$ua^{53}ŋai$_{21}^{13}$ti$_{44}^{35}$au^0.e$_{21}$,kai$_{44}^{53}$kʰuai$_{44}^{53}$tʰai^{4}ke$_{44}^{53}$ɔn$_{44}^{35}$tso$_{44}^{53}$mak^{3}ke^3,se^{4}ke$_{44}^{53}$tsʅ^{0}ɔn$_{44}^{35}$tso$_{44}^{53}$mak^{3}ke^3.ŋ̩$_{21}$.tʰon$_{21}^{13}$çiəŋ$_{44}^{35}$san$_{44}^{35}$,ŋ̩$_{21}$.ŋ̩$_{21}$.xau^{21},ŋ̩^{13}ci^{53}tek^{3}m̩$_{21}^{13}$mɔi$_{53}^{53}$cin^{21}ɲi^{13}man$_{44}^4$tiet^3…man^{4}siɔŋ^{21}xa^{53}tsʅ^{0}ci^{4}tek^{3}li^{0}ua^{4}ŋai$_{21}^{13}$ti$_{44}^{35}$,a$_{21}$.xau^{21},ŋai^{13}çi^{4}xa$_{44}^{53}$tsʅ^{0}ŋai^{13}çi^{4}xa$_{44}^{53}$tsʅ^{0}lau^{4}tʂʰən^{13}nau^{4}sʅ$_{44}^{13}$çi^{4}xa$_{44}^{53}$tsʅ^{0}kau^{21}iəu^{35}kai$_{44}^{53}$ke$_{21}^{53}$liau^0,a$_{21}$.e$_{21}$,ʂɔŋ^{13}pan$_{44}^4$çi^{53}li^{0}le^0,xau^{21}.

渠也唔记得，做衫个人都唔记得，几十年都罾做了，冇么人做了。ci$_{21}^{13}$ia^{35}ŋ̩^{13}ci^{53}tek^3,tso^{53}san^{35}ke^{0}ɲin$_{21}^{13}$təu$_{35}^{35}$ŋ̩^{13}ci^{53}tek^3,ci^{21}ʂət^{5}ɲien^{13}təu$_{53}^{35}$maŋ^{13}tso^{53}liau^0,mau^{13}mak^{3}in$_{44}^{13}$tso^{53}liau^0.（现在很少穿那种，但是有些女孩子啊现在又又喜欢穿那种衣服啦。）欸系有咁个嘞。欸，如今细人子着个箇件衫呐，正出世个毛毛子啊，渠渠就系咁个嘞，打打嘿转来，系唔系？一块子咁个嘞。安做窖骑子嘞。窖骑子。欸。渠就唔安做对襟衫……欸，唔安做大襟衫呢。（嗯，哪哪个告呢？）我唔晓得爱让欸爱让门子安做么个窖骑子。窖，窖字系唔系衣字旁一只告字？欸，有箇只字吗？窖骑子，唔，细人子着个窖骑子。有买嘞，我我箇只小孙子就……e^{0}xei^{35}iəu$_{44}^{35}$kan^{21}cie^{0}lei^0.e$_{21}$,i$_{21}^{13}$cin$_{44}^{35}$se^{0}ɲin^{13}tsʅ^{0}tʂok^{3}ke$_{44}^{53}$kai^{53}cʰien$_{53}^{53}$san^{4}na^0,tʂaŋ^{4}tʂʰət^{5}sʅ^{4}ke$_{44}^{53}$mau^{35}mau$_{35}^{35}$tsa^0,ci^{4}ci^{13}tsiəu$_{44}^{53}$xei$_{44}^{53}$kan^{21}cie^{53}le^0,ta^{21}ta^{21}ek$_5$(←xek^3)tʂon^{21}nɔi^{13},xei$_{44}$me$_{44}$(←m̩^{13}xe^{53})?iet^{3}kʰuai^{4}tsʅ^{0}kan^{21}cie^{0}le^0.ɔn^{4}tso$_{44}^{53}$kau^{4}ci^{4}tsʅ^{0}le^0.kau^{4}ci^{4}tsʅ^0.ei$_{21}$.ci^{4}tsʰiəu^{4}ŋ̩$_{21}^{13}$ɔn$_{44}^{35}$tso$_{44}^{53}$tei^{4}cin$_{44}^{35}$s…e$_{21}$,ŋ̩$_{21}^{13}$ɔn$_{44}^{35}$tso$_{44}^{53}$tʰai^{4}cin$_{44}^{35}$san$_{44}^4$ne^0.ŋai^{4}ŋ̩$_{21}^{13}$çiau^{21}tek^{3}ɔi^{4}ɲioŋ$_{44}^{53}$e^{0}ɔi$_{44}^{53}$ɲioŋ$_{44}^{35}$mən$_{44}^{13}$tsʅ^{0}ɔn$_{44}^{35}$tso^{53}mak^{3}e$_{44}$(←ke^0)kau^{21}ci^{35}tsʅ^0.kau^4,kau^{4}sʅ$_{44}^{13}$xei$_{44}$me$_{44}$(←m̩^{13}xe^{53})i^{35}tsʰʅ$_{44}^{53}$pʰɔŋ$_{21}^{13}$iet^{3}tʂak^{3}kau^{53}tsʰʅ$_{44}^{53}$?e$_{21}$,iəu^{35}kai^{53}iak^3(←tʂak^3)tsʰʅ^{53}ma^0?kau^{53}ci^{35}

tsʅ⁰,m̩₂₁,sei⁵³ȵin₄₄¹³tsʅ¹ tʂɔk³ ke₄₄⁵³kau⁵³ci³⁵tsʅ⁰ .iəu₄₄³⁵mai³⁵le⁰,ŋai¹³ ŋai¹³kai⁵³tʂak³ siau²¹sən³⁵ tsʅ⁰ tsʰiəu₄₄⁵³…（哪个 ci³⁵呢？）我唔晓……唔晓得哪只骑。窖骑子。ŋai¹³ṇ̩₂₁¹³ çiau²¹…ṇ̩ çiau²¹tek³ lai¹³tʂak³ ci³⁵.kau⁵³ci³⁵tsʅ⁰.

窖骑子

还有只东西𠲛写。毛毛子正出世，渠个衫呢冇得纽子，怕……怕按倒渠，怕印倒渠啊。舞条子箇绳子缔下去个，安做窖骑子。窖骑子。xai₂₁¹³iəu⁵³ ak³（←tʂak³）əŋ₄₄¹³（←təŋ³⁵）si⁰ maŋ₂₁¹³sia²¹.mo³⁵mo³⁵tsʅ⁰ tʂaŋ³⁵tʂ̣ʰət³ sʅ⁰,ci¹³ke₄₄⁵³san¹³ne⁰ mau¹³tek³ lei²¹tsʅ⁰,pʰa₄₄⁵³i…pʰa₄₄⁵³an²¹tau²¹ci₂₁¹³,pʰa₄₄⁵³in⁵³tau²¹ci₂₁¹³a⁰.u²¹tʰiau¹³tsʅ¹ kai₄₄⁵³sə n¹³tsʅ¹ tʰak³ a₄₄(←xa⁵³)çi₄₄⁵³ke⁰,ɔn₄₄⁵³tsɔ₄₄⁵³kau⁵³ci₄₄⁵³tsʅ⁰.kau⁵³ci¹³tsʅ⁰.

（哪个 kau⁵³呢？）你就欸告诉个告哇可以加么啊偏旁么？哈？有……左边有么个偏旁加么？窖骑子。你就用告诉个告嘞。ȵi¹³tsʰiəu⁵³e⁰kau⁵³səu¹³ke⁰ kau⁵³ua⁰kʰo²¹i³⁵cia³⁵mak³a⁰pʰien³⁵pʰɔŋ₂₁¹³mo⁰?xa₃₅?iəu³⁵ts…tsɔ²¹pien₄₄³⁵iəu₄₄³⁵mak³e⁰ pʰien³⁵pʰɔŋ₂₁¹³cia₄₄⁵³mo⁰?kau⁵³ci¹³tsʅ⁰.ȵi¹³tsʰiəu⁵³iəŋ⁵³kau⁵³səu¹³ke⁰ kau⁵³le⁰.

（ci³⁵呢？）骑，窖骑子。你就写只飞机个机，机器个机，窖骑子。你先分以只以只以只东西搞倒去正。窖骑子。欸。ci³⁵,kau⁵³ci¹³tsʅ⁰.ȵi₂₁¹³tsʰiəu³⁵sia²¹ tʂak³ fei³⁵ci₄₄⁵³ke⁵³ci³⁵,ci⁵³ çi₄₄⁵³ke⁵³ci₄₄⁵³,kau⁵³ci¹³tsʅ⁰.ȵi₂₁¹³sien₄₄³⁵pən⁵³²¹tʂak³ i²¹tʂak³ i²¹tʂak³ tə ŋ³⁵si⁰kau⁵³tau²¹çi¹³tʂaŋ⁵³.kau⁵³ci₄₄⁵³tsʅ⁰.e₂₁.

（窖骑子指的是这个系……系的吗？）唔系，箇件衫。箇件衫呢安做窖骑子。m̩₂₁¹³pʰe⁵³（←xe⁵³）,kai₄₄⁵³cʰien₄₄³⁵san⁵³.kai₄₄⁵³cʰien₄₄³⁵san¹³ne⁰ ɔn₄₄⁵³tsɔ₄₄⁵³kau⁵³ci₄₄⁵³tsʅ⁰.

箇箇种咁个做法咯，箇只，箇个衫个做法安做窖骑子。黟肉个箇件，黟肉个箇件衫，就莫要，肉十分嫩呐，莫莫用箇扣子。kai₄₄⁵³kai⁵³tʂəŋ²¹kan²¹ke₄₄⁵³ tsɔ⁵³fait³ ko⁰,kai⁵³tʂak³,kai₄₄⁵³ke⁵³san³⁵ke⁵³tsɔ⁵³fait³ ɔn₃₅tsɔ₄₄⁵³kau⁵³ci³⁵tsʅ⁰.ȵia¹³ȵiəuk³ ke⁵³kai⁵³cʰien⁵³,ȵia¹³ȵiəuk³ ke⁵³kai⁵³cʰien⁵³san³⁵,tsʰiəu₄₄⁵³mɔk³iau³⁵,ȵiəuk³ ṣət³ fən₄₄⁵³lə n⁵³na⁰,mɔk³mɔk³iəŋ⁵³kai₄₄⁵³kʰei¹³tsʅ⁰.

背褡

（马甲。）马甲。有哇，有马甲。ma³⁵kait³.iəu³⁵ua⁰,iəu₄₄³⁵ma³⁵kait³.（叫马甲还是马甲子？）马甲，哎讲马甲。嗯。ma³⁵kait³.ai₄₄kɔŋ¹³ma³⁵kait³.m̩₂₁.但是箇又有种嘞呃讲背褡。背心子啊，就嘞背……背心呢。欸，有棉背褡子，老人家就喜欢着。棉背褡子，背褡。tan₄₄⁵³ṣʅ⁵³kai₄₄iəu⁵³iəu³⁵tʂəŋ²¹lei⁰ ə₂₁kɔŋ²¹pɔi⁵³ tait³.pɔi⁵³sin₄₄tsa⁰,tsʰiəu₄₄⁵³le⁰ pei⁵³…pei⁵³sin₄₄ne⁰.e₂₁,iəu₄₄³⁵mien¹³pɔi¹³tait³ tsʅ⁰,lau²¹ ȵin¹³ka₄₄tsʰiəu⁵³çi²¹fən₃₅tʂak³ .mien¹³pɔi¹³tait³ tsʅ⁰,pɔi¹³tait³.（那个哪个褡呢？）系唔系系只衣字旁，箇边一只回答个答字，草头底下一只合字个？xei₄₄⁵³mei₄₄

(←m̩¹³xei⁵³)xei⁵³tʂak³i³⁵tsʰŋ⁵³pʰɔŋ¹³,kai₄₄pien₄₄iet₃ tʂak³fei¹³tait³ke⁵³tait³tsʰŋ⁵³,tsʰau²¹
tʰei¹³te²¹xa⁵³iet³tʂak³xɔit³tsʰŋ⁵³ke⁵³?（它跟马甲样子还是一样的是吧？）我就分
唔出渠个区别唠，大概马甲嘞，就可以着出来，着出外背来。唔……唔着
罩衫。ŋai¹³tsiəu₄₄fən³ŋ̩¹³tʂʰət³ci¹³ke₅₄tʂʰɻ³⁵pʰiek⁵lau⁰,tʰai⁵³kʰai¹³ma³⁵kait³
le⁰,tsʰiəu⁵³kʰo²¹i³⁵tʂɔk³tʂʰət³lɔi₄₄,tʂɔk³tʂʰət³ŋ¹³pɔi⁵³lɔi₂₁.ŋ̩¹³…ŋ̩¹³tʂɔk³tsau⁵³san³⁵.
（哦，就是可以可以穿在外面。）个穿……着倒外背。但是背褡嘞着倒外背
就唔好看。欸，背褡就只好掌下肚里，安做掌下肚里。就系外背着……欸，
肚里着件褂子，外背着件罩衫，掌下肚里。ke⁵³tʂʰen³⁵…tʂɔk³tau²¹ŋɔi³pɔi⁵³.tan₄₄
ʂ₄₄⁵³pɔi⁵³tait³lei⁰tʂɔk³tau²¹ŋɔi⁵³pɔi⁵³tsʰiəu₄₄m̩₂₁xau²¹kʰɔn⁵³.e₂₁,pɔi⁵³tait³tsʰiəu⁵³tʂɻ²¹au²¹
(←xau²¹)tsʰan⁵³ŋa₄₄(←a³⁵)təu²¹li⁰,ɔn₄₄tso₄₄tsʰan⁵³ŋa₄₄(←a³⁵)təu²¹li⁰.tsiəu⁵³xe₅₄ŋɔi³
pɔi⁵³tʂɔk³…e₂₁,təu²¹li⁰tʂɔk³cʰien⁴⁴kua⁵³tsɻ⁰,ŋɔi³pɔi₄₄tʂɔk³cʰien⁵³tsau⁵³san³⁵,tsʰaŋ⁵³
ŋa₄₄(←a³⁵)təu²¹li⁰.（这个掌是隐藏是吧？）欸，系藏个意思吗？掌下肚里。
充实个意思嘞。就使使肚里冇事冇事捞空。e₅₃,xe⁵³tsʰɔŋ¹³ke₄₄i⁵³sɻ⁰ma⁰?tsʰaŋ⁵³
ŋa₄₄(←a³⁵)təu²¹li⁰.tsʰən³⁵ʂət⁵ke₄₄i⁵³sɻ⁰lei⁰.tsʰiəu⁵³tsɻ²¹tsɻ⁵³təu²¹li⁰mau¹³sɻ³mau⁵³sɻ³lau³⁵
kʰən³⁵.（就填充，是吧？）欸，填充个意思。欸。掌下肚里系填充个意思。
嗯。渠话冷，少哩就掌件子衫凑哩啊。e₂₁,tʰien¹³tsʰəŋ₄₄ke₄₄i₄₄⁵³sɻ⁰,e₅₃.tsʰaŋ⁵³xa₄₄təu²¹
li⁰e₄₄(←xe⁵³)tʰien¹³tsʂʰəŋ⁴⁴ke₄₄i⁵³sɻ⁰.ŋ̩₂₁.ci₂₁ua⁵³laŋ³⁵,ʂau²¹li⁰tsʰiəu₄₄tsʰaŋ⁵³cʰien⁵³tsɻ
san³⁵tsʰei⁰lia⁰.（掌下肚里是吧？）掌下肚里，掌下，欸，掌下肚里。tsʰaŋ⁵³
ŋa₄₄(←a³⁵)təu²¹li⁰,tsʰaŋ⁵³a³⁵,e₂₁,tsʰaŋ⁵³a³⁵təu²¹li⁰.背褡，嗨，有棉背褡子，单背褡
子，嗨，皮背褡子。pɔi⁵³tait³,m̩₂₁,iəu³mien¹³pɔi⁵³tait³tsɻ⁰,tan⁵³pɔi⁵³tait³tsɻ⁰,m̩₂₁,pʰi¹³
pɔi⁵³tait³tsɻ⁰.（棉……那个背褡就是相当于这种……）欸，相当于马甲唠。
嗨，想想有滴像……我我唔系话我分唔出到底哪起安做背褡，哪起安做马
甲。欸。马甲有简个么啦？有有有棉个么啦？e₂₁,siɔŋ³⁵tɔŋ₄₄⁵³ɻ̩²¹ma³⁵kait³
lau⁰.m̩₂₁,siɔŋ⁵³siɔŋ⁵³iəu⁵³tet₄₅tsʰiɔŋ⁵³…ŋai¹³ŋai¹³m̩¹³pʰe⁵³(←xe⁵³)ua₄₄ŋai¹³fən³ŋ̩¹³tsʰət³
tau⁵³te²¹lai⁵³çi²¹ɔn₄₄³⁵tso₄₄⁵³pɔi⁵³tait³,lai⁵³çi²¹ɔn₄₄³⁵tso₄₄⁵³ma³⁵kait³.e₂₁.ma³⁵kait³iəu₄₄³⁵kai⁵³ke₄₄
mo⁰la⁰?iəu³⁵iəu³⁵iəu³⁵mien¹³ke⁵³mo⁰la⁰?（有，也有。）也有吧？ia³⁵iəu₄₄⁵³pa⁰?（嗯。）
我分唔出，唔知让欸嘞让门子系……到底还就背褡就系马甲，还……ŋai¹³
fən³⁵ŋ̩₂₁tʂʰət³,ŋ̩₂₁ti₄₄³⁵ɲiɔŋ¹³ə⁰le⁰ɲiɔŋ⁵³mən₄₄³⁵tsɻ⁰xe⁵³…tau⁵³ti²¹xai¹³tsʰiəu⁵³pɔi⁵³tait³
tsʰiəu⁵³xei₄₄⁵³ma³⁵kait³,xai¹³…（嗯。分……分哪几种啊就？棉背……）棉背褡，
嗨，单背褡。有皮……皮背褡。mien¹³pɔi⁵³tait³,m̩₂₁,tan⁵³pɔi⁵³tait³.iəu³⁵pʰi¹³…pʰi¹³
pɔi⁵³tait³.（有双的吗？）冇得双个。可能背褡本身来讲就不是一重布，不
是一重子布哇。肯定就系起码就夹个，欸，因为渠系保暖个东西啊，系啊？
mau₂₁¹³tek³sɔŋ³⁵ke₂₁⁵³.kʰo²¹len¹³pɔi⁵³tait³pən²¹ʂən₄₄³⁵nɔi₂₁¹³kɔŋ²¹tsʰiəu⁵³pət³sɻ⁵³iet³tsʰəŋ¹³
pu⁵³,pət³sɻ⁵³iet³tsʰəŋ¹³tsɻ⁰pu⁵³ua⁰.kʰen²¹tʰin⁵³tsʰiəu⁵³xei⁰çi²¹ma³⁵tsʰiəu⁵³kait³

ke^{53},ei$_{21}$,in^{35}uei^{53}ci$_{21}^{13}$xei^{53}pau^{21}lɔn^{35}cie^{53}təŋ$_{44}^{35}$si^0 a^0,xei$_{44}^{53}$a^0?

假领子

还有假领子嘞。我就看过嘞。就系只子领子。两条子根根。俹俹哩着哩俹俹哩着哩一件子褂子样。有得么个。其他有得哩，嘿。xai$_{21}^{13}$iəu$_{44}^{35}$cia^{21}liaŋ^{35}tsʐ^{0}le^0.ŋai$_{21}^{13}$tsʰiəu$_{44}^{53}$kʰɔn^{53}ko^{53}le^0.tsʰiəu^{53}ue^{53}(←xe^{53})tʂak^{3}tsʐ^{0}liaŋ^{35}tsʐ^0.iɔŋ$_{44}^{35}$tʰiau$_{21}^{13}$tsʐ^{0}cin^{35}cin$_{44}^{35}$.ɲian^{21}ɲian$_{44}^{21}$li^{0}tʂɔk^{3}li^{0}ɲian^{21}ɲian$_{44}^{21}$li^{0}tʂɔk^{3}li^{0}iet^{3}cʰien$_{44}^{35}$tsʐ^{0}kua^{53}tsʐ^{0}iɔŋ^{53},mau^{13}tek^{3}mak^{3}ke^{53}.cʰi$_{21}^{13}$tʰa$_{44}^{35}$mau^{13}tek^{3}li^0,xe$_{53}$.（就一个领子这一块？）就系一只子衣领子。欸，攋稳呢。欸，但是以颈根手胁下攋稳呢。<u>以映子攋稳呢</u>。以映有滴子嘞，以映有滴子嘞。咁多子，以映咁多子。我看过。tsʰiəu^{53}xei^{53}iet^{3}tʂak^{3}tsʐ^{0}i$_{21}^{13}$^{35}liaŋ^{35}tsʐ^0,ei$_{21}$,kʰuan^{53}uən^{21}ne^0.ei$_{35}$,tan^{21}sʐ^{53}i^{21}ciaŋ^{35}cien$_{44}^{35}$ʂəu^{21}cʰiet^{3}xa^{35}kʰuan^{53}uən^{21}ne^0,iaŋ$_{35}$(←i^{21}iaŋ^{53})tsʐ^{0}kʰuan^{53}uən^{21}ne^0.i^{21}iaŋ$_{44}^{35}$iəu^{35}tiet^{5}tsʐ^{0}le^0,i^{21}iaŋ$_{44}^{53}$iəu$_{44}^{35}$tiet^{5}tsʐ^{0}lei^0.kan^{21}to$_{44}^{53}$tsʐ^0,i^{21}iaŋ$_{44}^{35}$kan^{21}to$_{44}^{53}$tsʐ^0.ŋai^{13}kʰɔn^{53}ko$_{21}$.（这叫什么？）假领子安做。cia^{21}liaŋ^{35}tsʐ^{0}ɔn$_{44}^{35}$tso$_{44}^{53}$.（这个就讲cia^{21}啦？）假领子，欸，真假个假。cia^{21}liaŋ^{35}tsʐ^0,e$_{21}$,tʂən^{35}cia^{21}ke$_{44}^{53}$cia^{21}.

便裤

箇起咁个老人家着个裤就唔知安做么个裤嘞。<u>系唔系</u>安做捅裤唠？从前老人家子着啊，老人家着欸，以映有得有得皮带个，以只只子裤头唔知几大，着啊上去以后嘞，看唉，咁子折一下，羁嘿去，欸舞……舞条……舞条绳子缔嘿倒，有得羁皮带个，从前老人家……kai^{53}ci^{21}kan^{21}ke^{0}lau^{13}ɲin^{13}ka$_{35}^{35}$tʂɔk^{3}ke^{0}fu$_{44}^{53}$tsʰiəu$_{44}^{53}$n̩$_{21}^{13}$ti$_{44}^{35}$ɔn$_{44}^{35}$tso$_{44}$mak^{3}e$_{44}$(←ke^{53})fu^{53}li^0.xe$_{44}^{53}$me$_{21}$(←m̩^{13}xe^{53})ɔn^{35}tso$_{44}$tʰəŋ$_{44}$fu^{53}lau?tsʰəŋ^{13}tsʰien^{13}lau^{21}ɲin^{13}ka$_{53}^{35}$tsʐ^{0}tʂɔk^{3}a^0,lau^{21}ɲin^{13}ka$_{44}^{35}$tʂɔk^{3}e^0,i^{21}iaŋmau^{13}tek^{3}mau^{13}tek^{3}pʰi^{13}tai$_{44}$ke^{53},i^{21}tʂak^{3}i^{21}tʂak^{3}fu^{53}tʰei$_{21}^{13}$n̩$_{44}$ti$_{44}^{35}$ci^{21}tʰai^{53},tʂɔk^{3}a^{0}ʂəŋ$_{44}^{53}$ci$_{44}^{53}$i$_{44}$xei^{53}lei^0,kʰɔn^{21}nau^0,kan^{21}tsʐ^{0}tʂait^{3}iet^{3}xa^{35},cie^{35}ek^3(←xek^3)ci^0,e$_{21}$u^{21}tʰ…u^{21}tʰiau^{13}ʂ…u^{21}tʰiau^{13}ʂən^{35}tsʐ^{0}tʰak^{3}a^{53}(←xa^{53})tau^{21},mau^{13}tek^{3}ke^{35}pʰi^{13}tai$_{44}$ke$_{44}^{53}$,tsʰəŋ^{13}tsʰien^{13}lau^{21}ɲin^{13}ka$_{53}^{35}$…（那就是那叫什么裤呢？）唔知<u>系唔系</u>安做直筒裤嘞，又唔系直筒裤嘞。直筒裤是讲底下子。唔知安做么个裤去哩。老人家子就着咁个裤嘞。n̩$_{21}^{13}$ti$_{44}^{35}$xei^{53}me$_{44}$(←m̩^{13}xe^{53})ɔn$_{44}^{35}$tso$_{44}^{53}$tʂʰət^{5}tʰəŋ^{21}fu^{53}lei^0,iəu^{35}m̩$_{21}^{13}$pʰe$_{44}$(←xe^{53})tʂʰət^{5}tʰəŋ^{21}fu^{53}le^0.tʂʰət^{5}tʰəŋ^{21}fu^{53}ʂʐ$_{44}^{53}$kɔn^{21}te^{0}xa^{53}tsʐ^0.n̩$_{21}^{13}$ti$_{44}^{35}$ɔn$_{44}^{35}$tso$_{44}$mak^{3}e$_{44}$(←ke^{53})fu$_{44}$ci$_{44}$li^0.lau^{21}ɲin^{13}ka$_{53}^{35}$tsʐ^{0}tsʰiəu$_{44}^{53}$tʂɔk^{3}kan^{21}cie^{53}fu^{53}lei^0.（叫什么？便裤啊？）安做么……便裤，系呀，安做便裤。ɔn$_{44}^{35}$tso$_{44}^{53}$mak^3…pʰien^{53}fu^{53},xei^{53}ia^0,ɔn^{35}tso$_{44}$pʰien^{53}fu$_{44}$.

裙头裤

还有起裙头裤嘞。一般以个面前可以咁个就西装裤啊。裙头裤你晓得吗？像妹子人着个样以个边上开襟呢。开……开……以只纽子去边上嘞，安做裙头裤嘞。我等都着过嘞。妹子人都唔着西装裤嘞从前呢。边上开个，边上开丫。两边都着得。可以以只丫开以边，也可以翻转箇向来一只丫开箇边。就有事以映膝头拱旧做一边。从前是衫裤十分唔得到。哈。裙头裤。

xai¹³iəu³⁵çi²¹₄₄chin¹³thei¹³fu⁵³lei⁰.iet³pɔn³⁵i²¹ke⁵³₄₄mien⁵³tshien²¹₂₁kho⁴⁴i⁵³₅₃kan²¹₄₄ke⁵³₄₄tshiəu⁵³₄₄si³⁵tsɔŋ⁵³fu⁵³a⁰.chin¹³thei¹³fu⁵³ni²¹₄₄çiau⁵³tek³ma⁰?tshiɔŋ⁵³mɔi⁵³tsɿ⁰nin¹³tʂɔk³ke⁰iɔŋ⁵³i¹³ke⁵³pien³⁵xɔŋ⁵³khɔi³⁵₄₄cin³⁵nei⁰.khɔi³⁵…khɔi³⁵…i¹³tʂak³lei²¹tsɿ⁰çi⁵³₄₄pien³⁵xɔŋ⁵₄₄le⁰,ɔn⁴⁴₄₄tsɔ⁵³₄₄chin¹³thei¹³fu⁵³lei⁰.ŋai²¹₄₄tien⁰təu³⁵₄₄tʂɔk³ko⁰le⁰.mɔi⁵³tsɿ⁰nin¹³təu³⁵₅₃n²¹₂₁tʂɔk³si³⁵tsɔŋ⁵³fu⁵³le⁰tshən¹³tshien¹³ne⁰.pien³⁵xɔŋ⁵³₄₄khɔi³⁵₄₄ke⁵³,pien³⁵xɔŋ⁵³₄₄khɔi³⁵a³⁵.iɔŋ²¹pien⁵³təu⁵³₅₃tʂɔk³tek³.kho²¹i³⁵₅₃i²¹tʂak³a³⁵kho³⁵i²¹pien³⁵,ia³⁵kho²¹i⁵³fan⁵³tʂɔn²¹kai⁵³çiɔŋ⁵³₄₄lɔi²¹₂₁iet³tʂak³a⁵³₄₄kho³⁵kai⁵³pien³⁵₄₄.tsiəu⁵³₄₄mau¹³sɿ⁵³i²¹iaŋ⁵³tshiet³thei²¹₂₁kən²¹chiəu⁰tsɔ⁵³₄₄iet³pien³⁵.tshən¹³tshien¹³sɿ⁵³₄₄san³⁵fu⁵³₄₄ʂət⁵fən³⁵₄₄n²¹₂₁tek⁵tau⁵³₄₄.xa⁵³.chin¹³thei¹³fu⁵³.

笠嫲

统称是笠嫲嘞，我等客姓人安做笠嫲嘞。蓑衣笠嫲。箇晡唔系讲嘿笠嫲丘？嘿嘿嘿。箇只万老师讲笠嫲丘。thən²¹tshən⁵³₅₃sɿ⁵³liet³ma¹³lei⁰,ŋai²¹tien⁰khak³sin⁵³nin¹³₂₁ɔn⁴⁴₄₄tsɔ⁵³₄₄liet³ma¹³lei⁰.so³⁵i³⁵liet³ma¹³.kai⁵³pu⁵³₅₃m¹³phe⁵³(←xe⁵³)kɔŋ²¹xek³liet³ma¹³chiəu⁰?xe⁵³xe⁵³xe⁵³.kai⁵³tʂak³uan⁵³lau²¹sɿ⁵³₄₄kɔŋ²¹liet³ma¹³chiəu³⁵.（蓑衣笠嫲是……）蓑衣笠嫲，就是雨具的意思啊。欸。欸，我等是咁子讲啊，正月就嬲过去，二月就坐过去，三月嘞蓑衣笠嫲都爱去。so³⁵i³⁵liet³ma¹³,tsiəu⁵³sɿ⁵³ʮ²¹tʂɿ⁵³te⁰i⁵³sɿ⁰a⁰.e₂₁.e₄₄,ŋai¹³tien⁰sɿ⁵³kan²¹tsɿ⁰kɔŋ²¹ŋa⁰,tʂaŋ³⁵niet⁵tshiəu⁵³liau⁵³ko⁰çi⁵³,ni¹³niet⁵tshiəu⁵³₄₄tsho⁵³ko⁰çi⁵³,san¹³niet⁵le⁰so³⁵i³⁵liet³ma¹³təu³⁵ɔi⁵³₄₄çi⁵³.

鼻帕子

箇个箇个手帕哆，就安做鼻帕子。鼻帕子。蹭鼻脓啊，细人子用来擦……擦……擦鼻脓啊。鼻帕子。从前个细人子是舞枚子舞条子鼻帕子就挂倒……舞枚子镶针呐挂下衫上嘞。欸，舞枚子镶针呢，一头就劁下衫上，一头就劁下鼻帕子上嘞。鼻帕子。kai⁵³₄₄ke⁵³₄₄kai⁵³₄₄ke⁵³₄₄ʂəu²¹pha⁵³ʂa⁰,tshiəu⁵³₄₄ɔn⁴⁴₄₄tsɔ⁵³₄₄phi⁵³pha⁵³tsɿ⁰.phi⁵³pha⁵³tsɿ⁰.tshən⁵³phi⁵³ləŋ¹³ŋa⁰,se⁵³nin¹³tsɿ⁰iəŋ⁵³lɔi¹³₄₄tshait³…tshait³…tshət³phi¹³ləŋ¹³ŋa⁰.phi⁵³pha⁵³tsɿ⁰.tshən⁵³tshien¹³ke⁵³₄₄sei⁵³nin¹³₄₄tsɿ⁰sɿ⁵³₄₄u¹³mɔi¹³tsɿ⁰u¹³thiau¹³tsɿ⁰phi⁵³pha⁵³₄₄tsɿ⁰tshiəu⁵³₄₄kua⁵³tau²¹…u²¹mɔi¹³tsɿ⁰pin³⁵tʂən³⁵na⁰kua⁵³a⁵³₄₄(←xa⁵³)san³⁵

xɔŋ⁵³₄₄le⁰.e₂₁.u²¹mɔi¹³tsɿ⁰pin³⁵tʂən³⁵ne⁰,iet³tʰei¹³tsʰiəu⁵³₄₄tsʰan²¹na⁵³(←xa⁵³)san³⁵
xɔŋ⁵³₄₄,iet³tʰei¹³tsʰiəu⁵³₄₄tsʰan²¹na₄₄(←xa⁵³)pʰi⁵³pʰa⁵³tsɿ⁰xɔŋ⁵³₄₄le⁰.pʰi⁵³pʰa⁵³tsɿ⁰.

掸巾

（噢这样，这种动作……）围巾，欸，掸，安做掸围巾。安做掸。掸
条子围巾。如今呐箇老哩人就发条子手巾，发条子白啊，系唔系？白布哇。
庄重啊。箇只白布就我等是长日都强调啦，爱掸下肩膊上，爱掸下肩膊上，
莫咁子随随便便啊缔下手上啊。欸。爱掸下肩膊上。爱让门掸呢？男左女
右。死个系男子人，你就掸下左边肩膊上，嗯，通通子掸下左边肩膊上。
死个系夫娘子人，掸下右边肩膊上。掸。掸巾，又安做掸巾呢，围巾呢。
uei¹³cin³⁵₄₄,e₂₁,tan²¹,ɔn³⁵tso⁵³₄₄tan²¹uei¹³cin³⁵.ɔn³⁵tso⁵³₄₄tan²¹.tan²¹tʰiau¹³tsɿ⁰uei¹³cin³⁵.i¹³₂₁cin³⁵
na⁰kai⁵³lau⁰li⁰ɲin¹³tsʰiəu⁵³fait³tʰiau¹³tsɿ⁰ʂəu²¹cin⁵³₄₄,fait³tʰiau¹³tsɿ⁰pʰak³a⁰,xei⁵³₄₄me₄₄
(←m̩¹³xe⁵³)?pʰak³pu⁵³₄₄ua⁵³.tsɔŋ⁵³tʂʰəŋ⁵³ŋa⁰.kai⁵³tʂak³pʰak³pu⁵³₄₄tsʰiəu⁵³₄₄ŋai⁵³tien³⁵ʂɿ⁵³₄₄
tʂʰɔŋ¹³niet³təu⁵³₅₃cʰiɔŋ¹³tiau⁵³la⁰,ɔi⁵³₄₄tan²¹na₄₄cien³⁵pɔk³xɔŋ⁵³,ɔi⁵³₄₄tan²¹na₄₄cien³⁵₄₄pɔk³
xɔŋ⁵³,mo⁵³kan²¹tsɿ⁰sei³⁵₄₄sei¹³pʰien⁵³pʰien⁵³a⁰tʰak³a₅₃ʂəu²¹xɔŋ⁵³ŋa⁰.ŋe₂₁ɔi²¹tan²¹na₄₄
cien³⁵pɔk³xɔŋ⁵³.ɔi⁵³₄₄ɲiɔŋ⁵³₄₄mən¹³₄₄tan²¹ne⁰?lan¹³tso²¹ɲy²¹iəu⁵³.si²¹ke⁵³xe⁵³lan¹³tsɿ²¹
ɲin¹³,ɲi¹³tsʰiəu⁵³tan²¹na₅₃tso²¹pien³⁵₄₄cien³⁵pɔk³xɔŋ⁵³,ŋ̍₂₁,tʰəŋ³⁵tʰəŋ⁵³₄₄tsɿ⁰tan²¹na₃₅tso²¹
pien³⁵₄₄cien³⁵pɔk³xɔŋ⁵³.si²¹ke⁵³xe⁵³pu⁵³ɲiɔŋ¹³₂₁tsɿ⁰ɲin²¹,tan²¹na₄₄iəu⁵³pien³⁵₄₄cien³⁵pɔk³
xɔŋ⁵³.tan²¹.tan²¹cin³⁵,iəu⁵³₄₄ɔn³⁵tso⁵³₄₄tan²¹cin³⁵ne⁰,uei¹³₄₄cin³⁵ne⁰.（噢，围巾也叫掸
巾？）又安做掸巾。嗯。箇就系蛮老个话法了。围巾安做掸巾是。我听讲
过。箇阵子系咁子讲。羁条掸巾呐。iəu⁵³₄₄ɔn³⁵tso⁵³₄₄tan²¹cin³⁵.n̩₅₃.kai⁵³tsʰiəu⁵³xei⁵³₄₄
man¹³nau¹³cie⁵³₄₄ua⁵³fait³liau⁰.uei¹³cin³⁵₄₄ɔn³⁵tso⁵³₄₄tan²¹cin³⁵ʂɿ⁰.ŋai²¹tʰəŋ³⁵kɔŋ¹³ko⁰.kai⁵³
tʂʰən⁵³₄₄tsɿ⁰xei⁵³kan²¹tsɿ⁰kɔŋ²¹.cie³⁵tʰiau²¹₁₃tan²¹cin³⁵na⁰.

长手巾

（以前那个长长的系在腰上或者是盘在头上的那种呢？）哦哦哦哦，
欸系，箇起长手巾。o₄₄o₄₄o₄₄o₄₄,e₂₁xe⁵³,kai⁵³₄₄çi²¹tsʰəŋ¹³ʂəu²¹cin³⁵.

欸欸有人形容形容箇江西人啊，欸有话唠，一条长手巾，渠等个手巾
有咁长，一条长手巾，用来羁腰，系唔系？冷天用来羁腰。还冷滴子嘞，
用来让门子嘞？欸，一一一欸，一掸掸下肩膊上。嗯，以映子嘞，有有咁
阔哟，一打下来，面前就打开来。底下就放只子火笼子。炙倒火笼子。火
笼子面上就舞条子手……舞条子长手巾就咁子遮稳下子。箇火笼子嘞又安
做叼笼子，唔系箇是话江西人啊，我等我等个人有么人咁子。江西人就有
惯哩用长手巾。ei₄₄ei₄₄iəu²¹zən₃₅cin¹³iəŋ¹³çin¹³iəŋ¹³kai⁵³₄₄kɔŋ³⁵si³⁵₄₄ɲin¹³nau⁰,e₂₁iəu³⁵ua⁵³₄₄

lau^0,iet^3 t^{h}iau$_{21}^{13}$ts^{h}oŋ^{13}ṣəu^{21}cin^{35},ci^{13}tien^0 ke$_{44}^{53}$ṣəu^{21}cin^{35}iəu$_{44}^{35}$kan^{21}ts^{h}oŋ^{13},iet^3 t^{h}iau$_{21}^{13}$
ts^{h}oŋ$_{21}^{13}$ṣəu^{21}cin^{35},iəŋ^{53}lɔi$_{21}^{13}$cie$^{}$iau^{35},xei$_{44}^{53}$me$_{44}$(←m̩^{13}xe^{53})?laŋ$^{}$t^{h}ien$_{44}^{35}$iəŋ^{53}lɔi$_{21}^{13}$cie^{35}
iau^{35}.xai$_{21}^{13}$laŋ^{35}tiet^5 tsʅ^{0}lei^0,iəŋ$_{21}^{53}$lɔi$_{21}^{13}$ɲioŋ$_{44}^{53}$mən$_{44}^{21}$tsʅ^0 lei^0 ?iei$_{53}$,iet^3 iet^3 iet^3 iei$_{44}$,iet^3 tan^{21}
tan^{21}na$_{44}$(←xa^{53})cien^{35}pok^3 xɔŋ$_{44}$.m̩$_{21}$.i$^{}$iaŋ^{53}tsʅ^0 lei^0,iəu$^{}$iəu$_{53}^{}$kan^{21}k^{h}ɔit^3 ṣa^0,iet^3 ta^{21}a$_{44}$
(←xa^{53})k^{h}ɔi^{35}lɔi$_{21}^{13}$,mien^{53}ts^{h}ien$_{21}^{13}$tsiəu$_{44}^{53}$ta^{21}k^{h}ɔi$_{21}^{35}$lɔi$_{21}^{13}$.te^{21} xa$_{44}^{53}$tsiəu$_{44}^{53}$foŋ^{53}tṣak^3 tsʅ^0 fo^{21}
ləŋ^{35}tsʅ^0.tṣak^3 tau$_{44}$fo^{21}ləŋ^{35}tsʅ^0.fo^{21}ləŋ^{35}tsʅ^0 mien^{53}xɔŋ$_{44}^{53}$ts^{h}iəu$_{44}$u^{21}t^{h}iau^{13}tsʅ^0 ṣəu…u$^{}$
t^{h}iau^{13}tsʅ^{0}ts^{h}oŋ$^{}$ṣəu^{21}cin^{35}ts^{h}iəu$_{44}$kan^{21}tsʅ^0 tṣa^{35}uən^{21}na$_{44}$(←xa^{53})tsʅ^0.kai$_{44}^{53}$fo^{21}ləŋ^{35}tsʅ^0
lei^0 iəu$_{44}^{}$ɔn$_{44}^{}$tso$_{44}^{}$tiau$^{}$ləŋ^{35}tsʅ^0.m̩$_{21}$p^{h}e$_{21}$(←xe^{53})kai$_{44}^{53}$ṣʅ$^{}$ua$_{44}^{53}$kɔŋ^{35} si$_{21}^{35}$ɲin^{13}nau^0,ŋai$_{21}^{}$
tien^0 ŋai$_{21}^{13}$tien^0 kei$^{}$ɲin$_{21}^{}$mau$_{21}$mak^3 in$_{21}^{13}$kan$_{53}^{21}$tsʅ^0.kɔŋ^{53} si$_{21}^{35}$ɲin$_{21}^{13}$ts^{h}iəu$_{44}^{53}$iəu$_{44}^{35}$kuan^{53}li^0
iəŋ$_{44}^{53}$ts^{h}oŋ^{13}ṣəu^{21}cin$_{44}$.

我等以映唔多用长手巾。但是我用过咁长子个，正好缔下腰上个。欸，热天就用来擦汗，擦汗呐。欸。箇个我等个山里顿田塝，咁子顿田塝，系呀？热天吵，下青草塝呐，分条手巾嘞，一只顿铲把口长啊，咁大子个咁大子个把，口长。分条欸分皮手巾呢一缔缔下箇个顿铲把个顶高，以映子仰抖动几下嘞渠箇顿就箇手巾嘞就咁子就咁子仰上仰下就搨风啊。ŋai^{13}tien^0
i^{21}iaŋ^{53}n̩$_{21}^{13}$to$_{44}^{35}$iəŋ^{35}ts^{h}oŋ^{13}ṣ̍eu^{53}cin$_{44}$.tan$^{}$ṣʅ^{53}ŋai$^{}$iəŋ$^{}$ko$_{44}^{53}$kan^{21}ts^{h}oŋ^{13}tsʅ^0 ke^{53},tṣən^{53}xau$^{}$
t^{h}ak^3 a$_{44}$(←xa^{53})iau^{35}xɔŋ$_{44}^{}$ke$_{44}$.ei$_{21}$ɲiet^5 t^{h}ien$_{44}^{35}$ts^{h}iəu$_{44}^{}$iəŋ$_{44}^{13}$lɔi$_{21}^{13}$ts^{h}ət^3 xɔn^{53},ts^{h}ət^3 xɔn^{53}
na^0.e$_{21}$.kai$_{44}^{53}$kei$_{44}^{53}$ŋai$_{21}^{13}$tien^0 ke$_{44}^{}$san^{35} ni^0 tən$^{}$t^{h}ien^{13} k^{h}an^{53},kan^{21}tsʅ^0 tən$^{}$t^{h}ien^{13}
k^{h}an^{53},xei$_{44}^{53}$ia^0 ?ɲiet^5 t^{h}ien$_{44}^{35}$ṣa^0,xa^{53} ts^{h}iaŋ^{53}ts^{h}au^{21}k^{h}an^{53}na^0,pən^{35}t^{h}iau$^{}$ṣəu^{21}cin^{35}
ne^0,iet^3 tṣak^3 tən$^{}$ts^{h}an^{13}pa$^{}$lai^{35}ts^{h}oŋ$_{21}^{13}$ŋa^0,kan^{21}t^{h}ai$^{}$tsʅ^0 kei^{53}kan^{21}t^{h}ai$^{}$tsʅ^0 kei$_{44}^{}$
pa^{53},lai^{35}ts^{h}oŋ^{13}.pən^{35}t^{h}iau$_{21}^{13}$e^0 pən^{35}p^{h}i$_{21}^{13}$ṣəu^{21}cin^{35}nei^0 iet^3 t^{h}ak^3 t^{h}ak^3 a^{53}(←xa^{53})kai$^{}$
kei$_{44}^{53}$tən$^{}$ts^{h}an^{21}pa^{53}ke$_{44}^{}$taŋ^{21}kau$_{44}^{35}$i^{21}iaŋ$_{44}^{53}$tsʅ^0 ɲioŋ^{21}ci^{21}xa$_{44}^{53}$lei^0 ci$_{21}^{13}$kai$_{44}^{53}$tən$^{}$ts^{h}iəu^0 kai$_{44}^{}$
ṣəu^{21}cin^{35}nei^0 ts^{h}iəu^{53}kan^{21}tsʅ^0 ts^{h}iəu^{53}kan^{21}tsʅ^0 ɲioŋ^{21}ṣoŋ^{35}ɲioŋ^{21}xa^{35}ts^{h}iəu$_{44}^{}$ṣen^{53}foŋ^{35}
ŋa^0.（那不搞笑吗？）箇个……蛮搞笑嘞咿哎。箇……大家都咁子用咯，嗯，长手……长手巾呐。我等个长手巾只有三尺子长。唔。kai$_{21}^{53}$k…man^{13}kau^{21}
siau^{53}lei^0 iai$^{}$.kai$_{44}^{53}$…t^{h}ai$_{44}^{53}$cia$_{44}^{35}$təu^{35}kan^{21}tsʅ^0 iəŋ^{53}ko^0,n̩$_{21}$,ts^{h}oŋ^{13}ṣ…oŋ^{13}ṣəu^{21}cin^{35}
na^0.ŋai^{13}tien^0 ke$_{}^{53}$ts^{h}oŋ^{13}ṣəu^{21}cin^{35}tsʅ^0 iəu$_{53}^{35}$san^{35}tṣ^{h}ak^3 tsʅ^0 ts^{h}oŋ$_{21}^{13}$.m̩$_{21}$.

草鞋

草鞋都有两种嘞。一种就着倒上岭岗个。以个最简单，只有只鞋底个。鞋底，底下就一只鞋底。箇面上嘞，就几条咁个，同箇，同箇个拖鞋样个东西，同我箇起咁个拖鞋样个，几条咁个几条箇绳子襻倒个，嗯，箇是一种。ts^{h}au^{21}xai$^{}$təu$_{44}^{}$iəu$_{44}^{}$iɔŋ^{21}tṣən$^{}$le^0.iet^3 tṣən^{21}ts^{h}iəu$^{}$tṣɔk^3 tau^{21}ṣɔŋ$_{44}^{}$liaŋ^{35}kɔŋ$_{44}^{35}$
ke$_{44}$.ie$_{44}$(←i^{21}ke^{53})tsei^{53}kan^{21}tan$_{44}^{35}$,tsʅ^{21}iəu$_{53}^{35}$tṣak^3 xai^{13}te^{21}cie^{53}.xai^{13}te^{21},te^{21}xa^{53}ts^{h}iəu^{53}

iet³tʂak³xai¹³te²¹.kai⁵³₄₄mien⁵³xɔŋ⁵³₄₄lei⁰,tsʰiəu⁵³ci²¹tʰiau¹³kan²¹ke⁵³,tʰəŋ¹³kai⁵³,tʰəŋ²¹₂₁kai⁵³₄₄ke⁵³₄₄tʰo³⁵xai²¹₂₁iɔŋ⁵³₄₄ke⁵³₄₄təŋ³⁵₄₄si⁰,tʰəŋ²¹ŋai¹³kai⁵³çi²¹kan²¹cie⁵³tʰo³⁵xai¹³₂₁iɔŋ⁵³₄₄ke⁵³,ci²¹tʰiau¹³kan²¹ke⁵³ci²¹tʰiau¹³kai⁵³₄₄ʂən¹³tsʅ⁰pʰan²¹tau²¹ke⁵³,n̩₂₁,kai⁵³ʂʅ⁵³iet³tʂəŋ²¹.（那那叫什么呢？）箇……箇草鞋呀，也安做草鞋呀。kai⁵³tsʰ···kai⁵³tsʰau¹³xai¹³ia⁰,ia⁵³ɔn³⁵₄₄tso⁵³₄₄tsʰau²¹xai²¹ia⁰.（哦，有名称区别吗？）有得，有得名称区别，两种都喊草鞋。还有种草鞋嘞，箇就还有面子个。渠用……用……用咁个绳子啊，一圈一圈呢，咁子穿起来，有只子鞋面子。也系草鞋。除哩鞋底，还有只鞋面子。欸，我着过，我都着过箇起。以前我等箇有只老子会做，会做咁个鞋。渠个草鞋嘞渠就渠就也就系有面子个草鞋。箇面子嘞，也欸也就系么个东西做个嘞？如今岭上就有箇起芒梗。箇冬芒啊。冬芒嘞，欸，开哩花个箇冬芒去嘿箇芯去，渠就有一条咁个欸靠近箇条花个箇条有箇皮叶子，箇皮叶子比较韧性，分渠捻成绳子，打成绳子，一圈一圈咁子去圈。一圈一圈舞起来，做只鞋面。欸。我着过。mau¹³tek³,mau¹³tek³min¹³tʂən³⁵₄₄tʂʰ̩ʅ³⁵₄₄pʰiek⁵₃,iɔŋ²¹tʂəŋ²¹təu³⁵₄₄xan²¹tsʰau²¹xai¹³.xai¹³iəu⁵³₃₃tʂəŋ²¹tsʰau²¹xai¹³lei⁰,kai⁵³₄₄tsʰiəu⁵³₄₄xai¹³₄₄iəu⁵³₄₄mien⁵³tsʅ⁰ke⁵³₄₄.ci¹³iəŋ⁵³···iəŋ⁵³xə···iəŋ⁵³kan²¹kei⁵³ʂən¹³tsʅ⁰a⁰,iet³cʰien⁵iet³cʰien³⁵ne⁰,kan²¹tsʅ⁰tʂʰɔn⁵³çi²¹lɔi¹³₂₁,iəu³⁵tʂak³tsʅ⁰xai¹³mien⁵³tsʅ⁰.ia⁵³xei⁵³tsʰau²¹xai¹³₂₁.tʂʰəu¹³li⁰xai¹³te²¹,xai¹³iəu⁵³₄₄tʂak³xai¹³mien⁵³tsʅ⁰.e₂₁,ŋai¹³tʂɔk³ko⁵³,ŋai¹³təu³⁵₅₃tʂɔk³ko⁵³kai⁵³çi²¹.i¹³tsʰien²¹₂₁ŋai¹³tien⁰kai⁵³₄₄iəu³⁵tʂak³lau²¹tsʅ⁰uɔi³⁵₄₄tso⁵³,uɔi⁵³tso⁵³kan²¹cie⁵³xai¹³₂₁.ci²¹₂₁ke⁵³tsʰau²¹xai¹³lei⁰ci²¹₂₁tsʰiəu⁵³₄₄ci²¹₂₁tsʰiəu⁵³ia³⁵tsʰiəu⁵³xei⁵³₄₄iəu³⁵mien⁵³tsʅ⁰ke⁴⁴tsʰau²¹xai¹³.kai⁵³₄₄mien⁵³tsʅ⁰lei⁰,ia⁵³e₂₁ia³⁵tsʰiəu⁵³xe⁵³₄₄mak⁵ke⁵³₄₄təŋ³⁵₄₄si⁰tso⁵³ke⁵³₄₄lei⁰?i¹³₂₁cin³⁵₄₄liaŋ³⁵xɔŋ⁵³tsʰiəu⁵³₄₄iəu³⁵kai⁵³₄₄çi²¹mɔŋ¹³kuaŋ²¹.kai⁵³təŋ³⁵mɔŋ¹³ŋa⁰.təŋ³⁵mɔŋ¹³lei⁰,e₂₁,kʰɔi¹³li⁰fa³⁵ke⁵³₄₄kai⁵³təŋ³⁵mɔŋ²¹₂₁tʂʰ̩ʅ⁰ek³(←xek³)kai⁵³₄₄sin¹³çi²¹₂₁,ci²¹₂₁tsʰiəu⁵³₄₄iəu³⁵iet³tʰiau¹³₂₁kan²¹ke⁵³e₂₁kʰau⁵³cʰin³⁵₄₄kai⁵³tʰiau²¹₂₁fa³⁵ke⁵³₄₄kai⁴⁴tʰiau²¹iəu⁵³₄₄kai⁴⁴pʰi¹³₂₁iait⁵tsʅ⁰,kai⁵³₄₄pʰi¹³₂₁iait⁵tsʅ⁰pi²¹ciau⁵³₄₄ɲin¹³sin⁵³,pən³⁵ci²¹ɲien²¹ʂaŋ¹³ʂən¹³tsʅ⁰,ta²¹ʂaŋ¹³ʂən¹³tsʅ⁰,iet³cʰien³⁵iet³cʰien³⁵kan²¹tsʅ⁰çi⁵³₄₄cʰien⁵³.iet³cʰien³⁵iet³cʰien³⁵u²¹çi²¹lɔi¹³₂₁,tso⁵³tʂak³xai¹³mien⁵³₄₄.e₂₁.ŋai¹³tʂɔk³ko⁵³.（那那个鞋好穿吧？）还好穿，欸。xai¹³₄₄xau²¹tʂʰuen³⁵₄₄,e₂₁.（那个因为稻草的话有……）欸渠就还有滴子保温，保……保……冷天也着得，欸。e⁰ci¹³tsʰiəu⁵³xai²¹₂₁iəu³⁵tiet⁵tsʅ⁰pau²¹uən³⁵,pau²¹···pau²¹···laŋ³⁵tʰien³⁵₄₄ia³⁵₄₄tʂɔk³tek³,e₂₁.

（用苎麻做的鞋子呢？）有苎麻做个，箇是更高级了啦。还有布筋打个。用烂布筋呐，烂布哇。布筋打个就好着啊。用布筋打个就比箇个比秆打个就好着得多哩啊。嗯。iəu³⁵tʂʰəu¹³ma¹³tso⁵³ke⁵³₄₄,kai⁵³ʂʅ³⁵ken⁴⁴kau³⁵ciet⁵liau³⁵la⁰.xai¹³₂₁iəu³⁵pu⁵³cin³⁵ta²¹ke⁵³.iəŋ⁵³lan³⁵pu⁵³cin³⁵na⁰,lan⁵³pu⁴⁴ua⁰.pu⁵³cin⁴⁴ta²¹cie⁵³tsʰiəu⁵³xau²¹tʂɔk³a⁰.iəŋ⁵³₂₁pu⁵³cin³⁵ta²¹ke⁵³tsʰiəu⁵³₄₄pi²¹kai⁴⁴ke⁵³pi²¹kɔn²¹ta²¹ke⁵³tsʰiəu⁵³ xau^{21}tʂɔk^{3}tek^{3}to$_{44}^{35}$li^{0}a^0.n̩^{21}.（有有布筋鞋也有这个说法吗？）有哦，有布筋鞋哦，布筋做个。唔系安做布筋鞋，布筋草鞋。嗯。布筋草鞋。iəu^{35}o^0,iəu^{35}pu^{53}cin$_{44}^{35}$xai$_{21}^{13}$io^0.pu^{53}cin$_{44}^{35}$tso^{53}ke^0.m̩^{13}pʰe^{53}(←xe^{53})ɔn$_{44}^{35}$tso^{53}pu^{53}cin$_{44}^{35}$xai$_{21}^{13}$,pu^{53}cin$_{44}^{35}$tsʰau^{21}xai^{13}.m̩$_{21}$.pu^{53}cin$_{44}^{35}$tsʰau^{21}xai^{13}.

大底

噢，我昨晡晓得哩嘞，箇块东西就安做大底嘞。加只大底去嘞。箇个布鞋呀，底下就系底吵，系唔系？欸，面上就鞋面吵。布鞋底摞鞋面之间，欸，加一……加一只雪白子个边个，露出雪白子边个，箇只东西安做大底。安做大底。安做大底鞋。au$_{21}$,ŋai$_{21}^{13}$tsʰo$_{21}^{35}$pu$_{53}^{35}$çiau^{21}tek^{3}li^{0}lei^0,kai^{53}kʰuai^{21}təŋ$_{44}^{35}$si^{0}tsʰiəu$_{44}^{53}$ɔn$_{44}^{35}$tso$_{44}^{53}$tʰai^{53}te^{21}le^0.cia^{35}tʂak^{3}tʰai^{53}te^{21}çi$_{44}^{53}$le^0.kai$_{21}^{13}$ke$_{44}^{53}$pu^{53}xai$_{21}^{13}$ia^0,te^{21}xa$_{44}$tsʰiəu^{53}xe^{53}te^{21}ʂa^0,xei$_{44}^{53}$me$_{44}$(←m̩^{13}xe^{53})?e$_{21}$,mien^{53}xɔn$_{44}^{53}$tsʰiəu$_{44}^{53}$xai^{13}mien^{53}ʂa^0.pu$^{}$xai^{13}te^{21}lau^{35}xai^{13}mien^{53}tʂʅ^{35}kan^{35},ei$_{21}$,cia^{35}iet^{3}kʰ···cia^{35}iet^{3}tʂak^{3}siet^{3}pʰak^{5}tʂʅ$^{}$ke$_{21}$pien^{35}ke$_{44}^{53}$,ləu^{35}tʂʰət^{3}siet^{3}pʰak^{5}tsʅ^{0}pien^{35}ke^{53},kai$_{44}$tʂak^{3}təŋ$_{44}^{35}$si^{0}ɔn^{35}tso$_{44}^{53}$tʰai^{53}te^{21}.ɔn^{35}tso$_{44}^{53}$tʰai^{53}te^{21}.ɔn^{35}tso$_{44}^{53}$tʰai^{53}te^{21}xai^{13}.

袜底

1. 袜底，缲袜底。mait^{3}te^{21},tsʰiau$_{44}^{35}$mait^{3}te^{21}.欸做箇只底个时候子，箇就几重子布吵，系唔系？用针线去打，安做缲袜底。ei^{0}tso^{53}kai^{53}tʂak^{3}te^{21}ke^{53}ʂʅ^{13}xei$_{44}^{53}$tsʅ^0,kai$_{44}^{53}$tsʰiəu^{53}ci^{21}tsʰəŋ^{13}tsʅ^{0}pu$_{44}^{53}$ʂa^0,xei$_{44}^{53}$me$_{44}$(←m̩^{13}xe^{53})?iəŋ$_{44}^{53}$tʂən^{35}sien$_{44}^{53}$çi^{53}ta^{21},ɔn$_{44}^{53}$tso^{53}tsʰiau^{35}mait^{3}te^{21}.

欸，买倒来个袜子嘞，爱底下剪渠一刀。安做，分箇只分箇只袜底绡上去，安做绡袜底。缲袜底。绡袜底。ei$_{44}$,mai^{35}tau^{21}lɔi$_{21}^{13}$ke^{53}mait^{3}tsʅ^{0}le^{0}ɔi$_{44}^{53}$te^{21}xa^{53}tsen^{21}ci$_{21}^{13}$iet^{3}tau^{35}.ɔn^{35}tso$_{21}^{53}$,pən^{35}kai^{53}tʂak^{3}pən^{35}kai^{3}tʂak^{3}mait^{3}te^{21}ʂɔŋ^{21}ʂɔŋ^{53}çi^{53},ɔn$_{44}^{53}$tso^{53}ʂɔŋ^{35}mait^{3}te^{21}.tsʰiau^{35}mait^{3}te^{21}.ʂɔŋ^{21}mait^{3}te^{21}.

剪箇一刀嘞安做开袜底。tsen^{21}kai^{3}iet^{3}tau^{35}le^{0}ɔn$_{44}^{53}$tso$_{44}^{53}$kɔi^{35}mait^{3}te^{21}.

欸，有底个袜子好着嘞。好着。e$_{53}$,iəu^{35}te^{21}ke^{53}mait^{3}tsʅ^{0}xau^{21}tʂɔk^{3}le^0.xau^{21}tʂɔk^3.（那比较……脚底感觉好。）欸，脚底下感觉好。同箇只荡底样嘞。e$_{53}$,ciɔk^{3}te^{21}xa^{53}kɔn^{21}ciɔk^{3}xau^{21}.tʰəŋ$_{44}^{13}$kai$_{44}^{53}$cia^{35}tʂak^{3}tʰɔŋ^{53}te^{21}iɔŋ^{53}le^0.

（缲，绡，还有剪，开？）开袜底，欸，剪开箇一刀来呀。本来渠买只新袜子吵，买倒箇新袜子吵，底下一只筒筒吵，系啊？就同如今个袜是一样个唠。爱先剪渠一刀。剪渠一刀以后剪做两篦。剪做两篦嘞，分渠嘞又又又用针线子连转去，箇两篦又莫丢咁哩嘞。欸，就安做开袜底。冇几多子嘞，只有以滴子嘞。欸以映溜子嘞。只有鞋……袜底个一半子。kʰɔi^{35}

mait^3 te^{21},e$_{21}$,tsen^{21}k^{h}ɔi^{35}kai^{53}iet^3 tau$_{44}$lɔi$_{21}$ia^0 .pən^{21}nɔi^{13}ci$_{21}$mai^{35}tʂak^3 sin^{35}mait^3 tsʅ^0
ʂa^0,mai^{35}tau$_{44}^{53}$kai$_{44}^{53}$sin^{35}mait^3 tsʅ^0 ʂa^0,te^{21}xa^{53}iet^3 tʂak^3 t^{h}əŋ^{13}t^{h}əŋ$_{44}^{53}$ʂa^0,xe^{53}a^0 ?ts^{h}iəu^{53}
t^{h}əŋ$_{21}^{13}$i$_{21}$cin^{53}ke$_{21}$mait^3 sʅ^{53}iet^3 iɔŋ^{53}ke^{53}lau^0 .ɔi$_{44}^{53}$sien^{35}tsien^{21}ci$_{21}$iet^3 tau^{35}.tsien^{21}ci$_{21}$iet^3
tau^{35}i$_{44}^{35}$xei$_{44}^{53}$tsien^{21}tso^{21}iɔŋ^{21}sak^3 .tsien^{21}tso^{21}iɔŋ^{21}sak^3 lei^0,pən^{35}ci$_{21}$lei^{0}iəui^{13}iəu^{53}iəui^{13}iəŋ^{53}
tʂən^{35}sien^{53}tsʅ^0 lien^{13}tʂɔn^{21}çi^{53},kai iɔŋ^{21}sak^3 iəumo^{53}tiəu^{35}kan^{21}li^0 le^0 .e$_{21}$,ts^{h}iəu$_{21}^{53}$ɔn$_{44}^{35}$
tso$_{44}$k^{h}ɔi^{35}mait^3 te^{21}.mau$_{21}^{13}$ci$_{21}$to^{53}tsʅ^0 lei^0,tsʅ^{21}iəu$_{53}^{35}$^{21}tiet^5 tsʅ^0 lei^0 .ei$_{44}^{13}$iaŋ$_{44}$liəu^{35}tsʅ^0
le^0 .tsʅ^{21}iəu$_{53}^{35}$xai$_{21}^{13}$···mait^3 te^{21}ke^{53}iet^3 pan^{53}tsʅ^0 .

2.（像以前你们穿什么袜子小时候？）也着以个以滴箇样袜子。但是
以前个袜子嘞爱打袜底。嗯。分箇袜子底下嘞剪开来，踩脚个箇向啊底剪
开来。剪开来嘞绡只袜底去。咹，打只袜底绡倒去。ia^{35}tʂɔk^3 i^{21}kei^{1}i^{1}tiet^{5}kai$_{44}$
iɔŋ^{53}mait^3 tsʅ^0 .tan$_{44}^{53}$sʅ$_{44}^{13}$^{35}ts^{h}ien^{21}ke^{53}mait^3 tsʅ^0 le^0 ɔi^{3}ta^{21}mait^3 te^{21}.n̩$_{21}$.pən^{35}kai^{53}mait^3
tsʅ^0 te^{21}xa$_{44}$le^{0}tsen^{21}k^{h}ɔi^{35}lɔi$_{21}^{13}$,ts^{h}ai^{21}ciɔk^3 ke^{53}kai$_{44}^{53}$çiɔŋ^{53}ŋa^0 te^{21}tsen^{21}k^{h}ɔi^{35}lɔi$_{21}$.tsen^{21}
k^{h}ɔi^{35}lɔi$_{21}^{53}$le^{0}ʂɔn^{21}tʂak^3 mait^3 te^{21}çi^{53}.m̩$_{21}$,ta^{21}tʂak^3 mait^3 te^{21}çi^{53}ʂɔn^{21}tau^{0}çi^{53} .

（你们那个袜底它是……）自家绡个嘞。两两……两重子。ts^{h}ʅ^{35}ka^{35}
ts^{h}iau^{53}ke^{53}le^0 .iɔŋ^{21}iɔŋ^{21}s···iɔŋ^{21}tʂʰəŋ^{13}tsʅ^0 .（自己扎出来的，是吧？）欸，用针
用线去打啦，还爱用线去打啦，唔系就系一重子布啦。箇有。欸。e$_{21}$,
iəŋ^{53}tʂɔn^{21}iəŋ^{53}sen^{53}çi^{53}ta^{21}la^0,xa$_{21}^{53}$ɔi$_{44}$iəŋ$_{44}$sen^{53}çi^{53}ta^{21}la^0,m^{13}p^{h}e$_{44}$(←xe^{53})ts^{h}iəu^{53}xe^{53}
iet^3 ts^{h}əŋ^{13}tsʅ^0 pu^{0}la^0 .kai^{53}iəu$_{44}^{35}$.e$_{21}$.（可以单独点在鞋子里面吗？）箇不行唉，
箇箇个是……箇垫下鞋肚箇里是就鞋垫了。kai^{53}pət^3 çin^{13}nau^0,kai^{53}kai^{53}ke^{53}sʅ^{35}
ts^{h}i···kai$_{44}^{53}$t^{h}ian^{53}na^{53}(←xa^{53})xai^{13}təu^{21}kai$_{44}^{53}$li^0 sʅ$_{44}^3$ts^{h}iəu$_{44}$xai^{13}t^{h}ian^{53}niau^0 .（哦，那个
叫袜底。）袜底咯。欸，箇个是硬喊袜底哦。渠硬爱绡下袜子上个咯。mait^3
te^{21}kɔ^0 .e$_{21}$,kai^{53}ke^{53}sʅ^{53}ɲiaŋ^{53}xan^{53}mait^3 te^{21}o^0 .ci$_2^{21}$ɲiaŋ^{53}ɔi^{53}ʂɔn^{21}a^{53}(←xa^{53})mait^3 tsʅ^0
xɔŋ^{53}ke^{53}kɔ^0 .

绗

落尾正后来正有箇个画粉。欸，后来就有画粉，就一片一片个。系唔
系？欸，拿倒箇粉笔样啊，咁子拿倒去画个。我看过嘞箇起咁个粉袋子嘞。
lɔk^{5}mi^{13}tʂaŋ^{53}xei^{53}lɔi$_{21}$tʂaŋ^{53}iəu$_{44}^{35}$kai$_{44}^{53}$cie$_{44}^{53}$fa^{53}fən^{21}.e$_{21}$,xei^{53}lɔi$_{21}$ts^{h}iəu$_{44}^{53}$iəu^{35}fa^{53}fən^{21},
ts^{h}iəu$_{44}^{53}$iet^3 p^{h}ien^{3}iet^3 p^{h}ien^{53}cie^0 .xei$_{44}^{53}$me$_{44}$(←m̩^{13}xe^{53})?e$_{21}$,lak^5 tau^{21}kai$_{44}$fən^{21}piet^3 iɔŋ
^{53}ŋa^0,kan^{21}tsʅ^0 lak^5 tau^{53}çi^{53}fa^{53}ke^0 .ŋai^{13}k^{h}ɔn^{53}kɔ^{53}le^{0}kai$_{44}$çi$_{44}^{53}$kan^{21}ke^0 fən^{21}t^{h}ɔi^{53}tsʅ^0 le^0 .

渠个做棉衫呐，做祆婆，棉衫呐，渠爱绗。你晓得安做么个安做绗吗？
渠就，底下一块布，中间放滴棉花，系唔系啊？顶高又一块布吵放下去吵。
渠就，欸，用箇粉袋子嘞，限正哩咁个咁子弹一弹，同就同箇搞么啊样，
同咁木匠师傅弹弹墨样啊，墨斗弹墨样啊。渠扯一下，箇个粉袋子揦以头，

手以只手揸稳粉袋子，一扯，箇箇线上，箇绳子上就尽粉。放下以映子，弹一下，就弹条线。我又弹一下，弹条线。然后照倒箇线呢隔咁远子，又又挑一针上来，挑一针上，安做绗棉……绗。安做绗，嗯。渠就使箇个棉花冇事走做一坨去。歀。ci²¹₁₃ke⁵³tso⁵³mien¹³san³⁵na⁰,tso²¹au³¹pʰo¹³,mien¹³san³⁵₄₄na⁰,ci²¹₁₃ɔi⁵³xɔŋ¹³,ɲi²¹₁₃çiau²¹tek³ɔn³⁵₄₄tso⁵³mak³e₄₄(←ke⁵³)ɔn³⁵₄₄tso⁵³₄₄xɔŋ¹³ma⁰ ?ci²¹₁₃tsʰiəu⁵³₄₄,te²¹xa⁵³₄₄iet³kʰuai⁵³pu⁵³,tʂən³⁵kan₄₄fɔŋ⁵³tet³mien¹³fa₄₄,xei₄₄me₄₄(←m̩¹³xe⁵³)a⁰ ?taŋ²¹kau³⁵iəu⁵³iet³kʰuai⁵³pu⁵³₄₄sa⁰fɔŋ⁵³ŋa₄₄(←xa⁵³)çi⁵³sa⁰.ci¹³tsʰiəu⁵³,e₂₁,iəŋ⁵³₄₄kai⁵³₄₄fən²¹tʰɔi¹³tsʐ⁰lei⁰,kʰan¹³tʂaŋ⁵³li⁰kan²¹keʰkan²¹tsʐ⁰tʰan¹³miet⁵(←iet³)tʰan¹³,tʰəŋ¹³tsʰiəu⁵³tʰəŋ¹³₂₁kai⁵³₄₄kau²¹mak³a⁰iɔŋ⁵³₄₄,tʰəŋ¹³₂₁kan²¹muk³siɔŋ⁵³₄₄sʐ⁵³₄₄fu₄₄tʰan²¹tʰan¹³miek⁵iɔŋ⁵³₄₄ŋa⁰,miek⁵tei²¹tʰan¹³mek⁵iɔŋ⁵³₄₄ŋa⁰.ci¹³sʰa²¹iet³xa⁵³,kai¹³ke⁵³fən²¹tʰɔi¹³tsʐ⁰ia²¹i²¹tʰei¹³₄₄,ʂəu²¹i²¹tʂak⁵ʂəu²¹ia²¹uən²¹fən²¹tʰɔi⁵³tsʐ⁰,iet³sʰa²¹,kai⁵³kai⁵³₄₄sien⁵³xɔŋ⁵³₄₄,kai⁵³₄₄ʂən¹³tsʐ⁰xɔŋ₄₄tsʰiəu⁵³₄₄tsʰin⁵³fən²¹.fɔŋ₄₄xa⁵³₄₄i²¹iaŋ⁵³₄₄tsʐ⁰,tʰan²¹iet³xa⁵³,tsʰiəu₄₄tʰan²¹tʰiau₄₄sien⁵³.ŋai²¹₁₃iəu⁵³tʰan¹³₂₁iet³xa⁵³,tʰan¹³₂₁tʰiau²¹sien⁵³.vien¹³xei²¹tʂau⁵³tau²¹kai⁵³₄₄sien⁵³nei⁰kak³kan²¹ien²¹tsʐ⁰,iəu⁵³iəu⁵³tʰiau³⁵iet³tʂən³⁵₄₄ʂɔŋ₄₄lɔi¹³₄₄,tʰiau¹³iet³tʂən³⁵₄₄ʂɔŋ³⁵₄₄,ɔn³⁵tso⁵³₄₄xɔŋ¹³mien¹³…xɔŋ¹³.ɔn³⁵tso⁵³₄₄xɔŋ¹³,n̩₂₁.ci²¹₁₃tsʰiəu⁵³sʐ²¹kai⁵³kei⁵³₄₄mien¹³fa³⁵mau¹³sʐ⁵³tsei²¹tso⁵³iet³tʰo¹³çi⁵³.e₂₁.

（这一般只是做棉衣的时候绗？）普通话：做棉衣的时候。唔。其他东西个时候子也也有人也用……也用嘞。我就我只看我看个嘞就系绗棉衫个时候子用。因为箇渠个比较长啊，箇条线比较长啊。m̩₂₁.cʰi¹³tʰa³⁵tʰəŋ³⁵₄₄si⁰ke⁵³sʐ¹³xei²¹tsʐ⁰ie²¹ia³⁵iəu³⁵in¹³₄₄ia³⁵iəŋ⁵³₄₄…ia³⁵iəŋ⁵³lei⁰.ŋai²¹tsʰiəu⁵³ŋai¹³tsʐ²¹kʰɔn¹³ŋai¹³kʰɔn¹³ke₄₄lei⁰tsʰiəu⁵³₄₄xe⁵³₄₄xɔŋ¹³mien¹³san³⁵ke⁵³sʐ¹³xei²¹tsʐ⁰iəŋ₄₄.in³⁵uei²¹kai₄₄ci²¹₁₃ke₄₄pi²¹ciau⁵³tsʰɔŋ¹³ŋa⁰,kai⁵³₄₄tʰiau¹³₂₁sien⁵³pi²¹ciau⁵³tsʰɔŋ¹³ŋa⁰.

（二）饮食

炒饭

炒饭就，歀，莫去讲用蛋，莫去讲放……蛋炒饭哎，硬系就讲炒饭哎。箇起冷饭，舞碎来，爱舞碎来，歀。好，放下镬里啊，冷饭就放下镬里，放下镬里嘞，舞碎来，用用镬铲舞碎来，舞倒□散很散。舞倒□散以后，歀底下就烧滴子火，放滴子油盐子，放滴子油盐子，就去炒，歀。炒哩以后，炒倒……还□略微放滴子水。还爱□滴子水。就稍微放滴子水就安做□滴子水。□滴子水冇咁……渠冇热。如果歀爱爱放爱放铪铪个话嘞，爱呵噢搞蛋炒饭呢，箇就先炒正蛋来，先扯正蛋皮来，嗯，再放倒饭去炒。欸。如果唔搞蛋炒饭呢，还可以放滴子菜，放滴子菜去，欸。等得炒得滚，炒炒炒滚哩了，只爱炒滚哩，唔炒十分爛哩，因为箇只东西有热，炒爛哩有热，欸，唔炒爛哩。炒滚哩就要得哩，就铲起来。欸，也有滴嘞，欸炒滚哩就放下镬里，退嘿火去，退嘿火去。tsʰau²¹fan⁵³tsʰiəu⁵³₄₄,e₂₁,mo⁰çi⁵³kɔŋ²¹iəŋ⁵³₄₄tʰan⁵³,mo⁵³çi⁵³kɔŋ²¹fəŋ⁵³···tʰan⁵³tsʰau²¹fan⁵³nau⁰,ɲiaŋ⁵³xe⁵³₄₄tsiəu⁵³kɔŋ²¹tsʰau²¹fan⁵³nau⁰.kai⁵³₄₄çi²¹laŋ³⁵fan,u²¹si⁵³lɔi¹³₂₁,ɔi⁵³u⁵³si⁵³lɔi¹³₂₁,e₅₃.xau²¹,fɔŋ⁵³₄₄xa⁵³₄₄uɔk⁵li⁰a⁰,laŋ³⁵fan⁵³tsʰiəu⁵³₄₄fɔŋ⁵³₄₄xa⁵³₄₄uɔk⁵li⁰,fɔŋ⁵³ŋa₄₄(←xa⁵³)uɔk⁵li⁰lei⁰,u²¹si⁵³lɔi¹³₂₁,iəŋ⁵³iəŋ⁵³uɔk⁵tsʰan⁵u²¹si⁵³lɔi¹³₂₁,u²¹tau²¹kʰua⁵san²¹.u²¹tau²¹kʰua³⁵san¹i⁵³₄₄xei⁵³,e⁰tei⁵xa⁴⁴tsʰiəu⁵³₄₄sau³⁵₄₄tet⁵tsɿ⁰fo²¹,fɔŋ⁵³tet⁵tsɿ⁰iəu¹³ian¹³tsɿ⁰,fɔŋ⁵³₄₄tiet⁵tsɿ⁰iəu¹³ian¹³tsɿ⁰,tsʰiəu⁵³₄₄çi⁵³tsʰau²¹,e₂₁.tsʰau²¹li⁰i³⁵xei⁵³,tsʰau²¹tau²¹···xai¹tsʰa⁵³tiet⁵tsɿ⁰şei²¹.xai⁵³oi⁵³₄₄tsʰa⁵³tiet⁵tsɿ⁰şei⁵³.tsiəu²¹₂₁sau³⁵uei¹³₂₁fɔŋ⁵³tiet⁵tsɿ⁰şei²¹e₂₁tsʰiəu⁵³on³⁵₄₄tso⁵³₄₄tsʰa⁵³tiet⁵tsɿ⁰şei²¹.tsʰa⁵³tiet⁵tsɿ⁰şei²¹mau¹³kan···ci¹³₂₁mau¹³ɲiet⁵.y¹³ko⁰e₂₁oi⁵³₄₄oi⁵³₄₄fɔŋ⁵³₄₄oi⁵³₄₄fɔŋ⁵³₄₄pɔk⁵pɔk⁰ke₄₄fa⁵³₄₄lei⁰,oi⁵³₄₄xə⁰au⁰kau²¹tʰan⁵³tsʰau²¹fan⁵³nei⁰,kai⁵³₄₄tsʰiəu⁵³₄₄sien³⁵tsʰau²¹tşaŋ⁵³₄₄tʰan⁵³nɔi¹,sien³⁵tsʰa²¹tşaŋ⁵³₄₄tʰan⁵³pʰi¹³lɔi¹³₂₁,m₂₁,tsai⁵³fɔŋ⁵³tau²¹fan⁵³çi⁵³tsʰau²¹,e₂₁.y¹³ko²¹ŋ¹³kau²¹tʰan⁵³tsʰau²¹fan⁵³nei⁰,xai¹³kʰo²¹i³⁵fɔŋ⁵³₄₄tet⁵tsɿ⁰tsʰɔi⁵³,fɔŋ⁵³₄₄tet⁵tsɿ⁰tsʰɔi⁵³çi⁵³,e₂₁.ten²¹tek⁵tsʰau²¹tek⁵kuən²¹,tsʰau²¹tsʰau²¹tsʰau²¹kuən²¹li⁰liau⁰,tşɿ²¹oi⁵³tsʰau²¹kuən²¹ni⁰,n̩¹³tsʰau²¹şət⁵fən³⁵₄₄nait³li⁰,in³⁵uei⁵³₄₄kai⁵³₄₄ak³(←tşak³)əŋ₄₄(←təŋ³⁵)si⁰iəu³⁵ɲiet⁵,tsʰau²¹lait³li⁰iəu³⁵ɲiet⁵,e₂₁,n̩¹³tsʰau²¹lait³li⁰.tsʰau²¹kuən²¹ni⁰tsʰiəu⁵³iau⁵³tek³li⁰,tsʰiəu⁵³tsʰan²¹çi²¹lɔi¹³₂₁.ei²¹,ia³⁵iəu³⁵tet⁵lei⁰,e₂₁tsʰau²¹kuən²¹ni⁰tsʰiəu⁵³₄₄fɔŋ⁵³₄₄ŋa₄₄(←xa⁵³)uɔk⁵li⁰,tʰi⁰iek³(←xek³)fo²¹çi⁵³,tʰi⁰xek³fo²¹çi⁵³.（就把火关小是吧？）把火……欸，关或者扯嘿柴去。就放倒镬里，爱食了就到箇镬里去掳，去铲，欸。也有滴就铲起来。pa²¹xo⁰k···e₂₁,kuan³⁵xɔit⁵tşa²¹tşʰa²¹xek³tsʰai¹³₂₁çi⁵³.tsʰiəu⁵³₄₄fɔŋ⁵³tau²¹uɔk⁵li⁰,oi⁵³şət⁵liau⁰tsʰiəu⁵³₄₄tau⁵³₄₄kai⁵³₄₄uɔk⁵li⁰çi⁵³uət³,çi⁵³tsʰan²¹,e₂₁.ia³⁵iəu³⁵tet⁵tsʰiəu⁵³tsʰan²¹çi²¹lɔi¹³₂₁.

咬

欸但有箇只黄瓜啊，么个西红柿箇只，凉拌呢，从前我等就安做咬个呢。咬个。ei⁰tan⁵³₄₄iəu³⁵₄₄kai⁵³₄₄tşak³uɔŋ¹³kua³⁵a⁰,mak³e₄₄(←ke⁵³)si³⁵fəŋ¹³şɿ⁵³kai⁵³₄₄tşak³,liəŋ¹³pʰɔn⁵³ne⁰,tsʰəŋ²¹₂₁tsʰien¹³ŋai²¹₂₁tien⁰tsiəu⁵³on⁵³₅₃tso⁵³ŋau²¹ke⁵³nei⁰.ŋau²¹ke⁵³₄₄.（咬，咬。）咬个，欸。ŋau²¹ke⁵³,e₂₁.（咬就是……）咬瓜子，咬倒个瓜子。咬个欸西红柿。咬个，咬。舞滴糖，舞滴盐去咬。咬倒食。就凉拌啵。嗯。咬倒食。ŋau²¹kua³⁵tsɿ⁰,ŋau²¹tau²¹ke⁵³₄₄kua³⁵tsɿ⁰.ŋau²¹ke⁵³₄₄e₂₁si⁵³fəŋ¹³₂₁şɿ⁵³.ŋau²¹ke⁵³,ŋau²¹.u²¹tet⁵tʰɔŋ¹³,u²¹tet⁵ian¹³çi⁵³ŋau²¹.ŋau²¹tau²¹şət⁵.tsʰiəu⁵³liəŋ¹³pʰan⁵³nau⁰.n̩₄₄.ŋau²¹tau²¹şət⁵.

打点

早饭前挨夜饭后？夜饭后箇是就成哩夜宵唠，系啊？打点呐，安做打点呐。一般是打点我等以映打点是就系昼饭前掇夜饭前，就系下昼，食嘿昼饭……食嘿早饭，箇半昼子掇半下昼子，箇就安做打点。tsau²¹fan⁵³tsʰien¹³ai³⁵ia⁵³fan⁵³xei?ia⁵³fan⁵³xei⁵³kai⁵³ʂʅ⁴⁴tsʰiəu⁴⁴ʂaŋ¹³li⁰ia⁵³siau³⁵lau⁰,xei⁴⁴a⁰?ta²¹tian²¹na⁰,ɔn³⁵tso⁵³ta²¹tian²¹na⁰.iet³pɔn³⁵ʂʅ⁵³ta²¹tian²¹ŋai¹³tien⁰i²¹iaŋ⁵³ta²¹tian²¹ʂʅ⁵³tsʰiəu⁴⁴xei⁴⁴tʂəu⁵³fan⁵³tsʰien¹³lau¹³ia⁵³fan⁵³tsʰien¹³,tsʰiəu⁵³xei⁵³xa²¹tʂəu⁵³,ʂət⁵ek⁵(←xek³)tʂəu⁵³fan⁵³···ʂət⁵ek⁵(←xek³)tsau²¹fan⁵³,kai⁵³pan⁵³tʂəu⁵³tsʅ⁰lau³⁵pan⁵³xa⁵³tʂəu⁵³tsʅ⁰,kai⁴⁴tsiəu⁵³ɔn⁴⁴tso⁵³ta²¹tian²¹.（中饭之前，是吧？）欸半昼子，上……上昼个半昼子，掇半下昼，就安做打点。打比上昼做四点钟事样，做嘿两点钟，打下点。ai⁰pan⁵³tʂəu⁵³tsʅ⁰,ʂɔŋ⁵³···ʂɔŋ³⁵tʂəu⁴⁴ke⁴⁴pan⁵³tʂəu⁵³tsʅ⁰,lau³⁵pan⁵³xa⁵³tʂəu⁵³,tsiəu⁵³ɔn⁴⁴tso⁵³ta²¹tian²¹.ta²¹pi²¹ʂɔŋ³⁵tʂəu⁴⁴tso⁵³si⁵³tian²¹tʂəŋ³⁵sʅ⁵³iɔŋ⁴⁴,tso⁵³ek⁵(←xek³)iɔŋ²¹tian²¹tʂəŋ³⁵,ta²¹xa⁴⁴tian²¹.

艾米馃

艾米馃让门加工吧？也唔知几简单。艾米馃就唔爱炸唠。箇就只爱蒸呶。分箇艾摘归来以后，箇岭上个馥嫩个艾啊，摘归来以后，分菜汁去咁去，箇菜汁是食唔进哟。有箇……有箇艾蔸呀，有箇草哇，分箇丢咁，去嘿菜汁，洗净来，放滴子碱，放下镬里去炆。放下镬里炆熟来呀。炆熟来，唔。炆熟来以后嘞，就交滴糯米粉去摅呀。交滴糯米粉呐，去下买倒个米粉去摅呀。摅哩以后，就就做成一馃就……我等人是摅倒以后就放下冰箱里噢。想食了又又又舞一蒲出来做米馃。或是摅倒以后就就做米馃啊。做成箇米馃个样子，蒸熟来就食得。ɲie⁵³mi²¹ko²¹ɲiɔŋ⁴⁴mən⁴⁴cia⁴⁴kəŋ³⁵pa⁰?ia³⁵ɲ̩²¹ti⁴⁴ci²¹kan²¹tan³⁵.ɲie⁵³mi²¹ko²¹tsʰiəu⁵³m̩¹³mɔi⁵³tsa⁵³lau⁰.kai⁴⁴tsʰiəu⁴⁴tsʅ⁵³oi⁵³tʂən³⁵nau⁰.pən³⁵kai⁴⁴ɲie⁵³tsak³kuei⁴⁴lɔi¹³i¹³⁵xei⁴⁴,kai⁵³liaŋ³xɔŋ⁵³ke⁴⁴fət⁵lən²¹ke⁵³ɲie⁵³a⁰,tsak³kuei³⁵lɔi¹³i¹³⁵xei⁵³,pən³⁵tsʰai⁵³tʂət³tʂʰʅ⁵³kan²¹çi⁵³,kai⁴⁴tsʰai⁵³tʂət⁵ʂʅ²¹ʂət⁵n̩¹³tsin⁵³ʂa⁰.iəu³⁵kai⁵³f···iəu³⁵kai⁴⁴ɲie⁵³tei⁵³ia⁰,iəu³⁵kai⁵³tsʰau²¹ua⁰,pən³⁵kai⁴⁴tiəu⁴⁴kan²¹,tʂʰʅ⁵³ek⁵(←xek³)tsʰai⁵³tʂət³,se²¹tsʰiaŋ⁵³lɔi¹³,fɔŋ⁵³tet⁵tsʅ⁰kan²¹,fɔŋ⁵³xa⁵³uɔk⁵li⁰çi⁵³uən⁵³.fɔŋ⁵³xa⁵³uɔk⁵li⁰uən⁵³ʂəuk⁵lɔi⁴⁴ia⁰.uən⁵³ʂəuk⁵lɔi²¹,m̩²¹.uən⁵³ʂəuk⁵lɔi¹³i¹³⁵xei⁴⁴lei⁰,tsʰiəu⁴⁴ciau⁵³tet⁵lo⁵³mi²¹fən²¹çi⁵³tsʰei²¹ia⁰.ciau³⁵tet⁵lo⁵³mi²¹fən²¹na⁰,çia⁴⁴(←çi⁵³xa⁵³)mai⁵³tau²¹ke⁵³mi²¹fən²¹çi⁵³tsʰei²¹ia⁰.tsʰei²¹li⁰i¹³⁵xei⁴⁴,tsʰiəu⁴⁴tsʰiəu⁴⁴tso⁵³ʂaŋ⁴⁴iet³pʰok⁵tsʰiəu⁴⁴···ŋai¹³tien⁰ɲin¹³ʂʅ⁵³tsʰei²¹tau²¹i¹³⁵xei⁵³tsʰiəu⁵³fɔŋ⁵³ŋa⁴⁴(←xa⁵³)pin³⁵siɔŋ³⁵li⁰au⁰.siɔŋ²¹ʂət⁵liau⁰iəu⁵³iəu⁵³iəu⁵³u²¹iet³pʰu¹³tʂʰət³lɔi¹³tso⁵³mi²¹ko²¹.xɔit⁵ʂʅ⁵³tsʰei²¹ tau²¹i³⁵xei⁵³₄₄tsʰiəu⁵³₄₄tsʰiəu⁵³₄₄tso⁵³mi²¹ko²¹a⁰.tso⁵³ʂaŋ₂₁¹³kai⁵³₄₄mi²¹ko²¹ke⁵³₄₄iɔŋ⁵³tsʅ⁰,tʂən³⁵ʂəuk⁵lɔi₂₁²¹tsʰiəu⁵³ʂət⁵tek³.

箬子米馃

（有没有粽叶用粽叶来包米馃的？）粽子欸……tsən⁵³tsʅ⁰e₂₁…（粽叶子。箬叶。）箬叶吧？有哇。箬子米馃啊，箬子米馃啊，过年箇时候子就包哇。包箬子米馃包倒。ȵuo₅₃ie₅₃pa⁰ʔiəu³⁵ua⁰.ȵiɔk³tsʅ⁰mi²¹ko²¹a⁰ȵiɔk³tsʅ⁰mi²¹ko²¹a⁰,ko⁵³ȵien¹³ke⁵³ʂʅ¹³xei⁵³₄₄tsʅ⁰tsʰiəu₄₄pau³⁵ua⁰.pau⁵³ȵiɔk³tsʅ⁰mi²¹ko²¹pau⁵³tau²¹.

（呃，平时做吗？）平时唔做。以前就只系过年箇时候做。如今以张家坊街上是平时都有卖。pʰin¹³ʂʅ¹³ȵ₂₁¹³tso⁵³.i₄₄³⁵tsʰien¹³tsiəu⁵³₄₄tsʅ⁰e⁵³(←xe⁵³)ko⁵³ȵien¹³ke⁵³ʂʅ¹³xei⁵³₄₄tso₄₄⁵³.i₂₁²¹cin¹³i³⁵tʂɔŋ³⁵ka₄₄³⁵fɔŋ³⁵kai₄₄⁵³xɔŋ₄₄³⁵ʂʅ⁵³pʰin¹³ʂʅ¹³təu³⁵iəu₄₄³⁵mai⁵³.

（噢，平时也有卖的？）有人卖。舞倒来卖呀，真系赚钱呢有滴。哪天子都做得呀。同箇粽子样啊，你就你就如今也卖得啊，系吗？粽子。嗯。iəu³⁵ȵin₂₁¹³mai⁵³.u₄₄²¹tau²¹lɔi¹³mai¹³ia⁰,tʂən₄₄³⁵ne₄₄(←xe⁵³)tsʰan⁵³tsʰien¹³ne⁰iəu₂₁tet⁵.lai⁵³tʰien₄₄³⁵tsʅ⁰təu₄₄³⁵tso⁵³tek³ia⁰.tʰəŋ₂₁¹³kai⁵³₄₄tsəŋ⁵³tsʅ⁰iɔŋ₄₄³⁵ŋa⁰ȵi₂₁tsʰiəu₄₄¹³ȵi₂₁tsʰiəu¹³i₂₁¹³cin³⁵na₄₄(←ia³⁵)mai⁵³tek³a⁰,xe⁵³ma⁰ʔtsəŋ⁵³tsʅ⁰.ṇ₂₁.

药米馃

还有药米馃啦。七月七，仙姑娘娘生日就做……欸药米馃。xai₂₁¹³iəu₄₄³⁵iɔk⁵mi²¹ko²¹la⁰.tsʰiet³ȵiet⁵tsʰiet³,sen³⁵ku₄₄³⁵ȵiɔŋ₂₁¹³ȵiɔŋ₂₁¹³saŋ³⁵ȵiet³tsʰiəu₄₄³⁵tso⁵³ȵiei⁵³…ei⁰iɔk⁵mi²¹ko²¹.（啊，药米馃。）嗯。ṃ₂₁.（那里面掺的是什么？）就系放下几种中草药唠，欸。tsʰiəu⁵³xe₄₄⁵³fɔŋ⁵³ŋa₄₄(←xa⁵³)ci²¹tʂəŋ⁵³tʂəŋ³⁵tsʰau⁵³iɔk⁵lau⁰,e₂₁.（哦，放鸡屎藤之类的。）欸欸，欸。鸡屎藤之类个。欸。药米馃。ei₂₁ei₂₁,ei₂₁,cie³⁵ʂʅ²¹tʰien¹³tsʅ₄₄³⁵lei₄₄ke⁵³.e₂₁.iɔk⁵mi²¹ko²¹.

渠等唔知嘞外背个，别哪映个客家人唔知咁子做吗？ci₂₁¹³tien⁰ȵ¹³ti³⁵₅₃le⁰ŋɔi⁵³pɔi₄₄ke₄₄⁵³,pʰiet⁵lai₄₄⁵³iaŋ₄₄⁵³ke₄₄³⁵kʰak³ka₄₄ȵin₂₁¹³ṇ¹³ti₄₄³⁵kan³⁵tsʅ⁰tso⁵³ma⁰？

观音娘欸……欸……仙姑娘娘生日，嗯，做药米馃。七月七。kɔn³⁵in₄₄³⁵ȵiɔŋ₂₁¹³e₂₁kə…e₂₁kə…sen³⁵ku₄₄³⁵ȵiɔŋ₂₁¹³ȵiɔŋ₂₁¹³saŋ³⁵ȵiet³,ṇ₂₁,tso₄₄⁵³iɔk⁵mi²¹ko²¹.tsʰiet³ȵiet⁵tsʰiet³.

冻米

还有种呢就系舞倒箇饭呢，去冻一下呢，冷天咯，欸冷天呐，又从前冇冰箱哕，冷天，就冻一下，嗯，冻一下又去晒，也系同炒米样咁子个搞，系唔系？欸。xai¹³iəu³⁵tʂəŋ⁵³ne⁰tsʰiəu⁵³xei⁵³u²¹tau²¹kai⁵³fan⁵³ne⁰,çi₄₄⁵³təŋ⁵³iet³xa⁵³

nei⁰,naŋ₄₄³⁵tʰien₄₄³⁵ko⁰,e⁰ naŋ₄₄³⁵tʰien₄₄³⁵na⁰,iəu₄₄⁵³tsʰəŋ¹³tsʰien₂₁¹³mau¹³pin³⁵sioŋ₄₄³⁵ʂa⁰,laŋ³⁵
tʰien₄₄³⁵,tsʰiəu₄₄⁵³təŋ⁵³iet³ xa⁵³,n̩₂₁,təŋ⁵³iet³ xa⁵³iəu₄₄⁵³çi₄₄⁵³sai⁵³,ia³⁵xe⁵³tʰəŋ₂₁¹³tsʰau²¹mi²¹ioŋ₄₄⁵³
kan²¹tsʅ⁰ke⁵³kau²¹,xei⁵³me⁵³(←m̩¹³xe⁵³)ʔe₂₁.（冻一下是什么意思啊？）冻，欸，
落雪打凌呢去冻。təŋ⁵³,e₂₁,lɔk⁵ siet³ ta²¹lin¹³ne⁰ çi₄₄⁵³təŋ⁵³.（噢，放到外面冻一下？）
冻，欸，冻一下。təŋ⁵³,e₂₁,təŋ⁵³iet³ xa⁵³.（噢，这个叫什么？）安做冻米呢。
ɔn₄₄³⁵tso₄₄⁵³təŋ⁵³mi²¹nei⁰.（冻米？）欸。e₂₁.

冻米一炒哇，一欸经过炒或者一炮哇，可以做成冻米糖嘞。嗯。䭖食
完个饭就可以搞做冻米。热天就系炒米哟，就系，系<u>唔系</u>啊？米子哟。饭
干米哟。饭干米啊。冷天也可以做冻米，安做冻米糖。təŋ⁵³mi²¹iet³tsʰau²¹
ua⁰,iet³ei₂₁cin⁵³ko₄₄⁵³tsʰau²¹xɔit⁵tʂa²¹iet³ pʰau¹³ua⁰,kʰo²¹i³⁵tso⁵³ʂaŋ₂₁təŋ⁵³mi²¹tʰəŋ¹³
lei⁰.n̩₂₁.maŋ¹³ʂət⁵ien¹³ke⁵³fan⁵³tsʰiəu₄₄⁵³kʰo²¹i³⁵kau²¹tso₄₄⁵³təŋ⁵³mi²¹.ɲiet⁵ tʰien³⁵tsʰiəu₄₄⁵³
xe⁵³tsʰau²¹mi²¹ʂa⁰,tsʰiəu₄₄⁵³xe⁵³,xei⁵³me₄₄⁵³(←m̩¹³xe⁵³)a⁰ʔmi²¹tsʅ⁰ʂa⁰.fan⁵³kɔn³⁵mi²¹
ʂa⁰.fan⁵³kɔn³⁵mi²¹a⁰.laŋ³⁵tʰien₄₄³⁵ia₄₄³⁵kʰo²¹i³⁵tso₄₄⁵³təŋ⁵³mi²¹,ɔn₄₄³⁵tso₄₄⁵³təŋ⁵³mi²¹tʰəŋ¹³.（我们
那里像那个米花我们就叫做冻米，估计可能是以前就是这么这么来的。因
为这个饭那个都粮食那珍贵呀，那珍贵呀。即使馊了也得吃也得……）系
欸欸，馊嘿哩都爱舞倒噢还还莫倾嘿哩，系。都莫分猪食嘿，硬唔舍得分
猪食就。xe⁵³e₂₁e₂₁,sei³⁵xek³li⁰təu₄₄³⁵ɔi₄₄⁵³u²¹tau²¹au₂₁xai₂₁¹³xai₂₁¹³mɔk⁵ kʰuaŋ³⁵xek³li⁰,xe₂₁.
təu³⁵mɔk⁵pən³⁵tʂəu⁵³ʂət⁵ek³(←xek³),ɲiaŋ³⁵n̩¹³ʂa²¹tek³pən³⁵tʂəu⁵³ʂət⁵tsʰiəu₄₄⁵³.

饭饹

一般个饭饹是我嘞话你知嘞，一般个饭饹是系还䭖蒸，䭖放下甑里去
蒸，就做饭饹。煮，去镀里煮，煮到篱起来，系<u>唔系</u>啊？篱起来，分饭汤……
分饭汤搂嘿去。箇只时候子，夹生熟子个时候子，箇只时候子就掐饭饹，
安做掐饭饹。欸，掐饭饹。放势去掐啊，爱掐久滴子哩。iet³pən³⁵ke₄₄⁵³fan⁵³pʰɔk⁵
ʂʅ₄₄⁵³ŋai¹³le⁰ua₄₄⁵³ni₄₄²¹ti³⁵le⁰,iet³pɔn³⁵ke₄₄⁵³fan⁵³pʰɔk⁵ʂʅ₄₄⁵³xei⁵³xai¹³maŋ¹³tʂən³⁵,maŋ¹³fəŋ₄₄⁵³
ŋa₄₄⁴⁴(←xa⁵³)tsen⁵³ni⁰çi⁵³tʂən³⁵,tsʰiəu₄₄⁵³tso⁵³fan⁵³pʰɔk⁵.tʂəu²¹,çi⁵³uɔk⁵li⁰tʂəu²¹,tʂəu²¹
tau²¹lei¹³çi²¹lɔi¹³,xei⁵³mei⁵³(←m̩¹³xei⁵³)a⁰ʔlei¹³çi²¹lɔi¹³,pən³⁵fan⁵³tʰəŋ₄₄³⁵…pən₄₄³⁵fan⁵³
tʰəŋ₄₄³⁵lei¹³iek³(←xek³)çi⁰.kai⁵³tʂak⁵ʂʅ¹³xei₄₄⁵³tsʅ⁰,kait⁵ saŋ₄₄³⁵ʂuk⁵tsʅ⁰ke₄₄⁵³ʂʅ¹³xei₄₄⁵³
tsʅ⁰,kai⁵³tʂak⁵ʂʅ¹³xəu₄₄⁵³tsʅ⁰tsʰiəu₄₄⁵³kʰak⁵fan⁵³pʰɔk⁵,ɔn₄₄³⁵tso₄₄⁵³kʰak⁵fan⁵³pʰɔk⁵.e₅₃,kʰak⁵
fan⁵³pʰɔk⁵.xɔŋ⁵³ʂʅ₄₄⁵³çi₄₄⁵³kʰak⁵a⁰,ɔi₄₄⁵³kʰak⁵ciəu₄₄⁵³tiet⁵tsʅ⁰a⁰.（你还没放到饭甑上面蒸
呀？）欸，还䭖蒸，就咁子食咁个食欸食咁个饭。嗯。e₂₁,xai₂₁¹³maŋ¹³tʂən³⁵,tsʰiəu⁵³
kan²¹tsʅ⁰ʂət⁵kan²¹ke₄₄⁵³e₂₁ʂət⁵kan²¹ke₄₄⁵³fan⁵³.m̩₂₁.

饭干米

箇个馊嘿哩个饭，箇个饭呐，过哩夜以后，或者……过哩夜以后，或者赠馊唠，过哩夜以后，你可以分箇个饭呢，就爱晒干来，晒糟来，安做饭干米。从前个饭干米，就我等食个以个，箇个食饭个时候子掇一盘子个以咁个东西呀，爱渠爱你叫做什么啊？你叫做……kai$^{53}_{44}$ke$^{53}_{44}$sei^{35}ek^{3}(←xek^{3})li^{0} ke$^{53}_{44}$fan^{53},kai$^{53}_{44}$ke$^{53}_{44}$fan^{53}na^{0},ko$^{53}_{44}$li^{0} ia^{53}i^{35}xei$^{53}_{44}$,xɔit^{5} tʂa^{21}s…ko$^{53}_{44}$li^{0} ia^{53}i^{35} xei$^{53}_{44}$,xɔit^{5} tʂa^{21}maŋ^{13}sei^{35}lau^{0},ko$^{53}_{44}$li^{0} ia^{53}i^{35}xei$^{53}_{44}$,ɲi$^{13}_{21}$kʰo^{21}i^{35}pən^{35}kai$^{53}_{44}$ke$^{53}_{44}$fan^{53} nei^{0},tsʰiəu$^{53}_{44}$ɔi$^{53}_{44}$sai^{53}kɔn^{35}nɔi$_{21}$(←lɔi^{13}),sai^{53}tsau^{35}lɔi$^{13}_{21}$,ɔn^{35}tso$^{53}_{44}$fan^{53}kɔn^{35}mi^{21}.tsʰəŋ^{13} tsʰien^{13}ke$^{53}_{44}$fan^{53}kɔn^{35}mi^{21},tsʰiəu^{53}ŋai$^{13}_{21}$tien^{0} ʂət^{5} ke^{53}i^{21}ke^{53},kai$^{53}_{44}$ke$^{53}_{44}$ʂət^{5} fan^{53}ke^{53}ʂʅ^{13}xei$^{53}_{44}$ tsʅ^{0} tɔit^{3} iet^{3} pʰan^{13}tsʅ^{0} ke$^{53}_{44}$i^{21}kan^{21}cie$^{53}_{44}$təŋ$^{35}_{44}$si^{0} ia^{0},ɔi$^{53}_{44}$ci$^{13}_{21}$ɔi^{53}ɲi$^{13}_{21}$ciau^{53}tso^{53}ʂən^{21}me^{0} a^{0}? ɲi$^{13}_{21}$ciau$^{53}_{44}$tso$^{53}_{44}$…（炒米。）炒米。从前个炒米呀，其实就系饭干米。就先分……先分箇分箇饭，赠食完个饭，欸，就就晒干来，晒糟来，晒糟来用油去炮，或者用沙去炒，或者去炒，就又安做炒米。tsʰau^{21}mi^{21}.tsʰəŋ^{13}tsʰien^{13}ke^{53}tsʰau^{21} mi^{21}ia^{0},cʰi^{13}ʂət^{5} tsʰiəu^{53}xe$^{53}_{44}$fan^{53}kɔn^{35}mi^{21}.tsʰiəu$^{53}_{44}$sien^{35}pən$^{35}_{44}$f…sien^{35}pən$^{35}_{44}$kai$^{53}_{44}$pən$^{35}_{44}$ kai$^{53}_{44}$fan^{53},maŋ^{13}ʂət^{5} ien^{13}ke$^{53}_{44}$fan^{53},e$_{21}$,tsʰiəu$^{53}_{44}$tsʰiəu$^{53}_{44}$sai^{53}kɔn^{35}nɔi$_{21}$(←lɔi^{13}),sai^{53}tsau$^{35}_{44}$ lɔi$^{13}_{21}$,sai^{53}tsau$^{35}_{44}$lɔi$^{13}_{21}$iəŋ^{53}iəu^{13}çi^{53}pʰau^{13},xɔit^{5} tʂa^{21}iəŋ^{53}sa^{35}çi^{53}tsʰau^{21},xɔit^{5} tʂa^{21}çi^{53} tsʰau^{21},tsʰiəu$^{53}_{44}$iəu$^{53}_{35}$ɔn$^{35}_{53}$tso$^{53}_{44}$tsʰau^{21}mi^{21}.（那个馊饭也这样加工吗？）也可以，欸，也可以。唔……从前是唔舍得倾嘿哩唠。ia^{35}kʰo^{21}i^{35},ei$_{21}$,ia^{35}kʰo^{21}i^{35}.n̩$^{13}_{44}$…tsʰəŋ^{13} tsʰien$^{13}_{44}$ʂʅ^{53}n̩^{13}ʂa^{21}tek^{3} kʰuaŋ^{35}ŋek^{3}(←xek^{3})li^{0} lau^{0}.（要洗吗？）唔爱洗。唔爱洗。m̩$^{13}_{21}$mɔi$_{35}$(←ɔi^{53})se^{21}.m̩$^{13}_{21}$mɔi$_{35}$(←ɔi^{53})se^{21}.（哦，那个不变味道吗？）箇唔爱洗。也也食得呀，用炮……油炮哩以后就食唔出哩啊。kai^{53}m̩$^{13}_{21}$mɔi$_{35}$(←ɔi^{53})se^{21}.ia^{35} ia^{35}ʂʅt^{5} tek^{3} ia^{0},iəŋ^{53}pʰau^{13}…iəu^{13}pʰau^{13}li^{0} i^{35}xei^{53}tsʰiəu$^{53}_{44}$ʂət^{5} n̩$^{13}_{44}$tʂʰət^{3} li^{0} a^{0}.

饭汤

米汤就安做饭汤嘞。客姓人安做饭汤嘞。只有本地人就安做米汤嘞。mi^{21}tʰɔŋ^{35}tsiəu$^{53}_{44}$ɔn$^{35}_{44}$tso$^{53}_{44}$fan^{53}tʰɔŋ^{35}lei^{0}.kʰak^{3} sin$^{53}_{44}$ɲin$^{13}_{21}$ɔn$^{35}_{44}$tso$^{53}_{44}$fan^{53}tʰɔŋ^{35}lei^{0}.tʂʅ^{21}iəu$^{35}_{53}$ pən^{21}tʰi$^{53}_{44}$ɲin$^{13}_{21}$tsʰiəu$^{53}_{44}$ɔn$^{35}_{44}$tso$^{53}_{44}$mi^{21}tʰɔŋ$^{35}_{44}$lei^{0}.（饭汤你们喝吧？）饭汤是蛮有用嘞。欸，煮碗饭汤嘞。有滴，有滴就箇个啦，欸，饭汤是有滴有滴煮豆子还放滴子饭汤去个嘞。嗯。天天早晨食碗饭汤啦。一般呢来讲嘞煮……饭汤是分猪食唠。畜猪哇。fan^{53}tʰɔŋ$^{35}_{44}$ʂʅ$^{53}_{44}$man$^{13}_{21}$iəu$^{35}_{44}$iəŋ^{53}le^{0}.e$_{21}$,tʂəu^{21}uɔn^{21}fan^{53}tʰɔŋ$^{35}_{44}$ le^{0}.iəu^{35}tet^{3},iəu^{35}tet^{3} tsʰiəu$^{53}_{44}$kai$^{53}_{44}$ke$^{53}_{44}$la^{0},e$_{21}$,fan^{53}tʰɔŋ$^{35}_{44}$ʂʅ$^{53}_{21}$iəu^{35}tet^{3} iəu$^{35}_{44}$tet^{3} tʂəu^{21}tʰei^{53} tsʅ^{0} xai^{13}fɔŋ$^{53}_{44}$tet^{3} tsʅ^{0} fan^{53}tʰɔŋ^{35}çi$^{53}_{44}$ke$^{53}_{44}$le^{0}.n̩$_{21}$.tʰien^{35}tʰien$^{35}_{44}$tsau^{21}ʂən^{13}ʂət^{5} uɔn^{21}fan^{53} tʰɔŋ$^{35}_{44}$la^{0}.iet^{3} pɔn^{35}ne^{0} lɔi$^{13}_{21}$kɔŋ^{21}le^{0} tʂəu^{21}…fan^{53}tʰɔŋ$^{35}_{44}$ʂʅ$^{53}_{44}$pən$^{35}_{44}$tʂəu^{35}ʂət^{5} lau^{0}.çiəuk^{3}

tṣəu³⁵ua⁰.

羹、粥

1. 渠羹摎粥个区别在于哪样子嘞？羹系米粉，分箇米粉碎哩以后，调出来个，□个羹，□羹，嗨。羹就□，就是就放倒镬里放滴水去咁子去搅拌。嗯，要去□个羹。粥嘞，就米炆成个粥。嗨。ci₂₁¹³kaŋ³⁵lau³⁵tṣouk³ ke⁵³tɕʰy⁴⁴pʰiet³ tsʰai⁵³y³⁵lai⁵³iɔŋ⁵³tsɿ⁰ le⁰? kaŋ³⁵xei⁵³mi²¹fən²¹,pən³⁵kai⁵³mi²¹fən²¹sei⁵³li⁰ i³⁵xei⁵³,tʰiau¹³tṣʰət³lɔi¹³ke⁵³,cʰiet⁵ ke⁵³kaŋ³⁵,cʰiet⁵ kaŋ³⁵,m̩₂₁.kaŋ³⁵tsʰiəu₄₄⁵³cʰiet⁵,tsʰiəu⁵³sɿ̩⁵³tsʰiəu⁵³fɔŋ⁵³tau²¹uɔk⁵li³⁵fɔŋ⁵³tet⁵ sei²¹cʰi⁵³kan²¹tsɿ⁰ çi₄₄⁵³ciau²¹pan⁵³.n̩₂₁,iau₂₁cʰi₂₁⁵³cʰiet⁵ ke⁵³kaŋ³⁵.tṣəuk³ le⁰,tsʰiəu⁵³mi²¹uən¹³saŋ₂₁¹³ke⁵³tṣəuk³.m̩₂₁.（那个 cʰiet⁵ 是什么意思啊？）□欤就是调。调。总去交哇。□，欤，□羹。比方说搞箇个米豆腐啊，渠就爱放下镬里去□嘞。欤。米粉，箇就硬爱米粉，放下镬里去□，放滴水，底下就加热，系啊？烧火。咁子去□，□成羹。箇粥嘞就唔系咁子个，粥就硬系生米……就米，多放水，欤，多放滴水去，去炆，就炆成哩粥。cʰiet⁵ e₄₄tsʰiəu₄₄⁵³sɿ̩₄₄⁵³tʰiau¹³.tʰiau¹³.tsəŋ²¹çi⁵³ciau⁵³ua⁰.cʰiet⁵,e₂₁,cʰiet⁵ kaŋ³⁵.pi²¹fɔŋ₄₄³⁵śet³ kau²¹kai⁵³ke₄₄⁵³mi²¹tʰei₄₄⁵³fu⁵³va⁰,ci₂₁tsʰiəu₄₄⁵³ɔi₄₄⁵³fɔŋ₄₄⁵³ŋa₄₄(←xa⁵³)uɔk⁵li⁰ çi₄₄⁵³cʰiet⁵ lei⁰.e₂₁.mi²¹fən²¹,kai₂₁tsʰiəu⁵³ɲian⁵³ɔi⁵³mi²¹fən²¹,fɔŋ⁵³xa⁵³uɔk⁵li⁰ çi₂₁⁵³cʰiet⁵,fɔŋ⁵³tiet⁵ sei²¹,te²¹xa₄₄⁵³tsʰiəu₄₄⁵³cia³⁵ɲiet⁵,xe₄₄⁵³a⁰ ?sau³⁵fo²¹.kan²¹tsɿ⁰ çi₂₁⁵³cʰiet⁵,cʰiet⁵ saŋ₂₁¹³kaŋ³⁵.kai⁵³tṣəuk³ lei⁰ tsʰiəu⁵³m̩₂₁pʰe⁵³(←xe⁵³)kan²¹tsɿ⁰ ke⁵³,tṣəuk³ tsʰiəu⁵³ɲian⁵³xe⁵³saŋ³⁵mi²¹…tsʰiəu⁵³mi²¹,to³⁵fɔŋ⁵³sei²¹,e₂₁,to³⁵fɔŋ⁵³tiet⁵ sei²¹çi⁵³,çi⁵³uən¹³,tsiəu¹³uən₂₁¹³saŋ₂₁¹³li⁰tṣəuk³.

2.（那个粥你们叫什么？）粥啊？tṣəuk³a⁰?（嗯。）粥就有两起嘞。一起就安做粥。一起就安做羹。粥欤。粥嘞就系米炆出来个，系唔系？炆出来个稀饭，就安做粥。用米炆个稀饭。我等唔讲稀饭呢。稀饭就系后背学倒来个。嗯。就粥。还有起羹。安做羹。羹。羹就让门子舞个嘞？就系米粉去□个。米粉去调哇。用米粉调出来。调出来个。欤，米粉调出来个，就安做羹。tṣəuk³ tsʰiəu₄₄⁵³iəu³⁵iɔŋ⁵³çi⁵³le⁰.iet³ çi⁵³tsʰiəu⁵³ɔn₄₄tso₄₄⁵³tṣəuk³.iet³ çi⁵³tsʰiəu⁵³ɔn³⁵tso⁵³kaŋ³⁵.tṣəuk³ e⁰.tṣəuk³ le⁰ tsʰiəu₄₄⁵³ue⁵³(←xe⁵³)mi²¹uən¹³tṣʰət³lɔi₂₁¹³ke⁵³,xei₄₄⁵³me₄₄(←m̩¹³xe⁵³)?uən¹³tṣʰət³lɔi¹³ke₄₄⁵³çi⁵³fan⁵³,tsʰiəu₂₁⁵³ɔn₄₄⁵³tso⁵³tṣəuk³.iəŋ⁵³mi²¹uən¹³ke⁵³çi³⁵fan⁵³.ɲai¹³tien⁰ n̩¹³kɔŋ⁵³çi⁵³fan⁵³ne⁰.çi³⁵fan⁵³tsiəu₄₄⁵³xe₄₄⁵³xei⁵³pɔi⁵³xɔk⁵ tau²¹lɔi₂₁¹³ke⁰.n̩₂₁.tsʰiəu⁵³tṣəuk³.xai₂₁iəu₄₄³⁵çi²¹kaŋ³⁵.ɔn₄₄⁵³tso₄₄⁵³kaŋ³⁵.kaŋ³⁵.kaŋ³⁵tsʰiəu₄₄⁵³ɲiɔŋ⁵³mən⁰tsɿ⁰u²¹ke⁵³le⁰?tsʰiəu₄₄⁵³xe⁵³mi²¹fən²¹çi₄₄⁵³cʰiet⁵ ke⁵³.mi²¹fən²¹çi⁵³tʰiau¹³ua⁰.iəŋ⁵³mi²¹fən²¹tʰiau¹³tṣʰət³lɔi₄₄¹³ke⁵³.tʰiau¹³tṣʰət³lɔi¹³ke⁵³.e₅₃,mi²¹fən²¹tʰiau¹³tṣʰət³lɔi¹³ke⁵³,tsʰiəu₂₁⁵³ɔn₄₄tso₄₄⁵³kaŋ³⁵.（还是要煮吧？）啊？a₃₅?（那还是要煮吧？）箇是爱……嗨唔爱煮哇。就

系去镬里去去去□啊，放滴水呀。舞滴米，舞滴米粉呐。欸。kai^{53}ʂʅ$^{53}_{44}$ɔi^{53} iəu…m̩$_{21}$m̩$^{13}_{21}$mɔi$_{35}$(←ɔi^{53})tʂəu^{21}ua^{0}.tsʰiəu$^{53}_{44}$xei$^{53}_{44}$çi$^{53}_{44}$uɔk^{5} li^{0} çi$^{53}_{44}$çi$^{53}_{44}$çi$^{53}_{44}$cʰiet^{5} a^{0},fɔŋ^{53}tet^{5} ʂei^{21}ia^{0}.u^{21}tet^{5} mi^{21},u^{21}tet^{5} mi^{21}fən^{21}na^{0}.e$_{21}$.（底下是要烧火嘛。）箇底下爱烧火。箇唔烧火是……欸嘿，烧火，欸。箇个羹呢总咁子去攋吵，系唔系？总咁子去攋。攋熟……等熟哩了，箇就系成哩羹。欸箇爱米粉呐。箇米，米呢饭就搞唔出来啦。箇饭就放滴水去炆呢就只炆出粥来哩啦。系唔系？kai$^{53}_{44}$ti^{21} xa$^{53}_{44}$ɔi^{53}ʂau$^{35}_{44}$fo^{21}.kai^{53}n̩^{13}ʂau$^{35}_{44}$fo^{21}ʂʅ$^{53}_{44}$…e$_{21}$xe$_{53}$,ʂau$^{35}_{44}$fo^{21},e$_{21}$.kai^{53}ke$^{53}_{44}$kaŋ^{35}ne^{0} tsəŋ^{21}kan^{21} tsʅ^{0} çi^{53}ləuk^{3} ʂa^{0},xei$^{53}_{44}$me$^{53}_{44}$?tsəŋ^{21}kan^{21}tsʅ^{0} çi^{53}ləuk^{3} .ləuk^{3} ʂ…ten^{21}ʂəuk^{5} li^{0} liau^{0},kai$^{53}_{44}$ tsʰiəu$^{53}_{44}$e$_{44}$(←xe^{53})tʂʰaŋ$^{13}_{21}$li^{0} kaŋ^{35}.e$_{21}$kai$^{53}_{44}$ɔi^{53}mi^{21}fən^{21}na^{0}.kai^{53}mi^{21},mi^{21}ne^{0} fan^{53}tsʰiəu$^{53}_{44}$ kau^{21}n̩^{13}tʂʰət^{3} lɔi$^{13}_{21}$la^{0}.kai$^{53}_{44}$fan^{53}tsʰiəu$^{53}_{44}$fɔŋ$^{53}_{44}$tet^{5} ʂei^{21}çi^{53}uən^{13}ne^{0} tsʰiəu^{53}tʂʅ^{21}uən^{13}tʂʰət^{3} tʂəuk^{3} lɔi$^{13}_{21}$li^{0} la^{0}.xei$^{53}_{44}$me$_{44}$(←m̩^{13}xe^{53})?

镬瘌

1. 箇又唔讲锅巴饭呢，只讲有有镬瘌吗嘞。只讲有镬瘌吗。kai^{53}iəu$^{53}_{44}$ŋ̍^{13} kɔŋ^{21}ko$_{44}$pa$_{44}$fan$_{53}$ne^{0} ,tʂʅ^{21}kɔŋ^{21}iəu^{35}iəu^{35}uɔk^{3} lait^{3} ma^{0} lei^{0} .tʂʅ^{21}kɔŋ^{21}iəu^{35}uɔk^{3} lait^{3} ma^{0}.

我等以……是我等以映子唔多用箇个，看呶，唔多用镬头去□饭，都系用甑蒸。㖿，只有我等晓得嘞只有箇个么个宁乡人箇只嘞箇望城人呢，渠等就只专门食食咁个，镬头里去□。渠等专门去镬头去□。ŋai^{13}tien^{0} i^{21}… ʂʅ$^{53}_{44}$ŋai^{13}tien^{0} i^{21}iaŋ^{53}tsʅ^{0} n̩^{13}to^{35}iəŋ^{53}kai^{53}cie$^{53}_{44}$,kʰɔn$^{53}_{44}$nau^{0} ,n̩^{13}to$^{35}_{44}$iəŋ$^{53}_{44}$uɔk^{5} tʰei$^{13}_{21}$çi^{53}ŋɔit^{3} fan^{53},təu^{35}xei^{53}iəŋ$^{53}_{44}$tsien^{53}tʂən^{35}.m̩$_{21}$,tʂʅ^{21}iəu$^{35}_{53}$ŋai^{13}tien^{0} çiau^{21}tek^{3} lei^{0} tʂʅ^{21}iəu^{35}kai^{53}ke$^{53}_{44}$ mak^{3} ei$_{44}$(←kei^{53})ɲin^{13}çiɔŋ$^{35}_{44}$ɲin^{13}kai$^{53}_{44}$tʂak^{3} le^{0} kai$^{53}_{44}$uɔŋ^{53}tʂʰən^{13}ɲin^{13}ne^{0} ,ci^{13}tien^{0} tsʰiəu^{53}tʂʅ^{21}tʂen^{35}mən^{13}ʂət^{5} ʂət^{5} kan^{21}ke$^{53}_{44}$,uɔk^{5} tʰei^{0} li^{0} çi^{53}ŋɔit^{3} .ci^{13}tien^{0} tʂen^{35}mən$^{13}_{21}$çi$^{53}_{44}$ uɔk^{5} tʰei^{0} çi^{53}ŋɔit^{3} .

嗬，我等箇映箇阵子有只望城人呐，系倒箇上背呀。渠个烧哩镬以后呀，我等就话麻利好生呶，或者放滴子油子分箇镬瘌铲起来，系呀？渠要分饭舞下起来个时候，一勺水一倾，尽滴都话起硬，就和潲舞啊硬是。渠个舞倒镬瘌用水一煮，渠食起尽味道，就是喜欢食嘞咁个。我等以映就唔咁唔是咁子搞。只讲镬……镬头烧哩巴，烧哩瘌，系，烧哩瘌，箇煮饭个时候子覅撸得饭镬唠。系吗？xəu$_{53}$,ŋai^{13}tien^{0} kai$^{53}_{44}$iaŋ$^{53}_{44}$kai$^{53}_{44}$tʂʰən$^{53}_{44}$tsʅ^{0} iəu^{35}tʂak^{3} uɔŋ^{53}tʂən$^{13}_{21}$ɲin$^{13}_{21}$na^{0} ,xei^{53}tau^{21}kai$^{53}_{44}$ʂɔŋ$^{53}_{44}$pɔi$^{53}_{44}$ia^{0} .ci^{13}ke$^{53}_{44}$ʂau^{35}li^{0} uɔk^{5} i^{35}xei$^{53}_{44}$ia^{0} ,ŋai^{13}tien^{0} tsʰiəu$^{53}_{44}$ua$^{53}_{44}$ma^{13}li^{0} xau^{21}sien$^{35}_{44}$nau^{0} ,xɔit^{5} tʂa^{21}fɔŋ^{53}tiet^{5} tsʅ^{0} iəu^{13}tsʅ^{0} pən^{35}kai$^{53}_{44}$uɔk^{5} lait^{3} tsʰan^{21}cʰi^{21}lɔi^{13},xei$^{53}_{44}$ia^{0} ?ci^{13}iau$^{53}_{44}$pən^{35}fan^{53}u^{21}xa^{35}çi^{21}lɔi^{13}ke$^{53}_{44}$ʂʅ$^{13}_{44}$xəu^{0} ,iet^{3} ʂɔk^{5} ʂei^{21}iet^{3} kʰuaŋ^{35},tsʰin^{53}tet^{5} təu$^{35}_{44}$ua$^{53}_{44}$çi^{21}ɲiaŋ^{53},tsiəu$^{53}_{44}$xan$^{53}_{44}$sau^{53}u^{21}a^{0} ɲiaŋ^{53}ʂʅ$^{53}_{21}$.ci$^{13}_{21}$ke$^{53}_{44}$u^{21}tau^{21}

uɔk⁵ lait³ iəŋ⁵³ ʂei²¹iet³ tʂəu²¹,ci¹³ʂət³ çi²¹tsʰin⁵³ uei⁵³₄₄tʰau⁴⁴,tsʰiəu⁵³₄₄ʂʅ⁵³çi²¹fɔn³⁵ʂət⁵ lei kan²¹₄₄ke⁵³₄₄.ŋai¹³₂₁tien⁰ i¹ iaŋ⁵³tsiəu⁵³₄₄ŋ̍¹³kan²¹ ŋ̍³ʂʅ¹³₄₄kan²¹tsʅ⁰ kau²¹.tʂʅ⁵³kɔŋ²¹uɔk⁵···uɔk⁵ tʰei⁰ ʂau³⁵li⁰ pa³⁵,ʂau³⁵li⁰ lait³,xe⁵³,ʂau³⁵li⁰ lait³,kai₄₄tʂəu²¹fan⁵³ke⁵³₄₄ʂʅ¹³xəu⁵³tsʅ⁰ maŋ¹³ ləu²¹tek³ fan⁵³uɔk⁵ lau⁵.xe⁵³ma⁰?

2.（如果火大了，底下那个就起的那个硬的东西，那叫什么？）哦，烧哩巴唠。饭甑蒸冇事烧巴。只有煮饭就会烧巴。o₃₅,ʂau³⁵li⁰ pa³⁵lau⁰.fan⁵³tsien⁵³ tsən³⁵mau²¹₂₁ʂʅ⁵³ʂau³⁵pa⁵.tʂʅ⁰iəu⁵³₃₅tʂəu²¹fan⁵³tsʰiəu⁵³₄₄uɔi⁵³₄₄sau³⁵(←ʂau³⁵)pa³⁵.（是焖饭的时候吗？）欸，焖饭个时候子，系啊，会烧巴。安做，安做安做镬瘌唠。嗯，安做镬瘌。e₂₁,mən⁵³fan⁵³ke⁰ʂʅ¹³xei⁵³tsʅ⁰,xei⁵³₄₄a⁰,uɔi⁵³₄₄sau³⁵pa³⁵.ɔn³⁵₄₄tsɔ⁵³,ɔn³⁵tsɔ⁴⁴ ɔn⁴⁴₄₄tsɔ⁴⁴uɔk⁵ lait³lau⁰.n̩₂₁,ɔn³⁵tsɔ⁵³₄₄uɔk⁵ lait³.

（那个有锅巴的饭呢？）欸，烧······安做烧巴饭哎。烧巴饭哎。e₂₁,ʂ··· ɔn³⁵tsɔ⁵³₄₄sau³⁵pa³⁵fan⁵³nau⁰.sau³⁵pa³⁵fan⁵³nau⁰.（你们喜欢吃这种饭吗？）香是喷香哦，就系食哩有热啊。真系有热啦。箇就真系有热啦。çiɔŋ³⁵ʂʅ⁵³pʰən³⁵ çiɔŋ³⁵₄₄ŋo⁰,tsʰiəu⁵³xe⁵³₄₄ʂət³li⁰ iəu³⁵ɲiet⁵a⁰.tʂən⁵³ne₄₄(←xe⁵³)iəu³⁵ɲiet⁵la⁰.kai⁵³tsiəu₄₄ tʂən³⁵ne₄₄(←xe⁵³)iəu⁵ɲiet⁵la⁰.（上火是吧？）欸，底下烧火烧哩瘌呀，喷香啊箇是。e₂₁,tei²¹xa⁵³₄₄sau³⁵fo²¹ʂau³⁵li⁰ lait³ia⁰,pʰən³⁵₄₄çiɔŋ³⁵₄₄ŋa⁰ kai⁵³ʂʅ⁵³₂₁.

（香得很？）欸，我等箇系只箇长沙人。渠尽咁子焖饭吃。尽焖得做。长日都有镬瘌，系唔系？你话渠个镬瘌让门食得？渠等个也习惯哩。放滴水一口下去一炆。硬食漅样啊硬啊。食猪漅样，箇都食得？e₂₁,ŋai¹³tien⁰kai⁵³₄₄ xei⁵³tʂak³ kai⁵³tʂʰɔŋ¹³sa³⁵₄₄ɲin¹³₂₁.ci¹³tsʰin⁵³kan²¹tsʅ⁰ mən³⁵fan⁵³ʂət⁵.tsʰin⁵³mən³⁵tek⁵ tsɔ⁵³₄₄. tʂʰɔŋ¹³ɲiet⁵ təu³⁵iəu₄₄uɔk⁵ lait³,ei₄₄(←xei⁵³)me₄₄(←m̩¹³xe⁵³)?ɲi¹³₄₄a₄₄(←ua⁵³)ci¹³ke⁵³ uɔk⁵ lait³ɲiɔŋ⁵³mən⁰ ʂ̩t⁵ tek³?ci¹³tien⁰ke⁵³₄₄ia³⁵ siet⁵ kuan⁵³₂₁li⁰.fɔŋ⁵³ tet⁵ʂei²¹iet³ tʂʰa⁵³xa₄₄ çi⁵³₄₄iet⁵ uən¹³.ɲiaŋ₄₄ʂət⁵ sau⁵iɔŋ³⁵₄₄a⁰ɲiaŋ³⁵a⁰.ʂət⁵ tʂəu⁵sau⁵iɔŋ³⁵,kai⁵³təu⁵³₄₄ʂət⁵ tek³?

我等取倒箇镬镬瘌嘞整旱茶子食样，同箇同箇，同箇个锅巴啊，箇个卖个咁个，欸，锅巴样。箇香就喷香，欸，喷香，就系食哩有热。欸嘿嘿。箇真系有热嘞。ŋai¹³tien⁰ tsʰi²¹tau²¹kai⁵³uɔk⁵ uɔk⁵ lait³ le⁰ tʂən²¹uɔn⁰ tsʰa²¹₂₁tsʅ⁰ ʂət⁵ iɔŋ₄₄,tʰəŋ₄₄kai₄₄ tʰəŋ₄₄kai₄₄,tʰəŋ₄₄kai₄₄ke⁵³₄₄ko₄₄pa₄₄a⁰,kai₄₄ke⁰ mai⁵³ke⁵³₄₄kan²¹ke₄₄,e₂₁,ko³⁵ pa³⁵₄₄iɔŋ⁵³.kai₄₄çiɔŋ³⁵tsʰiəu⁵³₄₄pʰən³⁵₄₄çiɔŋ³⁵,ei₂₁,pʰən³⁵ çiɔŋ³⁵₄₄,tsʰiəu⁵³ue₄₄(←xe⁵³)ʂət⁵ li⁰ iəu₄₄ɲiet⁵.e₂₁xe⁵³xe⁵³.kai⁵³tʂən³⁵ne₄₄(←xe⁵³)iəu₄₄ɲiet⁵ le⁰.

麻糍

糍粑就系麻糍哟，就系麻糍，唔。糍粑就麻糍。tsʰʅ¹³pa₄₄³⁵tsʰiəu⁵³xe⁵³ma¹³ tsʰi¹³io⁰,tsʰiəu⁵³xe⁵³ma¹³tsʰi¹³,m̩₂₁.tsʰʅ¹³pa₄₄³⁵tsʰiəu⁵³ma¹³tsʰi¹³₂₁.

麻糍摎米馃个区别就在于渠个原料，麻糍就系蒸熟米来做，米馃就分米打成粉来做，系咁子个。麻糍就分米蒸熟来，去捣哇，安做去□捣啊。
ma¹³tsʰi¹³lau³⁵₅₃mi²¹ko²¹ke⁵³₄₄tʂʰʉ⁴⁴pʰiek⁵ tsʰiəu⁵³tsʰai⁵³vy¹³₄₄ci⁵³ke⁵³₄₄vien¹³liau⁵³,ma¹³tsʰi¹³
tsʰiəu⁵³xe⁵³tʂən³⁵ʂəuk⁵mi²¹lɔi¹³tsɔ⁵³,mi²¹ko²¹tsʰiəu⁵³₄₄pəm₄₄(←pən³⁵)mi¹³ta²¹ʂaŋ¹³fən²¹
lɔi¹³tsɔ⁵³,xei⁵³kan²¹tsɿ⁰ke⁵³.ma¹³tsʰi¹³tsʰiəu⁵³pəm₄₄(←pən³⁵)mi¹³tʂən³⁵ʂəuk⁵lɔi¹³₄₄,çi⁵³
tau²¹ua⁰,ɔn³⁵₄₄tsɔ⁵³çi¹³₄₄tsiet³a⁰.（欸，米馃就是……粉……）米馃就分米打成粉
来做，就唔爱□了。mi²¹ko²¹tsʰiəu⁵³pəm₄₄(←pən³⁵)mi¹³ta²¹ʂaŋ¹³fən²¹lɔi¹³tsɔ⁵³,tsʰiəu⁵³
m̩²¹₂₁mɔi³⁵(←ɔi⁵³)tsiet³liau⁰.

（那个麻糍呀你们有没有就是把它捣碎以后就做成像饼一样的东西晒
干或者是那个那样那样可以吃得很久很久。）一般都唔多留。iet³pən³⁵₄₄təu³⁵₄₄n̩¹³
tɔ³⁵₄₄liəu¹³.（就现打现吃是吧？）欸，唔多留。e₂₁,n̩¹³tɔ³⁵₄₄liəu¹³.

（那个麻糍做出来以后啊就用那个豆子粉拌一下。）欸欸欸，欸。e₄₄e₄₄
e₄₄,e₂₁.（那叫豆子粉麻糍吗？）唔爱咯……有得么个豆子粉麻糍，麻糍硬爱
放豆粉，正香。欸。m¹³mɔi⁵³kəu……mau²¹tek³mak⁵e⁰tʰei⁵³tsɿ⁰fən²¹ma¹³tsʰi¹³,ma¹³
tsʰi¹³niaŋ⁵³ɔi⁵³fəŋ⁵³tʰei⁵³fən²¹,tʂaŋ⁵³₄₄çiəŋ³⁵.e₂₁.（外面用不同的粉，有没有用……叫
不同的名称？）有得，一般就系……放豆粉。放……欸，有滴就……有滴
就放麻脂唠，系啊？麻糍放麻脂唠。炒香麻脂来唠。mau¹³tek³,iet³pən³⁵
tsʰiəu⁵³xe⁵³tʰe…fəŋ⁵³tʰei⁵³fən²¹.fəŋ⁵³…ei₂₁,iəu³⁵tet³tsʰiəu…iəu³⁵tet³tsʰiə:u⁵³₄₄fəŋ⁵³ma¹³
tsɿ²¹lau⁰,xei³⁵₄₄a⁰?ma¹³tsʰi¹³fəŋ⁵³ma¹³tsɿ²¹.tsʰau²¹çiɔŋ⁵³ma¹³tsɿ²¹lɔi²¹₂₁lau⁰.（这些名称上
有没有区别？）有得区别，有得区别，就系麻糍。放豆粉，唔放豆粉就渠
会黐做一坨啊唔放豆粉就。豆粉呢一只就好香啊，第二只就也系隔开渠来，
使渠莫黐做一坨啊。mau¹³tek³tʂʰʉ³⁵pʰiet³,mau¹³tek³tʂʰʉ³⁵pʰiet³,tsʰiəu⁵³xe⁵³ma¹³
tsʰi²¹.fəŋ⁵³₄₄tʰei⁵³fən²¹,n̩¹³fəŋ⁵³tʰei⁵³fən²¹tsʰiəu₄₄ci⁵³uɔi⁵³nia¹³tsɔ⁵³iet³tʰo¹³a⁰n̩¹³fəŋ⁵³tʰei⁵³
fən²¹tsʰiəu⁵³.tʰei⁵³fən²¹nei⁰iet³tʂak³tsʰiəu₄₄xau²¹çiɔŋ³⁵ŋa⁰,tʰi⁵³₄₄ni₄₄tʂak³tsʰiəu⁵³₄₄ia³⁵xei₄₄
kak³kʰɔi⁵³ci¹³lɔi¹³₂₁,ʂ̩²¹ci¹³mɔk⁵ɲia¹³₄₄tsɔ⁵³iet³tʰo¹³a⁰.

糯米圆

1.（用……有没有用油来炒的那个米馃？）用油去炒个米馃啊？iəŋ⁵³
iəu¹³çi⁵³tsʰau²¹ke⁵³mi²¹ko²¹a⁰?（嗯，放点油，把米馃放进去这么炒。）箇就爱
放糖啊，欸放糖啊。就系糯米圆呶安做。kai⁵³₄₄tsʰiəu⁵³ɔi⁵³₄₄fəŋ⁵³tʰɔŋ¹³ŋa⁰,e⁰fəŋ⁵³
tʰɔŋ¹³ŋa⁰.tsʰiəu⁵³₄₄ue₄₄(←xe⁵³)lɔ⁵³mi²¹ien⁵³nau⁰ɔn⁵³tsɔ₄₄.（糯米圆？）欸，糯米圆呐。
e₂₁,lɔ⁵³mi²¹ien¹³na⁰.（你们说……说这个东西就叫糯米圆，是吧？）糯，欸，
糯……哈？糯米圆。lɔ⁵³,e₂₁,lɔ→xa³⁵?lɔ⁵³mi²¹ien¹³.（就把它叫做糯米圆？）哈？
就系糯米糯米嘿嘿嘿做倒米馃样啊，欸。以个……xa³⁵?tsʰiəu⁵³₄₄ue₄₄(←xe⁵³)lɔ⁵³
mi²¹lɔ⁵³mi²¹xe₄₄xe₄₄xe₂₁tsɔ⁵³tau²¹mi²¹ko²¹iɔŋ⁵³ŋa⁰,ei₂₁,i¹³₁₃ke⁵³…（就把它叫做糯米圆，

是吧？）欸，糯米圆。唔……但是唔系米馃。渠就切成咁个四方坨子，因为米馃忒大哩。嗯。也可以唠，米馃也可以啊。放滴糖，放下镬里一炒哇。欸，放滴糖啊，放滴油哇，放下镬里一炒哇。箇是整酒个时候子都用哦，欸，做酒个时候子都用噢，舞碗糯米圆食哩是尽……箇以前是舞碗糯米圆是还蛮重要喔，欸，老哩人，尤其系老哩人。e_{21},$lo^{53}mi^{21}ien^{13}$,n^{13}…$tan^{13}s\eta^{53}m^{13}$ $p^he^{53}(\leftarrow xe^{53})mi^{21}ko^{21}.ci^{13}ts^hiəu^{53}ts^hiet^3s\eta^{13}kan^{21}ke^{53}si^{53}fɔŋ^{35}t^ho^{13}ts\eta^0$,$in^{35}uei^{53}mi^{21}ko^{21}$ $t^het^3t^hai^{53}li^0.m_{21}.ia^{35}k^ho^{21}i^{35}lau^0$,$mi^{21}ko^{21}a_{44}^{35}k^ho^{21}i_{44}^{35}a^0.fɔŋ^{53}tet^5t^hɔŋ^{13}$,$fɔŋ^{53}xa^{53}uɔk^5li^0$ $iet^3ts^hau^{53}ua^0.e_{21},fɔŋ^{53}tet^5t^hɔŋ^{13}\eta a^0$,$fɔŋ^{53}tet^5iəu^{13}ua^0$,$fɔŋ^{53}xa^{53}uɔk^5li^0iet^3ts^hau^{53}$ $ua^0.kai^{53}s\eta_{44}^{53}tsaŋ^{21}tsiəu^{21}ke^{53}s\eta^{13}xei^{53}ts\eta^5təu_{44}^{35}iəŋ^{53}\eta o^0$,$e_{21},tso^{53}tsiəu^{21}ke^{53}s\eta^{13}xei^{53}ts\eta^5təu_{44}^{35}$ $iəŋ^{53}\eta au^0$,$u^{21}uɔn^{21}no^{53}(\leftarrow lo^{53})mi^{21}ien^{13}sət^5li^0s\eta_{44}^{13}ts^hin^{53}$…$kai_{44}^{35}ts^hien^{13}s\eta_{44}^{53}u^{21}uɔn^{21}no^{53}$ $(\leftarrow lo^{53})mi^{21}ien^{13}s\eta_{44}^{53}xai_{21}^{53}man^{13}ts\dot{h}ən^{53}iau^{53}uo^0$,$e^{21}$,$lau^{21}li^0\textipa{\textltailn}in^{13}$,$iəu^{13}c^hi^{13}xei^{53}lau^{21}li^0$ $\textipa{\textltailn}in^{13}.$

2.（有没有那个麻糍打出来以后哇用油煎一下，放点糖？）油煎一到，嗯，放滴子糖。$iəu^{13}tsien^{35}iet^3tau^{53}$,$n_{21},fɔŋ^{53}tiet^5ts\eta^0t^hɔŋ_{44}^{13}$.（打出来以后，回去再去煎一下。用用欸用油啊用糖煎一下。有这种吃法吗？）欸也有，也有咁子，也有咁子搞。$ei^0ia^{35}iəu_{44}^{35},ia^{35}iəu_{44}^{35}kan^{21}ts\eta^0,ia^{35}iəu_{44}^{35}kan^{21}ts\eta^0kau^{21}$.（那叫什么呢？）箇渠就系同米馃样了哇就系。$kai_{44}^{53}ci_{21}^{13}tsiəu^{53}ue^{53}(\leftarrow xe^{53})t^hən_{21}^{13}mi^{21}ko^{21}$ $iəŋ^{53}liau^0ua^0tsiəu^{53}ue_{44}^{53}(\leftarrow xe^{53})$.（叫不叫欸叫不叫油糍？）油糍子吧？唔安……以箇个唔系安做油糍子。有嗯有咁个做法，冇得么个名……冇得么个名堂个名字，欸。$iəu^{13}ts^hi^{13}ts\eta^0pa^0?n_{21}^{13}ɔn_{21}^{53}ts\cdot^{i13}kai^{53}ke^0m_{21}^3p^he^{53}(\leftarrow xe^{53})ɔn_{44}^{35}tso^{53}$ $iəu^{13}ts^hi_{21}^{13}ts\eta^0.iəu^{35}n_{21}iəu^{35}kan^{21}ts\eta^0tso^{53}fait^3$,$mau^{13}tek^3mak^3e^{53}miaŋ$…$mau^{13}tek^3mak^3$ $e^{53}min_{21}^{13}t^hɔŋ_{21}^{13}ke^{53}miaŋ^{13}ts\dot{h}_\eta^{53},e_{21}$.

欸就系就系也就系糯米圆呢。也就系糯米圆。$e^0ts^hiəu_{44}^{53}xei_{44}^{53}ts^hiəu^{53}ue^{53}(\leftarrow xe^{53})ia^{35}ts^hiəu_{44}^{53}xei_{44}^{53}lo^{53}mi^{21}ien^{13}nei^0.ia^{35}ts^hiəu_{44}^{53}ue^{53}(\leftarrow xe^{53})lo^{53}mi^{21}ien^{13}$.（糯米圆？噢。）嗯。不过渠箇糯米圆就唔同开头用豆粉做个，用麻糍……用糯米去筑个，系唔系？欸，筑倒也切倒……点伢大子一只子，放倒……放滴油放滴糖去炒，欸，也就系糯米圆。嗯。$m_{21},puk^3ko^{53}ci_{21}^{13}kai^{53}lo^{53}mi^{21}ien^{13}ts^hiəu^{53}m^{13}$ $t^hən^{13}k^hɔi^{35}t^hei^{13}iəŋ_{44}^{53}t^hei^{13}fən^{21}tso_{44}^{53}ke_{44}^{53},iəŋ^{53}ma^{13}ts^hi^{13}ts$…$iəŋ_{44}^{53}lo^{53}mi^{21}çi^5tsəuk^3$ $ke^{53},xei_{44}^{53}me_{44}^{53}(\leftarrow m^{13}xe^{53})?ei_{21},tsəuk^3tau^{21}ia^{35}ts^hiet^3tau^{21}ts$…$tian^{53}\eta a_{44}^{13}t^hai^{53}ts\eta^0iet^3$ $tsak^3ts\eta^0,fɔŋ^{53}tau^{21}$…$fɔŋ_{44}^{53}tet_3^5iəu^{13}fɔŋ_{44}^{53}tet_3^5t^hɔŋ^{13}çi^5ts^hau^{53}$,$e_{21},ia^{35}ts^hiəu^{53}ue_{44}$ $(\leftarrow xe^{53})lo^{53}mi^{21}ien^{13}.m_{21}.$

（是炒还是炸？）唔唔唔去……唔去炮，唔去炮，就系炒。$n^{13}n^{13}n^{13}c^hi^{53}$ ts…$n^{13}c^hi^{53}p^hau^{13},n^{13}c^hi^{53}p^hau_{44}^{13},ts^hiəu^{53}ue^{53}(\leftarrow xe^{53})ts^hau_{44}^{53}$.（噢，那叫，那就叫糯米圆？）糯米圆，就安做糯米圆，糯米圆个第二种做法。嗯。$lo^{53}mi^{21}$

ien^{13},ts^{h}iəu^{53}ɔn$^{35}_{44}$tso$^{53}_{44}$lo^{53}mi^{21}ien^{13},lo^{53}mi^{21}ien^{13}ke$^{53}_{44}$t^{h}i^{53}ɲi^{53}tsəŋ^{21}tso^{53}fait^3.n̩$_{21}$.

调羹花

糊糊放倒去煮吧？调羹花呢，我等安做调羹花呢。xu$^{13}_{21}$xu$^{13}_{44}$fəŋ^{53}tau^{21}çi^{53}tʂəu$^{21}_{21}$pa^0?t^{h}iau$^{13}_{21}$kaŋ$^{35}_{44}$fa^{35}nei^0,ŋai$^{13}_{21}$tien^{0}ɔn$^{35}_{44}$tso$^{53}_{44}$t^{h}iau$^{13}_{21}$kaŋ$^{35}_{44}$fa^{35}nei^0.（这是用面粉？）欸，用面粉，用米粉也可以，米粉也可以，调成糊，调下碗里，系<u>唔系</u>？调下容器肚里装倒，调成调成糊。然后镬里放上水，用调羹子舀倒去煮。我等就安做调羹花。煮调羹花。爱烧泡水来啊！烧泡水，镬里烧泡水来。用调羹子舀倒去煮。e$_{21}$,iəŋ^{53}mien^{53}fən^{53},iəŋ^{53}mi^{21}fən^{21}na$_{44}$(←ia^{35})k^{h}o^{21}i$^{35}_{44}$,mi^{21}fən^{21}na$_{44}$(←ia^{35})k^{h}o$^{21}_{44}$,t^{h}iau$^{13}_{21}$saŋ$^{13}_{44}$fu^{13},t^{h}iau$^{21}_{21}$ua^{53}(←xa^{53})uɔn^{21}li^0,xei$^{53}_{44}$me$_{44}$(←m̩^{13}xe^{53})?t^{h}iau$^{21}_{21}$ua$_{44}$(←xa^{53})iəŋ^{13}çi$^{53}_{44}$təu^{0}li^{0}tʂəŋ^{35}tau^{21},t^{h}iau^{13}ʂaŋ$^{21}_{21}$t^{h}iau$^{13}_{21}$ʂaŋ^{13}fu^{13}.vien$^{13}_{21}$xei$^{53}_{44}$uɔk^{5}li^{0}fəŋ^{13}ʂɔŋ$^{53}_{44}$ʂei^0,iəŋ^{53}t^{h}iau$^{13}_{21}$kaŋ$^{35}_{44}$tʂ^{0}iau^{21}tau^{21}çi^{53}tʂəu^{21}.ŋai$^{13}_{21}$tien^{0}ts^{h}iəu$^{53}_{44}$ɔn$^{35}_{44}$tso$^{53}_{44}$t^{h}iau$^{13}_{21}$kaŋ$^{35}_{44}$fa^{35}.tʂəu^{21}t^{h}iau$^{13}_{21}$kaŋ$^{35}_{44}$fa^{35}.ɔi$^{53}_{21}$ʂau^{35}p^{h}au$^{35}_{44}$ʂei^{53}lɔi^{13}a^0!ʂau^{35}p^{h}au$^{35}_{44}$ʂei^{53},uɔk^{5}li^{0}ʂau^{35}p^{h}au$^{35}_{44}$ʂei^{21}lɔi^{13}.iəŋ^{53}t^{h}iau$^{13}_{21}$kaŋ$^{35}_{44}$tʂ^{0}iau^{21}tau^{21}çi^{53}tʂəu^{21}.

酥馃子

（糯米把它舂，舂成粉，加糖啊，芝麻呀，然后和好以后，切成一条一条的，用油炸。）哦。爱发酵？酥馃子箇只吧？就安做酥馃子吧？o$^{53}_{53}$.ɔi$^{53}_{44}$fait^{3}çiau^{53}pa^0?sʐ^{35}ko^{0}tsʐ^{0}kai$^{53}_{44}$tʂak^{5}pa^0?ts^{h}iəu$^{35}_{44}$ɔn$^{35}_{44}$tso$^{35}_{44}$sʐ^{35}ko^{0}tsʐ^{0}pa^0?（sʐ^{35}馃子啊？）欸。就安做酥馃子吧？e$_{21}$.ts^{h}iəu$^{53}_{44}$ɔn$^{35}_{44}$tso$^{53}_{44}$sʐ^{35}ko^{0}tsʐ^{0}pa^0?（哪个sʐ^{35}？）酥啊，就是酥啊。安做酥馃子吧？箇个就系讲酥馃子。sʐ^{35}a^0,tsiəu$^{53}_{44}$sʐ$^{13}_{44}$səu^{35}ua^0.ɔn$^{35}_{44}$tso$^{53}_{44}$sʐ^{35}ko^{0}tsʐ^{0}pa^0?kai$^{53}_{44}$ke$^{35}_{44}$ts^{h}iəu^{13}ue^{53}(←xe^{53})kɔŋ^{21}sʐ^{35}ko^{0}tsʐ^0.

（你们自己做吗？）也做哇。箇还爱交箇个，爱加箇起东西欸。爱加箇鸭屎瓜藤呐，鸭屎瓜藤个水呀。欸，爱加配料，爱……爱等渠发酵哇。爱等渠……渠正会膨大咯，正会大咯，正会泡松咯。就酥馃子啊。酥馃子就糯米粉做个嘞。嗯。ia$^{35}_{44}$tso^{53}ua^0.kai^{53}xa$^{13}_{21}$ɔi$^{53}_{44}$ciau^{35}kai^{53}cie$_{44}$,ɔi$^{53}_{44}$cia^{35}kai^{53}çi^{21}təŋ$^{35}_{44}$si^{0}e^0.ɔi$^{53}_{44}$cia^{35}kai^{53}ait^{3}sʐ^{21}kua^{35}t^{h}ien^{13}na^0,ait^{3}sʐ^{21}kua^{35}t^{h}ien^{13}ke^{53}ʂei^{21}ia^0.e$_{21}$,ɔi$^{53}_{44}$cia^{35}p^{h}ei^{53}liau$^{53}_{21}$,ɔi^{53}…ɔi^{53}ten^{21}ci$^{13}_{44}$fait^{3}çiau^{53}ua^0.ɔi^{53}ten^{21}ci$^{13}_{44}$…ci^{13}tʂaŋ$^{53}_{44}$uɔi$^{53}_{44}$p^{h}əŋ^{13}t^{h}ai^{53}ko^0,tʂaŋ$^{53}_{44}$uɔi$^{53}_{44}$t^{h}ai^{53}ko^0,tʂaŋ$^{53}_{44}$uɔi$^{53}_{44}$p^{h}au^{35}səŋ^{53}ko^0.ts^{h}iəu$^{53}_{44}$sʐ^{35}ko^{21}tsʐ^{0}a^0.sʐ^{35}ko^{21}tsʐ^{0}ts^{h}iəu^{53}lo^{21}mi^{21}fən^{21}tso^{53}ke$^{21}_{44}$lei^0.m̩$_{21}$.（噢，要发酵？）嗯。然后就炮哇，炮起猛大一坨啊。欸。m̩$_{21}$.vien$^{13}_{21}$xei$^{53}_{44}$ts^{h}iəu$^{53}_{44}$p^{h}au^{13}ua^0,p^{h}au^{13}çi$^{21}_{44}$mən^{35}t^{h}ai^{53}iet^{3}t^{h}o$^{53}_{44}$a^0.e$_{21}$.

花片子

欸，兰兰……兰花片呐，有起兰花片呐，用油炮个啦。咁大一片片呐。

咁大一片片。同箇玉兰片样个啦。e²¹,lan¹³lan¹³f…lan¹³fa⁴⁴pʰien⁵³na⁰,iəu⁴⁴çi²¹lan¹³fa⁴⁴pʰien⁵³na⁰,iəŋ iəu¹³pʰau⁴⁴ke⁵³la⁰.kan²¹tʰai⁵³iet³ pʰien⁵³pʰien⁵³na⁰.kan²¹tʰai⁵³iet³ pʰien⁵³pʰien⁵³.tʰən²¹kai⁴⁴vy⁵³lan²¹pʰien⁵³iən⁴⁴ke⁴⁴la⁰.

（呃，有猪耳朵吗？）猪耳朵啊？tʂəu³⁵ɲi²¹to²¹a⁰?（嗯。）真正个猪耳朵吧？tʂən³⁵tʂən⁴⁴ke⁴⁴tʂəu³⁵ɲi²¹to²¹pa⁰?（噢，不是真正的。油炸的那种是是那个……）这手……手工做个，油炸个，冇得。冇得。tʂe⁴⁴ʂəu²¹…ʂəu²¹kəŋ⁴⁴tso⁵³ke⁰,iəu¹³tsa⁴⁴ke⁰,mau²¹tek³.mau²¹tek³.（就是做成那个……像那个欵小花片、大花片。）噢，箇就系兰花个欵安做安做……箇就系箇起安做……欵，安做么个？安做花片子唠。就同箇猪耳朵样噢。欵。安做花片子，唔安做猪耳朵。咁大一片片哎，系……有大滴子个有细滴子个唠。咁大一片片哎。用用大概系用糯米粉做个。有咁个。花片子。唔安做猪耳朵。au²¹,kai⁵³tsʰiəu⁵³xe⁵³nan¹³fa⁴⁴ke⁰ e²¹,ɔn³⁵tso⁴⁴ɔn³⁵tso⁵³…kai⁴⁴tsʰiəu⁵³xei⁴⁴kai⁵³çi²¹ɔn³⁵tso⁴⁴…e²¹,ɔn³⁵tso⁴⁴mak⁵ke⁵³?ɔn³⁵tso⁴⁴fa³⁵pʰien²¹tsʅ⁰lau⁰.tsiəu⁵³tʰən¹³kai⁴⁴tʂəu³⁵ɲi²¹to²¹iəŋ ŋau⁰.e²¹.ɔn³⁵tso⁴⁴fa³⁵pʰien²¹tsʅ⁰,n̩²¹ɔn⁴⁴tso⁵³tʂəu⁴⁴ɲi²¹to²¹.kan²¹tʰai⁵³iet³ pʰien⁴⁴pʰien⁴⁴nau⁰,xe⁴⁴i…iəu³⁵tʰai⁵³tiet³ tsʅ⁰ke⁴⁴iəu³⁵se⁵³tiet⁵ tsʅ⁰ke⁵³lau⁰.kan²¹tʰai⁵³iet³ pʰien²¹pʰien²¹nau⁰.iəŋ⁵³iəŋ⁵³tʰai⁴⁴kʰai⁵³ʂʅ⁴⁴iəŋ²¹lo⁵³mi⁵³fən²¹tso⁵³ke⁴⁴.iəu³⁵kan²¹cie⁵³.fa³⁵pʰien²¹tsʅ⁰.n̩⁵³ɔn⁴⁴tso⁵³tʂəu³⁵ɲi²¹to²¹.

油糍子

（你们不油炸，是吧？）也搞哇，也用油炸。ia³⁵kau²¹ua⁰,ia³⁵iəŋ⁵³iəu¹³ta⁵³.（米馃啊？）欵，也系……米馃也会去油去炮哇。ei²¹,ia³⁵xei⁵³…mi²¹ko²¹ia³⁵uɔi⁴⁴çi⁵³iəu¹³çi⁴⁴pʰau¹³ua⁰.（用油炮的那个米馃叫什么？）安做油……油糍子，油……欵，细细子一只个，圆……圆圆子一只个，就安做油糍子。ɔn³⁵tso⁴⁴iəu¹³…iəu¹³tsʰi¹³tsʅ⁰,iəu¹³f…e²¹,se⁵³se⁵³tsʅ⁰iet³ tʂak³ke⁵³,ien¹³…ien¹³ien¹³tsʅ⁰iet³ tʂak³ke⁵³,tsʰiəu⁴⁴ɔn⁴⁴tso⁵³iəu¹³tsʰi¹³tsʅ⁰.（哪个糍呢？）我就唔晓哪只糍哈。ŋai¹³tʂəu⁵³(←tsiəu⁵³)n̩¹³çiau²¹lai⁵³tʂak³tsʰi¹³xa⁰.

又安做油货。我等细细子就冇得油哇，就想食油货啊。iəu⁵³ɔn⁴⁴tso⁵³iəu¹³fo⁵³.ŋai¹³tien⁰se⁵³se⁵³tsʅ⁰tsʰiəu⁵³mau¹³tek³iəu¹³ua⁰,tsʰiəu⁴⁴siɔŋ²¹ʂət³iəu¹³fo³a⁰.

（噢。这是小的，是吧？）欵，欵，e²¹,e²¹.（大的呢？）有得大个，因为么个大哩个唔得到得熟。嘿嘿嘿。mau¹³tek³tʰai⁵³ke⁵³,in³⁵uei⁴⁴mak⁵e⁰tʰai⁵³li⁰ke⁴⁴n̩¹³tek³tau⁴⁴tek³ʂəuk⁵.xe⁴⁴xe⁵³xe²¹.

玉兰片

（玉兰片怎么说说？）安做薄片子。ɔn³⁵tso⁵³pʰɔk⁵pʰien²¹tsʅ⁰./玉兰片哎。

安做玉……玉兰片。$i^{53}lan_{21}^{13}p^hien^{21}nau^0$.$ɔn_{35}^{35}tso_{44}i^{53}$…$i^{53}lan_{21}^{13}p^hien^{21}$./也有喊薄片子个唠。$ia_{35}^{35}iəu_{53}^{53}xan^{53}p^hɔk^5p^hien^{21}ts_{1}^{0}ke^{53}lau^0$./哦玉兰片呐。安做玉兰片呐。$o_{44}i^{53}lan_{21}^{13}p^hien^{21}na^0$.$ɔn_{44}^{35}tso_{44}i^{53}lan_{21}^{13}p^hien^{21}na^0$./玉兰片，又喊薄片子。$y^{53}lan_{21}^{13}p^hien^{21},iəu^{53}xan^{53}p^hɔk^5p^hien^{21}ts_{1}^{0}$./渠又箇玉兰片箇意思箇就玉字唦，<u>系唔系</u>？$ci^{13}iəu^{53}kai^{53}i^{53}lan_{21}^{13}p^hien^{21}kai_{44}^{53}i^{53}s_{1}^{13}kai_{44}^{53}ts^hiəu_{21}^{53}niəuk^5s_{1}^{53}ʂa^0,xei_{44}^{53}me_{44}(←m_{1}^{13}xe^{53})?$/欸。$e_{53}$./渠又唔喊ɲiəuk⁵兰片呢。$ci^{13}iəu^{53}n_{21}^{13}xan^{53}niəuk^5lan_{21}^{13}p^hien^{21}nei^0$./硬喊i⁵³哩，i⁵³兰片。$niaŋ^{53}xe_{44}^{53}xan^{21}i^{53}li^0,i^{53}lan_{21}^{13}p^hien^{21}$./但是但是玉米个玉字又要读ɲiəuk⁵字嘞。系唔系？我横巷里玉姑婆啊，我喊哩喊ɲiəuk⁵姑婆啊。渠老弟子安做老六啊。$tan_{44}^{53}s_{1}^{21}tan_{44}^{53}s_{1}^{21}y^{53}mi^{21}ke_{44}^{53}y^{53}ts^h_{44}^{21}iəu^{53}iau_{44}^{53}t^həuk^5niəuk^5ts_{1}^{53}le^0$.$xe_{44}^{53}me_{44}(←m_{1}^{13}xe^{53})?ai^{13}(←ŋai^{13})uaŋ^{13}xɔŋ_{44}^{53}li^0niəuk^5ku_{44}^{53}p^ho^{53}a^0,ŋai_{21}^{13}xan_{44}^{53}li^0xan_{44}^{53}niəuk^5ku_{44}^{35}p^ho^{53}a^0$.$ci_{21}^{13}lau^{53}t^he_{35}^{35}ts_{1}^{0}ɔn_{44}^{35}tso_{44}lau^{21}liəuk^5a^0$./系，又讲早茶来哩。系系系，玉兰片箇。$xe_{44}^{53},iəu^{53}kɔŋ^{53}uon^{53}ts^ha_{21}^{53}lɔi_{21}^{13}li^0$.$xe_{53}xe_{53}xe_{44},y^{53}lan^{13}p^hien^{21}kai^{53}$./欸，箇就唔喊玉兰片呢。$e_{21},kai^{53}ts^hiəu_{44}^{53}n_{21}^{13}xan^{53}niəuk^5lan_{21}^{13}p^hien^{21}nei^0$./系。$xe^{53}$./渠要喊玉字嘞。$ci^{13}iau^{53}xan^{53}ɲ_{1}^{53}ts_{1}^h le^0$./欸，喊玉兰片，我等是。$e_{21},xan_{44}^{53}i^{53}lan_{21}^{13}p^hien^{21},ŋai^{13}tien^0s_{1}^{53}_{44}$./喊玉兰片。$xan_{21}^{53}i^{53}lan_{21}^{13}p^hien^{21}$./玉兰片。$i^{53}lan_{21}^{13}p^hien^{21}$./箇字唔知搞么啊唔喊ɲiəuk⁵字，唔读ɲiəuk⁵字。$kai_{44}^{53}s_{1}^{13}n_{21}^{13}ti^{53}kau^{21}mak^5a^0n_{21}^{13}xan_{44}niəuk^5ts_{1}^{53},n_{21}^{13}t^həuk_{3}^{5}niəuk^5ts_{1}^{53}_{44}$.

（你你们应该怎么说？就是就不是欸你们平时怎么说？）玉兰片呐。$i^{53}lan_{21}^{13}p^hien^{21}na^0$.（不讲ɲiəuk⁵兰片？）唔讲ɲiəuk⁵兰片。就一……玉兰片就箇玉字唦，系啊？欸玉字就么个……本来是我等客家人玉字就玉米……还读玉字嘞。我看下子箇个箇个箇个……$n_{21}^{13}kɔŋ^{21}niəuk^5lan_{21}^{13}p^hien^{21}.ts^hiəu_{44}^{53}iet$…$i^{53}lan_{21}^{13}p^hien^{21}ts^hiəu_{44}kai_{44}^{53}ts_{1}^{53}ʂa^0,xei_{44}^{53}a^0?e_{44}vy^{53}ts_{1}^h_{44}tsiəu_{44}^{53}mak^5e^0$…$pən^{13}nɔi^{13}s_{1}^{53}_{44}ŋai^{13}tien^0k^hak^3ka_{44}^{35}nin_{44}^{13}ts_{1}^h_{44}^{53}tsiəu_{44}^{53}mi^{0}$…$xa_{21}^{13}t^həuk^5niəuk^5ts_{1}^{53}le^0$.$ŋai^{13}k^hɔn^{53}na_{44}^{53}s_{1}^{0}kai^{53}ke_{44}^{53}kai^{53}ke_{44}^{53}kai_{44}^{53}ke_{44}^{53}$…/咁就喊薄片子箇，以只以只玉兰片呐，又喊薄片子咯。你话薄片子个就晓得。就箇只东西。$kan_{53}^{21}tsiəu_{44}^{53}xan_{44}^{53}p^hɔk^5p^hien^{21}ts_{1}^0ka^{53},i^{21}tʂak^3i^{21}tʂak^3i^{53}lan_{21}^{13}p^hien^{21}na^0,iəu_{44}^{53}xan^{53}p^hɔk^5p^hien^{21}ts_{1}^0ko^0$.$ni^{13}ua_{44}^{53}p^hɔk^5p^hien^{21}ts_{1}^0ke^{53}tsiəu_{53}^{53}çiau^{21}tek^3$.$tsiəu_{53}^{53}kai_{44}^{53}tʂak^3təŋ_{44}^{35}si^0$./箇个欸欸戏，箇么个戏啊？黄梅戏，黄梅戏啊么个戏肚里渠就读ɲiəuk⁵嘞。$kai_{44}^{53}ke_{44}^{53}e_{21}e_{21}çi^{53},kai^{53}ke^{53}mak^5e^0çi^{53}a^0?uɔŋ^{13}mei_{44}^{13}çi^{53},uɔŋ^{13}mei_{44}^{13}çi^{53}a^0mak^5e^0çi^{53}təu^{21}li^0ci^{13}ts^hiəu_{44}^{53}t^həuk^5niəuk^5lei^0$.

（那个玉兰片里面啊它那个用那个刚刚长出来的那种那个初笋子做出来的那个玉兰片，呐那个更贵。那个……）咁个，冇得咁个。$kan_{13}^{21}ke^{53},mau^{13}tek^3kan^{21}cie^{53}$.（叫做……有的地方叫做宝尖。）箇我等以映……箇唔知你只你只以只……$kai^{53}ŋai^{13}ten^0i^{21}iaŋ^{13}$…$kai^{53}n_{1}^{13}ti_{53}^{35}ni_{21}^{13}tʂak^3ni_{21}^{13}tʂak^3i^{21}tʂak^3$…（很嫩，

很嫩，那比一般的还要嫩。）以以以只东西唔知你讲个玉兰片是么啊东西嘞。我等个是用用用薯粉，用红薯粉做个。$i^{21}i^{21}i_{13}^{}t\mathrm{\mathcal{s}}ak^{3}tə\mathrm{ŋ}^{35}si^{0}n_{53}^{}\mathrm{ȵ}i_{13}^{21}k\mathrm{ɔ\mathrm{ŋ}}^{21}ke^{53}y^{53}lan_{21}^{13}p^{h}ien^{53}\mathrm{ʂ}_{44}^{53}mak^{3}a^{0}tə\mathrm{ŋ}_{44}^{35}si^{0}le^{0}.\mathrm{ŋ}ai^{13}tien^{}ke^{53}\mathrm{ʂ}_{44}^{53}iə\mathrm{ŋ}^{53}iə\mathrm{ŋ}^{53}iə\mathrm{ŋ}^{53}\mathrm{ʂ}əu^{53}fən^{21},iə\mathrm{ŋ}^{53}fə\mathrm{ŋ}^{13}\mathrm{ʂ}əu_{21}^{13}fən^{21}tso^{53}ke_{44}^{53}.$/蕃薯粉做个啦玉兰片呢。$fan^{35}\mathrm{ʂ}əu_{21}^{13}fən^{21}tso^{53}ke_{44}^{53}la^{0}y^{53}lan_{21}^{13}p^{h}ien^{53}ne^{0}.$

（用番薯片做的呃粉呐？）粉。$fən^{21}.$/蕃薯粉炮个啦玉兰片呐。你以只玉兰片系么啊东西哦真的？$fan^{35}\mathrm{ʂ}əu_{21}^{13}fən^{21}p^{h}au^{35}ke_{44}^{53}la^{0}y^{53}lan_{21}^{13}p^{h}ien^{53}na^{0}.\mathrm{ȵ}i^{13}i^{21}t\mathrm{\mathcal{s}}ak^{3}y^{53}lan_{21}^{13}p^{h}ien^{53}xei_{44}^{53}mak^{3}a^{0}tə\mathrm{ŋ}_{44}^{35}si^{0}o^{0}t\mathrm{\mathcal{s}}ən^{53}net^{3}(\leftarrow tet^{3})?$/你嘞讲笋子吧？$\mathrm{ȵ}i^{13}le^{0}k\mathrm{ɔ\mathrm{ŋ}}^{21}sən^{21}t\mathrm{\mathcal{s}}^{}pa^{0}?$/你讲个笋子吧？$\mathrm{ȵ}i_{21}^{13}k\mathrm{ɔ\mathrm{ŋ}}^{21}ke^{53}sən^{21}t\mathrm{\mathcal{s}}^{}pa^{0}?$（哦，啊，对啊。）箇有得，我等以映有得玉兰片。$kai^{53}mau^{13}tek^{3},\mathrm{ŋ}ai^{13}tien^{0}i^{21}ia\mathrm{ŋ}^{53}mau^{13}tek^{3}\mathrm{ʯ}^{53}lan_{21}^{13}p^{h}ien^{53}.$/欸，系系，有只咁个个话法。渠等有，箇是以映有得咁个讲法。$ei_{21},xei^{53}xei^{53},iəu^{35}t\mathrm{\mathcal{s}}ak^{3}kan^{53}ke_{44}^{53}ke_{44}^{53}ua^{53}fait^{3}.ci^{13}tien^{0}iəu_{44},kai^{53}\mathrm{ʂ}_{44}^{53}i^{21}ia\mathrm{ŋ}^{}təu_{44}^{35}mau^{13}tek^{3}kan^{53}ke^{53}k\mathrm{ɔ\mathrm{ŋ}}^{21}fait^{3}.$/我等以映子只喊笋干。$\mathrm{ŋ}ai_{21}^{13}tien^{0}i_{44}^{21}ia\mathrm{ŋ}_{44}^{35}t\mathrm{\mathcal{s}}^{}t\mathrm{\mathcal{s}}^{21}xan^{53}sən^{21}k\mathrm{ɔ}n^{35}.$/欸，笋干。$e_{53},s\mathrm{ɔ}n^{21}k\mathrm{ɔ}n^{35}.$/哦。我等是喊笋干。$o_{21},\mathrm{ŋ}ai^{13}tien^{0}\mathrm{ʂ}_{44}^{53}xan^{53}sən^{21}k\mathrm{ɔ}n^{35}.$/哦，笋干喏。$o_{21},sən^{21}k\mathrm{ɔ}n^{35}no^{0}.$/欸。$ei_{53}.$/加工个办法。$cia^{35}k\mathrm{ɔ\mathrm{ŋ}}^{35}ke_{44}^{53}p^{h}an^{53}fait^{3}.$/欸，加工个办法。$ei_{53},cia^{35}k\mathrm{ɔ\mathrm{ŋ}}^{35}ke_{44}^{53}p^{h}an^{53}fait^{3}.$/有只有只尖嘴子。$iəu^{35}t\mathrm{\mathcal{s}}ak^{3}iəu^{35}t\mathrm{\mathcal{s}}ak^{3}tsian^{35}tsi^{21}t\mathrm{\mathcal{s}}^{}.$

（哦，你们讲的玉兰片和那个薄片子都是用那个……就是虾片一样的，是吧？）番薯粉做个。$fan^{35}\mathrm{ʂ}əu_{21}^{13}fən^{21}tso_{44}^{53}ke_{44}^{53}.$/欸。$ei_{53}.$（它是……）系，有种有种笋子个做法安做玉兰片。$xe^{53},iəu^{35}t\mathrm{\mathcal{s}}ə\mathrm{ŋ}^{}iəu^{35}t\mathrm{\mathcal{s}}ə\mathrm{ŋ}^{21}sən^{21}t\mathrm{\mathcal{s}}^{}ke_{44}^{53}tso^{53}fait^{3}\mathrm{ɔ}n^{35}tso_{44}^{53}vy^{53}lan_{21}^{13}p^{h}ien^{53}.$/欸。$e_{53}.$/欸，笋呐。$e_{53},suən^{21}na^{0}.$/嗯。$n̩_{21}.$/有得，我等以映有箇种有得哪人做。$mau^{13}tek^{3},\mathrm{ŋ}ai^{13}ten^{0}i^{21}ia\mathrm{ŋ}^{}mau_{13}^{}kai^{53}t\mathrm{\mathcal{s}}ə\mathrm{ŋ}^{}mau_{21}^{}tek^{3}lai^{53}in_{21}^{21}tso^{53}.$/安做玉兰片呐。$\mathrm{ɔ}n_{44}^{35}tso_{53}^{}tso^{53}i^{53}lan_{21}^{13}p^{h}ien^{53}na^{0}.$

（它是它那个粉它那个粉要经过高温加那个那个加工吗？）啊？$a^{35}?$/箇是番薯粉做个。$kai^{35}\mathrm{ʂ}_{44}^{53}fan^{35}\mathrm{ʂ}əu_{21}^{13}fən^{21}tso_{44}^{53}ke^{53}.$/用用薯粉。我们这里是……$iə\mathrm{ŋ}^{53}iə\mathrm{ŋ}^{53}\mathrm{ʂ}əu^{53}fən^{21}.\mathrm{ŋ}o^{21}mən^{0}tse^{53}li^{0}\mathrm{ʂ}^{53}\cdots$/交滴番薯哇。番薯就番薯就煮熟来炆熟来，交番薯粉去搣。去搣呀。搣就和吧，系唔系？搣。$ciau^{35}tet^{5}fan^{35}\mathrm{ʂ}əu_{21}^{}ua^{0}.fə\mathrm{ŋ}^{13}\mathrm{ʂ}əu_{21}^{}t\mathrm{\mathcal{s}}^{h}iəu^{}fan^{35}\mathrm{ʂ}əu_{21}^{}t\mathrm{\mathcal{s}}^{h}iəu_{44}^{}t\mathrm{\mathcal{s}}əu^{21}\mathrm{ʂ}əuk^{5}l\mathrm{ɔ}i_{21}^{}uən^{}\mathrm{ʂ}əuk^{5}l\mathrm{ɔ}i_{21}^{},ciau^{}fan_{44}^{}\mathrm{ʂ}əu_{21}^{}fən^{21}çi_{44}^{53}t\mathrm{\mathcal{s}}^{h}ai^{3}.çi_{44}^{53}t\mathrm{\mathcal{s}}^{h}ai^{35}ia^{0}.t\mathrm{\mathcal{s}}^{h}ai^{53}t\mathrm{\mathcal{s}}^{h}iəu_{44}^{}xuo^{13}pa^{0},xei_{44}^{}me_{44}(\leftarrow m̩^{13}xe^{53})?t\mathrm{\mathcal{s}}^{h}ai^{35}.$/也也有就有尽用蕃薯粉个。$ia^{35}ia^{35}iəu_{44}^{}t\mathrm{\mathcal{s}}^{h}iəu^{}iəu_{44}^{}t\mathrm{\mathcal{s}}^{h}in^{53}iə\mathrm{ŋ}_{44}^{}fan_{44}^{}\mathrm{ʂ}əu_{21}^{}fən^{21}ke_{21}^{53}.$/欸。$e_{21}.$/尽用番薯粉也有。$t\mathrm{\mathcal{s}}^{h}in^{53}\mathrm{ȵ}iə\mathrm{ŋ}_{44}^{}fan^{35}\mathrm{ʂ}əu_{21}^{}fən^{21}ia_{44}^{35}iəu_{44}^{35}.$/就系尽用番薯粉，欸，唔用，唔爱搞箇个，唔爱放番薯粉。嗯。$t\mathrm{\mathcal{s}}^{h}iəu^{53}xe^{53}t\mathrm{\mathcal{s}}^{h}in^{53}\mathrm{ȵ}iə\mathrm{ŋ}_{44}^{}fan_{44}^{}\mathrm{ʂ}əu_{21}^{}fən^{21},e_{21},n̩^{}\mathrm{ȵ}iə\mathrm{ŋ}_{44}^{},n̩^{}m\mathrm{ɔ}i_{44}^{}kau^{}kai^{53}ke_{44}^{53},n̩^{}m\mathrm{ɔ}i_{44}^{}fə\mathrm{ŋ}_{44}^{}fan^{35}\mathrm{ʂ}əu_{21}^{13}fən^{21}.n̩_{21}.$/唔放滴子番薯去嘞。放蕃薯就堆头多滴子唠。$n̩^{13}fə\mathrm{ŋ}_{44}^{}tet^{5}t\mathrm{\mathcal{s}}^{}fan^{35}\mathrm{ʂ}əu_{21}^{}çi_{44}^{53}le^{0}.fə\mathrm{ŋ}_{44}^{}fan^{35}\mathrm{ʂ}əu_{21}^{}$

tsʰiəu⁵³₄₄tɔi³⁵tʰəu¹³₂₁to³⁵tiet⁵tsʅ⁰lau⁰.（然后呢？）欸，然后就就做成箇只箇个口长个，煮熟来，欸，炆熟来。炆熟来。摊冷来。e₂₁ien¹³xəu⁵³₄₄tsʰiəu⁵³₄₄tsʰiəu¹³₄₄tso⁵³ʂaŋ¹³kai⁴⁴tʂak⁵³kai²¹cie⁴⁴lai¹³tʂʰɔŋ²¹ke⁵³,tʂəu⁵³ʂəuk⁵lɔi²¹,e₂₁uən¹³ʂəuk⁵lɔi⁴⁴.uən¹³ʂəuk⁵lɔi¹³.tʰan³⁵₄₄laŋ³⁵lɔi²₁.／普通话：煮熟，然后就切成……嗯，冷……冷了以后做成薄……薄片。（哦，就这样吃？）

普通话：还不，还要啊用还要……啊用油炮。a₄₄iəŋ⁵³iəu⁵³pʰau¹³.／欸欸欸。渠做个时候子嘞，舞舞做——块片，放滴滴肚……肚里还做滴花纹去啊，做滴颜色哦。花个。欸。切倒箇箇个玉玉兰片就好看呐，就有花吵。e₂₁e₂₁e₂₁.ci¹³tso⁵³ke⁴⁴₅ʅ¹³xɛu⁵³₄₄tsʅle⁰,u²¹u²¹tso⁵³iet³iet³kʰuai⁵³pʰien⁵³,fɔŋ⁵³tet³tet⁵tʰəu²¹…təu⁰li³⁵xai¹³tso⁵³₄₄tet⁵fa³⁵uən¹³cʰi⁴⁴a⁰,tso⁴⁴tet⁵ŋan¹³sek³o⁰.fa³⁵cie⁵³.e₂₁.tsʰiet³tau²¹kai⁴⁴kai⁴⁴ke⁴⁴vy⁵³vy⁵³lan⁴⁴pʰien⁵³tsʰiəu⁵³xau²¹kʰɔn⁵³na⁰,tsʰiəu⁵³₄₄iəu³⁵fa³⁵ʂa⁰.（哦，然后吃的时候怎么吃呢？）欸，箇箇还正还爱晒干来，晒干来，箇都还唔系，晒干来还爱油去炸。e₂₁,kai⁵³kai⁵³xai¹³tʂaŋ⁵³xai¹³ɔi¹³₄₄sai⁵³kɔn³⁵nɔi₄₄(←lɔi¹³),sai⁵³kɔn³⁵nɔi₄₄(←lɔi¹³),kai⁴⁴təu⁴⁴xai²¹me₄₄(←m¹³xe⁵³),sai⁵³kɔn³⁵nɔi₄₄(←lɔi¹³)xai¹³₂₁ɔi⁵³iəu⁰ci⁵³₄₄tsak³./欸，晒干。e₂₁,sai⁵³kɔn³⁵.（用油炸？）欸，还用油去炸嘞。e₂₁,xai¹³iəŋ⁵³iəu⁵³₄₄ci⁵³tsa⁵³le⁰./用……用炮。一种就炮，一种就炒。iəŋ⁵³…iəŋ⁵³pʰau¹³.iet³tʂəŋ²¹tsʰiəu⁵³pʰau¹³,iet³tʂəŋ²¹tsʰiəu⁵³tsʰau²¹./用油去炮。iəŋ⁵³iəu⁵³ci⁵³pʰau¹³./嗯。n̩⁵³./用油去炮。iəŋ⁵³iəu⁵³ci⁵³pʰau¹³./炮摞炒。pʰau¹³lau³⁵tsʰau²¹./箇就玉兰玉兰片。kai⁴⁴tsʰiəu³⁵y⁵³lan¹³₂₁i⁵³lan⁴⁴pʰien²¹./箇是玉兰……箇个玉……玉兰片是点茶，点心呐。kai⁵³ʂʅ⁵³y⁵³lan²¹…kai⁵³ke⁵³₄₄y…i⁵³lan¹³pʰien²¹ʂʅ²₁tian²¹tsʰa¹³,tian²¹sin³⁵na⁰./欸。e₅₃.

箇个是系箇起笋呢也就系舞倒箇也系。kai⁵³kʰe⁴⁴₅ʂʅ⁵³xei¹³kai⁵³ci¹³sən²¹nei⁰ia³⁵tsʰiəu⁵³₄₄xe₄₄u²¹tau²¹kai⁵³a₄₄xei⁵³./笋个玉兰片系有，系有起玉兰片。sən²¹kei⁵³ʮ⁵³lan²₁pʰien⁵³xei⁵³iəu³⁵,xei⁵³iəu³⁵ci¹³ʮ⁵³lan²₁pʰien⁵³.（欸，那个外面卖的。）欸欸，笋啊舞倒……e₄₄e₄₄,sən²¹ŋa⁰u²¹tau²¹kai⁵³a₄₄xei⁵³…／系系，有有。我等以映冇么人做。xe₄₄xe₄₄,iəu³⁵₄₄iəu₄₄,ŋai¹³tien²¹i²¹iaŋ³⁵mau²₁mak³in¹³tso⁵³.

番薯干、番薯糕

番薯干，系，安做番薯干。以下有人子搞搞咁子搞下子个。fan³⁵ʂəu¹³kɔn³⁵,xei₄₄,ɔn₄₄tso⁴⁴fan₄₄ʂəu²₁kɔn³⁵.i¹³xa₄₄iəu³⁵ɲin²₁tsʅ³kau²¹kau²¹kan²¹tsʅ⁰kau²¹xa₄₄tsʅke⁵³.（以前没人做吗？）以前冇么人做。如今有人做了。学倒别人家个咁子做。i²₁tsʰien¹³mau¹³mak³in₄₄tso⁵³.i²₁cin³⁵iəu³⁵ɲin²₁tso⁵³liau⁰.xɔk⁵tau²¹pʰiek⁵₃in₄₄ka₄₄ke⁰kan²¹tsʅ⁰tso⁵³.（叫什么呢？）安做番薯干，啊，系安做番薯干。ɔn₄₄tso⁵³fan³⁵ʂəu¹³kɔn³⁵,a₂₁,xei⁵³ɔn₄₄tso⁵³fan³⁵ʂəu²₁kɔn³⁵.

（把那个红薯哇蒸熟以后把它捣烂捣烂，然后呢搞个那种这个这个箱子啊什么翻过来，在那上面铺层布，里面那个红薯那个泥里面就放点作料啊什么东西啊，然后把它刮，刮出来一一片一片的再晒干。有吗？）就安做番薯糕喔。安做番薯糕。就以几年就咁子做唠。以几年就有人咁子做了。嗯。唔系话做倒卖十块钱一斤？tshiəu⁵³ɔn³⁵tso⁵³fan⁴⁴ʂəu²¹kau⁰uo⁰.ɔn³⁵tso⁵³fan⁴⁴ʂəu¹³kau³⁵.tshiəu⁵³i²¹ci²¹ɲien¹³tshiəu⁵³kan²¹tsʅ⁰tso⁵³lau⁰.i²¹ci²¹ɲien¹³tshiəuiəu³⁵ɲin²¹kan²¹tsʅ⁰tso⁵³liau⁰.ŋ²¹.m¹³phe₄₄(←xe⁵³)ua⁵³tso⁵³tau²¹mai⁴⁴ʂət⁵khuai⁵³tshien₂₁iet³cin³⁵?

（以前，以前有人做吗？）以前冇人做欸。i⁵³tshien¹³mau²₂nin¹³tso⁵³e⁰.（为什么你们都不做呢？）以前还有……还有做咁个是？饭都冇食啦！欸。i⁵³tshien₄₄xai₂₁iəu₄₄tsʅ…xai₂₁iəu₄₄tso⁵³kan²¹cie₄₄⁵³ʂʅ⁰?fan₄₄təu₄₄mau₂₁ʂət⁵la⁰!e₂₁.（不够吃欸！）啊，饭都唔够食唠。做番薯丝噢，有番薯即即哩搞倒做番薯丝。a₂₁,fan₄₄təu₄₄ŋ²¹kei₄₄ʂət⁵lau⁰.tso₂₁fan³⁵ʂəu¹³sʅ³⁵au⁰,iəu₄₄fan³⁵ʂəu⁴⁴tset⁵tset⁵li⁰kau²¹tau²¹tso⁵³fan³⁵ʂəu²¹sʅ³⁵.

番薯糖、糖番薯

特别就系……我等是以个栏场是晒番薯片呐。晒番薯片就箇生番薯哕切成片，系呀？切成片，放下镬里去去焯一到，去炆一到，焯一到。焯一到就搂起来。搂起来就去晒。摊开来呀，一块一块子摆开来，去晒，晒番薯片。thet⁵phiet⁵tshiəu⁵³xei₄₄fai…ŋai¹³tien⁰ʂʅ₄₄⁵³i²¹ke⁵³lɔŋ₂₁(←lan¹³)tʂhɔŋ₂₁ʂʅ₄₄sai⁵³fan³⁵ʂəu₂₁phien²¹na⁰.sai⁵³fan₄₄ʂəu₂₁phien²¹tshiəu⁵³kai⁵³saŋ³⁵fan₄₄ʂəu₂₁ʂa⁰tshiet³ʂaŋ¹³phien²¹,xei₄₄ia⁰?tshiet³ʂaŋ₄₄phien²¹,fɔŋ₄₄⁵³ŋa₄₄(←xa⁵³)uɔk⁵li⁰çi⁵³çitʂhɔk³iet³tau⁵³,çiuən¹³iet³tau⁵³,tʂhɔk³iet³tau⁵³.tʂhɔk³iet³tau₄₄tshiəu₄₄lei⁰çi²¹lɔi¹³.lei⁰çi²¹lɔi₂₁tsiəu₄₄çi₄₄sai⁵³.than³⁵khɔi³⁵lɔi₂₁ia⁰,iet³khuai⁵³iet³khuai⁵³tsʅ⁰pai⁰khɔ⁵³⁴⁴lɔi₂₁,çi₄₄sai⁵³,sai⁵³fan₄₄ʂəu₂₁phien²¹.

欸留倒镬里个水，多炆哩几镬……番薯，箇水津甜个。欸。总炆总少。落尾炆倒是有几多子了以后嘞，有两种做法：e⁰liəu¹³tau₄₄uɔk⁵li⁰ke⁰ʂei⁰,to³⁵uən¹³ni⁰ci²¹uɔk⁵s…fan³⁵ʂəu¹³,kai⁵³ʂei⁰tsin³⁵thian₂₁cie⁵³.e₂₁.tsɔŋ²¹uən¹³tsɔŋ²¹ʂau²¹.lɔk⁵mi₄₄uən¹³tau⁰ʂʅ⁵³mau¹³ci¹³to³⁵tsʅ⁰liau⁰i³⁵xei₄₄lei⁰,iəu⁵³iɔŋ²¹tʂəŋ²¹tso⁵³fait³:

一种嘞舍得去搞个话嘞，就去熬番薯糖，爱熬起扯丝嘞箇番薯糖嘞。纵有啊箇放滴子箇麦芽去有滴还更好唠。嗨。交滴子糯米放滴子麦芽去就还更好哇。iet³tʂəŋ²¹lei⁰ʂa₄₄tek³çi⁵³kau²¹ke⁵³fa₄₄lei⁰,tshiəu⁵³çi₄₄ŋau¹³fan³⁵ʂəu₂₁thɔŋ¹³,ɔi₂₁⁵³ŋau⁰çi²¹tʂha²¹sʅ³⁵lei⁰kai₄₄fan³⁵ʂəu₂₁thɔŋ¹³lei⁰.tsɔŋ₄₄(←tsəŋ⁵³)iəu¹³a⁰kai₄₄fɔŋ⁵³tet⁵tsʅ⁰kai₄₄mak⁵ŋa₂₁chi¹³iəu³⁵tet³xai¹³cien⁵³xau²¹lau⁰.m̩₂₁.ciau⁰tet⁵tsʅ⁰lo⁰mi²¹fɔŋ⁵³tet⁵tsʅ⁰mak⁵ŋa¹³çi³⁵tsiəu₄₄xai¹³cien⁵³xau²¹uo⁰.

好，唔交唔放麦芽嘞，欸，有滴人就懒去搞得就又搞滴子番薯去炆，炆下箇肚里，安做糖番薯。舞滴子细番薯子去炆倒，糖番薯。xau₂₁,ŋ¹³ciau₄₄³⁵

$\eta^{13}fɔŋ_{44}^{53}mak^5 \eta a^{13}le^0$,$ei^{21}$,$iəu^{35}tet^5\eta in_{44}^{13}tsʰiəu_{44}^{53}lan^{35}çi^{53}kau^{21}tek^3 tsʰiəu^{53}iəu^{53}kau^{21}tet^5$ $ts_{1}^{}fan_{44}^{53}ʂəu_{21}^{53}çi^{53}uən^{13}$,$uən^{13}na^0(←xa^{53})kai^{53}təu^{21}li^0$,$ɔn_{44}^{13}tso_{44}^{53}tʰɔŋ^{13}fan_{44}^{35}ʂəu_{21}^{13}.u^{21}tet_{3}^{5}tsʐ^0$ $se^{53}fan_{44}^{35}ʂəu_{21}^{21}tsʐ^0 çi^{53}uən^{13}tau^{21}$,$tʰɔŋ^{13}fan_{44}^{35}ʂəu_{21}^{13}.$

箸是欸一家人家晒番薯是尽滴都来帮忙。欸，来帮晒。"今晡我晒番薯，番薯片，我晒番薯片。你等都来帮忙。"$kai^{53}ʂʐ_{44}^{53}ei^{13}iet^3 ka^{35}\eta in_{21}^{13}ka^{35}sai^{53}fan^{35}$ $ʂəu_{21}^{13}ʂʐ_{44}^{53}tsʰin^{53}tet_{3}^{5} təu_{44}^{35}lɔi_{21}^{21}pɔŋ_{44}^{44}mɔŋ^{13}.e^{21}$,$lɔi_{21}^{21}pɔŋ_{44}^{44}sai^{53}."cin^{35}pu_{44}^{35}\eta ai^{13}sai^{53}fan^{35}$ $ʂəu_{21}^{13}$,$fan_{44}^{35}ʂəu_{21}^{13}pʰien^{21}$,$\eta ai^{13}sai^{53}fan_{44}^{35}ʂəu_{21}^{13}pʰien^{21}.\eta i^{13}tien^5 təu^{35}lɔi_{21}^{21}pɔŋ_{44}^{44}mɔŋ^{13}."$

（糖番薯就是把那个红薯加在那个……糖番薯……）红薯放下个番薯糖肚里去，又熬，又又煮熟来，煮熟来。箸系蛮甜呢，津甜，蛮好食。$fəŋ^{13}$ $ʂəu_{21}^{13}fɔŋ^{53}\eta a_{44}^{44}(←xa^{53})kai^{53}fan_{44}^{35}ʂəu_{21}^{13}tʰɔŋ^{13}təu^{35}li^0 çi^{53}$,$iəu^{35}\eta au^{13}$,$iəu^{35}iəu^{53}tsʐ au^{21}ʂəuk^5$ $lɔi_{44}^{13}$,$tsʐ əu^{21}ʂəuk^5 lɔi_{44}^{13}.kai^{53}xei^{53}man^{13}tʰian^{13}ne^0$,$tsin^{35}tʰian^{13}$,$man_{21}^{13}xau^{53}ʂət^5.$

（那嗯最后它是要要那个吗？要加再加工吗？）就咁子食，唔爱加工了。炆熟哩就要得哩。也唔留，也唔爱留，欸，一天两天就食咁去。$tsʰiəu^{53}$ $kan^{21}tsʐ^0 ʂət^5$,$m_{21}^{13}mɔi_{21}^{53}cia_{44}^{35}kəŋ_{44}^{35}liau^0.uən^{13}ʂəuk^5 li^0 tsiəu_{44}^{53}iau^{53}tek^3 li^0.ia_{44}^{13}\eta_{21}^{13}liəu^{13}$,$ia^{35}$ $m_{21}^{13}mɔi^{53}liəu^{13}$,$e_{21}$,$iet^3 tʰien^{35}iɔŋ^{21}tʰien_{44}^{53}tsʰiəu_{44}^{53}ʂət^5 kan^{21}çi^{53}.$

干子

咁个唠，哦晒……安做唔晒一些旱茶子唠。欸，旱茶子。$kan^{21}cie^{53}lau^0$,o^0 $sai^{53}…ɔn_{44}^{35}tso_{44}^{53}m_{44}^{13}sai^{53}iet^3 çi^{53}uɔn^{53}tsʰa^{53}tsʐ^0 lau^0.e_{21}$,$uɔn^{13}tsʰa^{53}tsʐ^0.$（这种辣椒叫什么辣椒呢？）唔，喊盐辣椒子。欸，放滴子盐子。爱爱爱放滴盐。看呐看呐系唔系盐辣椒子。又不是辣椒干呢。m_{21},$xan_{44}^{35}ian^{13}lait^5 tsiau^{35}tsʐ^0.e_{21}$,$fɔŋ^{53}tet^5$ $tsʐ^0 ian^{13}tsʐ^0.ɔi_{21}^{53}ɔi_{21}^{53}ɔi^{53}fɔŋ^{53}tet^5 ian^{13}.kʰɔn^{53}na^0 kʰɔn^{53}na^0 xei^{53}mei_{44}^{}(←m_{13}^{}xei^{53})ian^{13}$ $lait^5 tsiau^{35}tsʐ^0.iəu_{44}^{35}pət^3 ʂʐ_{44}^{53}lait^5 tsiau_{44}^{35}kɔn^{35}nei^0.$（加甘草，加甘草加这些什么香料。）欸，加甘草，加加甘草粉，加滴子紫苏，就当当点心食唠，欸，当当旱茶食唠。ei_{21},$cia_{44}^{35}kan_{44}^{35}tsʰau^{21}$,$cia^{35}cia^{35}kan_{44}^{35}tsʰau^{21}fən^{21}$,$cia_{44}^{35}tiet^3 tsʐ^0 tsʐ^{21}$ sau_{44}^{35},$tsʰiəu_{44}^{35}tɔŋ^{53}tɔŋ^{53}tian^{21}sin_{44}^{35}ʂət^5 lau^0$,$e_{44}$,$tɔŋ_{44}^{53}tɔŋ_{44}^{53}uɔn^{53}tsʰa_{21}^{13}ʂət^5 lau^0.$（哦哦，那叫什么？）安做安做安做干子唠。安做一种干子唠。$ɔn^{35}tso_{21}^{53}ɔn^{35}tso_{21}^{53}ɔn_{44}^{35}tso_{44}^{53}$ $kɔn^{35}tsʐ^0 lau^0.ɔn^{35}tso_{21}^{53}iet^3 tsʐəŋ^{21}kɔn^{35}tsʐ^0 lau^0.$（干子？）呃。干……唔……$e_{21}.$ $kɔn…m_{1}^{13}…$（干的东西是吧？）系呀，干个东西。干子。干子就系旱茶，就点茶。以种干子就点茶。又安做辣椒筒子呢。晒做辣椒筒子呢。其实也有片子哟。反正以种辣椒就唔系唔系用来向菜个，唔系用来炒菜，香菜，渠就系用来做旱茶食个。$xei_{44}^{53}ia^0$,$kɔn^{35}ke_{44}^{53}tɔŋ_{44}^{35}si^0.kɔn^{35}tsʐ^0.kɔn^{35}tsʐ^0 tsʰiəu^{53}xe_{44}^{53}$ $uɔn^{53}tsʰa^{13}$,$tsʰiəu_{44}^{53}tian^{53}tsʰa^{13}.i^{21}tsʐəŋ^{21}kɔn^{35}tsʐ^0 tsʰiəu^{53}tian^{53}tsʰa^{13}.iəu_{44}^{35}ɔn^{35}tso_{21}^{53}lait^5$ $tsiau_{44}^{35}tʰɔŋ^{13}tsʐ^0 nei^0.sai_{44}^{53}tso_{21}^{53}lait^5 tsiau_{44}^{35}tʰɔŋ^{13}tsʐ^0 nei^0.cʰi_{21}^{13}ʂət^5 ia^{35}iəu_{44}^{35}pʰien^{53}tsʐ^0$

ʂa^0.fan^{21}tʂən^{53}i^{21}tʂən^{21}lait^{5}tsiau$_{44}^{35}$tsʰiəu^{53}m̩^{13}pʰe^{53}(←xe^{53})m̩^{13}pʰe^{53}(←xe^{53})iəŋ^{53}lɔi^{13}çiɔŋ^{53}tsʰɔi^{53}ke$_{44}^{53}$,m̩^{13}pʰe^{53}(←xe^{53})iəŋ^{53}lɔi$_{44}^{13}$tsʰau^{21}tsʰɔi^{53},siɔŋ^{53}tsʰɔi^{53},ci^{13}tsʰiəu$_{44}^{53}$xei$_{44}^{53}$iəŋ^{53}lɔi^{13}tso^{53}uɔŋ^{53}tsʰa$_{21}^{13}$ʂət^{5}ke^{53}.（是一个整个地做是吧？）欸，一完只完只子做，一般都择箇起箇个……e$_{21}$,iet^{3}uɔn^{13}tʂak^{3}uɔn^{13}tʂak^{3}tsɿ^{0}tso^{53},iet^{3}pɔn^{35}təu$_{44}^{35}$tʰɔk^{5}kai$_{44}^{53}$çi^{21}kai$_{44}^{53}$ke$_{44}^{53}$…（就做做零食的做点心的？）做欸做做点心个。一般择箇起大滴子个，冇咁辣个辣椒。tso$_{44}^{53}$e$_{21}$tso^{53}tso^{53}tian^{53}sin^{53}ke^{53}.iet^{3}pɔn^{35}tʰɔk^{5}kai^{53}çi^{21}tʰai^{53}tiet^{5}tsɿ^{0}cie$_{44}^{53}$,mau^{13}kan^{21}lait^{5}cie^{53}lait$_3^{53}$tsiau$_{44}^{35}$.

（那个这个干子它还有别的东西吧？别的东西也可以一筒一筒的……）也可以做，欸，苦瓜筒子唠，苦瓜唠。欸，现在是蛮多地方是以个栏场搞起有滴栏场是搞成哩一种产业哟。欸。渠搞成一种产业。茄子，苦瓜，豆角，都可以搞，食唔完个就晒做干子。ia^{35}kʰo^{21}i^{35}tso^{53},e$_{21}$,fu^{21}kua$_{44}^{35}$tʰəŋ^{13}tsɿ^{0}lau^0,fu^{21}kua$_{44}^{35}$lau^0.ei$_{53}$,çien^{53}tsʰai$_{44}^{53}$sɿ$_{44}^{53}$man$_{21}^{13}$to$_{44}^{35}$tʰi$_{44}^{13}$fɔŋ$_{44}^{53}$sɿ$_{44}^{13}$ke$_{44}^{53}$lɔŋ$_{44}^{13}$tsʰɔŋ$_{44}^{35}$kau^{21}çi^{21}iəu^{35}tet^{5}lɔŋ^{13}tʂʰɔŋ$_{44}^{35}$sɿ$_{44}^{53}$kau^{21}ʂən^{53}li^{0}iet^{3}tʂən^{21}tsʰan^{21}ɲiait^{5}iau^0.e$_{21}$.ci$_{21}^{13}$kau^{21}ʂaŋ$_{53}^{13}$iet^{3}tʂən^{21}tsʰan^{21}ɲiait^5.cʰio^{13}tsɿ^0,fu^{21}kua^{35},tʰei^{13}kɔk^3,təu^{35}kʰo^{21}i^{35}kau^{21},ʂət^{5}n̩$_{21}^{13}$ien$_{21}^{13}$ke$_{44}^{53}$tsʰiəu^{53}sai^{53}tso$_{44}^{53}$kɔn^{35}tsɿ^0.

（干子还有别的说法吗？）嗯，安做旱茶唠，我等是喊旱茶唠。m$_{21}$,ɔn^{35}tso$_{44}^{53}$uɔn^{53}tsʰa$_{44}^{13}$lau^0,ŋai^{13}tien$_{44}^{53}$sɿ$_{44}^{53}$xan$_{44}^{53}$uɔn^{53}tsʰa$_{44}^{13}$lau^0.

（苦瓜筒子是怎么做的？）苦瓜筒子也就系箇苦瓜分籽挖咁。籽就食唔进呢。分籽挖咁。然后就就箇个呢，欸，焯一下呢。焯熟来呀，焯一下。焯一下就放滴箇个去啊，放滴箇个白糖啊，欸，甘草粉呐，辣椒粉呐，放倒去啊。欸，然后等渠咬哇，等渠咬，嗯，放滴子盐放滴子盐，滴子盐呐。欸。咁子咬哩以后嘞又晒干下子。渠等就几蒸几晒哟。哦。我食哩别人家送倒来个箇起，别人家送倒来个箇个，也山里人搞个，几蒸几晒哟。蒸哩，欸，蒸……蒸一到，又放滴糖，放滴糖去，蒸……欸，蒸一到，然后嘞就就放到箇过一夜，第二晡舞倒去晒，晒干下子，又放滴糖，又一蒸，搞一面上一层个糖，箇忒多哩糖也唔好食。fu^{21}kua^{35}tʰəŋ^{13}tsɿ^{0}ia^{35}tsʰiəu^{53}xei^{53}kai^{53}fu^{21}kua$_{44}^{35}$pən^{35}tsɿ^{0}ua^{35}kan^{21}.tsɿ^{13}tsʰiəu$_{44}^{13}$ʂət^{5}n̩$_{21}^{13}$tsin^{53}ne^0.pən^{35}tsɿ^{0}ua^{35}kan^{21}.ven$_{21}^{13}$xei$_{44}^{53}$tsʰiəu$_{44}^{53}$tsʰiəu$_{44}^{53}$kai$_{44}^{53}$ke^{53}nei^0,e^{21},tʂʰɔk^{3}iet^{3}xa^{53}nei^0.tʂʰɔk^{3}ʂəuk^{5}lɔi$_{21}^{13}$ia^0,tʂʰɔk^{3}iet^{3}xa^{53}.tʂʰɔk^{3}iet^{3}xa$_{44}^{53}$tsʰiəu$_{44}^{53}$fɔŋ^{53}tet$_3^3$kai$_{44}^{53}$ke$_{44}^{53}$çi^{21}a^0,fɔŋ^{53}tet^{5}kai$_{44}^{53}$ke$_{44}^{53}$pʰak^{5}tʰɔŋ$_{21}^{13}$ŋa^0,e^{21},kan^{35}tsʰau^{21}fən$_{44}^{53}$na^0,lait^{5}tsiau$_{44}^{35}$fən^{21}na^0,fɔŋ^{53}tau^{13}çi^{53}a^0.ei^{21},vien$_{21}^{13}$xei$_{44}^{53}$ten^{21}ci^{13}ŋau^{21}ua^0,ten^{21}ci^{13}ŋau^{21},m$_{21}$,fɔŋ^{53}tet^{5}tsɿ^{0}ian^{13}fɔŋ^{53}tet^{5}tsɿ^{0}ian^{13},tiet^{5}tsɿ^{0}ian^{13}na^0.e^{21}.kan^{21}tsɿ^{0}ŋau^{21}li^{0}i^{35}xei$_{53}^{53}$lei^{0}iəu$_{53}^{53}$sai^{53}kɔn^{35}na^0（←xa^{53})tsɿ^0.ci$_{21}^{13}$tien^{53}tsʰiəu$_{44}^{53}$ci$_{21}^{21}$tʂən^{35}ci^{13}sai^{53}io^0.o$_{21}$.ŋai^{13}ʂət^{5}li^{0}pʰiek^{13}in$_{44}^{35}$ka$_{44}^{35}$səŋ^{13}tau^{21}lɔi^{13}ke$_{44}^{53}$kai$_{44}^{53}$çi^{21},pʰiek^{3}in$_{44}^{13}$ka$_{44}^{35}$səŋ^{13}tau^{21}lɔi^{13}ke$_{44}^{53}$kai^{53}ke$_{44}^{53}$,ia$_{44}^{35}$san$_{44}^{35}$li^{0}ɲin^{13}kau^{21}ke^{53},ci^{21}tʂən^{35}ci^{21}sai^{53}iau^0.tʂən^{35}ni^0,e^{21},tʂən^{35}…tʂən^{35}

iet³tau⁵³,iəu⁵³fəŋ⁵³tet⁵tʰɔŋ¹³,fəŋ⁵³tet⁵tʰɔŋ²₁¹³çi⁵³,tʂən³⁵…e²¹,tʂən³⁵iet³tau⁵³,vien¹³xei⁵³
lei⁰tsʰiəu⁴₄tsʰiəu⁴⁴fəŋ⁵³tau²¹kai⁴₄ko⁰iet³ia⁵³,tʰi³ɲi⁴₄pu⁴⁴u⁰tau²¹çi⁴₄sai⁵³,sai⁵³kɔn³⁵na⁵³
(←xa⁵³)tsʅ⁰,iəu⁵³fəŋ⁵³tet⁵tʰɔŋ¹³,iəu⁵³iet³tʂən³⁵,kau²¹iet³mien⁵³xɔŋ⁴₄iet³tsʰien¹³ke⁵³
tʰɔŋ¹³,kai⁴₄tʰiet³to⁴₄⁵li⁰tʰɔŋ¹³a⁵³ₙ²₁¹xau⁰ʂət⁵.

盐旱茶

（来了客人，我招待这些客人啊我就那个就是拿一些那个什么副食品之类的，这个叫不叫馃子？）欸，箇箇唔喊馃子，箇就喊……喊旱茶。e₂₁,kai⁴₄kai⁵³ₙ¹³xan⁵³ko²¹tsʅ⁰,kai⁴₄tsiəu⁵³xan⁴₄u…xan⁴₄uɔn⁵³tsʰa¹³.（旱茶？）旱茶。欸。箇浏阳人呢有喊旱茶。安……又安做盐旱茶。嗯。uɔn⁵³tsʰa¹³.e₂₁.kai⁵³liəu¹³iɔŋ²₁¹³ɲin¹³nei⁰iəu³⁵xan⁵³xɔn³⁵tsʰa¹³.ɔn⁵³ts…iəu⁵³ɔn⁴₄tso⁵³ian¹³uɔn⁵³tsʰa¹³.ₙ²₁.（噢，分盐旱茶？）盐旱茶。ian¹³uɔn⁵³tsʰa¹³.（盐旱茶是什么样子呢？）盐旱茶就开头讲个箇起就安做盐旱茶啦。箇番薯箇只啦，欸，箇个么个豆角干呐，辣椒箇啊，苦瓜筒啊，箇就安做盐旱茶。ian¹³uɔn⁵³tsʰa⁴₄¹³tsʰiəu⁴₄kʰɔi³⁵tʰei₂₁kɔŋ²¹ke⁵³kai⁵³çi⁴₄tsʰiəu⁴₄ɔn³⁵tso⁵³ian¹³uɔn⁵³tsʰa⁴₄la⁰.kai⁴₄fan³⁵ʂəu¹³kai⁵³tʂak⁵la⁰,e₂₁,kai⁵³cie⁵³mak³e⁴₄(←ke⁵³)tʰei⁵³kɔk³kɔn³⁵na⁰,lait⁵tsiau⁴₄tʰɔŋ¹ŋa⁰,fu²¹kua⁴₄tʰɔŋ¹ŋa⁰,kai⁴₄tsʰiəu⁴₄ɔn³⁵tso⁵³ian¹³uɔn⁵³tsʰa¹³.

辣椒皮

辣椒可以当点心食呢。欸。选倒箇起有咁辣个大只个辣椒，欸，焯一下呢。lait⁵tsiau⁴₄kʰo²¹i³⁵tɔŋ¹³tian³⁵sin³⁵ʂət⁵nei⁰.e₂₁.sien⁵³tau⁰kai⁵³çi⁵³mau¹³kan²¹lait⁵ke⁰tʰai⁵³tʂak³ke⁰lait⁵tsiau⁴₄,e₂₁,tʂʰɔk³iet³xa⁵³nei⁰.（嗯，那叫什么呢？什么辣椒？）安做么个辣椒啊？安做辣椒……有得么个名字反正就系做盐旱茶子食个呢。欸。辣椒皮吧莫系？就安做辣椒皮。ɔn³⁵tso⁴₄mak³e⁰lait⁵tsiau⁴₄a²¹?ɔn⁴₄tso⁵³lait⁵tsiau⁴₄…mau¹³tek³mak³ke⁴₄min¹³tsʰʅ¹³fan²¹tʂən⁵³tsʰiəu⁵³xe⁵³tso⁵³ian¹³uɔn⁵³tsʰa¹³tsʅ⁰ʂət⁵ke⁵³nei⁰.e₂₁.lait⁵tsiau⁵³pʰi¹³pa⁰mɔk⁵xe?tsʰiəu⁵³ɔn³⁵tso⁵³lait⁵tsiau⁵³pʰi¹³.

（怎么做的？）用辣椒做个点心。iəŋ⁵³lait⁵tsiau⁴₄tso⁵³ke⁴₄tian³⁵sin⁴₄.（选择什么样的辣椒？）哈？xa₃₅?（选择比较大的不是很辣的，是吧？）欸，选……选有咁辣个。大辣椒。十分辣哩个食唔了哇，系啊？焯……焯水。眼干。e₂₁,sien²¹…sien²¹mau¹³kan²¹lait⁵ke⁰.tʰai⁵³lait⁵tsiau³⁵.ʂət⁵fən⁵³lait⁵li⁰ke⁰ʂət⁵ₙ¹³liau⁵³ua⁰,xe⁵³a⁰?tʂʰɔk³s…tʂʰɔk³ʂei²¹.lɔŋ⁵³kɔn³⁵.（它晒干，要放到太阳底下晒吗？）欸，晒下子，嗬。焯水。晒干。以下就欸晒干下子就让门子搞啊？e₄₄,sai⁵³xa⁴₄tsʅ⁰,m²₁.tʂʰɔk³ʂei²¹.sai⁵³kɔn³⁵.i²¹xa⁴₄tsʰiəu⁵³e₂₁sai⁵³kɔn³⁵na⁴₄(←xa⁵³)tsʅ⁰tsʰiəu⁴₄ɲiɔŋ⁵³mən⁰tsʅ⁰kau²¹a⁰?

（加哪些东西？）加……加糖，哦，爱加糖，爱加欸有滴人啊是放甘草粉。嗯。加糖，加甘草粉。以个就唔放盐呢。箇就唔爱。cia^{35}…cia^{35}t^{h}ɔŋ^{13},o$_{53}$,ɔi$^{53}_{44}$cia^{35}t^{h}ɔŋ^{13},ɔi^{53}cia^{35}ei$^{53}_{21}$iəu^{35}tet^{5}ȵin$^{13}_{44}$a^{0}ʂ$_{44}^{53}$fɔŋ^{53}kan^{35}tsʰau^{21}fən^{21}.n̩$_{21}$cia^{35}t^{h}ɔŋ^{13},cia^{35}kan^{35}tsʰau^{21}fən^{21}.i^{21}ke^{53}tsʰiəu^{53}m̩$_{21}^{13}$fɔŋ^{53}ian^{13}ne^0.kai^{53}tsʰiəu^{53}m̩$_{21}^{13}$mɔi^{53}.（它不放盐啊？）唔放盐，因为你……糖掺盐会踩拗哇。欸。唔爱放盐，加糖，加甘草粉。就然后加……加糖，加甘草粉就欸拌哩以后就爱蒸下子嘞。m̩^{13}fɔŋ^{53}ian^{13},in^{35}uei$^{53}_{44}$ȵi$^{13}_{21}$f…t^{h}ɔŋ^{13}lau^{35}ian^{13}uɔi$^{53}_{44}$tsʰai^{53}ŋua^{53}ua^0.e$_{21}$.m̩$_{21}^{13}$mɔi$^{53}_{35}$fɔŋ^{53}ian^{13},cia^{35}t^{h}ɔŋ^{13},cia$_{44}^{35}$kan$_{44}^{35}$tsʰau^{21}fən^{21}.tsʰiəu$_{44}^{53}$vien$_{21}^{53}$xei^{53}cia…cia^{35}t^{h}ɔŋ$_{21}^{35}$,cia$_{44}^{35}$kan$_{44}^{35}$tsʰau^{21}fən^{21}tsʰiəu^{5}e$_{21}$p^{h}ɔn^{53}ni^{0}i$_{44}^{35}$xei$_{21}^{53}$tsʰiəu$_{44}^{53}$ɔi$_{44}^{53}$tʂən^{53}na^{53}(←xa^{53})tsʅ^{0}lei^0.

几蒸几晒呢。就咁子做呢。或者一蒸一晒，或者两蒸两晒呢。蒸一次，晒干哩，晒干哩以后，又加糖，又又加滴甘草粉去。一蒸，又去晒。晒哩，又加糖，加甘草粉。又加糖。箇辣椒搞起嗰厚个了辣椒都系，就欸就品倒蛮多糖啊。唔。蛮好食，嗯，就辣辣子，甜甜子。ci^{21}tʂən^{35}ci^{21}sai^{53}nei^0.tsʰiəu$_{44}^{53}$kan^{21}tsʅ^{0}tso^{53}nei^0.xɔit^{5}tʂa^{21}iet^{3}tʂən^{35}iet^{5}sai^{53},xɔit^{5}tʂa^{21}iɔŋ^{21}tʂən^{35}iɔŋ^{21}sai^{53}nei^0.tʂən^{53}iet^{3}tsʰʅ^{53},sai^{53}kɔn$_{44}^{53}$ni^0,sai^{53}kɔn$_{44}^{53}$ni^{0}i^{35}xei$_{44}^{53}$,iəu^{53}cia$_{44}^{35}$t^{h}ɔŋ^{13},iəu^{53}iəu^{53}cia$_{44}^{35}$tet$_3^5$kan$_{44}^{35}$tsʰau^{21}fən^{21}c^{h}i^{53}.iet^{3}tʂən^{35},iəu^{53}çi$_{44}^{53}$sai$_{44}^{53}$.sai$_{44}^{53}$li^0,iəu^{53}cia$_{44}^{35}$t^{h}ɔŋ^{13},cia$_{44}^{35}$kan$_{44}^{35}$tsʰau^{21}fən^{21}.iəu^{53}cia$_{44}^{35}$t^{h}ɔŋ^{13}.kai$_{44}^{53}$lait^{5}tsiau$_{44}^{35}$kau^{21}çi$_{44}^{53}$tek^{5}xei$_{44}^{53}$cie^{53}liau^{21}lait^{5}tsiau$_{44}^{35}$təu$_{21}^{53}$xe$_{44}^{53}$,tsʰiəu$_{44}^{53}$e^{0}tsʰiəu^{53}p^{h}in^{21}tau^{21}man^{13}to$_{44}^{35}$t^{h}ɔŋ^{13}ŋa^0.m̩$_{21}$.man$_{21}^{13}$xau^{5}ʂət^5,n̩$_{21}$,tsʰiəu$_{44}^{53}$lait^{5}lait^{5}tsʅ^0,t^{h}ian$_{21}^{13}$t^{h}ian$_{21}^{13}$tsʅ^0.（辣椒皮，是吧？）辣椒皮。lait$_5^5$tsiau$_{53}^{35}$p^{h}i$_{21}^{13}$.

丝芒根糖

我等是还熬过箇个糖唠，话哩熬过熬过，熬过，欸，箇个丝芒筋_根个糖啰。ŋai^{13}tien^{0}ʂʅ$_{53}^{53}$xai$_{21}^{53}$ŋau$_{21}^{13}$ko$_{44}^{53}$kai^{53}ke$_{21}^{53}$t^{h}ɔŋ$_{21}^{13}$lau^0,ua^{53}li^{0}ŋau^{13}ko^{53}ŋau^{13}ko^{53},ŋau^{13}ko$_{44}^{53}$,e$_{21}$,kai$_{44}^{53}$ke$_{44}^{53}$ʂʅ^{13}mɔŋ^{13}cien^{53}ke^{53}t^{h}ɔŋ$_{21}^{13}$lo^0.（那个叫什么？）丝芒筋个糖。ʂʅ^{35}mɔŋ^{13}cien^{35}ke^{5}t^{h}ɔŋ^{13}._{普通话：丝茅……}（有名称吗？）冇得么啊名称，就系舞倒丝芒根去熬糖。丝芒根。丝芒根糖。我记得我熬过。挖倒几担丝芒根，箇丝芒根有挖呀。欸，就碰倒有丝芒个栏场放势去挖。洗得洁净子。mau^{13}tek^{3}mak^{3}a^{0}min^{13}tʂʰən$_{44}^{35}$,tsʰiəu^{53}ue^{53}(←xe^{53})u^{21}tau^{21}sʅ^{35}mɔŋ^{13}cien^{35}c^{h}i$_{44}^{53}$ŋau^{13}t^{h}ɔŋ^{13}.sʅ^{35}mɔŋ^{13}cien^{35}.sʅ^{35}mɔŋ^{13}cien^{35}t^{h}ɔŋ^{13}.ŋai^{13}ci$_{44}^{53}$tek^{3}ŋai$_{21}^{13}$ŋau$_{21}^{13}$ko^0.uai^{53}tau^{21}ci$_{44}^{53}$tan^{5}sʅ$_{44}^{35}$mɔŋ$_{21}^{13}$cien^{35},kai$_{44}^{53}$sʅ$_{44}^{35}$mɔŋ$_{21}^{13}$cien^{35}iəu^{53}uai$_{21}^{53}$ia^0.e$_{53}$,tsiəu$_{21}^{53}$p^{h}əŋ^{53}tau^{21}iəu$_{44}^{35}$sʅ^{35}mɔŋ$_{21}^{13}$ke$_{44}^{53}$lɔŋ$_{21}^{13}$tʂʰɔŋ$_{21}^{13}$xɔŋ^{53}ʂʅ^{21}çi$_{44}^{53}$uai$_{21}^{53}$.se^{21}tek^{3}ciet^{5}tsʰiaŋ$_{21}^{13}$tsʅ^0.

（那熬熬出来的糖好喝吗？好吃吗？）熬出来个糖冇……唔有好食嘞。有得……喎，箇阵有糖卖。白糖都冇卖呀，箇阵<u>子啊</u>。哈。唔好食啦。ŋau^{13}tʂʰət$_5^3$lɔi$_{21}^{13}$e$_{21}$(←ke^{53})t^{h}ɔŋ^{13}mau^{13}…m̩^{13}mau$_{44}^{13}$xau^{21}ʂət^{5}le^0.mau^{13}tek^3…uai$_{44}$,kai^{53}

tʂʰən⁵³mau¹³tʰɔŋ¹³mai⁵³.pʰak⁵ tʰɔŋ²¹₂₁təu³⁵mau¹³mai⁵³ia⁰,kai⁵³tʂʰən⁵³tsa⁰.xa₅₃.n̩¹³xau²¹
ʂət⁵la⁰.

旬糖、谷麻糖

旬糖就系米做个糖，米熬出来个糖。旬糖哆，渠用糯米，也可……可以用占米，通过发酵，加倒加……加箇个麦芽，就咁子去熬。米糖，就系米糖。当渠熬倒还系黍稠个时候子，还系水状个时候子，还系还比较还会融个时候子啊，会流动个时候子啊，箇就安做旬糖。sən¹³tʰɔŋ¹³tsʰiəu⁵³xe⁵³mi²¹
tso⁵³ke₄₄⁵³tʰɔŋ¹³,mi²¹ŋau¹³tʂʰət³lɔi¹³ke⁵³tʰɔŋ¹³.sən¹³tʰɔŋ¹³ʂa⁰,ci¹³iəŋ₄₄⁵³lo⁵³mi²¹,ia³⁵kʰo²¹₄₄
tei…kʰo²¹i¹³⁵iəŋ⁵³tʂan³⁵mi²¹,tʰəŋ³⁵ko₄₄⁵³fait³çiau⁵³,cia⁵³tau²¹cia⁵³…cia³⁵kai₄₄⁵³ke₄₄⁵³mak⁵
ŋa¹³,tsʰiəu⁵³kan²¹tsɿ⁰çi⁵³ŋau¹³.mi²¹tʰɔŋ¹³,tsʰiəu⁵³xe⁵³mi²¹tʰɔŋ¹³.tɔŋ³⁵ci²¹₂₁ŋau¹³tau₄₄⁵³xai⁵³
xei₄₄⁵³ɲien¹³tʂʰəu¹³ke⁵³ʂɿ¹³xei⁵³tsɿ⁰,xai⁵³xei⁵³ʂei²¹tsʰɔŋ⁵³ke₄₄⁵³ʂɿ¹³xei⁵³tsɿ⁰,xai⁵³xe⁵³xai⁵³pi²¹
ciau₄₄⁵³xai⁵³uɔi⁵³iəŋ¹³ke⁵³ʂɿ¹³xei⁵³tsa⁰(←tsɿ⁰),uɔi⁵³liəu¹³tʰəŋ⁵³ke⁵³ʂɿ¹³xei⁵³tsa⁰(←tsɿ⁰),kai₄₄⁵³tsʰiəu⁵³ɔn₄₄³⁵tso₄₄⁵³sən¹³tʰɔŋ¹³.

再熬，再熬，熬倒绷硬，熬倒囗糟绷硬个时候，就安做谷麻糖。街上就荷倒卖个。谷麻糖。tsai⁵³ŋau¹³,tsai⁵³ŋau¹³,ŋau¹³tau²¹paŋ³⁵ŋaŋ³⁵,ŋau¹³tau²¹kʰua⁵³
tsau³⁵paŋ³⁵ŋaŋ⁵³ke₄₄⁵³ʂɿ¹³xei₄₄⁵³,tsʰiəu⁵³ɔn₄₄³⁵tso₄₄⁵³kuk³ ma¹³tʰɔŋ¹³.kai³⁵xɔŋ₄₄⁵³tsʰiəu⁵³kʰai³⁵
tau²¹mai⁵³ke₄₄⁵³.kuk³ ma¹³tʰɔŋ²¹₂₁.（要加麦芽？）箇个……爱加麦芽。箇个糖食哩好嘞，消食嘞。kai₄₄⁵³ke⁵³tʰ…ɔi₄₄³⁵cia³⁵mak⁵ŋa¹³.kai₄₄⁵³ke₄₄⁵³tʰɔŋ¹³ʂət⁵li⁰xau²¹lei⁰,siau³⁵
ʂət⁵le⁰.（它是……里面放芝麻吗？）箇唔放芝麻吧？只有箇起箇起…谷麻糖就会带一滴……放滴子芝麻哩，谷麻糖就会放滴子麻脂。渠放麻脂是……渠箇卖得贵咯箇起糖啊，渠就放麻脂是又又香就又又箇个又凑秤嘛。kai⁵³n̩¹³fɔŋ₄₄⁵³tsɿ³⁵ma²¹pa¹³?tsɿ¹iəu₄₄³⁵kai⁵³çi²¹kai⁵³çi²¹…kuk³ ma¹³tʰɔŋ¹³tsʰiəu₄₄⁵³uɔi⁵³
tai⁵³iet³tiet⁵…fɔŋ⁵³tet⁵tsɿ⁰tsɿ³⁵ma¹³li⁰,kuk³ ma¹³tʰɔŋ¹³tsʰiəu₄₄⁵³uɔi⁵³fɔŋ⁵³tet⁵tsɿ⁰ ma¹³
tsɿ⁰.ci¹³fɔŋ⁵³ma¹³tsɿ⁰ʂɿ⁵³…ci¹³kai₄₄⁵³mai₄₄⁵³tek⁵kuei¹³ko⁰kai⁵³çi²¹tʰɔŋ¹³ŋa⁰,ci¹³tsʰiəu₄₄⁵³fɔŋ⁵³
ma¹³tsɿ⁰ʂɿ₄₄⁵³iəu⁵³iəu⁵³çiɔŋ³⁵tsiəu₄₄⁵³iəu₄₄⁵³iəu¹³kai₄₄⁵³ke₄₄⁵³iəu₄₄⁵³tsʰei₄₄⁵³tʂʰən⁵³ma¹³.

米糨

（呃如果这个包粟花搞点糖什么做成一块一块的呢？）箇就箇就安做箇个唠，安做哦安做冻米糖哦安做。渠安做冻米糖哦，其实唔系冻米搞个唠。哦唔系，安做米……米糨。kai²¹₂₁tsʰiəu₄₄⁵³kai⁵³tsʰiəu₄₄⁵³ɔn₄₄³⁵tso₄₄⁵³kai₄₄⁵³cie₄₄⁵³lau⁰,ɔn₄₄³⁵
tso₄₄⁵³o₂ɔn₄₄³⁵tso₄₄⁵³təŋ³⁵mi²¹tʰɔŋ¹³ŋo⁰ ɔn₄₄³⁵tso₄₄⁵³.ci²¹₂₁ɔn₄₄³⁵tso₄₄⁵³təŋ³⁵mi²¹tʰɔŋ¹³ŋo⁰,cʰi¹³ʂət⁵m̩
pʰe₄₄⁵³(←xe⁵³)təŋ⁵³mi²¹kau²¹cie₄₄⁵³lau⁰.o⁰m̩²¹₂₁pʰe₄₄⁵³(←xe⁵³),ɔn₄₄³⁵tso⁵³mi²¹tʂʰɔ…mi²¹tʂʰaŋ¹³.
（米什么？）米糨。mi²¹tʂʰaŋ¹³.（哪个 tʂʰaŋ¹³呢？）就安做写米糖唠。欸，米糖。要放滴糖去唠，欸，搞成一……搞成……可以切唠，<u>系唔系</u>？搞成一封封子唠，搞成一坨坨子唠。米糖。tsʰiəu⁵³ɔn₄₄³⁵tso⁵³sia²¹mi²¹tʰɔŋ¹³lau⁰.e₂₁,mi²¹tʰɔŋ¹³.iau²¹₅₁fɔŋ⁵³tet⁵ tʰɔŋ¹³çi⁵³lau⁰,e₂₁,kau²¹ʂaŋ¹³iet⁵…kau²¹ʂaŋ¹³…kʰo²¹i³⁵tsʰiet³lau⁰,xei₄₄⁵³me₄₄(←m̩¹³xe⁵³)?kau²¹ʂaŋ¹³iet⁵fɔŋ³⁵fɔŋ⁵³tsɿ⁰lau⁰,kau²¹ʂaŋ¹³iet³tʰo¹³tʰo¹³tsɿ⁰lau⁰.mi²¹tʰɔŋ¹³.

（米糖一般是用什么加工的？）米糖啊？mi²¹tʰɔŋ¹³ŋa⁰?（嗯。）以种米糖就系就系用箇爆……分箇爆米花，放滴糖去啊，一炒哇，箇糖就糖就加热啊，就融嘿哩吵，欸，本来是爱旬糖唠，哦旬糖啊，爱爱爱箇起爱用米熬个箇起糖唠，放滴米呀，放滴麦芽去熬个箇起糖哦。渠个溔性更好唠。i²¹tʂəŋ²¹mi²¹tʰɔŋ¹³tsʰiəu₄₄⁵³xe₄₄tsʰiəu₄₄⁵³xe₄₄iəŋ₂₁¹³kai⁵³pau⁵³…pən¹³kai⁵³pau⁵³mi²¹fa³⁵,fɔŋ⁵³tet⁵ tʰɔŋ¹³çi⁵³a⁰,iet³tsʰau²¹ua⁰,kai₄₄⁵³tʰɔŋ¹³tsʰiəu⁵³tʰɔŋ¹³tsʰiəu₄₄⁵³cia³⁵ɲiet⁵a⁰,tsʰiəu₄₄⁵³iəŋ¹³ŋek⁵(←xek³)li⁰ʂa⁰,e₂₁,pən²¹nɔi¹³sɿ̩³⁵oi⁵³sən¹³tʰɔŋ¹³lau⁰,o₄₄sən¹³tʰɔŋ¹³ŋa⁰,ɔi⁵³ɔi⁵³ɔi₄₄⁵³kai⁵³çi⁵³ɔi¹³iəŋ⁵³mi²¹ŋau⁵³ke₄₄⁵³kai⁵³çi²¹tʰɔŋ¹³lau⁰,fɔŋ₄₄⁵³tet₃⁵mi²¹ia⁰,fɔŋ₄₄⁵³tet₃⁵mak⁵ŋa¹³çi⁵³ŋau¹³ke₄₄⁵³kai⁵³çi²¹tʰɔŋ¹³ŋo⁰.ci¹³ke₄₄⁵³ɲia¹³sin¹³cien⁵³xau¹³lau⁰.

（那叫什么糖？那种糖叫什么糖？）箇个就安做米糖嘞，箇也安做米糖嘞。放滴箇个糖以后，放欸放欸箇箇个爆米花放滴箇个糖以后，要炒。炒。kai₄₄⁵³cie₄₄⁵³tsiəu⁵³ɔn₅₃³⁵tso⁵³mi²¹tʰɔŋ²₁¹³lei⁰,kai₄₄⁵³ia³⁵ɔn₄₄³⁵tso₄₄⁵³mi²¹tʰɔŋ¹³lei⁰.fɔŋ⁵³tet⁵kai⁵³ke₂₁⁵³tʰɔŋ¹³i¹³⁵xei⁵³,fɔŋ⁵³ei₂₁fɔŋ₄₄⁵³ei₄₄kai₂₁⁵³kai⁵³ke₄₄⁵³pau⁵³mi²¹fa³⁵fɔŋ⁵³tet⁵kai⁵³ke₂₁⁵³tʰɔŋ¹³i¹₄₄³⁵xei⁵³,iau⁵³tsʰau²¹.tsʰau²¹.

（那也叫米糖？）也安做米糖。炒倒以后嘞，就舞正舞只咁个框框子，木框子，倾下箇肚里去，去捶。欸。印得达平去捶。捶捶，拿开木框子来，一切，欸切啊，箇就成哩米糖。就安做安做安做我其实我等客姓人安做米糖。但是后来都学倒箇本地人讲个米糖。米糖欸。打□……打□系米糖嘞。米糖。ia³⁵ɔn₄₄³⁵tso⁵³mi²¹tʰɔŋ¹³.tsʰau²¹tau²¹i¹³⁵xei⁵³lei⁰,tsʰiəu₄₄⁵³u²¹tʂaŋ⁵³u²¹tʂak³kan²¹cie₄₄⁵³kʰɔŋ¹³kʰɔŋ³⁵tsɿ⁰,muk³kʰɔŋ¹³tsɿ⁰,kʰuaŋ³⁵ŋa₄₄(←xa⁵³)kai₄₄⁵³təu¹³li⁰çi⁵³,çi⁵³tʂʰei³.e₂₁.in⁵³tek³tʰait⁵pʰiaŋ¹³çi⁵³tʂʰei³.tʂʰei¹³tʂʰei₄₄¹³,la⁵³kʰɔi¹³muk⁵kʰɔŋ¹³tsɿ⁰lɔi₂₁¹³,iet³tsʰiet³,e⁰tsʰiet³a⁰,kai₄₄⁵³tsʰiəu⁵³ʂaŋ₄₄¹³li⁰mi²¹tʰɔŋ¹³.tsʰiəu₄₄⁵³ɔn₄₄³⁵tso₄₄³⁵tso⁵³ɔn³⁵tso⁵³ŋai₂₁¹³cʰi¹₂₁³sət³ŋai²¹¹³tien⁰kʰak³sin⁵³ɲin₂₁¹³ɔn₄₄³⁵tso₄₄⁵³mi²¹tʂʰaŋ¹³.tan²¹₂₁sɿ̩³⁵xei⁵³lɔi²¹₂₁təu⁵³xɔk⁵tau²¹kai₄₄⁵³pən¹³tʰi⁵³ɲin²¹₂₁kɔŋ¹³ke⁵³mi²¹tʰɔŋ¹³.mi²¹tʂʰaŋ¹³ŋei⁰.ta²¹iəŋ²¹…ta²¹iəŋ²¹xe⁵³mi²¹tʂʰaŋ¹³lei⁰.mi²¹tʂʰaŋ¹³.（tʂʰaŋ¹³还是tʂʰɔŋ¹³？）糖，你硬写箇只，写老土个讲法。米糖。有滴有话米糖个。箇学倒箇本地人话冻米糖啊。tʂʰaŋ¹³,ɲi¹³ɲiaŋ⁵³sia²¹kai⁵³tʂak³,sia²¹lau²¹tʰəu²¹cie⁵³kɔŋ²¹fait⁵.mi²¹tʂʰaŋ¹³.iəu³⁵tet⁵iəu³⁵ua⁵³mi²¹tʰɔŋ¹³ke⁵³.kai₄₄⁵³xɔk⁵tau²¹kai⁵³pən²¹tʰi⁵³ɲin₂₁¹³ua₄₄⁵³təŋ⁵³mi²¹tʰɔŋ¹³ŋa⁰.

（冻米糖不是你们说的是吧？）唔系我等讲个，系。m̩¹³pʰe⁵³(←xe⁵³)ŋai¹³

tien^{0}koŋ^{21}ke^0,n̩$_{21}$.

　　（你们不讲冻米糖？）也讲啊，冻米糖，箇就硬系冻米打个。嗯。以个就米糍啊，不是冻米打个。ia^{35}koŋ^{21}ŋa^0,təŋ^{53}mi^{21}tʰoŋ^{13},kai$^{53}_{44}$tsʰiəu$^{53}_{44}$niaŋ$^{35}_{44}$xe$^{53}_{44}$təŋ^{53}mi^{21}ta^{21}cie^{53}.n̩$_{21}$.i^{21}ke^{53}tsʰiəu^{53}mi^{21}tʂaŋ^{13}ŋa^0,pət^{5}ʂʅ^{53}təŋ^{53}mi^{21}ta^{21}ke^{53}.

酸枣糕

　　哦，讲到开头个糕是，如今有种有种客姓人有种酸枣糕哇。酸枣糕。o$_{53}$,koŋ^{21}tau^{21}kʰɔi^{35}tʰei^{13}ke$^{53}_{44}$kau^{35}ʂʅ$^{53}_{21}$,i$^{13}_{21}$cin$^{35}_{44}$iəu^{35}tʂəŋ^{21}iəu^{35}tʂəŋ^{21}kʰak^3 sin^{53} ȵin$^{35}_{21}$iəu^{35}tʂəŋ^{21}sɔn^{35}tsau^{21}kau^{35}ua^0.sɔn^{35}tsau^{21}kau^{35}.（嗯，怎么加工的呢？）有有有种野生植物安做酸枣。酸枣啊。箇个箇野生植物个肉，箇酸枣肉啊，黐性蛮好。就交滴东西去做，交……放糯米呀，欸，放么个，放面粉呐，欸，放……放辣椒粉呐，噢，放滴子甘草粉呐，放滴么个东西去，好食个，加倒去，做成听你做成么个形状。有滴嘞就箇酸枣肚里以只仁猛大，肚里只仁呐猛大，有滴就做成一饽饽，欸，有滴就分箇仁丢嘿去。交倒箇个番薯，交番薯，交南瓜啊，交箇只么个东……糯米粉箇滴，做做做倒做成咁个欸米皮样个东西，做成咁个鲜薄个东西，呃，番薯片……片样个东西，安做酸枣糕。听你做做么个形状。iəu^{35}iəu^{35}iəu^{35}tʂəŋ^{21}ia^{35}sen$^{35}_{44}$tʂʰət^{5}uk^{3}ɔn$^{35}_{44}$tso$^{53}_{44}$sɔn^{35}tsau^{21}.sɔn^{35}tsau^{21}a^0.kai^{53}ke$^{53}_{44}$kai$^{35}_{44}$ia^{53}sien$^{35}_{44}$tʂʰət^{5}uk^{3}ke^{53}ȵiəuk^3,kai$^{53}_{44}$sɔn^{35}tsau^{21}ȵiəuk^{3}a^0,ȵia^{13}sin^{53}man$^{13}_{21}$xau$^{21}_{44}$.tsʰiəu$^{53}_{44}$ciau^{35}tet^{5}təŋ$^{35}_{44}$si^{0}çi^{53}tso^{53},ciau$\cdots$foŋ^{53}lo^{53}mi^{21}ia^{21},e$_{21}$,foŋ^{53}mak^{3}kei^{53},foŋ$_{44}$mien^{53}fən^{21}na^0,ei^{21},foŋ$\cdots$foŋ^{53}lait^{5}tsiau^{35}fən^{21}na^0,au^{21},foŋ^{53}tet^{5}tsʅ^{0}kan^{35}tsʰau^{21}fən^{21}na^0,foŋ^{53}tet^{5}mak^{3}kei$^{53}_{44}$təŋ$^{35}_{44}$si^{0}çi^{53},xau^{21}ʂət^{5}ke^{53},cia^{53}tau^{21}çi^{53},tso^{53}tʂʰən$^{13}_{21}$tʰin^{13}ȵi$^{13}_{21}$tso^{53}tʂʰən$^{13}_{21}$mak^{3}e$_{44}$($\leftarrow$ke^{53})çin$^{13}_{21}$tsʰoŋ$^{53}_{44}$.iəu^{35}tet^{5}le^{0}tsʰiəu$^{53}_{44}$kai$^{53}_{44}$sɔn^{35}tsau^{21}təu^{21}li^{0}i^{21}tʂak^{3}in^{13}mən^{35}tʰai^{53},təu^{21}li^{0}tʂak^{3}in^{13}na^{0}mən^{35}tʰai^{53},iəu^{35}tet^{5}tsʰiəu$^{53}_{44}$tso^{53}tʂʰən$^{13}_{21}$iet^{5}pʰɔk^{5}pʰɔk^5,e$_{21}$,iəu^{35}tet^{5}tsʰiəu$^{53}_{44}$pən^{35}kai^{53}in^{13}tiəu^{35}ek^3($\leftarrow$xek^{53})çi$^{53}_{44}$.ciau^{35}tau^{21}kai$^{53}_{44}$ke^{53}fan^{35}ʂəu$^{13}_{21}$,ciau^{35}fan^{35}ʂəu$^{13}_{21}$,ciau$^{35}_{44}$lan^{13}kua$^{35}_{44}$a^0,ciau$^{35}_{44}$kai$^{53}_{44}$tʂak^{3}mak^{3}e$_{44}$($\leftarrow$ke^{53})təŋ$_{44}\cdots$lo^{53}mi^{21}fən^{53}kai$^{53}_{44}$tet^5,tso^{53}tso^{53}tso^{53}tau^{21}tso^{53}ʂaŋ$^{13}_{21}$kan^{21}ke^{53}ei$_{21}$mi^{21}pʰi^{13}ioŋ$^{53}_{44}$ke$^{53}_{44}$təŋ$^{53}_{44}$si^0,tso^{53}ʂaŋ$^{13}_{21}$kan^{21}ke^{53}ʂen^{35}pʰɔk^{5}ke$^{53}_{44}$təŋ$_{44}$si^0,e^{21},fan^{35}ʂəu$^{21}_{21}$pʰien$^{21}\cdots$pʰien^{21}ioŋ$^{35}_{44}$ke$^{53}_{44}$təŋ$^{53}_{44}$si^0,ɔn^{35}tso$^{53}_{44}$sɔn^{35}tsau^{21}kau^{35}.tʰin^{53}ȵi$_{21}$tso$^{53}_{44}$tso$^{53}_{44}$mak^{3}e$_{44}$($\leftarrow$ke^{53})çin$^{13}_{21}$tsʰɔŋ^{53}.

　　（现在还买得到吗？有买有卖的吗？）有有有买，有卖，爱去寻下子凑，寻下子凑。如今不……iəu^{35}iəu^{35}iəu^{35}mai^{35},iəu^{35}mai^{53},ɔi^{53}çi^{53}tsʰin^{13}na^{53}($\leftarrow$xa^{53})tsʅ^{0}tsʰe^0,tsʰin^{13}na^{53}($\leftarrow$xa^{53})tsʅ^{0}tsʰe^0.i$^{13}_{21}$cin$^{35}_{44}$pət^{5}ʂ$\cdots$（那个，土的……在外面也买得到，这是本地就是土办法加工出来的。）欸，土办法加工出来个还还……箇就有得哩，如今有得。欸，如今只有箇加哩包装个，有只咁个盒

子装倒。盒子装倒。酸枣糕，硬系酸枣糕。超市里都有卖。e$_{21}$,tʰəu^{21}pʰan^{53}fait^{3} cia^{35}kəŋ$^{35}_{44}$tʂʰət^{3} lɔi$^{13}_{21}$ke^{53}xan^{13}xai^{13}…kai^{53}tsʰiəu$^{53}_{21}$mau^{13}tek^{3} li^{0},i$^{13}_{21}$cin$^{35}_{44}$mau$^{13}_{21}$tek^{3}.ei$_{21}$,i$^{13}_{21}$ cin$^{35}_{44}$tʂʅ^{21}iəu^{35}kai$^{53}_{44}$cia$^{35}_{44}$li^{0} pau^{35}tsɔŋ^{35}ke^{53},iəu^{35}tʂak^{3} kan^{21}ke$^{53}_{44}$xait^{5} tsɿ^{0} tʂɔŋ$^{35}_{44}$tau^{21}.xait^{5} tsɿ^{0} tʂɔŋ^{35}tau^{21}.sɔn^{35}tsau^{21}kau$^{35}_{44}$,ɲiaŋ$^{53}_{44}$xei$^{53}_{44}$sɔn^{35}tsau^{21}kau$^{35}_{44}$.tʂʰau^{35}ʂʅ$^{53}_{44}$li^{0} təu$^{35}_{44}$iəu$^{35}_{44}$mai^{53}.（包装出来的包装出来的没意思。）

箇酸枣渠个作用就系起豥性个作用。kai$^{53}_{44}$sɔn^{35}tsau^{21}ci^{13}ke^{53}tsɔk^{3} iəŋ$^{53}_{44}$ tsʰiəu^{53}xei^{53}çi^{21}ɲien^{13}sin^{53}ke^{53}tsɔk^{3} iəŋ^{53}.

乌梅

做乌梅渠一般就系就系箇乌梅，欸，通过加工啊，唔酸了，嗯，津甜子，放滴么个，放放滴配料箇东西。乌梅糕乌梅糕我𫠲食过。𫠲𫠲……也𫠲去做过。𫠲过。tso$^{53}_{44}$u^{35}mɔi$^{13}_{21}$ci$^{13}_{21}$iet^{3} pɔn^{35}tsʰiəu^{53}xe$^{53}_{44}$tsʰiəu$^{53}_{44}$xe$^{53}_{44}$kai$^{53}_{44}$u^{35} mɔi$^{13}_{21}$,e$_{21}$,tʰəŋ$^{35}_{44}$ko$^{53}_{44}$cia$^{35}_{44}$kəŋ^{35}ŋa^{0},n̩^{13}sɔn^{35}liau^{0},n̩$_{21}$,tsin^{35}tʰian^{13}tsɿ^{0},fɔŋ$^{53}_{44}$tet$^{5}_{3}$ mak^{3} ke$^{53}_{44}$,fɔŋ^{53}fɔŋ^{53}tet$^{5}_{3}$ pʰei^{53}liau$^{53}_{44}$kai$^{53}_{44}$təŋ$^{35}_{44}$si^{0}.u^{35}mei$^{13}_{21}$kau^{35}u^{35}mɔi$^{13}_{21}$kau^{35}ŋai$^{13}_{21}$maŋ^{13}ʂət^{5} ko^{0}.maŋ^{13}maŋ^{13}…ia^{35}maŋ$^{13}_{21}$çi$^{53}_{44}$tso^{53}ko^{0}.maŋ$^{13}_{21}$ko^{0}.（那乌梅还呃一般你们加工成什么样呢？）梅子啊。加工成，还是还系梅子咁个形状。呣。乌梅，就加工成乌梅。梅子箇形状，舞只盒，舞倒薄膜袋子包倒。乌梅。本本个形状唔变。mɔi^{13}tsɿ^{0} a^{0}.cia$^{35}_{44}$kəŋ$^{35}_{44}$tʂʰən$^{13}_{21}$,xai^{13}ʂʅ^{53}xai^{13}xe^{53}mɔi^{13}tsɿ^{0} kan^{21}cie$^{53}_{44}$çin^{13} tsʰɔŋ^{53}.m̩$_{21}$.u^{35}mɔi^{13},tsʰiəu$^{53}_{44}$cia$^{35}_{44}$kəŋ$^{35}_{44}$tʂʰən$^{13}_{21}$u^{35}mɔi$^{13}_{21}$.mɔi^{13}tsɿ^{0} kai$^{53}_{44}$çin^{13}tsʰɔŋ^{53},u^{21}tʂak^{3} xait^{5},u^{21}tau^{21}pʰɔk^{5} mo^{13}tʰɔi^{53}tsɿ^{0} pau^{35}tau^{21}.u^{35}mɔi$^{13}_{21}$.pən^{21}pən^{21}ke$^{53}_{44}$çin^{13}tsʰɔŋ^{53}m̩^{13} pien^{53}.

白辣椒

（那种干辣椒哇来炒着吃，有这个做法吗？）有，有。放滴油去㸆，呣。爱白辣椒，爱箇个青辣椒晒干哩个。欸，有。同箇个淡干鱼子样去炼，爱去去去㸆，舞滴油去㸆。箇有。iəu^{35},iəu^{35}.fɔŋ^{53}tet^{5} iəu^{13}çi$^{53}_{44}$sɿ^{35},m̩$_{21}$.ɔi$^{53}_{44}$pʰak^{5} lait^{5} tsiau$^{35}_{44}$,ɔi$^{53}_{44}$kai^{53}ke$^{53}_{44}$tsʰiaŋ^{35}lait^{5} tsiau$^{35}_{44}$sai^{53}kɔn^{35}ni^{0} ke$^{53}_{21}$.e$_{21}$,iəu^{35}.tʰəŋ$^{13}_{21}$kai$^{53}_{44}$ke$^{53}_{44}$tʰan$^{35}_{44}$ kɔn$^{35}_{44}$ŋ̍^{13}tsɿ^{0} iɔŋ$^{53}_{44}$çi$^{53}_{44}$xɔk^{3},ɔi$^{53}_{44}$çi$^{53}_{44}$çi$^{53}_{44}$çi$^{53}_{44}$sɿ^{35},u^{21}tet^{5} iəu^{13}çi$^{53}_{44}$sɿ^{35}.kai$^{53}_{44}$iəu^{35}.（叫什么辣椒？）欸就系安做白辣椒子呢。e$_{21}$tsʰiəu$^{53}_{44}$xe$^{53}_{44}$ɔn$^{35}_{44}$tso$^{53}_{44}$pʰak^{5} lait^{5} tsiau$^{35}_{44}$tsɿ^{0} nei^{0}.（白辣椒子？）呣。白辣椒。m̩$_{21}$.pʰak^{5} lait^{5} tsiau$^{35}_{44}$.（叫不叫鱼子辣椒？）欸，白辣椒是蛮箇个噢，渠爱白个，唔系红个。红个食……受唔了。忒辣哩。唔，唔，箇唔安做鱼子辣椒。安做白辣椒。e$_{21}$,pʰak^{5} lait^{5} tsiau$^{35}_{44}$ʂʅ$^{53}_{44}$man$^{13}_{21}$kai$^{53}_{44}$cie$^{53}_{44}$ au^{0},ci^{13}ɔi$^{53}_{44}$pʰak^{5} ke$^{53}_{44}$,m̩^{13}pʰe^{53}(←xe^{53})fəŋ^{13}ke$^{53}_{44}$.fəŋ^{13}ke$^{53}_{44}$ʂət^{5} …ʂəu^{53}n̩$^{13}_{21}$liau^{21}.tʰek^{3} lait^{5} li^{0}.n̩^{13},n̩^{13},kai^{53}n̩^{13}ɔn^{35}tso$^{53}_{44}$ŋ̍^{13}tsɿ^{0} lait$^{5}_{3}$ tsiau$^{35}_{44}$.ɔn^{35}tso$^{53}_{44}$pʰak^{5} lait^{5} tsiau$^{35}_{44}$.（是青椒做成

的？）青椒做成个。欸，渠就晒起雪白。$ts^hiaŋ^{35}tsiau^{35}_{44}tso^{53}tʂ^hən^{13}_{21}cie^{53}.e_{21},ci^{13}_{21}$ $ts^hiəu^{35}_{44}sai^5ci^{21}siet^5p^hak^5$.（也要焯水是吧？）欸，爱焯水。爱青辣椒做成个。嗨。你只爱话白辣椒，就有。嗯。$e_{21},ɔi^{53}tʂ^hɔk^3ʂei^{21}.ɔi^{53}_{44}ts^hiaŋ^{35}lait^5tsiau^{35}_{44}tso^{53}ʂaŋ^{13}$ $ke^{53}_{44}.m̩_{21}.ɲi^{13}_{21}tʂʅ^0ɔi^{53}_{44}ua^{44}_{44}p^hak^5lait^5tsiau^{35}_{44},tsiəu^{53}_{21}iəu^{35}.ŋ̍_{21}.$

豆腐花、水豆腐

豆腐脑就安做安做豆腐花呢我等。也有安做水豆腐呢。$t^hei^{53}fu^{53}nau^{21}$ $ts^hiəu^{35}_{44}ɔn^{35}_{44}tso^{53}_{44}ɔn^{35}_{44}tso^{53}_{44}t^hei^{53}fu^{53}fa^{53}nei^0ŋai^{13}_{21}tien^0.ia^{35}_{44}iəu^{35}_{44}ɔn^{35}tso^{53}_{44}ʂei^{21}t^hei^{53}_{44}fu^{53}nei^0.$（水豆腐跟豆腐花有什么不同？）水……水……哎，有一……豆……可能莫写水豆腐，水豆腐系本地人讲个，"水豆腐哩"，"水豆腐"。嗯。"水豆腐"。我等讲豆腐花。渠等本地人就唔讲豆腐花。$ʂ···ʂ···ai_{44},iəu^{35}_{44}iet^3···t^hei^{53}$ $k^hɔ^{21}len^{13}mo^{21}sia^{21}ʂei^{21}t^hei^{53}fu^{53},ʂei^{21}t^hei^{53}_{44}fu^{53}xe^{53}pən^0t^hi^{53}ɲin^{13}_{21}kɔŋ^{21}ke^{53}_{44},ɕy^{35}t^hiau^{53}_{44}fu^{21}$ $li^0,ɕy^{35}t^hiau^{53}_{44}fu^{21}.ŋ̍_{21}.ɕy^{35}t^hiau^{53}_{44}fu^{21}.ŋai^{13}tien^0kɔŋ^{21}t^hei^{53}fu^{53}_{44}fa^{35}.ci^{13}tien^0pən^0t^hi^{53}ɲin^{13}_{21}$ $ts^hiəu^{53}ŋ̍^0kɔŋ^{21}t^hei^{53}fu^{53}_{44}fa^{35}.$（豆腐脑就是还没做出噢还没做成一块一块的？）变成哩豆腐，欸，只差舀倒去，舀下箱里去了。欸，它就箇起。欸。$pien^{53}$ $tʂ^hən^{13}_{21}ni^0t^hei^{53}fu^{53}_{44},e_{21},tʂʅ^{21}tsa^{35}iau^{21}tau^0çi^{53},iau^{21}ua_{44}(←xa^{53})siɔŋ^{35}li^0çi^{53}_{44}liau^0.e_{21},t^ha^{35}_{21}$ $tsiəu^{53}_{44}kai^{53}çi^{21}.e_{21}.$（就有的是加那个加点糖啊什么东西也可以就这样吃了。）欸，欸，就咁子食唠，嗨，对。$e_{21},e_{21},tsiəu^{53}kan^{53}_{44}tsʅ^0ʂət^5lau^0,m̩_{21},tei^{53}_{21}.$（我看到那个街上有卖。）街上有卖。$kai^{35}xɔŋ^{53}_{44}iəu^{35}mai^{53}.$

（好，我们今天中午吃的那种就是呃没煎之前啊它的原料那种豆腐叫什么？）水豆腐。$ʂei^{21}t^hei^{53}fu^{53}_{44}.$（你们叫水豆腐？）欸。$e_{21}.$（叫吗？）叫。渠就区别箇种……就安做豆腐，但是你爱撂箇豆腐干区别开来，以种就安做水豆腐。客姓人讲啊，客姓人讲就系豆腐。就系豆腐。爱……爱撂箇豆腐干区别开来，以就安做水豆腐。$ciau^{53}.ci^{13}ts^hiəu^{53}tʂ^hʮ^{35}p^hiek^5_3kai^{53}tʂəŋ^{21}···$ $ts^hiəu^{53}ɔn^{35}_{44}tso^{53}t^hei^{53}fu^{53}_{44},tan^0ʂʅ^{53}ɲi^{21}_{21}ɔi^{53}_{44}lau^0kai^{53}_{44}t^hei^{53}fu^{53}_{44}kɔn^{53}tʂ^hʮ^{35}p^hiek^5_3k^hɔi^{21}$ $lɔi^{13}_{21},i^{21}tʂəŋ^{21}ts^hiəu^{53}ɔn^{35}_{44}tso^{53}_{44}ʂei^{21}t^hei^{53}_{44}fu^{53}_{44}.k^hak^3sin^{53}ɲin^{13}_{21}kɔŋ^{21}ŋa^0,k^hak^3sin^{53}ɲin^{13}_{21}kɔŋ^{21}$ $ts^hiəu^{53}xe^{53}_{44}t^hei^{53}fu^{53}_{44}.ts^hiəu^{53}xe^{53}_{44}t^hei^{53}fu^{53}_{44}.ɔi^{53}_{44}···ɔi^{53}lau^0kai^{53}_{44}t^hei^{53}fu^{53}_{44}kɔn^{53}tʂ^hʮ^{35}p^hiek^5_3$ $k^hɔi^{35}lɔi^{13}_{21},i^{21}ts^hiəu^{53}ɔn^{35}_{44}tso^{53}_{44}ʂei^{21}t^hei^{53}fu^{53}_{44}.$（区别于豆腐干？）欸，相对而言，渠就安做水豆腐。还咁多水哟。$e_{21},siɔŋ^{53}tei^{53}y^{13}_{21}nien^{13},ci^{21}_{21}ts^hiəu^{35}_{44}ɔn^{35}_{44}tso^{53}ʂei^{21}t^hei^{53}_{44}$ $fu^{53}_{44}.xai^{13}_{21}kan^{21}_{44}to^{35}ʂei^{21}io^0.$

灌肠

灌肠是用猪肉去灌下箇……灌嘿小肠肚里去，做成灌肠啊。$kɔn^{53}tʂ^hɔŋ^{13}$ $ʂʮ^{53}_{44}iəŋ^{53}tʂəu^{35}ɲiəuk^3çi^{53}_{44}kɔn^{53}na_{44}(←xa^{53})kai^{53}_{44}s···kɔn^{53}xek^3siau^{21}tʂ^hɔŋ^{13}təu^{21}li^0$

çi⁵³,tso⁵³tʂʰən₂₁¹³kɔn⁵³tʂʰɔŋ¹³ŋa⁰.（你们……）唔用猪血。n̩¹³ɲiəŋ₄₄⁵³tʂəu³⁵çiet³.（你不用猪血，是吧？）欸，只用猪肉，腈猪肉哇。欸猪肉剁碎来，灌下小肠肚里，做成灌肠，就香肠样个东西噢。e₂₁,tʂ̩₃₅²¹iəŋ⁵³tʂəu³⁵ɲiəuk³,tsiaŋ³⁵tʂəu³⁵ɲiəuk³ua⁰.e⁰tʂəu³⁵ɲiəuk³ to⁵³si⁵lɔi₂₁¹³,kɔn⁵³na₄₄(←xa⁵³)siau²¹tʂʰɔŋ¹³təu²¹li⁰,tso⁵³tʂʰən₂₁¹³kɔn tʂʰɔŋ¹³,tsʰiəu₄₄çiɔŋ³⁵tʂʰɔŋ₂₁¹³iɔŋ₄₄ke₄₄⁵³təŋ₄₄³⁵si⁰au⁰.（呃肉，肉切碎，是吧？）碎肉，欸。灌进小肠里。还还爱……箇碎猪肉还爱箇猪肉子还爱放香料唠，还放唔知几多香料，八角粉箇只啦，辣椒子箇……辣椒唔放。八角粉箇只。sei₅₃zəu₅₃,e₂₁.kuan₅₃tsin₅₃siau₂₁tʂʰaŋ₂₁¹³li⁰.xai¹³xai¹³ɔi⁵³se···kai₄₄⁵³sei⁵³tʂəu³⁵ɲiəuk³ xa₂₁¹³ɔi⁵³kai₄₄⁵³tʂəu³⁵ɲiəuk³ tʂ̩⁰ xa₂₁¹³ɔi₄₄⁵³fɔŋ⁵³çiɔŋ³⁵liau₄₄⁵³lau⁰,xai₂₁¹³fɔŋ n̩₄₄¹³ti₅₃³⁵ci⁰to₄₄³⁵çiɔŋ³⁵liau⁵³,pait³kɔk³fən₂₁¹kai₄₄⁵³tʂak⁰la⁰,lait⁵tsiau₄₄³⁵tʂ̩⁰kai⁰···lait⁵tsiau₄₄³⁵m̩₂₁¹fɔŋ₄₄.pait³kɔk³fən²¹kai₄₄⁵³tʂak³.

（呃，吃的时候怎么吃呢？）<small>普通话：吃的时候哇，很简单呐，可以</small>切成一片片子去炒哇，或者切成一片片子去蒸呐。tsʰiet³ʂaŋ₄₄¹³iet³pʰien⁵³pʰien⁵³tʂ̩⁰çi⁵³tsʰau²¹ua⁰,xɔit⁵tʂa₂₁tsʰiet³ʂaŋ₄₄¹³iet³pʰien⁵³pʰien⁵³tʂ̩⁰çi₄₄⁵³tʂən³⁵na⁰.（它要煮……煮熟吧？）爱煮熟哇，就只爱炒倒蒸就要得哩啊。ɔi₄₄⁵³tʂəu⁵³ʂəuk⁵ua⁰,tsʰiəu₄₄tʂ̩²¹ɔi⁵³tsʰau²¹tau₅₃³³tʂən³⁵tsʰiəu₄₄iau⁵³tek³lia⁰.（吃之前不要煮熟吗？）箇唔爱煮熟来。kai⁵³m̩₂₁¹³mɔi₄₄⁵³tʂəu²¹ʂəuk⁵lɔi₂₁¹³.

（那那它那个欸湿的还是要稍微晒一下，它怎么那个，灌好以后怎么怎么搞呢？）灌好哩以后就挂起来，欸，挂起来……也可以去熏呢，熏一到嘞。灌好哩以后爱晒熟来么呶？我觉得也系爱晒熟来。kɔn⁵³xau²¹li⁰i³⁵xei₄₄⁵³tsʰiəu₅₃¹³kua⁵³çi²¹lɔi⁰,e₂₁,kua⁵³çi²¹lɔi₂₁¹³···ia³⁵kʰɔ²¹i³⁵çi₄₄⁵³çin³⁵nei⁰,çin³⁵iet³tau⁰lei⁰.kɔn xau²¹li⁰i³⁵xei₄₄⁵³ɔi⁵³sai⁵³ʂəuk⁵lɔi₂₁¹³mo⁰nau⁰?ŋai₂₁¹kɔk³tek³ia³⁵xei⁵³ɔi₄₄⁵³sai⁵³ʂəuk⁵lɔi₂₁¹³.

（那不就等于是香肠吗？）就系香肠样呢，就自家做个香肠嘞。就自家做个香肠。就唔安做香肠，安做灌肠啊。tsʰiəu⁵³xei₄₄⁵³çiɔŋ³⁵tʂʰɔŋ₂₁¹³iɔŋ₄₄nei⁰,tsʰiəu⁵³tsʰ̩¹⁵ka₄₄⁵³tso⁵³ke₄₄⁵³çiɔŋ³⁵tʂʰɔŋ¹³lei⁰.tsʰiəu⁵³tsʰ̩¹ka³⁵tso⁵³ke⁵³çiɔŋ³⁵tʂʰɔŋ₂₁¹³.tsiəu⁵³n̩¹ɔn³⁵tso₄₄⁵³çiɔŋ³⁵tʂʰɔŋ₂₁¹³,ɔn³⁵tso₄₄⁵³kɔn⁵³tʂʰɔŋ¹³ŋa⁰.

（没有用血来灌的？）冇得。冇得用猪血来灌个，冇得。mau¹³tek³.mau¹³tek³iəŋ¹³tʂəu³⁵çiet³lɔi¹³kɔn⁵³cie₄₄⁵³,mau₂₁¹³tek³.

黑山羊炖粉皮

浏阳是黑山羊个故乡。黑山羊嘞以前个羊子就系黑山羊。我等以映子一路个羊子就系乌个。欸，只有只有以几年，就分么个箇乌羊子会搞得咁好。欸，安做乌羊子嘞食哩好。墨乌个东西就食哩好。系唔系？黑木耳呀，欸，么个黑米呀，欸，欸羊子也系乌个嘞黑山羊啊食哩就好哇。我也从来都僧去想箇只事。以个栏场个羊子大部分百分之八九十都系乌个，都系黑山羊。哎。liəu₁₃ioŋ₁₃sŋ₄₄xek³san₃₅ioŋ₂₁ke₄₄ku⁰çioŋ₄₄.xek³san₄₄ioŋ₂₁le⁰i₄₄tsʰien¹³ke⁵³ioŋ¹³tsŋ⁰tsʰiəu⁵³xe⁵³xek³san₄₄ioŋ₂₁.ŋai₂₁tien⁰i²¹iaŋ⁵³tsŋ⁰iet³ləu⁵³ke₄₄ioŋ¹³tsŋ⁰tsʰiəu⁵³xe⁵³u³⁵ke⁰.e₂₁,tşət³iəu⁰tşət³iəu⁰i²ci²¹nien₄₄,tsʰin₄₄pən₅₃mak⁵e⁰kai₄₄u³⁵ioŋ₄₄sŋ⁰uɔi²¹kau²¹tek³kan²¹xau²¹.e₂₁,ɔn₃₅tso₄₄u³⁵ioŋ₂₁tsŋ⁰lei⁰şət⁵li⁰xau²¹.mek⁵u³⁵ke⁵³təŋ₄₄si⁰tsʰiəu₄₄şət⁵li⁰xau²¹.xe₄₄me₄₄(←m̩¹³xe⁵³)?xek³muk³ni²ia⁰,e₄₄,mak⁵ke⁵³xek³mi²¹ia⁰,e₂₁,e₄₄ioŋ¹³tsŋ⁰a₅₃(←a³⁵)xe₄₄u³⁵ke⁵³le⁰xek³san³⁵ioŋ¹³ŋa⁰şət⁵li⁰tsʰiəu₄₄xau²¹ua⁵³.ŋai¹³ia₄₄tsʰəŋ¹³lɔi₄₄tu³⁵maŋ¹³ci₄₄sioŋ²¹kai₄₄tşak²⁵sŋ⁰.i²¹ke⁵³lan²¹tşʰɔŋ₄₄ke₄₄ioŋ¹³tsŋ⁰tʰai⁵³pʰu₄₄fən₄₄pak³fən₄₄tsŋ₄₄pait³ciəu²¹şət⁵təu³⁵xe₄₄u³⁵ke⁰,təu³⁵xe⁵³xek³san³⁵ioŋ₄₄.ai₂₁.

歀羊肉嘞也就系以几年炒起来，搞起咁贵。如今食羊肉箇食得起呀硬啊？歀，随便搞下子一碗羊肉就系百多两百块钱。歀，你爱过……过端阳啊我买……走倒去买羊肉，随便买下子就买嘿两百多块钱。歀。好，舞倒两百多块钱呢，舞倒七八个人一餐就食嘞咁呢。嘿嘿嘿，两百多块钱捞总只一滴子啦。歀。e₄₄ioŋ¹³niəuk³le⁰ia³⁵tsʰiəu⁵³e₄₄(←xe⁵³)i²¹ci²¹nien₄₄tsʰau²¹çi²¹lɔi₄₄,kau²¹çi₄₄kan²¹kuei⁵³.i₂₁cin₃₅şət⁵ioŋ¹³niəuk³kai₄₄şət⁵tek³çi²¹ia⁰niaŋ⁵³ŋa⁰?ei₂₁,sei¹³pʰien⁵³kau²¹ua⁵³(←xa⁵³)tsŋ⁰iet³uɔn²¹ioŋ¹³niəuk³tsʰiəu⁵³ue₄₄(←xe⁵³)pak³to⁰ioŋ²¹pak³kʰuai⁵³tsʰien¹³.ei₂₁,ni¹³ɔi⁵³ko⁵³ko⁵³tɔn³⁵nioŋ₄₄a⁰ŋai¹³mai…tsei²¹tau²¹çi₄₄mai³⁵ioŋ¹³niəuk³,sei¹³pʰien⁵³mai³⁵ia₄₄(←xa⁵³)tsŋ⁰tsʰiəu₄₄mai₄₄xek³ioŋ²¹pak³to⁰kʰuai₄₄tsʰien¹³.e₄₄.xau²¹,u²¹tau²¹ioŋ²¹pak³to₄₄kʰuai⁵³tsʰien¹³ne⁰,u²¹tau²¹tsʰiet³pait³ke⁵³nin₄₄iet³tsʰɔn³⁵tsiəu₄₄şət⁵le⁰kan₅₃ne⁰.xe₄₄xe₄₄xe₄₄,ioŋ²¹pak³to⁰kʰuai₄₄tsʰien₂₁lau¹³tsəŋ⁰tşət³iet³tiet⁵tsŋ⁰la⁰.ei₂₁.

好，羊歀黑山羊让门子歀让门子去搞倒食嘞？其实也……羊肉系蛮简单个东西。歀。歀我……一般炒羊肉嘞就咁子炒。第一步嘞，第一步嘞，先切正哩以后洗净哩切正哩以后嘞，就唔放油盐，放下镬里一番事炒哩，分箇个……一番事炒哩嘞，分箇水出嘞去。第一第一步呀，第一步箇箇个水出嘞去。歀，箇是第一步，爱攒劲炒。嗯。炒倒渠个肉都缩拢来，紧拢来，歀，起码炒倒渠三四分钟来，歀。放大火炒。好，炒嘿哩以后嘞舞起来。歀。拿倒么个篱子装起来。嗯，分箇水榨咁去，底下还有水嘞，也水唔爱哩。箇个水我是取都唔爱哩。xau²¹,ioŋ¹³e₄₄xek³san³⁵ioŋ₄₄nioŋ₄₄mən₄₄tsŋ⁰e₂₁nioŋ⁵³mən₄₄tsŋ⁰çi⁵³kau²¹tau²¹şət⁵le⁰?cʰi¹³şət⁵ie…ioŋ¹³niəuk³xe₄₄man³⁵kan²¹tan₄₄ke⁵³təŋ₃₅si⁰.e₂₁.e₄₄ŋai¹³p…iet³pɔn₃₅tsʰau²¹ioŋ¹³niəuk³le⁰tsʰiəu⁵³kan²¹tsŋ⁰tsʰau²¹.tʰi⁵³iet³pʰu₄₄le⁰,tʰi⁵³iet³pʰu₄₄le⁰,sen³⁵tsʰet³tşaŋ⁵³li⁰i³⁵xei⁵³se²¹tsʰiaŋ⁵³li⁰tsʰiet³tşaŋ⁵³li⁰i³⁵xei⁵³le⁰,tsʰiəu₄₄m̩¹³fɔŋ⁰iəu¹³ian¹³,fɔŋ¹³xa₄₄uɔk⁵³li⁰iet³fɔn₃₅sŋ₄₄tsʰau²¹li⁰,pəŋ³⁵(←pən³⁵)kai₄₄ke⁵³…iet³fɔn₄₄sŋ₄₄tsʰau²¹li⁰le⁰,pəŋ³⁵(←pən³⁵)kai₄₄sei²¹tsʰət³le⁰çi⁵³.tʰi⁵³iet³tʰi⁵³iet³ pʰy⁴⁴(←pʰu⁵³)ia⁰,tʰi⁵³iet³ pʰu⁵³kai⁵³kai⁵³ke⁴⁴ʂei²¹tʂʰət³ le⁰ çi⁵³.e₂₁,kai⁵³ʂ̩⁴⁴tʰi⁵³iet³ pʰu⁵³,ɔi⁴⁴tsan²¹cin⁵³tsʰau²¹.n̩₂₁.tsʰau²¹tau²¹ci¹³ke⁴⁴ɲiəuk³ təu³⁵sɔk³ ləŋ³⁵lɔi¹³,cin²¹nəŋ³⁵ nɔi²¹₂₁,e₄₄,çi²¹ ma⁴⁴tsʰau²¹ tau²¹ ci¹³ san³⁵ si⁵³ fən⁵³ tʂəŋ³⁵ lɔi¹³,e₂₁.fəŋ⁴⁴tʰai⁵³ fo²¹ tsʰau²¹.xau²¹,tsʰau²¹xek³li⁰i³⁵xei⁵³le⁰u²¹çi²¹lɔi¹³.e₂₁.lak⁵tau²¹mak³ke⁵³lei²¹tsʴ tʂəŋ³⁵çi²¹ lɔi¹³.m̩₂₁,pəŋ⁴⁴(←pən³⁵)kai⁴⁴ʂei²¹tsa²¹kan²¹çi⁵³,te²¹xa²¹xai¹³iəu³⁵ʂei²¹le⁰,ia³⁵ʂei²¹m̩²¹mɔi₃₅ (←ɔi⁵³)li⁰.kai⁴⁴ke⁴⁴ʂei²¹ŋai¹³ʂ̩⁴⁴tsʰi²¹təu⁴⁴m̩²¹mɔi₃₅(←ɔi⁵³)li⁰.

以下然后嘞洗净镬头来，再放倒茶油去，放正茶油，欸，欸，放倒羊肉去炒，箇也爱攒劲炒。欸，炒哩以后嘞，就放么个，放桂皮。欸，最好嘞唔……莫放多哩，箇桂皮莫放多哩。有热个东西呀，桂皮呀。欸，放滴子……我等喜欢食辣椒，嘿，放滴子辣椒王，欸。欸，唔爱去放么个味精呢箇只么个酱油箇只唔爱去放。欸。放倒交倒去炒，噢，放滴子姜，欸。放倒去欸一炒哩以后就……就放水。有滴人呢渠就还加滴子欸箇米酒，甜酒哇，甜酒去旱，放甜酒去旱呢也蛮好食。欸。唔放甜酒也可以。好，舞哩以后嘞，就……就装下炉子里，慢慢子用文火去炆，用细火子去炆。i²¹xa⁵³ vien¹³xei⁴⁴lei⁰ se²¹tsʰiaŋ¹³uɔk⁵ tʰei¹³lɔi¹³,tsai⁵³fəŋ⁵³tau²¹tsʰa¹³iəu¹³çi⁰,fəŋ⁵³tʂaŋ⁵³tsʰa¹³ iəu¹³,e₄₄,e₂₁,fəŋ⁵³tau²¹iɔŋ¹³ɲiəuk³çi⁴⁴tsʰau²¹,kai⁴⁴ia³⁵ɔi⁴⁴tsan²¹cin⁵³tsʰau²¹.e₂₁,tsʰau²¹li⁰i⁴⁴ xei⁴⁴le⁰,tsʰiəu⁴⁴fəŋ⁵³mak³ke⁵³,fəŋ⁵³kuei⁵³pʰi¹³.e₂₁,tsei⁵³xau²¹le⁰m̩¹³…mɔk⁵fəŋ⁵³to⁰ li⁰,kai⁴⁴kuei⁵³pʰi²¹mɔk⁵fəŋ⁵³to³⁵li⁰.iəu³⁵ɲiet⁵ke⁴⁴təŋ³⁵si⁰ia⁵,kuei⁵³pʰi⁴⁴ia⁰.e₂₁,fəŋ⁵³tet⁵ tsʴ…ŋai²¹₂₁tien⁵çi²¹fən⁴⁴ʂət⁵lait⁵tsiau³⁵,xe₄₄,fəŋ⁵³tet⁵tsʴlait⁵tsiau³⁵uɔŋ¹³,e₂₁.e₂₁,m̩¹³₂₁ mɔi₄₄(←ɔi⁵³)çi⁴⁴fəŋ⁵³mak³e⁰uei⁵tsin⁴⁴ne⁰kai⁴⁴tʂak⁵mak³e⁰tsiɔŋ⁵³iəu₂₁kai⁴⁴tʂak⁵m̩²¹₂₁ mɔi₄₄(←ɔi⁵³)çi⁴⁴fəŋ⁵³.e₂₁.fəŋ⁵³tau²¹ciau⁵³tau²¹çi⁴⁴tsʰau²¹,əu₂₁fəŋ⁵³tet⁵tsʴciɔŋ³⁵,e₂₁.fəŋ⁵³ tau²¹çi⁴⁴e₄₄iet³tsʰau²¹li⁰i³⁵xei⁴⁴tsʰiəu⁵³…tsʰiəu⁴⁴fəŋ⁵³ʂei²¹.iəu³⁵tet⁵ɲin¹³₂₁ne⁰ci²¹³tsʰiəu⁵³ xai²¹₂₁cia⁵tiet⁵tsʴe₂₁kai⁴⁴mi⁵³tsiəu²¹,tʰian⁵tsiəu²¹ua⁰,tʰian⁵tsiəu²¹çi⁴⁴xɔn⁵³,fəŋ⁵³tʰian¹³ tsiəu²¹çi⁴⁴xɔn⁵³nei⁰ia³⁵man¹³₂₁xau²¹ʂət⁵.e₂₁.m̩¹³fəŋ⁵³tʰian¹³tsiəu²¹ia³⁵kʰo²¹i³⁵.xau²¹,u²¹li⁰i⁴⁴ xei⁴⁴lei⁰,tsʰiəu⁵³…tsʰiəu⁴⁴tʂəŋ³⁵ŋa₄₄(←xa⁵³)ləu¹³tsʴli⁰,man⁵³man⁵³tsʴiəŋ⁵³vən¹³fo²¹ çi⁵³vən¹³,iəŋ⁴⁴se⁵³fo²¹tsʴ çi⁴⁴vən¹³.

欸你炆个时候子嘞，你就可以架势炆了嘞，你就可以分箇粉皮洗净来。分箇箇个番薯……番薯粉做个粉皮洗净来。洗净来以后，泡下子，然后就倾倒去炆，唔爱炒嘞。粉皮唔爱炒，只爱倾倒去炆凑。粉丝也可以，粉皮也可以，倾倒去炆。箇东西莫炆……莫炆久哩，容易……易得烂个东西，慢呢莫羊肉都还𤉯炆好嘞，箇粉皮就成哩一镬羹。欸，粉皮莫炆久哩，爱等羊肉炆得蛮好子了再放倒去。因为粉皮箇只东西易得绵。嗯。你放早哩嘞，羊肉又还𤉯烂嘞，粉皮又成了一镬羹，就唔好吃了。e₄₄ɲi¹³vən¹³ke⁴⁴ʂ̩²¹xəu⁵³₄₄ tsʴle⁰,ɲi¹³tsʰiəu⁵³ko²¹i³⁵cia⁵ʂ̩⁵³₄₄vən¹³niau⁰le⁰,ɲi¹³tsʰiəu⁵³ko²¹i³⁵pən⁴⁴kai⁴⁴fən³⁵pʰi¹³se²¹

tsʰiaŋ^{53}lɔi^{13}.pən^{35}kai$_{44}$kai$_{44}$ke^{53}fan^{35}ʂəu$_{44}$···fan^{35}ʂəu$_{44}$fən^{21}tso^{53}ke$_{44}$fən^{21}pʰi^{13}se^{21}tsʰiaŋ^{53}
lɔi^{13}.se^{21}tsʰiaŋ^{53}lɔi^{13}i^{35}xei$_{44}$,pʰau^{53}ua$_{44}$(←xa^{53})tsʅ^{0},vien$_{21}$xei$_{44}$tsʰiəu$_{44}$kʰuaŋ^{35}tau^{21}çi$_{44}^{53}$
vən^{13},m̩$_{21}$mɔi$_{35}$(←ɔi^{53})tsʰau^{21}le^{0}.fən^{21}pʰi$_{44}^{13}$m̩^{13}mɔi$_{44}$(←ɔi^{53})tsʰau^{21},tʂət^{5}ɔi$_{44}$kʰuaŋ^{35}tau^{21}
çi$_{44}^{53}$uən^{13}tsʰe^{0}.fən^{21}sʅ^{13}ia^{35}kʰo^{21}i$_{44}^{13}$,fən^{21}pʰi^{13}ia$_{44}^{13}$kʰo^{21}i$_{44}^{13}$,kʰuaŋ^{35}tau^{21}çi$_{44}^{53}$vən^{13}.kai^{53}təŋ^{35}
si^{0}mək^{5}vən···mək^{5}vən^{13}ciəu^{21}li^{0},iəŋ^{13}i^{53}···i^{13}tek^{3}lan^{53}ke$_{44}$təŋ$_{44}^{35}$si^{0},man^{53}ne^{0}mək^{5}
iɔŋ^{13}ɲiəuk^{3}təu^{35}xan^{13}maŋ$_{21}^{13}$vən^{13}xau^{21}le^{0},kai^{53}fən^{21}pʰi^{13}tsiəu^{53}ʂaŋ$_{21}^{13}$li^{0}iet^{3}uɔk^{5}
kaŋ^{35}.e$_{21}$.fən^{21}pʰi^{13}mək^{5}vən^{13}ciəu^{21}li^{0},ɔi^{53}ten^{21}iɔŋ^{13}ɲiəuk^{3}vən^{13}tek^{3}man^{13}xau^{21}tsʅ
liau^{0}tsai^{53}fɔŋ^{53}tau^{21}çi^{53}.in^{35}uei$_{44}^{53}$fən^{21}pʰi^{13}kai$_{44}^{53}$tʂak^{3}təŋ$_{44}^{35}$si^{0}i^{53}tek^{3}mien^{13}.m̩$_{13}$ɲi^{13}fɔŋ
tsau^{21}li^{0}le^{0},iɔŋ^{13}ɲiəuk^{0}iəu^{53}xan$_{21}^{13}$maŋ^{13}lan^{53}le^{0},fən^{21}pʰi^{13}iəu^{53}ʂaŋ$_{21}^{13}$li^{0}iet^{3}uɔk^{5}
kaŋ^{35},tsʰiəu$_{44}^{53}$m̩^{13}xau^{21}ʂət^{5}liau^{21}.

好，然后炆好哩以后，爱细火子炆，炆渠点多两点钟，慢慢子炆，欸。炆哩以后嘞，<u>以下</u>就你系想放嘞，放滴子芫荽呀，欸，放滴子八角粉子箇只，放滴子咁个放倒去，箇就味道就还更好嘿哩。xau^{21},vien^{13}xei$_{44}$vən^{13}xau^{21}li^{0}i^{35}xei^{53},ɔi^{53}se^{21}fo^{21}tsʅ^{0}vən^{13},vən^{13}ci$_{44}$tian^{13}to^{35}iɔŋ^{21}tian^{21}tʂəŋ^{35},man^{53}man^{53}tsʅ^{0}vən^{13},e$_{21}$.vən^{13}li^{0}i^{35}xei$_{44}$le^{0},ia$_{44}$(←i^{21}xa^{53})tsʰiəu$_{44}^{53}$ɲi^{13}xei^{53}siɔŋ^{21}fɔŋ^{13}le^{0},fɔŋ^{53}tet^{5}tsʅ^{0}ien^{13}si^{35}ia^{0},e$_{21}$,fɔŋ^{53}tet^{5}tsʅ^{0}pait^{5}kɔk^{5}fən^{21}tsʅ^{0}kai$_{44}$tʂak$_{5}$,fɔŋ^{53}tet^{5}tsʅ^{0}kan^{21}cie$_{44}$fɔŋtau^{21}çi^{53},kai$_{21}$tsʰiəu$_{35}$vei^{53}tʰau^{53}tsʰiəu$_{44}^{53}$xan^{13}cien$_{44}^{53}$xau^{21}ek^{3}(←xek^{3})li^{0}.

嗯，我等做欸羊肉炖粉皮就咁子炖个，欸，粉皮唔爱炒，只爱放倒去炆凑。m̩$_{21}$,ŋai^{13}tien^{0}tso^{53}e$_{21}$iɔŋ^{13}ɲiəuk^{0}tən^{53}fən^{21}pʰi^{13}tsʰiəu^{0}kan^{21}tsʅ^{0}tən^{53}cie$_{44}$,e$_{21}$,fən^{21}pʰi^{13}m̩$_{21}$mɔi$_{35}$(←ɔi^{53})tsʰau^{21},tʂət^{5}ɔi$_{44}^{53}$fɔŋ^{53}tau^{21}çi$_{44}^{53}$vən^{13}tsʰe^{0}.

鸡髀

（鸡腿把它叫什么？）鸡把呢安做呢。鸡髀呢，又安做鸡髀呢。安做鸡把呢。安鸡髀个更多。还不鸡把个不是，唔系。鸡髀。cie^{35}pa^{21}ne^{0}ɔn$_{44}$tso$_{44}$ne^{0}.cie^{35}pi^{21}ne^{0},iəu$_{44}^{53}$ɔn^{35}tso$_{44}$cie^{35}pi^{21}ne^{0}.ɔn$_{44}$tso^{53}cie^{35}pa^{53}ne^{0}.ɔn$_{44}$cie^{35}pi^{21}cie$_{44}$ken$_{44}$to^{35}.xai^{13}pət^{0}cie^{35}pa^{21}ke^{0}pət^{0}sʅ$_{44}^{53}$,n̩^{13}tʰei$_{44}$(←xei^{53}).cie^{35}pi^{21}.（哪个髀呢？）髀，大概系比较个比吧？箇只髀。你只写箇只鸡髀。渠有只话法安做鸡髀甄下口_{煮烂}嘿哩。pi^{21},tʰai$_{44}^{53}$kʰai$_{44}$xe$_{44}^{53}$pi^{21}ciau^{53}ke^{0}pi^{21}pa^{0}ʔkai^{53}tʂak^{3}pi^{21}.ɲi^{13}tsʅ^{21}sia^{21}kai^{53}tʂak^{3}cie^{35}pi^{21}.ci$_{21}^{13}$iəu^{35}tʂak^{3}ua^{53}fait^{3}ɔn$_{44}^{35}$tso$_{44}^{53}$cie^{35}pi^{21}tsien^{53}xa^{35}sait^{5}ek^{3}(←xek^{3})li^{0}.（什么意思啊？）就是欸冇儳儳儳做得面子，欸，代价又付嘿哩，钱又出嘿哩。就系本来我就系想搞只，鸡髀是比较重视个东西。正月头，正月，欸，外甥来哩，外甥，喊舅爷个喊姐公个来哩，就爱舞只子，姐公啊欸舅爷就爱舞舞滴子鸡髀分分外甥食。舞两只子鸡髀分外甥食。欸，就有就有体面，就看得渠重样。但是你你你舞又舞哩嘞，又儳食得鸡髀嘞，你就儳做得儳

做得面子，欸，儹搞得面子，就安做鸡髀甑下□嘿哩。饭甑底下，饭甑脚下□咁哩，儹儹摆出来得。tsʰiəu⁵³ʂʅ⁵³e₂₁mau¹³maŋ¹³maŋ¹³maŋ¹³tso⁵³tek³mien⁵³ tsʅ⁰,e₂₁,tʰɔi⁵³cia⁵³iəu₄₄fu⁵³xek³li⁰,tsʰien¹³iəu⁵³tʂʰət³ek³(←xek³)li⁰.tsʰiəu⁵³xei⁵³pən²¹ nɔi¹³ŋai¹³tsʰiəu⁵³xei⁵³siəŋ²¹kau²¹tʂak³,cie⁵³pi²¹ʂʅ⁵³pi²¹ciau⁵³tʂʰəŋ⁵³ʂʅ⁵³ke²¹təŋ³⁵si⁰.tʂaŋ³⁵ ȵiet⁵ tʰei²¹,tʂaŋ³⁵ȵiet⁵,e₂₁,ŋɔi⁵³saŋ³⁵lɔi²¹li⁰,ŋɔi⁵³saŋ³⁵,xan⁵³cʰiəu³⁵ia₂₁ke₄₄xan⁵³tsia²¹ kəŋ³⁵ke⁵³lɔi₂₁li⁰,tsʰiəu⁵³ɔi²¹u⁰tʂak³tsʅ⁰,tsia²¹kəŋ³⁵ŋa⁰ei₂₁cʰiəu³⁵ia¹³tsʰiəu⁵³ɔi²¹u⁰u²¹tiet⁵ tsʅ⁰ cie³⁵ pi²¹ pən³⁵ pən³⁵ŋɔi⁵³ saŋ³⁵ ʂət⁵.u²¹ iɔŋ⁵³tʂak³ tsʅ⁰ cie³⁵ pi²¹ pən³⁵ŋɔi⁵³ saŋ³⁵ ʂət⁵.e₂₁,tsʰiəu⁵³iəu⁵³tsʰiəu₄₄iəu³⁵tʰi⁰mien₄₄,tsʰiəu⁵³kʰɔn⁵³tek³ ci₂₁tʂʰəŋ⁵³iɔŋ⁵³.tan⁵³ʂʅ⁰ ȵi¹³ȵi¹³ȵi⁰u²¹iəu⁵³u²¹li⁰ lei⁰,iəu⁵³maŋ¹³ʂət⁵tek³cie⁵³pi²¹lei⁰,ȵi¹³tsʰiəu⁵³maŋ¹³tso⁵³tek³ maŋ¹³tso⁵³tek³mien⁵³tsʅ⁰,e₂₁,maŋ¹³kau²¹tek³mien⁵³tsʅ⁰,tsʰiəu⁵³ɔn⁵³tso₄₄cie⁵³pi²¹tsien⁵³ xa₄₄sait⁵ek³(←xek³)li⁰.fan⁵³tsien⁵³tei²¹xa₄₄,fan⁵³tsien⁵³ciɔk⁵xa₄₄sait⁵kan²¹li⁰,maŋ¹³ maŋ¹³pai²¹tʂʰət³lɔi¹³tek³.

（那 sait⁵是什么意思啊？）□嘿□嘿就系放下水肚里去炆呢。比方我我娭子啊，食豆角啊，渠就……食豆角渠就安做么个？渠食唔进。我就话：你放下甑……放下甑……泡水肚里去□下<u>子</u>啊。蒸饭个时候子放下……放下箇个水肚里去，蒸饭水肚里去□下子。渠同焯下子唔同，焯下子就只只稍微一过，□嘞，打比我蒸饭样，顶高一只炉子_{当为甑}蒸饭，底下一镬水，系唔系？底下一镬水，我个豆角就放下水肚里去，你蒸几久子个饭呢，我就炆几久子，就得□几久子。sait⁵ek³(←xek³)sait⁵ek³(←xek³)tsʰiəu₄₄xe⁵³fəŋ⁵³ xa⁵³ʂei⁵³təu²¹li⁰ çi⁵³uən¹³nei⁰.pi²¹fəŋ⁵³ŋai¹³ŋai¹³ɔi⁵³tsʅ⁰ a⁰,ʂət⁵ tʰei¹³kɔk³ a⁰,ci₂₁tsʰiəu⁵³⋯ ʂət⁵ tʰei⁵³kɔk³ ci₂₁tsʰiəu⁵³ɔn³⁵tso⁵³mak⁰ke⁵³?ci¹³ʂət⁵ ȵ₂₁tsin⁰.ŋai¹³tsʰiəu₄₄ua:ȵi¹³fəŋ⁵³ ŋa⁰(←xa⁵³)tsien⁵³⋯fəŋ₄₄ŋa⁰(←xa⁵³)tsien⁵³⋯pʰau³⁵ʂei⁵³təu²¹li⁰ çi₄₄sait⁵xa⁵³tsa⁰.tʂən³⁵ fan⁵³ke₄₄ʂʅ¹³xei₄₄tsʅ⁰ fəŋ₄₄ŋa₄₄(←xa⁵³)⋯fəŋ⁵³xa₄₄kai⁵³ke₄₄ʂei²¹təu²¹li⁰ çi⁵³,tʂən₄₄fan₄₄ ʂei²¹təu²¹li⁰ çi₄₄sait⁵ a⁵³(←xa⁵³)tsʅ⁰.ci¹³tʰəŋ₂₁tʂʰɔk³ a⁵³(←xa⁵³)tsʅ⁰ȵ₂₁tʰəŋ¹³,tʂʰɔk³ a⁵³(←xa⁵³)tsʅ⁰ tsʰiəu⁵³tsʅ¹³tsʅ²¹sau²¹uei¹³iet³ ko⁵³,sait⁵lei⁰,ta²¹pi²¹ŋai₂₁tʂən³⁵fan⁵³iɔŋ⁵³,taŋ²¹ kau₄₄iet³tʂak³lɜu₂₁tsʅ⁰tʂən₄₄fan⁵³,tei¹³xa₄₄iet³uɔk⁵ʂei²¹,xei₄₄me₄₄(←m̩¹³xe⁵³)?tei¹³xa⁵³ iet³uɔk⁵ʂei²¹,ŋai¹³ke₄₄tʰei⁵³kɔk³tsiəu⁵³fəŋ⁵³xa₄₄ʂei²¹təu²¹li⁰ çi⁰ȵi₂₁tʂən³⁵ci₂₁ciəu²¹tsʅ⁰ ke₄₄fan⁵³ne⁰,ŋai¹³tsʰiəu⁵³uən¹³ci₂₁ciəu²¹tsʅ⁰,siəu₄₄(←tsʰiəu⁵³)tek⁵sait⁵ ci₂₁ciəu²¹tsʅ⁰.（那不是煮得太烂了？）就系爱煮烂来，我食欸我娭子食唔进哎。鸡髀也系爱爱……爱爱□縻，爱□烂来唠，□一下。还有蛮多东西爱□縻来。tsʰiəu⁵³ xe⁵³ɔi⁵³tʂəu²¹lan⁵³lɔi¹³,ŋai¹³ʂət⁵e₂₁ŋai₂₁ɔi³⁵tsʅ⁰ʂət⁵ȵ₂₁tsin⁰nau⁰.cie⁵³pi²¹ia³⁵xei⁵³ɔi⁵³ɔi₄₄ s⋯ɔi₄₄ɔi₄₄sait⁵ mi₂₁,ɔi⁵³sait⁵ lan⁵³lɔi¹³lau⁰,sait⁵iet³xa⁰.xai₂₁iəu₄₄man₂₁to₄₄təŋ₄₄si⁰ ɔi⁵³ sait⁵mi₂₁nɔi⁰.

（欸，你就把刚才那个那句话再……）哦，鸡髀甑下□咁哩。欸，鸡髀就莫搞倒甑下□咁哩。o_{21},$cie^{35}pi^{21}tsien^{53}xa^{35}sait^5kan^{21}ni^0$.$e_{21}$,$cie^{35}pi^{21}ts^hiəu^{53}mɔk^5kau^{21}tau^{21}tsien^{53}xa^{53}sait^5kan^{21}ni^0$.

浸辣椒

只有浸辣椒。$tsʅ^{21}iəu_{44}tsin^{53}lait_3^5tsiau_{44}^{35}$.（浸辣椒。）欸。$e_{53}$.（怎么浸呢？）欸，箇个辣椒放下坛子里，放下罂里呀，辣椒放下罂里，呣，加滴水。加滴么个水嘞？加滴箇个呣米汤水。呣，加滴米汤水。有得米汤，如今煮饭唔用米汤嘞，就放滴子米，炆滴子……唔知几鲜个羹，欸，就……舞滴子米呀，炆滴唔知几鲜个羹，放倒去。渠……如果净水渠有得么个东西发酵哇，系唔系？爱放滴子也欸物质去放滴子粮食去渠就会发酵哇，就会就酸呢。欸。然后密封，呣，放下罂里，密封，封稳。过段子时间就箇个就酸嘿哩。欸。e_{44},$kai_{44}^{53}ke_{44}^{53}lait^5tsiau_{44}^{35}fɔŋ^{53}ŋa_{44}(←xa^{53})t^han^{13}tsʅ^5li^0$,$fɔŋ_{44}^{53}ŋa_{44}(←xa^{53})aŋ^{35}li^0ia^0$,$lait^5tsiau_{44}^{35}fɔŋ^{53}ŋa_{44}(←xa^{53})aŋ^{35}li^0$,$m̩_{21}$,$cia^{35}tiet^5sei^{21}$.$cia^{35}tiet^5mak^5ke_{44}^{53}ṣei^{21}lei^0$?$cia^{35}tiet^5kai_{44}^{53}ke_{21}^{53}m̩_{21}mi^{21}t^hɔŋ^{35}ṣei^{21}$.$m̩_{21}$,$cia^{35}tiet^5mi^{21}t^hɔŋ^{35}ṣei^{21}$.$mau^{13}tek^5mi^{21}t^hɔŋ^{35}$,$i_{21}^{13}cin_{44}^{21}tṣou^{21}fan^{53}ŋ̍^{13}iəŋ^{53}mi^{21}t^hɔŋ^{35}lei^0$,$ts^hiəu_{44}^{53}fɔŋ^{53}tet^5tsʅ^0mi^{21}$,$uən^{21}tiet^5tsʅ^0f\cdots f\cdots ŋ̍^{13}ti_{35}^{13}ci^{21}sien^{35}ke^0kaŋ^5$,$e_{21}$,$ts^hiəu_{44}^{53}f\cdots u^{21}tet^5tsʅ^0mi^{21}ia^0$,$uən^{21}tet^5ŋ̍^{13}ti_{35}^{13}ci^{21}sen^{35}ke^0kaŋ^{35}$,$fɔŋ^{53}tau^{21}çi^{53}$.$ci^{13}v\cdots vy^{13}ko^0ts^hiaŋ^{53}ṣei^{21}ci_{21}^{53}mau^{13}tek^5mak^5e_{44}(←ke^{53})təŋ_{44}^{53}si^0fait^3çiau^5ua^0$,$xei_{44}^{53}me_{44}(←m̩^{13}xe^{53})$?$ɔi_{44}^{53}fɔŋ^{53}tet^5tsʅ^0ie^0e_{21}uk^5tṣət^5çi_{44}^{53}fɔŋ^{53}tet^5tsʅ^0liəŋ^{13}ṣət^5çi^{53}ci_{21}^{53}tsiəu_{44}^{53}uɔi_{44}^{53}fait^5çiau^{53}ua^0$,$tsiəu_{44}^{53}uɔi_{44}^{53}tsiəu_{44}^{53}uɔi_{44}^{53}sɔn^{35}ne^0$.$e_{21}$.$vien_{44}^{13}xei_{44}^{53}miet^5fɔŋ^{35}$,$m̩_{21}$,$fɔŋ_{44}^{53}a_{44}(←xa^{53})aŋ^{35}li^0$,$miet^5fɔŋ^{35}$,$fɔŋ^{35}uən^{21}$.$ko^{53}tɔn^{53}tsʅ^0ʂʅ_{21}^{13}kan_{44}^{53}ts^hiəu_{44}^{53}kai_{44}^{53}ke_{44}^{53}ts^hiəu_{44}^{53}sɔn^{35}nek^3(←xek^3)li^0$.$e_{21}$.（要放盐吗？）爱放滴子盐。欸，唔放盐会会会变质。欸。$ɔi_{44}^{53}fɔŋ_{44}^{53}tet^5tsʅ^0ian^{13}$.$e_{21}$,$ŋ̍^{13}fɔŋ^{53}ian^{21}uɔi_{44}^{53}uɔi_{44}^{53}uɔi_{44}^{53}pien^{53}tṣət^3$.$e_{21}$.

老晒鱼

有起安做老晒鱼呢。老晒鱼，唔知系唔系以个。渠就……$iəu^{35}çi_{21}^{21}ɔn_{44}^{35}tso_{44}^{53}lau^{21}sai^5ŋ_{21}^{13}lei^0$.$lau^{21}sai^5ŋ^5$,$ŋ_{21}^{13}ti_{35}^{13}xei^{21}mei_{44}^{53}(←m̩^{13}xei^{53})i^{21}ke^0$.$ci^{13}ts^hiəu_{44}^{53}\cdots$（老，老晒鱼，是吧？）老……老晒鱼。渠就系……但是不是如今鱼……鱼，我就唔晓得。欸渠老晒鱼渠是咁个，老晒鱼嘞，渠一般就系唔知几好个鱼，箇粗鲢鱼，鲤鱼啊，鲤鱼草鱼，欸比较子欸鳞猛大个，猛大一坨个鳞个，欸，蛮有肉个，又咸，有滴子咸，欸箇起咁个鱼。就箇咸鱼。又系种咸鱼。安做老晒鱼。猛大，蛮大。起码有斤多两斤一只。起码有斤多两斤一只个。$lau\cdots lau^{21}sai^5ŋ_{21}^{13}$.$ci^{13}ts^hiəu_{44}^{53}xe_{44}^{53}\cdots tan_{44}^{53}tsʅ^5puk^5tsʅ^0i_{21}^{13}cin_{44}^{21}ŋ̍^{13}\cdots ŋ̍^5$,$ŋai^{13}tsiəu^{53}ŋ̍^{13}çiau_{44}^{53}tek^3$.$e^0ci^{13}lau^{21}sai^5ŋ_{21}^{13}ci_{44}^{53}ŋ_{44}^{13}kan^{21}cie^{53}$,$lau^{21}sai^5ŋ_{21}^{13}lei^0$,$ci_{21}^{13}iet^5pɔn^{35}ts^hiəu_{44}^{53}xe^{53}ŋ_{21}^{13}ti^{35}$

ci²¹xau²¹ke⁵³ŋ¹³,kai⁵³tsʰŋ³⁵lien³⁵ŋ¹³,li³⁵ŋ¹³ŋa⁰,li³⁵ŋ²¹tsʰau²¹ŋ¹³,e₂₁pi³ciau⁵³tsŋ⁰e₂₁lin¹³ mən³⁵tʰai⁵³ke₂₁,mən³⁵tʰai⁵³iet³tʰo¹³ke₄₄lin¹³cie₄₄,e₂₁,man²¹iəu₄₄ȵiəuk³ke₄₄,iəu⁵³ xan¹³,iəu³⁵tet⁵tsŋ⁰xan¹³,e₂₁kai⁵³çi²¹kan²¹cie⁵³ŋ²¹¹³.tsʰiəu⁵³kai₄₄xan¹ŋ⁴⁴¹³.iəu₄₄xei⁵³tʂəŋ²¹ xan¹³ŋ⁴⁴¹³.ɔn₄₄tso⁵³lau²¹sai⁵³ŋ₄₄.mən³⁵tʰai⁵³,man¹tʰai⁵³.cʰi¹ma³iəu₄₄cin³⁵to₄₄iɔŋ²¹cin³⁵ iet³tʂak⁵.cʰi¹ma³⁵iəu₄₄cin³⁵to₄₄iɔŋ²¹cin³⁵iet³tʂak³ke⁵³.（噢，老晒鱼，是吧？）老晒鱼。渠就区别于箇起箇淡干鱼，淡干鱼子。欸。区别于箇起箇淡干鱼子，淡干鱼子就唔放盐，淡干，嗯，搞薄欸搞薄子。lau²¹sai⁵³ŋ¹³.ci¹tsiəu⁵³tsʰ ʅ³⁵pʰiek⁵ ʅ¹³kai₄₄çi¹kai⁵³tʰan³⁵kɔn³⁵ŋ²¹,tʰan³⁵kɔn₄₄ŋ²¹tsŋ⁰.e₂₁.tsʰ ʅ³pʰiek⁵ ʅ¹³kai₄₄çi¹kai⁵³tʰan³⁵ kɔn₄₄ŋ²¹tsŋ⁰,tʰan³⁵kɔn₄₄ŋ²¹tsŋ⁰tsʰiəu₄₄m̩¹³fɔŋ³ian¹³,tʰan³⁵kɔn³⁵,n̩₂₁,sen³⁵pʰɔk⁵e₂₁ʂuen³⁵ pʰɔk⁵tsŋ⁰.

浏阳蒸菜

我个理解，浏阳蒸菜嘞，同我等客家人个生活有关。ŋai¹³cie⁵³li³⁵kai²¹,liəu¹³ iɔŋ₄₄tʂən³⁵tsʰɔi⁵³le⁰,tʰ ə ŋ¹³ŋai²¹tien⁰kʰak³ka₄₄ȵin²¹ke⁵³sen³⁵xɔit⁵iəu¹³kuan³⁵.

搞么嘞？客家人呢系系下箇山里。欸，真多事做，搞都冇赢。就⋯⋯就慢慢子嘞逼倒嘞就搞咁个蒸菜。欸。kau²¹mak³le⁰?kʰak³ka₄₄ȵin²¹ne⁰xe⁵³xe⁵³ a₄₄(←xa⁵³)kai₄₄san³ni⁰.e₂₁,tʂən³to³⁵sʅ⁵³tso₄₄,kau²¹təu₄₄mau²¹iaŋ¹³.tsʰiəu⁵³⋯tsʰiəu⁵³ man⁵³man₄₄tsŋ⁰le⁰piet³tau²¹lei⁰tsʰiəu⁵³kau²¹kan²¹ke⁵tʂən³⁵tsʰɔi⁵³.e₂₁.

搞⋯⋯让门子会搞蒸菜嘞？kau²¹⋯ȵiɔŋ¹mən⁰tsŋ⁰uɔi⁵³kau²¹tʂən³⁵tsʰɔi⁵³ le⁰?

蒸菜个好处第一点呢，渠可以饭熟哩，菜也熟哩。欸。饭熟哩，菜也熟哩。蒸饭个时候子，用甑蒸饭个时候子，就分箇菜放倒箇肚里，舞只碗，放下箇饭甑肚里，放正油盐，就去蒸。茄子，辣椒，黄蒲，豆角，系啊？猪肉。么个都蒸得。唔。么个都蒸得。欸，从前呢又冇得么个配料，冇得如今个么个味精呐箇滴个呀。欸，就爱放滴子盐，放滴子⋯⋯有油，有盐，就系顶好个。欸，箇是一只就系欸从前个客家人因为系倒箇山里，功夫多，搞不赢，逼起来个，逼倒搞只咁个蒸菜。tʂən³⁵tsʰɔi⁵³ke₄₄xau₄₄tʂʰu₄₄tʰi⁵³ iet³tian²¹ne⁰,ci₂₁kʰo²¹i₄₄¹³⁵fan⁵³ʂəuk⁵li⁰,tsʰɔi⁵³ia₄₄³⁵ʂəuk⁵li⁰.e₂₁.fan⁵³ʂəuk⁵li⁰,tsʰɔi⁵³ia₄₄ ʂəuk⁵li⁰.tʂən³⁵fan⁵³ke₄₄sʅ¹³xəu⁵³tsŋ⁰,iəŋ¹³tsien⁵³tʂən³⁵fan⁵³ke₄₄sʅ¹³xəu⁵³tsŋ⁰,tsʰiəu⁵³pən³⁵ kai⁵³tsʰɔi⁵³fɔŋ⁵³tau²¹kai⁵³təu²¹li⁰,u²¹tʂak³uɔn²¹,fɔŋ⁵³xa₄₄kai₄₄fan⁵³tsien⁵³təu²¹li⁰,fɔŋ⁵³ tʂaŋ⁵³iəu¹³ian₄₄,tsʰiəu₄₄çi₄₄tʂən³⁵.cʰio¹³tsŋ⁰,lait⁵tsiau³⁵,uɔŋ¹³pʰu¹³,tʰei³⁵kɔk³,xei⁵³ a⁰?tʂəu³⁵ȵiəuk³.mak³ke⁵³təu₄₄⁵³tʂən³⁵tek³.m̩₂₁.mak³ke⁵³təu₄₄⁵³tʂən₄₄tek³.e₂₁,tsʰəŋ¹³ tsʰien¹ne⁰iəu¹mau¹tek³mak³ke₄₄pʰei¹³liau⁵³,mau¹³tek³i₂₁¹³cin₄₄ke₄₄mak³e⁰uei³tsin³⁵ na⁰kai⁵³tiet⁵mak³ke⁵³ia⁰.e₂₁,tsʰiəu⁵³ɔi¹fɔŋ⁵³tet⁵tsŋ⁰ian¹³,fɔŋ⁵³tet⁵tsŋ⁰⋯iəu³⁵iəu¹³,iəu³⁵

ian^{13},$ts^hiəu^{53}xe^{53}tin^{21}xau^{21}ke^{53}$.$e_{21}$,$kai^{53}ʂʅiet^{3}tʂak^{3}ts^hiəu_{44}^{53}xei_{44}^{53}e_{21}ts^həŋ^{13}ts^hien^{13}ke^{53}$
$k^hak^{3}ka_{44}^{35}ɲin^{13}in^{35}uei_{44}^{53}xe^{53}tau^{21}kai^{53}san^{35}ni^{21}$,$kəŋ^{35}fu_{44}to^{35}$,$kau^{21}n̩_{21}^{13}iaŋ$,$piet^{3}çi^{21}ləi_{21}^{13}$
ke^{53},$piet^{3}tau^{21}kau^{3}tʂak^{3}kan^{21}ke^{3}tʂən^{3}ts^hɔi^{53}$.

欸，慢慢子发展下去嘞，就墪里人也……也蒸菜食。嗯。e_{21},$man^{53}man^{53}$
$tsʅ^{0}fait^{3}tʂen^{21}xa_{44}^{53}çi_{44}^{53}le^{0}$,$ts^hiəu_{44}^{53}t^huon^{53}li^{21}ɲin_{21}^{13}ia^{35}$……$ia^{35}tʂən_{44}^{53}ts^hɔi^{53}ʂət^{3}$.$n̩_{21}$.

欸蒸菜个第二只好处嘞，有热。欸，就系放下饭甑肚里，用汽水蒸熟
个，有得热。唔比得如今炒菜，像箇饭店里炒菜是一只镬头都成一团火。
嘿嘿。尽系火肚里，火中取粟哇，系<u>唔系</u>？火肚里舞出来个。你想下子箇
个火，几大子个火。你想下子箇几有热子。欸。箇唔系以只蒸菜嘞欸第二
只好处？$e_{21}tʂən^{35}ts^hɔi^{53}ke^{0}t^hi^{53}ɲi^{53}tʂak^{3}xau^{21}tʂ^hu^{53}le^{0}$,$mau^{13}ɲiet^{5}$.$e_{21}$,$ts^hiəu_{44}^{53}ue_{44}$(←
xe^{53})$foŋ_{44}^{53}ŋa_{44}$(←xa^{53})$fan^{53}tsien^{53}təu^{21}li^{0}$,$iəŋ_{44}^{53}çi^{53}ʂei^{21}tʂən^{35}ʂəuk^{5}ke^{53}$,$mau^{13}tek^{3}$
$ɲiet^{5}$.$m̩^{13}pi^{21}tek^{3}i_{21}^{13}cin_{35}^{35}tʂ^hau^{21}ts^hɔi^{53}$,$ts^hioŋ_{44}^{53}kai_{44}^{53}fan^{53}tian^{53}ni^{21}tʂ^hau^{21}ts^hɔi^{53}ʂʅ^{0}iet^{3}tʂak^{3}$
$uɔk^{5}t^hei_{21}^{13}təu_{53}^{35}ʂaŋ_{44}^{13}iet^{3}t^hɔn^{13}fo^{21}$.$xe^{53}xe_{44}$.$tʂ^hən^{53}ne_{44}$(←$xe^{53}$)$fo^{21}təu^{21}li^{0}$,$fo^{21}tʂəŋ_{44}^{35}tʂ^hi^{21}$
$siəuk^{5}ua^{0}$,$xe_{44}^{53}me_{44}$(←$m̩^{13}xe^{53}$)?$fo^{21}təu^{21}li^{0}u^{21}tʂ^hət^{3}ləi_{21}^{13}ke^{53}$.$ɲi^{13}sioŋ_{44}^{53}a_{44}$(←$xa^{53}$)$tsʅ^{0}$
$kai_{44}^{53}ke^{53}fo^{21}$,$ci^{21}t^hai^{53}tsʅ^{0}ke_{44}^{53}fo^{21}$.$ɲi^{13}sioŋ_{44}^{21}a_{44}$(←$xa^{53}$)$tsʅ^{0}kai_{44}^{53}ci^{21}iəu^{35}ɲiet^{5}tsʅ^{0}$.$e_{21}$.$kai_{44}^{53}$
$m̩_{21}^{13}p^he_{44}$(←xe^{53})$i^{21}tʂak^{3}tʂən^{35}ts^hɔi^{53}le^{0}e_{21}t^hi_{44}^{53}ɲi^{53}tʂak^{3}xau^{21}tʂ^həu_{44}$?

第三只好处嘞，欸，渠冇事几油腻子。欸，食哩嘞，嗝，冇事……冇
事……一只就冇……欸冇事上火啊，冇事……冇事咁多油。欸，你只爱放
滴子油子就唔知几多油样。啊，又省油。$t^hi_{44}^{53}san^{35}tʂak^{3}xau^{21}tʂ^həu^{53}lei^{0}$,$e_{21}$,$ci^{13}$
$mau_{21}^{13}sʅ^{53}ci^{21}iəu^{13}ɲi^{53}tsʅ^{0}$.$e_{21}$,$ʂət^{5}li^{0}le^{0}$,$m̩_{21}$,$mau^{13}sʅ^{53}$……$mau^{13}sʅ^{53}$……$iet^{3}tʂak^{3}ts^hiəu$
mau^{13}……$e_{21}mau^{13}sʅ^{53}ʂɔŋ^{35}fo^{21}a^{0}$,$mau^{13}sʅ^{53}$……$mau^{13}sʅ^{53}kan^{21}to^{35}iəu^{13}$.$ei_{21}$,$ɲi_{21}^{13}tsʅ^{21}ɔi_{44}^{53}foŋ^{35}$
$tiet^{5}tsʅ^{0}iəu^{13}tsʅ^{0}ts^hiəu^{0}n̩_{21}^{13}ti_{53}^{53}ci^{21}to^{35}iəu^{13}ioŋ^{53}$.$a_{21}$,$iəu^{13}saŋ^{53}iəu^{13}$.

欸。一只方便，一只冇热，第三只嘞，就系省油盐箇滴。e_{21}.$iet^{3}tʂak^{3}foŋ^{35}$
p^hien^{53},$iet^{3}tʂak^{3}mau^{13}ɲiet^{5}$,$t^hi_{44}^{53}san^{35}tʂak^{3}lei^{0}$,$ts^hiəu_{44}^{53}ue_{44}$(←$xe^{53}$)$saŋ^{35}iəu^{13}ian^{13}kai_{44}^{53}$
tet^{5}.

味道也还好，欸，味道也还好。因为渠嬲用……过镬头炒，所以渠就
又保留哩箇个菜个原汁原味。苦瓜就有苦瓜味，茄子有茄子味。欸。欸，
如果辣椒搣下……洗净来，箇个蛮大个辣椒，洗净来，洗净来以后，搣开
来，看下有虫啊冇得，系<u>唔系</u>？欸，搣开来以后，放倒……放下碗里，放
滴子油盐子。你只爱蒸熟来，欸，拿倒筷子一交，就食得，就蛮好食。欸。
$uei^{53}t^hau^{0}ia^{35}xan^{13}xau^{21}$,$e_{21}$,$uei^{53}t^hau_{44}^{0}ia_{44}^{35}xan_{21}^{13}xau^{21}$.$in^{35}uei^{53}ci_{21}^{0}maŋ^{13}ioŋ^{35}$……$ko^{53}uɔk^{5}$
$t^hei^{0}tʂ^hau^{21}$,$so^{21}i^{35}ci_{21}^{13}ts^hiəu_{44}^{53}iəu^{53}pau^{21}liəu^{13}li^{0}kai_{44}^{53}ke^{53}ts^hɔi^{53}ke_{44}^{53}vien^{53}tʂət^{3}vien$
uei^{53}.$fu^{21}kua_{44}^{35}tsiəu_{44}^{53}iəu_{44}^{35}fu^{21}kua_{44}^{35}uei^{53}$,$c^hio^{13}tsʅ^{0}iəu_{53}^{35}c^hio^{13}tsʅ^{0}mi^{53}$.$e_{21}$.$e_{21}$,$vy^{13}ko^{21}lait^{5}$
$tsiau_{35}^{35}met^{5}a^{53}$(←$xa^{53}$)$k^h$……$se^{21}ts^hiaŋ^{53}ləi^{53}$,$kai_{44}^{53}ke_{44}^{53}mən^{53}t^hai_{44}^{53}ke_{44}^{53}lait^{5}tsiau_{44}^{35}$,$se^{21}$

ts^{h}ian$_{44}^{53}$loi$_{44}^{13}$,se^{21}ts^{h}ian^{53}loi$_{21}^{13}$i^{35}xei^{53},met^3 k^{h}oi$_{44}^{35}$loi$_{44}^{13}$,k^{h}on$_{44}^{53}$na$_{44}$(←xa^{53})iəu$_{44}^{35}$ts$_h$ən^{13}ŋa^0 mau$_{21}^{13}$tek^3,xei$_{44}^{35}$me$_{44}$(←m̩^{13}xe^{53})?e$_{21}$,met^3 k^{h}oi$_{44}^{35}$loi$_{44}^{13}$i$_{44}^{35}$xei^{53},fon^{53}tau^{21}···fon$_{44}^{53}$ŋa$_{44}$(← xa^{53})uon^{21}ni^{35},fon^{53}tet^{3}ts^0 iəu^{13}ian$_{44}^{13}$ts^0.ɲi$_{21}^{13}$ts^{0}oi$_{44}^{53}$tsən$_{44}^{35}$səuk^{5}loi$_{44}^{13}$,e$_{21}$,la^{53}tau^{21}k^{h}uai^{53} ts^0 iet^{3}ciau^{35},ts^{h}iəu$_{44}^{53}$sət^{5}tek^5,ts^{h}iəu^{53}man^{13}xau$_{44}^{21}$sət^5.e$_{21}$.

欸箇是蒸菜。我觉得蒸菜嘞确实系客家人在劳动之中，在生活中创造出来个。e$_{21}$kai$_{44}^{53}$s$_{21}^{53}$tsən^{35}ts^{h}oi^{53}.ŋai$_{21}^{13}$kok^{3}tek^{5}tsən^{35}ts^{h}oi^{53}le^0 k^{h}ok^{5}sət^{5}xe^{53}k^{h}ak^{5}ka$_{44}^{35}$ ɲin$_{44}^{53}$tsai^{53}lau^{13}t^{h}ən^{13}ts$_{21}^{53}$tsən$_{44}^{35}$,ts^{h}ai$_{44}^{35}$sien^{35}xoit^{5}tsən^{35}ts^{h}on^{53}ts^{h}au^{53}ts^{h}ət^{5}loi$_{21}^{13}$ke^0.

我等细细子屋下我等欸也细细子啊，我爷娭也系搞都冇赢，哪餐都有蒸菜。箇阵子瓽想倒话蒸菜还会出……出只名，<u>系唔系</u>啊？箇都就系嘿嘿就系省事，省哩事啊。饭熟哩就菜也熟哩啊。系唔系？蒸几碗菜呀。欸。 ŋai^{13}tien^0 se^{53}se^{53}ts^{0}uk^{3}xa^{53}ŋai^{13}tien^0 e$_{21}$ie^{21}se^{53}se^{53}ts^{0}a^0,ŋai$_{21}^{13}$ia^{35}oi$_{44}^{21}$ia^{35}xe^{53}kau^{21}təu$_{53}^{35}$ mau$_{21}^{13}$ian^{13},lai^{13}ts^{h}on$_{44}^{21}$təu$_{44}^{21}$iəu$_{44}^{13}$tsən$_{44}^{35}$ts^{h}oi$_{44}^{53}$.kai^{13}ts^{h}ən^{35}ts^0 maŋ^{13}sioŋ^{21}tau^{21}ua^{53}tsən^{35} ts^{h}oi^{53}xai$_{21}^{13}$uoi^{53}ts^{h}ət^3···ts^{h}ət^{3}tsak^3 miaŋ^{13},xei$_{44}^{53}$me$_{44}$(←m̩^{13}xe^{53})a^0 ?kai$_{44}^{53}$təu^{35}ts^{h}iəu^{53} xe^{53}xe$_{21}$xe$_{21}$ts^{h}iəu^{53}ue$_{44}$(←xe^{53})saŋ^{21}s$_1^{53}$,saŋ^{21}li^0 s$_1^{53}$a^0.fan^{53}səuk^{5}li^0 tsiəu$_{44}^{53}$ts^{h}oi^{53}a$_{44}^{35}$ səuk^{5}li^{0}a^0.xei$_{44}^{53}$me$_{44}$(←m̩^{13}xe^{53})?tsən^{35}ci^{0}uon^{21}ts^{h}oi^{53}ia^0.e$_{21}$.

好，蒸菜个事我就讲倒以映。嗯。xau^{21},tsən^{35}ts^{h}oi$_{44}^{53}$ke^{0}s$_1^{53}$ŋai$_{44}^{13}$ts^{h}iəu$_{44}^{53}$kon^{21} tau$_{44}^{53}$i$_{44}^{21}$ian$_{44}^{53}$.n̩$_{21}$.

明笋

我等以映笋是……一只就笋干哎。最多个就笋干哎。ŋai^{13}tien^0 i$_{44}^{21}$ian$_{44}^{53}$ sən$_{44}^{21}$s$_1^{53}$···iet^{3}tsak^{3}ts^{h}iəu^{53}sən^{21}kon^{13}nau^0.tsei$_{44}^{53}$to$_{44}^{35}$ke^{0}ts^{h}iəu$_{44}^{53}$sən^{21}kon^{35}nau^0./系。最多就笋干。烟笋。xe^{53}.tsei^{0}to^{35}ts^{h}iəu$_{44}^{53}$sən^{21}kon^{35}.ien^{35}sən^{21}./晒成干哎。欸。明笋。sai^{53}saŋ$_{21}^{13}$kon^{13}nau^0.e$_{21}$.min^{13}sən^{21}.（嗯？）榨笋。tsa^{53}sən^{21}./榨笋。明笋。tsa^{53}sən^{21}.min^{13}sən^{21}.（明笋呐？明笋是什么样子啊？）明笋就系箇笋熟……炆熟哩以后，炆熟哩以后，min^{13}sən^{21}ts^{h}iəu$_{44}^{53}$xe$_{44}^{53}$kai$_{44}^{53}$sən^{21}səuk^5···uən^{13}səuk^{5}li^0 i^{35} xei$_{44}^{53}$,uən^{13}səuk^{5}li^0 i^{35}xei$_{44}^{53}$,/完只完只去晒个。uon^{13}tsak^{3}uon^{13}tsak^{3}çi^{53}sai^{0}ke^{53}./完只完只去晒。uon^{13}tsak^{3}uon^{13}tsak^{3}çi^{53}sai^{53}./一榨。榨哩了嘞再去搞。iet^{3}tsa^{53}.tsa^{53}li^{0}liau^{21}le^{0}tsai^{53}çi^{53}kau^0./榨哩以后，榨嘿水再去晒。tsa^{53}li^0 i^{35}xei$_{44}$,tsa^{53}ek^0(← xek^5)sei$_{44}^{21}$tsai$_{44}^{53}$çi$_{44}^{53}$sai^{53}.（明天的明吗？）明天个明。明笋。min^{13}t^{h}ien$_{44}^{35}$ke^{53} min^{13}.min^{13}sən^{21}.

（好，那个什么样子呢最后？）最后呀一筒一只一只箇筒筒样哦，系<u>唔系</u>啊？tsei^{53}xei^{53}ia^{0}iet^3 t^{h}əŋ^{13}iet^{3}tsak^{3}iet^{3}tsak^{3}kai^{0}t^{h}əŋ^{13}t^{h}əŋ$_{21}^{13}$ioŋ^{0}ŋo^0,xei^{53}me$_{44}$ (←m̩^{13}xe^{53})a^0 ?/欸唔系筒筒噢，成哩扁个哦。e^0 m̩$_{21}^{13}$p^{h}e^{53}(←xe^{53})t^{h}əŋ^{13}t^{h}əŋ$_{21}^{13}$ ŋau^0,saŋ$_{44}^{13}$li^0 pien^{13}ke^{53}o^0./完只完只扁扁子，系。uon^{13}tsak^3 uon^{13}tsak^3 pien^{21}pien^{21}

tsʅ⁰,xe⁵³./嗯。n̩₂₁./系，成哩扁个。xe⁵³₄₄,ʂaŋ¹³₄₄li⁰ pien²¹ke⁵³./最后搞成呢就两边都系皮。tsei⁵³₂₁xei⁵³kau²¹ʂaŋ¹³le⁰ tsʰiəu⁵³₄₄iɔŋ²¹pien³⁵təu⁴⁴xei⁰pʰi¹³。（这是把它压……压那个，是吧？）欸，渠是……压压拢去啦。e₂₁,ci¹³ʂʅ⁵³₄₄…ia₄₄ia₄₄ləŋ₂₁tsʰʅ⁵³ʅ⁵³la⁰./压压压得唔知几扁呐。渠爱分水压啊去啊正晒得干呐。iak³ iak³ iak³ tek³ n̩²¹₂₁ti³⁵ci²¹pien³ nau⁰.ci¹³ɔi⁵³₄₄pən₄₄ʂei²¹iak³ a⁰ çi³ a⁰ tʂaŋ⁵³₄₄sai³tek³kɔn³⁵na⁰.

劈开来个就系烟笋。pʰiak³kʰɔi³⁵lɔi²¹₂₁ke⁵³₄₄tsʰiəu⁵³₄₄xe⁵³₄₄ien³⁵sən²¹./劈开来就系烟笋。pʰiak³kʰɔi³⁵lɔi²¹₂₁ke¹³₄₄tsʰiəu⁵³₄₄xe⁵³₄₄ien³⁵sən²¹./欸，又喊烟笋。e₂₁,iəu⁵³xan⁵³₄₄ien³⁵sən²¹./系啊 。xei⁵³a⁰。（那个明笋就跟那个榨笋还是有点类似，是吧？）烟笋。榨笋。ien³⁵sən²¹.tsa⁵³sən²¹./欸，就就系箇个欸箇个完筒筒样个嘞明笋呢就完只子去榨个，完只个。箇起烟笋呢就劈开来去榨个。熟材是一样个。e₂₁,tsʰiəu⁵³tsʰiəu⁵³xei⁵³₄₄kai⁵³ke⁵³ei₂₁kai⁵³ke⁵³uɔn¹³tʰəŋ¹³₄₄tʰəŋ¹³iɔŋ⁵³₄₄lei⁰min¹³sən²¹nei⁰tsʰiəu⁵³uɔn¹³tʂak³tsʅ⁰çi⁵³tsa⁵³ke⁵³,uɔn¹³tʂak³ke⁵³.kai₄₄çi⁵³₄₄ien³⁵sən²¹ne⁰tsʰiəu⁵³₄₄pʰiak³kʰɔi³⁵lɔi²¹₂₁çi⁵³₄₄tsa⁵³ke⁵³.ʂəuk⁵tsʰai¹³ʅ⁵³₄₄iet³iɔŋ⁵³ke⁰./劈开来去晒都要……pʰiak³kʰɔi³⁵lɔi²¹₂₁çi⁵³₄₄sai⁵³təu⁴⁴iau⁵³₄₄…/我等都喊榨笋。ŋai¹³tien⁰təu⁰xan⁵³₄₄tsa⁵³sən²¹./都喊榨笋。təu³⁵xan⁵³₄₄tsa⁵³sən²¹.e₂₁./就是通过哩压榨个。tsiəu⁵³₂₁ʂʅ²¹tʰəŋ³⁵ko⁵³li⁰iak³tsa⁵³ke⁰./通过哩压榨。tʰəŋ³⁵ko⁵³li⁰iak³tsa⁵³./压榨个目的就榨干水。唔系就冇哩干。唔系就。干都还膦干都臭嘿哩，因为箇时候子天气比较热。iak³tsa₄₄ke₄₄muk³tiet³tsʰiəu⁵³₄₄tsa⁵³kɔn³⁵ʂei²¹.m̩¹³pʰe⁵³(←xe⁵³)tsʰiəu⁵³mau¹³li⁰kɔn³⁵.m̩¹³pʰe⁵³(←xe⁵³)tsʰiəu⁵³.kɔn³⁵təu⁵³₃₅xa²¹₂₁maŋ¹³kɔn³⁵təu³⁵₄₄tsʰəu⁵³xek³li⁰,in³⁵uei₄₄kai⁵³₄₄ʂʅ¹³xei⁵³tsʅ⁰tʰien³⁵cʰi⁵³pi²¹ciau⁵³₄₄n̩iet⁵.

熟肉

牛肉，煮熟哩个？n̩iəu¹³n̩iəuk³,tʂəu²¹ʂəuk⁵li⁰ke⁵³₄₄?（嗯。）安做熟肉哇。我等煮熟哩个肉去卖呀，系唔系？比方说箇骨头上削下来个箇肉，系唔系？舞倒去卖，我等安做卖……卖熟肉。安做熟肉。ɔn³⁵₄₄tso⁵³₄₄ʂəuk⁵n̩iəuk³ua⁰.ŋai²¹₂₁tien⁰tʂəu²¹ʂəuk⁵li⁰ke⁵³n̩iəuk³çi⁵³mai³ia⁰,xei₄₄me₄₄(←m̩¹³xe⁵³)?pi²¹fəŋ₄₄ʂuo₄₄kai₄₄kuət³tʰei²¹₂₁xɔŋ⁵³siɔk³xa₄₄lɔi¹³₂₁ke₄₄kai⁵³n̩iəuk³,xei₄₄me₄₄(←m̩¹³xe⁵³)?u²¹tau²¹çie⁵³mai³,ŋai²¹₂₁tien⁰ɔn³⁵tso₄₄mai³ʂ…mai³₄₄ʂəuk⁵n̩iəuk³.ɔn³⁵tso₄₄ʂəuk⁵n̩iəuk³.

（那种牛呃牛哇它那个整块的牛肉它就好卖，是吧？）嗯。n̩₂₁。（然后剩下一些杂七杂八的那个乱七八糟的那个肉哇，他搞搞拢一堆，煮熟啦，就拿去卖，那个肉叫什么？）就煮熟来就系熟肉哇。喊它喊熟肉。我等就都凡属箇起东西，唔唔系整块整块个生猪当为牛肉哇，搞熟哩个，通通安做熟肉。tsʰiəu⁵³₄₄tʂəu²¹ʂəuk⁵lɔi¹³tsʰiəu⁵³₄₄xe⁵³₄₄ʂəuk⁵n̩iəuk³ua⁰.xan⁵³tʰa₄₄xan₄₄ʂəuk⁵n̩iəuk³.ŋai¹³tien⁰tsʰiəu⁵³təu₄₄fan³⁵ʂəuk⁵kai⁰çi²¹təŋ³⁵si⁰,m̩²¹m̩¹³pʰe⁵³(←xe⁵³)tʂən²¹ kʰuai⁵³kuən²¹(←tʂən²¹)kʰuai⁵³₄₄ke⁵³₄₄saŋ³⁵tʂʂuəu³⁵ȵiəuk³ ua⁰,kau²¹ʂəuk⁵ li⁰ke⁵³₄₄,tʰən³⁵tʰən³⁵₄₄ ən³⁵₄₄tsɔ⁵³₄₄ʂəuk⁵ȵiəuk³.

（你到市场上面去有卖熟肉嗯卖卖这样的肉的吗？）有哇有哇。有哇。有哇。iəu³⁵ua⁰iəu³⁵ua⁰.iəu³⁵ua⁰.iəu³⁵ua⁰.（猪肉它也叫熟……熟肉吗？）猪肉就有得了。tʂəu³⁵ȵiəuk³ tsʰiəu⁵³mau¹³₄₄tek³liau⁰.（哦只卖牛肉的？）只有牛肉就有熟肉卖。猪肉唔称熟肉。打比猪肉，猪身上个嘞，猪身上个箇起骨头肉箇只吵，欸，渠都唔搞熟来卖，都系卖生个。欸欸，唔得搞熟来卖。只有牛肉就会搞熟来卖。tʂʅ²¹iəu⁵³₅₃niəu¹³ȵiəuk³ tsʰiəu⁵³₄₄iəu³⁵ʂəuk⁵ȵiəuk³ mai⁵³.tʂəu³⁵ȵiəuk³ n̩¹³tsʰən³⁵ʂəuk⁵ȵiəuk³.ta²¹pi²¹tʂəu³⁵ȵiəuk³,tʂəu³⁵ʂən₄₄xɔŋ³⁵ke⁵³₄₄le⁰,tʂəu³⁵ʂən₄₄xɔŋ₄₄ke₄₄kai⁵³çi²¹kuət⁵ tʰei₂₁²¹ȵiəuk³ kai²¹₂₁tʂak³ʂa⁰,e₂₁,ci¹³təu³⁵m̩¹³kau²¹ʂəuk⁵ ləi¹³₂₁ mai⁵³,təu³⁵xe₄₄mai₄₄saŋ₄₄ke⁵³.e₂₁e₂₁,n̩¹³tek³kau²¹ʂəuk⁵ ləi¹³₂₁mai⁵³₄₄.tʂʅ²¹iəu⁵³₅₃niəu¹³ȵiəuk³ tsʰiəu⁵³₄₄uəi₄₄kau²¹ʂəuk³₅ ləi¹³₂₁mai⁵³₄₄.

盐

（那个盐呐，以前那个大颗粒的那种那种盐叫什么？）欸，系，安做砂盐。猛大一只只啰，还爱炒一到，炒一到去磨一到喔，我等喊磨盐呶。大概箇起盐系岩盐么？系唔系？欸，地泥下开采出来个么？渠等话系，我唔晓得。e₅₃,xe⁵³,ən³⁵₄₄tsɔ₄₄sa²¹ian¹³.mən³⁵₄₄tʰai⁵³iet³ tʂak³ tʂak³ lo⁰,xai¹³₂₁ɔi³⁵tsʰau²¹iet³ tau⁵³,tsʰau²¹iet³ tau⁵³çi⁵³₄₄mo⁵³iet³ tau⁵³uo⁰,ŋai¹³₂₁tien⁰xan⁵³₄₄mo⁵³ian¹³nau⁰.tʰai⁵³kʰai⁵³kai⁵³ çi²¹ian¹³xe⁵³ŋai¹³ian¹³mo⁰?xei⁵³me₄₄(←m̩¹³xe⁵³)?e₂₁,tʰi¹³lai¹³₂₁xa₄₄kʰɔi³⁵tsʰai²¹tʂʂət³ ləi¹³₄₄ ke⁵³mo⁰?ci¹³tien⁰ua⁵³xe⁵³,ŋai¹³n̩¹₂₁çiau²¹tek³.

（呃，要炒盐啊？）爱炒一到，放镬里一炒，然后用磨子磨。ɔi⁵³tsʰau²¹ iet³tau⁵³,n̩₂₁,fɔŋ³⁵uɔk⁵ li⁰iet³ tsʰau²¹,vien¹³xei⁵³₄₄iəŋ³⁵₄₄mo⁵³₄₄tsʅ⁰mõ⁵³.（噢，那种加工行为是……）哎，正用得，正食得，正成哩咁个粉粉，正放倒……ai₂₁,tʂaŋ⁵³iəŋ⁵³ tek³,tʂaŋ⁵³ʂət⁵ tek³,tʂaŋ⁵³saŋ¹³li⁰kan²¹cie₄₄fən²¹fən²¹,tʂaŋ⁵³fɔŋ₄₄tau²¹…（这样的那种行为叫什么呢？）磨盐呶。哪有如今个盐呐咁好？呃，舞只薄膜袋子装倒。mo⁵³ian¹³nau⁰.lai⁵³iəu₄₄¹³₂₁cin³⁵cie⁵³ian¹³na⁰kan²¹xau²¹?ə₂₁,u²¹tʂak³ pʰɔk⁵ mo¹³tʰɔi⁵³tsʅ⁰ tʂɔŋ³⁵tau²¹.

（现在这种包装的盐呢？）包装个盐就粉盐呶，以个粉粉样个唠。pau³⁵ tsɔŋ³⁵₄₄ke⁵³ian²¹₂₁tsʰiəu⁵³fən²¹ian¹³nau⁰,i²¹ke₄₄fən²¹fən²¹iɔŋ₄₄ke⁵³lau⁰.（你们叫粉盐哈？）粉盐，我等安做粉盐。以下是粉字也冇么人话了，因为区别箇起咁个一坨坨个大晶体个盐呶。fən²¹ian¹³,ŋai¹³tien⁰ən³⁵₄₄tsɔ₄₄fən²¹ian¹³.i²¹xa₄₄⁵³ʂʅ̩⁵³fən²¹ tsʰʅ̩⁵³a⁵³₅₃mau¹³mak¹³ in₄₄ua⁵³liau⁰,in³⁵uei₂₁tsʰʅ̩²¹pʰiek⁵ kai¹³çi²¹kan²¹ke⁵³iet³ tʰɔ¹³tʰɔi²¹ke⁵³ tʰai⁵³tsin³⁵tʰi²¹cie⁵³₄₄ian¹³nau⁰.

（那个现在是加了碘的那个盐唉。）欸，加碘盐。嗯。e$_{21}$,cia^{35}tian^{21}ian^{13}.n̩$_{21}$.（你们把它叫什么？）也安做也学倒咁子，加碘盐呢，欸，加碘盐。ia^{35}ɔn^{35}tso^{53}ia^{35}xɔk^{5}tau^{21}kan^{21}tsɿ^0,cia^{35}tian^{21}ian^{13}ne^0,e$_{21}$,cia^{35}tian^{21}ian^{13}.

豆豉

浏阳豆豉，浏阳豆豉。liəu^{13}iɔŋ$^{13}_{44}$tʰei^{53}ʂɿ^{53},liəu^{13}iɔŋ$^{13}_{44}$tʰei^{53}ʂɿ^{53}.（浏阳哪个地方出的最好？）欸，太平桥喔，浏阳哦，太平桥个豆豉更好喔。唔系噢！唔系太平桥。南市街个豆豉，南市街个豆豉更好。e$_{21}$,tʰai^{53}pʰin$^{13}_{44}$cʰiau^{53}uo^0,liəu^{13}iɔŋ$^{13}_{44}$ŋo^0,tʰai^{53}pʰin$^{13}_{44}$cʰiau^{44}ke$^{53}_{44}$tʰei^{53}ʂɿ$^{53}_{44}$cien^{53}xau^{21}uo^0.m̩^{21}pʰe^{53}(←xe^{53})au^0!,m̩^{13}pʰe^{53}(←xe^{53})tʰai^{53}pʰin$^{13}_{44}$cʰiau^{44}.lan^{13}ʂɿ^{13}kai^{53}ke^{44}tʰei^{53}ʂɿ$^{53}_{44}$,lan^{13}ʂɿ^{13}kai^{53}ke^{44}tʰei^{53}ʂɿ$^{53}_{44}$cien^{53}xau^{21}.（哪个南？）东南西北的南。təŋ$_{44}$lan$^{21}_{21}$çi$_{44}$pei$_{21}$tə^{0}lan^{13}.（噢，南。）南市，城市个市。街，街道的街。南市街个的豆豉。lan^{13}.ʂɿ^{53},tʂʰən^{13}ʂɿ^{13}ke$^{53}_{44}$ʂɿ^0.kai^{35},cie$_{44}$tau$_{53}$tə^{0}cie$_{44}$.lan^{13}ʂɿ^{53}kai^{53}ke^{44}tʰei^{53}ʂɿ^{53}.（最好是吧？）最好。嗯。tsei^{53}xau^{21}.n̩$_{21}$.（南市街是个乡镇名还是什么地方？）就系浏阳个箇条街，靠南边个箇条街，过嘿浏阳河，箇起……tsʰiəu^{53}xe^{53}liəu^{13}iɔŋ^{21}ke^{53}kai^{53}tʰiau$^{13}_{21}$kai^{35},kʰau^{53}lan^{13}pien$^{35}_{44}$ke^{44}kai^{44}tʰiau^{21}kai^{35},ko^{53}ek^3(←xek^3)liəu^{13}iɔŋ^{21}xo^{13},kai^{53}çi$^{21}_{44}$…（浏阳城里面是吧？）欸，浏阳城肚里。以前就蛮偏僻嘞，乡下样子哇，以下是就就也……也成哩城区呀。e$_{53}$,liəu^{13}iɔŋ$^{13}_{44}$tʂʰən^{13}təu^{21}li^0.i^{35}tsʰien^{21}tsʰiəu^{53}man^{13}pʰien^{13}pʰiek^{5}le^0,çiɔŋ^{35}xa$_{44}$iɔŋ^{21}liau^{21}ua^0,i^{21}xa$_{44}$ʂɿ$^{53}_{44}$tsʰiəu^{53}tsʰiəu$_{44}$ia^{35}f…ia^{35}ʂaŋ^{21}li^{0}tʂʰən^{13}tʂʰu$^{35}_{44}$ia^0.（你们平时你们平时都是买这种是吧？）欸。e$_{21}$.

碱水

（你们做米馃的时候啊放不放那个秆草……秆灰水？）秆灰水放下做碱呢。放哦，放哦。kɔn^{21}fəi^{35}ʂei^{21}fɔŋ^{53}xa$_{44}$tso^{53}kan^{21}ne^0.fɔŋ^{53}ŋo^0,fɔŋ$^{53}_{44}$ŋo^0.（放在米馃里面的时候这个水叫什么水？）系也安做碱灰水呀。碱灰水。xei$^{53}_{44}$ia^{35}ɔn^{35}tso^{53}kan^{21}fəi^{35}ʂei^{21}ia^0.kan^{21}fəi^{35}ʂei^{21}.（叫不叫碱水？）碱水，欸。也安做碱水欸碱灰水，都可以。kan^{21}ʂei^{21},e$_{21}$.ia^{35}ɔn^{35}tso^{44}kan^{21}ʂei^{21}e$_{44}$kan^{21}fəi^{35}ʂei^{21},təu^{21}kʰo^{21}i^{35}.（也叫……都……也叫碱水，是吧？）碱水，碱灰水。kan^{21}ʂei^{21},kan^{21}fəi^{35}ʂei^{21}.

但是箇只箇只碱水就可以有不同个东西嘞，有不同个东西。有滴是茶壳灰。有……有布荆子灰。布荆子水，布荆水。布荆水咯欸本来就咁子炆倒也可以嘞。茶壳灰，布荆灰，欸，还有石灰碱。石灰呀。石灰，舞倒箇石灰一燉以后，系啊？石灰也系碱嘞其实嘞。停鲜来，停鲜来，分底下个，分面上个镜鲜子个水，肚里就就揪涩，就有就有碱。tan$^{53}_{44}$ʂɿ$^{53}_{44}$kai$_{44}$tsak^{3}kai$^{53}_{44}$tsak^3

kan²¹ʂei²¹tsʰiəu⁵³kʰo²¹i³⁵iəu₄₄pɔit³ tʰəŋ¹³ke⁵³təŋ₄₄si⁰ le⁰,iəu₄₄pət³ tʰəŋ¹³ke₄₄təŋ₄₄si⁰.iəu³⁵ tet⁵ ʂɻ̩₄₄¹³tsʰa¹³kʰɔk³ fɔi⁰.iəu³⁵···iəu³⁵pu⁵³ciaŋ₄₄tsɻ⁰ fɔi³⁵.pu⁵³ ciaŋ₄₄tsɻ⁰ ʂei²¹,pu⁵³ciaŋ³⁵ ʂei²¹.pu⁵³ciaŋ₄₄ʂei²¹ko⁰ ei¹³ pən²¹nɔi¹³tsʰiəu⁵³kan²¹tsɻ⁰ uən²¹tau¹³ia³⁵kʰo²¹i⁵³lei⁰.tsʰa¹³ kʰɔk³ fɔi³⁵,pu⁵³ciaŋ₄₄fɔi³⁵,e₅₃,xai²¹iəu₄₄ʂak⁵ fɔi₄₄kan²¹.ʂak⁵ fɔi³⁵ia⁰.ʂak⁵ fɔi³⁵,u²¹tau²¹kai⁵³ ʂak⁵ fɔi₄₄iet³ ləuk³ɻ̩ i¹³⁵xei²¹,xei₄₄a⁰ ?ʂak⁵ fɔi³⁵ia₄₄xei⁵³kan²¹nei⁰ cʰi²¹ɻ̩ʂət⁵ lei⁰.tʰin¹³ sien³⁵ nɔi²¹ɻ̩,tʰin¹³ sien³⁵ nɔi²¹ɻ̩,pən²¹ tei¹³ xa₄₄ke₄₄,pən²¹ mien⁵³ xɔŋ₄₄kei₄₄ciaŋ⁵³ sien₄₄tsɻ⁰ ke₄₄ ʂei²¹,təu¹³li⁰tsʰiəu⁵³tsʰiəu⁵³tsiəu³⁵ciait³,tsʰiəu⁵³iəu³⁵tsʰiəu⁵³iəu³⁵kan²¹.（这都是把它那个啊……）都系用来做碱，嗯，碱水.təu³⁵xei₄₄iəŋ⁵³lɔi₄₄tso⁵³kan²¹,n̩²¹,kan²¹ʂei²¹.

熟料

渠箇只东西有咁个嘞，可以用油去炮。你买滴买滴米粉，买滴糯米粉也好，占米粉也好，欸，你舞舞倒去做，系唔系？做成米馃。和……加滴子水，做成米馃。放下……或者做成丸子。放下镬里去炮，放下油肚里去炮。箇唔得了，唔好搞，唔好炮。ci¹³kai⁵³tʂak³ təŋ³⁵si⁰ iəu₄₄kan¹³cie⁵³le⁰,kʰo²¹i³⁵iəŋ⁵³ iəu¹³tʂʰɻ̩⁵³ pʰau¹³.ɲi²¹mai⁵³ tet⁵ mai³⁵ tet⁵ mi²¹fən²¹,mai⁵³ tet⁵ lo⁵³mi²¹fən²¹na³⁵（←ia³⁵)xau²¹,tʂan³⁵mi²¹fən²¹na³⁵（←ia³⁵)xau²¹,ei²¹,ɲi²¹u²¹u²¹tau²¹ çi₄₄tso⁵³,xei₄₄me₄₄（←m̩¹³ xe⁵³)?tso⁵³ʂaŋ²¹mi²¹ko⁰.xuo¹³···cia³⁵tet⁵ tsɻ⁰ ʂei²¹,tso⁵³ʂaŋ²¹mi²¹ko⁰.fɔŋ₄₄xa₄₄⁵³···xɔit⁵ tʂa¹³tso⁵³ʂaŋ₂₁¹³ien¹³tsɻ⁰.fɔŋ₄₄xa₄₄⁵³uɔk⁵ li⁰ çi⁵³ pʰau¹³,fɔŋ₄₄xa₄₄iəu¹³təu²¹li⁰ çi⁵³ pʰau¹³.kai⁵³n̩²¹ɻ̩ tek⁵ liau⁰,n̩¹³xau²¹kau⁵³ɻ̩,n̩¹³xau²¹pʰau¹³.

第一只第一只唔好搞，我搞哩呀，第一只唔好搞，渠会爆，会炸哪哪炸叭叭潷，射得你一身个油。系啊？tʰi⁵³iet³ tʂak³tʰi⁵³iet³ tʂak³ m̩¹³xau²¹kau²¹,ŋai¹³ kau²¹li⁰ ia⁰,tʰi⁵³iet³ tʂak³ n̩¹³nau²¹（←xau²¹)kau²¹,ci¹³uɔi⁵³pau⁰,uɔi₄₄tsa₄₄paŋ⁵³ paŋ²¹tsa⁵³ pa⁵³pa²¹tsan⁵³,ʂa⁵³tek⁵ ɲi²¹iet³ ʂən³⁵ke⁵³iəu¹³.xe₄₄a⁰ ?

第二只，绷硬炮出来，绷硬个，唔松。我等旧年就炮哩。落尾我就问渠等，我话让门你让门你等炮个会咁好嘞，我炮个会爆坏哦，系唔系啊？你觜加得熟料。所以渠，渠就一句话，箇肚里箇个米粉尽系生个，觜熟，你爱交……加滴子么啊嘞？你爱□滴子羹，舞滴子羹□倒。或者用黄蒲，搞滴子黄蒲舞熟来，箇黄蒲哇，蒸绵来，蒸正来，蒸好来，加倒去搣粉。箇黄蒲加倒去搣粉。爱加滴子熟料。渠就一就唔得爆嘞，二就二就唔得绷硬。tʰi⁵³ɲi⁵³tʂak³,paŋ³⁵ŋəŋ⁵³pʰau¹³tʂʰət⁵lɔi²¹,paŋ³⁵ŋəŋ⁵³ke⁵³,n̩¹³səŋ³⁵.ŋai¹³tien⁰ cʰiəu⁵³ ɲien²¹tsiəu⁵³pʰau¹³li⁰.lɔk⁵ mi₄₄ŋai¹³tsʰiəu₄₄uən²¹ci²¹tien⁰,ŋai¹³ua⁵³ɲiəŋ⁵³mən⁰ ɲi₄₄niəŋ₄₄ mən⁰ɲi¹³tien⁰ pʰau¹³ke⁵³uɔi⁵³kan⁰ xau²¹le⁰,ŋai¹³pʰau¹³ke⁵³uɔi₄₄pau³ tsʰak³ o⁰,xei₄₄me⁵³（←m̩¹³ xe⁵³)a⁰ ?ɲi²¹maŋ¹³ cia⁵³tek⁵ ʂəuk⁵ liau⁰.so²¹i³⁵ ci²¹,ci¹³tsʰiəu⁵³iet³ tʂɻ̩¹³fa⁵³,kai⁵³ təu²¹li⁰ kai⁵³ke⁵³mi²¹fən²¹tsʰin⁵³xei⁵³saŋ³⁵ke⁵³,maŋ¹³ʂəuk⁵ ɲi¹³ɔi⁵³ciau⁵³···cia³⁵tiet⁵ tsɻ⁰

mak³aº lei⁰ ʔɲi₂₁¹³ɔi₄₄⁵³cʰiet⁵ tiet⁵ tsʐ⁰ kaŋ³⁵,u²¹tet⁵ tsʐ⁰ kaŋ³⁵cʰiet⁵ tau²¹.xɔit⁵ tʂa²¹iəŋ⁵³uɔŋ¹³
pʰu¹³,kau²¹tet⁵ tsʐ⁰ uɔŋ¹³pʰu₄₄u²¹ʂəuk⁵ lɔi₄₄,kai⁵³uɔŋ¹³pʰu₄₄ua⁰,tʂən³⁵mien¹³nɔi¹³,tʂən²¹
tʂaŋ⁵³lɔi⁰,tʂən³⁵xau²¹lɔi¹³,cia³⁵tau²¹çi⁵³tsʰei²¹fən²¹.kai⁵³uɔŋ¹³pʰu₄₄cia³⁵tau²¹çi⁵³tsʰei²¹
fən²¹.ɔi⁵³cia³⁵tiet⁵ tsʐ⁰ʂəuk⁵ liau⁵³.ci¹³tsʰiəu⁵³iet³ tsʰiəu⁵³ɲ̩ tek³ pau⁵³lei⁰,ɲi¹³tsʰiəu₄₄ɲi¹³
tsʰiəu₄₄⁵³ɳ̩₂₁tek³ paŋ³⁵ŋaŋ⁵³.

（噢，它那个干的一炸它就爆。）欸，系。唔系干个噢，唔系么啊干。去世生个，全部系生个。爱加滴子熟料。欸。爱加滴熟料。有咁古怪个东西。欸。你唔加熟料就一只就绷硬，绷硬一只个丸子，到渠屋下打得狗死。第二只嘞，渠就会爆，去人都去唔得。嘿嘿。去人都去唔得。磅，爆，叭叭溃。箇油哇，一爆箇油就四向射。欸，舞倒我面上都射得尽油。我箇几十岁了都还正学倒以只路。一宗，系。e₅₃,xe₂₁.m̩¹³pʰe⁵³(←xe⁵³)kɔn³⁵cie⁵³auº,m̩¹³
pʰe⁵³(←xe⁵³)mak³aº kɔn³⁵.ci¹³sʐ⁵³saŋ³⁵keº,tsʰien¹³pʰu₄₄xe₄₄saŋ³⁵keº.ɔi⁵³cia³⁵tiet⁵ tsʐ⁰
ʂəuk⁵ liau⁵³.ne₂₁.ɔi⁵³cia³⁵tiet⁵ ʂəuk⁵ liau⁵³.iəu³⁵kan²¹ku²¹kuai⁵³keº təŋ₄₄⁵³siº.e₂₁.ɲi¹³ɳ̩¹³cia₄₄
ʂəuk⁵ liau₄₄⁵³tsʰiəu⁵³iet³ tʂak⁵ tsʰiəu₄₄paŋ³⁵ŋaŋ⁵³,paŋ³ŋaŋ³iet³ tʂak⁵ keºien¹tsʐ⁰,tau₄₄ci₄₄
uk₅³xa²¹ta²¹tek⁵ kei²¹si²¹.tʰi¹³ɲi¹³tʂak⁵ lei⁰,ci₂₁¹³tsʰiəu₄₄uɔi₄₄⁵³pau⁵³,çi⁵³ɲin₂₁təu₄₄³⁵çi⁵ɳ̩²¹
tek³.xe₄₄xe₂₁.çi⁵³ɲin¹³təu₄₄³⁵çi⁵ɳ̩₂₁tek³.paŋ₅₃,pau⁵³,pa₅₃pa₄₄tsan₄₄⁵³.kai⁵³iəu¹³ua⁰,iet³pau⁵
kai₄₄⁵³iəu¹³tsʰiəu⁵³si⁵³çiɔŋ₄₄⁵³ʂa⁵³.e₂₁,u²¹tau²¹ŋai¹³mien⁵³xɔŋ₄₄³⁵təu₄₄³⁵ʂa⁵³tek³ tsʰin⁵³iəu₂₁¹³.ŋai¹³
kai₄₄ci²¹ʂət⁵ sɔi⁵³liau⁵³təu₄₄³⁵xai₂₁tʂaŋ³⁵xɔk⁵ tau²¹i²¹tʂak⁵ ləu⁰,iet³ tsəŋ³⁵,xe₂₁.

随便舞滴子么个嘞，舞熟来，爱舞熟来。加倒去，欸，加下箇个面……米粉呐面粉肚里去和，去去去搋呀。搋倒再去炸，冇滴事。嗯。渠等就教我唠，爱熟料。sei¹³pʰien¹³u²¹tet⁵ tsʐ⁰mak⁵ke⁵³lei⁰,u²¹ʂəuk⁵ lɔi₂₁¹³,ɔi₄₄u²¹ʂəuk⁵ lɔi₄₄⁵³.cia³⁵
tau²¹çi⁵³,ei²¹,cia³⁵a₄₄(←xa³⁵)kai₄₄⁵³ke⁵³mien⁵³f…mi²¹fən²¹naº mien⁵³fən²¹təu²¹liº çi¹³
xo¹³,çi¹³çi⁵³çi⁵³tsʰei²¹iaº.tsʰei⁵³tau²¹tsai⁵³çi₄₄⁵³tsa⁵³,mau₂₁¹³tet⁵ sʐ⁵³.m̩₂₁.ci₂₁¹³tien⁰tsʰiəu⁵³kau¹³
ŋai₂₁¹³lau⁰,ɔi₄₄⁵³ʂəuk⁵ liau⁵³.

烟茶

1. 我等以映子做法只有烟茶。嗯，我等以映子……客家人做咯以前从来……以前一直都只有烟茶。ŋai₂₁¹³tien⁰i²¹iaŋ⁵³tsʐ⁰tso⁵³fait³ tsʐ²¹iəu₄₄³⁵ien³⁵
tsʰa₂₁¹³.m̩₂₁,ŋai¹³tien⁰i²¹iaŋ⁵³tsʐ⁰…kʰak³ka₄₄⁵³ɲin₂₁tso⁵³koº i⁵³tsʰien₂₁¹³tsʰən¹³lɔi…i₅₃⁵³tsʰien¹³
iet³ tsʐʰət¹³təu₄₄³⁵tsʐ²¹iəu₅₃⁵³ien³⁵tsʰa₂₁.（烟茶是熏过的，是吧？）烟茶，欸。烟茶就大概好像就系绿茶样，系唔系绿茶？ien³⁵tsʰa₄₄⁵³,e₅₃.ien₄₄⁵³tsʰa²¹tsʰiəu₄₄tʰai⁵³kai₄₄
xau²¹tsʰiɔŋ₄₄⁵³tsʰiəu₄₄⁵³xe₄₄liəuk⁵ tsʰa₂₁¹³iɔŋ₄₄⁵³,xei₄₄⁵³me₄₄(←m̩¹³xe⁵³)liəuk⁵ tsʰa₂₁?（烟茶是怎么做的呢？）烟茶，洗净茶叶以后就放下镬里去炒，欸，炒哩就去就去搋，去揉哇。去搋，去揉。好，揉，揉冷哩了嘞又放倒去炒下子，又去揉，系唔系？揉，揉，揉，炒，炒几到。欸。揉好哩以后就就焙糟来呀。就咁子个，唔晒。烟茶唔晒，一晒就触日燆。ien^{35}tsʰa^{13},se^{21}tsʰiaŋ^{53}tsʰa^{13}iait^{5}i$_{44}$xei^{53}tsʰiəu$_{44}$foŋ^{53}a$_{44}$(←xa^{53})uɔk^{5}li^{0}çi^{53}tsau^{21},e$_{21}$,tsʰau^{21}li^{0}tsʰiəu^{53}çi^{53}tsʰiəu^{53}çi^{53}tsʰai^{21},çi^{53}iəu ua^0.çi$_{44}$tsʰai^{21},cʰi^{53}iəu^{13}.xau^{21},iəu^{13},iəu^{13}laŋ^{35}li^{0}liau^{53}lei^{0}iəu^{0}foŋ$_{44}$tau^{21}çi^{53}tsʰau^{13}xa$_{44}$ tsŋ^0,iəu^{13}çi$_{44}$iəu^{13},xei^{53}me$_{44}$(←m̩^{13}xe^{53})?iəu$_{21}$,iəu^{13},iəu^{13},tsʰau^{13},tsʰau^{13}ci^{53}tau^{53}.e$_{21}$.iəu^{13} xau^{21}li^{0}i^{35}xei^{53}tsʰiəu$_{44}$tsʰiəu^{53}pʰɔi^{5}tsau$_{44}$lɔi$_{21}$ia^0.tsʰiəu^{53}kan^{21}tsŋ^{0}ke^{53},n̩^{13}sai^{53}.ien^{35}tsʰa$_{21}$ n̩^{13}sai^{53},iet^{3}sai^{53}tsʰiəu$_{44}$tsʂəuk^{5}ɲiet^{3}lait^3.（有没有烟火味？）有喔。有烟火味哟。iəu^{35}uo^0.iəu^{35}ien^{35}fo^{21}uei^{53}iau^0.

2. 哎呀，本地有么啊茶？就一只烟茶。ai$_{13}$ia^0,pən^{53}tʰi^{0}iəu^{35}mak^{3}a^{0}tsʰa^{13}?tsʰiəu^{53}uet^3(←iet^3)tsʂak^{3}ien^{35}tsʰa^{13}.（烟茶它是熏过的还是什么？）用火烟去熏呢，去炼才糟呢，舞只茶焙呢，就烟茶呢。iəŋ^{53}fo^{21}ien^{0}çi^{53}çiaŋ^{35}nei^0,cʰi^{0}xɔk^3 tsʰɔi^{13}tsau^{35}nei^0,u^{21}tsʂak^{3}tsʰa^{13}pʰɔi^{0}nei^0,tsiəu^{53}ien^{35}tsʰa$_{21}$nei^0.（用火焙出来的，是吧？）火烟去熏出来个。用茶焙去炼。fo^{21}ien^{35}çi$_{44}$çiaŋ^{35}tsʂət^{3}lɔi^{13}ke^0.iəŋ^{53}tsʰa$_{44}$ pʰɔi^{53}çi$_{44}$xɔk^3.（用茶……茶壳的，是吧？）茶焙呀。专门有种咁个焙茶叶……叶箶东西咯。安茶焙。tsʰa^{13}pʰɔi^{53}ia^0.tsen^{35}mən$_{13}$iəu^{35}tsʂəŋ^{21}kan^{21}ke^{53}pʰɔi^{53}tsʰa^{13} iet^3…iet^{5}kai$_{44}$təŋ$_{44}$si^{0}ko^0.ɔn$_{44}$tsʰa^{13}pʰɔi^{53}.（它不……不晒的，是吧？）唔晒，一晒就会触日燆。n̩^{13}sai^{53},iet^{3}sai^{53}tsʰiəu$_{44}$uɔi$_{21}$tsʰəuk^{5}ɲiet^{3}lait^3.（这是烟茶？）就系烟茶。我等以映本地方就系烟茶。还有……tsʰiəu^{53}xei^{53}ien$_{44}$tsʰa$_{21}$.ŋai^{13}tien^0 i^{1}iaŋ^{53}pən^{21}tʰi$_{44}$foŋ^{53}tsʰiəu^{53}xe^{53}ien$_{44}$tsʰa$_{21}$.xai$_{21}$iəu^{35}…

（你们山上有没有茶园？）有哇，有茶园。爱去摘啊。摘倒来……摘倒来做啊。欸。iəu^{35}ua^0,iəu^{53}tsʰa^{13}ien^{13}.ɔi^{53}çi^{53}tsak^{3}a^0.tsak^{3}tau^{21}lɔi^{13}ts…tsak^{3}tau^{21} lɔi$_{21}$tso^{53}a^0.e$_{21}$.（都是这样的吗？都是这样都是要做烟茶？）欸，都做烟茶了啦。e$_{21}$,təu^{35}tso^{53}ien^{35}tsʰa^{13}liau^{0}la^0.

老叶茶

哎，茶叶吵有两起，有有有两种搞法。一种以我等开头讲个箶个是绿茶嘞就系馥嫩子个，摘倒箶芯子，唔知几春，唔知几早就爱摘。到以三时节了你还可以去摘，摘摘箶老茶，欸，摘倒箶老茶嘞，就叫老叶茶，老叶。但是真正个旧年个叶就要唔得。爱今年个叶，老嘿哩了，你可以摘下来。摘下来放下镬里炆一到。炆一到，炼糟来，做泡壶，打泡壶哇。ai$_{21}$,tsʰa^{13}iait^3 ʂa^{0}iəu^{35}iɔŋ^{21}çi^{21},iəu^{35}uei^{35}iəu^{35}iɔŋ^{21}tsʂəŋ^{21}kau^{0}fait^0.iet^{3}tsʂəŋ^{21}i^{21}ŋai^{13}tien^{0}kʰɔi^{35}tʰei$_{13}$ kɔŋ^{21}ke^{53}kai^{53}ke^{0}ʂŋ^{53}liəuk^{5}tsʰa^{13}le^{0}tsʰiəu^{53}xe$_{44}$fət^{5}lən^{21}tsŋ^{0}ke^{53},tsak^{3}tau^{21}kai$_{44}$sin^{35} tsŋ^0,n̩$_{13}$ti^{35}ci$_{13}$tsʰən^0,n̩$_{13}$ti^{35}ci$_{21}$tsau^{21}tsʰiəu$_{44}$ɔi^{13}tsak^3.tau^{21}i^{21}san$_{44}$tsŋ$_{21}$tsiet^{3}liau^{0}ɲi$_{21}$xai^{13} kʰo^{21}i^{35}çi^{53}tsak^3,tsak^{3}tsak^{3}kai^{53}lau^{21}tsʰa^{13},e$_{53}$,tsak^{3}tau^{21}kai^{53}lau^{21}tsʰa^{13}le^0,tsʰiəu^{53}ciau$_{21}$

lau^{21}iait^5 tsʰa$_{21}^{13}$,lau^{21}iait^5.tan$_{44}^{53}$ʂ$_{44}^{53}$tʂən^{35}tʂən$_{44}^{53}$ke$_{44}^{53}$cʰiəu^{53}ɲien^{13}ke$_{44}^{53}$iait^5 tsʰiəu^{53}iau^{53}n$_{21}^{13}$ tek^3.ɔi^{53}cin^{35}ɲien$_{21}^{13}$ke$_{44}^{53}$iait^5,lau^{21}xek^3 li^0 liau^0,ɲi$_{21}^{13}$kʰo$^{?21}$tsak^3 xa$_{44}^{53}$lɔi$_{21}^{13}$.tsak^3 xa$_{44}^{53}$lɔi$_{21}^{13}$ fɔŋ^{53}ŋa$_{44}$(←xa^{53})uɔk^5 li^0 uən^{13}iet^3 tau.uən^{13}iet^3 tau^{53},xɔk^3 tsau^{35}lɔi^{13},tso^{53}pʰau^{5}fu^{13},ta^{21} pʰau^{53}fu^{13}ua^0.（泡壶是什么？）放下茶壶肚里，放下茶壶肚里，泡壶茶。嗯。 fɔŋ^{53}ŋa$_{44}$(←xa^{53})tsʰa^{13}fu^{13}təu$_{21}^{?}$li^0,fɔŋ^{53}ŋa$_{44}$(←xa^{53})tsʰa^{13}fu^{13}təu$_{21}^{?}$li^0,pʰau^{53}fu$_{21}^{53}$tsʰa^{13}.n$_{21}$. （噢，这个叫这个叫老茶是吧？）老茶，老茶叶啊。lau^{21}tsʰa^{13},lau^{21}tsʰa^{13}iait^5 a^0. （老……老叶茶还是老……）老茶，老叶茶，系啊！老叶茶。lau^{21}tsʰa^{13},lau^{21} iait^5 tsʰa^{13},xei$_{44}^{53}$a^0!lau^{21}iait^5 tsʰa$_{21}^{13}$.

（三）建筑

浏阳客家民居

浏阳客家个民居嘞我只好……我只好讲下子我等人，欸，东乡人，也就系讲下子我等人欸横巷里做代表个，以横巷里为代表个箇个民居，欸。liəu^{13}iɔŋ$_{44}^{13}$kʰak^3 ka$_{44}^{35}$ke^0 min^{13}tʂʮ$_{44}^{35}$le^0 ŋai$_{21}^{13}$tʂʮ^{3}xau^{21}…ŋai$_{21}^{13}$tʂʮ^{3}xau^{21}kɔŋ^{21}xa^{53}tsʮ^0 ŋai^{13} tien^0 ɲin^{13},e$_{21}$,təŋ^{35}çiɔŋ$_{44}^{35}$ɲin$_{21}^{13}$,ia^{53}tsʰiəu^{53}xe^{53}kɔŋ^{21}xa^{53}tsʮ^0 ŋai^{13}tien^0 ɲin$_{21}^{13}$,e$_{21}$,uaŋ^{13}xɔŋ^{53}li^0 tso$_{44}^{53}$tʰɔi^{21}piau^{21}ke^{53},i^{35}uaŋ^{13}xɔŋ^{53}li^0 uei^{13}tʰɔi^{53}piau^{21}ke^{53}kai$_{44}^{53}$ke$_{44}^{53}$min^{13}tʂʮ$_{44}^{35}$,e$_{21}$.

欸，客家人呢从广东过来，有滴是就话从福建，从江西过来，因为都是插草为标……欸，客家人过来个时候子，墩里，墩里呀都系本地人。欸，来到以映孖嘞，箇些大码大丘个田个栏场啊，箇个达平个栏场啊，冇得哩你个份了。你只有系下哪映去啊？系下箇岭上去，只有系啊岭上。所以客家民居，我等客家人一般都系啊箇岭上。欸。e$_{44}$,kʰak^3 ka$_{44}^{35}$ɲin$_{21}^{13}$ne^0 tsʰəŋ$_{21}^{13}$kɔŋ^{21} təŋ^{35}ko^{53}lɔi$_{21}^{13}$,iəu^{35}tet^5 ʂʮ^{53}tsʰiəu$_{44}^{53}$ua$_{44}^{53}$tsʰəŋ$_{21}^{13}$fuk^3 cien^{53},tsʰəŋ$_{21}^{13}$kɔŋ^{21}si$_{44}^{53}$ko^{53}lɔi$_{21}^{13}$,in^{35}uei$_{44}^{53}$ təu^{35}xei$_{44}^{53}$tsʰait^3 tsʰau^{21}uei^{13}piau^{53}…e$_{21}$,kʰak^3 ka$_{44}^{35}$ɲin^{13}ko^{53}lɔi$_{44}^{53}$ke$_{44}^{35}$ʂʮ$_{44}$xəu$_{44}^{53}$tsʮ^0,tʰɔn^{53} ni^0,tʰɔn^{53}ni^0 ia^0 təu^{35}xe$_{44}^{53}$pən$_{21}^{53}$tʰi^{53}ɲin^{13},e$_{21}$,lɔi^{13}tau^{53}i^{13}iaŋ^{53}tsʮ^0 le^0,kai$_{44}^{53}$ke$_{44}^{53}$tʰai^{53}ma^{35} tʰai^{53}cʰiəu$_{44}^{53}$ke$_{44}^{53}$tʰien^{13}ke^{53}laŋ^{13}tʂʰɔŋ$_{44}^{53}$ŋa^0,kai$_{44}^{53}$ke$_{44}^{53}$tʰait^3 pʰiaŋ^{13}ke^{53}laŋ$_{21}^{13}$tʂʰɔŋ$_{44}^{53}$ŋa^0,mau^{13} tek^3 li^0 ɲi$_{44}^{13}$ke$_{44}^{53}$fən^{53}niau^0.ɲi^{13}tʂʮ^{3}iəu^{35}xei$_{44}^{53}$a^0 la^{53}iaŋ^{53}çi$_{44}^{53}$a^0?xei$_{44}^{53}$a^0 kai$_{44}^{53}$liaŋ^{35}xɔŋ$_{44}^{53}$ çi$_{44}^{53}$,tʂʮ^{3}iəu$_{44}^{35}$xei^{53}a^0 liaŋ^{35}xɔŋ$_{44}^{53}$.s^{21}i$_{44}^{53}$kʰak^3 ka$_{44}^{35}$min^{13}tʂʮ$_{44}^{35}$,ŋai$_{21}^{13}$tien^0 kʰak^3 ka$_{44}^{35}$ɲin$_{21}^{13}$iet^3 puən^{35}təu^{35}xei$_{44}^{53}$a^0 kai$_{21}^{53}$liaŋ^{35}xɔŋ^{53}.e$_{21}$.

落尾嘞慢慢子，有滴嘞系啊墩里去哩，欸，慢慢子有滴通过各种各样个渠道嘞系啊墩里，一般都系去山里，客家人去山里。你像浏阳个欸唔大围山有客家人，欸。欸，南乡个中和，欸，么个岩前，系啊？箇栏场有客家人。但是你像达唔平个北乡，箇达平个栏场，欸，西乡，靠近长沙箇一带，欸有得……有得客家人，有得客家人个份呐，欸，有得客家人个份，箇都系本地人占嘿哩。所以客家人呢一般都系啊山里。nɔk⁵mi²¹₅le⁰man⁵³man⁵³tsʅ⁰,iəu³⁵tet⁵₃le⁰xei³⁵₄₄aⁿtʰɔn⁵³ni²¹çi³⁵li⁰,e₂₁,man⁵³man⁵³tsʅ³iəu³⁵tiet⁵₃tʰəŋ³⁵kɔ⁵³₄₄kɔkⁿtʂəŋ²¹kɔk³iɔŋ⁵³₄₄ke⁰tʂʰ̩ʅ²¹₄₄tʰau⁴⁴₅₃lei¹xei³⁵₄₄aⁿtʰɔn⁵³ni²¹,ietⁿpuɔn³⁵təu⁴⁴₅₃xei³⁵₄₄çi⁵³san³⁵niⁿ,kʰakⁿka₄₄ɲin₂₁çi₄₄san³⁵niⁿ.ɲi¹³tsʰiɔŋ⁵³liəu¹³iɔŋ¹³ke⁵³e₂₁m̩₂₁tʰai²¹uei²¹san³iəu³⁵kʰakⁿka³⁵ɲin₂₁¹³,e₂₁.e₂₁,lan¹çiɔŋ³⁵₄₄ke⁵³₄₄tʂəŋ³⁵xo¹³,e₂₁,makⁿke⁵³ŋan¹³tsʰien⁴⁴,xei³⁵₄₄aⁿʔkai¹³₄₄laŋ¹³tʂʰɔŋ²¹iəu³⁵₄₄kʰakⁿka₄₄ɲin₂₁.tan₄₄⁵³ʂʅ₄₄¹³ɲi¹³tsʰiɔŋ⁵³₄₄tʰaitⁿ m̩₂₁pʰiaŋ¹³ke⁵³pɔitⁿçiɔŋ³⁵,kai⁵³tʰaitⁿpʰiaŋ¹³ke⁵³laŋ¹³tʂʰɔŋ¹³₂₁,e₂₁,si³⁵çiɔŋ³⁵₄₄,kʰau⁴⁴cʰin⁴⁴⁵³tʂʰɔŋⁿsa³⁵kai³ietⁿtai⁵³,e₂₁mau¹³tek³…mau¹³tekⁿkʰakⁿka₄₄ɲin₂₁,mau¹³kʰakⁿka₄₄ɲin₂₁ke₄₄fəⁿnaⁿ,e₂₁,mau¹³tekⁿkʰakⁿka³⁵₄₄ɲin₂₁ke⁵³₄₄fən⁵³,kai⁵³təu³⁵xe⁵³pən²¹tʰi⁵³₄₄ɲin¹³tʂen⁵³nek³ (←xek³)li⁰.so²¹i³⁵₄₄kʰakⁿka³⁵₄₄ɲin₂₁neiⁿietⁿpuɔn³⁵təu⁴⁴₅₃xei³⁵₄₄aⁿsan³⁵niⁿ.

我发现呢客家民居嘞，老百姓个系个地方嘞，客家人，都有几只咁个特点：ŋai¹³faitⁿçien⁵³neⁿkʰakⁿka³⁵₄₄min¹³tʂʅ⁵³₄₄le⁰,laupət⁵sin¹³ke⁵³₄₄xei⁵³ke⁵³tʰi⁴⁴fɔŋ³⁵le⁰,kʰakⁿka³⁵₄₄ɲin¹³,təu³⁵iəu⁵³₄₄ciⁿtʂakⁿkan²¹ke⁵³₄₄tʰek⁵tien²¹:

第一只特点呢，箇系个屋都靠山，唔，都后背有嶂岭。如果一只屋后背都有得嶂岭嘞，欸天中地间个墈中间，箇田中间呢做只屋嘞，硬有得，几乎有得咁现象。有嶂岭就好像有只靠山样，硬系一只靠山。欸。其实嘞也系有只科学根据个，就系么个嘞？有嶂……有山呢，就后背就会有水。欸，你就水就冇问题，系啊？欸，更重要个嘞有嶂岭嘞，更有得风煞，箇风啊，挡住哩，你要后背一嶂岭就挡住哩你个风嘛。欸。箇是一……一只特点。呢，后背都岭。有梁，就能够挡风。哎，就会有水，有山有水。tʰi⁵³ietⁿtʂakⁿtʰek⁵tien²¹neⁿ,kai⁵³₄₄xe⁵³ke⁵³₄₄ukⁿtəu³⁵kʰau⁵³san³⁵,m̩₂₁,təu³⁵xei⁵³pɔi¹³iəu³⁵tʂɔŋ⁵³liaŋ¹.ʅ¹³kɔ⁵³₄₄ietⁿtʂakⁿukⁿxei⁵³pɔi¹³təu⁴⁴₅₃mau¹³tekⁿtʂɔŋ¹³liaŋ³⁵le⁰,e₂₁tʰien¹³tʂəŋ⁵³₄₄tʰi⁵³kan¹³ke⁵³₄₄tʰɔn⁵³tʂəŋ³⁵₄₄kan³⁵,kai³⁵₄₄tʰien¹³tʂəŋ³⁵₄₄kan³⁵neⁿtso⁵³tʂakⁿukⁿle⁰,ɲiaŋ⁵³mau¹³tek³,ci³⁵₄₄fu₄₄mau¹³tekⁿkan³⁵çien⁵³siɔŋ³.iəu³⁵tʂɔŋ⁵³liaŋ³⁵tsʰiəu⁵³xau²¹siɔŋ₄₄iəu₄₄tʂakⁿkʰau⁵³san³⁵iɔŋ⁵³,ɲiaŋ⁵³xei⁵³ietⁿtʂakⁿkʰau⁵³san³⁵.e₂₁.cʰi¹³ʂətⁿlei⁰ia³⁵xei⁵³iəu¹³tʂakⁿkʰo³⁵₄₄çiɔkⁿcien³⁵tʂʅ⁵³₄₄ke⁰,tsʰiəu¹³xei₄₄makⁿke₄₄lei⁰ʔiəu¹³tʂɔŋ⁵³…iəu¹³san³⁵neⁿ,tsʰiəu₄₄xei³pɔi⁵³₄₄tsʰiəu₄₄uɔi³⁵ciⁿiəu³⁵ʂei²¹.e₂₁ɲi¹³tsʰiəu¹³ʂei²¹tsʰiəu⁵³mau¹³uən⁵³tʰi¹³,xei³aⁿʔe₂₁,cien⁵³tʂʰəŋ⁵³iau₄₄ke₄₄lei⁰iəu¹³tʂɔŋ⁵³liaŋ³⁵lei⁰,cien⁵³mau²¹₅₃tekⁿfən³⁵saitⁿ,kai₄₄fən³⁵ŋaⁿ,tɔŋ²¹tʂʰəu⁵³li⁰,ɲi¹³iau₄₄xei³pɔi⁵³₄₄ietⁿtʂɔŋ⁵³₄₄liaŋ³⁵tsʰiəu⁵³tɔŋ²¹tʂʰəu⁵³li⁰ɲi⁴⁴ke⁵³₄₄fən³⁵maⁿ.e₂₁.kai⁵³ʂʅ⁵³₄₄ietⁿ…ietⁿtʂakⁿtʰek⁵tien²¹.nei₂₁,xei⁵³pɔi⁵³₄₄təu⁴⁴₅₃iəu⁴⁴liaŋ³⁵.iəu³⁵liaŋ³⁵,tsʰiəu⁵³lien²¹₂₁ciɔ̃u₄₄tɔŋ²¹fən³⁵.ai₂₁,tsʰiəu¹³uɔi⁵³₄₄iəu³⁵ʂei²¹,iəu³⁵san³⁵₄₄iəu₄₄ʂei²¹.

但是也会带来一滴问题嘞。从前一只冇得挖机，靠镢头去挖。有滴人呢后背个塥呢，花楼塥呢，安做花楼塥，唔知几高。一下落大水呀，就会发生……会边塥。欸。我等人箇只老屋，箇后背花楼塥呐，几层楼咁高，都曾经边过，作倒一只厅下都推嘿哩。一边下下来就一孔泥呀。一孔泥推下来，作厅下个神橱都推嘿哩话。欸。落尾正舞倒拆过。我等旧年拆屋个时候子就……旧年做祠堂箇时候子，拆屋个时候子就……就看得出来。我话你等看下子看呐以个墙啊，都系落尾砌过个了。欸，箇就也系只……也出过蛮多事嘞，欸，欸打边破，安做屋后背打边破。tan$^{53}_{44}$ṣɿ^{53}ia^{35}uɔi$_{44}$tai^{53}lɔi$_{21}$iet^{3}tiet$^5_3$uən^{53}tʰi$^{13}_{44}$lei^0.tsʰən^{13}tsʰien^{13}iet^{3}tʂak^{3}mau^{13}tek^{5}ua^{35}ci$^{35}_{44}$,kʰau^{53}ciɔk^{3}tʰei$_{21}$çi^{53}uait^3.iəu^{35}tet^{5}ɲin$^{13}_{21}$nei^{0}xei^{53}pɔi$^{53}_{44}$ke$^{53}_{21}$kʰan^{53}ne^0,fa^{35}lei$^{13}_{21}$kʰan^{53}ne^0,ɔn^{35}tso$_{44}$fa^{35}lei$^{13}_{21}$kʰan^{53},n̩$^{13}_{44}$ti$^{13}_{44}$ci^{21}kau^{35}.iet^{3}xa$^{35}_{44}$lɔk$^5_3$tʰai^{35}ṣei^{21}ia^0,tsʰiəu$_{44}$uɔi$_{44}$fait^{3}sen^{35}…uɔi$_{44}$pien^{35}kʰan^{53}.e$_{21}$.ŋai^{13}tien^{0}ɲien^{0}kai^{53}tʂak^{3}lau^{21}uk^3,kai$_{44}$xei^{53}pɔi^{53}fa$_{44}$lei$^{13}_{21}$kʰan^{53}na^0,ci^{53}tsʰien^{13}nei$^{13}_{21}$kan^{21}kau^{35},təu$_{44}$tsʰən$^{53}_{21}$cin^{35}pien^{0}kɔ$_{44}$,tsɔk^{5}tau^{21}iet^{3}tʂak^{3}tʰaŋ^{35}xa$^{35}_{44}$təu$_{44}$tʰi^{13}ek^3(←xek^3)li^0.iet^{3}pien^{35}na$_{44}$(←xa^{53})xa$^{35}_{44}$lɔi$^{13}_{21}$tsʰiəu$^{53}_{44}$iet^{3}kʰəŋ^{21}lai^{13}ia^0.iet^{3}kʰəŋ^{21}lai^{13}tʰi^{35}xa$^{35}_{44}$lɔi$_{21}$,tsɔk^{3}tʰaŋ^{35}xa$^{35}_{44}$ke$_{44}$ṣən^{13}tsʰəu$^{53}_{21}$təu$_{44}$tʰi^{13}ek^3(←xek^3)li^{0}ua$_{44}$.e$_{21}$.lɔk^{5}mi$_{44}$tʂaŋ^{53}u^{21}tau^{21}tsʰak^{3}kɔ$^{53}_{44}$.ŋai$^{13}_{21}$tien^{0}cʰiəu^{53}ɲien$^{13}_{44}$tsʰak^{3}uk^{3}ke^{0}ṣʅ$^{53}_{21}$xəu$_{44}$tsʅ^{0}tsʰiəu$^{53}_{44}$…cʰiəu^{53}ɲien$^{13}_{44}$tso^{53}tsʰʅ^{13}tʰɔŋ^{21}kai$^{53}_{44}$ṣʅ$^{53}_{21}$xəu$_{44}$tsʅ^0,tsʰak^{3}uk^{3}ke^{0}ṣʅ$^{53}_{21}$xəu$_{44}$tsʅ^{0}tsʰiəu$^{53}_{44}$…tsʰiəu$^{53}_{44}$kʰɔn^{53}tek^{3}tṣʰət^{3}lɔi$^{13}_{21}$.ŋai^{13}ua$^{53}_{44}$ni^{13}tien^{0}kʰɔn^{53}na$_{44}$(←xa^{53})tsʅ^{0}kʰɔn^{53}na$_{44}$i^{21}ke$^{53}_{44}$tsʰiəŋ^{13}ŋa^0,təu$_{44}$xe$^{53}_{44}$lɔk^{5}mi$^{13}_{44}$tsʰi^{53}kɔ$^{53}_{44}$ke^{53}liau^0.e$_{21}$,kai$^{53}_{21}$tsʰiəu$^{53}_{21}$ia^{53}xei^{53}tʂak^3…ia^{35}tʂət^{3}kɔ$^{53}_{44}$man$^{13}_{21}$tɔ$^{53}_{44}$sʅ^{53}lei^0,e$_{53}$,e$_{21}$ta^{21}pien^{35}pʰɔ^{53},ɔn^{35}tso$^{53}_{44}$uk^{3}xei^{53}pɔi$^{53}_{44}$ta^{21}pien^{35}pʰɔ^{53}.

欸，第一只特点，都靠山。欸。e$_{21}$,tʰi$^{13}_{44}$iet^{3}tʂak^{3}tʰek^{5}tien^{21},təu^{35}kʰau^{53}san^{35}.e$_{21}$.

第二只特点呢，都有只蛮大个禾坪，欸，有只坪。一般是都系……都系么个嘞？像面前个禾坪啊，欸，砌倒箇映子。欸，都……边上嘞都有树哇，有竹哇，风景都唔知几好。tʰi$^{53}_{44}$ni^{53}tʂak^{3}tʰek^{5}tien^{21}nei^0,təu$^{35}_{44}$iəu^{53}tʂak^{3}mən^{35}tʰai$^{53}_{44}$ke^{0}uo^{13}pʰiaŋ^{13},e$_{21}$,iəu^{35}tʂak^{3}pʰiaŋ^{13}.iet^{3}puɔn^{53}ṣʅ$^{13}_{44}$təu^{35}xe$_{44}$…təu^{35}xe$_{44}$mak^{5}e^{0}le^0?siɔŋ$^{53}_{44}$mien^{53}tsʰien$^{13}_{21}$ke$_{44}$uo^{13}pʰiaŋ^{13}ŋa^0,e$_{21}$,tsʰi^{53}tau^{21}kai$_{44}$iaŋ$^{53}_{44}$tsʅ^0.e$_{21}$,təu^{35}…pien^{35}xɔŋ$^{53}_{44}$le^{0}təu$^{53}_{44}$iəu$^{35}_{44}$ṣəu^{53}ua^0,iəu^{13}tʂəuk^{3}ua^0,fəŋ^{35}cin^{21}təu$^{35}_{44}$n̩$^{13}_{21}$ti$^{13}_{44}$ci^{13}xau^{21}.

好像第三只特点呢，单……单家独屋多。一只子屋个地方多。因为冇得平地呀。你起哩一只屋，第二只屋就冇哪映起了。欸，一只栏场只能够起一只屋。欸，有滴……当然有滴屋大滴子，有滴屋细滴子唠。但是你像话掇……掇倒去一路……一路起倒个屋嘞，箇就冇得。嗯，因为冇得几多只栏场有会蛮大一只坪分你起屋个，都系箇山角落里。箇是第三只特点。

xau^{21}siɔŋ$^{53}_{44}$tʰi^{53}san^{35}tʂak^{3}tʰek^{5}tien^{21}nei^0,tʰan^{35}…tan^{35}ka$^{35}_{44}$tʰəuk^{5}uk^{3}to^{35}.iet^{3}tʂak^{3}tsʅ^{0}uk^{3}ke^{53}tʰi$^{53}_{44}$fəŋ^{35}to^{35}.in^{35}uei$^{13}_{44}$mau^{13}tek^{5}pʰiaŋ^{13}tʰi^{53}ia^0.ɲi^{13}çi^{21}li^{0}iet^{3}tʂak^{3}uk^3,tʰi$^{13}_{44}$ni^{53}tʂak^{3}uk^{3}tsʰiəu^{53}mau^{13}lai^{53}iaŋ^{53}çi^{21}liau^0.e$_{21}$,iet^{3}tʂak^{3}laŋ^{13}tʂɔŋ$^{13}_{44}$tsʅ^{21}lien$^{13}_{21}$ciəu^{53}çi^{21}iet^3

tʂak³uk³.e₂₁,iəu³⁵tet⁵⋯təŋ³⁵vien₂₁iəu³⁵tet⁵uk³tʰai⁵³tiet⁵tsʅ⁰,iəu³⁵tet⁵uk³se⁵³tiet₃⁵tsʅ⁰ lau⁰.tan⁵³sʅ₄₄⁵³ɲi₂₁siəŋ⁵³ua₄₄ɲia¹³⋯ɲia¹³tau²¹çi⁵³iet⁵lu⁵³⋯iet³lu⁵³çi²¹tau²¹ke⁵³uk³ lei⁰,kai⁵³tsʰiəu⁵³mau₂₁tek³.n̩₂₁,in³uei₄₄⁵³mau¹³tek³ci²¹to₄₄³⁵tʂak³laŋ₂₁tʂʰəŋ₄₄¹³iəu³⁵uɔi⁵³ mən³⁵tʰai⁵³iet³tʂak³pʰiaŋ¹³pən³⁵ɲi₂₁çi²¹uk³ke⁵³,təu³⁵xe₄₄kai₄₄⁵³san³⁵kɔk³lɔk³li⁰.kai₂₁⁵³sʅ₃⁵ tʰi₄₄⁵³san³⁵tʂak³tʰek³tien²¹.

　　第四只特点呢我觉得箇屋嘞，欸，都蛮实用，冇得空屋。tʰi₄₄⁵³si⁵³tʂak³tʰek⁵ tien²¹ne⁰ŋai₂₁¹³kɔk³tek³kai₄₄⁵³uk³lei⁰,e₂₁,təu₄₄man₂₁¹³sət¹iəŋ⁵³,mau¹³tek³kʰəŋ⁵³uk³.

　　除嘿正屋，一般都系让门起嘞？中间就一只厅下。箇只厅下嘞，又系⋯⋯既系食饭个地方，又系接⋯⋯接待客佬子个地方，欸，又系供奉祖先个地方，系啊？箇就以只厅下。tʂʰəu¹³xek³tʂən⁵³uk³,iet³puən³⁵təu₄₄xe⁵³ɲiɔŋ⁵³ mən₄₄¹³çi²¹le⁰?tʂən₄₄³⁵kan₄₄³⁵tsʰiəu₄₄⁵³iet³tʂak³tʰaŋ³⁵xa₄₄³⁵.kai⁵³tʂak³tʰaŋ³⁵xa₄₄³⁵lei⁰,iəu³xe⁵³⋯ ci⁵³xe⁵³sət⁵fan⁵³ke₄₄⁵³tʰi²¹fɔŋ³⁵,iəu⁵³xei⁵³tsiait²¹⋯tsiait³tʰɔi⁵³kʰak³lau²¹tsʅ⁰ke₄₄⁵³tʰi⁵³ fɔŋ³⁵,e₂₁,iəu³xei⁵³kəŋ⁵³fəŋ⁵³tsəu²¹sen₄₄³⁵ke₄₄⁵³tʰi¹³faŋ₄₄,xei₄₄⁵³a⁰?kai₂₁⁵³tsʰiəu⁵³i²¹tʂak³tʰaŋ³⁵ xa₄₄³⁵.

　　两边个就系正间，两边就系间，就系睡人个地方。欸，灶下嘞有滴就放下进深长个栏场，欸，有滴就起下箇厅下后背，有滴就起下间背，间⋯⋯间背里。一般都唔系几大子个屋。欸。iɔŋ²¹pien³⁵ke⁰tsʰiəu₄₄⁵³xe₄₄tʂən⁵³kan³⁵,iɔŋ²¹ pien³⁵tsʰiəu⁵³xe₄₄kan³⁵,tsʰiəu₄₄⁵³xe₄₄sɔi⁵³ɲin¹³ke₄₄⁵³tʰi¹⁴fɔŋ³⁵.e₂₁,tsau⁵³xa₄₄le⁰iəu³tet⁵ tsʰiəu₄₄⁵³fɔŋ₄₄⁵³ŋa₄₄(←xa⁵³)tsin⁵³sən₄₄³⁵tʂʰəŋ¹³ke⁵³laŋ¹³tʂʰəŋ₄₄¹³,e₂₁,iəu³⁵tet⁵tsʰiəu₄₄⁵³çi²¹ia₄₄(← xa⁵³)kai₄₄tʰaŋ³⁵xa₄₄⁵³xei⁵³pɔi⁵³,iəu³tet⁵tsʰiəu₄₄⁵³çi²¹ia₄₄(←xa⁵³)kan³⁵pɔi⁵³,kan³⁵⋯kan³⁵ pɔi⁵³li⁰.iet³puən³⁵təu₅₃³⁵m̩¹pʰe₄₄⁵³(←xe⁵³)ci²¹tʰai³tsʅ⁰ke⁵³uk³.e₂₁.

　　好，欸从前个人呢，还系蛮讲究卫生。因为从前冇得如今个咁个么个化粪池啊，冇得咁个卫生间呐。欸，解手嘞，就专门有只茅厕屋。箇只茅厕屋嘞爱同正屋隔开下子来，隔开下子来。欸，欸，就隔扇子墙都好哩，隔开来。欸，一只就卫生方面，系啊？嗯，从前个欸解手哇箇个，屎啊尿哇，都爱留起来，做肥料。欸。xau²¹,e₂₁tsʰəŋ¹³tsʰien¹³ke₄₄ɲin¹³ne⁰,xai²¹xe⁵³man¹³ kɔŋ²¹ciəu⁵³uei⁵³sen⁰.in³⁵uei₄₄⁵³tsʰəŋ¹³tsʰien¹³mau¹³tek³i₂₁¹³cin₄₄³⁵ke₄₄kan²¹ke₄₄⁵³mak³e⁰fa⁵³ fən⁵³tsʰʅ₄₄¹³a⁰,mau¹³tek³kan²¹ke₄₄uei⁵³sen₄₄kan³⁵na⁰.e₂₁,kai²¹sɔu¹³lei⁰,tsʰiəu²¹tʂen³⁵ mən₂₁¹³iəu³⁵tʂak³mau¹³sʅ⁵³uk³.kai⁵³tʂak³mau¹³sʅ⁵³uk³lei⁰ɔi³tʰəŋ¹³tʂən⁵³uk³kak³kʰɔi³⁵ ia⁵³(←xa⁵³)tsʅ⁰lɔi₂₁¹³,kak³kʰɔi³⁵ia⁵³(←xa⁵³)tsʅ⁰lɔi₄₄¹³.e₂₁,e₄₄,tsʰiəu⁵³kak³sen⁵³tsʅ⁰tsʰiɔŋ¹³ təu₅₃³⁵xau²¹li⁰,kak³kʰɔi³⁵lɔi₄₄¹³.ei₂₁,iet³tʂak³tsʰiəu₄₄⁵³uei⁵³sen₄₄³⁵xɔŋ³⁵mien₄₄,xei₄₄⁵³ a⁰?n̩₂₁,tsʰəŋ¹³tsʰien¹³ke⁵³e₂₁kai²¹sɔu¹³ua⁰kai₄₄ke⁵³,sʅ²¹a⁰ɲiau⁵³ua⁰,təu³⁵ɔi₄₄liəu⁵³çi²¹ lɔi¹³,tso⁵³fei¹³liau⁵³.e₅₃³.

　　现⋯⋯所以现在个人栽菜尽系⋯⋯化肥，冇么人爱哩呀箇起肥⋯⋯箇起箇个人……人个……人粪尿冇人爱哩啊，尽下哩河，结果又污染环境，欸，又污染环境，又食个菜嘞又系化肥搞个。欸，所以以只东西嘞欸如果还想倒转去个话蛮难了，嘿嘿，就倒转去蛮难了。欸。欸如今个新屋有么人……我看咁多屋，红砖屋，我只看倒一家，渠还做哩一只茅厕凼，欸，渠解手嘞，还分箇个屎尿哇塞起来，淋菜。剩下冇得一家人个唔系下哩河，唔。çien⁵³…so²¹i₄₄³⁵çien tsʰai₄₄⁵³ke₄₄⁵³ɲin₄₄¹³tsɔi⁵³tsʰɔi⁵³tsʰin¹³xe⁵³f…fa⁵³fei¹³,mau¹³mak³ɲin₄₄¹³ɔi⁵³li⁰ia⁰kai⁵³çi²¹fei₂₁¹³…kai⁵³çi₄₄²¹kai₄₄⁵³ke₄₄⁵³ɲin¹³…ɲin¹³ke⁵³f…ɲin¹³fən⁵³ɲiau⁵³mau₄₄¹³ɲin¹³ɔi⁵³li⁰a⁰,tsʰin⁵³xa³⁵li⁰xo²¹,ciet³ko²¹iəu⁰u³⁵vien²¹fan¹³cin⁵³,e₂₁,iəu⁰u³⁵vien²¹fan¹³cin₄₄⁵³,iəu⁵³şek⁵ke⁵³tsʰɔi⁵³lei⁰iəu₄₄¹³xe⁵³fa⁵³fei¹³kau⁰ke⁵³.e₂₁,so²¹i₄₄¹³⁵²¹tşak³təŋ₄₄⁵³si⁰le⁰e₂₁ʅ¹³ko²¹xai¹³siɔŋ²¹tau⁰tşuɔn²¹çi⁵³ke₄₄⁵³fa₄₄⁵³man¹³nan₂₁¹³liau⁰,xe₅₃xe⁰,tsiəu₄₄⁵³tau⁰tşuɔn²¹çi⁵³man₂₁¹³nan₂₁¹³niau⁰.e₂₁.e₂₁i₂₁¹³cin₄₄¹³ke₄₄⁵³sin³⁵uk³mau¹³mak³ɲin₄₄¹³…ŋai¹³kʰɔn⁵³kan²¹to³⁵uk³,fəŋ¹³tşuɔn₄₄³⁵uk³,ŋai¹³tşʅ¹³kʰɔn⁵³tau²¹iet³ka³⁵,ci¹³xai¹³tso⁵³li⁰iet³tşak³mau¹³sʅ₄₄¹³tʰɔŋ⁵³,e₂₁,ci¹³kai²¹şəu²¹le⁰,xai¹³pən³⁵kai₄₄⁵³ke₄₄⁵³sʅ²¹ɲiau⁵³ua⁰sek⁵çi⁵³lɔi¹³,lin¹³tsʰɔi⁵³.şən⁵³çia⁵³mau¹³iet³ka³⁵ɲin₂₁¹³ke⁵³m̩₂₁¹³pʰe₄₄⁰(←xe⁵³)xa₄₄³⁵li⁰xo¹³,m̩₂₁.

欸箇是第四只特点，比较实用，欸。e₂₁kai₄₄⁵³sʅ₄₄⁵³tʰi₄₄⁵³si⁵³tşak³tʰek³tien²¹,e₂₁,pi²¹ciau₄₄⁵³şət⁵iəŋ⁵³,e₂₁.

第五只特点呢，欸，从前呢有得红砖屋，尽系土砖屋，筑墙个，筑土个，擿砌个土砖，箇起屋嘞，冬暖夏凉，热天唔知几凉快，冬下头就暖和。如果你同时两只屋你坐倒你跕倒箇欸欸侧边跕倒你去比较下子个话，欸，冬……无论冷……冬天也好，冷天也好，热天也好，土砖屋，土墙屋，好过多哩，欸，舒服多哩。如今个红砖屋热天热得尽命，冷天更……又更冷，系？tʰi⁵³ŋ̍¹³tşak³tʰek⁵tien²¹ne⁰,e₂₁,tsʰəŋ₂₁²¹tsʰien₂₁²¹ne⁰mau¹³tek³fəŋ¹³tşɔn₄₄³⁵uk³,tsʰin¹³ne₄₄(←xe⁵³)tʰəu²¹tşɔn₄₄³⁵uk³,tşəuk³tsʰiɔŋ¹³ke⁵³,tşəuk³tʰəu²¹ke⁵³,lau³⁵tsʰi¹³ke₄₄⁵³tʰəu²¹tşɔn³⁵,kai¹³çi²¹uk³lei⁰,təŋ³⁵lɔn³⁵çia⁵³liɔŋ¹³ɲiet⁵tʰien₄₄¹³n̩¹³ti₄₄³⁵ci²¹liɔŋ¹³kʰuai¹³,təŋ³⁵xa₄₄tʰei¹³tsʰiəu₄₄⁵³lɔn³⁵fɔit⁵.ʅ¹³ko²¹ɲi¹³tʰəŋ¹³sʅ¹³iɔŋ²¹tşak³uk³ɲi¹³tsʰo⁵³tau²¹ɲi¹³kʰu³tau²¹kai₄₄e₂₁e₂₁tsek³pien₄₄³⁵kʰu³tau²¹ɲi¹³çi⁵³pi²¹ciau⁵³ua₄₄(←xa⁵³)tsʅ⁰ke₄₄⁵³fa⁵³,e₂₁,təŋ…u¹³lən⁵³laŋ³⁵…təŋ³⁵tʰien³⁵na₄₄(←ia³⁵)xau²¹,laŋ³⁵tʰien₄₄³⁵ia₄₄³⁵xau²¹ɲiet⁵tʰien₄₄³⁵na₄₄(←ia³⁵)xau²¹,tʰəu²¹tşɔn₄₄³⁵uk³,tʰəu²¹tsʰiɔŋ¹³uk³,xau¹³ko⁵³to³⁵li⁰,e₂₁,şʅ₄₄³⁵fuk⁵to³⁵li⁰.i₂₁¹³cin₄₄ke⁵³fəŋ¹³tşɔn₄₄³⁵uk³ɲiet⁵tʰien₄₄³⁵ɲiet⁵tek³tsʰin⁵³mian⁵³,laŋ³⁵tʰien₄₄cien⁵³…iəu¹³cien⁵³naŋ³⁵,xe⁵³?

当然呃渠也有渠个弱点：欸，土墙屋啊虫蟹多，虫蟹多啊。欸，有滴嘞，有滴嘞箇灶下屋豁……岭岗近，系唔系？还会进蛇，还会进蛇箇滴都唔晓得，系啊？欸，么个千脚虫啊，蜈蚣虫啊，箇么个虫啊，真多。嘿嘿。təŋ³⁵vien¹³nau⁰ci₂₁¹³ia₄₄³⁵iəu₄₄¹³ci₄₄¹³ke₄₄⁵³ɲiɔk⁵tien²¹:e₂₁,tʰəu²¹tsʰiɔŋ¹³uk³a⁰tşʰəŋ¹³sʅ₄₄³⁵

to³⁵,tʂʰəŋ¹³ʂ₄₄³⁵to³⁵a⁰.e₂₁,iəu³⁵tet₃⁵lei⁰,iəu³⁵tet₃⁵lei⁰kai₄₄⁵³tsau⁵³xa³⁵uk³ɲia¹³…liaŋ³⁵kɔŋ₄₄³⁵
cʰin³⁵,xei₄₄⁵³me₄₄(←m̩¹³xe⁵³)ʔxai¹³uɔi⁵³tsin⁵³ʂa¹³,xai₂₁⁵³uɔi⁵³tsin⁵³ʂa¹³kai₄₄⁵³tiet⁵təu₅₃³⁵ n̩₂₁¹³
çiau²¹tek³,xe₄₄⁵³a⁰ʔe₂₁,mak³kei⁵³tsʰien⁵³ciɔk³tʂʰəŋ¹³ŋa⁰,ŋ̩¹³kəŋ₄₄³⁵tʂʰəŋ¹³ŋa⁰,kai⁵³mak³
e⁰tʂʰəŋ¹³ŋa⁰,tʂən₃⁵³to₄₄.xe₅₃⁵³xe₂₁.

　　欸，有滴嘞，欸，隔箇个……隔竹山近个嘞，灶下屋……灶下屋肚里
都还呀还生出笋来个都有。欸。我等箇有一年呐，就系倒……系倒箇山角
落里，让门箇只水缸啊总系……总系斜个害死哩？落尾正晓得水缸底下一
个只笋蛮大，水缸底下。欸，灶下……灶下一只水缸咯，蛮大……蛮大一
只笋。箇也系蛮有味道个事情凑，嗯。e₂₁,iəu³⁵tet₃⁵lei⁰,e₂₁,kak³kai₄₄⁵³ke₄₄⁵³…kak³
tʂʂuk³san₄₄³⁵cʰin³⁵cie₄₄⁵³lei⁰,tsau⁵³xa₄₄³⁵uk³…tsau⁵³xa₄₄³⁵uk³təu²¹li²¹təu₅₃³⁵xai₂₁³⁵ia⁰xai₂₁²¹saŋ³⁵
tʂʰət³sən²¹nɔi¹³ke₄₄⁵³təu₄₄³⁵iəu³⁵.e₂₁.ŋai¹³tien⁰kai⁵³iəu³⁵iet³ɲien₄₄¹³na⁰,tsiəu⁵³xei⁵³tau²¹…
xei⁵³tau²¹kai₄₄⁵³san₄₄³⁵kɔk³lɔk³li⁰,ɲiɔŋ⁵³mən¹³kai⁵³tʂak³ʂei²¹kɔŋ³⁵ŋa⁰tsəŋ⁵³xe⁵³…tsəŋ²¹
xe⁵³tsʰia¹³ke₄₄⁵³xɔi⁵³si²¹li⁰.ʔlɔk₃⁵mi³⁵tʂaŋ⁵³çiau²¹tek³ʂei²¹kɔŋ³⁵te²¹xa³⁵iet³cie⁵³tʂak³sən²¹
mən³⁵tʰai⁵³,ʂei²¹kɔŋ³⁵te²¹xa³⁵.e₂₁,tsau⁵³xa₄₄…tsau⁵³xa₄₄³⁵iet³tʂak³ʂei²¹kɔŋ₄₄⁵³ko⁰,mən³⁵
tʰai⁵³…mən³⁵tʰai⁵³iet³tʂak³sən²¹.kai₄₄⁵³ia⁵³xei⁵³man¹³iəu³⁵uei⁵³tʰau⁵³ke₄₄⁵³s̩⁵³tsʰin₄₄³⁵
tsʰe⁰,n̩₂₁.

　　好，我就讲倒以映子啊，以几只。xau₃₅,ŋai¹³tsiəu⁵³kɔŋ²¹tau₄₄⁵³i²¹iaŋ⁵³ts̩⁰a⁰,i²¹
ci₅₃²¹tʂak³.

老屋

　　我等箇只屋吵，以前我等箇只老屋就带……以映上背五间，以映两只
正间，以向两正间，一只中间一只上厅，放祖宗牌位个。以映下厅，<u>系唔
系</u>？中间一……中间一下厅。后背冇得墙，因为因为爱笔直走进去，系
呀？后……下厅冇……下厅就后背冇得墙，只有以面大门个墙。欸，以边
两只前正间，以边两只前正间，<u>系唔系</u>？两边个前正间。也系五间吵，渠
就对称吵。箇<u>唔系</u>以映五间，以映五间，中间只天心，天心以边平倒以两
间个，平倒上正间下正间个，就一只厢房。ŋai¹³tien⁰kai⁵³tʂak³uk³ʂa⁰,i²¹tsʰien₂₁¹³
ŋai¹³tien⁰kai⁵³tʂak³lau²¹uk³tsʰiəu₄₄⁵³tai₄₄…i²¹iaŋ₃₅³⁵ʂɔŋ⁵³pɔi₄₄⁵³ŋ̩¹³kan₄₄,i²¹iaŋ₄₄⁵³iɔŋ²¹tʂak³
tʂəŋ⁵³kan₄₄,i²¹çiɔŋ₄₄⁵³iɔŋ²¹tʂəŋ⁵³kan₄₄³⁵,iet³tʂak³tʂəŋ₄₄⁵³kan₄₄iet³tʂak³ʂɔŋ⁵³tʰaŋ³⁵,fɔŋ⁵³ts̩²¹
tsəŋ₄₄³⁵pʰai¹³uei₄₄⁵³ke₄₄⁵³.i²¹iaŋ₄₄⁵³xa³⁵tʰaŋ³⁵,xe₄₄⁵³me₄₄(←m̩¹³xe⁵³)ʔtʂəŋ³⁵kan₄₄iet³tʂ…tsəŋ³⁵
kan₄₄iet³tʂak³xa³⁵tʰaŋ³⁵.xei⁵³pɔi₄₄⁵³mau₂₁²¹tek³tsʰiɔŋ¹³,in³⁵uei₄₄⁵³in³⁵uei₄₄⁵³ɔi⁵³piet³tʂʰət⁵
tsei²¹tsin₄₄⁵³cʰi₄₄⁵³,xei₄₄⁵³ia⁰ʔxei⁵³ʂ…xa³⁵tʰaŋ³⁵mau¹³…xa³⁵tʰaŋ³⁵tsʰiəu₄₄⁵³xei⁵³pɔi⁵³mau¹³tek³
tsʰiɔŋ¹³,ts̩²¹iəu₄₄³⁵i²¹mien⁵³tʰai⁵³mən₄₄¹³ke₄₄⁵³tsʰiɔŋ¹³.ei₂₁,i²¹pien₄₄³⁵iɔŋ²¹tʂak³tsʰien¹³tʂən⁵³
kan₄₄³⁵,i²¹pien₄₄³⁵iɔŋ²¹tʂak³tsʰien¹³tʂən⁵³kan₄₄,xei₄₄⁵³me₄₄(←m̩¹³xe⁵³)ʔiɔŋ²¹pien₄₄³⁵ke₄₄⁵³

tsʰien¹³tʂən⁵³₄₄kan³⁵₄₄.ia³⁵xei⁵³ŋ²¹kan³⁵₄₄ʂa⁰,ci¹³tsʰiəu⁵³₄₄tei⁵³tʂʰən⁵³ʂa⁰.kai⁵³₄₄mei₄₄(←m̩¹³xei⁵³)i²¹iaŋ⁵³ŋ²¹kan³⁵,i²¹iaŋ⁵³ŋ²¹kan³⁵₄₄,tʂən³⁵₄₄kan₄₄tʂak³ tʰien³⁵sin³⁵,tʰien³⁵sin³⁵₄₄i²¹pien³⁵pʰiaŋ¹³tau²¹i²¹iɔŋ³⁵kan⁵³cie⁵³,pʰiaŋ¹³tau²¹ʂɔŋ⁵³tʂən³⁵kan³⁵₄₄xa³⁵ʂən⁵³kan₄₄cie₄₄,tsʰiəu⁵³iet³tʂak³siɔŋ³⁵fəŋ¹³₂₁.

以只厢房嘞渠就让门子起嘞？只有以边个墙，渠甚至可以唔爱墙，就四只伞柱上。四只伞柱上。罩下来，系呀？以边滴水，以边滴水，系啊？以边滴水。我等箇只屋嘞就嘞以边就滴水要滴下天心里。以映子上背个屋就咁子来哟。以映滴咁子来，以条槽沟安做，以条槽沟欬出水呀，槽沟。吨。iak³(←i²¹tʂak³)siɔŋ³⁵fəŋ¹³lei⁰ci¹³tsʰiəu₄₄niɔŋ⁵³mən⁰tsɿ⁰çi²¹lei⁰?tsɿ²¹iəu³⁵⁻²¹₄₄i²¹pien³⁵ke⁵³tsʰiɔŋ¹³,ci¹³ʂən⁵³tsɿ⁵³₄₄kʰo⁰i³⁵₄₄m̩²¹₄₄mɔi⁵³tsʰiɔŋ¹³₂₁,tsʰiəu⁵³si⁵³tʂak³san²¹tʂʰəu⁵³ʂɔŋ³⁵.si⁵³iak³(←tʂak³)san²¹tʂʰəu³⁵₄₄ʂɔŋ³⁵.tsau⁵³xa³⁵lɔi²¹₂₁,xei⁵³₄₄ia⁰?i²¹pien₄₄tiet³ʂei²¹,i²¹pien₄₄tiet³ʂei²¹,xe⁵³₄₄a⁰?i²¹pien³⁵tiet³ʂei²¹.ŋai⁵³tien⁰kai⁵³tʂak³uk⁰lei⁰tsʰiəu⁵³lei⁰i²¹pien³⁵tsʰiəu⁵³tet³ʂei²¹iau⁵³tet⁵a₄₄(←xa⁵³)tʰien³⁵sin₄₄ni⁰.i²¹iaŋ⁵³tsɿ⁰ʂɔŋ⁵³pɔi⁵³₄₄ke₄₄uk³tsʰiəu⁵³kan¹³tsɿ⁰lɔi¹³ʂa⁰.i²¹iaŋ⁵³tet⁵kan²¹tsɿ⁰lɔi₄₄,i²¹tʰiau²¹tsʰau¹³ciei³⁵ɔn⁵³tso⁵³,i²¹tʰiau²¹tsʰau¹³ciei₄₄e₂₁tsɿʰət⁵ʂei²¹ia⁰,tsʰau¹³ciei³⁵₄₄.m̩²¹.

好，以映子嘞，面前有得墙，以映也有得墙。以映有墙，么个东西嘞平时呢？用屏风。用屏风。用木个，木屏风啊。欬，两边嘞就斗正只咁个两边嘞就墙上嘞两边墙上就斗正只咁个一边子个一块子树方子下。欬。欬，上背有两只钩钩子，系，有钩钩子。箇屏风一缩下去，缩下去，欬，欬嘿。缩下去。底下嘞，底下嘞就做只底下箇箇筒树个底下嘞做只咁个口个东西。欬，中间舞条槽。就放么啊去嘞？放只门槛去。门槛。放下去。好，箇下就屏风就一块一块子上倒去了。八……八块屏风。以映就厅子。箇边又……肚里又系八块屏风。箇向又系八块屏风。欬，又系厅……两……两边个屏风舞下来嘞中间就一只厢房。xau²¹,i²¹iaŋ⁵³tsɿ⁰lei⁰,mien⁰tsʰien²¹mau¹³tek³tsʰiɔŋ¹³,i²¹iaŋ⁵³ŋa₅₃(←ia³⁵)mau²¹tek³tsʰiɔŋ¹³.i²¹iaŋ⁵³mau²¹tsʰiɔŋ¹³,iəŋ⁵³mak³e₄₄(←ke⁵³)təŋ³⁵₄₄si⁰lei⁰pʰin¹³ʂɿ¹³₂₁lei⁰?iəŋ⁵³pʰin¹³fəŋ³⁵.iəŋ⁵³pʰin¹³fəŋ₄₄.iəŋ⁵³muk³ke⁵³,muk³pʰin¹³₂₁fəŋ³⁵ŋa⁰.e₂₁,iɔŋ²¹pien³⁵nei⁰tsʰiəu⁵³₄₄tei⁵³tʂəŋ⁵³tʂak³kan²¹kei⁵³iɔŋ²¹pien³⁵nei⁰tsʰiəu₄₄tsʰiɔŋ¹³xɔŋ₄₄lei⁰iɔŋ²¹pien³⁵tsʰiɔŋ²¹xɔŋ₄₄tsʰiəu₄₄tei⁵³tʂəŋ⁵³tʂak³kan²¹kei⁵³iet³pien³⁵tsɿ⁰ke⁵³iet³kʰuai⁵³tsɿ⁰ʂəu⁵³fəŋ³⁵tsɿ⁰xa³⁵.e₂₁.e:₂₁,ʂɔŋ⁵³pɔi₄₄iəu₄₄iɔŋ²¹tʂak³ciei³⁵ciei³⁵tsɿ⁰,xei²¹₄₄iəu³⁵₄₄ciei³⁵ciei³⁵tsɿ⁰.kai₄₄pʰin²¹₄₄fəŋ₄₄iet³uan²¹na₄₄(←xa⁵³)çi₄₄,uan²¹na₄₄(←xa⁵³)çi⁵³,e₂₁,e₄₄xe₄₄.uan²¹na₄₄(←xa⁵³)çi⁵³,te²¹xa₄₄le⁰,te²¹xa⁵³le⁰tsʰiəu⁵³tso⁵³tʂak³te²¹xa₄₄kai⁵³kai⁵³tʰəŋ²¹ʂəu⁵³ke⁵³te²¹xa₄₄lei⁰tso⁵³tʂak³kan¹³₂₁kei⁵³siau⁵³ke²¹təŋ³⁵₄₄si⁰.ei₂₁,tʂən³⁵₄₄kan³⁵u²¹tʰiau²¹tsʰau¹³.tsʰiəu⁵³fəŋ⁵³tʂak³mak³a⁰çi⁵³lei⁰?fəŋ⁵³tʂak³mən¹³cʰian²¹cʰi⁵³₄₄.mən¹³cʰian²¹₄₄.fəŋ⁵³ŋa₄₄(←xa⁵³)çi⁵³.xau²¹,kai⁵³xai⁵³₄₄tsʰiəu₄₄pʰin¹³fəŋ³⁵tsʰiəu⁵³iet³

kʰuai⁵³iet³kʰuai⁵³tsɿ⁰ʂəŋ²¹tau²¹çi⁵³liau⁰.pait³ʂ⋯pait³kʰuai⁵³pʰin¹³fəŋ³⁵.i²¹iaŋ⁴⁴tsʰiəu⁴⁴
tʰaŋ³⁵tsɿ⁰.kai⁴⁴pien⁵³iəu⋯təu²¹li⁰iəu⁵³xe⁵³pait³kʰuai⁵³pʰin²¹fəŋ⁴⁴.kai⁵³çioŋ⁴⁴iəu⁵³xe⁴⁴
pait³kʰuai⁵³pʰin²¹fəŋ⁴⁴.e²¹,iəu⁵³xe²¹tʰaŋ³⁵ts⁵³ioŋ⋯ioŋ²¹pien³⁵ke⁴⁴pʰin¹³fəŋ³⁵u⁵³xa⁴⁴
lɔi²¹lei³tsəŋ³⁵kan³⁵tsʰiəu⁵³iet³tsak⁵sioŋ³⁵fəŋ²¹.

但是爱举行重大活动个时候子，爱搞么个活动啊，祭祖哇，或者老哩人，整酒哇，系唔系？或者整大酒哇整几百桌啊，箇就分屏风板嘞下⋯⋯下松下来，下扯咁去。全部空个。嗯，全部空个。欸。tan⁴⁴sɿ⁴⁴ɔi¹³tsɿ⁵çin¹³tsʰən⁵³
tʰai⁴⁴xɔit⁵tʰəŋ⁵³ke⁵³sɿ¹³xei⁵³tsɿ⁰,ɔi⁵³kau²¹mak⁵ke⁴⁴xɔit⁵tʰəŋ⁵³ŋa⁰,tsi⁵³təu⁵³ua⁰,xɔit⁵
tsa²¹lau²¹li⁰ɲin¹³,tsaŋ²¹tsiəu²¹ua⁰,xei⁴⁴me⁴⁴(←m̩¹³xe⁵³)?xɔit⁵tsa²¹tsaŋ²¹tʰai²¹tsiəu²¹ua⁰
tsaŋ²¹ci²¹pak⁵tsɔk³a⁰,kai⁴⁴tsʰiəu⁴⁴pən⁴⁴pʰin¹³fəŋ³⁵pan²¹ne⁰xa⋯xa⁵³səŋ³⁵xa⁵³lɔi¹³,xa³⁵
tsʰa²¹kan²¹çi⁴⁴.tsʰien¹³pʰu⁴⁴kʰəŋ³⁵ke²¹.n̩₂₁,tsʰien¹³pʰu⁴⁴kʰəŋ⁵³ke⁵³.e²¹.

欸，以只我等箇屋嘞，渠还有以只以只厢房后背，有得天心，我等箇只屋厢房后背罾做天心。以上背箇个前⋯⋯上正间后背做只天心。下正间后背也做只天心。箇映个屋嘞又咁子倒⋯⋯两⋯⋯两倒水。以映子倒。做只比厢房还更高个一只亭子，做只亭子。安做⋯⋯扯下开来。箇亭子嘞又唔做墙，也有得墙，也做屏风，箇一扯下开来嘞，开得一百几十桌。以头望到箇头。欸。以头望到箇头。箇边也样个咁子做倒。以边咁子做倒。所以我等箇只屋就留唔下来呀。尽系树做个。会腐烂啦。会尽歿嘿哩啊。咁大啦以前我等箇只屋。e²¹,i²¹iak⁵(←tsak³)ŋai¹³tien⁰kai⁵³tsak³uk³lei⁰,ci²¹xai²¹
iəu⁴⁴i²¹tsak³i²¹tsak³sioŋ³⁵fəŋ¹³xei⁵³pɔi⁴⁴,mau²¹tek³tʰien³⁵sin⁴⁴,ŋai²¹tien⁰kai⁵³tsak³uk³
sioŋ³⁵fəŋ¹³xei⁵³pɔi⁵³maŋ¹³tso⁵³tʰien³⁵sin⁴⁴.i²¹ʂoŋ⁵³pɔi⁵³kai⁴⁴kei⁴⁴tsʰien¹³⋯ʂoŋ⁵³tsəŋ⁵³
kan⁴⁴xei⁵³pɔi⁵³tso⁵³tsak³tʰien⁴⁴sin⁴⁴.xa⁵³tsəŋ⁴⁴kan⁴⁴xei⁵³pɔi⁵³ia²¹tso⁵³tsak³tʰien³⁵
sin³⁵.kai⁵³iaŋ⁵³ke⁵³uk³lei⁰iəu⁵³kan²¹tsɿ⁰tau²¹⋯ioŋ²¹⋯ioŋ²¹tau²¹ʂei²¹.i²¹iaŋ⁵³tsɿ⁰
tau²¹.tso⁵³tsak³pi⁵³sioŋ³⁵fəŋ²¹xai¹³cien⁵³kau³⁵ke⁴⁴iet³tsak³tʰin¹³tsɿ⁰,tso⁵³ak³
(←tsak³)tʰin¹³tsɿ⁰.ɔn⁴⁴tso⁵³⋯tsʰa²¹a⁴⁴(←xa⁵³)kʰɔi³⁵lɔi²¹.kai⁴⁴tʰin¹³tsɿ⁰lei⁰iəu⁵³n̩¹tso⁵³
tsʰioŋ¹³,ia³⁵mau¹³tek³tsʰioŋ¹³,ia³⁵tso⁵³pʰin¹³fəŋ³⁵,kai⁵³iet³tsʰa²¹a⁴⁴(←xa⁵³)kʰɔi³⁵lɔi¹³
lei⁰,kʰɔi³⁵tek³iet³pak⁵ci¹³ʂət⁵tsɔk³.i²¹tʰei¹³uɔŋ⁵³tau²¹kai⁵³tʰei¹³.e²¹.i²¹tʰei¹³uɔŋ⁵³tau²¹
kai⁵³tʰei¹³.kai⁵³pien⁵³ia⁵³ioŋ⁵³kei⁴⁴kan²¹tsɿ⁰tso⁵³tau²¹.i²¹pien⁵³kan²¹tsɿ⁰tso⁵³tau²¹.so²¹i⁵³
ŋai¹³tien⁰kai⁵³tsak³uk³tsiəu⁵³liəu⁴⁴n̩¹xa³⁵lɔi²¹ia⁰.tsʰin³⁵xei⁵³ʂəu⁵³tso⁴⁴ke⁴⁴.uɔi⁵³fu²¹lan⁵³
la⁰.uɔi⁴⁴tsʰin⁵³mət³tek³(←xek³)lia⁰.kan²¹tʰai⁵³la⁰i¹³tsʰien¹³ŋai²¹tien⁰kai⁵³tsak³uk³.

如今我等箇只屋就⋯⋯i²¹cin⁴⁴ŋai¹³tien⁰kai⁵³tsak³uk³tsiəu⁵³⋯（现在还在吗那屋？）有⋯⋯哈？有得哩。只剩倒一只盘子凑。留唔住哩。下拆啊哩。mau¹³⋯xa³⁵,mau¹³tek³li⁰.tsɿ²¹ʂən⁵³tau²¹iet³tsak³pʰan²¹tsɿ⁰tsʰe⁰.liəu¹³n̩₂₁tsʰəu⁵³
li⁰.xa⁵³tsʰak³a⁰li⁰.（你小时候都看过？）看过，箇我等细细子看过。箇也就系箇个咯，厢房箇只是旧年正拆咯，旧年正拆嘿啦，厢房是啦。亭子厅嘞，箇亭子厅嘞，箇就蛮多年了。欸，蛮多年了，拆稳呐。箇也就亭子。kʰɔn⁵³ko⁵³₂₁,kai⁵³ŋai¹³₂₁tien⁰ se⁵³se⁵³₄₄tsɿ⁰ kʰɔn⁵³ko⁵³₄₄.kai⁵³₄₄ie⁵³₄₄tsiəu⁵³₂₁e₂₁(←xe⁵³)kai⁵³₄₄cie⁵³₄₄ko⁰,siɔŋ³⁵fɔŋ¹³₂₁kai⁵³₄₄tʂak³ ʂɿ¹³₂₁cʰiəu⁵³ɲien¹³tʂaŋ¹³tsʰak³ ko⁰,cʰiəu⁵³ɲien¹³tʂaŋ¹³tsʰak³ xek³ la⁰,siɔŋ³⁵fɔŋ¹³₂₁ʂɿ⁵³la⁰.tʰin¹³tsɿ⁰ tʰaŋ³⁵nei⁰,kai⁵³tʰin¹³tsɿ⁰ tʰaŋ³⁵nei⁰,kai⁵³₄₄tsʰiəu⁵³man¹³to⁵³₄₄ɲien¹³niau⁰.e₂₁,man¹³₂₁to⁵³₄₄ɲien²¹₂₁niau⁰,tsʰak³ uən²¹₄₄na⁰.kai⁵³₄₄ie⁵³₄₄tsʰiəu⁵³₄₄tʰin¹³tsɿ⁰.

（现在还找得到那种老村子啊？老房子吗？）老房子吧？爱去寻，寻得倒嘞，有嘞。lau²¹fɔŋ¹³tsɿ⁰pa⁰ʔɔi⁵³çi⁵³tsʰin¹³,tsʰin¹³₄₄tek³ tau²¹le⁰,iəu³⁵le⁰.（其实你讲现在那个搞旅游啊很多都是……有这样的就是资源呐！）就看下子箇老屋嘞，欸欸，欸。tsiəu⁵³₄₄kʰɔn⁵³na⁵³₄₄tsɿ⁰ kai⁵³₄₄lau²¹uk³ le⁰,e₂₁,e₂₁,e₂₁.（那现在这种钢筋水泥的房子谁看？）么人……系，冇人看它，有么人看呢呃，对。冇人看了钢筋水泥。mak³ in¹³…xei⁵³,mau¹³in¹³₄₄kʰɔn⁵³tʰa⁵³₄₄,mau¹³mak³ in¹³kʰɔn⁵³ne⁰,tei⁵³.mau¹³ɲin¹³kʰɔn⁵³niau⁰kɔŋ³⁵cin⁵³₄₄ʂei²¹nei¹³.

（好，那像像刚才那样的讲的那个前后都是用屏风这个隔开隔成的这样的房间那叫什么？）安做……有有的就安做厢房唠，欸，有滴就安做亭子厅唠。渠就系搞么个唔砌墙嘞？就系便于举行大个活动。欸。ɔn³⁵₄₄tso⁵³₄₄…iəu²¹iəu³⁵tiet⁵ tsʰiəu⁵³₄₄ɔn³⁵₄₄tso⁵³siɔŋ³⁵fɔŋ¹³lau⁰,e₂₁,iəu³⁵tiet⁵ tsʰiəu⁵³₄₄ɔn³⁵tso⁵³₄₄tʰin¹³tsɿ⁰ tʰaŋ³⁵lau⁰.ci¹³tsʰiəu⁵³xei⁵³₄₄kau⁰mak³ ke⁵³n¹³tsʰi⁵³tsʰiɔŋ¹³lei⁰?tsʰiəu⁵³xei⁵³pʰien³⁵ʮ¹³tsʮ¹³çin¹³tʰai³⁵ke⁰xɔit³ tʰəŋ⁵³.e₂₁.（以前大家族唠。）大家族啊，系，大家族啊，欸。欸一会清明呢清明，系吗？冬至啊。尤其系冬至，祭祖，嗯。箇就大家都来，一只家族个人都来。嗯。tʰai⁵³cia³⁵₄₄tsʰəuk³ ua⁰,xe²¹,tʰai⁵³cia³⁵₄₄tsʰəuk³ ua⁰,e₂₁.e₂₁iet³ xue⁵³tsʰin³⁵min²¹ne⁰tsʰin¹³min²¹₂₁,xei⁵³₄₄ma⁰?təŋ³⁵tsɿ⁵³₄₄za⁰.iəu¹³cʰi¹³xe⁵³təŋ³⁵tsɿ⁵³,tsi⁵³tsəu²¹,n̩₂₁.kai⁵³tsʰiəu⁵³tʰai⁵³cia³⁵təu⁵³₄₄lɔi¹³,iet³ tʂak³ cia³⁵tsʰəuk³ ke⁰ɲin²¹təu⁵³lɔi¹³.n̩₂₁.

过套

看你几间过套，安做几多间过套。三间过套，箇就中间只厅子，一边一只间，就系三间过套。还有五间过套，一边就两只间。以边两只间，箇边两只间，中间只厅子，五间。五间过套。我等箇只老屋以前就五间过套。kʰan₅₃ni₂₁ci²¹cian₄₄ko⁵³tʰau⁵³,ɔn³⁵tso⁵³ci²¹to³⁵kan³⁵ko⁵³tʰau⁵³.san³³kan³⁵ko⁵³tʰau⁵³,kai⁵³tsʰiəu⁵³₄₄tʂəŋ³⁵kan₄₄tʂak³ tʰaŋ³⁵tsɿ⁰,iet³ pien³⁵iet³ tʂak³ kan³⁵,tsʰiəu⁵³₄₄xe⁵³₄₄san³⁵kan³⁵ko⁵³tʰau⁵³.ai¹³(←xai¹³)iəu³⁵ŋ⁵³₅₃kan³⁵ko⁵³tʰau⁵³,iet³ pien³⁵tsʰiəu⁵³iɔŋ²¹tʂak³ kan₄₄.i¹³pien³⁵iɔŋ²¹tʂak³ kan₄₄,kai⁵³pien³⁵₄₄iɔŋ²¹tʂak³ kan₄₄,tʂəŋ³⁵kan³⁵tʂak³ tʰaŋ³⁵tsɿ⁰,ŋ̩²¹kan³⁵.ŋ̩²¹kan³⁵ko⁵³tʰau⁵³.ŋai¹³tien⁰kai³³tʂak³ lau²¹uk³ i³⁵₄₄tsʰien¹³tsʰiəu⁵³₄₄ŋ̩²¹kan₄₄ko⁵³tʰau⁵³.

厅子

（欸以前房子啊它是分好多进嘛，是吧？）欸，分进，欸系，欸。e₂₁, fən₄₄³⁵tsin⁵³,e₅₃xe₂₁⁵³,e₂₁.（一进两进三进，那个就是最前面的那一进，它中间那个厅堂叫什么呢？）安做……下厅哦，下厅。箇顶高就安做上厅。下厅，上厅。ɔn³⁵tso₄₄⁵³tʂ···xa³⁵tʰaŋ³⁵ŋo⁰,xa³⁵tʰaŋ³⁵.kai⁵³taŋ²¹kau₄₄³⁵tsʰiəu₄₄⁵³ɔn₄₄³⁵tso₄₄⁵³ʂɔŋ⁵³tʰaŋ₄₄³⁵.xa³⁵tʰaŋ₄₄³⁵,ʂɔŋ⁵³tʰaŋ³⁵.

（中间那个进呢？）中间就……中间箇一进呢一般它……tʂəŋ³⁵kan₄₄³⁵tsʰiəu⁵³···tʂəŋ³⁵kan₄₄³⁵kai³iet³tsin⁵³ne⁰iet³pɔn³⁵tʰa³⁵···（中……中厅？）过路厅欸，就过路个厅子呢。又过路厅子又不完全系指箇只厅子嘞。欸厅子。欸上厅，下厅。一般中间个厅子咯一般就中间就放……做天心呢。ko⁵³ləu⁵³tʰaŋ³⁵ŋei⁰,tsiəu₂₁ko⁵³ləu⁵³ke₄₄⁵³tʰaŋ⁵³tsɿ⁰lei⁰.iəu⁰ko⁵³ləu⁵³tʰaŋ⁵³tsɿ⁰iəu⁰pət³xɔn¹³tsʰien₄₄⁵³xe⁵³tsɿ²¹kai⁵³tʂak⁵³tʰaŋ₄₄⁵³tsɿ⁰lei⁰.e₂₁tʰaŋ⁵³tsɿ⁰.ei₂₁ʂɔŋ⁵³tʰaŋ³⁵,xa⁵³tʰaŋ³⁵.iet³pɔn³⁵tʂəŋ³⁵kan₄₄³⁵ke₄₄⁵³tʰaŋ⁵³tsɿ⁰ko⁰iet³pɔn³⁵tsʰiəu₄₄⁵³tʂəŋ³⁵kan⁵³tsʰiəu₄₄⁵³fɔn⁵³···tso⁵³tʰien⁵³sin³⁵nei⁰.（做什么？）做天心啐。tso⁵³tʰien⁵³sin³⁵nau⁰.中间唔做屋呢。tʂəŋ³⁵kan₄₄⁵³n̩¹³tso⁵³uk³nei⁰.（天井啊？）天井呐。tʰien₄₄³⁵tsin²¹na⁰.一般中间箇栋屋呢，同我同我等箇老屋样，中间就做天心呢。iet³pɔn³⁵tʂəŋ³⁵kan₄₄³⁵kai⁵³təŋ₄₄⁵³uk³le⁰,tʰəŋ¹³ŋai¹³tʰəŋ¹³ŋai¹³tien⁰kai⁵³lau²¹uk³iɔŋ₄₄⁵³,tʂəŋ³⁵kan₄₄⁵³tsʰiəu₄₄⁵³tso⁵³tʰien⁵³sin₄₄³⁵nei⁰.（一进二进这个中间有个天井。）欸，做只天心呢。e₂₁,tso⁵³tʂak⁵³tʰien³⁵sin₄₄³⁵nei⁰.（二进跟三进中间还有个天井吗？）普通话：欸，二进跟三进。（但是这个进中间呢它还有个厅堂嘛。我是讲厅。就是上厅、下厅。）唔。厅，上上上厅下……上厅下厅。m̩₂₁tʰin₄₄³⁵,ʂɔŋ⁵³ʂɔŋ³⁵ʂɔŋ³⁵tʰaŋ³⁵xa···ʂɔŋ⁵³tʰaŋ₄₄³⁵xa³⁵tʰaŋ₄₄³⁵.（那，中间的那一进呢？还有一个……）中厅啊。箇有有喊中厅个嘞。唔。中厅。tʂəŋ³⁵tʰaŋ³⁵ŋa⁰.kai⁵³iəu⁵³iəu⁰xan⁵³tʂəŋ³⁵tʰaŋ₄₄³⁵ke₄₄⁵³le⁰.m̩₂₁.tʂəŋ³⁵tʰaŋ³⁵.

（那个过路厅是什么意思呢？什么呃是指什么地方？过路厅。）过路厅，过路厅子，渠是咁个，渠起屋个时候子冇得么人起过路厅，冇得。但是往往嘞箇屋嘞就成哩为了爱进到到箇肚里，箇只厅子就成哩事实上嘞就就成哩只过路个厅子了。系咁子个，冇得一只么啊专门话起只过路厅。冇得，欸。ko⁵³ləu⁵³tʰaŋ³⁵,ko⁵³ləu₂₁⁵³tʰaŋ³⁵tsɿ⁰,ci¹³ʂɿ₄₄²¹kan₂₁²¹ke⁰,ci₂₁¹³çi²¹uk³ke⁵³ʂɿ¹³xei⁵³tsɿ⁰mau¹³tek³mak³ɲin¹³çi²¹ko⁵³ləu⁵³tʰaŋ³⁵,mau¹³tek³.tan⁵³ʂɿ¹uɔŋ²¹uɔŋ²¹le⁰kai⁵³uk³lei⁰tsʰiəu₄₄⁵³ʂaŋ¹³li⁰uei²¹liau²¹ɔi⁵³tsin⁵³tsin⁵³tau₄₄⁵³kai⁵³təu⁰li⁰,kai⁵³iak³(←tʂak³)tʰaŋ³⁵tsɿ⁰tsʰiəu₄₄⁵³ʂaŋ¹³li⁰ʂɿ⁵³ʂət⁵xɔŋ₄₄⁵³lei⁰tsʰiəu₄₄⁵³tsʰiəu₄₄¹³li⁰tʂak⁵³ko⁵³ləu⁵³ke₄₄⁵³tʰaŋ⁵³tsɿ⁰liau⁰.xe₂₁kan⁵³tsɿ⁰ke₄₄,mau¹³tek³iet³tʂak³mak³a⁰tʂen³⁵mən₂₁¹³ua₄₄⁵³tʂʰi²¹tʂak³ko⁵³ləu₂₁⁵³tʰaŋ³⁵.mau₂₁¹³tek³,e₂₁.（噢，说法还是有这个说法，是吧？）有有有箇样讲法。

箇只厅子成哩过路厅子。嗯。过路个厅子。iəu³⁵uəu³⁵iəu³⁵kai⁵³ioŋ⁵³kɔŋ²¹fait³.kai⁵³
tṣak³tʰaŋ³⁵tsʅ⁰ṣaŋ²¹li³ko⁵³ləu⁵³tʰaŋ³⁵tsʅ⁰.n̩²¹.ko⁵³ləu⁵³ke⁵³tʰaŋ³⁵tsʅ⁰.

（好，一个厅啊它那个这里不是有个天子壁吗？天地忠亲歀国亲师啊
是吧在这个中间，背后还有个小厅，那个厅叫什么？）哦，后背有一只。
歀，以只以只正面箇以只以只大厅个后背，系唔系？后背，背后。o²¹,xei⁵³
pɔi⁵³iəu³⁵iet³tṣak³.e²¹,i²¹tṣak³i²¹tṣak³tṣən⁵³mien⁵³kai⁵³i²¹tṣak³i²¹tṣak³tʰai⁴⁴tʰaŋ⁵³ke⁴⁴
xei⁵³pɔi⁵³,xei⁵³me⁴⁴(←m¹³xe⁵³)? xei⁵³pɔi⁵³,pɔi⁵³xei⁵³.（厅子背后的那个小的。）系
系，有。嗯，箇安做么个唠？后厅子唠，一般就安做后厅子。后厅。xei⁵³
xei⁴⁴,iəu³⁵.m̩⁵³,kai⁵³ɔn³⁵tso⁴⁴mak³ke⁵³lau⁰?xei⁵³tʰaŋ³⁵tsʅ⁰lau⁰,iet³pɔn³⁵tsʰiəu⁴⁴ɔn³⁵tso⁵³
xei⁵³tʰaŋ³⁵tsʅ⁰.xei⁵³tʰaŋ³⁵.（啊，你听过这个说法，是吧？）有，有咁个话法，
后厅子。iəu³⁵,iəu³⁵kan²¹cie⁴⁴ua⁵³fait³,xei⁵³tʰaŋ³⁵tsʅ⁰.

横屋

（那个跟厢房隔着那个天井，对面的那个呢？）厢房对面个？sioŋ³⁵fɔŋ¹³
ti⁵³mien⁵³ke⁰?（嗯。）一般做，隔只天心，对面也应该系厢房啊。iet³pɔn³⁵
tso⁵³,kak³tṣak³tʰien³⁵sin³⁵,ti⁵³mien⁵³ia³⁵in⁴⁴kɔi³⁵xe⁵³sioŋ⁴⁴fɔŋ¹³ŋa⁰.（也是厢房？）歀，
东厢房，西厢房啊。以比……e²¹,təŋ³⁵sioŋ⁴⁴fɔŋ²¹,si³⁵sioŋ⁴⁴fɔŋ²¹ŋa⁰.i⁴⁴pi…

（呃，叫不叫横屋？）横屋噢？横屋箇是又另外个了。渠就……横屋
个意思嘞打比样以个以个屋嘞系系系咁子做倒，以咁子……咁子做倒个屋
样，系啊？上栋，下栋，中间嘞一边一只厢房，以映子进去，系啊？横屋
嘞就系咁子做倒箇屋。咁子以映，以边咁子。以起嘞就咁子倒水呀。两倒
水呀，歀。以映子进去呀，系啊？以映上栋，以向下栋，横屋嘞就以咁子
倒水。倒转以两边。uaŋ¹³uk³au⁰?uaŋ¹³uk³kai⁵³sʅ⁴iəu³⁵lin⁵³uai³ke⁴⁴liau⁰.ci¹³
tsʰiəu⁵³…uaŋ¹³uk³ke⁵³i²¹sʅ⁴⁴lei⁰ta²¹pi³ioŋ⁵³i²¹cie⁵³i²¹cie⁵³uk³le⁰xe⁵³xe⁵³xe⁵³kan¹³tsʅ⁰
tso⁵³tau²¹,i²¹kan²¹tsʅ⁰ts…kan²¹tsʅ⁰tso⁵³tau²¹ke⁵³uk³ioŋ⁵³,xe⁴⁴a⁰?ṣoŋ⁵³təŋ⁵³,xa³
təŋ⁵³,tṣən⁵³kan⁴⁴nei⁰iet³pien³⁵iet³tṣak³sioŋ³⁵fɔŋ²¹,i²¹iaŋ⁴⁴tsʅ⁰tsin⁵³çi⁵³,xei⁵³a⁰?uaŋ¹³uk³
lei⁰tsʰiəu⁵³xei⁵³kan¹³tsʅ⁰tso⁵³tau²¹kai⁵³uk³.kan¹³tsʅ⁰i²¹iaŋ³⁵,i²¹pien⁴⁴kan²¹tsʅ⁰.i²¹çi²¹lei⁰
tsʰiəu⁵³kan¹³tsʅ⁰tau⁵³ṣei⁰ia⁰.ioŋ²¹tau²¹ṣei²¹ia⁰,e²¹.iaŋ¹³(←i²¹iaŋ⁵³)tsʅ⁰tsin⁵³çi⁵³ia⁰,xe⁵³
a⁰?i²¹iaŋ⁴⁴ṣɔŋ⁵³təŋ⁴⁴,i²¹çioŋ⁵³xa³təŋ⁵³,uaŋ¹³uk³lei⁰tsʰiəu⁵³i²¹kan¹³tsʅ⁰tau²¹ṣei²¹.tau²¹
tṣɔn²¹i²¹ioŋ²¹pien³⁵.（啊，左右那个？）歀歀歀，以只方向，垂直，摎渠垂直
个以另外一只方向。歀.e⁵³e⁴⁴e⁴⁴,i²¹tṣak³fɔŋ⁵³çioŋ⁵³,tsʰei¹³tsʰət⁵,lau³⁵ci²¹tsʰei¹³tsʰət⁵
cie⁵³i²¹lin⁵³uai⁴⁴iet³tṣak³fɔŋ³⁵çioŋ⁵³.e²¹.

（它跟厢房有什么区别呢？）有厢房就渠……歀箇横……横屋啊，就
厢房后背。一般就做下……iəu⁰sioŋ³⁵fɔŋ¹³tsʰiəu⁵³ci¹³…e⁴⁴kai⁴⁴uaŋ¹³…uaŋ¹³uk³

a^0,tsʰiəu$_{44}^{53}$siɔŋ^{35}fəŋ^{13}xei^{53}pɔi$_{44}^{53}$.iet^3 pɔn^{35}tsʰiəu$_{44}^{53}$tso$_{44}^{53}$a$_{44}$(←xa^{53})…（噢，厢房后面啊？）做下厢房后背横屋。一般都系……我等箇只我等箇映子欸——一般就系咁子做法唠。渠有有地方个话可以以边做套横屋，以边也做横屋。tso^{53}a$_{44}$(←xa^{53})siɔŋ^{35}fəŋ$_{21}^{13}$xei^{53}pɔi$_{44}^{53}$ke$_{44}^{53}$uaŋ^{13}uk^3.iet^3 pɔn^{35}təu$_{44}^{35}$xe$_{44}^{53}$…ŋai^{13}tien^{53}kai^{53}tʂak^3 ŋai^{13}tien^{53}kai$_{44}^{53}$iaŋ^{53}tsɿ^{53} e$_{44}$iet^3 iet^3 pɔn^{35}tsʰiəu$_{44}^{53}$xei$_{44}^{53}$kan^{21}tsɿ^{53} tso^{53}fait^3 lau^0.ci$_{21}^{13}$iəu^{35}iəu^{35}tʰi$_{44}^{53}$fəŋ$_{44}^{53}$ke$_{44}^{53}$fa$_{44}^{53}$kʰo$_{44}^{21}$i$_{44}^{35}$i$_{44}^{21}$pien$_{44}^{35}$tso^{53}tʰau$_{44}^{35}$uaŋ^{13}uk^3,i^{21}pien$_{44}^{35}$na$_{44}$(←ia^{35})tso^{53}uaŋ^{13}uk^3.

（那横屋中间可能还有天井？）欸，又又可以放天心。嗯。又可以放天井。渠因为爱采光啊，渠看唔倒哇，系唔系啊？以边墨暗呐。e$_{21}$,iəu$_{44}^{53}$iəu^{53}kʰo$_{44}^{21}$i^{35}fəŋ^{53}tʰien^{35}sin^{53}.n̩$_{21}$.iəu^{53}kʰo$_{44}^{21}$i^{35}fəŋ^{53}tʰien^{35}tsiaŋ^{21}.ci$_{21}^{13}$in^{35}uei$_{44}^{53}$ɔi$_{44}^{53}$tsʰai^{21}kɔŋ^{35}ŋa^0,ci^{13}kʰɔn$_{21}^{13}$tau^{21}ua^0,xei$_{44}^{53}$me$_{44}$(←m̩^{13}xe^{53})a^0?i^{21}pien^{35}miet^5 an^{53}na^0.

横厅子

普通话：有的人起房子嘞，他把这个横屋嘞多起出来。以映做只檐头，做只做只檐头呀。箇个就安做横屋吵。以下做只檐头。箇檐头就比较宽，肚里好放……晒下子衫裤箇只，过人，系啊？以以以个伸出来个两边个屋，箇横屋嘞，渠就一般嘞就平倒以只檐头来。以底下嘞做只做只么个？做只厅子，安做横厅子。只横个厅子。欸。大厅下嘞……有滴一栋个也咁子做嘞，横厅子。i$_{44}^{21}$iaŋ^{53}tso^{53}tʂak^3 ian^{13}tʰei^{13},tso^{53}tʂak^3 tso^{53}tʂak^3 ian^{13}tʰei^{13}ia^0.kai$_{44}^{53}$kei$_{44}^{53}$tsʰiəu$_{44}^{53}$ɔn$_{44}^{35}$tso$_{44}^{53}$uaŋ^{13}uk^{3}ʂa^0.i^{21}xa$_{44}^{53}$tso^{53}tʂak^3 ian^{13}tʰei^{13}.kai^{53}ian^{13}tʰei$_{21}^{13}$tsʰiəu^{53}pi^{13}ciau$_{21}^{53}$kʰɔn^{35},təu^{21}li^0 xau^{21}fəŋ^{53}…sai^{53}xa$_{21}^{53}$tsɿ^0 san^{35}fu^{53}kai$_{21}^{53}$tʂak^3,ko^{53}ɲin^{13},xei$_{44}^{53}$a^0 ?i^{21}i^{21}i^{21}i^{21}ke^{53}tʂʰən^{35}tʂʰət^3 lɔi$_{21}^{21}$kei^{21}iɔŋ^{13}pien^{53}ke^{5}uk^3,kai^{13}uaŋ^{13}uk^3 lei^0,ci^{13}tsʰiəu^{53}iet^3 pɔn^{35}ne^0 tsʰiəu$_{44}^{53}$pʰiaŋ^{13}tau^{21}i^{21}tʂak^3 ian^{13}tʰei^{13}lɔi^{13}.i^{21}tei^{21}xa$_{44}^{53}$lei^0 tso^{53}tʂak^3 tso^{53}tʂak^3 mak^3 e$_{44}$(←ke^{53})?tso^{53}ak^3(←tʂak^3)tʰaŋ^{53}tsɿ^0,ɔn^{35}tso$_{44}^{53}$uaŋ^{13}tʰaŋ^{35}tsɿ^0.tʂak^3 uaŋ^{13}ke$_{44}^{53}$tʰaŋ^{35}tsɿ^0.e$_{21}$.tʰai^{53}tʰaŋ^{35}xa$_{44}^{35}$lei^0…iəu^{35}tet^5 iet^3 təŋ^{13}ke$_{44}^{53}$ia^{35}kan^{21}tsɿ^0 tso^{53}lei^0,uaŋ^{13}tʰaŋ^{35}tsɿ^0.

大厅下嘞，放下子祖宗牌位呀举行活动箇只。横厅子嘞就做食饭厅子。一般子个农家个屋略，以前箇屋，横厅子就做食饭个厅子。tʰai$_{44}^{53}$tʰaŋ^{35}xa$_{44}^{35}$le^0,fəŋ^{53}xa$_{21}^{53}$tsɿ^0 tsəu^{21}tsəŋ^{35}pʰai^{13}uei^{53}ia^0 tʂʂʅ^{21}çin^{13}xɔit^5 tʰəŋ^{53}kai$_{44}^{53}$tʂak^3.uaŋ^{13}tʰaŋ$_{44}^{35}$tsɿ^0 lei^0 tsʰiəu$_{44}^{53}$tso$_{21}^{53}$ʂət^5 fan^{53}tʰaŋ^{35}tsɿ^0.iet^3 pɔn^{35}tsɿ^0 ke$_{44}^{53}$ləŋ^{13}cia$_{44}^{35}$ke^{53}uk^3 ko^0,i$_{53}^{35}$tsʰien^{13}kai$_{44}^{53}$uk^3,uaŋ^{13}tʰaŋ^{35}tsɿ^0 tsʰiəu$_{44}^{53}$tso$_{44}^{53}$ʂət^5 fan^{53}ke$_{44}^{53}$tʰaŋ^{35}tsɿ^0.

挖草脚沟

（那个开挖墙基叫什么呢？）安做草脚沟。墙基箇就安做草脚沟，安做草脚沟，下草脚。ɔn$_{44}^{35}$tso$_{44}^{35}$tsʰau^{21}ciɔk^3 kei^{35}.tsʰiaŋ^{13}ci$_{44}^{35}$kai^{13}tsʰiəu^{53}ɔn$_{44}^{35}$tso$_{44}^{53}$tsʰau^{21}ciɔk^3 kei^{35},ɔn$_{44}^{35}$tso$_{44}^{53}$tsʰau^{21}ciɔk^3 kei^{35},xa$_{53}^{53}$tsʰau^{21}ciɔk^3.（嗯，下草脚。）下草脚，就

系分箇渠欸欸下草脚就同箇挖挖草脚沟就相反呐，系呀？首先就挖条沟，挖出一条沟来，箇条就安做草脚沟。挖草脚沟。挖好哩以后，就用砖或者用水泥，用石头，就下草脚安做。分分箇泥挖咁去哟，系呀？xa³⁵tsʰau²¹ ciɔk³,tsʰiəu⁵³xei pən³⁵kai⁵³ci²¹₂₁e₂₁ue₂₁xa³⁵tsʰau²¹ciɔk³tsʰiəu⁵³tʰəŋ¹³kai⁵³uak³uait³ tsʰau²¹ciɔk³kei³⁵tsʰiəu⁵³siɔŋ³⁵fan²¹na⁰,xei⁵³₄₄ia⁰?ʂəu²¹sien³⁵tsʰiəu⁵³₄₄uait³tʰiau¹³₂₁ kei³⁵,uait³tʂʰət³iet³tʰiau¹³₂₁kei³⁵lɔi¹³₂₁,kai³tʰiau³⁵tsʰiəu⁵³₄₄ɔn³⁵tso⁵³tsʰau²¹ciɔk³kei³⁵.uait³ tsʰau²¹ciɔk³kei³⁵.uait³xau²¹li⁰i³⁵xei⁵³₄₄,tsʰiəu⁵³₄₄iəŋ⁵³₄₄tʂɔn³⁵xɔit⁵tʂa²¹iəŋ⁵³₄₄ʂei²¹lai¹³,iəŋ⁵³₄₄ ʂak⁵tʰei¹³₂₁,tsʰiəu⁵³₄₄xa³⁵tsʰau²¹ciɔk³ɔn³⁵tso⁵³₄₄.pən³⁵pən³⁵₄₄kai⁵³₄₄lai¹³ua³⁵kan²¹ çi³ʂa⁰,xei⁵³₄₄ ia⁰?

　　首先就安做打盘子唠。就是清基呀。就是打盘子，就安做打盘子。打屋盘子啊，分箇屋……箇只所爱用个栏场通通都清开来呀。搞成一只平……三通一平呐，系吗？嗯，箇就安做打盘子。ʂəu²¹sien³⁵₅₃tsʰiəu⁵³ɔn³⁵₄₄tso⁵³ta²¹ pʰan¹³tsʔ⁰lau⁰.tsʰiəu⁵³₄₄tʂʔ⁵₄₄tsʰin³⁵₄₄ci³⁵ia⁰.tsʰiəu⁵³₄₄tʂʔ⁵₄₄ta²¹pʰan¹³tsʔ⁰,tsʰiəu⁵³₄₄ɔn³⁵tso⁵³ta²¹ pʰan¹³tsʔ⁰.ta²¹uk³pʰan¹³tsa⁰,pən³⁵kai⁵³₄₄uk³…kai³⁵tʂak⁵so³⁵ɔi⁵³₄₄iəŋ³⁵ke⁵³₄₄lɔŋ¹³tʂʰɔŋ¹³ tʰəŋ³⁵tʰəŋ³⁵təu²¹₃₅tsʰin³⁵kʰɔi³⁵lɔi¹³₂₁ia⁰.kau²¹ʂaŋ¹³₄₄iet³tʂak⁵pʰin…san⁵³₄₄tʰəŋ⁵³₄₄i⁵³₄₄pʰin¹³ na⁰,xei⁵³₄₄ma⁰?m̩₂₁,kai⁵³₄₄tsʰiəu⁵³₄₄ɔn³⁵tso⁵³₄₄ta²¹pʰan¹³tsʔ⁰.

　　打哩盘子以后呢就挖草脚沟。爱砌爱爱砌墙个栏场先舞正条沟来。挖草脚沟。ta²¹li⁰pʰan¹³tsʔ⁰i³⁵xei⁵³₄₄lei⁵³tsʰiəu⁵³uait³tsʰau²¹ciɔk³kei³⁵.ɔi¹³tsʰi⁵³ɔi³ɔi⁵³tsʰi⁵³ tsʰiəŋ¹³ke¹³lɔŋ¹³tʂʰɔŋ¹³sien³⁵u²¹tʂaŋ³⁵tʰiau¹³kei³⁵lɔi¹³₂₁.uait³tsʰau²¹ciɔk³kei³⁵.

墙脚

　　墙脚有两只脚。从前呢，就有得红砖呢，用用用用土砖或者筑泥哟。在在箇……在箇个地板以下个，底下个，安做草脚。欸，安做草脚。开头讲哩打草脚啊。安做草脚。tsʰiɔŋ¹³₂₁ciɔk³iəu³⁵₄₄iəŋ²¹tʂak⁵ciɔk³.tsʰʔ⁵³tʰəŋ¹³tsʰien¹³₂₁ nei⁰,tsʰiəu⁵³mau³⁵tek³fəŋ¹³tʂɔn³⁵ne⁰,iəŋ⁵³iəŋ⁵³iəŋ⁵³iəŋ⁵³tʰəu²¹tʂɔn³⁵xɔit⁵tʂa²¹tʂʂəuk³ lai¹³ʂa⁰.tsʰai⁵³tsʰai⁵³tsʰə…tsʰai⁵³kai³ke⁵³₂₁tʰi³pan¹³i³⁵çia⁵³ke⁵³₄₄,te²¹xa³⁵ke⁵³,ɔn⁵³₄₄tso⁵³₄₄ tsʰau²¹ciɔk³.e₂₁,ɔn³⁵tso⁵³₄₄tsʰau²¹ciɔk³.kʰɔi³⁵tʰei⁵³₄₄kɔŋ²¹li⁰ta²¹tsʰau²¹ciɔk³a⁰.ɔn³⁵tso⁵³₄₄ tsʰau²¹ciɔk³.

　　地板以上，打比以映个看得倒个，以系地板以上，系呀？以映子，从前是砌砖，系啊？砌……砌土砖，或者筑土墙。但是地……底下一线子嘞舞怕怕怕水。底下就用用三沙，欸，用三沙。以到，以只脚，以映也安做一只脚，安做明脚。就如今个地脚梁啊。就倒地脚梁个栏场安做明脚。也就系也就系如今讲个正负零以上啊。正负零以上哈。tʰi⁵³pan²¹i³⁵ʂɔn³⁵,ta²¹pi²¹₂₁²¹ iaŋ⁵³₄₄ke⁵³₄₄kʰɔn⁵³tek³tau²¹ke⁵³,i²¹xe⁵³₄₄tʰi⁵³pan²¹i⁵³₄₄ʂɔŋ³⁵,xei⁵³₄₄a⁰?i²¹iaŋ³⁵tsʔ⁰,tsʰəŋ¹³tsʰien²¹ ʂŋ⁵³₄₄tsʰi⁵³tʂɔn³⁵,xei⁵³₄₄a⁰?tsʰi⁵³…tsʰi⁵³tʰəu²¹tʂɔn³⁵,xɔit⁵tʂa²¹tʂəuk³tʰəu²¹tsʰiɔŋ¹³.tan²¹₂₁ʂŋ⁵³₂₁tʰi⁵³…tei²¹xa⁵³iet³sien⁵³tsŋ⁵³le⁰u²¹pʰa⁵³pʰa⁵³pʰa⁵³ʂei²¹.tei²¹xa⁵³tsʰiəu⁵³iəŋ⁵³iəŋ⁵³san³⁵sa³⁵,e₂₁,iəŋ⁵³san³⁵sa³⁵.i²¹tau⁵³,i²¹tʂak³ciɔk³,i²¹iaŋ³⁵ia³⁵ɔn⁵³₄₄tsɔ⁵³₂₁iet³tʂak³ciɔk³,ɔn³⁵₄₄tsɔ⁵³₂₁min¹³ciɔk³.tsʰiəu¹³i²¹₂₁cin⁵³₄₄kei⁵³tʰi⁵³ciɔk³liɔŋ¹³ŋa⁰.tsʰiəu⁵³₄₄tau⁵³tʰi⁵³ciɔk³liɔŋ¹³ke⁵³lan²¹₂₁tʂʰɔŋ¹³₄₄ɔn³⁵₄₄tsɔ⁵³₂₁min¹³ciɔk³.ia³⁵tsʰiəu⁵³ue⁵³₄₄₄₄(←xe⁵³)ia³⁵tsʰiəu⁵³ue⁵³₄₄₄₄(←xe⁵³)i²¹₂₁cin³⁵₄₄kɔŋ⁵³ke⁵³₄₄tʂən⁵³fu⁵³lin¹³i³⁵ʂɔŋ³⁵ŋa⁰.tʂən⁵³fu⁵³lin¹³i³⁵ʂɔŋ³⁵xa⁰.

（那就是明脚在草脚的上面？）明脚，欸明脚就去草脚个上背，欸。明脚是一定个，只有只有一板或者两板。两板子墙，或者或者一尺子高，或者两尺高。欸。地……草脚嘞，箇就根据基础来看了，有滴地方挖得深个比人都更深。欸，草脚。min¹³ciɔk³,e₄₄min¹³ciɔk³tsʰiəu⁵³çi⁵³tsʰau²¹ciɔk³ke⁵³₄₄ʂɔŋ⁵³pɔi⁵³₄₄,e₂₁.min¹³ciɔk³ʂŋ⁵³₄₄iet³tʰin⁵³cie⁵³,tsŋ²¹iəu³⁵tsŋ²¹iəu³⁵iet³pan²¹xɔit⁵tʂa²¹iəŋ²¹pan²¹.iəŋ²¹pan²¹tsŋ⁰tsʰiɔŋ³⁵₄₄,xɔit⁵tʂa⁰xɔit⁵tʂa²¹iet³tʂʰak³tsŋ⁰kau₄₄,xɔit⁵tʂa²¹iəŋ²¹tʂʰak³kau³⁵₄₄.e₂₁.tʰi⁵³…tsʰau²¹ciɔk³lei⁰,kai⁵³₄₄tsʰiəu⁵³₄₄cien³⁵₄₄tsŋ⁵³ci¹³tsʰəu²¹lɔi¹³kʰɔn¹³niau⁰,iəu¹³tet⁵tʰi⁵³₄₄fɔŋ³⁵₄₄ua³⁵tek⁵tʂʰən³⁵cie⁵³₄₄pi²¹ɲin¹³təu₄₄cien⁵³tʂʰən³⁵.e₂₁,tsʰau²¹ciɔk³.

筑墙

筑墙个工具啊？tʂəuk³tsʰiɔŋ¹³ke⁵³₄₄kəŋ²¹tsʂŋ⁵³₄₄a⁰？（嗯。你有没有筑过？）我筑过哦，我筑过。ŋai¹³tʂəuk³ko⁵³₄₄o⁰.ŋai¹³tʂəuk³ko⁵³₄₄.（你也筑过哦？）嗯。ŋ₂₁.

首先就系箇只夹板。ʂəu²¹sien³⁵₄₄tsʰiəu₄₄xei⁵³₄₄kai⁵³tʂak³kait⁵pan²¹.（夹板叫不叫墙板？）墙板，也话墙板。tsʰiɔŋ¹³pan²¹,ia³⁵ua⁵³tsʰiɔŋ¹³pan²¹.（你们平时要是讲的话就更多讲呢？）墙板嗷，话墙板也话得。tsʰiɔŋ¹³pan²¹nau⁰,ua⁵³tsʰiɔŋ¹³pan²¹na₄₄(←ia³⁵)ua⁵³tek³.（墙板？）嗯，话墙板。两块嗯厚个板嗷，系啊？箇边就箇边就舞只箇东西连起来唠。就系墙板。ŋ₂₁,ua⁵³tsʰiɔŋ¹³pan²¹.iəŋ²¹kʰuai⁵³₄₄tek³xei⁵³₄₄kei⁵³pan²¹nau⁰,xei⁵³a⁰?kai⁵³pien³⁵tsʰiəu₄₄kai⁵³pien³⁵tsʰiəu⁵³u²¹tʂak³kai₄₄təŋ³⁵si⁰lien¹³çi⁵³₄₄lɔi¹³₂₁lau⁰.tsiəu⁵³₄₄xe₄₄tsʰiɔŋ¹³pan²¹.

以向就有只卡子，安做卡子。i²¹çiɔŋ⁵³tsʰiəu⁵³iəu³⁵tʂak³kʰa¹³tsŋ⁰,ɔn³⁵tsɔ⁵³kʰa¹³tsŋ⁰.（卡子？）欸。e₂₁.（叫不叫牛子？）也安做牛子，系，也安做牛子。ia³⁵ɔn³⁵₄₄tsɔ⁵³ɲiəu⁵³₄₄tsŋ⁰,xe₄₄ia³⁵ɔn³⁵₄₄tsɔ⁵³ɲiəu²¹₂₁tsŋ⁰.（嗯，哪种更地道？）卡子多，话卡子话得多。kʰa¹³tsŋ⁰to³⁵,ua⁵³kʰa¹³tsŋ⁰ua₄₄tek³to²¹₅.（卡子？牛子也讲吗？）卡子，也讲牛子。kʰa¹³tsŋ⁰,ia³⁵kɔŋ²¹ɲiəu¹³tsŋ⁰.

（呃……）以下就钟槌。以下就欸撅箕子，装泥个。泥荷倒来个，装泥个。撅箕子，有么箇肚里？粪箕呀，就撅箕子嘞。i²¹xa⁵³tsʰiəu⁵³₄₄tʂən⁵³tsʰei₂₁.i²¹xa⁵³tsʰiəu⁵³₄₄e₂₁tsʰei⁵³ci³⁵₄₄tsŋ⁰,tsɔŋ³⁵lai¹³ke⁵³₄₄.lai¹³kʰai³⁵tau⁵³lɔi²¹₂₁ke₄₄,tsɔŋ³⁵lai¹³ke⁵³₄₄.tsʰei³⁵

ci$_{44}^{35}$tʂʅ^0,iəu^{35}mo^{0}kai$_{44}^{35}$təu^{21}li^0 ʔpən^{53}ci$_{44}^{35}$ia^0,tsʰiəu$_{44}^{53}$tsʰei^{35}ci$_{44}^{35}$tʂʅ^{0}lei^0.（搁是哪个搁？）
搁，搁起来，一搁起来，有箇搁。tsʰei^{35},tsʰei^{35}çi^{21}lɔi$_{21}^{13}$,iet^{3}tsʰei^{3}çi^{21}lɔi$_{21}^{13}$,iəu^{35}kai$_{21}^{53}$
tsʰei^{35}.（就是舂墙的时候装泥的那个那个那个那个粪箕，是吧？）欸，箇
就也还爱……欸欸欸，就系粪箕。e$_{21}$,kai$_{44}^{53}$tsʰiəu^{3}ie^{21}xa$_{21}^{53}$ɔi^{53}···e$_{21}$e$_{21}$e$_{21}$,tsʰiəu$_{44}^{53}$xei$_{44}^{53}$
pən^{53}ci$_{44}^{35}$.

好，箇泥装倒，搁箕子装倒，又要荷倒来嘞，用钩担。安做钩担。
xau^{21},kai^{53}lai^{13}tʂɔŋ^{35}tau^{21},tsʰei^{35}ci$_{44}^{35}$tʂʅ^{0}tʂɔŋ^{35}tau^{21},iəu^{53}iau$_{44}^{53}$kʰai^{35}tau^{21}lɔi$_{21}^{13}$le^0,iəŋ^{53}kei^{35}
tan^{53}.ɔn$_{44}^{35}$tso$_{44}^{53}$kei^{3}tan^{53}.

好，以一线就搞嘿哩。xau^{21},i^{21}iet^{3}sen^{53}tsʰiəu$_{44}^{53}$kau^{21}xek^{3}li^0.

以下就钟……筑……筑正哩以后嘞，欸，筑个时候子嘞又还爱箇个啦，
欸，泥水师傅爱舞挂挂尺。就爱爱爱渠搞直线来呀。欸搞正当来呀。挂尺。
嗬。i^{21}xa$_{44}^{53}$tsʰiəu$_{44}^{53}$tʂɔŋ^{35}···tʂəuk^3···tʂəuk^{3}tʂəŋ$_{44}^{53}$li^{0}i^{3}xei$_{44}^{53}$lei^0,e$_{21}$,tʂəuk^{3}ke^{53}ʂʅ^{53}xəu$_{44}^{53}$
tʂʅ^{0}lei^{0}iəu$_{44}^{53}$xai$_{21}^{13}$ɔi$_{44}^{53}$kai^{53}ke^{53}la^0,e$_{21}$,lai^{13}sei^{21}ʂʅ$_{44}^{35}$fu$_{44}^{53}$ɔi$_{44}^{53}$u^{21}kua^{53}kua^{5}tʂʰa$_{21}^{53}$.tsʰiəu$_{44}^{53}$ɔi^{53}ɔi^{53}
ɔi^{3}ci$_{21}^{13}$kau^{53}tʂʰət^{5}sien^{5}nɔi$_{21}^{53}$ia^0.e$_{21}$kau^{21}tʂən^{53}tɔŋ^{53}lɔi$_{21}^{13}$ia^0.kua^{53}tʂʰak^3.m̩$_{21}$.

好，以下就爱长搊，搊杯呀。爱系箇筑倒个是唔唔光滑唔箇个唔唔好
看呢，有墩箇只嘞，系唔系？欸，有滴儳筑得好个，爱整墙欸。爱整，整
墙。爱拍紧，欸。就用……就用……首先呢跻倒墙上，用长搊，嗬，人跻
倒墙上，咁子往底下去箇子去搊。长搊，就搊杯呀。搊杯。首先用长搊。
也就搊杯。好，如果系有滴有滴地方箇个欸墙板走动哩下子，系啊？儳舞
得正当个，靠……长搊整转下子来。差滴把子唔多直个吧，就整好下子来。
xau^{21},i^{21}xa$_{44}^{53}$tsʰiəu^{53}ɔi^{53}tʂʰɔŋ^{13}sen^{35},sen^{35}pai^{35}ia^0.ɔi$_{44}^{53}$xe$_{44}^{53}$kai^{53}tʂəuk^{3}tau^{21}ke^{53}ʂʅ$_{44}^{53}$m̩^{13}n̩^{13}
kɔŋ^{53}uait^{5}n̩^{13}kai$_{44}^{53}$ke$_{44}^{53}$n̩^{13}n̩^{13}xau^{21}kʰɔn^{53}ne^0,iəu$_{21}^{53}$tɔn^{53}kai$_{44}^{53}$tʂak^{3}le^0,xe$_{44}^{53}$me$_{44}$(←m̩^{13}
xe^{53})ʔe$_{21}$,iəu^{35}tiet^{5}maŋ$_{21}^{13}$tʂəuk^{3}tek^{3}xau^{21}ke$_{44}^{53}$,ɔi^{53}tʂaŋ^{21}tsʰiɔŋ^{13}ŋe^0.ɔi$_{44}^{53}$tʂaŋ^{21},tʂaŋ^{21}
tsʰiɔŋ^{13},ɔi$_{44}^{53}$pʰai$_{44}$cin^{21},e$_{53}$.tsʰiəu$_{44}^{53}$iəŋ$_{44}^{53}$···tsʰiəu$_{44}^{53}$iəŋ$_{44}^{53}$···ʂəu^{21}sien^{5}nei^{0}cʰi^{35}tau^{21}tsʰiɔŋ^{13}
xɔŋ^{53},iəŋ^{53}tʂʰɔŋ^{13}sen^{35},m̩$_{21}$,nin^{13}cʰi^{35}tau^{21}tsʰiɔŋ^{13}xɔŋ^{53},kan^{21}tʂʅ^{0}uɔŋ^{21}te^{21}xa$_{44}^{53}$çi^{53}kai$_{44}^{53}$tʂʅ^0
çi$_{44}^{53}$ʂen^{35}.tʂʰɔŋ^{13}sen^{35},tsʰiəu^{53}ʂen^{35}pai$_{44}^{53}$ia^0.ʂen^{35}pai^{53}.ʂəu^{21}sien$_{44}^{35}$iəŋ^{53}tʂʰɔŋ^{13}sen^{35}.ia^{35}
tsʰiəu^{53}ʂen^{35}pai$_{44}^{35}$.xau^{21},y^{13}ko^{21}xei$_{44}^{53}$iəu^{35}tet$_3^5$iəu^{35}tet$_3^5$tʰi$_{44}^{53}$fɔŋ^{35}kai$_{44}^{53}$ke$_{44}^{53}$e$_{21}$tsʰiɔŋ^{13}pan^{21}
tsei^{21}tʰəŋ^{35}li^{0}ia$_{44}^{53}$(←xa^{53})tʂʅ^0,xe^{53}a^{0}ʔmaŋ^{13}u^{21}tek^{3}tʂən^{53}tɔŋ$_{44}^{53}$ke$_{44}^{53}$,kʰau^{53}tsʰiɔ^{53}···tʂʰɔŋ^{13}
sen^{35}tʂaŋ^{21}tʂɔn^{53}na^{53}(←xa^{53})tʂʅ^{0}lɔi$_{44}^{13}$.tsa^{53}tiet^{5}pa^{21}tsʅ^{0}n̩$_{21}^{13}$to^{53}tʂʰət^{5}cie$_{44}^{53}$pa^0,tsʰəui$_{44}^{53}$tʂaŋ^{21}
xau^{21}ua^{53}(←xa^{53})tsʅ^{0}lɔi$_{21}^{13}$.

好，但是还局部地方，小地方，爱搞个，箇就用……用短搊杯子，就
鞋……安做鞋巴掌呢。安做鞋巴掌呢。箇就有几大子，人跻正来，跻正来，
拿鞋巴掌去整唠。整得泼口子。xau^{21},tan^{53}ʂʅ$_{44}^{53}$xai$_{44}^{13}$tʂət^{3}pʰu$_{44}^{53}$tʰi$_{44}^{13}$fɔŋ^{35},siau^{21}tʰi^{35}
fɔŋ$_{44}^{35}$,ɔi^{53}kau^{21}ke$_{44}^{53}$,kai$_{44}^{53}$tsʰiəu^{53}iəŋ^{53}···iəŋ^{53}tɔn^{21}sen^{35}pai^{53}tsʅ^0,tsʰiəu^{53}xai^{53}···ɔn$_{44}^{35}$tso$_{44}^{53}$

xai$_{21}^{13}$pa$_{44}^{35}$tʂɔŋ^{21}nei^0.ɔn$_{44}^{35}$tso$_{44}^{53}$xai^{13}pa^{35}tʂɔŋ^{21}nei^0.kai^{53}tsʰiəu^{53}mau$_{21}^{13}$ci^{21}tʰai^{53}tsʅ^0 ,nin^{13}cʰi$_{44}^{35}$ tʂaŋ^{53}lɔi$_{21}^{13}$,cʰi$_{44}^{35}$tʂaŋ^{53}lɔi$_{21}^{13}$,la$_{44}^{21}$xai$_{21}^{13}$pa$_{44}^{35}$tʂɔŋ^{21}ci$_{44}^{21}$tʂaŋ^{35}lau^0.tʂaŋ$_{44}^{13}$tek^{3}pait^{5}laŋ^{13}tsʅ^0.

箇整墙蛮重要啦。欸，临时就爱整。一墙……箇个欸墙板一松，就爱整。因为渠箇时子泥还溙湿，好整。你等渠𤊸哩了嘞就就整唔成哩，哆哆跌啊。会跌下来。kai^{53}tʂaŋ^{21}tsʰiɔŋ^{13}man^{13}tʂʰɔŋ^{53}iau^{53}la^0.e$_{21}$,lin^{13}sʅ^{13}tsʰiəu^{53}ɔi^{53} tʂaŋ^{21}.iet^{3}tsʰiɔŋ^{13}…kai$_{44}^{13}$ke$_{44}^{53}$e$_{21}$tsʰiɔŋ^{13}pan^{21}iet^{3}sɔŋ^{35},tsʰiəu$_{44}^{53}$ɔi$_{44}^{53}$tʂaŋ^{21}.in^{35}uei$_{44}^{53}$ci$_{21}^{21}$kai^{53} sʅ$_{21}^{13}$tsʅ^{0}lai$_{21}^{13}$xai$_{21}^{13}$tsiet^{5}ʂət^3,xau^{21}tʂaŋ^{21}.ɲi^{13}tien^{21}ci^{13}tsau^{35}li^{0}liau^{0}le^{0}tsʰiəu$_{44}^{53}$tsʰiəu$_{44}^{13}$tʂaŋ^{21} ŋ^{13}ʂaŋ^{53}li^0,to^{53}to^{53}tet^{3}a^0.icu^{13}tet^{3}xa$_{44}^{53}$lɔi$_{44}^{13}$.

就系箇几项东西了吧？tsʰiəu^{53}ue^{53}(←xe^{53})kai^{53}ci$_{21}^{13}$xɔŋ$_{44}^{53}$təŋ$_{44}^{35}$si^{0}liau^{0}pa^0？

墙绷

（那个这个墙啊你建那个有时候那个地基它有沉降嘛，你怎么防止这个墙沉降呢？）防止墙个沉降，嗬。fɔŋ^{13}tsʅ$_{21}^{21}$tsʰiɔŋ^{13}ke$_{44}^{53}$tʂʰən^{13}ciɔŋ$_{44}^{53}$,m$_{53}$.（那里面要放那个什么枋？）爱放放箇个放墙绷。安做放墙绷。ɔi$_{21}^{53}$fɔŋ^{53}fɔŋ^{53}kai$_{44}^{53}$ ke$_{44}^{53}$fɔŋ^{53}tsʰiɔŋ^{13}paŋ^{35}.ɔn$_{44}^{35}$tso$_{44}^{53}$fɔŋ^{53}tsʰiɔŋ^{13}paŋ^{35}.（墙绷？）墙绷，欸，我唔知箇绷字让门写的。用生个竹擤树，爱生个。箇土欸砖墙就放唔成绷唠。就放绷唔成。只有筑土个筑个筑个墙就放得绷啊。嗯。tsʰiɔŋ^{13}paŋ^{35},e$_{21}$,ŋai$_{21}^{13}$ŋ$_{21}^{13}$ti$_{}^{35}$ kai$_{44}^{}$paŋ^{35}tsʰ$_{44}^{53}$ɲiɔŋ$_{44}^{53}$mən$_{44}^{53}$sia^{21}tet^3.iəŋ^{53}saŋ^{53}ke$_{44}^{53}$tʂəuk^{3}lau^{0}ʂəu^{53},ɔi^{53}saŋ^{53}ke$_{44}^{53}$.kai^{53} tʰəu^{21}e$_{44}^{53}$tʂɔn^{35}tsʰiɔŋ^{13}tsʰiəu^{53}fɔŋ^{53}ŋ$_{21}^{13}$ʂaŋ$_{21}^{13}$paŋ^{35}lau^0.tsʰiəu^{53}fɔŋ^{53}paŋ^{35}ŋ$_{21}^{13}$ʂaŋ$_{21}^{13}$.tsʅ^{21}iəu$_{53}^{}$ tʂəuk^{3}tʰəu$_{44}^{21}$ke^{53}tʂəuk^{3}ke$_{44}^{53}$tʂəuk^{3}ke^{53}tsʰiɔŋ$_{21}^{13}$tsʰiəu$_{44}^{53}$fɔŋ^{53}tek^{3}paŋ^{35}ŋa^0.ŋ$_{21}$.

欸，打比样，一一放正一只放正一只咁个东西，系啊？放正以映子来。放嘿……准备筑了，准备筑墙了，用只卡子安做卡子卡稳。以映子就倾得泥去吵，系唔系？倾得泥去筑吵，系呀？在倾泥之前，就放一轮个墙绷。生……生个树擤竹。竹……竹……e$_{21}$,ta^{21}pi^{21}iɔŋ$_{44}^{53}$,iet^{3}iet^{3}fɔŋ^{53}tʂaŋ^{53}iet^{3}tʂak^{3}fɔŋ^{53} tʂaŋ^{53}iet^{3}tʂak^{3}kan^{21}ke$_{44}^{53}$təŋ$_{44}^{35}$si^0,xe$_{44}^{53}$a^0?fɔŋ^{53}tʂaŋ^{53}i^{21}iaŋ^{53}tsʅ^{0}lɔi$_{44}^{13}$.fɔŋ$_{44}^{53}$xek^3…tʂən^{35} pʰi^{13}tʂəuk^{3}liau^0,tʂən^{21}pʰi^{53}tʂəuk^{3}tsʰiɔŋ^{13}liau^0,iəŋ$_{21}^{53}$tʂak^{3}kʰa^{13}tsʅ^{0}ɔn$_{44}^{35}$tso$_{44}^{53}$kʰa^{13}tsʅ^0 kʰa^{13}uən^{21}.i^{21}iaŋ$_{35}^{53}$tsʅ^{0}tsʰiəu$_{44}^{53}$kʰuaŋ^{53}tek^{3}lai^{3}ci$_{44}^{13}$ʂa^0,xei$_{35}^{53}$me$_{44}$(←m̩^{13}xe^{53})?kʰuaŋ^{35}tek^3 lai$_{44}^{13}$ci$_{44}^{13}$tʂəuk$_5^3$ʂa^0,xei$_{35}^{53}$ia^0?tsʰai^{53}kʰuaŋ^{35}lai^{13}tsʅ^{53}tsʰien^{13},tsiəu$_{44}^{53}$fɔŋ^{53}iet^{3}lən^{13}ke^{53} tsʰiɔŋ^{13}paŋ^{35}.saŋ^{53}ʂ…saŋ^{35}ke$_{44}^{53}$ʂəu^{53}lau$_{44}^{53}$tʂəuk^3.tʂəuk^3…tʂəuk^3…（湿的是吧？）_普

通话：湿的，生的。干的去不得。欸。因为这个泥……泥巴是湿的，是挖出来，是湿的，你你把干树子一放进里面去就就会腐烂。你生的一起干。同样同……墙也会𤊸嘞就箇个墙绷也会𤊸。欸，你如果墙系溙湿个，欸，箇个墙绷系𤊸个，箇墙就会□吶，就会□嘿，欸。tʰəŋ^{13}iɔŋ^{53}tʰəŋ^{13}…tsʰiɔŋ^{13} ŋa^{35}(←ia^{35})uɔi$_{44}^{13}$tsau^{53}lei^{0}tsʰiəu$_{44}^{53}$kai$_{44}^{53}$ke$_{44}^{53}$tsʰiɔŋ^{35}paŋ^{13}ia$_{44}^{35}$uɔi^{13}tsau$_{44}^{35}$.e$_{21}$,ɲi$_{21}^{13}$vy^{13}ko^{53} tsʰiɔŋ^{13}xe$_{44}^{53}$tsek^{5}ʂət^{3}cie$_{44}^{53}$,e$_{21}$,kai$_{44}^{53}$ke$_{44}^{53}$tsʰiɔŋ^{13}paŋ^{35}xe^{53}tsau^{35}ke^{53},kai$_{44}^{53}$tsʰiɔŋ^{13}tsʰiəu^{53}

uɔi⁵³mek³kai⁰,tsʰiəu⁵³uɔi⁵³mek³xek³,e₅₃.

好，箇咁子放倒去嘞，爱错开来。但是不能放出外背来，系呀？外就……外背是渠会有箇个哟，爱会会……会会现出来哟。嗯唠。放嘿肚里。好，就倾滴泥去，筑一轮。又放一轮墙绷，又筑一轮。又放一轮墙绷。筑得好个放得……筑得仔细个爱放三轮墙绷。最少都爱两轮箇墙绷。

xau²¹₁kai⁵³₄₄kan²¹tsɿ⁰fɔŋ⁵³tau²¹çi⁵³₄₄lei⁰,ɔi⁵³₄₄tsʰo⁵³kʰɔi³⁵₄₄lɔi¹³.tan³⁵₄₄sɿ₄₄pət³len⁵³fɔŋ⁵³tʂʰət³ŋɔi⁵³pɔi⁵³₄₄lɔi²¹₄₄,xei⁵³₄₄ia⁰?ŋɔi⁵³tsʰiəu⁵³₄₄…ŋɔi⁵³pɔi⁵³₄₄sɿ₄₄ci²¹₂₁uɔi⁵³iəu³⁵₄₄kai₄₄cie⁵³₄₄ʂa⁰,ɔi⁵³₄₄uɔi⁵³₄₄uɔi⁵³₄₄ç…uɔi⁵³₄₄uɔi⁵³₄₄çien⁵³tʂʰət³¹²¹₁ci¹³ʂa⁰.ən²¹lau⁰.fɔŋ⁵³xek₅³təu²¹li⁰.xau²¹,tsʰiəu⁵³₄₄kʰuaŋ¹³tet⁵lai²¹₂₁çi⁵³₄₄,tʂəuk³iet³lən¹³.iəu⁵³fɔŋ⁵³iet³lən²¹₂₁tsʰiɔŋ¹³₂₁paŋ³⁵₄₄,iəu⁵³tʂəuk³iet³lən¹³.iəu⁵³fɔŋ⁵³iet³lən²¹₂₁tsʰiɔŋ¹³₂₁paŋ³⁵.tʂəuk³tek³xau⁵³₄₄ke⁵³fɔŋ⁵³tek³·tʂəuk³tek₅³tsɿ⁵³se⁵³₄₄ke₄₄ɔi₄₄fɔŋ⁵³₄₄san³⁵nən²¹₂₁tsʰiɔŋ¹³paŋ³⁵.tsei⁵³ʂau²¹təu⁵³₄₄ɔi¹³iɔŋ⁵³₄₄lən²¹₂₁kai₄₄tsʰiɔŋ¹³₂₁paŋ³⁵.

墙绷个作用，放嘿箇中间，渠就冇事箇只墙啊，冇事……比方说箇基础上以映子唔多……正你讲个，以映子唔多稳，以映更稳，以映子衬下子去样，渠就冇事话以映子跌下去。渠就扎稳哩啊。以映就就扎稳哩，箇墙绷扎稳哩。tsʰiɔŋ¹³paŋ³⁵₄₄ke₄₄tsɔk³iəŋ⁵³₄₄,fɔŋ⁵³xek⁵³kai⁵³₄₄tʂəŋ³⁵kan³⁵,ci¹³tsʰiəu⁵³mau¹³sɿ₄₄kai⁵³tʂak³tsʰiɔŋ¹³ŋa⁰,mau¹³sɿ⁵³…pi²¹fɔŋ⁵³₄₄ʂek³kai⁵³₄₄ci³⁵tsʰəu²¹xɔŋ⁵³i²¹iaŋ⁵³tsɿ⁵³ŋ̩¹³to³⁵₄₄…tsʂaŋ⁵³ŋi¹³kɔŋ²¹ke⁵³₄₄,i²¹iaŋ⁵³tsɿ⁵³ŋ̩¹³to³⁵₄₄uən²¹,i²¹iaŋ³⁵cien⁵³uən²¹,i²¹iaŋ⁵³tsɿ⁵³tʂʰən⁵³xa⁵³₄₄tsɿ⁰çi⁵³₄₄iaŋ₄₄,ci²¹₂₁tsʰiəu⁵³mau¹³sɿ⁵³ua⁵³₄₄i²¹iaŋ⁵³tsɿ⁵³tʰiet⁵xa₄₄çi⁵³₄₄.ci¹³tsʰiəu⁵³tʂʰa²¹uən²¹nia⁰.i²¹iaŋ³⁵tsʰiəu⁵³tsiəu⁵³₄₄tʂʰa²¹uən²¹ni⁰,kai⁵³₄₄tsʰiɔŋ²¹₂₁paŋ³⁵₄₄tʂʰa²¹uən²¹ni⁰.

还有只嘞，筑墙是一埕埕子筑哟。一次只有……箇只卡子只有咁长子嘞，只有咁长子嘞，以扇墙有丈长样，爱做三下四下来筑。第一下筑个摖第二下筑个之间，你箇个墙绷，你如果冇有得墙绷个话，听睬箇一扇就垮咁哩。系，你就扎稳下子，就起到上下扎稳，咁子上下扎稳，欸，以个横个扎稳，横个也扎稳哩。xai²¹₂₁iəu³⁵tʂak³lei⁰,tʂəuk³tsʰiɔŋ¹³sɿ⁵³₄₄iet³tsʰo⁵³tsʰo⁵³tsɿ⁰tʂəuk³ʂa⁰.iet³tsʰɿ⁵³tsɿ⁵³iəu³⁵₄₄…kai⁵³tʂak³kʰa²¹₂₁tsɿ⁰tsɿ⁵³iəu⁵³₄₄kan²¹tsʂʰɔŋ¹³tsɿ⁵³lei⁰,tsɿ⁵³iəu⁵³kan²¹tsʂʰɔŋ¹³tsɿ⁰lei⁰,i²¹ʂen⁵³tsʰiɔŋ²¹₂₁iəu⁵³₄₄tʂʰɔŋ⁵³tsʂʰɔŋ²¹₂₁iɔŋ¹³,ɔi⁵³₄₄tso₄₄san³⁵xa₄₄si₄₄xa⁵³₄₄lɔi²¹tʂəuk³.tʰi¹³iet³xa²¹tʂəuk³ke⁵³lau²¹tʰi¹³ŋi¹³xa⁵³₄₄tʂəuk³ke₄₄tsɿ⁵³kan₄₄ŋi¹³kai₄₄ke⁵³tsʰiɔŋ¹³paŋ³⁵₄₄,ŋi²¹₂₁ʐʅ¹³ko²¹mau¹³mau¹³tek³tsʰiɔŋ¹³paŋ³⁵ke₄₄fa⁵³,tʰin³⁵pu³⁵kai₄₄iet³ʂen⁵³tsʰiəu₄₄kʰua²¹kan²¹ni⁰.xe₄₄ŋi¹³₄₄tsʰiəu⁵³₄₄tʂʰa²¹uən²¹na⁵³(←xa⁵³)tsɿ⁰,tsʰiəu⁵³₄₄çi²¹tau₄₄ʂɔŋ⁵³xa tʂʰa²¹uən²¹,kan²¹tsɿ⁰ʂɔŋ⁵³xa³⁵tʂʰa²¹uən²¹,e₂₁,i²¹₁₃ke⁵³uaŋ¹³kei⁵³tʂʰa²¹uən²¹,uaŋ¹³kei³⁵ia¹³tʂʰa²¹uən²¹ni⁰.

墙角板

（那个外墙呢它有时候拐角那个地方不是容易碰坏吗？）嗯。ŋ̩₅₃。（他会用一些什么东西来防止它碰坏啦？）欸，欸，筑墙或者砌墙个时候子，箇只墙角上，搞到以映，以映打比以只墙角，<u>系唔系</u>？以向就往以向筑，以向嘞往以向筑，以映就系墙角哟。放块树，放块树，放一放一坨树去，放一坨木，木欸，木坨坨去，放块木坨坨。放块木坨，筑下箇泥肚里去，也系生个，筑嘿箇泥肚去，好，角……筑个时候子以映放一坨，间哩有不有人咁高子，又放一坨。欸，只爱放得两坨子就有哩。e₍₂₁₎,e₍₄₄₎,tṣəuk³ tsʰiɔŋ¹³xɔit⁵ tṣa²¹tsʰi⁵³tsʰiɔŋ¹³ke⁵³ṣʅ¹³xei⁵³tsʅ⁰,kai⁵³tṣak³ tsʰiɔŋ¹³kɔk³ xɔŋ₍₄₄₎⁵³,kau²¹tau⁵³i²¹iaŋ₍₄₄₎⁵³,i²¹iaŋ¹³ ta²¹pi²i²tṣak³ tsʰiɔŋ₍₂₁₎¹³kɔk³ ,xei₍₄₄₎⁵³me₍₄₄₎(←m̩¹³xe⁵³)?i²¹siɔŋ⁵³tsʰiəu⁵³uɔŋ¹³i²¹çiɔŋ⁵³tṣəuk³ ,i²¹siɔŋ⁵³le⁰ uɔŋ¹³i²¹çiɔŋ⁵³tṣəuk³ ,i²¹iaŋ¹³tsʰiəu⁵³xe⁵³ tsʰiɔŋ¹³kɔk³ ṣa⁰ .fɔŋ⁵³kʰuai⁵³ṣəu₍₂₁₎⁵³,fɔŋ⁵³ kʰuai₍₄₄₎⁵³ṣəu⁵³,fɔŋ⁵³iet³ fɔŋ⁵³iet³ tʰo¹³ṣəu⁵³çi₍₂₁₎⁵³,fɔŋ⁵³iet³ tʰo₍₂₁₎¹³muk³ ,muk³ e⁰ ,muk³ tʰo¹³tʰo¹³ çi⁵³,fɔŋ⁵³kʰuai⁵³muk³ tʰo¹³tʰo¹³ .fɔŋ⁵³kʰuai⁵³muk³ tʰo¹³,tṣəuk³ a⁵³(←xa⁵³)kai⁵³lai¹³təu⁰ li⁰ çi⁵³,ia³⁵xei⁵³saŋ³⁵ke⁵³,tṣəuk₍₃₅₎⁵³xek³ kai⁵³lai₍₁₃₎¹³təu²¹çi⁵³,xau²¹,kɔk³ ···tṣəuk³ ke₍₄₄₎⁵³ṣʅ¹³xei₍₄₄₎⁵³ tsʅ⁰ i²¹iaŋ₍₄₄₎⁵³fɔŋ⁵³iet³ tʰo₍₂₁₎¹³,kan²¹li⁰ iəu₍₃₅₎³⁵puk³ iəu₍₅₃₎⁵³nin¹³ kan²¹kau³⁵tsʅ⁰ ,iəu⁵³ fɔŋ₍₄₄₎⁵³iet³ tʰo¹³.e₍₂₁₎,tsʅ̩₍₂₁₎²¹ɔi⁵³fɔŋ⁵³tek³ iɔŋ₍₂₁₎²¹tʰo¹³tsʅ̩¹³ tsʰiəu₍₄₄₎⁵³iəu₍₄₄₎³⁵li⁰ .

搞么个嘞？筑好哩墙以后，以映，钉块板。墙角上钉块板。就钉成咁个，咁子个，保护倒以只墙角。只爱过得人个栏场保护嘞，高哩个栏场唔爱保护。冇事撞倒渠啊。打比样走底下过样个，底下箇一楼呀，系唔系？箇只墙角啊，你就保护渠呀。荷柴箇只啦，过人箇只啦，欸，渠就……搞么个爱放箇两坨木坨坨嘞？因为泥上钉唔稳。泥上就钉唔稳。你放只木坨坨，你箇板子一钉下去，用洋钉子钉下箇木坨坨上，钉得特稳。系啊？就钉稳哩。以……爱放嘿角上。爱放嘿角上。kau²¹mak³ e₍₄₄₎⁵³(←ke⁵³)lei⁰ ?tṣəuk³ xau²¹ li⁰ tsʰiɔŋ¹³i₍₄₄₎³⁵xei⁵³,i²¹iaŋ₍₄₄₎⁵³,taŋ³⁵kʰuai⁵³pan²¹ .tsʰiɔŋ¹³kɔk³ xɔŋ₍₄₄₎⁵³taŋ³⁵kʰuai₍₄₄₎⁵³pan²¹ .tsʰiəu₍₄₄₎⁵³ taŋ₍₃₅₎³⁵ṣaŋ²¹kan²¹ke₍₄₄₎⁵³,kan²¹tsʅ⁰ ke₍₄₄₎⁵³,pau⁵³fu³⁵tau¹³i²¹tṣak³ tsʰiɔŋ¹³kɔk³ .tsʅ̩⁵³ɔi⁵³ko⁵³tek³ ɲin¹³ cie⁵³lɔŋ₍₂₁₎¹³tsʰɔŋ₍₂₁₎²¹pau⁵³fu⁵³lei⁰ ,kau⁵³li⁰ ke₍₄₄₎⁵³lɔŋ₍₂₁₎¹³tsʰɔŋ₍₂₁₎²¹m̩₍₂₁₎²¹mɔi⁵³pau⁵³fu₍₄₄₎⁵³.mau¹³sʅ̩₍₄₄₎³⁵tsʰɔŋ¹³ tau²¹ci₍₁₃₎¹³a⁰ .ta²¹pi²¹iɔŋ₍₂₁₎²¹tsei⁵³tei⁵³xa⁵³ko₍₂₁₎⁵³iɔŋ₍₄₄₎³⁵ke₍₄₄₎⁵³,te⁵³ xa⁵³kai⁵³iet³ lei¹³ia⁰ ,xei₍₄₄₎⁵³me₍₄₄₎(← m̩¹³xe⁵³)?kai⁵³tṣak³ tsʰiɔŋ₍₂₁₎¹³kɔk³ a⁰ ɲi₍₂₁₎¹³tsʰiəu⁵³pau²¹fu⁵³ci₍₁₃₎¹³ia⁰ .kʰai³⁵tsʰai⁵³kai₍₄₄₎⁵³tṣek₍₅₎⁵³ la⁰ ,ko⁵³ɲin¹³kai₍₄₄₎⁵³tṣek₍₅₎⁵³la⁰ ,e₍₂₁₎,ci⁵³tsʰiəu⁵³···kau²¹mak³ ke⁵³ɔi⁵³fɔŋ⁵³kai⁵³iɔŋ₍₂₁₎¹³tʰo¹³muk³ tʰo¹³tʰo₍₁₃₎¹³lei⁰ ?in³⁵uei₍₂₁₎²¹lai¹³xɔŋ₍₄₄₎⁵³taŋ³⁵n̩₍₂₁₎¹³uən²¹ .lai¹³xɔŋ₍₄₄₎⁵³tsʰiəu₍₄₄₎⁵³taŋ³⁵n̩₍₂₁₎¹³uən²¹ .ɲi₍₂₁₎¹³fɔŋ⁵³ tṣak³ muk³ tʰo₍₄₄₎¹³tʰo₍₄₄₎¹³,ɲi¹³kai₍₄₄₎⁵³pan²¹tsʅ⁰ iet³ taŋ³⁵ŋa⁵³(←xa⁵³)çi⁵³,iəŋ⁵³iaŋ¹³ taŋ³⁵tsʅ⁰ taŋ³⁵ ŋa⁵³(←xa⁵³)kai⁵³muk³ tʰo¹³tʰo₍₄₄₎¹³xɔŋ⁵³,tʰaŋ³⁵tek³ tʰek⁵ uən²¹ .xei⁵³a⁰ ?tsʰiəu₍₄₄₎⁵³taŋ³⁵uən²¹ ni⁰ .i²¹···ɔi₍₄₄₎⁵³fɔŋ⁵³xek₍₅₎³kɔk³ xɔŋ⁵³.ɔi₍₄₄₎⁵³fɔŋ₍₄₄₎⁵³xek₍₅₎³kɔk³ xɔŋ⁵³.

（那它那个就是夹在那个墙里面的那个叫什么呢？）箇唔晓得安做么啊东西，唔晓得安做么个。欸就系……kai⁵³n̩¹³çiau²¹tek³ ɔn₍₃₅₎³⁵tso₍₄₄₎⁵³mak³ e⁰ təŋ₍₃₅₎³⁵ si⁰ ,n̩¹³çiau²¹tek³ ɔn₍₄₄₎³⁵tso₍₄₄₎⁵³mak³ e⁰ .e₍₂₁₎tsʰiəu⁵³···xe⁵³ 普通话：我不晓得什么叫……叫做什么名称。（还有

外面钉的那个板子那个叫什么？）墙角板欸，墙角板，欸。箇只箇只坨坨安做安做么个东西？唔晓得安做么个啊。tsʰiɔŋ¹³kɔk³pan²¹nau⁰,tsʰiɔŋ¹³kɔk³pan²¹,e₂₁.kai⁵³tʂak³kai⁴⁴tʂak³tʰo²¹tʰo₄₄ŋ₄₄tso₄₄ɔn₄₄tso₄₄makˀe⁰təŋ⁴⁴siˀ?n̩²¹çiau²¹tekˀɔn⁴⁴tso⁵³makˀke⁵³a⁰.

扉墙

承重墙吧？安做扉呀。我等安做扉呀，扉墙啊。欸。打比样，看唉，打比以只屋子，渠个桁子系咁子放，咁子放倒，欸，以以只方向放倒个，以只方向放倒个桁子，欸桁子，桁子咁子放倒，系啊？橡皮担嘿上背，橡皮担嘿，瓦盖嘿上背。所以嘞，只有以扇墙，摎以边以扇墙，就系承受哩压力，就承重墙吵，系啊？以扇墙摎以扇墙是儹承受压力，渠只爱渠只爱渠自家承受到。箇桁子儹搁下箇上背。以两扇墙就安做承重墙，以两扇墙就安做，扉墙。户字旁，户字旁，扉墙。以两边儹承重个，以两边，就安做经墙。tʂʰən¹³tʂʰən⁵³tsʰiɔŋ¹³paˀ?ɔn₄₄tso₄₄feiˀia⁰.ŋai¹³tienˀɔn³⁵tso₄₄feiˀia⁰,fei³⁵tsʰiɔŋ¹³ŋa⁰.e₂₁,ta²¹pi²¹iɔŋ⁵³,kʰɔn⁵³nau⁰,ta²¹pi²¹i²¹tʂak³ukˀtsʅ⁰,ci¹³ke⁵³xaŋ¹³tsʅ⁰xe⁵³kan²¹tsʅˀfɔŋ⁵³,kan¹³tsʅˀfɔŋ⁵³tau²¹,ei₂₁,i²¹i²¹tʂak³fɔŋˀçiɔŋ₂₁fɔŋ⁵³tau²¹ke⁵³,i²¹tʂak³fɔŋ³⁵çiɔŋ₂₁fɔŋ⁵³tau²¹ke⁵³xaŋ¹³tsʅ⁰,e₄₄xaŋ¹³tsʅ⁰,xaŋ¹³tsʅ⁰kan¹³tsʅˀfɔŋ⁵³tau²¹,xe⁵³a⁰?ʂɔn¹³pʰi¹³tan³⁵xekˀʂɔŋ₄₄pɔi₂₁,ʂɔn¹³pʰi¹³tan³⁵xekˀ,ŋa²¹kɔiˀe⁰ʂɔŋ⁵³pɔi₄₄.so²¹i³⁵leiˀ,tsʅ²¹iəu₄₄i²¹ʂen⁵³tsʰiɔŋ¹³,lau³⁵i²¹pien₄₄i²¹ʂen⁵³tsʰiɔŋ²₁,tsʰiəu₄₄xei⁵³tʂʰən¹³ʂəu⁵³liˀiakˀlietˀ,tsʰiəu₄₄tʂʰən¹³tʂʰən⁵³tsʰiɔŋ¹³ʂaˀ,xe₄₄a⁰?i²¹ʂen⁵³tsʰiɔŋ²₁lau²¹i²¹ʂen⁵³tsʰiɔŋ²₁sʅ₄₄maŋˀtʂʰən²₁ʂəuˀiakˀlietˀ,ci¹³tsʅˀɔi⁵³ci¹³tsʅˀɔi⁵³ci²¹tsʰʅ³⁵ka³⁵tʂʰən¹³ʂəu⁵³tau⁵³.kai₄₄xaŋ¹³tsʅˀmaŋ¹³kɔkˀa⁵³(←xa³⁵)kai⁵³ʂɔŋ₄₄pɔi₄₄.i²¹iɔŋˀʂen⁵³tsʰiɔŋ¹³tsiəu₄₄ɔn³⁵tso₄₄tʂʰən¹³tʂʰən⁵³tsʰiɔŋ²₁,i²¹iɔŋˀʂen⁵³tsʰiɔŋ¹³tsiəu⁵³ɔn³⁵tso⁵³feiˀfei³⁵,fei³⁵tsʰiɔŋ¹³.fu⁵³tsʰʅ⁵³pʰɔŋˀ,fu⁵³tsʰʅ⁵³pʰɔŋ²¹,fei³⁵tsʰiɔŋ¹³.i²¹iɔŋ³⁵pien₄₄maŋˀtʂʰən¹³tʂʰən⁵³ke₄₄,i²¹iɔŋ³⁵pien,tsʰiəu₄₄ɔn₄₄tso₄₄cin³⁵tsʰiɔŋ¹³.

楼枕

楼……楼枕吧？噢，欸，楼枕，系。渠你箇只屋爱做一层，做一层就一层楼枕啊，欸。lei¹³…lei¹³fukˀpa⁰?au₅₃,e₂₁,lei¹³fukˀ,xe⁵³.ci¹³ŋi¹³kai⁵³tʂak³ukˀɔi₄₄tso⁵³ietˀtsʰien¹³,tso⁵³ietˀtsʰien¹³tsʰiəu⁵³ietˀtsʰien¹³lei¹³fukˀa⁰,e₂₁.

噢，楼枕就还有二架楼枕。一般子个土墙屋，土砖屋摎土墙屋，都只做两层子，做三层个蛮少。欸。第一层就一……一层个楼枕。也唔安做一架楼枕，箇就楼枕。第二层个，顶高冇得哩屋，冇得哩屋了，系唔系？箇就安做二架楼枕。au₂₁lei¹³fukˀtsʰiəu₄₄xai₃₄iəu¹³ŋi¹³ka⁵³lei¹³fukˀ.ietˀpɔn³⁵tsʅˀke⁵³tʰəu²¹tsʰiɔŋ¹³ukˀ,tʰəu²¹tʂɔn³⁵ukˀlau₄₄tʰəu²¹tsʰiɔŋ¹³ukˀ,təu³⁵tsʅ²¹tso⁵³iɔŋ²¹tsʰien¹³

tsɿ⁰,tso⁵³saŋ³⁵tsʰien¹³ₖe⁵³man¹³ʂau²¹.e₂₁.tʰi⁵³iet³ tsʰien¹³tsʰiəu⁴⁴iet³…iet³ tsʰien¹³ₖe⁵³
lei²¹fuk⁵.ia³⁵m̩¹³ɔn³⁵tso⁴⁴iet³ ka⁵³lei²¹fuk⁵,kai⁵³tsʰiəu¹³lei²¹fuk⁵.tʰi₄₄ni⁵³tsʰien²¹ₖe⁵³,taŋ²¹
kau⁴⁴mau¹³tek³li⁰uk³,mau¹³tek³li:⁰uk³liau⁰,xe⁵³me₄₄(←m̩¹³xe⁵³)?kai⁴⁴tsʰiəu⁵³ɔn³⁵
tso⁴⁴ni⁵³ka⁵³lei²¹fuk⁵.（欸，再往上……）噢，箇只正系二架楼枨嘞，唔系……
以只不是二架楼枨嘞。楼面上，楼面上唔起作用个，起……只起到扯通下
子箇个，扯稳墙个，箇就安做二架楼枨。系，箇只就安做二架楼枨。分箇
两只扉呀扯稳下子，扯稳下子，嗯，箇就安做二架楼枨。au₂₁,kai⁵³tʂak³tʂaŋ⁵³
xei⁴⁴ni⁵³ka⁵³lei²¹fuk⁵lei⁰,m̩₂₁pʰe₄₄(←xe⁵³)…i²¹tʂak³puk³sɿ³ni⁵³ka⁵³lei²¹fuk⁵lei⁰.lei¹³
mien⁵³xɔŋ⁵³,lei¹³mien⁵³xɔŋ⁵³m̩¹³çi²¹tsɔk³iəŋ⁵³ke⁰,çi²¹…tsɿ²¹çi²¹tau⁵³tʂʰa²¹tʰəŋ³⁵ŋa⁵³
(←xa⁵³)tsɿ⁰ kai⁵³kei²¹,tʂʰa²¹uən²¹tsʰiɔŋ¹³ke⁵³,kai⁴⁴tsʰiəu⁴⁴ɔn⁴⁴tso⁵³ni⁵³ka⁵³lei²¹
fuk⁵.xe⁵³,kai⁵³tʂak³tsʰiəu⁴⁴ɔn³⁵tso⁴⁴ni⁵³ka⁵³lei²¹fuk⁵.pən³⁵kai⁵³iɔŋ²¹tʂak³fei³⁵ia⁰tʂʰa²¹
uən²¹na⁵³(←xa⁵³)tsɿ⁰,tʂʰa²¹uən²¹na⁵³(←xa⁵³)tsɿ⁰,n̩₂₁,kai⁴⁴tsʰiəu⁴⁴ɔn³⁵tso⁴⁴ni⁵³ka⁵³lei²¹
fuk⁵.

　　（那再往上面短一点的呢？）二架楼枨顶……还顶高安做牵牛子。安
做牵牛子。ni⁵³ka⁴⁴lei⁵³fuk⁵taŋ²¹…xai²¹taŋ⁵³kau³⁵ɔn⁴⁴tso⁵³cʰien³⁵niəu¹³tsɿ⁰.ɔn³⁵tso⁵³
cʰien³⁵niəu²¹tsɿ⁰.（你们就一般就是大概就是两层，起作用的就是两层。）就
是两层。tsʰiəu⁵³sɿ⁵³liaŋ²¹tsʰəŋ¹³.（起作用的就是两层？）欸欸欸。起作用。
e₄₄e₄₄e₂₁.cʰi²¹tso⁵³iəŋ⁵³.（然后顶上就就是……）就系二架楼枨撩牵牛子了。牵
牛子顶高就系就系桁子了。tsʰiəu⁴⁴xei⁴⁴ni⁴⁴ka⁴⁴lei⁵³fuk⁵lau⁴⁴cʰien³⁵niəu²¹tsɿ⁰
liau⁰.cʰien³⁵niəu²¹tsɿ⁰taŋ²¹kau³⁵tsʰiəu⁵³xe₄₄tsʰiəu⁵³xe₄₄xaŋ³¹tsɿ⁰liau⁰.

刷扉

　　屋……经墙是达平个，顶高可以达平。就以向哎，可以达平，系唔系？
但是以两扇墙，因为有桁子，桁子顶来，桁子，箇顶高盖瓦个橡皮是顶高
高底下低，系唔系？盖瓦……欸有只坡度。所以箇……箇映子就承承承一
只咁个以只砌以只东西，砌以只箇三角形，安做刷扉。安做刷扉。你箇只
屋刷哩扉了么？系唔系？问别人家：你箇只屋刷哩扉了吗？uk³…cin³⁵
tsʰiɔŋ²¹sɿ₄₄tʰait³pʰiaŋ¹³ke³,taŋ²¹kau⁴⁴kʰo²¹ᵢ³⁵tʰait³pʰiaŋ¹³.tsʰiəu⁵³i¹çiɔŋ⁵³ŋai⁵³,kʰo²¹ᵢ³⁵
tʰait³pʰiaŋ¹³,xei₄₄me₄₄(←m̩¹³xe⁵³)?tan⁴⁴sɿ₄₄i²¹iɔŋ⁰ʂen⁵³tsʰiɔŋ¹³,in³⁵uei⁴⁴iəu⁴⁴xaŋ¹³
tsɿ⁰,xaŋ¹³tsɿ⁰taŋ²¹lɔi¹³,xaŋ¹³tsɿ⁰,kai⁴⁴taŋ²¹kau⁴⁴kɔi⁵³ŋa²¹ke⁰ʂɔn⁵³pʰi¹³sɿ₄₄taŋ²¹kau⁴⁴kau⁵³
te²¹xa₄₄te³⁵,xe₄₄me₄₄(←m̩¹³xe⁵³)?kɔi⁵³ŋa…e⁰iəu⁵³tʂak³pʰo⁵³tʰəu⁴⁴.so²¹ᵢ³⁵kai⁰i…kai⁵³
iaŋ⁵³tsɿ⁰tsiəu⁵³ʂən₂₁ʂən₂₁tʂʰən¹³iet³tʂak³kan²¹ke⁵³i²¹tʂak³tsʰi⁵³i²¹tʂak³təŋ⁴⁴si⁰,tsʰi⁵³i²¹
tʂak³kai₄₄san₄₄kɔk₅çin¹³,ɔn₄₄tso⁵³sɔit³fei³⁵.ɔn³⁵tso⁵³sɔit³fei³⁵.ni¹³kai⁵³tʂak³uk³sɔit³li⁰
fei³⁵liau⁰mo⁰?xei⁵³me₄₄(←m̩¹³xe⁵³)?uən⁵³pʰiek¹in₄₄ka³⁵;ni¹³kai⁵³tʂak³uk³sɔit³li⁰fei³⁵

liau⁰ma⁰?

上梁

好，虾公梁，上去箇厅下啦，就讲厅下箇是冇楼枕啊，厅下是冇得楼枕吵，都都看得瓦到吵，<u>系唔系</u>？箇上背就有三条梁。三条梁。四条梁。唔。欸，有四条梁呢。分呢。三条梁，唔系四条梁。三条，梁系只有三条。梁只有三条。一条，两条，三条，三条品排子放倒。中间箇条梁个顶高，就系一条桁子。就最高个箇只地方个桁子，就安做栋桁。xau²¹,xa³⁵kəŋ³⁵₄₄
lioŋ¹³₄₄,şoŋ³⁵çi⁵³kai⁵³₄₄tʰaŋ³⁵xa³⁵₄₄la⁰,tsiəu⁵³₄₄kɔŋ²¹tʰaŋ³⁵xa⁵³₄₄kai⁵³₄₄mau¹³lei¹³fuk⁵a⁰,tʰaŋ³⁵
xa⁵³₄₄mau¹³tek³lei¹³fuk⁵şa⁰,təu³⁵təu³⁵kʰɔn⁵³tek³ŋa²¹tau²¹şa⁰,xei⁵³me⁵³(←m̩¹³
xe⁵³)?kai⁵³şoŋ⁵³pɔi⁵³tsʰiəu⁵³₄₄iəu⁵³₄₄san³⁵tʰiau¹³lioŋ¹³.san³⁵tʰiau²¹lioŋ²¹.si⁵³tʰiau²¹lioŋ²¹.
m̩²¹.e²¹,iəu³⁵si⁵³tʰiau¹³lioŋ¹³ne⁵³.fən³⁵ne⁰.san³⁵tʰiau²¹lioŋ¹³,m̩¹³pʰe₄₄(←xe⁵³)si⁵³tʰiau²¹
lioŋ²¹.san³⁵tʰiau²¹,lioŋ¹³xe⁵³tşʅ²¹iəu⁵³san₄₄tʰiau¹³.lioŋ¹³tşʅ⁰iəu⁵³san₄₄tʰiau¹³.iet³tʰiau¹³,
ioŋ²¹tʰiau¹³,san³⁵tʰiau²¹,san³⁵tʰiau¹³pʰin²¹pʰai¹³tşʅ⁰fɔŋ⁵³tau⁰.tşəŋ³⁵kan³⁵₄₄kai⁵³tʰiau¹³
lioŋ¹³ke⁵³taŋ²¹kau³⁵,tsʰiəu⁵³xe⁵³iet³tʰiau²¹xaŋ³⁵tşʅ⁰.tsʰiəu₄₄tsei⁵³kau³⁵ke⁰kai⁵³₄₄tşak³tʰi₄₄¹³
fɔŋ³⁵ke⁰xaŋ¹³tşʅ⁰,tsʰiəu₄₄ɔn³⁵₄₄tso⁵³₄₄təŋ⁵³xaŋ¹³.

栋桁底下箇条，箇映有三条梁，你系咁子写，栋桁底下有三条，三条梁，箇就安做栋梁。təŋ⁵³xaŋ¹³te²¹xa⁵³₄₄kai⁵³tʰiau¹³,kai⁵³₄₄iaŋ³⁵iəu₄₄³⁵san³⁵tʰiau²¹lioŋ¹³,ɲi¹³
e⁵³(←xe⁵³)kan²¹tşʅ⁰sia²¹,təŋ⁵³xaŋ¹³te²¹xa⁵³₄₄iəu₄₄³⁵san³⁵tʰiau¹³,san³⁵tʰiau²¹lioŋ¹³,kai⁵³₄₄
tsʰiəu₄₄³⁵ɔn₄₄⁵³tso⁵³₄₄təŋ⁵³lioŋ¹³.

就系起分水个栏场箇映了，欸。最高箇条桁子安做栋……栋桁。tsiəu⁵³₄₄
xei₄₄⁵³çi²¹fən³⁵şei²¹ke⁵³laŋ¹³tşʰɔŋ²¹kai⁵³iaŋ⁵³liau⁰,e²¹.tsei⁵³kau³⁵kai⁵³tʰiau¹³xaŋ³⁵tşʅ⁰ɔn³⁵
tso⁵³₄₄təŋ⁵³…təŋ⁵³xaŋ¹³.

（噢，栋桁下面有三……）有三条梁。iəu³⁵₄₄san³⁵tʰiau¹³lioŋ¹³.（叫栋梁，是吧？）欸，栋梁。箇个就安做栋梁。e²¹,təŋ⁵³lioŋ¹³.kai₄₄⁵³ke⁵³tsiəu⁵³₄₄ɔn³⁵₄₄tso⁵³₄₄təŋ⁵³
lioŋ²¹.

一般个人做屋嘞就系只有……放栋梁系……系非常庄重个一只活动。唔。还爱拣日子。上梁安做。分箇梁树放上去啊爱上梁。iet³pɔn³⁵ŋe₄₄
(←ke⁵³)ɲin²¹tso⁵³uk³lei⁰tsiəu₄₄⁵³xe²¹tşʅ²¹iəu₄₄³⁵…fɔŋ⁵³təŋ⁵³lioŋ¹³xe₄₄⁵³ts…xe₄₄fei³⁵tşʰɔŋ¹³
tsɔŋ³⁵tşʰən³⁵₄₄ke²¹iet³tşak³xɔit³tʰən₄₄⁵³.m̩²¹.xa₄₄ɔi³⁵kan²¹ɲiet³tşʅ⁰.şoŋ²¹lioŋ¹³ɔn³⁵tso⁵³₄₄.pən³⁵
kai²¹₄₄lioŋ¹³şəu⁵³fɔŋ⁵³şoŋ³⁵cʰi⁵³₄₄a⁰ɔi⁵³şoŋ²¹lioŋ¹³.

箇梁上嘞还爱写么个时候子做个屋啊，么个"长发其祥"啊。写滴子咁个，啊画两只子箇个，还画两只子咁个八卦图箇只。欸，还画下子八卦图，么个时候子起个，公元么个年起个。欸，以下就长……欸，箇就……

有滴还写下子么个欸么个 "长发其祥" 啊。欸，写下子咁个么个东西。嗯。
kai⁵³liɔŋ¹³xɔŋ⁵³lei⁰xa²¹ɔi⁵³sia²¹mak³ e⁵³(←ke⁵³)ʂ¹¹³xei⁵³tsʅ⁰ tso⁵³ke⁴⁴uk³ a⁰,mak³ ke₄₄
tsʰɔŋ¹³fait³ cʰi¹³tsʰiɔŋ¹³ŋa⁰.sia²¹tiet⁵ tsʅ⁰kan²¹ke₄₄,a₄₄fa⁵³iɔŋ²¹tsak³ tsʅ⁰ kai⁵³kei₄₄,xai¹³fa⁵³
iɔŋ²¹tsak³ tsʅ⁰ kan²¹kei⁵³pait³ kua⁵³tʰəu¹³kai⁵³tsak³.e₂₁,xai¹³fa xa⁵³tsʅ⁰ pait³ kua⁵³
tʰəu¹³,mak³ e₄₄(←ke⁵³)ʂ¹¹³xei⁵³tsʅ⁰ çi²¹ke⁵³,kəŋ³⁵vien₂₁mak³ e₄₄(←ke⁵³)ɲien₂₁çi²¹
ke₂₁.ei₂₁,i²¹xa⁵³tsiəu⁵³tsʰɔŋ¹³ei₂₁,kai⁵³tsʰiəu⁵³ts…iəu⁵³tet⁵ xai²¹sia²¹xa⁵³tsʅ⁰mak³ ke₄₄e₂₁
mak³ ke₄₄tsʰɔŋ¹³fait³ cʰi¹³tsʰiɔŋ¹³ŋa⁰.e₂₁,sia¹³xa⁵³tsʅ⁰ kan²¹ke₄₄mak³ e₄₄(←ke⁵³)təŋ³⁵
si⁰.m₂₁.

箇三条梁，放箇三条梁，栋梁，系系最庄重个一只仪式。爱举行一只
仪式样。欸，还爱请倒箇师傅食一餐场伙。下整。kai²¹san₄₄tʰiau²¹liɔŋ¹³,fɔŋ⁵³kai⁵³
san³⁵tʰiau₂₁liɔŋ¹³,təŋ⁵³liɔŋ¹³,xei₄₄xei₄₄tsei⁰tsɔŋ³⁵tsʰəŋ₄₄ke₄₄iet³ tsak³ ɲi¹³ʂʅ⁵³.ɔi⁵³tsʅ¹
çin¹³iet³ tsak³ ɲi¹³ʂʅ⁵³iɔŋ⁵³.e₂₁,xa²¹ɔi₄₄tsʰiaŋ²¹tau²¹kai₄₄sʅ³⁵fu₄₄ʂət⁵ iet³ tsʰɔn¹³tsʰɔŋ¹³
fo²¹.xa⁵³tsʅaŋ²¹.

虾公梁

（房梁呢？）梁啊？liɔŋ¹³ŋa⁰？（嗯。）梁是有两……有两种。箇厅下就
蛮多名堂嘞，嗯，厅下就嘞。厅下，欸，正厅，欸，一只正厅嘞，以咁子
咁子，欸，让门子打比一只正厅，下正厅，最外层以映子，打比样系只厅
下样，一般嘞箇墙嘞比较高，唔得话同如今光窗欸舞倒箇顶高唠，<u>系唔系</u>
啊？以映子光窗只……大门只系去以映唠。大门顶……大门顶高都还有一
莛唠，以映子有只，大门顶高，有一条梁，安做虾公梁。进大门，就系进
哩大门个，大门顶高个第一条梁，大门顶高个第一条梁安做虾公梁。liɔŋ¹³
ʂʅ⁵³iəu³⁵iɔŋ²¹…iəu⁵³iɔŋ²¹tsan²¹.kai₂₁tʰaŋ³⁵xa₄₄tsʰiəu₄₄man₂₁to³⁵min₂₁tʰɔŋ₂₁le⁰,n₂₁,tʰaŋ³⁵
xa₄₄tsʰiəu₄₄le⁰.tʰaŋ³⁵xa₄₄,e₂₁,tsən⁵³tʰaŋ³⁵,e₂₁,iet³ tsak³ tsən⁵³tʰaŋ³⁵lei⁰,i²¹kan²¹tsʅ⁰ kan²¹
tsʅ⁰,e₂ɲiɔŋ⁵³mən¹³tsʅ⁰ ta²¹pi⁵³iet³ tsak³ tsən⁵³tʰaŋ³⁵,xa³⁵tsən⁵³tʰaŋ³⁵,tsei⁵³uai⁵³tsʰien¹³i²¹
iaŋ³⁵tsʅ⁰,ta²¹pi²¹iaŋ³⁵xei¹³tsak³ tʰaŋ₄₄xa₄₄iɔŋ₄₄,iet³ pɔn⁵³ne⁰ kai₄₄tsʰiɔŋ₂₁le⁰ pi²¹ciau⁵³
kau³⁵,n¹³tek³ ua⁵³tʰəŋ²¹i¹³cin³⁵kɔŋ³⁵tsʰəŋ₄₄ŋe⁰ u²¹tau₄₄kai₄₄taŋ²¹kau³⁵lau⁰,xei₄₄me₄₄(←
m̩¹³xe⁵³)a⁰?i²¹iaŋ₄₄tsʅ⁰ kɔŋ⁵³tsʅ¹…tʰai⁵³mən¹³tsʅ¹e⁵³(←xe⁵³)çi⁵³i¹¹iaŋ⁵³lau⁰.tʰai⁵³mən¹³
taŋ²¹…tʰai⁵³mən¹³taŋ²¹kau³⁵təu₄₄xai²¹iəu³⁵iet³ tsʰɔk⁵ lau⁰,i²¹iaŋ⁵³tsʅ⁰ iəu₄₄tsak³,tʰai⁵³
mən¹³taŋ²¹kau³⁵,iəu³⁵tʰiau¹³liɔŋ¹³,ɔn₄₄tso₄₄xa¹³kəŋ₄₄liɔŋ¹³.tsin¹³tʰai⁵³mən¹³,tsʰiəu₄₄xe₄₄
tsin⁵³ni⁰ tʰai⁵³mən₂₁ke⁵³,tʰai⁵³mən¹³taŋ²¹kau³⁵ke⁵³tʰi⁵³iet³ tʰiau¹³liɔŋ¹³,tʰai⁵³mən¹³taŋ²¹
kau³⁵ke₄₄tʰi⁵³iet³ tʰiau₂₁liɔŋ¹³ɔn₄₄tso₄₄xa¹³kəŋ₄₄liɔŋ¹³.（进大门以后的第一根梁，是
吧？）欸，也就系大门顶上，比大门更高啦，欸，欸，箇条梁，安做第一
根梁，安做虾公梁。嗯。e₅₃,ia³⁵tsʰiəu₄₄xe₄₄tʰai⁵³mən₂₁taŋ²¹xɔŋ⁵³,pi²¹tʰai⁵³mən₂₁cien⁵³

kau³⁵la⁰,e₂₁,e₂₁,kai⁵³tʰiau²₁lioŋ¹³,ɔn²₁tso⁵³tʰi⁵³iet³cien³⁵lioŋ¹³,ɔn⁴⁴tso⁵³xa₂₁kəŋ³⁵
lioŋ¹³.m̩₂₁.

照枋

箇就箇就进去里背了。往……往箇进去了，有哇，欻，看嘞，箇就还爱放块照枋。kai⁵³ₜₜₛʰiəu²₁kai⁵³ₜₛʰiəu²₁tsin⁵³çi⁵³ti⁵³pɔi⁴⁴liau⁰.uɔŋ²¹…uɔŋ²¹kai⁵³tsin⁵³cʰi⁵³liau⁰,iəu³⁵ua⁰,e₂₁,kʰɔn⁵³nei⁰,kai⁵³ₜₛʰiəu⁵³xa¹³ɔi⁴⁴fɔŋ⁵³kʰuai⁴⁴ₜₛau⁵³fɔŋ³⁵.（照枋？）照枋.ₜₛau⁵³fɔŋ³⁵.（照枋是什么底下？）欻，欻，比方说，以映子系大门了，系啊？箇映，箇块壁上嘞箇块壁嘞就系安做天子壁，系啊？放牌位个。欻，箇只栏场放牌位箇顶高箇映子，欻，爱放块照枋。咁阔。e₂₁,e₄₄,pi²¹faŋ₄₄ʂuo₄₄,i²¹
iaŋ⁵³ₜₛ̩xe⁵³tʰai⁵³mən²₁liau⁰,xei⁵³a⁰?kai⁵³iaŋ₄₄,kai⁵³kʰuai⁵³piak³xɔŋ⁵³lei⁰kai⁵³kʰuai⁵³
piak³lei⁰ₜₛʰiəu⁵³xei⁵³ɔn₂₁tso₄₄tʰien³⁵ₜₛ̩°piak³,xe₄₄a⁰?fɔŋ⁵³pʰai¹³uei⁴⁴ke⁵³.e₂₁,kai⁵³ₜₛak³
laŋ¹³ₜₛ̩hɔŋ¹³fɔŋ⁵³pʰai²₁uei⁵³kai⁵³taŋ²₁kau³⁵kai⁵³iaŋ⁴⁴ₜₛ̩°,e₂₁,ɔi⁵³fɔŋ₄₄kʰuai⁴⁴ₜₛau⁴⁴
fɔŋ³⁵.kan³⁵kʰɔit³.

（啊，就是天子壁天子壁上面那个大梁那根，是吗？）欻欻欻欻。渠爱看唠爱在以只天子壁往外背滴子来。往出来滴子。出来滴子。欻。比顶嘞，欻到，比……比箇个屋欻屋屋……比箇瓦嘞又低滴子。起到只么个作用嘞？以只今年欻我旧年做祠堂嘞就做哩吵，就熟哩嘞。就系嘞，看呔，如果唔放箇块照枋，以咁子跻倒禾坪，跻倒箇个大门口一看，看倒箇么个嘞？看倒箇就箇，箇映子就有只墙眼下。墙啊，就墙，墙个最顶高吵，系唔系？因为厅下是唔放楼板，唔放楼栿，冇得楼个，渠就会看倒箇只墙眼下。又会看倒箇桁子摎橡皮箇箇箇一摎渠渠所……所接个地方。所以渠就用箇么个什么？用块照枋遮咁去。你看嘿去就冇事冇事看倒箇只咁个唔好看个东西。e₄₄,e₄₄,e₂₁,e₂₁.ci¹³ɔi⁵³kʰɔn⁵³nau⁰ɔi⁵³ₜₛʰai⁵³i²¹ₜₛak³tʰien³⁵ₜₛ̩°piak³uɔŋ²¹ŋɔi⁵³
pɔi⁴⁴tiet⁵ₜₛ̩°lɔi¹³.uɔŋ²¹ₜₛ̩hət³lɔi¹³tiet⁵ₜₛ̩°.ₜₛ̩hət³lɔi¹³tiet⁵ₜₛ̩°.e₂₁.pi²¹taŋ²¹lei⁰,ei₂₁
tau⁵³,pi²¹…pi²¹kai⁴⁴kei⁵³uk³e₂₁uk³uk³…pi²¹kai⁴⁴ŋa²¹lei⁰iəu⁴⁴te⁵³tiet⁵ₜₛ̩°.çi²¹tau⁵³ₜₛak³
mak³e⁵³(←ke⁵³)tsɔk³iəŋ⁵³lei⁰?i²¹ₜₛak³cin³⁵nien₂₁e₄₄ŋai¹³cʰiəu⁵³nien¹³tso⁵³ₜₛ̩hₗ¹³tʰɔŋ₄₄
le⁰ₜₛʰiəu⁴⁴tso⁵³li⁰ʂa⁰,ₜₛʰiəu⁴⁴ʂəuk⁵li⁰le⁰.ₜₛʰiəu⁵³xei⁴⁴lei⁰,kʰɔn⁴⁴nau⁰,ɥ²¹ko²¹n̩¹³fɔŋ⁵³
kai⁵³kʰuai⁵³ₜₛau⁵³fɔŋ³⁵,i²¹kan²¹ₜₛ̩°cʰi³⁵tau²¹uo¹³pʰiaŋ¹³,cʰi¹³tau²¹kai⁴⁴ke⁴⁴tʰai⁵³mən¹³
xei²₁iet³kʰɔn⁵³,kʰɔn⁵³tau²¹kai⁴⁴mak³e₄₄(←ke⁵³)lei⁰?kʰɔn₂₁tau²¹kai⁴⁴ₜₛʰiəu⁵³kai₂₁,kai⁵³
iaŋ⁵³ₜₛ̩°ₜₛʰiəu⁵³iəu³⁵ₜₛak³ₜₛʰiɔŋ¹³ŋan₃₅xa⁵³.ₜₛʰiɔŋ¹³ŋa⁰,tsiəu⁴⁴ₜₛʰiɔŋ¹³,ₜₛʰiɔŋ¹³ke⁴⁴tsei⁵³
taŋ²¹kau⁴⁴ʂa⁰,xei⁵³me⁵³(←m̩¹³xe⁵³)?in³⁵uei⁵³tʰaŋ³⁵xa⁵³ʂ̩₂₁n̩¹³fɔŋ⁵³lei⁰pan²¹,n̩¹³fɔŋ⁵³lei¹³
fuk⁵,mau¹³tek¹³lei¹³ke⁰,ci¹³ₜₛʰiəu⁴⁴uɔi⁵³kʰɔn⁵³tau²¹kai⁵³ₜₛak³ₜₛʰiɔŋ¹³ŋan₃₅xa⁵³.iəu⁴⁴uɔi⁵³
kʰɔn⁵³tau²¹kai⁵³xaŋ¹³ₜₛ̩°lau³⁵ʂɔn¹³pʰi¹³kai⁴⁴kai⁴⁴kai⁴⁴iet³lau³⁵ci₂₁ci₂₁so²¹s…so²¹tsiait³

ke⁵³₄₄tʰi⁵³foŋ³⁵₄₄.so²¹i³⁵ci¹³₂₁tsʰiəu⁵³₄₄iəŋ⁵³kai⁵³₄₄mak³ e₄₄(←ke⁵³)ʂən₄₄me⁰ ?iəŋ⁵³₄₄kʰuai⁵³₄₄tʂau⁵³
foŋ³⁵tʂa⁵³kan²¹çi⁵³₄₄ɲi¹³kʰɔn⁵³₄₄nek³(←xek³)çi⁵³₄₄tsʰiəu⁵³₄₄mau¹³sɿ⁵³mau¹³sɿ⁵³₄₄kʰɔn⁵³tau²¹kai⁵³
tʂak³kan²¹cie⁵³₄₄n¹³xau⁵³kʰɔn⁵³ke⁵³₂₁təŋ³⁵₄₄si⁰.

（照枋就到顶了，是吧？）罉到顶呢，照枋罉到顶。一唔到顶就二唔低。就系跨倒大门口，跨倒大门口，一进，还罉进大门，还罉进箇只门槛，一看下去，爱看箇只看箇只死角唔到。看箇只死角唔到。箇箇个照枋就起到箇只作用。遮嘿箇只死角去。你放高矮进出，放进出是箇一般都系一般都就系米把子唠，放出滴子来唠。米把子唠。欸。但是放高矮嘞，渠就爱边跨正外背来看。maŋ¹³tau²¹tin²¹ne⁰,tʂau⁵³foŋ³⁵maŋ¹³tau²¹tin²¹.iet³n̩¹³tau⁵³tin²¹tsʰiəu⁵³₄₄ɲi¹³n̩¹³te³⁵.tsʰiəu⁵³xei₄₄cʰi³⁵tau²¹tʰai⁵³məŋ¹³xei²¹,cʰi³⁵tau²¹tʰai⁵³məŋ¹³xei²¹,iet³tsin⁵³,xai¹³₂₁maŋ¹³tsin⁵³tʰai⁵³məŋ¹³,xai¹³₂₁maŋ¹³tsin⁵³kai⁵³tʂak³məŋ¹³cʰian²¹,iet³kʰɔn¹³na₄₄(←xa⁵³)çi⁵³₄₄ɔi⁵³₄₄kʰɔn⁵³kai⁵³tʂak³kʰɔn⁵³kai⁵³tʂak³si²¹kɔk³n̩¹³tau²¹.kʰɔn⁵³kai⁵³tʂak³si²¹kɔk³n̩¹³tau²¹.kai⁵³₄₄kai⁵³kei⁵³₄₄tʂau⁵³foŋ³⁵tsiəu⁵³çi¹³tau²¹kai⁵³₄₄tʂak³tsɔk³iəŋ⁵³.tʂa³⁵ek³(←xek³)kai⁵³tʂak³si²¹kɔk³çi⁵³₄₄.e₂₁.ɲi¹³foŋ³⁵kau³⁵ai²¹tsin⁵³tʂʰət⁵,foŋ³⁵₄₄tsin⁵³tʂʰət⁵sɿ⁵³₄₄kai⁵³iet³pɔn³⁵təu³⁵xe⁵³₄₄iet³pɔn³⁵təu³⁵tsʰiəu⁵³₄₄xei₄₄mi²¹pa²¹tsɿ⁰lau⁰,foŋ⁵³₄₄tʂʰət³tiet⁵tsɿ⁰lɔi¹³₂₁lau⁰.mi²¹pa²¹tsɿ⁰lau⁰.e₂₁.tan⁵³₄₄sɿ⁵³₄₄foŋ⁵³kau³⁵ai²¹lei⁰,ci¹³tsʰiəu⁵³ɔi⁵³₄₄pien⁵³cʰi³⁵tʂaŋ⁵³₂₁ŋɔi⁵³₄₄lɔi¹³₂₁kʰɔn⁵³.

跳

（挑梁用客家话怎么说？）挑梁，就系挑梁。tʰiau³⁵liɔŋ¹³,tsʰiəu⁵³₄₄xe⁵³₄₄tʰiau³⁵liɔŋ¹³₂₁.

又唔喊挑梁嘞。爱喊跳。爱喊跳。唔系喊挑梁。喊跳。iəu⁵³m̩¹³xan⁵³₄₄tʰiau³⁵liɔŋ¹³₂₁le⁰.ɔi⁵³₄₄xan⁵³₄₄tʰiau³⁵.ɔi⁵³xan⁵³₄₄tʰiau⁵³.m̩¹³pʰe⁵³(←xe⁵³)xan⁵³₄₄tʰiau³⁵liɔŋ¹³₂₁.xan⁵³₄₄tʰiau⁵³.（喊跳？）欸。e₅₃.

但是跳嘞渠也……也有滴又唔又唔完全系以皮跳嘞。以皮就更长个跳嘞。tan⁵³₄₄sɿ⁵³₄₄tʰiau⁵³lei⁰ ci¹³₂₁ia…ia³⁵iəu³⁵tet⁵iəu⁵³m̩¹³iəu⁵³m̩¹³xɔn¹³tsʰien²¹₂₁xe⁵³i²¹pʰi¹³tʰiau⁵³lei⁰.i²¹pʰi¹³tsʰiəu⁵³cien⁵³tsʰɔn¹³ke⁵³₄₄tʰiau⁵³lei⁰.普通话：比方说那个屋后后面一扇墙哟，那屋后哇，这是前门，是吧？这个前门。这个屋后嘞这里这里有那个欸屋檐呐，因为从前是土砖房哟，土屋子哟，它那个屋檐就要伸长一点。不像现在的是一点点就够啦。嘿嘿。从前呢伸长一点。伸长一点，这个地方就还要放<u>一根</u>放一根放条桁子啊，爱放条桁子。箇只桁子搁下哪映搁稳呢？就以映还爱舞条梁。以映还爱舞条梁。舞舞舞条舞条唔系梁，安做舞皮跳。舞皮跳。以皮跳嘞，以皮跳哇，就砌嘿墙肚里去。以外背三尺，你打比以皮个以只檐头你爱搞三尺，以皮跳嘞，就起码爱两尺多子唠，<u>系唔系</u>？爱伸滴子来。两尺多子。foŋ⁵³iet³cien³⁵foŋ⁵³tʰiau¹³₂₁xaŋ¹³tsa⁰,ɔi⁵³₄₄foŋ⁵³tʰiau¹³₂₁xaŋ¹³tsɿ⁰.kai⁵³₄₄tʂak³xaŋ¹³tsɿ⁰kɔk³a⁰la⁵³₄₄iaŋ⁵³₄₄kɔk³uən²¹

nei⁰ ʔtsʰiəu⁵³₄₄;²¹iaŋ⁵³xa₂₁¹³ɔi⁵³u²¹tʰiau₂₁liɔŋ¹³.i²¹iaŋ⁵³xai₂₁¹³ɔi⁵³u²¹tʰiau¹³liɔŋ¹³.u²¹u²¹u²¹tʰiau¹³₄₄
u²¹tʰiau¹³m̩¹³pʰe⁵³(←xe⁵³)liɔŋ¹³.ɔn³⁵tsɔ⁵³₄₄u²¹pʰi¹³tʰiau⁵³.u²¹pʰi¹³tʰiau⁵³.i²¹pʰi¹³tʰiau⁵³
le⁰,i²¹pʰi¹³tʰiau⁵³ua⁰,tsʰiəu⁵³₄₄tsʰi⁵³xek³tsʰiɔŋ¹³təu²¹li̩ ɕi⁵³₄₄.i²¹ŋɔi⁵³pɔi⁵³san³⁵tʂʰak³,ɲi¹³ta²¹
pi²¹i²¹pʰi¹³ke⁵³₄₄i²¹tʂak³ ian¹³tʰei⁰ɲi₂₁ɔi⁵³kau⁵³san³⁵tʂʰak³,i²¹pʰi¹³tʰiau⁵³lei⁰,tsʰiəu⁵³₄₄ɕi̩
ma³⁵ɔi⁵³iɔŋ²¹tʂʰak³to³⁵tsn̩⁰ lau³,xe⁵³₄₄me₄₄(←m̩¹³xe⁵³)ʔɔi⁵³₄₄ʂən³⁵tiet⁵tsn̩⁰ lɔi₂₁²¹.iɔŋ²¹tʂʰak³
to³⁵tsn̩⁰.

以映以……规矩系几多子嘞？以映两尺嘞，以里背就爱四尺。i²¹iaŋ⁵³
i²¹…kuei³⁵tʂʂ̩²¹xei⁵³ci²¹to³⁵tsn̩⁰ lei⁰ ʔi²¹iaŋ⁵³iɔŋ²¹tʂʰak³ lei⁰,i²¹ti¹³⁵pɔi₄₄tsʰiəu⁵³₄₄ɔi⁵³₄₄si⁵³
tʂʰak³.（噢，就是两倍长度，它才压得住。）普通话：两倍，它这样才才压得住，欸。因为渠
下压嘿以墙上，你如果以外背两尺，以里也只有两尺，唔系只墙角都会
转嘿。箇皮就跳。in³⁵uei⁵³₄₄ci¹³xa⁵³iak³a⁵³(←xa⁵³)i²¹tsʰiɔŋ¹³xɔŋ⁵³₄₄ni¹³vy⁵³ko²¹i²¹ŋɔi⁵³
pɔi⁵³iɔŋ²¹tʂʰak³,i²¹ti¹³⁵ia³⁵tʂʂ̩²¹iəu⁵³iɔŋ²¹tʂʰak³,m̩¹³pʰe⁵³(←xe⁵³)i²¹tʂak³tsʰiɔŋ¹³kɔk³təu³⁵
uɔi⁵³₄₄tʂɔn⁵³nek³(←xek³).kai⁵³₄₄pʰi₂₁¹³tsʰiəu⁵³₄₄tʰiau⁵³.

（那个前面的？）前面个，面前个就……也安做跳嘞，也安做跳。tsʰien¹³
mien⁵³₄₄ke⁵³,mien⁵³tsʰien¹³ke⁵³₄₄tsʰiəu⁵³₄₄tʰ…ia³⁵ɔn³⁵tsɔ⁵³₄₄tʰiau⁵³lei⁰,ia³⁵ɔn³⁵tsɔ⁵³₄₄tʰiau⁵³.

（不叫跳梁，是吧？）唔安做跳梁，唔安做跳梁。只有如今后背讲嘞
就讲挑梁啊。呃以就系跳。ŋ̩¹³ɔn³⁵tsɔ⁵³₄₄tʰiau⁵³liɔŋ²¹,m̩¹³mɔn₄₄(←ɔn³⁵)tsɔ⁵³₄₄tʰiau⁵³
liɔŋ²¹.tʂʂ̩¹³iəu³⁵₅₃i₂₁¹³cin₄₄⁵³xei⁵³pɔi⁵³₄₄kɔŋ²¹lei⁰ tsʰiəu⁵³₄₄kɔŋ²¹tʰiau³⁵liɔŋ¹³ŋa⁰.ə₄₄i²¹tsʰiəu⁵³xe⁵³₄₄
tʰiau⁵³.

流水杠

噢，以条梁呃，流水杠啊，就系同箇只橡皮一只方向样，系唔系？平
行个。欸。安做流水杠。也有滴唔用流水杠个。有滴人唔用流水杠个。以
箇有滴人也唔用流水杠噢？渠打比样以映子唔以向就墙，系啊？以映就伞
柱，伞柱攊墙之间，以墙上放一条桁子哟，以伞柱顶高放条桁子，箇就有
那放。但是以映子以中间如果渠只檐头做得蛮宽样，你不可能中间就咁宽
以只空。还爱放条桁子。以条桁子搁啊哪映去嘞？以条桁子嘞？正讲个就
放流水杠啊。以映放条同橡皮平行个以条树。一头就搁下以墙上，一头搁
下伞柱上。系唔系？咁子放倒。咁子放倒。放下以映子。咁子斜斜子。以
头搁下伞欹墙上，以头搁下伞柱上。好，以中间，箇就用流水杠。au₂₁,i²¹tʰiau¹³₄₄
liɔŋ¹³ə₅₃,liəu¹³ʂei²¹kɔŋ⁵³ŋa⁰,tsʰiəu⁵³₄₄xei⁵³₄₄tʰəŋ²¹kai₄₄tʂak³ʂɔn¹³pʰi¹³iet⁵tsak³fɔŋ⁵³ɕiɔŋ⁵³₄₄
iɔŋ⁵³₄₄,xei⁵³₄₄me₄₄(←m̩¹³xe⁵³)ʔpʰin¹³ɕin¹³cie⁵³.e₂₁.ɔn³⁵tsɔ⁵³₄₄liəu¹³ʂei²¹kɔŋ⁵³.ia³⁵iəu³⁵tet⁵ŋ̩¹³
iəŋ⁵³liəu¹³ʂei²¹kɔŋ⁵³ke₂₁.iəu³⁵tet⁵ɲin¹³ŋ̩¹³iəŋ⁵³liəu¹³ʂei²¹kɔŋ⁵³ke₂₁.i²¹kai₄₄iəu³⁵tet⁵ɲin₂₁¹³
ia³⁵₅₃ŋ̩¹³iəŋ⁵³liəu¹³ʂei²¹kɔŋ₄₄⁵³ŋau⁰?ci¹³ta²¹pi²¹iɔŋ⁵³i²¹iaŋ⁵³tsn̩⁰ m̩₂₁¹²¹ ɕiɔŋ⁵³₄₄tsʰiəu⁵³₄₄

tsʰioŋ$_{21}^{13}$,xei$_{44}^{53}$a^{0} ?i^{21}iaŋ^{53}tsʰiəu^{53}san^{21}tʂʰəu$_{44}^{35}$,san^{21}tʂʰəu$_{44}^{35}$lau^{35}tsʰioŋ^{13}tʂʅ$_{44}^{35}$kan$_{44}^{35}$,i^{21}tsʰioŋ^{13}
xoŋ^{53}fɔŋ^{53}iet^{3}tʰiau$_{21}$xaŋ^{13}tsʅ^{0}ʂa^{0},i^{21}san^{21}tʂʰəu^{35}taŋ^{21}kau^{35}fɔŋ^{53}tʰiau^{13}xaŋ^{13}tsʅ^{0},kai^{53}
tsʰiəu$_{21}^{53}$iəu^{35}lai$_{44}$fɔŋ^{53}.tan$_{44}^{53}$ʂʅ$_{44}^{53}$i^{21}iaŋ$_{35}^{53}$tsʅ^{0} i^{21}tʂəŋ^{35}kan^{35}vy^{13}ko^{21}ci$_{21}^{13}$tʂak^{1}ian^{13}tʰei^{13}tso^{53}
tek^{3}man$_{21}^{13}$kʰɔn^{35}ioŋ$_{44}^{13}$ni^{13}puk^{3}kʰo^{0}len^{13}tʂəŋ^{35}kan^{35}tsʰiəu$_{44}^{13}$kan^{13}kʰɔn^{35}i^{21}tʂak^{3}
kʰəŋ$_{44}^{53}$.xa$_{21}^{53}$ɔi$_{44}^{53}$fɔŋ^{53}tʰiau$_{21}$xaŋ^{13}tsʅ^{0}.i^{21}tʰiau^{13}xaŋ^{13}tsʅ^{0}kɔk^{3}a^{0}lai$_{44}$iaŋ^{53}çi^{53}lei^{0}?i^{21}tʰiau$^{}$
xaŋ$_{21}$tsʅ^{0}lei^{0}?tʂaŋ^{53}kɔŋ^{53}ke$_{44}^{53}$tsʰiəu$_{44}^{53}$fɔŋ^{53}liəu^{13}ʂei^{21}kɔŋ^{53}ŋa^{0}.i^{21}iaŋ$_{35}^{53}$fɔŋ^{53}tʰiau^{13}tʰəŋ$_{21}^{13}$
ʂɔn^{13}pʰi^{13}pʰin^{13}çin^{13}ke$_{44}^{53}$i^{13}tʰiau$_{21}^{13}$ʂəu^{53}.iet^{3}tʰei^{13}tsʰiəu^{53}kɔk^{3}a^{53}(←xa^{53})i^{21}tsʰioŋ^{13}
xoŋ^{53},iet^{3}tʰei^{13}kɔk^{3}a^{53}(←xa^{53})san^{21}tʂʰəu$_{53}^{35}$xoŋ^{53}.xei^{53}me$^{}$(←m̩^{13}xe^{53})?kan^{21}tsʅ^{0}fɔŋ^{53}
tau^{21}.kan^{21}tsʅ^{0}fɔŋ^{53}tau^{21}.fɔŋ$_{44}^{53}$a$_{44}$(←xa^{53})i^{21}iaŋ$_{44}^{53}$tsʅ^{0}.kan^{21}tsʅ^{0}tsʰia^{13}tsʰia$_{21}^{13}$.i^{21}tʰei^{13}
kɔk^{3}a$_{44}$(←xa^{53})san^{21}e$_{21}$tsʰioŋ^{13}xoŋ^{53},i^{21}tʰei^{13}kɔk^{3}a^{53}(←xa^{53})san^{21}tʂʰəu$_{44}^{35}$xoŋ$_{21}^{53}$.xau^{21},i^{21}
tʂəŋ$_{44}^{35}$kan$_{44}^{35}$,kai$_{44}^{53}$tsʰiəu$_{44}^{53}$iəŋ^{13}liəu^{13}ʂei^{21}kɔŋ^{53}.

有滴唔用流水杠，以顶高搁下墙上，底下搁下伞柱上，中间还爱放条桁子。箇让门放嘞？渠就以底下放条跳……跳。欸，唔系正话跳，系<u>唔系</u>？跳顶高嘞，渠做只咁个筒筒。丫筒筒。咁子丫下去。搁下……以条桁子搁下以只筒筒上。欸，为它好看嘞，渠还做……以映子嘞，放半截子放半截子个跳。一嫠，嫠下墙上扯稳下子渠。丫稳下子渠。就就就我等个箇古代建筑肚里个斗拱样咁个。窜起窜转，箇就还好看滴唠，唔放流水杠。还……

iəu^{35}tet^{5}n̩^{13}iəŋ^{53}liəu^{13}ʂei^{21}kɔŋ$_{44}^{53}$,i^{21}taŋ^{53}kau^{35}kɔk^{3}a$_{44}$(←xa^{53})tsʰioŋ^{13}xoŋ^{53},te^{21}xa$_{44}^{35}$kɔk^{3}a$_{44}$
(←xa^{53})san^{21}tʂʰəu$_{44}^{35}$xoŋ$_{44}^{53}$,tʂəŋ^{53}kan$_{44}^{35}$xa$_{21}^{13}$ɔi$_{44}^{53}$fɔŋ^{53}tʰiau^{13}xaŋ^{13}tsʅ^{0}.kai$_{44}^{53}$niɔŋ$_{21}^{53}$mən^{0}fɔŋ^{53}
lei^{0}?ci^{13}tsʰiəu^{53}i^{21}te^{13}xa$_{44}^{53}$fɔŋ^{53}tʰiau$_{21}^{13}$tʰiau$^{}$…tʰiau^{53}.e$_{21}$,m̩$_{21}^{13}$pʰe$_{44}$(←xe^{53})tʂaŋ$_{44}^{53}$ua$_{44}$
tʰiau^{13},xe$_{44}^{53}$me$_{44}$(←m̩^{13}xe^{53})?tʰiau^{13}taŋ^{21}kau^{35}lei^{0},ci^{13}tso^{53}tʂak^{3}kan^{21}cie^{53}tʰəŋ^{13}tʰəŋ$_{44}^{13}$.a^{53}
tʰəŋ^{13}tʰəŋ$_{44}^{13}$.kan^{21}tsʅ^{0}a^{53}xa^{53}çi$_{21}$.kɔk^{3}a$_{21}$(←xa^{53})…i^{21}tʰiau^{13}xaŋ^{13}tsʅ^{0}kɔk^{3}a^{53}(←xa^{53})i^{21}
tʂak^{3}tʰəŋ^{13}tʰəŋ^{13}xoŋ^{53}.e$_{21}$,uei^{53}tʰa$_{21}^{35}$xau^{21}kʰɔn^{53}nei^{0},ci^{13}xai$_{21}$tso^{53}…i^{21}iaŋ$^{}$tsʅ^{0}lei^{0},fɔŋ^{53}
pan$^{}$tsiet^{3}tsʅ^{0}fɔŋ^{53}pan^{53}tsiet^{3}tsʅ^{0}kei$_{44}^{53}$tʰiau^{13}.iet^{3}nia^{13},nia^{13}a$_{44}$(←xa^{53})tsʰioŋ$_{21}^{13}$xoŋ^{53}
tʂʰa^{21}uən^{21}na$^{}$(←xa^{53})tsʅ^{0}ci^{13}.ŋa^{35}uən^{21}na$_{44}$(←xa^{53})tsʅ^{0}ci$_{44}^{13}$.tsʰiəu^{53}tsʰiəu^{53}tsʰiəu$_{44}^{53}$ŋai$^{}$
tien$^{}$ke$_{44}^{53}$kai$_{44}^{53}$ku^{21}tʰɔi$_{44}^{53}$cien^{53}tʂəuk^{3}təu^{21}li^{0}ke$^{}$tei^{0}kəŋ^{13}ioŋ$_{44}$kan^{21}kei$_{44}$.tsʰɔn^{53}çi^{21}
tsʰɔn^{53}tʂɔn^{21},kai^{53}tsʰiəu^{53}xai$_{21}$xau^{21}kʰɔn^{53}tiet^{3}lau^{0},n̩^{13}fɔŋ^{53}liəu$_{21}^{13}$ʂei^{21}kɔŋ^{53}.xai$_{21}^{13}$…

（哦，那个叫什么呢？）箇只我唔知安做么个东西。kai^{53}tʂak^{3}ŋai$_{21}^{13}$n̩$_{21}^{13}$ti$_{44}^{35}$ɔn$_{44}^{35}$tso$_{44}$mak^{3}e^{0}təŋ$_{44}^{35}$si^{0}.（就这个东西。）安做么个东西唠？呵呵，我唔都唔知安做么个东西。因为我等箇老屋系咁子做个。ɔn^{35}tso$_{21}^{53}$mak^{3}e^{53}(←ke^{53})təŋ$_{44}^{35}$si^{0}lau^{0}?xə$_{44}$xə$_{44}$,ŋai$_{21}^{13}$n̩^{13}təu$_{35}^{}$n̩$_{21}^{13}$ti$_{44}^{35}$ɔn$_{44}^{35}$tso$_{44}$mak^{3}e$_{44}$(←ke^{53})təŋ$_{44}^{35}$si^{0}.in^{53}uei$_{44}$ŋai$_{21}$tien$^{}$kai^{53}lau^{21}uk^{3}xei^{53}kan^{21}tsʅ^{0}tso$_{44}$ke^{53}.（还有搁在那个上面那个跳呢？）唔知安做么个东西。嘿，唔知安做么个东西。欸。n̩$_{21}^{13}$ti$_{44}^{35}$ɔn$_{44}^{35}$tso$_{44}^{53}$mak^{3}e$_{44}$(←ke^{53})təŋ$_{44}^{35}$si^{0}.xe$_{53}$,n̩$_{21}^{13}$ti$_{44}^{35}$ɔn$_{44}^{35}$tso$_{44}^{53}$mak^{3}e$_{44}$(←ke^{53})təŋ$_{44}^{35}$si^{0}.e$_{21}$.

封廐

好，来看呐，以映子嘞，以只栏场子是渠就爱爱放桁子吵？一条一条个桁子放出来吵。然后就钉椽皮。椽皮面上就盖瓦。以映以只廐上啊唔系舞以映子会以映子会尽系桁子头，系呀？桁子，一条一条个桁子咁子伸出来，系唔系？以只桁子头也唔好看。也爱也爱钉块板，做做油漆，漆得鲜红子，欸。钉稳渠。以只就安做封廐。以块板子就安做封廐。嗯。xau²¹,lɔi¹³ kʰɔn⁵³la⁰,i²¹iaŋ⁵³tsʅ⁰lei⁰,i²¹tʂak³ lɔŋ¹³tʂʰɔŋ¹³tsʅ⁰ sʅ⁵³⁴⁴ci¹³tsʰiəu⁵³ɔi⁴⁴⁵³ɔi⁵³fɔŋ¹³xaŋ¹³tsʅ⁰ ʂa⁰ ?iet³ tʰiau¹³₂₁iet³ tʰiau¹³₂₁ke⁵³xaŋ¹³tsʅ⁰ fɔŋ⁵³tʂʰət³lɔi¹³₂₁ʂa⁰.vien⁵³xei⁴⁴tsʰiəu⁴⁴taŋ³⁵⁴⁴ʂɔn¹³ pʰi¹³₄₄.ʂɔn¹³pʰi¹³mien⁵³xɔŋ⁵³tsʰiəu⁵³kɔi⁰ ŋa²¹.i¹³₁₃iaŋ⁵³i²¹tʂak³ ŋau¹³xɔŋ⁵³ŋa⁰ m̩¹³₂₁pʰe⁵³ (←xe⁵³)u²¹i¹³₁₃iaŋ⁴⁴tsʅ⁰ uɔi⁴⁴⁵³i²¹iaŋ⁴⁴tsʅ⁰ uɔi⁵³tsʰin⁵³xe⁴⁴xaŋ¹³tsʅ⁰ tʰei¹³,xei⁵³ia⁰ ?xaŋ¹³ tsʅ⁰,iet³tʰiau¹³₂₁iet³tʰiau¹³₂₁ke⁵³xaŋ¹³tsʅ⁰ kan²¹tsʅ⁰ʂɔn³⁵tʂʰət³lɔi¹³,xei⁴⁴me₄₄(←m̩¹³xe⁵³)?i²¹ tʂak³xaŋ¹³tsʅ⁰tʰei¹³ia³⁵n̩¹³₂₁xau²¹kʰɔn¹³.ia³⁵ɔi³⁵ia³⁵ɔi⁵³taŋ³⁵kʰuai⁵³pan²¹,tso⁵³tso⁵³iəu¹³ tsʰiet³,tsʰiet³tek⁰cien³⁵fəŋ¹³₂₁tsʅ⁰,e₂₁.taŋ³⁵uɔn²¹ci¹³₂₁.i²¹tʂak³tsʰiəu⁴⁴ɔn³⁵tso⁵³fəŋ³⁵ŋau²¹.m̩²¹. kʰuai⁵³pan²¹tsʅ⁰tsʰiəu⁴⁴ɔn⁵³tso⁴⁴fəŋ³⁵ŋau²¹.m̩²¹.

欸，箇唔系，以个就椽皮，系啊？以个就桁子。一条一条上个完……完条个杉树。就安做桁子。椽皮，桁子。欸。欸，彩檐。封廐。滴水。嗯，嗯，滴水。嘿嘿嘿，欸。e₂₁,kai⁴⁴me₄₄(←m̩¹³xe⁵³),i²¹ke⁵³tsʰiəu¹³ʂɔn¹³pʰi¹³,xei⁴⁴a⁰ ?i²¹ ke⁵³tsʰiəu⁵³xaŋ¹³tsʅ⁰.iet³tʰiau¹³₂₁iet³tʰiau¹³₂₁ʂɔn³⁵ke⁰uɔn¹³···uɔn¹³tʰiau¹³ke⁴⁴sa³⁵ʂəu⁵³. tsʰiəu⁴⁴ɔn⁵³tso⁴⁴xaŋ¹³tsʅ⁰.ʂɔn¹³pʰi¹³,xaŋ¹³tsʅ⁰.e₂₁.e₄₄,tsʰai²¹ian¹³.fəŋ³⁵ŋau¹³.tet³sei²¹. n̩²₁,n̩²¹,tet³sei²¹.xe⁵³xe₄₄xe₂₁,e₂₁.

滴水

好，还有一……箇个椽皮尽系咁子钉出来吵，系唔系啊？以只椽皮头，椽皮头，虽……锯是锯倒达平子，但是唔好看。欸椽皮头唔好看。爱钉一块板子，往往箇块板子嘞漆得鲜红子，爱做油漆。或者做做天蓝色子个漆倒。以咁子钉嘿去，分以只咁个椽皮头呀封煞哩，遮煞哩。就好看，系唔系？箇块安做滴水。xau²¹,xai₂₁iəu³⁵iet³···kai⁴⁴ke₄₄ʂɔn¹³pʰi¹³tsʰin⁵³ne₂₁(←xe⁵³)kan²¹ tsʅ⁰ taŋ³⁵tʂʰət³lɔi¹³ʂa⁰,xei⁴⁴me₄₄(←m̩¹³xe⁵³)a⁰ ?i²¹tʂak³ ʂɔn¹³pʰi¹³tʰei¹³,ʂɔn¹³pʰi¹³ tʰei¹³,sei³⁵···cie⁵³sʅ⁴⁴cie⁵³tau²¹tʰait³pʰiaŋ¹³₂₁tsʅ⁰,tan⁵³sʅ¹³n̩¹³nau²¹(←xau²¹)kʰɔn⁵³.e₄₄ʂɔn¹³ pʰi¹³tʰei¹³n̩¹³nau²¹(←xau²¹)kʰɔn⁵³.ɔi⁵³⁴⁴taŋ³⁵iet³kʰuai⁵³pan²¹tsʅ⁰,uɔn²¹uɔn¹³kai⁵³kʰuai⁵³ pan²¹tsʅ⁰lei⁰ tsʰiet³tek³çien⁵³fəŋ¹³tsʅ⁰,ɔi⁴⁴⁵³tso⁵³iəu¹³tsʰiet³.xɔit⁵³tʂa²¹tso⁵³tso⁴⁴tʰien³⁵ nan¹³₂₁sek³tsʅ⁰ke⁴⁴tsʰiet³tau⁴⁴₂₁.i²¹kan²¹tsʅ⁰ taŋ³⁵ŋek³(←xek³)çi₄₄,pən³⁵i²¹tʂak³kan⁴⁴₂₁ke⁴⁴ ʂɔn¹³pʰi¹³tʰei¹³ia⁰ fəŋ³⁵sait³li⁰,tʂa³⁵sait³li⁰.tsʰiəu⁴⁴xau²¹kʰɔn⁵³,xei⁴⁴me₄₄(←m̩¹³ xe⁵³)ʔkai⁵³kʰuai⁵³ɔn₄₄³⁵tso₄₄⁵³tiet³ ʂei²¹.

彩檐

渠箇个瓦吵，渠箇橡皮呀咁子一块块子，系唔系？一块一块子钉倒去吵，系呀？欸，一块块子钉倒去。渠箇爱盖瓦吵，一口一口子瓦盖嘿去。以映第一口子瓦盖唔稳。以映就钉条横……钉块子横横子个板子。箇块板子嘞系……系一……一边厚薄，一边更厚，一边更薄，外背分渠厚，肚里箇边更薄。箇条箇箇箇块东西安做彩檐。ci¹³kai⁵³cie⁵³ŋa²¹ʂa⁰,ci¹³kai⁵³ʂɔn²¹pʰi¹³ia⁰ kan²¹tsʅ⁰iet³ kʰuai⁵³kʰuai⁵³tsʅ⁰,xei₄₄⁵³me₄₄(←m̩¹³xe⁵³)ʔiet³ kʰuai⁵³iet³ kʰuai⁵³tsʅ⁰ taŋ³⁵ tau²¹çi₄₄⁵³ʂa⁰,xei₄₄⁵³ia⁰ʔe₂₁,iet³ kʰuai⁵³kʰuai⁵³tsʅ⁰ taŋ³⁵ tau²¹çi₄₄.ci¹³kai₄₄⁵³ɔi₄₄⁵³kɔi⁰ŋa⁰ʂa⁰,iet³ xei₄₄²¹iet³ xei₄₄²¹tsʅ⁰ ŋa²¹kɔi³iek³(←xek³)çie⁵³.i²¹iaŋ₄₄³⁵tʰi⁵³iet³ xei₄₄²¹tsʅ⁰ ŋa²¹kɔi³n̩₂₁¹³uən²¹.i²¹ iaŋ₄₄³⁵tsʰiəu₄₄⁵³taŋ³⁵tʰiau₂₁¹³uan¹³…taŋ₄₄³⁵kʰuai⁵³tsʅ⁰ uaŋ¹³uaŋ¹³tsʅ⁰ ke⁰pan²¹tsʅ⁰.kai⁵³kʰuai⁵³ pan²¹tsʅ⁰ lei⁰xei⁵³s…xei⁵³iet³…iet³ pien₄₄³⁵xei³⁵pʰɔk⁵,iet³ pien³⁵cien⁵³xei³⁵,iet³ pien³⁵ cien₄₄⁵³pʰɔk⁵,ŋɔi³poi⁵³pən₄₄³⁵ci₄₄⁵³xei³,təu⁰li⁰kai₄₄⁵³pien₄₄³⁵cien₄₄⁵³pʰɔk⁵.kai⁵³tʰiau₂₁¹³kai³kai⁵³ kai⁵³kʰuai₄₄⁵³təŋ₄₄³⁵si⁰ ɔn₄₄³⁵tso₄₄⁵³tsʰai²¹ian¹³.

门

（这个门呐像两边的这两根，门框啊……）门框，欸。mən₂₁¹³cʰiɔŋ³⁵,e₂₁.（好，两边的这个竖的呢？）噢，欸，过……安做过……呃，安做便砖。安做便砖。便下去啊。便，就是靠背个靠个意思啊。便砖呐。便下倒，我我箇样子噢……有只靠背吵，靠背就就安做便。便背呀，便稳呐。au₄₄,e₂₁,kɔ₄₄⁵³…ɔn³⁵tso₄₄⁵³kɔ⁰…ə₀,ɔn³⁵tso₄₄⁵³pʰien⁵³tʂuɔn³⁵.ɔn³⁵tso₄₄⁵³pʰien⁵³tʂuɔn³⁵.pʰien⁵³ na₄₄(←xa⁵³)çi₄₄⁵³a⁰.pʰien⁵³,tsʰiəu₂₁⁵³sʅ₂₁⁵³kʰau⁵³poi₄₄⁵³ke₄₄⁵³kʰau⁵³ke₂₁⁵³sʅ⁰a⁰.pʰien⁵³tʂuɔn³⁵ na⁰.pʰien⁵³na₄₄(←xa⁵³)tau²¹,ŋai¹³ŋai¹³kai₄₄⁵³iɔŋ₄₄³⁵tsʅ⁰ tsau⁰(←tsʅ⁰ au⁰)…iəu₄₄tʂak³kʰau⁵³ pɔi³ʂa⁰,kʰau⁵³pɔi₄₄⁵³tsiəu₂₁⁵³tsəu₂₁⁵³ɔn₄₄³⁵tso₄₄⁵³pʰien⁵³.pʰien⁵³pɔi³ia⁰,pʰien⁵³uən²¹na⁰.（那个哪个字呢？）我唔知写哪只字。你就写方……写方便的便呐。便到。便砖。便砖。嗯。顶高箇块横个嘞，就安做过砖。ŋai¹³n̩¹ti₄₄³⁵sia²¹lai⁰tʂak³tsʰʅ¹.n̩i₂₁¹³ tsʰiəu⁵³sia²¹faŋ₄₄…sie₂₁faŋ₄₄pien₅₃⁵tə⁰pien₅₃na⁰.pʰien⁵³tau²¹.pʰien⁵³tʂɔn³⁵.pʰien⁵³ tʂɔn₄₄³⁵.n̩₂₁.taŋ²¹kau³⁵kai³kʰuai⁵³uaŋ¹³ke₄₄⁵³le⁰,tsʰiəu₄₄⁵³ɔn₄₄³⁵tso₄₄⁵³kɔ⁵³tʂɔn³⁵.

还有嘞。咃，以块，以块，就安做便砖吵。便下倒哇。打比样，我要我咁坐坐安做便壁啊。系唔系啊？安做便壁。就便砖。xai¹³iəu₄₄³⁵le⁰.tei³⁵,i²¹ kʰuai⁵³,i²¹kʰuai⁵³,tsʰiəu₂₁⁵³ɔn₄₄³⁵tso₄₄⁵³pʰien⁵³tʂɔn³⁵ʂa⁰.pʰien⁵³na(←xa⁵³)tau²¹ua⁰.ta²¹pi² iɔŋ⁵³,ŋai¹³ iau₄₄³⁵ŋai¹³ kan₄₄²¹tsʰɔ³⁵tsʰɔ³⁵ɔn³⁵tso₄₄⁵³pʰien⁵³piak³ a⁰.xei₄₄⁵³me₄₄(←m̩¹³ xe⁵³)a⁰?ɔn₄₄³⁵tso₄₄⁵³pʰien⁵³piak³.tsʰiəu₂₁⁵³pʰien⁵³tʂɔn³⁵.

箇大门呢，顶高嘞，就有块横个哕，系唔系？顶高舞……有块横个。安做安做横……哦哦哦安做过砖，正讲哩，过砖。嗯。以映还有只东西安做托须。托须。以只过砖呢，指箇箇指大门，小门子冇得。小门子冇得托须。以只过砖两头长出滴子来。以以以映子以映子咁子顿倒箇以个便砖，系啊？顶高过砖唔系么啊正好咁子，长出滴子来。长出滴子来，以滴子安做托须。托须安做。kai$^{53}_{44}$t^{h}ai^{53}mən$^{13}_{21}$nei^0,taŋ^{21}kau$^{35}_{44}$lei^0,tsʰiəu$^{53}_{21}$iəu$^{35}_{21}$kʰuai^{35}uaŋ^{35}kei$_{44}$ʂa^0,xei$^{53}_{44}$me$_{44}$(←m̩^{13}xe^{53})?taŋ^{21}kau$^{35}_{44}$u^{21}…iəu$^{35}_{44}$kʰuai$^{13}_{44}$uaŋ^{13}ke^{53}.ɔn^{35}tso$^{35}_{44}$ɔn^{35}tso$^{53}_{44}$uaŋ^{13}…o$_{21}$o$_{44}$o$_{44}$ɔn^{35}tso$^{53}_{44}$ko^{53}tʂɔn^{35},tʂaŋ^{53}kɔŋ^{21}li^0,ko^{53}tʂɔn^{35}.n̩$_{21}$.i^{21}iaŋ^{53}xai$^{53}_{21}$iəu^{35}tʂak^{3}təŋ$^{35}_{44}$si^{0}ɔn$^{35}_{44}$tso$^{53}_{44}$tʰɔk^3 si^{35}.tʰɔk^3 si^{35}.i^{21}tʂak^3 ko^{53}tʂɔn$^{35}_{44}$ne^0,tʂʅ^{21}kai$^{53}_{44}$kai^{53}tʂʅ^{53}tʰai^{53}mən^{13},siau^{21}mən^{13}tsʅ^{0}mau^{13}tek^3.siau^{21}mən^{13}tsʅ^{0}mau^{13}tek^{3}tʰɔk^3 si^{35}.i^{21}tʂak^{3}ko^{53}tʂɔn^{35}iɔŋ^{21}tʰei^{13}tʂʰɔŋ^{13}tʂʰət^{3}tiet^{5}tsʅ^{0}lɔi$^{13}_{21}$.i^{21}i^{21}iaŋ^{53}tsʅ^{0}i^{21}iaŋ^{53}tsʅ^{0}kan^{21}tsʅ^{0}tən^{21}tau^{21}kai$^{53}_{44}$i^{21}ke$^{53}_{44}$pʰien^{53}tʂɔn$^{35}_{44}$,xei$_{21}$a^0?taŋ^{21}kau$^{35}_{44}$ko$^{53}_{44}$tʂɔn$^{35}_{44}$m̩$^{13}_{21}$pʰe$_{44}$(←xe^{53})mak^3 a^{0}tʂən^{0}xau^{21}kan^{21}tsʅ^0,tʂʰɔŋ^{13}tʂʰət^{3}tiet^{5}tsʅ^{0}lɔi$^{13}_{44}$.tʂʰɔŋ^{13}tʂʰət^3 tiet^{5}tsʅ^{0}lɔi$^{13}_{44}$,i^{21}tiet^{5}tsʅ^{0}ɔn$^{35}_{44}$tso$^{53}_{44}$tʰɔk^{3}si^{35}.tʰɔk^{3}si^{53}ɔn$^{35}_{44}$tso$^{53}_{44}$.

欸，还有，欸，箇大门，唔系以顶高就系过砖，系唔系啊？过砖以面前，就有两只伸出来个东西哕，系啊？一边一只哕，伸出来个，就安做门球子哕？我正讲哩门球子。e$_{21}$,xai$^{13}_{21}$iəu$^{35}_{44}$,e$_{21}$,kai$^{53}_{21}$tʰai^{53}mən^{13},m̩$^{13}_{21}$me$_{21}$(←xe^{53})i^{21}taŋ^{21}kau$^{53}_{44}$tsʰiəu$^{53}_{44}$xe$^{53}_{21}$ko^{53}tʂɔn^{35},xei$^{53}_{44}$me$_{44}$(←m̩^{13}xe^{53})a^0?ko^{53}tʂɔn^{35}i^{21}mien^{53}tsʰien$^{13}_{21}$,tsʰiəu$^{53}_{44}$iəu^{35}iɔŋ^{21}tʂak^3 tʂʰən^{35}tʂʰət^3 lɔi^{13}ke$^{53}_{44}$təŋ^{35}si^{0}ʂa^0,xei$^{53}_{44}$a^0?iet^3 pien^{35}iet^{3}tʂak^{3}ʂa^0,tʂʰən^{35}tʂʰət^{3}lɔi$^{13}_{21}$ke$_{21}$,tsʰiəu$^{53}_{44}$ɔn$^{35}_{44}$tso$^{53}_{44}$mən^{13}cʰiəu^{53}tsʅ^{0}ʂa^0?ŋai$^{13}_{21}$tʂaŋ^{53}kɔŋ^{21}li^{0}mən^{13}cʰiəu^{13}tsʅ^0.（噢，那那是门球子啊？）箇只就门球子嘞。你个开头讲个门球系么个噢？哪只东西系门球子？伸出来个。伸出来个，以映子伸出来。kai^{53}tʂak^{3}tsʰiəu$^{53}_{44}$mən^{13}cʰiəu^{13}tsʅ^{0}le^0.ȵi$^{13}_{21}$ke$^{53}_{44}$kʰɔi^{35}tʰei$^{13}_{44}$kɔŋ^{21}e$_{44}$(←ke^{53})mən^{13}cʰiəu^{13}tsʅ^{0}xe$^{53}_{44}$mak^3 ke$^{53}_{44}$au^0?lai^{53}tʂak^3 təŋ^{53}si^0 xe$^{53}_{44}$mən^{13}cʰiəu^{13}tsʅ^0?tʂʰən^{35}tʂʰət^{3}lɔi$^{13}_{21}$ke^{53}.tʂʰən^{35}tʂʰət^{3}lɔi$^{13}_{21}$ke^{53},i^{21}iaŋ$^{35}_{44}$tsʅ^{0}tʂʰən^{35}tʂʰət^{3}lɔi$^{13}_{21}$.（那个我我讲的这个门环呢就是门板上面啊那个……）噢，门板上个噢。噢，大门上两……两只圈圈哕，欸。欸。噢，系，箇两只唔系，箇唔系门环。箇两只怕系门环。au$_{53}$,mən^{13}pan$^{35}_{44}$xɔŋ$^{53}_{44}$ke$_{44}$au^0.au$_{21}$,tʰai^{53}mən^{13}xɔŋ$^{53}_{44}$iɔŋ^{21}…iɔŋ^{21}tʂak^3 cʰien^{35}cʰien^{35}nau^0,e$_{21}$.e$_{21}$.au$_{35}$,xe$_{44}$,kai^{53}iɔŋ^{21}tʂak^3 m̩$^{13}_{21}$pʰe^{53}(←xe^{53}),kai^{53}m̩$^{13}_{21}$pʰe^{53}(←xe^{53})mən$^{13}_{21}$fan^{13}.kai^{53}iɔŋ^{21}tʂak^3 pʰa^{53}xe^{53}mən^{13}fan^{13}.（叫门环啊？）门圈子吧？箇只东西安做门圈子吧？mən^{13}cʰien^{35}tsʅ^{0}pa^0?kai^{53}tʂak^3 əŋ(←təŋ^{35})si^{0}ɔn$^{35}_{44}$tso$^{53}_{44}$mən^{13}cʰien^{35}tsʅ^{0}pa^0?（门圈子啊？）欸，嚠……我我等个大门冇得。e$_{44}$,maŋ^{13}…ŋai^{13}ŋai^{13}tien^{0}ke$^{53}_{44}$tʰai^{53}mən$^{13}_{21}$mau^{13}tek^3.（对，它是个圆圈。）欸，系，系有咁个。欸，铁……铁打个，铁打个。关门箇只，系唔系？捱倒箇只唥圈圈。就门环哕。除哩系话安做门环……我

等个冇得。冇得。冇得箇两只圈圈。e²¹,xe⁵³,xei⁵³iəu₄₄³⁵kan²¹ke⁵³.ei₂₁,tʰiet³···tʰiet³ ta²¹ke⁵³,tʰiet³ ta²¹ke⁵³.kuan³⁵mən¹³kai₄₄tʂak³,xei₄₄me₄₄(←m̩¹³xe⁵³)?ia²¹tau²¹kai⁵³tʂak³ lau⁰cʰien³⁵cʰien₄₄³⁵.tsiəu⁰mən¹³fan¹³nau⁰.tʂʰu¹³li⁰xei₄₄⁵³ua⁵³ɔn₄₄³⁵tso₄₄⁵³mən¹³fan₂₁···ŋai¹³ tien⁰ke⁵³mau¹³tek³.mau¹³tek³.mau¹³tek³kai⁵³iɔŋ²¹tʂak³cʰien³⁵cʰien₄₄³⁵.

看下以以映子唠以映子嘞渠伸出来，就一条子箇树，一块子箇四四方方个树，伸出去。以映扇墙吵压倒吵，系唔系？欸扇墙压倒。底下就一条树伸出去。以面就安做嘞门球子。以映就安做门球子。以后背，以映就应该有两皮门，系唔系？两皮大门。大门去肚里吵。箇两皮大门，顶高爱有只东西固定，系唔系？箇渠就专门有条树。箇条树，箇条横树哇，以条横树，平倒以只……呃，过砖，以条树。箇条树嘞，就用么啊东西固定嘞？就用以条门球子箇以映子伸过去箇条树，固定渠，以映子伸下出去，一条树舞下倒，看呐，伸下出……伸下出去，一条树舞下倒，走走箇只树过来呀，系唔系？以只树过来，以映子就舞只闪闪下稳。系唔系固定到以映以映来。箇还还有只作用就么啊嘞？以边箇以皮门，以皮门，你冇哪映子上下冇哪映安……安筋咯。系唔系以皮门呐？底下可以放只门墩，底下就门槛，门槛底下一只墩墩。欸。底下一只墩墩。顶高让门搞嘞以顶高嘞？看呶，以顶高嘞，就系箇条横树上个，欸，箇条托须上个，托须上个，一条……打嘿车两只眼。欸，车两只眼。以映子就有条正以只东西凑一它们嘞正正套下箇眼肚箇里。嗯，咁子丫起丫倒，正正套咁个。所以渠就起倒起倒两只作用：一只作用嘞就就分以只门球子上好看，有两只东西唔系，系唔系？有两只门球子，固定哩门球子。好，门球子又扯到肚里箇只托须。欸，渠扯倒箇肚里箇只托须。系。好，两皮大门呢就又哪映子安？顶高就以只托须上固定哩。底下嘞就门墩。门墩。有的石门墩，有的木门墩。我等个是石门墩。石头个，打只石头。打只咁个打只咁个四四方方个石头。欸。石头以肚里以映子打只凼子。打只凼子。打只凼。舞只凼。箇门上就长出滴子来呀，就放下箇凼里。kʰɔn₄₄⁵³xa₄₄⁵³i²¹i²¹iaŋ³⁵tsɿ⁰lau⁰i²¹iaŋ³⁵tsɿ⁰lei⁰ci₂₁tʂʰən³⁵tʂʰət³ lɔi₂₁¹³,tsʰiəu¹iet³tʰiau₂₁⁵³tsɿ⁰kai₄₄⁵³səu⁵³,iet³kʰuai⁵³tsɿ⁰kai₄₄⁵³si⁵³si₂₁⁵³fɔŋ₄₄³⁵fɔŋ³⁵ke₄₄⁵³səu⁵³,tʂʰən³⁵ tʂʰət³çi₄₄.i²¹iaŋ³⁵sen⁵³tsʰiɔŋ¹³ʂa⁰iak³tau²¹ʂa⁰,xei⁵³me₄₄(←m̩¹³xe⁵³)?e₂₁sen⁵³tsʰiɔŋ₂₁¹³iak³ tau²¹.tei⁵³xa₄₄tsʰiəu₄₄⁵³iet³tʰiau₂₁⁵³səu⁵³tʂʰən₄₄³⁵tʂʰət³çi₄₄.i²¹mien¹³tsʰiəu₄₄⁵³ɔn₄₄³⁵tso₄₄⁵³le⁰mən¹³ cʰiəu₂₁tsɿ⁰.iaŋ³⁵(←i²¹iaŋ⁵³)tsʰiəu₄₄⁵³ɔn₄₄³⁵tso₄₄⁵³mən¹³cʰiəu¹³tsɿ⁰.i²¹xei⁵³pɔi₄₄⁵³,iaŋ₃₅(←i²¹ iaŋ⁵³)tsʰiəu₄₄⁵³in₄₄⁵³kɔi₄₄⁵³iəu₄₄⁵³iɔŋ²¹pʰi¹³mən¹³,xei₄₄⁵³me⁵³(←m̩¹³xe⁵³)?iɔŋ²¹pʰi¹³tʰai⁵³ mən¹³.tʰai⁵³mən¹³çi⁵³tau²¹li⁰ʂa⁰.kai₄₄iɔŋ²¹pʰi¹³tʰai⁵³mən¹³,taŋ²¹kau³⁵ɔi₄₄³⁵iəu₄₄⁵³tʂak³təŋ³⁵ si⁰ku¹³tʰin₄₄⁵³,xei₄₄⁵³me₄₄(←m̩¹³xe⁵³)?kai₄₄ci₂₁⁵³tsʰiəu₄₄⁵³tsen⁵³mən₂₁iəu₄₄³⁵tʰiau¹³səu⁵³.kai₂₁⁵³ tʰiau₂₁¹³səu⁵³,kai⁵³tʰiau₂₁¹³uaŋ¹³səu⁵³ua⁰,i²¹tʰiau₄₄¹³uaŋ⁵³səu⁵³,pʰiaŋ¹³tau²¹i²¹tʂak³tsʰo···

ə$_{21}$,ko^{53}tʂən^{35},i^{21}t^{h}iau$^{13}_{44}$ʂəu^{53}.kai$^{53}_{21}$t^{h}iau$^{13}_{44}$ʂəu^{53}lei^{0},ts^{h}iəu^{53}iəŋ^{53}mak^{3}a^{0}təŋ$^{35}_{44}$si^{0}ku^{53}t^{h}in$^{53}_{44}$
nei^{0}?ts^{h}iəu^{53}iəŋ^{53}i^{21}t^{h}iau$^{13}_{44}$mən^{13}c^{h}iəu^{13}tsʅ^{0} kai^{53}i^{21}iaŋ^{53}tsʅ^{0} tʂən^{35}ko$^{53}_{44}$çi$^{53}_{44}$kai$^{53}_{44}$t^{h}iau$^{21}_{21}$
ʂəu^{53},ku^{53}t^{h}in$^{53}_{44}$ci$^{13}_{21}$,i^{21}iaŋ^{53}tsʅ^{0} tʂən^{35}na^{53}(←xa^{53})tʂət^{3} çi$^{53}_{44}$,iet^{3} t^{h}iau$^{13}_{21}$ʂəu^{53}u^{21}a^{53}
(←xa^{53})tau^{21},k^{h}ɔn$^{53}_{44}$na^{0},tʂən^{35}na$^{0}_{44}$(←xa^{53})tʂət^{3} ç···tʂən^{35}na$^{0}_{44}$(←xa^{53})tʂət^{3} çi$^{53}_{44}$,iet^{3}
t^{h}iau$^{13}_{21}$ʂəu^{53}u^{21}a^{53}(←xa^{53})tau^{21},tsei^{21}tsei^{21}kai$^{21}_{21}$tʂak^{3} ʂəu^{53}ko$^{53}_{44}$lɔi$^{13}_{21}$ia^{0},xei$^{53}_{44}$me^{44}(←m̩^{13}
xe^{53})?iak^{3}(←i^{21}tʂak^{3})ʂəu^{53}ko$^{53}_{44}$lɔi$^{13}_{21}$,i^{21}iaŋ^{53}tsʅ^{0} ts^{h}iəu^{53}u^{21}tʂak^{3} ts^{h}ɔn^{35}ts^{h}ɔn^{35}na^{0}
(←xa^{53})uən^{21}.xe$^{53}_{21}$mei$_{44}$(←m̩^{13}xei^{53})ku^{53}t^{h}in$^{53}_{44}$tau$^{21}_{44}$i^{21}iaŋ$^{21}_{44}$i^{21}iaŋ$^{53}_{44}$lɔi^{13}?kai$^{53}_{44}$xai^{13}xai$^{13}_{21}$
iəu^{35}tʂak^{3} tsɔk^{3} iəŋ$^{53}_{44}$ts^{h}iəu$^{53}_{44}$mak^{3} a^{0} lei^{0} ?i^{21}pien$^{53}_{53}$kai^{53}i^{21}p^{h}i^{13}mən^{13},i^{21}p^{h}i$^{53}_{44}$mən^{13},ɲi$_{21}$
mau^{13}la$^{53}_{44}$iaŋ$^{53}_{44}$tsʅ^{0} ʂɔŋ^{53}çia^{53}mau^{13}la$^{53}_{44}$iaŋ$^{53}_{44}$ŋɔn^{35}···ɔn^{35}cin^{35}ko^{0} ?xei$^{53}_{44}$me$_{44}$(←m̩^{13}xe^{53})i^{21}
p^{h}i^{13}mən^{13}na^{0} ?te^{21}xa^{53}k^{h}o^{21}i^{53}fɔŋ^{53}tʂak^{3} mən^{13}tən^{21},tei^{21}xa^{53}ts^{h}iəu$^{53}_{44}$mən^{13}c^{h}ian$_{44}$,mən^{13}
c^{h}ian$^{21}_{44}$tei^{21}xa^{53}iet^{3} tʂak^{3} tən^{21}tən^{21}.e$_{21}$.tei^{21}xa^{53}iet^{3} tʂak^{3} tən^{21}tən^{21}.taŋ^{35}kau$^{35}_{44}$ɲiɔŋ^{53}mən^{0}
kau^{21}lei^{0} i^{21}taŋ$^{35}_{44}$kau$^{35}_{44}$lei^{0} ?k^{h}ɔn$^{53}_{44}$nau^{0},i^{21}taŋ$^{35}_{44}$kau$^{35}_{44}$lei^{0},ts^{h}iəu^{53}xei$^{53}_{44}$kai^{53} t^{h}iau$^{13}_{21}$uaŋ^{0}
ʂəu^{53}xɔŋ$^{53}_{44}$ke^{53},e$_{21}$,kai$^{53}_{44}$t^{h}iau$^{13}_{21}$t^{h}ɔk^{3} si^{35}xɔŋ$^{53}_{44}$ke$^{53}_{44}$,t^{h}ɔk^{3} si^{35}xɔŋ$^{53}_{44}$ke^{53},iet^{3} t^{h}iau$^{13}_{44}$···ta^{21}xek^{3}
tʂ^{h}a^{21}iəŋ^{21}tʂak^{3} ŋan^{21}.ei$_{21}$,tʂ^{h}a^{21}iəŋ^{21}tʂak^{3} ŋan^{21}.i^{21}iaŋ$^{35}_{44}$tsʅ^{0} ts^{h}iəu$^{53}_{44}$iəu^{35}t^{h}iau$^{21}_{44}$tʂən^{53}i^{21}
tʂak^{3} təŋ$^{35}_{44}$si^{0} ts^{h}e^{0} iet^{3} t^{h}a$^{35}_{44}$mən^{0} le^{0} tʂən^{53}tʂən$^{53}_{44}$t^{h}au^{53}xa$^{53}_{44}$kai$^{53}_{44}$ŋan^{21}təu^{21}kai$^{53}_{21}$li^{0}.ŋ̍$_{21}$,kan^{13}
tsʅ^{0} ŋa^{53}çi$^{13}_{44}$ŋa$^{53}_{44}$tau^{21},tʂən^{53}tʂən$^{53}_{44}$t^{h}au$^{53}_{44}$kan^{21}ke^{0}.so^{21}i^{53}ci$^{13}_{21}$tsəu$^{53}_{44}$çi^{13}tau$^{21}_{44}$çi^{13}tau$^{21}_{44}$iɔŋ^{53}tʂak^{3}
tsɔk^{3} iəŋ^{53}:iet^{3} tʂak^{3} tsɔk^{3} iəŋ$^{53}_{44}$lei^{0} ts^{h}iəu$^{53}_{44}$ts^{h}iəu$^{53}_{44}$pən^{35}i^{21}tʂak^{3} mən^{13}c^{h}iəu^{13}tsʅ^{0} xɔŋ$^{53}_{44}$
xau^{21}k^{h}ɔn^{53},iəu^{35}iɔŋ^{21}tʂak^{3} təŋ^{35}si^{0} m̩$^{13}_{21}$p^{h}ei$_{44}$(←xei^{53}),xei$^{53}_{44}$me$_{44}$(←m̩^{13}xe^{53})?iəu$^{53}_{44}$iɔŋ^{21}
tʂak^{3} mən^{13}c^{h}iəu^{13}tsʅ^{0},ku^{53}t^{h}in^{53}ni^{0} mən^{13}c^{h}iəu^{13}tsʅ^{0}.xau^{21},mən^{13}c^{h}iəu^{13}tsʅ^{0} iəu^{53}tʂ^{h}a^{21}
tau^{21}təu^{21}li^{0} kai^{53}tʂak^{3} t^{h}ɔk^{3} si^{35}.e$_{21}$,ci$^{13}_{21}$tʂ^{h}a^{21}tau^{21}kai^{53}təu^{21}li^{0} kai^{53}tʂak^{3} t^{h}ɔk^{3}
si^{35}.xe$^{53}_{21}$.xau^{21},iɔŋ^{21}p^{h}i^{13}t^{h}ai^{53}mən$^{13}_{21}$nei^{0} ts^{h}iəu$^{53}_{44}$iəu^{35}lai$^{53}_{44}$iaŋ$^{53}_{44}$tsʅ^{0} ɔn^{35}?taŋ^{21}kau^{35}ts^{h}iəu$^{53}_{44}$
i^{21}tʂak^{3} t^{h}ɔk^{3} si^{35}xɔŋ$^{53}_{44}$ku^{53}t^{h}in^{53}ni^{0}.te^{21}xa$^{53}_{44}$lei^{0} ts^{h}iəu^{53}m̩^{13}(←mən^{0})tən^{21}.mən^{13}
tən^{21}.iəu^{35}tet^{3} ʂak^{5} mən^{13}tən^{21},iəu^{35}tet^{3} muk^{3} mən^{13}tən^{21}.ŋai^{13}tien^{0} ke$^{53}_{44}$ʂʅ$^{53}_{21}$ʂak^{5} mən^{13}
tən^{21}.ʂak^{5} t^{h}ei^{0} ke^{53},ta^{21}tʂak^{3} ʂak^{5} t^{h}ei^{0}.ta^{21}tʂak^{3} kan^{21}cie$^{53}_{44}$ta^{21}tʂak^{3} kan^{21}cie$^{53}_{44}$si^{53} si$^{53}_{21}$fɔŋ^{53}
fɔŋ$^{35}_{44}$ke$^{53}_{44}$ʂak$^{3}_{3}$ t^{h}ei^{0}.e$_{21}$.ʂak^{5} t^{h}ei^{0} i$^{13}_{21}$təu^{21}li^{0} i^{21}iaŋ$^{53}_{44}$tsʅ^{0} ta^{21}tʂak^{3} t^{h}ɔŋ^{53}tsʅ^{0}.ta^{21}tʂak^{3} t^{h}ɔŋ^{53}
tsʅ^{0}.ta^{21}tʂak^{3} t^{h}ɔŋ^{53}.u^{21}tʂak^{3} t^{h}ɔŋ^{53}.kai$^{53}_{44}$mən^{13}xɔŋ$^{53}_{44}$ts^{h}iəu$^{53}_{44}$tʂɔŋ^{53}tʂət^{3} tiet^{5} tsʅ^{0} lɔi$^{13}_{44}$
ia^{0},tsiəu$^{53}_{44}$fɔŋ$^{53}_{44}$a$_{44}$(←xa^{53})kai$^{53}_{44}$t^{h}ɔŋ^{53}li^{0}.（这是指上面的，那就叫门凼子？）嗯，
嗯嗯嗯。ŋ̍$_{21}$,ŋ̍$_{44}$ŋ̍$_{44}$ŋ̍$_{21}$.（那底下的那个门墩上的那个呢）欸底呃欸底下呃门
碇上个就系门凼子哦。欸。e$_{35}$te^{21}ə$_{21}$e$_{35}$tei^{21}xa$^{53}_{44}$ə$_{44}$mən^{13}tən^{21}xɔŋ$^{53}_{44}$ke^{53}ts^{h}iəu$^{53}_{44}$e$_{44}$(←
xe^{53})mən^{13}t^{h}ɔŋ^{53}tsʅ^{0} o^{0}.e$_{21}$.（哦，上面的呢？）上背个箇只托须呀。托须。
ʂɔŋ^{53}pɔi$^{53}_{44}$ke$^{53}_{44}$kai^{53}tʂak^{3} t^{h}ɔk^{3} si^{35}ia^{0}.t^{h}ɔk^{3} si^{35}.（那托须上面有不是有一个孔吗？）
箇两只有有两只眼呶。系啊？托须上个眼又都……安做么个底下？kai^{53}
iɔŋ^{21}tʂak^{3} iəu$^{35}_{21}$iəu^{35}iɔŋ^{21}tʂak^{3} ŋan^{21}nau^{0}.xei$^{53}_{44}$a^{0} ?t^{h}ɔk^{3} si^{35}xɔŋ^{53}ke^{53}ŋan^{21}iəu^{53}təu$^{35}_{44}$···ɔn^{35}
tsɔ$^{53}_{44}$mak^{3} e$_{44}$(←ke^{53})təŋ$^{35}_{44}$si^{0}?（门榫啊？）唔知安做么个，有得一只么个。ŋ̍^{13}ti$^{35}_{44}$

ɔn₄₄³⁵tso₄₄⁵³mak³e₄₄(←ke⁵³),mau¹³tek³iet³tʂak³mak³e₄₄(←ke⁵³).(门斗啊？）门斗吧？怕系门斗子。门斗子。我唔多记得哩，箇东西冇得咁清楚。唔知安做么个。mən¹³tei²¹pa⁰?pʰa⁵³xe⁵³mən¹³tei²¹tsɿ⁰.mən¹³tei²¹tsɿ⁰.ŋai¹³n̩₂₁¹³to₄₄³⁵ci⁵³tek³li⁰,kai₄₄⁵³əŋ₂₁(←təŋ³⁵)siᵒmau₅₃²¹tek³kan²¹tsʰin³⁵tsʰəu²¹.n̩¹³ti₄₄³⁵ɔn₄₄³⁵tso₄₄⁵³mak³e₄₄(←ke⁵³).

花楼

欸箇个以……从前是讲箇妹子人，妹子人个间里箇个吊楼渠就有只子光窗伸出去，系啊？箇个安做花楼。从前讲妹子人用个用妹子人个间门口箇箇只吊楼就安做花楼。以下冇得咁个分别了唠。eᵒkai₄₄⁵³kei₄₄⁵³i³⁵…tsʰəŋ¹³tsʰien¹³ʂɿ₄₄⁵³kɔŋ²¹kai₄₄⁵³mɔi⁵³tsɿ⁰ɲin¹³,mɔi⁵³tsɿ⁰ɲin¹³ke₄₄kan₄₄niᵒkai₄₄ke₄₄tiau⁵³lei¹³ci¹³tsiəu₄₄⁵³iəu³⁵tʂak³tsɿ⁰kɔŋ³⁵tsʰəŋ³⁵ʂən₄₄tʂʰət³çi⁵³,xei₄₄aᵒ?kai₄₄⁵³ke⁵³ɔn₄₄tso₄₄fa³⁵lei₂₁.tsʰəŋ¹³tsʰien₄₄kɔŋ²¹mɔi⁵³tsɿ⁰ɲin¹³iəŋ⁵³kei₄₄iəŋ⁵³mɔi⁵³tsɿ⁰ɲin¹³kei₄₄kan²¹mən₂₁xei²¹kai₄₄kai₂₁⁵³tʂak³tiau⁵³lei⁵³tsʰiəu₄₄⁵³ɔn₄₄tso⁵³fa³⁵lei₂₁¹³.i²¹xa⁵³mau¹³tek³kan²¹cie₄₄⁵³fən³⁵pʰiek⁵liau²¹lau⁰.

好，以下嘞就箇个壁下，箇个起哩箇屋，壁下箇只墈，我等是都系山里吵，有只墈……蛮高吵，安做花楼墈。xau²¹,i²¹xa₄₄⁵³lei⁰tsʰiəu₄₄⁵³kai⁵³kei⁵³piak³xa⁵³,kai⁵³kei⁵³çi²¹li⁰kai⁵³uk³,piak³xa₄₄kai₄₄⁵³tʂak³kʰan⁵³,ŋai₂₁tien⁵³ʂɿ₂₁təu₄₄xe₄₄san³⁵ni²¹ʂaᵒ,iəu₄₄³⁵tʂak³kʰan⁵³m…man¹³kau³⁵ʂaᵒ,ɔn₄₄³⁵tso₄₄fa³⁵lei₂₁¹³kʰan⁵³.（那花楼是朝着什么噢那个墈的吗？）箇就一……渠是咁个，妹子人系个间呢一般都系靠正肚里，唔得靠外背。隐秘滴子吵，系唔系？箇只墈就安做花楼墈。现在是反正让门子箇屋后背箇只墈就都安做花楼墈。都安做花楼墈。kai₄₄⁵³tsʰiəu₄₄⁵³iet³p…ci¹³ʂɿ₄₄kan²¹keᵒ,mɔi⁵³tsɿ⁰ɲin¹³xei⁵³kei₄₄kan³⁵neiᵒiet³pɔn³⁵təu³⁵xei⁵³kʰau₄₄⁵³tʂaŋ₄₄təu²¹liᵒ,n̩¹³tek³kʰau₄₄³⁵iᵒçi³⁵pɔi₄₄⁵³.in²¹mi⁵³tiet⁵tsɿ⁰ʂaᵒ,xei⁵³me₄₄⁵³(←m̩¹³xe⁵³)?kai₄₄⁵³tʂak³kʰan⁵³tsʰiəu₂₁¹³ɔn₄₄⁵³tso₄₄fa³⁵lei₂₁¹³kʰan⁵³.çien₄₄⁵³tsʰai₄₄⁵³ʂɿ₂₁fan²¹tʂən⁵³ɲiɔŋ₂₁mən²¹tsɿ⁰kai₄₄⁵³uk³xei⁵³pɔi₄₄⁵³kai₄₄⁵³tʂak³kʰan⁵³tsiəu₄₄təu⁵³ɔn₄₄tso₄₄fa³⁵lei₂₁¹³kʰan⁵³.təu⁵³ɔn₄₄tso⁵³fa³⁵lei₂₁¹³kʰan⁵³.

只有正先讲……讲鱼子我就蛮累人。硬唔懂。tsɿ₂₁¹³iəu³⁵tʂaŋ⁵³sien³⁵kɔŋ²¹…kɔŋ²¹ŋ̩¹³tsɿ⁰ŋai¹³tsʰiəu³⁵man₂₁li⁵³ɲin₂₁.ɲiaŋ⁵³n̩¹³təŋ²¹.（啊，就是房子后面靠山的那个那个墈？）欸欸，墈……箇只箇只墈，安做花楼墈。e⁵³e₄₄,kʰ…kai⁵³tʂak³kai⁵³tʂak³kʰan⁵³,ɔn⁵³tso⁵³fa₄₄³⁵lei₂₁¹³kʰan⁵³.

火炉间

我等以映子嘞冇得箇个，唔系是有滴栏场是还……有滴栏场是还舞只间呢。箇我等以映客家人冇得咯，欸。渠等安做烤烤烤火房啊。烤火房。烧明火。舞只……ŋai¹³tien⁰i²¹iaŋ³⁵tsɿ⁰lei⁰mau¹³tek³kai⁵³cie₄₄,m̩¹³pʰe₄₄(←xe⁵³)ʂɿ₄₄⁵³iəu³⁵tiet⁵lɔŋ₂₁¹³tsʰɔŋ₄₄⁵³ʂɿ₂₁xai²¹…iəu³⁵tiet⁵lɔŋ₂₁¹³tsʰɔŋ₄₄⁵³ʂɿ₂₁xai₂₁u²¹tʂak³kan⁵³neᵒ.kai⁵³ŋai¹³ tien⁰i²¹iaŋ⁵³₄₄kʰak³ka³⁵₄₄ɲin¹³₂₁mau¹³tek³kan²¹ko⁰,e₂₁.ci¹³tien⁰ɔn³⁵₄₄tso⁵³₄₄kʰau²¹kʰau²¹kʰau²¹xo²¹foŋ¹³ŋa⁰.kʰau²¹xo²¹foŋ¹³.ʂau³⁵min¹³fo²¹.u²¹tʂak³…

（你们有吗？客家人有吗？）客家人有滴也有嘞。有滴人也有嘞。kʰak³ka³⁵₄₄ɲin¹³₂₁iəu³⁵tet⁵ia³⁵₄₄iəu⁵³₄₄le⁰.iəu³⁵tet⁵ɲin¹³₂₁ia³⁵₄₄iəu⁵³₄₄le⁰.（叫什么啊？）烤火房啊。火炉间呐，火炉间，安做火炉间。火炉间。kʰau²¹fo²¹foŋ¹³ŋa⁰.xo²¹ləu¹³kan³⁵nau⁰,fo²¹ləu¹³kan³⁵,ɔn³⁵₄₄tso⁵³xo²¹ləu¹³kan³⁵.fo²¹ləu¹³kan³⁵.

冷天冷起来啊，分四边个门关得煞<u>煞子</u>啊。肚里肚里箇屋就比较高哇。欸，屋就蛮高哇，有得楼板呐。欸，等渠高哇渠个烟灰就放放倒箇上背哟。欸，以下就吊……欸，楼枕上就吊只箇个么个，舞只铁丝吊只钩钩呀，钩上就吊把茶壶哇。吊把茶壶。底下就烧明火。茶壶顶高就还有滴这个吊滴猪肉箇只啦。就来炕猪肉啊箇起，箇个明火。箇是你烟拱拱哩哦。箇一出来只鼻公鼻公肚里鼻公肚里都墨乌个噢。欸就安做火炉间呢。火炉间，嗯。

laŋ³⁵tʰien³⁵₂₁laŋ³⁵çi²¹lɔi¹³₄₄a⁰,pən⁵³si⁵³pien³⁵₄₄ke³⁵₄₄mən¹³kuan³⁵tek³sait³sait³tsa⁰.təu²¹li⁰təu²¹li⁰kai⁵³uk³tsʰiəu⁵³pi²¹ciau⁵³₄₄kau³⁵ua⁰.e₂₁,uk³tsʰiəu⁵³man¹³₂₁kau³⁵ua⁰,mau¹³tek³lei¹³pan²¹na⁰.e₂₁,tien²¹ci²¹₂₁kau³⁵ua⁰ci¹³ke⁵³₄₄ien³⁵fɔi³⁵tsʰiəu⁵³₄₄foŋ⁵³foŋ⁵³₄₄tau²¹kai⁵³₄₄ʂɔŋ⁵³pɔi⁵³ʂa⁰.ei₂₁,i²¹xa³⁵tsʰiəu⁵³₄₄tiau⁵³…e₄₄,lei¹³fuk⁵xɔŋ⁵³tsʰiəu⁵³₄₄tiau⁵³tʂak³kai⁵³₄₄kei³⁵mak³kei³⁵₄₄,u²¹tʂak³tʰiet³sŋ³⁵₄₄tiau⁵³tʂak³ciei³⁵ciei³⁵₄₄ia⁰,ciei³⁵xɔŋ⁵³₄₄tsʰiəu⁵³₄₄tiau⁵³pa²¹tsʰa¹³fu¹³ua⁰.tiau⁵³pa²¹tsʰa¹³fu¹³.tei³⁵xa⁵³tsʰiəu⁵³ʂau⁵³₄₄min¹³fo²¹.tsʰa¹³fu¹³taŋ³⁵kau³⁵tsʰiəu⁵³xai³⁵iəu³⁵tiet³₅tʂe⁵³₄₄ke²¹₄₄tiau⁵³tet³tʂəu³⁵ɲiəuk³kai⁵³₄₄tʂak³la⁰.tsʰiəu⁵³₄₄lɔi²¹₂₁kʰɔŋ⁵³tʂəu³⁵ɲiəuk³a⁰kai⁵³i²¹(←çi²¹),kai⁵³₄₄ke⁵³min¹³fo²¹.kai⁵³₄₄sŋ⁵³₄₄ɲi²¹ien³⁵kəŋ²¹₂₁kəŋ³⁵li⁰o⁰.kai⁵³₄₄iet³tʂʰət³lɔi¹³tʂak³pʰi³⁵kəŋ³⁵₄₄pʰi³⁵₄₄kəŋ³⁵₄₄təu²¹li⁰pʰi³⁵₄₄kəŋ³⁵₄₄təu²¹li⁰təu²¹₄₄mek³u³⁵ke⁵³₄₄au⁰.e₂₁tsiəu³⁵₄₄ɔn³⁵₄₄tso⁵³₄₄fo²¹ləu¹³kan³⁵ne⁰.fo²¹ləu¹³kan³⁵,ŋ̩₂₁.

也有咁子人搞法，但唔多。客……都系客姓人学倒箇个本……当地人个。ia³⁵iəu³⁵kan³⁵tsŋ⁰ɲin¹³kau²¹fait³,tan³⁵ŋ̩₂₁to³⁵.kʰak³…təu³⁵xei⁵³₄₄kʰak³sin⁵³ɲin¹³₂₁xɔk⁵tau²¹kai⁵³₄₄ke⁵³₄₄pən²¹…tɔŋ³⁵tʰi²¹ɲin¹³₂₁cie⁵³.

灶

1.（灶哇它的那个你放柴火进的那个是叫什么？）灶门呐，安做灶门。tsau⁵³mən¹³nau⁰,ɔn³⁵₄₄tso⁵³₄₄tsau⁵³mən¹³.（这个灶这些不同部位呀你看看有些什么说法。）唔。灶门进去就灶颈。m̩₂₁.tsau⁵³mən¹³tsin⁵³çi³⁵tsʰiəu³⁵₄₄tsau⁵³ciaŋ²¹.（灶……灶颈，是吧？）灶颈。嗯。tsau⁵³ciaŋ²¹.n̩₂₁.（颈，脖子的……）欸欸，颈根个颈。灶颈。灶颈顶高就有只烟囱。一般都系咁子打倒。e₄₄,e₄₄,ciaŋ²¹cin³⁵ke⁵³ciaŋ²¹.tsau⁵³ciaŋ²¹.tsau⁵³ciaŋ²¹taŋ³⁵kau³⁵tsʰiəu³⁵₄₄iəu⁵³₄₄tʂak³ien³⁵tsʰən³⁵.iet³pon³⁵təu⁴⁵₄₄xei⁵³kan²¹tsŋ⁰ta²¹tau²¹.

（灶颈就是灶膛，是吧？里面空的。）灶颈。灶膛又唔系嘞。灶空呢。灶膛就是灶空。灶颈就系欸我等箇只我等一般子个山里人个灶哇都系让门子个嘞？就系看呐让门子啊？以映，以映，以只灶样啊，以以映子就烧火它就皮灶门呐。镶头唔系就去以映子。镶头还过点子。以只灶门摻以只镶头以之……之间以一线子就安做灶颈。欸，烟囱就顿下以映。烟囱就顿下以映。以映就一只烟囱。tsau⁵³ciaŋ²¹.tsau⁵³tʰaŋ¹³iəu⁵³m̩¹³pʰe⁵³(←xe⁵³)le⁰.tsau⁵³ kʰəŋ³⁵ne⁰.tsau⁵³tʰaŋ¹³tsʰiəu⁴⁴ʂʅ⁴⁴tsau⁵³kʰəŋ³⁵.tsau⁵³ciaŋ²¹tsʰiəu⁵³xe⁵³e₂₁ŋai³tien⁵³kai⁵³ tʂak³ŋai¹³tien³iet³pɔn³⁵tsʅ³ke⁰san⁵³li³ɲin₂₁ke³tsau⁵³ua⁵³təu⁵³xei⁵³ɲiɔŋ⁴⁴mən₄₄tsʅ³ke⁰ le⁰?tsiəu⁴⁴xe⁵³kʰɔn⁵³na⁵³ɲiɔŋ⁴⁴mən₄₄tsʅ³a⁰?i²¹iaŋ⁵³,i²¹iaŋ⁵³,i²¹tʂak³tsau⁵³iɔŋ⁵³ŋa⁰,i²¹,i²¹ iaŋ⁵³tsʅ³tsʰiəu₄₄ʂau³⁵fo⁵³tʰa³⁵tsʰiəu₄₄pʰi¹³tsau⁵³mən⁵³na⁰.uɔk⁵tʰei¹³m̩¹³pʰe₄₄(←xe⁵³) tsʰiəu⁵³çi⁵³i²¹iaŋ⁵³tsʅ⁰.uɔk⁵tʰei¹³xai₂₁ko⁵³tian³⁵₃₅tsʅ⁰.i²¹tʂak³tsau⁵³mən⁵³lau⁵³i²¹tʂak³uɔk⁵ tʰei¹³i²¹tsʅ³⁵…tsʅ³⁵kan⁵³i²¹iet³sen⁵³tsʅ³tsʰiəu⁵³ɔn⁵³tso⁵³tsau⁵³ciaŋ²¹.e₂₁,ien⁵³tsʰəŋ³⁵tsʰiəu⁵³ tən₄₄na₄₄(←xa⁵³)i²¹iaŋ₄₄⁵³.ien³⁵tsʰəŋ³⁵tsʰiəu₄₄tən₄₄na₄₄(←xa⁵³)i²¹iaŋ₄₄⁵³.i²¹iaŋ₄₄⁵³tsʰiəu⁵³iet³ tʂak³ien³⁵tsʰəŋ³⁵.

（灶颈就是灶门和……）镶头之间箇部位。渠有只么个好嘞？烧火个人，灶颈长滴子略，渠更关火。欸，烧火个人呢，鐕，冇得咁热人。<u>系唔系</u>？你系有得一只灶颈，一只灶镶头就去以映啊，你就火就去以映烧哇，你箇只烧火个人呢就唔知几热人，箇热天呢。嗯。uɔk⁵tʰei¹³tsʅ³⁵kan³⁵kai⁵³pʰu⁵³ uei⁵³.ci¹³iəu⁵³tʂak³mak³ke⁵³xau²¹lei⁰?ʂau³⁵fo⁵³ke⁵³ɲin³,tsau⁵³ciaŋ²¹tʂʰəŋ²₁tiet⁵tsʅ⁰ ko⁰,ci¹³cien⁵³kuan³⁵fo⁵³.e₂₁,ʂau³⁵fo²¹ke⁵³ɲin³ne⁰,maŋ¹³,mau⁵³tek³kan²¹ɲiet³ɲin₁₂₃.xei₄₄ me₄₄(←m̩¹³xe⁵³)?ɲi¹³xei⁵³mau¹³tek³iet³tʂak³tsau⁵³ciaŋ²¹,iet³tʂak³tsau⁵³uɔk⁵tʰei²₁ tsʰiəu⁵³çi³⁵i²¹iaŋ⁵³ŋa⁰,ɲi₂₁tsʰiəu⁵³fo²¹tsʰiəu⁵³çi³⁵i²¹iaŋ⁵³ʂau³⁵ua⁰,ɲi¹³kai⁵³tʂak³ʂau³⁵fo²¹ ke⁵³ɲin₂₁ne⁰tsʰiəu⁵³n̩¹³ti⁴⁴ci¹³ɲiet³ɲin¹³,kai⁵³ɲiet³tʰien³⁵ne⁰.n̩₂₁.

灶颈进去就镶空。安做镶空。顶高就一口镶啊。镶头底下以箇只部位就安做镶空啊。tsau⁵³ciaŋ²¹tsin₄₄cʰi⁵³tsʰiəu₄₄uɔk⁵kʰəŋ³⁵.ɔn³⁵tso₄₄uɔk⁵kʰəŋ³⁵.taŋ⁵³ kau₄₄tsʰiəu⁵³iet³xei²¹uɔk⁵a⁰.uɔk⁵tʰei¹³tei²¹xa³i²¹kai₄₄tʂak³pʰu⁵³uei⁵³tsʰiəu₄₄ɔn₄₄tso⁵³ uɔk⁵kʰəŋ³⁵ŋa⁰.

（嗯，然后呢？）就灶……灶背。箇就跨人箇向就安做灶背。tsʰiəu⁵³ tsau⁵³p̩…tsau⁵³pɔi⁵³,kai₄₄tsʰiəu⁵³cʰi₄₄ɲin¹³kai³çiɔŋ⁵³tsʰiəu⁵³ɔn³⁵tso⁵³tsau⁵³pɔi⁵³.（就是跟烧火的相对的那一方？）就系……欸，跟……欸，烧火相对个箇向。摻灶门相对个箇向。欸灶背。tsʰiəu₄₄xe⁵³…e₄₄,kən³⁵…e₂₁,ʂau³⁵fo²¹siɔŋ³⁵tei⁵³ke₄₄kai₄₄ çiɔŋ₄₄⁵³.lau₄₄tsau⁵³mən₂₁siɔŋ³⁵tei⁵³ke₄₄kai₄₄çiɔŋ₄₄⁵³.e⁰tsau⁵³pɔi⁵³.

（整个这个灶这个平面呢？）灶面。欸。tsau⁵³mien⁵³.e₅₃.（灶面不要加"子"哦？）唔爱加"子"，就系灶面。m̩₂₁mɔi¹³cia³⁵tsʅ²¹,tsʰiəu⁵³xe₄₄tsau⁵³mien⁵³.

　　一般打灶个人咯，还会在箇灶……灶膛个边子上找一只地方，做只子咁个冇几大子个空间子。做只子有几大子个空间子嘞……渠唔系哦，渠分箇只咁个嘞欸灶背吵，打比样，以映子如映子就灶门，欸，如映子灶门，如映子就灶颈，系唔系？灶颈过去嘞就系镬头。镬头过去就系灶背。人就跐到箇灶背来炒菜。系啊？iet³pɔn³⁵ta²¹tsau⁵³ke⁵³ɲin¹³₄₄ko⁰,xai¹³₂₁uɔi⁵³tsʰai⁵³kai⁵³₄₄tsau⁵³…tsau⁵³tʰɔŋ¹³ke⁵³₄₄pien³⁵tsʅ⁰xɔŋ¹³tsau⁵³iet³tʂak³tʰi⁵³fɔŋ³⁵,tso⁵³tʂak³tsʅ⁰kan²¹ke⁵³mau¹³ci²¹tʰai¹³tsʅ⁰kei⁵³kʰəŋ¹³kan³⁵tsʅ⁰.tso⁵³ak³(←tʂak³)tsʅ⁰mau¹³ci²¹tʰai¹³tsʅ⁰kei⁵³kʰəŋ³⁵kan³⁵tsʅ⁰le⁰…ci²¹₂₁ɲ₂₁tʰe⁵³(←xe⁵³)o⁰,ci¹³₂₁pɔn³⁵kai⁵³tʂak³kan²¹ke⁵³e₂₁tsau⁵³pɔi⁵³ʂa⁰,ta²¹pi²¹iɔŋ⁵³₄₄,i²¹iaŋ⁵³tsʅ⁰i¹³iaŋ⁵³tsʅ⁰tsʰiəu⁵³₄₄tsau⁵³mən¹³,ei₂₁i¹³₂₁iaŋ⁵³tsʅ⁰tsau⁵³mən¹³,i¹³₂₁iaŋ⁵³tsʅ⁵³tsʰiəu⁵³tsau⁵³ciaŋ²¹,xei⁵³me⁰(←m̩¹³xe⁵³)?tsau⁵³ciaŋ⁵³ko⁰çi⁵³₄₄le⁰tsʰiəu⁵³₄₄xei⁵³₄₄uɔk⁵tʰei¹³₂₁.uɔk⁵tʰei¹³ko⁵³çi⁵³₄₄tsʰiəu⁵³₄₄xe⁵³₄₄tsau⁵³pɔi⁵³.ɲin¹³tsʰiəu⁵³kʰu⁵³tau⁵³₄₄kai⁵³₄₄tsau⁵³pɔi⁵³lɔi²¹₂₁tsʰau²¹tsʰɔi⁵³.xe⁵³a⁰?

　　好，以向子，以向啊，一般就靠壁。一向就靠壁。另一向唔靠壁。唔……箇灶一般都唔打下天中地间呢。都靠一扇墙欸。靠扇墙打倒嘞。靠扇墙打倒箇目的就好处就在哪映子嘞？渠箇只烟囱可以转只弯，转只向啊，藉墙砌嘿上。烟囱更稳。欸。xau²¹,i²¹çiɔŋ⁵³tsʅ⁰,i²¹çiɔŋ⁵³ŋa⁰,iet³pɔn³⁵tsʰiəu⁵³₄₄kʰau⁵³piak³.iet³çiɔŋ⁵³tsʰiəu⁵³kʰau⁵³piak³.lin⁵³iet³çiɔŋ⁵³n̩¹³kʰau⁵³piak³.n̩¹³n̩…kai⁵³tsau⁵³iet³pɔn³⁵təu³⁵n̩¹³ta²¹xa⁵³tʰien⁵³tʂəŋ⁵³tʰi³⁵kan³⁵ne⁰.təu⁵³kʰau⁵³iet³ʂen⁵³tsʰiɔŋ¹³ŋe⁰.kʰau⁵³ʂen⁵³tsʰiɔŋ¹³ta²¹tau²¹le⁰.kʰau⁵³ʂen⁵³tsʰiɔŋ¹³ta²¹tau²¹kai⁵³muk³tiet³tsʰiəu⁵³xau²¹tʂʰəu⁵³tsʰiəu⁵³₄₄tsʰai⁵³₄₄lai¹³iaŋ⁵³tsʅ⁰le⁰?ci¹³kai⁵³tʂak³ien³⁵tsʰəŋ⁵³kʰo²¹i₄₄¹³⁵tʂɔn²¹tʂak³uan³⁵,tʂɔn²¹tʂak³çiɔŋ⁵³ŋa⁰,tʂa⁵³tsʰiɔŋ¹³tsʰi₄₄¹³xek³ʂɔŋ⁵³₄₄.ien³⁵tsʰəŋ³⁵₄₄cien⁵³uən²¹.e₂₁.

　　好，以向就靠墙，另外一扇唔靠墙箇以向一般呢箇灶面就打大滴子箇灶哇，打大滴子。箇映好放砧板切菜。好放下子行头，放下子零碎行头，欸。就做块子案板样。因为因为比较阔，渠爱用砖砌起来。欸，用砖砌起来。正面上正有只台子吵。嗯砖砌起来。用砖砌起来嘞，箇肚里嘞，渠就留只子空。做只子灶焙。xau²¹,i²¹çiɔŋ⁵³tsʰiəu⁵³kʰau⁵³tsʰiɔŋ¹³,lin⁵³uai⁵³iet³ʂen⁵³n̩¹³kʰau⁵³tsʰiɔŋ¹³kai⁵³i²¹çiɔŋ⁵³iet³pɔn³⁵ne⁰kai⁵³tsau⁵³mien⁵³tsʰiəu⁵³₄₄ta²¹tʰai⁵³tiet₅³tsʅ⁰kai⁵³tsau⁵³ua⁰,ta²¹tʰai⁵³tiet₅³tsʅ⁰.kai⁵³iaŋ⁵³₄₄xau²¹fɔŋ⁵³tsen³⁵pan³⁵tsʰiet³tsʰɔi⁵³.xau²¹fɔŋ⁵³ŋa₄₄(←xa⁵³)tsʅ⁰çin¹³tʰei¹³₄₄,fɔŋ⁵³ŋa⁵³(←xa⁵³)tsʅ⁰laŋ¹³si⁵³çin¹³tʰei¹³₄₄,e₂₁.tsʰiəu⁵³₄₄tso⁵³₄₄kʰuai¹³₄₄tsʅ⁰ŋɔŋ⁵³pan²¹iɔŋ⁵³.in³⁵uei₄₄¹³in³⁵uei₄₄¹³pi²¹ciau⁵³kʰɔit³,ci¹³ɔi⁵³iəŋ³⁵tʂɔn³⁵tsʰi¹³çi²¹lɔi¹³₄₄.e₂₁,iəŋ³⁵tʂɔn³⁵tsʰi⁵³çi²¹lɔi¹³₄₄.tʂaŋ₄₄⁵³mien⁵³xɔŋ⁵³₄₄tʂaŋ⁵³₄₄iəu₄₄¹³tʂak³tʰɔi¹³tsʅ⁰ʂa⁰.n̩⁰tʂɔn³⁵tsʰi¹³çi²¹lɔi¹³₄₄.iəŋ⁵³tʂɔn³⁵tsʰi¹³çi²¹lɔi¹³₄₄le⁰,kai¹³təu²¹li⁰le⁰,ci¹³tsʰiəu⁵³liəu¹³tʂak³tsʅ⁰kʰəŋ¹³.tso⁵³₄₄tʂak³tsʅ⁰tsau⁵³pʰɔi⁵³.

　　（这是用来烤东西的？）可以炕……炕东西个。但是一般都只用来炕鞋。炕鞋子。炕箇溇湿个鞋呀。你鞋就可以放下箇肚里。kʰo^{21}i^{35}kʰaŋ^{53}… kʰɔŋ^{53}təŋ^{35}si^{0}ke^{0}.tan$^{53}_{44}$ʂʅ$^{53}_{44}$iet^{3}pɔn^{35}təu$^{35}_{44}$tʂʅ^{21}iəŋ^{53}lɔi$^{13}_{21}$kʰɔŋ^{53}xai^{13}.kʰɔŋ^{53}xai^{13}tsɿ^{0}.kʰɔŋ^{53} kai$^{53}_{44}$tset^{5}ʂek^{3}ke^{53}xai^{13}ia^{0}.ȵi^{13}xai^{13}tsiəu^{53}kʰo^{21}i^{35}fɔŋ^{53}a^{53}(←xa^{53})kai^{53}təu^{21}li^{0}.（噢，那烤红薯也可以唠？）箇都烤得是？箇冇么啊几滚呢。欸哈，稍微有滴子保温呢。渠隔哩火咯，隔开火来哩。箇映子火就唔去啦，只有一滴子热气呀。欸。kai^{53}təu^{35}kʰau^{21}tek^{3}ʂʅ$^{53}_{44}$?kai^{53}mau$^{13}_{21}$mak^{3}a^{0}ci^{21}kuən^{21}ne^{0}.e$_{44}$xa$_{53}$,sau^{21}uei^{13}iəu^{35}tet^{5} tsɿ^{0}pau^{21}uən^{35}ne^{0}.ci^{13}kak^{3}li^{0}xo^{21}ko^{0},kak^{3}kʰɔi^{35}fo^{21}lɔi$^{13}_{21}$li^{0}.kai^{53}iaŋ^{53}tsɿ^{0}fo^{21}tsʰiəu^{53}n̩^{13} çi^{53}la^{0},tʂʅ^{21}iəu^{35}iet^{3}tiet^{5}tsɿ^{0}ɲiet^{5}çi^{53}ia^{0}.e$_{21}$.

（它它有一个空的，是吧？）哈？xa^{35}?（就是灶焙它是个什么样子？）就空……就系做只子空。就同箇同同同同箇个正放酒个栏场样，只一滴子在唠，只有浅浅子进去呀。一只子咁个就一只子箇门子样啊，欸。浅浅子进去呀。放得几双鞋呀。就炼下子鞋呀。一般都咁子做。tsʰiəu$^{53}_{44}$kʰəŋ^{35}k… tsʰiəu$^{53}_{44}$xe$^{53}_{44}$tso^{53}tʂak^{3}tsɿ^{0}kʰəŋ^{53}.tsʰiəu^{53}tʰəŋ$^{13}_{21}$kai^{53}tʰəŋ$^{13}_{21}$tʰəŋ$^{13}_{21}$tʰəŋ$^{13}_{21}$tʰəŋ$^{13}_{21}$kai^{53}ke$^{53}_{44}$tʂaŋ$^{53}_{44}$ fɔŋ^{53}tsiəu^{21}ke^{53}lan$^{13}_{21}$tʂʰɔŋ$^{13}_{21}$ɔŋ^{53}(←iɔŋ^{53}),tʂʅ^{21}iet^{3}tiet^{5}tsɿ^{0}tsʰai^{53}lau^{0},tʂʅ^{21}iəu^{35}tsʰen^{21} tsʰen^{21}tsɿ^{0}tsin$^{53}_{44}$çi$^{53}_{44}$ia^{0}.iet^{3}tʂak^{3}tsɿ^{0}kan$^{21}_{44}$ke$^{53}_{44}$tsiəu$^{53}_{44}$iet^{3}tʂak^{3}tsɿ^{0}kai$^{53}_{44}$mən^{13}tsɿ^{0}iɔŋ^{53} ŋa^{0},e$_{21}$.tsʰen^{21}tsʰen^{21}tsɿ^{0}tsin$^{53}_{44}$cʰi$^{53}_{44}$ia^{0}.fɔŋ^{53}tek^{3}ci^{21}səŋ$^{35}_{44}$xai^{13}ia^{0}.tsʰiəu$^{53}_{44}$xɔk^{3}a^{53}(←xa^{53}) tsɿ^{0}xai^{13}ia^{0}.iet^{3}pɔn^{35}təu$^{35}_{53}$kan^{21}tsɿ^{0}tso^{53}.（它它那个不通火吧？）唔通火，火就唔通啊，只系有热气呀。透箇个滚气呀，烧火个滚气呀。透过一层子砖，传出来。n̩^{13}tʰəŋ^{35}fo^{21},fo^{21}tsʰiəu^{53}n̩^{13}tʰəŋ^{35}ŋa^{0},tʂʅ^{21}xei$^{53}_{44}$iəu^{35}ɲiet^{5}çi^{53}ia^{0}.tʰəu^{53}kai$^{53}_{44}$ke$^{53}_{44}$ kuən^{21}çi^{53}ia^{0},ʂau^{35}fo^{21}ke$^{53}_{44}$kuən^{21}çi^{53}ia^{0}.tʰəu^{53}ko^{53}iet^{3}tsʰien^{13}tsɿ^{0}tʂɔn^{35},tʂʰɔn^{13}tʂʰət^{3}lɔi$^{13}_{44}$.（它有点凹下去，是吧？）唔凹下去，平面个，平个进去，欸。n̩^{13}au$^{35}_{44}$çia$^{53}_{44}$ çi$^{53}_{44}$,pʰin^{13}mien$^{53}_{44}$ke^{0},pʰiaŋ^{13}ke$^{53}_{44}$tsin$^{53}_{44}$çi$^{53}_{44}$,e$_{21}$.

（这个灶……噢，镂空啊里面那个凹下去一点。）镬下，镬空。欸，镬空一一……系，一般是就箇个了啰镬空底下就放只放只炉桥啦。更好烧啰，更好烧火啰。uɔk^{5}xa$^{53}_{44}$,uɔk^{5}kʰəŋ^{35}.e$_{21}$,uɔk^{5}kʰəŋ^{35}iet^{3}iet^{3}p…xe$^{53}_{44}$,iet^{3}pɔn^{35}ʂʅ$^{53}_{44}$ tsʰiəu^{53}kai^{53}ke^{53}liau^{0}lo^{0}uɔk^{5}kʰəŋ^{35}te^{21}xa$^{53}_{44}$tsʰiəu$^{53}_{44}$fɔŋ^{53}tʂak^{3}fɔŋ^{53}tʂak^{3}ləu^{13}cʰiau$^{13}_{21}$ la^{0}.cien$^{53}_{44}$xau^{21}ʂau^{35}lo^{0},ken$^{53}_{44}$xau^{21}ʂau^{35}fo^{21}lo^{0}.

（炉桥底下这个灰就掉地下啦就掉地下去啊。）火……箇箇就系欸炉桥底下就安做灶窿坑哩啊。欸。唔系话话别人家扒灰呀扒灰就咁个，就是就分箇灰扒出来。fo…kai$^{53}_{44}$kai$^{53}_{44}$tsʰiəu^{53}xe$^{53}_{44}$e$_{21}$ləu^{13}cʰiau^{13}te^{21}xa^{53}tsʰiəu$^{53}_{44}$ɔn$^{35}_{44}$tso$^{53}_{44}$ tsau^{53}ləŋ$^{13}_{21}$xaŋ^{35}li^{0}a^{0}.e$_{21}$.m̩^{13}pʰe^{53}(←xe^{53})ua^{53}ua^{53}pʰiet^{5}in$^{13}_{21}$ka$^{35}_{44}$pʰa$^{13}_{21}$fɔi^{35}ia^{0}pʰa$^{13}_{21}$fɔi^{35} tsʰiəu$^{53}_{44}$kan^{21}ke^{0},tsʰiəu^{53}ʂʅ^{53}tsiəu$^{53}_{44}$pən$^{35}_{44}$kai$^{53}_{44}$fɔi^{35}pʰa$^{13}_{21}$tʂət$^{3}_{5}$lɔi$^{13}_{21}$.

（那个灶前面它要还要有一个坑吧？）灶前面也有滴子，哎，也有滴子。tsau^{53}tsʰien$^{13}_{21}$mien$^{53}_{44}$na$_{44}$(←ia^{35})iəu^{35}tiet^{5}tsɿ^{0},ai$_{21}$,ia^{35}iəu$^{35}_{44}$tiet^{5}tsɿ^{0}.（啊，也有点

㖅。）欸欸。$e_{21}e_{21}$.（那个还是叫做灶……）箇系箇系……一……一般是箇
也唔爱也做得嘞。有有只有底下有箇条坑了就有哩唠。欸。$kai^{53}_{44}xe^{53}_{44}kai^{53}_{44}xe^{53}_{44}$…
iet^3 p…iet^3 pon^{35} $s\d{1}^{35}_{44}kai^{53}ia^{35}_{44}\d{m}^{13}_{21}moi^{53}_{35}ia^{35}_{44}tso^{53}tek^3$ $le^0.iou^{35}iou^{35}t\d{s}ak^3$ $iou^{35}te^{21}xa^{35}iou^{35}$
$kai^{53}t^hiau^{13}_{13}xan^{35}liau^0$ $ts^hiou^{53}_{53}iou^{35}li^0lau^0.e_{21}$.

（那个凹下去那个坑呢？）哈？就……$xa^{35}?tsiou^{53}_{44}$…（就是灶门啊，灶
门前面底下地上还有没有坑啊？）笔直的唔唔唔……可以唔爱坑呐。可以
唔爱坑啊。平个，就平个进去呀。唔爱，箇也唔爱。$piet^3$ $t\d{s}^h\partial t^5$ tet^3 $\d{m}^{13}_{21}\d{m}^{13}_{21}\d{m}^{13}_{21}$…
$k^ho^{21}i^{35}\d{m}^{13}_{21}moi^{53}_{53}k^h\partial n^{35}_{44}na^0.k^ho^{21}i^{35}_{53}\d{m}^{13}_{21}moi^{53}_{35}xan^{35}_{44}\eta a^0.p^hian^{13}_{13}ke^{53},tsiou^{53}p^hian^{13}ke^{53}.tsin^{53}$
$c^hi^{53}_{44}ia^0.\d{m}^{13}_{21}moi^{53}_{35}.kai^{53}ia^{35}_{44}\d{m}^{13}_{21}moi^{53}$.（噢，那等于就是灶窿坑它是平着地面的。）
欸欸欸欸，平倒地面个。也有，也有滴人凹进去个。$e_{21}e_{21}e_{44}e_{44},p^hian^{13}tau^{21}$
$t^hi^{53}mien^{53}_{44}ke^0.ia^{35}iou^{35},ia^{35}iou^{35}tiet^5\d{n}in^{13}_{21}au^{35}tsin^{53}çi^{53}ke^{53}$.（凹进去那个坑叫什
么？）箇只就箇只就系灶窿坑啊。凹进去个。就深滴子噻。$kai^{53}_{44}t\d{s}ak^3$ ts^hiou^{53}
$kai^{53}_{44}t\d{s}ak^3$ $ts^hiou^{53}xe^{53}tsau^{53}l\partial\eta^{13}_{21}xan^{35}\eta a^0.au^{35}tsin^{53}çi^{53}_{44}ke^{53}.ts^hiou^{53}_{44}t\d{s}\partial n^{35}tet^5$ $ts\d{1}^0$ se^0.

（不同……外面……里面外面都是叫做灶窿坑啊？）欸欸欸，外背也安做
灶窿坑。肚里也是灶窿坑。一般呢就系用炉桥个就唔爱面前箇只灶窿坑了。
冇得炉桥个，渠个灰冇哪放啊。有炉桥个就灰就去箇底下，系唔系？去炉
桥底下箇灰就啊。冇得炉桥个嘞箇灰……灰多哩，烧多哩柴爱铲出来嘞。
欸。箇就放下灶……灶面前呢，灶面前呢。砌只欸砌滴砌滴子砖呢，砌只
灶窿坑嘞。砌只坑欸。$e_{21}e_{21}e_{21},\eta oi^{53}poi^{53}ia^{35}\partial n^{35}_{44}tso^{53}_{44}tsau^{53}l\partial\eta^{13}_{21}xan^{35}_{44}.t\partial u^{21}li^0$ $a^{35}_{53}ts\d{1}^{53}_{53}$(←
$s\d{1}^{53}$)$tsau^{53}l\partial\eta^{13}_{21}xan^{35}_{44}.iet^3$ $pon^{35}ne^0$ $ts^hiou^{53}xei^{53}_{44}i\partial\eta^{35}l\partial u^{13}c^hiau^{13}_{21}ke^{53}ts^hiou^{53}_{44}\d{m}^{13}_{21}moi^{53}_{35}$
$mien^{53}ts^hien^{13}kai^{53}t\d{s}ak^3$ $tsau^{53}l\partial\eta^{13}_{21}xan^{35}liau^0.mau^{13}tek^3$ $l\partial u^{13}c^hiau^{13}_{21}ke^{53},ci^{13}ke^{53}_{44}f\partial i^{35}$
$mau^{13}_{21}lai^{13}f\partial\eta^{35}\eta a^0.iou^{35}l\partial u^{13}c^hiau^{13}_{21}ke^{53}ts^hiou^{53}_{44}f\partial i^{35}ts^hiou^{53}_{44}çi^{53}_{44}kai^{53}_{44}tei^{53}xa_{44},xei^{53}_{44}me_{44}$
(←$\d{m}^{13}xe^0$)$?çi^{53}l\partial u^{13}c^hiau^{13}_{21}tei^{53}xa^{53}_{44}kai^{53}_{44}f\partial i^{35}ts^hiou^{53}_{44}a^0.mau^{13}tek^3$ $l\partial u^{13}c^hiau^{13}ke^{53}le^0$
$kai^{53}_{53}f\partial i^{35}i\partial u$…$f\partial i^{35}to^{53}_{35}li^0,sau^{35}to^{53}li^0ts^hai^{13}_{21}oi^{53}ts^han^{21}t\d{s}^h\partial t^5$ $l\partial i^{13}le^0.e_{21}.kai^{53}_{21}ts^hiou^{53}_{44}f\partial\eta^{35}$
$xa^{53}_{44}tsau^{53}$…$tsau^{53}mien^{53}ts^hien^{13}ne^0,tsau^{53}m\partial n^{13}ts^hien^{13}ne^0.ts\d{1}^{53}t\d{s}ak^3$ $e_{21}ts^hi^{53}tiet^5$ ts^hi^{53}
$tiet^5$ $ts\d{1}^0t\d{s}on^{35}ne^0,ts^hi^{53}t\d{s}ak^3$ $tsau^{53}l\partial\eta^{13}_{21}xan^{35}lei^0.ts^hi^{53}t\d{s}ak^3$ $xan^{35}\eta e^0$.

2.（有灶颈这个讲……）灶颈，欸，有。有箇只话法。$tsau^{53}$
$cian^{21},ei_{44},iou^{35}.iou^{35}_{35}kai^{53}_{44}t\d{s}ak^3$ $ua^{53}fait^3$.（这个是在什么位置啊？）箇是灶门到
镬到镬肚箇映，到镬头，有镬头个栏场箇一莝子，安做灶颈。有滴灶颈唔
知几长。就系就系烟打烟烟囱就……在面前哆，灶颈，灶门进去就系烟囱
哆，箇烧倒个火嘞，放倒去火，火咁子就火咁子通过烧个烟就走面前排出
来哆，就上烟囱哆，系唔系啊？箇一莝子就安做灶颈呢。$kai^{53}_{44}s\d{1}^{53}_{53}tsau^{53}m\partial n^{13}$
$tau^{53}u\partial k^5$ $tau^{53}u\partial k^5$ $t\partial u^{21}kai^{53}_{44}ia\eta^{53}_{44},tau^{53}_{44}u\partial k^5$ $t^hei^{13}_{21},iou^{35}u\partial k^5$ $t^hei^{13}_{44}ke^{53}lan^{13}_{21}t\d{s}^h\partial\eta^{13}kai^{53}_{44}$
iet^3 $ts^ho^{53}ts\d{1}^0,\partial n^{35}_{21}tso^{53}_{44}tsau^{53}cian^{21}.iou^{35}tet^5$ $tsau^{53}cian^{21}\d{n}^{13}_{21}ti^{35}_{53}ci^{13}t\d{s}^h\partial\eta^{13}.ts^hiou^{53}_{44}xei^{53}_{44}$

tsʰiəu⁵³ xei⁵³ ien³⁵ ta²¹ ien³⁵ ien³⁵ tsʰəŋ³⁵ tsiəu₄₄ ç ··· tsʰai⁵³ mien⁵³ tsʰien₂₁ ṣa⁰ ,tsau⁵³ ciaŋ²¹ ,tsau⁵³ mən¹³ tsin¹³ çi⁵³ tsʰiəu₄₄ xe⁵³ ien⁵³ tsʰəŋ³⁵ ṣa⁰ ,kai²¹ ṣau³⁵ tau²¹ ke⁵³ fo²¹ lei⁰ ,fəŋ²¹ tau²¹ çi₄₄ fo²¹ ,fo²¹ kan₄₄ tsʅ⁰ tsʰiəu⁵³ fo²¹ kan₄₄ tsʅ⁰ tʰəŋ³⁵ ko³⁵ ṣau⁵³ ke⁵³ ien⁵³ tsʰiəu₄₄ sei⁵³ mien⁵³ tsʰien₂₁ pʰai¹³ tʂʰət³ ləi₂₁ ṣa⁰ ,tsʰiəu₄₄ ṣɔŋ₄₄ ien³⁵ tsʰəŋ³⁵ ṣa⁰ ,xe₄₄ me₄₄(←m̩¹³ xe⁵³)a⁰ ?kai⁵³ iet³ tsʰo⁰ tsʅ⁰ tsʰiəu⁵³ ɔn³⁵ tso⁵³ tsau⁵³ ciaŋ²¹ nei⁰ .

3. 烧火个栏场子簡中间，以前个灶是冇得簡只炉桥。冇炉桥就底下就用土砖呐，系呀？安做……簡簡块土砖长日烧嘿烧多哩火吵，安做灶心土。簡灶心土可以做药嘞。ṣau³⁵ fo²¹ ke⁵³ lɔŋ₂₁ tʂʰəŋ¹³ tsʅ⁰ kai₄₄ tʂɔŋ³⁵ kan₄₄ ,i₄₄³⁵ tsʰien¹³ ke₄₄ tsau⁵³ ṣʅ⁵³ mau¹³ tek³ kai⁵³ tʂak³ ləu¹³ cʰiau¹³ .mau¹³ ləu¹³ cʰiau¹³ tsiəu⁵³ te²¹ xa₄₄ tsʰiəu⁵³ iəŋ₄₄ tʰəu²¹ tʂɔn₄₄ na⁰ ,xei₄₄ ia⁰ ?ɔn₄₄³⁵ tso⁵³ ts···kai₄₄ kai⁵³ kʰuai³ tʰəu²¹ tʂɔn³⁵ tʂʰɔŋ¹³ ɲiet³ ṣau³⁵ xek³ ṣau³⁵ to₄₄³⁵ li⁰ fo²¹ ṣa⁰ ,ɔn₄₄³⁵ tso⁵³ tsau⁵³ sin₄₄³⁵ tʰəu²¹ .kai₂₁ tsau⁵³ sin₄₄³⁵ tʰəu²¹ kʰo⁰ i¹³⁵ tso⁵³ iɔk⁵ le⁰ .

火烘楼

火烘楼上，安做火烘楼。fo²¹ fən⁵³ nei¹³ xɔŋ⁵³ ,ɔn³⁵ tso⁵³ fo²¹ fən⁵³ nei¹³ ./噢，火烘楼，火烘楼，欸，簡只也有。au₂₁ ,fo²¹ fən⁵³ nei¹³ ,fo²¹ fən⁵³ nei¹³ ,e₃₅ ,kai⁵³ tʂak³ a₄₄³⁵ iəu₃₅³ ./系唔系？xei₄₄⁵³ me₄₄(←m̩¹³ xe⁵³)?/欸。e₃₅ ./火烘楼。fo²¹ fən⁵³ nei¹³ .（哪个 fən⁵³ ？）混呐，也嘞你就写三点水一个一个混。fən⁵³ na⁰ ,ia³⁵ le⁰ ɲi¹³ tsʰiəu⁵³ sie²¹ san₄₄ tian₂₁ ṣei₂₁ i₂₁ kə₄₄ i₂₁ kə₄₄ fən⁵³ ./混合的混同音。fən⁵³ xo₃₅ tet³ fən⁵³ tʰuŋ₁₃ in₄₄ ./混合的混。欸。火混楼。fən⁵³ xo₃₅ tet³ fən⁵³ .e₂₁ .fo²¹ fən⁵³ nei¹³ ./其实是不是簡只字了，不是簡只字啦。cʰi₂₁¹³ ṣət⁵ ṣʅ₄₄ puk³ ṣʅ₄₄ kai⁵³ tʂak³ tsʅ₄₄³⁵ liau⁰ ,puk³ ṣʅ₄₄ kai⁵³ tʂak³ tsʅ₄₄³⁵ la⁰ ./哈？应……那只烘。火烘楼。xa₃₅ ?in⁵³ ···lai₄₄ tʂak³ fən⁵³ .fo²¹ fən⁵³ nei¹³ ./渠渠个渠个意思是说底下烧火，脑高就熏么个个。ci¹³ ci¹³ ke₄₄ ci¹³ ke₄₄ i⁵³ sʅ⁰ ṣʅ₄₄ ṣek³ tei¹³ xa₄₄ ṣau³⁵ fo²¹ ,lau²¹ kau³⁵ tsiəu₄₄ çin³⁵ mak³ kei₄₄ ke⁵³ ./系啊！熏呢簡东西个，系。欸欸。火烘楼上以前是做屋就冇得钉子咯，舞滴竹簾唠，火烘呐，用火烘一下啦。xei₄₄⁵³ a⁰ !çin³⁵ ne⁰ kai₄₄ təŋ³⁵ si⁰ ke⁵³ ,xe₂₁ .e₂₁ e₄₄ .fo²¹ fən⁵³ lei¹³ xɔŋ₄₄ i¹³⁵ tsʰien¹³ ṣʅ₄₄³⁵ tso⁵³ uk³ tsʰiəu²¹ mau₂₁ tek³ taŋ³⁵ tsʅ⁰ ko⁰ ,u²¹ tiet³ tʂuk³ sak³ lau⁰ ,fo²¹ fən⁵³ nau⁰ ,iəŋ³⁵ fo²¹ fən⁵³ iet³ xa₄₄ la⁰ .（就也不一定做房子用啊。）我等就真系做安做火烘楼。ŋai¹³ tien⁰ tsiəu₄₄ tʂən⁵³ ne₄₄(←xe⁵³) tso⁵³ ɔn₄₄³⁵ tso⁵³ fo²¹ fən⁵³ nei₂₁¹³ ./欸，火烘楼上，欸，火烘楼上。欸，安做火烘楼。e₅₃ ,fo²¹ fən⁵³ nei¹³ xɔŋ₄₄ ,e₄₄ ,fo²¹ fən⁵³ nei¹³ xɔŋ₄₄ .e₂₁ ,ɔn₄₄³⁵ tso⁵³ xo₃₅ fən⁵³ nei₂₁¹³ ./火烘楼上，系。欸哟，硬么个几么个年载也冇得咁个东西哟。fo²¹ fən⁵³ nei₂₁¹³ xɔŋ₄₄ ,xe₄₄ .e₅₃ io₂₁ ,ɲiaŋ⁵³ mak³ e⁰ ci¹³ mak³ e⁰ ɲien¹³ tsai²¹ ia₃₅³⁵ mau₂₁ tek₅ kan²¹ ke⁵³ təŋ₄₄³⁵ si⁰ io⁰ .

（呵呵呵，现在还有没有这种房子？）簡火烘楼上整个一只灶下烟拱拱哩。簡个冇得了，冇。kai₄₄ xo²¹ fən₄₄⁵³ nei¹³ xɔŋ₄₄³⁵ tʂən²¹ ko⁰ iet³ tʂak³ tsau⁵³ xa³⁵ ien³⁵ kəŋ⁵³ kəŋ⁵³ li⁰ .kai₄₄ ke₄₄ mau₂₁ tek³ liau⁰ ,mau₂₁ ./蛮少了。man¹³ ṣau²¹ liau⁰ ,mau²¹ ./蛮少了。

man^{13}ṣau^{21}liau^{0}./可能北乡怕还有。kʰo^{21}len^{13}pɔit^{3}çiɔŋ^{35}pʰa^{53}xai^{21}iəu$^{35}_{44}$./北乡人更有得哩啊。pɔit^{3}çiɔŋ^{35}ɲin$^{13}_{21}$cien^{53}mau$^{13}_{21}$tek^{3}li^{3}a^{0}.

狗内子、猫内子

(那个大门那个一般是左边呐那个在墙根那里啊开个洞,那个给给那个狗哇进出。)哦哦。o$_{21}$o$_{53}$.(那个洞叫什么洞呢?)安做狗内子唠。猫内子,狗内子。安做内子,狗内子。ɔn$^{35}_{44}$tso$^{53}_{44}$kei^{21}lɔi^{13}tsʐ^{1}lau^{0}.miau^{53}lɔi$^{53}_{44}$tsʐ^{1},kei^{21}lɔi^{53}tsʐ^{0}.ɔn^{35}tso$^{53}_{44}$lɔi^{53}tsʐ^{0},kei^{21}lɔi^{53}tsʐ^{1}.(哪个 lɔi 呢?)箇就唔晓哪只内。猫内狗内哟,欸。安做内。猫内狗内。kai^{53}tsʰiəu^{53}ɲ̩^{13}çiau^{13}lai^{13}tʂak^{3}lɔi^{53}.miau^{53}lɔi$^{53}_{44}$kei^{21}lɔi io^{0},e$_{21}$.ɔn^{35}tso$^{53}_{44}$lɔi^{53}.miau^{53}lɔi$^{53}_{44}$kei^{21}lɔi^{53}.

(噢,也有猫内?)猫内,欸,有猫内子。miau^{53}lɔi^{53},e$_{21}$,iəu^{35}miau^{53}lɔi$^{53}_{44}$tsʐ^{0}.(那那个有什么区别呢?)普通话:就有猫进出的唠。哈?xa$_{35}$?(有什么区别呢?位置有区别吗?)普通话:都是一个地方。但是猫内子细滴子唠。tan$^{53}_{44}$sʐ^{53}miau^{53}lɔi$^{53}_{44}$tsʐ^{1}se^{53}tiet^{3}tsʐ^{0}lau^{0}.(噢,要开两个洞啊?)普通话:不是。一般呢可能是那个房间里就开猫内子。就莫分狗进去。间里就莫分狗进去,会惹狗虱啊。欸。但是你个大门,围墙个大门就你就爱开狗内子唠。系啊?开狗内子。间里就开猫内子。猫内子就只有咁大子,只出得一只猫公啊。狗就更大吵。kʰɔi$^{35}_{44}$miau^{53}lɔi$^{53}_{44}$tsʐ^{0}.tsʰiəu^{53}mo$^{53}_{44}$pən^{21}ciei^{21}tsin^{53}çi$^{53}_{44}$.kan^{53}ni^{21}tsʰiəu$^{53}_{44}$mo$^{53}_{44}$pən^{21}ciei^{21}tsin$^{53}_{44}$çi$^{53}_{44}$,uɔi^{53}nia^{35}ciei^{21}sek^{3}a^{0}.e$_{21}$.tan$^{53}_{44}$sʐ^{1}ɲi^{21}ke$^{53}_{44}$tʰai^{53}mən$^{13}_{21}$,uei^{13}tsʰiɔŋ^{13}ke$^{53}_{44}$tʰai^{53}mən$^{13}_{21}$tsʰiəu^{44}ɲi$^{13}_{21}$tsʰiəu$^{53}_{44}$ɔi^{53}kʰɔi$^{35}_{44}$ciei^{21}lɔi^{53}tsʐ^{0}lau^{0}.xei^{53}a^{0}?kʰɔi^{53}ciei^{53}lɔi^{53}tsʐ^{0}.kan^{35}ni^{21}tsʰiəu$^{53}_{44}$kʰɔi^{35}miau^{53}lɔi$^{53}_{44}$tsʐ^{0}.miau^{53}lɔi$^{53}_{44}$tsʐ^{0}tsʰiəu$^{53}_{44}$tsʐ^{21}iəu^{35}kan$^{21}_{35}$tʰai^{53}tsʐ^{0},tsʐ^{21}tʂət^{3}tek^{3}iet^{3}tʂak^{3}tsʐ^{1}miau^{53}kəŋ$^{35}_{44}$ŋa^{0}.ciei^{21}tsʰiəu$^{53}_{44}$cien^{53}tʰai^{53}ṣa^{0}.

整米间

碓间就有呢。碓间呢。用脚碓呀,去整米呀。箇大屋就有哇,有有碓间嘞。唔。tɔi^{53}kan^{35}tsʰiəu$^{53}_{44}$iəu$^{35}_{44}$nei^{53}.tɔi^{53}kan^{53}nei^{0}.iəŋ$^{35}_{44}$ciɔk^{3}tɔi^{13}ia^{0},çi^{53}tʂaŋ^{21}mi^{21}ia^{0}.kai$^{53}_{44}$tʰai^{44}uk^{3}tsʰiəu$^{53}_{44}$iəu^{35}ua^{0},iəu$^{35}_{44}$iəu^{35}tɔi^{13}kan^{53}ne^{0}.m̩$_{21}$.

(有柴间吗?)有柴间。有,柴间。碓间。iəu^{53}tsʰai$^{21}_{21}$kan$^{35}_{44}$.iəu^{35},tsʰai^{13}kan^{53}.tɔi^{53}kan^{35}.

(有砻米吗?砻米。)砻米间就系砻砻米个间。ləŋ^{13}mi^{21}kan^{35}tsʰiəu$^{53}_{44}$xe$^{53}_{44}$ləŋ^{13}ləŋ^{13}mi^{21}ke$^{53}_{44}$kan^{35}.(砻屋?)系吗?砻米个间吧?就系摻碓间一起呀,也有砻。嗯。欸。xei$^{53}_{44}$ma^{53}?ləŋ^{13}mi^{21}ke$^{53}_{44}$kan^{35}pa^{0}?tsʰiəu$^{53}_{44}$xe$^{53}_{44}$lau^{53}tɔi^{35}kan$^{53}_{44}$iet^{3}çi$ia^{0},ia^{35}iəu^{35}ləŋ$^{13}_{53}$ləŋ$^{13}_{21}$.m̩$_{21}$.e$_{21}$.(春米呀放风车呀什么这样的一个屋子。)欸欸,有啊有哇,就都就系……我等箇有只有只院子嘞专门搞咁个嘞。专门用来整

米呀，砻啊，碓子啊。欸，脚碓呀。欸，筛米个米盘呐。以只米盘都咁大啦，大摸篮啦。有有滴是还用木做个噢，木板子做个噢。啊蛮大个一只米盘哎。箇个顶高咯吊条绳。吊条绳下来，吊只钩，舞只筛咁大，咁子去筛米。吊筛呀，箇晡昨昨晡唔系讲哩吊筛呀？欸。e$_{21}$e$_{21}$,iəu^{35}a^{0}iəu^{35}ua^0,tsʰiəu$^{53}_{44}$təu$^{35}_{44}$tsʰiəu^{53}xe$^{53}_{44}$···ŋai$^{13}_{21}$tien^{0}kai$^{53}_{44}$iəu^{35}tṣak^{3}iəu$^{35}_{44}$tṣak^{3}ien^{53}tsʅ^{0}lei^{0}tṣen^{35}mən$^{13}_{21}$kau^{21}kan$^{21}_{35}$cie$^{53}_{44}$lei^0.tṣen^{35}mən$^{13}_{21}$iəŋ^{13}ləi$^{13}_{21}$tṣaŋ^{13}mi^{21}ia^0,ləŋ^{13}ŋa^0,təi^{53}tsʅ^{0}a^0.e$_{21}$,ciɔk^{3}təi^{53}ia^0.e$_{21}$,sai^{35}mi^{21}ke^{53}mi^{21}pʰan^{13}na^0.iak^3(←i^{21}tṣak^3)mi^{21}pʰan^{13}təu$^{35}_{44}$kan^{21}tʰai^{53}la^0,tʰai^{53}mo^{35}lan$^{13}_{21}$la^0.iəu$^{35}_{44}$iəu^{35}tiet^{5}sʅ$^{13}_{44}$xai$^{13}_{21}$iəŋ^{53}muk^{3}tso^{53}ke$^{35}_{44}$au^0,muk^{3}pan^{21}tsʅ^{0}tso^{53}ke$^{53}_{44}$au^0.a$_{21}$mən^{35}tʰai$^{53}_{44}$kei^{0}iet^{3}tṣak^{3}mi^{21}pʰan^{13}nau^0.kai$^{53}_{44}$kei^{0}taŋ^{21}kau$^{35}_{44}$ko^{0}tiau^{53}tʰiau$^{13}_{21}$ṣən^{13}.tiau^{53}tʰiau$^{13}_{21}$ṣən^{13}xa^{53}ləi$^{13}_{21}$,tiau^{53}tṣak^{3}kei^0,u^{21}tṣak^{3}sai^{0}kan^{21}tʰai^{53},kan^{21}tsʅ^{0}çi^{53}sai^{53}mi^{21}.tiau^{53}sai^{35}ia^0,kai$^{53}_{44}$pu$^{35}_{44}$tsʰo$^{53}_{21}$tsʰo$^{35}_{21}$pu$^{35}_{44}$m̩$^{13}_{21}$pʰe$^{53}_{44}$(←xe^{53})kɔŋ^{21}li^{0}tiau^{53}sai^{35}ia^0?e$_{21}$.（那个像这样这个砻放那个砻的屋子有没有那个专门的说法？）有得，我等箇映有得专门个有得专门个说法它。系……就系就系整米间哎。mau^{13}tek^3,ŋai^{13}tien^{0}kai^{53}iaŋ^{53}mau^{13}tek^{3}tṣen^{35}mən$^{13}_{21}$kei$^{53}_{44}$mau^{13}tek^{3}tṣen^{35}mən^{13}kei$^{53}_{44}$set^{3}fak^{3}tʰa$^{35}_{21}$.xe$^{53}_{44}$···tsʰiəu$^{53}_{44}$xe$^{53}_{44}$tsʰiəu^{53}xe$^{53}_{44}$tṣaŋ^{13}mi^{21}kan^{35}nau^0.

灰间子

但是还有只咁个间呢，有只灰间子呢。有灰间子呢。从前爱作田呢，作田就爱爱肥料哇。欸，箇个舞倒箇秆灰呀，草木灰箇只啦，舞滴粪去作啊。舞滴箇个欸人粪尿哇，猪粪尿哇，去去和啊，和倒堆倒箇映啊。欸牛粪箇只啦放倒。灰间子有一只呢。灰间，灰间子，硬安做灰间子。就系放肥料个，放农家肥个……灰间子。tan^{53}sʅ^{53}xai$^{13}_{21}$iəu^{35}tṣak^{3}kan^{21}cie$^{53}_{44}$kan$^{35}_{44}$nei^0,iəu$^{35}_{44}$tṣak^{3}fɔi^{35}kan^{35}tsʅ^{0}nei^0.iəu^{35}fɔi^{35}kan$^{35}_{44}$tsʅ^{0}nei^0.tsʰən^{13}tsʰien^{13}ɔi^{53}tsɔk^{3}tʰien^{13}ne^0,tsɔk^{3}tʰien^{13}tsʰiəu^{53}ɔi^{53}ɔi^{53}fei^{13}liau^{53}ua^0.e$_{21}$,kai^{53}kei$^0_{44}$u^{21}tau^{21}kai^{53}kɔn^{21}fɔi^{53}ia^0,tsʰau^{21}muk^{3}fɔi^{35}kai$^0_{44}$tṣak^{3}la^0,u^{21}tiet^{5}pən^{13}çi^{53}tsɔk^{3}a^0.u^{21}tiet^{5}kai$^{53}_{44}$kei$^0_{44}$e$_{21}$ɲin^{13}fən^{53}ɲiau^{53}ua^0,tṣəu^{35}fən$^{53}_{44}$ɲiau^{53}ua^0,çi$^{53}_{44}$çi^{53}xo^{13}a^0,xo^{13}tau^{21}tei^{13}tau^{21}kai$^{53}_{44}$iaŋ$^{35}_{44}$ŋa^0.e$_{44}$ɲiəu^{13}pən^{53}kai$^{53}_{44}$tṣak^{3}la^{0}fɔŋ$^{53}_{44}$tau^0.fɔi^{35}kan^{35}tsʅ^{0}iəu$^{35}_{44}$iet^{3}tṣak^{3}nei^0.fɔi^{35}kan^{35},fɔi^{35}kan^{35}tsʅ^0,ɲiaŋ$^{53}_{44}$ɔn^{44}tso$^{53}_{44}$fɔi^{35}kan^{35}tsʅ^0.tsʰiəu$^{53}_{44}$xe$^{53}_{44}$fɔŋ^{53}fei^{13}liau$^{53}_{44}$ke$^0_{44}$,fɔŋ^{53}ləŋ^{13}cia$^{53}_{44}$fei^{53}fei^0···fɔi^{35}kan^{35}tsʅ^0.

硪子

正好人个脚咁高子个，正好咁子上个，一脚一脚子上个，台阶样，一脚脚子上个，就箇就安做那就安做硪子。tṣən^{53}xau^{21}ɲin^{13}kei$^{53}_{44}$ciɔk^{3}kan^{21}kau$^{35}_{44}$tsʅ^{0}ke$^0_{44}$,tṣən^{53}xau^{21}kan^{21}tsʅ^{0}ṣɔŋ^{35}ke$^{53}_{44}$,iet^{3}ciɔk^{3}iet^{3}ciɔk^{3}tsʅ^{0}ṣɔŋ^{35}ke^{53},tʰɔi^{13}kai$^{35}_{44}$iɔŋ^{53},iet^{3}ciɔk^{3}ciɔk^{3}tsʅ^{0}ṣɔŋ^{35}ke$^{53}_{44}$,tsʰiəu$^{53}_{44}$kai^{53}tsʰiəu$^{53}_{44}$ɔn^{44}tso$^{53}_{44}$na$^{53}_{44}$tsʰiəu$^{53}_{44}$ɔn^{44}tso^{53}tɔn^{53}tsʅ^0.（硪

子？）欸正讲破子。但是比……一脚爬……咁子箇渠咁子走唔上个，爱咁子他或者爬上去或者藉助楼梯或者么个上个，箇就安做墈。但是但是一丘田，两丘田，箇丘高滴子，以丘矮滴子，尽管高滴子，系一只子一只子破子咁高子嘞，也安做田墈。$e^0 tṣaŋ_{44}^{53}kɔŋ_{35}^{21}tɔn^{53}tṣʅ^0.tan_{44}^{53}ṣʅ^{21}pi\cdot iet^3 ciɔk^3 p^ha^{13}\cdots kan^{21}$ $tṣʅ^0 kai_{44}^{53}ci_{21}^{13}kan^{21}tṣʅ^{21}tsei^{21}n̩^{13}ṣɔŋ^{35}ke^{53},ɔi^{53}kan^{21}tṣʅ^0 t^ha_{44}^{35}xɔit_3^5 tṣa_{44}^{53}p^ha^{13}ṣɔŋ_{44}^{35}çi_{44}^{35}xɔit^5 tṣa^{21}_{44}$ $ts ia^{35}t^həu_{44}^{21}lei^{13}t^hɔi^{35}xɔit^5 tṣa^{21}mak^3 e_{44}(\leftarrow ke^{53})ṣɔŋ^{35}ke_{44}^{53},kai_{44}^{53}tsʰiəu_{44}^{35}ɔn_{44}^{35}tso_{44}^{53}$ $k^han^{53}.tan_{44}^{53}ṣʅ_{44}^{53}tan_{44}^{53}ṣʅ^{53}iet^3 tsʰiəu_{44}^{35}t^hien^{13},iɔŋ^{21}tsʰiəu_{44}^{35}t^hien^{13},kai_{44}^{53}tsʰiəu_{44}^{35}kau^{35}tiet^5 tṣʅ^0,i^{21}$ $tsʰiəu_{44}^{35}ai^{21}tiet^5 tṣʅ^0,tsʰin^{53}kɔn^{21}kau^{35}tiet^5 tṣʅ^0,xei^{53}iet^3 tṣak^5 tṣʅ^0 iet^3 tṣak^3 tṣʅ^0 tɔn^{53}tṣʅ^0$ $kan^{21}kau_{44}^{35}tṣʅ^0 lei^0,ia^{35}ɔn_{44}^{35}tso_{44}^{53}t^hien^{13}k^han^{53}.$（田墈？）也安做墈。欸。也安做一条墈。$ia^{35}ɔn_{44}^{35}tso_{44}^{53}k^han^{53}.e_{21}.ia^{35}ɔn_{44}^{35}tso_{44}^{53}iet^3 t^hiau_{21}^{13}k^han^{53}.$

（四）居家

传统家具器用

讲从前个老家具。先从厅下讲起。厅下嘞，就系食饭个地方，欸，又系接待顾……宾客个地方，又系供奉祖先个地方，欸，又一家人活动个……活动个地方，就客厅样唻。欸，就有几只东西，如今冇得哩个。$kɔŋ^{21}tsʰəŋ^{13}_{21}$ $tsʰien_{21}^{13}ke_{44}^{53}lau^{21}cia_{44}^{35}tṣʅ^{53}.sen^{35}tsʰəŋ_{21}^{13}t^haŋ_{44}^{35}xa_{44}^{35}kɔŋ^{21}çi^{21}.t^haŋ^{35}xa_{44}^{35}le^0,tsiəu_{44}^{53}xe_{44}^{53}ṣət^5$ $fan^{53}ke^{53}t^hi^{53}fɔŋ^{35},e_{21},iəu^3 ue_{44}^{53}(\leftarrow xe^{53})tsiait^3 t^hɔi_{44}^{53}ku^{53}\cdots pin^{35}k^hak^3 ke_{44}^{53}t^hi^{53}fɔŋ^{35},iəu^3$ $xe_{44}^{53}kɔŋ^{53}fəŋ^{53}tsəu^{53}sen_{44}^{35}ke_{44}^{53}t^hi^{53}fɔŋ^{53},e_{21},iəu^3 iet^3 ka^{53}ɲin_{44}^{13}xɔit^5 t^həŋ^3 ke_{44}^{53}\cdots xɔit^5 t^həŋ_{44}^{53}$ $ke_{44}^{53}t^hi^{53}fɔŋ_{44}^{35},tsʰiəu_{44}^{53}k^hak^3 t^haŋ^{35}iɔŋ^{53}no^0.e_{21},tsʰiəu_{44}^{35}iəu^{35}ci^{21}tṣak^3 təŋ_{44}^{35}si_{44}^{35},i_{21}^{13}cin_{44}^{35}mau^{13}$ $tek^3 li^0 ke^{53}.$

嗯。第一只嘞，神龛。唔。唔系哟。安做香几桌子。香几桌子。香几桌子比较高，有人个肩膊咁高，唔，一米……一米三四高。箇上背嘞，就放箇个香炉哇，欸，插香箇滴。欸，欸，一边呢就有只子抽屉，有只子拖箱啊，有只子拖箱呢放下子香啊，欸，香烛箇滴个，纸……钱纸箇滴个。欸，有么个欸有么个节气来哩，七月半箇滴嘞就只爱到箇映拿凑。欸。箇是一只。欸。比较高，底下空个，底下空个。欸。欸土地老子嘞，就装啊箇箇是箇底下，装下底下子，嗯，土地个神位就……牌位就。箇是一只，香几桌子。欸，有钱个人家嘞，就分渠做下油漆。欸。$ŋ_{21}.t^hi^{53}iet^3 tṣak^3 lei^0,ṣən^{13}$ $k^han^{35}.m_{21}.m_{21}^{21}p^he_{44}(\leftarrow xe^{53})io^0.ɔn_{44}^{35}tso_{44}^{53}çiɔŋ^{35}ci^3 tsɔk^3 tṣʅ^0.çiɔŋ^{35}ci^{35}tsɔk^3 tṣʅ^0.çiɔŋ^{35}ci^3$ $tsɔk^3 tṣʅ^0 pi^{21}ciau_{44}^{53}kau^{35},iəu^3 ɲin^{13}ke_{44}^{53}cien^{35}pɔk^3 kan^{21}kau_{44}^{35},m_{21},iet^3 mi^{21}\cdots iet^3 mi^{21}san^{35}$

si⁵³kau³⁵.kai₄₄ʂoŋ⁵³poi⁵³le⁰,tsʰiəu⁵³foŋ⁵³kai₄₄kei₂₁çioŋ³⁵ləu¹³ua⁰,e₂₁,tsʰait³çioŋ³⁵kai₂₁
tet⁵.e₂₁,ei₄₄,iet³pien³⁵ne⁰tsʰiəu₄₄iəu₄₄tʂak³tsʅ⁰tʂʰəu³⁵tʰi₄₄,iəu³⁵tʂak³tsʅ⁰tʰo³⁵sioŋ³⁵
ŋa⁰,iəu³⁵tʂak³tsʅ⁰tʰo³⁵sioŋ₄₄ne⁰foŋ⁵³xa₄₄tsʅ⁰çioŋ³⁵ŋa⁰,e₂₁,çioŋ³⁵tʂəuk³kai₄₄tiet⁵
ke⁵³,tsʅ²¹⋯tsʰien¹³tsʅ²¹kai₄₄tiet⁵ke⁵³.e₂₁,iəu³⁵mak³e⁰iəu³⁵mak³ke₄₄tset³çi⁵³ləi¹³
li⁰,tsʰiet³ɲiet³pan⁵³kai₄₄tet⁵le⁰tsʰiəu⁵³tsʅ²¹oi⁵³tau⁵³kai₄₄iaŋ⁵³lak⁵tsʰe⁰.e₂₁.kai₄₄ʂʅ₄₄iet⁵
tʂak³.e₂₁.pi²¹ciau₄₄kau³⁵,te²¹xa₄₄kʰəŋ³⁵ke₄₄,te²¹xa₄₄kʰəŋ³⁵ke₄₄.e₂₁.e₄₄tʰəu²¹tʰi⁵³lau²¹tsʅ⁰
le⁰,tsiəu⁵³tsoŋ⁵ŋa³⁵kai₂₁kai⁵³ʂʅ₄₄kai₄₄te²¹xa³⁵,tsoŋ₄₄xa₄₄te²¹xa⁵³tsʅ⁰,n₂₁,tʰəu²¹tʰi⁵³ke⁵³ʂən₂₁
uei₄₄tsʰiəu₄₄⋯pʰai¹³uei₄₄tsiəu⁵³.kai₄₄ʂʅ₄₄iet³tʂak³,çioŋ³⁵ci₄₄tsɔk⁵tsʅ⁰.e₂₁,iəu³⁵tsʰien¹³
ke₄₄ɲin₂₁ka₄₄le⁰,tsʰiəu₄₄pən₄₄ci₄₄tso⁵³xa₄₄iəu¹³tsʰiet³.e₂₁.

　　第二只就是食饭桌。欸。食饭桌嘞，有钱人家个食饭桌就系不知几好个八仙桌，唔，油漆□□哩个。一般子个穷人家子嘞，也有一张食饭桌。一般都系高桌。现在，我总觉得现在个桌唔舒服，坐倒拥拥哩。从前个高桌啊更高。箇凳子系更高。四张凳，欸，都系梭凳，坐得八个人。欸。欸，靠近祖宗牌位箇向呢，就安做上向，上座。靠近底下外背箇一……靠近进门箇向个嘞，就安做前向。爱我等客家人呢，一般走啊进来，哪只系上向嘞？就咁子分。就进门个朝啊去箇映，就系上向。打比以只以映子样，走箇边来，箇就以向就系上向，嗯，以向就上向。箇边就，进门箇向就系前向。欸。客佬子嘞，就爱坐上，坐到上向，欸，食饭箇就。箇是第二只。

tʰi⁵³ɲi⁵³tʂak³tsʰiəu⁵³xe⁵³ʂət³fan⁵³tsɔk³.e₂₁.ʂət⁵fan⁵³tsɔk³lei⁰,iəu³⁵tsʰien¹³ɲin¹³ka₄₄ke⁴⁴
ʂət⁵fan⁵³tsɔk³tsʰiəu⁵³xe⁵³n̩¹³ti₄₄ci²¹xau²¹ke₄₄pait³sien₄₄tsɔk³,m̩₂₁,iəu³⁵tsʰiet³uaŋ⁰uaŋ⁰
li⁰ke⁵³.iet³pɔn³⁵tsʅ⁰ke⁵³cʰiəŋ³⁵ɲin¹³ka⁰tsʅ⁰le⁰,ia³⁵iəu₄₄iet³tʂoŋ³⁵ʂət⁵fan⁵³tsɔk³.iet³
puɔn³⁵təu₄₄xei₄₄kau³⁵tsɔk³.çien⁵³tsʰai⁵³,ŋai¹³tsəŋ²¹cʰiɔk³tek³çien⁵³tsʰai⁵³ke₄₄tsɔk³n̩¹³
ʂʅ³⁵fuk⁵,tsʰo³⁵tau²¹uət³uət³li⁰.tsʰəŋ⁵³tsʰien¹³e₄₄(←ke⁵³)kau³⁵tsɔk³a⁰cien⁵³kau³⁵.kai⁵³
tien⁵³ne₄₄(←xe⁵³)cien⁵³kau³⁵.si⁵³tsɔŋ₄₄ten⁵³,e₂₁,təu³⁵ue₄₄(←xe⁵³)so³⁵ten⁵³,tsʰo³⁵tek³
pait³ke⁵³ɲin¹³.e₂₁.e₂₁,kʰau⁵³cʰin⁵³tsəu²¹tsoŋ₄₄pʰai¹³uei⁵³kai⁵³çioŋ₄₄ne⁰,tsʰiəu⁵³ɔn₄₄tso⁵³
ʂoŋ⁵³çioŋ⁵³,ʂoŋ⁵³tsʰo³⁵.kʰau⁵³cʰin⁵³te²¹xa₄₄ioi⁵³poi₄₄kai₄₄iet³⋯kʰau₄₄cʰin₄₄tsin⁵³mən¹³
kai⁵³çioŋ₄₄ke⁵³lei⁰,tsʰiəu⁵³ɔn₄₄tso₄₄tsʰien¹³çioŋ⁵³.oi⁵³ŋai²¹tien⁵³kʰak³ka³⁵ɲin₂₁ne⁰,iet³
puɔn₄₄tsei²¹a²¹tsin⁵³nɔi₄₄,lai¹³tʂak³xe₄₄ʂoŋ⁵³çioŋ₄₄le⁰?tsʰiəu₄₄kan²¹tsʅ⁰fən₄₄.tsʰiəu₄₄tsin⁵³
mən¹³ke⁵³tʂʰau⁵³ua³⁵çi₄₄kai₄₄iaŋ³⁵,tsʰiəu₄₄uei₄₄(←xei⁵³)ʂoŋ⁵³çioŋ⁵³.ta²¹pi²¹i²¹tʂak³i²¹iaŋ³⁵
tsʅ⁰ioŋ₄₄,tsei²¹kai⁵³pien³⁵nɔi¹³,kai₄₄tsʰiəu⁵³i²¹çioŋ⁵³tsʰiəu⁵³xe₄₄ʂoŋ⁵³çioŋ⁵³,n̩₂₁,i²¹çioŋ⁵³
tsʰiəu⁵³ʂoŋ⁵³çioŋ⁵³.kai⁵³pien³⁵tsʰiəu⁵³,tsin⁵³mən¹³kai₄₄çioŋ⁵³tsʰiəu⁵³xe⁵³tsʰien¹³
çioŋ⁵³.e₂₁.kʰak³lau²¹tsʅ⁰le⁰,tsʰiəu₄₄ɔi₄₄tsʰo³⁵ʂoŋ³⁵,tso³⁵tau²¹ʂoŋ⁵³çioŋ⁵³,e₂₁,ʂət⁵fan⁵³kai₄₄
tsiəu₄₄.kai₂₁ʂʅ₂₁tʰi⁵³ɲi⁵³tʂak³.

　　欸，第三只嘞，祠堂里，有滴祠堂里嘞，还有两张□长个等凳，安做刑……刑凳。我等客家人呢一般都讲做刑凳去哩。□长个凳。放下厅下。
箇放下厅下嘞，搞么个嘞，欸，犯哩事个，犯哩族规个人，欸族长老子下
令，爱打屁股，嗯，欸，睡正箇刑凳上来惹打屁股，据说就系咁个作用。
e₂₁,tʰi₄₄⁵³san³⁵tʂak³ le⁰,tsʰŋ¹³tʰɔŋ₄₄ni⁰,iəu³⁵tet⁵ tsʰŋ¹³tʰɔŋ₂₁li⁰ le⁰,xai₂₁¹³iəu₄₄³⁵iɔŋ²¹tʂɔŋ³⁵lai³⁵
tʂʰɔŋ₂₁¹³ke₄₄ten⁵³,ɔn³⁵tso₄₄⁵³cʰie…çin¹³ten⁵³.ŋai₂₁tien⁵³ kʰak³ sin⁵³ɲin₂₁ne⁰ iet³ puɔn³⁵təu₄₄
kɔŋ²¹tso⁵³cʰin¹³ten⁵³çi⁵³li⁰.lai³⁵tʂʰɔŋ₂₁¹³ke₄₄tien₄₄.fɔŋ₄₄⁵³xa₄₄⁵³tʰaŋ³⁵ xa³⁵.kai₄₄⁵³fɔŋ₄₄xa₄₄tʰaŋ³⁵
xa³⁵lei⁰,kau²¹mak³ e₄₄(←ke⁵³)lei⁰,e₂₁,fan¹³ni⁰ sŋ⁵³ke₄₄,fan¹³ni⁰ tsʰəuk⁵ kuei₄₄⁵³ke₄₄
ɲin¹³,e₂₁tsʰəuk⁵ tʂɔŋ₂₁²¹lau²¹tsŋ⁰çia⁵³lin⁵³,ɔi₅₃⁵³ta²¹pʰi⁵³ku²¹,n₂₁,e₂₁,ʂɔi⁵³tʂaŋ₄₄⁵³kai₄₄⁵³cʰin¹³ten⁵³
xɔŋ₄₄⁵³lɔi₂₁¹³ɲia³⁵ta²¹pʰi⁵³ku²¹,tʂŋ̩⁵³ʂet⁵ tsʰiəu¹³xei⁵³tʂak³kan²¹ke₄₄⁵³tsɔk³ iəŋ₄₄.

　从前箇厅下嘞还有一只东西，现在是有得哩个，嗯，安做点火妹，点
火妹呀。箇点火妹系么啊东西嘞？从前有得电，欸，有得电，有电灯，煤
油灯都蛮少，点篾子火。欸，箇篾子火，一条篾篾□长，你如……你就爱
找只地方呢插倒。欸。你不可能分只人踦正箇映来点火。食饭了嘞，箇壁
上啊，箇……一般呢就系箇壁上，就土砖也好，就泥屋也好，系啊？挖两
只……挖只眼，有滴就挖只眼，箇只眼呢专门插篾子个。欸。还有嘞，就
做只……做只泥饽，搞饽烂泥，□嘿……□啊箇墙上，箇上背嘞挖两只眼，
箇饽烂泥挖两只眼。等箇一饽烂泥燘哩以后嘞箇篾子就插嘿箇烂泥眼里，
欸。搞么个唔用树，唔用竹嘞？你想，篾子烧到箇后背，短短子了就怕分
箇只东西烧咁，欸，所以……箇只东西就安做点火妹，欸，安做点火妹。
唔知哪只妹呀。欸。唔知哪只妹。就系……就安做点火妹凑。箇只东西如
今就是有得哩。以下是欸煤油灯都有人用哩。好，箇是厅子里。tsʰʰən₂₁¹³tsʰien₄₄¹³
kai₄₄⁵³tʰaŋ³⁵xa₄₄³⁵le⁰ xai₂₁¹³iəu³⁵iet³ tʂak³ təŋ₄₄³⁵si⁰,çien⁵³tsʰai¹³ʂŋ̩⁵³mau¹³tek³li⁰ke⁵³,n₂₁,ɔn³⁵
tso₄₄⁵³tian²¹fo⁵³mɔi⁵³,tian²¹fo²¹mɔi¹³ia⁰.kai₄₄⁵³tian²¹fo²¹mɔi¹³xe₄₄⁵³mak³ a⁰ təŋ₄₄³⁵si⁰ le⁰?tsʰən¹³
tsʰien₄₄¹³mau₂₁¹³tek³ tʰien⁵³,e₅₃,mau¹³tek³ tʰien⁵³,mau¹³tʰien¹³ten³⁵,mei¹³iəu₄₄¹³tien³⁵təu³⁵
man₂₁¹³sau²¹,tian²¹miet⁵ tsŋ⁰fo²¹.e₂₁,kai₄₄miet⁵tsŋ⁰fo²¹,iet³tʰiau¹³miet⁵sak³lai¹³
tʂʰɔŋ₄₄¹³,ɲi¹³ʮ¹³…ɲi¹³tsʰiəu⁵³ɔi⁵³tsau²¹tʂak³tʰi⁵³fɔŋ³⁵ne⁰tsʰait³tau²¹.e₂₁,ɲi₂₁¹³puk³ kʰo²¹
nen³⁵pən³⁵tʂak³ɲin¹³cʰi¹³tʂaŋ₄₄⁵³kai₄₄iaŋ₄₄⁵³lɔi₂₁¹³tian²¹fo²¹.ʂət⁵ fan⁵³liau²¹le⁰,kai₄₄piak³
xɔŋ⁵³ŋa⁰,kai₄₄⁵³p…iet³puɔn³⁵ne⁰tsʰiəu⁵³xe₄₄⁵³kai⁵³piak³ xɔŋ⁵³,tsiəu⁵³tʰəu²¹tʂuɔn³⁵na₄₄(←
ia³⁵)xau²¹,tsiəu⁵³lai¹³uk¹³ia₄₄³⁵xau²¹,xei₄₄⁵³a⁰?ua¹³iɔŋ²¹tʂak³…ua¹³tʂak³ŋan²¹,iəu³⁵tet⁵
tsʰiəu₄₄¹³ua³⁵tʂak³ŋan²¹,kai⁵³tʂak³ ŋan²¹ne⁰tʂen³⁵mən¹³tsʰait²¹miet⁵tsŋ⁰ke₄₄.e₂₁.xai₂₁¹³iəu₄₄³⁵
le⁰,tsʰiəu₄₄¹³tso⁵³tʂak³…tso⁵³tʂak³lai¹³pʰɔk⁵,kau²¹pʰɔk₃⁵lan²¹nai¹³,tɔk⁵e…tɔk³ a₄₄⁵³kai₄₄⁵³
tsʰiɔŋ₂₁¹³xɔŋ⁵³,kai₄₄⁵³ʂɔŋ⁵³pɔi₄₄⁵³le⁰ ua¹³iɔŋ²¹tʂak³ ŋan²¹,kai₂₁⁵³pʰɔk₃⁵lan⁵³nai₄₄¹³ua¹³iɔŋ²¹tʂak³
ŋan²¹.ten²¹kai₄₄⁵³iet³ pʰɔk⁵ lan⁵³nai₂₁¹³tsau²¹li₄₄¹³xei⁵³le⁰ kai₄₄⁵³met⁵tsŋ⁰ tsʰiəu₄₄¹³tsʰait³ek³(←
xek³)kai₄₄⁵³lan⁵³nai¹³ŋan²¹ni⁰,e₂₁.kau²¹mak³ ke⁰n̩¹³iəŋ³⁵ʂəu⁵³,n̩¹³iəŋ⁵³tʂəuk⁵ le⁰?ɲi¹³

siɔŋ²¹,met⁵tsɿ⁰şau³⁵tau⁵³kai⁴⁴xei⁵³pɔi⁵³,tɔn²¹₃₅tɔn²¹tsɿ⁰liau²¹tsʰiəu⁵³pʰa⁵³pəŋ³⁵(←pəŋ³⁵)kai⁵³tşak³təŋ³⁵₄₄si⁰şau³⁵kan²¹,e₂₁,so²¹i³⁵₄₄⋯kai⁵³tşak³təŋ³⁵₄₄si⁰tsʰiəu⁵³ɔn⁴⁴₄₄tso⁴⁴tian²¹fo²¹mɔi⁵³,e₂₁,ɔn⁴⁴₄₄tso⁴⁴tian²¹fo²¹mɔi⁵³.n̩¹³ti³⁵₄₄lai⁵³tşak³mɔi⁵³ia⁰.e₅₃.n̩¹³ti³⁵₄₄lai⁵³tşak³mɔi⁵³.tsʰiəu⁵³₄₄xe⁵³₄₄⋯tsʰiəu⁵³ɔn⁴⁴₄₄tso⁵³tian²¹fo²¹mɔi⁵³tsʰe⁰.kai⁵³tşak³təŋ³⁵₄₄si⁰i²¹₂₁cin³⁵tsʰiəu⁵³mau¹³tek³li⁰.i²¹a⁴⁴(←xa³)şɿ⁰e₂₁mei¹³₂₁iəu¹³₄₄ten⁴⁴təu⁴⁴₄₄mau²¹ɲin¹³iəŋ⁵³li⁰.xau²¹,kai⁵³₄₄şɿ⁵³₄₄tʰaŋ³⁵tsɿ⁰li²¹.

间里嘞，就有几项东西。第一只嘞，间里嘞，欸，箇个床，都系猪兜床。嗯。从前个客家人个床啊都系猪兜床。做么个样子猪兜床呢？就一只猪兜样，四向更高，嗨，四向有拦板呢，有拦板。都系架子床，有架子。搞么个呀？爱放帐子。欸，欸，箇只猪兜床呢，唔知⋯⋯蛮深，放滴⋯⋯一般呢我等都放⋯⋯箇晡讲个放秆，系啊？冇得么啊编正个秆，就系打哩禾，就系拣倒箇个好滴子个长滴子个秆新色滴子个，晒糟来，打哩禾就晒糟来就爱摊床啊。分箇老床秆搂嘿去，搂倒烧嘿去，唔爱哩。就重新摊倒箇⋯⋯锃新个秆，摊倒箇床上。箇是一张床是高个一张床多⋯⋯放得秆多个放得两十只秆。欸，摊倒。以下就面上再放席，欸，再放垫⋯⋯褥子。欸。箇是睡起来真好睡哟，缦绵个噢。欸。欸。箇个特别正摊个床哦，硬⋯⋯箇个秆个清香啊，还有秆个清香，喷香子，欸秆嗷，欸。欸箇是床上。有滴嘞面⋯⋯吊哩帐子，面前呢还放只子帐帘。嗯。欸，有钱个人呢或者结婚，我等结婚就做哩一张花板床呢。有花板个嘞。欸，嗯，雕花个。花板床。好，箇是床。kan³⁵ni²¹le⁰,tsʰiəu⁵³₄₄iəu³⁵ci²¹xɔŋ⁵³təŋ³⁵₄₄si⁰.tʰi⁵³iet³tşak³lei⁰,kan³⁵ni²¹lei⁰,e₂₁,kai⁵³ke⁵³tsʰɔŋ¹³,təu³⁵xe⁵³₄₄tşəu⁵³tei⁴⁴₄₄tsʰɔŋ¹³.n̩₂₁.tsʰɔŋ¹³tsʰien²¹₂₁ke⁵³kʰak³ka⁴⁴₄₄ɲin¹³₂₁ke⁵³tsʰɔŋ¹³ŋa⁰təu⁰xe⁵³tşəu³⁵tei³⁵₄₄tsʰɔŋ¹³.tso⁵³₂₁mak³ke⁵³₄₄iɔŋ⁵³₄₄tsɿ⁰tşəu³⁵tei⁴⁴₄₄tsʰɔŋ¹³₂₁lei⁰?tsʰiəu⁵³iet³tşak³tşəu³⁵tei⁴⁴₄₄iɔŋ⁵³,si⁵³çiɔŋ³⁵₄₄ken²¹kau³⁵,m̩₂₁,si⁵³çiɔŋ³⁵iəu⁴⁴₄₄lan¹³pan²¹ne⁰,iəu³⁵₄₄lan¹³pan²¹.təu³⁵xei⁵³₄₄ka⁵³tsɿ⁰tsʰɔŋ¹³,iəu³⁵ka⁵³tsɿ⁰.kau²¹mak³ke⁵³₄₄ia⁰?ɔi⁵³₄₄fɔŋ⁵³₄₄tşɔŋ⁵³tsɿ⁰.e₂₁,e₄₄,kai⁵³tşak³tşəu³⁵tei⁴⁴₄₄tsʰɔŋ¹³₄₄nei⁰,n̩¹³ti⁴⁴⋯man¹³tşʰən³⁵,fɔŋ⁵³tet⁵⋯iet³puɔn³⁵ne⁰ŋai²¹₂₁tien⁰təu⁴⁴₄₄fɔŋ⁵³⋯kai⁵³pu⁴⁴kɔŋ²¹ke⁴⁴₄₄fɔŋ⁵³kɔn²¹,xei⁵³₄₄a⁰?mau¹³tek³mak³a⁰pʰien³⁵tşaŋ⁴⁴₄₄ke⁴⁴₄₄kɔn²¹,tsʰiəu⁵³₄₄ue⁴⁴(←xe⁵³)ta²¹li⁰uo¹³,tsʰiəu⁵³₄₄e₄₄(←xe⁵³)kan¹³tau²¹kai⁴⁴₄₄ke⁵³₄₄xau²¹tet⁵tsɿ⁰ke⁴⁴₄₄tşʰɔŋ¹³tet⁵tsɿ⁰ke⁵³kɔn²¹sin³⁵sek³tiet⁵tsɿ⁰ke⁵³,sai⁵³tsau³⁵lɔi²¹₂₁,ta²¹li⁰uo¹³tsʰiəu⁵³₄₄sai⁵³tsau³⁵lɔi²¹₂₁tsʰiəu⁵³ɔi⁴⁴₄₄tʰan⁴⁴₄₄tsʰɔŋ¹³ŋa⁰.pən⁴⁴₄₄kai⁴⁴₄₄lau⁴⁴₄₄tsʰɔŋ¹³kɔn²¹ləu¹³uek³(←xek³)çi⁵³,ləu¹³tau²¹şau³⁵ek⁵(←xek⁵)çi⁵³,m̩²¹₂₁mɔi⁵³(←ɔi⁵³)li⁰.tsʰiəu⁵³₂₁tşʰən¹³sin³⁵₄₄tʰan²¹tau²¹kai⁴⁴₄₄kʰuaŋ⁵³⋯tşʰən¹³sin³⁵ke⁵³₄₄kɔn²¹,tʰan²¹tau²¹kai⁴⁴₄₄tsʰɔŋ²¹₂₁xɔŋ⁵³.kai⁵³₄₄şɿ⁵³iet³tşɔŋ³⁵tsʰɔŋ¹³şɿ⁰kau⁵³ke⁵³₄₄iet³tşɔŋ³⁵tsʰɔŋ¹³to³⁵⋯fɔŋ⁵³tek⁵kɔn²¹to³⁵ke⁵³fɔŋ⁵³tek³iɔŋ²¹şət⁵tşak³kɔn²¹.e₂₁,tʰan²¹tau²¹.i²¹xa⁴⁴₄₄tsʰiəu⁴⁴₄₄mien⁴⁴xɔŋ⁵³₄₄tsai⁴⁴₄₄fɔŋ²¹₂₁tsʰiak³,e₂₁,tsai⁵³fɔŋ⁵³tʰien⋯iəuk⁵tsɿ⁰.e₂₁.kai⁵³şɿ⁵³₄₄şɔi⁵³çi²¹lɔi²¹₂₁tşən³⁵xau²¹şɔi⁵³₄₄io⁰,mət⁵mien¹³₂₁ke⁵³₄₄

au⁰.e₂₁.e₂₁.kai⁵³₄₄ke⁵³₄₄tʰek⁵₃ pʰek⁵₃ tʂaŋ⁵³tʰan³⁵ke⁵³tsɔŋ¹³ŋo⁰,ɲiaŋ⁵³···kai⁵³ke⁵³kɔn²¹ke⁵³₄₄
tsʰin³⁵çiɔŋ³⁵₄₄ŋa⁰,xai²¹iəu⁴⁴kɔn²¹ke⁵³₄₄tsʰin³⁵çiɔŋ⁴⁴,pʰəŋ¹³çiɔŋ¹³tsɿ⁰,e₄₄kɔn²¹nau⁰,e₂₁.e₂₁
kai⁵³₄₄sɿ⁴⁴tsʰɔŋ¹³xɔŋ⁵³.iəu³⁵tet⁵₅le⁰mien⁵³···tiau⁵³li¹³tʂɔŋ⁵³tsɿ⁰,mien⁵³tsʰien¹³₂₁ne⁰ xai¹³₂₁fəŋ⁵³
tʂak⁵₃tsɿ⁰tʂɔŋ⁵³lian¹³.n̩₂₁.e₂₁,iəu³⁵tsʰien¹³₂₁ke⁴⁴ɲin¹³₂₁ne⁰ xɔit⁵₃tʂa²ciet³ fən³⁵,ŋai¹³tien⁰ciet³
fən³⁵tsʰiəu⁵³₄₄tso⁵³li⁰ iet³ tʂɔŋ³⁵₄₄fa³⁵pan²¹tsʰɔŋ¹³ne⁰.iəu³⁵fa³⁵pan²¹cie⁵³le⁰.e₂₁,n̩₂₁,tiau³⁵fa³⁵
ke⁴⁴.fa³⁵pan²¹tsʰɔŋ¹³₂₁.xau²¹,kai⁵³sɿ⁵³₄₄tsʰɔŋ¹³.

　　欵，第二只嘞，就系书桌。欵。从前呢蛮少个梳妆台。梳妆台蛮少。
爱蛮有钱个人家嘞，有只子咁个细箱子。欵。肚里放下么个梳子啊，镜
子箇滴啊，针线，针头线脑子箇样放倒箇。梳妆台子。就一般都就系放啊
书桌上。间里个第二项行头。最重要行头。e₂₁,tʰi⁵³ɲi⁵³tʂak⁵ le⁰,tsʰiəu⁵³xe⁴⁴₄₄səu³⁵
tsɔk³ .e₂₁.tsʰɔŋ¹³ tsʰien¹³ne⁰ man²¹şau²¹ke⁵³ səu³⁵ tsɔŋ³⁵₄₄tʰɔi¹³.səu³⁵ tsɔŋ³⁵₄₄tʰɔi¹³ man¹³₂₁
şau²¹.ɔi⁵³₄₄man¹³ iəu³⁵ tsʰien¹³ ke⁴⁴ɲin¹³₂₁ka⁴⁴le⁰,iəu³⁵ tʂak³ tsɿ⁰ kan²¹ke⁴⁴se⁵³siɔŋ³⁵
tsɿ⁰.e₂₁.təu²¹li⁰ fəŋ⁵³xa⁵³tsɿ⁰mak⁵kei⁵³sɿ¹³tsɿ⁰a⁰,ciaŋ⁵³tsɿ⁰kai⁵³₄₄tet³a⁰,tʂən⁵³sien⁵³,tʂən³⁵
tʰei⁵³sien⁵³nau²¹tsɿ⁰kai⁵³iɔŋ⁵³₄₄fəŋ⁵³tau⁵³kai⁵³.səu³⁵tsɔŋ³⁵₄₄tʰɔi¹³tsɿ⁰.tsiəu²¹iet³ puɔn³⁵₄₄təu₄₄
tsʰiəu⁵³ue₄₄(←xe⁵³)fəŋ⁵³₄₄ŋa⁰ şəu³⁵tsɔk³ xɔŋ⁵³.kan³⁵ɲi⁰ke⁵³₄₄tʰi⁵³₄₄ɲi¹³xɔŋ⁵³ çin¹³₂₁tʰei⁰.tsei⁵³
tʂʰəŋ⁵³iau⁵³çin¹³₂₁tʰei⁰.

　　第三项行头嘞，就一只衣橱。欵。衣橱。打啊开来，箇一……衣橱嘞，
一般都系两皮门个橱。欵。打开来肚里放衫……放……放衫裤，放行头。
欵。衣橱里嘞有拖箱，你个钱箇只嘞就放下拖箱里。欵。tʰi⁵³san₄₄xɔŋ⁵³₄₄çin¹³₂₁tʰei⁰
lei⁰,tsʰiəu⁵³₄₄iet³ tʂak³ i¹³⁵tʂʰəu₄₄.e₂₁.i¹³⁵tʂʰəu₄₄.ta²¹a⁰ kʰɔi³⁵₄₄lɔi¹³,kai⁵³₄₄iet³ ···i¹³⁵tʂʰəu²¹
lei⁰,iet³ puɔn³⁵təu³⁵xei⁴⁴iɔŋ⁵³₂₁pʰi¹³mən¹³₂₁ke⁰tʂʰəu₄₄.e₂₁.ta²¹kʰɔi³⁵₄₄lɔi¹³təu²¹li⁰ fəŋ⁵³san₄₄···
fəŋ⁵³···fəŋ⁵³san₄₄fu⁵³,fəŋ⁵³çin¹³tʰei⁰.e₂₁.i¹³⁵tʂʰəu²¹li²¹le⁰iəu₄₄tʰo³⁵siɔŋ³⁵,ɲi¹³ke⁴⁴tsʰien¹³
kai⁵³₄₄tʂak⁵ le⁰tsʰiəu⁵³₄₄fəŋ⁵³₄₄ŋa₄₄(←xa⁵³)tʰo³⁵siɔŋ³⁵li²¹.e₂₁.

　　欵有滴人呢还有衣箱，还有箱。欵。箱呢也系放衫裤个栏场，欵放……
放行头个栏场。有滴嘞还有套笼，一担一担个套笼。e₂₁iəu³⁵tet⁵ɲin¹³ne⁰ xai¹³
iəu³⁵₄₄i¹³⁵siɔŋ³⁵,xai¹³₂₁iəu₄₄siɔŋ³⁵.e₂₁.siɔŋ³⁵nei⁰ ia₄₄xei₄₄fəŋ⁵³san³⁵fu⁵³ke₄₄lɔŋ¹³₂₁tʂʰɔŋ¹³₂₁,e₂₁
fəŋ⁵³···fəŋ⁵³çin¹³tʰei⁰ke⁵³lɔŋ¹³₂₁tʂʰɔŋ¹³₄₄.iəu³⁵tet⁵le⁰xai¹³₂₁iəu³⁵tʰau⁵³ləŋ¹³,iet³ tan³⁵iet³ tan³⁵
ke⁴⁴tʰau⁵³ləŋ¹³.

　　以只间里嘞还有几……两只东西。如今呢冇得哩个。一只系尿桶。嘿
嘿。从前呢夜晡上夜床，因为茅厕比较远，欵，去解手哇，箇就尿……箇
箇个……小便呢就有间……间门角里嘞放只尿桶。欵。欵夜晡上床呢你就
只爱就……就到箇映屙尿。一般也第二晡有滴人家嘞第二晡他提出去，有
滴是一畋桶尿都唔提出去个。欵。箇是一只尿桶。ia³⁵(←i²¹tʂak³)kan³⁵ɲi⁰le⁰
xai¹³₂₁iəu₄₄ci²¹···iɔŋ²¹tʂak³ təŋ³⁵₄₄si²¹.i¹³₂₁cin³⁵₄₄ne⁰ mau¹³₂₁tek³ li⁰ke⁵³.iet³ tʂak³ xei⁵³₄₄ɲiau⁵³

tʰəŋ²¹.xe₅₃xe₄₄.tsʰəŋ²¹₃tsʰien²¹₃nei⁰ ia⁵³pu₄₄xɔŋ⁵³ia⁵³₄₄tsʰɔŋ¹³,in³⁵uei²¹₂₁mau¹³sʅ⁵³pi²¹ciau⁵³
ien²¹,e₂₁,çi⁵³kai⁵³ʂəu²¹ua⁵³,kai⁵³₄₄tsʰiəu₄₄ȵiau⁵³···kai₄₄u···kai₄₄ke₄₄ȵ···siau²¹pʰien⁵³ne⁰
tsʰiəu⁵³iəu³⁵kan³⁵···kan³⁵mən¹³kɔk³li²¹le⁰ fɔŋ⁵³ʈʂak³ȵiau⁵³tʰəŋ²¹.e₂₁.e₄₄ia⁵³pu³⁵xɔŋ⁵³
tsʰɔŋ²¹₃nei⁰ȵi²¹₃tsʰiəu⁵³₄₄ʈʂʅ⁵³ɔi⁵³tsʰiəu⁵³₂₁···tsʰiəu⁵³tau⁵³kai⁵³iaŋ³⁵o⁵³ȵiau⁵³.iet³puɔn⁵³ia⁵³₄₄tʰi⁵³
ȵi¹³pu³⁵iəu⁵³tet⁵ȵin¹³₂₁ka³⁵₄₄lei⁰ tsʰiəu⁵³tʰi⁵³ȵi¹³₄₄pu³⁵tʰa²¹₃tʰia⁵³ʈʂʰət³ çi⁵³,iəu³⁵tet⁵ʂʅ⁵³₄₄iet³ mət⁵
tʰəŋ²¹ȵiau⁵³₄₄təu³⁵ȵ¹³₂₁tʰia³⁵ʈʂʰət³ çi⁵³₄₄ke⁵³.e₂₁.kai⁵³ʂʅ⁵³₄₄iet³ ʈʂak³ȵiau⁵³tʰəŋ²¹.

还有嘞, 欸, 间里嘞, 还有么个东西啊? 还有······床面前有张踏凳子,
嗯, 放鞋个。好, 箇是间里。xai¹³₂₁iəu³⁵₄₄lei⁰,e₂₁,kan³⁵li²¹le⁰,xai¹³₂₁iəu³⁵₄₄mak³ e⁰ təŋ⁵³₄₄si⁵³
a⁰ ?xai¹³₂₁ iəu³⁵₄₄··· tsʰəŋ²¹₃ mien⁵³ tsʰien¹³ iəu³⁵₄₄ʈʂɔŋ³⁵₄₄tʰait⁵ tien⁵³ tsʅ⁰ ,ȵ̩²¹,fɔŋ⁵³ xai¹³
ke⁵³.xau²¹,kai⁵³ʂʅ⁵³₄₄kan³⁵ni²¹.

以只灶下嘞, 就有几项东西嘞。欸灶嘞, 一般都系打个大镬灶。牛四
镬。呣。有滴人家人多个, 打两口镬, 两口······打只双灶, 安做双灶, 放
两口镬头。欸, 一口镬头就煮饭蒸饭, 一口镬头就炒菜。还有滴嘞就分
人······人唔多也打两只灶个嘞, 就一口镬头煮潲, 欸, 一口镬头嘞就蒸饭
呐, 欸, 煮饭呐, 炒菜个。欸, 箇是第······灶下。i²¹iak³(←ʈʂak³)tsau⁵³xa³⁵
le⁰,tsʰiəu⁵³₄₄iəu³⁵₄₄ci²¹xɔŋ⁵³₄₄təŋ³⁵si⁰ le⁰.e₂₁tsau⁵³le⁰,iet³ puɔn³⁵təu₄₄xe₄₄ta²¹ke₄₄tʰai⁵³uɔk⁵
tsau⁵³.ȵiəu⁵³si⁵³uɔk⁵.m̩²¹.iəu³⁵tet⁵ȵin¹³₂₁ka₄₄ȵin¹³to⁵³ke⁵³,ta²¹iɔŋ²¹xei²¹uɔk⁵,iɔŋ⁵³xei²¹₂₁···
ta²¹ʈʂak³ sɔŋ³⁵tsau⁵³,ɔn⁵³₄₄tso⁵³₄₄sɔŋ³⁵tsau⁵³,fɔŋ⁵³iɔŋ²¹xei²¹uɔk⁵ tʰei¹³₄₄.e₂₁,iet³ xei²¹uɔk⁵ tʰei¹³₄₄
tsʰiəu⁵³ʈʂəu²¹fan⁵³ʈʂən⁵³fan⁵³,iet³ xei²¹uɔk⁵ tʰei¹³₄₄tsʰiəu⁵³₄₄tsʰau⁵³ʈʂʰɔi⁵³.xai¹³₂₁iəu³⁵₄₄tet⁵₃ le⁰
tsʰiəu⁵³₄₄pən³⁵ȵin¹³···ȵin¹³ȵ̩¹³to³⁵ia³⁵ta²¹iɔŋ²¹ʈʂak³ tsau⁵³₄₄ke⁵³le⁰,tsʰiəu⁵³iet³ xei²¹uɔk⁵ tʰei¹³₄₄
ʈʂəu²¹sau⁵³,e₂₁,iet³ xei²¹uɔk⁵ tʰei¹³ le⁰ tsʰiəu⁵³ʈʂən³⁵fan⁵³na⁰,e₂₁,ʈʂəu²¹fan⁵³na⁰,tsʰau²¹
tsʰʰɔi⁵³ke⁰.e₂₁,kai⁵³₂₁ʂʅ⁵³₂₁tʰi⁵³₄₄···tsau⁵³xa³⁵.

欸, 灶下还有滴么个嘞? 还有磨子, 磨······磨米粉呐, 磨么个东西个。
欸, 一般手碓子, 脚碓子唔放下灶下。欸。灶角里嘞就爱放柴, 尽烧柴。
欸, 油盐呢就有只碗橱, 也放下灶下。欸, 碗筷都放下油······欸, 放下碗
橱里。箇是灶下个情况。 e₂₁,tsau⁵³xa³⁵₄₄xai¹³₂₁iəu³⁵₄₄tet⁵ mak³ e⁰ le⁰ ?xai¹³₂₁iəu³⁵₄₄mo⁵³
tsʅ⁰,mo⁵³···mo⁵³mi⁵³fən²¹na⁰,mo⁵³mak³ e⁰ təŋ⁵³₄₄si⁰ ke⁰.e₂₁,iet³ puɔn³⁵ʂəu²¹tɔi⁵³tsʅ⁰,ciɔk³
tɔi⁵³tsʅ⁰ m̩²¹₃fɔŋ⁵³₄₄ŋa₄₄(←xa⁵³)tsau⁵³xa³⁵.e₂₁.tsau⁵³kɔk³li⁰le⁰ tsʰiəu⁵³ɔi⁵³fɔŋ⁵³tsʰai¹³,tsʰin¹³
ʂau³⁵₄₄tsʰai¹³.e₂₁,iəu¹³ian²¹₂₁ne⁰ tsʰiəu⁵³₄₄iəu³⁵ʈʂak³ uɔn²¹ʈʂʰəu¹³,ia³⁵fɔŋ⁵³₄₄ŋa₄₄(←xa⁵³)tsau⁵³
xa³⁵₄₄.e₂₁,uɔn²¹kʰuai⁵³təu³⁵₄₄fɔŋ⁵³ŋa₄₄(←xa⁵³)iəu¹³···e₂₁,fɔŋ⁵³xa³⁵₄₄uɔn²¹ʈʂʰəu¹³li⁰.kai⁵³ʂʅ⁵³₂₁
tsau⁵³xa³⁵₄₄ke⁵³tsʰin¹³₂₁kʰɔŋ₄₄.

以下嘞, 欸, 柴屋肚里嘞就有风车。嗯。茅厕里嘞就畜猪。欸,
码剪呐, 欸剪猪菜个码剪, 呣, 潲桶, 箇只就放下茅厕里, 呣, 放下茅厕里,
欸。解大手也就去茅厕里。欸, 箇个畜猪, 猪粪摎牛粪都搞做箇一下。欸。

箇是欸以前……以前个家具箇滴。有么啊家具嘞基本上嘞，说起来讲，还有么啊如今个么啊电视机，空调，冰箱箇滴么啊么？从来都……从来都嬒见过。系？欸。i²¹₂₁xa⁵³le⁰,e₂₁,tsʰait⁵uk³təu²¹li⁰le⁰tsʰiəu₄₄⁵³iəu₄₄fəŋ³⁵tʂʰa³⁵.n̩₂₁.mau¹³sʐ⁵³li⁰le⁰tsʰiəu₄₄çiəuk³tʂəu³⁵.e₂₁,ma³⁵tsien²¹na⁰,e₂₁tsien²¹tʂəu³⁵tsʰoi⁵³ke₄₄ma³⁵tsen²¹,m̩₂₁,sau⁵³tʰəŋ²¹,kai₄₄tʂak³tsʰiəu₄₄⁵³fəŋ₄₄⁵³xa₄₄mau¹³sʐ⁵³li⁰,m̩₂₁,fəŋ₄₄⁵³xa₄₄mau¹³sʐ⁵³li⁰,e₄₄.kai₄₄tʰai⁵³ʂəu²¹ia³⁵tsʰiəu⁵³çi₄₄⁵³mau¹³sʐ⁵³li⁰.e₂₁,kai₄₄⁵³kei₄₄çiəuk³tʂəu³⁵,tʂəu³⁵pən⁵³lau³⁵nin¹³pən⁵³təu³⁵kau²¹tso⁵³kai⁵³iet³xa⁵³.e₂₁.kai₄₄⁵³sʐ₄₄iei₄₄i³⁵tsʰien¹³···i³⁵tsʰien¹³ke₄₄cia³⁵tʂu₄₄⁵³kai₄₄tet⁵.mau¹³mak³a⁰cia₄₄tʂu⁵³lei⁰ci³pən³xəŋ³lei⁰,sok⁵₃çi²¹loi¹³kəŋ²¹,xai²¹₂₁iəu₄₄mak³a⁰i²¹₂₁cin₄₄ke⁵³mak³a⁰tʰien⁵³sʐ₄₄⁵³ci³⁵,kʰəŋ³⁵tʰiau¹³,pin³⁵sioŋ³⁵kai₄₄⁵³tet⁵₃mak³a⁰mo⁰?tsʰəŋ²¹₂₁loi²¹₂₁təu³⁵...tsʰəŋ²¹₂₁loi²¹təu₄₄maŋ²¹cien₄₄ko⁵³.xe⁵³?e₂₁.

炕床

1. 还有床都有起床都安做炕床哦，底下可以炙火个，放火个啊，烧火个啊。炕床啊。北方人就有炕哕，<u>系唔系</u>？我等以映就炕床。以个以个，欸，讲起炕床哕，渠个就面前个床刀板底下嘞本来是空个哕，渠个做成只柜。三箇三向四向都围起来做只柜。也有有两只拖箱。或者有有拖箱板子。可以分只火缸塞进去。安做炕床。以前我等屋下就有一张，捡到别人家个。炕床。xai²¹₂₁iəu₄₄³⁵tsʰəŋ³təu₄₄³⁵çi²¹tsʰəŋ³təu₄₄³⁵ɔn₄₄tso⁵³kʰəŋ³tsʰəŋ²¹₂₁ŋo⁰,te²¹xa₄₄kʰo²¹i³⁵tʂak³fo²¹ke⁰,fəŋ³fo²¹ke³a⁰,ʂau³⁵fo²¹ke⁵³a⁰.kʰəŋ³tsʰəŋ¹³ŋa⁰.poit³fəŋ³⁵nin¹³tsʰiəu⁵³iəu₄₄³⁵kʰəŋ⁵³ʂa⁰,xei₄₄⁵³me₄₄(←m̩¹³xe⁵³)?ŋai²¹₂₁tien⁰i₄₄²¹iaŋ₄₄⁵³tsʰiəu₄₄kʰəŋ⁵³tsʰəŋ¹³.i²¹ke₄₄⁵³i³keke⁵³,e₂₁,kɔŋ²¹çi³kʰəŋ³tsʰəŋ¹³ŋa⁰,ci₂₁³ke⁵³tsəu⁰mien⁵³tsʰien₄₄¹³ke₄₄kʰəŋ⁵³tsʰəŋ³tau⁵³pan²¹te²¹xa⁵³lei²¹pən²¹loi¹³sʐ₄₄⁵³kʰəŋ⁵³ke⁵³ʂa⁰,ci³ke₄₄tso⁰tʂʰən²¹₂₁tʂak³kʰuei³.san³⁵kai₄₄san³çioŋ₄₄si³çioŋ⁵³təu₄₄uei²¹çi₂₁³loi¹³tso⁵³tʂak³kʰuei³.ia³⁵iəu₄₄iəu³⁵ioŋ²¹tʂak³tʰo³⁵sioŋ³.xoit⁵tʂa²¹iəu₄₄³⁵iəu₄₄³⁵tʰo³⁵sioŋ₄₄pan²¹sʐ³.kʰo²¹i³⁵pən₄₄tʂak³fo²¹kɔŋ₄₄⁵³sek³tsin₄₄⁵³çi₄₄.ɔn₄₄tso₄₄kʰəŋ³tsʰəŋ¹³.i³¹₅₃tsʰien₄₄¹³ŋai¹³tien⁰uk³xa⁵³tsiəu₄₄⁵³iəu³⁵iet³tʂəŋ³⁵,cian²¹tau²¹pʰiek⁵in₄₄¹³ka₄₄ke₄₄⁵³.kʰəŋ⁵³tsʰəŋ¹³.

2. 哦，还有只床啊还有种床啊安做炕床。欸。炕床。o₂₁,xai²¹₂₁iəu³⁵tʂak³tsʰəŋ₄₄¹³ŋa⁰xai²¹₂₁iəu³⁵tʂəŋ²¹tsʰəŋ¹³a⁰ɔn₄₄tso⁵³kʰəŋ⁵³tsʰəŋ¹³.ŋe₂₁.kʰəŋ⁵³tsʰəŋ¹³.（你们这里烧火炕吗？）很少。xen²¹sau²¹.（以前有吗？）有，以前有。嗯。iəu³⁵,i³⁵tsʰien²¹₁³iəu³⁵.m̩₂₁.（噢，以前也有烧火炕的？）欸，有烧火炕个，炕床。e₂₁,iəu³⁵ʂau³⁵xo²¹kʰəŋ₄₄³⁵ke⁰,kʰəŋ⁵³tsʰəŋ¹³.

（很大，是吧？）蛮大。man¹³tʰai⁵³.（也是木板？）渠就渠硬砌只炕，以个这个焙茶籽个样。欸。一只间，渠个间做倒细细子。箇，打比样箇扇墙去以向样，<u>系唔系</u>？以映子。渠就咁子就咁子砌。砌滴子个。箇就欸，砌滴子，同箇电视肚里一样个，有。欸。ci¹³tsʰiəu⁵³ci¹³ɲiaŋ⁴⁴tsʰi¹³tʂak³kʰɔŋ⁵³,i²¹ke⁰tse⁵³₄₄ke⁵³₄₄pʰɔi⁵³tsʰa¹³tsʅ²¹ke⁵³₄₄iɔŋ⁵³.e₅₃.iet³tʂak³kan³⁵,ci¹³ke⁵³kan³⁵tsɔ⁰tau¹³se⁵³se⁵³tsʅ⁰.kai⁵³,ta²¹pi²¹iɔŋ⁵³₄₄kai⁵³ʂen⁵³tsʰiɔŋ²¹₂₁çi¹³çi⁵³⁴³çiɔŋ⁵³iɔŋ⁵³₄₄,xei₄₄me₄₄(←m̩¹³xe⁵³)?i²¹iaŋ⁵³₄₄tsʅ⁰.ci¹³tsʰiəu⁵³kan²¹tsʅ⁰tsʰiəu⁵³kan²¹tsʅ⁰tsʰi¹³.tsʰi¹³tiet⁵₃tsʅ⁰ke⁰.kai⁵³tsʰiəu⁵³e₅₃,tsʰi¹³tiet⁵₃tsʅ⁰,tʰəŋ¹³kai⁵³₄₄tʰien⁵³sʅ⁵³təu²¹li⁰iet³iɔŋ⁵³ke⁰,iəu³⁵.e₂₁.（和北方人一样的那个？）欸欸欸。山里就有哇。e₅₃e₂₁.e₂₁.san⁵³ni²¹tsiəu⁵³₄₄iəu³⁵ua⁰.

（它那个上面它是用那个什么要做木板，是吧？）箇爱箇爱箇个哦，同箇土楼样哦，咁子搞喔。欸欸，放滴……树去哦，升高来哟。升高来呀。以面前砌砖呐。欸，欸底下留只子眼子，冇几大子，烧火个啊。欸，烧……kai⁵³ɔi⁵³₄₄kai⁵³ɔi⁵³kai⁵³cie⁵³o⁰,tʰəŋ¹³kai⁵³₄₄tʰəu²¹lei¹³iɔŋ⁵³ŋo⁰,kan²¹tsʅ⁰kau²¹uo⁰.e₂₁e₂₁,fɔŋ⁵³tiet⁵ʂ…ʂəu⁵³çi⁵³₄₄o⁰,ʂən³⁵kau³⁵lɔi¹³₂₁io⁰.ʂən³⁵kau³⁵lɔi¹³₂₁ia⁰.i²¹mien⁵³tsʰien¹³₂₁tsʰi¹³tʂuɔn⁵³na⁰.e₂₁,e₄₄te²¹xa⁵³liəu¹³tʂak³tsʅ⁰ŋan²¹tsʅ⁰,mau¹³ci¹³tʰai⁵³tsʅ⁰,ʂau³⁵fo⁵³ke⁵³a⁰.e₂₁.ʂau₄₄⁵³…（烧火的是地方是在房子外面还是里面？）好像去屋肚里样呢。xau²¹tsʰiɔŋ⁵³₄₄çi²¹uk³təu²¹li⁰iɔŋ⁵³nei⁰.（那烧起没有烟吗？）烟就走外背，有烟囱啊，箇角上有烟囱啊，走外背出哩。ien³⁵tsʰiəu⁵³tsei⁰ŋɔi⁵³pɔi⁵³₄₄,iəu³⁵ien³⁵tsʰəŋ³⁵₄₄ŋa⁰,kai⁵³₄₄kɔk³xɔŋ₄₄iəu⁵³₄₄ien³⁵tsʰəŋ³⁵₄₄ŋa⁰,tsei⁰ŋɔi⁵³pɔi⁵³₄₄tʂʰət⁵li⁰.（哦，从烟囱上面出？）烟囱肚里出嘿哩啊。欸。ien³⁵₄₄tsʰəŋ³⁵₄₄təu²¹li⁰tʂʰət⁵ek³(←xek³)li⁰a⁰.e₂₁.（那这个床的那个面上它要铺什么东西？）渠一般就系用用箇板呢。就系用板呢。我唔知去哪映看过。我看哩有。ci¹³iet³pɔn³⁵tsʰiəu⁵³xei⁵³iɔŋ⁵³iɔŋ⁵³kai⁵³₄₄pan²¹ne⁰.tsʰiəu⁵³₄₄xei⁵³iɔŋ⁵³pan²¹ne⁰.ŋai¹³n̩¹³ti³⁵₄₄çi⁵³la³⁵iaŋ₄₄kʰɔn⁵³ko⁰.ŋai¹³kʰɔn⁵³ni⁰iəu³⁵₄₄.（你见过？）看过，我见过。炕床啊。kʰɔn⁵³ko⁵³,ŋai¹³cien⁵³ko⁵³.kʰɔŋ⁵³tsʰɔŋ¹³ŋa⁰.

荡耙床

荡耙床就系就系后背个比较简单个床。箇是比花板床比架子床就便欸简单多哩个床。欸，简单多哩。渠渠他就是那个箇只荡耙个意思就系么个嘞？就系舞帐子个东西，欸，搞帐子个东西。渠就系一只一只咁个两头呀以个以个床头嘞，渠以映子中间打只眼，插条插条棍，棍顶高嘞一条横棍，以条以只以以条一条直棍，一条横棍，以只东西就一只荡耙样。一只荡耙样。就安做荡耙床。箇只就荡耙床。哼哼，箇是会唔记得了，荡耙床。以前我们刚开始教书的时候都是都系荡耙床啊。欸，公家欸集体个地方就都系荡耙床，只要屋下就有架子床啊。tʰɔŋ⁵³pʰa¹³tsʰɔŋ¹³tsʰiəu⁵³₄₄xe₄₄tsiəu₄₄xe⁵³xei⁵³pɔi⁵³₄₄ke⁵³₄₄pi⁵³ciau₄₄kan²¹tan³⁵ke⁵³tsʰɔŋ²¹₂₁.kai⁵³₄₄sʅ⁵³₄₄pi²¹fa³⁵pan²¹tsʰɔŋ²¹₂₁pi²¹ka⁵³tsʅ⁰tsʰɔŋ¹³tsʰiəu⁵³pʰien¹³₂₁e₂₁kan²¹tan³⁵₄₄to⁰li⁰ke⁵³₄₄tsʰɔŋ²¹.e₂₁,kan²¹tan³⁵₄₄to⁰li⁰.ci¹³ci¹³tʰa⁵³tsʰiəu⁵³sʅ⁵³la₄₄kə₄₄kai⁵³₄₄tʂak³tʰɔŋ⁵³pʰa¹³ke⁵³i⁵³sʅ⁰tsʰiəu⁵³₄₄xei⁵³₄₄mak³e₄₄(←ke⁵³)lei⁰?tsʰiəu⁵³₄₄xei⁵³₄₄u²¹tʂɔŋ⁵³tsʅ⁰ke⁵³təŋ₄₄³⁵

si⁰,e₂₁,kau²¹tʂɔŋ⁵³tsʅ⁰ke⁵³təŋ₄₄si⁰.ci¹³tsʰiəu⁵³xe₄₄⁵³iet³ tʂak³ iet³ tʂak³ an₄₄(←kan²¹)kei²¹₂₁
iɔŋ²¹tʰei¹³iaʔ¹i²¹ke²¹i³ke⁵³tsʰɔŋ³tʰei¹³lei⁰,ci¹³i³iaŋ³tsʅ³tʂəŋ₄₄⁵³kan₄₄ta³tʂak³ ŋan²¹,tsʰait³
tʰiau¹³tsʰait³ tʰiau¹³kuən⁵³,kuən⁵³taŋ²¹kau₄₄³⁵lei⁰iet³tʰiau²¹₁³uaŋ¹³kuən⁵³,i²¹tʰiau₄₄¹³i¹³tʂak³
i²¹i²¹tʰiau₄₄iet³tʰiau¹³tʂət₃⁵kuən⁵³,iet³tʰiau¹³uaŋ¹³kuən⁵³,i²¹tʂak³təŋ₄₄⁵³si⁰tsʰiəu₄₄iet³
tʂak³tʰɔŋ⁵³pʰa₂₁¹³iɔŋ₄₄⁵³.iak³(←iet³tʂak³)tʰɔŋ⁵³pʰa₂₁¹³iɔŋ₄₄⁵³.tsʰiəu₄₄ɔn³⁵tso₄₄⁵³tʰɔŋ⁵³pʰa¹³
tsʰɔŋ¹³.kai₄₄⁵³tʂak³ tsiəu₄₄tʰɔŋ⁵³pʰa¹³tsʰɔŋ¹³.xn̩⁵³xn̩²¹,kai²¹₂₁ʂʅ⁵³uɔi⁵³n̩³ci¹³tek⁵³liau⁰,tʰɔŋ⁵³
pʰa₂₁¹³tsʰɔŋ¹³.···təu³⁵xe₄₄⁵³tʰɔŋ⁵³pʰa₂₁¹³tsʰɔŋ₂₁¹³ŋa⁰.e₂₁,kəŋ³⁵ka₄₄³⁵e₄₄tsʰiet⁵tʰi²¹ke₄₄¹³tʰi⁵³fɔŋ³⁵
tsʰiəu₄₄⁵³təu⁵³xe₄₄⁵³tʰɔŋ⁵³pʰa₂₁¹³tsʰɔŋ¹³,tsʅ²¹iəu₄₄⁵³uk³xa₄₄tsʰiəu₄₄iəu₄₄⁵³ka⁵³tsʅ⁰tsʰɔŋ₂₁¹³ŋa⁰.

绷子床

　　有绷子床有弹簧床啊。欸。iəu³⁵pəŋ³⁵tsʅ⁰tsʰɔŋ¹³iəu⁵³tʰan¹³fɔŋ₂₁¹³tsʰɔŋ₂₁¹³ŋa⁰.e₅₃.
（绷子床跟弹簧床不一样吗？）箇唔，不一样。欸。但是渠个渠个欸作用
系一样。绷子床摎弹簧床个作用系一样。欸弹簧床嘞底下就底下下箇个底下
箇开头讲个欸安做安做么个，安做床板呢。渠个床板就用弹簧。欸。用弹
簧。有弹性，睡倒睡倒上背比较舒服。绷子床嘞，就渠个渠个底下个底下
嘞唔系弹簧，用箇绳子，用绳子。欸，渠就另外做只架架，有滴是还……
欸，比较比较通行个做法嘞就系嘞，做只钉只四四钉只四四方方个架架，
放下箇是放下箇床上，欸，钉只架架放下床上。钉只架架嘞，架架个两边，
四向噢，都做眼，车只眼，就串绳子。用绳子串。用棕绳串。用棕绳。后
背嘞搞一阵呢，就用么个了嘞？用箇包装带，我都我屋下都有张用包装带
个，欸。用棕绳个，唔，用包装带个，就省钱唦。箇都安做绷子床。kai³⁵n̩²¹,pət
iet³iɔŋ⁵³.e₅₃.tan₄₄⁵³ʂʅ₄₄⁵³ci¹³kei⁵³ci¹³kei⁵³₂₁tsɔk³iəŋ⁵³xe¹³iet³iɔŋ⁵³.pəŋ³⁵tsʅ⁰tsʰɔŋ¹³lau⁵³
tʰan₂₁¹³fɔŋ₂₁¹³tsʰɔŋ₂₁¹³ke⁵³tsɔk³iəŋ⁵³xe⁵³iet³iɔŋ⁵³.e₂₁tʰan¹³fɔŋ₂₁¹³tsʰɔŋ¹³lei⁰te²¹xa⁵³tsʰiəu⁵³te²¹
xa₄₄⁵³kai⁵³kei₄₄⁵³te²¹xa₄₄⁵³kai⁵³kʰɔi³⁵tʰei₄₄¹³kɔŋ¹³ke₄₄⁵³₂₁ɔn³⁵tso₄₄⁵³ɔn₄₄³⁵tso₄₄⁵³mak³ke₄₄⁵³,ɔn³⁵tso
tsʰɔŋ¹³pan²¹ne⁰.ci¹³ke⁵³tsʰɔŋ¹³pan²¹tsʰiəu₄₄iəŋ⁵³tʰan¹³fɔŋ₂₁¹³.e₂₁.iəŋ⁵³tʰan¹³fɔŋ¹³.iəu⁵³
tʰan¹³sin⁵³,ʂɔi⁵³tau²¹ʂɔi⁵³tau²¹ʂɔŋ₄₄⁵³pɔi⁵³pi³ciau₄₄⁵³ʂʅ³⁵fuk⁵₄₄.pəŋ³⁵tsʅ⁰tsʰɔŋ₂₁¹³lei⁰,tsʰiəu₄₄
ci¹³kei⁵³ci¹³kei₄₄⁵³te²¹xa₄₄kei⁵³te²¹xa₄₄⁵³lei⁰m̩¹³pʰe₄₄(←xe⁵³)tʰan¹³fɔŋ₄₄¹³,iəŋ⁵³kai⁵³ʂən¹³
tsʅ⁰,iəŋ⁵³ʂən¹³tsʅ⁰.ei₂₁,ci₂₁¹³tsʰiəu₄₄lin⁵³uai₄₄⁵³tso₄₄⁵³tʂak³ka⁵³ka₄₄⁵³,iəu³⁵tet⁵ʂʅ₄₄xai₄₄¹³···e₂₁,pi³
ciau₄₄⁵³pi²¹ciau₄₄tʰəŋ³⁵çin¹³ke₄₄⁵³tso⁵³fait⁵³lei⁰tsʰiəu₄₄⁵³xei₄₄⁵³lei⁰,tso⁵³tʂak³taŋ⁵³tʂak³si⁵³si₄₄⁵³
taŋ³⁵tʂak³si⁵³si₄₄⁵³fɔŋ₄₄³⁵fɔŋ₄₄³⁵ke₄₄⁵³ka⁵³ka₄₄⁵³,fɔŋ¹³xa⁵³kai⁵³ʂʅ₄₄⁵³fɔŋ¹³xa₄₄⁵³kai₄₄⁵³tsʰɔŋ₂₁¹³
xɔŋ₄₄⁵³,e₂₁,taŋ³⁵tʂak³ka⁵³ka₄₄⁵³fɔŋ₄₄⁵³xa₄₄⁵³tsʰɔŋ₂₁¹³xɔŋ₄₄⁵³.taŋ³⁵tʂak³ka⁵³ka₄₄⁵³lei⁰,ka⁵³ka₄₄⁵³ke₄₄⁵³iɔŋ⁵³
pien³⁵,si⁵³çiɔŋ₄₄⁵³ŋau⁰,təu³⁵tso⁵³ŋan²¹,tʂʰa³⁵tʂak³ŋan²¹,tsʰiəu⁵³tʂʰɔŋ⁵³ʂən¹³tsʅ⁰.iəŋ₄₄⁵³ʂən¹³
tsʅ⁰tsʰɔŋ⁵³.iəŋ₄₄⁵³tsəŋ³⁵ʂən₂₁¹³tsʰɔŋ⁵³.iəŋ¹³tsəŋ⁵³ʂən₂₁¹³.xei⁵³pɔi₄₄¹³lei⁰kau²¹iet³tʂʰən₂₁⁵³
nei⁰,tsʰiəu₄₄⁵³iəŋ⁵³mak³e₄₄(←ke⁵³)liau²¹lei⁰?iəŋ₄₄⁵³kai₄₄⁵³pau⁵³tsɔŋ₄₄³⁵tai¹³,ŋai¹³təu₄₄³⁵ŋai¹³uk¹³

xa$_{44}^{53}$təu$_{44}^{35}$iəu$_{44}^{35}$tʂɔŋ$_{44}^{35}$iəŋ^{53}pau$_{44}^{35}$tsɔŋ$_{44}^{35}$tai^{53}ke$_{21}^{53}$,e$_{21}$.iəŋ$_{44}^{53}$tsəŋ^{35}ʂən$_{21}^{13}$cie$_{44}^{53}$,m$_{21}$,iəŋ$_{44}^{53}$pau$_{44}^{35}$tsɔŋ$_{44}^{35}$ tai^{53}cie$_{44}^{53}$,tsʰiəu^{53}ʂən^{21}tsʰien^{13}nau^{0}.kai$_{44}^{53}$təu$_{44}^{35}$ɔn$_{44}^{35}$tso$_{44}^{53}$pəŋ^{35}tsʅ^{0}tsʰɔŋ^{13}.

坐板

（以前有一种床啊它那个床床刀板啊比较高，那小孩放到里面就比较安全，不会滚出来。那那种床呢？）欸。欸。箇就系架子床嘞，也就架子床肚里一种。有块有块箇个床刀板子哦。渠床刀板就一块床刀板样。e$_{21}$.e$_{21}$.kai$_{44}^{53}$tsʰiəu$_{44}^{53}$xe$_{44}^{35}$ka^{53}tsʅ^{0}tsʰɔŋ$_{44}^{13}$le^{0},ie^{21}tsʰiəu$_{44}^{53}$ka^{53}tsʅ^{0}tsʰɔŋ^{13}təu^{21}li^{0}iet^{3}tʂʂən^{21}.iəu^{35} kʰuai^{53}iəu^{35}kʰuai^{53}kai$_{44}^{53}$kei$_{44}^{53}$tsʰɔŋ^{13}tau^{35}pan^{21}tsʅ^{0}o^{0}.ci$_{21}^{13}$tsʰɔŋ$_{21}^{13}$tau^{35}pan^{21}tsʰiəu^{53}iet^{3} kʰuai^{53}tsʰɔŋ$_{21}^{13}$tau^{35}pan^{21}iəŋ$_{44}^{53}$.

渠落尾做床嘞做倒嘞，以映放……钉一块，安做坐板。钉一块板。加一块板呐。加一块板。本来是就是……本来是一个笔直个，以咁子笔直上个一块板。欸加一块阔滴子。细人子就有事滚出以外背来。ci$_{21}^{13}$lɔk^{3}mi^{35}tso^{53} tsʰɔŋ$_{21}^{13}$le^{0}tso^{53}tau^{21}lei^{0},i^{21}iaŋ$_{44}^{53}$fɔŋ^{53}…taŋ^{35}iet^{3}kʰuai^{53},ɔn$_{44}^{35}$tso$_{44}^{53}$tsʰo^{0}pan^{0}.taŋ^{35}iet^{3} kʰuai^{53}pan^{21}.cia^{35}iet^{3}kʰuai^{53}pan^{21}na^{0}.cia^{35}iet^{3}kʰuai^{53}pan^{21}.pən^{21}nɔi^{13}ʂʅ$_{44}^{53}$tsʰiəu^{53}ʂ… pən^{21}nɔi^{13}ʂʅ$_{44}^{53}$iet^{3}ke$_{44}^{53}$piet^{3}tʂʰət^{5}cie$_{21}^{53}$,i^{21}kan^{21}tsʅ^{0}piet^{3}tʂʰət^{5}ʂɔŋ$_{44}^{53}$kei$_{44}^{13}$i$_{21}^{53}$kʰuai^{53}pan^{21}.ei$_{44}$ cia^{35}iet^{3}kʰuai$_{44}^{53}$kʰɔit^{3}tiet^{5}tsʅ^{0}.sei$_{44}^{53}$ɲin$_{44}^{13}$tsʅ^{0}tsʰiəu^{53}mau^{13}ʂʅ$_{44}^{53}$kuən^{21}tʂʰət^{5}i$_{13}^{21}$ŋɔi^{53}pɔi$_{44}^{53}$ lɔi$_{21}^{13}$.

（那加的那一块叫什么呢？）安做坐板。ɔn$_{44}^{35}$tso$_{44}^{53}$tsʰo^{35}pan^{21}.（坐板？）坐人个。渠阔滴子。床刀是只有咁阔子。床刀板是一般一般个板子只有咁阔子啊，好不到一寸阔呀，两寸阔好哩唠。渠就加一块，比箇床刀，比以块，打比以只系床刀样，加一块有咁阔个，渠唔系以映底下就形成只岩呐。箇块就安做坐板。加块坐板。我等个床就咁做个嘞，加块坐板嘞。tsʰo^{35} ɲin^{13}cie$_{44}^{53}$.ci$_{44}^{13}$kʰɔit^{3}tiet^{5}tsʅ^{0}.tsʰɔŋ^{13}tau^{35}ʂʅ$_{44}^{53}$tsʅ^{21}iəu^{35}kan^{21}kʰɔit^{3}tsʅ^{0}.tsʰɔŋ^{13}tau$_{44}^{35}$pan^{21}ʂʅ$_{21}$ iet^{3}pɔn^{21}iet^{3}pɔn$_{44}^{21}$ke$_{44}^{53}$pan^{21}tsʅ^{0}tsʅ^{21}iəu$_{53}^{35}$kan^{21}kʰɔit^{3}tsʅ^{0}a^{0},xau^{21}puk^{3}tau^{53}iet^{3}tsʰən^{53} kʰɔit^{3}ia^{0},iɔŋ^{21}tsʰən^{53}kʰɔit^{3}xau$_{44}^{21}$li^{0}lau^{0}.ci^{13}tsʰiəu^{53}cia^{35}iet^{3}kʰuai$_{44}^{53}$,pi^{21}kai$_{44}^{53}$tsʰɔŋ^{13} tau^{35},pi^{21}i^{21}kʰuai^{53},ta^{21}pi^{21}i^{21}tʂak^{5}xe^{53}tsʰɔŋ^{13}tau$_{44}^{35}$iɔŋ$_{44}$,cia^{35}iet^{3}kʰuai$_{44}^{53}$iəu$_{44}^{35}$kan^{21}kʰɔit^{3} ke$_{44}^{53}$,ci$_{21}^{13}$m^{13}pʰe^{53}(←xe^{53})i^{21}iaŋ^{53}tei^{21}xa$_{44}^{53}$tsʰiəu$_{44}^{53}$çin^{13}tʂʰən$_{44}^{13}$tʂak^{3}ŋan^{13}na^{0}.kai$_{44}^{53}$kʰuai$_{44}$ tsʰiəu$_{44}^{35}$ɔn$_{44}^{35}$tso$_{44}^{53}$tsʰo^{35}pan^{21}.cia^{35}kʰuai$_{44}^{53}$tsʰo^{35}pan^{21}.ŋai$_{21}^{13}$tien^{35}ke^{53}tsʰɔŋ$_{44}^{13}$tsʰiəu^{53}kan^{21}tsʅ^{0} tso$_{44}^{53}$ke$_{44}^{53}$lei^{0},cia^{35}kʰuai^{53}tsʰo^{35}pan^{21}ne^{0}.

（噢，这个它是加在那个床刀……）加到床刀面上。嗯。又更好坐滴子。箇床刀是有咁阔子，坐起口屁股，只咁阔子。加块板有咁阔呀。欸坐倒有咁口屁股，坐倒床上就，冇事印屁股啊。细人子又更安全嘞，系啊？cia^{35}tau^{21}tsʰɔŋ$_{21}^{13}$tau^{35}mien^{53}xɔŋ$_{44}^{53}$.m$_{21}$.iəu^{53}cien$_{44}^{35}$xau^{21}tsʰo^{35}tet^{5}tsʅ^{0}.kai$_{44}^{53}$tsʰɔŋ^{13}tau$_{44}^{35}$ʂʅ$_{44}$

iəu$_{44}^{35}$kan^{21}kʰɔit^{3}tsɿ^{0},tsʰo^{35}çi$_{44}$ŋan^{53}pʰi^{53}ku^{21},tsɿ$_{35}^{21}$kan^{21}kʰɔit^{3}tsɿ^{0}.cia^{35}kʰuai$_{44}^{53}$pan^{21}iəu$_{44}^{35}$
kan^{21}kʰɔit^{3}ia^{0}.e$_{44}$tsʰo^{35}tau^{21}mau$_{44}^{13}$kan^{21}ŋan^{53}pʰi^{53}ku^{21},tsʰo$_{44}^{35}$tau$_{44}^{21}$tsʰoŋ^{13}xoŋ$_{21}^{35}$tsʰiəu$_{44}$,
mau$_{21}^{13}$sɿ$_{44}^{53}$in^{13}pʰi^{53}ku^{21}a^{0}.sei^{53}in$_{21}^{13}$tsɿ^{0}iəu^{53}cien$_{44}^{53}$ŋon^{35}tsʰien$_{21}^{13}$ne^{0},xei$_{44}^{53}$a^{0}?

铺陈

（床上面的那些被子啊什么那个反正这个欸统称叫什么？）安做铺陈，嗯。比比方欸比ən$_{44}^{35}$tso$_{44}^{53}$pʰu^{35}ʂən^{13},n̩$_{21}$.pi^{21}pi^{21}foŋ$_{44}^{35}$e$_{21}$pi^{21}普通话：比方说嫁女啊，嫁女儿，做岳母娘的就打发一套床上用品，叫做铺陈，爱打发……哎打发铺陈。晓知哪只ʂən^{13}？铺陈又……铺陈咯，硬安做铺陈咯。ciau$_{44}^{53}$tso$_{44}^{53}$pʰu^{35}ʂən^{13},oi^{53}ta^{21}f…ai$_{44}^{53}$ta^{21}fait^{3}pʰu^{35}
ʂən^{13}.çiau^{21}ti^{35}la^{53}tʂak^{3}ʂən^{13}?pʰu$_{44}^{35}$tʂʰən$_{13}$iəu^{53}…pʰu^{35}ʂən^{13}ko^{0},ɲiaŋ^{53}ɔn$_{44}^{35}$tso$_{44}^{53}$pʰu$_{53}^{35}$ʂən$_{21}^{13}$
ko^{0}.普通话：统称那一套东西。欸，什么七件套几件套哇。

（噢。这个不一定是嫁女的时候吧？）普通话：不一定。嗯嗯。（啊，别的时候这个比方说这个铺陈怎么样你可以讲吗？）一般又唔多咁子话了嘞。有滴……床……有冇冇么人话以床上个铺陈，铺陈蛮好哇。冇么……又冇么人咁子话，一般就就系讲嫁女欸，欸……讨新旧哇，欸就……有铺陈么？系唔系？打发哩铺陈么？欸，渠就系指箇只东西。欸。渠就系指箇以只东西，指箇以个铺盖。一套铺盖。枕头呀，欸，床单呐。嗯。iet^{3}pɔn^{35}iəu^{53}n̩^{13}
to$_{44}^{35}$kan^{21}tsɿ^{0}ua^{53}liau^{0}lei^{0}.iəu$_{44}$tet^{5}…tsʰoŋ^{13}…mau^{0}mau^{0}mau^{0}mak^{0}in$_{44}^{35}$ua^{53}i^{0}tsʰoŋ^{21}
xoŋ^{21}ke$_{44}^{53}$pʰu^{35}ʂən$_{21}^{13}$,pʰu^{35}ʂən$_{21}^{13}$man$_{21}^{13}$xau$_{44}^{21}$ua^{0}.mau^{0}mak^{0}…iəu^{53}mau^{0}mak^{0}in$_{35}^{35}$kan^{21}
tsɿ^{0}ua^{53},iet^{3}pɔn^{35}tsʰiəu$_{44}^{53}$tsiəu^{53}xe$_{44}^{53}$kɔŋ^{13}ka^{53}ɲy^{21}e^{0},e$_{21}$s…tʰau^{21}sin^{35}cʰiəu$_{44}^{35}$ua^{0},e$_{21}$
tsiəu^{53}…iəu$_{44}^{35}$pʰu^{35}ʂən$_{21}^{13}$mo^{0}?xei$_{44}^{53}$me$_{44}$(←m̩^{13}xe^{53})?ta^{21}fait^{3}li^{0}pʰu^{35}ʂən$_{21}^{13}$mo^{0}?e$_{44}$,ci^{13}
tsʰiəu^{53}xe$_{44}^{53}$tsɿ^{0}kai$_{44}^{53}$iak^{3}(←i^{13}tʂak^{3})təŋ$_{44}^{35}$si^{0}.e$_{21}$.ci^{13}tsʰiəu$_{44}^{53}$xe$_{44}^{53}$tsɿ^{0}kai$_{44}^{53}$i^{21}tʂak^{3}təŋ$_{44}^{35}$
si^{0},tsɿ^{21}kai$_{44}^{53}$i^{21}ke$_{44}^{53}$pʰu^{35}kɔi^{0}.iet^{3}tʰau$_{44}^{53}$pʰu^{35}kɔi$_{21}^{0}$.tʂən^{21}tʰei^{13}ia^{0},e$_{21}$,tsʰoŋ^{21}tan$_{44}^{35}$na^{0}.m̩$_{21}$.

（是不是只用在那种婚嫁的时候，别的时候不说这个铺陈，是吧？）普通话：不说铺陈。嗯，唔讲铺陈。n̩$_{,21}$,n̩$_{21}$kɔŋ^{21}pʰu^{35}ʂən$_{21}^{13}$.

席

1. 席嘞有篾席，有草席。嗯。有从前就系一……就系两起。tsʰiak^{5}lei^{0}
iəu$_{44}^{35}$miet^{5}tsʰiak$_{3}^{5}$,iəu$_{44}^{35}$tsʰau^{53}tsʰiak^{5}.m̩$_{21}$.iəu$_{21}^{35}$tsʰoŋ$_{21}^{13}$tsʰien$_{21}^{13}$tsʰiəu^{53}xe$_{44}^{53}$iet^{3}p…tsʰiəu^{53}
xe^{53}iɔŋ$_{21}^{35}$çi^{21}.

有起安做丝席子。外背来个箇起箇机子织个箇起丝席子。如今我个床上个就安做丝席子，其实就系草席嘞。iəu$_{44}^{35}$çi^{21}ɔn$_{44}^{35}$tso$_{44}^{53}$sɿ^{35}tsʰiak^{5}tsɿ^{0}.oi^{53}pɔi$_{44}^{35}$lɔi$_{21}^{13}$
ke$_{44}^{53}$kai^{35}çi^{21}kai$_{44}^{53}$ci^{35}tsɿ^{0}tʂek^{3}cie$_{44}^{53}$kai$_{44}^{53}$çi^{21}sɿ^{35}tsʰiak^{5}tsɿ^{0}.i$_{21}^{13}$cin$_{44}^{35}$ŋai^{13}ke^{53}tsʰoŋ^{13}xoŋ$_{44}^{35}$ke$_{44}^{53}$
tsʰiəu$_{44}^{53}$ɔn$_{44}^{35}$tso$_{44}^{53}$sɿ^{13}tsʰiak^{5}tsɿ^{0},cʰi$_{21}^{13}$sət^{5}tsʰiəu^{53}xe$_{44}^{53}$tsʰau^{21}tsʰiak^{5}lei^{0}.（也就是草席

吗？）也就系草席。ia³⁵tsʰiəu⁵³xe⁴⁴tsʰau²¹tsʰiak⁵.

以前是我等以映子自家会打席咯。欸。i⁵³tsʰien¹³ʂʅ₄₄ŋai₂₁tien⁰i²¹iaŋ⁵³tsʅ⁰tsʰʅ³⁵ka³⁵uɔi²¹ta²¹tsʰiak⁵ko⁰.e₂₁.

自家栽席草咯。有有栽一起咁个灯心草样个咯，扁扁子个，席草，安做席草。自家去栽。欸，唔知几长，□长。嗯。tsʰʅ³⁵ka⁴⁴tsɔi³⁵tsʰiak⁵tsʰau²¹ko⁰.iəu³⁵iəu₂₁tsɔi iet³çi²¹kan³⁵kei⁴⁴tien³⁵sin⁴⁴tsʰau²¹iɔŋ⁴⁴ke⁴⁴ko⁰,pien²¹pien²¹tsʅ⁰ke⁴⁴,tsʰiak⁵tsʰau²¹,ɔn³⁵tso⁵³tsʰiak⁵tsʰau²¹.tsʰʅ³⁵ka³⁵çi₄₄tsɔi³⁵.e₂₁,n̩¹ti⁵³ci₂₁tsʰɔŋ¹³,lai¹³tsʰɔŋ¹³.m̩₂₁.

栽倒来，自家舞……打倒绳，做纲，做箇个……中间串起纲啊。然后就自家去打席。打床席，箇是草席。□粗个。□人，□背囊。tsɔi³⁵tau²¹lɔi¹³,tsʰʅ³⁵ka⁵³u²¹…ta²¹tau²¹ʂən¹³,tso⁴⁴kɔŋ³⁵,tso⁴⁴kai⁴⁴kei⁴⁴…tʂəŋ³⁵kan³⁵tʂʰɔn¹³cʰi²¹kɔŋ³⁵ŋa⁰.vien¹³xei⁵³tsʰiəu⁴⁴tsʰʅ³⁵ka⁵³çi⁵³ta²¹tsʰiak⁵.ta²¹tsʰɔŋ¹³tsʰiak⁵,kai⁴⁴ʂʅ₄₄tsʰau²¹tsʰiak⁵.cʰia⁵³tsʰəu³⁵ke₂₁.cʰie⁵³nin¹³,cʰie⁵³pɔi⁵³lɔŋ¹³.

以下落尾就有外背来个……欸，箇机子打个席，丝席子。也系草席。就安做丝席子。如今我我等床上睡个都还系丝席子嘞。箇晡我同我娭子买床都还系丝席子。好嘞，箇草席好嘞。i²¹xa⁵³lɔk₅mi³⁵tsʰiəu⁴⁴iəu⁴⁴ŋəi⁵³icʰi⁴⁴pɔi⁴⁴lɔi₂₁ke⁰s…e₂₁,kai⁵³ci³⁵tsʅ⁰ta²¹ke⁰tsʰiak⁵,sʅ³⁵tsʰiak⁵tsʅ⁰.ia³⁵xei⁵³tsʰau²¹tsʰiak⁵.tsʰiəu₂₁ɔn³⁵tso⁴⁴sʅ³⁵tsʰiak⁵tsʅ⁰.i₂₁cin⁴⁴ŋai¹³ŋai¹³tien⁰tsʰɔŋ¹³xɔŋ⁵³ʂɔi⁴⁴ke⁵³təu³⁵xai₂₁xe⁵³sʅ³⁵tsʰiak⁵tsʅ⁰lei⁰.kai⁵³pu⁴⁴ŋai₂₁tʰəŋ⁰ŋai¹³ɔi³⁵tsʅ⁰mai⁴⁴tsʰɔŋ₂₁təu⁴⁴xai¹³xe⁵³sʅ³⁵tsʰiak⁵tsʅ⁰.xau²¹lei⁰,kai⁴⁴tsʰau²¹tsʰiak⁵xau²¹le⁰.

2. 席子。（席子有些什么席子？）欸，有草席，有竹席，有有凉席。e₂₁,iəu³⁵tsʰau²¹tsʰiak⁵,iəu³⁵tʂəuk³tsʰiak⁵,iəu³⁵iəu³⁵liɔŋ¹³tsʰiak⁵.（凉席是竹子做的，是吧？）草席，凉席。欸，竹子做，水竹子做个。凉席就水竹子做个啦。tsʰau²¹tsʰiak⁵,liɔŋ¹³tsʰiak⁵.ei₂₁,tʂəuk³tsʅ⁰tso⁵³,ʂei²¹tʂəuk³tsʅ⁰tso⁵³ke⁵³.liɔŋ¹³tsʰiak⁵tsʰiəu⁵³ʂei²¹tʂəuk³tsʅ⁰tso⁵³ke⁵³la⁰.（你现在敢睡吗？）我屋下都还有喔。ŋai¹³uk³xa⁵³təu⁴⁴xai₂₁iəu³⁵uo⁰.（敢不敢睡现在？）睡哟，用哦，ʂɔi⁵³io⁰,iəŋ⁵³ŋo⁰.（你睡呀？）欸。以……e₄₄,i²¹c…（你不怕那个凉啊？）噢嗨，有么啊有咁凉是？嗬。有咁凉是？au⁴⁴xai⁵³,iəu³⁵mak³a⁰iəu³⁵kan²¹liɔŋ¹³sʅ⁰?xə₂₁.iəu³⁵kan²¹liɔŋ¹³sʅ⁵³?

（那种草席它有有的有不同的草吧？有蒲草有……）席草，一般就用箇席草。栽咯。人家屋下可以栽席草咯。tsʰiak⁵tsʰau²¹,iet³pɔn³⁵tsʰiəu⁵³iəŋ⁵³kai⁴⁴tsʰiak⁵tsʰau²¹.tsɔi³⁵ko⁰.nin⁴⁴ka³⁵uk³xa⁵³kʰo²¹i⁴⁴tsɔi³⁵tsʰiak⁵tsʰau²¹ko⁰.（哦，就把那个草叫叫做席草？）安做席草哇。编出来个席就安做草席啊。ɔn³⁵tso⁴⁴tsʰiak⁵tsʰau²¹ua⁰.pʰien³⁵tʂʅ⁰ət³lɔi₂₁ke⁴⁴tsʰiak⁵tsʰiəu⁴⁴ɔn³⁵tso⁴⁴tsʰau²¹tsʰiak⁵a⁰.（倒过来了。）倒过来呀。tau²¹ko⁵³lɔi₄₄ia⁰.（席子，噢，刚才床还有个凉床吧？）凉床啊？还有竹床。liɔŋ¹³tsʰɔŋ¹³ŋa⁰?xai₂₁iəu³⁵tʂəuk³tsʰɔŋ¹³.（竹板做的，是吧？）嗯，

竹床，系呀，噂讲到竹床。以个街上都有卖咯，如今都还有卖哟。用竹子做个。m²₁,tʂəuk³tsʰɔŋ¹³,xei⁵³ia⁰,maŋ¹³kɔŋ²¹tau⁵³₄₄tʂəuk³tsʰɔŋ¹³.i²¹₁₃e₄₄(←ke⁵³)kai³⁵xɔŋ⁵³₄₄təu³⁵₄₄iəu₄₄mai⁵³ko⁰,i²¹₂₁cin₄₄təu₄₄xai²¹₂₁iəu₄₄mai³io⁰.iəŋ⁵³tʂəuk³tʂ̩⁰tso⁰ke⁵³₄₄.（没看到啊！）哈？xa³⁵?（没看到哇！）没看到，你想买吗啦。我带你去买呀。mei³⁵kʰan⁵³tau⁵³,ɲi¹³siɔŋ²¹mai⁵³ma⁰la⁰?ŋai₂₁tai¹³ɲi⁰çi⁵³mai⁵³ia⁰.（竹床，是吧？）欸，竹床啊。e₂₁,tʂəuk³tsʰɔŋ¹³ŋa⁰.（买了拖不回去。）呃嘿嘿。拖得归去哦。ə₂₁xe₅₃xe₅₃.tʰo³⁵tek³kuei³⁵₄₄çi⁵³₄₄o⁰.（我买倒是想买啊。）你会讨……讨嫌哎，岔事哦。有喔，有有折得拢来个哦。哼。ɲi¹³uɔi⁵³tʰau²¹…tʰau²¹çian¹³nau⁰,tsʰa₄₄⁵³sʅ⁵³o⁰.iəu³⁵uo⁰,iəu³⁵iəu³⁵tʂait³tek³ləŋ³⁵lɔi¹³₂₁ke⁰o⁰.xm₂₁.（能折拢啊？）能够折拢来个哦。折得拢来个是……凉……欸竹床哦。len¹³ciau⁵³tʂait³ləŋ³⁵lɔi¹³₂₁ke⁰o⁰.tʂait³tek³ləŋ³⁵lɔi²¹₂₁ke⁵³ʂʅ₄₄⁵³…liɔŋ¹³s…e⁰tʂəuk³tsʰɔŋ¹³ŋo⁰.

枕头

唔系讲话绣花枕头一把草？绣花枕头，你箇箇只人嘞绣花枕头。外表好看，冇滴本事。就系外背就绣哩花，肚里就一蒲草哇。m̩¹³pʰe⁵³(←xe⁵³)kɔŋ²¹ua⁵³siəu⁵³fa₄₄³⁵tʂən²¹tʰei¹³iet³pa⁰tsʰau⁰?siəu⁵³fa₄₄³⁵tʂən²¹tʰei¹³,ɲi⁰kai⁵³kai⁵³tʂak³ɲin₂₁¹³le⁰siəu⁵³fa₄₄³⁵tʂən²¹tʰei¹³.uai⁵³piau²¹xau²¹kʰɔn⁵³,mau¹³tiet⁵pən²¹sʅ⁵³.tsʰiəu₄₄xe₄₄⁵³ɲɔi₄₄⁵³pɔi₄₄⁵³tsʰiəu₄₄siəu⁵³li⁰fa³⁵,təu²¹li⁰tsʰiəu₄₄iet³pʰu⁰tsʰau²¹ua⁰.

从前个枕头就肚里就用秆呢。用秆呢，用……用秆铡，剪做咁长子，铡细来，用马剪去铡呀，剪做咁长子。筑，筑倒，筑枕头，安做筑枕头。就系枕……枕头内套子啊，都内套子用只布袋呀，系唔系？用箇用箇秆放袋筑满来。筑，筑满来，舞做咁长子渠就渠就有弹性哟，系啊？舞，以下就以下用针线一绞，欸，针线一绞就做做枕头芯子，枕芯。就系用秆呢，从前呢。tsʰɔŋ¹³tsʰien₄₄¹³ke⁵³tʂən²¹tʰei¹³tsʰiəu₄₄təu²¹li⁰tsʰiəu⁵³iəŋ⁵³kɔn²¹ne⁰.iəŋ⁵³kɔn²¹ne⁰,iəŋ⁵³k…iəŋ₄₄⁵³kɔn²¹tsʰait⁵,tsien²¹tso⁵³kan²¹tʂʰɔŋ¹³tsʅ⁰,tsʰait⁵si⁵³lɔi¹³₂₁,iəŋ₄₄⁵³ma³⁵tsien²¹çi₄₄⁵³tsʰait⁵ia⁰,tsien²¹tso⁵³kan²¹tʂʰɔŋ¹³tsʅ⁰.tʂəuk³,tʂəuk³tau²¹,tʂəuk³tʂən²¹tʰei¹³.tsʰiəu⁵³xe₄₄tʂən²¹…tʂən²¹tʰei¹³lei⁵³tʰau⁵³tsa⁰,təu³⁵lei⁵³tʰau₄₄tsʅ⁰iəŋ⁵³₄₄tʂak⁵pu⁵³tʰɔi₄₄⁵³ia⁰,xei₄₄me₄₄(←m̩¹³xe⁵³)?iəŋ₄₄kai⁵³iəŋ₄₄kai₄₄kɔn²¹fɔŋ⁵³tʰɔi²¹₂₁tʂəuk³mən⁵³lɔi¹³₄₄.tʂəuk³,tʂəuk³mən⁵³lɔi¹³₄₄,u²¹tso₄₄kan²¹tʂʰɔŋ¹³tsʅ⁰ci¹³tsʰiəu₄₄ci¹³tsʰiəu₄₄iəu³⁵tʰan¹³sin₄₄⁵³ʂa⁰,xei₄₄a⁰?u₂₁,i²¹xa₄₄³⁵tsʰiəu₄₄i²¹xa₄₄³⁵tsʰiəu₄₄iəŋ₄₄tʂən³⁵sien⁵³iet³ciau²¹,e₂₁,tʂən²¹sien⁵³iet³ciau²¹tsʰiəu₄₄⁵³tso⁵³tso⁵³tʂən²¹tʰei¹³sin³⁵tsʅ⁰,tʂən²¹sin³⁵.tsiəu²¹₂₁xe⁵³iəŋ⁵³kɔn²¹ne⁰,tsʰəŋ¹³tsʰien₄₄¹³ne⁰.

踏凳子

从前个还有只东西罉搞嘞，讲床箇映子咯，从前从前个，以映有只床刀哟，系唔系？欸，面上是讲哩欸坐板哟，加块坐板。床面前嘞有张子桌子。矮矮子个。有咁高。欸，咁高子。用来放鞋个。安做踏凳子。tsʰəŋ¹³tsʰien¹³ke⁵³xai¹³iəu⁴⁴⁵tṣak³təŋ⁴⁴³⁵si⁰maŋ¹³kau²¹le⁰,kɔŋ²¹tsʰɔŋ¹³kai⁵³iaŋ⁵³tsŋ⁵³ko⁰,tsʰəŋ¹³tsʰien¹³tsʰəŋ¹³tsʰien¹³ke⁵³⁴⁴,i²¹iaŋ⁵³iəu⁴⁴⁵tṣak³tsʰɔŋ¹³tau⁴⁴³⁵ṣa⁰,xei⁵³me₄₄(←m̩¹³xe⁵³)ʔei₂₁,mien⁵³xɔŋ⁵³ṣŋ⁴⁴⁵kɔŋ²¹li⁰e⁰tsʰo³⁵pan⁵³ṣa⁰,cia³⁵kʰuai⁵³tsʰo³⁵pan³.tsʰɔŋ¹³mien⁵³tsʰien¹³nei⁰iəu⁵³tṣɔŋ⁴⁴³⁵tsŋ⁰tsok³tsŋ⁰.ai³⁵²¹ai²¹tsŋ⁰ke⁵³₂₁.iəu⁴⁴kan³⁵kau⁴⁴³⁵.e₂₁,kan³⁵kau⁴⁴³⁵tsŋ⁰.iəŋ⁵³lɔi²¹¹³fɔŋ⁵³xai¹³ke⁵³.ɔn⁴⁴³⁵tso⁴⁴³⁵tʰait⁵tien⁵³tsŋ⁰.

欸闻我等我等以映个欸有只咁个规矩啦，做媒人公个人，做媒人，做媒人呐，做媒呀，做媒人公个人，你箇哺爱跪踏凳子，安做爱跪踏凳子。欸就一句话法咯。爱渠跪踏凳子。爱渠跪踏凳子。箇就系，箇是当然系一种笑话唠。跪……今哺是你跪踏凳子啦。今哺是你……箇做媒人公个人爱跪踏凳子。e₄₄uən²¹¹³ŋai¹³tien⁰ŋai¹³tien⁰i²¹iaŋ⁵³ke₂₁⁵³e₂₁iəu³⁵tṣak³kan²¹cie⁴⁴⁵kuei³⁵tṣŋ⁵³la⁰,tso⁵³mɔi¹³ɲin⁴⁴kəŋ³⁵ke⁵³ɲin₂₁,tso⁵³mɔi¹³ɲin¹³,tso⁵³mɔi¹³ɲin¹³na⁰,tso⁵³mei¹³ia⁰,tso⁵³mɔi¹³ɲin¹³kəŋ³⁵ke⁵³ɲin²¹,ɲi¹³kai⁴⁴³pu⁵³ɔi⁵³kʰuei¹³tʰait⁵tien⁵³tsŋ⁰,ɔn⁴⁴³⁵tso⁴⁴³⁵ɔi⁵³kʰuei¹³tʰait⁵tien⁵³tsŋ⁰.e₂₁tsiəu³⁵iet³tsŋ⁴⁴³⁵ua⁵³fait³ko⁰.ɔi⁵³ci₂₁kʰuei¹³tʰait⁵tien⁵³tsŋ⁰.ɔi⁵³ci₂₁kʰuei¹³tʰait⁵tien⁵³tsŋ⁰.kai⁴⁴tsʰiəu⁴⁴⁵xei⁴⁴⁵,kai⁴⁴³⁵ṣŋ⁴⁴³⁵tɔŋ³⁵vien¹³xei⁵³iet³tsəŋ²¹siau⁵³fa²¹lau⁰.kʰuei²¹…cin³⁵pu⁵³⁴⁴³⁵ɲi¹³kʰuei²¹tʰait⁵tien⁵³tsŋ⁰la⁰.cin³⁵pu³⁵ṣŋ⁴⁴³⁵ɲi¹³…kai⁴⁴tsomɔi²¹¹³ɲin¹³kəŋ³⁵ke⁵³ɲin¹³ɔi⁵³kʰuei¹³tʰait⁵tien⁵³tsŋ⁰.

（比较长吧这个凳子？）欸，比较长，就系用来放鞋个嘞。床面前放鞋嘞，省子放下地泥下。ei₅₃,pi²¹ciau⁵³tsʰɔŋ¹³,tsʰiəu⁵³ue₄₄(←xe⁵³)iəŋ⁵³lɔi²¹¹³fɔŋ⁵³xai¹³ke⁵³lei⁰.tsʰɔŋ¹³mien⁵³tsʰien²¹¹³fɔŋ⁵³xai¹³le⁰,saŋ²¹tsŋ⁰fɔŋ⁴⁴ŋa₄₄(←xa⁵³)tʰi¹³lai²¹¹³xa³⁵.

饭甑

（饭桶呢？）饭……哈？fan⁵³…xa₃₅?（饭桶。）饭桶。冇得，冇得饭桶，只有饭甑呢。fan⁵³tʰən²¹.mau¹³tek³,mau¹³tek³fan⁵³tʰən²¹,tsŋ²¹iəu⁴⁴⁵fan⁵³tsien⁵³ne⁰.（嗯，不是。）欸？e₄₄?（就是你要那个以前到地里面干活啊，你要去送饭的时候拿个什么东西？拿个桶噢。）和饭甑抔到去啊，唔用饭桶噢。和要……和倒箇只饭甑抔倒去啊，分饭甑都抔倒去啊。系多爱多滴子就用饭甑抔倒去啊。uo⁵³fan⁵³tsien⁵³kɔŋ³⁵tau²¹çi⁵³a⁰,ɲ̩¹niəŋ⁵³fan⁵³tʰən²¹ŋau⁰.uo⁵³iau⁵³…uo⁵³tau²¹kai⁴⁴tṣak³fan⁵³tsien⁵³kɔŋ³⁵tau²¹çi⁵³a⁰,pən⁵³fan⁵³tsien⁵³təu⁴⁴³⁵kɔŋ³⁵tau²¹çi₄₄⁵a⁰.xe⁴⁴⁵to⁵³ɔi₄₄⁵to³⁵tiet⁵tsŋ⁰tsʰiəu⁴⁴⁵iəŋ⁴⁴⁵fan⁵³tsien⁵³kɔŋ³⁵tau²¹çi₂₁⁵³a⁰.（噢，把那个饭甑也抬出去

啊？）欸，捆倒去啊。系啊，箇是系噢。e_{21},$k\mathfrak{o}\eta^{35}tau^{21}\c{c}i^{53}a^0$.$xei^{53}_{44}ia^0$,$kai^{53}_{44}\d{s}^h_{44}xei^{53}au^0$.（那要那不要两个人来抬啊？）箇是系噢。你话人多时候，箇就两个人抬哟。$kai^{53}\d{s}^h_{44}xei_{44}au^0$.$\mathfrak{n}i^{13}ua^0\mathfrak{n}in^{13}to^{35}\d{s}^h_{44}xei_{44}$,$kai^{53}ts^hi\mathfrak{o}u^{53}i\mathfrak{o}\eta^{53}ke^{53}in^{13}_{21}t^h\mathfrak{o}i^{13}_{21}iau^0$.（人少的时候呢？）用细饭甑子啊。细饭甑子啊。欸，都咁大子个饭甑<u>子啊</u>。咁大子，一般都系咁大子，都煮得几升米。$i\mathfrak{o}\eta^{53}_{44}se^{53}fan^{53}tsien^{53}tsa^0$.$se^{53}fan^{53}_{44}tsien^{53}tsa^0$.$e_{21}$,$t\mathfrak{o}u^{35}kan^{21}_{35}t^hai^{53}\d{s}\mathfrak{l}^0ke^{53}_{44}fan^{53}tsien^{53}tsa^0$.$kan^{21}_{35}t^hai^{53}\d{s}\mathfrak{l}^0$,$iet^3pu\mathfrak{o}n^{35}t\mathfrak{o}u^{53}_{44}xei^{53}kan^{21}_{35}t^hai^{53}\d{s}\mathfrak{l}^0$,$t\mathfrak{o}u^{35}t\d{s}\mathfrak{o}u^{21}tek^3\c{c}i^{21}\d{s}\mathfrak{o}n^{35}_{44}mi^{21}$.（就不用饭桶啦？）唔爱饭桶，我等以映有么人用饭桶。渠会冷啊。蒸好哩，□稳盖子□倒。舞块舞条舞皮手巾蒙稳，就冇事冷咁就饭甑就。就咁子饭甑捆下去。$\d{m}^{13}_{21}m\mathfrak{o}i^{13}_{44}fan^{53}t^h\mathfrak{o}\eta^{21}$,$\eta ai^{13}_{21}tien^0i^{21}_{21}ia\eta^{13}_{44}mau^{13}_0mak^3in^{13}_{21}i\mathfrak{o}\eta^{53}fan^{53}t^h\mathfrak{o}\eta^0$.$\c{c}i^{13}u\mathfrak{o}i^{53}la\eta^{53}\eta a^0$.$t\d{s}\mathfrak{o}n^{35}xau^{13}_0li^0$,$c^hiet^3u\mathfrak{o}n^{44}k\mathfrak{o}i^{53}ts\mathfrak{l}^0$$c^hiet^3tau^{21}$.$u^{21}k^huai^{53}u^{21}t^hiau^{13}_{44}u^{21}p^hi^{13}\d{s}\mathfrak{o}u^{21}cin^{35}_{44}ma\eta^{35}u\mathfrak{o}n^{21}$,$tsi\mathfrak{o}u^{53}mau^{13}s\mathfrak{l}^{53}la\eta^{35}kan^{21}ts^hi\mathfrak{o}u^{53}_{44}fan^{53}tsien^{53}ts^hi\mathfrak{o}u^{53}_{44}$.$ts^hi\mathfrak{o}u^{53}kan^{21}ts\mathfrak{l}^0fan^{53}_{44}tsien^{53}_{44}k\mathfrak{o}\eta^{35}a_{44}(\leftarrow xa^{53})\c{c}i^{53}_{44}$.

饭甑上啊，渠会只有只耳吵，有只咁个耳啊，系啊？有只掇呀，安做掇。欸，有只掇，唔系耳，系只掇。箇掇系么啊嘞？就系以以……渠个饭甑渠个饭甑是用树用木板子打个吵，系唔系啊？木板子打。以块木板子，以块木板子，以外背，以外背，以滴箇滴木板子都系咁个薄薄子吵，系<u>唔系</u>？以块木板更厚。以外背嘞，就锯只缺样个，手就掇嘿箇缺上。以向一块，以向一块，欸，伸出滴子来，对。就就等渠留滴子荷。欸，就咁子掇，一边呢一边掇。欸有有有的情况下嘞那个饭……饭甑大哩个嘞，箇只掇上嘞，钻只眼。掇上啊，车只眼。咁子车啦，唔系咁子去车啦。唔系么啊车过以肚里来啦。就以咁子车。渠箇只掇有咁厚。以只掇咯，箇上背车只眼，舞条绳，欸舞条绳。人多哩个，打比样四五桌人做工夫个箇只人家，捆下去，舞条绳捆下去。箇掇是一个人掇啊，掇远哩又累人吵，系啊？欸，就两个人捆。捆起走。$fan^{53}tsien^{53}x\mathfrak{o}\eta^{53}_{44}a^0$,$ci^{13}_{21}i\mathfrak{o}u^{35}t\d{s}ak^3i\mathfrak{o}u^{35}t\d{s}ak^3\mathfrak{n}i^{21}\d{s}a^0$,$i\mathfrak{o}u^{35}t\d{s}ak^3kan^{21}ke^{53}_{44}\mathfrak{n}i^{21}a^0$,$xei^{53}a^0$?$i\mathfrak{o}u^{53}_{44}t\d{s}ak^3t\mathfrak{o}it^3ia^0$,$\mathfrak{o}n^{35}_{44}ts\mathfrak{o}^{53}_{44}t\mathfrak{o}it^3$.$ei^{53}$,$i\mathfrak{o}u^{53}_{44}t\d{s}ak^3t\mathfrak{o}it^3$,$\d{m}^{21}p^hei^{13}(\leftarrow xei^{53})\mathfrak{n}i^{21}$,$xei^{53}t\d{s}ak^3t\mathfrak{o}it^3$.$ka^{53}t\mathfrak{o}it^3xei^{53}mak^3a^0lei^0$?$ts^hi\mathfrak{o}u^{53}_{44}xei^{53}_{44}i^{21}i^0\cdots ci^{13}ke^{53}_{44}fan^{53}tsien^{53}ci^{13}ke^{53}_{44}fan^{53}tsien^{53}\d{s}^h_{44}i\mathfrak{o}\eta^{53}_{44}i\mathfrak{o}\eta^{53}_{44}\d{s}\mathfrak{o}u^0i\mathfrak{o}\eta^{53}muk^3pan^{21}ts\mathfrak{l}^0ta^{21}kei^{53}\d{s}a^0$,$xei^{53}me^{53}(\leftarrow \d{m}^{13}xe^{53})a^0$?$muk^3pan^{21}ts\mathfrak{l}^0ta^{21}$.$i.i^{21}k^huai^{53}muk^3pan^{21}ts\mathfrak{l}^0$,$i^{21}k^huai^{53}muk^3pan^{21}ts\mathfrak{l}^0$,$i^{21}\eta\mathfrak{o}i^{53}p\mathfrak{o}i^0$,$i^{21}\eta\mathfrak{o}i^{53}p\mathfrak{o}i^{53}$,$i^{21}tiet^3kai^{53}tiet^3muk^3pan^{21}ts\mathfrak{l}^0t\mathfrak{o}u^0xei^{53}kan^{21}kei^{53}_{44}p^h\mathfrak{o}k^5p^h\mathfrak{o}k^5ts\mathfrak{l}^0\d{s}a^0$,$xei^{53}_{44}me_{44}(\leftarrow\d{m}^{13}xe^{53})?i^{21}k^huai^{53}muk^3pan^{21}cien^{53}xei^{35}$.$i^{21}\eta\mathfrak{o}i^{53}p\mathfrak{o}i^{53}_{44}lei^0$,$ts^hi\mathfrak{o}u^{53}_{44}cie^{53}t\d{s}ak^3c^hiet^3i\mathfrak{o}\eta^{53}_{44}ke^{53}_{44}$,$\d{s}\mathfrak{o}u^{21}ts^hi\mathfrak{o}u^{53}t\mathfrak{o}it^3ek^3(\leftarrow xek^5)kai^{53}c^hiet^3x\mathfrak{o}\eta^{53}_{44}$.$i^{21}\c{c}i\mathfrak{o}\eta^{53}_{44}iet^3k^huai^{53}$,$i^{21}\c{c}i\mathfrak{o}\eta^{53}_{44}iet^3k^huai^{53}$,$e_{21}$,$t\d{s}^h\mathfrak{o}n^{35}t\d{s}^h\mathfrak{o}t^3tiet^5ts\mathfrak{l}^0l\mathfrak{o}i^{13}$,$tei^{53}$.$ts^hi\mathfrak{o}u^{53}ts^hi\mathfrak{o}u^{53}ten^{21}ci^{13}_{44}li\mathfrak{o}u^{13}tiet^5ts\mathfrak{l}^0xo^{13}$.$e_{21}$,$ts^hi\mathfrak{o}u^{53}_{44}kan^{21}ts\mathfrak{l}^0t\mathfrak{o}it^3$,$iet^3pien^{44}_{44}ne^0iet^3pien^{53}_{53}t\mathfrak{o}it^3$.$ei_{53}i\mathfrak{o}u_{21}i\mathfrak{o}u_{21}i\mathfrak{o}u_{21}tet^3ts^hin^{13}_{44}k^hua\eta^{53}\c{c}ia^{53}_{44}le^0na^{53}_{44}ke^{53}_{44}fan^{53}\cdots fan^{53}tsien^{53}_{44}t^hai^{53}li^0ke^{53}_{44}lei^0$,$kai^{53}t\d{s}ak^3t\mathfrak{o}it^3x\mathfrak{o}\eta^{53}_{44}$

lei^0,tsɔn^{53}tʂak^{3}ŋan^{21}.tɔit^{3}xɔŋ^{53}ŋa^0,tʂʰa^{35}tʂak^{3}ŋan^{21}.kan$_{13}^{21}$tsʅ^{0}tʂʰa^{35}la^0,m̩^{13}pʰe^{53}
(←xe^{53})kan$_{13}^{21}$tsʅ^{0}çi^{53}tʂʰa$_{44}^{35}$la^0.m̩$_{21}^{13}$pʰe$_{44}^{44}$(←xe^{53})mak^{3}a^{0}tʂʰa^{35}ko^{0}i^{21}təu^{21}li^{0}lɔi$_{13}^{13}$la^0.tsiəu^0
i^{21}kan$_{13}^{21}$tsʅ^{0}tʂʰa^{35}.ci$_{21}^{13}$kai^{53}tʂak^{3}tɔit^{3}iəu^{35}kan^{21}xei^{35}.i^{21}tʂak^{3}tɔit^{3}ko^0,kai$_{44}^{53}$sɔŋ^{53}pɔi$_{44}^{53}$tʂʰa^3
tʂak^{3}ŋan^{21},u$_{44}^{21}$tʰiau^{21}sən^{13},e$_{44}$u^{21}tʰiau^{21}sən^{13}.ɲin^{13}to^{0}li^{0}ke$_{44}$,ta^{21}pi^{0}iɔŋ$_{44}^{21}$si^{53}ŋ̍^{0}tsɔk^{3}ɲin^{13}
tso$_{44}^{53}$kəŋ^{35}fu$_{44}^{13}$ke$_{44}^{53}$kai$_{44}^{53}$tʂak^{3}in^{13}cia^{35},kɔŋ^{35}ŋa$_{44}$(←xa^{53})çi$_{44}^{53}$,u^{21}tʰiau$_{21}^{13}$sən^{13}kɔŋ^{35}ŋa$_{44}$
(←xa^{53})çi$_{44}^{53}$.kai$_{44}^{53}$tɔit^{3}ʂʅ$_{44}^{53}$iet^{3}cie^{53}ɲin$_{21}^{13}$tɔit^{3}ia^0,tɔit^{3}ien^{21}ni^{0}iəu$_{44}^{35}$li^{53}ɲin$_{13}^{13}$ʂa^0,xe$_{44}^{53}$
a^0?e$_{21}$,tsʰiəu^{53}iəŋ^{21}cie^{53}in$_{21}^{13}$kɔŋ^{35}.kɔŋ^{0}çi$_{44}^{13}$tsei^{21}.

饭撮

　　以只东西就有几只用啊，有几只用啊。本身来讲从最从从以前来讲嘞以只东西都用用来做个嘞？做粪箕。还有只耳朵。箇箇向咯以向往箇边，往上背装耳朵。粪箕，安做。用来装泥，装肥料。安做粪箕。i^{21}tʂak^{3}təŋ$_{44}^{35}$si^0
tsʰiəu$_{21}^{53}$iəu^{35}ci$_{21}^{13}$tʂak^{3}iəŋ^{13}ŋa^0,iəu^{35}ci$_{21}^{13}$tʂak^{3}iəŋ^{53}ŋa^0.pən$_{44}^{53}$sən^{35}nɔi$_{21}^{13}$kɔŋ^{21}tsʰəŋ^{13}tsei^{53}
tsʰəŋ^{13}tsʰəŋ^{13}i$_{44}^{35}$tsʰien^{13}nɔi$_{21}^{13}$kɔŋ^{21}lei^{0}i^{21}iak^3(←tʂak^3)təŋ$_{44}^{35}$si^{0}təu$_{44}^{35}$iəŋ$_{44}^{53}$iəŋ^{53}lɔi$_{21}^{13}$tso^{53}
mak^{3}e^{0}le^0?tso$_{44}^{53}$pən^{53}ci^{53}.xai$_{21}^{13}$iəu^{35}tʂak^{3}ɲi^{21}to^0.kai$_{44}^{53}$kai^{53}çiɔŋ$_{44}^{53}$ko^{0}i^{21}çiɔŋ^{53}uɔŋ^{21}kai^{53}
pien^{35},uɔŋ^{21}ʂɔŋ^{53}puɔi$_{44}^{13}$tsɔŋ^{35}ɲi^{21}to^{21}.pən^{53}ci^{53},ɔn$_{44}^{35}$tso$_{44}^{53}$.iəŋ^{35}lɔi$_{21}^{13}$tsɔŋ^{35}lai^{13},tsɔŋ^{35}fei^{13}
liau^{53}.ɔn$_{44}^{35}$tso$_{44}^{53}$pən^{53}ci^{53}.

　　现在以只东西嘞，不是粪箕，因为渠㽮用来装箇个㲯死人个泥箇只咁东西。渠洁净子。洁净子。渠就用来就搞么个嘞？欸，可以蛮多用。一只嘞就用来煮饭，篱……篱饭，安做篱饭。用来篱饭，做饭撮用。箇是系一只用法。第二只用来装菜。以箇如今是覆倒去箇子唠，要分渠转要，仰转来唠，就装菜。嗯。çien^{53}tsai^{53}i^{21}tʂak^{3}təŋ$_{44}^{35}$si^{0}lei^0,pət^{3}ʂʅ$_{44}^{53}$pən^{53}ci$_{44}^{35}$,in^{53}uei$_{21}^{53}$ci$_{21}^{13}$
maŋ^{13}iəŋ^{53}lɔi$_{21}^{13}$tsɔŋ^{35}kai$_{44}^{53}$kei$_{44}^{13}$nia^{53}si^{21}ɲin^{13}ke^{0}lai^{13}kai$_{44}^{53}$tʂak^{3}kan^{21}təŋ$_{44}^{35}$si^0.ci$_{44}^{13}$ciet^5
tsʰiaŋ^{53}tsʅ^0.ciet^{5}tsʰiaŋ^{53}tsʅ^0.ci^{13}tsʰiəu^{53}iəŋ^{53}lɔi$_{21}^{13}$tsəu$_{44}^{53}$kau^{21}mak^{3}e$_{44}$(←ke^{53})
lei^0?ei$_{21}$,kʰo^{13}i^{53}man$_{21}^{13}$to$_{44}^{53}$iəŋ^{53}.iet^{3}tʂak^{3}lei^{0}tsʰiəu^{53}iəŋ^{53}lɔi$_{21}^{13}$tsəu^{53}fan^{53},lei^{13}…lei^{13}
fan^{53},ɔn$_{44}^{53}$tso$_{44}^{53}$lei^{13}fan^{53}.iəŋ^{53}lɔi$_{21}^{13}$lei^{13}fan^{53},tso$_{44}^{53}$fan^{53}tsʰait^{3}iəŋ$_{44}$.kai$_{21}^{53}$ʂʅ^{53}xei^{53}iet^{3}tʂak^3
iəŋ^{53}fait^3.tʰi$_{44}^{13}$ni$_{44}^{21}$tʂak^{3}iəŋ^{53}lɔi$_{21}^{13}$tsɔŋ$_{44}^{35}$tsʰɔi^{53}.i^{21}kai$_{44}^{53}$ʐu$_{44}^{13}$cin^{53}ʂʅ$_{44}^{13}$pʰuk^{3}tau^{21}çi^{0}kai$_{44}^{53}$tsʅ^0
lau^0,iau$_{21}^{35}$pən$_{44}^{35}$ci$_{44}^{13}$tʂɔn^{21}iau$_{21}^{53}$,ŋəŋ^{35}tʂɔn^{21}nɔi^{13}lau^0,tsʰiəu$_{44}^{53}$iəŋ^{53}lɔi$_{21}^{13}$tsɔŋ^{35}tsʰɔi^{53}.n̩$_{21}$.（噢，
那个这个东西叫什么？）安做……安做么个东西唠安做？渠作么个用箇是？箇阵子就做粪箕呀，做箇个……唔做粪箕，以只唔在唔系粪箕，以只咁干净个，干干净净子。饭撮唠。ɔn$_{44}^{35}$tso^{53}…ɔn$_{44}^{35}$tso^{53}mak^{3}e$_{44}$(←ke^{53})təŋ$_{44}^{35}$si^{0}lau^0
ɔn^{35}tso$_{44}^{53}$?ci^{13}tsɔk^{3}mak^{3}e$_{44}$(←ke^{53})iəŋ^{53}kai$_{44}^{53}$ʂʅ$_{44}^{53}$?kai$_{44}^{53}$tʂʰən$_{44}^{35}$tsʅ^{0}tsʰiəu$_{44}^{53}$tso$_{44}^{53}$pən^{53}ci$_{44}^{35}$
ia^0,tso$_{44}^{53}$kai^{53}kə…n̩^{13}tso$_{44}^{53}$pən$_{44}^{53}$ci$_{44}^{53}$,i^{21}tʂak^{3}m̩^{13}tsai^{53}m̩^{13}pʰe$_{44}$(←xe^{53})pən$_{44}^{35}$ci$_{44}^{53}$,i^{21}tʂak^3
kan^{21}kɔn^{35}tsʰin$_{44}^{53}$cie$_{44}$,kɔn^{35}kɔn$_{44}^{35}$tsʰin^{53}tsʰin^{53}tsʅ^0.fan^{53}tsʰait^{3}lau^0.（操箕呀？）欸，

筲箕哟，欸，筲箕系本地人话嘞。我客姓人就话饭撮。又安做撮子，如今就又安做渠撮子。硬安做饭撮呀。你看渠个有只咁个唠。但是同饭撮来讲嘞，以只又唔系纯粹个饭撮。从前个饭撮，真正个饭撮，渠个篾丝系咁个方向织个。篾丝啊系咁个直个方向织个。e⁰sau³⁵ci⁴⁴³⁵iau⁰,e₂₁,sau³⁵ci⁴⁴xe⁵³pən²¹tʰi⁵³ȵin₄₄ua⁵³lei⁰.ŋai¹³kʰak³sin⁵³ȵin₂₁tsʰiəu₄₄ua⁵³fan⁵³tsʰait³.iəu⁴⁴ᵒn₄₄tso⁵³tsʰait³tsʔ,i₂₁³cin³⁵tsʰiəu₂₁iəu₄₄ᵒn₄₄tso⁵³ci¹³tsʰait³tsʔ.ȵiaŋ⁵³ᵒn₅₃tso⁵³fan⁵³tsʰait³ia⁰.ȵi¹³kʰon⁵³ci¹³ke₄₄iəu⁵³tʂak³kan₁₃³cie⁵³lau⁰.tan₄₄ʂʔ₄₄tʰəŋ¹³fan⁵³tsʰait³loi₂₁³koŋ²¹lei⁰,i²¹tʂak³iəu⁵³m̩¹³pʰe₄₄(←xe⁵³)ʂən²¹tsʰei⁵³ke₄₄fan⁵³tsʰait³.tsʰəŋ¹³tsʰien⁵³ke⁵³fan⁵³tsʰait³,tʂən³⁵tʂən₄₄ke⁵³fan⁵³tsʰait³,ci¹³ke₄₄miet⁵sʔ₄₄xei₄₄kan₁₃³cie₄₄foŋ³⁵çioŋ₄₄tʂek³cie.miet⁵sʔ₄₄a⁰xei₄₄kan₁₃³cie⁵³tʂʰət⁵cie⁵³foŋ₄₄çioŋ⁵³tʂek³cie.（这里还有个这个？）系呀，以只就饭撮，以只就真正个饭撮。嗯嗯，对。以只……你你看渠个篾丝嘛系唔系，咁子个方向织个？渠个饭呢，你分箇饭放下肚里。欸箇箇个放下镬里煮个时候子，系唔系？箇镬里煮个时候子嘞，又有米汤，又有米炒有饭炒。舀下以肚里。舀下肚里，你就，等渠跌滶下子米汤以后嘞，倾下甑里去蒸，倾下甑里去蒸。以个倾下去就淋淋漓漓。你箇起嘞方式嘞，箇起嘞，以只咁个唠，渠就嫠倒箇肚里，唔知几多饭。系唔系？嫠倒箇肚里。以只就真正个饭撮。以只就真正个饭撮。以只东西唔系，也可以篱饭，欸，可以做饭撮用。以下更多……xei⁵³ia⁰,i²¹tʂak³tsʰiəu⁵³fan⁵³tsʰait³,i²¹tʂak³tsʰiəu₄₄tʂən³⁵tʂən₄₄ke₄₄fan⁵³tsʰait³.n̩₂₁n̩₂₁,tei⁵³.i²¹iak³(←tʂak³)ȵi¹³ȵi¹³kʰon⁵³ci¹³ke₄₄miet⁵sʔ₄₄ma⁰xei₄₄me₄₄(←m̩¹³xe⁵³),kan₁₃³tsʔ⁰cie₄₄xoŋ₄₄çioŋ₄₄tʂek³cie⁵³?ci¹³cie₄₄fan⁵³nei⁰,ȵi¹³pən³⁵kai₄₄fan⁵³foŋ₄₄xa₄₄təu²¹li⁰.e₂₁kai₄₄kai₄₄ke₄₄foŋ⁵³ŋa₄₄(←xa⁵³)uok⁵li⁰tʂəu²¹ke₄₄sʔ¹³xei⁵³tsʔ⁰,xei⁵³me₄₄(←m̩¹³xe⁵³)?kai₄₄uok⁵li⁰tʂəu²¹ke⁵³sʔ¹³xei₄₄tsʔ⁰lei⁰,iəu⁵³iəu³⁵mi¹³tʰoŋ₄₄,iəu⁵³iəu³⁵mi¹³ʂa⁰iəu₄₄fan⁵³ʂa⁰.iau²¹a⁵³(←xa⁵³)i²¹təu²¹li⁰.iau²¹a⁵³(←xa⁵³)təu²¹li⁰,ȵi¹³tsiəu⁵³,ten¹³ci¹³tet³lian²¹na₄₄(←xa⁵³)tsʔ⁰mi²¹tʰoŋ³⁵i₄₄³⁵xei₄₄lei⁰,kʰuaŋ³⁵ŋa₄₄(←xa⁵³)tsien⁵³ȵi⁰çi₄₄tʂən⁵,kʰuaŋ³⁵a₄₄(←xa⁵³)tsien⁵³ȵi⁰çi⁰tʂən³⁵.i²¹ke⁵³kʰuaŋ⁵³ŋa⁵³(←xa⁵³)çi₄₄tsʰiəu₄₄lin¹³lin₄₄li₄₄li¹³.ȵi¹³kai⁰çi²¹lei⁰foŋ⁵³sʔ₄₄lei⁰,kai⁰çi²¹lei⁰,i²¹tʂak³kan²¹kei₄₄lau⁰,ci₂₁tsʰiəu⁵³ȵia⁵³tau⁰kai⁵³təu⁰li⁰,n̩¹³ti₅₃³⁵ci¹³to³⁵fan⁵³.xei⁵³me⁵³(←m̩¹³xe⁵³)?ȵia⁵³tau²¹kai⁵³təu²¹li⁰.i²¹tʂak³tsʰiəu⁵³tʂən³⁵tʂən₄₄ke⁵³fan⁵³tsʰait³.i²¹tʂak³tsʰiəu⁵³tʂən³⁵tʂən₄₄ke₄₄fan⁵³tsʰait³.i²¹tʂak³təŋ³⁵si⁰m̩₂₁¹³pʰe₄₄(←xe⁵³),ia³⁵kʰo²¹i³⁵lei⁰fan⁵³,e₂₁,kʰo²¹i³⁵tso⁰fan⁵³tsʰait³iəŋ⁵³.……i²¹xa₄₄cien⁵³to⁰…（一般东西都会多用呢，只要只要……）欸多用，对。以只东西也可以装菜嘞。洗倒个菜呀，放下箇肚里啊。e₂₁to₄₄³⁵iəŋ⁵³,tei⁵³.i²¹tʂak³təŋ³⁵si⁰ia₄₄kʰo²¹i⁰tʂəŋ₄₄tsʰoi⁵³lei⁰.se⁵³tau²¹ke₄₄tsʰoi⁵³ia⁰,foŋ₄₄xa₄₄kai⁰təu²¹li⁰a⁰.（这个就叫撮子？）以只就饭撮，安做饭撮，本地人安做筲箕，欸。i²¹tʂak³tsʰiəu⁵³fan⁵³tsʰait³,ᵒn₄₄tso⁵³fan⁵³tsʰait³,pən²¹tʰi³⁵ȵin¹³ᵒn₄₄tso⁵³sau³⁵ci₄₄³⁵,e₂₁.（也可叫撮子吗？）以只唔安做撮子。

以只硬安做饭撮，以只就安做撮子，欸，以只就讲欸……箇只硬安做饭撮。嘞欸，本地人就安做筲箕哟。欸呀，唔系话有的妹子人，讲话，有的妹子人讲话就欸有有有卖……本地人呐，卖下卖下客家人箇映子啊，系啊？渠就话筲箕呀。欸。"饭撮就饭撮，安做么啊筲箕唠？"客姓人就安做饭撮呀，本地人安做筲箕呀。你讲筲箕欸箇不客姓人就发火啊？欸。"饭撮就饭撮，安做么啊筲箕？"i²¹tʂak³ n̩¹³ɔn₄₄³⁵tso₄₄⁵³tsʰait³ tʂʅ⁰.i²¹tʂak³ ɲian₄₄⁵³ɔn₄₄³⁵ts₄₄⁵³fan⁵³ tsʰait³,i²¹tʂak³ tsʰiəu₄₄⁵³ɔn₄₄³⁵tso₄₄⁵³tsʰait³ tʂʅ⁰,e₂₁,i²¹tʂak³ tsʰiəu₄₄⁵³kɔŋ²¹e₄₄fe…kai³tʂak³ ɲian⁵³ ɔn₄₄³⁵tso⁵³fan⁵³tsʰait³.le₃₅³⁵e₄₄,pən²¹tʰi⁵³ɲin₄₄¹³tsʰiəu₄₄³⁵ɔn₄₄³⁵tso⁵³sau³⁵ ci₁₃³⁵io⁰.ei₁₃ia⁰,m̩₄₄¹³pʰe₄₄ (←xe⁵³)ua₄₄⁵³iəu³tet³ mɔi⁵³tʂʅ⁰ɲin₂₁¹³,kɔŋ²¹fa⁵³,iəu³tet³ mɔi⁵³tʂʅ⁰ɲin¹³kɔŋ²¹fa⁵³tsʰiəu₂₁⁵³e₂₁ iəu³⁵iəu³iəu³mai⁵³…pən²¹tʰi⁵³ɲin₂₁¹³na⁰,mai³ia₄₄(←xa⁵³)mai⁵³ia₄₄(←xa⁵³)kʰak³ka₄₄³⁵ ɲin¹³kai₄₄⁵³iaŋ₄₄⁵³tsa⁰,xei₄₄⁵³a⁰?ci₄₄¹³tsʰiəu₄₄⁵³ua₄₄⁵³sau³⁵ci₄₄³⁵ia⁰.e₂₁."fan⁵³tsʰait³ tsʰiəu₄₄⁵³fan⁵³ tsʰait³,ɔn₄₄³⁵tso⁵³mak³ a⁰ sau³⁵ci₄₄³⁵lau?"kʰak³ sin¹³ɲin₄₄¹³tsʰiəu₄₄³⁵ɔn₄₄³⁵tso⁵³fan⁵³tsʰait³ ia⁰,pən²¹tʰi⁵³ɲin₄₄¹³ɔn₄₄³⁵tso⁵³sau³⁵ci₄₄³⁵ia⁰.ɲi¹³kɔŋ²¹sau³⁵ci₄₄³⁵e⁰ kai⁵³puk³ kʰak³ sin⁵³ɲin₄₄¹³ tsʰiəu₄₄⁵³fait³xo²¹a⁰?e₂₁."fan⁵³tsʰait³ tsʰiəu₄₄⁵³fan⁵³tsʰait³,ɔn₄₄³⁵tso₄₄⁵³mak³ a⁰ sau³⁵ci₄₄³⁵?"

洋油瓶、油罌子

（装油的那个坛子叫什么呢？）装油个坛子啊？如果从油榨下提归来嘞，油榨下装归来，装多滴子嘞，用……用安做用洋油瓶。以前……tʂɔŋ¹³ iəu¹³ke₄₄³⁵tʰan¹³tʂʅ⁰a⁰?vy³ko²¹tsʰəŋ¹³iəu¹³tsa⁵³xa³⁵tʰia³⁵kuei₄₄³⁵lɔi₂₁¹³lei⁰,iəu¹³tsa⁵³xa³⁵tsɔŋ³⁵ kuei₄₄³⁵lɔi₂₁¹³,tsɔŋ₄₄³⁵to³⁵tiet⁵ tʂʅ⁰lei⁰,iəŋ⁵³…iəŋ⁵³ɔn₄₄³⁵tso₄₄⁵³iəŋ⁵³iɔŋ¹³iəu¹³pʰin¹³.i₄₄³⁵tsʰien₂₁¹³…（洋油瓶啊？）洋油瓶。iɔŋ¹³iəu¹³pʰin¹³.（那洋油瓶能装多少？）哈？能够装得三十斤子。xa₃₅³⁵?len¹³ciəu₄₄³⁵tsɔŋ³⁵tek³ san³⁵sət⁵ cin₄₄³⁵tʂʅ⁰.（它是什么做的呢？）铁做个啊，嗯，就系……欸欸，以前是就冇得以咁个么啊罃子，冇得箇装油箇只。就用洋油瓶嘞。我等箇阵子五五六六十年代，七十年代呀，用洋油瓶。话哩箇晡讲个唠，还系还嘞解放前，箇安做箇上背还有美孚石油公司个名字嘞。唔知让门子箇个油瓶还用得，装……装茶油哇，真好嘞。真好嘞。箇有嘞。渠就石油公司箇只装……装汽油，装煤油哇，装煤油来个。唔知让门也还可以用来装茶油。欸嘿嘿嘿，唔。从前冇得。欸，箇就以个大个。tʰiet³ tso⁵³ke₄₄³⁵a⁰,n̩₂₁,tsʰiəu⁵³uei⁵³(←xei⁵³)…ei₂₁ei₂₁,i³⁵tsʰien¹³ʂʅ₄₄⁵³tsʰiəu⁵³mau¹³ tek³ i²¹kan²¹ke⁵³mak³ a⁰ ku²¹tʂʅ⁰,mau¹³tek³ kai₄₄⁵³tʂɔŋ₄₄⁵³iəu¹³kai₄₄⁵³tʂak³.tsʰiəu⁵³iəŋ⁵³iɔŋ⁵³ iəu¹³pʰin¹³ne⁰.ŋai tien⁰ kai⁵³tʂʅən₄₄⁵³tʂʅ⁰ ŋ̍³¹ŋ̍₂₁²¹liəuk³ liəuk³ sət⁵ɲien¹³tʰɔi⁵³,tsʰiet³ ʂət⁵ ɲien₂₁¹³tʰɔi₄₄⁵³ia⁰,iəŋ⁵³iɔŋ⁵³iəu₂₁¹³pʰin¹³.ua⁵³li⁰kai⁵³pu³⁵kɔŋ²¹ke₄₄⁵³lau⁰,xa₂₁⁵³xe₄₄⁵³xai¹³le₄₄⁵³kai¹³ fɔŋ⁵³tsʰien¹³,kai₂₁²¹ɔn₄₄³⁵tso₄₄⁵³kai₄₄⁵³ʂɔŋ⁵³pɔi⁵³xai₂₁¹³iəu₄₄¹³mei³⁵fu⁵³ʂak⁵ iəu¹³kɔŋ₄₄³⁵ʂʅ₄₄³⁵ke₂₁⁵³miaŋ¹³ ʂʅ⁵³le⁰.n̩̍₄₄¹³ti₄₄³⁵ɲiɔŋ¹³mən₄₄¹³tsʅ⁰ kai¹³ke⁵³iəu₄₄¹³pʰin¹³xai¹³iəŋ⁵³tek³,tʂɔŋ³⁵…tʂɔŋ³⁵tsʰa¹³iəu¹³

ua^0,tʂən$_{44}^{35}$xau^{21}lei^0.tʂən^{35}xau^{21}lei^0.kai^{53}iəu$_{44}^{35}$lei^0.ci^{13}tsiəu$_{44}^{13}$ʂak^{5}iəu^{21}kəŋ$_{44}^{35}$sʅ$_{44}^{35}$kai^{53}tʂak^3
tʂəŋ$_{44}^{35}$tʂʰ…tʂən$_{44}^{35}$çi^{53}iəu^{13},tʂəŋ$_{44}^{13}$mei^{13}iəu$_{44}^{13}$ua^0,tʂəŋ^{35}mei^{13}iəu^{13}ləi$_{21}$ke^{53}.ŋ̍$_{44}^{13}$ti$_{44}^{35}$ɲiɔŋ^{53}
mən$_{53}^{13}$ie^{21}xai$_{21}^{13}$kʰo^{21}i^{53}iəŋ^{44}ləi$_{21}^{13}$tʂəŋ^{35}tsʰa^{13}iəu^{13}.e$_{44}$xe$_{53}$xe$_{53}$xe$_{53}$,m̩$_{53}$.tsʰəŋ$_{44}^{13}$tsʰien$_{44}^{53}$mau^{13}
tek^3.e$_{44}$,kai$_{44}^{53}$tsʰiəu^{53}i^{21}ke^{53}tʰai^{53}ke$_{44}^{35}$.

装油细个是人家屋下个油罐子唠，一只一只油壶子唠，油罌子唠。有
滴就油罌子。tʂəŋ$_{44}^{35}$iəu^{13}se^{53}ke$_{53}$sʅ$_{44}^{35}$ɲin^{13}ka$_{21}^{53}$uk^{3}xa$_{44}^{53}$ke^{53}iəu^{13}kɔn^{53}tsʅ^{0}lau^0,iet^{3}tʂak^3
iet^{3}tʂak^{3}iəu^{13}fu^{13}tsʅ^{0}lau^5,iəu^{13}aŋ^{35}tsʅ^{0}lau^0.iəu^{13}tet$_3$tsiəu$_{44}^{53}$iəu^{13}aŋ^{35}tsʅ^0.（油罌子？）
欸，油罌子。e$_{21}$,iəu^{13}aŋ^{35}tsʅ^0.咁大子个罌子唠，咁大子个罌子。咁大子个罌
子。唔。kan$_{35}^{21}$tʰai$_{44}^{53}$tsʅ^{0}ke$_{44}$aŋ^{35}tsʅ^{0}lau^0,kan$_{35}^{21}$tʰai^{53}tsʅ^{0}ke^{53}aŋ^{35}tsʅ^0.kan$_{35}^{21}$tʰai^{53}tsʅ^{0}ke^{53}aŋ^{35}
tsʅ^0.m$_{21}$.（啊，这个就不大。）欸，陶器个。陶……e$_{21}$,tʰau^{13}çi$_{44}^{53}$ke$_{44}$.tʰau^{13}ç…（大
一点的呢？）大滴子个冇得大滴子个。就系只箇就装个。tʰai^{53}tiet$_3$tsʅ^{0}ke$_{44}$
mau^{13}tek^{3}tʰai^{53}tiet$_3$tsʅ^{0}ke^0.tsʰiəu^{13}xe^{53}sʅ^{0}kai^{53}tsiəu^{53}tʂəŋ$_{44}^{35}$ke^0.（不一定每个人家
里都有那个……）箇有有滴大细。kai$_{44}^{53}$iəu^{35}iəu^{13}tet^{5}tʰai^{53}se$_{44}^{53}$.（呃洋油瓶啊。）
洋油瓶吧？iɔŋ^{13}iəu^{13}pʰin^{13}pa^0？（啊，没有洋油瓶的人家……）箇就油罌子装
倒。罌子啊。箇还有大罌子。有滴人用大滴子个。反正都用陶器个装。kai$_{44}^{53}$
tsʰiəu^{13}iəu^{13}aŋ^{35}tsʅ^{0}tʂəŋ^{35}tau^0.aŋ^{35}tsa^0.kai$_{44}^{53}$xai$_{21}^{13}$iəu$_{44}^{13}$tʰai^{53}aŋ^{35}tsʅ^0.iəu^{35}tet^{5}ɲin^{13}iəŋ$_{44}^{13}$
tʰai^{53}tiet$_3$tsʅ^{0}ke$_{44}$.fan^{21}tʂəŋ$_{44}^{53}$təu^{13}iəŋ$_{44}^{13}$tʰau^{13}çi^{53}ke$_{44}$tʂəŋ^{35}.（好，那陶器的装油的都
是叫都叫油罌子？）欸欸欸，就系油罌子。e$_{21}$e$_{21}$e$_{21}$,tsiəu$_{44}$xei$_{53}$iəu^{13}aŋ^{35}tsʅ^0.（大
的小的不管？）那唔管，都系油罌子。la$_{44}^{53}$ŋ̍^{13}kɔn^{21},təu$_{44}^{35}$xei$_{44}^{53}$iəu^{13}aŋ^{35}tsʅ^0.

案板

（案板什么样呢？）哈？案板呐？案板就系放下灶头上个一块咁个板
嘞。灶……灶边上啊，以映就一只灶，夥稳就一块板呐。欸，夥稳就块板。
以从前是就箇个唠，就用树做唠，树做个一块案板唉。一般就放放四只
脚唠。抈倒走得唠。xa$_{35}$ʔŋɔn^{53}pan^{21}na^{0}ʔŋɔn^{53}pan^{21}tsʰiəu$_{44}$xe^{53}fɔŋ$_{44}$xa$_{44}^{53}$tsau^{53}tʰei$_{21}^{13}$
xɔŋ^{53}kei^{53}iet^{3}kʰuai^{53}kan^{53}ke^{53}pan^{21}ne^0.tsau^{53}tʰ…tsau^{53}pien^{53}xɔŋ$_{44}^{53}$ŋa^0,i^{13}iaŋ$_{44}^{53}$tsʰiəu$_{44}$
iet^{3}tʂak^{3}tsau^{53},ɲia^{13}uən^{21}tsʰiəu^{53}iet^{3}kʰuai^{53}pan^{21}na^0.ei$_{21}$,ɲia^{13}uən^{21}tsʰiəu^{53}kʰuai^{53}
pan^2.i$_{53}^{13}$^{35}tsʰəŋ^{13}tsʰien^{13}sʅ$_{44}^{53}$tsʰiəu^{53}tsʰiəu^{53}kai^{53}ke^{0}lau^0,tsʰiəu$_{44}$iəŋ$_{44}^{53}$ʂəu^{53}tso^{53}lau^0,ʂəu^{13}
tso$_{44}^{53}$ke$_{21}^{53}$iet^{3}kʰuai$_{44}^{53}$ŋɔn^{53}pan^{21}nau^0.iet^{3}pɔn^{35}tsiəu$_{44}^{53}$fɔŋ^{53}fɔŋ^{53}si^{53}tʂak^{3}ciɔk^{3}lau^0.kɔn^{35}
tau^{13}tsei^{53}tek^{3}lau^0.（噢，它底下有四个脚，是吧？）欸欸。系舞张比较高滴
子个凳哩嘛。高滴子个桌样啊。e$_{21}$e$_{21}$,xe$_{53}$u^{13}tʂəŋ$_{44}^{53}$pi^{21}ciau$_{44}^{53}$kau^{53}tiet^{5}tsʅ^{0}ke$_{21}^{53}$tien^{53}
ni^{0}ma^0.kau$_{35}^{35}$tiet^{5}tsʅ^{0}ke$_{44}$tsɔk^{3}iɔŋ$_{44}^{53}$ŋa^0.（有好宽呢？）箇一般就系咁宽子。咁
宽子。就系只大概系箇个……kai$_{44}^{53}$iet^{3}pɔn^{35}tsʰiəu$_{44}^{53}$xei$_{44}^{53}$kan^{21}kʰɔn^{35}tsʅ^0.kan^{21}kʰɔn^{35}
tsʅ^0.tsʰiəu$_{21}^{53}$xei$_{21}^{53}$tʂak^{3}tʰai^{53}kai^{53}xei^{53}kai$_{44}^{53}$ke$_{44}^{53}$…（啊，那不是还不到一尺宽是吧？）

欸，欸系系三十公分子宽。欸。e₂₁,e₂₁xei⁵³xei⁵³san³⁵ṣət⁵kəŋ₄₄fən₄₄tsŋ⁰kʰɔn₄₄.e₂₁.（哦，那能够放几样东西啊？）欸，箇只爱放几样东西欸就……最大个就放块砧板嘞。放块砧板嘞。e₂₁,kai⁵³tsŋ²¹ɔi⁵³fɔŋ⁵³ci²¹iɔŋ₄₄təŋ₃₅si⁰e₂₁tsiəu₂₁⁵³…tsei⁵³tʰai⁵³ke₄₄tsʰiəu₄₄fɔŋ₄₄kʰuai₄₄tsen⁵³pan²¹nei⁰.fɔŋ⁵³kʰuai₄₄tsen³⁵pan²¹nei⁰.（哦，就切菜什么东西就在那上面切啊？）欸，切菜就去案板上切啊。e₂₁,tsʰiet⁵tsʰɔi⁵³tsʰiəu₄₄çi₄₄ŋɔn⁵³pan⁵³xɔŋ₄₄tsʰiet⁵a⁰.（哦，那个那么窄……）欸箇长咯，渠比较长咯，嗯，有蛮长子咯。也有滴是就踮倒灶头上。从前个柴灶吵，以映子系镬子。镬子外背还有一只部分，特事背打阔滴子，放……放砧板。也可……或者放碗筷。也整案板用。e₄₄kai⁵³tsʂɔŋ¹³kɔ⁰,ci₂₁¹³pi²¹ciau⁵³tsʂɔŋ¹³kɔ⁰,n̩₂₁,iəu³⁵man₂₁¹³tsʂɔŋ¹³tsŋ⁰kɔ⁰.ia³⁵iəu₄₄tet⁵ṣʅ₂₁tsʰiəu₄₄ku₄₄tau²¹tsau⁵³tʰei¹³xɔŋ⁵³.tsʰəŋ¹³tsʰien¹³ke⁵³tsʰai¹³tsau⁵³ṣa⁰,i²¹iaŋ⁵³tsŋ⁰xei⁵³uɔk⁵tsŋ⁰.uɔk⁵tsŋ⁰ŋɔi⁵³pɔi₄₄xai₂₁¹³iəu₃₅iet³tṣak³pʰu₄₄⁵³fən₄₄,tʰek⁵ṣʅ⁵³tsŋ⁰ta²¹kʰɔit³tiet⁵tsŋ⁰,fɔŋ⁵³…fɔŋ⁵³tsen³⁵pan²¹.ia³⁵kʰɔ²¹…xɔit³tṣa²¹fɔŋ⁵³uɔn²¹kʰuai⁵³.ia³⁵tṣən²¹ŋɔn⁵³pan²¹iəŋ⁵³.（那放……那就放到那个灶台上呀？）欸欸，有灶下比较大呀，一般都比较大呀。啊从前箇柴灶个灶下是有以个间咁大哟。如今蛮多人，农村里人，渠有有地方啊渠就灶下做起蛮大哟。欸欸,灶下做起蛮大。啊只有城里个箇起系有几室几厅一只灶下真系嘿嘿嘿踮得一个人两个人呢呀。嗯。e₅₃e₅₃,iəu³⁵tsau⁵³xa₄₄pi²¹ciau⁵³tʰai⁵³ia⁰,iet³pɔn³⁵təu₄₄pi²¹ciau₄₄tʰai⁵³ia⁰.a₄₄tsʰəŋ¹³tsʰien₄₄kai₄₄tsʰai¹³tsau₄₄ke₄₄tsau⁵³xa₄₄ṣʅ₄₄iəu₄₄¹³cie⁵³kan³⁵kan²¹tʰai⁵³iɔ⁰.i₂₁²¹cin³⁵man₂₁¹³to₅₃ȵin¹³,ləŋ¹³tsʰən₄₄ni⁰ȵin₄₄,ci₁₃iəu³⁵iəu³⁵tʰi¹³fɔŋ³⁵ŋa⁰ci₂₁²¹tsiəu⁵³tsau⁵³xa³⁵tso⁵³çi²¹mən¹³tʰai₄₄iɔ⁰.e₂₁e₂₁,tsau⁵³xa³⁵tso⁵³çi²¹mən¹³tʰai₄₄.a₂₁tsŋ²¹iəu³⁵tsʂən¹³ni⁰ke₄₄kai⁵³çi²¹xe₄₄iəu₄₄ci²¹ṣət₃ci²¹tʰin³⁵,iet³tṣak³tsau⁵³xa₄₄tsṣən³⁵nei₄₄(←xe⁵³)xe₄₄xe₄₄ku₄₄tek³iet³cie⁵³ȵin¹³iɔŋ²¹cie⁵³ȵin¹³ne⁰ia⁰.n̩₂₁.

擂钵

擂钵嘞渠就欸箇肚里吵，就唔系……唔系光滑个，□粗个。□粗个。箇故意搞倒箇个搞倒箇个壁上啊，搞倒有有咁个有有咁个欸粗糙个，故意搞倒粗糙。渠就更更……更易得更易得欸摩擦大吵。li¹³pait³lei⁰ci₂₁¹³tsʰiəu⁵³e₂₁kai⁵³təu²¹li⁰ṣa⁰,tsʰiəu⁵³m̩¹³pʰe₄₄(←xe⁵³)tṣ…m̩¹³pʰe₄₄(←xe⁵³)kɔŋ⁵³uait₃ke⁵³,cʰiak⁵tsŋ³⁵ke₂₁.cʰiak⁵tsŋ³⁵ke⁵³.kai⁵³ku₄₄⁵³i⁵³kau²¹tau²¹kai⁵³ke⁵³kau²¹tau²¹kai⁵³ke⁵³piak³xɔŋ⁵³ŋa⁰,kau²¹tau²¹iəu₄₄³⁵iəu₄₄³⁵kan²¹ke₄₄iəu₄₄³⁵iəu³⁵kan²¹ke⁵³e₂₁tsʰəu³⁵tsʰau⁵³ke₂₁,ku₄₄i₄₄kau²¹tau²¹tsʰəu³⁵tsʰau⁵³.ci¹³tsʰiəu₄₄cien₄₄cien⁵³i…cien₅₃⁵³tek³e₂₁mo⁰tsʰait³tʰai₄₄⁵³ṣa⁰.

就话别人家箇个面呐，面□粗啊，你个，你箇只面呀擂钵样啊。擂钵样。欸。如今还咁子讲嘞。箇细人子有滴时候箇面上舞倒欸□粗啊，箇面上唔唔光滑个时候子，你箇个你箇只面啊擂钵样啊。tsʰiəu⁵³ua⁵³pʰiek⁵in¹³ka³⁵

kai$_{44}^{53}$ke$_{44}^{53}$mien^{53}na^0,mien^{53}c^{h}iak^{3}ts^{h}ŋ^{35}a^0,ɲi$_{}^{13}$ke$_{44}^{53}$ɲi^{13}kai^{53}tʂak^{3}mien^{53}ia^{0}li^{13}pait^{3}iɔŋ$_{44}^{53}$
ŋa^0.li^{13}pait^{3}iɔŋ^{53}.e$_{21}$.i$_{21}^{13}$cin$_{44}^{35}$xai$_{44}^{13}$kan$_{44}^{21}$tsṛ^{0}kɔŋ^{21}lei^0.kai$_{44}^{53}$sei^{53}ɲin$_{}^{13}$tsṛ^{0}iəu^{35}tet^{5}ṣṛ$_{21}^{13}$xei$_{44}^{53}$
kai$_{44}^{53}$mien^{53}xɔŋ$_{44}^{53}$u^{21}tau^{21}e$_{21}$c^{h}iak^{5}ts^{h}ŋ^{35}a^0,kai$_{44}^{53}$mien^{53}ʂaŋ$_{21}^{13}$ŋ$_{}^{13}$kɔŋ^{21}uait$_3^{}$ke$_{44}^{53}$ṣṛ^{13}xei$_{44}^{53}$
tsṛ^0.ɲi$_{21}^{13}$kai$_{44}^{53}$kei$_{21}^{13}$ɲi^{13}kai$_{44}^{53}$tʂak^{3}mien^{53}a^{0}li^{13}pait^{3}iɔŋ^{53}ŋa^0.

酒罂

酒罂里装倒，保存就酒罂。酒罂去保存。tsiəu^{21}aŋ^{35}li^{0}tʂɔŋ^{35}tau^{21},pau^{21}ts^{h}ən^{13}
ts^{h}iəu^{53}tsiəu^{21}aŋ^{35}.tsiəu^{21}aŋ^{35}çi^{53}pau^{21}ts^{h}ən^{13}.（噢，是那个瓦的，是吧？）普通话：瓦……
瓦的，欸。（有锡的吗？）哈？有滴是还有嘴哟。我我等屋下都有喔。咁高，咁
高个，一……一把大茶壶样，猛大个，咁高个茶壶。欸有只嘴巴，有只嘴，
茶壶嘴样，欸，顶高盖稳。就……箇只嘴嘞就平时就塞稳，安做塞稳呐，
就密封啊，莫分渠出气呀。欸，也可就咁子去倒，就咁子去酾。酾下茶壶
肚里，酾下酾下箇个酾下酒壶肚里。舞倒酒壶去坐。欸，咁就安做坐酒。
唔。xa$_{35}$ʔiəu^{35}tet^{5}ṣṛ$_{44}^{53}$xai$_{21}^{13}$iəu^{35}tsi^{21}io^0.ŋai^{13}ŋai^{13}tien^{0}uk^{3}xa$_{44}^{53}$təu$_{44}^{35}$iəu^{35}uo^0.kan^{21}
kau^{35},kan^{21}kau$_{44}^{35}$ke^{53},iet^3···iet^{3}pa^{21}t^{h}ai^{13}ts^{h}a^{13}fu$_{21}^{13}$iɔŋ$_{44}^{}$,mən^{35}t^{h}ai$_{44}^{}$ke^{53},kan^{21}kau^{35}ke^{53}
ts^{h}a^{13}fu$_{21}^{13}$.e^{0}iəu^{35}tʂak^{3}tsi^{21}pa^0,iəu^{35}tʂak^{3}tsi^{21},ts^{h}a^{13}fu^{13}tsi^{21}iɔŋ^{13},e$_{21}$,taŋ^{21}kau^{35}kɔi^{53}
uən^{21}.tsiəu$_{44}^{53}$ts···kai^{53}tʂak^{3}tsi^{21}lei^{0}ts^{h}iəu^{53}p^{h}in$_{}^{13}$ṣṛ^{13}ts^{h}iəu$_{44}^{53}$tsət^{5}uən^{21},ɔn$_{44}^{35}$tso$_{44}^{53}$tsət^{5}uən^{21}
na^0,ts^{h}iəu$_{44}^{53}$miet^{5}fəŋ^{0}ŋa^0,mo$_{44}^{53}$pən$_{44}^{35}$ci$_{44}^{13}$tʂʰət^{3}çi^{53}ia^0.ei$_{21}$,ie$_{44}^{21}$k^{h}o$_{44}^{21}$ts^{h}iəu$_{44}^{53}$kan^{21}tsṛ^{0}çi$_{44}^{53}$
tau^{53},ts^{h}iəu$_{44}^{53}$kan^{21}tsṛ^{0}çi^{53}sai^{21}.sai^{35}ia^{53}(←xa^{53})ts^{h}a^{13}fu$_{44}^{}$təu^{21}li^0,sai^{35}ia^{53}(←xa^{53})sai^{35}ia^{53}
(←xa^{53})kai^{53}kei$_{44}^{53}$sai^{35}ia^{53}(←xa^{53})tsiəu^{53}fu^{13}təu^{21}li^0.u^{21}tau^{53}tsiəu^{53}fu^{13}çi$_{44}^{53}$ts^{h}o^{53}.e$_{21}$,kan^{21}
tsiəu$_{44}^{53}$ɔn$_{44}^{35}$tso$_{44}^{53}$ts^{h}o^{53}tsiəu^{21}.m̩$_{21}$.

（那个壶呢叫什么壶？）欸，箇只箇只大大……安做酒罂啊。酒罂。
e$_{21}$,kai^{53}tʂak^{3}kai^{53}tʂak^{3}t^{h}ai$_{44}^{53}$t^{h}ai$_{44}^{53}$···ɔn^{53}tso$_{44}^{53}$tsiəu^{21}aŋ^{53}ŋa^0.tsiəu^{21}aŋ^{35}.（这是呃）陶
瓷……欸就就陶器个。陶器。嗯。酒罂。t^{h}au^{13}ts^h···e$_{21}$tsiəu$_{44}^{53}$ts^{h}iəu$_{44}^{53}$t^{h}au^{13}çi^{53}
ke$_{44}^{53}$.t^{h}au^{13}çi^{53}.n̩$_{21}$.tsiəu^{21}aŋ^{35}.

茶角子

茶角子，舞只子箇咁大子个细竹子，竹蔸子，箇茶缸样个欸个竹蔸，
中间打只眼。以映斗只把，长滴子个。以映子吊只子箇样嘞石头子啊么个
东西。就绾下以……像以只茶缸样，绾下以映子。绾下以后渠系防止飞……
防止防止跌下去呀。挂到以映子。茶角子。欸，舀茶个。ts^{h}a^{13}kɔk^{3}tsṛ^0,u^{21}tʂak^3
tsṛ^{0}kai$_{44}^{53}$kan$_{13}^{21}$t^{h}ai$_{44}^{53}$tsṛ^{0}ke$_{44}^{53}$se^{53}tʂəuk^{3}tsṛ^0,tʂəuk^{3}tei^{35}tsṛ^0,kai$_{44}^{53}$ts^{h}a^{13}kɔŋ^{21}iɔŋ$_{44}^{53}$ke$_{44}^{53}$e$_{21}$ke$_{44}^{53}$
tʂəuk^{3}tei^{35},tʂəŋ$_{44}^{13}$kan$_{}^{35}$ta^{21}tʂak^{3}ŋan^0.iaŋ$_{35}$(←i^{21}iaŋ^{53})tei^{53}tʂak^{3}pa^{53},tʂʰɔŋ^{13}tiet^{5}tsṛ^0
ke$_{44}^{53}$.i^{21}iaŋ$_{44}^{53}$tsṛ^{0}tiau^{53}tʂak^{3}tsṛ^{0}kai$_{44}^{53}$iɔŋ$_{44}^{53}$le^{0}ʂak^{5}t^{h}ei^{0}tsṛ^{0}a^{0}mak^{3}e$_{44}$(←ke^{53})təŋ$_{44}^{35}$

si⁰.tsʰiəu⁵³uan²¹na⁵³(←xa⁵³)i²¹···tsʰiŋ⁵³₄₄i²¹tʂak³tsʰa¹³kŋ³⁵₄₄iɔŋ⁵³₂₁,uan²¹na⁵³(←xa⁵³)i¹³₂₁iaŋ⁵³₄₄tsʅ⁰.uan²¹na₄₄(←xa⁵³)i³⁵₄₅xəu₄₄cie₄₄(←ci¹³xe⁵³)fɔŋ²¹₂₁tsʅ²¹fei³⁵···fɔŋ¹³₂₁tsʅ²¹fɔŋ¹³₂₁tsʅ²¹tiet³xa₄₄çi⁵³ia⁰.kua⁵³tau²¹i²¹iaŋ⁵³₄₄tsʅ⁰.tsʰa¹³kɔk³tsʅ⁰.e₂₁,iau²¹tsʰa¹³ke⁵³.

茶筒

（像以前出门，带水的时候有的用呢……）哦，箇要用箇要有有有茶筒，安做茶筒。用竹筒做。留……取两只节。有滴甚至打三只节。两只节，三只节。舞只竹筒啊，系呀？留两只节唠，一般系留两只节。底下只节，顶高只节。顶高只节噢，顶高只节上嘞渠只节是原原本本个哟，系呀？一一……像一一一可以咁个密封个样哟。以映子打只子眼，打只子方眼，一般都打下子方眼。方眼上嘞就做只子树梓。树做个梓。我等就硬安做梓啦。梓稳，梓稳，莫分渠出来，箇茶莫分渠出来。树梓。箇个茶筒哟一般来用用竹，竹做哟，比较竹肉都比较厚，系唔系？就重啊，噶重啊。劈嘿滴青去，分外背一层劈嘿去，劈嘿哩，劈倒鲜薄子，劈薄来。刨口来，刨口来，唉，刨光滑来呀。箇就安做茶筒。带嘿岭上去，欸，就去岭上做工夫食茶个。茶筒。唔系尽滴都话如今哪有……哪有如今咁好哇？带只可乐瓶呢，飘轻欸。食嘿哩一甩……就拿拿倒箇丢嘿哩。从前也带归来嘞。o₂₁,kai₄₄iau⁵³₄₄iəŋ⁵³₄₄kai⁵³iau⁵³₂₁iəu³⁵iəu₄₄iəu₄₄tsʰa¹³tʰəŋ¹³,ɔn³⁵tso₄₄tsʰa¹³tʰəŋ¹³.iəŋ⁵³tʂəuk³tʰəŋ¹³₄₄tso₄₄.liəu₄₄¹³···tsʰi²¹iɔŋ²¹tʂak³tset⁵.iəu³⁵tet⁵ʂən⁵³tsʅ₄₄ta²¹san³⁵tʂak³tset⁵.iɔŋ²¹tʂak³tset³,san³⁵tʂak³tset³.u²¹tʂak³tʂəuk³tʰəŋ¹³ŋa⁰,xei⁵³₄₄ia⁰?liəu¹³iɔŋ²¹tʂak³tsiet⁵lau⁰,iet³pɔn⁵³ne⁵³(←xe⁵³)liəu¹³₂₁iɔŋ²¹tʂak³tset³.te²¹xa₄₄tʂak³tset³,taŋ²¹kau₄₄tʂak³tset³.taŋ²¹kau³⁵₄₄tʂak³tset³au⁰,taŋ²¹kau³⁵₄₄tʂak³tset³xɔŋ⁵³₄₄lei⁰ci¹³₂₁tʂak³tset³.ʂʅ⁵³₄₄ven¹³ven¹³₄₄pən²¹pən²¹ke⁵³₄₄ʂa⁰,□xei⁵³₄₄ia⁰?iet³iet³···tsʰiɔŋ²¹iet³iet³iet³kʰo²¹i₃₅₄₄kan²¹₄₄ke⁵³₄₄miet⁵fəŋ³⁵ke⁵³₄₄iɔŋ⁵³₄₄ʂa⁰.i²¹iaŋ⁵³tsʅ⁰ta²¹tʂak³tsʅ⁰ŋan²¹,ta²¹tʂak³tsʅ⁰fɔŋ³⁵ŋan²¹,iet³pɔn³⁵təu³⁵₃₅ta²¹a₂₁(←xa²¹)tsʅ⁰fɔŋ³⁵ŋan²¹.fɔŋ³⁵ŋan²¹xɔŋ⁵³₄₄lei⁰tsʰiəu₄₄tso⁵³₄₄tʂak³tsʅ⁰ʂəu³⁵tset⁵.ʂəu⁵³tso⁵³₂₁ke⁵³₂₁tset⁵.ŋai¹³₂₁tien⁰tsʰiəu⁵³₄₄ɲiaŋ⁵³₄₄ən³⁵₄₄tso⁵³₄₄tsət⁵la⁰.tsət⁵uən²¹,tsət⁵uən²¹,mɔk⁵pən³⁵₄₄ci¹³₂₁tʂʰət³lɔi²¹₂₁,kai⁵³₄₄tsʰa¹³mɔk⁵pən₄₄ci¹³₂₁tʂʰət³lɔi²¹₂₁.ʂəu³⁵tset⁵.kai⁵³₄₄ke₄₄tsʰa¹³tʰəŋ¹³₄₄ʂa⁰iet³pɔn³⁵nɔi₄₄iɔŋ⁵³₄₄iəŋ⁵³tʂəuk³,tʂəuk³tso⁵³ʂa⁰,pi²¹ciau⁵³tʂəuk³ɲiəuk³təu³⁵₅₃pi²¹ciau⁵³₄₄xei³⁵,xei⁵³₄₄me₄₄(←m̩¹³xe⁵³)?tsʰiəu₄₄tsʰəŋ³⁵ŋa⁰,tek⁵tʂʰəŋ¹³ŋa⁰.pʰiak⁵ek³(←xek³)tiet⁵tsʰiaŋ¹³çi⁵³,pən³⁵ŋɔi⁵³pɔi⁵³₄₄iet³tsʰien¹³₂₁pʰiak⁵ek³(←xek³)çi⁵³,pʰiak⁵ek³(←xek³)li⁰,pʰiak³tau²¹ʂen³⁵pʰɔk⁵tsʅ⁰,pʰiak³pʰɔk⁵lɔi²¹.pʰau¹³laŋ¹³lɔi²¹₂₁,pʰau¹³laŋ⁵³lɔi²¹₂₁,m̩₂₁,pʰau²¹kɔŋ⁵³uait⁵lɔi²¹₂₁ia⁰.kai₄₄tsʰiəu⁵³₄₄ən³⁵₄₄tso₄₄tsʰa¹³tʰəŋ¹³₂₁.tai⁵³xek³liaŋ³⁵xɔŋ⁵³₄₄çi⁵³,e₄₄,tsiəu⁵³₂₁çi⁵³liaŋ³⁵xɔŋ⁵³₄₄tso⁵³kəŋ³⁵fu³⁵ʂət⁵tsʰa¹³ke₄₄.tsʰa¹³tʰəŋ¹³₂₁.m̩₂₁pʰe₄₄(←xe⁵³)tsʰin⁵³tet⁵təu³⁵ua¹³₄₄i¹³₂₁cin₄₄la⁰iəu₄₄···la⁰iəu³⁵₅₃i¹³₂₁cin³⁵₄₄kan²¹xau⁰ua⁰?tai⁵³tʂak³kʰo²¹lɔk⁵pʰin¹³ne⁰,pʰiau³⁵tsʰiaŋ³⁵ŋe⁰.ʂət⁵xek³li⁰iet³ fiet^3 ···tsiəu$_{44}^{53}$la$_{44}^{53}$la^{53}tau$_{53}^{21}$kai^{53}tiəu^{35}xek^{3}li^0.tsʰəŋ^{13}tsʰien^{13}a$_{44}^{35}$tai^{53}kuei^{35}ləi$_{21}^{13}$le^0.

竹筒啊因为劈嘿一……渠首先是有蛮厚，有咁厚个肉啊，劈嘿一半呐，劈倒鲜薄子了。有滴地方甑劈匀称个吵。又看唔倒，箇肚里看唔倒。渠爆坼啊。五月六月伏天嘞，热天个时候子会爆坼。tʂəuk^3 tʰəŋ^{13}ŋa^{0}in^{0}uei$_{44}^{35}$pʰiak^{3}xek^{3}iet^3···ci$_{21}^{13}$şəu^{21}sien$_{44}^{35}$ʂʅ$_{21}$iəu^{35}man$_{21}^{13}$xei^{35},iəu^{35}kan^{21}xei^{35}ke^{53}ɲiəuk^{3}a^0,pʰiak^{3}xek^{3}iet^{3}pan^{53}na^0,pʰiak^{3}tau^{21}şen^{35}pʰɔk^{5}tsʅ^{0}liau^0.iəu^{35}tet^{3}ti$_{44}^{53}$fɔŋ$_{44}^{53}$maŋ^{13}pʰiak^{3}in^{13}tsʰin$_{44}^{53}$ke^{53}şa^0.iəu$_{44}^{53}$kʰɔn^{53}ŋ$_{44}^{13}$tau^{21},kai^{53}təu^{21}li^{0}kʰɔn^{53}ŋ$_{44}^{13}$tau^{21}.ci^{13}pau^{53}tsʰak^{3}a^0.ŋ$_{21}$ɲiet^{5}liəuk^{5}ɲiet$_3^5$fuk^{5}tʰien$_{44}$ne^0,ɲiet^{5}tʰien^{35}ke$_{44}^{53}$ʂʅ$_{21}^{13}$xei^{53}tsʅ^{0}uɔi$_{44}^{53}$pau^{53}tsʰak^3.

方桌

我等个方桌我等个方桌都有两种嘞。一种就高个嘞，高凳嘞。高凳个嘞。也系四方个。欸就安就也就八仙桌样唠。还有种就矮桌子嘞，就坐箇起咁个靠背椅子，矮椅子个嘞。矮桌子。就矮桌子也系四方桌嘞。ŋai^{13}tien^{0}ke$_{44}^{53}$fɔŋ^{35}tsɔk^{3}ŋai^{13}tien^{0}ke$_{44}^{35}$fɔŋ^{35}tsɔk^{3}təu$_{44}^{53}$iəu$_{44}^{35}$iɔŋ^{21}tʂəŋ^{21}lei^0.iet^{3}tʂəŋ^{21}tsiəu^{0}kau^{35}ke^{53}lei^0,kau^{35}ten^{53}nei^0.kau^{35}ten^{53}ke$_{21}^{53}$nei^0.ia^{35}xei^{53}si^{53}fɔŋ$_{44}^{35}$ke$_{44}^{53}$.e$_{21}$tsʰiəu$_{44}^{53}$ɔn^{35}tsʰiəu$_{44}^{35}$ia^{35}tsʰiəu$_{44}^{53}$pait^{3}sien^{35}tsɔk^{3}iɔŋ^{53}lau^0.xai^{13}iəu$_{44}^{53}$tʂəŋ^{21}tsʰiəu^{35}ai^{53}tsɔk^{3}tsʅ^{0}lei^0,tsʰiəu$_{44}^{53}$tsʰo^{53}kai$_{44}^{53}$çi$_{44}^{21}$kan^{21}kei^{53}kʰau^{53}pɔi$_{44}^{53}{}^{21}$tsʅ^0,ai^{21}i^{21}tsʅ^{0}ke^{53}nei^0.ai^{21}tsɔk^{3}tsʅ^0.tsʰiəu^{53}ai^{21}tsɔk^{3}tsʅ^{0}ia^{35}xei^{53}si^{53}fɔŋ$_{53}^{35}$tsɔk^{3}nei^0.

客……我等客家人嘞渠一般就系咁个规矩，你看呐，厅下，开头唔系讲哩话横……横厅子？厅下，比较庄重个地方，或者是请客，欸，或者举行祭祀活动，搞箇么个仪式箇只，就用高桌。两张高桌。用高桌，八仙桌。箇食饭厅子里，哦，安做饭桌子。矮滴子唠，系唔系？也系四方。安做饭桌子。kʰ···ŋai^{13}tien^{0}kʰak^{3}ka^{35}ɲin$_{21}^{13}$nei^{0}ci$_{21}^{13}$iet^{3}pɔn^{53}tsʰiəu^{53}xei^{53}kan^{21}ke$_{44}^{53}$kuei^{35}tsʅ^{21},ɲi$_{21}^{21}$kʰɔn^{53}nau^0,tʰaŋ^{35}xa$_{44}^{53}$,kʰɔi^{35}tʰei$_{21}^{21}$m̩$_{21}^{13}$pʰe^{53}(←xe^{53})kɔŋ^{21}li^{0}ua$_{44}^{53}$uaŋ^{13}···uaŋ^{35}tʰaŋ^{35}tsʅ^0?tʰaŋ^{35}xa^{53},pi^{21}ciau$_{44}^{53}$tsɔŋ^{35}tʂəŋ^{53}ke$_{44}^{53}$tʰi^{53}fɔŋ^{35},xɔit^{5}tʂa^{53}ʂʅ$_{44}^{53}$tsʰiaŋ^{21}kʰak^3,e$_{21}$,xɔit^{5}tʂa^{21}tsʅ^{21}çin^{13}tsi^{53}sʅ$_{44}^{53}$xɔit^{5}tʰəŋ$_{44}^{53}$,kau^{21}kai$_{44}^{53}$mak^{5}e(←ke^{53})ɲi^{13}ʂʅ$_{44}^{53}$kai^{53}tsak^3,tsʰiəu$_{44}^{53}$iəŋ^{21}kau^{35}tsɔk^3.iɔŋ^{21}tʂəŋ^{53}kau^{35}tsɔk^3.iəŋ$_{44}^{53}$kau^{35}tsɔk^3,pait^{3}sien^{35}tsɔk^3.kai$_{44}^{53}$şət^{5}fan^{53}tʰaŋ^{35}tsʅ^{0}li^0,o$_{21}$,ɔn^{35}tso$_{44}^{53}$fan^{53}tsɔk^{3}tsʅ^0.ai^{21}tiet^{5}tsʅ^{0}lau^0,e$_{44}$(←xe^{53})me^{53}(←m̩^{13}xe^{53})?ia^{35}xei^{53}si^{53}fɔŋ^{35}.ɔn^{35}tso$_{44}^{53}$fan^{53}tsɔk^{3}tsʅ^0.

面盆

（呃，现在那个铝做的那个脸盆呢？）铝……铝面盆，铝面盆，有哇，以前我等屋下就有只铝面盆呐。lei^{21}···li^{21}mien^{53}pʰən^{13},li^{21}mien^{53}pʰən^{13},iəu^{35}ua^0,i^{35}tsʰien^{13}ŋai$_{21}^{21}$tien^{0}uk^{3}xa$_{44}^{53}$tsʰiəu$_{44}^{53}$iəu^{35}tsak^{3}lei^{21}mien^{53}pʰən^{13}na^0.（lei^{21}还是li^{21}？）

铝。哈？lei²¹.xa³⁵?（lei²¹还是 li²¹?）铝面盆，铝，铝做个。li²¹mien⁵³pən¹³,li²¹,li²¹tso⁵³ke⁵³₄₄.

（铜做的呢？）铜做个就铜面盆唉。欸。铁面盆就冇得呢，因为渠会生露，系唔系？铝面盆，铜面盆，锡面盆。锡壶啊。tʰəŋ¹³tso⁵³ke⁵³₄₄tsʰiəu⁵³₄₄tʰəŋ¹³mien⁵³pʰən¹³nau⁰.e₂₁.tʰiet³ mien⁵³ pʰən¹³ tsʰiəu⁵³mau²¹₂₁tek³ nei⁰,in³⁵uei⁵³₄₄ci¹³₂₁uɔi⁵³₄₄saŋ⁵³ləu³⁵.xei⁵³₄₄me₄₄（←m̩¹ xe⁵³)?lei²¹ mien⁵³ pʰən¹³,tʰəŋ¹³ mien⁵³ pʰən¹³,siak³ mien⁵³pʰən¹³.siak³ fu¹³a⁰.（还有还有锡做的脸盆吗？）哎呀，锡……面盆冇得，面盆冇得锡做个。锡壶，系，只有锡壶。ai₄₄ia⁰,siak³……mien⁵³pʰən¹³mau¹³tek³,mien⁵³pʰən¹³mau¹³tek³ siak³ tso⁵³ke⁰.siak³ fu¹³,xei₄₄,tʂʅ²¹iəu³⁵siak³ fu¹³.

还有木面盆。xai¹³iəu³⁵₅₃muk³ mien⁵³pʰən⁵³₄₄.（有竹做的吗？）竹做个面盆冇得，因为忒细哩。竹子冇咁大。tʂəuk³ tso⁵³₄₄ke⁵³mien⁵³pʰən²¹₂₁mau¹³tek³,in³⁵uei⁵³₄₄tʰek³ se⁵³li⁰.tʂəuk³ tsʅ⁰mau¹³kan²¹tʰai⁵³.

木面盆又箇个啦，木面盆又有两种啦。一种就同箇个请倒木匠师傅做个，打圆木个，打圆木做个。muk³ mien⁵³pʰən²¹₂₁iəu⁵³kai⁰cie⁵³la⁰,muk³ mien⁵³pʰən²¹₂₁iəu⁵³₄₄iəu⁵³iɔŋ²¹tʂəŋ²¹la⁰.iet³ tʂəŋ²¹tsʰiəu⁵³tʰəŋ²¹₂₁kai⁵³₄₄kei⁵³tsʰiaŋ²¹tau²¹muk³ tsʰiɔŋ⁵³₄₄sʅ³⁵fu⁵³₄₄tso⁵³ke²¹₂₁,ta²¹ien¹³muk³ ke⁵³,ta²¹ien¹³muk³ tso⁵³ke⁵³.（噢，挖出来的，是吧？）还有种挖出来个。一种就系一块一块子个板子拼在成个，就同打下欸做水桶箇样咁子拼在成个。还有种就挖出来个木面盆。箇就冇几大子。冇几大子。xai¹³₂₁iəu³⁵tʂəŋ²¹ua³⁵tʂʰət⁴lɔi¹³ke⁵³₂₁.iet³ tʂəŋ²¹tsʰiəu⁵³xei¹iet³ kʰuai¹iet³ kʰuai¹tsʅ⁰ke⁵³₄₄pan²¹tsʅ⁰pʰin³⁵tsʰai⁵³₄₄ʂaŋ⁵³ke⁵³,tsʰiəu⁵³₄₄tʰəŋ¹³ta²¹xa₂₁e⁰ tso⁵³ʂei⁵³tʰəŋ²¹kai⁵³₄₄iɔŋ⁵³₄₄kan²¹tsʅ⁰pʰin³⁵tsʰai²¹₂₁saŋ⁵³₄₄ke⁵³.xai¹³₂₁iəu³⁵tʂəŋ²¹tsʰiəu⁵³ua³⁵tʂʰət⁴lɔi¹³ke⁵³₄₄muk³ mien⁵³pʰən¹³.kai⁵³tsʰiəu⁵³mau¹³ci²¹tʰai⁵³tsʅ⁰.mau¹³i²¹（←ci²¹)ai⁵³（←tʰai⁵³)tsʅ⁰.（名称有……）都安做木面盆唉。təu³⁵ɔn⁴₄muk³ mien⁵³pʰən²¹₂₁nau⁰.

扫把

1. 我等以映只有竹扫把……ŋai¹³₂₁tien⁰ i²¹iaŋ⁵³₄₄tsʅ²¹₂₁iəu³⁵₄₄tʂəuk³ sau³⁵₃₅pa²¹₄₄…/我等只有箇竹扫把，芒花扫把。ŋai¹³₂₁tien⁰ tsʅ²¹iəu⁵³₄₄kai⁵³₄₄tʂəuk³ sau⁵³pa²¹,mɔŋ²¹fa⁵³₄₄sau⁵³pa²¹./欸，欸，高粱扫把。e⁵³,e⁵³,kau³⁵liɔŋ¹³sau⁵³pa²¹./棕扫把。tsəŋ³⁵sau⁵³pa²¹./棕扫把。tsəŋ³⁵sau⁵³pa²¹./高粱扫把。kau³⁵liɔŋ¹³sau⁵³pa²¹./欸，只有箇个。e⁵³,tsʅ²¹iəu³⁵kai⁵³₄₄kei⁵³₄₄./箇个用扫把草扎个冇得一只另外个名字了，冇得。kai⁵³kei⁵³iəŋ²¹₂₁sau⁵³pa²¹tsʰau⁵³tsait⁴ke⁵³mau¹³tek³ iet³ tʂak³ lin⁵³uai⁵³₄₄ke⁵³₄₄miaŋ¹³tsʰʅ¹liau²¹,mau¹³₂₁tek³./嗯。m̩₂₁.

（用那个棕丝做成的那个扫把呢？）箇只棕扫把。kai⁵³₄₄tʂak³ tsəŋ³⁵sau⁵³pa²¹./棕……棕扫把唠。tsəŋ³⁵s…tsəŋ³⁵sau⁵³pa²¹lau⁰.（呃棕扫把它有两种哦，

一种是用那个棕丝，一种是用那个棕叶。）哦，棕叶子啰。o_{21},$tsəŋ^{35}iait^5 tsʅ^0 lo^0$./
箇棕叶个我等喊棕叶扫把。$kai_{44}^{53}tsəŋ^{35}iait^5 ke_{44}^{53}ŋai_{21}^{13}tien^{13} xan_{44}^3tsəŋ^{35}iait^5 sau^{53}pa^{21}$./
嗯，棕叶扫把。$n̩_{21}$,$tsəŋ^{35}iait^5 sau^{53}pa^{21}$.（然后用那个棕丝做的呢？）就系棕
扫把箇就喊。$tsʰiəu_{44}^{53}xe_{44}^{53}tsəŋ^{35}sau^{53}pa^{21}kai_{44}^{53}tsʰiəu_{44}^{53}xan_{44}^{53}$./就安做棕扫把。$tsʰiəu_{44}^{53}$
$ɔn_{44}^{35}tso_{44}^0tsəŋ^{35}sau^{53}$
pa^{21}./棕丝做个就棕扫把。$tsəŋ^{35}sʅ^{35}tso^0 ke_{44}^{53}tsʰiəu_{44}^{53}tsəŋ^{35}sau^{53}$
pa^{21}./棕叶扫把就系扫下子桌个。$tsəŋ^{35}iait^5 sau^{53}pa^{21}tsʰiəu^{53}xe^{53}sau^{53}a_{44}(←xa^{53})tsʅ^0$
$tsɔk^3 ke^{53}$./系。xe^5./系唔系啊？$xei^{53}me^{53}(←m̩^{13}xe^{53})a^0$?/啊。$a_{21}$./棕扫把嘞就系
扫下子地泥个。$tsəŋ^{35}sau^{53}pa^{21}lei^{0} tsʰiəu_{44}^{53}xei_{44}^{53}sau^{53}xa_{44}^3tsʅ^0 tʰi^{35}lai^{13}ke^{53}$./扫地，扫
下扫下子尘灰个。$sau_{44}^{53}tʰi^{53}$,$sau_{44}^{53}xa_{44}^3sau_{44}^{53}xa_{44}^3tsʅ^0 tʂʰən^{13}fɔi^{35}ke_{44}^{53}$./扫灰尘，扫地个。
箇就用棕。$sau^{53}fɔi^{35}tʂʰən_{21}^{13}$,$sau_{44}^{53}tʰi^{53}ke^{53}$.$kai_{44}^{53}tsʰiəu^{53}iəŋ_{44}^{53}tsəŋ^{35}$.

2. 鸡毛掸子吧？鸡毛扫把。$cie^{35}mau_{44}^{35}tan^{21}tsʅ^0 pa^0$?$cie^{35}mau_{44}^{35}sau^{53}pa^{21}$.（叫
做鸡毛扫把？）唔，唔喊鸡毛掸子。鸡毛扫把。箇个就扫把。$m̩_{53}^3$,$n̩^{13}xan^{53}cie^{35}$
$mau_{44}^{35}tan^{21}tsʅ^0$.$cie^{35}mau_{44}^{35}sau^{53}pa^{21}$.$kai_{44}^{53}ke_{44}^{53}tsʰiəu_{44}^{53}sau^{53}pa^{21}$.（不加扫帚啊？）欸，
唔加扫帚，加扫把。竹槁扫把。竹槁扫把，唔。e_{21},$n̩^{13}cia_{44}^{35}sau^{53}tʂəu^{21}$,$cia_{44}^{35}sau^{53}$
pa^{21}.$tʂəuk^3 kʰua^{21}sau^{53}pa^{21}$.$tʂəuk^3 kʰua^{21}sau^{53}pa^{21}$,$m̩_{21}$.（欸，还有呢？）还有芒花
扫把。欸，芒花扫把。箇，你要讲箇是晓得几多子？欸。棕扫把。芒花扫……
芒花扫把。棕扫把。有哩啊。箇你爱讲箇个是……用高粱个槁，高粱打嘿
哩高粱以后有只咁个欸咁个槁哟，系唔系？高粱槁可以扎高粱扫把。唔爱
哩写哩啊，咁多啊。$xai_{21}^{13}iəu_{44}^{35}mɔŋ^{13}fa_{44}^{35}sau^{53}pa^{21}$.$e_{21}$,$mɔŋ^{13}fa_{44}^{35}sau^{53}pa^{21}$.$kai_{44}^{53}n̩i^{13}iau_{44}^{35}$
$kɔŋ^{13}kai^{53}sʅ_{44}^{13}ɕiau^{53}tek^3 ci^{13}to^{53}tsʅ^0$?$e_{21}$.$tsəŋ^{35}sau^{53}pa^{21}$.$mɔŋ^{13}fa_{44}^{35}sau\cdots mɔŋ^{13}fa_{44}^{35}sau^{53}pa^{21}$.
$tsəŋ^{35}sau^{53}pa^{21}$.$iəu^{35}li^0 a^0$.$kai_{44}^{53}n̩i^{13}ɔi^{53}kɔŋ^{21}kai_{44}^{53}ke_{44}^{53}sʅ_{44}^{53}\cdots iəŋ^{53}kau^{35}liəŋ^{13}ke^{:53}$
kau^{35},$kau^{35}liəŋ^{13}ta^{21}xek^3 li^0 kau^{35}liəŋ^{13}i_{44}^{35}xei_{44}^{53}iəu^{53}tʂak^3 kan^{21}ke^{53}e_{21}kan^{21}ke^{53}kau^{21}ʂa^0$,
$xei_{44}^{53}me_{44}^{44}(←m̩^{13}xe^{53})$?$kau^{35}liəŋ_{44}^{13}kau^{21}kʰo^{21}i^{35}tsait^3 kau^{35}liəŋ^{13}sau^{53}pa^{21}$.$m̩^3 mɔi^{53}li^0 sia^{21}$
$li^0 a^0$,$kan^{21}to_{44}^{53}a^0$.（没关系啊，这个就是都是传统的老东西啊。）

以下还有起扫把草个扫把。$i^{21}ia_{44}^{53}(←xa^{53})xai_{21}^{13}iəu^{35}ɕi^{21}sau^{53}pa^{21}tsʰau^{21}ke_{44}^{53}$
$sau^{53}pa^{21}$.（那叫什么呢？）唔？$m̩_{35}^3$?（用扫把草做的扫把叫做什么？）欸，
也系也系唔好唔好讲，算哩，就箇个就算哩。但是扫把肚里有有还有有两
两起。还有一起，扫把肚里还用……有一起。安做口把。ei_{21},$ia^{35}xe^{53}ia^{35}xe^{53}n̩^{13}$
$xau^{21}n̩^{13}xau^{21}kɔŋ^{21}$,$sɔn^{53}li^0$,$tsʰiəu_{44}^{53}kai_{44}^{53}cie_{44}^{53}tsʰiəu_{44}^{53}sɔn^{53}li^0$.$tan_{44}^{53}sʅ_{44}^{53}sau^{53}pa^{21}təu^{21}li^0$
$iəu^{35}iəu_{44}^{53}xai_{21}^{13}iəu^{53}iəu^{53}iəŋ^{21}iəŋ^{53}ɕi^0$.$xai_{21}^{13}iəu^{53}iet^3 ɕi^{21}$,$sau^{53}pa^{21}təu^{21}li^0 xai_{21}^{13}iəŋ^{53}\cdots iəu^{35}$
$iet^3 ɕi^{21}$.$ɔn_{44}^{35}tso_{44}^0 nia^{53}pa^{21}$.

渠箇竹槁，完条个竹槁，就咁子，完条箇竹槁呀，中间一条一咁子咁
子叉开来哟，系唔系啊？欸。猛大哟，咁摊下开来猛大哟。只爱分头上箇
映子……抓手个栏场舞嘿滴子去，扎成那个扫把，用来搞么个嘞？扫箇个

场地唔知几大个地方。欸，用来晒谷个时候子分面上个谷毛，箇个箇个……稻草哇，扫咁去。晒燥哩下子就可以用渠扫咁去。安做□扫把。ci¹³kai⁵³ tʂəuk³kʰua²¹,uɔn¹³tʰiau¹³₄₄ke⁵³tʂəuk³kʰua²¹,tsiəu⁵³kan³ts₁⁰,uɔn¹³tʰiau¹³₄₄ke⁵³tʂəuk³ kʰua²¹ia⁰,tʂəŋ³⁵kan³⁵₃₅iet³tʰiau¹³₄₄iet³kan²¹ts₁⁰kan²¹ts₁⁰tsʰa³⁵kʰɔi¹³₂₁ləi¹³₂₁ʂa⁰,xei⁵³me₄₄(←m̩¹³xe)a⁰ʔei₂₁.mən³⁵tʰai⁵³ʂa⁰,kan²¹tʰan³⁵na⁵³(←xa⁵³)kʰɔi¹³₃₅ləi¹³₂₁mən³⁵tʰai⁵³ʂa⁰.tʂ₁⁰ɔi⁵³ pən³⁵₄₄tʰei¹³xɔn⁵³kai⁵³₄₄iaŋ¹³₄₄ts₁⁰ʂ⋯ia²¹ʂəu²¹ke⁰lan¹³₂₁tʂʰɔŋ¹³₄₄u²¹xek³tiet⁰ts₁⁰çi⁵³,tsait³ʂaŋ¹³₄₄la₄₄ke₄₄sau⁵³pa²¹,iəŋ¹³₄₄ləi¹³₂₁kau⁰mak³e⁰le⁰ʔsau⁵³kai₄₄ke₄₄tʂʰɔŋ²¹₂₁tʰi¹³ŋ̩¹³ti⁵³ci²¹tʰai⁵³ke₄₄ tʰi⁵³fɔŋ³⁵₄₄.e₂₁,iəŋ⁵³ləi¹³₂₁sai⁵³kuk³ke⁰ʂ₁¹³xei⁵³ts₁⁰pən³⁵mien⁵³xɔŋ⁵³ke⁵³kuk³mau³⁵,kai⁵³ke₄₄kai₄₄ke⁵³m⋯tʰau²¹tsʰau²¹ua⁰,sau⁵³kan²¹çi⁰.sai⁵³tsau⁵³li⁰xa₄₄ts₁⁰tsʰiəu⁵³₄₄kʰo²¹₃₅iəŋ₄₄ci²¹₂₁sau⁵³kan²¹çi⁵³.ɔn³⁵₄₄tso₄₄ɲia⁵³sau⁵³pa²¹.

（哪个ɲia⁵³呢？）箇我等唔晓哪个□唠。kai⁵³₄₄ŋai¹³₂₁tien⁰n̩¹³₂₁çiau²¹lai²¹e₄₄(←ke⁰)ɲia⁵³lau⁰.（ɲia⁵³扫把还是ɲia⁵³把？）□把，也安做□，□把，系。欸□大概系只么个意思嘞？□把。大概系……想下子看。大概系只么个意思。我等箇晡扎扫把又快。欸，舞几条竹椆，欸缔下稳，欸，就只□扫把。扫起来又快。渠就唔知几阔呀。要……捅下去就扫得咁阔呀。ɲia⁵³pa²¹,ia³⁵ɔn³⁵tso₄₄ɲia⁵³,ɲia⁵³pa²¹,xe₄₄.ei⁰ɲia⁵³tʰai₄₄kai⁵³xei⁵³tʂak³mak³e⁰i³ʂ₁³⁵₄₄lei⁰ʔɲia⁵³pa²¹.tʰai₄₄kai⁵³xei⁵³⋯siɔŋ²¹xa₄₄ts₁⁰kʰan₄₄,tʰai⁵³kʰai₄₄xei₄₄tʂak³mak³e⁰i³ʂ₁⁰.ŋai¹³₂₁tien⁰kai₄₄pu³⁵ts ait³sau⁵³pa²¹iəu₄₄kʰuai⁵³.e₄₄,u²¹ci²¹tʰiau⁵³₅₃tʂəuk³kʰua²¹,e⁰tʰak³a⁵³(←xa⁵³)uən²¹,e₅₃,tsʰ iəu⁵³tʂak³ɲia⁵³sau⁵³pa²¹.sau⁵³çi²¹ləi¹³iəu⁵³₄₄kʰuai⁵³.ci¹³tsʰiəu⁵³n̩¹³ti³⁵₅₃ci²¹kʰɔit²¹ia⁰.iau⁵³s⋯tʰəŋ²¹ŋa⁵³(←xa⁵³)çi²¹tsʰiəu⁵³₄₄sau⁵³tek³kan²¹kʰɔit²¹ia⁰.（噢，就是也是用竹枝做成的，是吧？）欸，用竹椆做个。ei₄₄,iəŋ⁵³tʂəuk³kʰua²¹tso⁵³ke⁰.（比那个竹扫把还还大些？）渠就系……箇只扫个面积唔知几阔呀。欸，扫禾坪箇只就蛮好哇。ci¹³tsʰiəu⁵³xe₄₄ç⋯kai₄₄tʂak³sau⁵³ke⁰mien⁵³tsiet⁰n̩²₁ti³⁵₅₃ci²¹kʰɔit²¹ia⁰.e₂₁,sau⁵³uo⁵³₄₄pʰiaŋ⁵³kai₄₄tʂak³tsʰiəu⁵³₄₄man⁵³xau²¹ua⁰.（那比那个竹椆扫把还大些，是吧？）欸，还大滴。嗯。用得最多是竹椆扫把，芒花扫把。就箇两起。e₂₁,xai¹³tʰai⁵³tiet⁵,n̩₂₁.iəŋ⁵³tek³tsei³to³⁵₄₄ʂ₁⁰₄₄tʂəuk³kʰua²¹sau⁵³pa²¹,mɔŋ¹³fa³⁵₄₄sau⁵³pa²¹.tsiəu⁵³₄₄kai⁵³iəŋ⁵³çi²¹.

蒲扇

（棕叶扇子是不是就是蒲扇？）噢，箇就唔系啦。箇起箇个就不是蒲……不是棕叶啦。箇是蒲葵啦。əu₂₁,kai⁵³tsʰiəu⁵³n̩¹³tʰe⁵³(←xe⁵³)la⁰.kai⁵³çi²¹₄₄kai⁵³ cie⁵³tsʰiəu⁵³₄₄pət³ʂ₁⁰₄₄pʰu¹³₂₁⋯pət³ʂ₁⁰₄₄tsəŋ³⁵iait⁵la⁰.kai⁵³ʂ₁⁰pʰu¹³kʰuei¹³la⁰.（噢，蒲葵？）欸蒲葵啦。嗯。蒲扇就一直都有，最……最普遍个就系蒲扇。e⁰pʰu¹³ kʰuei¹³la⁰.n̩₂₁.pʰu¹³ʂen⁵³tsʰiəu⁵³iet³tʂ₁³ət⁵təu₄₄iəu³⁵,tsei⁵³⋯tsei⁵³pʰu¹³pʰien⁵³ke₄₄tsʰiəu⁵³₄₄ue₄₄(←xe⁵³)pʰu¹³ʂen⁵³.

棕叶扇子系只么个棕叶扇子嘞？用棕叶，真系用棕叶织个，茶软哎。搭去搭转哎，箇只尾巴咁子。织成一只咁个心形样个唠。tsəŋ³⁵iait⁵ʂen⁵³tsʅ⁰xei₄₄ʈʂak³mak³e₄₄(←ke⁵³)tsəŋ³⁵iait⁵ʂen⁵³tsʅ⁰lei⁰ ʔiəŋ⁵³tsəŋ³⁵iait⁵,tʂən³⁵xe₄₄iəŋ⁵³tsəŋ³⁵iait⁵ tʂek³cie⁵³,niet⁵nion³⁵nau⁰.tait⁵çi⁵³tait⁵tʂoŋ²¹nau⁰,kai₄₄ʈʂak³mi³⁵pa⁰kan²¹tsʅ⁰.tʂek³ʂaŋ¹³iet³tʂak³kan²¹ke₄₄sin³⁵çin¹³ioŋ₄₄ke⁵³lau⁰.

（噢，蒲扇跟棕叶扇子原料不一样？）欸，蒲扇是硬系就系蒲葵树……买来……外背舞倒来个，我等本地有得。蒲扇就是系最普遍个。嗨，摇起箇大蒲扇。嗯。e₂₁,pʰu¹³ʂen⁵³ʂʅnian⁵³xe₄₄tʂʰiəu₄₄ue₄₄pʰu¹³kʰuei¹³ʂəu⁵³ts…mai²¹ləi…ŋɔi⁵³pɔi⁵³u²¹tau²¹lɔi₂₁ke⁵³,ŋai¹³tien⁰pən²¹tʰi⁵³mau₂₁tek³.pʰu¹³ʂen⁵³tsʰiəu₄₄ʂʅ₄₄xe₄₄tsei⁵³pʰu²¹pʰien⁵³ke₄₄.xai⁵³,iau¹³çi⁵³kai₄₄tʰai⁵³pʰu¹³ʂen⁵³.n̩₂₁.

（它们做……它们还是不一样的，是吧？）不是，不一样哦。蒲扇渠只爱分箇个棕……箇箇个蒲葵剪呐下来，镶只边，就可以卖欸。棕叶扇还爱编织一到嘞。pu₃₅ʂʅ⁵³,pu₄₄i₄₄ian⁵³ŋo⁰.pʰu¹³ʂen⁵³ci¹³tsʅ⁰ɔi⁵³pən³⁵kai₄₄ke₄₄tsəŋ³⁵…kai⁵³kai⁵³ke⁵³pʰu¹³kʰuei¹³tsien²¹na⁰xa⁵³lɔi₂₁,siɔŋ⁵³tʂak³pien⁵³,tsʰiəu₄₄kʰo²¹i³⁵mai e₂₁.tsəŋ³⁵iait⁵ʂen⁵³xa₂₁ɔi⁵³pʰien³⁵tʂek³iet³tau⁵³lei⁰.（噢，就是用棕叶编织……）棕叶编编个，嗬。棕叶扇爱编一到。tsəŋ³⁵iait⁵pʰien³⁵pien³⁵ke⁵³,m̩₂₁.tsəŋ³⁵iait⁵ʂen⁵³ɔi⁵³pʰien³⁵iet³tau⁵³.

松光络

松光。我等只有松光络呢。只爱去照……要舞……舞只络子嘞，舞只络……铁络子————tsʰəŋ¹³kɔŋ³⁵.ŋai₂₁tien⁰tsʅ⁰iəu₄₄tsʰəŋ₂₁kɔŋ₄₄lɔk⁵nei⁰.ni₂₁tsʅ⁰ɔi₂₁çi₄₄tsau⁵³…iau₄₄vy⁰u²¹ak³(←tʂak³)lɔk⁵tsʅ⁰nei⁰,u²¹tʂak³lɔk⁵…tʰiet³lɔk⁵tsʅ⁰nei⁰.tʰiet³lɔk⁵tsʅ⁰iet³iet³iet₅³iet³ 普通话：跟那个泡面的人捞面一样的东西那个铁络子。铁络子嘞面上嘞一条……一条子……一条子铁丝。一只子铁把子，斗只铁把子口长个，咁子咁子斗倒。去照湖鳅，安做松光络。tʰiet³lɔk⁵tsʅ⁰.tʰiet³lɔk⁵tsʅ⁰lei⁰mien³⁵xɔŋ₄₄lei⁰iet³tʰiau₂₁…iet³tʰiau₂₁tsʅ⁰…iet³tʰiau₂₁tsʅ⁰tʰiet³ʂʅ³⁵.iet³tʂak³tsʅ⁰tʰiet³pa⁵³tsʅ⁰,tei³tʂak³tʰiet³pa⁵³tsʅ⁰lai³⁵tsʰəŋ¹³ke₄₄,kan²¹tsʅ⁰kan²¹tei₄₄tau²¹.çi⁵³tsau⁵³fu¹³tsʰiəu₄₄,ɔn₄₄tsɔ₄₄tsʰəŋ₂₁kɔŋ₄₄lɔk⁵.（现在还有人用啊？） 普通话：有人用。去照湖……照泥鳅哇。（欸，不抓泥鳅啦？没有人去现在没人抓泥鳅了吗？） 普通话：有人呐。用手电筒啊那个。只要充电呐。箇个还爱去寻松光咯。kai⁵³ke₄₄xa₂₁ɔi₄₄çi₄₄tsʰin¹³tsʰəŋ¹³kɔŋ³⁵ko⁰.

纸煤筒

（那个以前那个用的那个纸煤嘛。）纸煤，欸。tsʅ²¹mɔi¹³,e₂₁.（嗯，纸煤欸装纸煤的那个竹筒呢？）纸煤筒啊。纸煤筒。tsʅ²¹mɔi¹³tʰəŋ₄₄ŋa⁰.tsʅ²¹mɔi₄₄ tʰəŋ¹³.箇是系啦。我我舅爷箇映子是渠尽食水烟筒啊。一搞就搞正搞正一大把啦，纸煤啦。插下箇厅下箇箇映箇个壁角子墙角子上就舞只子竹筒子啦，专门插纸煤筒，哎，插纸煤个啦，放纸煤个嘞舞正欸。爱用了，临时到箇映去拿，只爱去拿就啦。kai⁵³ʂ̩⁵³₄₄xei⁵³la⁰.ŋai¹³ŋai¹³cʰiəu³⁵ia₂₁kai⁵³iaŋ⁵³tʂ⁰ʂ̩⁵³ci₂₁tsʰin⁵³ʂət⁵ʂei²¹ien₄₄³⁵tʰəŋ²₂₁ŋa⁰.iet³kau²¹tsʰiəu²¹kau²¹tʂaŋ⁵³kau²¹tʂaŋ⁵³iet³tʰai⁵³pa²¹la⁰,tʂ̩²¹mɔi¹³la⁰.tsʰait³a⁵³kai⁵³tʰəŋ⁰xa³⁵kai₄₄⁵³kai₄₄⁵³iaŋ₄₄⁵³kai₄₄⁵³ke⁵³piak⁵kɔk³tʂ̩⁰tsʰiəŋ¹³kɔk³tʂ̩⁰xɔŋ₄₄⁵³tsʰiəu⁵³u²¹tʂak⁵tʂ̩⁰tʂəuk³tʰəŋ¹³tʂ̩⁰la⁰,tʂen⁵³mən₂₁³⁵tsʰait³tʂ̩²¹mɔi¹³tʰəŋ¹³,ai₄₄,tsʰait³tʂ̩²¹mɔi¹³cie⁵³la⁰,fɔŋ⁵³tʂ̩²¹mɔi¹³cie⁵³le⁰u²¹tʂaŋ⁵³e⁰.ɔi⁵³iəŋ⁵³liau⁰,lin¹³ʂ̩¹³tau₄₄⁵³kai₄₄⁵³iaŋ₄₄⁵³ci₄₄⁵³la⁵³,tʂ̩²¹ɔi₄₄⁵³ci₄₄⁵³la⁵³tsʰiəu⁵³la⁰.

（你看这些东西都没啦！）冇得哩。mau¹³tek³li⁰.（以后，以后都没人用啦。）冇人用哩。食纸烟唉，几方便子？mau¹³ɲin¹³iəŋ⁵³li⁰.ʂət⁵tʂ̩²¹ien³⁵nau⁰,ci²¹fɔŋ³⁵pʰien⁵³tʂ̩⁰?（所以再不调查这些东西以后不知道什么意欸东西？）欸，都会冇得了哇。欸，如今个就我万典松他人是就蹭见过了哇。渠是怕还见过，我万典松是见过，见过我爷子，箇阵我爷子也打纸煤嘞。买滴箇草纸去打纸煤呀。欸，要我舅爷是一打就咁大一掐。嗯。打起来又快。咁长一只个纸煤嘞。咁长一只啦。点伢大子。冇哩着哩又□拟声词，模仿吹纸煤的声音嘞。e₂₁,təu³⁵uɔi₄₄⁵³mau¹³tek³liau⁰ua⁰.e₂₁,i₂₁cin³⁵ke₄₄⁵³tsʰiəu⁵³ŋai¹³uan₄₄⁵³tian²¹səŋ³⁵tʰa₄₄³⁵ɲin₄₄¹³ʂ̩¹³tsʰiəu₄₄⁵³maŋ¹³cien⁵³ko₄₄⁵³liau⁰ua⁰.ci¹³ʂ̩¹³pʰa⁵³xai₄₄²¹cien⁵³ko⁵³,ŋai¹³uan⁵³tian²¹səŋ³⁵ʂ̩¹³cien⁵³ko⁵³,cien⁵³ko₄₄⁵³ŋai₂₁¹³ia¹³tʂ̩⁰,kai⁵³tʂʰən⁵³ŋai₂₁¹³ia¹³tʂ̩⁰a⁵³ta²¹tʂ̩¹³mɔi¹³le⁰.mai³⁵tiet⁵kai₄₄³⁵tsʰau²¹tʂ̩⁰ci⁵³ta²¹tʂ̩¹³mɔi¹³ia⁰.e₂₁,iau₄₄³⁵ŋai¹³cʰiəu³⁵ia₂₁ʂ̩₄₄¹³iet³ta²¹tsʰiəu³⁵kan²¹tʰai¹³iet³kʰa³⁵.m̩₂₁.ta²¹ci²¹lɔi¹³iəu₄₄⁵³kʰuai⁵³.kan²¹tʂʰɔŋ¹³iet³tʂak³ke⁵³tʂ̩²¹mɔi¹³le⁰.kan²¹tʂʰɔŋ₄₄¹³iet³tʂak³la⁰.tian⁵³ŋa₄₄³⁵tʰai⁵³tʂ̩⁰.mau₂₁¹³li⁰tʂ̩⁵³ɔk⁵li⁰iəu₄₄⁵³fət⁵le⁰.

火镜子

箇起就唔话远视镜，老花镜。kai⁵³ci²¹tsʰiəu⁵³ŋ̩¹³ua⁵³ien²¹ʂ̩⁵³ciaŋ⁵³,lau²¹fa³⁵ciaŋ⁵³.（老花眼镜叫什么？）老花……老花……老花眼睛呐？眼珠哇？lau²¹fa₄₄³⁵c…lau²¹fa₄₄³⁵…lau²¹fa₄₄³⁵ŋan²¹tsin₄₄⁵³na⁰?ŋan²¹tʂəu³⁵ua⁰?（眼镜。）老花眼镜唠，就安做老花眼镜。lau²¹fa₄₄³⁵ŋan²¹ciaŋ⁵³lau⁰,tsʰiəu₂₁³⁵ɔn₄₄⁵³tso₄₄⁵³lau²¹fa₄₄³⁵ŋan²¹ciaŋ⁵³.

又安做火镜子。老花眼镜又安做火镜子。火镜子就渠会聚焦哇。老花眼镜会聚焦哇。iəu₄₄⁵³ɔn₄₄³⁵tso₄₄⁵³fo²¹ciaŋ⁵³tʂ̩⁰.lau²¹fa³⁵ŋan²¹ciaŋ⁵³iəu₄₄⁵³ɔn₄₄⁵³tso₄₄⁵³fo²¹ciaŋ⁵³tʂ̩⁰.fo²¹ciaŋ₄₄⁵³tʂ̩⁰tsʰiəu₄₄⁵³ci₂₁¹³fei⁵³tsʰi⁵³tsiau⁵³ua⁰.lau²¹fa₄₄³⁵ŋan²¹ciaŋ₄₄⁵³uɔi₄₄⁵³tsʰi¹³tsiau³⁵ua⁰.（聚焦，噢，聚焦！）欸聚焦哇。欸嘿，我就用客姓讲啊。欸，因为聚焦哇，系唔系？e⁰tʂ̩⁵³tsiau₄₄³⁵ua⁰.e₄₄xe₂₁,ŋai¹³tsiəu⁵³iəŋ⁵³kʰak³sin⁵³kɔŋ²¹ŋa⁰.ei₂₁,in₄₄⁵³uei₄₄⁵³tsʰi¹³tsiau⁵³ua⁰,xei₄₄⁵³me₄₄(←m̩₁¹³xe⁵³)?

（为什么叫做火镜……火镜子啊？）火镜子渠会着火啊。你底下放条火柴呀，拿老花眼镜搞嘿去，会着火，系啊？底下有欤可以生火哇，欤。安做火镜子啊。唔。fo²¹ciaŋ⁵³₄₄tsŗ⁰ci¹³uɔi⁵³₄₄tşʰɔk⁵fo²¹a⁰,ɲi¹³te²¹xa⁵³fəŋ⁵³tʰiau₂₁fo²¹tsʰai⁵ia⁰,lak⁵lau²¹fa⁵³₄₄ŋan²¹ciaŋ⁵kau²¹xek³çi⁵³₄₄,uɔi⁵³tşʰɔk⁵fo²¹,xe₄₄a⁰?te²¹xa₄₄iəu³⁵e₂₁kʰo²¹i³⁵sen³⁵₄₄xo²¹ua⁰,e₂₁.ɔn³⁵tso⁵³fo²¹ciaŋ⁵³tsa⁰.m̩₂₁.

嗊筒

拔火罐呢安做嗊筒。安做嗊筒。pa³⁵xo₂₁kuan₅₃ne⁰ɔn³⁵₄₄tsɔ⁵³₄₄tsɔit⁵tʰəŋ¹³.ɔn³⁵₄₄tsɔ⁵³₄₄tsɔit⁵tʰəŋ¹³.（现在还有人用吗？）用噢，我家里都有噢。我老婆都经常用噢，她那个脚有点痛啊，有寒湿。iəŋ⁵³ŋau⁰,uo₂₁cia₄₄li⁰təu₄₄iəu₂₁uau⁰.uo₃₅lau₂₁pʰo₃₅təu₄₄cin₄₄tşʰaŋ₁₃iəŋ₅₃ŋau⁰,tʰa₄₄na₄₄kə⁰ciau₂₁iəu³⁵tien₂₁tʰəŋ₅₃ŋa⁰,iəu³⁵₄₄xɔŋ¹³şət³.（哦，有风湿是吧？）唔。打几下嗊筒。打几下嗊筒。m̩₂₁.ta²¹cia₄₄(←ci²¹xa⁵³)tsɔit⁵tʰəŋ¹³.ta²¹cia₄₄(←ci²¹xa⁵³)tsɔit⁵tʰəŋ¹³.但是没人很少人去买哪个玻璃罐子的。我家里都有。搞个竹筒子，但是这个竹筒子要厚一点，那个尾巴上的要不得，要厚一点。厚一点的目的就是保温。欤，以映……以映子嘞，锯得达平子，以只口子锯得达平子。欤。舞细滴子，削细滴子，削薄滴子啊，以只口就削薄滴子。噢，以下就搞滴子草纸，搞……搞咁大子一张子草纸，折正下子来，点着来，放下肚里去。放下肚里。看到渠烧尽了，咁子䁘稳渠。烧尽了，箇张纸会烧尽了，麻利塞下去，就麻利塞下去，打……欤，就打嗊筒，欤，打嗊筒。e₂₁,i²¹iaŋ…i²¹iaŋ⁵³tsŗ⁰lei⁰,cie⁵³tek³tʰait⁵pʰiaŋ¹³tsŗ⁰,i²¹tşak³xei²¹tsŗ⁰cie⁵³tek³tʰait⁵pʰiaŋ¹³tsŗ⁰.e₂₁,u²¹se⁵³tiet⁵tsŗ⁰,siɔk³se⁵³tiet⁵tsŗ⁰,siɔk³pʰɔk⁵tiet⁵tsŗa⁰,i²¹tşak³xei²¹tsʰiəu⁵³siɔk³pʰɔk⁵tet⁵tsŗ⁰.au₂₁,i²¹xa₄₄tsʰiəu⁵³kau²¹tet⁵tsŗ⁰tsʰau²¹tsŗ²¹,kau²¹tse…kau²¹kan¹¹tʰai⁵tsŗ⁰iet³tşɔŋ⁵³tsŗ⁰tsʰau¹tsŗ⁰,tşait⁵tşaŋ⁵³₄₄ŋa₄₄(←xa⁵³)tsŗ⁰lɔi₂₁¹³,tian²¹tşʰɔk⁵lɔi₂₁,fɔŋ⁵³ŋa⁵³(←xa⁵³)təu⁰li⁰çi⁵³.fɔŋ⁵³ŋa⁵³(←xa⁵³)təu⁰li⁰.kʰɔn⁵³tau²¹ci₂₁²¹sau³⁵tsʰin⁵³niau⁰,kan²¹tsŗ⁰tşʰ³⁵uən²¹ci₂₁⁵³.şau³⁵tsʰin⁵³niau⁰,kai⁵³₄₄tşɔŋ⁵³tsŗ⁰uɔi⁵³₄₄sau³⁵tsʰin⁵³niau⁰,ma₂₁¹³li⁵³₄₄tsət³la₄₄(←xa⁵³)çi⁵³₄₄,tsiəu⁵³₄₄ma₂₁¹³li⁵³₄₄tsət³la₄₄(←xa⁵³)çi⁵³₄₄,ta²¹…e₂₁,tsiəu⁵³₄₄ta²¹tsɔit⁵tʰəŋ⁵³₄₄,e₂₁,ta²¹tsɔit⁵tʰəŋ₂₁.

木锁

木锁有嘞，也有嘞。也有，我也我也看过。muk³so²¹iəu³⁵nei⁰,ia³⁵iəu₄₄nei⁰.ia³⁵iəu₄₄³⁵,ŋai₂₁²¹ia¹³ŋai₂₁¹³ia³⁵kʰɔn⁵³ko₄₄⁵³.（你见过？）看过。嗯。木锁看……kʰɔn⁵³₄₄ko⁵³₄₄.n̩₂₁.muk³so²¹kʰɔn⁵³…（什么样子？）木锁就系渠一宗，就系更大。木锁。我系唔记得肚里让门子个了，木锁让门子个原理我唔记得哩了。木锁个原理我唔记得。欤我等有只箇阵子箇保管室里呀，生产队样个保管室啦，欤，锁……锁咁个唔多重要个东西，锁农具呀，欤，箇就用咁个牛……用箇木锁啊。但是蛮……蛮少，一般呢落尾就系铁……就系铁锁。就正箇起喊牛尾锁。欸。muk^{3}so^{21}tsʰiəu^{53}xe^{53}cie$_{44}$iet^{3}tsəŋ^{35},tsʰiəu$_{44}$xe^{53}ken$_{21}$tʰai^{53}.muk^{3}so^{21}.ŋai$_{21}$xei^{53}m̩^{13}ci^{53}tek^{3}təu^{21}li^{0}ɲiəŋ^{53}mən^{0}tsɻ̩^{0}ke$_{44}$liau^0,muk^{3}so^{21}ɲiəŋ^{53}mən^{0}tsɻ̩^{0}ke$_{44}$vien^{13}li$_{44}$ŋai$_{21}$n̩$_{21}$ci^{53}tek^{3}li^{0}liau^0.muk^{3}so^{21}ke$_{44}$vien^{13}li$_{44}$ŋai$_{21}$n̩$_{21}$ci^{53}tek^3.e$_{21}$ŋai$_{21}$tien^{0}iəu^{35}tʂak^{3}kai^{53}tʂʰən^{53}tsɻ̩^{0}ka^{53}pau^{21}kɔn^{21}ʂət^{3}li^{21}ia^0,sien^{35}tsʰan^{21}ti^{0}iɔŋ^{53}ke$_{44}$pau^{21}kɔn^{21}ʂət^{3}la^0,e$_{21}$,so^{21}…so^{21}kan^{21}ke^{53}n̩^{13}to$_{44}$tsʰəŋ^{13}iau$_{44}$ke$_{44}$təŋ^{35}si^0,so^{21}ləŋ^{13}tsʮ^{13}ia^0,e$_{21}$,kai^{21}tsʰiəu^{53}iəŋ^{53}kan^{21}ke^{53}ɲiəu…iəŋ^{53}kai^{53}muk^{3}so^{21}a^0.tan^{53}sɻ̩^{53}man^{13}…man^{13}ʂau^{21},iet^{3}pɔn^{35}ne^{0}lɔk$_3$mi^{5}tsʰiəu$_{44}$xəu^{53}tʰiet^3…tsʰiəu$_{44}$xei^{53}tʰiet^{3}so^{21}.tsʰiəu$_{44}$tʂaŋ^{53}kai^{53}çi^{21}xan^{53}ɲiəu^{13}mi^{35}so^{21}.e$_{21}$.

（那个有的地方把那个木锁叫做暗锁或者叫做暗闩。）暗锁暗闩，系，系有，系有。渠门闩肚里有滴有锁，门闩肚里。渠个门闩肚里，哈，讲起门闩肚里个锁，渠就让门子嘞？渠其实就系一一只咁个东西肚里咯，其实就系一一只咁个东西肚里咯，渠箇，箇东西嘞，其实嘞就系一只么个嘞？渠肚里以映子舞只缺，舞只缺啊，只眼呐。箇东西，当箇个东西游过来个时候子，正好跌下以只眼肚里。跌下以只眼肚箇里，就闩稳哩。只爱拿倒么东西顶下上去，一拨嘿过去，箇东西就打开来哩箇个锁就。欸。箇木锁就只只爱……渠个保密效果就非……非常差。那就最容易舞开来。an^{53}so^{21}an^{53}tsʰɔn^{35},xei^{53},xei^{53}iəu^{35},xei^{53}iəu^{35}.ci$_{21}$mən^{13}tsʰɔn$_{44}$təu^{21}li^{0}iəu^{35}tet^{3}iəu^{35}so^{21},mən^{13}tsʰɔn$_{44}$təu^{21}li^0.ci^{13}ke^{53}mən^{13}tsʰɔn^{35}təu^{21}li^0,xa$_{53}$,kɔŋ^{21}çi$_{44}$mən^{13}tsʰɔn$_{44}$təu^{21}li^{0}ke$_{44}$so^{21},ci^{13}tsʰiəu$_{44}$ɲiɔŋ^{53}mən^{13}tsɻ̩^{0}lei^0?ci^{13}cʰi$_{21}^{13}$ʂət^{5}tsʰiəu^{53}xei$_{44}$iet^{3}iet^{3}tsak^{3}kan^{21}ke^{53}təŋ^{35}si^{0}təu^{21}li^{0}ko^0,cʰi^{13}ʂət^{5}tsʰiəu^{53}xei^{53}iet^{3}iet^{3}tsak^{3}kan^{21}ke^{53}təŋ^{35}si^{0}təu^{21}li^{0}ko^0,ci^{13}kai^{53},kai$_{44}$təŋ^{35}si^{0}lei^0,cʰi$_3^{13}$ʂət$_3^5$lei^{0}tsʰiəu^{53}xei^{53}iet^{3}tsak^{3}mak^{3}e$_{44}$(←ke^{53})lei^0?ci^{13}təu^{21}li^{0}i^{21}iaŋ$_{44}$tsɻ̩^{0}u^{21}tsak^{3}cʰiek^3,u^{21}tsak^{3}cʰiek^{3}a^0,tsak^{3}ŋan^{21}na^0.kai^{53}təŋ^{35}si^0,tɔŋ^{35}kai$_{21}$ke^{53}təŋ$_{44}$si^{0}iəu^{13}ko^{53}lɔi$_{21}$ke$_{44}$sɻ̩^{13}xei^{53}tsɻ̩^{0},tsən^{53}xau^{21}tet^{3}a^{53}(←xa^{53})i^{21}tsak^{3}ŋan^{21}təu^{21}li^0.tet^{3}a^{53}(←xa^{53})i^{21}tsak^{3}ŋan^{21}təu^{21}kai$_{44}$li^0,tsʰiəu$_{44}$tsʰɔn^{35}uən^{21}ni^0.tsɻ̩^{21}ɔi^{53}lak^{5}tau^{21}mak^{3}əŋ$_{44}$(←təŋ^{35})si^{0}tin^{21}na$_{44}$(←xa^{53})ʂɔŋ$_{44}$çi$_{44}$,iet^{3}pɔit^{3}ek$_5$(←xek^3)ko^{21}çi$_{44}$,kai$_{21}$təŋ$_{44}$si^{0}tsʰiəu$_{44}$ta^{21}kʰɔi$_{44}$lɔi^{13}li^{0}kai$_{44}$ke^{53}so^{21}tsʰiəu$_{44}$.e$_{21}$.kai^{53}muk^{3}so^{21}tsʰiəu^{53}tsɻ̩^{21}tsɻ̩^{21}ɔi…ci^{13}ke^{53}pau^{21}miet^{5}çiau^{53}ko^{21}tsʰiəu^{53}fei…fei^{53}ʂɔŋ$_{21}$tsʰa^{53}.na$_{21}$tsiəu$_{44}$tsei^{0}iəŋ$_{21}$i^{35}u^{21}kʰɔi^{35}lɔi^{13}.

牛尾锁

牛尾锁，我还用过牛尾锁。牛尾锁。ɲiəu^{13}mi$_{44}$so^{21},ŋai$_{21}$xai^{13}iəŋ^{53}ko$_{44}$ɲiəu^{13}mi^{35}so^{21}.ɲiəu^{13}mi^{35}so^{21}.（牛尾锁什么样子呢？）嗯。m̩$_{21}$.（牛头锁啊？）欸，牛……牛尾锁，我等硬话牛尾锁。欸，一只圆圈圈，箇锁膛肚里就系圆圈圈。渠就唔有只咁个套套子，咁子套下出来。欸，套下出来。就以映就形

成一只箇圈圈样哟，系呀？欸，形成只圈圈样。嗯，箇只箇只机关，就去以只……以只……以只圆……圆……锁肚子里，机关就去箇肚子里。欸机关嘞就系咁个么啊嘞？就系一条……两条咁个只……铁片，铁片，会□翘起来个，会□起来。渠正因为搂下进去，搂下进去个时候子，以只口上细滴子，就夹稳渠，使渠箇块使渠箇块咁子□起下子来个东西嘞，就夹拢下子来，夹拢下子。就搂稳进，系啊，搂进箇肚里去。但是一搂去以映子，过嘿哩箇只墩，渠就放……放下起来，渠就弹起来哩。但是你扯就扯唔出哩啊。就以只东西就顶稳箇只头上啊。顶稳个。箇一般个锁都系咁个原理。

e₂₁ɲiəu¹³…ɲiəu¹³mi³⁵so²¹,ŋai₂₁tien⁰ɲiaŋ⁵³ua⁵³ɲiəu¹³mi³⁵so²¹.e₂₁,iet³tʂak³ien¹³chien₄₄³⁵ chien³⁵,kai⁵³so²¹thɔŋ²¹təu²¹li⁰tshiəu⁵³xe₂₁ien¹³chien₄₄³⁵chien³⁵.ci³tshiəu⁵³m̩₂₁iəu¹³tʂak³ kan²¹ke₄₄⁵³thau⁵³thau⁵³tsṛ⁰,kan²¹tsṛ⁰thau⁵³xa₄₄⁵³tʂət³ləi₂₁¹³.e₂₁,thau⁵³ua₄₄(←xa⁵³)tʂət³ ləi₂₁¹³.tshiəu₄₄⁵³i²¹iaŋ⁵³tshiəu⁵³çin¹³tʂən⁰iet³tʂak³kai₄₄⁵³chien³⁵chien₄₄³⁵iaŋ₄₄⁵³ʂa⁰,xei₄₄⁵³ ia⁰?e₂₁,çin¹³tʂən₂₁¹³tʂak³chien³⁵chien₄₄³⁵iɔŋ⁵³.m̩₂₁,kai⁵³tʂak³kai⁵³tʂak³ci³⁵kuan³⁵,tshiəu⁵³ çi⁵³i²¹tʂak³…i²¹tʂak³…i²¹tʂak³ien¹³…ien¹³…so²¹təu²¹tsṛ⁰li⁰,ci³⁵kuan³⁵tshiəu₄₄⁵³çi₄₄⁵³kai₄₄⁵³ təu²¹tsṛ⁰li⁰.ue₄₄⁵³ci³⁵kuan₄₄³⁵nei⁰tshiəu₄₄⁵³xe₄₄⁵³kan²¹cie₄₄⁵³mak³a⁰lei⁰?tshiəu⁵³xe⁵³iet³ thiau¹³…iɔŋ²¹thiau¹³kan²¹ke₄₄⁵³tʂak³…thiet³phien⁵³,thiet³phien⁵³,uɔi¹³ɲiau⁵³çi²¹ləi₂₁¹³ ke⁵³,uɔi⁵³ɲiau³⁵çi²¹ləi₂₁¹³.ci¹³tʂən⁵³in³⁵uei⁵³tʂən²¹ŋa₃₅(←xa⁵³)tsin⁵³çi⁵³,tshɔŋ²¹ŋa₃₅ (←xa⁵³)tsin⁵³chi¹³ke₄₄⁵³¹³xei⁵³tsṛ⁰,i²¹tʂak³xei²¹xɔŋ₄₄⁵³se⁵³tiet³tsṛ⁰,tshiəu₄₄⁵³kait³uən²¹ ci₄₄¹³,sṛ²¹ci¹³kai₄₄⁵³khuai₄₄⁵³sṛ²¹ci¹³kai₄₄⁵³khuai⁵³kan²¹tsṛ⁰ɲiau³⁵çi²¹a₄₄(←xa⁵³)tsṛ⁰ləi₂₁¹³ke₄₄⁵³təŋ₃₅³⁵ si⁰lei⁰,tshiəu₄₄⁵³kait³ləŋ³⁵ŋa⁵³(←xa⁵³)tsṛ⁰ləi₂₁¹³,kait³ləŋ³⁵ŋa⁵³(←xa⁵³)tsṛ⁰.tshiəu₄₄⁵³tʂən²¹ uən²¹tsin⁵³,xe₄₄⁵³a⁰,tshɔŋ²¹tsin⁵³kai₄₄⁵³təu²¹li⁰çi₄₄⁵³.tan⁵³sṛ⁵³iet³tshəŋ₅₃²¹chi₄₄⁵³²¹iaŋ⁵³tsṛ⁰,ko⁵³ek³ (←xek³)li⁰kai₄₄⁵³tʂak³tɔn⁵³,ci¹³tshiəu⁵³faŋ⁵³…faŋ⁵³ŋa₄₄(←xa⁵³)çi²¹ləi₂₁¹³,ci¹³tshiəu⁵³than¹³ chi²¹ləi¹³li⁰.tan⁵³sṛ⁵³ɲi¹³tʂha²¹tshiəu⁵³tʂha²¹n̩₂₁¹³tʂət³lia⁰.tshiəu₄₄⁵³i²¹tʂak³təŋ³⁵si⁰tshiəu⁵³ tin²¹uən²¹kai⁵³tʂak³thei₂₁¹³iɔŋ⁰(←xɔŋ⁵³)ŋa⁰.tin²¹uən²¹ke⁰.kai⁵³iet³pɔn³⁵ke⁵³so²¹təu⁵³ xei⁵³kan²¹ke₄₄⁵³vien¹³ni₄₄³⁵.

箇你开锁个时候子嘞就让门子开嘞？就拿倒锁匙，塞下进去，塞下进去以后嘞，扳一下，分以只东西搂下去，箇锁匙咯，一只子工字子样个锁匙，咁子一……一扳下去，就一……一……以只……以只翘起来个东西就就回哩原……原位，就就转去哩，就平嘿哩。箇就拿得出了。欸，都系原理都系咁子个，欸这个牛尾锁也好，老式箇箇箇起咁个，安做么啊锁唠？老式……原先个。kai⁵³ni₂₁¹³khɔi¹³so²¹ke₄₄⁵³sṛ²¹xei⁵³tsṛ⁰lei⁰tshiəu⁵³ɲiɔŋ₄₄⁵³mən⁰tsṛ⁰khɔi³⁵ lei⁰?tshiəu₄₄⁵³lak⁵tau²¹so²¹tsṛ⁰,tset³la₄₄(←xa⁵³)tsin⁵³chi₄₄⁵³,tset³la₄₄(←xa⁵³)tsin₄₄⁵³chi₄₄³⁵i₄₄³⁵ xei₄₄⁵³lei⁰,pan³⁵iet³xa⁵³,pən³⁵i²¹tʂak³təŋ₄₄³⁵si⁰tshəŋ²¹xa⁵³çi₄₄⁵³,kai₄₄⁵³so²¹sṛ⁰ko⁰,iet³tʂak³tsṛ⁰ kəŋ⁰tshṛ⁵³tsṛ⁰iɔŋ₄₄⁵³ke⁵³so²¹sṛ⁰,kan₁₃²¹tsṛ⁰iet³…iet³pan³⁵na₄₄(←xa⁵³)çi₄₄⁵³,tshiəu⁵³iet³…

iet³…i²¹tʂak³ s…i²¹tʂak³ cʰiau⁵³çi²¹ləi¹³ke⁵³₄₄təŋ³⁵si⁰ tsʰiəu⁵³₄₄tsʰiəu⁵³₄₄fei²¹₂₁li⁰ ien¹³…vien¹³ uei⁵³,tsʰiəu⁵³₄₄tsʰiəu⁵³₄₄tʂɔn²¹çi⁵³li⁰,tsʰiəu⁵³₄₄pʰiaŋ¹³ŋek³(←xek³)li⁰.kai⁵³₄₄tsʰiəu⁵³₂₁la³⁵tek³ tʂʰət³ liau⁰.e₄₄təu³⁵xe⁵³₂₁vien¹³₂₁li¹³⁵təu³⁵xe⁵³₄₄kan²¹tʂ˞⁰ ke⁵³,e₂₁tʂe⁵³₄₄ke⁵³₄₄ɲiəu¹³mi³⁵so²¹a³⁵₄₄ xau²¹,lau²¹ʂ˞⁵³₂₁kai⁵³₄₄kai⁵³₄₄kai⁵³çi²¹kan⁵³ke⁵³₄₄,ɔn⁵³₄₄tso⁵³₄₄mak³a⁰so²¹lau⁰ ?lau²¹ʂ˞…ien¹³₂₁sien³⁵₄₄ ke⁵³₄₄.

炙火

1. 以只就火斗，欸，箇就火斗。欸。还有架子嘞面上嘞，一只火斗嘞。欸。以只就安做火焙子。火焙子。嗯。以只就火斗。<u>系唔系</u>一只角撮。角撮。欸箇篓公。以只又火焙子唠。欸。篾箍做个。欸。做成咁个圆个，欸。渠有两层嘞，隔做两层呃，<u>系唔系</u>？中间用篾箍子做只到隔到，底下就放火，放火箱火斗，放斗子也做得，火笼也做得，火钵也做得。i²¹iak³ tsʰiəu⁵³ fo²¹tei²¹,ei₂₁,kai₄₄tsʰiəu⁵³fo²¹tei²¹.ei₄₄,xai²¹₂₁iəu³⁵ka⁵³tʂ˞⁰le⁰ mien⁵³₄₄xɔŋ⁵³₄₄le⁰,iet³tʂak³₄₄fo²¹ tei²¹le⁰.e₂₁.i²¹tʂak³ tsʰiəu⁵³₄₄ɔn⁵³₄₄tso⁵³₄₄xo²¹pʰɔi⁵³tʂ˞⁰.fo²¹pʰɔi⁵³tʂ˞⁰.m̩²¹.i²¹tʂak³ tsʰiəu⁵³fo²¹ tei²¹,xei⁵³₄₄mei₄₄(←m̩¹³xei⁵³)iak⁵(←iet³tʂak³)kɔk³ tsʰait³.kɔk³ tsʰait³.e⁵³kai⁵³li²¹kəŋ³⁵. i²¹tʂak³ iəu⁵³xo²¹pʰɔi⁵³tʂ˞⁰lau⁰.e₂₁.miet⁵sak³ tso⁵³₄₄ke⁵³₄₄.e₂₁.tso⁵³ʂaŋ³⁵₂₁kan²¹ke³⁵₃₅ien¹³ ke⁵³₄₄,e₂₁.ci¹³iəu³⁵₅₃iɔŋ⁵³tsʰien¹³ne⁰,kak³tso⁵³iɔŋ²¹tsʰien¹³nau⁰,xe⁵³me₄₄(←m̩¹³xe⁵³)?tʂəŋ³⁵₄₄ kan³⁵₄₄iəŋ⁵³₄₄miet⁵sak³tʂ˞⁰ tso⁵³₄₄tʂak³ tau²¹kak³tau²¹₂₁,te⁵³xa₅₃tsiəu⁵³₄₄fɔŋ⁵³fo²¹,fɔŋ⁵³fo²¹siɔŋ³⁵ fo²¹tei²¹,fɔŋ⁵³fo²¹tei²¹a⁵³₄₄tso⁵³tek³,fo²¹ləŋ³⁵ŋa³⁵₄₄tso⁵³tek³,fo²¹pait⁰a⁵³₄₄tso⁵³tek³.

2. 火焙子也有用树……木板子做个嘞。木板子做个。以前我等箇只屋就有有只有只地主，有只唔知几有钱个人，渠个渠个嫁妆肚里就有只火……有只树……木板子做个嘞，火柜，火，安做么个火柜炙火，唔系火箱哦。渠就树板子做个。欸。箇系晓得花一口子人工做个。渠屋下有钱呐，请人做。一般是用篾箍做个嘞。正欸箇箇箇箇你箇照片肚里篾箍做唠。xo²¹pʰɔi⁵³tʂ˞⁰ ia³⁵iəu³⁵iəŋ⁵³ʂəu⁵³p…muk³pan²¹tʂ˞⁰tso⁵³₄₄ke⁵³lei⁰.muk³pan²¹tʂ˞⁰tso⁵³ ke⁵³₄₄.i³⁵₄₄tsʰien¹³₂₁ŋai¹³tien⁰kai²¹tʂak³uk³tsʰiəu⁵³₄₄iəu₄₄iəu⁵³₃tʂak³iəu³⁵tʂak³tʰi⁵³tʂ˞²¹,iəu³⁵ tʂak³n̩¹³ti¹³₅₃ci¹³iəu³⁵tsʰien¹³ke⁵³ɲin¹³,ci¹³ke⁵³ci¹³ke⁵³ka⁵³tsɔŋ³⁵təu²¹li⁰tsʰiəu⁵³₄₄iəu³⁵tʂak³ xo²¹…iəu³⁵tʂak³ʂəu⁵³…muk³pan²¹tʂ˞⁰tso⁵³₄₄ke⁵³₄₄lei⁰,xo²¹kʰuei⁵³,xo²¹,ɔn⁵³tso⁵³₄₄mak³e₄₄ (←ke⁵³)fo²¹kʰuei⁵³tʂak⁵fo²¹,m̩¹³pʰe⁵³(←xe⁵³)xo²¹siɔŋ³⁵ŋo⁰.ci¹³tsʰiəu⁵³₄₄ʂəu⁵³pan²¹tʂ˞⁰ tso⁵³₄₄ke⁵³₄₄.e₂₁.kai⁵³xe⁵³çiau²¹tek⁵fa³⁵₄₄iet³tsiau³⁵₄₄tʂ˞⁰ɲin¹³₂₁kəŋ³⁵tso⁵³ke⁵³₂₁.ci¹³uk³xa₄₄iəu³⁵ tsʰien¹³₂₁na⁰,tsʰiaŋ²¹ɲin¹³tso⁵³₄₄ke⁵³.iet³pɔn³⁵ʂ˞⁵³₄₄iəŋ⁵³₄₄miet⁵sak³tso⁵³₄₄ke⁵³₄₄lei⁰.tʂaŋ⁵³ei⁰kai⁵³ kai⁵³₄₄kai⁵³₄₄kai⁵³₄₄ɲi²¹₂₁kai⁵³₄₄tʂau⁵³₄₄pʰien⁵³₄₄təu²¹li⁰miet⁵sak³tso⁵³₄₄lau⁰.

3. 炙火，我等以映子就我客家人就有咁个唠，从最大个就火炉间，系<u>唔系</u>啊？欸，火炉间以下就火盆。落尾就唔系火缸唠，系呀？火缸嘞以下就火斗。我等客姓人最多个就火斗搣火笼。如今火笼就冇得哩，我等以映火笼冇得哩，火斗就还有。火斗，火斗就木做个。火笼就篾箪做个。$tṣak^3$ fo^{21},$ŋai^{13}tien^0$ $i^{21}_{44}iaŋ^{53}tsŋ^0$ $tsʰiəu^0$ $ŋai^{13}_{44}kʰak^3$ $ka^{35}_{53}ɲin^{13}_{21}tsʰiəu^{53}_{44}iəu^{35}_{44}kan^{21}_{13}cie^{53}_{44}lau^0$,$tsʰəŋ^{13}$ $tsei^{53}tʰai^{53}_{13}ke^{53}_{53}tsiəu^{53}_{44}fo^{21}ləu^0kan^{35}$,$xei^{53}_{44}me_{44}(←m̩^{13}xe^{53})a^0$ $ʔe_{21}$,$fo^{21}ləu^{13}kan^{53}i^{35}xa^{53}$ $tsʰiəu^{53}_{44}fo^{21}pʰən^{13}$.$lək^5$ $mi^{35}_{44}tsʰiəu^{53}_{44}m̩^{13}_{21}pʰe_{44}(←xe^{53})fo^{21}kɔŋ^{35}lau^0$,$xei^{53}_{44}ia^0$ $ʔfo^{21}kɔŋ^{35}lei^0$ $i^{35}_{21}xa^{53}tsʰiəu^{53}_{44}fo^{21}tei^{21}$.$ŋai^{13}_{21}tien^0$ $kʰak^3$ $sin^{53}_{44}ɲin^{13}tsei^{53}to^{35}_{44}ke^{53}_{53}tsʰiəu^{53}_{44}fo^{21}tei^{21}lau^{35}fo^{21}$ $ləŋ^{13}$.$i^{13}_{21}cin^{35}_{44}fo^{21}ləŋ^{13}tsʰiəu^{53}mau^{21}_{44}tek^3li^0_{44}$,$ŋai^{13}_{21}tien^0$ $i^{21}iaŋ^{53}_{44}fo^{21}ləŋ^{13}mau^{21}_{21}tek^3li^0$,$fo^{21}tei^{21}$ $tsʰiəu^{53}xai^{53}_{21}iəu^{35}_{44}$.$fo^{21}tei^{21}$,$fo^{21}tei^{21}tsʰiəu^{53}muk^3$ $tso^{53}_{44}ke^{53}_{44}$.$fo^{21}ləŋ^{13}tsʰiəu^{53}_{44}miet^5$ sak^3 tso^{53}_{44} ke^{53}_{44}.（火斗是瓷的，陶瓷的是吧？）唔系，火斗系木做个，树做个。$m̩_{21}xe^{53}$,fo^{21} $tei^{21}xei^3muk^3$ $tso^{53}_{44}ke^{53}_{44}$,$ṣəu^3tso^{53}_{44}ke^{53}_{44}$.（噢，这个火笼就是竹的。）竹……火笼就竹个。如今火笼就冇得哩，我等以映火笼冇得哩。火斗就还有。$tṣəuk^3$…fo^{21} $ləŋ^{13}tsʰiəu^{53}tṣəuk^3$ ke^{53}.$i^{13}_{21}cin^{53}fo^{21}ləŋ^{13}tsʰiəu^{53}mau^{13}tek^3li^0$,$ŋai^{13}tien^0$ $i^{21}iaŋ^{53}xo^{21}ləŋ^{13}$ $mau^{13}tek^3li^0$.$fo^{21}tei^{21}tsʰiəu^{53}xai^{21}_{21}iəu^{35}_{44}$.

4. 箇是火缸也算只嘞。火缸啊火缸也就系火盆箇一类个东西唠。火缸就……瓦个，系，瓦做个。火缸也应该算上去嘞。渠就应该放在火盆个后背。火炉间，歆，火盆，火缸，火斗，火笼。$kai^{53}_{44}ṣŋ^{53}_{44}fo^{21}kɔŋ^{35}ŋa_{44}(←ia^{35})sɔn^{53}$ $tṣak^3$ lei^0.$fo^{21}kɔŋ^{35}ŋa^0$ $fo^{21}kɔŋ^{35}ia^{53}tsiəu^{53}_{44}xei^{53}_{44}fo^{21}pʰən^0$ $kai^{53}_{44}iet^{53}_{44}lei^0ke^{53}_{44}təŋ^{35}_{44}si^0$ lau^0.$xo^{21}kɔŋ^{35}tsʰiəu^{53}_{44}$…$ŋa^{21}ke^{53}_{44}$,$xe^{53}_{44}$,$ŋa^3tso^{53}_{44}ke^{53}_{44}$.$fo^{21}kɔŋ^{35}ŋa_{44}(←ia^{35})in^{53}kɔi^{35}_{44}sɔn^{53}$ $ṣɔn^{53}_{44}çi^{53}lei^0$.$ci^{13}tsʰiəu^{53}_{44}in^{13}_{44}kɔi^{35}_{44}fɔŋ^{53}_{44}tsai^{53}_{44}xo^{21}pʰən^{13}cie^{53}_{44}xei^3pɔi^{53}$.$fo^{21}ləu^{13}kan^{35}$,$e_{21}$,$fo^{21}$ $pʰən^{13}$,$fo^{21}kɔŋ^{35}$,$fo^{21}tei^{21}$,$fo^{21}ləŋ^{35}$.

5. 搞么啊用个啦？火炉。炙火个吧？火盆，火炉。嗯嗯，有哇，有哇，铁个噢，火炉啊。炉子唔……唔系用来装火个嘞，炉子是炉炉子是用来装装水个嘞。唔。但是火炉就喊火炉哇，提倒走得个有哇。我等罉多用凑。火炉有哇。$kau^{21}mak^3$ $a^0iəŋ^{53}ke^{53}_{44}la^0$ $ʔfo^{21}ləu^{13}$.$tṣak^3$ $fo^{21}ke^{53}pa^0$ $ʔfo^{21}pʰən^{13}$,$fo^{21}ləu^{13}$.$ṇ̩_{21}$ $ṇ̩_{21}$,$iəu^{35}ua^0$,$iəu^{35}ua^0$,$tʰiet^3$ $ke^{53}au^0$,$fo^{21}ləu^{13}a^0$.$ləu^{13}tsŋ^0$ $m̩^{13}$…$m̩^{13}pʰe^{53}(←xe^{53})iəŋ^{53}lɔi^{13}_{21}$ $tṣəŋ^{35}fo^{21}ke^0le^0$,$ləu^{13}tsŋ^0$ $ṣ̩^{53}_{44}ləu^{13}ləu^{13}tsŋ^0$ $ṣ̩^{53}_{44}iəŋ^{53}lɔi^{13}_{21}tṣɔŋ^{35}$ $tṣɔŋ^{35}ṣei^0$ ke^0le^0.$m̩_{21}$.tan^{53}_{44} $ṣ̩^{53}_{44}fo^{21}ləu^{13}tsʰiəu^{53}xan^3$ $fo^{21}ləu^{13}ua^0$,$tʰia^{53}tau^0tsei^{21}tek^3$ $ke^{53}iəu^{35}ua^0$.$ŋai^{13}tien^0maŋ^{13}$ $to^{35}iəŋ^{53}tsʰe^0$.$fo^{21}ləu^{13}iəu^{35}ua^0$.（炉子装水。）炉子啊，系啊。机器炉子啊。箇唔系装水个？唔。机器炉子啊。箇个钢筋炉子啊，唔系装水呀，唔系装水唔系用来蒸饭蒸菜呀？唔。炉子啊，也有炉子咯。$ləu^{13}tsŋ^0a^0$,$xei^{53}_{44}a^0$.$ci^{35}_{44}çi^{53}$ $ləu^{13}tsŋ^0a^0$.$kai^{53}_{44}m̩^{13}_{21}pʰe_{44}(←xe^{53})tṣɔŋ^{35}ṣei^0ke^0$ $ʔm̩_{21}$.$ci^{35}_{44}çi^{53}$ $ləu^{13}tsŋ^0a^0$.$kai^{53}_{44}ke^{53}_{44}kuaŋ^{53}_{44}$ $tɕin^{35}_{44}ləu^{13}tsŋ^0a^0$,$m̩^{13}_{21}pʰe_{44}(←xe^{53})tṣɔŋ^{35}ṣei^{21}ia^0$,$m̩^{13}_{21}pʰe_{44}(←xe^{53})tṣɔŋ^{35}ṣei^{21}m̩^{13}_{21}pʰe^{53}_{44}iəŋ^{53}$ $lɔi^{13}_{21}tṣən^{53}fan^{53}tṣən^{35}tsʰɔi^{53}ia^0$ $ʔm̩_{21}$.$ləu^{13}tsŋ^0a^0$,$ia^{53}iəu^{35}_{44}ləu^{13}tsŋ^0ko^0$.（火盆还是火炉？）火钵，火盆也有，火钵也有，火缸，舞只烂面盆装火屎……装火，

放滴灰，铲滴火屎去就安做火盆呐。唔。欸，舞倒火钵呀，舞只火缸哦，
只买个火缸哦。欸，系系，箇起就火盆，铁个。嗨。火钵是火钵是陶器个
也做得，就舞只面……面盆欸陶器个。fo²¹pait³,xo²¹pʰən³⁵na⁴⁴iəu⁵³,xo²¹pait³a⁴⁴
iəu³⁵,fo²¹kɔŋ³⁵,u²¹tʂak³lan⁵³mien⁵³pʰən¹³tʂɔŋ³⁵fo²¹ʂ···ʂɔŋ³⁵fo²¹,fɔŋ₄₄tiet⁵fɔi⁵³,tsʰan²¹
tiet⁵fo²¹ʂ₁²¹çi⁵³tsʰiəu₄₄ɔn₄₄tso₄₄fo²¹pʰən³⁵na⁰.m̩₂₁.e₂₁,u²¹tau²¹xo²¹pait³ia⁰,u²¹tʂak³fo²¹
kɔŋ³⁵ŋo⁰,tʂak³mai³⁵ke⁵³fo²¹kɔŋ³⁵ŋo⁰.e₂₁,xe₂₁xe₂₁,kai³çi²¹tsʰiəu³⁵xo²¹pʰən¹³,tʰiet³
ke⁵³.m̩₂₁.fo²¹pait³ʂ₁⁵³fo²¹pait³ʂ₁⁴⁴tʰau¹³çi⁵³ke₄₄a⁴⁴tso⁵³tek³,tsʰiəu⁵³u²¹tʂak³mien⁵³···
mien⁵³pʰən₂₁¹³e₂₁tʰau¹³çi⁵³ke⁵³.（火钵还带盖子吧？）火钵有得盖，就火缸就有，
有滴有盖个。火缸。fo²¹pait³mau¹³tek³kɔi⁵³,tsʰiəu⁵³fo²¹kɔŋ⁵³tsʰiəu⁵³₄₄iəu³⁵,iəu³⁵tiet⁵
iəu³⁵kɔi⁵³ke₂₁⁵³.fo²¹kɔŋ³⁵.（火钵是什么样子的？）火盆就口大滴子啦，口大滴
子唠，还可以烧火唠，在上背来烧火个唠。欸，火盆嗳。照你话个还还有
一只炙火个架子唠。火钵细滴子，火钵更细滴子，是陶器个，用陶器做个。
嗨。做只钵子啊。fo²¹pʰən¹³tsʰiəu⁵³xei²¹tʰai³tiet⁵tsʅ⁰la⁰,kʰei²¹tʰai⁵³tiet⁵tsʅ⁰tsʅ⁰
lau⁰,xai¹³kʰo²¹i³⁵ʂau₄₄fo²¹lo⁰,tsʰai⁵³ʂɔŋ⁵³pɔi⁵³lɔi₂₁¹³ʂau₄₄xo²¹ke⁵³lau⁰.e₂₁,fo²¹pʰən¹³nau⁰.
tʂau⁵³₄₄ni³ua⁵³₄₄ke⁵³xai¹³xai⁵³iəu¹³iet³tʂak³tʂak³fo²¹ke⁵³₄₄ka⁵³tsʅ⁰lau⁰.fo²¹pait³se⁵³tiet⁵tsʅ⁰,
fo²¹pait³cien₄₄se⁵³tiet⁵tsʅ⁰,ʂʅ⁵³₄₄tʰau₂₁¹³çi⁵³ke⁵³,iəŋ⁵³tʰau¹³çi⁵³tso⁵³ke₄₄.m̩₂₁.tso₄₄tʂak³pait³
tsʅ⁰a⁰.（它就是要放到什么里面？）欸，也可以放下放只架子放倒。面上
盖只架子。箇就不能烧火。也就因为陶器个，会爆。铁个就系火盆。嗨。
e₂₁,ia³kʰo²¹i³⁵fɔŋ⁵³₄₄ŋa⁰fɔŋ⁵³₄₄tʂak³ka⁵³tsʅ⁰fɔŋ³tau²¹.mien⁵³xɔŋ⁵³kɔi⁵³₄₄tʂak³ka⁵³tsʅ⁰.kai⁵³₄₄
tsʰiəu⁵³₄₄pət³nen¹³ʂau₄₄xo²¹.ie²¹tsiəu₄₄in⁵³uei₄₄tʰau¹³çi⁵³ke₄₄,uɔi₄₄pau⁵³.tʰiet³ke⁵³tsʰiəu⁵³
xe⁵³fo²¹pʰən¹³.m̩₂₁.（那火钵怎么用呢？）火钵就铲滴火屎啊，放滴炭子去啊，
边上就放滴灰呀。同火缸差唔多啊火钵子啊。fo²¹pait³tsʰiəu⁵³tsʰan²¹tiet⁵fo²¹
ʂʅ²¹çi³a⁰,fɔŋ⁵³tet⁵tʰan³tsʅ⁰çi⁵³a⁰,pien³⁵xɔŋ⁵³₄₄tsʰiəu₄₄fɔŋ⁵³₄₄tet⁵fɔi⁵³ia⁰.tʰəŋ¹³fo²¹kɔŋ³⁵tsa³⁵
ŋ̩₂₁¹³to³⁵a⁰fo²¹pait³tsʅ⁰a⁰.（它就没盖？）冇盖，欸，冇得盖火钵就，嗯。火缸
有。也有滴火缸冇盖啦。mau¹³kɔi⁵³,e₂₁,mau¹³tek³kɔi⁵³fo²¹pait³tsʰiəu⁵³,ŋ̩₂₁.fo²¹
kɔŋ³⁵iəu³⁵.ia³⁵iəu³⁵tet⁵fo²¹kɔŋ³⁵mau¹³kɔi⁵³la⁰.（火筷子呢？）火筷子就撬火个唠，
造火个唠，安做火杯子嘞。xo²¹kʰuai⁵³tsʅ⁰tsʰiəu⁵³uak⁵fo²¹ke⁵³lau⁰,tsʰau⁵³fo²¹ke⁵³
lau⁰,ɔn₄₄tso⁵³₄₄fo²¹pai³⁵tsʅ⁰lei⁰.（好，你们这里呢冬天烤火除了刚才讲的那些还
有什么？）还有火笼啊，还有火斗哟。个人用个，一个子人用个，就有火
笼啊，还有火斗呀。xai¹³iəu₄₄³⁵fo²¹ləŋ³⁵ŋa⁰,xai¹³iəu₄₄³⁵fo²¹tei²¹io⁰.kɔ⁵³ɲin¹³iəŋ⁵³ke⁵³,iet⁵
cie⁵³tsʅ⁰ɲin¹³iəŋ¹³ke⁵³,tsʰiəu₄₄iəu³fo²¹ləŋ³⁵ŋa⁰.xai₂₁iəu₄₄fo²¹tei²¹ia⁰.（火笼跟火斗有
什么区别？）火笼系篾箍做个，用陶器个东西装灰装火。就系欸欸也就系
同箇陶瓷一就系一只一只个一只猛大个碗一样个东西啊。欸，可以提倒
走呀。系篾箍做个。火斗嘞就木做个，四四方方，方个。头到你看哩吧欸

箇只万老师个。火斗。树做个。可以坐人。还可以坐，坐箇火斗上。如今都还用嘞。如今都还用。以下子还有还有买哟。渠以下渠就唔铲火了嘞，做只箇火斗嘞。一双……第一好炙脚，一双脚捅下箇肚里去。欵，如今你要哪晡我带倒你到街上去看欸，有渠渠用烤欵插电个火斗。箇是带细人子个蹲桶啊。嗯。欵细人子炙火个。细人子炙火个啊。蹲桶。嗯。哦，还有火罾子火焙子啦。箇就不是炙火个工具。fo²¹ləŋ³⁵xe⁵³₄₄met⁵sak³tso⁵³₄₄ke⁵³,iəŋ⁵³tʰau¹³çi⁵³ke₄₄təŋ³⁵₄₄si⁰tʂɔŋ³⁵fɔi³⁵tʂɔŋ³⁵fo²¹.tsʰiəu⁴⁴xe₄₄e₂₁e₂₁ie²¹tsʰiəu³⁵xe⁵³₄₄tʰəŋ¹³kai⁵³tʰau¹³tsʰɿ¹³₄₄iet³tsʰiəu³⁵xe⁰iet³tʂak³iet³tʂak³mak³ke⁰iet³tʂak³mən³⁵tʰai⁵³ke₄₄uɔn²¹iet³iɔŋ⁵³ke⁵³₄₄təŋ³⁵si⁰a⁰.e₂₁,kʰo²¹i³⁵₄₄tʰia³⁵tau²¹tsei²¹ia⁰.xe₄₄miet⁵sak³tso⁵³₄₄ke⁵³.fo²¹tei⁰lei⁰tsʰiəu³⁵muk³tso⁵³₄₄ke₄₄,si³⁵si³⁵fɔŋ³⁵₄₄fɔŋ³⁵,fɔŋ³⁵ke⁵³₄₄.tʰei¹³tau⁵³₄₄ni¹³kʰɔn⁵³li⁰pa⁰e₂₁kai⁵³tʂak³uan²¹lau²¹sɿ³⁵₄₄ke⁵³.fo²¹tei²¹.ʂəu⁵³tso⁵³₄₄ke⁵³.kʰo²¹i³⁵tsʰo³⁵₄₄nin¹³.xai³⁵kʰo²¹i³⁵₄₄tsʰo³⁵,tsʰo⁵³kai₄₄fo²¹tei²¹xɔŋ⁵³.i²¹₂₁cin³⁵təu³⁵xai²¹₂₁iəŋ⁵³le⁰.i²¹₂₁cin³⁵təu⁵³₄₄xai₄₄iəŋ⁵³₄₄.i¹³₁₃xa²¹tsɿ⁰xai²¹iəu³⁵₄₄xai²¹iəu³⁵₄₄mai³⁵io⁰.ci²¹₂₁₁₃xa¹³ci¹³tsʰiəu⁵³m̩¹³tsʰan²¹fo²¹liau⁰lei⁰,tso⁵³tʂak³kai⁰fo²¹tei²¹le⁰.iet³s…tʰi⁵³iet³xau²¹tʂak³ciɔk³,iet³səŋ³⁵ciɔk³tʰəŋ²¹xa⁵³₄₄kai⁵³təu²¹li⁰çi⁵³.e₂₁.i¹³₁₃cin₄₄ni¹³iau₄₄lai⁵³pu³⁵ŋai¹³tai¹³tau²¹ni²¹₂₁tau¹³kai₄₄xɔŋ³⁵₄₄çi⁵³₄₄kʰɔn⁵³nau⁰,iəu¹³ci₄₄ci₄₄iəŋ³⁵₄₄kʰau²¹e₂₁tsʰait³tʰien⁵³ke⁵³fo²¹tei²¹.kai⁵³₄₄ʂɿ⁵³₄₄tai⁵³sei³⁵nin²¹₂₁tsɿ⁰ke⁰cʰi³⁵tʰəŋ²¹ŋa⁰.ŋ̩⁰.e₂₁sei³⁵nin²¹₂₁tsɿ⁰tʂak³fo²¹ke⁵³.sei³⁵nin¹³₂₁tsɿ⁰tʂak³fo²¹ke⁵³a⁰.cʰi³⁵tʰəŋ²¹.ŋ̩⁰.o₂₁,xai¹³iəu⁴⁴fo²¹tsien⁵³tsɿ⁰fo²¹pʰɔi⁵³tsɿ⁰la⁰.kai⁵³tsʰiəu³⁵pət⁵ʂɿ⁵³₄₄tʂak³fo²¹ke⁵³₄₄kəŋ³⁵₄₄tʂʰɿ⁵³.

暖桶

1. 昨晡昨晡箇只东西安做暖桶呐。tsʰo³⁵pu₄₄tsʰo³⁵pu₄₄kai⁵³tʂak³təŋ³⁵₄₄si⁰ɔn₄₄tso⁵³₄₄lɔn³⁵tʰəŋ²¹na⁰./暖桶啊？哪只东西噢东西安做暖桶？lɔn³⁵tʰəŋ²¹ŋa⁰?lai¹³ak³(←tʂak³)təŋ³⁵₄₄si⁰au⁰təŋ²¹₂₁si⁰ɔn₄₄tso⁵³₄₄lɔn³⁵tʰəŋ³⁵?/你话你话舞滴舞滴秆，舞滴棉花来塞下子箇只，分只茶壶放下进去箇个啊，安做暖桶啊。ni¹³₂₁ua⁵³ni¹³ua⁵³u²¹tiet⁵u²¹tiet⁵kɔn²¹,u²¹tiet⁵mien¹³₂₁fa₄₄lɔi²¹₂₁sek³xa⁵³tsɿ⁰kai⁵³tʂak³,pən³⁵tʂak³tsʰa²¹₂₁fu²¹₂₁fɔŋ⁵³₄₄xa₄₄tsin⁵³₄₄çi⁵³₄₄kai⁵³ke⁵³₄₄a⁰,ɔn³⁵tso⁵³lɔn³⁵tʰəŋ²¹ŋa⁰./哦，安做暖桶。欵，系系。o₂₁,ɔn₄₄tso⁵³lɔn³⁵tʰəŋ²¹.e₄₄,xe₂₁xe⁵³./箇只东西冇了，冇，你你等冇啊有吧？kai₄₄tʂak³təŋ³⁵₄₄si⁰mau¹³liau⁰,mau¹³,ni¹³ni¹³tien⁰mau¹³₄₄a⁰iəu³⁵₄₄pa⁰?/冇哪寻哩。mau¹³lai₄₄tsʰin²¹₂₁li⁰./啊？冇得。a₃₅?mau¹³tek³./冇哪寻哩。mau¹³lai₄₄tsʰin²¹₂₁li⁰/哪映子还有只暖桶噢？lai⁵³iaŋ⁵³tsɿ⁰xai¹³iəu³⁵tʂak³lɔn³⁵tʰəŋ²¹ŋau⁰?/哈？xa₃₅?/箇只暖桶啊。kai⁵³ak³(←tʂak³)lɔn³⁵tʰəŋ²¹a⁰./暖茶壶个啊？lɔn³⁵tsʰa¹³fu²¹₂₁ke⁵³a⁰?/暖桶啊！lɔn³⁵tʰəŋ²¹ŋau⁰./暖桶哦？箇是放茶壶个唠？lɔn³⁵tʰəŋ²¹ŋo⁰?kai⁵³ʂɿ⁵³₄₄fɔŋ³⁵tsʰa¹³fu¹³ke⁵³lau⁰?/系呀。xei⁵³₄₄ia⁰./系呀，放茶壶个。放滴舞滴棉花箇只包稳哪。xei⁵³₄₄ia⁰,fɔŋ³⁵tsʰa¹³fu¹³ke⁵³.fɔŋ⁵³tet⁵u³⁵tet⁵mien¹³fa³⁵kai₄₄tʂak³pau³⁵uən²¹na⁰./欵，还有还有么？你箇脑高还有

还有么？啊？e^0,$xai_{44}^{13}iəu_{44}^{35}xai_{21}^{13}iəu^{35}mo^0$?$ni_{53}^{13}kai^{53}lau^{21}kau_{53}^{35}xai_{44}^{13}iəu_{21}^{35}xai_{21}^{13}iəu^{35}$ mo^0?a_{35}^{35}?/冇得哩啊。$mau^{13}tek^3li^0a^0$./怀老！$fai^{13}lau^{21}$!/啊？a_{35}?/你脑高还有么？$ni_{44}^{13}lau^{21}kau_{44}^{35}xai^{13}iəu^{35}mo^0$?/我等上背呀？$ŋai_{21}^{13}tien^0$ $şəŋ^{53}pəi_{44}^{13}ia^0$?/欸。$e_{53}$./冇得哩。$mau^{13}tek^3li^0$./冇哩寻啊。$mau^{13}li^0tsh^hin_{53}^{13}a^0$./渠话渠话分你照出来箇相来话。 $ci_{44}^{53}ua_{44}^{53}ci_{44}^{53}ua_{44}^{35}pən^{35}ni_{21}^{13}tşau^{53}tş^hət^3ləi_{21}^{13}kai_{44}^{53}siəŋ^{53}ləi_{21}^{13}ua^{53}$.

2. 欸唔系昨晡讲哩暖桶？昨晡讲个暖桶，欸，啊寻就寻唔倒哩。暖桶啊。箇冬下……$e_{44}m_{}^{13}p^he_{44}$(←xe^{53})$tsh^ho_{21}^{35}pu_{53}^{35}kəŋ^{21}li^0lən^{35}t^həŋ^{21}$?$tsh^ho_{}^{35}pu_{53}^{35}kəŋ^{21}ke_{44}^{53}$ $lən^{35}t^həŋ^{21}$,e_{21},$a_{44}tsh^hin_{21}^{13}tsiəu^{53}tsh^hin_{21}^{13}n_{44}^{}tau^{21}li^0$.$lən^{35}t^həŋ^{21}ŋa^0$.$kai_{44}təŋ^{35}xa_{44}^{53}$…（你找到 啦？）哈？$xa_{35}$?（你找到啦？）赠找倒，赠寻倒。冇得哩寻嘞。欸，冇得 哩寻嘞。欸冬下头呀，以前冇热水瓶呐，冬下头个茶会冷啊，就舞下暖桶， 就系舞……箇开水装下茶壶肚里会冷，让门搞嘞？用棉絮一……棉絮包 稳。嗯，舞滴棉絮去包稳。就做只箇木桶，四四方方个木桶。以只桶有底， 冇盖。欸嘿，看呐。也……也有是有，有滴是也有盖唠。欸顶高嘞可以打 开来，可以拿出来，顶高个，顶高爱扳手吵，欸分箇分箇和和箇只桶扳转 来吵，正醦得茶出吵。底下以面前就有只缺子，就正好放箇只茶壶缺…… 茶壶嘴。伸出来，就醦，系啊？嗯，以下就一只箇四四方方个东西，嘿嘿。 用棉絮子棉絮子作只窠样，包稳。$maŋ^{13}tsau^{21}tau^{21}$,$maŋ^{13}tsh^hin^{13}tau^{21}$.$mau^{13}tek^3li^0$ $tsh^hin^{13}ne^0$.e_{21},$mau^{13}tek^3li^0tsh^hin_{44}^{13}ne^0$.$e_{44}təŋ^{35}xa_{44}^{53}t^hei_{44}^{13}ia^0$,$i_{53}^{35}tsh^hien_{21}^{13}mau^{13}niet^5şei^{21}$ $p^hin^{13}na^0$,$təŋ^{35}xa_{44}^{35}t^hei_{44}^{13}ke_{44}^{53}sh^ha^{13}uoi_{44}^{13}laŋ^{35}ŋa^0$,$tsh^hiəu^{53}u^{21}a_{21}$(←$xa^{53}$)$lən^{35}t^həŋ^{21}$,$tsh^hiəu^{53}$ ue^{53}(←xe^{53})$u^{21}p$…$kai_{44}^{53}k^hoi^{35}şei^{21}tşəŋ_{44}^{35}ŋa_{44}$(←$xa^{53}$)$tsh^ha^{13}fu_{21}^{21}təu^{21}li^0uoi^{13}laŋ^{35}$,$nioŋ_{21}^{53}$ $mən_{44}^{}kau^{21}lei^0$?$iəŋ^{53}mien^{13}si^{53}iet^3$…$mien^{13}si^{53}pau^{53}uən^{21}$.$m_{21}^{}$,$u^{21}tet^5mien^{13}si^{53}çi_{53}^{53}$ $pau^{35}uən^{21}$.$tsh^hiəu^{53}tso^{53}tşak^3kai_{44}^{53}muk^3t^həŋ^{21}$,$si_{53}^{53}si_{44}^{53}foŋ^{35}foŋ^{35}ke^{53}muk^3t^həŋ^{21}$.$iak^3$(←$i^{21}$ $tşak^3$)$t^həŋ^{21}iəu^{53}te^{21}$,$mau^{13}koi^{53}$.$e_{44}xe_{21}$,$k^hən_{44}^{13}na^0$.$ia^{13}i$…$ia^{13}iəu^{35}şŋ_{44}^{13}iəu^{53}$,$iəu^{53}tet^5şŋ_{44}^{13}$ $ia^{35}iəu^{35}koi^{53}lau^0$.$e_{44}təŋ^{21}kau_{44}^{35}lei^0k^ho^{21}i_{44}^{35}ta^{21}k^hoi_{44}^{35}ləi_{21}^{13}$,$k^ho^{21}i_{44}^{35}lak^5t^şət^3ləi^{13}$,$taŋ^{21}kau_{44}^{35}$ kei^{53},$taŋ^{21}kau_{44}^{35}oi_{44}^{35}pan_{44}^{35}şəu^{21}şa^0$,$e_{21}pən_{44}^{53}kai_{44}^{35}pən^{35}kai_{44}^{53}uo^{53}uo^{53}kai^{53}tşak^3t^həŋ^{21}pan^{35}$ $tşon^{21}n oi_{13}^{}şa^0$,$tşaŋ_{44}^{53}sai^{35}tek^3tsh^ha^{13}tş^hət^3şa^0$.$te^{21}xa_{44}^{53}i^{21}mien^{53}tsh^hien_{21}^{13}tsh^hiəu_{44}^{53}iəu_{44}^{35}tşak^3$ $c^hiet^3tsŋ^0$,$tsh^hiəu_{44}^{53}tşən^{53}xau^{21}foŋ^{53}kai^{53}tşak^3tsh^ha^{13}fu_{44}^{21}c^hiet^3$…$tsh^ha^{13}fu_{44}^{21}tsi^{21}$.$tş^hən^{53}tş^hət^3$ $ləi^{13}$,$tsh^hiəu_{44}^{53}sai^{35}$,$xei_{44}^{53}a^0$?$m_{21}^{}$,$i^{21}xa_{44}^{53}tsh^hiəu^{53}iet^3tşak^3kai_{44}^{53}si_{}^{53}si^{53}foŋ_{44}^{35}foŋ_{44}^{35}ke_{44}^{53}təŋ^{35}$ si^0,$xe_{44}xə_{21}$.$iəŋ^{53}mien^{13}si^{53}tsŋ^0mien^{13}si^{53}tsŋ^0tsok^3tşak^3k^ho^{21}ioŋ_{44}^{53}$,$pau^{53}uən^{21}$.（叫暖 桶？）暖桶。我欸以前我舅……舅爷等箇就有哇。我等屋下是冇得，咁个 都冇得。$lən^{35}t^həŋ^{21}$.$ŋai_{}^{13}e_{44}i_{44}^{35}tsh^hien_{21}^{13}ŋai_{21}^{13}c^hiəu^{35}$…$c^hiəu^{35}ia_{}^{13}ten^0kai_{53}^{53}tsh^hiəu_{44}^{53}iəu^{35}$ ua^0.$ŋai_{21}^{13}tien^0uk^3xa_{}^{53}şŋ^{53}mau^{13}tek^3$,$kan^{21}cie^{53}təu_{53}^{35}mau_{21}^{13}tek^3$.

火焙子

有起火焙子。火焙子嘞，箇就同箇一只子咁个柜子样嘞。同箇一只柜子样嘞。有以咁长啊，也用木做个，用树做个。底下就，底下顶高，顶高一层就放……放衫裤啊，放湿衫裤啊，爱焙个东西呀。底下就放只火笼去呀。欸，放只火个钵去呀，或者火……放只火钵呀，火笼啊，火缸啊，都可以放下底下。中间就用么个，用箇笪子，织倒个篾笪子啊，隔开来呀。莫分渠箇跌下去呀。iəu³⁵çi²¹fo²¹pʰɔi⁵³tsʅ⁰.fo²¹pʰɔi⁵³tsʅ⁰le⁰,kai⁵³tsʰiəu⁵³tʰəŋ¹³kai⁵³iet³tʂak³tsʅ³kan²¹cie⁵³kʰuei⁵³tsʅ⁰iɔŋ⁵³lei⁰.tʰəŋ¹³kai⁵³iet³tʂak³kʰuei⁵³tsʅ⁰iɔŋ⁵³lei⁰.iəu³⁵i²¹kan²¹tʂʰɔŋ¹³ŋa⁰.ia²¹₁iəŋ⁵³muk³tso⁵³ke₄₄,iəŋ⁵³₄₄ʂəu⁵³tso⁵³₄₄ke₄₄.tei²¹xa⁵³₄₄tsʰiəu⁵³₄₄,tei²¹xa⁵³₄₄taŋ²¹kau⁵³₄₄,taŋ⁵³₄₄iet³tsʰien¹³₂₁tsiəu²¹fɔŋ⁵³…fɔŋ⁵³san⁵³fu⁵³a⁰,fɔŋ⁵³ʂət³san³⁵fu⁵³a⁰,ɔi²¹₄₄pʰɔi⁵³ke²¹₂₁təŋ³⁵₄₄si⁰ia⁰.tei²¹xa⁵³₄₄tsʰiəu⁵³₄₄fɔŋ⁵³tʂak³xo⁰ləŋ³⁵çi⁵³ia⁰.e₂₁,fɔŋ⁵³tʂak³xo⁰ke⁰pait³çi⁵³₄₄ia⁰,xɔit⁵tʂa⁵³xo²¹…fɔŋ⁵³tʂak³xo²¹pait³ia⁰,xo²¹ləŋ³⁵ŋa⁰,fo²¹kɔŋ³⁵ŋa⁰,təu³⁵kʰo²¹i³⁵fɔŋ⁵³₄₄ŋa₄₄(←xa⁵³)tei²¹xa⁵³₄₄.tʂəŋ³⁵kan⁵³₄₄tsʰiəu⁵³₄₄iəŋ⁵³mak³ke⁵³₄₄,iəŋ⁵³kai⁵³tait³tsʅ⁰,tʂek³tau²¹ke⁵³₄₄miet⁵tait³tsʅ⁰a⁰,kak³kʰɔi²¹₄₄lɔi¹³₂₁ia⁰.mo⁵³pən³⁵ci²¹₂₁kai⁵³tet³xa⁵³₄₄çi⁵³₄₄ia⁰.

火罾子

1.（欸，如果是炕东西呢？）用得最多个就火罾子。底下放两只火笼。或者放只火盆，放下底下。用篾箪做个，猛大个眼。分衫裤放倒去去炼。分裤……衫裤放倒去去炼。火罾子。iəŋ⁵³tek³tsei⁵³to³⁵₄₄ke⁵³₄₄tsiəu⁵³fo²¹tsien⁵³₂₁tsʅ⁰.te²¹xa⁵³₄₄fɔŋ⁵³iɔŋ²¹tʂak³fo²¹ləŋ⁰.xɔit⁵tʂa²¹fɔŋ⁵³tʂak³xo²¹pʰən⁰,fɔŋ⁵³₄₄ŋa₄₄(←xa⁵³)te²¹xa⁵³₄₄.iəŋ⁵³₄₄miet⁵sak³tso⁵³₄₄ke₄₄,mən³⁵tʰai⁵³ke⁵³₄₄ŋan²¹.pən³⁵san³⁵fu₄₄fɔŋ⁵³tau⁰çi⁵³₄₄çi₄₄xɔk³.pən³⁵fu⁵³₄₄…san³⁵fu⁵³₄₄fɔŋ⁵³tau⁰çi⁵³₄₄çi₄₄xɔk³.fo²¹tsien²¹tsʅ⁰.

（呃，它是有这么高吧？）冇几高。冇几高，就咁高子。底下放火笼啊，火笼只有咁高子嘞。火笼只有咁高子嘞。火笼顶高还稍微高丁子嘞。有咁长子嘞。火罾子，安做火罾子。mau¹³ci²¹kau³⁵₄₄.mau¹³ci²¹kau³⁵₄₄,tsiəu⁵³kan²¹kau³⁵₄₄tsʅ⁰.te²¹xa⁵³fɔŋ⁵³xo²¹ləŋ²¹ŋa⁰,fo²¹ləŋ³⁵tsʅ⁰iəu₄₄kan²¹kau³⁵tsʅ⁰lei⁰.fo²¹ləŋ³⁵tsʅ⁰iəu₄₄kan²¹kau³⁵tsʅ⁰lei⁰.fo³⁵ləŋ³⁵taŋ²¹kau³⁵₄₄xai²¹₂₁sau³⁵uei¹³₂₁kau³⁵tin³⁵tsʅ⁰lei⁰.iəu³⁵₄₄kan²¹tʂʰɔŋ³⁵tsʅ⁰lei⁰.fo²¹tsien²¹tsʅ⁰,ɔn³⁵₄₄tso⁵³₄₄fo²¹tsien²¹tsʅ⁰.

（圆的还是方的？）欸，圆个，长个，都有；方个冇得。e₂₁,ien¹³cie⁵³,tʂʰɔŋ¹³ke⁵³,təu⁵³₄₄iəu⁵³₄₄;fɔŋ³⁵ke⁰mau¹³tek³.

2.（噢，烘衣服啊烘那些什么东西的器具呢？）箇就一只就火罾子。kai⁵³tsʰiəu⁵³₄₄iet³tʂak³tsʰiəu⁵³fo²¹tsen²¹tsʅ⁰.（火罾子啊？火罾子是什么个样子？）火罾子啊？用篾箪做个。底下嘞分箇个火嘞围起来。底下就可以放火笼啊，放火箱啊，放火盆呐，底下就放倒。就有蛮大子，系咁大子。圆个子。或者长……一只椭圆形。椭圆形个多啊。fo²¹tsien²¹tsʅ⁰a⁰ʔiəŋ⁵³₄₄met⁵sak³tso⁵³₄₄ke⁵³₄₄.te²¹xa⁵³₄₄le⁰pən³⁵kai⁵³₄₄ke⁵³₄₄fo²¹le⁰uei¹³çi²¹lɔi¹³₂₁.te²¹xa⁵³₄₄tsiəu⁵³kʰo²¹i¹³⁵fɔŋ⁵³fo²¹ləŋ³⁵ŋa⁰,fɔŋ⁵³fo²¹siɔŋ³⁵ŋa⁰,fɔŋ⁵³fo²¹pʰən¹³na⁰,te²¹xa⁵³₄₄tsʰiəu⁵³₄₄fɔŋ⁵³tau²¹.tsʰiəu⁵³₄₄iəu³⁵man²¹₂₁tʰai⁵³tsʅ⁰,xe⁵³₄₄kan²¹tʰai⁵³tsʅ⁰.ien¹³cie⁵³₄₄tsʅ⁰.xɔit⁵tsa²¹tʂʰɔŋ¹³₂₁…iak³(←iet³tʂak³)tʰo²¹vien¹³çin¹³.tʰo²¹vien¹³çin¹³ke⁰to³⁵a⁰.（顶上，是吧？）上背就系咁个用篾篾做只简猛大个格格。衫裤就放下面上。就火罱子。ʂɔŋ⁵³pɔi⁵³₄₄tsʰiəu⁵³xe⁵³₄₄kan²¹ke⁵³₄₄iəŋ⁵³miet⁵sak³tso⁵³tʂak³kai⁴⁴mən³⁵tʰai⁵³ke⁵³kak³kak³.san³⁵fu⁵³tsʰiəu⁵³₄₄fɔŋ⁵³₄₄xa⁵³₄₄mien⁵³xɔŋ⁵³₄₄.tsiəu⁵³fo²¹tsien²¹tsʅ⁰.

（它这个下面是圆形的，是吧？）长……欸，圆个或者椭圆个。tʂʰɔŋ⁵³…e₂₁,ien¹³ke⁵³₄₄xɔit⁵tʂa²¹tʰo²¹vien¹³ke⁰.（上面它是不是这样的？）上背……有有一种火罱子上背上背冇得么个。上背就系就系空个，就系几只几……几条篾篾，欸。衫裤就放下……ʂɔŋ⁵³pɔi⁵³m…iəu³⁵iəu³⁵iet³tʂəŋ²¹fo²¹tsien²¹tsʅ⁰ʂɔŋ⁵³pɔi⁵³ʂɔŋ⁵³pɔi⁵³mau¹³tek³mak³ke⁵³.ʂɔŋ⁵³pɔi⁵³tsʰiəu⁵³xe⁵³₄₄tsʰiəu⁵³xe⁵³₄₄kʰəŋ³⁵ke⁰,tsʰiəu⁵³xe⁴₄ci²¹tʂak³ci²¹tʰe…ci²¹tʰiau¹³met⁵sak³,e₂₁.san³fu⁵³tsʰiəu⁵³₄₄fɔŋ⁵³ŋa₄₄(←xa⁵³)…（有……有没有这个上面也像个碗一样的？）也有哇。也有哇。也爱……也安做火罱子。如今我屋下都有一只。ia³⁵iəu³⁵ua⁰.ia³⁵iəu³⁵ua⁰.ia³⁵ɔi⁵³…ia³⁵ɔn₄₄tso³⁵fo²¹tsien²¹tsʅ⁰.i²¹₂₁cin³⁵₄₄ŋai¹³₄₄uk³xa⁵³₄₄təu⁵³₄₄iəu⁵³₄₄iet³tʂak³.

（五）农事

蓑衣笠嫲丘

去个时候子天晴，哎去个时候子落水，尽滴都带到蓑衣笠嫲。数到二十九丘，嗯，好，搞正哩了嘞就天晴，系唔系？就天晴。好，总数都少一丘。落尾搞□哩正晓得，蚀嘿一丘哪映去嘞？笠嫲……遮嘿一丘哇。笠嫲底下盖嘿一丘哇。欸，箇丘田就栽得七兜禾，栽得九兜黄豆子或者系。çi⁵³ke⁴₄ʂʅ¹³xəu₄₄tsʅ⁰tʰien³⁵tsʰiaŋ¹³,ai₂₁çi⁵³ke⁴₄ʂʅ¹³xəu⁵³₄₄tsʅ⁰lɔk⁵ʂei²¹,tsʰin¹³tet⁵₃təu⁵³₄₄tai⁵³tau³⁵so³⁵i¹³⁵₄₄liet³ma²¹₂₁.səu²¹tau²¹ɲi₄₄ʂət⁵₃ciəu²¹cʰiəu³⁵,m₂₁,xau²¹,kau²¹tʂaŋ⁵³₄₄li⁰liau²¹le⁰tsʰiəu⁵³₄₄tʰien³⁵tsʰiaŋ¹³,xei⁵³₄₄me₄₄(←m̩¹³xe⁵³)?tsʰiəu⁵³₄₄tʰien³⁵tsʰiaŋ¹³.xau₄₄,tsəŋ⁵³səu³¹təu³⁵ʂau²¹iet³cʰiəu³⁵.lɔk³₃mi³⁵kau²¹lan³⁵li⁰tʂaŋ⁵³çiau²¹tek³,ʂət⁵ek³(←xek³)iet³cʰiəu³⁵lai⁵³₄₄iaŋ⁵³₄₄çi⁵³₄₄lei⁰ʔliet³ma¹³k…tʂa³⁵xek³iet³cʰiəu³⁵ua⁰.liet³ma¹³te¹³xa³⁵₄₄kɔi⁵³ek³(←xek³)iet³cʰiəu³⁵ua⁰.e₂₁,kai⁵³₄₄cʰiəu³⁵₄₄tʰien¹³₄₄tsiəu⁵³₄₄tsɔi⁵³tek³tsʰiet³tei³⁵uo¹³,tsɔi³⁵tek³ ciəu²¹tei³⁵uoŋ¹³tʰei⁵³tsŋ⁰xɔit⁵tʂa²¹xei⁵³sŋ⁵³₂₁.（好，好，笠嫲丘再说一遍。）蓑衣笠嫲丘。也安做蓑衣笠嫲……笠嫲丘哇。笠嫲丘。so³⁵i³⁵₄₄liet³ma¹³₂₁cʰiəu³⁵₄₄.ia³⁵ɔn₄₄ tsɔ⁵³so³⁵i³⁵₄₄liet³ma¹³₂₁…liet³ma¹³₂₁cʰiəu₄₄ua⁰.liet³ma¹³₂₁cʰiəu³⁵₄₄./笠嫲丘。liet³ma¹³₂₁cʰiəu³⁵₄₄./笠嫲丘。笠嫲丘。liet³ma¹³₂₁cʰiəu₄₄.liet³ma¹³₂₁cʰiəu³⁵₄₄.

　　箇又搞么个有咁咁大一丘田呐，搞么啊又去舞转来呢？你晓么啊箇去舞转来吗？咁大子，只栽七蔸禾个田。kai⁵³₄₄iəu₄₄kau²¹mak³ke₄₄iəu₄₄kan³⁵₃₅kan²¹ tʰai⁵³iet³cʰiəu³⁵tʰien¹³na⁰,kau²¹mak³a⁰iəu⁵³₄₄ci⁵³₄₄u²¹tʂɔn²¹nɔi²¹₂₁lei⁰?ɲi¹³çiau²¹mak³a⁰ kai₄₄ci⁵³₄₄u²¹tʂɔn²¹nɔi¹³₂₁ma⁰?kan³⁵tʰai⁵³tsŋ²¹,tsŋ²¹tsɔi²¹tsʰiet³tei⁵uo²¹₄₄ke₄₄tʰien₂₁.普通话：因为你不去种那个七蔸禾，它就成……就长草，就就老鼠就在那里做窝。就对上下的上下的田呢就会产生影响就会。欸，就藏老鼠。/喝，我们那个田比这个小方桌大一点点。大一点点。/现在冇人作哩。çien⁵³tsʰai⁵³mau²¹₂₁ɲin₄₄tsɔk³li⁰.e₂₁./现在没么人作哩。çien⁵³tsʰai⁵³mei₄₄mak³in₄₄tsɔk³li⁰./看看还看得到。kʰɔn⁵³kʰɔn⁵³xai¹³ kʰɔn⁵³tek³tau²¹./但是这丘田还有。tan⁵³sŋ⁵³tsʂe₄₄cʰiəu³⁵tʰien³⁵xai₄₄iəu²¹.普通话：那丘田还在。
　　（田埂还在？）普通话：在路边上。就是一条就以前我们在大路边上。欸我……所以我们都熟，那那丘田我们都晓得。七蔸……七蔸禾，九蔸豆子，笠嫲丘。欸，呃，tsʰiet³tei₄₄…tsʰiet³tei₄₄uo³⁵,ciəu²¹ tei₄₄tʰei⁵³tsŋ⁰,liet³ma¹³cʰiəu³⁵.e₂₁,ə₄₄,搞么个去舞转来嘞？就系莫分渠莫分渠藏老鼠。kau²¹mak³ke⁵³ci⁵³₄₄u²¹tʂɔn²¹nɔi²¹₂₁lei⁰?tsiəu²¹ue₂₁(←xe⁵³)mɔk⁵pən⁵ci²¹₂₁mɔk⁵pən⁵ci²¹₂₁tsʰɔŋ¹³lau¹⁴₂₁tsʰəu²¹.

　　（那个也可以讲蓑衣丘，是吧？）哈？豆子啊？xa³⁵?tʰei³tsŋ⁰a⁰?（也可以讲蓑衣丘吗？）欸可以。e⁰kʰo²¹li³⁵₄₄.（蓑衣丘跟笠嫲丘哪个大一点点一般？）箇蓑衣丘还大滴子。还大点矽子子。kai₄₄so³⁵i³⁵₄₄cʰiəu₄₄xai¹³tʰai₄₄tiet³tsŋ⁰.xai¹³tʰai⁵³ tian²¹ŋa¹³tsŋ⁰./嘿嘿，笠嫲还更细呀。xe⁵³xe₄₄,liet³ma¹³xan¹³ken₄₄se⁵³₄₄ia⁰./欸。蓑衣笠嫲丘。e₂₁.so³⁵i³⁵₄₄liet³ma¹³₂₁cʰiəu³⁵./都系滴喏大子咯。təu³⁵xe⁵³tiet⁵ŋait⁵tʰai⁵³ tsŋ⁰ko⁰.

丫禾

　　箇个双抢都以只词都后背来个。搞哩集体有正有嘞有只双抢，面前么啊双抢唠？kai⁵³₄₄ke⁵³sɔŋ²¹tsʰiɔŋ²¹təu³⁵₄₄i²¹tʂak³tsʰŋ¹³təu₄₄xei⁵pɔi³⁵₃₅lɔi¹³ke⁵³.kau²¹li⁰ tsʰiet⁵tʰi²¹iəu³⁵tʂaŋ⁵³iəu₄₄le⁰iəu³⁵tʂak³sɔŋ³⁵tsʰiɔŋ²¹,mien⁵³tsʰien¹³mak³a⁰sɔŋ³⁵tsʰiɔŋ²¹ lau⁰?/面前有滴就打早禾。mien⁵³tsʰien¹³iəu³⁵tet⁵tsiəu⁵³ta²¹tsau²¹uo¹³./系，就系打早禾。kʰe₄₄,tsʰiəu¹³xe⁵³ta²¹tsau²¹uo₄₄./欸，就唔系喊双抢。打早禾。e⁵³,tsiəu₄₄m¹³ pʰe₄₄(←xe⁵³)xan⁵³sɔŋ³⁵tsʰiɔŋ²¹.ta²¹tsau²¹uo¹³./打早禾。就就耘丫禾。ta²¹tsau²¹uo¹³. tsʰiəu⁵³tsʰiəu⁵³in¹³a³⁵uo¹³./欸。e₂₁.

　　（丫禾是什么？）丫，丫禾，哎，以只东西我是唔整哩。a³⁵,a³⁵uo¹³,ai₂₁,i²¹ tʂak³təŋ³⁵₄₄si⁰ŋai¹³₄₄ŋ²¹₂₁tʂaŋ²¹li⁰./丫禾就咁子箇加先个早禾到哩一定……欸，早禾肚里就栽个丫禾。$a^{35}uo^{13}tsh^{h}iəu^{53}_{44}kan^{21}ts\gamma^{0}kai^{53}ka^{35}sien^{35}_{44}ke^{53}_{44}tsau^{21}uo^{13}tau^{53}_{44}li^{0}iet^{3}$ $th^{h}in^{53}\cdots e_{44}$,$tsau^{21}uo^{13}təu^{21}_{44}li^{35}tsh^{h}iəu^{53}_{44}tsɔi^{35}ke^{3}a^{35}uo^{13}_{21}$./渠,渠渠……$ci^{13}\cdots ci^{13}_{44}ci^{13}_{44}\cdots$/ 就系就系以只双抢,渠就搞成单抢,改成单抢。渠就先……双抢是就系这个……双抢嘞就系就系在以只收之前,在以只收之前,就先分箇只晚稻个秧育正,就先栽这以只禾肚箇里去。以就先栽嘿。你你你以个肚箇里以只稻子熟哩了,还还罾熟唠,一般还罾。$tsh^{h}iəu^{53}_{44}xei^{53}_{44}tsh^{h}iəu^{53}xei^{53}i^{21}tʂak^{3}sɔŋ^{35}$ $tsh^{h}iɔŋ^{21}$,$ci^{13}tsh^{h}iəu^{53}_{44}kau^{21}ʂaŋ^{13}tan^{35}tsh^{h}iɔŋ^{21}$,$kai^{21}ʂaŋ^{13}tan^{35}tsh^{h}iɔŋ^{21}$.$ci^{13}tsh^{h}iəu^{53}_{44}sen^{35}\cdots sɔŋ^{35}$ $tsh^{h}iɔŋ^{21}ʂγ^{35}_{44}tsh^{h}iəu^{44}xe^{53}_{44}tʂe^{53}ke^{53}_{44}s\cdots sɔŋ^{35}tsh^{h}iɔŋ^{21}lei^{0}tsh^{h}iəu^{53}_{44}xe^{53}tsh^{h}iəu^{53}_{44}xe^{53}tsh^{h}ai^{3}i^{21}tʂak^{3}$ $ʂəu^{35}tsγ^{35}tsh^{h}ien^{13}$,$tsh^{h}ai^{3}i^{21}tʂak^{3}ʂəu^{35}tsγ^{35}tsh^{h}ien^{13}$,$tsh^{h}iəu^{53}_{44}sien^{35}pən^{35}_{44}kai^{53}tʂak^{3}uan^{21}th^{h}au^{21}$ $ke^{3}iɔŋ^{35}_{44}iəuk^{3}tʂaŋ^{35}_{44}$,$tsh^{h}iəu^{53}_{44}sien^{35}tsɔi^{35}tʂei^{3}i^{21}tʂak^{3}uo^{0}təu^{21}kai^{53}_{44}li^{0}çi^{53}_{44}$.$i^{21}tsiəu^{35}_{44}sien^{35}$ $tsɔi^{35}xek^{3}$.$ɲi^{13}ɲi^{13}ɲi^{13}_{44}i^{21}ke^{53}təu^{21}kai^{53}_{44}li^{0}i^{21}tʂak^{3}th^{h}au^{21}tsγ^{0}ʂəuk^{5}li^{0}liau^{0}$,$xai^{13}xai^{21}_{21}maŋ^{13}$ $ʂəuk^{5}lau^{0}$,$iet^{3}pan^{35}xai^{13}_{21}maŋ^{13}$.(快……快熟了唠,勾头啦唠。)欵欵,渠就去以箇以箇空里,就先分以只以只第二次个秧苗就栽嘿哟。$e_{21}e_{53}$,$ci^{13}tsh^{h}iəu^{53}çi^{53}_{44}$ $i^{21}kai^{53}_{44}i^{21}kai^{53}_{44}kh^{h}əŋ^{53}li^{35}$,$tsh^{h}iəu^{53}_{44}sien^{35}pən^{53}_{44}i^{21}tʂak^{3}i^{21}tʂak^{3}th^{h}i^{35}_{44}ɲi^{13}tsγ^{h}_{44}ke^{53}_{44}iɔŋ^{35}miau^{13}$ $tsh^{h}iəu^{53}_{44}tsɔi^{35}ek^{3}(\leftarrow xek^{3})iau^{0}$./喊丫禾。$xan^{53}_{44}a^{35}uo^{13}$./欵,箇就,我等安做丫禾。$e^{21}$,$kai^{53}tsiəu^{35}_{44}$,$ŋai^{13}_{44}ten^{0}ɔn^{35}_{44}tsɔ^{53}_{44}a^{35}uo^{13}_{21}$.($a^{35}$是哪个 a^{35}?)箇箇我等安倒安倒写呢就写只以只东西,一只箇丫。丫,一只树杈杈个丫。丫禾。$kai^{53}kai^{53}ŋai^{13}$ $tien^{0}ɔn^{35}tau^{21}ɔn^{35}tau^{21}sia^{21}lei^{0}tsh^{h}iəu^{53}sia^{21}tʂak^{3}i^{21}tʂak^{3}təŋ^{35}_{44}si^{0}$,$iet^{3}_{5}tʂak^{3}kai^{53}_{44}a^{35}$.$a^{35}$,$iet^{3}$ $tʂak^{3}ʂəu^{53}tsh^{h}a^{53}_{44}tsh^{h}a^{53}ke^{53}a^{35}$.$a^{35}uo^{13}$./系。$xe^{53}$.

后背落尾搞集体了,就分以只东西搞嘿哩。$xei^{53}_{44}pɔi^{53}_{44}lɔk^{5}mi^{35}_{44}kau^{21}tsh^{h}iet^{3}$ $th^{h}i^{21}liau^{35}_{35}$,$tsh^{h}iəu^{53}_{44}pən^{35}i^{21}_{44}tʂak^{3}təŋ^{35}_{44}si^{0}kau^{21}ek^{3}(\leftarrow xek^{3})li^{0}$./集欵集欵就咁个唠,掫正禾来……$tsh^{h}iet^{3}e^{0}tsh^{h}iet^{3}th^{h}i^{21}tsh^{h}iəu^{53}_{44}kan^{21}ke^{53}_{44}lau^{0}$,$ue^{53}ue^{35}tʂaŋ^{35}uo^{13}lɔi^{13}_{21}\cdots$/ 就即即哩即即哩分箇割嘿即即哩……箇下就箇下就就是……$tsh^{h}iəu^{53}_{44}tset^{5}$ $tset^{5}li^{0}tset^{5}tset^{5}li^{0}pən^{35}kai^{53}_{44}kɔit^{3}xek^{3}tset^{5}tset^{5}li^{0}\cdots kai^{53}xa^{53}_{44}tsh^{h}iəu^{53}_{44}kai^{53}xa^{53}_{44}tsɔu^{53}_{44}$ $tsɔu^{53}_{44}sγ^{53}_{44}\cdots$/安做喊双抢啰。欵,又抢又抢早禾,又欵栽转二禾去。$ɔn^{35}tsɔ^{53}_{44}xan^{53}$ $sɔŋ^{35}ch^{h}iɔŋ^{21}lo^{0}$.$e_{44}$,$iəu^{53}tsh^{h}iɔŋ^{21}iəu^{53}tsh^{h}iɔŋ^{21}tsau^{21}uo^{13}$,$iəu^{53}e_{44}tsɔi^{35}tʂuen^{53}ɲi^{21}uo^{13}çi^{53}$./ 欵,欵,抢抢抢插唠箇下就。抢收抢栽哟。$e_{21}$,$e_{21}$,$tsh^{h}iɔŋ^{21}tsh^{h}iɔŋ^{21}_{35}tsh^{h}iɔŋ^{21}tsh^{h}ait^{3}lau^{0}$ $kai^{53}_{44}xa^{53}_{44}tsiəu^{53}_{44}$.$tsh^{h}iɔŋ^{21}ʂəu^{35}tsh^{h}iɔŋ^{21}tsɔi^{35}io^{0}$.

箇阵子是先栽哟,先放箇禾……禾空子里噢,先栽正唠。栽正以后蛮……好,但是渠收个时间就非常慢嘛。就好生子嘞,莫分箇条,莫分箇薨箇薨有秧又割嘿里咯。$kai^{53}_{44}tʂ^{h}ən^{53}tsγ^{0}sγ^{53}_{44}sen^{53}tsɔi^{35}io^{0}$,$sen^{35}fɔŋ^{53}kai^{53}uo^{13}\cdots uo^{13}$ $kh^{h}əŋ^{53}tsγ^{0}li^{0}au^{0}$,$sen^{35}_{44}tsɔi^{35}tʂaŋ^{21}_{44}lau^{0}$.$tsɔi^{35}tʂaŋ^{53}_{21}i^{3}xei^{53}man^{35}\cdots xau^{21}$,$tan^{35}_{44}sγ^{53}_{44}ci^{13}_{21}ʂəu^{0}$ $ke^{53}ʂγ^{13}_{21}kan^{35}tsh^{h}iəu^{53}_{44}fei^{35}tʂ^{h}ɔŋ^{13}_{21}man^{53}ma^{0}$.$tsh^{h}iəu^{53}_{44}xau^{21}sen^{35}tsγ^{0}le^{0}$,$mɔk^{5}_{3}pən^{35}kai^{53}$ $th^{h}iau^{0}_{3}$,$mɔk^{5}_{3}pən^{35}kai^{53}tei^{35}kai^{53}tei^{35}iəu^{53}_{44}iɔŋ^{35}tsh^{h}iəu^{53}_{44}kɔit^{3}xek^{3}li^{0}ko^{0}$.

耘田

（你们那个耘田要耘几到啊？）耘田啊一耘耘两到子唠。$\text{in}^{13}\text{t}^h\text{ien}^{13}\text{a}^0$ $\text{iet}\square^3\text{in}_{21}^{13}\text{in}_{44}^{13}\text{ioŋ}^{13}\text{tau}^{53}\text{tsŋ}^0\text{lau}^0$./面前耘两到。$\text{mien}^{53}\text{ts}^h\text{ien}_{44}^{13}\text{in}_{44}^{13}\text{ioŋ}^{13}\text{tau}^{53}.\text{in}^{13}$ $\text{ioŋ}^{21}\text{tau}^{53}$./耘两到。$\text{in}^{13}\text{ioŋ}^{21}\text{tau}^{53}$.

（第一到叫什么呢？）耘头到哇。$\text{in}^{13}\text{t}^h\text{ei}^{13}\text{tau}^{53}\text{ua}^0$./耘头到。$\text{in}^{13}\text{t}^h\text{ei}^{13}\text{tau}^{53}$./ 系唔系啊？安做耘头到。$\text{xei}_{44}^{53}\text{mei}_{44}(\leftarrow \underset{1}{\text{m}}^{13}\text{xei}^{53})\text{a}^0$? $\text{on}_{44}^{35}\text{tso}_{44}^{53}\text{in}^{13}\text{t}^h\text{ei}^{13}\text{tau}^{53}$.

欸，第二到就复二到。$\text{e}_{21},\text{t}^h\text{i}^{13}\text{ni}_{44}^{13}\text{tau}_{44}^{53}\text{tsiəu}_{44}^{53}\text{fuk}^5\text{ni}^{53}\text{tau}^{53}$./复二到。欸，复 二到。系。$\text{fuk}^5\text{ni}^{53}\text{tau}^{53}.\text{e}_{21},\text{fuk}^5\text{ni}^{53}\text{tau}^{53}.\text{xe}^{53}$. （复啊？）复，复啊。$\text{fuk}^5,\text{fuk}^5\text{a}^0$./ 复，欸。搞复次嘞。$\text{fuk}^5,\text{e}_{21}.\text{kau}^{21}\text{fuk}^5\text{ts}^h\text{ŋ}^{53}\text{le}^0$./箇就重复个复啊。$\text{kai}_{44}^{53}\text{tş}^h\text{əu}_{21}(\leftarrow$ $\text{ts}^h\text{iəu}_{21}^{13})\text{tş}^h\text{əŋ}_{44}^{13}\text{fuk}^5\text{ke}_{44}^{53}\text{fuk}_3^5\text{a}^0$./重复个复啊。搞复次嘞。$\text{tş}^h\text{əŋ}_{21}^{13}\text{fuk}^5\text{ke}_{44}^{53}\text{fuk}_3^5$ $\text{a}^0.\text{kau}^{21}\text{fuk}^5\text{ts}^h\text{ŋ}^{53}\text{le}^0$./复二到。$\text{fuk}^5\text{ni}^{53}\text{tau}^{53}$./复二到。$\text{fuk}^5\text{ni}^{53}\text{tau}_{21}^{53}$./耘头到，复 二到，唉。$\text{in}^{13}\text{t}^h\text{ei}^{13}\text{tau}^{53},\text{fuk}^5\text{ni}^{53}\text{tau}^{53},\text{ai}_{53}$. 哼。$\text{xn}_{53}$./下以下就下青草塝。$\text{ia}_{44}(\leftarrow \text{i}^{21}$ $\text{xa}^{53})\text{tsiəu}_{44}^{53}\text{xa}_{44}^{53}\text{ts}^h\text{iaŋ}_{44}^{35}\text{ts}^h\text{au}^{21}\text{k}^h\text{an}^{53}$./下青草塝。$\text{xa}_{44}^{53}\text{ts}^h\text{iaŋ}^{35}\text{ts}^h\text{au}^{21}\text{k}^h\text{an}_{44}^{53}$./复哩二到 就下青草塝。$\text{fuk}^5\text{li}^0\text{ni}_{44}^{53}\text{tau}^{53}\text{tsiəu}_{44}^{53}\text{xa}_{44}^{53}\text{ts}^h\text{iaŋ}_{44}^{35}\text{ts}^h\text{au}^{21}\text{k}^h\text{an}^{53}$./三到是冇么人耘了。 $\text{san}^{35}\text{tau}^{53}\text{ş}_{44}^{13}\text{mau}^{13}\text{mak}^3\text{nin}_{44}^{13}\text{in}_{21}^{13}\text{liau}^0$./箇，有用了。$\text{kai}^{53},\text{mau}^{13}\text{iəŋ}^{53}\text{liau}^0$./冇得。 $\text{mau}^{13}\text{tek}^3$./有用了。$\text{mau}^{13}\text{iəŋ}^{53}\text{liau}^0$./有用了。$\text{mau}^{13}\text{iəŋ}^{53}\text{liau}^0$./渠会会青稳。$\text{ci}^{13}$ $\text{uoi}_{44}^{53}\text{uoi}_{44}^{53}\text{ts}^h\text{iaŋ}^{35}\text{uən}_{35}^{21}$.

嗨，如今是一到都唔会搞。$\text{xai}_{53},\text{i}_{21}^{13}\text{cin}^{35}\text{ş}_{44}^{53}\text{iet}^3\text{tau}^{53}\text{təu}_{44}^{35}\underset{}{\text{ŋ}}_{21}^{13}\text{uoi}^{53}\text{kau}_{35}^{21}$./冇人 耘哩。$\text{mau}^{13}\text{ɲin}_{44}^{13}\text{in}_{44}^{13}\text{ni}^0$.

复水

复水是爱咁子个，箇田里，本来田里有水吵，但是但是箇田里我等作 田就晓得，爱爱晒水，爱晒呀。你舞滴水去渠总发蔸。爱晒水，莫分渠发 蔸了。$\text{fuk}^5\text{şei}_{21}^{21}\text{ş}_{21}^{53}\text{oi}^{53}\text{kan}_{21}^{21}\text{tsŋ}^0\text{ke}^{53},\text{kai}_{44}^{53}\text{t}^h\text{ien}^{13}\text{ni}^0,\text{pən}_{21}^{21}\text{nai}^{21}\text{t}^h\text{ien}^{13}\text{ni}_{44}^{13}\text{iəu}^{35}\text{şei}^{21}$ $\text{şa}^0,\text{tan}^{53}\text{ş}_{\cdot}^{53}\text{tan}^{53}\text{ş}_{\cdot}^{53}\text{kai}_{44}^{53}\text{t}^h\text{ien}^{13}\text{ni}_{44}^{13}\text{ŋai}_{44}^{13}\text{tien}^0\text{tsok}^3\text{t}^h\text{ien}^{13}\text{ts}^h\text{iəu}^{53}\text{çiau}^{21}\text{tek}^3,\text{oi}^{53}\text{oi}_{44}^{53}\text{sai}^{53}$ $\text{şei}^{21},\text{oi}_{44}^{53}\text{sai}^{53}\text{ia}^0.\text{ni}^{13}\text{u}^{21}\text{tet}^3\text{şei}^{21}\text{çi}^{53}\text{ci}^{13}\text{tsəŋ}^{21}\text{fait}^3\text{tei}^{53}.\text{oi}_{44}^{53}\text{sai}^{53}\text{şei}^{21},\text{mok}^3\text{pən}_{44}^{35}\text{ci}_{44}^{53}\text{fait}^3$ $\text{tei}^{35}\text{liau}^0$. （晒田的意思，是吧？）晒……晒田个意思。欸。但是晒哩一段 时间，天晴，你总晒稳渠，渠就会干倒。箇就爱复水，箇只安做复水。禾 包胎了哇，箇只时候子就爱水呀田里呀。$\text{sa}\cdots\text{sai}^{53}\text{t}^h\text{ien}^{13}\text{ke}^0\text{i}_{44}^{53}\text{sŋ}^0.\text{e}_{21}.\text{tan}_{44}^{53}\text{ş}_{44}^{53}\text{sai}^{53}$ $\text{li}^0\text{iet}^3\text{tɔn}^{53}\text{ş}_{21}^{13}\text{kan}_{\cdot}^{35},\text{t}^h\text{ien}^{35}\text{ts}^h\text{iaŋ}^{13},\text{ni}^{13}\text{tsəŋ}^{21}\text{sai}^{53}\text{uən}_{44}^{21}\text{ci}_{44}^{53},\text{ci}_{44}^{13}\text{ts}^h\text{iəu}_{44}^{13}\text{uoi}^{53}\text{kon}^{53}$ $\text{tau}^{21}.\text{kai}_{21}^{53}\text{ts}^h\text{iəu}_{21}^{53}\text{oi}_{44}^{53}\text{fuk}^5\text{şei}^{21},\text{kai}^{53}\text{tşak}^3\text{on}_{44}^{35}\text{tso}_{44}^{53}\text{fuk}^5\text{şei}^{21}.\text{uo}^{13}\text{pau}_{44}^{35}\text{t}^h\text{oi}^{35}\text{liau}^{21}\text{ua}^0,\text{kai}^{53}$ $\text{tşak}^3\text{ş}_{\cdot}^{13}\text{xei}^{53}\text{tsŋ}^0\text{ts}^h\text{iəu}_{44}^{53}\text{oi}^{53}\text{şei}^{21}\text{ia}^0\text{t}^h\text{ien}^{13}\text{ni}^0\text{ia}^0$. （复水就是晒水之后再再再灌 水？）再再灌转水去，欸，箇就安做复水。$\text{tsai}^{53}\text{tsai}^{53}\text{kon}^{53}\text{tşon}^{21}\text{şei}^{21}\text{çi}^{53},\text{e}_{53},\text{kai}_{44}^{53}$

tsʰiəu⁵³₄₄ɔn³⁵₄₄tso⁵³₄₄fuk⁵ ʂei²¹.

传统农具

农具嘞就有几起咁个农具。欸，从……从比较大个算起来嘞，欸，一只就犁耙。嗯，犁摎耙，箇只农具。犁就犁田用个，欸。欸，犁田用个嘞，从……从犁扶尾，<u>系唔系</u>？犁拔箭，欸，犁辕，犁壁，犁脚，欸，犁嘴，以下就水子挽，欸，象鼻嘴，水子挽呢，<u>以下就啊到牛藤</u>，欸到牛轭，欸，欸一路去，箇一套。尽用牛犁田呐。从前是尽用牛啦。只有以咁多年正嘿嘿用拖拉机呀，用下子机器啦。从前有得，我等就用牛犁。欸，欸箇是犁。

ləŋ¹³tʂ̩⁵³le⁰ tsʰiəu⁵³₄₄iəu³⁵ ci²¹çi²¹kan²¹ke⁵³ləŋ¹³tʂ̩⁵³.e₂₁,tsʰəŋ¹³…tsʰəŋ¹³pi²¹ciau₄₄tʰai⁵³ ke⁵³sɔn⁵³çi²¹lɔi²¹₂₁le⁰,e₂₁,iet³ tʂak⁵³tsʰiəu⁵³lai¹³pʰa¹³.n̩₂₁,lai¹³lau₄₄pʰa¹³,kai₄₄tʂak⁵³ ləŋ¹³ tʂ̩⁵³.lai¹³tsʰiəu⁵³lai¹³tʰien¹³iəŋ³⁵ke₄₄,e₅₃,e₂₁,lai¹³tʰien¹³iəŋ³⁵ke₄₄lei⁰,tsʰəŋ²¹…tsʰəŋ²¹lai¹³ pʰu¹³₂₁mi³⁵,xei⁵³me₄₄(←m̩¹³xe⁵³)?lai¹³₂₁pʰait⁵ tsien⁵³,e₂₁,lai¹³ien¹³,lai¹³piak³,lai¹³ ciɔk³,e₂₁,lai¹³tsi²¹,i²¹xa⁵³₄₄tsʰiəu⁵³ʂei²¹tsʔ̩uan²¹,e₂₁,siɔŋ⁵³pʰiet³tsi²¹,ʂei²¹tsʔ̩uan²¹ne⁰,ia³⁵ (←i²¹xa⁵³)tsiəu⁵³aº tau⁵³ɲiəu¹³tʰien¹³,eº tau⁵³ɲiəu¹³ak³,e₂₁,e₂₁iet³ ləu⁵³çi⁵³,kai⁵³₄₄iet³ tʰau⁵³.tsʰin¹³iəŋ⁵³ɲiəu¹³lai¹³tʰien¹³naº.tsʰəŋ²¹tsʰien¹³ʂ̩⁵³₄₄tsʰin¹³iəŋ⁵³ɲiəu¹³laº.tʂ̩²¹iəu³⁵i²¹ kan²¹toº³ɲien²¹tʂaŋ⁵³₄₄xe₅₃xe₅₃iəŋ⁵³₄₄tʰoº³la₄₄⁵³ciº ia⁰,iəŋ₄₄ŋa₄₄(←xa⁵³)tsʔ̩º ciº³⁵çi⁵³la⁰.tsʰəŋ¹³ tsʰien₄₄¹³mau¹³tek³,ŋai¹³tien⁰ tsʰin⁵³iəŋ₄₄¹³ɲiəu¹³lai²¹₂₁.e₂₁,e₂₁kai⁵³ʂ̩⁵³₄₄lai¹³.

以下就还有耙。耙就系铁个，纯粹全部系铁个。就……有十几只齿。欸，手里掇倒。也用牛拖。i²¹xa⁵³₄₄tsʰiəu⁵³₄₄xai²¹₂₁iəu³⁵pʰa¹³.pʰa¹³tsʰiəu⁵³xe⁵³tʰiet⁵³ ke⁵³,ʂ̩ən²¹tsʰei⁵³tsʰien₂₁¹³pʰu₄₄⁵³xe⁵³tʰiet³ ke⁵³.tsiəu₄₄⁵³iəu…iəu³⁵ʂət⁵ ci²¹tʂak³tsʰ̩²¹.e₂₁,ʂəu¹³ liº tɔit³ tau⁵³.ia³⁵iəŋ⁵³ɲiəu²¹₂₁tʰo³⁵.

除嘿犁摎耙嘞，还有滴就用滚子，还有滚子，蒲滚呢。人骑下上背，牛子拖倒去。欸，蒲滚呢一般就只有么个嘞？只有栽二禾箇下就用。欸，早禾有么人用。好，箇是大农具。tʂʰəu¹³uek³(←xek³)lai¹³lau₄₄pʰa¹³lei⁰,xai²¹₂₁iəu³⁵ tet⁵ tsʰiəu⁵³₄₄iəŋ⁵³kuən²¹tsʔ̩⁰,ai₂₁(←xai¹³)iəu₄₄³⁵kuən²¹tsʔ̩⁰,pʰu³⁵kuən²¹ne⁰.ɲin¹³cʰi¹³³⁵ia₄₄(←xa⁵³)ʂɔŋ⁵³pɔi⁵³,ɲiəu¹³tsʔ̩⁰ tʰo³⁵ tau²¹çi⁵³.e₄₄,pʰu¹³kuən²¹ne⁰ iet³ puɔn³⁵ tsʰiəu₄₄⁵³tsʔ̩²¹iəu³⁵ mak³ ke₄₄⁵³le⁰?tʂ̩²¹iəu₄₄³⁵tsɔi³⁵ɲi⁵³uo¹³kai⁵³ia₄₄(←xa⁵³)tsʰiəu⁵³₄₄iəŋ⁵³₄₄.e₂₁,tsau²¹uo¹³mau₄₄¹³ mak³ in₄₄¹³iəŋ⁵³.xau²¹,kai₄₄⁵³ʂ̩⁵³₄₄tʰai⁵³ləŋ¹³tʂ̩⁵³.

以下过稳个农具嘞，细滴子个农具嘞，就有张以下以下就有张镬头。欸，镬头就挖土喔。嗯。有张大铲呢，就铲田塍唉。欸，有张耙头，就安做铁扎呀，就搭田塍唉。箇田塍，田呢因为水田，年年都爱分搞滴烂泥嘞去箇田塍上爱敷，敷倒去，唔系会漏水。欸，同时敷哩烂泥以后嘞又好栽黄豆子，田塍上爱栽黄豆子。如今是田塍也冇人搭哩，系黄豆子也冇人栽哩，欸，黄豆子也有人栽哩。欸，进人都唔好进。嗯，箇是欸搭田塍个。

$i^{21}xa^{53}ko^{53}uən^{21}ke^{53}ləŋ^{13}tʂʅ^{44}le^{0}$,$se^{53}tiet^{3}tʂʅ^{44}ke^{44}ləŋ^{13}tʂʅ^{44}le^{0}$,$tsʰiəu^{21}iəu^{53}tʂɔŋ^{44}i^{21}a_{21}$($←xa^{53}$)$i^{21}a_{21}$($←xa^{53}$)$tsʰiəu^{44}iəu^{35}tʂɔŋ^{44}ciɔk^{3}tʰei^{0}.e_{21}$,$ciɔk^{3}tʰei^{0}tsʰiəu^{53}uait^{3}tʰəu^{21}uo^{0}.ŋ_{21}.iəu^{35}tʂɔŋ^{44}tʰai^{53}tsʰan^{21}ne^{0}$,$tsʰiəu^{53}tsʰan^{21}tʰien^{13}ʂən^{13}nau^{0}.e_{21}$,$iəu^{35}tʂɔŋ^{44}pʰa^{13}tʰei^{0}$,$tsʰiəu^{53}ɔn^{44}tso^{44}tʰiet^{3}tsait^{3}ia^{0}$,$tsʰiəu^{53}tait^{3}tʰien^{13}ʂən^{13}nau^{0}.kai^{53}tʰien^{13}ʂən^{13}$,$tʰien^{13}ne^{0}in^{53}uei^{44}ʂei^{21}tʰien^{13}$,$ɲien^{13}ɲien^{44}təu^{35}ɔi^{44}pən^{53}kau^{35}tiet^{3}lan^{13}lai^{21}le^{0}çi^{53}kai^{44}tʰien^{13}ʂən^{21}xɔŋ^{53}ɔi^{44}fu^{35}$,$fu^{35}tau^{21}çi^{53}$,$m_{21}pʰe_{53}$($←xe^{53}$)$uɔi^{53}lei^{44}ʂei^{21}.e_{21}$,$tʰəŋ^{13}ʂʅ^{21}le^{0}fu^{35}li^{35}lan^{53}nai^{21}i^{35}xei^{44}le^{0}iəu^{35}xau^{21}tsɔi^{35}uɔŋ^{13}tʰei^{53}tʂʅ^{0}$,$tʰien^{13}ʂən^{13}xɔŋ^{53}ɔi^{44}tsɔi^{53}uɔŋ^{13}tʰei^{53}tʂʅ^{0}.i^{13}_{21}cin^{35}ʂʅ^{53}tʰien^{13}ʂən^{13}na^{53}$($←a^{35}$)$mau^{13}_{21}ɲin^{13}tait^{3}li^{0}$,$xe^{53}uɔŋ^{13}tʰei^{53}tʂʅ^{0}a_{44}$($←a^{35}$)$mau^{13}_{21}ɲin^{44}tsɔi^{53}li^{0}.e_{21}$,$uɔŋ^{13}tʰei^{53}tʂʅ^{0}a_{44}$($←a^{35}$)$mau^{13}_{21}ɲin^{44}tsɔi^{53}li^{0}.e_{21}$,$tsin^{53}ɲin^{21}təu^{53}ŋ^{13}_{21}nau^{21}$($←xau^{21}$)$tsin^{53}.ŋ_{21}$,$kai^{53}ʂʅ^{53}_{44}e_{21}tait^{3}tʰien^{13}ʂən^{13}ke^{53}$.

还有镰铲，就铲草个。欸。欸看呐嗯镬头，嗯欸铁扎，镰铲。欸，有一只东西如今冇得哩，安做顿铲。从前呢箇个山里，客家人系个栏场都唔知几山，山里个梯田呐，箇田塝唔知几高。欸，一年呢爱铲两到。春天架势栽禾了，爱分箇个老草哇死草哇铲嘿去。以下嘞出……欸也，到哩禾……出禾了嘞，以欸，箇个迟禾长得蛮大了嘞，爱下青草塝。箇草也唔知几浓。欸，尽草。箇壁下，如果你唔下青草塝，壁下两三兜禾都冇得哩，欸，下分箇草食咁哩。就爱下青草塝。但是箇田塝唔知几高。高个呀有几高子啊？高个有两层楼咁高。欸，你跨倒底下拿张镰刨嘞你拿张镰铲呢你让门子铲唔倒。有一茎铲唔倒。最多铲倒比人高滴子。箇就爱搞只啊，人就跨啊田上，舞张顿铲，欸，就同箇顿辣椒箇样啊。有咁个顿铲。去跨倒顶高去顿。以下也有得哩。欸，咁高个咁个什么人作哩。欸，从前是还爱斫山塝。欸，用镰刀去斫。用……斫山塝。以滴靠近山边个塝呐爱斫净来。$xai^{13}_{21}iəu^{35}lien^{13}tsʰan^{21}$,$tsiəu^{53}tsʰan^{21}tsʰau^{21}ke^{53}.e_{21}$,$e_{44}kʰɔn^{53}na^{0}ŋ_{21}ciɔk^{3}tʰei^{0}$,$ŋ_{21}e_{21}tʰiet^{3}tsait^{3}$,$lien^{13}tsʰan^{21}.e_{21}$,$iəu^{35}iet^{3}tʂak^{3}təŋ^{44}si^{13}_{21}cin^{35}mau^{13}_{21}tek^{3}li^{0}$,$ɔn^{35}tso^{53}tən^{35}tsʰan^{21}.tsʰəŋ^{13}tsʰien^{21}ne^{0}kai^{53}ke^{44}san^{35}ni^{21}$,$kʰak^{3}ka^{3}ɲin^{13}_{21}xei^{53}ke^{0}laŋ^{13}_{21}tʂʰɔŋ^{44}təu^{0}ŋ^{13}_{21}ti^{53}ci^{21}san^{35}$,$san^{35}ni^{0}ke^{44}tʰi^{35}tʰien^{44}na^{0}$,$kai^{53}tʰien^{13}kʰan^{53}ŋ^{13}_{21}ti^{35}_{53}ci^{21}kau^{35}.e_{21}$,$iet^{3}ɲien^{13}ne^{0}ɔi^{53}tsʰan^{21}iɔŋ^{21}tau^{53}.tʂʰən^{35}tʰien^{35}cia^{53}ʂʅ^{53}_{4}tsɔi^{35}uo_{21}liau^{0}$,$ɔi^{53}pən^{44}kai^{53}_{4}ke^{44}lau^{21}tsʰau^{21}ua^{0}si^{21}tsʰau^{21}ua^{0}tsʰan^{21}nek^{3}$($←xek^{3}$)$çi^{53}.i^{21}xa^{44}lei^{0}tʂʰət^{3}\cdots ei_{21}ie_{21}$,$tau^{53}li^{0}uo^{13}\cdots tʂʰət^{3}uo^{13}liau^{21}lei^{0}$,$i_{21}$,$kai^{53}ke^{44}tʂʰʅ^{13}uo^{13}tʂɔŋ^{44}tek^{3}man^{13}tʰai^{53}liau^{21}lei^{0}$,$ɔi^{53}xa^{44}tsʰiaŋ^{35}tsʰau^{21}kʰan^{53}.kai^{53}tsʰau^{21}ia^{0}ŋ^{13}_{21}ti^{53}_{53}ci^{21}ɲiaŋ^{13}.e_{21}$,$tsʰin^{53}tsʰau^{21}.kai^{53}piak^{3}xa^{44}$,$ʅ^{0}_{21}ko^{0}ɲi^{13}_{21}n^{13}xa^{44}tsʰiaŋ^{35}tsʰau^{21}kʰan^{53}$,$piak^{3}xa^{53}iɔŋ^{21}san^{44}tei^{35}uo_{21}təu^{35}mau^{13}_{21}tek^{3}li^{0}$,$e_{21}$,$xa^{53}pən^{44}kai^{53}tsʰau^{21}ʂət^{5}kan^{21}ni^{0}.tsʰiəu^{44}ɔi^{53}xa^{44}tsʰiaŋ^{35}tsʰau^{21}kʰan^{53}.tan^{44}ʂʅ^{44}kai^{44}tʰien^{13}kʰan^{53}ŋ^{13}_{21}ti^{53}ci^{21}kau^{35}.kau^{35}ke^{53}ia^{0}iəu^{35}ci^{21}kau^{35}tʂʅ^{0}a^{0}?kau^{35}ke^{53}iəu^{44}iɔŋ^{21}tsʰien^{13}_{21}nei^{21}kan^{21}kau^{53}.e_{21}ɲi^{13}$

tɕʰi$^{35}_{44}$tau^{21}teʔ^{21}xa^{53}la$^{53}_{44}$tʂɔŋ$^{35}_{44}$lien^{13}pʰau^{13}leʔ^{0}ɲi^{13}la$^{53}_{44}$tʂɔŋ$^{35}_{44}$lien^{13}tsʰan^{21}neʔ^{0}ɲi^{13}ɲiɔŋ^{53}mən^{0}tsʔ^{0} tsʰan^{21}n̩^{21}tau^{21}.iəu^{35}ietʔ^{3}tsʰo^{53}tsʰan^{21}n̩^{21}tau^{21}.tsei^{53}to^{44}tsʰan^{21}tau^{21}pi^{21}ɲin^{21}kau^{35}tietʔ^{5} tsʔ^{0}.kai^{53}tsʰiəu^{53}ɔi^{44}kau^{21}tʂakʔ^{3}aʔ^{0},ɲin^{13}tsʰiəu$^{53}_{44}$tɕʰi$^{53}_{44}$aʔ^{0}tʰien^{13}ʂɔŋ^{44},u^{21}tʂɔŋ^{35}tən^{53} tsʰan^{21},e$_{21}$,tsʰiəu^{53}tʰəŋ^{13}kai^{44}tən^{53}naitʔ^{3}tsiau^{44}kaiʔiɔŋ^{44}ŋaʔ^{0}.iəu^{21}kan^{13}keʔtən^{53}tsʰan^{21}.ɕi^{44} cʰi^{35}tau^{21}taŋ^{21}kau^{35}ɕi^{44}tən^{53}.i^{21}xa^{13}ia^{35}mau^{21}tekʔ^{3}liʔ^{0}.e$_{21}$,kan^{21}kau^{35}keʔ^{53}kʰan^{53}keʔ^{44}mau^{13} makʔ^{3}in^{44}tsɔkʔ^{3}liʔ^{0}.e$_{21}$,tsʰəŋ^{13}tsʰien^{44}ʂŋ^{44}xaʔɔi^{53}tʂɔkʔ^{3}san^{35}kʰan^{53}.e$_{21}$,iəŋ^{53}lian^{13}tau^{44}ɕi^{53} tʂɔkʔ^{3}.iəŋ^{53}…tʂɔkʔ^{3}san^{35}kʰan^{53}.i^{21}tietʔ^{5}kʰau^{53}cʰin^{53}san^{35}pien^{35}keʔ^{44}kʰan^{53}naʔ^{0}ɔi$^{53}_{44}$tʂɔkʔ^{3} tsʰiaŋ^{53}lɔi$^{13}_{21}$.

还有嘞就欸从前呢以……以前欸有些嘞有湖洋,我等箇山里欸唔知几深个栏场,欸走倒去裤都会湿嘿个。欸,牛子去唔得。牛子去唔得。牛子去唔得箇田呢你唔栽个话嘞就会就会成了荒草隔。就尽老鼠,箇肚里就尽藏老鼠。箇湖洋田也作转来啦。欸,去……牛子也去唔得,让门搞哇?就去挖。舞张铲子去挖。挖湖洋安做。挖两到嘞。第一到挖哩以后,还爱挖二到。箇是,骑倒箇映子。xai^{13}iəu$^{35}_{44}$leʔtsʰiəu^{53}e$_{21}$tsʰəŋ^{21}tsʰien^{13}neʔ^{0}i$^{35}_{44}$…i$^{35}_{44}$tsʰien^{21}ei$_{21}$ iəu$^{35}_{53}$sie^{44}lei^{21}iəu$^{35}_{53}$fu^{13}iɔŋ^{13},ŋai^{13}tien^{0}kai^{44}san^{44}ni^{0}e$_{21}$iəu^{44}n̩^{21}ti^{35}ci^{21}tʂʰən^{35}cie^{53}laŋ^{13} tʂʰɔŋ^{21},e$_{21}$tsei^{21}tau^{21}ɕi^{44}fu^{53}tu^{44}uɔi$^{53}_{44}$ʂətʔ^{3}ekʔ^{3}(←xekʔ^{3})keʔ^{0}.e$_{21}$,ɲiəu^{13}tsʔ^{0}ɕi^{21}n̩^{21}tekʔ^{3},ɲiəu^{13} tsʔ^{0}ɕi^{21}n̩^{21}tekʔ^{3},ɲiəu^{13}tsʔ^{0}ɕi^{21}n̩^{21}tekʔ^{3}kai^{53}tʰien^{13}neʔ^{0}ɲi^{13}n̩^{21}tsɔi^{53}keʔ^{44}fa^{44}leʔ^{0}tsʰiəu^{53}uɔi^{53} tsʰiəu^{53}uɔi^{53}ʂaŋ^{21}liau^{0}fɔŋ^{35}tsʰau^{21}kakʔ^{3}.tsʰiəu^{21}tsʰin^{53}nau^{21}tʂʰəu^{21},kai^{44}təu^{21}liʔtsʰiəu^{21} tsʰin^{53}tsʰɔŋ^{13}lau^{21}tʂʰəu^{21}.ka^{44}fu^{21}iɔŋ^{13}tʰien^{13}na$_{53}$(←a^{35})tsɔkʔ^{3}tʂuɔn^{21}nɔi^{13}laʔ^{0}.e$_{21}$,ç… ɲiəu^{13}tsʔ^{0}ie$^{21}_{44}$ɕi^{53}n̩^{21}tekʔ^{3},ɲiɔŋ^{53}mən^{0}kau^{21}uaʔ?tsiəu^{53}ɕi^{13}uaitʔ^{3}.u^{21}tʂɔŋ^{44}tsʰan^{21}tsʔ^{13}ɕi^{13} uaitʔ^{3}.uaitʔ^{3}fu^{13}iɔŋ^{13}ɔn^{35}tso^{53}.uaitʔ^{3}iɔŋ^{21}tau^{53}leʔ^{0}.tʰiʔiet^{3}tau^{53}uaitʔ^{3}liʔ^{0}i^{35}xei^{3},xa$^{13}_{21}$ɔi^{3}uaitʔ^{3} ɲi^{53}tau^{21}.kai^{53}ʂŋ$^{53}_{44}$,cʰi^{35}tau^{21}kai$^{53}_{44}$iaŋ$^{53}_{44}$tsʔ^{0}.

有滴深个栏场啊去人都去唔得,湖洋涯啊,去人都去唔得。人……人走倒去硬肚子咁深个都有。欸。箇就让门搞嘞?舞几条松树,到岭上斫几条松树,生松树哇,丢下箇水田里。人骑正箇水田上,哎骑爱松树上。箇松树安做么个嘞?安做湖洋枕,安做湖洋枕。iəu^{35}tietʔ^{5}tʂʰən^{35}cie^{53}laŋ^{13}tʂʰɔŋ^{44} ŋaʔ^{0}ɕi^{13}ɲin^{21}təu^{44}ɕi^{21}n̩^{21}tekʔ^{3},fu^{13}iɔŋ^{13}pʰaŋ^{53}ŋaʔ^{0},ɕi^{13}ɲin^{21}təu^{44}ɕi^{21}n̩^{21}tekʔ^{3},ɲin^{13}…ɲin^{13}tsei^{21} tau^{21}ɕi^{53}ɲiaŋ^{53}təu^{21}tsʔ^{0}kan^{21}tʂʰən^{35}cie$^{53}_{44}$təu$^{35}_{44}$iəu$^{35}_{44}$.e$_{53}$.kai$^{21}_{53}$tsʰiəu$^{53}_{44}$ɲiɔŋ$^{53}_{44}$mən^{0}kau^{21} lei^{21}?u^{21}ci^{21}tʰiau^{13}tsʰəŋ^{13}ʂəu^{21},tau^{21}liaŋ^{13}xɔŋ^{13}tʂɔkʔ^{3}ci^{21}tʰiau^{13}tsʰəŋ^{13}ʂəu^{21},saŋ^{35}tsʰəŋ^{13} ʂəu^{21}uaʔ^{0},tiəu^{35}uaʔ^{3}(←xa^{53})kai^{53}ʂei^{21}tʰien^{13}niʔ^{0}.ɲin^{13}cʰi^{35}tʂaŋ$^{53}_{44}$kai$^{53}_{44}$ʂei^{21}tʰien^{13}xɔŋ^{35},ai$_{44}$ cʰi^{35}ɔi$^{13}_{44}$tsʰəŋ^{13}ʂəu^{53}xɔŋ^{35}.kai^{53}tsʰəŋ^{13}ʂəu^{53}ɔn$^{13}_{44}$tso$^{53}_{44}$makʔ^{3}eʔ^{0}leʔ?ɔn^{35}tso$^{53}_{44}$fu^{13}iɔŋ^{13} tsʔən^{21},ɔn^{35}tso$^{53}_{44}$fu^{13}iɔŋ^{13}tsʔən^{21}.

搞么个松树嘞,唔用别么个树嘞?松树就唔得殊。欸,有只话法,水浸千年松,欸,欸搁起个万年枫。枫树如果你丢下箇水田里,一年就殊嘿哩。但松树，千年松，嗯，几十年都还……还有事殊咁。以箇松树丢下水肚里咯。欸。欸搁起个万年枫。但是你系话……系话做只屋爱爱爱放条杠个话，你就你就爱寻枫树，你去舞倒箇松树去嘞，箇就搁起来渠又会殊，枫树就爱搁起来。欸，箇就讲湖洋。欸。kau^{21}mak^{3}e^{53}(←ke^{53})tsʰəŋ^{13}ṣəu^{53}le^{0},ŋ̍$^{13}_{21}$iəŋ^{53}pʰiet^{3}mak^{3}e^{0}ṣəu$^{53}_{44}$le^{0}?tsʰəŋ^{13}ṣəu^{53}tsʰiəu^{53}ŋ̍$^{13}_{21}$tek^{3}mət^{3}.e$_{21}$,iəu^{35}tṣak^{3}ua^{53}fait^{3},ṣei^{21}tsin^{53}tsʰien^{35}ɲien^{13}tsʰəŋ^{13},e$_{21}$,e$_{21}$kɔk^{3}çi^{21}ke$_{44}$uan^{53}ɲien^{13}fəŋ^{35}.fəŋ^{35}ṣəu^{53}ʮ̍$^{13}_{21}$kɔ^{3}ɲi$^{3}_{21}$tiəu^{35}ua$_{53}$(←xa^{53})kai^{53}ṣei^{21}tʰien^{13}ni^{0},iet^{3}ɲien^{13}tsʰiəu^{53}mət^{3}lek^{3}(←xek^{3})li^{0}.tan^{53}tsʰəŋ^{13}ṣəu^{53},tsʰien^{35}ɲien^{13}tsʰəŋ^{13},ŋ̍$_{21}$,ci^{21}ṣət^{5}ɲien$_{21}$təu$^{53}_{53}$xai$_{21}$…xai$^{13}_{21}$mau$^{13}_{21}$sʮ̍^{3}mət^{3}kan^{13}.i^{21}kai$_{44}$tsʰəŋ^{13}ṣəu^{53}tiəu$^{35}_{44}$ua$_{44}$(←xa^{53})ṣei^{21}təu^{21}li^{0}kɔ^{0}.e$_{21}$.e$_{21}$kɔk^{3}çi^{21}ke^{53}uan^{53}ɲien$^{13}_{21}$fəŋ^{35}.tan$_{44}$sʮ̍$^{53}_{21}$xei$_{44}$ua$_{44}$…xei$^{53}_{44}$ua$_{44}$tso^{53}tṣak^{3}uk^{3}ɔi^{21}ɔi^{21}ɔi^{53}fəŋ^{53}tʰiau$^{13}_{21}$kɔŋ^{13}ke^{53}fa$_{44}$,ɲi^{13}tsʰiəu^{53}ɲi^{13}tsʰiəu^{53}ɔi^{21}tsʰin$^{13}_{21}$fəŋ^{35}ṣəu^{53},ɲi^{13}çi^{0}u^{21}tau^{21}kai^{53}tsʰəŋ^{13}ṣəu^{53}çi$^{53}_{44}$lei^{0},kai$_{44}$tsʰiəu$^{53}_{44}$kɔk^{3}çi^{21}iɕi^{13}ci^{13}uɔi^{53}uɔi^{53}mət^{3},fəŋ^{35}ṣəu^{53}tsʰiəu^{53}ɔi^{53}kɔk^{3}çi^{21}lɔi$^{13}_{21}$.e$_{21}$,kai^{13}tsʰiəu^{53}kɔŋ^{21}fu^{13}iɔŋ^{13}.e$_{21}$.

　　欸，从前呢还讲么个嘞？还有只耕作制度啦。箇晡讲起禾刀子啊，嗯，安做安做禾衣刀子。从前还栽□禾。山里嘞系倒山里个人呢又想多打两只谷，但是嘞山里个空气欸阳光啊又更又更唔好。如果你栽二禾栽两到嘞，你收得早禾嘞就蹭收倒二禾，欸，就二禾会收花麦样，会唔好。唔系就早禾会唔好。等得欸尽滴个早禾都打嘿哩了嘞，你个打禾……早禾还□青。欸，箇就让门搞嘞？栽□禾。早禾都还还还蹭打，嗯正散籽，就分箇□禾□倒去，就箇空子里□倒去，要栽□禾。欸。e$_{21}$,tsʰəŋ^{13}tsʰien$^{13}_{21}$ne^{0}xai$^{13}_{21}$kɔŋ^{21}mak^{3}e^{0}lei^{0}?xai$^{13}_{21}$iəu^{35}tṣak^{3}cien^{35}tsɔk^{3}tsʮ̍^{53}tʰəu^{53}la^{0}.kai$_{44}$pu^{35}kɔŋ^{13}çi^{21}uo^{13}tau$^{35}_{44}$tsʮ̍^{0}a^{0},ŋ̍$_{21}$,ɔn^{35}tso$_{44}$ɔn$_{44}$tso$_{44}$uo^{13}i$^{13}_{44}$tau$_{44}$tsʮ̍^{35}.tsʰəŋ^{13}tsʰien^{13}xa$^{13}_{21}$tsɔi$^{53}_{44}$uo$_{21}$.san^{35}ni^{0}le^{0}xe^{53}tau^{21}san^{35}ni^{0}ke$_{44}$ɲin^{13}ne^{0}iəu^{53}siɔŋ^{21}to^{35}ta^{21}iɔŋ^{21}tṣak^{3}kuk^{3},tan$^{53}_{44}$sʮ̍$^{53}_{44}$le^{0}san^{35}ni^{0}ke$^{53}_{44}$kʰəŋ^{35}çi^{53}e$_{21}$iɔŋ^{13}kɔŋ^{35}ŋa^{0}iəu^{53}cien$_{44}$iəu^{53}cien^{35}m̍^{13}xau^{21}.ʮ̍^{13}kɔ^{21}ɲi$^{13}_{21}$tsɔi$^{53}_{44}$ɲi^{13}uo$^{13}_{21}$tsɔi$^{53}_{44}$iɔŋ^{13}tau$_{44}$lei^{0},ɲi$^{13}_{21}$ṣəu^{35}tek^{3}tsau^{21}uo^{13}le^{0}tsʰiəu^{53}maŋ$^{13}_{21}$ṣəu$^{35}_{44}$tau^{21}ɲi^{53}uo$^{13}_{21}$,e$_{21}$,tsʰiəu$^{53}_{44}$ɲi^{13}uo^{13}uɔi$^{53}_{44}$ṣəu$_{44}$fa^{35}mak^{3}iɔŋ$_{44}$,uɔi^{13}ŋ̍^{13}xau^{21}.m̍^{13}pʰe$_{44}$(←xe^{53})tsʰiəu^{53}tsau^{21}uo^{13}uɔi^{53}ŋ̍^{13}xau^{21}.tien^{21}tiei$_{21}$(←tek^{3}ei$_{21}$)tsʰin^{53}tet^{5}ke^{53}tsau^{21}uo^{13}təu$^{35}_{53}$ta^{21}xek^{3}li^{0}liau^{21}lei^{0},ɲi^{13}ke^{53}ta^{21}uo^{13}…tsau^{21}uo^{13}xai$^{13}_{21}$kue^{35}tsʰiaŋ$_{44}$.e$_{21}$,kai$_{44}$tsʰiəu$^{53}_{35}$ɲiɔŋ$_{44}$mən^{0}kau^{0}lei^{0}?tsɔi^{21}a^{53}uo$_{21}$.tsau^{21}uo^{13}təu$^{53}_{53}$xai$_{44}$xai^{13}xai^{13}maŋ^{13}ta^{21},ŋ̍$_{21}$tṣaŋ^{53}san^{35}tsʮ̍^{21},tsʰiəu$^{53}_{44}$pən$^{35}_{44}$kai^{35}a^{35}uo$_{21}$a^{35}uo^{21}tau^{21}çi^{53},tsʰiəu$^{53}_{44}$kai$_{44}$kʰəŋ^{35}tsʮ̍^{0}li^{0}a^{35}tau^{21}çi^{53},iau$^{13}_{21}$tsɔi$^{53}_{44}$a^{35}uo$^{13}_{21}$.e$_{21}$.

　　有滴情况下嘞，还有嘞，还打秧炮子。箇更蹭看过，系呀？我等就打过秧炮子。就系栽□禾嘞栽唔赢。栽□禾栽唔赢。就系舞倒箇□禾秧啊，咁大一蒲蒲塞下去，咁大一蒲一蒲塞下去，塞下箇……间四只，四只空塞一蒲，嗯，安做打秧炮子。欸，秧炮子，栽哩一段子时间呢就分箇秧炮子分开来。箇个都系人工包。iəu³⁵tiet⁵tsʰin¹³kʰuɔŋ⁵³çia₄₄lei⁰,xai¹³iəu₄₄lei⁰,xai¹³ta²¹
iɔŋ³⁵pʰau⁵³tsʅ⁰.kai₄₄cien⁵³maŋ²¹kʰɔn₄₄ko₄₄,xei⁵³ia⁰ʔŋai¹³tien⁵³tsʰiəu⁵³ta²¹ko⁰iɔŋ³⁵pʰau⁵³
tsʅ⁰.tsʰiəu₄₄ue₄₄(←xe⁵³)tsɔi³⁵a⁵³uo¹³le⁰tsɔi³⁵ȵ²¹iaŋ¹³.tsɔi⁵³a⁵³uo²¹tsɔi³⁵ȵ²¹iaŋ⁵³.tsʰiəu⁵³xe⁵³
u²¹tau²¹kai⁵³a³⁵uo²¹iɔŋ³⁵ŋa⁰,kan²¹tʰai⁵³iet³pʰu¹³pʰu¹³tsət⁵la₄₄(←xa⁵³)çi⁵³₄₄,kan²¹tʰai⁵³iet³
pʰu¹³iet³pʰu¹³tsət⁵la₄₄(←xa⁵³)çi⁵³₄₄,tsət⁵la₄₄(←xa⁵³)kai⁵³···kan⁵³si⁵³tʂak⁵,si⁵³tʂak⁵
kʰəŋ³tsət⁵iet³pʰu¹³,n̩²¹,ɔn⁵³tso⁵³ta²¹iɔŋ³⁵pʰau⁵³tsʅ⁰.e²¹,iɔŋ³⁵pʰau⁵³tsʅ⁰,tsɔi³⁵li⁰iet³tɔn⁵³
tsʅ⁰ʂʅ²¹kan³⁵ne⁰tsʰiəu₄₄pən³⁵kai₄₄iɔŋ³⁵pʰau⁵³tsʅ⁰fən³⁵kʰɔi³⁵lɔi²¹.kai⁵³ke₄₄təu³⁵xei²¹ȵin²¹
kəŋ₄₄pau³⁵.

　　还有只嘞就是积灰，欸，积灰。灰盆子，从前个劳动工具啊。以下也
冇得哩。塞灰。灰盆子。xai¹³iəu¹³tʂak³lei⁰tsiəu₄₄tsiet³fɔi⁵³,e²¹,tsiet⁵fɔi³⁵.fɔi³⁵pʰən¹³
tsʅ⁰,tsʰən²¹tsʰien²¹ke⁵³lau²¹tʰəŋ₄₄kəŋ³⁵tʂʅ⁵³za̱⁰.i²¹xa⁵³ia³⁵mau²¹tek⁵li⁰.tsət³fɔi³⁵.fɔi⁵³
pʰən¹³tsʅ⁰.

　　欸，大跃进个时候子嘞，还搞过么个嘞？么个耘田呐，爱去耘田呐。
咁子用脚戳是划唔来。舞只机子，耘田个机子，用树做只咁个齿轮样个东
西，顶高斗只把口长，咁子去筑啊，筑去筑转。箇个冇用，结果都系冇用，
挼……挼成功。箇阵子也搞哩插秧机嘞，大跃进个时候子啊。e²¹,tʰai⁵³iɔk⁵
tsin⁵³ke₄₄ʂʅ¹³xəu³tsʅ⁰le⁰,xai¹³kau²¹ko₄₄mak³ke⁵³le⁰?mak³ke⁵³in¹³tʰien¹³na⁰,ɔi⁵³çi⁵³in¹³
tʰien¹³na⁰.kan²¹tsʅ⁰iəŋ⁵³ciɔk⁵tʂʰɔk⁵ʂʅ²¹fa¹³n̩²¹nɔi¹³.u²¹tʂak³ci⁵³tsʅ⁰,in¹³tʰien¹³ke⁰ci³⁵
tsʅ⁰,iəŋ₄₄ʂəu⁵³tso⁵³tʂak³kan²¹ke⁵³tʂʰʅ²¹lən¹³iɔŋ⁵³ke⁰təŋ³⁵si⁰,taŋ²¹kau³⁵tei⁵³tʂak³pa⁵³lai³
tʂʰəŋ²¹,kan²¹tsʅ⁰çi₄₄tʂəuk³a⁰,tʂəuk⁵çi₄₄tʂəuk⁵tʂɔn⁰.kai⁵³ke₄₄mau¹³iəŋ⁵³,ciet³ko⁵³təu³⁵
xe⁵³mau¹³iəŋ⁵³,maŋ¹³···maŋ¹³tʂʰən²¹kəŋ³⁵.kai⁵³tʂʰən⁵³tsʅ⁰ia³⁵kau²¹li⁰tsʰait³iɔŋ³⁵ci³⁵
le⁰,tʰai¹³iɔk⁵tsin⁵³ke₄₄ʂʅ¹³xəu₄₄tsʅ⁰a⁰.

　　以下就打禾唠。打禾了是禾刀子。欸，以下就禾桶。箇禾桶嘞，一只
桶，一只木桶。有方个，也有圆个。我就只用过方个凑，挼用过圆个。方
桶。桶肚里嘞就装谷个，欸。欸三样东西，上……顶高嘞就舞只篾子织个
东西围倒，怕箇谷口咁，系呀？安做围缴子，围缴子，莫分箇谷口咁哩。
欸，以只打个栏场嘞箇桶边上呢就放只打栅安做。欸，打栅，面上尽箇黄
篾篁。咁子，一一轮一轮子一轮一轮子放倒去。箇谷啊就跍倒箇打栅上去
拚。欸，箇是蛮累人呐。我记得最唔好打个就么个嘞，就系农垦五八呀。
捉渠话打五十八下都有得脱呀。农垦五八打五十八下，打唔脱。箇禾硬打
唔脱。只有打谷机正打得脱。欸。噢，箇打禾个东西嘞，就围缴子，禾桶，
打栅。i²¹xa⁵³tsʰiəu⁵³ta²¹uo¹³lau⁰.ta²¹uo¹³liau⁰ʂʅ₄₄uo¹³tau₄₄tsʅ⁰.e²¹,i²¹xa⁵³tsʰiəu₄₄uo¹³
tʰəŋ²¹.kai₄₄uo¹³tʰəŋ²¹le⁰,iet³tʂak³tʰəŋ²¹₅₃,iet³tʂak³muk³tʰəŋ²¹.iəu³⁵fɔŋ³⁵ke⁵³,ia³⁵iəu³⁵₄₄
ien¹³ke⁵³.ŋai¹³tsʰiəu₄₄tsʅ¹³iəŋ⁵³ko₄₄fɔŋ³⁵ke⁵³tsʰe⁰,maŋ¹³iəŋ⁵³kuo₄₄ien¹³ke⁵³.fɔŋ³⁵

t^hə$ŋ^{21}$.t^hə$ŋ^{21}$təu^{21}li^0 le^0 ts^{h}iəu^{53}tʂɔŋ^{35}kuk^3 ke^{53},e$_{21}$.e^0 san^{35}iɔŋ^{53}təŋ^{35}si^0 ,ʂɔŋ^{53}···taŋ^{21}kau^{35}
lei^5 ts^{h}iəu^{5}u^{21}tʂak^3 miet^5 tsʅ^0 tʂek^3 ke^{53}təŋ$^{35}_{44}$si^0 uei^{13}tau^{21},p^{h}a$^{53}_{44}$kai$^{44}_{44}$kuk^3 faŋ^{53}kan^{21},xei$^{53}_{44}$
ia^0 ?ɔn$^{35}_{44}$tso$^{53}_{44}$uei^{13}ciau^{21}tsʅ^0 ,uei^{13}ciau^{21}tsʅ^0 ,mɔk^5 pɔn$^{35}_{44}$kai$^{44}_{44}$kuk^3 faŋ^{53}kan^{21}ni^0 .e$_{21}$,i^{21}iak$_3$
(←tʂak^3)ta^{21}ke^{53}laŋ$^{13}_{21}$tʂɔŋ$^{13}_{21}$le^0 kai$^{44}_{44}$t^{h}əŋ^3 pien$^{44}_{44}$xɔŋ$^{44}_{44}$ne^0 ts^{h}iəu$^{44}_{44}$fɔŋ^{53}tʂak^3 ta^{21}ts^{h}iak^5
ɔn^{35}tso$^{53}_{44}$.e$_{21}$,ta^{21}ts^{h}ak^5 ,mien$^{53}_{44}$xɔŋ$^{53}_{44}$ts^{h}in^{53}kai^{53}uaŋ^{13}mek^5 sak^3 .kan$^{35}_{35}$tsʅ^0 ,iet^3 iet^3 lən^{13}iet^3
lən^{13}tsʅ^0 iet^3 lən^{13}iet^3 lən^{13}tsʅ^0 fɔŋ^{53}tau^{21}çi^{53}.kai$^{44}_{44}$kuk^3 a^0 ts^{h}iəu$^{44}_{44}$ku^{53}tau^{21}kai$^{44}_{44}$ta^{21}ts^{h}ak^5
xɔŋ$^{53}_{44}$çi^{53}p^{h}an^{35}.e$_{21}$,kai^{53}sʅ$^{53}_{44}$man^{13}li^{53}ɲin$^{13}_{21}$na^0 .ŋai^{13}ci^{53}tek^3 tsei^{5}n$^{13}_{21}$xau^{21}ta^{21}ke^{53}ts^{h}iəu^{53}
mak^5 e^0 lei^0 ,ts^{h}iəu$^{44}_{44}$xe$^{53}_{44}$lən^{13}k^{h}en^{21}ɳ^{13}pait^5 ia^0 .tsɔk^5 ci$^{44}_{44}$ua$^{53}_{44}$ta^{21}ɳ^{13}ʂət^5 pait^5 xa^5 təu$^{35}_{53}$
mau$^{13}_{21}$tek^5 t^{h}ɔit^3 ia^0 .lən^{13}c^{h}ien$^{21}_{21}$pait^3 ta^{21}ɳ^{21}ʂət^5 pait^5 xa^{53},ta^{21}ɳ^{13}t^{h}ɔit^3 .kai^{53}uo$^{53}_{21}$ɲiaŋ^{53}
ta^{21}ɳ^{13}t^{h}ɔit^3 .tsʅ^{21}iəu^{35}ta^{21}kuk^3 ci^{53}tsaŋ^{35}ta^{21}tek^5 t^{h}ɔit^3 .e$_{21}$.au$_{21}$,kai$^{53}_{44}$ta^{21}uo^{13}ke^{53}təŋ^{35}si^0
le^0 ,ts^{h}iəu^{53}uei^{13}ciau^{21}tsʅ^0 ,uo^{13}t^{h}əŋ^{21},ta^{21}ts^{h}ak^5 .

禾刀子就去割。分个人就安做……割禾。割禾嘞安做写禾捃，安做写禾捃。欸，箇只箇只箇只动词安做写。就咁子写字样。分只手捱倒箇兜禾，咁子去割，欸，一兜一兜咁子割稳去，割倒一捃了，就放下箇映子，放好来。欸，割倒又一捃，又放下箇映子，放做一下。两捃，分禾衣搭嘿转来，分箇禾衣呀，搭下转来，就咁子，包倒，就勒倒去……就去抋。欸。箇就是以前打禾个，欸，禾桶，如今冇哩寻了。嗯。uo^{13}tau^{21}tsʅ^0 ts^{h}iəu$^{53}_{44}$çi$^{53}_{44}$kɔit^3 .pɔn^{35}
cie^{53}ɲin$^{13}_{21}$ts^{h}iəu$^{53}_{44}$ɔn$^{35}_{44}$tso^{53}s···kɔit^3 uo^{13}.kɔit^3 uo^{13}le^0 ɔn$^{44}_{44}$tso$^{44}_{44}$sia^0 uo^{13} k^{h}a^{35},ɔn$^{35}_{44}$tso$^{44}_{44}$sia^{21}
uo^{13}k^{h}a^{35}.e$_{21}$,kai^{53}tʂak^3 kai^{53}tʂak^3 kai^{53}tʂak^3 t^{h}əŋ^{53}tsʅ^{13}ɔn$^{44}_{44}$tso$^{53}_{44}$sia^{21}.tsiəu^{53}kan^{21}tsʅ^0 sia^{21}
sʅ^{53}iɔŋ$^{35}_{44}$.pɔn^{35}tʂak^3 ʂəu^{21}ia^{21}tau^{21}kai$^{53}_{44}$tei^{35}uo^{13},kan^{21}tsʅ^0 çi^{53}kɔit^3 ,e$_{21}$,iet^3 tei^{35}iet^3 tei^{35}
kan^{21}tsʅ^0 kɔit^3 uən^{21}çi^{53},kɔit^3 tau^{21}iet^3 k^{h}a^{35}liau^0 ,tsiəu$^{53}_{21}$fɔŋ^{53}xa$^{53}_{44}$kai$^{53}_{44}$iaŋ$^{35}_{44}$tsʅ^0 ,fɔŋ^{53}xau^{21}
lɔi$^{13}_{21}$.e$_{21}$,kɔit^3 tau^{21}iəu^{53}iet^3 k^{h}a^{35},iəu^{53}fɔŋ$^{53}_{44}$xa$^{53}_{44}$kai$^{53}_{44}$iaŋ$^{44}_{44}$tsʅ^0 ,fɔŋ$^{53}_{44}$tso$^{53}_{44}$iet^3 xa^{53}.iɔŋ^{21}
k^{h}a^{35},pɔn^{35} uo^{13}i^{35}tait^5 ek^3 (←xek^3)tʂuɔn^{21}nɔi$^{13}_{44}$,pɔn^{35} kai^{53}uo^{13}i^{35}ia^0 ,tait^5 ia$_{44}$(←
xa^{53})tʂuɔn^{21}nɔi^{13},tsiəu^{53}kan^{21}tsʅ^0 ,pau^{35}tau^{21},ts^{h}iəu$^{53}_{44}$lek^5 tau^{21}çi$^{53}_{44}$···tsiəu$^{53}_{21}$çi$^{53}_{44}$
p^{h}an^{35}.e$_{21}$.kai$^{53}_{21}$ts^{h}iəu$^{53}_{21}$sʅ$^{13}_{44}$i$^{35}_{53}$ts^{h}ien$^{13}_{21}$ta^{21}uo^{13}ke^{53},e$_{21}$,uo^{13}t^{h}əŋ^{21},i$^{13}_{21}$cin$^{35}_{44}$mau$^{13}_{21}$li^0 ts^{h}in^{13}
niau^0 .ɳ$_{21}$.

欸，打哩禾以后嘞，就用……打倒……打倒禾桶个谷嘞，就用箩荷归去，篾丝箩，荷归去，荷下晒谷场里去晒谷。第一步搞么啊嘞？荡开来，分箇谷荡开来，放下晒簟里荡开来。欸，一只荡耙，去荡开来。荡开来，晒燥哩下子嘞，就打箸。分箇个秆吶衣呀，分箇个秆吶箇个啊，就舞开来，安做打箸。欸，打哩箸个谷嘞，就翻一倒，就再分渠晒。晒哩以后嘞就去用风车一车，欸。箇是……车倒以后嘞就荷归去唠，系唔系？箇从前是搞只子米……只饭都不容易哦，嘿嘿，食只饭都真不容易。嗯。农具一般来讲就系一滴子咁个东西。e$_{21}$,ta^{21}li^0 uo^{13}i^{35}xe$^{53}_{44}$le^0 ,ts^{h}iəu$^{53}_{44}$iəŋ$^{53}_{44}$···ta^{21}tau^{21}···ta^{21}tau^{21}

uo^{13}tʰəŋ^{21}ke^{53}kuk$_{44}^{3}$le^{0},tsʰiəu$_{44}^{53}$iəŋ$_{44}^{53}$lo^{13}kʰai^{35}kuei^{35}çi^{53},miet^{5}sŋ^{35}lo^{13},kʰai^{35}kuei^{35}
çi^{53},kʰai^{35}ia$_{44}$(←xa^{53})sai^{53}kuk^{3}tʂʰoŋ$_{21}^{13}$li^{0}çi$_{44}^{13}$sai^{53}kuk^{3}.tʰi^{53}iet^{3}pʰu^{53}kau^{21}mak^{3}a^{0}
le^{0}ʔtʰoŋ^{53}kʰoi$_{21}^{35}$loi^{13},pən$_{44}$kai$_{44}^{53}$kuk^{3}tʰoŋ^{53}kʰoi$_{21}^{35}$loi^{13},foŋ$_{44}$a$_{44}$(←xa^{53})sai^{53}tʰian^{53}ni^{0}tʰoŋ^{53}
kʰoi$_{21}^{35}$loi^{13}.e$_{21}$,iak^{3}(←iet^{3}tʂak^{3})tʰoŋ^{53}pʰa^{13},çi$_{44}$tʰoŋ^{53}kʰoi$_{44}^{35}$loi^{13}.tʰoŋ^{53}kʰoi$_{21}^{35}$loi^{13},sai^{53}
tsau$_{44}^{35}$li^{0}xa^{53}tsŋ^{0}le^{0},tsʰiəu$_{44}^{53}$ta^{53}ɲiɔk^{5}.pən^{35}kai$_{44}^{53}$ke^{53}kɔn^{21}i^{13}ia^{0},pən^{35}kai$_{44}^{53}$ke$_{44}^{53}$kɔn^{21}na^{0}
kai$_{44}^{53}$ke$_{44}^{53}$a^{0},tsʰiəu$_{44}^{53}$u^{53}kʰoi$_{44}^{35}$loi$_{44}$,ɔn^{53}tso$_{44}^{53}$ta^{21}ɲiɔk^{5}.e$_{21}$,ta^{21}li^{0}ɲiɔk^{5}ke$_{44}$kuk^{3}le^{0},tsʰiəu$_{44}^{53}$
fan^{35}iet^{3}tau^{53},tsiəu$_{44}$tsai^{53}pən ci$_{21}^{13}$sai^{53}.sai^{53}li^{0}i^{35}xei^{53}le^{0}tsʰiəu$_{44}^{53}$çi$_{44}^{53}$iəŋ^{53}foŋ^{35}tʂʰa^{35}iet^{3}
tʂʰa^{35},e$_{21}$.kai^{53}sŋ$_{44}^{53}$···tʂʰa^{53}tau^{21}i^{35}xei^{53}lei^{0}tsʰiəu$_{44}^{53}$kʰai$_{44}^{35}$kuei$_{44}^{35}$çi$_{44}$lau^{0},xei$_{44}$me$_{44}$(←m̩^{13}
xe^{53})ʔkai^{53}tsʰəŋ$_{44}^{53}$tsʰien$_{44}^{13}$sŋ$_{44}^{53}$kau^{21}tʂak^{3}tsŋ^{0}mi^{21}···tʂak^{3}fan^{53}təu$_{44}^{35}$pət^{3}iəŋ$_{21}^{13}$i^{53}o^{0},xe$_{53}$
xe$_{53}$,ʂət^{5}tʂak^{3}fan^{53}təu$_{44}^{35}$tʂən^{53}pət^{3}iəŋ$_{21}^{13}$i^{13}.ɳ̩$_{21}$.ləŋ^{13}tʂŋ^{53}iet^{3}puon^{35}nɔi$_{21}^{13}$kɔŋ^{21}tsʰiəu^{53}xe^{53}
iet^{3}tiet^{5}tsŋ^{53}kan$_{35}^{21}$ke$_{44}^{53}$təŋ$_{44}^{35}$si^{0}.

水子挽

嘞，正先正先你问我以只钩钩子，以只钩，安做象鼻嘴，以下就。le$_{35}$,
tʂaŋ$_{53}^{53}$sen$_{53}^{35}$tʂaŋ$_{44}^{53}$sen$_{53}^{35}$ni^{0}uən^{13}ŋai^{13}i^{21}tʂak^{3}kei^{35}kei^{35}tsŋ^{0},i^{21}tʂak^{3}kei^{35},ɔn$_{44}$tso$_{44}^{53}$siɔŋ^{53}
pʰiet^{3}tsi^{21},i^{21}xa^{53}tsiəu^{53}.（哦，象鼻嘴？）嗯，以映子，欸，象鼻嘴。ɳ̩$_{21}$,i^{21}iaŋ^{53}
tsŋ^{0},e$_{53}$,siɔŋ^{53}pʰiet^{3}tsi^{21}./象鼻嘴，犁拔箭。siɔŋ^{53}pʰiet^{3}tsi^{21},lai^{13}pʰait^{5}tsen^{53}./对，以
只，以，以映子，分以映，以，以，牛是去以面前，欸，也有两条绳，撮
稳个，欸，以映就有只哗个东西搭下牛身上来。以以一只东西，以映子，
摅以映连接个，以只钩钩，就安做水子挽。tei^{53},i^{21}tʂak^{3},i^{21},i^{21}iaŋ^{53}tsŋ^{0},pən^{35}i^{21}
iaŋ^{53},i^{21},i^{21},ɲiəu^{13}sŋ$_{44}^{53}$çi$_{44}^{13}$i^{21}mien^{53}tsʰien^{13},ei$_{21}$,ia^{53}iəu$_{44}^{53}$iɔŋ^{21}tʰiau$_{21}^{21}$ʂən^{53},kuan^{35}uən^{21}
ke$_{44}$,ei$_{21}$,i^{21}iaŋ$_{44}^{53}$tsiəu$_{44}^{53}$iəu$_{44}^{35}$tʂan^{21}(←tʂak^{3}kan^{21})ke$_{44}^{53}$təŋ$_{44}^{35}$si^{0}tait^{5}a$_{21}$(←xa^{53})ɲiəu^{13}ʂən$_{21}^{35}$
xɔŋ$_{44}^{13}$lɔi^{13}.i^{21}i^{21}iet^{3}tʂak^{3}təŋ$_{44}^{35}$si^{0},i^{21}iaŋ^{53}tsŋ^{0},lau^{35}i^{21}iaŋ^{53}lien^{13}tsiet^{3}ke$_{44}^{53}$,i^{21}tʂak^{3}kei^{35}
kei$_{44}^{35}$,tsiəu^{53}ɔn$_{44}^{35}$tso$_{44}^{53}$ʂei^{21}tsŋ^{0}uan^{21}.

系挽联个挽吧？xei^{53}uan^{21}lian^{13}ke^{0}uan^{21}pa^{0}?/水子挽。欸。ʂuei^{21}tsŋ^{0}uan^{21}.e$_{53}$.
到……渠分以条横棍棍，搭……以只东西搭做一下也喊水子挽。tau$_{44}^{53}$···ci$_{21}^{13}$
pən$_{44}^{35}$i^{21}tʰiau$_{21}^{13}$uaŋ^{13}kuən^{53}kuən^{53},tait^{5}···i^{21}tʂak^{3}təŋ$_{44}^{35}$si^{0}tait^{5}tso^{53}iet^{3}xa^{53}ia^{53}xan^{53}ʂei^{21}
tsŋ^{0}uan^{21}.（哦，这个也叫水子挽？）欸，就系以以映系条横棍，横棍，以
条横棍，搭以只东西也喊水子挽。如今你到到生资铺里去买，也喊买只水
子挽，箇就样箇就只买以只东西。指只有以坨铁个。e$_{53}$,tsʰiəu^{53}xe^{53}i^{21}i^{21}iaŋ^{53}xe^{53}
tʰiau^{13}uaŋ^{13}kuən^{53},uaŋ^{13}kuən^{53},i^{21}tʰiau^{13}uaŋ^{13}kuən^{53},tait^{5}i^{21}tʂak^{3}təŋ$_{44}^{35}$si^{0}ia^{53}xan^{53}ʂei^{21}
tsŋ^{0}uan^{21}.i$_{21}$cin$_{44}^{35}$ɲi$_{21}^{13}$tau$_{44}^{53}$tau$_{44}^{53}$sien^{35}tsŋ$_{44}^{35}$pʰu^{53}li^{0}çi^{53}mai^{35},ia^{35}xan^{53}mai^{35}tʂak^{3}ʂei^{21}tsŋ^{0}
uan^{21},kai$_{44}^{13}$tsʰiəu$_{44}^{53}$iɔŋ$_{44}^{53}$kai^{53}tsʰiəu^{53}tsŋ^{21}mai^{35}i^{21}tʂak^{3}təŋ$_{44}^{35}$si^{0}.tsŋ$_{21}^{21}$tsŋ^{53}iəu$_{53}^{35}$i^{21}tʰo$_{21}^{13}$tʰiet^{5}
ke$_{44}^{53}$.（噢，怎么区别呢？）啊，渠就渠嘞到去买个时间买水子挽就只买以

只东西啊。欸，归来就还爱还爱请倒木匠去做条以个东西啊。a$_{35}$,ci^{13}tsʰiəu^{53}ci^{13}le^{0}tau^{53}çi^{55}mai^{35}ke^{0}ʂʅ^{21}kan^{44}mai^{35}ʂei^{21}tsʅ^{0}uan^{21}tsʰiəu^{21}tsʅ^{21}mai^{35}i^{21}tʂak^{3}təŋ^{35}si^{0}a^0.e$_{21}$,kuei^{35}ləi^{21}tsiəu^{21}xai^{21}ɔi^{44}xai^{21}ɔi^{53}tsʰiaŋ^{21}tau^{21}muk^{3}siɔŋ^{53}çi^{21}tso^{53}tʰiau^{13}ke^{44}təŋ^{35}si^{0}a^0.（是自己做，是吧？）做，做只横棍呐。tso^{53},tso^{53}tʂak^{3}uaŋ^{13}kuɛŋ^{13}na^0./欸，斗呀去啊。欸，斗正哩以后也喊水子挽。e$_{21}$,tei^{53}ia^{0}çi^{53}a^0.e$_{21}$,tei^{53}tʂaŋ^{53}li^{21}i^{53}xei^{44}ia^{35}xan^{53}ʂei^{21}tsʅ^{21}uan^{21}.

拖斗

我等以映个拖斗渠就只去那映用嘞？就……就箇个田里箇只箇只地方，泥烂多哩，用耙都挼唔出个，或者或者田深哩，牛去唔得，以下就以下就舞正箇盆盆，箇只箇只盆盆做倒蛮气势唠，跟箇……跟……同船底差唔多。跟船个底呀这样差唔多的。嗯。然后然后分泥装嘿肚箇里，拖嘿去以映子咁个，□□子，所以渠就以映冇事多欸。拖啦以边就去……ŋai$_{21}$tien^{0}i^{21}iaŋ^{44}ke^{0}tʰo^{35}tei^{21}ci$_{21}$tsiəu^{53}tsʅ^{2}çi^{21}lai$_{44}$iaŋ$_{44}$iəŋ^{53}lei^0?tsiəu$_{44}$…tsiəu$_{44}$kai$_{44}$ke$_{44}$tʰien^{13}ni^{35}kai^{53}tʂak^{3}kai^{53}tʂak^{3}tʰi$_{44}$fɔŋ$_{44}$,lai^{13}tʰek^{3}to^{35}li^0,iəŋ^{53}pʰa^{21}təu$_{44}$tsʰəŋ^{21}n̩^{3}tʂʰət^{3}ke^0,xo$_{44}$tʂe^{0}xɔit^{5}tʂa^{21}tʰien^{13}tʂʰən^{35}ni^0,niəu^{13}çi^{53}n̩$_{21}$tek^3,i^{21}ia$_{21}$(←xa^{53})tsʰiəu$_{44}$i^{21}ia$_{21}$(←xa^{53})tsʰiəu^{5}u^{21}tʂaŋ^{13}kai^{53}pʰən^{13}pʰən$_{44}$,kai^{53}tʂak^{3}kai^{53}tʂak^{3}pʰən^{13}pʰən$_{44}$tso^{53}tau^{21}man^{21}çi^{53}ʂʅ^{21}lau^0,kən$_{44}$kai$_{44}$…kən^{35}…tʰəŋ^{13}ʂɔn^{13}te^{21}tsa^{53}n̩$_{21}$to^{53}.kən^{21}ʂɔn^{13}ke$_{44}$te^{21}ia^{21}tʂe^{53}iɔŋ^{53}tsa$_{44}$n̩$_{44}$to$_{44}$tet^3.n̩$_{21}$,ien^{13}xei^{53}ien^{21}xei^{53}pən^{35}lai^{13}tʂɔŋ^{35}xek^{3}tu^{21}kai^{53}li^0,tʰo^{35}xek^{3}çi$_{44}^{21}$iaŋ$_{44}$tsʅ^{0}kan^{13}kei^0,niau^{13}niau^{35}tsʅ^0,so^{0}i$_{44}^{21}$ci^{21}tsʰiəu$_{44}$i^{21}iaŋ$_{44}$mau^{21}sʅ^{21}to^{21}ei^0.tʰo$_{44}$la^{0}i^{21}pien^{35}tsiəu$_{44}^{53}$çi$_{21}^{21}$…（斗……这就是拖斗，拖斗？）如今高磊磊哩，舞就系挖机。i$_{21}^{13}$cin$_{44}$kau^{35}lei^{21}lei^{35}li^0,ua^{13}tsʰiəu$_{44}$xe$_{44}$ua^{35}ci^{35}./系系，以下是用挖机了。xei^{53}xei^{53},i^{21}ia$_{44}$(←xa^{53})ʂʅ$_{44}^{53}$iəŋ^{53}ua^{35}ci^{35}liau^0./还系还系爱拖斗呀，有滴有滴以箇个烂泥田里个你就空个嘞。挖机你都……舞唔起呢。你舞下去溜溜哩下……下溜嘿去哩。xai^{21}xe^{53}xai^{21}xe^{53}ɔi$_{44}^{13}$tʰo^{35}tei^{21}ia^0,iəu^{35}tet^{3}iəu^{35}tet^{3}i^{21}kai^{53}ke^{44}lan^{53}lai^{13}tʰien^{21}li$_{44}^{35}$ke^{44}ni$_{44}^{21}$tsʰiəu$_{44}$kəŋ$_{44}$ke^{0}le^0.ua^{35}ci^{35}ni$_{44}$təu$_{44}$…u^{21}n̩^{21}çi^{53}nei^0.ni$_{21}^{21}$u^{21}xa$_{44}$çi$_{44}^{35}$liəu$_{44}$liəu$_{44}^{35}$li^{0}xa^{53}…xa^{53}liəu$_{44}^{35}$xek^{3}çi$_{21}^{53}$li^0.

湖洋耙

湖洋耙是，深田去唔得箇个。fu^{13}iɔŋ$_{44}$pʰa^{13}ʂʅ$_{44}^{53}$,ʂən^{35}tʰien^{21}çi^{53}n̩^{3}tek^{3}kai^{53}ke^{44}./箇只深田。如今渠箇起加先讲个嘞，系还有一种么个竹耙。箇个就喊瘌耙。kai^{53}tʂak^{3}tʂʰən^{35}tʰien^{13}.i$_{44}^{13}$cin$_{44}$ci^{13}kai^{53}çi^{21}ka^{35}sien^{35}kɔŋ^{13}ke$_{44}$le^0,xei^{53}xai^{13}iəu$_{53}^{35}$iet^{3}tʂəŋ^{21}mak^{3}ke^{53}tʂəuk^{3}pʰa^{13}.kai^{53}ke$_{44}^{53}$tsiəu$_{44}$xan$_{44}^{53}$lait^{3}pʰa$_{21}^{13}$./竹……竹耙是喊瘌耙。tʂəuk^3…tʂəuk^{3}pʰa$_{21}^{13}$ʂʅ$_{44}^{53}$xan$_{44}^{53}$lait^{3}pʰa$_{21}^{13}$./欸。e$_{21}$./欸，还有一只嘞就深田，湖洋耙。

e$_{44}$,xai$_{21}$iəu$_{44}^{35}$iet^{3}tʂak^{3}le^{0}tsʰiəu$_{44}^{53}$tʂʰən^{35}tʰien^{13},fu^{13}iəŋ$_{21}^{13}$pʰa^{13}./安做湖洋耙。ɔn$_{44}^{35}$tso^{53} fu^{13}iəŋ$_{21}^{13}$pʰa^{13}.（啊，这什么样子呢？）箇有……kai^{53}iəu^{35}…/咁样子。kan^{21}iəŋ$_{35}$ tsʅ^0./六……六只齿个，四只齿。湖洋耙。liəuk^{3}s…liəuk^{3}tʂak^{3}tʂʰʅ$_{21}$ke$_{44}$,si^{53}tʂak^3 tʂʰʅ^{21}.fu^{13}iəŋ$_{44}^{13}$pʰa^{13}./欵，欵，渠也就，箇样子，我等以映就自家做，一条横木，跟以 e$_{21}$,e$_{21}$,ci^{13}ia$_{44}^{35}$tsʰiəu^{53},kai^{53}iəŋ$_{44}^{53}$tsʅ^0,ŋai$_{21}$tien^{0}i^{21}iaŋ$_{44}^{13}$tsʰiəu$_{44}^{53}$tʂʰʅ^{35}ka$_{44}^{35}$tso^{53},iet^3 tʰiau^{13}uaŋ^{13}muk^3,ken$_{44}^{35}$i^{21}普通话:这里是木头，它是这个这个样子。嗯，这下面……（有齿？）有齿。iəu$_{21}^{35}$ tʂʰʅ^{21}.（这个齿是竹……竹头做的竹……）普通话:欵，竹子做的。竹子做的。然后从这里安一根安一根拿手的把。（手哦手手柄？）欵，安做把。e$_{21}$,ɔn$_{44}^{35}$tso$_{44}^{53}$pa^{53}.（哦，把？）欵，咁个。我等是只有以咁……咁子个。e$_{21}$,kan^{21}ke^{53}.ŋai^{21}tien^{0}ʂʅ^{53}tsʅ^{21}iəu$_{53}^{35}$i^{21}kan^{21}… kan^{21}tsʅ^{0}ke^{53}./箇……kai$_{44}^{53}$…（这个就叫湖洋耙，是吧？）欵。e$_{21}$./安做湖洋耙。 ɔn$_{44}^{35}$tso^{53}fu^{13}iəŋ$_{21}^{13}$pʰa^{13}./箇是就系去牛唔得个。kai$_{44}^{53}$ʂʅ$_{21}^{53}$tsʰiəu$_{44}^{53}$xe$_{44}^{53}$çi^{53}ɲiəu^{13}n̩$_{44}^{13}$tek^3 ke$_{44}$./欵，箇牛牛牛不能去箇子。e$_{21}$,kai$_{44}^{53}$ɲiəu^{13}ɲiəu^{13}ɲiəu^{13}pət^{3}len^{13}çi^{53}kai^{53}tsʅ^0./ 涩田呐，深田。pʰan^{53}tʰien$_{21}^{13}$na^0,ʂən^{35}tʰien$_{21}^{13}$./你拿倒挖下转去，覆下转，耙正下子，慢有草就摱下去，咁个，话人去踩。ɲi$_{21}^{13}$lak^{3}tau^{21}uait^{3}a^{53}(←xa^{53})tʂən^{21} çi$_{44}^{53}$,pʰuk^{3}xa$_{44}^{53}$tʂən^{21},pʰa^{13}tʂaŋ$_{44}^{53}$ŋa$_{21}$(←xa^{53})tsʅ^0,man$_{44}^{53}$iəu$_{44}^{35}$tsʰau^{21}tsʰiəu$_{44}^{53}$tsʰei^{21}xa$_{44}^{53}$ çi$_{44}^{53}$,kan^{21}ke^{53},ua^{53}ɲin$_{21}^{13}$çi^{53}tsʰai^{21}.

粪勺、粪角

我等以映讲个，我等以映讲个，粪勺……粪勺搣粪角系唔同，两只东西。粪……粪角就系竹子做个，一只筒筒个，就粪角。粪勺就系就系就系用木做只箇圆筒筒子，中间舞一条，舞条棍，就舞下去个，箇只是粪勺。 ŋai^{13}tien^{0}i$_{44}^{21}$iaŋ$_{44}^{13}$kɔŋ^{21}ke^{53},ŋai^{13}tien^{0}i$_{44}^{21}$iəŋ$_{44}^{13}$kɔŋ^{21}ke$_{44}^{53}$,fən^{53}ʂ…pən^{53}ʂɔk^{5}lau^{0}pən^{53}kɔk^3 xe^{53}n̩^{13}tʰəŋ^{13},iəŋ^{13}tʂak^{3}təŋ$_{44}^{35}$si^0.pən^{53}…pən^{53}kɔk^{3}tsʰiəu$_{44}^{53}$xe$_{44}^{53}$tʂəuk^{3}tsʅ^{0}tso$_{44}^{53}$ke$_{44}^{53}$,iet^3 tʂak^{3}tʰəŋ^{13}tʰəŋ$_{44}^{13}$ke$_{44}^{53}$,tsiəu$_{44}^{53}$pən^{53}kɔk^3.pən^{53}ʂɔk^{5}tsʰiəu$_{44}^{53}$e$_{44}$(←xe^{53})tsʰiəu$_{44}^{53}$e$_{44}$ (←xe^{53})tsʰiəu$_{44}^{53}$e$_{44}$(←xe^{53})iəŋ^{13}muk^{3}tso^{53}tʂak^{3}kai^{53}ien^{13}tʰəŋ^{13}tʰəŋ$_{44}^{13}$tsʅ^0,tʂəŋ^{35}kan^{35}u$_{44}^{21}$ iet^{3}tʰiau^{13},u^{21}tʰiau^{13}kuən^{53},iəu$_{21}$(←tsʰiəu^{53})u^{21}a$_{44}$(←xa^{53})çi$_{44}^{53}$ke^0,kai$_{44}^{53}$tʂak^{3}ʂʅ$_{44}^{53}$pən$_{44}^{53}$ ʂɔk^5./就同以只东西样个，是只粪勺。欵。tsiəu^{53}tʰəŋ$_{21}^{13}$i^{21}tʂak^{3}təŋ^{35}si^{0}iəŋ$_{44}^{53}$ke^{53}, ʂʅ$_{44}^{53}$tʂak^{3}pən^{53}ʂɔk^5.e$_{21}$.

（形状不一样，形状不一样？）形状……çin^{13}tsʰɔŋ$_{44}^{53}$…/普通话:形状不一样，材料不一样。/嘞，就同以只东西样个，以中间打只眼，以映打只眼，咁子，勺子就冲上去，冲到以向。lei$_{35}$,tsʰiəu^{53}tʰəŋ$_{21}^{13}$i^{21}tʂak^{3}təŋ^{35}si^{0}iəŋ$_{44}^{53}$ke^{53},i^{21}tʂəŋ^{35}kan^{35}ta^{21} tʂak^{3}ŋan^{21},i^{21}iaŋ^{53}ta^{21}tʂak^{3}ŋan^{21},kan^{21}tsʅ^0,ʂɔk^{5}tsʅ^{0}tsəu$_{21}^{53}$tʂʰəŋ^{13}ʂɔŋ$_{21}^{13}$çi$_{44}^{53}$,tsʰəŋ^{13}tau^{21}i^{21} çiɔŋ^{53}.（箇是粪勺？）欵，就粪勺。e$_{21}$,tsiəu^{53}pən^{53}ʂɔk^5./欵，箇箇只是粪勺。 e$_{21}$,kai$_{44}^{53}$kai$_{44}^{53}$tʂak^{3}ʂʅ$_{44}^{53}$pən$_{44}^{53}$ʂɔk^5./咁子，欵，就咁子，咁子拿倒舀个，粪勺。kan^{21}

tsʅ⁰,e₄₄,tsʰiəu⁵³kan²¹tsʅ⁰,kan²¹tsʅ⁰la⁵³tau²¹iau²¹ke₄₄,pən⁵³sɔk⁵.（噢，那个长一些，小一些，是吧？）欸，就粪角。e₂₁,tsʰiəu⁵³pən⁵³kɔk³.（啊！）我等个是硬硬硬非常明显个，粪勺摎粪角就是根本系两两……ŋai¹³tien⁰ke₄₄⁵³sʅ⁵³niaŋ₄₄⁵³niaŋ₄₄⁵³niaŋ₄₄⁵³fei³⁵sɔŋ₂₁¹³min¹³cien²¹ke⁵³,pən⁵³sɔk⁵lau₄₄⁵³pən⁵³kɔk³tsʰiəu⁵³cien⁵³pən²¹xe₄₄⁵³iəŋ²¹iəŋ²¹……/两回事。iəŋ²¹fei¹³sʅ⁵³./两回事，两只东西。iəŋ²¹fei¹³sʅ⁵³,iəŋ²¹tʂak²¹tən³⁵si⁰.

　　（以后，找机会拍拍那些照片，拿那个相机拍下来，就知道了。嗯。）嗯。箇你拿拿相机欸箇有滴栏上如今还可以寻得倒唠。n̩₂₁.kai₄₄⁵³ni¹³lak⁵lak⁵siɔŋ₄₄¹³ci³⁵e⁰kai⁴⁴iəu³⁵tiet⁵lan₄₄¹³xɔŋ₂₁¹³cin³⁵xai₂₁¹³kʰo²¹i⁵³tsʰin¹³tek³tau²¹lau⁰./如今塑料个嘞，如今个粪勺嘞也是塑料个嘞。i₄₄¹³cin³⁵sɔk³liau₃₅⁵³ke⁰lei⁰,i₄₄¹³cin³⁵e₄₄(←ke⁵³)pən⁵³sɔk⁵le⁰ie³⁵sʅ⁵³sɔk³liau₄₄⁵³ke⁰le⁰./欸，如今就有塑料个了。ei₂₁,i₂₁¹³cin³⁵tsʰiəu⁵³iəu₄₄³⁵sɔk³liau₄₄⁵³ke₄₄⁵³liau²¹./欸。e₅₃.

水车

　　（以前那个水车叫什么？）欸，水车就系水车。ei₂₁,sei²¹tʂʰa₄₄³⁵tsʰiəu⁵³ue₂₁(←xe₄₄⁵³)sei²¹tʂʰa³⁵.（筒车还是翻车还是筒车？）欸，欸筒车就唔同啦。欸，一起……有……箇水车就有有两起欸。筒车就专门用来……提水工具嘞。提水工具，筒车就。分水提下箇欸在河里提上来个，箇筒车。箇起是一起就筒……箇起筒车。e₂₁,e₅₃tʰəŋ¹³tʂʰa₅₃⁵³tsʰiəu⁵³n̩₂₁¹³tʰəŋ₂₁¹³la⁰.e₄₄,iet³çi²¹iəu₄₄³⁵……kai⁵³sei²¹tʂʰa³⁵tsʰiəu⁵³iəu₄₄³⁵iəu₄₄⁵³iɔŋ²¹çi²¹e₂₁.tʰəŋ¹³tʂʰa³⁵tsʰiəu⁵³tʂen³⁵mən₂₁¹³iəŋ⁵³lɔi₂₁¹³……tʰi¹³sei²¹kəŋ₄₄¹³tsʅ₄₄⁵³le⁰.tʰi¹³sei²¹kəŋ₄₄¹³tsʅ₄₄⁵³,tʰəŋ¹³tʂʰa³⁵tsʰiəu₄₄⁵³.pən³⁵sei²¹tʰia₄₄³⁵xa₄₄⁵³kai⁵³e₂₁tsai₄₄²¹xo¹³li₄₄³⁵tʰia³⁵sɔŋ₄₄³⁵lɔi₂₁¹³ke⁵³,kai₄₄⁵³tʰəŋ¹³tʂʰa³⁵.kai⁵³çi²¹sʅ₄₄⁵³iet³çi₄₄⁴⁴tsiəu₄₄⁵³tʰəŋ¹³……kai⁵³çi²¹tʰəŋ¹³tʂʰa³⁵.

　　一起水车是就系用来用来整米个，打碓子个，嗯，研欸研欸研茶籽箇只个。欸。箇起能够产生一动力个，动力个水车。iet³çi₄₄²¹sei²¹tʂʰa³⁵sʅ₄₄³⁵tsʰiəu₄₄⁵³xe₄₄⁵³iəŋ⁵³lɔi₂₁¹³iəŋ⁵³lɔi₂₁¹³tʂaŋ²¹mi⁵³ke⁵³,ta²¹tɔi²¹tsʅ⁰ke⁵³,n̩₂₁,ŋan³⁵e₂₁ŋan³⁵e₂₁ŋan³⁵tsʰa¹³tsʅ²¹kai⁵³tʂak²¹ke₄₄⁵³.e₂₁.kai₄₄⁵³çi₂₁²¹len₂₁¹³ciau₄₄⁵³tʂʰan¹³sien⁵³iet³tʰəŋ⁵³liet³ke₄₄⁵³,tʰəŋ⁵³liet³ke₄₄⁵³sei²¹tʂʰa₄₄³⁵.

　　还一起就提水个水车，提水个，就分水，分箇个河里个水引上来个，提……提水个水车。一起动力水车。两种水车唔同。欸。提水个水车就系筒车。xai₂₁¹³iet³çi²¹tsʰiəu⁵³tʰi¹³sei²¹ke⁵³sei²¹tʂʰa₄₄³⁵,tʰia³⁵sei²¹ke₄₄⁵³,tsiəu₄₄⁵³pən⁵³sei²¹,pən⁵³kai⁵³ke₄₄⁵³xo²¹li²¹ke⁵³sei²¹in²¹sɔŋ³⁵lɔi₂₁¹³ke⁵³,tʰe⁰……tʰia³⁵sei²¹ke₄₄⁵³sei²¹tʂʰa³⁵.iet³çi²¹tʰəŋ⁵³liet³sei²¹tʂʰa³⁵.iəŋ²¹tʂəŋ²¹sei²¹tʂʰa₄₄³⁵n̩₂₁¹³tʰəŋ¹³.e₂₁.tʰia³⁵sei²¹ke₄₄⁵³sei²¹tʂʰa³⁵tsʰiəu⁵³xe²¹tʰəŋ¹³tʂʰa³⁵.

龙骨水车

水车，龙骨水车安做。ṣei²¹tṣʰa³⁵₄₄,liəŋ¹³kuət³ ṣei²¹tṣʰa³⁵₄₄ɔn³⁵tso⁵³.（龙骨水车？）
欸，龙骨水车。我都踩过嘞。用手也摇过。有脚踩个，用……有用手摇个，
两个人摇，两个人咁子去摇。龙骨水车。箇等史书肚里都有嘞。欸。以下
有么人用哩，龙骨水车。e₂₁,liəŋ¹³kuət³ ṣei²¹tṣʰa³⁵₄₄,ŋai¹³təu³⁵tsʰai²¹ko⁰le⁰.iəŋ³⁵ṣəu²¹
a₄₄(←ia³⁵)iau¹³ko⁵³.iəu³⁵ciɔk³ tsʰai²¹ke⁵³,iəŋ⁵³…iəu³⁵iəŋ⁵³ṣəu²¹iau¹³ke⁵³,iɔŋ²¹ke⁵³in¹³
iau¹³,iɔŋ²¹ke⁵³in¹³₄₄kan²¹tsɿ⁰ çi⁵³iau¹³.liəŋ¹³kuət³ ṣei²¹tṣʰa³.kai⁵³₄₄tien⁰ sɿ²¹ṣəu³⁵təu²¹li⁰təu³⁵₄₄
iəu³⁵le⁰.e₂₁.i²¹xa⁵³mau¹³mak³ in¹³₄₄iəŋ⁵³li⁰,liəŋ¹³kuət³ ṣei²¹tṣʰa³⁵₄₄.

（好。用脚踩的那个呢？）箇渠只……渠只系箇只工具子唔同，渠个
一只箇槽肚里呢，渠一筒……龙骨水车尽系咁个叶子呢，欸一片一片子个
叶子嘞。以边上就一条沟样，欸。kai⁵³₄₄ciɔk³tṣɿ⁰…ciɔ²¹tsɿ¹³xe⁵³kai⁵³tṣak³ kəŋ³⁵tṣɿ⁵³tsɿ⁰
n¹³₂₁tʰəŋ¹³,ci¹³ke⁵³iet⁰ tṣak³ kai⁵³₄₄tsʰau⁵³təu²¹li⁰ nei⁰,ci¹³iet³ tʰəŋ¹³…liəŋ¹³kuət³ ṣei²¹tṣʰa³⁵
tsʰin⁵³ ne₄₄(←xe⁵³)kan²¹ke⁵³₄₄iait⁵ tsɿ⁰ nei⁰,ei₂₁iet³ pʰien⁵³iet³ pʰien⁵³tsɿ⁰ kai⁵³₄₄iait⁵ tsɿ⁰
lei⁰.i²¹pien³⁵xɔŋ²¹₄₄tsʰiəu⁵³iet³ tʰiau¹³kei⁵³iɔŋ⁵³,e₂₁.（我见过。）咁子个见过嘛，系啊？
渠个咁子箇个板子咁子走呢。欸箇龙欸的……kan²¹tsɿ⁰ ke⁵³₄₄cien⁵³ko⁵³ma⁰,xe₄₄
a⁰?ci¹³ke⁵³kan²¹tsɿ⁰ kai⁵³₄₄ke⁵³₄₄pan²¹tsɿ⁰ kan²¹tsɿ⁰ tsei⁵³nei⁰.e₂₁kai⁵³₄₄liəŋ¹³e₂₁tet³…（这个用
手这样转的这种车……）唔知让门子……有滴用脚踩唠，坐倒箇映子，坐
倒箇扒倒用脚来踩唠。两……两个人踩一个。ŋ¹³ti³⁵₄₄ɲiəŋ⁵³₄₄mən¹³tsɿ⁰…iəu³⁵tet⁵
iəŋ⁵³₄₄ciɔk³ tsʰai²¹lau⁰,tsʰo³⁵tau²¹₄₄kai³⁵₄₄iəŋ⁵³₄₄tsɿ⁰,tsʰo³⁵tau²¹kai⁵³₄₄pan³⁵tau²¹iəŋ⁵³₄₄ciɔk³ lɔi¹³
tsʰai²¹lau⁰.iɔŋ²¹…iɔŋ²¹ke⁵³in¹³₄₄tsʰai²¹iet³ cie⁵³.

（手摇的跟那个脚动的有什么不同吗？）手摇就……都系都系箇个么
个嘞，都系就系产生力个作用，力……ṣəu²¹iau¹³tsʰiəu⁵³…təu³⁵xei⁵³₄₄təu³⁵xei⁵³₄₄kai³⁵₄₄
ke₄₄mak³ ke₄₄lei⁰,təu³⁵xei⁵³₄₄tsʰiəu⁵³xei⁵³tsʰan³⁵sien³⁵liet⁵ ke⁵³tsɔk³ iəŋ⁵³₄₄,liet⁵…（我是
说名字有什么区别。）名词吧？min¹³tsʰɿ⁵³pa⁰?（啊，怎么区别？）摇水车摎
踩水车。嗯，我想倒哩。摇水车，用手摇个就摇水车，用脚踩个踩水车。
摇水车摎踩水车。iau¹³ṣei²¹tṣʰa³⁵₄₄lau³⁵tsʰai²¹ṣei²¹tṣʰa³⁵.n₂₁,ŋai¹³siɔŋ²¹tau²¹li⁰.iau¹³ṣei²¹
tṣʰa³⁵,iəŋ⁵³₄₄ṣəu²¹ iau¹³ ke⁵³₄₄tsʰiəu⁵³₄₄iau¹³ ṣei²¹ tṣʰa³⁵,iəŋ⁵³ ciɔk³ tsʰai²¹ ke⁵³tsʰai²¹ ṣei²¹
tṣʰa³⁵₄₄.iau¹³ṣei²¹tṣʰa³⁵₄₄lau³⁵tsʰai²¹ṣei²¹tṣʰa³⁵.

（你用过吗？）用过。两起我都用过，只系好搞子用过凑，好搞子用
过。真正话一常常昼边去抽……去去去去抽水个罉搞过。欸，我看倒放倒
去下子，我去踩过下子啊，去摇过下子。我又箇阵子有几大子，有么啊劲
呐？有得劲。踩都踩唔动。iəŋ⁵³ko⁵³₂₁,iɔŋ²¹çi⁵³ŋai¹³ təu³⁵₄₄iəŋ⁵³ko⁵³₂₁,tsɿ⁵³xei⁵³xau²¹kau²¹
tsɿ⁰ iəŋ⁵³₄₄ko⁵³tsʰe⁰,xau³⁵kau²¹tsɿ⁰ iəŋ⁵³₄₄ko⁵³₄₄.tsʰən⁵³tsʰən⁵³₄₄ua⁵³iet³ tṣʰɿ⁰ŋ¹³tṣʰɔŋ¹³₄₄tsʰəu⁵³pien³⁵

çi^{53}tʂʰəu^{35}…çi^{53}çi^{53}çi$_{44}^{53}$çi$_{44}^{53}$tʂʰəu^{35}ʂei^{21}ke^{53}maŋ^{13}kau^{21}ko$_{21}^{53}$.e$_{21}$,ŋai^{13}kʰɔn^{21}tau^{21}fɔŋ^{53}tau^{21} çi^{13}xa$_{44}^{35}$tsɿ^{0},ŋai^{13}çi^{13}kʰai^{21}(←tsʰai^{21})ko^{53}xa$_{44}^{35}$tsɿ^{0} a^{0},çi^{13}iau^{13}ko^{53}xa$_{44}^{35}$tsɿ^{0}.ŋai^{13}iəu$_{44}^{35}$kai^{53} tʂʰən^{53}tsɿ^{0}mau$_{21}$çi^{21}tʰai^{13}tsɿ^{0},iəu$_{44}^{35}$mak^{3} a^{0}cin^{53}na^{0}?mau$_{21}^{13}$tek^{3}cin^{53}.tsʰai^{21}təu$_{44}^{13}$tsʰai^{21}ŋ$_{13}^{13}$ tʰəŋ^{35}.(我们小时候用过啊。)用过吧? iəŋ^{53}ko$_{21}^{53}$pa^{0}?(嗯。)我等是只系搞过。 好搞子。ŋai$_{21}^{13}$tien^{0}ʂɿ$_{44}^{53}$tsɿ^{53}e^{53}(←xe^{53})kau^{21}ko^{53}.xau^{21}kau^{21}tsɿ^{0}.

砻

（欸,有砻吗?砻?）砻,有。ləŋ^{13},iəu^{35}./有,就箇只整米个砻。以只 嘞就磨碎来得,磨粉。iəu^{35},tsʰiəu$_{44}^{53}$kai^{53}tʂak^{3}tʂaŋ^{13}mi^{53}ke^{53}ləŋ^{13}.i^{21}tʂak^{3}le^{0}tsʰiəu^{53} mo^{53}si$_{44}^{53}$lɔi^{13}tek^{3},mo^{53}fən^{21}.(那个呢?砻上面一块下面一块嘛。那叫砻盘还是 砻什么?）安做上槛下槛。ɔn^{35}tso^{53}ʂɔŋ^{53}kʰan^{21}xa^{35}kʰan^{21}./嘿,上槛下槛。xe^{53}, ʂɔŋ^{53}kʰan^{21}xa^{35}kʰan^{21}./磨子也有咁子话,我等,上槛下槛。mo^{53}tsɿ^{0}ia^{35}iəu$_{44}^{35}$kan^{53} tsɿ^{0}ua^{0},ŋai^{13}tien^{0},ʂɔŋ^{53}kʰan^{21}xa^{35}kʰan^{21}。欸,欸,欸。上槛下槛。e$_{53}$,e$_{44}$,e$_{21}$.ʂɔŋ^{53}kʰan^{21} xa^{35}kʰan^{21}.（就上面那一块下面那一块是吧?）对。上背箇块就喊上槛。 tei^{53}.ʂɔŋ^{53}pɔi^{53}kai$_{44}^{53}$kʰuai^{53}tsʰiəu$_{44}^{53}$xan$_{35}^{53}$ʂɔŋ^{53}kʰan^{21}.

又还斗只磨手。iəu^{13}xa^{35}təu$_{44}^{53}$tʂak^{3}mo^{53}ʂəu^{21}.（欸,边上那个拿手这个这 样那个是磨手?）磨手。mo^{53}ʂɛu^{21}./磨手。mo^{53}ʂəu^{21}.（讲不讲砻手?）箇箇 个砻箇只系啦。kai$_{44}^{53}$kai^{53}kei^{53}ləŋ^{13}kai^{53}tʂak^{3}xei^{53}la^{0}./箇只欸砻个就喊砻欸砻钩。 kai$_{44}^{53}$tʂak^{3}e$_{44}^{53}$ləŋ^{13}ke^{53}tsʰiəu$_{44}^{53}$xan^{53}ləŋ^{13}e$_{21}$ləŋ^{13}kɛu^{35}./砻钩。ləŋ^{13}kei^{35}./砻钩耙。ləŋ^{13} kei$_{44}^{35}$pʰa^{13}./安做砻钩耙呢。ɔn^{35}tso^{53}ləŋ^{13}kei$_{44}^{35}$pʰa^{13}nei^{0}.（欸,用手……）用手用 手个就一样个,只爱只喊磨手。iəŋ^{53}ʂəu^{21}iəŋ^{53}ʂəu^{21}ke^{53}tsʰiəu$_{44}^{53}$iet^{3}iɔŋ^{53}ke^{0},tsɿ^{21} ɔi…tsɿ^{21}xan^{53}mo^{53}ʂəu^{21}./用手个就爱磨手。正用手。欸,砻呢就有只砻盘。 iəŋ^{53}ʂəu^{21}ke^{53}tsʰiəu$_{44}^{53}$ɔi$_{44}^{53}$mo^{53}ʂəu^{21}.tʂaŋ^{53}iəŋ^{53}ʂəu^{21}.ei$_{21}$ləŋ^{13}le^{0}tsʰiəu$_{44}^{53}$iəu$_{44}^{53}$tʂak^{3}ləŋ^{13} pʰā^{13}./欸,砻就冇么人用手去砻。e^{53}ləŋ^{13}tsʰiəu^{53}mau$_{21}^{13}$mak^{3}in^{13}iəŋ^{53}ʂəu^{21}çi^{53}ləŋ$_{21}^{13}$. （呃,砻上面没有磨手吧?）砻是冇得。砻上背没……冇得磨手。渠有砻 钩耙。斗出来个箇两只两只两只两只挽泥公箇块个东西嘞?ləŋ^{13}ʂɿ$_{44}^{53}$mau^{13} tek^{3}.ləŋ^{13}ʂɿ$_{44}^{53}$ʂɔŋ$_{44}^{53}$pɔi$_{44}^{53}$mei…mau^{13}tek^{3}mo^{53}ʂəu^{21}.ci^{13}iəu$_{44}^{35}$ləŋ$_{21}^{13}$kei^{35}pʰa$_{21}^{13}$.tei^{53}tʂʰət^{3}lɔi^{13} ke^{53}kai^{53}iɔŋ^{21}tʂak^{3}iɔŋ^{21}tʂak^{3}iɔŋ^{21}tʂak^{3}uan^{21}lai^{13}kəŋ^{35}kai$_{44}^{53}$kʰuai^{21}ke^{0}təŋ$_{44}^{35}$si^{0} le^{0}?/喊喊砻钩耙。xan^{53}xan^{53}ləŋ^{13}ciəu^{53}pʰa^{13}./唔系哟。砻钩耙是箇只箇个弯个, 渠箇只就就箇只砻钩耙要挽下去箇个箇萃啊,箇有只眼哪,箇只砻钩耙就 做做下箇眼里。箇萃子喊么个?m̩^{13}pʰe^{13}(←xe^{53})io^{0}.ləŋ$_{21}^{13}$kei$_{44}^{35}$pʰa^{13}ʂɿ$_{44}^{53}$kai^{53}tʂak^{3} kai$_{44}^{53}$ke$_{44}^{53}$uan^{35}ke$_{44}^{53}$,ci$_{21}^{13}$kai^{53}tʂak^{3}tsʰiəu^{53}tsʰiəu^{53}kai^{53}tʂak^{3}ləŋ^{13}kei^{35}pʰa^{13}iau$_{44}^{53}$uan^{21}na$_{44}$ (←xa^{53})çi^{13}kai$_{44}^{53}$ke^{53}kai^{53}tsʰo$_{44}^{53}$a^{0},kai$_{44}^{53}$iəu^{35}tʂak^{3}ŋan^{21}na^{0},kai$_{44}^{53}$tʂak^{3}ləŋ$_{21}^{13}$kei^{35}pʰa^{13} tsʰiəu$_{44}^{53}$tso$_{44}^{53}$tso$_{44}^{53}$a$_{44}$(←xa^{53})kai$_{44}^{53}$ŋan^{21}li^{0}.kai^{53}tsʰo$_{21}^{53}$tsɿ^{0}xan^{53}mak^{3}ke$_{44}^{53}$?（这个砻钩耙

是套在这个上面嘛。）欸套在箇映箇映箇只箇只喊么个？e₂₁tʰau⁵³₄₄tṣʰai⁵³₄₄kai³⁵₃₅iaŋ⁵³₄₄kai⁵³₄₄iaŋ⁴⁴kai⁴⁴tṣak³kai³tṣak³xan⁵³mak³keᵒ?（那个东西这个伸出来的这样的一个东西，那个叫什么？）欸欸欸欸，箇也是砻钩耙。哎。箇只啊……e₃₅e₃₅e₃₅e₂₁,kai⁵³ia²¹ṣʅ¹³ləŋ¹³ciɛu³pʰa²¹₂₁.ai₂₁.kai⁵³tṣak³aᵒ∕挽得有砻钩耙个箇坨子。uan²¹nek³(←tek³)iəu³⁵ləŋ¹³kei³⁵₅₃pʰa¹³ke⁵³kai⁵³₅₃tʰo¹³tsʅᵒ∕砻钩耙箇是渠噢都有……钉……钉砻个唔系是有两只□下来个箇只东西？ləŋ¹³₂₁kəu⁴⁴pʰa²¹₂₁kai¹³ṣʅ¹³₄₄ci¹³auᵒtəu³⁵iəu³⁵…taŋ³⁵ləŋ…taŋ³ləŋ¹³keᵒm̩¹³pʰe₄₄(←xe⁵³)ṣʅ⁵³₄₄iəu³⁵iɔŋ²¹tṣak³çiauᵒ ua₄₄(←xa³)çi²¹lɔi²¹₂₁keᵒkai¹³tṣak³əŋ₄₄(←təŋ³)siᵒ?∕系呀。xei⁵³iaᵒ.（叫不叫砻手？）箇只又不是砻手嘞。kai⁵³tṣak³iəu⁵³₄₄pət³ṣʅ⁵³₄₄ləŋ²¹₂₁ṣəu²¹leᵒ.∕嗯啰，系啊，然后□下起来是……ən₃₅loᵒ,xei⁵³₄₄aᵒ,ʐan³xəu³tsʰiɛu⁵³ua₄₄(←xa³)çi²¹lɔi³ṣʅ¹³₄₄∕系系呀。系系，箇只东西。ei⁵³xai³⁵₃₅iaᵒ.xei⁵³xei⁵³,kai⁵³tṣak³təŋ³⁵siᵒ∕系呀。就系钉上槛个以两只东西。xei⁵³₄₄iaᵒ,tsʰiəu⁵³xei⁵³₄₄taŋ³ṣɔŋ³⁵kʰan²¹ke⁵³₄₄₁₃iɔŋ²¹tṣak³təŋ³⁵siᵒ∕系啊。砻手哇。xei³aᵒ,ləŋ¹³ṣəu²¹uaᵒ.∕系砻手哇。xe⁵³ləŋ¹³ṣəu²¹uaᵒ.∕欸系系，系。e₂₁xe⁵³xe⁵³,xe⁵³.∕箇只系那个砻手。kai⁵³₄₄tṣak³xe⁵³₄₄la⁵³koᵒləŋ¹³ṣəu²¹.（还是有砻手啊。）因为箇只东西我是唔喊唔喊渠唔因为唔爱搞么个唔爱么个讲。in³⁵uei¹³₄₄kai³tṣak³təŋ³⁵siᵒŋai¹³ṣʅ⁵³₄₄ŋ̍¹³xan⁵³n̩¹³xan⁵³ci¹³₁₃n̩¹³in³⁵uei¹³₄₄m̩¹³mɔi⁵³kauᵒmak³keᵒm̩¹³mɔi³⁵mak³eᵒkɔŋ²¹.

（砻上面那个出米的那个口子叫什么？）有得一只么东西叫做……吐得一滴有一只□料。称大呀称细个。系唔系啊？砻斗子。mau¹³tek³iet³tṣak³mak³təŋ³siᵒtçiau⁵³tsəu³⁵s⋯tʰəu²¹tek³iet³tiet³iəu³⁵iet³tṣak³siait³liau³⁵.tṣʰən³⁵tʰai⁵³iaᵒtṣʰən³⁵se⁵³keᵒ.xei⁵³₄₄mei⁵³₄₄aᵒ?ləŋ¹³tɛu²¹tsʅᵒ.（砻斗子是就是那个出口是吧？）砻斗子就箇中间箇只啊。ləŋ¹³tɛu²¹tsʅᵒtsʰiəu⁵³kai³tṣɔŋ¹³kan³⁵kai³tṣak³aᵒ.（哦，进去的？）欸，进去个。e₂₁,tsin⁵³çi⁵³₄₄keᵒ.（进米的地方？进谷子的地方？）欸，进谷箇，进谷箇，就砻斗子。出个是渠都藉边上箇只洒样出来哩唠。e₄₄,tsin⁵³kuk³kai⁵³,tsin⁵³kuk³kai⁵³,tsʰiəu⁵³ləŋ¹³tei³tsʅᵒ.tṣʰət³ke⁵³ṣʅ⁵³₄₄ci²¹₂₁təu³tṣa³pien³⁵ṣɔŋ⁵³kai⁵³₄₄tṣak³sai²¹iɔŋ³tṣʰət³lɔi²¹li⁰lauᵒ.∕箇只安做砻盘。kai⁵³₄₄tṣak³an³⁵tso⁵³ləŋ¹³pʰan¹³.（砻斗子是吧？）砻斗子。砻斗子。ləŋ¹³tei²¹tsʅᵒ.ləŋ¹³tei²¹tsʅᵒ.

渠箇只出谷个是就喊砻盘肚里出个唠。ci¹³kai⁵³tṣak³tṣʰət³kuk³ke⁰ṣʅ⁵³₄₄tsʰiəu⁵³xan⁵³₄₄ləŋ¹³pʰan¹³təu²¹li⁰tṣʰət³ke⁰lauᵒ.∕唔系哟。箇只砻上啊，砻上是……m̩¹³pʰe⁵³iauᵒ.kai³tṣak³ləŋ¹³xɔŋ³ŋaᵒ,ləŋ¹³xɔŋ³ṣʅ⁵³₄₄…装箇只喊砻盘。tṣɔŋ³⁵kai⁵³₄₄tṣak³xan⁵³ləŋ¹³pʰan¹³.∕系呀系呀，渠话讲出米呀。xei⁵³₄₄iaᵒxei⁵³₄₄iaᵒ,ci¹³ua⁵³kɔŋ²¹tṣʰət³mi¹³iaᵒ.∕我等我等个砻上另外冇么个出个，我等个我等冇得只口。渠就从四……周围出来，从周围全部出来。ŋai¹³tienᵒŋai¹³tienᵒke⁰₄₄ləŋ¹³xɔŋ¹³lin³⁵uai⁵³mau²¹₂₁tek³mak³ke⁵³tṣʰət³ke⁵³,ŋai²¹₂₁tienᵒke⁵³ŋai²¹₂₁tienᵒmau²¹tek³tṣak³xei⁵³.ci¹³tsʰiəu⁵³₄₄tṣʰən³⁵si⁵³⋯tṣəu³⁵uei¹³₂₁tṣʰət³lɔi¹³₄₄,tsʰən³tṣəu³⁵uei¹³₂₁tsʰien³pʰu⁵³tṣʰət³lɔi¹³₄₄.（刚才讲的

有砻砻……）砻盘哎。ləŋ¹³pʰan¹³nau⁰.（盘是吧？）欸，有只砻盘呐。e₂₁,iəu³⁵tʂak³ləŋ¹³pʰan¹³na⁰.（盘还是pʰɔn³⁵？）盘，盘子，我等是……砻……砻盘是箇都就就唔系箇了。箇箇个就唔系咁子讲啦。我等客家人就硬系砻盘。pan¹³,pʰan¹³tsʐ,ŋai¹³tien⁰ʂʅ⁴⁴…ləŋ¹³…ləŋ¹³pʰɔn⁵³ʂʅ⁴⁴kai⁴⁴təu⁵³tsʰiəu⁵³tsʰiəu⁵³n̩xe⁴⁴kai⁵³liau⁰.kai⁵³kai⁵³ke⁵³tsiəu⁵³n̩xe⁵³kan²¹tsʐkɔŋ²¹la⁰.ŋai¹³tien⁰kʰak³ka³⁵ɲin¹³tsʰiəu⁵³ɲiaŋ⁵³xe⁵³ləŋ¹³pʰan¹³./砻盘是就系张个了。ləŋ¹³pʰan¹³ʂʅ⁴⁴tsʰiəu⁵³xe⁵³tʂɔŋ³⁵ke⁴⁴liau²¹./张个了。tʂɔŋ³⁵ke⁴⁴liau²¹./箇只砻一蒲放放下肚箇里。kai⁴⁴tʂak³ləŋ¹³iet³pʰu²¹fɔŋ⁵³fɔŋ⁵³xa⁵³təu⁰kai²¹li⁰.

渠还渠还有一只刮子啦，砻刮子啦。刮米呀。刮……ci²¹xai¹³ci²¹xai¹³iəu³⁵iet³tʂak³kuait³tsʐ⁰la⁰,ləŋ¹³kuait³tsʐ⁰la⁰.kuait³mi²¹ia⁰.kuait³…/砻刮子都有，欸。ləŋ¹³kuait³tsʐ⁰təu³⁵iəu⁵³,e₂₁./噢，箇是掹箇砻手个……au₂₁,kai⁵³ʂʅ⁴⁴lau⁴⁴kai⁵³ləŋ¹³ʂəu²¹ke⁵³…/砻手箇。ləŋ¹³ʂəu²¹kai⁵³./就到箇斗下箇向箇砻手上啊。tsʰiəu⁴⁴tau⁵³kai⁵³tei⁵³ia⁴⁴(←xa⁵³)kai⁵³çiɔŋ⁴⁴kai⁴⁴ləŋ¹³ʂəu²¹xɔŋ⁵³ŋa⁰./系，斗下顶高上槛滴子欸砻手上。xe⁵³,tei⁴⁴ua⁴⁴(←xa⁵³)taŋ²¹kau⁵³ʂɔŋ⁵³kʰan²¹tiet³tsʐ⁰e₂₁ləŋ¹³ʂəu²¹xɔŋ⁴⁴.（那叫什么？）斗下上槛个……tei⁴⁴xa⁴⁴ʂɔŋ⁵³kʰan²¹ke⁵³…/砻刮子。砻……砻刮子。唔系。ləŋ¹³kuait³tsʐ⁰.ləŋ¹³…ləŋ¹³kuait³tsʐ⁰.m̩¹³me⁵³(←xe⁵³)./唔系箇映，唔系箇只嘞。m̩¹³pʰe⁵³(←xe⁵³)kai⁵³iaŋ⁵³,m̩¹³pʰe⁵³(←xe⁵³)kai⁵³tʂak³le⁰./渠以只东西，渠要舞啊下，斗呀下，就系斗下以只砻盘上，㧡倒以只砻盘上只系高起滴子。渠就以只东西，因为跟倒以只砻转，所以你要出倒个，渠就全部扒下箇眼里出个。ci²¹i²¹tʂak³təŋ⁴⁴si⁰,ci²¹iau⁴⁴u²¹ŋa⁰xa³⁵,tei⁵³ia⁰xa³⁵,tsʰiəu⁴⁴xe⁴⁴lei⁰ia⁴⁴(←xa⁵³)i²¹tʂak³ləŋ¹³pʰan¹³xɔŋ⁵³,ɲia¹³tau²¹i²¹tʂak³ləŋ¹³pʰan¹³xɔŋ⁵³tsʐ⁰xe⁵³kau⁰çi²¹tiet³tsʐ⁰.ci¹³tsʰiəu⁴⁴i²¹tʂak³təŋ⁴⁴si⁰,in³⁵uei⁴⁴cien³⁵tau²¹i²¹tʂak³ləŋ¹³tʂɔn²¹,so²¹i⁴⁴ɲi¹³iau⁴⁴tʂʰət³tau²¹ke⁵³,ci¹³tsiəu⁵³tsʰʰien⁵³pʰu⁵³pʰa³xa⁵³kai⁵³ŋan²¹li⁰tʂʰət³ke⁵³./箇只是喊……kai⁵³tʂak³ʂʅ⁵³xan⁵³…/渠跟倒转。渠箇箇有还是有眼子。ci²¹cien³⁵tau²¹tʂɔn²¹.ci¹³kai⁵³kai⁴⁴iəu²¹xai¹³ʂʅ⁴⁴iəu³⁵ŋan²¹tsʐ⁰./啊啊啊有眼。a₂₁a³⁵a⁴⁴iəu²¹ŋan²¹./欸，以映以映子漏下去个东西，漏下以只砻盘里个，以只刮子就一刮下过，跟倒出嘿哩。e₂₁,i²¹iaŋ⁵³i²¹iaŋ⁴⁴tsʐ⁰lei⁰xa⁴⁴çi⁴⁴ke⁵³təŋ⁴⁴si⁰,lei⁵³xa⁴⁴i²¹tʂak³ləŋ¹³pʰan¹³li⁰ke⁵³,i²¹tʂak³kuait³tsʐ⁰tsiəu⁵³iet³kuait³xa⁴⁴kuo⁵³,cien³⁵tau²¹tʂʰət³xek³li⁰./箇是只砻刮子，系唔系啊？箇只刮子。欸，打圈圈。kai⁵³ʂʅ⁴⁴tʂak³ləŋ¹³kuait³tsʐ⁰,xei⁵³mei⁴⁴(←m̩¹³xe⁵³)a⁰?kai⁵³tʂak³kuait³tsʐ⁰.e₂₁,ta²¹kʰen³⁵kʰen³⁵./渠就以只砻盘上就有只眼，以映就有只眼，有只出口呀，以个渠就靠以只砻刮子啊，刮。分以向东西扒……ci²¹tsʰiəu⁴⁴i²¹tʂak³ləŋ¹³pʰan¹³xɔŋ⁴⁴tsʰiəu⁴⁴iəu⁵³tʂak³ŋan²¹,i²¹iaŋ⁴⁴tsiəu⁴⁴iəu⁴⁴tʂak³ŋan²¹,iəu³⁵tʂak³tʂʰət³xei²¹ia⁰,i⁴⁴ke⁵³ci²¹tsʰiəu⁴⁴kʰau²¹i²¹tʂak³ləŋ¹³kuait³tsʐ⁰a⁰,kuait³.pən³⁵i²¹çiɔŋ⁴⁴təŋ⁴⁴si⁰pʰa¹³…/慢点你慢点你多哩慢点你冇……man⁵³tien²¹ɲi¹³man⁴⁴tien²¹ɲi¹³to³⁵li⁰ man⁵³₄₄tien²¹ɲi¹³mau···/刮,刮过来呀,刮嘿以只眼里出来。kuait³,kuait³ko⁵³ləi¹³ia⁰,kuait³ ek₅(←xek³)i²¹tʂak³ŋan²¹li⁰tʂʰət³ləi¹³₂₁.(砻拐子?)砻刮子。刮子。硬系刮子,不是拐子。ləŋ¹³kuait³tsʅ⁰.kuait³tsʅ⁰.ɲiaŋ⁵³₄₄xei⁴⁴kuait³tsʅ⁰,pət³sʅ⁵³kuai²¹tsʅ⁰.(刮子是吧?)欸,刮子。e₂₁,kuait³tsʅ⁰.(把它刮……刮开那个刮是吧?)欸。e₅₃./系呀!xei⁵³ia⁰!/欸。分箇砻盘里个东西意思就扒下来。e₂₁,pən³⁵kai⁴⁴ləŋ¹³pʰan²¹li⁰ ke⁴⁴təŋ³⁵si⁰i³sʅ¹tsʰiəu⁵³₄₄pʰa₁³xa₄₄ləi¹³./你有冇得箇只东西慢点箇就装得太多。/ɲi¹³mau¹³mau¹³tek³kai⁴⁴tʂak³təŋ³⁵si⁰man⁵³₄₄tian²¹kai⁵³₄₄tsiəu⁵³₄₄tʂɔŋ³⁵tek³tʰai⁵³to³⁵₄₄./就会溇呐。tsiəu⁵³₂₁xuei⁵³₄₄mən⁵³na⁰.

(放砻的那个架子?)箇就落砻脚子再。kai⁴⁴₄₄tsiəu⁵³₄₄lɔk⁵ləŋ¹³ciɔk³tsʅ⁰tsai⁵³./欸砻欸砻脚。e₂₁ləŋ¹³e₂₁ləŋ¹³ciɔk³./砻脚吧?ləŋ¹³ciɔk³pa⁰?/砻盘。ləŋ¹³pʰan¹³./砻盘呐。ləŋ¹³pʰan¹³na⁰./砻盘。ləŋ¹³pʰan¹³./首先就底下箇只砻脚。ʂəu²¹sien³⁵₄₄tsʰiəu⁵³₄₄tei²¹xa⁵³kai¹tʂak³ləŋ¹³ciɔk³./砻就砻就放倒砻盘里,砻盘底下就有只砻脚,承稳。ləŋ¹³tsʰiəu⁵³ləŋ¹³tsʰiəu¹³fɔŋ⁵³tau²¹ləŋ¹³pʰan¹³li⁰,ləŋ¹³pʰan¹³tei²¹xa⁵³tsʰiəu⁵³iəu³⁵₄₄tʂak³ləŋ¹³ciɔk³,çin¹³uən²¹.(那个用砻来那个碾米这样的这个欸是欸是讲推米还是砻米还是怎样?)砻,砻谷。唔唔唔喊砻米,喊砻谷。ləŋ¹³,ləŋ¹³kuk³.m̩¹³m̩¹³m̩¹³xan⁵³ləŋ¹³mi²¹,xan⁵³ləŋ¹³kuk³./唔,欸。m̩¹³,e₂₁.

碓

(碓有几种?)碓有……我等也……tɔi⁵³₄₄iəu³⁵···ŋai¹³tien⁰ia³⁵₄₄···/碓呀碓这里有水碓子,就有脚碓。tɔi⁵³ia⁰tɔi⁵³tʂe⁵³₄₄li⁰iəu³⁵ʂei²¹tɔi⁵³tsʅ⁰,tsʰiəu⁵³₄₄iəu³⁵ciɔk³tɔi⁵³./欸,有水……水碓脚碓呢。e₂₁,iəu³⁵ʂɔi²¹ʂei²¹tɔi⁵³ciɔk³tɔi⁵³nei⁰./还有勺碓嘞。笑声xai¹³₂₁iəu³⁵₄₄ʂɔk⁵tɔi⁵³le⁰./还有勺碓呢。xai¹³₂₁iəu³⁵₄₄ʂɔk⁵tɔi⁵³nei⁰.(是吧?我是讲用用什么材料做成的。用石头做成的和用木头做成的。)也还……ia⁴⁴xa¹³···/石碓我等映冇有得。ʂak⁵tɔi⁵³ŋai¹³tien⁰iaŋ⁵³mau¹³mau¹³tek³./冇得,冇得石碓。mau¹³tek³,mau¹³tek³ʂak⁵tɔi⁵³.(没有石碓?)嗯。n̩²¹./冇,冇得石碓头。欸,这有铁……铁个生个。箇只就木个。mau¹³,mau¹³tek³ʂak⁵tɔi⁵³tʰɛu¹³.e₂₁,tʂe²¹iəu³⁵₄₄tʰiet³···tʰiet³ke₄₄,saŋ³⁵ke⁰.kai²¹tʂak³tsiəu⁵³muk³ke⁰./箇个就木碓。kai⁵³ke₄₄tsʰiəu⁵³₄₄muk³tɔi⁵³./啊?a₃₅?/箇个是木碓。kai⁴⁴ke₄₄sʅ⁵³₄₄muk³tɔi⁵³./石碓头是渠箇个笑声打料理个是有石堆头有啦。系唔要碓嘴箇只。啊?哈哈。ʂak⁵tɔi⁵³tʰɛu²¹₂₁sʅ¹ci₂₁kai⁵³ke₄₄ta²¹liau⁵³li¹ke₄₄ʂ₅³iəu³⁵ʂak⁵tɔi⁵³tʰa₂₁iəu³⁵la⁰.xe⁵³m̩¹³mɔi₄₄tɔi⁵³tsi¹kai¹tʂak³.a₃₅,xa⁵³xa₄₄.(也有石碓是吧?也有石碓吗?)也冇得石碓。ia³⁵mau¹³tek³ʂak⁵tɔi⁴⁴./有手碓子咁子挖个,手碓子。用手挖个。iəu³⁵ʂəu²¹tɔi⁵³tsʅ⁰kan⁴⁴tsʅ⁰uait³ke⁵³,ʂəu²¹tɔi⁵³tsʅ⁰.iəŋ¹³ʂəu²¹uait³ke⁵³.(我现在问的是用什么材料做成的。)/用么啊材料做。iəŋ⁵³mak³a⁰tsʰɔi¹³liau⁵³₄₄tso⁵³./用么啊材料做成个。iəŋ⁵³mak³a⁰tsʰɔi¹³liau⁵³₄₄tso⁵³ tʂʰən$_{21}^{13}$ke^{53}./有起是只专门用石头做个，就一只石头，打只咁个碓碓碓头呀。

iəu^{35}çi^{21}ʂ$_{44}^{53}$tʂ$ʅ^{21}$tʂen^{35}mən^{0}iəŋ$_{44}^{35}$sak^{5}tʰei^{0}tso$_{44}^{53}$ke^{53},tsʰiəu^{53}iet^{3}tʂak^{3}ʂak^{5}tʰei^0,ta^{21}tʂak^{3}kan^{21}ke$_{44}^{53}$təi^{53}təi^{53}təi^{53}tʰei^{13}ia^0./碓嘴。碓嘴。təi^{53}tsi^{21}.təi^{53}tsi^{21}./碓头。təi^{53}tʰei^{13}./碓头。təi^{53}tʰei^{13}./渠就系只一只石头，就石头上凿只眼。ci$_{13}^{13}$tsʰiəu^{53}xei$_{21}^{53}$tʂak^{5}iet^{3}tʂak^{3}ʂak^{5}tʰei^0,tsiəu$_{21}^{53}$ʂak^{5}tʰei^{0}xɔŋ$_{44}^{53}$tʂʰɔk^{5}tʂak^{3}ŋan^{21}./系系系，系。有。xe$_{21}^{53}$xe$_{21}^{53}$xe$_{21}^{53}$,xe$_{21}^{53}$.iəu$_{44}^{35}$./斗斗只箇。箇个就安做石碓。渠就……tei^{53}tei^{53}tʂak^{3}kai^{53}.kai$_{21}^{53}$ke$_{21}^{53}$tsiəu$_{44}^{53}$ɔn$_{44}^{35}$tso$_{44}^{53}$ʂak^{5}təi^{53}.ci$_{13}^{13}$tsʰiəu^{53}……/箇个石头子个碓头是打竹麻个咯$_{笑声}$。kai^{53}ke$_{44}^{53}$ʂak^{5}tʰɛu^{13}tʂ$ʅ^0$ke$_{44}^{53}$təi^{53}tʰɛu$_{44}^{35}$ʂ$ʅ_{44}^{53}$ta^{21}tʂɛuk^{3}ma$_{21}^{13}$ke^{53}kɔ^0./箇只有……kai$_{21}^{53}$tʂak^{3}iəu$_{44}^{35}$…/有桶碓个啦。tʰən$_{21}^{21}$təi^{53}ke^{53}la^0./箇箇……kai$_{44}^{53}$kai$_{44}^{53}$…/桶……桶碓，系呀。桶碓。打竹麻个，底下是装三只子牙铁……牙齿。装三排的牙齿个，系<u>唔系</u>？tʰən^{21}…tʰən^{21}təi^{53},xei$_{44}^{21}$ia^0.tʰən^{21}təi^{53}.ta^{21}tʂɛuk^{3}ma$_{21}^{13}$ke^{53},tei^{21}xa^{53}ʂ$ʅ_{44}^{53}$tsɔŋ^{35}san^{35}tʂak^{3}tʂ$ʅ^0$ŋa$_{21}^{13}$tʰiet^3…ŋa^{13}tʂʰ$ʅ_{44}^{13}$.tsɔŋ^{35}san^{35}pʰai$_{21}^{53}$tet^{3}ŋa^{13}tʂʰ$ʅ_{44}^{13}$ke$_{44}^{53}$,xei$_{44}^{53}$me$_{44}^{44}$(←m̩^{13}xe^{53})?/欸。有三只牙齿个。e$^{53}_{53}$.iəu^{35}san^{35}tʂak^{3}ŋa^{13}tʂʰ$ʅ^{21}$ke^{53}./做三只牙齿个，挖挖竹麻个。tsu$_{44}^{53}$san$_{44}^{35}$tʂak^{3}ŋa^{13}tʂʰ$ʅ^{13}$ke^{53},uait^{3}uait^{3}tʂɛuk^{3}ma^{13}ke$_{44}^{53}$./打竹麻个也系。ta^{21}tʂəuk^{3}ma$_{21}^{13}$ke^{53}ia^{35}xe^{53}./打竹麻个。ta^{21}tʂəuk^{3}ma$_{21}^{13}$ke^{53}./欸，箇也是有只碓嘴个。e$_{21}^{21}$,kai^{53}ie^{21}ʂ$ʅ_{44}^{53}$iəu^{35}tʂak^{3}təi^{53}tsi^{21}ke^{53}./碓嘴上有三只牙齿。təi^{53}tsi^{21}xɔŋ$_{44}^{53}$iəu^{35}san^{35}tʂak^{3}ŋa^{13}tʂʰ$ʅ^{21}$.

还有是，就系唔爱碓嘴个样。xa$_{21}^{13}$iəu$_{53}^{35}$ʂ$ʅ_{44}^{53}$,tsʰiəu^{53}xe^{53}m̩$_{21}^{13}$mɔi$_{35}^{53}$təi^{53}tsi^{21}ke^{53}iɔŋ$_{44}^{53}$./唔爱碓嘴个。m̩$_{21}^{13}$mɔi$_{35}^{53}$təi^{53}tsi^{21}ke^{53}./单纯就一只石头。tan^{35}ʂən$_{21}^{21}$tsiəu^{53}iet^{3}tʂak^{3}ʂak^{5}tʰɛu^0./哦，嗯。o$_{53}^{53}$,ŋ$_{44}^0$./箇就也有啊。系也有石碓。kai^{53}tsiəu$_{21}^{53}$ia^{53}iəu$_{44}^{35}$a^0.xei$_{21}^{53}$ia^{35}iəu$_{44}^{35}$ʂak^{5}təi^{53}.（石碓还是石碓坑？）石碓。我等只喊石碓。ʂak^{5}təi^{53}.ŋai$_{21}^{21}$tien^{0}tʂ$ʅ^{21}$xan^{53}ʂak^{5}təi^{53}./石碓。ʂak^{5}təi^{53}.

碓子是几只啦。təi^{53}tʂ$ʅ^0$ʂ$ʅ_{44}^{53}$ci^{21}tʂak^{3}la^0./（有木碓是吧？）木碓。muk^{3}təi^{53}./石碓。ʂak^{5}təi^{53}./水车碓。欸，脚碓。ʂei$_{21}^{21}$tʂʰa^{35}təi^{53}.e$_{21}^{21}$,ciɔk^{3}təi^{53}./以下就么……以以下口倒个木碓是是又分成么个嘞？水碓，脚碓，勺碓，手碓。i^{21}ia$_{44}^{0}$(←xa^{53})tsʰiəu^{53}mak^3…i^{21}i^{21}ia$_{44}^0$(←xa^{53})ia^{53}tau^{21}ke$_{21}^{53}$muk^{3}təi^{53}ʂ$ʅ_{44}^{53}$ʂ$ʅ_{44}^{53}$iəu$_{44}^{53}$fən^{35}tʂʰən$_{21}^{13}$mak^{3}e^{0}le^0?ʂei$_{21}^{21}$təi^{53},ciɔk^{3}təi^{53},ʂɔk^{5}təi^{53},ʂəu^{21}təi^{53}./欸。e$_{21}^{21}$./箇手碓就爱加只子字，手……手碓子。kai$_{44}^{53}$ʂəu^{21}təi^{53}tsʰiəu$_{44}^{53}$ɔi$_{44}^{53}$cia^{35}tʂak^{3}tʂ$ʅ^{21}$ʂ$ʅ_{44}^{53}$,ʂei^{21}…ʂəu^{21}təi^{53}tʂ$ʅ^0$./手碓子嘞嘞嘞手是拿倒挖。ʂəu^{21}təi^{53}tʂ$ʅ^0$le$_{13}^{13}$le$_{44}^{44}$le$_{44}^{44}$ʂəu^{21}ʂ$ʅ_{44}^{53}$la$_{21}^{53}$tau^{21}uait^3./用手去挖呀。iəŋ$_{44}^{53}$ʂəu^{21}çi^{21}uait^{3}ia^0./系啊。xei^{53}a^0./挖呀。uait^{3}ia^0./手碓子。ʂəu^{21}təi^{53}tʂ$ʅ^0$./你等看过？ɲi^{13}tien^{0}kʰɔn^{53}kɔ^{0}mo^0?/我看过。ŋai^{13}kʰɔn^{53}kɔ^0./我等镜山是有只摸子长日挖哩。$_{笑声}$ŋai^{13}tien^{0}ciaŋ^{53}san^{53}ʂ$ʅ_{44}^{53}$iəu^{53}tʂak^{3}mo^{35}tʂ$ʅ^0$tʂʰɔŋ^{13}ɲiet^{3}uait^{3}li^0./我我都挖挖过现哎。ŋai^{13}ŋai^{13}təu$_{35}^{35}$uai^{53}uai^{35}kuo^{0}çien^{53}nau^0./我等都是尽到柳树屋下去踏脚碓哦。ŋai^{13}tien^{0}təu$_{44}^{35}$ʂ$ʅ_{44}^{53}$tsʰin^{53}tau^{53}liəu^{53}ʂəu^{53}uk^{3}xa$_{44}^{53}$çi$_{44}^{53}$tʰait^{3}ciɔk^{3}təi^{53}o^0./踏脚

碓哦。tʰait⁵ciɔk³tɔi⁵³o⁰.（踩的那个有那个碓扁担吗？）嗯？n̩₃₅?/哈？xa₃₅?/
脚碓。ciɔk³tɔi⁵³./一个人踩唔起，两个人。iet³ke⁵³nin¹³tsʰai²¹n̩¹³çi²¹,iɔŋ²¹ke⁵³nin¹³.
（碓扁担？）碓扁担呐？碓……碓扁担就箇只么啊子。tɔi⁵³pien²¹tan⁵³
na⁰?tɔi⁵³…tɔi⁵³pien²¹tan⁵³tsiəu⁴⁴kai⁵³tʂak³mak³a⁰tʂɿ⁰.（它那个那个脚碓呀他不是
有一个那个呃充当……）那个就话碓扁担呦。就中间箇只横……横箇只。
na⁴⁴kə⁴⁴tsiəu⁴⁴ua²¹tɔi⁵³pien²¹tan⁵³nau⁰.tsiəu⁴⁴tʂəŋ³⁵kan⁴⁴kai⁵³tʂak³uaŋ⁵³…uaŋ¹³kai⁴⁴
tʂak³.（哦哦中间那个横的呢？）箇个喊安做碓担子。kai²¹ke²¹xan⁴⁴ɔn³⁵tso⁵³
tɔi⁵³tan⁵³tsɿ⁰./碓担子唠。我等喊是喊碓担子。tɔi⁵³tan⁵³tsɿ⁰lau⁰.ŋai¹³tien⁰xan⁵³sɿ⁴⁴
xan⁵³tɔi⁵³tan⁵³tsɿ⁰.（系呀，碓担子嘞。xei⁴⁴ia⁰,tɔi⁵³tan⁵³tsɿ⁰le⁰./欸，碓担子。e₂₁,
tɔi⁵³tan⁵³tsɿ⁰./碓担子，系。tɔi⁵³tan⁵³tsɿ⁰,xe⁵³₄₄./箇是碓杆碓担子唠。kai⁵³sɿ²¹tɔi⁵³
kɔn³⁵tɔi⁵³tan⁵³tsɿ⁰lau⁰.（再不问再不问连你们自己都搞不清啦！）碓头，碓杆，
碓担子，还有踩脚踩脚个嘞？tɔi⁵³tʰei¹³,tɔi⁵³kɔn³⁵,tɔi⁵³tan⁵³tsɿ⁰,xai₂₁iəu₅₃tsʰai³
ciɔk³tsʰai³ciɔk³ke⁴⁴le⁰?/碓嘴。tɔi⁵³tsi²¹./碓嘴。系呀。tɔi⁵³tsi²¹.xei⁵³ia⁰./碓嘴，碓
头，碓担子，碓杆。tɔi⁵³tsi²¹,tɔi⁵³tʰei¹³,tɔi⁵³tan⁵³tsɿ⁰,tɔi⁵³kɔn³⁵./欸。e₂₁./还有羊角。
xai₂₁iəu³⁵iɔŋ¹³kɔk³./羊角。iɔŋ¹³kɔk³./安安下箇只……ɔn³⁵ɔn³⁵na₄₄(←xa⁵³)kai⁵³
tʂak³…/羊角就一边一只个噢，一只卡子唠。iɔŋ¹³kɔk³tsiəu⁴⁴iet³pien³iet³tʂak³
ke₄₄au⁰,iet³tʂak³kʰa¹³tsɿ⁰lau⁰./欸，羊角，箇只卡子。e₅₃,iɔŋ¹³kɔk³,kai₄₄tʂak³kʰa¹³
tsɿ⁰./系，有。欸，有只卡子。系羊角。xe⁵³,iəu³⁵.e₄₄,iəu³⁵tʂak³kʰa¹³tsɿ⁰.xe⁵³iɔŋ¹³kɔk³./
卡子。卡倒箇只碓担子个。kʰa¹³tsɿ⁰.kʰa¹³tau²¹kai⁵³tʂak³tɔi⁵³tan⁵³tsɿ⁰ke⁵³./欸。e₅₃./
卡碓担子。kʰa¹³tɔi⁵³tan⁵³tsɿ⁰./卡丫倒个碓担子个。kʰa¹³a³⁵tau²¹ke⁵³tɔi⁵³tan⁵³tsɿ⁰
ke⁵³./爱羊角。ɔi⁵³iɔŋ¹³kɔk³./安做羊角。ɔn₄₄tso⁵³iɔŋ¹³kɔk³./我等喊羊角。ŋai¹³tien⁰
xan⁵³iɔŋ¹³kɔk³./会口记了啊，听晡就会丢咁，会丢净呢。uɔi⁵³lai¹³ci⁵³liau⁰a⁰,tʰin₄₄
pu¹³tsʰiəu₅₃uɔi⁵³tiəu³⁵kan⁰,uɔi⁵³tiəu³⁵tsʰiaŋ⁵³le⁰./青年人是搞唔清哩。tsʰin³⁵nien¹³
nin¹³sɿ²¹kau²¹n̩¹³tsʰin¹³ni⁰./我等都还用过。ŋai₂₁tien⁰təu₄₄xai₂₁iəŋ⁵³kɔ⁰./系，以下
没人讲了哦。xe⁵³,i₄₄xa⁵³mei₂₁in¹³ciɔŋ²¹liau⁰o⁰.

（就是刚才那个碓担子啊两边一边有一个石头吧？）冇得，哎，有只
有只石头啊。mau⁵³tek³,ai₄₄,iəu³⁵tʂak³iəu³⁵tʂak³ʂak⁵tʰeu¹³a⁰.（那个卡子叫什
么？）安做羊角哇。ɔn₄₄tso⁵³iɔŋ¹³kɔk³ua⁰./羊角。笑声iɔŋ¹³kɔk³./安做羊角。ɔn³⁵₄₄
tso⁵³iɔŋ¹³kɔk³./卡稳个啰。kʰa¹³uən²¹cie⁵³lo₃₅./卡稳渠噢。卡稳箇碓担子跕倒箇
肚里转呢，如个就安做羊角啊。kʰa²¹uən²¹ci₁₃au⁰.kʰa²¹uən²¹kai₄₄tɔi⁵³tan⁵³tsɿ⁰ku³⁵
tau²¹kai₄₄təu²¹li³tʂən²¹ne⁰,i₂₁ke²¹tsʰiəu₄₄ɔn₄₄tso₄₄iɔŋ¹³kɔk³a⁰.（羊角？）羊角。iɔŋ¹³
kɔk³.（哪个角呢？）角啊，一角钱个角啊。kɔk³a⁰,iet³kɔk³tsʰien¹³ke⁵³kɔk³a⁰./
一角钱个角。iet³kɔk³tsʰien¹³ke⁵³kɔk³.（羊，像羊的那个角一样的是吗？）系
啊，像羊子个角啊。xei⁵³a⁰,tsʰiɔŋ⁵³iɔŋ¹³tsɿ⁰ke⁵³kɔk³a⁰./系，就话就系羊角样。

xe_{44}^{53},$tsh^{i}əu_{21}^{53}ua_{44}^{53}tsh^{i}əu^{53}xe_{44}^{53}iɔi^{13}ciɔk^{3}iɔŋ^{53}$./系呀系呀。$xei^{53}ia^{0}xei_{44}^{53}ia^{0}$./就系羊子个

角样哎。$tsh^{i}əu^{53}xe_{44}^{53}iɔŋ^{13}tsʅ^{0}ke^{53}kɔk^{3}iɔŋ^{53}nau^{0}$./就系羊子个角样啊。$tsh^{i}əu^{53}xe_{44}$

$iɔi^{13}tsʅ^{0}ke^{53}kɔk^{3}iɔŋ^{53}ŋa^{0}$./渠等去啊写得像就安做羊角啊就。欸就箇东西也安

做羊角。$ci_{13}^{13}ten^{0}çi_{44}^{0}a^{0}sie^{21}tek^{3}siɔŋ^{53}tsiəu_{44}^{53}ɔn^{53}tso^{53}iɔŋ^{13}kɔk^{3}a^{0}tsiəu_{44}^{53}.e_{21}tsiəu^{53}kai^{53}$

$təŋ^{35}si^{0}ia_{44}^{35}ɔn_{44}^{35}tso_{44}iɔi^{13}kɔk^{3}$./系欸呀。〔笑声〕$xei^{53}ei_{44}^{53}ia^{0}$./呀唔讲我唔记得哩噢。唔

讲唔记得哩。$ia_{53}^{53}n_{1}^{13}kɔŋ_{1}^{13}ŋai_{21}^{13}n_{44}^{13}ci^{53}tek^{3}li^{0}au^{0}.n_{1}^{13}kɔŋ_{1}^{13}n_{1}^{13}ci^{53}tek_{3}li^{0}$./木匠师傅就记

得呀。$muk^{3}siɔŋ^{53}sʅ_{44}^{35}fu_{44}^{53}tsh^{i}əu_{44}^{53}ci^{53}tek_{3}ia^{0}$./木匠对哩。$muk^{3}siɔŋ^{53}tei^{53}li^{0}$./系。$xai^{53}$.

（好，羊角上面它它那个缺缺口嘛，这这个凹下去这一块叫什么？）

箇只承承箇只碓担子个箇只东西安做么个？$kai_{44}^{53}tʂak^{3}ʂən^{13}ʂən^{13}kai^{53}tʂak^{3}tɔi^{53}$

$tan^{53}tsʅ^{0}ke_{44}^{53}kai^{53}tʂak^{3}təŋ_{44}^{35}si^{0}ɔn^{13}tso_{44}^{53}mak^{0}e^{0}$./碓枕子。$tɔi^{53}tʂən^{21}tsʅ^{0}$./碓枕哪。$tɔi^{53}$

$tʂən^{21}na^{0}$./碓枕，欸。$tɔi^{53}tʂən^{21},e_{21}$./啊枕，做枕头子。$a_{53}^{53}tʂən^{21},tso^{53}tʂən^{21}t^{h}ɛu^{13}$

$tsʅ^{0}$.（哪个枕呢？）欸用它枕木个枕呐就系。$e_{21}iəŋ^{13}t^{h}a_{44}^{35}tʂən^{21}muk^{3}ke^{53}tʂən^{21}na^{0}$

$tsh^{i}əu_{44}^{53}xe_{44}^{53}$./欸，就用箇只木，木字旁箇只。$e_{21},tsh^{i}əu_{21}^{53}iəŋ_{21}^{53}kai^{53}tʂak^{3}muk^{3},mu_{53}^{53}$

$tsʅ_{53}^{53}p^{h}aŋ_{13}^{53}kai_{44}^{53}tʂak^{3}$./羊角卡稳□底下。$iɔŋ^{13}kɔk^{3}k^{h}a^{21}uən^{0}ue^{0}tei^{53}xar_{44}(←xa^{53})$./

系系系，就箇挡子。$xei_{44}^{53}xei_{44}^{53}xe^{53},tsh^{i}əu_{44}^{53}kai^{53}tɔŋ^{53}tsʅ^{0}$./系，以个碓枕。$xei_{44}^{53},i^{21}ke^{53}$

$tɔi^{53}tʂən^{21}$./碓枕子。$tɔi^{53}tʂən^{21}$./欸，碓枕子。$ei_{53},tɔi^{53}tʂən^{21}tsʅ^{0}$.

底下箇只石头就安做碓枕石。$tei^{21}xa_{44}^{53}kai^{53}tʂak^{3}ʂak^{5}t^{h}ɛu^{0}tsh^{i}əu_{44}^{53}ɔn_{44}^{35}tso^{53}$

$tɔi^{53}tʂən^{21}ʂak^{5}$./欸e_{53}.（碓枕石。）欸ei_{53}./渠，箇只碓枕子就爱放下碓枕石上。

$kai_{44}^{53}tʂak^{3}tɔi^{53}tʂən^{21}tsʅ^{0}tsh^{i}əu^{53}ɔi^{53}fɔŋ_{44}^{53}a_{44}(←xa^{53})tɔi_{44}^{53}tʂən^{21}ʂak^{5}xɔŋ_{44}^{53}$.（那碓枕石不

就是羊角吗？）羊角就卡到渠有分渠两头走。$iɔŋ^{13}ciɔk^{3}tsh^{i}əu_{44}^{53}k^{h}a^{21}tau^{21}ci_{44}^{13}$

$mau^{13}pən_{44}^{35}ci_{21}^{13}iɔŋ_{44}^{21}t^{h}ei^{13}tsei^{21}$./系。$xe^{53}$./欸，羊角，有得分渠两边走。$e_{21},iɔŋ^{13}$

$kɔk^{3},mau_{21}^{13}tek^{3}pən_{44}^{53}ci_{44}^{13}iɔŋ_{21}^{21}t^{h}ei^{13}tsei^{21}$./箇只羊羊羊角就钉下碓碓枕石上。$kai^{53}$

$tʂak^{3}iɔŋ^{13}iɔŋ^{13}iɔŋ^{13}kɔk^{3}tsiəu_{44}^{53}taŋ^{35}a_{44}(←xa^{53})tɔi_{44}^{53}tɔi^{53}tʂən^{21}ʂak^{5}xɔŋ_{44}^{53}$./欸，羊角钉下

碓枕上，碓枕石上就有眼。$e_{21},iɔŋ^{13}kɔk^{3}taŋ^{35}ŋa_{44}(←xa^{53})tɔi^{53}tʂən^{21}ʂaŋ_{44}^{53},tɔi^{53}tʂən^{21}$

$ʂak_{44}^{5}xɔŋ_{53}^{53}tsh^{i}əu_{53}^{53}iəu^{53}ŋan^{21}$./欸系。$ue_{21}xe_{44}^{53}$./系唔系？$xei_{44}^{53}me_{44}(←n_{1}^{13}xe^{53})$?/渠下面

有个石头，欸，以个系咁个，以映是只石头，石头上是舞只又舞只眼。以

映有只眼。$ci_{44}^{13}çia_{44}mien_{44}iəu_{44}^{35}kə_{44}ʂʅ_{35}^{35}t^{h}əu^{0},e_{44},i_{1}^{13}ke_{44}^{53}xe_{44}^{53}kan^{53},i^{21}iaŋ_{44}^{53}ʂʅ_{1}^{53}tʂak^{3}$

$ʂak^{5}t^{h}ei^{0},ʂak^{5}t^{h}ei^{0}xɔŋ_{44}^{53}ʂʅ_{53}^{53}u^{21}tʂak^{3}iəu_{44}^{53}u_{44}^{21}tʂak^{3}ŋan^{21}.i^{21}iaŋ_{44}^{53}iəu_{44}^{35}tʂak^{3}ŋan^{21}$./一只咁个

缺，碓枕子舞唠箇缺……$iet^{3}tʂak^{3}kan_{35}^{35}ch^{i}ek^{3},tɔi^{53}tʂən^{21}tsʅ^{0}u_{53}^{53}lau^{0}kai^{53}ch^{i}ek^{3}…/$

欸，四只眼。$e_{21},si^{53}tʂak^{3}ŋan^{21}$./以只放嘿去啦。$i^{21}iak^{3}(←tʂak^{3})fɔŋ_{44}^{53}xek^{3}çi^{53}la^{0}$./

底底……有得四只眼。就一只眼，一边一只眼。$te_{44}^{53}te^{53}x\cdots mau^{13}tek^{3}si^{53}tʂak^{3}$

$ŋan^{21}.tsiəu_{44}^{53}iet^{3}tʂak^{3}ŋan_{35}^{21},iet^{3}pien^{35}iet^{3}tʂak^{3}ŋan^{21}$./哎欸。$ai_{44}e_{21}$./一边一只。$iet^{3}$

$pien^{35}iet^{3}tʂak^{3}$./以只就以只就碓枕，然后，以以下就搞一条就斗下以只眼里

个，以映斗只唠咁个斜个。一只咁个斜个，一卡下稳。以两只东西就安做

羊角，以只就碓枕，以底下箇就碓枕石。以只碓枕石系非……蛮难做。唔系两只眼冇凿得好，以个……i²¹tʂak³ tsʰiəu⁵³i²¹tʂak³ tsʰiəu⁵³tɔi⁵³tʂən²¹,vien¹³xei⁵³₄₄,i¹³₁₃i²¹ia₄₄(←xa⁵³)tsʰiəu⁵³₄₄kau²¹iet³ tʰiau¹³tsʰiəu⁵³₄₄tei⁵³ia₄₄(←xa⁵³)i²¹tʂak³ ŋan²¹li⁰ke⁵³,i²¹iaŋ₄₄tei⁵³iak³(←tʂak³)lau⁰kan²¹ke₄₄tsʰia¹³ke⁵³₄₄.iet³ tʂak³kan²¹ke⁵³tsʰia¹³ke⁵³₄₄,iet³ kʰa²¹xa⁵³uən²¹.i²¹iɔŋ²¹tʂak³ təŋ³⁵₄₄si⁰ tsʰiəu⁵³₄₄ɔn₄₄tso⁵³iɔŋ¹³kɔk³,i²¹tʂak³ tsʰiəu⁵³₄₄tɔi⁵³tʂən²¹,i²¹tei⁵³xa₄₄kai²¹₂₁tsiəu⁵³₄₄tɔi⁵³₄₄tʂən²¹ʂak⁵.i²¹tʂak³tɔi⁵³tʂən²¹ʂak⁵xe⁵³₄₄fei³⁵f…man¹³lan¹³tso⁵³.m̩¹³₂₁pʰe⁵³iɔŋ²¹tʂak³ ŋan²¹mau⁰tsʰɔk⁵tek¹³xau²¹,i²¹₄₄kei⁵³…/羊角就钉唔稳。iɔŋ¹³kɔk³tsʰiəu⁵³₄₄taŋ³⁵₄₄ŋ̍¹³₄₄uən²¹./羊角就钉唔稳。iɔŋ¹³kɔk³tsʰiəu⁵³₄₄taŋ³⁵₄₄ŋ̍¹³₄₄uən²¹./爱凿两只眼唦石头上。ɔi⁵³₄₄tsʰɔk⁵iɔŋ²¹tʂak³ ŋan²¹nau⁰ʂak⁵tʰɛu⁰xɔŋ⁵³₄₄.（羊角是用什么做的？）啊？a₃₅?/羊角用木……iɔŋ¹³kɔk³iəŋ⁵³muk³…/羊角用木啊，就系就系两块树，两块绷硬个树哇。iɔŋ¹³kɔk³iəŋ⁵³muk³a⁰,tsʰiəu⁵³₄₄xe⁵³tsʰiəu⁵³₄₄xe⁵³liɔŋ²¹kʰuai⁵³₄₄ʂəu⁵³,iɔŋ²¹kʰuai⁵³₄₄paŋ³⁵ŋaŋ⁵³ke₄₄ʂəu⁵³ua⁰./欸。e₅₃./欸，柞树哇。e₄₄,kai⁵³₄₄tʂak³ ŋaŋ⁵³…e₄₄,tsʰɔk⁵ ʂəu⁵³ua⁰./两条柞树哇，硬树哇。iɔŋ²¹tʰiau¹³tsʰɔk⁵ʂəu⁵³ua⁰,ŋaŋ⁵³ʂəu⁵³ua⁰./用用箇最硬的个树。iəŋ⁵³₄₄iəŋ⁵³₄₄kai⁵³tsei⁵³ŋaŋ⁵³ke₄₄ʂəu⁵³./最硬个树哇。唔系唔经磨啊。tsei⁵³ŋaŋ⁵³ke⁵³₄₄ʂəu⁵³ua⁰.m̩¹³₂₁pʰe₄₄(←xe⁵³)n̩¹³cin³⁵₄₄mo¹³a⁰./以个碓枕子也系……i²¹ke⁰tɔi⁵³tʂən²¹tsʔ⁰ia⁵³xe₄₄…/唔系唔经磨啊。m̩¹³₂₁pʰe₄₄(←xe⁵³)n̩¹³₂₁cin₄₄mo¹³a⁰./反正做碓子下个东西都系都系柞树。fan²¹tʂən₄₄tso⁵³tɔi⁵³tsʔxa³⁵ke⁵³₄₄taŋ³⁵₄₄si⁰təu⁰xe⁵³təu⁰xe⁵³tsʰɔk⁵ʂəu⁵³₄₄./都系……扎实个，欸。təu³⁵ue₄₄(←xe⁵³)ts…tsait³ʂət⁵ke⁵³,e₂₁.

角撮

角撮唔系装饭。角撮唔用来装饭。角撮用来装米装谷。欸。欸用啊用得最多个是搞么个嘞，角撮嘞？就用来，蛮多东西可以装唠，欸，要用得最多个是必……一定爱用个嘞就系么个收谷。舞床晒簟呐，箇谷就晒下晒簟肚里。挨夜子去收谷唦，收谷爱圆拢来。欸，圆拢来。就咁子分谷扒拢来。扒拢来，扒下箇角撮里。用角撮掇下掇倒倾下箩里。kɔk³tsait³ m̩¹³pʰe₄₄(←xe⁵³)tʂɔŋ³⁵fan⁵³.kɔk³tsait³ n̩¹³iəŋ⁵³lɔi¹³₂₁tʂɔŋ₄₄fan⁵³.kɔk³tsait³iəŋ⁵³lɔi¹³₂₁tʂɔŋ⁵³mi²¹tʂɔŋ³⁵kuk³.e₂₁.e⁰iɔŋ⁵³₄₄a⁰iəŋ⁵³tek³tsei⁵³to³⁵ke₄₄ʂʔ⁵³₂₁kau²¹mak³e₄₄(←ke⁵³)lei⁰,kɔk³tsait³lei⁰?tsiəu⁵³₄₄iəŋ⁵³lɔi¹³₂₁,man¹³to³⁵təŋ₄₄si⁰kʰo²¹i²¹₄₄tʂɔŋ³⁵lau⁰,e₂₁,iau⁵³₄₄iəŋ⁵³tek³tsei⁵³to³⁵ke⁵³ʂʔ⁵³₂₁piet³…iet³tʰin⁵³ɔi⁵³iəŋ⁵³ke₄₄lei⁰tsʰiəu⁵³₄₄xei₄₄mak³a⁰ʂəu⁵³kuk³.u²¹tsʰɔŋ¹³sai⁵³tʰian₄₄na⁰,kai₄₄kuk³ tsʰiəu⁵³₄₄sai₄₄xa³⁵sai⁵³tʰian₄₄təu²¹li⁰.ai₄₄ia⁵³tsʔ⁰çi⁵³ʂəu³⁵kuk³ʂa⁰,ʂəu³⁵kuk³ɔi₄₄ien¹³lɔŋ³⁵lɔi²¹₂₁.e₂₁,ien¹³lɔŋ³⁵lɔi²¹₂₁.tsʰiəu⁵³₄₄kan²¹tsʔ⁰pən³⁵kuk³pʰa¹³lɔŋ₄₄lɔi²¹₂₁.pʰa¹³lɔŋ³⁵lɔi¹³₂₁,pʰa¹³a₄₄(←xa⁵³)kai⁵³₄₄kɔk³tsʰait³li⁰.iəŋ³⁵kɔk³tsʰait³tɔit³ia⁵³(←xa⁵³)tɔit³tau²¹₄₄kʰuaŋ³⁵ŋa₄₄(←xa⁵³)lo¹³li⁰.

皮笭

有……笭有皮笭、篾丝欸皮笭，欸篾丝笭。皮笭就系用用扁篾编个。iəu³⁵⋯lo¹³iəu³⁵pʰi¹³lo¹³,miet⁵sʅ₄₄e₄₄pʰi¹³lo¹³,e₂₁miet⁵sʅ₄₄lo₂₁.pʰi¹³lo¹³tsʰiəu⁵xei⁵³iəŋ⁵³iəŋ⁵³pien²¹met⁵pien₂₁ke₄₄./扁篾做个，系皮笭。pien²¹met⁵tso⁵³ke₄₄,xe₄₄pʰi¹³lo¹³./扁篾做个，就喊皮笭。外背南乡师傅……pien²¹met⁵tso⁵³ke₄₄tsʰiəu₄₄xan⁵pʰi¹³lo¹³.ŋɔi⁵³pɔi⁵³lan¹³çiɔŋ₄₄⁵sʅ₄₄f⋯/唔系唔系，喊皮篓子嘞。m̩¹³pʰe⁵³(←xe⁵³)m̩¹³pʰe⁵³(←xe⁵³),xan⁵³pʰi¹³lei²¹tsʅ⁰le⁰./啊？a₃₅?/喊皮篓子嘞，唔系唔系。xan⁵³pʰi¹³lei²¹tsʅ⁰le⁰,m̩¹³me⁵³(←xe⁵³)m̩¹³me⁵³(←xe⁵³)./系呀？xei₄₄⁵³ia⁰?/嗯，安做皮篓子。ŋ₂₁,ɔn₄₄tso₄₄⁵³pʰi¹³lei²¹tsʅ⁰./箇落尾搞集体个七几年唔系南乡师傅来就尽打个皮笭，我等听得都一下子打五十担皮笭。欸用用用箇个噢，用用角撮料咁子打个噢，皮笭，系皮笭。系安做皮笭。kai⁵³lɔk⁵mi₄₄³⁵kau²¹tsʰiet⁵tʰi²¹ke₄₄tsʰiet⁵ci²¹ȵien⁵m̩₂₁pʰe₄₄(←xe⁵³)lan¹³çiɔŋ₄₄sʅ₄₄fu₄₄lɔi₂₁²¹tsʰiəu⁵³tsʰin⁵ta²¹ke₄₄pʰi¹³lo¹³?ŋai¹³tien⁰tʰin₄₄³⁵tek³təu₄₄³⁵iet³xa⁵³tsʅ⁰ta²¹ŋ̍⁵ʂət⁵tan₄₄pʰi¹³lo₂₁.e₂₁iəŋ₄₄iəŋ₄₄iəŋ₄₄kai₄₄ke₄₄au⁰,iəŋ₄₄iəŋ₄₄kɔk³tsʰait³liau⁵³kan₂₁tsʅ⁰ta²¹ke⁵³au⁰,pʰi¹³lo¹³,xe⁵³pʰi¹³lo¹³,xei⁵³ɔn₄₄³⁵tso₄₄⁵³pʰi¹³lo¹³.

芋仲

藉势你讲话洗么啊洗箇只咁个东西呀，洗细滴子个噢，还有只就洗芋子哦。tʂa⁵³sʅ₄₄⁵³ȵi¹³kɔŋ⁵³ua⁵³se²¹mak⁵a⁰se²¹kai¹³tʂak³kan²¹ke₄₄əŋ₄₄(←təŋ₄₄³⁵)si⁰ia⁰,se²¹se⁵³tiet⁵tsʅ⁰ke₄₄au⁰,xai₂₁iəu₄₄³⁵tʂak³tsiəu₄₄⁵³se²¹u⁵³tso⁰./安做芋仲噢。ɔn³⁵tso₄₄⁵³u⁵³tʂʰəŋ⁵³ŋau⁰./啊，芋仲。a₃₅,u⁵³tʂʰəŋ₄₄.

（芋仲是什么东西？）洗芋子个啊。se²¹u⁵³tsʅ⁰ke⁵³a⁰./欸，芋仲。e₄₄,u⁵³tʂʰəŋ⁵³./欸，舞倒舞倒咁大一只篾笼啊，去去到箇塘里去去一阵仲哩啊，毛就脱嘿哩啊。e₂₁,u²¹tau²¹u⁵³tau²¹kan²¹tʰai⁵³iet³tʂak³miet⁵ləŋ₄₄¹³a⁰,çi⁵³çi¹³tau₄₄kai₄₄tʰɔŋ¹³li⁰çi₄₄⁵³çi₄₄⁵³iet³tʂʰəŋ⁵³tʂəŋ⁵³(←tʂʰəŋ⁵³)lia⁰,mau⁰tsiəu₄₄tʰɔk³xek⁵li⁰a⁰./普通话：芋头啊，那个芋头面上有毛。欸。/芋子啊？u⁵³tsa⁰?/普通话：芋头，面上有毛。又搞一种有一种专门的工具。/（哦，那个那个，哦洗芋头的，噢，那叫什么？）芋仲。芋仲。普通话：芋头的芋仲。仲让门子啊？欸，仲又让门子写唠？u⁵³tʂʰəŋ₄₄.u⁵³tʂʰəŋ₄₄⋯tʂʰəŋ⁵³ȵiɔŋ⁵³mən⁰tsʅa⁰?e₂₁,tʂʰəŋ⁵³iəu₄₄ȵiɔŋ⁵³mən⁰tsʅ⁰sia⁰lau⁰?/仲写唔出。tʂʰəŋ⁵³sia⁰ŋ̍⁵tʂʰət³./就单人旁一中字个样好像箇。tsʰiəu₄₄tan³⁵ȵin₂₁pʰɔŋ¹³iet³tʂəŋ³⁵tsʅ₄₄ke₄₄iəŋ⁵³xau⁵³siɔŋ⁵³kai₄₄./系系呀，仲嘞系系箇只仲。xe⁵³xe⁵³ia⁰,tʂʰəŋ⁵³le⁰xe₄₄xe₄₄kai₄₄tʂak⁵tʂʰəŋ⁵³./捹去捹出嘞转呐。tʂəu⁵³cʰi₄₄⁵³tʂəu₄₄⁵³tʂət³le⁰tʂɔn²¹na⁰./欸，捹去捹转个仲啊。啊，芋仲了？搞搞到芋仲了。e₂₁,tʂəu⁵³çi₄₄⁵³tʂəu⁵³tʂɔn²¹ke₄₄tʂʰəŋ⁵³ŋa⁰.a₄₄,u⁵³tʂəŋ₂₁(←tʂʰəŋ⁵³)liau⁰?kau²¹kau²¹tau⁵³u⁵³tʂəŋ₂₁(←tʂʰəŋ⁵³)liau⁰./芋仲……芋仲了，搞到

芋仲咁个。u⁵³tʂʰəŋ···u⁵³tʂʰəŋ₄₄⁵³liau⁰,kau²¹tau₄₄²¹u⁵³tʂəŋ₂₁(←tʂʰəŋ⁵³)ŋaŋ₄₄(←kan²¹)ke⁰.

你看它本身箇篾子上就可以去咁以······ɲi₂₁¹³kʰan⁵³tʰa₄₄pən²¹ʂən₄₄kai₄₄miet⁵tʂ⁰xɔŋ₄₄⁵³tsʰiəu₄₄⁵³kʰo²¹i³⁵kʰe⁵³kan²¹i₄₄²¹···/去咁去欸去咁箇毛去。cʰie⁵³çi₄₄⁵³e₂₁cʰie⁵³kan²¹kai₄₄mau³⁵çi⁵³./欸,渠个唔知几粗。渠个做倒唔知几粗。e₅₃,ci¹³ke₄₄ɲ₂₁ti₄₄ci²¹tsʰ₁³⁵.ci¹³ke⁵³tso²³tau²¹ɲ₂₁¹³ti₅₃ci²¹tsʰ₁³⁵./唔知几粗。ŋ₂₁ti₅₃ci²¹tsʰ₁³⁵./欸。e₅₃./箇唔要咁个,唔要咁□溜个。kai₄₄ṃ₂₁mɔi²¹kan²¹cie₂₁,ṃ₂₁mɔi²¹kan²¹laŋ⁵³liəu₄₄ke⁵³./欸。e₅₃./嘿嘿,喊芋仲。xei₅₃xei₄₄,xan₄₄⁵³u⁵³tʂʰəŋ₄₄⁵³.

加先个箇只嗯咗安做么个番薯篓。ka³⁵sien³⁵ke₄₄kai⁵³tʂak³əŋ⁰ʂa⁰ɔn₄₄³⁵tso⁵³mak³ke₄₄fan³⁵ʂəu₂₁¹³lɛu²¹./番薯篓,系,番薯篓是洗番薯个。fan³⁵ʂəu₂₁¹³lei²¹,xei₄₄,fan³⁵ʂəu₂₁¹³lei²¹s₁₂₁⁵³se²¹fan³⁵ʂəu₂₁¹³ke⁵³./欸,洗番薯个。se²¹fan³⁵ʂəu₂₁¹³ke⁵³./欸,芋仲是洗芋子个。e₂₁,u⁵³tʂʰəŋ⁵³s₁₄₄⁵³se²¹u⁵³tʂ₁⁰ke₂₁.

秆

我等以个栏场咗,冬下头唔唔限定爱留正几多子,只爱······一方面就留秆,田里个秆呐。欸,秆,冬下,牛子冬下食秆。还有只嘞冬下有······冬下以个地方还算比较气温比较高。有青芒。箇芒头呀,箇个冬芒啊,冬下头嘞也会发滴子笋。就去割滴青芒分渠食。割滴芒。箇就冬下头一般呢冬下嘞我等以映有得专门个牛饲料哇话晒干来咯分牛食个······蛮少。就系留滴秆。ŋai¹³tien⁰i²¹ke₄₄lɔŋ₂₁¹³tʂʰɔŋ₂₁ʂa⁰,təŋ¹³xa³⁵tʰei¹³ṇ¹³ṇ¹³kʰan₂₁⁵³tʰin₄₄ɔi₅₃⁵³liəu¹³tʂaŋ₄₄⁵³ci²¹to³⁵tʂ₁⁰,tʂ₁²¹ɔi₂₁⁵³···iet³xɔŋ⁵³mien₄₄⁵³tsʰiəu₄₄⁵³liəu¹³kɔn²¹,tʰien¹³ni₄₄(←li³⁵)ke⁵³kɔn²¹na⁰.e₂₁,kɔn²¹,təŋ¹³xa⁵³,ɲiəu¹³tʂ₁⁰təŋ¹³xa₄₄⁵³ʂət⁵kɔn²¹.xai¹³iəu³⁵tʂak³le⁰təŋ₄₄³⁵xa₄₄⁵³iəu₄₄³⁵···təŋ₄₄³⁵xa₄₄i²¹ke₄₄⁵³tʰi⁵³xɔŋ₄₄⁵³xai₂₁²¹sɔn⁵³pi²¹ciau₄₄⁵³çi⁵³uən₄₄³⁵pi²¹ciau⁵³kau₄₄³⁵.iəu³⁵tsʰiaŋ³⁵mɔŋ₂₁²¹.ka₄₄mɔŋ²¹³tʰei¹³ia⁵³,kai₄₄⁵³ke₄₄təŋ³⁵mɔŋ₄₄²¹ŋa⁰,təŋ³⁵xa₄₄⁵³tʰei₂₁lei⁰ia⁵³uɔi¹³fait³tiet³tʂ₁⁰sən²¹.tsʰiəu₄₄⁵³çi₄₄⁵³kɔit³tiet⁵tsʰiaŋ³⁵mɔŋ¹³pən₄₄³⁵ci₄₄⁵³ʂət⁵.kɔit³tiet₃⁵mɔŋ¹³.kai₄₄⁵³tsʰiəu₄₄⁵³təŋ³⁵xa₄₄⁵³tʰei²¹iet³pɔn⁵³ne⁰təŋ³⁵xa₄₄le⁰ŋai¹³tien⁰i²¹iaŋ⁵³mau₂₁tek⁵tʂen³⁵mən¹³cie₄₄ɲiəu¹³s₁⁵³liau¹³ua⁰ua⁵³sai⁵³kɔn³⁵nɔi₂₁¹³ko⁰pən³⁵ɲiəu¹³ʂek⁵ke₄₄⁵³m···man₂₁¹³sau²¹.tsʰiəu⁵³xe⁵³liəu¹³tet⁵kɔn²¹.

秆苦

安做秆苦。渠搞······搞条篾箆。ɔn³⁵tso⁵³kɔn²¹ʂen³⁵.ci¹³kau²¹s···kau²¹tʰiau¹³miet⁵sak³./欸,折下倒。e₂₁,tʂait³ia⁵³(←xa⁵³)tau²¹./咁样,就搞条搞条以个篾片,篾片,咁长,一般咁长子。然后这就用用绳子······kan₃₅²¹iɔŋ₄₄⁵³tsʰiəu₄₄⁵³kau²¹tʰiau¹³kau²¹tʰiau¹³i₄₄²¹ke₄₄miet⁵pʰien²¹,miet₅⁵pʰien²¹,kan¹³tʂ₁ɔŋ¹³,iet³pan³⁵kan²¹tʂ₁ɔŋ¹³tʂ₁⁰.vien¹³xei₄₄⁵³tʂe⁵³tsiəu₄₄⁵³iəŋ₄₄⁵³iəŋ⁵³ʂən¹³tʂ₁⁰./一绞绞子咯放倒去倍紧。iet³ciau²¹

$ciau^{21}ts\eta^0 ko^0 x\eta^{53}tau^{21}\varsigma i^{53}kait^3 cin^{21}$./扎嘿脑高，箇也就安做秆苦就。盖砖呐，盖么个东西都……$tsait^3 xek^3 lau^{21}kau^{35}, kai^{53}_{44}ia^{35}tsiəu^{53}_{21}ən^{35}_{44}tso^{53}kən^{21}\text{ş}en^{53}tsiəu^{53}. kɔi^{53}$ $ts\text{ʂ}ən^0 na^0, kɔi^{53}mak^3 ke^{44}təŋ^{35}_{44}si^0 təu^3……$/做屋。$tso^{53}uk^3$./做屋个时间，做屋个时间嘞……$tso^{53}uk^3 ke^{53}\text{ş}\eta^{13}_{21}kan^{35}, tso^{53}uk^3 ke^0 \text{ş}\eta^{13}_{21}kan^{35}lei^0……$/渠是咁个是硬系遮满咁呋？$ci^{13}\text{ş}\eta^{1}kan^{21}ke^{44}\text{ş}\eta^{53}_{44}ɲiaŋ^{53}xe^{44}_{44}ts\text{ʂ}a^{53}man^{21}kan^{21}nau^0$?/遮得。$ts\text{ʂ}a^{35}tek^3$./遮得呀？ $ts\text{ʂ}a^{35}_{44}tek^3 ia^0$?/渠用来放倒跰跰子咯。$ci^{13}_{21}iəŋ^{44}lɔi^{13}_{21}fəŋ^{53}tau^{21}lia^{53}lia^{53}ts\eta^0 ko^0$./跰跰子。唔跰是硬系都遮唔倒。$lia^{53}lia^{53}ts\eta^0. \text{n}\text{ʲ}^{13}lia^{53}\text{ş}\eta^{1}_{44}ɲiaŋ^{53}xe^{44}təu^{44}_{44}ts\text{ʂ}a^{53}\text{n}^{21}_{21}tau^{21}$./箇是。$kai^{53}\text{ş}\eta^{53}_{21}.$

篓公

（哦，这个背在背上的有吗？篓子。）我等以映有哟。$\eta ai^{13}tien^0 i^{21}iaŋ^{53}_{44}mau^{13}_{21}io^0$./篓公啊。$li^{21}kəŋ^{35}\eta a^0$./我等以映只有篓公。但是我等以只背嘞唔……唔同嘞。唔同渠等箇起咁子背。$\eta ai^{21}_{21}tien^0 i^{21}_{44}iaŋ^{53}_{44}ts\eta^1 iəu^{44}_{44}li^{21}kəŋ^{44}_{44}. tan^{53}_{44}\text{ş}\eta^{1}_{44}\eta ai^{21}_{21}tien^0 i^{21}ts\text{ʂ}ak^3 pei^{35}le^0 \text{n}^{\prime}……\text{n}^{13}t^həŋ^{13}_{21}le^0. \text{n}^{\prime}t^həŋ^{13}_{21}ci^{21}_{21}tien^0 kai^{53}\varsigma i^{21}kan^{21}ts\eta^0 pei^{35}$./两……唔同箇两边背倒个。$iəŋ^{21}……\text{n}^{13}t^həŋ^{13}_{44}kai^{53}_{44}iəŋ^{21}pien^{35}_{44}pi^{21}tau^{21}ke^0$./欸，我等个只一边个。$e^0, \eta ai^{13}tien^0 ke^0 ts\eta^{1}_{35}iet^3 pien^{35}ke^0$./我等只有一条绳。扛只，搂……$\eta ai^{21}_{21}tien^0 ts\eta^{21}iəu^{35}_{53}iet^3 t^hiau^{13}\text{ş}ən^{13}. k^huai^{21}ts\text{ʂ}ak^3, k^huan^{53}$……（哦，一……一条绳就就篓公吗？）篓公，欸，篓公。$lei^{21}kəŋ^{44}, e^{53}, li^{21}kəŋ^{44}_{44}$./欸，篓公，篓公，欸。$e^{21}_{21}, lei^{21}kəŋ^{35}, li^{21}kəŋ^{35}, e^{21}_{21}$./有滴去人家也扛篓公哦。$iəu^{35}tet^5_{}\varsigma i^{53}ɲin^{21}_{21}ka^{35}_{44}ia^{35}k^huai^{21}li^{21}kəŋ^{35}o^0$./也扛篓公呢，嘿嘿，也系。$ia^{35}k^huai^{21}li^{21}kəŋ^{35}lei^0, xei^{35}xei^{21}_{21}, ia^{35}xei^{44}_{44}$./也扛篓公。$ia^{35}k^huai^{21}li^{21}kəŋ^{35}_{44}$./以只篓公就有大篓公细篓公。$i^{21}ts\text{ʂ}ak^3 li^{21}kəŋ^{35}ts^hiəu^{53}_{44}iəu^{35}t^hai^{53}_{44}li^{21}kəŋ^{35}sei^{53}li^{21}kəŋ^{35}$./欸。$e^{53}.$

（li^{21}公还是 lei^{21}公？）我等是喊……喊篓公哦硬。$\eta ai^{13}tien^0 \text{ş}\eta^{53}_{44}xan^{53}……xan^{53}li^{21}kəŋ^0 \eta o^0 ɲian^{53}$./我……喊呢喊篓公哦。$\eta ai^{21}_{21}xan^{53}ne^0 xan^{53}li^{21}kəŋ^{44}_{44}\eta o^0$./硬喊篓公哦。$ɲiaŋ^{53}xan^{53}li^{21}kəŋ^{35}\eta o^0$./欸。$e^{21}_{21}$./硬喊篓公哦。你落尾去写就只好写只箇篓公哦。$ɲiaŋ^{44}_{44}xan^{53}li^{21}kəŋ^0 \eta o^0. ɲi^{21}lɔk^5 mi^{13}\varsigma i^{53}sia^{21}tsiəu^{21}ts\eta^{21}xau^{44}_{44}sia^{21}ts\text{ʂ}ak^3 kai^{53}lei^{21}kəŋ^{35}\eta o^0.$

（是竹子……还是竹子编的吧？）竹个。竹子编个。$ts\text{ʂ}əuk^3 ke^0. ts\text{ʂ}əuk^3 ts\eta^0 pien^{35}_{44}ke^{53}$.（一呃只有一条背带，是吧？）欸。$e^{21}_{21}$./欸，只有一条。$e^{21}_{21}, ts\eta^{21}iəu^{35}_{53}iet^3 t^hiau^{13}$./一条个就系篓公。$iet^3 t^hiau^{13}ke^0 ts^hiəu^{44}_{44}xe^{53}_{44}li^{21}kəŋ^{35}$./欸，一条个就篓公哦。$e^{21}_{21}, iet^3 t^hiau^{13}ke^0 ts^hiəu^{53}_{44}li^{21}kəŋ^{35}\eta o^0$./去人家也有扛篓公个唠。$\varsigma i^{53}ɲin^{13}ka^{44}_{44}ia^{35}iəu^{35}_{53}k^huai^{21}li^{21}kəŋ^{35}ke^0 lau^0$./也有扛篓公个。欸。唔。$ia^{35}iəu^{35}_{53}k^huai^{21}li^{21}kəŋ^{35}ke^{53}. e^{21}_{21}. m^{21}_{21}.$（它嗯没有两根的，是吧？）^{普通话：没有，我们这里不用两根的。}/有，有得两根。$mau^{13}_{21}, mau^{13}tek^3 liəŋ^{21}ken^{35}_{44}$./湘西就是系两……两根个唠，渠就渠就粪箕

都有得。siɔŋ³⁵si³⁵tsiəu₄₄³⁵ʂɿ₄₄⁵³xei⁵iɔŋ²¹···iɔŋ²¹cien³⁵ke₄₄⁵³lau⁰,ci₂₁¹³tsʰiəu₄₄³ci₂₁¹³tsʰiəu₄₄³pən⁵³ci³⁵təu₃₅³⁵mau₄₄¹³tek³.

（那个采茶叶的时候，你们采茶叶的时候那个篓子呢？）我等我等以映唔⋯⋯有得。ŋai₂₁³tien⁰ŋai¹³tien⁰i²¹iaŋ⁵³n̩¹³···mau¹³tek³./采茶叶箇时候子啊？就系扼篓公啊。tsʰai²¹tsʰa₂₁³iait⁵kai₄₄⁵³ʂɿ¹³xəu₄₄⁵³tsɿ⁰a⁰?tsʰiəu⁵³ue⁵³(←xe⁵³)kʰuai²¹li⁵³iɔŋ⁵³ŋa⁰./就系就系就系以只。tsʰiəu⁵³xe₄₄⁵³tsʰiəu⁵³xe⁵³tsʰiəu⁵³xe⁵³i²¹tʂak⁵./扼篓公去摘。kʰuai²¹li²¹kəŋ₄₄²¹çi⁵³tsak⁵a⁰./就以只东西。tsʰiəu₄₄⁵³i²¹tʂak⁵əŋ₄₄(←təŋ³⁵)si⁰./歆。e₂₁.（呃，就是就是那个背⋯⋯那个篓公啊？）篓⋯⋯篓公。li⋯li²¹kəŋ³⁵./歆，篓公，嗯。e₂₁,li²¹kəŋ³⁵,n̩₂₁./摘倒⋯⋯tsak³tau²¹···/所以我等用个那个以只篓公嘞就就包括用滴么啊东西嘞？歆，摘茶叶，采茶，采茶，摘茶籽⋯⋯so²¹i³⁵ŋai₂₁¹³tien⁰iɔŋ₄₄ke⁵³na₅₃ke₄₄⁵³i²¹tʂak⁵li²¹kəŋ₄₄³⁵lei⁰tsʰiəu₄₄⁵³tsʰiəu₄₄⁵³pau³⁵kuait⁵iɔŋ₄₄tet⁵³mak³a⁰təŋ₄₄³⁵si⁰lei⁰?e₂₁,tsak³tsʰa¹³iait⁵,tsʰai²¹tsʰa¹³,tsʰai²¹tsʰa¹³,tsak³tsʰa¹³tsɿ²¹/摘菜⋯⋯tsak³tsʰɔi⁵³···/摘菜，摘猪菜，都用以只东西。tsak³tsʰɔi⁵³,tsak³tʂəu³⁵tsʰɔi₄₄⁵³,təu¹³iɔŋ₄₄i²¹tʂak⁵təŋ₄₄³⁵si⁰./它是真是真需用个东西。tʰa₄₄⁵³ʂɿ³⁵tʂən³⁵ʂɿ̩₄₄⁵³tʂən³⁵si³⁵iɔŋ⁵³ke⁰təŋ₄₄³⁵si⁰./歆。蛮多项上用得。e₅₃.man¹³to³⁵taŋ²¹xɔŋ₄₄⁵³iɔŋ⁵³tek³.

禾杠

还有嘞，歆，担柴个，一把杂柴，你晓得箇杂柴吗？树枝啊。就捆，捆倒咁长啊，系唔系啊？捆渠几下。箇就舞条舞条竹子，舞条箇竹子，以只竹子歆，以边削尖来，以边也削尖来，咁子插下进去。箇就安做禾杠。xai¹³iəu⁵³le⁰,e₄₄,tan³⁵tsʰai¹³ke⁵³,iet³pa²¹tsʰak⁵tsʰai¹³,n̩i₂₁¹³çiau²¹tek⁵kai₄₄³⁵tsʰak⁵tsʰai₄₄¹³ma⁰?ʂu⁵³tʂ ɻ₄₄za⁰.tsʰiəu⁵³kʰuən²¹,kʰuən²¹tau²¹kan²¹tʂʰɔŋ¹³ŋa⁰,xei₄₄me₄₄(←m̩¹³xe⁵³)a⁰?kʰuən²¹ci₂₁¹³ci²¹xa⁵³.kai₄₄⁵³tsʰiəu₅₃⁵³u²¹tʰiau¹³u²¹tʰiau¹³tʂəuk³tsɿ⁰,u²¹tʰiau¹³ai₄₄(←kai⁵³)tʂəuk³tsɿ⁰,iak³(←i²¹tʂak³)tʂəuk³tsɿ⁰ei⁰,i²¹pien₄₄siək³tsian³⁵nɔi₂₁,i²¹pien³⁵na₄₄(←ia³⁵)siok³tsian₄₄nɔi₂₁¹³,kan²¹tsɿ⁰tsʰait³a⁵³(←xa⁵³)tsin⁵³çi₄₄⁵³.kai⁵³tsʰiəu₄₄⁵³ɔn₄₄³⁵tso₄₄⁵³uo¹³kɔŋ⁵³.

到岭上斫斫柴嘞。tau₄₄⁵³liaŋ³⁵xɔŋ₄₄⁵³tʂɔk³tʂɔk³tsʰai¹³lei⁰.（它使用也是用竹子做的，是吧？）只爱用竹子做的。就竹子，这么大子的竹子。tsɿ̩²¹ɔi₄₄¹³iɔŋ⁵³tʂəu₃₅³⁵tsɿ⁰tso⁵³tet⁵³.tsiəu⁵³tʂəu₃₅³⁵tsɿ⁰,tʂe⁵³mo⁰ta₅₃³tsɿ⁰tə⁰tʂəu₃₅³⁵tsɿ⁰.（竹子不砍开吧？就整个一根吧？）唔劈开来，歆，圆个，歆，圆竹子。但是两头削成尖个。两头削成尖个。渠就好插下箇柴肚箇里去啊。也比较长，有人咁长。有人咁长。因为箇杂柴比较大呀，比较大一把。m̩¹³pʰiak³kʰɔi₄₄³⁵lɔi₂₁¹³,e₂₁,ien¹³cie⁵³,e₂₁,ien¹³tʂəuk³tsɿ⁰.tan³⁵ʂɿ̩⁵³iɔŋ³⁵tʰei¹³siɔk³ʂaŋ₄₄¹³tsian³⁵cie₄₄⁵³.iɔŋ²¹tʰei¹³siɔk³ʂaŋ₄₄¹³tsian³⁵cie₄₄⁵³.ci¹³tsʰiəu⁵³xau³⁵tsʰait³a₄₄(←xa⁵³)kai⁵³tsʰai¹³təu²¹kai₂₁⁵³li⁰çi³a⁰.a₄₄pi²¹ciau⁵³ tṣʰɔŋ¹³,iəu₅₃³⁵nin¹³kan²¹tṣʰɔŋ¹³.iəu₅₃³⁵nin¹³kan²¹tṣʰɔŋ¹³.in₄₄³⁵uei₂₁kai₄₄⁵³tsʰak⁵ tsʰai₄₄¹³pi²¹ciau₄₄⁵³ tʰai⁵³ia⁰,pi²¹ciau₄₄⁵³tʰai⁵³iet³pa²¹.

柴条子

（那个捆那个柴火的，你到山上……）安做柴条子。柴条子。本来是可以用绳子去捆呢，是吧？箇你用绳子捆，惹别人家笑嘞。"你还咁个都寻唔倒哇？"欸。用柴条子捆。安做柴条子。ɔn₄₄³⁵tso₄₄⁵³tsʰai¹³tʰiau¹³tsɿ⁰.tsʰai¹³tʰiau¹³tsɿ⁰.pən²¹nɔi⁵³sɿ₄₄¹³kʰo₄₄²¹⁵³iəŋ⁵³ṣən¹³tsɿ⁰ tṣʰɿ¹³kʰuən²¹ne⁰,sɿ₄₄¹³pa⁰?kai₄₄⁵³ni¹³iəŋ⁵³ṣən¹³tsɿ⁰ kʰuən²¹,ɲia³⁵pʰiek⁵in₂₁ka₄₄³⁵siau⁵³lei⁰."ɲi¹³xai₂₁kan₁₃¹³cie⁵³təu₅₃³⁵tsʰin¹³ŋ₂₁¹³tau²¹ua⁰?"e₂₁.iəŋ⁵³tsʰai¹³tʰiau¹³tsɿ⁰kʰuən²¹.ɔn₄₄³⁵tso₄₄⁵³tsʰai¹³tʰiau¹³tsɿ⁰.（用什么做成的呢？）用……到岭上去斫唠。斫箇柴条子唠。有苎麻条子。有锯柴条子。一条短哩，一条短哩，就两条驳下去。iəŋ⁵³…tau₄₄¹³liaŋ³⁵xɔŋ₄₄⁵³çi₄₄⁵³tsɔk³lau⁰.tsɔk³ kai⁵³tsʰai¹³tʰiau¹³tsɿ⁰lau.iəu₄₄³⁵tṣʰəu³⁵ma₂₁¹³tʰiau¹³tsɿ⁰.iəu³⁵cie⁵³tsʰai¹³tʰiau¹³tsɿ⁰.iet³ tʰiau¹³tɔn²¹ni⁰,iet³tʰiau¹³tɔn²¹ni⁰,tsʰiəu⁵³iɔŋ²¹tʰiau¹³pɔk³a⁵³(←xa⁵³)çi⁵³.（哦，是用……可以用那个什么锯条子啊？）锯柴，锯柴条子，欸。锯柴条子。苎麻条子，还有起苎麻条子，有滴子像苎麻呀，苎麻树样。苎麻条子。茶树条子也可以。茶树上有滴长起□长个□长个箇个枝条哇也可以。箇个都比较韧性。慢我我带你去到岭上去去箇个唠，拿张刀去斫条柴条子你。竹椆也可以嘞。竹椆也可以，嗯。tṣʰɿ⁵³tsʰai₂₁¹³,ci⁵³tsʰai₂₁¹³tʰiau¹³tsɿ⁰,e₂₁.ci⁵³tsʰai₂₁¹³tʰiau¹³ tsɿ⁰.tṣʰəu³⁵ma₂₁¹³tʰiau¹³tsɿ⁰,xai₂₁iəu₃₅³⁵çi²¹tṣʰəu³⁵ma₂₁¹³tʰiau¹³tsɿ⁰,iəu³⁵tiet⁵tsɿ⁰tsʰiɔŋ⁵³ tṣʰəu³⁵ma₂₁¹³ia⁰,tṣʰəu³⁵ma₂₁ṣəu⁵³iɔŋ₄₄⁵³.tṣʰəu³⁵ma₂₁¹³tʰiau¹³tsɿ⁰.tsʰa¹³ṣəu⁵³tʰiau¹³tsɿ⁰a₄₄³⁵kʰo²¹ i¹³⁵.tsʰa¹³ṣəu⁵³xɔŋ₄₄³⁵iəu³⁵tiet⁵tsɔŋ³¹çi²¹lai⁰tṣʰɔŋ₂₁³⁵ke⁵³lai⁰tṣʰɔŋ₂₁³⁵ke₄₄⁵³kai₄₄⁵³ke₄₄⁵³sɿ₄₄⁵³tʰiau₂₁¹³ ua⁰ia³⁵kʰo²¹i¹³⁵.kai⁵³ke₃₅⁵³təu³⁵pi²¹ciau⁵³nin¹³sin⁵³.man₄₄¹³ŋai¹³ŋai¹³tai²¹ɲi¹³çi₄₄⁵³tau⁵³liaŋ³⁵ xɔŋ₄₄⁵³çi₄₄⁵³çi₄₄⁵³kai₄₄⁵³ke₄₄⁵³lau⁰,la₄₄⁵³tsɔŋ₄₄³⁵tau²¹çi⁵³tsɔk³tʰiau¹³tsʰai¹³tʰiau₂₁¹³tsɿ⁰ɲi₂₁¹³.tṣəuk³ kʰua²¹ia₅₃³⁵kʰo²¹i₅₃³⁵lei⁰.tṣəuk³kʰua²¹ia₅₃³⁵kʰo²¹i₅₃³⁵,n̩₂₁.

杉树笋

（那个杉树啊砍了以后，那底下不是发出那种新苗哇，那叫什么？）杉树笋唦。sa³⁵ṣəu⁵³sən²¹nau⁰/安做杉树笋。ɔn₄₄³⁵tso₄₄⁵³sa₄₄³⁵ṣəu⁵³sən²¹./嗯，发笋唦。ŋ₂₁,fait³sən²¹nau⁰./发笋，以映有。fait³sən²¹,i₄₄²¹iaŋ₄₄⁵³iəu₄₄³⁵./渠话箇笋咯，杉树发个笋咯，也会长大吵。箇笋材质唔好话呢。唔好话。发笋咯，长大个笋咯唔好，箇个是质量唔好。我等话过唠我呀我话箇个一嶂岭啊尽杉树哇，咁多杉树笋呐箇只啦，箇几易得子大，系唔系？有滴人咁高了。下斫咁，菀也挖咁。栽过。咁大一条子个，咁高子个，栽过。我话箇搞么啊搞空事啊？

ci²¹₂₁ua⁵³₄₄kai⁴⁴sən²¹ko⁰,sa³⁵ʂəu⁵³fait³ke⁵³sən²¹ko⁰,ia³⁵uɔi tʂɔŋ²¹tʰai⁵³ʂa⁰.kai⁵³sən²¹tsʰai¹³ tʂət³ n̩¹³₂₁xau¹ua⁵nei⁰.n̩¹³₂₁xau¹ua⁵.fait³sən²¹ko⁰,tʂɔŋ²¹tʰai⁵³ke⁴⁴sən²¹ko⁰n̩²¹₂₁xau²¹,kai⁵³ke⁴⁴ ʂ̩⁰tʂət³liɔŋ⁵³n̩¹³₂₁xau²¹.ŋai¹³tien⁰ua⁵ko⁵³lau⁰ŋai¹³ia⁰ŋai¹³ua⁴⁴kai⁴⁴kei⁵³iet³tʂɔŋ⁵³liaŋ³⁵ŋa⁰ tsʰin¹³sa³⁵ʂəu⁵³ua⁰,kan¹³to⁴⁴sa⁴⁴ʂəu⁴⁴sən¹³na⁰kai⁴⁴tʂak²⁵la³,kai⁴⁴ci¹³i⁵³tek³tsʂ⁰tʰai⁵³,xe⁴⁴ me⁴⁴(←m̩¹³xe⁵³)?iəu³⁵tet⁵in¹³kan²¹kau³⁵liau⁰.xa⁵³tʂɔk³kan²¹,tei³⁵ia⁵³uait³kan²¹₄₄.tsɔi¹³ ko⁵³.kan²¹₄₄tʰai⁵³iet³tʰiau¹³tsʂ⁰ke⁵³,kan³⁵kau⁴⁴tsʂ⁰ke²¹₂₁,tsɔi³⁵ko⁵³.ŋai¹³ua⁵³kai⁵³kau²¹mak³a⁰ kau²¹kʰəŋ⁵³ʂ̩⁰₄₄a⁰?/还是杉苗子栽。xai¹³ʂ̩⁵³₄₄sa³⁵miau¹³tsʂ⁰tsɔi³⁵./欸，用杉苗子去栽，材质更好。其实呀么么啊唠？样个哩。e₅₃,iəŋ¹³sa³⁵miau¹³tsʂ⁰çi⁵³tsɔi⁴⁴,tsʰai¹³tsʂt³ cien⁵³xau²¹.cʰi¹³₂₁ʂət⁵ia⁰xau²¹mak³a⁰lau⁰?iɔŋ⁵³ke⁵³li⁰./如今以起是以以以起舞倒来个杉苗子是还有得还有……i¹³₂₁cin⁴⁴¹³çi⁰ʂ̩⁴⁴¹³i¹³₂₁i¹³¹³çi⁰u²¹tau¹³lɔi²¹₂₁ke⁰sa³⁵miau¹³tsʂ⁰ ʂ̩⁵³₄₄xai¹³mau¹³tek³xai¹³mau¹³/渠渠就渠就渠就大以起迎。ci¹³ci¹³tsʰiəu⁵³ci¹³ tsʰiəu⁵³₄₄ci¹³tsʰiəu⁵³₄₄tʰai²¹i²¹çi⁰ŋian¹³./肯肯渠……kʰen²¹kʰen²¹ci²¹₂₁/渠不过渠大个呢就箇个哩渠更肯大。ci¹³puk³ko⁵³₄₄ci¹³tʰai⁵³ke⁴⁴lei⁰tsiəu⁵³kai⁵³ke⁴⁴li⁰ci¹³ken⁵³xen²¹ tʰai⁵³./箇渠肯大以个栽过个，肯大。kai⁵³₄₄ci²¹₂₁xen²¹tʰai⁵³i¹³ke²¹₂₁tsɔi³⁵ko⁴⁴ke⁵³,xen²¹tʰai⁵³.

猪条

猪条子就系渠七八十斤子个五六十斤子个猪子就安做猪条子。tʂəu³⁵ tʰiau¹³tsʂ⁰tsʰiəu⁵³xei⁵³ci¹³tsʰiet³pait³ʂət⁵cin⁴⁴tsʂ⁰ke⁵³n̩²¹liəuk⁰ʂət⁵cin⁴⁴tsʂ⁰ke⁴⁴tʂəu⁴⁴ tsʂ⁰tsʰiəu⁵³ɔn⁴⁴tso⁵³tʂəu³⁵tʰiau²¹₂₁tsʂ⁰.

（嗯，分不分公母呢？）有，唔分公母。如果系公子就爱阉嘿来，嗯，嘛子也爱阉嘿来，箇猪……猪条。唔做种个都阉嘿嘞。mau¹³,n̩¹³fən⁴⁴kəŋ³⁵ mu²¹.y¹³ko²¹xei⁴⁴kəŋ³⁵tsʂ⁰tsʰiəu⁴⁴ɔi⁵³ian⁵³nek³(←xek³)lɔi²¹₂₁,n̩,ma¹³tsʂ⁰ia⁰ɔi⁴⁴ian⁵³ nek³(←xek³)lɔi²¹,kai⁴⁴tʂəu³⁵…tʂəu³⁵tʰiau¹³₂₁.n̩¹³tso⁵³tʂəŋ²¹ke⁵³təu³⁵ian³⁵nek³ (←xek³)le⁰.

（大概多重啊算猪条子啊？）欸，四五十斤子到百把斤子都喊猪条。嗯。以有滴人是猪崽子畜起唔知几大唠，出栏了，三四十斤呋，系唔系？四五十斤子到百把斤子，百多斤都还系猪条。嗯。到百把斤都喊猪条。e₂₁,si⁵³ ŋ¹³₂₁ʂət⁵cin³⁵tsʂ⁰tau⁵³pak³pa²¹cin³⁵tsʂ⁰təu³⁵xan⁵³tʂəu³⁵tʰiau¹³₂₁.m̩₂₁.i¹²¹iəu³⁵tet⁵ɲin¹³₄₄ʂ̩⁴⁴ tʂəu³⁵tse⁵³tsʂ⁰çiəuk⁰çi⁵³n̩¹³ti⁵³ci²¹tʰai⁵³lau⁰,tsʂʰət³lan²¹₂₁liau⁰,san³⁵si⁴⁴ʂət⁵cin⁴⁴nau⁰,xe⁵³ me⁴⁴(←m̩¹³xe⁵³)?si⁴⁴ŋ¹³₂₁ʂət⁵cin³⁵tsʂ⁰tau⁵³pak³pa²¹cin⁴⁴tsʂ⁰,pak³to⁴⁴cin⁴⁴təu⁴⁴xai¹³xe⁴⁴ tʂəu³⁵tʰiau¹³.m̩₂₁.tau⁴⁴pak³pa²¹cin⁴⁴təu³⁵xan⁴⁴tʂəu³⁵tʰiau¹³.

鸡笼、鸡坲

（这个鸡笼是个什么样的东西？）鸡笼啊？鸡笼就鸡笼安做鸡坲。鸡坶。我等安做鸡坶。有有鸡笼。有鸡笼。有两……两种鸡笼。一种鸡笼嘞，噢，鸡笼还只有一种。一……一种鸡笼嘞就像只么个啊东西嘞？像只现在箇街上个装老鼠个箇笼样个。装老鼠个，长长子，用篾箕织个，用篾箕织个，有眼，有有眼，渠会爱通气吵，系唔系？有眼。以几向都系密封，欸，都系有眼再。欸，都系出唔得。只有一向进出。以……这子以向就进出。一只咁个嘞一只咁个东西样个。一只咁个东西，欸。咁子方方子个嘞，长长子，系啊？以以以底下也有个嘞，系啊？也有个嘞。底下嘞舞两条子竹子，承起来，承起来呀。唔唔唔直接放下地泥下，承起来。欸，以头就也封嘿哩个。以个都有眼，以个栏场都有眼，篾箕织……织得箇一络，同箇番薯篓样。欸，透气。以只面向嘞，就圆圆子个，圆个。以只以映子圆个。特事又织一块子咁个络络子样个东西，蒙下去。底下嘞……一只络络子样个东西，一只圆东西就蒙下去。底下以映伸出来，摆下摆下以映栏场，抚那咯，以映子，你分鸡子赶进去哩就以映插下去。嗯。插下去嘞，以上背一只把就有咁长，咁子搭下子转，封下到。好，以下顶高嘞有只提个东西。还是提到走得。鸡笼，箇就鸡笼。cie³⁵ləŋ³⁵ ŋa⁰ ?cie³⁵ləŋ³⁵tsʰiəu⁰₄₄cie³⁵ləŋ³⁵ɔn₄₄tsɔ⁵³ cie³⁵tsi⁵³.cie³⁵tsi⁵³.ŋai¹³tien⁰ ɔn₄₄tsɔ₄₄cie³⁵tsi⁵³.iəu₄₄iəu₄₄cie₄₄ləŋ³⁵.iəu₄₄cie₄₄ləŋ³⁵.iəu³ iɔŋ²¹tʂ…iɔŋ²¹tʂən²¹cie³⁵ləŋ³⁵.iet³ tʂən²¹cie³⁵ləŋ³⁵le⁰,au₂₁,cie³⁵ləŋ³⁵xai¹³tʂɻ¹iəu⁵³iet³ tʂən²¹.iet³ p…iet³ tʂən²¹cie³⁵ləŋ³⁵lei⁰tsʰiəu⁵³tsʰiɔŋ⁵³tʂak³ mak³ a⁰ təŋ₄₄si⁰ lei⁰ ?tsʰiɔŋ⁵³ tʂak³ çien⁵³tsai⁵³kai⁵³kai³⁵xɔŋ⁵³kei⁵³tsɔŋ⁵³lau²¹tʂʰəu²¹ke⁵³kai¹³ləŋ³⁵iɔŋ₄₄ke²¹.tsɔŋ³⁵lau²¹ tʂʰəu²¹ke⁵³,tʂʰɔŋ¹³tʂʰɔŋ¹³tsɻ⁰,iəŋ₄₄miet⁵ sak³ tʂek³ ke⁵³,iɔŋ₄₄miet⁵ sak³ tʂek³ ke⁵³,iəu⁵³ ŋan²¹,iəu⁵³iəu³⁵ŋan²¹,ci¹³₂₁uɔi₂₁ɔi₄₄tʰəŋ²¹çi⁵³şa⁰,xei₄₄me₄₄(←m̩¹³xe⁵³)?iəu⁵³ŋan²¹.i²¹ci çiɔŋ⁵³təu³⁵xei⁵³miet⁵ fəŋ³⁵,ei₄₄,təu⁵³xei₄₄iəu³⁵ŋan²¹tsai⁵³.e₂₁,təu⁵³xei₄₄tsʰət³ n̩¹³tek³.tsɻ²¹ iəu³⁵iet³ çiɔŋ⁵³tsin⁵³tʂʰət³.i²¹…tʂəm⁵³i²¹çiɔŋ₄₄tsʰiəu⁵³tsin⁵³tʂʰət³.iet³ tʂak³ kan²¹ke₄₄lei⁰ iet³ tʂak³ kan²¹₃₅ke₄₄təŋ³⁵si⁰ iɔŋ²¹₂₁ke²¹₂₁.iet³ tʂak³ kan²¹₃₅ke⁵³təŋ³⁵si⁰,e₂₁.kan²¹tsɻ⁰ fɔŋ³⁵fɔŋ³⁵tsɻ⁰ ke⁵³le⁰,tʂʰɔŋ¹³tʂʰɔŋ¹³tsɻ⁰,xe₄₄a⁰ ?i²¹i²¹i²¹te²¹xa₄₄ia⁵³iəu⁵³ke₄₄le⁰,xe₄₄a⁰ ?ia⁵³iəu³⁵ke₄₄ le⁰.tei²¹xa₄₄lei⁰ u²¹iɔŋ²¹tʰiau¹³tsɻ⁰tʂəuk¹³tsɻ⁰,şən¹³çi²¹lɔi¹³,şən¹³çi²¹lɔi¹³ia⁰.n̩²¹₂₁n̩¹³n̩¹tʂʰət⁵ tsiet³ fəŋ₄₄a₄₄(←xa⁵³)tʰi¹³lai²¹xa³⁵,şən¹³çi²¹ lɔi¹³.e₂₁,i²¹tʰei¹³tsʰiəu⁵³ia⁵³fəŋ³⁵ŋek³ (←xek³)li⁰ke⁵³₄₄.i²¹ke₄₄⁵³təu⁵³iəu₄₄ŋan²¹,i²¹ke⁵³lɔŋ¹³₂₁tʂʰɔŋ₄₄təu⁵³iəu³⁵ŋan²¹,miet⁵ sak³ tʂek³ k…tʂət³ tet³ kʰai₄₄iet³ lauk⁵,tʰəŋ²¹₂₁kai₄₄fan⁵³şəu₄₄²¹lei⁰ iɔŋ⁵³.e₂₁,tʰəu₄₄çi⁵³.i²¹tʂak³ mien⁵³ çiɔŋ₄₄lei⁰,tsʰiəu⁵³ien¹³₂₁ien²¹tsɻ⁰ ke⁵³,ien¹³ke⁵³₄₄.i²¹iak³(←tʂak³)i¹³₁₃iaŋ⁵³tsɻ⁰ ien¹³ke⁵³.tʰek³ sɻ⁵³iəu⁵³tʂek³ iet³ kʰuai⁵³tsɻ⁰ kan²¹ke₄₄lɔk⁵ lɔk⁵ tsɻ⁰ iɔŋ₄₄ke₄₄təŋ₄₄si⁰ ,maŋ¹³ ŋa₄₄ (←xa⁵³)çi⁵³₄₄.te²¹xa³⁵lei⁰…iet³ tʂak³ lɔk⁵ lɔk⁵ tsɻ⁰ iɔŋ₄₄ke⁵³₄₄təŋ³⁵si⁰,iet³ tʂak³ ien¹³təŋ³⁵si⁰ tsʰiəu⁵³₄₄maŋ¹³ ŋa₄₄ (←xa⁵³)çi⁵³₄₄.te²¹ xa₄₄³⁵ i²¹ ia ŋ¹³tʂʰən³⁵ tʂʰət³ lɔi¹³,kʰuan⁵³ na₄₄ (←xa⁵³)kʰuan⁵³na₄₄(←xa⁵³)i²¹iaŋ⁵³₄₄lan¹³₂₁tʂʰaŋ¹³₄₄,au⁵³lai₄₄ko⁰,i²¹iaŋ³⁵tsɻ⁰ ,ni¹³₂₁pən³⁵₄₄cie³⁵tsɻ⁰ kɔn²¹tsin⁵³çi⁵³li⁰ tsʰiəu⁵³⁴⁴i²¹iaŋ⁵³⁴⁴tsʰait³ a₄₄(←xa⁵³)çi⁵³.n̩₂₁.tsʰait³ a₄₄(←xa⁵³)çi⁵³⁴⁴lei⁰,i²¹ʂɔŋ⁵³ pɔi⁵³⁴⁴iet³ tʂak³ pa⁵³tsʰiəu⁵³⁴⁴iəu³⁵kan²¹tʂʰɔŋ¹³,kan²¹tsʅ⁵³ tait³ a⁵³(←xa⁵³)tsʅ⁵³ tʂɔn²¹,fəŋ³⁵ŋa⁵³ (←xa⁵³)tau²¹.xau²¹,i²¹xa⁵³⁴⁴taŋ²¹kau³⁵⁴⁴lei⁰ iəu³⁵tʂak³ tʰia³⁵ke⁵³təŋ³⁵⁴⁴si⁰.xai₂₁sʅ²¹⁴⁴tʰia⁵³tau⁵³ tsei²¹tek³.cie³⁵ləŋ³⁵,kai⁵³⁴⁴tsʰiəu₂₁cie³⁵ləŋ³⁵.

欸，还有起鸡埘。鸡埘嘞就有两种。一种系树做个鸡埘。舞只咁烂柜也可以嘞。欸，鸡埘嘞。烂柜也可以嘞。欸，烂衣橱也可以嘞。还有的用砖砌。用滴土砖子砌到。嗯。砌只咁个，顶高用板子搁到。以映子也有只埘门。鸡埘门。装鸡个栏场。还有关下地泥下个。欸，安做……关下地泥下个就安做么个唠？安做……有只话法咯。土埘，安做土埘。e₂₁,xai¹³iəu³⁵⁴⁴çi²¹⁴⁴ cie³⁵tsi⁵³.cie³⁵tsi⁵³lei⁰ tsʰiəu⁵³⁴⁴iəu³⁵iɔŋ²¹tʂ̩ɔŋ²¹.iet³ tʂ̩ɔŋ²¹xe⁵³ʂəu⁵³tso⁵³ke⁵³⁴⁴cie³⁵tsi⁵³.u²¹ tʂak³ kan²¹lan⁵³ kʰuei⁵³ ia³⁵kʰo²¹i⁵³lei⁰.e₂₁,cie³⁵tsi⁵³ lei⁰.lan⁵³ kʰuei⁵³ ia³⁵kʰo²¹i⁵³⁴⁴ lei⁰.e₂₁,lan⁵³i¹³tʂʰəu¹³a⁵³kʰo²¹i¹³⁵lei⁰.xai₂₁iəu³⁵⁴⁴tet³ iəŋ⁵³tʂɔn³⁵tsʰi⁵³.iəŋ⁵³tet⁵ tʰəu²¹tʂɔn³⁵ tsʅ⁰ tsʰi¹³tau²¹.n̩₂₁.tsʰi⁵³tʂak³ kan²¹ke⁵³,taŋ²¹kau³⁵iəŋ⁵³⁴⁴pan²¹tsʅ⁰ kɔk³ tau⁰.i²¹iaŋ⁵³tsʅ⁰ ia³⁵ iəu³⁵⁴⁴tʂak³ tsi⁵³mən¹³.cie³⁵tsi⁵³ mən¹³.tsɔŋ³⁵ cie⁴⁴⁵³ke⁵³⁴⁴ləŋ¹³tʂʰɔŋ²¹.xai₂₁iəu³⁵⁴⁴kuan³⁵⁴⁴na₄₄ (←xa⁵³)tʰi¹³lai₂₁xa³⁵ke⁵³.e₂₁,ɔn³⁵tso⁵³···kɔn³⁵na₄₄(←xa⁵³)tʰi¹³lai¹³xa³⁵ke⁵³⁴⁴tsʰiəu⁵³⁴⁴ɔn³⁵ tso₂₁mak³ ke⁵³⁴⁴lau⁰?ɔn³⁵tso⁵³⁴⁴···iəu³⁵tʂak³ ua⁵³fait³ko⁰.tʰəu²¹tsi⁵³,ɔn₄₄tso⁵³⁴⁴tʰəu²¹tsi⁵³.

土……就地泥下个鸡埘。嗯，挖只挖只坑，挖只凼，长长子，都系长长子挖只凼，欸，顶高嘞，挖只凼箇顶高嘞就用么啊嘞？舞只木……木……用树子做只方框框。框框啊。框框面上嘞就棚板子，铺滴板子去。欸，渠鸡就冇事出，跑出来呀，欸。以下你爱放鸡了嘞，就打开一篢板子来。打开———块有一块就比较大滴子个板子。打开板子鸡就出来哩。tʰəu²¹··· tsʰiəu⁵³⁴⁴tʰi¹³lai₂₁xa³⁵ke⁵³cie³⁵tsi⁵³.n̩₂₁.ua³⁵tʂak³ ua³⁵tʂak³ kʰən⁵³₄₄,ua³⁵tʂak³ tʰɔŋ⁵³,tʂʰɔŋ¹³ tʂʰɔŋ¹³tsʅ⁰,təu³⁵xe⁵³tʂʰɔŋ²¹tʂʰɔŋ²¹tsʅ⁰ ua³⁵tʂak³ tʰɔŋ⁵³,e₂₁,taŋ²¹kau³⁵⁴⁴lei⁰,ua³⁵tʂak³ tʰɔŋ⁵³ kai⁵³⁴⁴taŋ²¹kau³⁵⁴⁴lei⁰tsʰiəu⁵³iəŋ⁵³mak³a⁰lei⁰?u²¹tʂak³ muk³···muk³···iəŋ⁵³₄₄ʂəu⁵³tsʅ⁰ tso⁵³ tʂak³ fɔŋ⁵³kʰɔŋ³kʰɔŋ³⁵.kʰɔŋ³kʰɔŋ³ŋa⁰.kʰɔŋ³kʰɔŋ³mien⁵³xɔŋ₄₄lei⁰ tsʰiəu⁵³⁴⁴pʰaŋ¹³pan²¹ tsʅ⁰,pʰu³⁵⁴⁴tet⁵ pan²¹tsʅ⁰ çi⁵³₄₄.e₂₁,ci¹³cie³⁵tsʰiəu⁵³mau¹³sʅ¹³tʂʰət³,pʰau²¹tʂʰət³lɔi¹³ia⁰,e₂₁.i¹³ xa⁵³ni¹³ɔi⁵³fɔŋ⁵³cie³⁵liau⁰lei⁰,tsʰiəu⁵³⁴⁴ta²¹kʰɔi¹³iet³ sak³ pan²¹tsʅ⁰lɔi¹³.ta²¹kʰɔi³⁵iet³ iet³ iet³ kʰuai⁵³iəu³⁵iet³ kʰuai⁵³tsʰiəu⁵³pi²¹ciau⁵³tʰai⁵³tiet⁵ tsʅ⁰ ke₄₄pan²¹tsʅ⁰.ta²¹kʰɔi³⁵pan²¹ tsʅ⁰cie₄₄tsʰəu⁵³⁴⁴tʂʰət³ lɔi¹³li⁰.（那那鸡怎么……它自己进去啊？）渠自家会进去呀，渠会进去呀。舞鸡屎个时候子分箇个板子下翻开来，就分箇鸡屎舞出来。ci₂₁¹³tsʅʰ¹³ka³⁵₄₄uɔi⁵³tsin⁵³çi⁵³⁴⁴ia⁰,ci¹³uɔi⁵³⁴⁴tsin⁵³çi⁵³⁴⁴ia⁰.u²¹cie³⁵sʅ²¹ke⁵³sʅ¹³xei₄₄tsʅ⁰ pən³⁵ kai⁵³⁴⁴kei₂₁pan²¹tsʅ⁰ xa⁵³fan³⁵kʰɔi³⁵lɔi₂₁¹³,tsʰiəu⁵³pən₄₄kai₄₄cie³⁵sʅ²¹u²¹tʂʰət³ lɔi¹³.

鸡罾

1. 普通话：那个那个稻子成熟了，要关鸡，是吧？那个鸡就不能够也是关在那个鸡笼里。箇就爱关下鸡罾肚里。日里。箇就比较大。箇就有咁大呀。专门用篾箇做个。欸。欸就系就系同箇个同箇如今街上卖个箇起的放下桌上罩菜个罩样个差唔多咁东西。kai_{44}^{53} $tsh^hiəu_{44}^{53}ɔi_{44}^{35}kuan_{44}^{35}na_{44}(←xa^{53})cie^{35}tsien^{21}təu^{21}li^0$.$niet^3$ li^0. $kai_{44}^{53}tsh^hiəu_{44}^{35}pi^{21}ciau_{44}^{35}t^hai^{53}$.$kai_{44}^{53}tsh^hiəu_{21}^{53}iəu_{53}^{35}kan_{21}^{21}t^hai_{44}^{53}ia^0$.$tʂen^{35}mən_{21}^{13}iəŋ_{44}^{53}miet^5$ $sak^3tsɔ_{44}^{53}ke_{44}^{53}$.$e_{21}^0.e^0tsh^hiəu^{53}$ $xe_{21}^{53}tsh^hiəu^{53}xe_{21}^{53}t^həŋ^{13}kai^{53}ke_{21}^{53}t^həŋ^{13}kai^{53}i_{21}^{21}cin_{44}^{53}kai^{53}xɔŋ_{44}^{53}mai_{21}^{53}kei_{44}^{53}kai^{53}çi^{53}tet^3fɔŋ_{44}^{53}xa_{44}^{53}$ $tsɔk^3xɔŋ_{44}^{53}tsau_{44}^{53}tsh^hɔi^{53}ke_{21}^{53}tsau^{53}iɔŋ_{21}^{53}ke_{21}^{53}tsa^{53}n_{21}^{21}tɔ^0kan^{21}təŋ_{44}^{35}si^0$.（哦，叫什么？）鸡罾。$cie^{35}tsien^{21}$.（哪个 $tsien^{21}$ 呢？）大概除哩剪刀个剪吧？就是箇只。就鸡罩嘞。原理就有滴像箇桌上罩菜个东西样。鸡罾。$t^hai^{53}k^hai^{53}tʂh^həu^{13}li^0tsien^{21}tau_{44}^{35}$ $ke^{53}tsien^{21}pa^0$?$tsiəu^{53}ʂʅ^{53}kai^{53}tʂak^3$.$tsh^hiəu_{44}^{53}cie^{53}tsau^{53}lei^0$.$vien^{13}li^{21}tsh^hiəu_{53}^{53}iəu^{35}tet^5$ $tsh^hiəŋ_{44}^{53}kai^{53}tsɔk^3xɔŋ_{44}^{53}tsau^{53}tsh^hɔi^{53}ke_{21}^{53}təŋ_{44}^{35}si^0iɔŋ_{21}^{21}$.$cie^{35}tsien^{21}$.

2. 箇个鸡罾呐，渠就顶高有只眼，顶高有只眼，底下冇得么个个。底下就系地泥下，系啊？罩下地泥下。欸。就同我等桌上罩菜样啊。但是顶高有只眼。顶高开只眼，圆眼。嗯。开只圆眼嘞，也做只咁个圆……圆圆子个笪子，一……一盖下去，唔系箇鸡会飞出来咯。欸，也咁子……罩下去，就同鸡……鸡罾样啊，欸，同啊同箇个欸鸡笼样啊，提倒走得个鸡笼样，渠箇箇只门呐，进门个箇东西啊。$kai^{53}kei^{53}cie^{35}tsien^{21}na^0$,$ci^{13}tsh^hiəu^{53}taŋ^{21}$ $kau_{44}^{35}iəu_{44}^{35}tʂak^3$ $ŋan^{21}$,$taŋ^{21}kau_{44}^{35}iəu_{44}^{35}tʂak^3$ $ŋan^{21}$,$te^{21}xa^{53}iəu_{44}^{35}mau^{13}tek^3$ $mak^3ke_{44}^{53}ke_{44}^{53}$.$te^{21}$ $xa_{44}^{53}tsh^hiəu^{53}xe_{44}^{53}t^hi^{13}lai_{21}^{13}xa^{53}$,$xe_{44}^{53}a^0$?$tsau_{44}^{53}a_{44}^{53}(←xa^{53})t^hi^{53}lai_{21}^{13}xa^{35}$.$e_{21}^0$.$tsh^hiəu_{44}^{53}t^həŋ_{21}^{13}ŋai_{21}^{13}$ $tien^0$ $tsɔk^3xɔŋ_{44}^{53}tsau^{53}tsh^hɔi^{53}iɔŋ_{21}^{53}ŋa^0$.$tan^{53}ʂʅ^{53}taŋ^{21}kau_{44}^{35}iəu_{53}^{53}tʂak^3$ $ŋan^{21}$.$taŋ^{21}kau_{44}^{35}k^hɔi^{53}$ $tʂak^3$ $ŋan^{21}$,ien^{13} $ŋan^{21}$.$n_{21}^0.k^hɔi^{35}tʂak^3$ ien^{13} $ŋan^{21}nei^0$,$ia^{35}tsɔ^{53}tʂak^3kan_{35}^{35}kei^{53}ien^{13}$…$ien^{13}$ $ien^{13}tsʅ^0ke_{44}^{53}tait^3tsʅ^0$,iet^3…$iet^3kɔi^{53}ia_{44}^{53}(←xa^{53})çi_{21}^{53}$,$m_{21}^{13}p^he_{44}^{53}(←xe^{53})kai_{44}^{53}cie^{53}uɔi_{44}^{53}fei^{53}$ $tʂh^hət^3lɔi_{21}^{13}kɔ^0$.$ei_{21}^0$,$ia^{35}kan^{21}tsʅ^0$ ts^{53}…$tsau^{53}xa_{44}^{53}çi_{21}^{53}$,$tsh^hiəu^{53}t^həŋ_{21}^{13}cie^{35}$…$cie^{35}tsien^{21}iɔŋ_{44}^{53}$ $ŋa^0$,e_{21}^0,$t^həŋ_{21}^{13}ŋa^0$ $t^həŋ^{13}kai^{53}kei_{44}^{53}e_{21}^0cie^{53}ləŋ^{13}iɔŋ^{53}ŋa^0$,$t^hia^{35}tau^{53}tsei^{21}tek^3$ $ke_{44}^{53}cie^{53}ləŋ_{44}^{35}$ $iɔŋ_{44}^{53}$,$ci_{44}^{13}kai^{53}kai^{53}tʂak^3mən^{13}na^0$,$tsin^{53}mən^{13}ke_{44}^{53}kai^{53}təŋ_{44}^{35}si^0a^0$.

3. 还有只鸡罾呐赠写倒啦。除嘿鸡坿还有只鸡罾呐。从前啊看以前唦，家家户户都作田。箇禾就箇禾子有熟成熟了哇，就关鸡嘞。欸。箇只么个《打铜锣》就系讲关鸡个事嘞。$xai_{21}^{13}iəu_{44}^{35}tʂak^3$ $cie^{35}tsien^{21}na^0maŋ^{13}sia^{21}tau^{21}la^0$. $tʂh^həu^{13}uek^3(←xek^3)cie^{35}tsi^{53}xai^{13}iəu_{44}^{35}tʂak^3$ $cie^{35}tsien^{21}na^0$.$tsh^həŋ^{13}tsh^hien^{13}a^0k^han_{53}^{21}i^{35}$ $tsh^hien^{13}ʂa^0$,$ka^{35}ka^{35}fu_{44}^{53}fu_{44}^{53}təu_{44}^{35}tsɔk^3$ t^hien^{13}.$kai^{53}uo^{13}tsh^hiəu^0kai^{53}uo^{13}tsʅ^0iəu^{35}ʂɔuk^5$ $tʂh^həŋ^{13}ʂɔuk^5liau^0ua^0$,$tsiəu^{53}kuan_{44}^{35}cie^{53}le^0$.$e_{21}^0.kai_{44}^{53}tʂak^3mak^3ke^{53}ta^{21}t^həŋ^{13}lo^{13}tsh^hiəu^{53}$ $xe_{44}^{53}kɔŋ^{21}kuan_{44}^{35}cie^{35}ke^{53}ʂʅ_{44}^{53}le^0$.

箇鸡你关下哪映子？冇得如今样咁好哇，围围只栏场子关倒。从前就舞……做只鸡罾。咁大，用篾笪织个。猛大。噢，差唔多大个有一张床咁大样。鸡罾，咁大，用篾笪织个。kai$_{44}^{53}$cie^{35}ɲi$_{21}^{13}$kuan$_{44}^{35}$na$_{44}$(←xa^{53})lai$_{44}^{53}$iaŋ$_{44}^{53}$tsɿ$_{13}$ʔmau^{13}tek^{3}i$_{21}^{13}$cin$_{53}^{35}$ioŋ^{53}kan^{13}xau^{3}ua^0,uei^{13}uei^{13}tʂak^{3}loŋ$_{21}^{13}$tʂʰɔŋ$_{44}^{53}$tsɿ^{0}kuan^{35}tau^0.tsʰəŋ^{13}tsʰien^{13}tsʰiəu^{53}u^{21}…tso^{53}tʂak^{3}cie^{35}tsien^{21}.kan^{21}tʰai^{53},iəŋ^{53}miet^{5}sak^{3}tʂet^{3}cie^0.mən^{35}tʰai^{53}.au$_{13}$,tsa^{35}n̩$_{21}^{13}$to$_{44}^{35}$tʰai^{53}ke$_{44}^{53}$iəu$_{44}^{35}$iet^{3}tʂɔŋ$_{44}^{35}$tʂʰɔŋ^{13}kan^{21}tʰai$_{44}^{53}$iɔŋ$_{44}^{53}$.cie^{35}tsien^{21},kan^{21}tʰai^{53},iəŋ$_{44}^{53}$miet^{5}sak^{3}tʂet^{3}ke^0.

顶高就透风啊。欸，顶高就有只咁大子个眼。就放鸡，捉鸡进去。欸嘿。底下就可以移稳走个。欸。taŋ^{21}kau$_{44}^{35}$tsʰiəu$_{44}^{53}$tʰəu^{53}fəŋ^{35}ŋa^0.e$_{21}$,taŋ^{21}kau$_{44}^{35}$tsʰiəu$_{44}^{53}$iəu$_{44}^{35}$tʂak^{3}kan^{21}tʰai^{53}tsɿ^{0}ke^{0}ŋan^{13}.tsʰiəu$_{44}^{53}$fɔŋ^{53}cie^{35},tsɔk^{3}cie^{35}tsin^{13}çi$_{44}^{53}$.e^{0}xe$_{53}$.te^{21}xa^{53}tsʰiəu^{53}kʰo$_{35}^{21}$i$_{13}^{35}$uən^{21}tsei^{21}cie^{53}.e$_{21}$.

（底下是空的吗？）空个，底下空个，底下就放啊地泥下。一只咁一只咁样咁大个东西。唔。就同箇个箱子冇得底样，冇得箇只底个箱子样，欸，咁子整倒。kʰəŋ^{35}ke^0,te^{21}xa^{53}kʰəŋ^{35}ke^0,te^{21}xa$_{44}^{53}$tsʰiəu$_{44}^{53}$fɔŋ$_{44}^{53}$ŋa^{0}tʰi^{53}lai$_{21}^{13}$xa$_{44}^{53}$.iet^{3}tʂak^{3}kan$_{44}^{21}$iet^{3}tʂak^{3}kan$_{44}^{21}$iɔŋ$_{44}^{53}$kan^{21}tʰai^{53}ke^{0}təŋ^{35}si^0.m̩$_{21}$.tsiəu$_{44}^{53}$tʰəŋ$_{44}^{13}$kai$_{44}^{53}$ke^{0}siɔŋ^{35}tsɿ^{0}mau^{13}tek^{3}te^{21}iɔŋ^{53},mau^{13}tek^{3}kai^{53}tʂak^{3}te^{21}ke^{53}siɔŋ^{35}tsɿ^{0}iɔŋ^{53},e$_{21}$,kan^{21}tsɿ^{0}tʂaŋ$_{44}^{21}$tau^0.

（有蛮大的，是吧？）蛮蛮大。man^{13}man^{13}tʰai^{53}.（圆的还是方的？）圆个。圆个。用篾笪织个。就安做鸡罾。箇鸡嘞，关鸡了就分鸡关下箇肚里。箇渠个活动场地大滴子啊。你关下鸡埘肚里，一天关到夜，夜晡又爱关，箇唔系会死咁？欸鸡都会死咁。鸡罾。ien^{13}ke^{53}.ien^{13}ke^{53}.iəŋ^{13}miet^{5}sak^{3}tʂet^{3}cie^{53}.tsiəu$_{44}^{53}$ɔn$_{44}^{35}$tso$_{44}^{53}$cie^{35}tsien^{21}.kai$_{44}^{53}$cie^{53}lei^0,kuan$_{44}^{53}$cie^{53}liau^{0}tsʰiəu$_{44}^{53}$pən$_{44}^{53}$cie^{53}kuan$_{44}^{35}$na$_{44}$(←xa^{53})kai^{53}təu^{21}li^0.kai$_{44}^{53}$ci$_{21}^{13}$ke$_{44}^{53}$xɔit^{5}tʰəŋ$_{44}^{35}$tʂʰɔŋ$_{21}^{13}$tʰi^{53}tʰai^{53}tiet$_3$tsɿ^{0}a^0.ɲi^{13}kuan$_{44}^{35}$na$_{44}$(←xa^{53})cie^{53}tsi^{53}təu^{21}li^0,iet^{3}tʰien^{35}kuan^{35}tau$_{44}^{21}$ia^{53},ia^{53}pu^{44}iəu$_{44}^{53}$ɔi$_{44}^{53}$kuan^{35},kai$_{44}^{53}$m̩$_{44}^{13}$pʰe$_{44}$(←xe^{53})uɔi^{53}si^{21}kan$_{44}^{21}$ʔe^{0}cie^{53}təu$_{44}^{35}$uɔi^{53}si^{21}kan^{21}.cie^{35}tsien^{21}.

以下落尾有滴人就搞个个嘞舞倒箇鸡罾嘞？到箇塘里去捉鱼。拿动只鸡罾，手里拿啊鸡罾，看倒哪映有鱼了，罩下去，系啊？以下就到箇顶高去捞。箇起个鱼就只好跕倒咁大子个范围肚里跑喔，咁大子个。鸡罾。箇只东西就唔蛮……i^{21}xa$_{44}^{53}$lɔk^{5}mi^{35}iəu$_{44}^{35}$tet^{3}ɲin$_{21}^{13}$tsʰiəu$_{44}^{53}$kau^{21}mak^{3}e^{0}le^{0}u^{21}tau^{21}kai$_{44}$cie^{35}tsien^{21}le^0.ʔtau^{21}kai^{53}tʰɔŋ$_{44}^{53}$li^{0}çi^{53}tsɔk^{3}ŋ^{13}.lak^{5}tʰəŋ$_{44}^{35}$tʂak^{3}cie^{35}tsien^{21},ʂəu^{53}li^{0}lak^{5}a^{0}cie^{35}tsien^{21},kʰɔn^{53}tau^{21}la$_{44}^{53}$iaŋ$_{44}^{53}$iəu$_{44}^{35}$ŋ̩$_{21}^{13}$liau^0,tsau^{53}ua$_{44}$(←xa^{53})çi$_{44}^{53}$,xei$_{44}^{53}$a^0?i$_{13}^{21}$xa^{53}tsʰiəu$_{44}^{53}$kai$_{44}^{53}$taŋ^{21}kau$_{44}$çi^{53}lei^0.kai$_{44}^{53}$çi$_{44}^{53}$ke^{0}ŋ^{13}tsʰiəu^{53}tsɿ^{21}au$_{21}$,(←xau^{21})kʰu^{53}tau^{21}kan^{21}tʰai^{53}tsɿ^{0}ke^{0}fan^{0}uei^{13}təu^{21}li^{0}pʰau^{21}uo^0,kan^{21}tʰai$_{44}^{53}$tsɿ^{0}ke^0.cie^{35}tsien^{21}.kai^{53}ak^3(←tʂak^3)təŋ$_{44}^{35}$si^{0}tsʰiəu^{53}m̩$_{21}$man^{13}…

（鸭罾？）鸭罾就冇得。只有鸡罾。ait^{3}tsien$_{21}^{53}$tsiəu^{53}mau$_{21}^{13}$tek^3.tʂɿ^{21}iəu$_{53}^{35}$cie^{35}

tsien²¹.（呃，不是，这个tsien₂₁是哪个字？tsien₂₁？）唔知哪只字哈。鸡罾。你就话……你就安只箇个嘞，欸，安只同音字嘞，在乎渠嘞。搞只同音字。n̩¹³ti³⁵₄₄lai³⁵tʂak³sŋ̍⁵³₄₄xa⁰.cie³⁵tsien²¹.n̩i¹³tsʰiəu⁵³ua⁵³…n̩i¹³tsʰiəu⁵³ɔn³⁵tʂak³kai⁵³keˀ³leˀ⁰,e₂₁,ɔn³⁵tʂak³tʰəŋ¹³in³⁵tsʰŋ̍⁵³leˀ⁰,tsʰai⁵³fu₄₄ci⁵³₄₄leiˀ.kau²¹tʂak³tʰəŋ¹³in³⁵tsʰŋ̍⁵³.（哪个字同音呢？）剪刀个剪呐。你就写只鸡剪，剪刀个剪。tsien²¹tau³⁵₄₄keˀ⁰tsien²¹naˀ⁰.n̩i¹³tsʰiəu⁵³sia²¹tʂak³cie³⁵tsien²¹,tsien²¹tau³⁵₄₄keˀ⁰tsien²¹.

鸡啦恰

（好，那个搞根搞一段竹子把它有一头呢把它破开破开，然后这么摇啊摇摇响……）哦，箇鸡啦恰安做。欸，赶鸡岔。就系赶鸡岔。安做……o₂₁,kai⁵³cie³⁵la⁵³₃₅cʰia³⁵ɔn³⁵tso⁵³₄₄.e₂₁,kɔn²¹cie³⁵tsʰa⁵³.tsʰiəu⁵³xe²¹₅kɔn²¹cie⁵³tsʰa⁵³.ɔn³⁵₄₄tso⁵³…（呃，有两种说法，是吧？）又安做鸡啦恰，我等安做鸡啦恰。系，嗑嗑响噢，敲起来嗑嗑响。iəu⁵³₄₄ɔn³⁵₄₄tso⁵³cie³⁵la⁵³₃₅cʰia⁵³,ŋai²¹tienˀ⁰ɔn³⁵₄₄tso⁵³cie³⁵la⁵³₃₅cʰia⁵³.xe⁵³₄₄,kʰoˀ³kʰoˀ³ɕiɔŋ³⁵ŋauˀ⁰,kʰau⁵³ɕi²¹lɔi¹³kʰoˀ³kʰoˀ³₄₄ɕiɔŋ²¹.（你们你们两种说法，对，两种说法都有吗？）欸，好像系鸡啦恰就我等客家人个话法。赶鸡岔嘞就系就系就系本地人个讲法。欸，鸡啦恰。鸡啦恰。e₂₁,xau²¹tsʰiɔŋ⁵³₄₄xei₄₄cie³⁵la⁵³₃₅cʰia³⁵tsʰiəu⁵³₄₄ŋai²¹tienˀ⁰kʰak³ka⁵³₃₅n̩in²¹keiˀ⁵³ua⁵³fait³.kɔn²¹cie³⁵tsʰa⁵³leiˀ¹tsʰiəu⁵³xe⁵³₄₄tsʰiəu⁵³xe⁵³tsʰiəu⁵³xe⁵³pənˀ³tʰiˀ⁵³n̩in¹³keiˀ¹kɔŋˀ⁰fait³.e₂₁,cie³⁵la⁵³₃₅cʰia³⁵.cie³⁵la⁵³cʰia³⁵.

我等箇映子讲箇个人呐，欸，有滴有滴人呐，讲事箇只一把嘴巴乱讲啊，欸，唔注意呀，么个都讲啊，安做渠啦恰嘛。唉，一只啦恰样个。就同箇个欸赶鸡岔样个，箇啦恰。欸，有有只妹子安做啦恰嘛。嗯。欸。箇啦恰样系。鸡啦恰样个。欸。ŋai¹³tienˀ⁰kai⁵³iaŋ⁵³tsŋ̍²¹kɔŋ²¹kai₄₄keiˀ₄₄n̩in¹³naˀ⁰,ə₂₁,iəu³⁵tetˀ⁵iəu³⁵tetˀ⁵n̩in¹³naˀ⁰,kɔŋ²¹sŋ̍⁵³kai⁵³₃₅tʂak³ietˀ³paˀ¹tsiˀ¹paˀ⁵³₅₃lɔn⁵³kɔŋ²¹ŋaˀ⁰,e₂₁,n̩̍¹³tʂuˀ⁵³₄₄iˀ¹iaˀ⁰,makˀ³ke⁵³₄₄təu³⁵₄₄kɔŋ²¹ŋaˀ⁰,ɔn³⁵₄₄tso⁵³ci²¹₃₅la⁵³cʰia⁵³maˀ⁰.ai₂₁,ietˀ³tʂak³la⁵³cʰia⁵³iɔŋ²¹ke⁵³₂₁.tsʰiəu⁵³₄₄tʰəŋ¹³₄₄kai⁵³keiˀ⁰e₂₁,kɔn²¹cie³⁵tsʰa⁵³iɔŋ⁵³keiˀ₄₄,kai₄₄la⁵³cʰia²¹₄₄.e₂₁,iəu²¹₄₄iəu³⁵tʂak³mɔiˀ⁵³tsŋ̍⁰ɔn³⁵₄₄tso⁵³₄₄la⁵³cʰia⁵³maˀ⁰.m̩̍₂₁.e.kai⁵³₃₅la⁵³cʰia⁵³₄₄iɔŋ⁵³₄₄xei²¹.cie³⁵la⁵³₂₁cʰia⁵³iɔŋ²¹₂₁keiˀ⁵³.e₂₁.

蜂桶

（那个蜂箱你们就是叫蜂箱还是蜂桶？）蜂桶，蜂桶，话蜂桶个多。也有人话蜂箱。fəŋ³⁵tʰəŋ²¹,fəŋ³⁵tʰəŋ²¹,ua⁵³₄₄fəŋ³⁵tʰəŋ²¹ke⁵³₄₄to⁵³₃₅.ia⁵³iəu⁵³₄₄n̩in¹³ua⁵³₄₄fəŋ³⁵siɔŋ³⁵.

（呃，有没有区别？）冇得么啊区别。嗯。欸，因为箇单位一桶蜂子。渠可能……欸，让门子唠？又有滴人又话蜂箱，有滴人话蜂桶。mau¹³₂₁tekˀ³makˀ³aˀ⁰tsʰuˀ³₄₄pʰietˀ⁵.m̩̍₂₁.e₂₁,in₄₄uei⁵³₄₄kai⁵³tan³⁵uei⁵³₄₄ietˀ³tʰəŋ²¹fəŋ³⁵tsŋ̍ˀ⁰.ci⁵³₄₄kʰo²¹nen¹³₄₄…

e₅₃.ȵiəŋ³⁵ŋₘən₄₄tsɿ⁰ lau⁰ ʔiəu⁵³iəu³⁵tet⁵ȵin₂₁iəu⁵³ua₄₄fəŋ³⁵siɔŋ³⁵.iəu³⁵tet⁵ȵin₂₁ua₄₄fəŋ³⁵tʰəŋ²¹.

（是不是形状有区别？）有得么啊区别。我等以映子都系咁个。mau¹³ tek³mak³a⁰tʂʰɿʰɿ³⁵pʰiek⁵.ŋai¹³tien⁰i¹²¹iaŋ⁵³tsɿ⁰təu³⁵xei₄₄kan²¹cie⁵³.（有的方形的。）都系方形个。方形个，欸。təu³⁵xe⁵³fəŋ³⁵ɕin₄₄ke⁵³.fəŋ³⁵ɕin₄₄ke⁵³,e₂₁.（有的是圆形的。）用用用木板子做个。一格一格子，同箇同箇乡下人个……禾仓样，舞装谷个仓样，一格一格子套上去。欸，一般就钉下箇个向阳个咁个欸檐头上，檐头下子唔涿水个栏场。iəŋ⁵³iəŋ₄₄iəŋ⁵³muk³pan²¹tsɿ⁰tso₄₄ke₄₄.iet³kak³iet³kak³tsɿ⁰,tʰəŋ¹³kai₄₄tʰəŋ⁵³kai₄₄ɕiɔŋ³⁵xa₄₄ȵin₄₄ke₄₄ts…uo¹³tsʰɔŋ³⁵iɔŋ⁵³,u²¹tʂɔŋ³⁵kuk³ke₄₄ tsʰɔŋ³⁵iɔŋ₄₄⁵³,iet³kak³iet³kak³tsɿ⁰tʰau⁵³ʂɔŋ₄₄cʰi₄₄⁵³.e₂₁.iet³pon³⁵tsʰiəu₄₄taŋ₄₄a₄₄ (←xa⁵³)kai₄₄kei₄₄ɕiɔŋ⁵³iɔŋ¹³ke⁵³kan²¹ke⁵³ei₂₁ien¹³tʰei₂₁⁵³xɔŋ⁵³,ien¹³tʰei₂₁xa³⁵tsɿ⁰ŋ̩¹³təuk³ ʂei²¹kei⁵³lɔŋ₂₁¹³tsɿ̩ɔŋ₄₄¹³.

（那个蜂桶、蜂箱你在说一遍。）蜂桶，蜂箱，欸。fəŋ³⁵tʰəŋ²¹,fəŋ³⁵siɔŋ³⁵,e₂₁.

一桶蜂子，但是唔话一箱蜂子。是渠就话一桶蜂子。iet³tʰəŋ²¹fəŋ³⁵ tsɿ⁰,tan⁵³ʂɿ̩¹³ŋ̩¹³ua₄₄iet³siɔŋ³⁵fəŋ³⁵tsɿ⁰.ʂɿ̩₂₁ci¹³tsʰiəu₄₄ua₄₄iet³tʰəŋ²¹fəŋ³⁵tsɿ⁰.（噢，就不说一箱。）唔是……讲一箱蜂子。欸，收到一桶蜂子。到岭上去收欸。收倒一桶蜂子，唔……就唔话一箱蜂子凑。ŋ̩¹³ʂɿ̩…kɔŋ²¹iet³siɔŋ³⁵fəŋ³⁵tsɿ⁰.e₂₁,ʂəu³⁵ tau₄₄iet³tʰəŋ²¹fəŋ³⁵tsɿ⁰.tau₄₄⁵³liaŋ³⁵xɔŋ₄₄⁵³ɕi₄₄⁵³ʂəu⁵³ue⁰.ʂəu³⁵tau₄₄iet³tʰəŋ²¹fəŋ³⁵tsɿ⁰,m̩¹³ tsʰ…tsʰiəu⁵³m̩¹³ua⁵³iet³siɔŋ³⁵fəŋ³⁵tsɿ⁰tsʰe⁵³.

鱼篓子

（装鱼的篓子呢？）鱼篓子，鱼篓子，蛮多是用……以前是蛮多用篾篾箆织个。扠下身上。渠嘞口口口嘞中间一只中间一只坼。嗯。口子有咁大子。渠箇只盖唔同。渠只盖嘞尽系咁个须须子就口转啊下，咁子个，以顶高更大。箇个铁……篾篾篾嘞向啊下。鱼子就冇事欸焱出来。欸，但是鱼……爱加鱼子，钓倒有鱼子，临时捉下倒就咁子放凑，就放进去哩，一溜就进去哩。就怕渠焱出来。ŋ¹³lei²¹tsɿ⁰,ŋ̩¹³lei²¹tsɿ⁰,man¹³to₄₄⁵³ʂɿ̩¹³iəŋ₄₄⁵³·i³⁵tsʰien¹³ʂɿ̩¹³man¹³ to₄₄³⁵iəŋ⁵³miet⁵sak³tʂek³cie⁵³.kʰuai²¹ia₄₄(←xa⁵³)ʂən³⁵xɔŋ⁵³.ci¹³leˀxei²¹xei²¹leˀtʂəŋ³⁵ kan₄₄iet³tʂak³tʂəŋ⁵³kan³⁵iet³tʂak³lak³.ŋ̩₂₁.xei²¹tsɿ⁰iəu₄₄kan²¹tʰai⁵³tsɿ⁰.ci¹³kai⁵³tʂak³ kɔi⁵³ŋ̩₂₁¹³tʰəŋ¹³.ci¹³ak³(←tʂak³)kɔi⁵³lei⁰tsʰin⁵³xe⁵³kan²¹ke₄₄⁵³si⁵³si⁵³tsɿ⁰tsʰiəu₄₄tʂən₄₄tʂɔn₅₃²¹ na₄₄(←xa⁵³)xa³⁵,kan²¹tsɿ⁰ke₄₄⁵³,i²¹taŋ³⁵kau₄₄cien⁵³tʰai⁵³.kai₄₄ke₄₄⁵³tʰiet³…miet⁵sak³lei⁰ ɕiɔŋ⁵³ŋa₄₄xa³⁵·ŋ̩¹³tsɿ⁰tsʰiəu⁵³mau¹³ʂɿ̩₄₄¹³piau⁵³tʂʰət⁵lɔi²¹.e₂₁,tan₄₄ʂɿ̩⁵³ŋ̩¹³…ɔi⁵³cia³⁵ŋ̩¹³ tsɿ⁰,tiau⁵³tau²¹iəu₄₄ŋ̩¹³tsɿ⁰,lin¹³ʂɿ̩₄₄¹³tsok³aˀ³(←xa⁵³)tau₄₄tsʰiəu⁵³kan²¹tsɿ⁰fɔŋ⁰tsʰe⁰,tsʰiəu⁵³ fɔŋ⁵³tsin₄₄ɕi⁵³li⁰,iet³liəu³⁵tsʰiəu⁵³tsin⁵³ɕi₄₄li⁰.tsiəu⁵³pʰa⁵³ci₂₁¹³piau³⁵tʂʰət³lɔi¹³.

黄鳝剪、针簪

安做夹湖鳅安做么个？ɔn³⁵tso⁵³kait³ fu¹³tsʰiəu³⁵ke⁰ ɔn³⁵tso⁵³mak³ke⁰ʔ?/欸，箇只安做么个钳呐？黄鳝钳呢。e₂₁kai₂₁tʂak³ ɔn³⁵tso⁵³mak³e⁰ cʰian₂₁na¹³ʔuɔŋ¹³ʂen⁵³ cʰian¹³nei⁰/黄鳝钳。不是捡湖鳅嘞。uɔŋ¹³ʂen⁵³cʰian¹³.pət³ʂʅ⁵³cian²¹fu¹³tsʰiəu³⁵le⁰./钳黄鳝。cʰian₂₁uɔŋ¹³ʂen⁵³./钳黄鳝个。cʰian₂₁uɔŋ¹³ʂen₄₄ke⁰./湖鳅是钳唔稳嗾。fu¹³tsʰiəu³⁵ʂʅ⁵³cʰian₂₁n¹³uən²¹nau⁰./欸，湖鳅是爱用针簪。e₄₄fu¹³tsʰiəu³⁵ʂʅ⁵³ɔi¹³iəŋ₄₄tʂən³⁵tsan³⁵./欸，针簪，针簪。e₄₄tʂən³⁵tsan³⁵,tʂən³⁵tsan₄₄./针簪，欸，针簪，针簪。tʂən³⁵tsan³⁵,e₂₁,tʂən¹³tsan₄₄,tʂən³⁵tsan₄₄./针簪。tʂən³⁵tsan³⁵.

（针簪呐？）欸，针簪。e₅₃,tʂən³⁵tsan³⁵./针。tʂən³⁵./针针呐，一枚针个针呐。针簪呐。tʂən³⁵.tʂən³⁵na⁰,iet³mɔi¹³tʂən³⁵ke⁰tʂən³⁵na⁰.tʂən³⁵tsan³⁵na⁰.（针线的针啊？）欸，针线个针。针簪。e₂₁,tʂən³⁵sien⁵³ke⁰tʂən₄₄.tʂən³⁵tsan₄₄./簪嘛箇么个那是那个那个头发上面的簪子那个。针簪。针簪安做。tsan³⁵ma⁰kai⁵³mak³ke⁵³na₄₄ʂʅ⁵³la₄₄kə⁰la₄₄kə⁰tʰəu¹³fa₂₁ʂaŋ⁵³mien⁵³tə⁰tsan₄₄tsʅ⁰la₄₄kə⁰.tʂən₄₄tsan₄₄.tʂən³⁵tsan₄₄ɔn₄₄tso⁵³./针簪，欸。tʂən³⁵tsan₄₄,e₂₁.

也也有喊针扎个。ie²¹ia³⁵iəu₄₄xan₄₄tʂən³⁵tsait⁵ke⁵³./欸，针扎。e₂₁,tʂən³⁵tsait⁵./针扎。tʂən³⁵tsait⁵.扎一下这。扎。用针一扎下去啊。渠就相当于箇箇箇只东西系针咁大子意思是。 tsait⁵iet³xa₂₁tʂe⁵³.tsa₃₅.iəŋ⁵³tʂən³⁵iet³tsait⁵,xa₄₄çi₄₄a⁰.ci₂₁tsiəu₄₄siɔŋ³⁵tɔŋ⁰ʅ¹³kai₄₄kai₄₄kai₄₄tʂak³təŋ₄₄si⁰xe₄₄tʂən³⁵kan²¹tʰai⁰tsʅ⁰i³⁵ʅ₄₄ʅ₄₄./嗯嗯嗯。n̩₅₃n̩₅₃n̩₂₁./用针去扎渠。iəŋ⁵³tʂən³⁵çi₄₄tsak³ci¹³.

黄鳝就黄鳝让门子啊？黄鳝剪。uɔŋ¹³ʂen₄₄tsʰuei₄₄uɔŋ¹³ʂen₄₄ɲiɔŋ₂₁mən⁰tsa⁰ʔuɔŋ¹³ʂen⁵³tsen²¹./黄鳝剪。uɔŋ¹³ʂen⁵³tsen²¹./黄欸黄鳝剪。uɔŋ¹³e₄₄uɔŋ¹³ʂen⁵³tsen²¹.（剪刀的剪，是吧？）欸。e₅₃./嘿，照黄鳝个黄鳝剪唠，系啊？xe₅₃,tʂau⁵³uɔŋ¹³ʂen⁵³ke₄₄uɔŋ¹³ʂen³⁵tsien²¹lau⁰,xe₄₄a⁰?/欸，用黄鳝剪。黄鳝剪是可以唔要铁个嘞，用……用竹子也做得嘞。e₄₄,iəŋ₄₄uɔŋ¹³ʂen₄₄tsien²¹.uɔŋ¹³ʂen₄₄tsien²¹ʂʅ₄₄kʰo⁰i³⁵m̩₂₁mɔi⁵³tʰiet³ke⁰,iəŋ₄₄ʂ…iəŋ₄₄tʂəuk³tsa⁰(←tsʅ³⁵)tso⁵³tek³le⁰./欸，有用竹篾个嘞。e₂₁,iəu₅₃iəŋ⁵³tʂəuk³sak³ke⁵³le⁰./欸，e₂₁./三块篾箆就咁啦。san³⁵kʰuai₄₄miet⁵sak³tsʰiəu₄₄kan²¹la⁰./三块篾箆，系呀。三块篾箆。嘿。san³⁵kʰuai₄₄miet⁵sak³,xei₄₄ia⁰.san³⁵kʰuai₄₄miet⁵sak³.xe₄₄.

箇是抓下松光络，火络子哦。kai⁵³ʂʅ⁵³iak⁵a⁰tsʰiəŋ¹³kɔŋ³⁵lɔk⁵,fo²¹lɔk⁵tsʅ⁰o⁰./火络子。fo²¹lɔk⁵tsʅ⁰./松光照湖鳅。tsʰəŋ¹³kɔŋ³⁵tʂau⁵³fu¹³tsʰiəu⁵³./系啊。xei⁵³a₃₅.

（这个针簪是干什么用的呢？）啊？针簪呐？照湖……照湖鳅哇。a₃₅?tʂən³⁵tsan₄₄na⁰?tʂau⁵³fu₂₁…tʂau⁵³fu¹³tsʰiəu₃₅ua⁰./就是就是抓泥鳅的。tsʰiəu₄₄ʂʅ₄₄tsʰiəu₄₄ʂʅ₄₄tʂa₃₅ɲi¹³tsʰiəu₄₄te⁰./湖鳅就系要用针簪。fu¹³tsʰiəu₄₄tsʰiəu₄₄xe₄₄ɔi₄₄iəŋ₄₄ tʂən³⁵tsan³⁵./针簪。湖鳅渠……tʂən³⁵tsan³⁵.fu¹³tsʰiəu³⁵ci¹³₄₄…/针簪。黄鳝就可以用黄鳝剪。当然渠也可以搞黄鳝呶。tʂən³⁵tsan³⁵.uɔŋ¹³ʂen₃₅tsʰiəu₅₃kʰo²¹i³ʃiəŋ⁵³uɔŋ²¹₂₁ʂen₃₅tsen²¹.tɔŋ³⁵vien₄₄ci¹³₂₁ia³⁵kʰo²¹i³⁵kau²¹uɔŋ¹³ʂen₄₄nau⁰./湖……欸，针簪也可以。fu¹³…e₂₁,tʂən³⁵tsan³a₄₄kʰo²¹i₄₄.

（这个针簪形状是跟那个针一样的，是吗？）你画你画只图分渠看呶。ɲi¹³fa₄₄ɲi¹³fa³⁵tʂak³tʰu¹³pən³⁵ci¹³₂₁kʰɔn₄₄nau⁰.

剪黄鳝是也还爱竹个唠，把剪呶。tsien²¹uɔŋ¹³ʂen₃₅sɿ³⁵ie³⁵xa¹³ɔi³tʂəuk³ke⁵³lau⁰,pa²¹tsen²¹nau⁰./剪黄鳝。欸欸。tsien²¹uɔŋ¹³ʂen₄₄.e₂₁e₂₁.

/密密……密密的……miet⁵miet⁵₅…miet⁵miet⁵tet³…（就梳子一样的，是吧？）/系呀，梳子样个，梳头发个梳子样个。xei⁵³ia⁰,səu³⁵tsɿ⁰iɔŋ₄₄ke⁰,sɿ₄₄tʰei²¹fait³ke⁰sɿ⁰tsɿ⁰iɔŋ₄₄ke⁰./（那扎上去它……）/脑子上都扎只眼呶。lau²¹tsɿ⁰xɔŋ⁵³təu₄₄tsait⁵tʂak³ŋan²¹nau⁰./欸。e₂₁.（这个惹人这个人太厉害啦！）针扎，安做针扎。tʂən³⁵tsait⁵,ɔn₃₅tso₄₄tʂən³⁵tsait⁵./针扎。嗯。tʂən³⁵tsait⁵.n₂₁./针簪也要嘞，嗯，针簪也要得，针扎也还要得。都都系。就是又喊针扎，又喊针簪。tʂən³⁵tsan³⁵ia³⁵iau₄₄lei⁰,n₂₁,tʂən³⁵tsan³ia³⁵iau₄₄tek³,tʂən³⁵tsait⁵ia³⁵xai¹³₂₁iau₄₄tek³.təu³⁵təu³⁵xe₄₄.tsiəu₄₄sɿ₄₄iəu⁵³xan³tʂən³⁵tsait⁵,iəu³xan³tʂən³⁵tsan³⁵.

篓子

筒还有装篓子唠，装篓子筒只渠等。筒就怕你就缯看过筒只东西。kai⁵³xai¹³iəu₄₄tsɔŋ³⁵xo¹³tsɿ⁰lau⁰,tsɔŋ³⁵xo¹³tsɿ⁰kai₄₄tʂak³ci¹³tien⁰.kai⁵³tsiəu₄₄pʰa₄₄ɲi¹³tsʰiəu₄₄maŋ¹³kʰɔn₄₄ko₄₄kai₄₄tʂak³təŋ₄₄si⁰.（啊？篓子啊？）篓子。xo¹³tsɿ⁰.

（篓子也是一种网吗？）/不是，篾箍做个。篾竹子做个。pət³sɿ₄₄.miet⁵sak³tso₄₄ke₄₄.miet⁵tʂəuk³tsɿ⁰tso⁵³ke⁰./一种竹……竹片子做个。并不大，并不重。iet³tʂəŋ²¹tʂəu³⁵…tʂəu³⁵pʰien⁰tsɿ⁰tso⁵³ke²¹.pin⁵³puk³ta₄₄,pin⁵³puk³tʂʰəŋ³⁵./欸，你话讲话讲食个路子是筒讲筒去哩嘞。ei₄₄ɲi¹³ua³⁵kɔŋ²¹ua⁵³kɔŋ²¹ʂət⁵cie⁵³ləu₄₄tsɿ⁰sɿ₄₄kai⁵³kɔŋ²¹kai⁵³çi₄₄li⁰le⁰./嗯。/它只能进，不会出来，出来不了啦。/出来唔得。tʂʰət³lɔi¹³n₄₄tek³./安做篓子。ɔn₃₅tso₄₄xo¹³tsɿ⁰.（这是xo¹³还是xau¹³？）篓子。xo¹³tsɿ⁰.（篓子？）欸，我等喊篓子。ei₂₁,ŋai¹³tien³xan⁵³xo¹³tsɿ⁰.

装湖鳅个吧？tsɔŋ³⁵fu¹³tsʰiəu₄₄ke⁵³pʰa⁰?/装湖鳅噢。tsɔŋ³⁵fu¹³tsʰiəu₄₄uau⁰./湖鳅黄鳝都会去。fu¹³tsʰiəu₄₄uen₄₄uɔŋ¹³ʂen₄₄təu³⁵uɔi₄₄çi⁵³./湖鳅黄鳝欸都会去。fu¹³tsʰiəu₃₅uɔŋ¹³ʂen⁵³e₂₁təu₄₄uɔi₄₄çi₄₄.

舞滴子么个东西来做引子嘞？u^{21}tiet^{5}tsɿ^{0}mak^{3}e^{0}təŋ$^{35}_{44}$si^{0}lɔi$^{13}_{44}$tso^{53}in^{21}tsɿ^{0}le^{0}?/欸，蟺公啊。e$_{44}$,çien^{21}kəŋ^{35}ŋa^{0}./蟺公啊。çien^{21}kəŋ^{35}ŋa^{0}./舞滴蟺公来呀。u^{21}tiet$^{5}_{3}$çien^{21}kəŋ^{35}lɔi$^{13}_{44}$ia^{0}./噢，舞滴蟺公，捶烂来吧？au$_{21}$,u^{21}tiet^{5}çien^{21}kəŋ$^{35}_{44}$,tʂ^{h}ei$^{13}_{21}$lan$^{53}_{44}$lɔi$^{13}_{21}$pa^{0}?/欸，捶烂来，放滴子糠。e$_{21}$,tʂ^{h}ei^{13}lan^{53}lɔi^{13},fɔŋ^{53}tet^{5}tsɿ^{0}k^{h}ɔŋ^{35}./放滴子糠。fɔŋ^{53}tet^{5}tsɿ^{0}k^{h}ɔŋ^{35}./渠搞倒喷香。ci$^{13}_{21}$kau^{21}tau^{21}p^{h}ən^{35}çiɔŋ^{35}./舞滴子糠哝。u^{21}tiet^{5}tsɿ^{0}xɔŋ^{35}lau^{0}./欸，放下箇篆子背，用烂泥一敷。e$_{21}$,fɔŋ$^{53}_{44}$ŋa$_{44}$(←xa^{53})kai$^{53}_{44}$xo^{13}tsɿ^{0}pɔi^{53},iəŋ^{53}lan^{53}lai^{13}iet^{3}fu^{35}./欸。e$_{21}$./系唔系？莫分渠跑咁哩。xe$^{53}_{44}$me$_{44}$(←m̩^{13}xe^{53})?mɔk^{5}pən$^{35}_{44}$ci$^{13}_{44}$p^{h}au^{21}kan^{21}ni^{0}.

以下就放下箇水田里去。第二晡去收，就有湖鳅，黄鳝。ia^{35}(←i^{21}xa^{53})ts^{h}iəu$^{53}_{44}$fɔŋ^{53}xa^{53}kai^{53}ʂei^{21}t^{h}ien$^{13}_{21}$ni^{0}çi$^{53}_{44}$.t^{h}i$^{53}_{44}$ɲi$^{53}_{44}$pu$^{35}_{44}$çi$^{53}_{44}$ʂəu^{35},ts^{h}iəu$^{53}_{44}$iəu$^{35}_{44}$fu^{13}ts^{h}iəu$^{53}_{44}$,uɔŋ^{13}ʂen$^{53}_{44}$./渠箇坨泥是爱为坨子硬点子个泥。ci$^{13}_{21}$kai^{53}t^{h}o$^{13}_{21}$nei^{13}ʂɿ^{53}ɔi^{53}uei$^{13}_{21}$t^{h}o$^{13}_{21}$tsɿ^{0}ŋaŋ^{53}tian$^{21}_{35}$tsɿ^{0}ke^{0}nei^{13}./以下也有得么人搞咁哩。i^{21}xa^{53}ia^{35}mau$^{13}_{21}$tek^{3}mak^{3}ɲin$^{13}_{44}$kau^{21}kan^{21}li^{0}.

搂箕

欸，搂箕子啊，如今也有哇。嘚，一只咁个框框子啊，渠就系一只咁个网袋子样啊，顶高欸底下就底下就合做欸拢舞做……舞拢来哩，系唔系啊？底下就舞拢来。顶高就一只口就猛大呀。箇只口上猛大就一……舞条子篾箮子弓稳渠啊。或者用铁丝啊做只猛大个嘴呀，口。e$_{21}$,lei^{13}xi^{35}tsɿ^{0}a^{0},i$^{13}_{21}$cin$^{35}_{44}$na$_{44}$(←ia^{35})iəu$^{35}_{44}$ua^{0}.tei^{0},iet^{3}tʂak^{3}kan^{21}ke^{0}k^{h}ɔŋ^{35}k^{h}ɔŋ^{35}tsɿ^{0}a^{0},ci^{13}ts^{h}iəu^{53}xe^{53}iet^{3}tʂak^{3}kan^{21}ke^{53}mɔŋ^{21}t^{h}ɔi^{53}tsɿ^{0}iɔŋ^{53}ŋa^{0},taŋ^{21}kau$^{35}_{44}$e^{0}te^{21}xa$^{53}_{44}$ts^{h}iəu^{53}te^{21}xa$^{53}_{44}$ts^{h}iəu^{53}xɔit^{5}tso^{53}e^{0}ləŋ^{21}u^{21}tso…u^{21}ləŋ^{35}lɔi$^{13}_{21}$li^{0},xei^{53}me^{53}(←m̩^{13}xe^{53})a^{0}?te^{21}xa$^{53}_{44}$ts^{h}iəu^{53}u^{21}ləŋ^{35}lɔi$^{13}_{21}$.taŋ^{21}kau^{35}ts^{h}iəu^{53}iet^{3}tʂak^{3}xei^{21}ts^{h}iəu$^{53}_{44}$mən^{35}t^{h}ai^{53}ia^{0}.kai^{53}tʂak^{3}xei^{21}xɔŋ$^{53}_{44}$mən^{35}t^{h}ai^{53}ts^{h}iəu$^{53}_{44}$iet^{3}…u^{21}t^{h}iau^{13}tsɿ^{0}met^{5}sak^{3}tsɿ^{0}ciəŋ^{35}uən^{21}ci$^{13}_{21}$a^{0}.xɔit$^{5}_{3}$tʂa^{21}iəŋ^{53}t^{h}iet^{3}sɿ$^{35}_{44}$a^{0}tso^{53}tʂak^{3}mən^{35}t^{h}ai$^{53}_{44}$ke^{0}tʂɔi^{53}ia^{0},xei^{21}.（有把吗？）有只把，抓手哇。就咁子放倒去捞哇，你也可以舞只斗只口长个把。如今我屋下都有。搂箕呀。搂虾公个搂箕。搂鱼子个搂……搂箕。iəu^{35}tʂak^{3}pa^{53},ia^{21}ʂəu^{21}ua^{0}.ts^{h}iəu^{53}kan^{21}tsɿ^{0}fɔŋ$^{53}_{44}$tau$^{21}_{44}$çi$^{53}_{44}$lau^{13}ua^{0}.ɲi^{13}a$^{35}_{44}$k^{h}o^{21}i$^{35}_{44}$u^{21}tʂak^{3}tei^{53}tʂak^{3}lai^{35}tʂ^{h}ɔŋ$^{13}_{21}$ke^{0}pa^{53}.i$^{13}_{21}$cin$^{35}_{53}$ŋai$^{13}_{21}$uk^{3}xa$^{53}_{44}$təu$^{35}_{44}$iəu^{35}.lei$^{13}_{21}$ci$^{35}_{44}$ia^{0}.lei^{13}xa^{13}kəŋ$^{35}_{44}$ke^{0}lei^{13}ci$^{35}_{44}$.lei^{13}ŋ̍^{13}tsɿ^{0}ke^{0}lei$^{13}_{21}$l…lei^{13}ci$^{35}_{44}$.

捡痨河

去捡痨河。人家搞倒箇毒药，搞倒箇个痨鱼子个痨药去痨哩鱼，河里有有死有痨倒个鱼，以等人去去捡鱼，安做捡痨河。就系痨哩鱼啊，河里痨哩鱼，欸，有鱼子捡，有死鱼子捡，安做捡痨河。çi$^{53}_{44}$cian^{21}lau^{53}xo^{13}.in^{13}ka$^{35}_{44}$

$kau^{21}tau^{21}kai_{44}^{53}t^hɔuk^5iɔk_3^5,kau^{21}tau^{21}kai_{44}^{53}ke_{44}^{53}lau^{53}ŋ^{13}tsʅ^0ke_{44}^{53}lau^{53}iɔk_3^5çi_{44}^{53}lau^{53}li^0ŋ^{13},xo^{13}$
$li^0iəu_{44}^{35}iəu^{53}si^{21}iəu^{53}lau^{53}tau^{21}ke_{44}^{53}ŋ^{13},i^{21}tien^0ɲin_{21}^{13}çi_{44}^{53}çi^{53}cian^{21}ŋ^{13},ɔn_{44}^{35}tso_{44}^{53}cian^{21}lau^{53}$
$xo^{13}.ts^hiəu_{44}^{53}xe_{44}^{53}lau^{53}li^0ŋ^{13}ŋa^0,xo^{13}li^{21}lau^{53}li^0ŋ^{13},e_{21},iəu^{35}ŋ^{13}tsʅ^0cian^{21},iəu^{53}si^{21}ŋ^{13}tsʅ^0$
$cian^{21},ɔn_{44}^{35}tso_{44}^{53}cian^{21}lau^{53}xo^{13}.$

（六）工商

牙业

欸，箇个箇个工具安做牙业。$ei_{21},kai_{44}^{53}ke^{53}kai_{44}^{53}ke_{44}^{53}kəŋ^{35}tsʅ^{53}ɔn_{44}^{35}tso_{44}^{53}ŋa^{13}$
$ɲiait^5.$（牙业？）嗯，安做牙业。$ŋ_{21},ɔn_{44}^{35}tso_{44}^{53}ŋa^{13}ɲiait^5./$嗯，木……木……木……
$tei_{35},muk^3…muk^3…muk^3…/$木匠个牙业。篾匠个牙业。牙业。$muk^5siɔŋ_{44}^{53}ke^{53}$
$ŋa^{13}ɲiait^5.miet^5siɔŋ_{44}^{53}ke^{53}ŋa^{13}ɲiait^5.ŋa^{13}ɲiait^5.$（牙齿的牙啊？）可能系哦，可能
系箇只噢。$k^hɔ^{21}len^{13}xei_{53}^{53}o^0,k^hɔ^{21}len^{13}xei^{53}kai_{44}^{53}tʂak^3au^0./$欸，从来都臢去恐怕以
只牙……牙业……$ei_{44},ts^həŋ^{13}lɔi^{13}təu_{44}^{35}maŋ^{13}çi^{53}k^həŋ^{21}p^ha^{13}i^{21}tʂak^3ŋa^{13}…ŋa^{13}$
$ɲiait^5…/$对，欸，就……$tuei^{53},ei_{44},ts^hiəu…/$牙业就渠等有个箇滴食饭个牙业
个。$ŋa^{13}ɲiait^5ts^hiəu_{44}^{53}ci^{13}tien^0ci^{13}tien^0iəu^{35}cie_{44}^{53}kai_{44}^{53}tiet^5ʂət^5fan^0cie_{44}^{53}ŋa^{13}ɲiait^5ko_{44}^0./$
系呀。$xei^{53}ia^0./$欸，系系，牙就系牙。$ei_{44},xei^{53}xei^{53},ŋa^{13}ts^hiəu_{44}^{53}xei^{53}ŋa^{13}./$系系，
就系牙齿个牙。$xei^{53}xei^{53},ts^hiəu_{44}^{53}xei^{53}ŋa^{13}tsʅ^{21}ke^{53}ŋa^{13}./$打比样泥刀就系泥水个
牙业。系唔系？牙业。都统称为牙业。就工具。$ta^{21}pi^{21}iɔŋ^{53}lai^{13}tau_{44}^{35}ts^hiəu_{44}^{53}xe_{44}^{53}$
$lai^{13}ʂei^5ke_{44}^{53}ŋa^{13}ɲiait^5.xei_{44}^{53}me_{44}(←m̩^{13}xe^{53})?ŋa^{13}ɲiait^5.təu^{35}t^həŋ^{21}tsʂ^ən_{44}^{35}uei_{21}^{21}ŋa^{13}ɲiait^5.$
$tsiəu_{44}^{53}kəŋ^{35}tsʅ^{53}.$

（$ɲiait^5，ɲiait^5，ɲiait^5$是哪个字？）箇除非写以只欸工业农业个业呀，
牙业呀。$kai^{53}tsʂ^həu^{13}fei_{44}^{35}sia^{21}i^{21}tʂak^3e_{53}kəŋ^{35}ɲiait^5ləŋ^{13}ɲiait^5ke_{44}^{53}ɲiait^5ia^0,ŋa^{13}ɲiait^5$
$ia^0./$牙业呀。$ŋa^{13}ɲiait^5ia^0.$（就是业，牙业？哦，难怪，这个牙就是牙行的
那个牙。）就系就系牙齿个牙。$ts^hiəu_{44}^{53}xei^{53}ts^hiəu^{53}xei^{53}ŋa^{13}tsʅ^{21}ke^{53}ŋa_{44}^{13}./$牙齿就
食饭个牙业啊。$ŋa^{13}tsʅ^{21}ts^hiəu_{44}^{53}ʂət^5fan^5ke_{44}^{53}ŋa^{13}ɲiait^5ia^0./$欸，食饭个牙业咯。
$e_{44},ʂət^5fan^5ke_{44}^{53}ŋa^{13}ɲiait^5ko^0./$嘿嘿，牙齿。$xei_{53}^{53}xei_{53}^{53},ŋa^{13}tsʅ^{21}./$渠就渠就爱靠箇
箇只东西呀去去寻饭食唠。$ci^{13}tsiəu^{53}ci^{13}tsiəu_{44}^{53}i_{44}^{53}k^hau^{53}kai^{13}kai^{13}tʂak^5təŋ_{44}^{35}si^0ia^0$
$çi_{44}^{53}çi_{44}^{53}ts^hin^{13}fan^{53}ʂət^5lau^0./$寻饭食啦。$ts^hin^{13}fan^{53}ʂət^5la^0./$应当系咁子讲下来个。
$in_{44}^{35}tɔŋ_{44}^{35}xei^{53}kan^{21}tsʅ^0kəŋ^0xa_{44}^{53}lɔi_{21}^{13}ke_{44}^{53}./$系，系。$xe_{44}^{53},xe_{44}^{53}./$系系，牙业。$xe_{21}^{53}xe_{21}^{53},ŋa^{13}$
$ɲiait^5.$啊让门爱安做牙业啰？$a_{44}ɲiɔŋ_{44}^{53}mən^{13}ɔi^{53}ɔn_{44}^{35}tso_{44}^{53}ŋa^{13}ɲiait^5lo^0?/$以下是收
拾哩，以下个人只有几多只咁讲牙业个路子唠？$i^{21}xa_{44}^{53}sʅ^{53}ʂəu^{21}ʂət^5li^0,i^{21}xa_{44}^{53}$

ke$_{44}^{53}$ɲin$_{21}^{13}$tsʅ^{21}iəu^{35}ci^{21}to$_{44}^{35}$tʂak^{3}kan$_{44}^{21}$koŋ^{21}ŋa^{13}ɲiait^{5}ke$_{44}^{53}$ləu$_{44}^{53}$tsʅ^{0}lau^0？

作豆腐

（你刚才说的豆腐泡是什么东西？）豆腐泡哇？就系箇个欬磨好哩箇豆腐，磨好哩以后，系啊？我等一般是咁子，磨正哩就磨倒就放下箇欬豆腐桶里。用泡水，开水呀，一冲下去，冲下去，安做泡豆腐，爱泡一下，安做泡豆腐。tʰei^{53}fu$_{44}^{53}$pʰau^{35}ua^0 ?tsʰiəu$_{44}^{53}$uei$_{44}^{53}$(←xei^{53})kai^{53}ke$_{21}^{53}$mo^{53}xau^{21}li^{0}kai$_{44}^{53}$tʰei$_{44}^{53}$fu$_{44}^{53}$,mo^{53}xau^{21}li^0 i^{35}xei$_{44}^{53}$,xe$_{44}^{53}$a^0 ?ŋai^{13}tien^{0}iet^{3}pon^{35}sʅ^{13}kan^{21}tsʅ^0,mo^{53}tʂaŋ^{53}li^0 tsʰiəu$_{44}^{53}$mo^{53}tau^{21}tsʰiəu$_{44}^{53}$foŋ$_{44}^{53}$xa$_{44}^{53}$kai$_{44}^{53}$e$_{21}$tʰei^{53}fu$_{44}^{53}$tʰoŋ^{21}li^0.iəŋ^{53}pʰau^{35}ʂei^{21},kʰoi^{35}ʂei^{53}ia^0,iet^{3}tʂʰəŋ^{35}ŋa^{53}(←xa^{53})çi^{53},tʂʰəŋ^{35}ŋa^{53}(←xa^{53})çi^{53},on$_{44}^{35}$tso$_{44}^{53}$pʰau^{35}tʰei$_{44}^{53}$fu$_{44}^{53}$,oi$_{44}^{53}$pʰau^{53}iet^{3}xa^{53},on^{35}tso$_{44}^{53}$pʰau^{35}tʰei$_{44}^{53}$fu$_{44}^{53}$.

放下开水一冲下去，箇只时候子嘞还䜴煮嘞，开水冲下去箇时候子，渠就只……就形成……形……搞出唔知几多泡来哩。搞出蛮多泡。泡泡哇。箇就安做豆腐泡。箇豆腐泡一般都会舞嘿去。分猪食，唔爱哩。foŋ^{53}ŋa$_{44}$(←xa^{53})kʰoi^{35}ʂei^{21}iet^{3}tʂʰəŋ^{35}ŋa^{53}(←xa^{53})çi^{53},kai^{53}tʂak^{3}sʅ^{13}xei^{53}tsʅ^{0}le^{0}xai$_{21}^{13}$maŋ^{13}tʂəu^{21}le^0,kʰoi^{35}ʂei^{21}tʂʰəŋ^{35}ŋa^{53}(←xa^{53})çi$_{44}^{53}$kai$_{44}^{53}$sʅ^{13}xei^{53}tsʅ^0,ci^{13}tsʰiəu^{53}tsʅ^{13}…tsʰiəu^{53}çin$_{44}^{13}$tsʰən$_{44}^{13}$…çin$_{21}^{13}$…kau^{21}tʂʰət^{3}ŋ$_{21}^{13}$ti$_{53}^{35}$ci^{21}to^{35}pʰau^{35}loi^{13}li^0.kau^{21}tʂʰət^{3}man$_{21}^{13}$to$_{44}^{35}$pʰau^{35}.pʰau^{35}pʰau$_{44}^{53}$ua^0.kai$_{21}^{53}$tsʰiəu^{53}on$_{44}^{35}$tso$_{44}^{53}$tʰei^{53}fu$_{44}^{53}$pʰau^{35}.kai$_{44}^{53}$tʰei^{53}fu$_{44}^{53}$pʰau^{35}iet^{3}pon^{35}təu$_{44}^{35}$uoi$_{44}^{53}$u^{3}ek^3(←xek^3)çi^{53}.pən^{35}tʂəu$_{44}^{53}$ʂət^5,m$_{21}^{13}$moi$_{35}^{53}$li^0.（那种这样做叫做泡豆腐，是吧？）唔系特事子做，于是做豆腐个过程中产生个豆腐泡。欬。唔系特事为了爱箇滴子泡。m^{13}pʰe$_{44}$(←xe^{53})tʰiet^{5}sʅ$_{44}^{13}$tsʅ^{0}tso^{53},ʋ$_{44}^{13}$sʅ$_{44}^{13}$tso^{53}tʰei^{53}fu^{53}ke$_{44}^{53}$ko^{53}tʂʰən$_{44}^{13}$tʂəŋ$_{44}^{35}$tʂʰan^{21}sen$_{44}^{35}$ke$_{44}^{53}$tʰei^{53}fu$_{44}^{53}$pʰau^{35}.e$_{21}$.m$_{21}^{13}$pʰe$_{44}$(←xe^{53})tʰiet^{5}sʅ$_{44}^{13}$uei^{53}liau^{0}oi^{53}kai$_{44}^{53}$tiet$_5^5$tsʅ^{0}pʰau^{35}.

（那泡豆腐就指的是就是那个豆浆拿开水去冲？）豆浆是冷水哟，冷水哟，系唔系？加滴冷水去磨碎来哟，就豆浆哟。磨倒箇豆浆放下箇桶里。第一步，就开水泡下去，啊泡一下豆腐。泡哩以后就滤豆腐。泡哩以后就放倒去滤呀。舞只舞只袋呀，系唔系？哦袋起滤呀。滤嘿渣去呀。有渣啊，豆腐渣……分豆腐渣滤出来呀。təu$_{53}$tsiaŋ$_{44}$sʅ$_{44}$ləŋ^{35}ʂei^{21}ʂa^0,laŋ^{35}ʂei^{21}ʂa^0,xei$_{44}^{53}$me$_{44}$(←m^{13}xe^{53})?cia^{35}tiet^{5}laŋ^{35}ʂei^{21}çi$_{44}^{53}$mo^{53}si^{53}loi$_{44}^{13}$ʂa^0,tsʰiəu$_{44}^{53}$tʰei^{53}tsioŋ$_{44}^{35}$ʂa^0.mo^{53}tau^{21}kai^{53}tʰei^{53}tsioŋ$_{44}^{35}$foŋ$_{44}^{53}$xa$_{44}^{53}$kai$_{44}^{53}$tʰəŋ^{21}li^0.tʰi^{53}iet^{5}pʰu^{53},tsʰiəu$_{44}^{53}$kʰoi^{35}ʂei^{21}pʰau^{53}ua$_{44}$(←xa^{53})çi$_{44}^{53}$,a^{0}pʰau^{53}iet^{3}xa$_{44}^{53}$tʰei$_{44}^{53}$fu$_{44}^{53}$.pʰau^{53}li^0 i^{35}xei$_{44}^{53}$tsʰiəu$_{44}^{53}$li^{53}tʰei$_{44}^{53}$fu$_{44}^{53}$.pʰau^{53}li^0 i^{35}xei$_{44}^{53}$tsʰiəu$_{44}^{53}$foŋ$_{44}^{53}$tau^{21}çi$_{44}^{53}$li^{53}ia^0.u^{21}tʂak^{3}u^{21}tʂak^{3}tʰoi^{53}ia^0,xei$_{44}^{53}$me$_{44}$(←m^{13}xe^{53})?o$_{21}$tʰoi^{53}çi$_{21}^{53}$li^{53}ia^0.li^{53}iek^3(←xek^3)tsa^{53}çi$_{44}^{53}$ia^0.iəu^{35}tsa^{0}a^0,tʰei^{53}fu$_{44}^{53}$ts…pən^{35}tʰei^{53}fu$_{44}^{53}$tsa^{35}li^{53}tsʰət^{3}loi$_{21}^{13}$ia^0.

（噢，先泡豆腐。）先泡。sen³⁵pʰau⁵³．（然后再滤豆腐。）再就滤豆腐。tsai⁵³ₐₐtsʰiəu⁵³ₐₐli¹³tʰei⁵³fu⁵³ₐₐ．就有有有咁个有咁个架架。去摇个也有。我等一般就唔摇。舞只袋袋装倒，安做豆腐袋。舀下豆腐袋肚里。嗯。tsʰiəu⁵³ₐₐiəu³⁵iəu³⁵iəu³⁵kan²¹kei⁵³ₐₐiəu⁵³kan²¹kei⁵³ₐₐka⁵³ka⁵³ₐₐ．çi⁵³iau¹³ke⁵³ia³⁵iəu³⁵．ŋai⁴⁴tien¹³iet³pɔn⁵³tsʰiəu⁵³m̩¹³iau¹³．u²¹ak³（←tʂak³）tʰɔi⁵³tʰɔi⁵³ₐₐtʂɔŋ³⁵tau²¹．ɔn⁴⁴tsɔ⁵³ₐₐtʰei⁵³fu⁵³ₐₐtʰɔi⁵³．iau²¹a₄₄（←xa⁵³）tʰei⁵³ₐₐfu⁴₄ₐtʰɔi⁵³təu⁵³li⁰．n̩²¹．

（那个摇的那个东西叫什么？）摇巾架唠安做唠。iau²¹cin³⁵ka⁵³lau⁰ɔn³⁵tsɔ⁵³lau⁰．（摇……）巾。cin³⁵．（哪个巾？）手巾个巾呐。摇巾架。欸。渠就用来摇哇。欸，箇个欸箇东西就摇，唔。欸，打比以个凳咯，凳唔稳咯，以个凳系摇摇荡荡欸个话，箇角上箇个榫箇只唔好。以个凳，你么啊凳，你哎成哩摇巾架样。系，安做摇巾架样渠话嘞。ʂəu²¹cin⁴⁴ke⁵³cin⁴₄na⁰．iau¹³cin³⁵ka⁵³．e₂₁．ci¹³tsʰiəu⁵³ₐₐiəŋ⁵³lɔi²¹ₐₐiau¹³ua⁰．e²¹，kai⁵³ke₄₄e₂₁kai₄₄təŋ³⁵si¹³tsʰiəu₄₄iau¹³，m̩₂₁．ei₂₁，ta¹³pi²¹i²¹ke⁵³ten¹³ko⁰，ten¹³n̩¹³uən²¹ko⁰，i²¹ke⁵³tien¹³xe⁵³iau¹³iau¹³tɔŋ⁵³tɔŋ⁵³e₂₁ke⁵³fa⁵³，kai₄₄kɔk³xɔŋ⁵³ₐₐkai₄₄ke⁵³ₐₐsən²¹kai⁵³tʂak³n̩¹³xau₄₄．i¹³ke³⁵tien⁵³ȵi¹³mak³a⁰ten₄₄ȵi₄₄ai₂₁ʂaŋ₂₁li⁰iau¹³cin₄₄ka⁵³iəŋ₄₄．xe⁵³，ɔn₄₄tsɔ⁵³iau¹³cin³⁵ka⁵³ci²¹₄₄ua³⁵lei⁰．（摇巾架？）欸，摇巾架。箇如如今唔多咁子用了。都系舞到去榨。ei₂₁，iau¹³cin³⁵ka⁵³．kai¹³i²¹₂₁i¹³₂₁cin³⁵n̩¹³to³⁵kan²¹tsɿ⁰iəŋ⁵³liau⁰．təu³⁵xei⁵³u²¹tau²¹çi⁵³₄₄tsa⁵³．

舀箇豆腐袋肚里，手里抓稳，咁子去榨，榨出箇豆腐浆来。榨就榨下哪映嘞？就榨下镶里装倒。镶……iau²¹kai⁵³tʰei⁵³fu⁵³ₐₐtʰɔi⁵³təu²¹li⁰，ʂəu²¹li⁰ia²¹uən²¹，kan²¹tsɿ⁰çi⁵³₄₄tsa⁵³，tsa⁵³tʂʰət³kai₄₄tʰei⁵³fu₄₄tsiɔŋ³⁵lɔi¹³．tsa⁵³tsiəu⁵³tsa₄₄xa₄₄lai₄₄iaŋ₄₄lei⁰?tsʰiəu⁵³tsa₄₄xa₄₄uok⁵li⁰tʂɔŋ³⁵tau²¹．uok⁵…（滤豆腐滤豆腐很么时候榨呢？）滤出来就滤滤欸滤出来就箇就就滤个过程当中啊，就边滤就边榨，渠就有滴就渠会唔知几多冇得出啦。li¹³tʂʰət³lɔi₂₁tsʰiəu⁰li¹³li¹³e₂₁li¹³tʂʰət³lɔi₂₁tsʰiəu⁰kai₄₄tsʰiəu⁵³ₐₐtsʰiəu⁵³li¹³ke₄₄ko⁵³tʂʰən₂₁tɔŋ₂₁tʂɔŋ³⁵ŋa⁰，tsʰiəu⁵³ₐₐpien³⁵li¹³tsʰiəu⁵³ₐₐpien³⁵tsa⁵³，ci₂₁tsʰiəu⁵³ₐₐiəu³⁵tet⁵tsʰiəu⁵³ₐₐci¹³uɔi⁵³n̩¹³ti⁵³₃₃ci¹³to³⁵mau¹³tek⁵tʂʰət³la⁰．（那叫榨什么？）哈？就用手去榨。xa³⁵?tsʰiəu⁵³ₐₐiəŋ⁵³₄₄ʂəu²¹çi⁵³₄₄tsa⁵³．（那叫榨什么？）榨出浆来。榨出豆腐浆来。边……边舀倒去箇豆腐袋肚里，渠就会边出来滴。但是后背还蛮多。欸，还蛮多嘞就还榨嘿滴去。最后就剩倒一滴子。总榨总干，就剩倒一饼子。箇个一饼子就真正个豆腐渣。箇一饼，冇几多啊。欸。tsa⁵³tʂʰət³tsiɔŋ³⁵lɔi²¹₃₃．tsa⁵³tʂʰət³tʰei⁵³fu₄₄tsiɔŋ³⁵lɔi²¹₃₃．pien³⁵…pien³⁵iau²¹tau²¹çi⁵³₄₄kai⁵³₄₄tʰei⁵³fu tʰɔi⁵³təu²¹li⁰，ci₂₁tsʰiəu⁵³uɔi¹³pien³⁵tʂʰət³lɔi₂₁tiet⁵．tan²¹sɿ₂₁xei⁵³poi₄₄xai¹³man¹³to³⁵．e₂₁，xai¹³man¹³to³⁵lei⁰tsʰiəu⁵³xai₂₁tsa⁵³xek³tiet⁵çi⁵³．tsei⁵³xei₄₄tsʰiəu⁵³ₐₐʂən⁵³tau²¹iet³tiet⁵tsɿ⁰．tsəŋ⁵³tsa⁵³tsəŋ²¹kɔn³⁵，tsʰiəu⁵³ₐₐʂən⁵³tau²¹iet³pʰɔk⁵tsɿ⁰．kai⁵³ke₄₄iet³pʰɔk⁵tsɿ⁰tsʰiəu⁵³tsən³⁵tsən⁵³ke₄₄tʰei⁵³fu tsa³⁵．kai⁵³iet³pʰɔk⁵，mau¹³ci²¹to³⁵a⁰．e₂₁．（噢噢噢，豆

豆腐渣，是吧？）嗯，就榨出豆腐渣来。n̩²¹,tsʰiəu⁵³tsa⁵³tʂʰət³ tʰei⁵³fu⁴⁴tsa³⁵ləi¹³.

好，豆腐渣就就可以分猪食嘞，可以搞别么个，系啊？也可以唔爱哩，就丢嘿去。xau²¹,tʰei⁵³fu⁴⁴tsa³⁵ tsʰiəu⁵³tsʰiəu⁴⁴kʰɔ²¹i³⁵pən³⁵tʂəu³⁵ʂət⁵ la⁰,kʰɔ²¹i³⁵kau²¹ pʰiet⁵mak⁵ke⁵³,xei⁴⁴aº ʔia³⁵kʰɔ²¹i³⁵m̩²¹mɔi⁴⁴li⁰,tsʰiəu²¹tiəuⁿuek³(←xek³)çi⁵³.

（豆腐渣你们以前吃吗？）唔？吃啊。m̩³⁵.tʂʰ ɭ⁴⁴aº.（怎么吃法？）欸，箇有蛮多种食法哟，豆腐渣就蛮多种食法哟。一种就炒倒食啦。放滴子辣椒子就咁子炒哇，煮下子啊，炒倒食啦。还有滴就唔等渠放倒等渠去等渠去发酵啦，欸，变成酸酸子啊。就咁子。e²¹,kai⁵³iəu³⁵man²¹to³⁵tʂəŋ³⁵ʂət⁵fait³ io⁰,tʰəu⁵³fu⁴⁴tsa³⁵tsiəu⁵³man²¹to³⁵tʂəŋ²¹ʂət⁵fait³io⁰.iet³tʂəŋ²¹tsʰiəu⁵³tsʰau⁵³tau²¹ʂət⁵ la⁰.fəŋ⁵³tet⁵₃tsɭ⁰lait³tsiau⁴⁴tsɭ⁰tsʰiəu⁵³kan²¹tsɭ⁰tsʰau⁵³uaⁿ,tʂəu²¹uaⁿ(←xa⁵³)tsaⁿ,tsʰau²¹ tau²¹ʂət⁵laⁿ.xai¹³iəuⁿtet⁵₃tsʰiəu⁵³m̩²¹tenⁿci⁵³fəŋⁿtau²¹tenⁿci¹³çi⁵³tenⁿci¹³çi⁵³₃fait³çiau⁵³ laⁿ,e²¹,pien⁵³tʂʰən²¹₂¹sɔn³⁵sɔnⁿtsaⁿ.tsiəu⁵³kan²¹tsɭ⁰.（放倒怎么怎么样去发酵呢？）就只爱用钵子装倒，渠就会慢慢子就会就会霉呀，同箇霉豆腐样啊，就会霉呀。霉哩以后就就喷香啊。喷香就放滴子糯米粉呐，放滴子么个东西去……去搋呀，去和哇。和倒就做成一只只箇米馃样啊，一一只箇样米馃样啊，喷香哦。切倒来是切倒炒倒食唠，蛮好食唠。做成箇玉兰片样个，玉兰片样个，蛮好食。也有人卖，有也有人做咁个，欸。豆腐渣。颜色就唔好看呐，墨乌哇。tsʰiəu⁵³tsɭ²¹ɔi⁵³iəŋ⁵³pait³tsɭ⁰tʂəŋ³⁵tau²¹,ci²¹₂¹tsʰiəuⁿuɔi⁵³manⁿ manⁿtsɭ⁰tsʰiəu⁵³uɔi⁵³tsʰiəu⁵³uɔi⁵³₃mɔiⁿiaⁿ,tʰəŋ²¹₃kai⁵³mi²¹tʰei⁵³fuⁿiəŋ²¹₂¹ŋaⁿ,tsiəuⁿuɔi⁵³₄₄ mɔiⁿiaⁿ.mɔi¹³li⁰i³⁵xei⁴⁴tsʰiəu⁴⁴tsʰiəu⁴⁴pʰən³⁵çiəŋ³⁵ŋaⁿ.pʰən³⁵çiəŋ³⁵tsʰiəu⁴⁴fəŋⁿtetⁿtsɭ⁰ lo⁵³miⁿfənⁿnaⁿ,fəŋⁿtetⁿtsɭ⁰mak⁵ke⁵³₃₄təŋ²¹si⁰çi⁵³tsʰ⋯çiⁿtsʰeiⁿiaⁿ,çiⁿxo⁰uaⁿ.xo¹³ tau²¹tsiəu⁵³₄₄tso⁵³tʂʰən²¹₂¹iet³tʂak⁵tʂak⁵kaiⁿmi²¹ko²¹iəŋⁿŋaⁿ,iet³iet³tʂak⁵kai⁵³iəŋⁿmi²¹ ko²¹iəŋ⁵³ŋaⁿ,pʰən³⁵çiəŋ³⁵₃ŋo⁰.tsʰietⁿtau²¹ləi¹³₃tsɭ⁰tsʰietⁿtau²¹tsʰau²¹tau²¹ʂət⁵lauⁿ,man¹³₂₁ xau²¹ʂət⁵lauⁿ.tso⁵³ʂaŋ²¹₂₁kai⁴⁴i⁵³lan²¹pʰien²¹iəŋ⁵³₄₄ke⁵³,y⁵³lan¹³₂₁pʰien²¹iəŋ⁵³₄₄ke⁴⁴,man²¹xau²¹ ʂət⁵.ia³⁵iəuⁿɲin²¹₂₁mai⁰,iəuⁿiaⁿiəuⁿɲin²¹₂₁tso⁵³kan²¹cie⁵³,e²¹.tʰei⁵³fu⁴⁴tsa³⁵.ŋan¹³sek⁵ tsʰiəu⁵³n̩²¹₂₁nau²¹(←xau²¹)kʰɔn⁵³naⁿ,mek⁵uⁿua⁰.

好，箇豆腐它渣滤出来哩了是箇浆就去底下它有镬哩吵。滤个时候子就去镬面上滤呀。就去镬镬子镬子面上滤呀。你咁子舞只袋，分个人就擝稳箇只袋。擝稳箇只袋，就□开来啊，莫叫莫分渠合拢去啊。分个人就舀豆浆，箇桶里泡哩个豆浆就舀下箇豆腐袋肚里。箇唔系就边舀就边出啦，系呀？等你舀完哩以后，就榨干来。就分……还有浆吵。箇肚里渠唔……唔得自然出净吵，因为箇东西也系布个吵，欸。白布做个。xau²¹,kai⁴⁴tʰei⁵³fu⁵³ tʰaⁿtsa⁵³li⁵³tʂʰət³ləi²¹li⁰liauⁿ ʂɭ⁴⁴kai⁴⁴tsiɔŋ⁵³tsʰiəu⁴⁴çi⁵³teⁿxa⁴⁴tʰaⁿiəuⁿuɔk⁵li⁰ʂaⁿ.li⁵³ ke⁴⁴ʂɭ¹³xəu⁴⁴tsɭ⁰tsʰiəu⁴⁴çi⁵³uɔk⁵mien⁵³₄₄xɔŋ⁵³₄₄li⁵³iaⁿ.tsʰiəu²¹₂₁çi⁵³uɔk⁵uɔk⁵tsɭ⁰uɔk⁵tsɭ⁰

mien^{53}xɔŋ^{53}li^{53}ia^0.ɲi$_{21}$kan$_{44}$tsɿ^{0}u^{21}tʂak^{3}tʰɔi^{53},pən^{35}ke$_{44}$ɲin$_{21}$tsʰiəu$_{44}$cʰiɔŋ^{13}uən^{21}kai$_{44}$
tʂak^{3}tʰɔi^{53}.cʰiɔŋ^{13}uən^{21}kai$_{44}$tʂak^{3}tʰɔi^{53},tsʰiəu$_{44}$kʰuɔŋ^{13}kʰɔi$_{44}$lɔi$_{44}$a^0,mɔk^{5}ciau^{53}mɔk^5
pən^{35}ci$_{44}$xait^{5}ləŋ^{35}çi$_{44}$a^0.pən^{35}ke^{53}ɲin$_{21}$tsʰiəu^{53}iau^{21}tʰei^{53}tsiɔŋ$_{44}$,kai^{53}tʰəŋ^{21}li^{0}pʰau^{53}li^0
ke$_{44}$tʰei^{53}tsiɔŋ$_{44}$tsʰiəu$_{44}$iau^{21}ua$_{44}$(←xa^{53})kai$_{44}$tʰei$_{44}$fu$_{44}$tʰɔi^{53}təu^{21}li^0.kai$_{44}$m̩$_{21}$pʰe$_{44}$
(←xe^{53})tsʰiəu^{53}pien^{35}iau^{21}tsʰiəu^{53}pien^{35}tʂʰət^{3}la^0,xei^{53}ia^0?ten^{21}ɲi^{13}iau^{21}ien^{13}li^{0}i^{53}
xei^{53},tsʰiəu$_{44}$tsa^{53}kɔn^{35}nɔi$_{21}$.tsʰiəu$_{44}$pən$_{44}$tʰai^{13}…xai^{13}iəu$_{44}$tsiɔŋ^{35}ʂa^0.kai$_{44}$təu^{0}li^{0}ci$^{13}_{21}$
m̩$^{13}_{21}$…ŋ^{13}tek^{3}tsʰɿ^{53}vien^{13}tʂʰət^{3}tsʰiaŋ^{53}ʂa^0,in^{35}uei^{53}kai$_{44}$təŋ$_{44}$si^{0}ia^{35}xe^{53}pu^{53}ke^{53}
ʂa^0,e$_{21}$,pʰak^{5}pu$_{44}$tso$_{44}$ke$_{44}$.

渠等有滴人舞倒箇个蛇皮袋哟，欸，去，蛇皮袋去滤，冇用，忒粗哩。欸就豆腐渣都出唠。欸，箇是最老个办法。ci$^{13}_{21}$tien^{0}iəu^{35}tet^{3}ɲin$_{21}$u^{21}tau^{21}kai^{53}ke$_{44}$
ʂa^{13}pʰi^{13}tʰɔi^{53}io^0,e$_{21}$,çi$_{44}$,ʂa^{13}pʰi^{13}tʰɔi^{53}çi$^{13}_{21}$li^{53},mau^{13}iəŋ^{35},tʰet^{3}tsʰɿ^{35}li^0.e$_{44}$tsʰiəu^{53}tʰei^{53}fu$^{53}_{44}$
tsa^{53}təu$^{35}_{44}$tʂʰət^{3}lau^0.ei$_{21}$,kai$^{53}_{44}$ʂɿ$^{13}_{44}$tsei^{53}lau^{0}ke$^{53}_{44}$pʰan^{53}fait^3.

好，以下就欸以下就欸滤嘿哩，滤嘿哩以后嘞，以下就去……烧火去煮哇。又煮开来呀。你开头个是还有……有……有冰冷水，首先磨出来个豆腐浆哟，加哩开水去泡哟，系唔系？以下就煮泡来。煮泡来嘞，煮倒开哩了，就莫□盖嘞，莫□镬盖嘞，要唔系会潜咁呢。泡哩了，就又舀下房桶肚里去。房桶肚里放正石膏。就安做作豆腐。xau^{21},i^{21}xa$_{44}$tsʰiəu^{53}e$_{21}$i^{21}xa$^{53}_{44}$
tsʰiəu^{53}ei$_{44}$li^{53}ek^3(←xek^3)li^0,li^{53}xek^{3}li^{0}i^{35}xei$^{53}_{44}$lei^0,i^{21}xa$_{44}$tsʰiəu^{53}çi^{53}ʂ…sau^{35}fo^{53}çi^{53}
tʂəu^{21}ua^0.iəu^{35}tʂəu^{21}kʰɔi^{53}lɔi$^{13}_{21}$ia^0.ɲi$_{21}$kʰɔi^{53}tʰei$_{44}$ke$^{53}_{44}$ʂɿ$^{53}_{44}$xai^{13}iəu$_{44}$s…iəu$^{35}_{44}$s…iəu$^{35}_{44}$pin^{35}
laŋ^{35}ʂei$_{44}$,ʂəu^{21}sien$_{44}$mo^{53}tʂʰət^{3}lɔi$^{13}_{21}$ke$_{44}$tʰei^{53}fu$^{53}_{44}$tsiɔŋ^{35}ʂa^0,cia^{35}li^{0}kʰɔi^{53}ʂei^{53}çi$^{53}_{44}$pʰau^{53}
ʂa^0,xei$_{44}$me$_{44}$(←m̩^{13}xe^{53})?i$^{21}_{21}$xa$_{44}$tsʰiəu^{53}tʂəu^{21}pʰau^{53}lɔi$^{13}_{21}$.tʂəu^{21}pʰau^{53}lɔi$^{13}_{21}$lei^0,tʂəu^{21}tau^{21}
kʰɔi^{35}li^{0}liau^0,tsʰiəu$_{44}$mo^{53}cʰiet^{3}kɔi^{53}le^0,mo^{53}cʰiet^{3}uɔk^{5}kɔi^{53}le^0,iau$_{44}$m̩$_{21}$pʰe$_{44}$
(←xe^{53})uɔi$^{53}_{44}$pʰu^{35}kan^{21}ne^0.pʰau^{35}li^{0}liau^0,tsʰiəu$_{44}$iəu^{53}iau^{21}ua^{53}fɔŋ^{13}tʰəŋ^{21}təu^{21}li^0
çi^{53}.fɔŋ^{13}tʰəŋ^{21}təu^{21}li^{0}fɔŋ^{13}tʂaŋ$^{35}_{44}$ʂak^{5}kau^{35}.tsʰiəu$^{53}_{44}$ɔn$_{44}$tso^{53}tsɔk^{3}tʰei^{53}fu$_{44}$.（石膏？）
放石膏。就加石膏粉呐。熟石膏呢。fɔŋ$^{53}_{44}$ʂak^{5}kau^{35}.tsʰiəu^{53}cia^{35}ʂak^{5}kau$^{35}_{44}$fən^{21}
na^0.ʂəuk^{5}ʂak^{5}kau$^{35}_{44}$nei^0.

石膏就有有限定个嘞。一升豆子就……一一斤豆子就放几多子石膏啦。如今就街上有箇个卖唠，石膏粉哟，安做石膏粉哟。以前是硬系舞倒生石膏嘞，一一坨坨箇石头样个生石膏哇，放下镬下去烧。烧成粉，烧成熟石膏。ʂak^{5}kau$^{35}_{44}$tsʰiəu^{53}iəu^{35}iəu^{35}xan^{53}tʰin$^{53}_{44}$cie^{35}le^0.iet^{3}ʂən^{35}tʰei^{53}tsɿ^{0}tsʰiəu$_{44}$…iet^3
iet^{3}cin^{35}tʰei^{53}tsɿ^{0}tsʰiəu$_{44}$fɔŋ^{53}ci^{53}to^{53}tsɿ^{0}ʂak^{5}kau^{35}la^0.i$_{21}$cin^{35}tsʰiəu$_{44}$kai^{13}xɔŋ$^{53}_{44}$iəu$_{44}$kai$_{44}$
ke$^{53}_{44}$mai^{53}lau^0,ʂak^{5}kau$^{35}_{44}$fən^{21}nau^0,ɔn^{35}tso$^{53}_{44}$ʂak^{5}kau^{35}fən^{21}nau^0.i$^{35}_{44}$tsʰien$^{13}_{21}$ʂɿ^{53}ŋiaŋ^{13}xei^{53}
u^{21}tau^{21}saŋ^{35}ʂak^{5}kau$^{35}_{44}$le^0,iet^{3}iet^{3}tʰo$^{13}_{21}$tʰo$^{13}_{21}$ke$^{53}_{44}$ʂak^{5}tʰei^{13}iɔŋ^{53}ke$^{53}_{44}$saŋ^{35}ʂak^{5}kau^{35}
ua^0,fɔŋ$^{53}_{44}$ŋa$_{44}$(←xa^{53})uɔk^{5}xa$^{53}_{44}$çi$^{53}_{44}$sau^{35}.ʂau^{35}ʂaŋ^{13}fən^{21},sau^{35}ʂaŋ^{13}ʂəuk^{5}ʂak^{5}kau^{35}.

　　熟石膏，搕碎来，用研船去研，研成粉。欸，一升豆子放一调羹子，咁多子。好，放倒嘞去擂，欸去和啊，放滴水，舞滴子舞滴子豆浆子，冷冷子个豆浆啰，舞滴子豆浆，放倒去调。调倒嘞放下箇桶里。然后嘞，两种办法。一种嘞就先放正豆浆来，嗯，然后嘞舞倒箇个石膏浆子去涂，去和，去搅匀净来，就成哩豆腐。还有种嘞先放正……豆腐……石膏浆来。两桶……两只桶一倾下去，欸，欸嘿，箇是箇就成哩豆腐哇。但是箇只比例蛮难定。有有滴人唔系哦哦嗬老哩，唔系就嫩哩。ṣouk⁵ ṣak³₅kau³⁵,kʰɔk³si⁵³lɔi¹³,iəŋ²¹ŋan³⁵ṣɔŋ²¹₄₄çi⁵³₄₄ŋan³⁵,ŋan³⁵ṣaŋ¹³fən²¹.e₂₁,iet³ṣən³⁵tʰei⁵³tsŋ⁰fɔŋ⁵³iet³tʰiau¹³kaŋ³⁵tsŋ⁰,kan²¹to³⁵tsŋ⁰.xau²¹,fɔŋ⁵³tau²¹lei⁰çi⁵³li¹³,e₄₄çi⁵³xo¹³a⁰,fɔŋ²¹₂₁tet⁵ṣei²¹,u²¹tet⁵tsŋ⁰u²¹tiet⁵tsŋ⁰tʰei⁵³tsioŋ³⁵tsŋ⁰,laŋ³⁵laŋ³⁵tsŋ⁰ke₄₄tʰei⁵³tsioŋ⁵³lo⁰,u²¹tet⁵tsŋ⁰tʰei⁵³tsioŋ₄₄,fɔŋ⁵³tau²¹çi⁵³tʰiau¹³.tʰiau¹³tau²¹lei⁰fɔŋ₄₄xa₄₄kai₄₄tʰəŋ²¹li⁰.vien¹³xei⁵³lei⁰,iɔŋ²¹tṣəŋ²¹pʰan⁵³fait³.iet³tṣəŋ²¹lei⁰tsʰiəu₄₄sien⁵³fɔŋ₄₄tṣaŋ₄₄tʰei⁵³tsioŋ³⁵lɔi¹³,m̩₂₁,vien¹³xei₄₄lei⁰u²¹tau²¹kai₄₄ke₄₄ṣak⁵kau₄₄tsioŋ³⁵tsŋ⁰çi₄₄tʰəu¹³,çi⁵³xo¹³,çi⁵³ciau²¹vən¹³tsʰin¹³nɔi¹³,tsʰiəu⁵³₄₄ṣaŋ¹³li⁰tʰei⁵³fu₄₄.xai²¹₂₁iəu₄₄tṣəŋ²¹lei²¹₂₁tṣaŋ⁵³ç⁰tʰei⁵³f…ṣak⁵kau₄₄tsioŋ³⁵lɔi²¹₂₁.iɔŋ⁰tʰəŋ²¹…iɔŋ²¹tṣak³tʰəŋ²¹iet³kʰuaŋ³⁵ŋa₄₄(←xa⁵³)çi⁵³,e₂₁,e₄₄xe⁵³,kai₄₄ṣ⁵³₄₄kai⁵³tsʰiəu⁵³ṣaŋ¹³li⁰tʰei⁵³fu⁵³ua⁰.tan⁵³₄₄ṣ⁵₄₄kai³tṣak³pi²¹li¹³man¹³lan¹³tʰin¹³.iəu₄₄iəu⁵³tet³ɲin¹³m̩²¹₂₁pʰe₄₄(←xe⁵³)o₄₄xo₄₄lau²¹li⁰,m̩²¹₂₁pʰe₄₄(←xe⁵³)tsʰiəu⁵³lən⁵³ni⁰.（那是，这是这就是要师傅来那个，嘿嘿。）欸，爱师傅。安做蒸酒作豆腐，称唔得老师傅。称唔得老师傅。蛮会作豆腐个人都撞往往作个豆腐唔系忒老哩，唔系就嫩哩。如今箇只冇事了。如今个豆腐就如今箇个箇只安做安做么个？安做安做石膏浆哦，石膏粉呃。e₂₁,ɔi⁵³₄₄ṣŋ³⁵₄₄fu⁵³.ɔn³⁵₄₄tso⁵³tṣən³⁵tsiəu²¹tsɔk³tʰei⁵³fu⁵³,tṣʰən³⁵n̩¹³₂₁tek³lau²¹ṣŋ³⁵₄₄fu⁵³.tṣʰən³⁵n̩²¹₂₁tek³lau²¹ṣŋ³⁵₄₄fu⁵³.man¹³uɔi¹³tsɔk³tʰeu⁵³fu⁵³ke⁵³ɲin²¹iəu₄₄tsʰɔŋ²¹uɔŋ²¹uɔŋ³⁵tsɔk³ke₄₄tʰei⁵³fu₄₄m̩¹³me⁵³(←xe⁵³)tʰek³lau²¹li⁰,m̩¹³pʰe₄₄(←xe⁵³)tsʰiəu⁵³₄₄lən⁵³li⁰.i₂₁cin³⁵kai⁵³tṣak³mau³⁵ṣŋ⁵³liau⁰.i²¹₂₁cin³⁵ke₄₄tʰei⁵³fu₄₄tsiəu⁰i²¹₂₁cin₄₄kai⁵³ke₄₄kai₄₄tṣak³ɔn₄₄tso⁵³ɔn³⁵tso⁵³mak⁵ke⁵³?ɔn³⁵₄₄tso⁵³ɔn³⁵tso⁵³ṣak⁵kau₄₄tsioŋ³⁵ŋo⁰,ṣak⁵kau³⁵fən²¹nau⁰.

　　（好刚才那句谚语呀，你对着这个念一遍。）蒸酒作豆腐，称唔得老师傅，免不得会塌场。tṣən³⁵tsiəu²¹tsɔk³tʰei⁵³fu⁵³,tṣʰən³⁵n̩¹³₂₁tek³lau²¹ṣŋ³⁵₄₄fu⁵³,mien³⁵pət³tek³uɔi⁵³tʰait³tṣʰɔŋ¹³₂₁.

豆腐箱、兜巾

　　箇就箇就……以个豆腐就咁子做个咯。安做豆腐箱噢，舞只豆腐箱肚里啊。欸。舞只箱子嘞，装倒啦。箇箱子就箱子就会出水个。系唔系？会出水呀。kai₄₄tsʰiəu⁵³kai₄₄tsiəu…i¹³ke₄₄tʰei⁵³fu₄₄tsʰiəu⁵³kan²¹tsŋ⁰tso⁵³ke⁰ko⁰.ɔn₄₄tso⁵³tʰei⁵³fu₄₄sioŋ³⁵ŋau²¹,u²¹tṣak³tʰei⁵³fu₄₄sioŋ³⁵təu²¹li⁰a⁰.e₂₁.u²¹tṣak³sioŋ³⁵tsŋ⁰le⁰,tṣəŋ³⁵ tau²¹la⁰.kai⁵³₄₄sioŋ³⁵tsʳ⁰ tsʰiəu⁵³₄₄sioŋ³⁵tsʳ⁰ tsʰiəu₄₄uɔi⁵³₄₄tʂʰət³ ʂei²¹cie⁵³.xei⁵³₄₄me₄₄(←m̩¹³ xe⁵³)ʔuɔi⁵³₄₄tʂʰət³ ʂei²¹ia⁰.（那叫豆腐箱是吧？）欸，舞嘿豆腐箱啊，系，舞嘿豆腐箱。肚里就蒙块蒙块安做蒙块兜巾。就白布哇。e₄₄,u²¹ek³(←xek³)tʰei⁵³fu⁵³₄₄sioŋ³⁵ŋa⁰,xe₄₄,u²¹ek³(←xek³)tʰei⁵³fu⁵³₄₄sioŋ³⁵.təu²¹li³ tsʰiəu⁵³maŋ³⁵kʰuai⁵³maŋ³⁵kʰuai⁵³ ɔn³tso₄₄maŋ³⁵kʰuai⁵³tei³⁵cin³⁵,tsʰiəu⁵³pʰak⁵pu⁵³ua⁰.（兜巾是吧？）欸。蒙块白布哇。e₂₁.maŋ³⁵kʰuai⁵³₄₄pʰak⁵pu⁵³ua⁰.（那叫兜巾是吧？）兜巾。嗯。以下分豆腐就舀倒去，分箇个豆腐脑就舀倒去。舀倒去就分四只角牵拢来，舀满哩了分四只角牵拢来，哦豆腐箱盖盖倒去，欸，然后就压滴东西。爱爱压。tei³⁵ cin³⁵₄₄.n̩₂₁.i²¹ia₄₄(←xa⁵³)pən³⁵tʰei⁵³fu⁵³₄₄tsʰiəu⁵³₄₄iau²¹tau²¹çi⁵³,pən³⁵kai⁵³₄₄ke⁵³₄₄tʰei⁵³fu⁵³nau²¹ tsʰiəu⁵³iau²¹tau²¹çi⁵³.iau²¹tau²¹çi⁵³₄₄tsʰiəu⁵³₄₄pən³⁵si⁵³tʂak³kɔk³cʰien³⁵nəŋ³⁵lɔi¹³,iau²¹mən⁵³ li⁰ liau⁰ pən³⁵ si⁵³tʂak³ kɔk³ cʰien³⁵ nəŋ³⁵ lɔi¹³,o₂₁ tʰei⁵³₄₄fu⁵³sioŋ³⁵kɔi⁵³₄₄kɔi³ tau²¹ çi⁵³,e₂₁,vien¹³xei⁵³tsʰiəu⁵³₄₄iak³tiet⁵ təŋ³⁵si⁰.ɔi⁵³₄₄ɔi³iak³.（以前呐还有做得更细的。）欸。e₂₁.（就是包这么方方的那个小块小块。）哦，箇我等唔……我等矰看倒咁子搞过个。我等个都就系咁子一箱。一箱用用兜巾装倒。o₂₁,kai⁵³ŋai¹³₂₁ tien⁰ m̩¹³₄₄…ŋai¹³₂₁tien⁰maŋ¹³kʰɔn⁵³tau²¹kan²¹tsʳ⁰kau²¹ko⁵³ke⁰.ŋai¹³tien⁰ke⁵³təu⁵³tsʰiəu⁵³ xe⁵³kan²¹tsʳ⁰iet³sioŋ³⁵.iet³sioŋ³⁵iəŋ⁵³iəŋ³⁵₄₄tei³cin³⁵₄₄tʂɔŋ³⁵₄₄tau²¹₄₄.（他不是一大箱一块布这样，他是一小包一小包的，然后放到箱子里面再去压。）箇我等矰看过。kai⁵³ŋai¹³tien⁰maŋ²¹kʰɔn⁵³₄₄ko₄₄.（你没看过？）矰看过。欸，你箇小包小包渠唔会出来？maŋ¹³kʰɔn⁵³₄₄ko₄₄.ei₄₄,ɲi¹³kai⁵³siau²¹pau³⁵siau²¹pau³⁵ci²¹₂₁m̩¹uɔi⁵³tʂʰət³lɔi¹³?（不是，拆了那个布以后就是成一块一块的方形的豆腐，然后一块一块地卖，多少钱一块。）唔，噢，我等如今个是总箇唔块来，然后拿倒拿倒刀哇。m̩₂₁,au₂₁,ŋai¹³tien⁰i₂₁¹³cin₄₄ke⁰ʂʳ¹³₄₄tsəŋ²¹kai⁵³u²¹kʰuai⁵³lɔi₂₁¹³,vien¹³xei⁵³la³tau²¹la⁵³ tau²¹tau²¹ua⁰.（再以前呢，以前老辈人有没有这样的？）矰，矰咁子看过，我矰看过。maŋ¹³,maŋ¹³kan²¹tsʳ⁰kʰɔn⁵³ko⁰,ŋai₂₁maŋ¹³kʰɔn⁵³ko⁰.（你没见过？）矰见过。矰见过咁子搞个。都系舀下箇豆腐箱肚里。maŋ¹³cien⁵³ko⁰.maŋ¹³cien⁵³ kuo⁰kan²¹tsʳ⁰kau²¹ke⁵³.təu⁵³ue₄₄(←xe⁵³)iau²¹ua(←xa⁵³)kai⁵³₄₄tʰei⁵³fu⁵³₄₄sioŋ³⁵təu²¹li⁰.

荡子

（欸木头做的用来抹灰的那个长方形的工具呢？）安做荡子呢。ɔn³⁵ tso⁵³₄₄tʰɔŋ⁵³tsʳ⁰nei⁰.（欸木头做的。）木……树做个也……也系，木做个噢铁……铁个也都安做荡子。木荡子铁……撩荡子，木荡子撩铁荡子。荡开来呀，分箇个粉壁样啊，系唔系？分渠荡开来。muk³ ʂəu⁵³tso⁵³₄₄ke⁵³₄₄ia₄₄⁵³ ia³⁵ xei⁵³,muk³tso⁵³ke₄₄au₄₄tʰiet³ ts…tʰiet³ke₄₄ia³⁵təu⁵³ɔn₄₄tso⁵³tʰɔŋ⁵³tsʳ⁰.muk³ tʰɔŋ⁵³tsʳ⁰ tʰiet³…lau³⁵tʰɔŋ⁵³tsʳ⁰,muk³ tʰɔŋ⁵³tsʳ⁰lau³⁵tʰiet³ tʰɔŋ⁵³tsʳ⁰.tʰɔŋ⁵³kʰɔi⁵³lɔi₂₁¹³ia⁰,pən³⁵kai⁵³₄₄ ke⁵³₄₄fən²¹piak³iɔŋ⁵³a⁰,xe⁵³₄₄me₄₄(←m̩¹³xe⁵³)?pən³⁵₄₄ci₄₄t⁴ɔŋ⁵³kʰɔi³⁵lɔi¹³₂₁.（那个木头做的荡子呢？）木荡子。嗯。muk³tʰɔŋ⁵³tsʅ⁰.m̩₂₁.（欸铁做的那个荡子呢？）就铁荡子，安做铁荡子，也荡子。tsʰiəu⁵³₄₄tʰiet³tʰɔŋ⁵³tsʅ⁰,ɔn³⁵tso⁵³₄₄tʰiet³tʰɔŋ⁵³tsʅ⁰,ia³⁵tʰɔŋ⁵³tsʅ⁰.

其实是木荡子就系更长。木荡子。打比样，以个粉以个壁，第一轮用木荡子。开开来，分箇个砂浆箇只，系唔系？开开来。好。渠个……渠个欸长处就在于更长，更大，可搞得更快呀，效率更高哇，刷哩更宽呢。但是渠不能不能搞得几光张子，欸，光滑子。爱用铁荡子荡第二到嘞箇就搞光滑来。第二到就就就绣花样唠，搞得光滑嘞，就用铁荡子。我问哩渠等就系两只作用。两只区别。cʰi¹³₂₁sət⁵ʂʅ⁵³muk³tʰɔŋ⁵³tsʅ⁰tsʰiəu⁵³xe₄₄cien⁵³tʂʰɔŋ¹³.muk³tʰɔŋ⁵³tsʅ⁰.ta²¹pi²¹iɔŋ⁵³,i²¹ke⁵³fən²¹i²¹ke⁵³piak³,tʰi⁵³iet³lən¹³iəŋ⁵³muk³tʰɔŋ⁵³tsʅ⁰.kʰɔi³⁵kʰɔi³⁵lɔi¹³,pən³⁵kai⁵³kei₂₁sa³⁵tsiɔŋ³⁵kai⁵³₄₄tʂak³,xei⁵³₄₄me₄₄(←m̩¹³xe⁵³)?kʰɔi³⁵kʰɔi³⁵lɔi¹³₂₁.xau²¹.ci¹³ke⁵³ts…ci¹³ke⁵³e₂₁tʂʰɔŋ¹³tsʰɥ⁵³₄₄tsʰiəu⁵³₄₄tsʰai⁵³vy²¹cien⁵³tʂʰɔŋ¹³,cien⁵³₄₄tʰai⁵³,kʰo²¹kau⁵³tek³cien⁵³₄₄kʰuai³iaˀ,çiau⁵³lit³cien⁵³₄₄kau⁵³uaˀ,sɔit³li⁰cien⁵³kʰɔn⁵³ne⁰.tan⁵³sʅ¹³ci¹³pət⁵len¹³pət⁵len¹³kau⁵³tek³ci¹³kɔŋ³⁵tʂɔŋ³⁵tsʅ⁰,e₂₁,kɔŋ³⁵uait⁵tsʅ⁰.ɔi⁵³iəŋ⁵³tʰiet³tʰɔŋ⁵³tsʅ⁰tʰɔŋ⁵³₄₄tʰi₄₄ŋi⁵³tau₄₄lei⁰kai⁵³₄₄tsʰiəu⁵³₄₄kau⁵³kɔŋ⁵³uait⁵lɔi¹³.tʰi⁵³₄₄ŋi⁵³tau₄₄tsʰiəu⁵³₄₄tsʰiəu⁵³₄₄tsʰiəu⁵³siəu⁵³fa³⁵iɔŋ⁵³lau⁰,kau²¹tek³kɔŋ³⁵uait⁵le⁰,tsʰiəu⁵³₄₄iəŋ⁵³tʰiet³tʰɔŋ⁵³tsʅ⁰.ŋai¹³₂₁uən⁵³li⁰ci¹³₂₁tien⁰tsʰiəu⁵³₄₄xei⁵³₄₄iɔŋ²¹tʂak³tsɔk³iəŋ⁵³.iɔŋ²¹tʂak³tʂʰɥ³⁵pʰiek⁵.

锤扎子

箇是你讲话钉竹钉是，还还还欸还有只竹……竹铁扎哟，扎一下，正钉得箇只东西。kai⁵³sʅ₄₄ŋi¹³₂₁kɔŋ²¹ua⁵³taŋ³⁵tʂəuk³taŋ³⁵sʅ₄₄,xai¹³xai¹³xai¹³e₄₄xai¹³iəu³⁵₄₄tʂak³tʂəuk³…tʂəuk³tʰiet³tsait⁵iauˀ,tsait⁵iet³xa⁵³,tʂaŋ³⁵₄₄taŋ³⁵tek³kai⁵³₄₄tʂak³təŋ₄₄siˀ./欸。e₅₃./也系只专业的工具。ia³⁵xe⁵³tʂak³tʂuen³⁵ɲiait⁵ke⁵³₄₄kɔŋ³⁵tʂʅ⁵³₄₄./唔系会跰，唔舞就会跰嘿。m̩²¹₂₁pʰe₄₄(←xe⁵³)uɔi⁵³₄₄pau⁵³,m̩¹u²¹tsʰiəu⁵³₄₄uɔi⁵³₄₄pau⁵³xekˀ./欸，欸系呀，会跰。e₂₁,e₄₄xe⁵³₄₄iaˀ,uɔi⁵³₄₄pau⁵³./安做安做安安做竹么个扎欸。ɔn₄₄tso⁵³₄₄ɔn₄₄tso⁵³₄₄ɔn³⁵ɔn₄₄tso₄₄⁵³tʂəuk³makˀke⁵³₄₄tsait⁵eiˀ./么个扎呀？makˀke⁵³₄₄tsait⁵iaˀ?/哎欸，安做锤扎子。ai₄₄ei₄₄,ɔn³⁵tso⁵³₄₄tʂʰei¹³tsait⁵tsʅ⁰./锤扎子。tʂʰei¹³tsait⁵tsʅ⁰./钉唔进呐，系唔系？欸，渠话扎只子子眼。taŋ³⁵n̩¹³tsin⁵naˀ,xei⁵³₄₄me₄₄(←m̩¹³xe⁵³)?e₂₁,ci²¹₁ua⁵³₄₄tsait⁵tʂak³tsʅ⁰tsʅ⁰ŋan²¹./钉唔进呢你就爱扎一下子呀。唔扎一下来渠慢点会跰哇。箇都是滴毛棍哦。taŋ³⁵n̩¹³₂₁tsin⁵neˀɲi¹³tsʰiəu⁵³ɔi⁵³tsait⁵iet³xa⁵³tsʅ⁰iaˀ.n̩¹³tsait⁵iet³xa⁵³lɔi¹³ci²¹₁man⁵³tian₄₄uɔi⁵³₄₄pau⁵³uaˀ.kai₄₄təu³⁵₄₄sʅ²¹₁tiet⁵mau³⁵kuən⁵³ŋoˀ./一只就会跰，二只就渠咁会会抵脚哦。iet³tʂak³tsiəu⁵³₄₄uɔi⁵³₄₄pau⁵³,ɲi⁵³tʂak³tsʰiəu⁵³ci¹³₂₁kan⁵³uɔi⁵³₄₄uɔi⁵³ti²¹ciɔk³oˀ./系，橡皮上会扎只子眼子，扎只子凼子。眼是冇得眼，一只凼。

xei^{53},ʂɔn^{13}pʰi^{13}xɔŋ$^{53}_{44}$uɔi$^{53}_{44}$tsait^{5} tʂak^{3} tsɿ^{0} ŋan^{21}tsɿ^{0},tsait^{5} ak^{3} (←tʂak^{3})tsɿ^{0} tʰɔŋ^{53}tsɿ^{0}.ŋan^{21} ʂʅ$^{53}_{44}$mau$^{13}_{44}$tek^{3} ŋan^{21},iet^{3} tʂak^{3} tʰɔŋ^{53}./欸，一只凼。e$_{21}$iet^{3} tʂak^{3} tʰɔŋ^{53}./以个我我做个箇只屋个时候子就有就爱用哩欸哟我也打哩两只扎。i^{21}ke^{53}ŋai^{13}ŋai^{13}tso^{53}ke^{53} kai^{53}tʂak^{3} uk^{3} ke^{53}ʂʅ^{13}xəu^{53}tsɿ^{0} tsiəu$^{53}_{44}$iəu$^{35}_{44}$tsʰiəu$^{53}_{44}$ɔi$^{53}_{44}$iəŋ$^{53}_{44}$li^{0} ei$_{35}$io^{0} ŋai^{13}a$^{35}_{44}$ta^{21}li^{0} iɔŋ^{21} tʂak^{3} tsait^{5} ./哦。o$_{21}$./用铁匠打，箇还要放钢噢。iəŋ^{53}tʰiet^{3} siɔŋ$^{53}_{44}$ta^{21},kai^{53}xa$^{13}_{21}$ɔi$^{53}_{44}$fɔŋ^{53} kɔŋ^{53}ŋau^{0}./放钢？ xɔŋ^{53}kɔŋ^{53}./你唔放钢是会□嘿。ɲi^{13}n̩$^{13}_{44}$fɔŋ^{53}kɔŋ^{53}ʂʅ$^{53}_{44}$uɔi$^{53}_{44}$kʰuət^{5} xek^{3}.

瓦窑

（呃，用来烧瓦的那个土窑呢？）就安做窑，瓦窑，瓦窑，唔安做砖窑，安做瓦窑。但是瓦窑也烧砖，也爱搭滴子砖。渠箇个烧窑吵，渠箇瓦是尽系咁子密密哩，系啊咁子，弯弯子个，一块一块子个，一□咁高。一□，放倒去烧。放倒去烧个时子箇底下嘞，爱进火。底下爱进火啊。底下进火就让门子？就特事做滴子砖呢。做滴子砖，箇砖就咁子，箇一论一论子个，留滴空欸，箇火正进得啊。又烧哩砖，又烧哩瓦。欸，砖瓦窑，砖窑，我等唔喊砖窑，喊瓦窑。欸我去我去烧过。tsʰiəu$^{53}_{44}$ɔn$^{35}_{44}$tso$^{53}_{44}$iau^{13},ŋa^{21}iau^{13},ŋa^{21} iau^{13},n̩^{13}ɔn$^{35}_{44}$tso$^{53}_{44}$tʂɔn^{35}iau^{13},ɔn$^{35}_{44}$tso$^{53}_{44}$ŋa^{21}iau^{13}.tan^{53}ʂʅ^{53}ŋa^{21}iau^{13}ia^{35}ʂau$^{35}_{44}$tʂɔn^{35},ia^{35}ɔi^{53}tait^{3} tiet^{5} tsɿ^{0} tʂɔn^{35}.ci^{13}kai$^{53}_{44}$kei$^{53}_{44}$ʂau^{35}iau^{13}ʂa^{0} ,ci^{13}kai$^{53}_{44}$ŋa^{21}ʂʅ$^{53}_{44}$tsʰin^{53}nei$_{44}$(←xei^{53})kan^{21}tsɿ^{0} miet^{5} miet^{5} li^{0} ,xei$^{53}_{44}$a^{0} kan^{21}tsɿ^{0} ,uan^{35}uan$^{35}_{44}$tsɿ^{0} kei$^{53}_{44}$,iet^{3} kʰuai^{53}iet^{3} kʰuai^{53}tsɿ^{0} kei$^{53}_{44}$,iet^{3} tsiau^{35}kan^{21}kau^{35}.iet^{3} tsiau^{35},fɔŋ^{53}tau^{21}çi$^{53}_{44}$ʂau^{35}.fɔŋ^{53}tau^{21}çi$^{53}_{44}$ʂau^{35}e$_{44}$(←ke^{53})ʂʅ$^{13}_{21}$tsɿ^{0} kai$^{53}_{44}$ te^{21}xa$^{53}_{44}$lei^{0} ,ɔi^{53}tsin^{53}fo^{21}.te^{21}xa$^{53}_{44}$ɔi^{53}tsin^{53}fo^{21}a^{0} .te^{21}xa$^{53}_{44}$tsin^{53}fo^{21}tsʰiəu$^{53}_{44}$ɲiɔŋ^{53}mən^{0} tsɿ^{0} ?tsʰiəu$^{53}_{44}$tʰek^{5} sɿ$^{53}_{44}$tso$^{53}_{44}$tet^{5} tsɿ^{0} tʂɔn^{35}nei^{0} .tso$^{53}_{44}$tet^{5} tsɿ^{0} tʂɔn^{35},kai$^{53}_{44}$tʂɔn^{35}tsʰiəu^{53}kan^{21} tsɿ^{0} ,kai$^{53}_{44}$iet^{3} lən^{53}net^{3} (←iet^{3})lən^{53}tsɿ^{0} ke$^{53}_{21}$,liəu^{13}tet$^{5}_{3}$ kʰəŋ^{53}ŋe^{0} ,kai$^{53}_{44}$fo^{21}tʂaŋ$^{53}_{44}$tsin^{53}tek^{3} a^{0} .iəu^{53}ʂau^{35}li^{0} tʂɔn^{35},iəu^{53}ʂau$^{35}_{44}$li^{0} ŋa^{21}.e$_{21}$,tʂɔn^{35}ŋa^{21}iau^{13},tʂɔn^{35}iau^{13},ŋai$^{13}_{21}$tien^{0} n̩$^{13}_{21}$xan^{53} tʂɔn^{35}iau$^{13}_{21}$,xan^{53}ŋa^{21}iau^{13}.e$_{21}$ŋai^{13}çi^{53}ŋai^{13}çi$^{53}_{44}$ʂau^{35}ko$^{53}_{21}$.（你还烧过砖，烧过窑？）我等箇以前做屋，以前做屋就硬爱硬爱烧瓦唠。尽自家烧瓦。ŋai^{13}tien^{0}kai^{53} i^{35}tsʰien$^{13}_{21}$tso^{53}uk^{3} ,i^{35}tsʰien$^{13}_{21}$tso$^{53}_{44}$uk^{3} tsʰiəu$^{53}_{44}$ɲiaŋ$^{53}_{44}$ɔi$^{53}_{44}$ɲiaŋ$^{53}_{44}$ɔi$^{53}_{44}$ʂau^{35}ŋa^{21}lau^{0} .tsʰin$^{53}_{44}$tsʰɿ^{35} ka$^{35}_{44}$ʂau$^{35}_{44}$ŋa^{21}.（噢，噢自己烧啊？）呣。m̩$_{21}$.

刨子

（呃，以前那个就是比方说这个萝卜啊，我把它礤成片或者礤成丝啊那种那种东西呢？）欸，刨子唠，喊刨子。欸搞成丝个就丝刨子。搞成片个就片刨子。丝刨子。片刨子。萝卜丝系咁子搞，番薯丝也咁子搞。欸。e$_{21}$,pʰau^{13}tsɿ^{0} lau^{0} ,xan^{53}pʰau^{13}tsɿ^{0} .e^{0} kau^{21}tʂʰən^{13}sɿ^{35}ke^{53}tsʰiəu$^{53}_{44}$sɿ^{35}pʰau$^{13}_{21}$tsɿ^{0} .kau^{21}

tʂʰən^{13}pʰien^{53}ke^{53}tsʰiəu$_{44}$pʰien^{21}pʰau$_{21}$tsʐ^{0}.sʐ^{35}pʰau$_{21}$tsʐ^{0}.pʰien^{21}pʰau$_{21}$tsʐ^{0}.lo^{13}pʰiek^{5} sʐ^{35}xe^{53}kan^{21}tsʐ^{0}kau^{21},fan^{35}ʂəu$_{21}$sʐ$_{44}$a$_{53}$(←a^{35})kan^{21}tsʐ^{0}kau^{21}.e$_{21}$.

箇起东西就有两种嘞。一种细细子个，小型子个。打比样萝卜丝，欸，番薯丝，一般是萝卜丝唠，萝卜丝，炒两碗子菜呀，炒两碗子丝啊，箇就唔爱几大子，咁大子，咁长子，系啊？但是箇番薯丝嘞一下搞就搞一箩担。欸，搞几担番薯。箇个嘞就有种箱刨，□哐□哐，安做……kai^{53}çi^{21}təŋ$_{44}$si^{0} tsiəu$_{44}$iəu$_{44}$iɔŋ^{21}tʂəŋ^{21}nei^{0}.iet^{3}tʂəŋ^{53}se^{53}se^{53}tsʐ^{0}ke^{53},siau^{21}çin$_{44}$tsʐ^{0}kei^{53}.ta^{21}pi^{21}iɔŋ^{53}lo$_{21}$ pʰiek^{5}sʐ^{35},e$_{21}$,fan^{35}ʂəu$_{21}$sʐ^{35},iet^{3}pɔn^{35}sʐ$_{44}$lo^{13}pʰiek^{5}sʐ^{35}lau^{0},lo^{13}pʰiek^{5}sʐ^{35},tsʰau^{21}iɔŋ^{21} uɔn^{21}tsʐ^{0}tsʰɔi^{53}ia^{0},tsʰau^{21}iɔŋ^{21}uɔn^{21}tsʐ^{0}sʐ^{35}a^{0},kai$_{44}$tsʰiəu$_{44}$m̩^{21}mɔi$_{44}$ci^{21}tʰai^{53}tsʐ^{0},kan$^{21}_{35}$ tʰai^{53}tsʐ^{0},kan^{21}tʂʰɔŋ^{13}tsʐ^{0},xei$_{44}$a^{0}?tan^{35}sʐ^{21}kai^{0}fan^{35}ʂəu$_{21}$sʐ$_{44}$lei^{0}iet^{3}xa$_{44}$kau^{21}tsʰiəu^{53} kau^{21}iet^{3}lo^{13}tan^{35}.e$_{21}$,kau^{0}ci^{21}tan^{35}fan$_{44}$ʂəu$_{21}$.kai$_{44}$ke$_{21}$lei^{0}tsʰiəu^{53}iəu^{35}tʂəŋ^{21}siɔŋ^{35} pʰau$_{21}$,cʰin^{53}kʰuaŋ^{53}cʰin^{53}kʰuaŋ^{53},ɔn$^{35}_{44}$tsɔ$_{21}$…（箱刨？）箱刨，刨番薯丝个。刨番薯丝个就安做箱刨。siɔŋ^{35}pʰau$_{21}$,pʰau^{13}fan^{35}ʂəu$_{21}$sʐ^{35}ke^{53}.pʰau$_{21}$fan$_{44}$ʂəu$_{21}$sʐ$_{44}$ke$_{44}$ tsiəu$_{44}$ɔn$^{35}_{44}$tsɔ$_{44}$siɔŋ^{35}pʰau$_{21}$.

马刀锯

以前我等有种咁个锯子，欸锯子咯。箇锯子嘞咁子拖个，欸拖个。以个以个手里就拖抓……抓手个木把。箇向嘞就咁个长长子个，咁个长长子。就就同箇个红军用个大刀样个，安做马刀锯。我等安做马刀锯。欸，马刀锯。i^{35}tsʰien$^{13}_{21}$ŋai$^{13}_{21}$tien^{0}iəu$_{44}$tʂəŋ^{21}kan^{21}cie$_{44}$cie^{53}tsʐ^{0},e^{0}cie^{53}tsʐ^{0}ko^{0}.kai$_{44}$cie^{53}tsʐ^{0}lei^{0} kan^{21}tsʐ^{0}tʰo^{35}ke^{0},e^{0}tʰo^{35}ke^{53}.i^{21}e$_{44}$(←ke^{53})i^{21}e$_{44}$(←ke^{53})ʂəu^{21}li^{0}tsʰiəu^{53}tʰo^{35}ia^{21}ʂa…ia^{21} ʂəu^{21}ke$_{44}$muk^{3}pa^{53}.kai^{53}çiɔŋ$_{44}$lei^{0}tsʰiəu$_{44}$kan^{21}ke$_{44}$tʂʰɔŋ^{13}tʂʰɔŋ^{13}tsʐ^{0}ke^{0},kan^{21}ke$_{21}$ tʂʰɔŋ^{13}tʂʰɔŋ^{13}tsʐ^{0}.tsʰiəu^{35}tsʰiəu^{53}tʰəŋ$^{13}_{21}$kai^{53}ke$_{44}$fəŋ$^{13}_{21}$tʂəŋ$^{35}_{44}$iəŋ$^{53}_{44}$ke$_{21}$tʰai^{53}tau$^{35}_{44}$iɔŋ^{53} ke$_{44}$,ɔn$^{35}_{44}$tsɔ$_{44}$ma$^{35}_{44}$tau$_{44}$cie^{53}.ŋai^{13}tien^{0}ɔn$^{35}_{44}$tsɔ$_{44}$ma$^{35}_{44}$tau$_{44}$cie^{53}.e$_{21}$,ma^{35}tau$_{44}$cie^{53}.

铣锯

（你去那个铣……铣锯的时候你不要把那个锯片夹在那个呢？）哦，哦哦哦。箇唔系箇只夹子，渠就系开路用个。箇只东西实在我……一般也就舞张凳呢，铣锯个时候子，舞张凳，翻下转来嘞箇个梭凳呐。翻下转来嘞，箇面凳脚向上啊。两只凳脚，以只凳脚，以只凳脚要向上欸，以只凳脚以映子锯条子槽哇，箇只凳脚爱锯条子槽欸，把锯嵌下去啊。就要得嘞箇就。箇就箇就箇箇就用可以用箇唔爱紧箇个。o^{35},o$_{21}$o$_{21}$o$_{21}$.kai^{53}m̩$^{13}_{21}$pʰe$_{44}$ (←xe^{53})kai^{53}tʂak^{3}ciak^{3}tsʐ^{0},ci^{13}tsʰiəu$_{44}$xe^{0}kʰɔi^{35}ləu^{13}iəŋ$^{53}_{44}$ke^{0}.kai^{53}tʂak^{3}təŋ$^{35}_{44}$si^{0}ʂət$^{5}_{5}$ tsʰɔi^{53}ŋai$^{13}_{21}$…iet^{3}pɔn^{35}ia$_{44}$tsʰiəu$_{44}$u^{21}tʂəŋ$_{44}$tien^{53}nei^{0},se^{21}cie$_{44}$ke$_{44}$sʐ^{13}xəu^{53}tsʐ^{0},u^{21}tʂəŋ$_{44}$

tien⁵³,fan³⁵na⁵³tʂɔn²¹nɔi¹³le⁰ kai⁵³ke₄₄sɔ³⁵tien⁵³na⁰.fan³⁵na⁵³tʂɔn²¹nɔi¹³le⁰,kai₄₄mien⁵³ ten⁵³ciɔk˺ çiɔŋ₄₄⁵³ʂɔŋ³⁵ŋa⁰.iɔŋ²¹tʂak˺ ten⁵³ciɔk˺,i²¹tʂak˺ ten⁵³ciɔk˺,i²¹tʂak˺ ten⁵³ciɔk˺ iau⁵³ çiɔŋ⁵³ʂɔŋ³⁵ŋei⁰,i²¹tʂak˺ ten⁵³ciɔk˺ i²¹iaŋ⁵³tsʅ⁰ cie⁵³tʰiau¹³tsʅ⁰ tsʰau¹³ua⁰,kai⁵³tʂak˺ ten⁵³ ciɔk˺ ɔi₄₄⁵³cie⁵³tʰiau²¹tsʅ⁰ tsʰau⁵³ei⁰,pa²¹cie₄₄⁵³xan⁵³na₄₄(←xa⁵³)çi₄₄⁵³a⁰.tsiəu₄₄⁵³iau⁵³tek˺ le⁰ kai₄₄tsiəu₄₄⁵³.kai⁵³tsʰiəu₄₄⁵³kai₄₄⁵³tsʰiəu⁵³kai⁵³ kai⁵³tsʰiəu₄₄⁵³iəŋ₄₄⁵³kʰɔ²¹i¹³⁵iəŋ₄₄⁵³kai₄₄m̩²¹mɔi₃₅⁵³cin²¹ kai⁵³cie₄₄⁵³.

但是，锯路唔好哩，但是锯齿啊，锯一阵呐，或者夹拢去哩，扯都唔动了，箇就爱拿只子咁个老蟹钳子样个东西去拨开下子来，拨开子，拨得匀匀称称子，安做……钳子吧，安做钳子。夹稳箇只齿，欸，往以边扳滴子，往以边扳滴子，扳开下子来。箇锯路扳开下来。tan⁵³sʅ₄₄⁵³,cie⁵³ləu⁵³ŋ̩¹³xau²¹ li⁰,tan₄₄⁵³sʅ₄₄⁵³cie⁵³tʂʅ²¹za⁰,cie⁵³iet˺ tʂʰən⁵³na⁰,xɔit˺ tʂa²¹kait˺ ləŋ³⁵çi⁵³li⁰,tʂʰa²¹təu₅₃⁵³n̩²¹ tʰən⁵³liau⁰,kai₄₄tsʰiəu₄₄⁵³ɔi₄₄⁵³lak˺ tʂak˺ tsʅ⁰ kan²¹cie⁵³lau²¹xai²¹cʰian¹³tsʅ⁰ iɔŋ₄₄⁵³kei₄₄təŋ₄₄⁵³si⁰ çi₄₄⁵³pɔit˺ kʰɔi¹³⁵a⁵³(←xa⁵³)tsʅ⁰ lɔi¹³,pɔit˺ kʰɔi¹³⁵tsʅ⁰,pɔit˺ tek˺ iəŋ¹³iəŋ¹³tsʰin⁵³tsʰin⁵³ tsʅ⁰,ɔn⁵³tsɔ₄₄⁵³cʰ…cʰian¹³tsʅ⁰pa⁰,ɔn⁵³tsɔ₄₄⁵³cʰian¹³tsʅ⁰.kait˺ uən²¹kai⁵³tʂak˺ tsʅ₄₄⁵³,e₂₁,uɔŋ²¹ i²¹pien₄₄³⁵pan³⁵tiet˺ tsʅ⁰,uɔŋ²¹i²¹pien₄₄³⁵pan³⁵tiet˺ tsʅ⁰,pan³⁵kʰɔi¹³⁵ia⁵³(←xa⁵³)tsʅ⁰lɔi²¹¹³.kai₄₄⁵³ cie⁵³ləu⁵³pan³⁵kʰɔi¹³⁵a⁵³(←xa⁵³)tsʅ⁰lɔi²¹¹³.

铣磨子

欸箇磨子个齿嘞，就安做磨齿。就安做磨齿。e⁰kai₄₄⁵³mo⁵³tsʅ⁰ke⁵³tʂʅ²¹le⁰, tsʰiəu₄₄⁵³ɔn₄₄³⁵tsɔ₄₄⁵³mo⁵³tsʅ²¹.tsʰiəu₄₄⁵³ɔn₄₄³⁵tsɔ₄₄⁵³mo⁵³tsʅ²¹.（就叫磨齿啊？）箇磨子，石 磨子呀，磨一阵呀，磨阵会，箇个齿就会平啊，系呀？会平啊。就爱…… 箇就唔利呀，唔煞个呀。磨起来就就效率低啊。要爱分箇齿搞尖来。欸， 就磨起来更煞。搞……箇只搞尖来有人专门做咁个工作。安做铣磨。铣磨 子。欸，铣磨。石匠啊铣磨子。舞只咁个凿，咁子咁子哆哆哆哆哆，咁子 去凿，凿深来。分箇沟凿深来。kai₄₄⁵³mo⁵³tsʅ⁰,ʂak⁵mo⁵³tsʅ⁰ ʂa⁰,mo⁵³et˺ (←iet˺)tʂʰən⁵³ʂa⁰,mo⁵³tʂʰən₅₃⁵³uɔi₄₄⁵³,kai₄₄⁵³ke₄₄⁵³tʂʅ²¹tsʰiəu₄₄⁵³uɔi₄₄⁵³pʰiaŋ¹³ŋa⁰,xei⁵³ia⁵³?uɔi⁵³ pʰiaŋ¹³ŋa⁰.tsʰiəu₄₄⁵³ɔi⁵³…kai₄₄⁵³tsʰiəu₄₄⁵³m̩¹³li⁵³ʂa⁰,n̩¹³sait˺ ke⁵³ʂa⁰.mo⁵³çi²¹lɔi¹³tsʰiəu⁵³ tsʰiəu²¹¹³çiau⁵³liet˺ te³⁵a⁰.iau₄₄⁵³ɔi₄₄⁵³pən³⁵kai₄₄⁵³tʂʅ²¹kau²¹tsian³⁵nɔi²¹¹³.e₂₁,tsʰiəu²¹¹³mo⁵³çi²¹lɔi¹³ ken⁵³sait˺.kau²¹…kai⁵³tʂak˺ kau²¹tsian³⁵nɔi²¹¹³iəu³⁵ɲin²¹¹³tʂen⁵³mən²¹¹³tsɔ⁵³kan²¹ke⁵³kəŋ³⁵ tsɔk˺.ɔn₄₄³⁵tsɔ₄₄⁵³se²¹mo⁵³.se²¹mo⁵³tsʅ⁰.e₂₁,se²¹mo⁵³.ʂak⁵siɔŋ³⁵ŋa⁰se²¹mo⁵³tsʅ⁰.u²¹tʂak˺ kan²¹ke₄₄⁵³tʂʰɔk⁵,kan²¹tsʅ⁰kan²¹tsʅ⁰to⁵³to₄₄⁵³to₄₄⁵³to₄₄⁵³to⁵³,kan²¹tsʅ⁰çi₄₄⁵³tʂʰɔk⁵,tsʰɔk⁵tʂʰən³⁵ nɔi²¹¹³.pən³⁵kai₄₄⁵³kei³⁵tʂʰɔk⁵tʂʰən³⁵nɔi²¹¹³.（我都见过。）你也看过吧？ɲi¹³ia₄₄³⁵kʰɔn⁵³ko₄₄⁵³ pa⁰?（嗯嗯，对。）欸，铣磨子。e₂₁,sei²¹mo⁵³tsʅ⁰.

篾

我等喊篾笘。ŋai²¹₁₃tien⁰xan⁵³₄₄miet⁵sak³./但是只爱篾匠师傅来用呢渠就篾丝啦，系唔系啊？欸，还有么个啊？篾片吧？tan⁵³ʂʅ₄₄tʂʅⁿɔi₄₄miet⁵siɔŋ⁵³ʂʅ₄₄fu⁵³₄₄lɔi¹³iəŋ⁵³lei⁰ci²¹₁₃tsʰiəu⁵³₄₄miet⁵ʂʅ³⁵la⁰,xe⁵³₄₄me₄₄(←m̩¹³xe⁵³)a⁰?e₂₁,xai₂₁iəu₄₄mak³ke₄₄a⁰?miet⁵pʰien²¹pa⁰?/篾片。miet⁵pʰien²¹./篾丝篾片呐。miet⁵ʂʅ³⁵miet⁵pʰien²¹na⁰.

（青的呢？）哈？青……xa³⁵?tsʰiaŋ³⁵…（那个篾啊？那个青的呢？）青个？tsʰiaŋ³⁵ke⁵³₄₄?（嗯。）青篾哟。就喊青篾。tsʰiaŋ³⁵miet⁵iau⁰.tsʰiəu⁵³₄₄xan⁵³₄₄tsʰiaŋ³⁵met⁵./就是青篾，欸。肚箇里个喊瓢篾。tsʰiəu⁵³₄₄ʂʅ³⁵tsʰiaŋ³⁵met⁵,e₂₁.təu²¹kai⁵³₄₄li⁰ke⁰xan⁵³₄₄lɔŋ¹³met⁵./青篾安做瓢篾。tsʰiaŋ³⁵met⁵ɔn₄₄tso₄₄iɔŋ⁵³met⁵./嗯，青篾喊瓢篾。ŋ̩₂₁,tsʰiaŋ³⁵met⁵xan⁵³₄₄lɔŋ¹³met⁵./篾骨，肚里箇重就篾骨。mie⁵kuət³,təu²¹li⁰kai⁵³₄₄tʂʰəŋ¹³tsʰiəu₄₄miet⁵kuət³./篾骨啊。mie⁵kuət³a⁰./青篾、瓢篾、篾骨。欸。tsʰiaŋ³⁵met⁵,lɔŋ¹³met⁵,miet⁵kuət³.e₂₁./篾骨。欸。miet⁵kuət³.e₂₁.（lɔŋ¹³啊？）嗯。ŋ̩₂₁.

青篾肚里有头青二青。其实最好个就二青欸。tsʰiaŋ³⁵miet⁵təu²¹li⁰iəu₄₄tʰei¹³tsʰiaŋ₄₄ɲi⁵³tsʰiaŋ³⁵.cʰi¹³ʂət₃tsei⁵³xau²¹ke⁵³₄₄tsʰiəu⁵³₄₄ɲi⁵³tsʰiaŋ³⁵ŋei⁰./欸，欸。e₄₄,e₂₁./欸，第二第二层。e₂₁,tʰi¹³₄₄ɲi⁵³₄₄tʰi¹³₄₄ɲi⁵³ts⁵³en¹³₂₁./第二层。最好个就第二层。tʰi¹³₄₄ɲi⁵³tsʰien¹³.tsei⁵³xau²¹ke⁵³₄₄tsʰiəu⁵³₄₄tʰi¹³₄₄ɲi⁵³tsʰien¹³₂₁./箇是就一只欸打扁篾就爱分……kai⁵³₄₄ʂʅ₂₁tsʰiəu⁵³₄₄iet³tʂak³e₂₁ta²¹pien⁵miet⁵tsiəu⁵³₄₄ɔi₄₄fən³⁵…/就分得出来。tsʰiəu₄₄fən³⁵tek³tʂʰət³lɔi¹³./欸。e₂₁.（哦，青篾里面分头篾）头青二青。tʰei¹³tsʰiaŋ³⁵₄₄ɲi⁵³tsʰiaŋ³⁵./最好是……经事是就系二瓢，二瓢更好哇。tsei⁵³xau²¹ʂʅ⁵³…cin³⁵ʂʅ⁵³ʂʅ²¹₂₁tsʰiəu₄₄xe⁵³₄₄ɲi⁵³lɔŋ¹³₂₁,ɲi⁵³lɔŋ¹³₂₁ken⁵³xau²¹ua⁰./二瓢篾更好。ɲi⁵³lɔŋ¹³₂₁met⁵cien⁵³xau²¹.

（二瓢篾？）二瓢篾。就系就系一一一只竹笘肚里欸一一一一筒一一劈一一篾竹笘，第一层就头青篾。嗯。也还好，但是冇得咁好。同箇同箇蒸酒样，欸，头……头……头镬水冇咁好，有滴苦糙系唔系？最好个就二镬头。ɲi⁵³lɔŋ²¹₂₁met⁵.tsʰiəu⁵³uei⁵³(←xei⁵³)tsʰiəu⁵³uei⁵³(←xei⁵³)iet³iet³iet³tʂak³tʂəuk³sak³təu²¹li⁰e₂₁iet³iet³iet³iet³tʰəŋ¹³iet³iet³pʰiak³iet³iet³sak³tʂəuk³sak³,tʰi¹³iet³tsʰien¹³tsʰiəu⁵³₄₄tʰei¹³tsʰiaŋ₄₄miet⁵.ŋ̩₂₁.ia⁵³xai₂₁xau²¹,tan⁵³ʂʅ³mau¹³tek³kan²¹xau²¹.tʰəŋ¹³kai⁵³₄₄tʰəŋ¹³kai⁵³₄₄tʂən³⁵₄₄tsiəu²¹iɔŋ⁵³₄₄,e₂₁,tʰei⁰cʰiəu…tʰei⁰u…tʰei⁰uɔk³ʂei⁰mau¹³kan²¹xau²¹,iəu³⁵tet⁵fu²¹tsʰau⁵³xei₄₄me₄₄(←m̩¹³xe⁵³)?tsei⁵³xau²¹ke⁵³₄₄tsʰiəu⁵³₄₄ɲi⁵³uɔk³tʰei¹³./二锅头。ɲi⁵³kuo³⁵tʰei¹³./二镬头就最好。第二层篾笘最好。第二层呐，最好。ɲi⁵³uɔk⁵tʰei¹³tsʰiəu⁵³tsei⁵³xau²¹.tʰi¹³₄₄ɲi⁵³tsʰien¹³₂₁miet⁵sak³tsei⁵³xau²¹.tʰi¹³₄₄ɲi⁵³tsʰien¹³na⁰,tsei⁵³xau²¹./第三层四层个又冇咁好了。tʰi¹³₄₄san³⁵tsʰien¹³si⁵³tsʰien¹³₂₁ke₄₄iəu⁵³₄₄mau¹³kan²¹xau²¹liau⁰./第三层也蛮好。越搞到中间豩骨头个栏场就越奻，就就那箇硬度系硬度摎摎柔韧度。tʰi¹³₄₄san³⁵tsʰien¹³₂₁ia₄₄man²¹₂₁xau²¹.vet⁵kau²¹tau⁵³ tʂən³⁵kan₄₄³⁵ȵia₂₁¹³kuət³ tʰei¹³ke₄₄⁵³laŋ¹³tʂʰɔŋ₄₄¹³tsʰiəu₄₄⁵³vet⁵ ʂo¹³,tsʰiəu⁵³tsʰiəu⁵³la₄₄⁵³kai₄₄ŋaŋ⁵³ tʰəu⁵³xe₄₄⁵³ŋaŋ¹³tʰəu⁵³lau³⁵lau⁵³iəu¹³uən⁵³tʰəu⁵³.

（最表层那个叫做头……头……）欸，头青。e₂₁,tʰei¹³tsʰiaŋ³⁵.（头青？）欸，头青。e₂₁,tʰei¹³tsʰiaŋ³⁵.（头青篾？）头青篾。嗯。tʰei¹³tsʰiaŋ³⁵miet⁵.ȵ₂₁.（第二层的就是）二青。ȵi⁵³tsʰiaŋ³⁵./二青。ȵi⁵³tsʰiaŋ³⁵.（二青篾？）嗯。ȵ₂₁./二青是最好个。ȵi⁵³tsʰiaŋ³⁵ʂ₄₄⁵³tsei³ke⁰./好，箇底下就喊瓢篾。箇是箇下就喊瓢篾。xau²¹,kai₄₄⁵³te²¹xa⁵³tsʰiəu₄₄⁵³xan₄₄⁵³lɔŋ¹³miet⁵.kai₂₁⁵³ʂ₄₄⁵³kai₄₄xa⁵³tsʰiəu₄₄⁵³xan₄₄⁵³lɔŋ¹³miet⁵./三……三重四重五重。san³⁵…san³⁵tʂʰən₄₄³si⁵³tʂʰən₄₄³ŋ²¹tʂʰən₄₄³./箇个就瓢篾了。然后以下剩倒箇起不能够破了，箇个就安做篾骨。kai₄₄ke⁵³tsʰiəu₄₄¹³lɔŋ¹³miet⁵ liau⁰.ien₂₁xəu₄₄⁵³i²¹a₃₅(←xa⁵³)ʂən₄₄tau²¹kai₄₄çi²¹pət len¹³ciau₄₄³pʰo⁵³liau⁰,kai₄₄ke₄₄ tsʰiəu₄₄⁵³ən₄₄³⁵tso⁵³miet⁵ kuət³./篾骨。miet⁵ kuət³./搞成柴烧嘞。如今舞倒来做纸吧？系呀？以滴篾骨做得纸么？kau²¹tsʰən₂₁tsʰai₂₁⁵³sau₄₄³⁵le⁰.i₂₁cin₄₄³⁵u²¹tau²¹lɔi¹³tso⁵³tʂ̩²¹pa⁰ ?xei₄₄⁵³ia⁵³ ?i²¹tiet₃⁵miet⁵ kuət³ tso₄₄⁵³tek³ tʂ̩²¹mo⁰ ?/做得嘞。tso⁵³tek³ le⁰./篾屎呢，竹屎做纸呢。miet⁵ ʂ̩²¹nei⁰,tʂəuk³ ʂ̩²¹tso⁵³tʂ̩²¹ne⁰./嗯，做得哦。ȵ₂₁,tso⁵³tek³ le⁰./做得啊？tso⁵³tek³ a⁰ ?

（那个最里面那一层呢？）篾骨啊。miet⁵ kuət³ a⁰./喊篾骨唠。xan₃₅⁵³miet⁵ kuət³ lau⁰./篾骨。miet⁵ kuət³./篾骨。miet⁵ kuət³.（骨，骨头的骨是吧？）欸，骨头个骨。e₂₁,kuət³ tʰei¹³ke⁵³kuət³./骨头个骨。kuət³ tʰei¹³ke⁵³kuət³./只篾子个骨头了剩倒。tʂ̩²¹miet⁵ tʂ̩²¹ke₄₄⁵³kuət³ tʰei¹³liau⁰ ʂən₄₄tau²¹.

嫩竹做个系子竹篾。子竹篾啊。lən⁵³tʂəuk³ tso⁵³ke₄₄xe⁵³tʂ̩²¹tʂəuk³ miet⁵.tʂ̩²¹ tʂəuk³ miet⁵ a⁰./子竹篾系。tʂ̩²¹tʂəuk³ miet⁵ xei⁵³.缠箇只笋舷呐，缠篓公啊。tʂʰen¹³kai₄₄tʂak³lo¹³çien¹³na⁰,tʂʰen¹³ni₂₁(←li¹³)kəŋ₄₄³⁵ŋa⁰./欸，缠扫把。e₂₁,tʂʰen¹³sau⁵³pa²¹.嫩竹吧？还正架势子开叶个箇起就喊嫩竹。喊是子竹篾。lən⁵³tʂəuk³ pʰa⁰ ?xai¹³tʂaŋ⁵³cia⁵³ʂ̩⁰tʂ̩⁰kʰɔi³⁵iait⁵ ke₄₄⁵³kai₄₄çi²¹tsʰiəu₄₄xan²¹lən⁵³tʂəuk³.xan₄₄⁵³ʂ̩⁰tʂ̩²¹ tʂəuk³ miet⁵.（哦，子竹篾就是嫩……）嫩竹斫下来，劈开来，放下石灰肚里去浸。lən⁵³tʂəuk³ tʂɔk³ xa⁵³lɔi₄₄¹³,pʰiak³ kʰɔi³⁵lɔi₄₄¹³,fɔŋ₄₄³⁵ŋa₄₄(←xa⁵³)ʂak⁵ fɔi₄₄³⁵təu²¹li⁰ çi₄₄⁵³tsin⁵³./就破倒一皮一皮子。tsiəu₄₄pʰo⁵³tau²¹iet⁵ pʰi¹³iet³ pʰi¹³tʂ̩⁰./嗯。萦成一只只个圈，放下石灰肚里去浸。ȵ₂₁.iaŋ³⁵ʂaŋ₄₄¹³iet³ tʂak³ tʂak³ ke₄₄⁵³cʰien³⁵,fɔŋ₄₄³⁵ŋa₄₄(←xa⁵³)ʂak⁵ fɔi₄₄³⁵təu²¹li⁰ çi₄₄⁵³tsin⁵³./箇就子竹篾。kai₄₄⁵³tsʰiəu₄₄⁵³tʂ̩²¹tʂəuk³ met⁵./正先正先你到楼上看箇只篓公个箇只舷上舞个箇条东西。tʂaŋ₄₄⁵³sen³⁵tʂaŋ₄₄⁵³sen³⁵ȵi₂₁¹³tau²¹lei¹³xɔŋ₄₄³⁵kʰɔn¹³kai⁵³tʂak³ li₂₁¹³kəŋ₄₄³⁵ke₄₄⁵³kai⁵³tʂak³ çien¹³xɔŋ₄₄³⁵u²¹ke₄₄⁵³kai⁵³tʰiau₂₁¹³təŋ₄₄³⁵si⁰./篓公舷上箇个就子竹篾。li²¹kəŋ₄₄³⁵çien¹³xɔŋ₄₄⁵³kai₄₄⁵³ke₄₄⁵³tsʰiəu₄₄⁵³tʂ̩²¹tʂəuk³ miet⁵./箇个就安做子竹篾。就子竹篾舞个。kai₄₄⁵³ke₃₅⁵³tsʰiəu₄₄⁵³ən₃₅⁵³tso⁵³tʂ̩²¹ tʂəuk³ met⁵.tsʰiəu₄₄⁵³tʂ̩²¹ tʂəuk³ met⁵ u²¹ke⁵³./渠更韧性呢，揪韧。ci₂₁¹³cien₄₄⁵³ȵin⁵³sin⁵³

ne⁰,tsiəu³⁵ɲin⁵³./箇个就正架势子开叶了就爱斫。kai⁵³ₖ₄ke⁵³₄₄tsʰiəu⁵³₄₄tʂaŋ⁵³cia⁵³ʂ₄₄⁵³tʂ
kʰɔi³⁵iait³liau⁰tsʰiəu⁵³ɔi₄₄⁵³tʂɔk³.

竹绒

（那个竹子啊这么刮，刮，刮出来那种屑，是竹绒还是什么？）竹绒。
tʂəuk³iəŋ¹³./竹……欸，竹绒。tʂəuk³…e₅₃,tʂəuk³iəŋ¹³./刮出来个竹绒就系。箇
篾匠师傅哇，刨……刨篾子个时候子就刨出来哩。kuait³tʂʰət³lɔi₂₁¹³ke⁵³tʂəuk³
iəŋ¹³tsiəu⁵³xe₂₁⁵³.kai₄₄⁵³miet⁵siɔŋ₄₄⁵³ʂ₄₄⁵³fu₄₄⁵³ua⁰,pʰau¹³…pʰau¹³met⁵tʂ¹ke₄₄⁵³ʂ₄₄⁵³xei₄₄⁵³tʂ¹
tsʰiəu₄₄⁵³pʰau¹³tʂʰət³lɔi₂₁¹³li⁰./面……面上箇只就就安做竹青啊。我等话刨竹青
啊。mien⁵³…mien⁵³xɔŋ₄₄⁵³kai₄₄⁵³tʂak³tsiəu₂₁⁵³tsʰiəu₄₄⁵³ɔn₃₅⁵³tsɔ₄₄⁵³tʂəuk³tsʰiaŋ⁵³ŋa⁰.ŋai₂₁¹³tien⁰
ua₄₄⁵³pʰau¹³tʂəuk³tsʰiaŋ³⁵ŋa⁰./竹青。tʂəuk³tsʰiaŋ³⁵./刨竹青箇是剑刀。pʰau¹³tʂəuk³
tsʰiaŋ³⁵kai⁵³ʂ₄₄⁵³cian⁵³tau³⁵./系，剑刀。xei₄₄⁵³,cian⁵³tau³⁵.

（竹青跟竹绒还是不一样吧？）竹青……箇不是一样嘞。tʂəuk³tsʰi…
kai⁵³pət³ʂ₄₄⁵³iet⁵iɔŋ₄₄⁵³le⁰./竹青就更黄滴唠。tʂəuk³tsʰiaŋ³⁵tsʰiəu₄₄⁵³ken₄₄⁵³uɔŋ¹³tiet⁵
lau⁰./竹……竹青箇就系面上箇滴子，刮下去，基本上渠箇只咁个面上箇一
层子。tʂəuk³…tʂəuk³tsʰiaŋ³⁵kai₄₄⁵³tsʰiəu₄₄⁵³xe₄₄⁵³mien⁵³xɔŋ₄₄⁵³kai⁵³tiet⁵tʂ⁰,kuait³a⁵³
(←xa⁵³)çi⁵³,ci³⁵pən²¹xɔŋ₄₄⁵³ci₄₄¹³kai⁵³tʂak³kan²¹kei₄₄⁵³mien⁵³xɔŋ₄₄⁵³kai⁵³iet⁵tsʰien¹³tʂ⁰./粉
粉样啊。fən²¹fən²¹niɔŋ⁵³(←iɔŋ⁵³)ŋa⁰./但是渠渠就更更青，箇就还现青色。以
只竹绒呢就……tan₄₄⁵³ʂ₄₄⁵³ci₂₁¹³ci₂₁¹³tsʰiəu₄₄⁵³ken₄₄ken⁵³tsʰiaŋ³⁵,kai₄₄⁵³tsʰiəu₄₄⁵³xai₂₁⁵³çien⁵³
tsʰiaŋ³⁵sek⁵.i²¹tʂak³tʂəuk³iəŋ¹³le⁰tsʰiə:u₄₄⁵³…/就更黄了。tsʰiəu⁵³ken⁵³uɔŋ¹³liau⁰./就
更黄了。箇就……tsʰiəu⁵³ken₄₄⁵³uɔŋ¹³liau⁰.kai₄₄⁵³tsʰiəu₄₄⁵³…/欸，第二层了，系啊？
e₂₁⁵³,tʰi₄₄⁵³ni⁵³tsʰien₂₁¹³niau⁰,xe₄₄⁵³a⁰?/第二层个，就竹绒。真个面上箇层是竹青，我
等个是。我等个竹青□绿□绿。tʰi₄₄⁵³ni⁵³tsʰien¹³ke₄₄⁵³,tsʰiəu₄₄⁵³tʂəuk³iəŋ¹³.tʂən³⁵ke⁵³
mien⁵³xɔŋ₄₄⁵³kai₄₄⁵³tsʰien¹³ʂ₄₄⁵³tʂəuk³tsʰiaŋ³⁵,ŋai¹³tien⁰ke₄₄⁵³ʂ₄₄⁵³.ŋai¹³tien⁰ke⁰tʂəuk³tsʰiaŋ³⁵
pət³liəuk³pət³liəuk³./就系篾匠刨，刨倒怕啊做么啊扁篾个箇起噢这个箇起
就竹绒。tsʰiəu¹³xe₄₄⁵³miet⁵siɔŋ⁵³pʰau¹³,pʰau¹³tau²¹pʰa₄₄⁵³a⁰tsɔ⁵³mak⁵a⁰pien²¹met⁵ke₄₄⁵³
kai₄₄⁵³çi₃₅⁵³au₄₄⁵³tʂe₄₄⁵³kai⁵³çi²¹tsʰiəu⁵³tʂəuk³iəŋ¹³./就系竹绒。tsʰiəu⁵³xe₄₄⁵³tʂəuk³iəŋ¹³./
就竹绒。tsʰiəu⁵³tʂəuk³iəŋ¹³.

天盖地

还有还有一只箇起笭，天盖地。做生意用个。xai₂₁¹³iəu₅₃⁵³xai₂₁¹³iəu₅₃⁵³iet⁵tʂak³
kai⁵³çi²¹lo¹³,tʰien³⁵kɔi₃₅⁵³tʰi⁵³.tsɔ⁵³sien³⁵i₄₄⁵³iəŋ₄₄⁵³ke₄₄⁵³./做生意个天盖地个笭。tsɔ⁵³sien³⁵
i₄₄⁵³ke₄₄⁵³tʰien³⁵kɔi₄₄⁵³tʰi⁵³ke₄₄⁵³lo¹³./天盖地个笭。系呀！tʰien³⁵kɔi₄₄⁵³tʰi⁵³ke₄₄⁵³lo₂₁¹³.xei₄₄⁵³ia⁰!

（就那种以前以前那种游乡，挑着那个游乡的笭啊？）肚下箇只，底

下箇只就是更稍收细滴子。渠箇只本本有咁有有咁长大，箇只顶高箇只盖都。以个皮篓子箇个盖是总系六寸子搞不好了。təu²¹li³⁵kai⁵³₄₄tʂak³,te¹³xa⁵³₄₄kai⁵³tʂak³tsiəu⁵³₄₄ʂɿ⁵³₄₄ken⁵³sau²¹ʂəu³⁵se⁵³tiet⁵tsɿ⁰.ci¹³kai⁵³tʂak³pən²¹pən²¹iəu³⁵kan²¹iəu³⁵iəu³⁵₄₄kan²¹tʂʰɔŋ¹³tʰai⁵³₄₄,kai⁵³₄₄tʂak³taŋ²¹kau⁵³kai⁵³₄₄tʂak³kɔi⁵³təu³⁵.i²¹keʰ⁵³pʰi¹³lei¹³tsɿ⁰kai⁵³ke⁵³₄₄kɔi⁵³ʂɿ⁵³tsəŋ⁵³₄₄xe⁵³₄₄liəuk³tsʰən⁵³tsɿ⁰kau²¹puk³xau⁰²¹liau⁰./是浅浅子，㪫㪫，㪫。sɿ⁵³₄₄tsʰien²¹tsʰien²¹tsɿ⁰,e₄₄,e₄₄,e₂₁./箇起更深咁个箩渠就。㪫。kai⁵³çi¹³cien⁵³tsʰən³⁵kan²¹ke⁵³lo²¹₂₁ci¹³tsiəu⁵³.e₂₁./渠箇只就硬盖到底。ci¹³kai⁵³tʂak³tsʰiəu⁵³₄₄ɲiaŋ⁵³kɔi⁵³tau⁵³₄₄te²¹./盖到底，系，系系系。kɔi⁵³tau⁵³₄₄te²¹,xe⁵³,xe⁵³₄₄xe⁵³₄₄xe⁵³./天盖地个箩。tʰien⁵³kɔi⁵³₄₄tʰi⁵³ke⁵³lo¹³./天盖地个。tʰien³⁵kɔi⁵³₄₄tʰi⁵³ke⁴⁴./喊天盖地。xan⁵³tʰien³⁵kɔi⁵³₄₄tʰi⁵³./箇箇个喊喊么个东西啊？kai⁵³kai⁵³₄₄ke⁴₄xan³⁵₄₄xan³⁵₄₄mak³ke⁴₄təŋ³⁵si⁰a⁰?/天盖地个箩。tʰien³⁵kɔi⁵³₄₄tʰi⁵³ke⁵³lo²¹₂₁./天盖地个篓子。tʰien³⁵kɔi⁵³₄₄tʰi⁵³ke⁵³lei²¹tsɿ⁰./渠就顶高箇盖子唔知几深，翻下转来又装得又装得蛮多东西。ci²¹₂₁tsʰiəu⁵³taŋ³⁵kau³⁵₄₄kai⁵³₄₄kɔi⁵³tsɿ⁰ŋ₂₁ti⁴₄ci²¹tsʰən³⁵,fan³⁵na⁵³(←xa⁵³)tʂən²¹nɔi¹³(←lɔi¹³)iəu⁵³tʂɔŋ³⁵tek³iəu⁵³₄₄tʂɔŋ³⁵tek³man¹³to⁵³₄₄təŋ₄₄si⁰.

（我以前见过。）普通话：你也见过吧？（我见过。他们挑着走家串户的那个。）普通话：是啊是啊，㪫。/㪫，是的。那就是。/哦，那你也叫过吧？o₅₃,la⁵³₄₄ɲi¹³₂₁a³⁵cien⁵³ko⁵³pa⁰?/走家串户个，天盖地个篓子。tsei²¹cia³⁵tʂʰen⁵³fu⁵³ke⁵³₄₄,tʰien³⁵kɔi⁵³₄₄tʰi⁵³ke⁵³lei²¹tsɿ⁰.

屠刀

嗯，峰峰叔问你只事唠。你你等孝伢子剧猪哇，箇张……㪫你科伢子剧猪哇，㪫。箇张箇张用来剧猪个箇张刀，溜尖个尖刀系唔系安做叶子啊？系唔系安做叶……㪫，箇箇箇张㪫㪫劈骨头个刀系唔系安做过骨刀哇？安做过骨刀。用来……剧……切猪肉个嘞？安做么个刀？哈？切猪肉个噢。用来割猪肉个。安做屠刀。嗯。哦，还有么个刀么？还有毛……还有毛刀子。噢。噢噢噢噢。好唠，好唠。好。好。ŋ₅₃,fəŋ¹³fəŋ³⁵₄₄ʂəuk³uən³⁵ɲi₂₁iak³(←tʂak³)sɿ⁵³lau⁰.ɲi¹³ɲi¹³tien⁵³çiau⁵³ŋa⁴₄tsɿ⁰tʂʰɿ₂₁tʂəu⁵³ua⁰,kai⁵³tʂɔŋ⁴₄…ei₂ɲi²₁kʰo⁵³ŋa²¹₂₁tsɿ⁰tʂʰɿ₂₁tʂəu⁵³ua⁰,e₂₁,kai⁴₄tʂɔŋ⁴₄kai⁴₄tʂɔŋ³⁵iəŋ⁵³lɔi²¹₂₁tʂʰɿ¹³tʂəu⁴₄ke⁴₄kai⁴₄tʂɔŋ⁴₄tau⁰,liəu³⁵tsian³⁵₄₄ke⁵³tsian³⁵tau³⁵xei⁵³₄₄mei₄₄(←m̩¹³xei⁵³)ɔn³⁵₄₄tso⁵³₄₄iait⁵tsɿ⁰a⁰?xei⁴₄mei₄₄(←m̩¹³xei⁵³)ɔn³⁵₄₄tso⁵³₄₄iait⁵…e₂₁,kai²¹₂₁kai⁵³kai⁴₄tʂɔŋ⁴₄ŋe⁰e₂₁pʰiak³kuət³tʰei¹³ke⁴₄tau⁰xei⁴₄mei₄₄(←m̩¹³xei⁵³)ɔn³⁵₄₄tso⁵³₄₄ko⁰kuət³tau³⁵ua⁰?ɔn³⁵tso⁵³₄₄ko⁰kuət³tau³⁵.iəŋ⁵³lɔi¹³tsʰʰ…tsʰʰɿ¹³…tsʰiet⁵tʂəu³⁵ɲiəuk³ke⁴₄lei⁰?ɔn³⁵tso⁵³₄₄mak³e₄₄(←ke⁵³)tau³⁵?xa₃₅?tsʰiet⁵tʂəu³⁵ɲiəuk³ke⁵³au⁰.iəŋ⁵³₄₄lɔi²¹₂₁kɔit³tʂəu³⁵ɲiəuk³ke⁵³.ɔn³⁵tso⁵³tʰəu¹³tau₄₄.m̩²¹.o₂₁,xai¹³iəu⁵³₃₅mak³e₄₄(←ke⁵³)tau⁰mo⁰?xai²¹₂₁iəu⁴₄mau³⁵…xai²¹iəu³⁵₄₄mau³⁵tau⁴₄tsɿ⁰.au₂₁.au₂₁au⁵³au₂₁au₂₁au⁵³.xau²¹lau⁰,xau²¹lau⁰.xau²¹.xau²¹.

欸，欸欸，欸，问你唠，欸你等剧猪哇，欸箇张箇张欸捅下去个箇张刀子啊，第一下杀猪个一张刀子啊，欸，欸系唔系安做叶子啊？欸，安做么个刀？剧猪刀吧就系吧？杀刀，安做杀刀。欸。ei^{53},ei$_{21}$ei$_{21}$,ei$_{21}$,uən^{53}ɲi$_{21}^{13}$ lau^0,e$_{44}$ɲi$_{21}^{13}$tien^3 tʂʰ$ʅ_{44}^{13}$tʂəu^{35}ua^0,ei$_{21}$kai$_{44}^{53}$tʂɔŋ$_{44}^{35}$kai$_{44}^{53}$tʂɔŋ$_{44}^{35}$e$_{21}$tʰəŋ^{21}ŋa$_{44}$(←xa^{53})çi$_{44}^{53}$ke$_{44}$ kai$_{44}^{53}$tʂɔŋ$_{44}^{35}$tau^{35}tsa^0,tʰi^{53}iet^3 xa$_{44}$sait^3 tʂəu^{35}cie$_{53}^{53}$iet^3 tʂɔŋ$_{44}^{35}$tau$_{44}^{35}$tʂʅ^0 a^0,e$_{44}$xe^{53}me$_{44}$(←m̩^{13} xe^{53})ɔn$_{44}^{35}$tso$_{44}^{53}$iait^3 tʂʅ^3 a^0?e$_{21}$,ɔn^{35}tso^{53}mak^3 e$_{44}$(←ke^{53})tau^{35}?tʂʰ$ʅ^{13}$tʂəu$_{44}^{35}$tau^{35}pʰa^0 tsʰiəu^{53} xei^{53}pʰa^0?sait^3 tau^{35},ɔn$_{44}^{35}$tso$_{44}^{53}$sait^3 tau$_{44}^{35}$.e$_{21}$.

欸，裁骨头箇系唔系就安做过骨刀哇？过骨刀。欸。ei$_{44}$,tsʰɔi^{13}kuət^3 tʰei^{13} kai$_{44}$xei$_{44}^{53}$mei$_{44}$(←m̩^{13}xei^{53})tsəu^{53}ɔn$_{44}^{35}$tso$_{44}^{53}$ko^{53}kuət^3 tau^{35}ua^0?ko^{53}kuət^3 tau^{35}.ei$_{21}$.

以下只只割猪肉个嘞安做么个刀啊？系啊卖猪肉个安做么个刀喔？割，割肉，欸，哈？哈？安做……安做么个刀？我你你话我知唠。我等去下子调查箇客家话箇只东西，欸。呃，割割猪肉个。你爱割猪肉个安做么个刀喔？欸，系唔系系唔系安做屠刀喔？系唔系安做屠刀喔？唔系。嗯。杀刀喔？唔系杀刀。也唔安做屠刀。安做么个刀？哈？卖肉个？卖肉箇张刀哇？系唔系安做劈刀喔？屠刀。i^{21}xa^{3}tʂʅ^{21}tʂʅ^{21}kɔit^3 tʂəu^{35}ɲiəuk^3 ke$_{44}^{53}$lei^0 ɔn$_{44}^{35}$ tso$_{44}^{53}$mak^3 e$_{44}$(←ke^{53})tau$_{44}^{35}$a^0 ?xe$_{44}^{53}$ mai^{53}tʂəu$_{44}^{35}$ɲiəuk^3 ke^{53}ɔn$_{44}^{35}$tso$_{44}^{53}$mak^3 e$_{44}$(←ke^{53})tau$_{44}$ uo^0?kɔit^3,kɔit^3 ɲiəuk^3,e$_{44}$,xa^{35}?xa^{35}?ɔn^{35}tso^{53}m…ɔn^{35}tso^{53}mak^3 e$_{44}$(←ke^{53})tau$_{44}^{35}$?ŋai^{13} ɲi^{13}ɲi^{13}ua^{35}ŋai$_{44}^{13}$ti$_{44}^{35}$lau^0.ŋai$_{21}^{13}$tien^3 çi^{53}a$_{44}$(←xa^{53})tʂʅ^0 tiau^{35}tsʰa$_{21}^{13}$kai^{53}kʰak^3 ka^{53}fa^{53}kai$_{44}^{53}$ tʂak^3 təŋ^{35}si^0,e$_{21}$.ə$_{21}$,kɔit^3 kɔit^3 tʂəu^{35}ɲiəuk^3 ke^{53},ɲi^{13}ɔi^{53}kɔit^3 tʂəu^{35}ɲiəuk^3 ke$_{44}^{53}$ɔn$_{44}^{35}$tso$_{44}^{53}$ mak^3 e$_{44}$(←ke^{53})tau$_{44}^{35}$uo^0?e$_{13}$,xei$_{44}^{53}$mei$_{44}$(←m̩^{13}xei^{53})xei^{53} mei$_{44}$(←m̩^{13}xei^{53})ɔn$_{44}^{35}$tso$_{44}^{53}$ tʰəu^{13} tau^{35} uo^0 ?xei^{53} mei$_{44}$（←m̩^{13} xei^{53}）ɔn$_{44}^{35}$tso$_{44}^{53}$tʰəu^{13} tau^{35} uo^0 ?m̩^{13} tʰei^{53} (←xei^{53}).n̩$_{44}$.sait^3 tau^{35}uo^0?m̩^{13}pʰe$_{44}$(←xe^{53})sait^3 tau^{35}.ia^{35}n̩$_{21}^{13}$ɔn$_{53}^{35}$tso$_{21}^{53}$tʰəu^{13} tau$_{44}^{35}$.ɔn$_{44}^{35}$ tso$_{44}^{53}$mak^3 e$_{44}$(←ke^{53})tau^{35}?xa^{35}?mai^{3}ɲiəuk^3 ke^{53}?mai^{53}ɲiəuk^3 kai$_{44}^{53}$tʂɔŋ$_{44}^{35}$tau$_{44}^{35}$ua^0?xe$_{21}^{53}$ me$_{44}$(←m̩^{13}xe^{53})ɔn$_{44}^{35}$tso$_{44}^{53}$pʰiak^3 tau$_{44}^{35}$uo^0?tʰəu^{13}tau$_{44}^{35}$.（屠刀？）啊系系，客姓人安做屠刀。a$_{44}$xe$_{21}^{53}$xe^{53},kʰak^3 sin$_{44}^{53}$ɲin$_{44}^{13}$ɔn$_{44}^{35}$tso$_{44}^{53}$tʰəu^{13}tau$_{44}^{35}$.

你还有滴么个刀哇你啊？刮……刮毛个毛刀子，系唔系啊？毛刀子。还有还有还有么个刀么？冇得了。就系三四张刀哇？哈？噢，好。ɲi$_{21}^{13}$xai^{13} iəu^{35}tiet^5 mak^3 e$_{44}^{53}$tau^{35}ua^{3}ɲi^{13}a^0?kuait^3 m…kuait^3 mau^{35}ke^{53}mau^{35}tau$_{44}^{35}$tʂʅ^0,xei$_{44}^{53}$mei$_{44}$ (←m̩^{13}xei^{53})a^0?mau^{35} tau$_{44}^{35}$tʂʅ^0.xai$_{21}^{13}$iəu$_{44}^{35}$xai^{13}iəu$_{44}^{35}$xai^{13}iəu$_{44}^{35}$mak^3 e$_{44}^{53}$tau^{35}mo^0 ?mau$_{44}^{13}$ tek^3 liau^0.tsʰiəu$_{44}^{53}$xei$_{44}^{53}$san^{35}si^{53}tʂɔŋ$_{44}^{35}$tau^{35}ua^0?xa^{35}?au$_{21}$,xau^{21}.

（挂肉的那个钩子呢？）欸卖猪肉箇钩子嘞？挂猪肉个挂猪肉个箇条钩子安做么个啊？钩子啊？你……冇……冇得。箇唔用挂猪肉个钩子。要放下砧上来卖，系唔系？放下砧上来卖，欸，好。e^{0}mai^{53}tʂəu^{35}ɲiəuk^3 kai$_{44}^{53}$ciei^{35} tʂʅ^0 lei^0 ?kua^{53}tʂəu^{35}ɲiəuk^3 ke^{53}kua^{53}tʂəu^{35}ɲiəuk^3 ke^{53}kai$_{44}^{53}$tʰiau$_{21}^{13}$ciei^{35}tʂʅ^0 ɔn$_{44}^{35}$tso$_{44}^{53}$mak^3

ke⁵³a⁰ ʔciei³⁵tsʅ⁰a⁰ ʔɲi···mau¹³t···mau¹³tek³.kai²¹m̩¹iəŋ⁴⁴kua⁵³tʂəu³⁵ɲiəuk³ ke⁴⁴ciei³⁵
tsʅ⁰.iau²¹fəŋ⁵³xa⁴⁴tsien³⁵xoŋ⁵³ləi¹³mai⁵³,xei⁴⁴me₄₄(←m̩¹³xe⁵³)ʔfəŋ⁴⁴xa⁴⁴tsien³⁵xoŋ⁴⁴ləi²¹
mai⁵³,e₂₁,xau²¹.

　　（杀猪的时候，他破猪的时候也是这样吗？）欸，破猪个时候子嘞？破开来，破开肚子来时候子用么个刀哇？就就系用杀刀。系啊？e₂₁,pʰo⁵³ tʂəu⁴⁴ke⁴⁴ʂʅ¹³xei⁴⁴tsʅ⁰le⁰ʔpʰo⁵³kʰɔi⁵³ləi²₁,pʰo⁵³kʰɔi⁵³təu²¹tsʅ⁰ləi²¹ʂʅ¹³xei⁴⁴tsʅ⁰iəŋ⁵³mak³ e₄₄(←ke⁵³)tau³⁵ua⁰ʔtsʰiəu⁴⁴tsʰiəu⁵³xei⁵³iəŋ⁴⁴sait³tau³⁵.xei⁴⁴a⁰?（破猪的时候他要不要挂起破啊？）欸欸欸，爱挂起来破。嗯。e₂₁e₂₁e₂₁,ɔi⁵³kua⁵³çi²¹ləi²¹pʰo⁵³.n̩₂₁.（嗯，那个总要钩子啦。）欸。箇只哎，挂起来个时候子，破个时候子挂起来，一一头就绾倒箇只脚，一头就绾倒楼梯上，箇张箇只钩安做么个钩呀？哈？欸就安做就安做么个钩吧？就安做……哈？安做……你莫……讲慢点子看呶。安做么个钩呀？地板钩呀？剐绾钩，哦，哦哦哦，剐绾，绾猪肉个，系啊？好，好好好，要得哩。e₂₁.kai²¹tʂak³ai⁵³,kua⁵³çi²¹ləi¹³ke⁵³ʅ¹³xei⁵³tsʅ⁰,pʰo⁵³ke⁴₄ʂʅ¹³xei⁴⁴tsʅ⁰kua⁵³çi²¹ləi¹³,iet³iet³tʰei¹³tsʰiəu⁰uan⁰tau⁰kai⁵³tʂak³ ciɔk³,iet³tʰei¹³tsʰiəu⁵³uan²¹tau⁰lei¹³tʰai³⁵xoŋ⁵³,kai⁴⁴tʂoŋ³⁵ai₄₄(←kai⁵³)tʂak³ciei³⁵ɔn³⁵ tso⁴⁴mak³ e₄₄(←ke⁵³)ciei³⁵ia⁰?xa₃₅.ʔe⁰tsʰiəu⁵³ɔn₄₄tso₄₄tsʰiəu⁰ɔn₄₄tso₄₄mak³ e₄₄(←ke⁵³)ciei⁵³pa⁰?tsʰiəu⁵³ɔn⁵³tso⁵³···xa₃₅.ʔɔn³⁵tso⁵³···ɲi¹³mɔ···kɔŋ²¹man⁵³tian²¹tsʅ⁰ kʰɔn⁴⁴nau⁰.ɔn₄₄tso⁴⁴mak³ e₄₄(←ke⁵³)ciei³⁵ia⁰?tʰi⁵³pan⁰ciei³⁵ia⁰?tʰi⁵³uan²¹ciei³⁵,ɔ₂₁,o₄₄ o₄₄ɔ₂₁,tʰi⁵³uan²¹,uan²¹tʂəu³⁵ɲiəuk³ ke⁵³,xei⁴⁴a⁰?xau²¹,xau²¹xau²¹xau²¹,iau⁵³tek³li⁰.

　　去下子调查客家话个话法呀。我等话，渠讲剐猪个人是我就话嘞，我都搞唔清了。çi⁵³xa⁵³tsʅ⁰tiau⁵³tsʰa¹³kʰak³ka³⁵fa⁵³ke⁵³ua⁵³fait³ia⁰.ŋai¹³tien⁰ua⁵³,ci¹³kɔŋ²¹tʂʰʅ¹³tʂəu³⁵ke⁰ɲin²₁n̩²₁ŋai¹³tsʰiəu⁵³ua⁵³lei⁰,ŋai¹³təu⁵³kau²¹n̩¹³tsʰin⁴⁴niau⁰.

　　欸，箇杀猪刀唔安做叶子啊？唔安做叶子啊？也，也安做叶子。好好好，好，好。欸。ei₂₁,kai⁴⁴sait³tʂəu⁵³tau³⁵n̩¹³ɔn³⁵tso⁴⁴iait³tsʅ⁰a⁰?ʔn̩¹³ɔn³⁵tso⁴⁴iait³tsʅ⁰a⁰?ia³⁵,ia³⁵ɔn³⁵tso⁴⁴iait³tsʅ⁰.xau⁰xau²¹xau²¹,xau²¹,xau²¹.e⁵³.

　　（噢，那个那根长的那个铁棍呢？）铁棍安做铤剀。哎箇箇条铁棍安做铤剀吧？系唔系？铤剀。铤剀。好好好，好。好。要得哩啊。有得哩啊。好。好，麻烦哩啊，耽搁哩你事啊！嗯。tʰiet³kuən⁵³ɔn₄₄³⁵tso⁵³tʰin²¹tʰɔŋ²¹.ai⁰kai⁴⁴kai⁵³tʰiau⁵³tʰiet³kuən₄₄³⁵tso⁴⁴tʰin²¹tʰɔŋ²¹pa⁰?xei⁴⁴me₄₄(←m̩¹³xe⁵³)ʔtʰin²¹tʰɔŋ²¹.tʰin²¹tʰɔŋ²¹.xau²¹xau²¹xau²¹,xau²¹.xau⁰.iau⁵³tek³lia⁰.mau¹³tek³lia⁰.xau⁰.xau²¹,ma¹³fan¹³li⁰a⁰,tan³⁵kɔk³li⁰ɲi¹³sʅ¹³a₄₄!n̩₂₁.

铤剀

　　屠户个工具就还有铤剀啊。你有么？有吗箇肚里，铤剀吗？当……做厨……做屠户个人个工具啊。tʰəu^{13}fu^{53}ke$^{53}_{44}$kəŋ^{35}tʂʯ$^{53}_{44}$tsiəu$^{53}_{44}$xai$^{13}_{21}$iəu^{35}tʰin^{21}tʰɔŋ^{21} ŋa^{0} .ɲi$^{13}_{44}$iəu$^{35}_{44}$mo^{0} ?iəu^{35}ma^{0} kai$^{53}_{44}$təu$^{21}_{44}$li^{0} ,tʰin^{21}tʰɔŋ^{21}ma^{0} ?tɔŋ$^{35}_{44}$…tso^{53}tʂʰəu$^{13}_{21}$…tso^{53} tʰəu^{13}fu$^{53}_{44}$ke$^{53}_{44}$ɲin$^{13}_{21}$ke$^{53}_{44}$kəŋ$^{35}_{44}$tʂʯ^{53}a^{0}.（铤刬？）铤刬。tʰin^{21}tʰɔŋ$_{21}$.（刬？）嗯。刬字大概一只金字旁一只当字吧。铤刬搞么个用个嘞？猪……猪……杀死哩以后，箇只猪杀死哩以后……杀死哩以后嘞，就箇脚上啊，割条子皮子，用铤刬去打。打打打，打倒搞么个嘞？就去吹气个。欸分气送进去个。箇就安做铤刬。□长一条铁棍。呣。箇头上圆圆子。看过吧？n̩$_{21}$.tʰɔŋ^{21}tsʰʅ$^{53}_{44}$tʰai$^{53}_{44}$ kai$^{53}_{44}$iet^{3} tʂak^{3} cin^{35}tsʰʅ$^{53}_{44}$pʰɔŋ$^{13}_{21}$iet^{3} tʂak^{3} tɔŋ^{35}tsʰʅ$^{53}_{44}$pa^{0} .tʰin^{21}tʰɔŋ$_{21}$kau^{21}mak^{3} e$_{44}$ (←ke^{53})iəŋ$^{53}_{44}$ke$^{53}_{44}$lei^{0} ?tʂəu^{35}s…tʂ…tʂəu^{35}s…tʂəu^{35}sait^{3} si^{21}li^{0} i^{35}xei$^{53}_{44}$,kai$^{53}_{21}$tʂak^{3} tʂəu^{35} sait^{3} si^{21}li^{0} i^{35}xei$^{53}_{44}$ti…sait^{3} si^{21}li^{0} i^{35}xei$^{53}_{44}$lei^{0} ,tsʰiəu$^{53}_{44}$kai^{53}ciɔk^{3} xɔŋ^{53}ŋa^{0} ,kɔit^{3} tʰiau$^{13}_{53}$tsʅ^{0} pʰi^{13}tsʅ^{0} ,iəŋ^{53}tʰin^{21}tʰɔŋ$_{21}$çi^{53}ta^{21}.ta^{21}ta^{21}ta$^{21}_{44}$,ta^{21}tau^{21}kau^{21}mak^{3} e$_{44}$(←ke^{53})lei^{0} ?tsʰiəu$^{53}_{44}$ çi$^{53}_{44}$tʂʰei^{35}çi^{53}ke$^{53}_{44}$.e^{0} pən^{35}çi^{53}səŋ^{53}tsin^{53}cʰi$^{53}_{44}$ke$^{53}_{44}$.kai$^{53}_{44}$tsʰiəu$^{53}_{44}$ɔn$^{35}_{44}$tso$^{53}_{44}$tʰin^{21}tʰɔŋ$_{21}$.lai^{35} tʂʰɔŋ$^{13}_{21}$iet^{3} tʰiau$^{13}_{21}$tʰiet^{3} kuən^{53}.m̩$_{44}$.kai^{53}tʰei$^{13}_{21}$xɔŋ^{53}ien^{13}ien^{13}tsʅ^{0} .kʰɔn^{53}ko$^{53}_{44}$pa^{0} ?

爎杯

箇是还有猪肉……猪肉皮呀，猪肉个皮上有毛哇。欸。有毛，以前是拿倒火铲来烧，放来去爎嘞，系呀？有种专门个，做好事啊，一下就剐一只猪哇。箇你拿火铲去爎就够爎哩啊。箇厨官师傅就带爎杯。有爎杯。爎杯。铁匠打个。咁厚。不容易烧得红。爱烧红来爎箇猪肉毛吵。系唔系啊？箇猪肉吵。欸，一只咁个咁子个样子，看呐，咁子尖尖子个样子。嗯，以头斗只□长个只铁把。咁子个样子，咁子样子。以爎杯，同箇那个烙铁差唔多啊。嗯。烙铁是只系熨布个吵。以个就爎猪肉个，爎猪毛个。咁厚，呣，烧……不容易烧红，也也一一烧一到也爎得蛮多猪肉凑。kai$^{53}_{44}$ʂʯ$^{53}_{44}$xai$^{13}_{21}$iəu$^{35}_{44}$ tʂəu^{35}ɲiəuk^{3} …tʂəu^{35}ɲiəuk^{3} pʰi^{13}ia^{0} ,tʂəu^{35}ɲiəuk^{3} ke$^{53}_{44}$pʰi^{13}xɔŋ$^{53}_{44}$iəu^{35}mau^{35}ua^{0} .ei$_{44}$,iəu$^{35}_{44}$ mau^{35},i$^{35}_{53}$tsʰien$^{13}_{21}$ʂʯ$^{53}_{44}$la^{53}tau^{21}fo^{21}tsʰan^{21}nɔi$^{13}_{21}$ʂau^{35},fɔŋ$^{53}_{44}$lɔi$^{13}_{21}$çi^{53}lait^{3} lei^{0} ,xei$^{53}_{44}$ia^{0} ?iəu$^{35}_{44}$ tʂəŋ^{21}tʂen^{35}mən$^{13}_{21}$ke^{53},tso^{53}xau^{21}sʅ^{53}a^{0} ,iet^{3} xa$^{53}_{44}$tsʰiəu$^{53}_{44}$tʂʰʅ^{13}iet^{3} tʂak^{3} tʂəu^{35}ua^{0} .kai$^{53}_{44}$ɲi^{13} la^{53}xo^{21}tsʰan^{21}çi^{53}lait^{3} tsiəu$^{53}_{44}$ciei^{53}lait^{3} li^{0} a^{0} .kai$^{53}_{44}$tʂʰəu^{13}kɔn$^{35}_{44}$sʅ$^{35}_{44}$fu$^{53}_{44}$tsʰiəu$^{53}_{21}$tai^{53}lait^{3} pai^{35}.iəu$^{35}_{44}$lait^{3} pai$^{35}_{44}$.lait^{3} pai$^{35}_{44}$.tʰiet^{3} siɔŋ^{53}ta^{21}ke^{53}.kan^{21}xei^{35}.pət^{3} iəŋ^{13}i^{53}ʂau^{35}tek^{3} fəŋ^{13}. ɔi$^{53}_{44}$ʂau^{35}fəŋ$^{13}_{21}$lɔi$^{13}_{44}$lait^{3} kai$^{53}_{44}$tʂəu^{35}ɲiəuk^{3} mau^{35}ʂa^{0} .xei$^{53}_{44}$mei$_{44}$(←m̩^{13}xei^{53})a^{0} ?kai$^{53}_{44}$tʂəu^{35} ɲiəuk^{3} ʂa^{0} .e$_{21}$.iet^{3} tʂak^{3} kan^{21}ke^{0} kan^{21}tsʅ^{0} ke$^{53}_{44}$iɔŋ$^{53}_{21}$tsʅ^{0} ,kʰɔn^{53}na^{0} ,kan^{21}tsʅ^{0} tsian$^{35}_{44}$tsian$^{35}_{44}$ tsʅ^{0} ke$^{53}_{44}$iɔŋ$^{53}_{21}$tsʅ^{0} .n̩$_{21}$,i^{21}tʰei$^{13}_{44}$tei^{53}tʂak^{3} lai^{35}tʂʰɔŋ$^{13}_{21}$cie$^{53}_{44}$tʂak^{3} tʰiet^{3} pa^{53}.kan^{21}tsʅ^{0} cie$^{53}_{44}$iɔŋ$^{53}_{21}$ tsʅ^{0} ,kan^{21}tsʅ^{0} iɔŋ$^{53}_{44}$tsʅ^{0} .i^{21}lait^{3} pai^{35},tʰəŋ$^{13}_{21}$kai$^{53}_{44}$la$^{53}_{44}$ke$^{53}_{44}$lɔk^{5} tʰiet^{3} tsʰa$^{35}_{44}$n̩$^{13}_{21}$to$^{35}_{44}$a^{0} .n̩$_{21}$.lɔk^{5} tʰiet^{3} ʂʅ$^{53}_{21}$tʂʅ^{21}xe$^{53}_{44}$in$^{53}_{44}$pu^{53}kei$^{53}_{44}$ʂa^{0} .i^{21}ke^{53}tsʰiəu^{53}lait^{3} tʂəu^{35}ɲiəuk^{3} ke^{53},lait^{3} tʂəu^{35}mau$^{35}_{44}$ ke$^{53}_{44}$.kan^{21}xei^{35},m̩$_{21}$,ʂ…pət^{3} iəŋ^{13}i^{53}ʂau^{35}fəŋ^{13},ia^{35}ia^{35}iet^{3} iet^{3} ʂau^{35}iet^{3} tau$^{53}_{44}$ia^{35}lait^{3} tek^{3}

man¹³to³⁵₄₄tʂəu³⁵ɳiəuk³tsʰe⁰.（它也是三角形的，是吧？）_{普通话：长长的这个这个样子的。}爁杯。lait³pai³⁵.（哦，就是像像那个心……心形的。）_{普通话：心形的，欸，心形的。}爁杯安做。如今个厨官是有得哩。嗯重哦咁东西哦。lait³pai³⁵ɔn³⁵tso⁵³₄₄.i²¹₂₁cin³⁵ke²¹tsʰəu¹³₂₁kɔn⁵³₄₄ʂ̩⁴⁴mau¹³tek³li⁰.teit⁵tʂʰəŋ⁵³₄₄ŋo⁰kan²¹ŋ₄₄(←təŋ³⁵)si⁰o⁰.

爆竹

（有那个大小鞭炮混编成的那种鞭炮，一串一串。）有哇有哇。iəu³⁵ua⁰ iəu³⁵ua⁰.（那种叫什么呢？）安做间花，间……哦，看呐，安做间编呐。渠是一挂爆竹尽系细爆竹子。中间呢隔几多……隔几远又一只大爆竹，安做间编。ɔn³⁵tso⁵³₄₄kan⁵³fa³⁵,kan⁵³…o₂₁,kʰɔn⁵³₄₄na⁰,ɔn³⁵tso⁵³₄₄kan⁵³pien³⁵na⁰.ci₂₁ʂ̩⁴⁴iet³kua⁵³pau⁵³tʂəuk³tsʰin⁵³ne₄₄(←xei⁵³)se⁵³pau⁵³tʂəuk³tsɿ⁰.tʂəŋ³⁵kan₄₄ne⁰kak³ci²¹to³⁵₄₄i…kak³ci²¹ien²¹iəu⁵³iet³tʂak³tʰai⁵³pau⁵³tʂəuk³,ɔn³⁵tso⁵³₄₄kan⁵³pien₄₄.

（电光炮呢？）电光炮也有，欸，会会会会会着火个唠，系啊？汪光噢。也系同简间编样啊。一下子又一只电光炮出来哟。简如今都唔多了，如今都有多哩。tʰien⁵³kɔŋ³⁵₄₄pʰau⁵³₄₄a₄₄iəu³⁵,e₂₁,uɔi⁵³uɔi⁵³uɔi⁵³uɔi⁵³uɔi⁵³tʂʰɔk⁵fo²¹ke⁵³lau⁰,xe⁵³a⁰ʔuaŋ³⁵kɔŋ⁵³ŋau⁰.ia⁵³xe⁵³tʰəŋ²¹₂₁kai₄₄kan⁵³pien³⁵₄₄iɔŋ³⁵ŋa⁰.iet³xa⁵³tsɿ⁰iəu⁵³iet³tʂak³tʰien⁵³kɔŋ³⁵₄₄pʰau⁵³tʂʰət³lɔi₂₁iau⁰.kai₄₄i²¹₂₁cin³⁵təu⁵³₂₁ɳ₂₁to⁵³liau⁰,i²¹₂₁cin₄₄təu⁵³mau¹³to³⁵₄₄li⁰.

雷鸣炮，雷鸣炮哇，就猛大一只个，唔知几响个，像打雷公样，雷鸣炮。lei¹³min¹³pʰau⁵³,li¹³min¹³pʰau⁵³ua⁰,tsʰiəu₄₄mən³⁵tʰai⁵³iet³tʂak³ke⁵³₄₄,ɳ̩¹ti⁵³ci²¹çiɔŋ²¹ke⁵³,tsʰiɔŋ₄₄ta²¹li¹³kəŋ¹³iɔŋ₄₄,li¹³min¹³pʰau⁵³.

（还有什么炮哇？有那个地脚雷吗？）有哇。有地老鼠子噢，安做地老鼠子噢。样子老鼠样跍下地泥下到处拱啊，□□响啊。有冲天炮哇，有花皮炮哇。iəu³⁵ua⁰.iəu³⁵₄₄tʰi⁵³lau²¹tʂʰəu²¹tsɿ⁰au⁰,ɔn³⁵tso⁵³₄₄tʰi⁵³lau²¹tʂʰəu²¹tsɿ⁰au⁰.iɔŋ₂₁tsɿ⁰lau²¹tʂʰəu²¹iɔŋ₄₄ku₄₄xa₄₄tʰi⁵³lai₂₁xa₄₄tau⁵³tʂʰəu²¹kəŋ⁵³ŋa⁰,tsiɔk⁵tsiɔk⁵çiɔŋ²¹ŋa⁰.iəu³⁵₄₄tʂʰəŋ³⁵tʰien³⁵pʰau⁵³ua⁰.iəu³⁵fa³⁵pʰi²¹pʰau⁵³ua⁰.

花炮厂

（你们这里有几个花炮厂？）欸，小河就有五六只吧。e₂₁,siau²¹xo¹³tsʰiəu⁵³₄₄iəu³⁵₄₄ɳ²¹liəuk³tʂak³pa⁰.（小河有五六个？）欸。e⁵³.（你们呢？张坊呢？）一只，两只，小河一只，两只，三只，四只，五只，六只，我晓得都有六只，小河。张家……张家坊是只有一只，两只，三只吧。欸，张坊只有两三只。iet³tʂak³,iɔŋ²¹tʂak³,siau²¹xo¹³iet³tʂak³,iɔŋ²¹tʂak³,san³⁵tʂak³,si⁵³tʂak³,ɳ̩³tʂak³,liəuk³tʂak³,ŋai¹³çiau²¹tek³təu³⁵iəu³⁵liəuk³tʂak³,siau²¹xo¹³.tʂɔŋ³⁵ka₄₄…tʂɔŋ³⁵ka₄₄fɔŋ³⁵ʂ̩⁴⁴ tʂʅ²¹iəu₄₄³⁵iet³tʂak³,ioŋ²¹tʂak³,san³⁵tʂak³pa⁰.e₂₁,tʂɔŋ³⁵foŋ₄₄³⁵tʂʅ²¹iəu₄₄³⁵ioŋ²¹san₄₄³⁵tʂak³.

（这个浏阳这个，这边为什么这么多的产花炮的呢？它历史怎么来的？）历史上个咯，有有悠久个历史咯。箇南乡就箇就花炮就唔得了啦。南乡就啦。家家会做花炮，人人会做花炮。人人会做炮嘞。咁大子个细人子，四五岁子个四五岁子个毛毛子，细细人子啊，点伢大子啊，渠就寻得钱倒嘞。散哩学归来就做爆竹嘞。欸，插引呐，欸，装硝就唔装，插引呐，结爆竹啊。渠就寻得，渠要……箇个婆婆子，七八十岁了，箇婆婆子还寻得寻得千多块钱一个月嘞。欸。摸稳来做嘞，箇眼珠迷迷摸下子坐正来做爆竹。渠硬硬硬几十年了啵？百多年了吧总共。欸，悠久个历史咯。liet⁵ʂʅ²¹xoŋ²¹ke⁵³ko⁰,iəu³⁵iəu₃₅iəu³⁵ciəu⁰ke₄₄⁵³liet⁵ʂʅ²¹ko⁰.kai⁵³lan¹³çioŋ³⁵tʂʰiəu₄₄³⁵kai₄₄⁵³tsʰiəu₄₄³⁵fa³⁵pʰau⁵³tʂəuk³ŋ₂₁¹³tek³liau²¹la⁰.lan¹³çioŋ³⁵tsʰiəu⁵³la⁰.ka⁵³ka³⁵uɔi⁵³tso⁵³fa³⁵pʰau⁵³,ɲin¹³ɲin₂₁¹³uɔi⁵³tso⁵³fa³⁵pʰau₄₄⁵³,ɲin¹³ɲin₂₁¹³uɔi⁵³tso⁵³pʰau₄₄⁵³le⁰.kan³⁵tʰai¹³tsʅ⁰ke₄₄⁵³se⁰ɲin₄₄¹³tsʅ⁰,si⁵³ŋ²¹sɔi¹³tsʅ⁰ke⁵³si⁵³ŋ²¹sɔi¹³tsʅ⁰ke⁵³mau³⁵mau³⁵tsʅ⁰,sei⁵³sei⁵³ɲin¹³tsʅ⁰a⁰,tian⁵³ŋa₄₄³⁵tʰai¹³tsʅ⁰a⁰,ci¹³tsʰiəu¹³tsʰin₄₄¹³tek³tsʰien¹³tau²¹lei⁰.san⁵³li⁰çiɔk⁵kuei⁰lɔi₄₄¹³tsʰiəu₄₄³⁵tso⁵³pau⁵³tʂəuk³lei⁰.e₂₁,tsʰait³in²¹na⁰,e₂₁,tʂɔŋ³⁵siau⁵³tsʰiəu⁵³ɲ₂₁¹³tʂɔŋ³⁵,tsʰait³in²¹na⁰,ciet³pau⁵³tʂəuk³a⁰.ci¹³tsʰiəu⁵³tsʰin₄₄¹³tek³,ci¹³iau⁵³ʂ…kai₄₄⁵³ke₄₄⁵³pʰo¹³pʰo₄₄⁵³tsʅ⁰,tsʰiet³pait⁵ʂət⁵sɔi¹³liau⁰,kai₄₄⁵³pʰo¹³pʰo₄₄⁵³tsʅ⁰xai¹³tsʰin₄₄¹³tek³tsʰin₄₄¹³tek³tsʰien³⁵to³⁵kʰuai⁵³tsʰien₂₁¹³iet³cie⁵³ɲiet⁵lei⁰.e₂₁,mo³⁵uən²¹lɔi¹³tso⁵³lei⁰,kai₄₄⁵³ŋan²¹tʂəu₄₄³⁵mei¹³mei³⁵mo₄₄³⁵xa₄₄³⁵tsʅ⁰tsʰo⁰tʂaŋ²¹lɔi¹³tso₄₄⁵³pau⁵³tʂəuk³.ci¹³ɲiaŋ¹³ɲiaŋ₄₄¹³ɲiaŋ⁵³ci²¹ʂət⁵ɲien¹³liau⁰po⁰?pak⁵to₄₄³⁵ɲien₂₁¹³liau²¹pa⁰tsəŋ²¹kʰəŋ₂₁⁵³.e₂₁,iəu³⁵ciəu²¹ke₄₄⁵³liet⁵ʂʅ²¹ko⁰.

我等以映子东乡个夫娘子，你到花炮厂里，寻饭唔倒来食，——一天寻倒箇十多快钱。我老婆去做过花炮哇，四十几岁，三四十岁去做花炮，做一只星期，你话寻倒几多钱唉？做一只星期呀。落尾渠爱我去结账啊，寻倒九块多钱。ŋai¹³tien⁰i²¹iaŋ⁵³tsʅ⁰təŋ³⁵çioŋ₄₄³⁵ke₄₄⁵³pu⁵³ɲioŋ₄₄¹³tsʅ⁰,ɲi¹³tau⁵³fa₄₄³⁵pʰau⁵³tʂʰɔŋ²¹li³⁵,tsʰin¹³fan⁵³ɲ₂₁¹³tau²¹lɔi¹³ʂət⁵,iet³iet³iet³tʰien³⁵tsʰin₂₁¹³tau²¹kai₄₄⁵³ʂət⁵to³⁵kʰuai⁵³tsʰien₂₁¹³.ŋai¹³lau²¹pʰo¹³çi₄₄⁵³tso⁵³ko⁵³fa³⁵pʰau⁵³ua⁰,si⁵³ʂət⁵ci²¹sɔi⁵³,san³⁵si⁵³ʂət⁵sɔi⁵³çi₄₄⁵³tso⁵³fa³⁵pʰau₄₄⁵³,tso⁵³iet³tʂak³sin⁵³cʰi₄₄¹³,ɲi¹³ua⁵³tsʰin₂₁¹³nau²¹（←tau²¹）cio³⁵（←ci²¹to³⁵）tsʰien₂₁¹³nau⁰?tso⁵³iet³tʂak³sin³⁵cʰi₂₁¹³ia⁰.lɔk⁵mei₄₄³⁵ci₂₁¹³ɔi₄₄¹³ŋai²¹çi₄₄⁵³ciet³tʂɔŋ⁵³ŋa⁰,tsʰin¹³tau²¹ciəu²¹kʰuai₄₄⁵³to₄₄³⁵tsʰien₂₁¹³.（一天？）一只星期哟！寻倒九块多钱唉。iet³tʂak³sin³⁵cʰi₄₄¹³iau⁰!tsʰin¹³tau²¹ciəu²¹kʰuai₄₄⁵³to₄₄³⁵tsʰien₂₁¹³nau⁰.（一个星期九块多钱？）手慢呐。手摸啊。箇手有得快。ʂəu²¹man⁵³na⁰.ʂəu²¹mo³⁵a⁰.kai₄₄⁵³ʂəu²¹mau¹³tek³kʰuai⁵³.

渠如今箇个南乡个……从细人子从点伢大子起渠就做。跟倒边上就看，看倒就边架势架势做。小学生子就寻千是千块钱一个月。所以南乡读书就唔爱讲啊。南乡人读书就唔想读噢。ci¹³i²¹₂₁cin³⁵kai₄₄ke⁵³lan¹³çiɔŋ₄₄ke⁵³s···
tsʰəŋ¹³sei³³ɲin²¹tsɿ⁰tsʰəŋ²¹tian²¹ŋa⁰tʰai³³tsɿ⁰çi²¹ci²¹₂₁tsʰiəu₄₄tso⁰.cien³⁵tau²¹pien³⁵xɔŋ⁵³
tsʰiəu⁵³kʰɔn⁵³,kʰɔn²¹tau²¹tsʰiəu⁵³pien³⁵cia₄₄ʂɿ⁵³cia₄₄ʂɿ⁵³tso⁵³.siau²¹çiɔk₃⁵sien³⁵tsɿ⁰tsʰiəu₄₄
tsʰin¹³tsʰien³⁵sɿ₄₄tsʰien₄₄kʰuai₄₄tsʰien²¹iet³cie⁵³ɲiet⁵.so²¹i⁵lan¹³çiɔŋ₄₄tʰəuk⁵ʂəu³⁵
tsʰiəu⁵³m̩²¹₂₁mɔi⁵³kɔŋ²¹ŋa⁰.lan¹³çiɔŋ³⁵ɲin₄₄tʰəuk⁵ʂəu³⁵tsʰiəu₄₄n̩¹³siɔŋ²¹tʰəuk⁵au⁰.（不爱
读书?）南乡人呐，欬，如今像大瑶哇，澄潭江啊，文家市啊，点伢大子
就会做爆竹。lan¹³çiɔŋ³⁵ɲin²¹na⁰,e₂₁,i²¹₂₁cin³⁵tsʰiɔŋ₄₄tʰai²¹iau¹³ua⁰,tʂʰən²¹tʰan²¹ciɔŋ³⁵
ŋa⁰,uən²¹cia₄₄ʂɿ⁵³za⁰,tien⁵³ŋa₄₄tʰai³³tsɿ⁰tsʰiəu⁵³uɔi₄₄tso⁰pʰau₄₄tʂʂəuk⁵.

（噢。那边也是客家人吗?）唔······箇边蛮少客家人。南乡只有中和
就蛮······有。m̩¹³kai⁵³pien³⁵man¹³ʂau²¹kʰak³ka₄₄ɲin²¹.lan¹³çiɔŋ³⁵tsɿ⁵³iəu¹³tʂəŋ³⁵xo¹³
tsʰiəu⁵³man¹³···iəu³⁵.（文家市有客家人吗?）文家市有，有，也，也有。箇
个靠近江西边界上就有。uən¹³cia₄₄ʂɿ⁵³iəu⁵³,iəu⁵³,ia³⁵,ia³⁵iəu₄₄.kai⁵³ke₄₄kʰau⁵³cʰin₄₄
kɔŋ³⁵si₄₄pien⁵³kai⁵³xɔŋ⁵³tsʰiəu⁵³iəu³⁵.（像那个胡耀邦他是客家人吗?）文······
胡耀邦箇映是中和咯。uən¹³ʂ···fu₄₄iau₄₄pɔŋ³⁵kai⁵³iaŋ₄₄ʂɿ⁵³tʂəŋ³⁵xo²¹ko⁰.

渠箇映点伢大子个就会做爆竹，就寻得钱到。所以箇边呢，一只，经
济活跃。唔。箇个妹子人欬渠渠渠嫁都唔嫁下外背去渠箇向。妹子就去本
地消化嘿哩，嫁嘿哩。欬。第二只嘞，箇个妹子哪只都有钱。渠点伢大子
就架势做起爆竹哇。渠就寻得钱倒哇。第三只嘞，打工个，去外背打工个
很少。同箇留守儿童箇只咁个很少。渠屋门口就寻得钱倒哇，渠还会想到
外背去寻钱? 去外背打工个蛮少。第四只，读书个蛮少。欬。ci¹³kai₄₄iaŋ₄₄tian²¹₅₃
ŋa₄₄tʰai³³tsɿ⁰ke⁵³tsʰiəu⁵³uɔi₄₄tso₄₄pau₄₄tʂʂəuk⁵,tsʰiəu⁵³tsʰin₄₄tek⁵tsʰien¹³tau₄₄.so²¹i⁵kai⁵³
pien³⁵nei⁰,iet³tʂak₃,cin³⁵tsi⁵³xɔit⁵ iɔk⁵.m̩₂₁.kai₄₄ke⁵³mɔi⁵³tsɿ⁰ɲin₂₁ei₄₄ci¹³ci¹³ci¹³ka
təu₄₄n̩¹³ka₄₄xa₄₄ŋɔi⁵³pɔi₄₄çi₄₄ci¹³kai₄₄çiɔŋ³⁵.mɔi⁵³tsɿ⁰tsʰiəu⁵³çi⁵³pən⁰tʰi¹³siau⁵³fa⁵³ek³
(←xek³)li⁰,ka⁵³ek³(←xek³)li⁰.e₄₄.tʰi₄₄³⁵ɲi⁵³tʂak³lei⁰,kai₄₄ke⁵³mɔi⁵³tsɿ⁰lai³⁵tʂak³təu₄₄
iəu³⁵tsʰien¹³.ci₂₁tian²¹ŋa₄₄tʰai³³tsɿ⁰tsʰiəu⁵³cia₄₄ʂɿ⁵³tso⁰çi⁵³pau₄₄tʂʂəuk⁵ua⁰.ci¹³tsʰiəu⁵³
tsʰin₄₄tek³tsʰien¹³tau²¹ua⁰.tʰi⁵³san³⁵tʂak³lei⁰,ta²¹kəŋ³⁵ke⁰,çi₄₄ŋɔi⁵³pɔi₄₄ta²¹kəŋ³⁵ke⁰
xen²¹ʂau⁰.tʰəŋ¹³kai₄₄liəu¹³ʂəu¹³vy¹³tʰəŋ¹³kai⁵³tʂak³kan⁵³cie⁵³xen²¹ʂau₄₄.ci¹³uk³mən¹³
xei²¹tsʰiəu⁵³tsʰin¹³tek³tsʰien¹³tau²¹ua⁰,ci₂₁xa₂₁uɔi⁵³siɔŋ²¹tau⁵³ŋɔi⁵³pɔi₄₄çi₄₄tsʰin¹³
tsʰien¹³?çi₄₄ŋɔi⁵³pɔi⁵³ta²¹kəŋ¹³ke⁵³man¹³ʂau²¹.tʰi⁵³si¹³tʂak³,tʰəuk⁵ʂəu³⁵ke⁵³man¹³
ʂau²¹.e₂₁.

我我我等有只，我箇只老弟嫂去澄潭江箇映子教过书哇。硬输哩命啊
硬系，唉，唔读书哇。冇······箇个家长箇只唔讲读书哇。唔讲读书。你归
去渠寻得钱倒嘞。归去嘞，散哩学归去也寻得寻得几十块钱倒嘞。箇细人
子手势又囗，点伢大子个细人子啊，手势又囗。手势囗你晓得么? ŋai¹³ŋai¹³

ŋai¹³tien⁰ iəu³⁵tʂak³ ,ŋa₂₁kai⁴⁴tʂak³ lau²¹tʰai⁴⁴sau²¹çi⁴⁴tʂʰən₂₁tʰan⁴⁴ciɔŋ³⁵kai⁵³iaŋ⁵³tʂ̩⁰
kau⁴⁴ko⁴⁴ʂəu³⁵ua⁰ ,niaŋ⁵³ʂəu³⁵li⁰ miaŋ⁵³ŋa⁰ɲiaŋ⁵³xe⁴⁴,ai₂₁,n̩₂₁tʰəuk⁵ʂəu³⁵ua⁰ .mau¹³…
kai⁵³ke⁴⁴cia³⁵tʂɔŋ²¹kai⁴⁴tʂak³ n̩¹kɔŋ²¹tʰəuk⁵ʂəu⁴⁴ua⁰ .ŋ¹³kɔŋ²¹tʰəuk⁵ʂəu⁴⁴.ɲi₂₁kuei³⁵çi⁵³
ci₄₄tsʰin₂₁tek³ tsʰien¹³ tau²¹ lei⁰ .kuei³⁵ çi⁵³lei⁰ ,san⁵³ li⁰ çiɔk⁵ kuei³⁵ çi⁵³ a₂₄tsʰin¹³ nek³
(←tek³)tsʰin¹³nek³(←tek³)ci₂₁ʂət⁵ kʰuai⁴⁴tsʰien¹³tau²¹lei⁰ .kai⁴⁴se⁵³ɲin₂₁tʂ̩⁰ ʂəu²¹ʂ̩⁵³
iəu⁵³ciak³ ,tian²¹ŋa⁴⁴tʰai⁴⁴tʂ̩⁰ ke⁴⁴sei⁵³ɲin⁴⁴tʂ̩⁰ a⁰ ,ʂəu²¹ʂ̩⁵³iəu⁴⁴ciak³ .ʂəu²¹ʂ̩⁵³ciak³ɲi₂₁
çiau²¹tek³mo⁰?(好唠?)手……唔系好，快呀，手脚灵……灵活呀。手脚
灵活，寻得钱倒哇。ʂ…m̩₂₁pʰe₄₄(←xe⁵³)xau⁰ ,kuai⁵³ia⁰ ,ʂəu²¹ciɔk³ lin¹³f…lin¹³xɔit⁵
ia⁰ .ʂəu²¹ciɔk³ lin¹³xɔit⁵ ,tsʰin¹³tek³ tsʰien¹³tau²¹ua⁰ .

箇个四五十岁个箇婆婆子箇只是上……上请下请噢，箇是噢，请倒渠
去做爆竹噢。欸，渠就箇双手口。硬点伢大子就做起。欸，渠只咁三岁子
就架势做啦。欸，哪阵哪阵来去嬲下子，来去看下子欸南乡个做爆竹个。
唔。kai⁵³ke⁴⁴si⁵³ŋ̩²¹ʂət⁵ sɔi⁴⁴ke⁴⁴kai⁵³pʰo¹³pʰo⁴⁴tʂ̩⁰ kai⁴⁴tʂak³ ʂ̩⁴⁴sɔŋ⁵³…sɔŋ⁵³tsʰiaŋ³⁵xa⁴⁴
tsʰiaŋ²¹ŋau⁰ ,kai⁴⁴ʂ̩⁵³au⁰ ,tsʰiaŋ²¹tau²¹ ci¹³ çi₄₄tso⁰ pau⁵³ tʂəuk³ au⁰ .e₂₁ ,ci₂₁tsʰiəu⁵³kai⁴⁴
sɔŋ³⁵ʂəu²¹ciak³ .ɲiaŋ⁵³tian²¹ŋa⁴⁴tʰai⁴⁴tʂ̩⁰ tsʰiəu⁴⁴tso⁵³çi²¹ .e₂₁ ,ci₂₁tʂ̩²¹kan²¹san³⁵sɔi⁵³tʂ̩⁰
tsʰiəu⁴⁴cia⁴⁴ʂ̩⁵³tso⁵³la⁰ .e₄₄ ,lai¹³tʂʰən⁵³lai¹³tʂʰən⁵³lɔi₂₁çi⁴⁴liau⁵³xa₂₁tʂ̩⁰ ,lɔi₂₁çi₄₄kʰɔn¹³xa₂₁
tʂ̩⁰ e₂₁ ,lan¹³çiɔŋ³⁵ke⁴⁴tso⁴⁴pau⁵³ tʂəuk³ cie⁵³.m̩₂₁.

（你们这边做爆竹是学着人家的还是以前就有？）箇箇历史悠久喔，
几百年了喔。kai⁵³kai⁵³liet⁵ ʂ̩²¹iəu⁴⁴ciəu⁵³uo⁰ ,ci¹³pak⁵ɲien₂₁liau₂₁uo⁰ .（你你你们
这边啊，东乡这边啊？）我等以映子啊？东乡个是……ŋai₂₁tien⁰ i²¹iaŋ⁵³tʂ̩⁰
a⁰ ?təŋ³⁵çiɔŋ³⁵ke⁴⁴ʂ̩⁵⁴³…

浏阳是有四句话。东乡人呢，一只就系系下山里。自然资源比较多。
有竹有树出，卖得钱倒。唔。所以东乡人呢渠就见识比较少。唔。看得比
较少。东乡就安做出蛮扮。liəu¹³iɔŋ₄₄⁵³ʂ̩⁴⁴iəu³⁵si³⁵tʂ̩³³fa⁵³.təŋ³⁵çiɔŋ³⁵ɲin₂₁ne⁰ ,iet⁵
tʂak³ tsʰiəu₄₄xe⁵³xei⁵³a²¹(←xa⁵³)san³⁵li¹³ .tsʰ̩⁵³vien₂₁tʂ̩⁵³vien₂₁pi²¹ciau₄₄to⁰ .iəu⁵³tʂəuk³
iəu³⁵ʂəu⁵³tʂʰət³ ,mai⁵³tek³ tsʰien¹³tau²¹ .m̩₂₁.so²¹⁵iⁱ₄₄təŋ³⁵çiɔŋ₄₄ɲin₂₁nei⁰ ci¹³tsʰiəu⁵³cien⁵³
ʂət³ pi²¹ciau⁵³ʂau⁰ .m̩₂₁.kʰɔn¹³tek³ pi²¹ciau⁵³ʂau⁰ .təŋ³⁵çiɔŋ₄₄tsʰiəu⁵³ɔn₄₄tso⁵³tʂʰət³ man¹³
pan⁵³.（蛮扮是什么意思呢？）蛮扮，蛮扮筋呐。蛮人呐。欸。东乡人呢相
对来讲嘛更懒。有……有资源嘞，有岭岗啊 。嘴巴一冒就出得钱倒哇。唔
爱……唔爱动啊都有钱呐。欸。以嶂岭，欸，打比我有我有一百亩个岭岗
样，系<u>唔系</u>?我箇岭上你分你去斫啊。嗯。我坐正来进钱。唔。分你箇外
背人搞副业，我坐正来进钱。man¹³pan⁵³,man¹³pan⁵³cin³⁵na⁰ .man¹³ɲin¹³na⁰ .e₂₁.
təŋ³⁵çiɔŋ₄₄ɲin¹³nei⁰ siɔŋ³⁵tei⁵³lɔi₂₁kɔŋ²¹lei⁰ cien⁵³lan³⁵ .iəu³⁵…iəu³⁵tʂ̩⁰ vien₂₁le⁰ ,iəu³⁵
liaŋ³⁵kɔŋ³⁵ŋa⁰ .tsi²¹pa⁰ iet³ mau⁵³tsʰiəu⁵³tʂʰət³ tek³ tsʰien¹³tau²¹ua⁰ .m̩¹³mɔi⁵³tsʰie…m̩₁¹³

mɔi⁵³tʰə̃³⁵ŋa⁰təu₄₄³⁵iəu₄₄³⁵tsʰien¹³na⁰.ei₂₁,i²¹tʂɔŋ⁵³liaŋ³⁵,e₂₁,ta²¹pi²¹ŋai¹³iəu₅₃³⁵ŋai¹³iəu₅₃³⁵iet³ iet³ pak³ miau³⁵ke⁵³liaŋ³⁵kɔŋ⁵³iɔŋ₄₄⁵³,xei₄₄me₄₄(←m̩¹³xe⁵³)?ŋai¹³kai⁵³liaŋ³⁵xɔŋ₄₄⁵³ni³pən³⁵ ɲi₄₄¹³çi₄₄⁵³tʂɔk³ a⁰.n̩₂₁.ŋai₂₁¹³tsʰo³⁵tʂaŋ⁵³lɔi¹³tsin⁵³tsʰien₄₄¹³.m̩₂₁.pən³⁵ɲi₂₁¹³kai₄₄⁵³ŋɔi⁵³pɔi₄₄⁵³nin₂₁¹³ kau²¹fu⁵³ɲiet⁵,ŋai₂₁¹³tsʰo³⁵tʂaŋ⁵³lɔi₄₄¹³tsin⁵³tsʰien₄₄¹³.

南乡就出煤炭呶，煤炭呢。欸。箇边就可以挖煤炭。欸。西乡就出小旦。会唱戏。lan¹³çiɔŋ₄₄⁵³tsʰiəu⁵³tʂʰət³ mi¹³tʰan⁵³nau⁰,mei¹³tʰan⁵³ne⁰.e₂₁.kai₄₄⁵³pien³⁵ tsʰiəu⁵³kʰo²¹¹³uait⁵ mei¹³tʰan⁵³.e₂₁.si³⁵çiɔŋ₄₄³⁵tsʰiəu₄₄⁵³tʂʰət³ siau²¹tan⁵³.uɔi⁵³tʂʰɔŋ⁵³çi⁵³.(唱戏的。嗯。)嗯，会唱戏，欸。n̩₂₁,uɔi⁵³tʂʰɔŋ₄₄⁵³çi⁵³,e₂₁.(北乡呢？)北乡就出扁担。pɔit³çiɔŋ³⁵tsʰiəu₄₄⁵³tʂʰət³ pien²¹tan⁵³.(挑脚？)担脚个多，欸。从前就苦哇。担脚个多。tan³⁵ciɔk³ke⁰to³⁵,e₂₁.tsʰə̃³⁵tsʰien¹³tsiəu⁵³kʰu²¹ua⁰.tan³⁵ciɔk³ke⁰to³⁵.

（你们这边做花炮的是……）我等是学倒个，我等东乡人是学倒外背个。ŋai¹³tien⁰ʂṳ₄₄⁵³xɔk⁵tau²¹ke₂₁⁵³,ŋai₂₁¹³tien⁰təŋ³çiɔŋ₄₄⁵³nin₂₁³ʂṳ₄₄⁵³xɔk⁵tau²¹ŋɔi⁵³pɔi₂₁⁵³ke₂₁⁵³.(学的南乡的是吧？)嗯。嗯。就发展到以边来哩。哦……搞花炮厂个就。m̩₂₁.m̩₂₁.tsʰiəu₄₄⁵³fait³tʂen²¹tau⁰i²¹pien⁰nɔi₄₄¹³li⁰.o₄₄ts⁻kau²¹fa₄₄³⁵pʰau₄₄⁵³ʂɔŋ²¹ke⁵³tsʰiəu₂₁⁵³.(那个老板一般是本地的还是外地的？)本地人多，本地人多，欸。以向箇花炮以……pən²¹tʰi⁵³nin₂₁¹³to₄₄³⁵,pən²¹tʰi⁵³ɲin₂₁¹³to₄₄³⁵,e₂₁.i²¹çiɔŋ⁵³kai⁰fa₄₄³⁵pʰau₄₄⁵³i²¹çi⁻

（他怎么学得到啊呢？他怎么学得到啊呢？）哈？xa³⁵?（他怎么学得到啊呢？）箇渠有滴是跕倒外……外背，有有滴跕倒外背打下子工啊，箇只学倒哩箇只。欸，学倒哩箇。箇咁个……欸，技术含量唔高嘞，做花炮嘞。技术含量唔高嘞。kai₄₄⁵³ci₂₁¹³iəu⁰tet⁵ʂṳ₄₄¹³ku₃₅³⁵tau₄₄⁵³ŋɔi⁵³……ŋɔi⁵³pɔi₄₄⁵³,iəu³⁵iəu³⁵tet⁵ ku₃₅³⁵tau₄₄⁵³ŋɔi₄₄⁵³pɔi₄₄⁵³ta²¹xa₄₄³⁵tsṳ⁰kəŋ⁵³ŋa⁰,kai₄₄⁵³tʂak⁵xɔk⁵tau²¹li⁰ kai₄₄⁵³tʂak⁵.e₂₁,xɔk⁵tau²¹li⁰ kai₂₁⁵³.kai⁵³kan²¹cie⁵³m̩…ei₂₁,çi⁵³ʂət⁵xan¹³liɔŋ⁵³n̩¹³kau₄₄³⁵lei⁰,tso₄₄³⁵fa³⁵pʰau⁵³lei⁰.çi⁵³ʂət⁵ xan¹³liɔŋ⁵³n̩¹³kau₄₄³⁵le⁰.(啊，技术含量不高？)唔高嘞。车只筒子。如今用机子车筒子。车筒子以后，欸，以下就以下拼就……打馃子，拼成一饼一饼啊。渠一只一只是难去搞吵，一饼就……一百只或者几多十只啊系唔系？一饼啊。安做打饼子。安做饼子。以下就舞成饼子以后嘞，底下就筑滴泥去，筑泥。中间就放……装硝。装哩硝就插引。插哩引就封口。就正哩啊。就正哩啊。以下就以下就只爱结编呐，结啊，结爆竹啊。结成一挂挂，□长一挂挂。欸技术含量唔高嘞，就爱手脚爱快嘞。n̩¹³kau₄₄³⁵le⁰.tʂʰa³⁵tʂak⁵tʰə̃¹³ tsṳ⁰.i₂₁¹³cin₄₄³⁵iəŋ₄₄⁵³ci⁵³tsṳ⁰ tʂʰa₄₄³⁵tʰə̃¹³tsṳ⁰.tʂʰa₄₄³⁵tʰə̃¹³tsṳ⁰ i⁰xei⁵³,ei₂₁,i²¹xa₄₄tsʰiəu₄₄¹³i²¹xa₄₄ pʰin³⁵ts⁻ta²¹kɔ⁰tsṳ⁰,pʰin³⁵ʂaŋ₄₄⁵³iet³ piaŋ¹³iet³ piaŋ⁵³ŋa⁰.ci⁵³iet³ tʂak⁵ iet³ tʂak⁵ ʂṳ₄₄¹³lan¹³ çi⁵³kau⁰ʂa⁰,iet³ piaŋ⁵³tsʰiəu⁵³…iet³ pak³ tʂak⁵ xɔit⁵tʂa²¹ci₂₁¹³to³⁵ʂət⁵ tʂak⁵ a⁰ xei⁵³me₄₄(←m̩¹³xe⁵³)?iet³ piaŋ⁵³ŋa⁰.ɔn⁵³tso₄₄³⁵ta²¹piaŋ⁵³tsṳ⁰.ɔn⁵³tso₄₄⁵³piaŋ⁵³tsṳ⁰.i²¹xa₄₄tsʰiəu₄₄⁵³u²¹ ʂaŋ₄₄¹³piaŋ²¹tsṳ⁰ i³⁵xei₄₄lei⁰,te²¹xa⁵³tsʰiəu₄₄⁵³tʂuk⁵ tet⁵ lai¹³çi₄₄⁵³,tʂuk⁵ lai¹³.tsə̃³⁵kan₄₄³⁵

tsʰiəu⁵³₄₄fəŋ⁵³s⋯tʂɔŋ³⁵siau³⁵.tʂɔŋ³⁵li⁰ siau³⁵tsʰiəu⁵³₄₄tsʰait³ in²¹.tsʰait³ li⁰ in²¹tsʰiəu⁵³₄₄fəŋ³⁵
xei²¹.tsʰiəu⁵³tʂaŋ⁵³li³ a⁰.tsʰiəu⁵³₄₄ʂaŋ⁵³li³ a⁰.i²¹xa⁵³₄₄tsʰiəu⁵³₄₄i²¹xa⁵³tsʰiəu⁵³₄₄tʂ⌐ɔi⁴⁴ciet³ pien³⁵
na⁰,ciet³ a⁰,ciet³ pau⁵³tʂəuk³ a⁰.ciet³ ʂaŋ¹³₄₄iet³ kua⁵³kua⁵³,lai³⁵tʂʰɔŋ¹³₂₁iet³ kua⁵³kua⁵³.e₂₁
çi³ʂɔt³₅xan¹³lioŋ⁵³ŋ̩₂₁³kau⁵³₄₄lei³,tsʰiəu⁵³₄₄uɔi₄₄(←ɔi³)ʂəu²¹ciɔk³ ɔ₄₄(←ɔi⁵³)kʰuai⁵³lei⁰.

（但是也蛮危险哎？）箇只有装硝个危险呢。唔装硝个么啊危险呐？
有得危险。搞引线危险。装硝危险。放火药个，就安做装硝个嘞，箇就危
险。以滴搞咁个筒子个有么啊危险？kai⁵³₄₄tʂek³ iəu³⁵₄₄tʂɔŋ³⁵siau³⁵ke⁵³₂₁uei³⁵çien²¹
ne⁰.ŋ̩¹³tʂɔŋ³⁵₄₄siau³⁵cie⁵³mak³ a⁰ uei³⁵₄₄çien¹³na⁰ ʔmau¹³tek³ uei³⁵çien²¹.kau⁵³in²¹sien³⁵uei³⁵₄₄
çien²¹.tʂɔŋ³⁵siau³⁵ uei³⁵çien²¹.fɔŋ⁵³fo²¹iɔk⁵ ke⁵³₄₄,tsiəu⁵³ɔn³⁵₄₄tso⁵³tʂɔŋ³⁵siau³⁵ke⁵³₂₁lei⁰,kai⁵³
tsʰiəu⁵³₄₄uei⁵³₂₁çien⁴⁴₂₁.i²¹tet⁵kau²¹kan²¹ke⁵³₄₄tʰəŋ¹³tsŋ̍⁵ ke⁵³₄₄iəu⁵³₄₄mak³ a⁰ uei³⁵çien²¹₃₅?

（这里炸过吗？这这边有没有炸过？）炸过。头番子啊箇映炸死一只。
tsa⁵³ko⁵³₂₁.tʰei¹³fan⁵³tsŋ̍³ a⁰ kai⁵³₄₄iaŋ³⁵tsa⁵³sŋ̍²¹iet³ tʂak³.（哪个地方？）头番子啊，早
一早一段时间呐。欸，以张坊个花炮厂也炸死一只。嗯。tʰei¹³fan⁵³₄₄tsŋ̍³ a⁰,tsau²¹
iet³ tsau²¹iet³ tɔn⁵³ sŋ̍¹³₂₁kan³⁵na⁰.e₂₁,i²¹tʂɔŋ⁵³₄₄xɔŋ³⁵ke⁴⁴fa³⁵₄₄pʰau⁴⁴tʂʰɔŋ¹³a₄₄tsa⁵³si²¹iet³
tʂak³.ŋ̩₂₁.（炸死人啦？死了几个？）赔几十万块钱就咁个嘞。pʰi¹³ci²¹ʂɔt⁵uan⁵³
kʰuai⁵³₄₄tsʰien¹³tsʰiəu⁵³₄₄kan²¹cie⁵³lei⁰.（死了几个？）一个。iet³ke⁵³.（哦，他是怎
么回事啊？）三月份呐二月份个时候子啊。唔知让门子死个，唔知让门炸
死个。反正发生哩爆炸。就有炸药个栏场就会发生爆炸。欸经常⋯⋯san³⁵
ɲiet³ fən³⁵₄₄na⁰ɲi⁵³ɲiet³ fən³⁵ke⁵³₄₄sŋ̍²¹xəu³⁵tsa⁰.ŋ̩¹³ti³⁵ɲiɔŋ³⁵₄₄mən⁰ tsŋ̍³ si²¹ke⁵³₂₁,ŋ̩₂₁ti³⁵ɲiɔŋ³⁵
mən⁰ tsa⁵³si²¹ke⁵³₂₁.fan²¹tʂən⁵³fait³ tʰien₄₄(←sien₄₄)ni⁰ pʰau⁰tsa⁵³.tsʰiəu⁵³₄₄iəu³⁵tsa⁵³iɔk⁵
ke⁵³laŋ³⁵₂₁tʂʰɔŋ³⁵₄₄tsiəu⁵³uɔi⁵³₄₄fait³ sen³⁵pʰau³⁵₄₄tsa₄₄.e₂₁cin³⁵tsʰɔŋ¹³⋯（听得到吗？）箇听
唔倒。系山角落里嘞，舞山沟里嘞嘞。箇山沟里嘞，我等张坊几只花炮厂
都都系咁个山沟里嘞。嗯。炸死哩人哎，拱天拱地都听唔倒。kai⁵³tʰaŋ³⁵ŋ̩¹³
tau²¹.xe⁵³₂₁san³⁵₄₄kɔk³ lɔk³₃li⁵³₄₄le⁰,u²¹san³⁵kei³⁵₄₄li⁰lei⁰.kai³⁵₄₄san³⁵kei³⁵li⁰ le⁰,ŋai³⁵tien⁰tʂɔŋ³⁵₄₄
xɔŋ³⁵ci²¹tʂak³ fa₄₄pʰau³⁵₄₄tʂʰɔŋ³⁵tɔu₄₄tɔu⁰xe⁵³kan²¹ke⁵³₄₄san³⁵kei³⁵li⁰ le⁰.ŋ̩₂₁.tsa⁵³si²¹li³ɲin¹³
nau⁰,kəŋ⁵³tʰien³⁵₄₄kəŋ⁵³tʰi⁵³₄₄təu⁵³tʰaŋ³⁵ŋ̩₂₁³tau²¹.

绩苎麻

绩苎麻是箇起是箇箇起就喊苎麻，不是黄麻。tsiak³ tʂʰəu³⁵ma¹³₄₄sŋ̍⁵³₄₄kai⁵³çi²¹
sŋ̍⁵³kai⁵³kai⁵³çi⁴⁴₄₄tsʰiəu⁵³xan³⁵₄₄tʂʰəu³⁵ma¹³,pət³ sŋ̍⁵³uɔŋ¹³ma¹³₄₄.（是讲 tsiak³ 还是⋯⋯）
绩。tsiak³./绩。tsiak³./绩。tsiak³./绩苎麻。tsiak³ tʂʰəu³⁵ma¹³./就系系嘞。
tsʰiəu⁵³xe⁵³tset³ le⁰./就□个我等箇只安做安绩笼个。tsʰiəu⁵³tʂəu⁵³ke⁵³ŋɔ²¹ten⁰
kai⁵³tʂak³ ɔn⁵³tso⁵³ɔn⁵³₄₄tsiak³ ləŋ³⁵ke⁵³./也有喊捻麻。ia³⁵iəu⁵³₄₄xan³⁵lien²¹ma¹³.（嗯？）
捻呐，用手去捻呐。lien²¹na⁰,iəŋ⁵³ʂəu²¹çi⁵³lien²¹na⁰./箇只安做也安做绩苎麻。

kai²¹₅₃tʂak³ ɔn₄₄³⁵tso₄₄⁵³ia³⁵ ɔn₄₄³⁵tso₄₄⁵³tsiak³ tʂʰəu₄₄³⁵ma₄₄¹³./□呐，用手去□呐。lən²¹na⁰,iəŋ⁵³ ʂəu²¹çi⁵³lən²¹na⁰./□呦。捻呐。捻呐。捻苎麻。lən²¹nau⁰.lien²¹na⁰.lien²¹na⁰.lien²¹ tʂʰəu₄₄³⁵ma₄₄¹³./普通话：就两个把两个头接起来呀。就用手去□呐。用手去捻呐。让门子驳下去个唠箇两条子？tsʰiəu⁵³iəŋ⁵³ʂəu²¹tʂʰʮ⁵³lən²¹na⁰.iəŋ⁵³ʂəu²¹çi⁵³lien²¹na⁰,ɲiɔŋ⁵³mən⁰ tsʮ⁰pɔk³a₄₄(←xa⁵³)çi₄₄¹³ke⁵³lau⁰kai⁵³iɔŋ²¹tʰiau₂₁¹³tsʮ³?

哦，箇只就只系安做么个如今玄谟老婆就里手哇。o₁₃,kai⁵³tʂak³tsʰiəu₄₄⁵³tsʮ²¹e₄₄(←xe⁵³)ɔn₄₄³⁵tso⁵³mak³ke₄₄⁵³i₂₁¹³cin₄₄³⁵fen¹³mu₄₄¹³lau²¹kʰɔk³tsʰiəu₄₄¹³ti²¹ʂəu²¹ua⁰./欸欸欸。e₅₃e₅₃e₂₁./渠等欸搞起这真靓哦。ci₄₄¹³tien⁰e₄₄kau⁵³çi²¹tʂe⁵³tʂen³⁵tsiaŋ³⁵o⁰./渠箇阵子靠靠靠绩绩……绩绩来卖钱咯。ci¹³kai⁵³tʂʰən₄₄³⁵tsʮ³kʰau⁵³kʰau⁵³kʰau⁵³tsiak³ tsiak³…tsiak³ tsiak³lɔi¹³mai⁵³tsʰien¹³ko⁰./欸。e₂₁./欸赚钱咯。e⁰tsʰɔn³⁵tsʰien¹³ko⁰./我等箇婆婆子也尽绩懒哩哦，有年纪个时候。ŋai¹³tien⁰kai₄₄⁵³pʰo¹³pʰo₄₄¹³tsʮ³ia³⁵ tsʰin¹³tsiak³lan³⁵ni⁰o⁰,mau²¹ɲien₂₁¹³ci¹³ke⁵³ʂʮ₂₁¹³xɛu₄₄⁵³./系啊，绩懒哩。以前个绩倒个线就绩倒个绩是也爱去打线个。xe₄₄⁵³a⁰,tsiak³lan³⁵ni⁰.i₅₃¹³tsʰien¹³ke⁰tsiak³tau²¹ke₄₄⁵³ sien⁵³tsʰiəu₄₄tsiak³tau²¹ke₄₄tsiak³ʂʮ₄₄¹³ia₄₄³⁵i₄₄⁵³cʰi₄₄¹³tʰa²¹sien⁵³ko⁰./系啊。xe⁵³a⁰./正月天打发人哎，卖妹子是箇就爱打蛮多线哎。我我老妹子，我我大老妹子结婚都还打哩线。都还打哩线，我就记得。tʂaŋ³⁵ɲiet⁵tʰien₄₄³⁵ta²¹fait³ɲin³⁵nau⁰,mai⁵³ mɔi⁵³tsʮ³ʂʮ₄₄⁵³kai⁵³tsʰiəu₂₁⁵³ɔi ta²¹man¹³to₄₄³⁵sien⁵³nau⁰.ŋai¹³ŋai¹³lau²¹mɔi⁵³tsʮ³,ŋai¹³ŋai¹³ tʰai⁵³lau²¹mɔi⁵³tsʮ³ciet³fən³⁵təu₄₄³⁵xai₄₄¹³ta²¹li⁰sien⁵³.təu₄₄xai³ta²¹li⁰sien⁵³,ŋai¹³tsiəu₄₄⁵³ci⁵³ tek³.

荷

（那个这种杆秤上面呢，它不是有那个提绳吗？）欸。e₂₁.（它有两根提绳嘛。）欸欸欸。e₂₁e₂₁e₂₁.（靠近那个秤尾的那个提绳呢？）箇就安做二荷呢。欸。安做头荷二荷。称重……重滴子个头荷。箇称……称……细滴子个……称细滴子个就二荷。kai₄₄⁵³tsiəu⁵³ɔn₄₄³⁵tso₄₄⁵³ɲi⁵³xɔ₂₁¹³nei⁰.e₂₁.ɔn₄₄⁵³tso⁵³tʰei¹³xɔ¹³ ɲi⁵³xɔ¹³.tʂʰən₄₄³⁵tʂʰəŋ⁵³…tʂʰəŋ³⁵tiet⁵tsʮ³ke₄₄⁵³tʰei¹³xɔ¹³.kai⁵³tʂʰən³⁵ne⁰tʂʰən³⁵s…se⁵³ tiet⁵tsʮ³ke⁰tʂʰə⁰…tʂʰən³⁵se⁰tiet⁵tsʮ³ke⁰tsʰiəu₄₄⁵³ɲi⁵³xɔ¹³.（这个头荷应该是往……）头荷就更大呀。秤头上箇……tʰei¹³xɔ¹³tsʰiəu₄₄⁵³ken⁵³tʰai¹³ia⁰.tʂʰən³⁵tʰei¹³xɔŋ³⁵ kai⁵³…（那往那个秤尾那边的。）秤头上箇边个就头荷啊。tʂʰən³⁵tʰei¹³xɔŋ⁵³kai⁵³ pien₄₄³⁵ke₄₄⁵³tsiəu₄₄⁵³tʰei¹³xɔ¹³a⁰.（不对。）系哟，我等系咁子话噢。我等就咁子话。打比一把秤，有一……打得一百斤箇，系唔系？有十斤十斤它打个。有……二荷就一斤一斤个。头荷就十斤十斤，就头荷。xei₄₄⁵³iau⁰,ŋai₂₁¹³tien⁰xei⁵³kan²¹tsʮ³ ua⁵³au⁰.ŋai₂₁¹³tien⁰tsʰiəu⁵³kan₄₄⁵³tsʮ⁰ua⁵³au⁰.ta²¹pi²¹iet⁵pa²¹tʂʰən³⁵,iəu⁵³iet³…ta²¹tek³iet⁵ pak³cin³⁵kai⁵³,xei₄₄⁵³me₄₄(←m̩¹³xe⁵³)?iəu³⁵ʂət⁵cin₄₄³⁵ʂət⁵ cin₄₄³⁵tʰa₄₄²¹(←ta²¹)ke⁵³.iəu₄₄³⁵…

ȵi^{53}xo$_{21}^{13}$tsʰiəu$_{44}^{53}$iet^{3}cin^{35}iet^{3}cin^{35}ke$_{44}^{53}$.tʰei^{13}xo^{13}tsʰiəu$_{44}^{53}$ʂət^{5}cin$_{44}^{35}$ʂət^{5}cin^{35},tsʰiəu$_{44}^{53}$tʰei^{13}xo^{13}.（呃，靠粗的那一头的那个是……）欸，靠粗个箇一头个就头荷。e$_{21}$,kʰau^{53}tsʰəu^{35}ke^{53}kai^{53}iet^{3}tʰei^{13}ke^{53}tsʰiəu^{53}tʰei^{13}xo^{13}.（头荷啊？）欸。靠近钩子，钩子箇向个，秤盘子箇向个，就头荷。靠近秤尾个，就二荷。头荷就看中间，头荷个刻度看中间，二荷刻度看边上。嗯。e$_{21}$.kʰau^{53}cʰin^{53}kei^{53}tsʅ^0,ciei^{35}tsʅ^{0}kai$_{44}^{53}$çiəŋ$_{44}^{53}$ke$_{44}^{53}$,tsʰən^{53}pʰan$_{21}^{53}$tsʅ^{0}kai$_{44}^{53}$çiəŋ$_{44}^{53}$ke$_{44}^{53}$,tsʰiəu^{53}tʰei$_{21}^{13}$xo$_{21}^{13}$.kʰau$_{44}^{53}$cʰin^{53}tsʰən^{53}mi^{35}ke^{53},tsiəu$_{44}^{53}$ȵi^{53}xo$_{21}^{13}$.tʰei^{13}xo^{13}tsʰiəu$_{44}^{53}$kʰɔn^{53}tʂən^{35}kan^{35},tʰei^{13}xo^{13}ke$_{44}^{53}$kʰek^{3}tʰu$_{44}^{53}$kʰɔn^{53}tʂən^{35}kan$_{44}^{35}$,ȵi^{53}xo^{13}kʰek^{3}tʰu$_{44}^{53}$kʰɔn^{53}pien^{53}xɔŋ$_{21}^{53}$.m̩$_{21}$.（哪一哪边的称得更重一些啊？）头荷称得更重啊。tʰei^{13}xo^{13}tʂʰən^{35}tek^{3}cien$_{21}^{53}$tʂʰəŋ^{53}ŋa^0.（头荷称得重些？）欸，头荷更打得更重啊。e$_{21}$,tʰei^{13}xo^{13}cien^{53}ta$_{21}^{53}$tek^{3}cien^{53}tʂʰəŋ^{35}ŋa^0.

筹

欸，咁个，到箇面店里去食面呐，你要就跕倒外背先买正筹来。然后拿倒箇只筹，到箇到箇个灶下去掇面。安做筹。竹头片箇篾，底下寿字个。欸。面筹。ei^{53},kan$_{35}^{21}$ke$_{44}^{53}$,tau^{53}kai^{53}mien^{53}tian^{53}ȵi^{0}çi$_{44}^{53}$ʂət$_3^5$mien^{53}na^0,ȵi^{13}iau$_{44}^{35}$tsʰiəu$_{44}^{53}$kʰu^{35}tau^{21}ŋɔi^{53}pɔi$_{44}^{53}$sien$_{44}^{53}$mai^{35}tʂaŋ^{53}tʂʰəu^{13}lɔi$_{44}^{13}$.vien^{13}xei$_{44}^{53}$la^{0}tau^{21}kai^{53}tʂak^{3}tʂʰəu^{13},tau$_{44}^{53}$kai$_{44}^{53}$tau$_{44}^{53}$kai$_{44}^{53}$ke$_{44}^{53}$tsau^{53}xa$_{44}^{53}$çi$_{44}^{53}$tɔit^{3}mien^{53}.ɔn$_{44}^{53}$tso^{53}tʂʰəu^{13}.tʂəuk^{3}tʰei^{13}pʰien$_{21}^{53}$kai$_{44}^{53}$miet^5,tei$_{21}^{53}$xa$_{44}^{53}$ʂəu^{53}tsʰʅ$_{44}^{53}$ke$_{44}^{53}$.e$_{21}$.mien^{53}tʂʰəu^{13}.（木片的或者竹片的是吧？）或者竹片个，或者木片个。欸。xɔit^{5}tʂa$_{21}^{53}$tʂəuk^{3}pʰien$_{44}^{53}$ke^{53},xɔit^{5}tʂa$_{21}^{53}$muk^{3}pʰien$_{44}^{53}$ke$_{44}^{53}$.e$_{21}$.（叫不叫纸码？）唔安做……欸，安做筹，我等是买过筹。n̩^{13}ɔn$_{44}^{35}$tso$_{44}^{53}$…e$_{44}$,ɔn$_{44}^{53}$tso^{53}tʂʰəu^{13},ŋai^{13}tien^{0}sʅ$_{44}^{35}$mai^{53}ko$_{44}^{53}$tsʰəu^{13}.

传统医药

欸，中草药嘞，蛮好个东西，欸。简单讲几味中草药。你等都可以听下子啦，欸。听晡都可以用啊。e$_{21}$,tʂəŋ^{35}tsʰau^{21}iɔk^{5}lei^0,man$_{21}^{13}$xau^{21}ke$_{44}^{53}$təŋ^{35}si^0,e$_{21}$.kan^{21}tan$_{44}^{35}$kɔŋ^{21}ci^{21}uei^{53}tʂəŋ^{35}tsʰau^{21}iɔk^5.ȵi^{13}tien^{0}təu$_{44}^{35}$kʰo^{21}i$_{44}^{35}$tʰaŋ^{35}ŋa$_{44}$（←xa^{53}）tsʅ^{1}la^0,e$_{21}$.tʰin$_{44}^{35}$pu$_{44}^{21}$təu$_{44}^{35}$kʰo^{21}i^{35}iəŋ^{53}ŋa^0.

第一只嘞，整箇细人子泄肚子，安做么个嘞？安做烧米茶，烧米茶。分箇米，捱一……捱一捱米，两捱米，放下镬里去烧。等渠……你就觉得……唔爱放水呀。放下……糟米放下镬里去烧，烧一阵呢你……烧一阵渠慢慢子就着火，欸，着火，渠就会烧成火屎样个，烧成火屎样，烧成一坨，结做一坨啊，结做一坨。你结做一坨了，你就铲起来，欸，你就铲起来。然后嘞，你舞只茶缸子，分箇茶，分箇米茶放下茶缸子肚里，分箇烧个米，烧哩个米呀，放下茶缸子肚里，放滴子杨梅子，欸，放滴子杨梅子，放滴子姜，放滴子茶叶，还可以放两只子豆豉，欸，然后一……一杯开水造＝下去，舞……舞滴开水造＝下去啊。欸，你分盖子口倒，等渠摊冷来。细人子食哩硬非常好箇东西，嗯。安做烧米茶。细人子泄肚子，摸摸子啊，细人子啊，泄肚子，食哩蛮好。你莫放多哩水啊，怕食唔下就。箇是一只土方子，系啊？t^{h}i^{53}iet^{3} tʂak^{3} le^{0},tʂaŋ^{21}kai$_{44}^{53}$se^{53}ɲin$_{21}^{13}$tʂʅ^{0} set^{3} təu^{21}tʂʅ^{0},ɔn^{35}tso^{53} mak^{3}ke$_{44}^{53}$le^{0}?ɔn$_{44}^{35}$tso$_{44}^{53}$ʂau^{35}mi^{21}tʂʰa^{13},ʂau^{35}mi^{21}tʂʰa^{13}.pən$_{44}^{35}$kai$_{44}^{53}$mi^{21},ia^{21}iet^{3}…ia^{21}iet^{3} ia^{21}mi^{21},iɔŋ^{21}ia^{21}mi^{21},fɔŋ$_{44}^{53}$ŋa$_{44}$(←xa^{53})uɔk^{5} li^{21}çi$_{44}^{53}$ʂau^{35}.ten^{21}ci$_{44}^{13}$…ɲi$_{21}^{13}$tʂʰiəu$_{44}^{53}$ciet^{3} tek^{3}…m$_{21}^{13}$mɔi$_{35}$(←ɔi^{53})fɔŋ$_{44}^{53}$ʂei^{21}ia^{0}.fɔŋ^{53} ŋa^{0}…tsau^{35} mi^{21} fɔŋ$_{44}^{53}$ŋa$_{44}$(←xa^{53})uɔk^{5} li^{21} çi$_{44}^{53}$ʂau^{35},ʂau^{53}uet^{3}(←iet^{3})tʂən$_{44}^{53}$ne^{0}ɲi$_{21}^{13}$ts^{53}…ʂau^{53}uet^{3}(←iet^{3})tʂən$_{44}^{53}$ci$_{21}^{13}$man^{53} man$_{44}^{53}$tʂʅ^{0} tʂʰiəu$_{44}^{53}$tʂʰɔk^{5} fo^{21},e$_{21}$,tʂʰɔk^{5} fo^{21},ci$_{21}^{13}$tʂʰiəu$_{44}^{53}$uɔi^{53}ʂau$_{44}^{35}$ʂaŋ$_{21}^{13}$fo^{21}ʂʅ^{0} iɔŋ$_{44}^{53}$ke^{0},ʂau$_{44}^{35}$ʂaŋ$_{21}^{13}$fo^{21}ʂʅ^{21}iɔŋ$_{44}^{53}$,ʂau$_{44}^{35}$ʂaŋ$_{21}^{13}$iet^{3} to^{13},ciet^{3} tso^{21}iet^{3} to^{13}a^{0},ciet^{3} tso^{53}iet^{3} to^{13} ɲi^{13} ciet^{3} tso^{53}iet^{3} to^{13} liau^{0},ɲi$_{21}^{13}$tʂʰiəu^{53}tʂʰan^{21}c^{h}i^{21}lɔi$_{21}^{13}$,e$_{21}$,ɲi^{13}tʂʰan^{21}c^{h}i^{21}lɔi$_{21}^{13}$.vien^{13}xei$_{44}^{53}$lei^{0},ɲi^{0}u^{21}tʂak^{3} tʂʰa$_{21}^{21}$ kɔŋ$_{44}^{35}$tʂʅ^{0},pən^{35}kai$_{44}^{53}$tʂʰa^{13},pən^{35}kai$_{44}^{53}$ʂau$_{44}^{35}$mi^{21}tʂʰa^{13}fɔŋ^{53}a$_{44}$(←xa^{53})tʂʰa$_{21}^{13}$kɔŋ$_{44}^{35}$tʂʅ^{0} təu^{21} li^{0},pən^{35}kai$_{44}^{53}$ʂau^{35}ke^{0}mi^{21},ʂau^{35}li^{0} ke^{0}mi^{21}ia^{0},fɔŋ^{53} ŋa$_{44}$(←xa^{53})tʂʰa$_{21}^{13}$kɔŋ$_{44}^{35}$tʂʅ^{0} təu^{21} li^{0},fɔŋ^{53}tet^{5} tʂʅ^{0} iɔŋ^{13}mɔi^{13}tʂʅ^{0},e$_{21}$,fɔŋ$_{44}^{53}$tet^{5} tʂʅ^{0} iɔŋ^{13} mɔi^{13}tʂʅ^{0},fɔŋ^{53} tet^{5} tʂʅ^{0} ciɔŋ^{35},fɔŋ^{53}tet^{5} tʂʅ^{0} tʂʰa^{13}iait^{5},xai^{13}k^{h}o^{21}i^{35}fɔŋ^{53}iɔŋ^{13}tʂak^{5} tʂʅ^{0} t^{h}ei^{53}ʂʅ^{53},e$_{21}$,vien^{13} xei$_{44}^{53}$iet^{3}…iet^{3} pei$_{44}^{35}$k^{h}ɔi^{0}ʂei^{21}tʂʰau^{53}a$_{44}$(←xa^{53})çi$_{44}^{0}$,u^{21}…u^{21}tiet^{3} k^{h}ɔi^{35}ʂei^{21}tʂʰau^{53}a$_{44}$(←xa^{53})çi$_{44}^{0}$a^{0}.e$_{21}$ɲi$_{21}^{13}$pən$_{44}^{35}$ kɔi^{53}tʂʅ^{0} c^{h}iet^{3} tau^{0}.ten^{13}ci$_{44}^{13}$t^{h}an^{21} naŋ^{35}lɔi$_{21}^{13}$.se^{53}ɲin$_{21}^{13}$tʂʅ^{0} ʂət^{5}li^{0} ɲiaŋ^{53}fei^{13}ʂɔŋ$_{21}^{13}$xau^{21}kai$_{44}^{13}$ təŋ$_{44}^{35}$si^{0},ɳ$_{21}$.ɔn$_{44}^{35}$tso^{53}ʂau^{35}mi^{21}tʂʰa^{13}.se^{53}ɲin$_{21}^{13}$tʂʅ^{0} set^{3} təu^{21}tʂʅ^{0},mo^{35}mo^{53}tʂʅ^{0} a^{0},se^{53}ɲin$_{21}^{13}$tʂʅ^{0} a^{0},set^{3} təu^{21}tʂʅ^{0},ʂət^{5} li^{0} man^{13} xau^{21}.ɲi$_{21}^{13}$mo^{53} fɔŋ^{53} to^{35}li^{0} ʂei^{21}ia^{0},p^{h}a$_{44}^{53}$ʂət^{5} ɳ$_{21}^{13}$xa^{35} tʂʰiəu$_{44}^{53}$.kai$_{44}^{53}$ʂʅ$_{44}^{53}$iet^{3} tʂak^{3} t^{h}əu^{21}fɔŋ^{35}tʂʅ^{0},xei$_{44}^{53}$a^{0}?

欸唧，还有滴么个嘞我等以个山里个方子嘞？欸。欸，名贵个嘞，土茯苓。箇有滴松树上啊，箇老松树哇，箇松树上啊，渠等看得，我是看唔出，有苗，有……有一条苗。渠看呢，看倒哩箇条苗嘞，箇底下就有土茯苓挖。箇土茯苓蛮好个东西。如今箇药店里个茯苓，全部系人工栽种个，冇得土茯苓。欸，人工栽种个茯苓，十块钱一斤了。土茯苓一百块钱都买唔倒。欸，冇得。蛮少。箇是土茯苓。e$_{44}$m$_{44}$,xai$_{21}^{13}$iəu$_{53}^{35}$tet^{5} mak^{3} ke$_{44}^{13}$le^{0} ŋai$_{21}^{13}$tien^{53} i^{21}ke^{53} san^{35}ni^{21}ke$_{44}^{53}$fɔŋ^{35}tʂʅ^{0} le^{0} ?e$_{21}$.e$_{21}$,min^{13}kuei^{53}ke$_{44}^{53}$le^{0},t^{h}əu^{21}fuk^{5} lin^{13}.kai$_{44}^{53}$iəu^{35}tet^{5} tʂʰəŋ$_{21}^{13}$ʂəu^{53}xɔŋ$_{44}^{53}$ŋa^{0},kai$_{44}$lau^{21}tʂʰəŋ$_{21}^{13}$ʂəu^{53}ua^{0},kai$_{44}^{53}$tʂʰəŋ$_{21}^{13}$ʂəu^{53}xɔŋ$_{44}^{53}$ŋa^{0},ci^{13}tien^{0} k^{h}ɔn^{53} tek^{3},ŋai^{13}ʂʅ^{0} k^{h}ɔn^{53}ɳ$_{21}^{13}$tʂʰət^{3},iəu^{35} miau^{13},iəu^{35}…iəu^{35}iet^{3} t^{h}iau$_{21}^{13}$miau^{13}.ci^{13} k^{h}ɔn^{53} nei^{0},k^{h}ɔn^{53}tau^{21}li^{0} kai^{53}t^{h}iau$_{21}^{13}$miau^{13}lei^{0},kai$_{44}^{53}$te^{21} xa$_{44}^{53}$tʂʰiəu$_{44}^{53}$iəu^{35}t^{h}əu^{21}fuk^{5} lin^{13} uait^{3}.kai^{53}t^{h}əu^{21}fuk^{5} lin$_{21}^{13}$man$_{21}^{13}$xau^{21}ke$_{44}^{53}$təŋ$_{44}^{35}$si^{0}.i$_{21}^{13}$cin$_{44}^{35}$kai$_{44}^{53}$iɔk^{5} tian^{35}ni^{21}ke$_{44}^{53}$fuk^{5} lin$_{21}^{13}$,tʂʰien^{13}p^{h}u^{53}xe^{53}ɲin^{13}kəŋ$_{44}^{53}$tsɔi^{53}tʂəŋ$_{44}^{53}$ke^{0},mau^{35}tek^{3} t^{h}əu^{21}fuk^{5} lin$_{21}^{13}$.e$_{21}$,ɲin^{13}kəŋ$_{44}^{53}$ tsɔi$_{44}^{35}$tʂəŋ$_{44}^{53}$ke$_{44}^{53}$fuk^{5} lin$_{21}^{13}$,ʂət^{5} k^{h}uai$_{44}^{53}$tʂʰien$_{44}^{13}$iet^{3} cin$_{44}^{35}$niau^{0}.t^{h}əu^{21}fuk^{5} lin$_{21}^{13}$iet^{3} pak^{3}

$k^h
uai^{53}ts^hien^{13}təu^{35}_{44}mai^{35}_{44}n^{13}_{21}tau^{21}.e_{21},mau^{13}tek^3.man^{13}şau^{21}.kai^{53}_{21}ş^{53}_{44}t^həu^{21}fuk^5 lin^{13}_{21}.$

欸，还有蛮多土方子，可以……可以用个，欸。唔，如今箇只，小河箇只么个詹本荣啊，渠写了山歌以后嘞，渠话唔搞哩，箇东西唔搞哩。渠就搞么个嘞？专门收集一滴民间个偏方，欸，土方子，渠爱写成一本书，收集箇个土方子。我就同渠话哩欸烧米茶个事，我就讲渠听哩。欸。e_{21},xai^{13}_{21}
$iəu^{35}_{44}man^{13}_{21}to^{35}_{44}t^həu^{21}foŋ^{35}tsʅ^0,k^ho^{21}i^{35}_{44}…k^ho^{21}i^{35}_{44}iəŋ^{53}ke^{53}_{44},e_{21},m^{13}_{21}i^{13}_{21}cin^{35}_{44}kai^{53}tşak^3,siau^{21}$
$xo^{13}kai^{53}tşak^3mak^3ke^{53}_{44}tşan^{35}_{44}pən^{21}iəŋ^{13}ŋa^0,ci^{13}_{21}sia^{21}li^0san^0ko^{35}_{44}i^{35}_{44}xei^{44}lei^0,ci^{13}_{21}ua^{53}_{44}n^{13}_{21}$
$kau^{21}li^0,kai^{53}təŋ^{35}_{44}si^0ŋ^{13}kau^{21}li^0.ci^{13}tsiəu^{53}kau^{21}mak^3e^0le^0?tşuen^{53}mən^{21}_{35}şəu^{13}iet^3tiet^3_5$
$min^{13}kan^{35}_{44}ke^0p^hien^{35}foŋ^{35},e_{21},t^həu^{21}foŋ^{35}tsʅ^0,ci^{13}_{21}oi^{53}sia^{21}şaŋ^{13}iet^3pən^{21}şəu^{35},şəu^{35}ts^hiet^5$
$kai^{53}ke^{35}_{44}t^həu^{21}foŋ^{35}tsʅ^0.ŋai^{13}tsiəu^{53}t^həŋ^{13}_{21}ci^{13}ua^{53}li^0e_{21}şau^{35}mi^{13}ts^ha^{21}_{21}ke^{53}şʅ^{13}_{44}.ŋai^{13}ts^hiəu^{53}$
$koŋ^{21}ci^{13}_{44}t^haŋ^{35}_{44}li^0.e_{21}.$

还有只偏……偏……简单个方子嘞，还有只欸中药嘞，一种是钩藤，一种藤藤，上背有钩子，有钩子，箇就安做钩甜。细人子食哩好，欸，细人子食哩好。$xai^{13}_{21}iəu^{44}tşak^3_5p^hien…p^hien^{35}…kan^{21}tan^{35}_{44}ke^0foŋ^{35}tsʅ^0le^0,xai^{13}_{21}iəu^{44}$
$tşak^3e_{21}tşəŋ^{35}iok^5le^0,iet^3tşəŋ^{13}_{21}şʅ^{53}_{44}kei^{35}t^hien^{13},iet^3_5tşəŋ^{21}t^hien^{13}t^hien^{13}_{44},şoŋ^{53}poi^{53}_{44}iəu^{35}$
$kei^{35}tsʅ^0,iəu^{44}kei^{35}tsʅ^0,kai^{53}_{21}ts^hiəu^{44}on^{53}_{44}tso^{53}kei^{35}t^hien^{13}_{21}.sei^{53}ɲin^{13}_{21}tsʅ^0şət^5li^0$
$xau^{21},e_{21},sei^{53}ɲin^{13}_{21}tsʅ^0şət^5li^0xau^{21}.$

还有种做香料个，安做薄荷，系啊？薄荷啊。薄荷燐嘿哩以后，箇薄荷花，欸，也系一种中药，细人子食哩好。$xai^{13}_{21}iəu^{35}tşəŋ^{21}tso^{53}çioŋ^{35}liau^{44}ke^{53},on^{35}_{44}$
$tso^{44}po^{53}xo^{13},xei^{44}_{44}a^0?p^hok^5xo^{13}a^0.p^hok^5xo^{44}_{44}tsau^{35}ek^3(←xek^3)li^0i^{35}xei^{35},kai^{53}p^hok^5$
$xo^{13}_{21}fa^{35},ei_{21},ia^{35}xei^{53}iet^3tşəŋ^{21}tşəŋ^{35}iok^5,sei^{53}ɲin^{13}tsʅ^0şət^5li^0xau^{21}.$

如今我等以映最多个系么个嘞？唔爱……唔爱一滴钱，唔值滴钱个，鱼腥草，到岭上去扯凑硬……硬扯一千斤都有，只爱去扯。箇鱼腥草食哩蛮好。欸，晒干来，利水湿。$i^{13}_{21}cin^{35}ŋai^{13}tien^0i^{21}iaŋ^{53}_{44}tsei^{53}to^{35}_{44}ke^{53}xei^{35}mak^3e^0le^0?m^{13}_{21}$
$moi_{44}(←oi^{53})…m^{13}_{21}moi_{44}(←oi^{53})iet^3tiet^5ts^hien^{13},n^{13}tşʅ^{53}şət^5tiet^5ts^hien^{13}ke^{53},ŋ^{13}siaŋ^{35}$
$ts^hau^{21},tau^{53}_{44}liaŋ^{35}xoŋ^{53}_{44}çi^{53}_{44}tşʅ^ha^{21}tş^he^0ɲiaŋ^{53}…ɲiaŋ^{53}_{44}tşʅ^ha^{21}iet^3ts^hien^{13}cin^{35}_{44}təu^{35}$
$iəu^{35}_{44},e_{21},tşʅ^{21}oi^{53}çi^{53}tşʅ^ha^{21}.kai^{53}ŋ^{13}siaŋ^{35}_{44}ts^hau^{21}şət^5li^0man^{13}xau^{21}.e_{21},sai^{53}kon^{35}n^{13}_{21},li^{53}şei^{21}$
$şət^3.$

欸，还有嘞，箇个白果，白果叶，整么个好嘞？整箇个高血压，高血脂，高血糖都好，欸，白果叶。非常简单。欸，你分箇叶子捋倒来，春天就可以捋春天个叶子，现在夏天可以捋夏天叶子，秋天有哩叶子了，下跌嘿哩了，你可以到地泥里下捡起来。捡倒箇个黄叶，晒燐来，泡茶食，不要一份钱，晒燐来，泡茶食。欸，我……我以到都准备去搞滴子，我老妹子啊，又有高血脂，又有高血糖，渠箇晡渠……我同渠捋一蛇皮袋，晒嘿燋来，舞把壶，天天呢就……搞一大捯，捯一捯，塞下箇壶里，就放滴开水去泡，渠就食箇起茶。也唔系蛮难食，也系一只……系话冇么个蛮好食凑。欸。也食得。渠话食哩真好。嗨，渠个……渠个高血脂高血糖啊以箇人……人个身体啊，人呢舒服多哩，食哩以后。欸，我都爱食。箇只东西唔爱一分钱。e$_{21}$,xai$_{21}^{13}$iəu$_{44}^{35}$le^{0},kai$_{21}^{35}$ke$_{21}^{53}$p^{h}ak^{5}ko^{21},p^{h}ak^{5}ko^{21}iait^{5},tʂaŋ^{21}mak^{3}ke^{53}xau^{21}lei^{0} ?tʂaŋ^{21}kai$_{44}^{35}$ke$_{44}^{53}$kau^{35}çiet^{3}iak^{3},kau^{35}çiet^{3}tʂʅ^{21},kau^{35}çiet^{3}t^{h}ɔŋ^{13}təu$_{44}^{35}$xau^{21},e$_{21}$,p^{h}ak^{5}ko^{21}iait^{5}.fei^{35}tʂ^{h}ɔŋ$_{21}^{13}$kan^{21}tan$_{44}^{35}$.e$_{44}$ɲi^{13}pən$_{44}^{35}$kai$_{44}^{53}$iet^{5}tsʅ^{0}lɔit^{5}tau^{21}lɔi^{13},tʂ^{h}ən^{35}t^{h}ien$_{44}^{35}$tʂ^{h}iəu$_{44}^{35}$k^{h}o^{21}i^{35}lɔit^{5}tʂ^{h}ən^{35}t^{h}ien$_{44}^{35}$ke^{0}iait^{5}tsʅ^{0},çien^{35}tsʰai^{35}çia^{35}t^{h}ien$_{44}^{35}$k^{h}o^{21}i$_{44}^{35}$lɔit^{5}çia^{35}t^{h}ien$_{44}^{35}$iet^{5}tsʅ^{0},tsʰiəu$_{44}^{35}$t^{h}ien$_{44}^{35}$mau^{13}li^{0}iet^{5}tsʅ^{0}liau^{0},xa^{53}tet^{3}ek^{3}(←xek^{3})li^{0}liau^{0},ɲi$_{21}$k^{h}o^{21}i^{35}tau^{0}t^{h}i^{53}lai$_{21}^{0}$xa^{35}cian^{35}çi^{0}lɔi^{13}.cian^{53}tau^{21}kai^{53}ke^{53}uɔŋ^{13}iait^{5},sai^{53}tsau^{35}lɔi$_{44}^{13}$,p^{h}au$_{44}^{53}$tsʰa$_{21}^{13}$ʂət^{5},pət^{3}iau^{0}iet^{3}fən^{35}tsʰien$_{21}^{13}$,sai^{53}tsau$_{44}^{35}$lɔi$_{21}^{13}$p^{h}au^{53}tsʰa$_{21}^{13}$ʂət^{5}.e$_{21}$,ŋai^{13}……ŋai^{13}i^{0}tau^{0}təu$_{44}^{35}$tʂən^{35}p^{h}ei^{13}çi$_{44}^{35}$kau^{21}tet^{5}tsʅ^{0}.ŋai^{13}lau^{0}mɔi^{53}tsʅ^{0}a^{0},iəu^{53}iəu$_{44}^{35}$kau^{35}çiet^{3}tsʅ^{21},iəu^{53}iəu$_{44}^{35}$kau^{35}çiet^{3}t^{h}ɔŋ^{13}.ci$_{21}^{13}$kai$_{44}^{53}$pu$_{44}^{35}$ci……ŋai^{13}t^{h}ən$_{21}^{13}$ci$_{44}^{13}$lɔit^{5}iet^{3}ʂa^{13}p^{h}i^{13}t^{h}ɔi^{53},sai^{53}ek^{3}(←xek^{3})tsau^{53}lɔi$_{21}^{13}$,u^{21}pa^{21}fu^{13},t^{h}ien^{35}t^{h}ien$_{44}^{35}$ne^{0}tsiəu$^{…}$kau^{0}iet^{3}t^{h}ai^{53}ia^{21},ia^{21}iet^{3}ia^{21},sek^{0}a^{53}(←xa^{53})kai$_{44}^{0}$fu^{13}li^{0},tsiəu^{53}fɔŋ$_{44}^{53}$tet$_{3}^{5}$k^{h}ɔi^{35}ʂei^{21}çi$_{44}^{53}$p^{h}au^{53},ci^{0}tsʰiəu$_{44}^{53}$ʂət^{5}kai$_{44}^{53}$çi^{21}tsʰa^{13}.ia^{35}m̩$_{21}^{13}$p^{h}e$_{44}$(←xe^{53})man^{13}nan^{13}ʂət^{5},ia^{35}xei$_{44}^{53}$iet^{3}tʂak^{3}……xei^{53}ua^{53}mau^{13}mak^{3}e^{0}man^{13}xau^{21}ʂət^{5}tsʰe^{0}.e$_{21}$.ia^{35}ʂət^{5}tek^{3}.ci^{13}ua$_{44}^{53}$ʂət^{5}li^{0}tʂən^{35}xau^{21}.m̩$_{21}$.ci^{13}ke^{53}……ci^{13}ke^{53}kau^{0}çiet^{3}tsʅ^{21}kau^{35}çiet^{3}t^{h}ɔŋ$_{44}^{13}$ŋa^{0}i^{21}kai^{0}ɲin^{13}……ɲin^{13}ke$_{44}$ʂən^{35}t^{h}i^{0}ia^{0},ɲin^{13}ne^{0}ʂʅ^{35}fuk^{0}to^{35}li^{0},ʂət^{5}li^{0}i$_{44}^{35}$xei^{53}.e$_{21}$,ŋai^{13}təu$_{44}^{35}$ɔi$_{44}^{53}$ʂət^{5}.kai$_{44}^{53}$tʂak^{3}təŋ$_{44}^{35}$si^{0}m̩$_{21}^{13}$mɔi$_{35}$(←ɔi^{53})iet^{3}fən^{35}tsʰien$_{21}^{13}$.

还有只东西么个嘞，整高血压个嘞，就么个呀，就系安做芭蕉花。我等以映有。箇是……《西游记》肚里唔系有芭蕉，系唔系？欸，铁扇公主啊，箇芭蕉哇。咁大一蔸蔸个，蛮大个植物哇。箇渠有……欸，广东个芭蕉会结香蕉，我等以映个芭蕉冇得香蕉结，但是渠会开花，开成一只咁个一……一只咁个饽饽样个东西，芭蕉花。箇芭蕉花你摘倒归来，箇岭上有嘞，有芭蕉个栏场就有嘞。舞归来，炆水鸭子，炆箇个水鸭子啊。水鸭子晓得吧？最好系老鸭子。掌高血压，硬蛮好，箇东西，整高血压，你只爱食哩几只就好哩。又……又唔难食，又唔难食，箇东西还好食，又唔爱钱，除哩鸭子爱钱，欸箇个嘿嘿……xai$_{21}^{13}$iəu^{53}tʂak^{3}təŋ$_{44}^{35}$si^{0}mak^{3}ke$_{44}^{53}$lei^{0},tʂaŋ^{21}kau$_{44}^{35}$çiet^{3}iak^{3}ke$_{44}^{53}$lei^{0},tsʰiəu$_{21}^{53}$xei^{53}mak^{3}ke$_{44}^{53}$ia^{0},tsʰiəu$_{44}^{53}$xei$_{44}^{53}$ɔn^{35}tso$_{21}^{53}$pa^{21}tsiau$_{44}^{35}$fa^{35}.ŋai^{13}tien^{0}i$_{44}^{21}$iaŋ$_{44}^{35}$iəu$_{44}^{53}$.kai$_{44}^{53}$s……si^{35}iəu$_{21}^{13}$ci^{53}təu^{21}li^{0}m̩$_{21}^{13}$me$_{44}$(←xe^{53})iəu$_{44}^{35}$pa^{35}tsiau$_{44}^{35}$,xei$_{44}^{53}$me$_{44}$(←m̩^{13}xe^{53})?e$_{21}$,t^{h}iet^{3}ʂen^{35}kəŋ^{35}tʂʅ^{21}ia^{0},kai$_{21}^{53}$pa^{35}tsiau$_{44}^{35}$ua^{0}.kan^{21}t^{h}ai^{35}iet^{3}tei^{35}tei^{35}ke^{53},mən^{35}t^{h}ai^{53}ke^{0}tʂʅ^{35}ʂət^{0}uk^{53}ua^{0}.kai$_{44}^{53}$ci$_{44}^{35}$iəu……e$_{21}$,kɔŋ^{21}təŋ^{35}ke$_{44}^{0}$pa^{35}tsiau$_{44}^{35}$uɔi^{53}ciet^{3}çiɔŋ^{35}tsiau$_{44}^{35}$,ŋai^{13}tien^{0}i^{21}iaŋ$_{44}^{35}$ke^{0}pa$_{44}^{35}$tsiau$_{44}^{35}$mau$_{21}^{13}$tek^{3}çiɔŋ^{35}tsiau$_{44}^{35}$ciet^{3},tan$_{44}^{53}$

ʂ$ṛ_{44}^{53}$ci$_{21}^{13}$uɔi$_{44}^{53}$kʰɔi$_{44}^{35}$fa^{35},kʰɔi^{35}ʂaŋ$_{44}^{13}$iet^3 tʂak^3 kan^{21}kei^{53}iet^3 p…iet^3 tʂak^3 kan^{21}kei^{53}pʰɔk^5 pʰɔk^5 iɔŋ$_{44}^{53}$ke$_{44}^{53}$təŋ$_{44}^{13}$si^0 ,pa^{35}tsiau$_{44}^{13}$fa^{35}.kai$_{44}^{53}$pa^{35}tsiau$_{44}^{13}$fa^{35}.ɲi^{13} tʂak^3 tau^{21}kuei$_{44}^{53}$lɔi$_{21}^{13}$,kai$_{44}^{53}$liaŋ^{35}xɔŋ$_{21}^{13}$iəu^{35}le^0 ,iəu^{13}pa^{35}tsiau$_{44}^{13}$ke^0 laŋ$_{21}^{13}$tʂʰɔŋ$_{21}^{13}$tsʰiəu$_{44}^{13}$iəu^{35}le^0 .u^{21}kuei^{35}lɔi$_{21}^{13}$,uən^{13}ʂei$_{44}^{21}$ait^3 tʂ$ṛ^0$,uən^{13}kai$_{44}^{53}$ke$_{44}^{53}$ʂei^{21}ait^3 tʂ$ṛ^3$ a^0 .ʂei^{21}ait^3 tʂ$ṛ^3$ çiau$_{21}^{53}$tek^3 pa^3 ?tsei^{53}xau$_{21}^{53}$xe^{53}lau^{21} ait^3 tʂ$ṛ^0$ .tʂaŋ^{21}kau^{35}çiet^3 iak^3 ,ɲiaŋ^{53}man^{13}xau^{21} .kai$_{44}^{53}$əŋ$_{44}$(←təŋ^{35})si^0 ,tʂaŋ^{21}kau^{35}çiet^3 iak^3 .ɳ$_{21}$tʂ$ṛ^{21}$ɔi$_{44}^{13}$ʂət^5 li^0 ci^{13}tʂak^3 tsiəu^{13}xau^{21}li^0 .iəu^{53}…iəu^{53}ɳ^{13} nan$_{21}^{13}$ʂət^5 ,iəu^{53}ɳ^{13} nan^{13}ʂət^5 ,kai$_{44}^{53}$əŋ$_{44}$(←təŋ^{35})si^0 xai$_{21}^{13}$xau^{21}ʂət^5 ,iəu^{53}m$_{21}^{13}$mɔi$_{35}^{13}$(←ɔi^{53})tsʰien^{13}.tʂʰəu^{13}li^0 ait^3 tʂ$ṛ^0$ ɔi^{53}tsʰien^{13},e$_{21}$kai$_{44}^{53}$ke$_{44}^{53}$xe$_{21}^{53}$xe$_{21}$…

欸，箇年有只么人，有只老师，系啊凤溪，系啊小河中学啊。渠爱调动工作了，冇得一个熟人，系吗？落尾渠就打听到有只领导嘞，箇只领导，箇只教育局个箇只领导哇，有高血压，欸，五十几岁了，得高血压，又胖啊，系啊？渠就一想，<u>渠话我送烟呐</u>，送酒哇，送油哇，我冇咁多钱来送。我只有出……搞滴方子帮渠整高血压个，渠摘你五六只箇起欸芭蕉花，嗯，到乡下去买几只箇老鸭子。欸。箇阵老鸭子<u>几多钱</u>呢？十多块钱一只。芭蕉花<u>几多钱</u>唉？唔爱钱，自家去拗凑，系啊？送倒去。箇只领导食哩呀，半个月就食好哩，高血压就好蛮多，就再同渠调动……调动箇只。e$_{21}$,kai^{53}ɲien$_{21}^{13}$iəu^{35}tʂak^3 mak^3 ɲien$_{44}^{13}$,iəu^{35}tʂak^3 lau^{21}s$ṛ_{44}^{35}$,xei$_{44}^{53}$a^0 fəŋ^{53}çi$_{44}^{35}$,xei$_{44}^{53}$a^0 siau^{21}xo^{13}tʂəŋ$_{44}^{35}$çiɔk^3 a^0 .ci$_{21}^{13}$ɔi$_{44}^{13}$tiau^{13}tʰəŋ$_{44}^{53}$kəŋ^{35}tsɔk^3 liau^0 ,mau^{13}tek^3 iet^3 cie^{53}ʂəuk^3 ɲin$_{21}^{13}$,xei$_{44}^{53}$ma^0 ?lɔk^3 mi$_{44}^{35}$ci^{13}tsʰiəu^{13}ta^{21}tʰin^{35} tau^{53}iəu^{35}tʂak^3 lin^{35}tʰau^{53}lei^0 ,kai^{53}tʂak^3 lin^{35}tʰau^{53},kai^{53}tʂak^3 ciau^{53}iəuk^3 tʂət^3 ke$_{44}^{53}$kai^{53}tʂak^3 lin^{35}tʰau^{53}ua^0 ,iəu$_{44}^{53}$kau$_{44}^{53}$çiet^3 iak^3 ,e$_{21}$,ŋ^{13}ʂət^5 ci^{21}sɔi^{53} liau^0 ,tek^3 kau$_{44}^{35}$çiet^3 iak^3 ,iəu$_{44}^{53}$pʰɔŋ^{13}ŋa^0 ,xei^{53}a^0 ?ci$_{21}^{13}$tsʰiəu^{53}iet^3 siɔŋ^{21},cia$_{44}$(←ci^{13} ua^{53})ŋai^{13}səŋ^{53}ien^{13}na^0 ,səŋ^{53}tsiəu^{13}ua^0 ,səŋ^{53}iəu^{13}ua^0 ,ŋai$_{21}^{13}$mau^{13}kan^{13}to$_{44}^{53}$tsʰien$_{21}^{13}$nɔi$_{21}^{13}$ səŋ^{53}.ŋai$_{21}^{13}$tʂət^3 iəu$_{44}^{35}$tsʰət^3 …kau^{21}tet^5 fɔŋ^{13}tʂ$ṛ^0$ pɔŋ^{35}ci$_{21}^{13}$tʂaŋ^{21}kau^{35}çiet^3 iak^3 ke^{53},ci$_{21}^{13}$tsak^3 ɲi$_{44}^{13}$ŋ^{13}liəuk^3 tʂak^3 kai^{53}çi^{21}e$_{21}$,pa^{35}tsiau$_{44}^{13}$fa^{35},m$_{21}$,tau^{13}çiɔŋ^{53}xa$_{44}^{13}$çi$_{44}^{53}$mai^{13}ci^{13}tʂak^3 kai^{53}lau^{21}ait^3 tʂ$ṛ^0$ .e$_{21}$,kai^{53}tʂʰən$_{44}^{53}$lau^{21}ait^3 tʂ$ṛ^0$ ciɔ$_{35}$(←ci^{21}to^{35})tsʰien$_{44}^{13}$ne^0 ?ʂət^5 to$_{44}^{35}$kʰuai^{53} tsʰien$_{21}^{13}$iet^3 tʂak^3 .pa^{35}tsiau$_{44}^{13}$fa^{35} ciɔ$_{35}$(←ci^{21}to^{35})tsʰien$_{44}^{13}$nau^0 ?m$_{21}^{13}$mɔi$_{35}$(←ɔi^{53})tsʰien$_{44}^{13}$,tsʰ$ṛ^{35}$ka$_{44}^{53}$çi$_{44}^{53}$au^{13}tsʰe^0 ,xei$_{21}^{53}$a^0 ?səŋ^{53}tau^{21}çi^{53}.kai$_{21}^{53}$tʂak^3 lin^{35}tʰau$_{44}^{53}$ʂət^5 li^0 ia^0 ,pan^{53}cie$_{44}^{53}$niet^3 tsʰiəu$_{44}^{53}$ʂət^5 xau^{13}li^0 ,kau^{35}çiet$_5$ iak^3 tsʰiəu^{53}xau^{21}man$_{13}^{13}$to$_{44}$,tsʰiəu$_{44}$ tsai$_{44}^{53}$tʰəŋ$_{21}^{13}$ci$_{21}^{13}$tiau^{13}tʰəŋ^{53}…tiau^{13}tʰəŋ$_{44}^{53}$kai^{13}tʂak^3 .

哈？花，就系箇芭蕉心上长出来个花。话就话系花，其实是就一只花蕾，就一只花苞子啊，就箇……就箇只球球哇，就箇只球哇，箇只饽哦，欸，箇球球哇，欸，冇……冇得花开呀，开是冇得花开，冇……冇得花开出来，安做芭蕉花。就顶高箇一坨啊，顶高箇一坨都要得，嗯。欸，一看你就晓得嘞，一看就晓得箇芭蕉花，赠……冇得……冇得咁鲜艳个么个系么个花朵样啊冇得啊，只……只系安做芭蕉花。箇东西蛮好，嗯，整……整高血压就蛮好。欸。$xa^{35}ʔfa^{35}$,$tsʰiəu^{53}xe^{53}kai^{53}_{44}pa^{35}tsiau^{35}_{44}sin^{35}xɔŋ^{35}_{44}tʂɔŋ^{21}tʂʰət^3lɔi^{13}_{21}ke^{53}fa^{35}$.$ua^{53}tsʰiəu_{44}ua^{53}xei_{44}fa^{35}$,$cʰi^{13}_{21}ʂt^5ʂ_{44}tsʰiəu^{}uet^3$(←$iet^3$)$tʂak^3fa^{35}lei^{13}$,$tsʰiəu^{}iet^3tʂak^3fa^{35}pau^{35}tsŋ^0a^0$,$tsʰiəu^{53}kai^3$…$tsiəu^{53}kai^3tʂak^3cʰiəu^{13}cʰiəu^{13}ua^0$,$tsiəu^{53}kai^3tʂak^3cʰiəu^{13}ua^0$,$kai^{53}_{21}tʂak^3pʰɔk^5o^0$,$e_{44}$,$kai^{53}cʰiəu^{13}_{21}cʰiəu_{44}ua^0$,$e_{21}$,$mau^{13}$…$mau^{13}tek^3fa^{35}kʰɔi^{35}ia^0$,$kʰɔi^{35}ʂ^{53}mau^{13}tek^3fa^{35}_{44}kʰɔi^3$,$mau^{13}$…$mau^{13}tek^3fa^{35}_{44}kʰɔi^{35}tʂʰət^3lɔi_{21}$,$ɔn_{44}tso^{53}pa^{35}tsiau_{44}fa^{35}$.$tsʰiəu^{53}taŋ^{21}kau_{44}kai^3iet^3tʰo^0a^0$,$taŋ^{21}kau_{44}kai^3iet^3tʰo^0təu_{44}iau^3tek^3$,$n_{21}$.$e_{21}$,$iet^3kʰɔn^{21}ni^{13}_{21}tsʰiəu^{}çiau^{21}tek^3le^0$,$iet^3kʰɔn^{21}tsiəu^{53}çiau^{21}tek^3kai_{21}pa^{35}tsiau_{44}fa^{35}$,$maŋ^{13}$…$mau^{13}tek^3_5$…$mau^{13}tek^3kan^{21}sen^{35}ien^{53}_{44}ke_{44}mak^3e^0xe^{53}_{44}mak^3e^0fa^{53}to^{21}iɔŋ_{44}ŋa^0mau^{13}tek^3a^0$,$tʂət^3$…$tʂət^3e_{53}$(←$xe^{53}$)$ɔn^{}tso^{53}pa^{35}tsiau_{44}fa^{35}$.$kai_{44}təŋ^{35}si^0man^{13}xau^{21}$,$m̩_{21}$,$tʂaŋ^{21}$…$tʂaŋ^{21}kau^{35}_{44}ciet^3iak^3tsʰiəu^{}man^{13}xau^{21}$.$e_{21}$.

　　欸，箇个是又唔……农村里人呢，客家人呢，最大个特点就系么个嘞，欸希望找到唔爱钱个，嘿嘿哈，欸，又寻得倒，又不要钱，又管用个药，慢慢子都唔爱紧，系？多食两剂都唔爱紧。欸，同箇起咁个么个银杏叶样啊，箇个爱么啊钱？系啊？客家人我觉得最大个特点就系以一点，欸，省钱，嘿嘿，唔爱钱。你话爱钱个东西，你话一天要要用上几百块个钱呢。箇个你纵好个药都空个，冇么人爱。嗯，欸。e_{44},$kai_{44}ke^{53}_{44}ʂ^{53}_{21}iəu^{53}m̩$…$ləŋ^{13}tsʰən_{44}li^0nin_{21}ne^0$,$kʰak^3ka_{44}nin_{21}ne^0$,$tsei^{}tʰai^{53}_{44}ke_{44}tʰek^5tien^{21}tsʰiəu_{44}xe_{44}mak^3ke^{53}_{44}le^0$,$e_{21}çi^{35}uoŋ^{53}_{44}tsau^{21}tau^{53}m̩^{13}_{21}mɔi_{35}$(←$ɔi^{53}$)$tsʰien^{13}ke_{44}$,$xe_{44}xe^{53}xa_{21}$,$e_{21}$,$iəu^{53}tsʰin^{13}tek^3tau^{21}$,$iəu^{}pət^3iau^{53}tsʰien^{13}$,$iəu^{53}kɔn^{21}iəŋ^{}ke_{44}iɔk^5$,$man^{13}man^{53}tsŋ^{}təu^{45}m̩_{21}mɔi_{35}$(←$ɔi^{53}$)$cin^{21}$,$xe_{44}to^{35}ʂət^5iəŋ^{21}tsi_{44}təu^{35}_{44}m̩^{13}_{21}mɔi_{35}$(←$ɔi^{53}$)$cin^{21}$.$e_{21}$,$tʰəŋ^{13}kai^{53}çi_{44}kan^{21}ke^{53}_{44}mak^3kei^{}nin_{21}çin^{35}iait^3iəŋ_{44}ŋa^0$,$kai_{44}ke^{53}ɔi^{53}mak^3a^0tsʰien^{13}ʔxe^{53}a^0$?$kʰak^3ka^{35}nin^{13}_{21}ŋai^{13}_{21}kɔk^3tek^3tsei^{53}tʰai^{53}_{44}ke^{53}_{44}tʰek^5tien^{21}tsʰiəu^{53}_{44}xei^{53}_{44}i^{21}iet^3tien^{21}$,$e_{21}$,$saŋ^{21}tsʰien^{13}$,$xe^{53}xe^{53}$,$m̩^{13}_{21}mɔi^{}$(←$ɔi^{53}$)$tsʰien^{13}$.$ni^{13}ua^{53}ɔi^{}tsʰien^{13}ke^{53}təŋ_{44}si^0ni^{}ua^{}iet^3tʰien^{21}iau^{}iau^{}iəŋ^{53}ʂɔŋ^{35}ci^{21}pak^3kʰuai^{}ke^0tsʰien^{13}_{44}nei^0$.$kai^{53}_{35}ke_{44}ni^{13}_{21}tsəŋ^{53}xau^{21}ke^{53}_{44}iɔk^5_3təu^{35}_{44}kʰəŋ^{}ke^0$,$mau^{13}_{21}mak^3in^{13}_{44}ɔi^{53}$.$n_{21}$,$e_{21}$.

　　食哩美容个？渠等话食黄瓜唠。客欸客家人系个栏场箇山里嘞，箇黄瓜基本上一年有七八个月都有黄瓜食，嗯。我记得我系倒山里箇时候子，到阳历十一月份呐十二月份我还摘倒有黄瓜，欸，箇黄瓜。渠有种箇瓜子啊，箇晡我讲个箇米筒瓜子啊，欸，短短子个，勴壮子个，欸，食得到十一二月份，嗯，打霜了都还有，箇瓜子渠等话食哩美容，箇瓜子蛮好，真系硬馥嫩子，又冇得滴子农药箇只么个东西，冇得么个，欸。渠又食得迟，但是早就冇得啦。欸，以滴黄瓜冇食了哇，欸箇个街上有黄瓜卖了，渠个还冇影呢，硬还冇影凑啦，欸，迟就唔知几迟。$ʂət^5li^0mei^{21}iəŋ^{13}ke^{53}ʔci^{13}_{21}tien^0$

ua$_{44}^{53}$ṣət⁵ uɔŋ¹³kua$_{44}^{35}$lau⁰.kʰak³ e$_{44}$kʰak³ ka^{35}ɲin$_{21}^{13}$xei⁵³ke⁰ laŋ¹³tṣʰɔŋ¹³kai$_{44}^{53}$san³⁵ni⁰
lei⁰,kai$_{44}^{53}$uɔŋ¹³kua$_{44}^{35}$ci^{13}pən²¹xɔŋ⁵³iet³ ɲien¹³iəu$_{44}^{35}$tsʰiet³ pait⁵ ke⁵³ɲiet⁵₃ təu$_{44}^{35}$iəu$_{44}^{35}$uɔŋ¹³
kua$_{44}^{35}$ṣət⁵,ŋ₂₁.ŋai¹³ci¹³tek³ ŋai¹³xei⁵³tau²¹san³⁵ni⁰ kai$_{44}^{53}$ṣʅ¹³xəu⁵³tsʅ⁰,tau⁵³iɔŋ¹³liet⁵ ṣət⁵ iet³
ɲiet⁵ fən⁵³na⁰ ṣət⁵ɲi⁵³ɲiet⁵ fən⁵³,ŋai¹³xai¹³tsak⁵ tau⁵³iəu³⁵uɔŋ¹³kua$_{44}$,e₂₁,kai$_{44}^{53}$uɔŋ¹³
kua^{35}.ci$_{21}^{13}$iəu³⁵tṣəŋ²¹kai⁵³kua^{35}tsʅ⁰ a⁰,kai$_{44}^{53}$pu³⁵ŋai$_{21}^{13}$kɔŋ²¹ke⁵³kai$_{44}^{53}$mi¹³tʰəŋ¹³kua$_{44}^{35}$tsʅ⁰
a⁰,e₂₁,tɔn$_{35}^{21}$tɔn²¹tsʅ⁰ke⁵³,li¹³tsɔŋ⁵³tsʅ⁰ke$_{44}^{53}$,e₂₁,ṣət⁵ tek³ tau⁵³ṣət⁵ iet³ɲi⁵³ɲiet⁵ fən⁵³,ŋ₂₁,ta²¹
sɔŋ³⁵liau⁰ təu$_{44}^{35}$xai$_{21}^{13}$iəu³⁵.kai$_{44}^{53}$kua^{35}tsʅ⁰ ci$_{21}^{13}$tien⁰ ua$_{44}^{53}$ṣət⁵li⁰ mei²¹iəŋ¹³.kai$_{44}^{53}$kua^{35}tsʅ⁰
man$_{21}$xau$_{44}$,tṣən³⁵xe$_{44}^{13}$ɲiaŋ¹³fət⁵ lən⁵³tsʅ⁰,iəu⁵³mau¹³tek³ tiet⁵ tsʅ⁰ ləŋ¹³iɔk⁵ kai$_{44}^{53}$tṣak³
mak³ ke$_{44}^{53}$təŋ$_{44}^{35}$si⁰,mau$_{21}^{13}$tek³ mak³ ke$_{44}$⁵³,e₂₁.ci¹³iəu$_{44}^{53}$ṣət⁵ tek⁵ tṣʰʅ¹³,tan⁵³ṣʅ$_{44}^{53}$tsau²¹tsʰiəu⁵³
mau¹³tek³ la⁰.e₂₁,i²¹tiet⁵ uɔŋ¹³kua$_{44}^{53}$iəu³⁵ṣek⁵ ke$_{44}^{53}$liau⁰ ua⁰,e$_{44}$kai$_{44}^{53}$ke$_{44}$kai¹³xɔŋ⁵³iəu³⁵
uɔŋ¹³kua$_{44}^{35}$mai¹³liau⁰,ci¹³ke⁵³xai$_{44}^{13}$mau¹³iaŋ¹³ne⁰,ɲiaŋ⁵³xai$_{21}^{13}$mau¹³iaŋ¹³tsʰe⁰la⁰,e₂₁,tṣʰʅ¹³
tsʰiəu⁵³ŋ$_{21}^{13}$ti¹³⁵ci²¹tṣʰʅ¹³.

　　美容个东西我想下子看呐还有么个美容个吗。食哩美容个。以几年是我欸广东传倒滴箇个么个？传倒滴个蛮大个叶个，□青个安做么个？芦荟呀。欸，搞滴芦荟来哩。欸，渠等搞芦荟去搽面。嘿嘿嘿嘿，芦荟有用么？

mei²¹iəŋ¹³ke$_{44}$təŋ$_{44}^{35}$si⁰ ŋai$_{21}^{13}$siɔŋ²¹xa⁵³tsʅ⁰ kʰɔn$_{44}^{21}$na⁰ xai$_{21}^{13}$iəu$_{44}^{35}$mak³ e⁰ mei²¹iəŋ¹³ke⁵³
ma⁰.ṣət⁵li⁰ mei²¹iəŋ¹³ke⁵³.i²¹ci²¹ɲien¹³ṣʅ⁰ŋai¹³e₂₁,kɔŋ²¹təŋ$_{44}^{35}$tṣʰɔn¹³tau²¹tet⁵ kai$_{44}^{53}$ke$_{44}^{53}$
mak³ ke⁵³?tṣʰɔn²¹tau²¹tet⁵ ke$_{44}$mən³⁵tʰai$_{44}^{53}$ke$_{44}^{53}$iet⁵ ke⁰,kue³⁵tsʰiaŋ$_{44}^{35}$ke⁵³ɔn$_{44}^{35}$tso$_{44}^{35}$mak³
ke$_{44}^{53}$?ləu¹³fei⁵³ia⁰.e₂₁,kau²¹tet⁵ ləu¹³fei⁵³lɔi$_{44}^{13}$li⁰.e₂₁,ci$_{21}^{13}$tien⁰ kau²¹ləu¹³fei⁵³çi$_{44}^{53}$tsʰa$_{21}^{13}$
mien⁵³.xe$_{44}$xe₂₁xe⁵³xe₂₁,ləu¹³fei⁵³iəu³⁵iəŋ⁵³mo⁰?

故事篇

地名传说

　　我系小河乡人。小河下背嘞有只地名蛮有味道，安作白沙城。白沙城箇映子嘞，欸，是靠近南乡，交界个地方，大山里，欸，几十里都冇得人烟。箇几十里都冇人烟呐。箇个栏场，如今是如今去寻是硬人都一一一一只箇咁阔呀几十里个地方啊嗯唔知有几多个人系倒箇只映，唔知几山，尽系岭岗。ŋai¹³xe⁵³siau²¹xo¹³çiɔŋ³⁵ŋin¹³.siau²¹xo¹³xa⁵³poi⁴⁴le⁰iəu¹³tʂak³tʰi⁵³miaŋ¹³man¹³iəu³⁵uei⁵³tʰau⁰,ɔn³⁵tsɔk³pʰak⁵sa³⁵tʂʰən¹³.pʰak⁵sa⁴⁴tʂən³⁵kai⁴⁴iaŋ³⁵tsʅ⁰le⁰,e₂₁,xe⁵³kʰau⁴⁴cʰin¹³lan¹³çiɔŋ³⁵,ciau⁴⁴kai³⁵ke⁵³tʰi⁴⁴fɔŋ⁰,tʰai⁵³san⁴⁴ni⁰,e₂₁,ci²¹ʂət⁵li³⁵təu³⁵mau¹³tek³ɲin¹³ien³⁵.kai⁴⁴ci⁵³ʂət⁵li³⁵təu⁴⁴mau₂₁ɲin₂₁ien₂₁na⁰.kai⁴⁴ke⁴⁴laŋ₂₁tʂʰɔŋ₄₄,i₂₁cin⁴⁴ʂʅ⁴⁴i³⁵₂₁cin³⁵₄₄çi⁵³tsʰin¹³ʂʅ⁴⁴ɲiaŋ³⁵ɲin¹³təu³⁵iet³iet³iet³iet³tʂak³kai⁵³kan²¹kɔit³ia⁰ci²¹ʂət⁵li³⁵ke⁰tʰi⁵³fɔŋ⁰ŋa⁰m̩₂n̩₂ti⁴⁴iəu⁴⁴ci²¹to³⁵ke⁰ɲin¹³xe⁵³tau²¹kai⁴⁴tʂaŋ₄₄(←tʂak³iaŋ⁵³),n̩₂ti⁴⁴ci²¹san³⁵,tsʰin¹³xe⁵³liaŋ³⁵kɔŋ³⁵.

　　欸，七十年代呀，知识青年上山下乡。箇个知识青年来哩以后嘞，就走到区上，区上就开会。欸，你等愿意到哪映子啊？嗯，系唔系？又搞滴地名，虎坳哇，欸，欸小坑啊，嗯，以下就欸沙田呐，欸，么个欸严坪崠啊。嗯嗯，尽的都唔想去，尽的争倒去哪映呢？去白沙城，箇映系只城呐，嘿嘿，就白沙城呢。系知识青年就系城里来个是，白沙城，好，箇是现在啊箇个当领导个人就好笑。你等让门争倒去白沙城哦？欸让门咁舞倒去白沙城，咁山个栏场啊？系啊？也噌讲出来。啊，争倒去话。走啊箇映子是正⋯⋯正⋯⋯箇就安做傻哩眼呐，欸就收拾哩。咁山个栏场啊。欸。欸，可以讲箇方圆几多平方公里，冇得⋯⋯冇得人，一只大山里。箇就一只⋯⋯欸，箇只地方蛮⋯⋯蛮有味道个。e₂₁tsʰiet³ʂət⁵ɲien₂₁tʰɔi⁵³ia⁰,tʂʅ⁴⁴ʂət³tsʰin³⁵ɲien¹³ʂɔŋ⁵³san³⁵çia⁵³çiɔŋ³⁵.kai⁴⁴ke⁵³tʂʅ⁵³ʂət³tsʰin³⁵ɲien₂₁lɔi¹³li⁰i³⁵xei⁵³le⁰,tsiəu⁴⁴tsei²¹tau⁴⁴tsʰʅ³⁵xɔŋ⁵³,tʂʰʅ³⁵xɔŋ⁴⁴tsʰiəu⁵³kʰɔi³⁵fei⁵³.e₂₁ɲi¹³tien⁰uen⁵³i³⁵tau⁵³la⁵³iaŋ⁵³₄₄tsʅ⁰

a⁰ ʔm̩₂₁,xei⁵³₄₄me₄₄(←m̩¹³xe⁵³)ʔiəu⁵³₄₄kau²¹tet³ tʰi⁵³mian¹³,fu²¹au⁵³ua⁰,e₂₁,e₄₄siau²¹xaŋ³⁵
ŋa⁰,m̩₂₁,i²¹xa₄₄tsʰiəu⁵³₄₄e₂₁sak³ tʰien¹³na⁰,e₂₁,mak³ ke⁵³₄₄e₂₁ɲien¹³ pʰiaŋ¹³ təŋ⁵³ ŋa⁰.n̩₅³
n̩₁₃,tsʰin⁵³tet³ təu⁴⁴n̩₂₁sioŋ¹³ çi⁵³,tsʰin⁵³tet³ tsaŋ³⁵tau²¹ çi₄₄lai₄₄iaŋ₄₄le⁰ ʔçi₄₄pʰak⁵ sa³⁵
tʂʰən¹³,kai⁵³₄₄iaŋ⁵³₄₄xei⁵³tʂak³ tʂʰən¹³na⁰,xe₄₄xe₄₄,tɕʰiəu⁵³₄₄pʰak⁵ sa₄₄³⁵tʂʰən¹³ne⁰.xe₄₄⁵³tʂ̩⁵³ ʂ̩t³
tsʰin³⁵ɲien₂₁tsʰin⁵³ne₄₄(←xe⁵³)tʂʰən¹³ni⁰ lɔi¹³ke₄₄⁵³ʂ̩₄₄,pʰak⁵ sa₄₄³⁵ʂʰən¹³,xau²¹,kai⁵³ʂ̩₂₁
çien⁵³tsʰai₄₄⁵³a⁰ kai⁵³ke₄₄⁵³təŋ³⁵lin¹³tʰau₄₄ke₄₄⁵³ɲin₂₁tsʰiəu₄₄⁵³xau²¹siau⁵³.ɲi₄₄¹³tien⁰ɲioŋ⁵³mən⁰
tsaŋ⁵³tau²¹çi₄₄pʰak⁵ sa₄₄³⁵ʂʰən¹³no⁰ ʔe₄₄ɲioŋ₂₁³⁵mən⁰kan²¹u²¹tau²¹çi⁵³pʰak⁵ sa₄₄³⁵tʂʰən¹³,kan²¹
san³⁵ke⁵³ləŋ¹³tʂʰoŋ₄₄³⁵ŋa⁰ ʔxe₄₄⁵³a⁰ ʔia³⁵maŋ¹³kɔŋ³⁵tʂʰət³ lɔi¹³.a₄₄,tsaŋ⁵³tau²¹çi₄₄ua₄₄³⁵.tsei²¹ia⁰
kai₄₄iaŋ₄₄⁵³tʂ̩⁰ ʂ̩ tsaŋ₄₄···tsaŋ₄₄···kai₄₄tsʰiəu₄₄⁵³ɔn₄₄tso₄₄⁵³sa⁵³li⁰ ŋan²¹na⁰,e₄₄tsʰiəu₄₄⁵³ʂəu³⁵
ʂət⁵li⁰.kan²¹san³⁵ke⁵³ləŋ₂₁¹³tʂʰoŋ₄₄³⁵ŋa⁰.e₂₁.e₄₄,kʰo²¹i¹³⁵kɔŋ²¹kai⁵³fɔŋ³⁵ien¹³ci²¹to³⁵pʰin¹³fɔŋ₄₄³⁵
kəŋ³⁵li₄₄¹³,mau¹³tek³ ··· mau¹³tek³ ɲin¹³,iak³(←iet³ tʂak³)tʰai⁵³san³⁵ni⁰.kai⁵³tsʰiəu⁵³iet³
tʂak³ ··· e₂₁,kai₄₄tʂak³ tʰi⁵³fɔŋ₄₄³⁵man¹³···man₂₁¹³iəu⁵³uei⁵³tʰau₄₄⁵³ke₄₄⁵³.

第二只地名呢,我都唔晓让门取倒一只箇名字,嘿,唔晓得搞么个取
倒箇名字。第二只地方呢,就以张家坊以映子嘞过去滴子箇映就有渡桥哇,
系唔系?欸,安做牛轭岭。箇河水呀以条小溪河啊,去箇映打只唔知几系
死个弯,转只唔……唔知几死个弯。我等安做手挣角哟。以映子舞……弯
啊以映子舞弯啊转。欸,转只唔知几死个弯。箇映安做牛轭岭。俨牛轭样。
tʰi₄₄⁵³ɲi¹³tʂak³ tʰi⁵³mian¹³ne⁰,ŋai₂₁²¹təu³⁵₂₁n̩¹³çiau²¹ɲioŋ⁵³ mən⁰ tsʰi²¹tau²¹iet³ tʂak³ kai¹³mian¹³
tsʰ₄₄⁵³,xe₂₁,n̩₂₁¹³çiau²¹tek³ kau²¹mak³ e⁰ tsʰi²¹tau²¹kai₄₄mian₂₁¹³tsʰ̩⁵³.tʰi₄₄⁵³ɲi¹³tʂak³ tʰi⁵³fɔŋ₄₄
ne⁰,tsiəu⁵³i²¹tʂoŋ₂₁¹³ka³⁵fɔŋ³⁵i²¹iaŋ⁵³tʂ̩⁰ le⁰ ko⁵³çi⁵³tiet⁵ tʂ̩⁰ kai⁵³iaŋ₄₄tsʰiəu⁵³iəu³⁵tʰu⁵³
cʰiau¹³ua⁰,xei⁵³me₄₄(←m̩¹³xe⁵³)ʔe₂₁,ɔn³⁵tso₄₄⁵³ɲiəu¹³ak⁵ liaŋ³⁵.kai⁵³xo⁰ʂei²¹ia⁰i²¹tʰiau₄₄
siau⁵³çi₄₄xo⁰a⁰,çi⁵³kai₄₄iaŋ⁵³ta²¹tʂak³ n̩¹³ti₄₄ci²¹xei⁵³si²¹ke⁵³uan²¹,tʂuon²¹tʂak³ n̩¹³si···n̩¹³
ti₄₄³⁵ci²¹si²¹ke₄₄⁵³uan³⁵.ŋai⁰tien⁰ɔn₄₄³⁵tso₄₄⁵³ʂəu²¹tsaŋ₄₄³⁵kɔk³io⁰.i²¹iaŋ₄₄⁵³tʂ̩⁰u²¹uei⁵³···uan³⁵na⁰i²¹
iaŋ₄₄⁵³tʂ̩⁰u²¹uan³⁵na⁰tʂuon²¹.e₂₁,tʂuon²¹tʂak³ n̩¹³ti₄₄³⁵ci²¹si²¹ke⁵³uan³⁵.kai⁵³iaŋ⁵³ɔn₄₄³⁵tso₄₄
ɲiəu¹³uak³(←ak³)liaŋ³⁵.ɲien²¹ɲiəu¹³ak³iɔŋ⁵³.

据说嘞从前箇映呢有条牛,有条石牛。欸。箇条石牛个脑壳就去箇就
□向下伸下箇河里去啊食水。欸,欸箇条石牛嘞天天夜晡会跑出来食禾。唔。
落尾就分雷公晓得哩。欸,雷公一打,打嘿哩箇条石牛。结果打嘿哩,打
哩以后嘞,箇河……箇石牛个血啊藉河打稳下。一打打嘿下背嘞,一只地
方嘞箇沙滩上都鲜红。所以下背有只地名,安做红沙。欸。红沙个地名就
咁子来个。就血牛……牛个血染红个沙。沙滩里系红个。tʂ̩ʂ̩⁵³ʂet³ le⁰ tsʰʰən₂₁¹³
tsʰien₄₄¹³kai₄₄iaŋ₄₄ne⁰ iəu³⁵tʰiau₂₁ɲiəu¹³,iəu³⁵tʰiau₂₁³⁵sak⁵ ɲiəu₂₁¹³.e₂₁.kai₄₄tʰiau₂₁³⁵sak⁵ ɲiəu₂₁¹³
ke⁵³lau²¹kɔk³tsʰiəu⁵³çi₄₄⁵³kai₄₄⁵³tsʰiəu⁵³tsiaŋ⁵³ŋa₄₄(←xa⁵³)kai₄₄xo⁰li²¹çi₄₄a⁰ʂət⁵ʂei²¹.e₂₁,e₂₁
kai₄₄⁵³tʰiau₂₁¹³sak⁵ ɲiəu¹³le⁰ tʰien³⁵tʰien₄₄ia⁵³ pu³⁵uɔi⁵³ pʰau₂₁tʂ̩ʰət³ lɔi₄₄¹³ʂət⁵ uo¹³.m̩₂₁.lɔk⁵₃

mi$_{44}^{35}$tsʰiəu$_{44}^{53}$pən$_{44}^{35}$li^{13}kəŋ$_{44}^{35}$çiau^{21}tek^{3}li^0.e$_{21}$,li^{13}kəŋ$_{44}^{35}$iet^{3}ta^{21},ta^{21}xek^{3}li^{0}kai$_{44}^{53}$tʰiau$_{21}^{13}$ʂak^{5}ɲiəu$_{13}^{13}$.ciet^{3}ko^{21}ta^{21}ek^3(←xek^3)li^0,ta^{21}li^{3}i^{35}xei$_{44}^{35}$le^0,kai$_{44}^{53}$xo^{13}···kai$_{44}^{53}$ʂak^{5}ɲiəu$_{21}^{13}$ke^{53}çiet^{3}a^{0}tʂa^{53}xo^{13}ta^{21}uən^{21}xa^{35}.iet^{3}ta^{21}ta^{21}ek^3(←xek^3)xa^{35}pɔi^{53}le^0,iet^{3}tʂak^{3}tʰi$_{44}^{53}$fəŋ$_{44}^{53}$le^{0}kai$_{44}^{35}$sa$_{44}^{35}$tʰan$_{44}^{35}$xɔŋ$_{44}^{35}$təu$_{44}^{35}$çien^{35}fəŋ^3.so^{13}i$_{44}^{35}$xa^{35}pɔi^{53}iəu^{13}tʂak^{3}tʰi^{13}miaŋ$_{21}^{21}$,ɔn$_{44}^{35}$tso$_{44}^{53}$fəŋ^{13}sa$_{44}^{35}$.e$_{21}$.fəŋ^{13}sa$_{44}^{35}$ke$_{44}^{53}$tʰi^{53}miaŋ$_{21}^{13}$tsʰiəu^{53}kan^{21}tsɿ^{0}lɔi$_{21}^{13}$ke^{53}.tsʰiəu$_{44}^{53}$çiet^{3}ɲiəu^{13}···ɲiəu^{13}ke^{53}çiet^{3}ɲian^{55}fəŋ$_{21}^{21}$ke$_{44}^{53}$kai$_{44}^{53}$sa^{35}.san^{13}tʰan$_{44}^{35}$ni^{3}xe$_{44}^{53}$fəŋ^{13}ke^{53}.

箇两只地名，牛轭岭摎红沙。欸。箇是以下有种咁传说唠，欸。kai^{53}iɔŋ^{21}tʂak^{3}tʰi^{53}miaŋ$_{21}^{21}$ɲiəu^{13}uak^3(←ak^3)liaŋ^{35}lau$_{44}^{35}$fəŋ^{13}sa$_{44}^{35}$.e$_{21}$.kai$_{44}^{53}$ʂɿ$_{44}^{13}$xa$_{44}^{35}$iəu$_{44}^{35}$tʂən^{21}kan^{21}tsʰen^{13}ʂet^{3}lau^0,e$_{21}$.

仙姑岩的传说

仙姑岩嘞传说就系天上个仙姑娘娘下凡个地方。仙姑娘娘从天上下来以后，就落啊箇仙姑岩箇映子。欸。落尾嘞箇映子就成哩一只风景区样个。如今你隔远滴子，只爱到哩箇李家湾箇向，欸，咁眼珠一瞩，往以边一眙，往仙姑岩箇映看呢，就好像一只欸仙姑睡倒去箇子。箇几嶂岭咯就俨俨哩一只仙姑睡倒去箇。最明显个嘞就系两只奶姑蛮大，奶姑蛮大，极像只仙姑。但是如今呢箇映子嘞搞你几只箇个手……手机塔，欸，就破坏哩箇只风景，唔好看哩。欸，如果有得箇几只塔是真系蛮像哦。我等箇阵子读书啊，从以映子到十三中啊，就爱走……走李家湾过吵。我等长日走箇过都看下子，打侧脑壳来瞩下子。俨俨哩箇只仙姑睡倒去箇，一只仙姑哇，睡倒去下子。sien^{35}ku$_{44}^{35}$ŋai^{13}lei^{0}tʂʰɔn^{13}ʂet^{3}tsʰiəu^{53}xei^{53}tʰien^{35}xɔŋ$_{44}^{53}$ke$_{44}^{53}$sien^{35}ku^{35}ɲiɔŋ^{13}ɲiɔŋ$_{44}^{13}$xa^{35}fan^{13}ke$_{44}^{53}$tʰi$_{44}^{13}$fəŋ$_{44}^{35}$.sien^{35}ku$_{44}^{35}$ɲiɔŋ$_{21}^{13}$ɲiɔŋ$_{44}^{13}$tʂʰəŋ$_{21}^{21}$tʰien^{35}xɔŋ$_{44}^{53}$xa^{35}lɔi$_{21}^{13}$i^{35}xei^{53},tsʰiəu$_{44}^{53}$lɔk^{5}a$_{44}^{35}$kai$_{44}^{53}$sien$_{44}^{35}$ku$_{44}^{35}$ŋan^{13}kai$_{44}^{53}$iaŋ$_{44}^{53}$tsɿ^0.e$_{21}$.lɔk^{5}mi$_{44}^{35}$lei^{0}kai$_{44}^{53}$iaŋ$_{44}^{53}$tsɿ^{0}tsʰiəu^{53}ʂəŋ$_{44}^{13}$li^{0}iet^{3}tʂak^{3}fəŋ^{3}ciəŋ^{21}tʂʰɿ$_{44}^{35}$iɔŋ$_{44}^{53}$ke^0.i$_{21}^{13}$cin$_{44}^{35}$ɲi$_{44}^{44}$kak^{3}ien^{21}tiet^{5}tsɿ^0,tsɿ^{21}ɔi^{21}tau^{53}li^{0}kai$_{44}^{53}$li$_{21}^{21}$ka$_{44}^{35}$uan^{35}kai$_{44}^{53}$çiɔŋ$_5^3$,e$_{21}$,kan^{21}ŋan^{21}tʂəu^{35}iet^{3}tʂʰɿ^{35},uɔŋ^{21}i^{21}pien^{35}iet^{3}tʂʰɿ^{35},uɔŋ^{21}sien$_{44}^{35}$ku$_{44}^{35}$ŋai^{13}kai$_{44}^{53}$iaŋ$_{44}^{35}$kɔn^{53}nei^0,tsʰiəu^{53}xau^{21}tsʰiɔŋ^{53}iet^{3}tʂak^{3}e$_{21}$sien$_{44}^{35}$ku^{35}ʂɔi^{53}tau^{21}çi^{53}kai^{53}tsɿ^0.kai^{53}ci^{21}tʂɔŋ^{53}liaŋ^{35}kɔ^{0}tsʰiəu^{53}ɲian^{21}ɲian^{21}li^{0}iet^{3}tʂak^{3}sien^{35}ku$_{44}^{35}$ʂɔi^{53}tau^{21}çi$_{44}^{53}$kai^{53}.tsei^{53}min^{13}çien^{21}ke$_{44}^{53}$lei^{0}tsʰiəu$_{44}^{53}$xei$_{44}^{53}$iɔŋ^{21}tʂak^{3}lien^{53}ku$_{44}^{35}$mən^{35}tʰai^{53},lien^{53}ku$_{44}^{35}$mən^{35}tʰai^{53},tsʰiet^{5}tsʰiɔŋ^{53}tʂak^{3}sien^{35}ku$_{44}^{35}$.tan$_{44}^{53}$ʂɿ$_{44}^{13}$i$_{21}^{21}$cin^{35}nei^{0}kai$_{44}^{53}$iaŋ^{35}tsɿ^{0}lei^{0}kau^{21}ɲi^{13}ci^{21}tʂak^{3}kai$_{44}^{53}$ke$_{44}^{53}$ʂəu^{21}···ʂəu^{21}ci$_{44}^{35}$tʰait^3,e$_{21}$,tsiəu^{21}pʰo^{53}fai$_{44}^{13}$li^{0}kai$_{44}^{53}$tʂak^{3}fəŋ$_{44}^{35}$cin^{21},ŋ$_{21}^{13}$xau$_{44}^{21}$kʰɔn^{53}ni^0.e$_{21}$,vy^{13}kɔ$_{44}^{21}$mau^{13}tek^{3}kai$_{44}^{53}$ci^{21}ak^3(←tʂak^3)tʰait$_5^3$ʂɿ^{0}tʂən^{35}ne$_{44}$(←xe^{53})man^{13}tsʰiɔŋ$_{44}^{35}$ŋo^0,ŋai^{13}tien^{0}kai^{53}tʂən$_{44}^{53}$tsɿ^{0}tʰuk^{0}ʂəu^{35}ua^0,tsʰəŋ$_{21}^{13}$i^{21}iaŋ$_{44}^{53}$tsɿ^{0}tau^{53}ʂet^{5}san$_{44}^{35}$tʂəŋ$_{44}^{35}$ŋa^0,tsiəu^{53}ɔi^{21}tsei^{21}···tsei^{21}li$_{44}^{21}$ka$_{44}^{35}$uan^{35}kɔ^{53}ʂa^0,ŋai^{13}tien^{0}tʂʰɔŋ^{21}ɲiet^{3}tsei^{21}kai$_{44}^{53}$kɔ$_{44}^{53}$təu$_{44}^{35}$kʰɔn^{53}xa$_{44}^{53}$tsɿ^0,ta^{21}tsek^{3}lau^{21}kʰɔk^{3}lɔi$_{21}^{13}$tʂʰɿ^{35}xa$_{44}^{53}$tsɿ^0.ɲian^{21}ɲian^{21}

li⁰kai₄₄⁵³tʂak³sien³⁵ku³⁵ʂɔi⁵³tau²¹çi⁵³kai₂₁⁵³,iet³tʂak³sien³⁵ku₄₄⁵³ua⁰,ʂɔi⁵³tau²¹çi₄₄⁵³xa₄₄⁵³tsʅ⁰.

关于箇仙姑箇传说是冇得别么啊几多传说。但是有一只嘞，箇映有只石岩，只石岩呢，箇岩肚里嘞有只子冇几大子个眼子。欸。欸年轻妇女，结哩婚个，欸摎噌结婚个，到哩箇仙姑岩箇映子嘞，就去丢石头子。嗯。捹一捹石头去丢，丢中几多只就有几多只赖子供。欸。我娭子就讲过。渠摎一只我等喊姑婆个，欸，两个人，我都还噌出世个时候子，渠就到箇岭上去丢过石头。我娭子唔知丢中几多只。渠话呀七八上十只丢中哩。箇只姑婆嘞，一只都噌丢中，结果箇只姑婆嘞，硬冇得一只细人子，嘿噌渠……噌噌供人。欸。我等就有六姊妹，系啊？欸，你话灵唔灵呢就箇咁灵子。欸，就只咁。所以现在蛮多人上到箇上背，欸，尤其系欸有的夫娘子啊冇得人供个，噌生人个，结哩婚蛮多年都噌摱人呢，别人家就会话，你也去带滴子香烛去啊到仙姑娘娘箇映去求下子啊，欸，看下丢得几只子石头中吗，欸，冇先他丢得中是冇先你还可以欸供只子细人子。欸。系只咁个故事。嘿嘿，嗯。kuan³⁵ɻ̩₄₄³⁵kai⁵³sien³⁵ku₄₄³⁵ke⁰tʂʰen¹³ʂet³sʅ⁰mau¹³tek³pʰiet³mak³a⁰ ci²¹to³⁵tʂʰen¹³ʂet³.tan₄₄⁵³sʅ⁰iəu³⁵iet³tʂak³le⁰,kai₄₄⁵³iaŋ₄₄⁵³iəu₄₄³⁵tʂak³ʂak⁵ŋan¹³,tʂak³ŋan¹³ ne⁰,kai⁵³ŋan¹³təu²¹li⁰lei⁰iəu³⁵tʂak³tsʅ⁰mau⁰ci²¹tʰai⁵³tsʅ⁰ke₄₄⁵³ŋan²¹tsʅ⁰.e₂₁.e₄₄nien¹³ cʰin₄₄³⁵fu₄₄³⁵ɲy²¹,ciet³li⁰fən³⁵cie₄₄⁵³,e₂₁lau³⁵maŋ¹³ciet³fən³⁵ke⁰,tau⁵³li⁰kai⁵³sien³⁵ku₄₄³⁵ŋai¹³ kai₄₄⁵³iaŋ₄₄⁵³tsʅ⁰le⁰,tsʰiəu₄₄⁵³çi₄₄⁵³tiəu³⁵ʂak⁵tʰei¹³tsʅ⁰.n̩₂₁.ia⁰iet³ia⁰ʂak⁵tʰei¹³çi₄₄⁵³tiəu³⁵,tiəu³⁵ tʂɔŋ⁵³ci²¹to³⁵tʂak³tsʰiəu₄₄⁵³iəu³⁵ci²¹to³⁵tʂak³lai⁵³tsʅ⁰ciəŋ⁵³.e₂₁.ŋai¹³ɔi³⁵tsʅ⁰tsʰiəu⁵³kɔŋ²¹ kɔ⁵³.ci¹³lau₄₄⁵³iet³tʂak³ŋai¹³tien⁰xan³⁵ku⁵³pʰɔ²¹ke⁵³,e₂₁,iɔŋ²¹ke⁰ɲin¹³,ŋai¹³təu₄₄⁵³xai²¹ maŋ¹³tʂʰət²¹sʅ⁵³ke₄₄⁵³sʅ⁰xəu⁵³tsʅ⁰,ci²¹tsʰiəu₄₄⁵³tau⁵³kai⁵³liaŋ³⁵xɔŋ⁵³çi₄₄⁵³tiəu³⁵kɔ⁵³ʂak⁵ tʰei⁰.ŋai₂₁⁰i³⁵tsʅ⁰n̩₂₁ti₄₄⁵³tiəu₄₄⁵³tʂɔŋ⁵³ci²¹o⁵³(←to³⁵)tʂak³.ci₂₁²¹ua⁵³ia⁰tsʰiet³pait³ʂɔŋ⁵³ʂʅt² tʂak³tiəu³⁵tʂɔŋ⁵³li⁰.kai⁵³tʂak³ku³⁵pʰo¹³lei⁰,iet³tʂak³təu₄₄³⁵maŋ²¹tiəu₄₄⁵³tʂɔŋ⁵³,ciet³kɔ²¹ kai⁵³tʂak³ku³⁵pʰo₂₁²¹lei⁰,ɲiaŋ⁵³mau³⁵tek³iet³tʂak³sei³⁵ɲin¹³tsʅ⁰,xe₅₃maŋ¹³ci···maŋ¹³ maŋ¹³ciəŋ⁵³ɲin¹³.e₂₁.ŋai¹³tien⁰tsʰiəu₄₄⁵³iəu³⁵liəuk⁵tsi²¹mɔi⁵³,xei₄₄⁵³a⁰?ei₂₁ɲi¹³ua⁵³lin¹³ɲ̩₄₄¹³ lin¹³ne⁰tsʰiəu⁰xei₄₄⁵³kan²¹lin₂₁¹³tsʅ⁰.e₂₁,tsiəu⁵³tʂak³kan³⁵ke₄₄⁵³.so²¹i₄₄³⁵çien⁵³tsʰai₄₄⁵³man¹³to₄₄⁵³ ɲin¹³ʂɔŋ³⁵tau⁵³kai₄₄⁵³ʂɔŋ⁵³pɔi₄₄⁵³,ei₂₁iəu¹³cʰi¹³xe⁵³ei₂₁iəu³⁵te⁰pu³⁵ɲiɔŋ₂₁²¹tsʅ⁰a⁰mau¹³tek³ ne⁰,pʰiek⁵in₂₁¹³ka₄₄³⁵tsʰiəu₂₁⁰uɔi₂₁²¹ua⁵³ɲi¹³a₄₄³⁵çi₄₄⁵³tai⁵³tiet³tsʅ⁰çiɔŋ⁵³tʂəuk⁵çi₄₄⁵³a⁰tau⁵³sien³⁵ ku³⁵ɲiɔŋ₂₁²¹ɲiɔŋ₄₄¹³kai₄₄⁵³iaŋ₄₄⁵³çi₄₄⁵³cʰiəu¹³ua₄₄(←xa⁵³)tsʅ⁰a⁰,e₂₁,kʰɔn₄₄³⁵na⁰tiəu³⁵tek³ci²¹tʂak³ tsʅ⁰ʂak⁵tʰei²¹tʂəŋ⁵³ma⁰,e₂₁,mau₂₁²¹sen₄₄³⁵tʰa⁰tiəu³⁵tek³tʂəŋ⁵³sʅ⁰mau¹³sen₄₄³⁵ɲi¹³xai²¹kʰo²¹i₄₄³⁵ ei⁰ciəŋ⁵³tʂak³tsʅ⁰sei⁵³ɲin¹³tsʅ⁰.e₂₁.xe₂₁tʂak³kan²¹ci₄₄¹³³ku₄₄⁵³sʅ₄₄⁵³.xe₅₃xe⁰,n̩₂₁.

（问：那个，七夕欸是不是也会有活动？）噢好，箇是蛮……蛮热闹哦。昨晡是，我老婆话唔知几热闹，上背几十个人哪百多人哦踮啊上背欸。

箇究竟唔知搞滴么啊路子就唔晓得跕倒箇上背，欸，敬下子神哦，系啊？欸，大家嘣下子唠。嗯。去箇顶高顶高咯。欸。昨晡箇上背都濛露喧天话，尽雾露。欸。au₅₃xau₂₁,kai⁵³ʂʅ⁵³man¹³…man¹³ɲiet⁵lau₄₄uo⁰.tsʰo³⁵pu₄₄³⁵ʂʅ⁵³,ŋai¹³lau₂₁pʰo¹³ua³⁵n̩¹³ti₄₄³⁵ci¹³ɲiet⁵lau⁵³,ʂəŋ⁵³pɔi₄₄⁵³ci¹³ʂət⁵ke⁵³ɲin¹³na⁰pak⁵to³⁵ɲin₂₁no⁰ku₄₄³⁵a⁰ʂəŋ₂₁pɔi⁵³e⁰.kai₄₄⁵³ciəu⁵³cin⁵³n̩¹³ti₄₄³⁵kau²¹tet³mak³a⁰ləu⁵³tsʅ⁰tsiəu⁵³n̩₂₁¹³siau¹³tek³kʰu³⁵tau²¹kai₄₄³⁵ʂəŋ₂₁pɔi⁵³,e₂₁,cin⁵³na₄₄(←xa⁵³)tsʅ⁰ʂən¹³no⁰,xei⁵³a⁰?e₂₁,tʰai³⁵cia₄₄liau⁵³xa₄₄⁵³tsʅ⁰lau⁰.n̩₂₁.cʰi₂₁⁵³kai⁵³taŋ³⁵kau₄₄taŋ²¹kau₄₄³⁵ko⁰.e₂₁,tso₄₄³⁵pu₄₄³⁵kai⁵³ʂəŋ⁵³pɔi⁵³təu₄₄³⁵məŋ¹³ləu₄₄⁵³sen₂₁³⁵tʰien₄₄³⁵ua₄₄⁵³,tsʰin⁵³u⁵³ləu₄₄⁰.e₂₁.

祖先的故事

欸，我等姓万个，我等横巷里姓万个人嘞，都系广东过来个。我等今年正晓得，欸，我等系广东……一直都话广东嘉应州，嘉应州就梅州市啊，但是嘉应州……梅州市个哪只县呢？一直都唔晓得，只有今年正晓得，系五华县。谱上让门写倒嘞？谱上就写倒安做么个县去哩啊？谱上写倒？一下子𠲥想倒。就系如今个五华县。欸。箇今年五月一号我等还到哩五华箇映子，去朝祖哇。欸。哦，长乐县，谱上写长乐县鲤鱼岗。欸。e₂₁,ŋai¹³tien⁰sian⁵³uan⁵³ke⁰,ŋai¹³tien⁰uan¹³xoŋ⁵³li⁰sian⁵³uan⁵³ke⁰ɲin¹³ne⁰,təu₀xe⁵³kɔŋ²¹təŋ₄₄³⁵ko⁵³lɔi₂₁¹³ke⁵³.ŋai¹³tien⁰cin³⁵ɲien₂₁¹³tʂaŋ⁵³çiau⁰tek³,e₂₁,ŋai¹³tien⁰xe₄₄⁵³kɔŋ²¹təŋ³⁵…iet³tsʰət⁵təu₄₄⁵³ua⁵³kɔŋ²¹təŋ³⁵cia³⁵in⁵³tʂəu⁵³,cia³⁵in⁵³tʂəu₄₄⁵³tsʰiəu₄₄⁵³mɔi¹³tʂəu₄₄³⁵ʂʅ⁵³a⁰,tan₄₄⁵³ʂʅ₄₄³⁵cia³⁵in⁵³tʂ…mɔi¹³tʂəu₄₄³⁵ʂʅ⁵³ke₄₄⁵³lai₄₄⁵³tʂak³çien⁵³ne⁰?iet³tsʰət⁵təu₅₃³⁵n̩₂₁¹³çiau²¹tek³,tsʅ⁰iəu₄₄³⁵cin³⁵ɲien₂₁¹³tʂaŋ⁵³çiau⁰tek³,xei⁵³ŋ²¹fa⁵³çien⁵³.pʰu²¹xoŋ⁵³ɲiɔŋ⁵³məŋ⁰sia²¹tau²¹lei⁰?pʰu²¹xoŋ⁵³tsʰiəu⁵³sia²¹tau²¹ɔn⁵³tso⁵³mak³e⁰çien⁵³çi₄₄⁵³li⁰a⁰?pʰu²¹xoŋ⁵³sia²¹tau²¹?iet³xa⁵³tsʅ⁰maŋ₂₁siɔŋ²¹tau²¹.tsʰiəu⁵³xe⁵³i₂₁¹³cin₄₄³⁵ke⁵³ŋ²¹fa⁵³çien⁵³.e₂₁.kai₄₄cin³⁵ɲien₂₁¹³n̩¹³ɲiet⁵iet³xau⁵³ŋai₂₁¹³tien⁰xai₂₁tau⁰li⁰ŋ¹³fa⁵³kai₄₄iaŋ³⁵tsʅ⁰,çi⁵³tsʰau⁵³tsəu⁰ua⁰.e₂₁.o₄₄,tsʰɔŋ¹³lɔk⁵çien⁵³,pʰu²¹xoŋ⁵³sia²¹tsʰɔŋ¹³lɔk⁵çien⁵³li⁰ŋ̩¹³kɔŋ³⁵.e₂₁.

欸，我等个老祖宗嘞从广东过来以映嘞，如……到如今来讲有有……有三百年了，欸，快到三百年了。乾隆年间来个，欸，康乾盛世啊，乾隆年间来个。e₂₁,ŋai¹³tien⁰ke⁵³lau²¹tsəu⁰tsəŋ₄₄³⁵lei⁰tsʰəŋ¹³kɔŋ²¹təŋ³⁵ko⁵³lɔi₂₁¹³çiaŋ₄₄⁵³le⁰,i₂₁¹³…tau⁵³i₂₁¹³cin₄₄³⁵nɔi₂₁¹³kɔŋ²¹iəu⁰iəu…iəu³san³⁵pak³ɲien₂₁¹³niau⁰,e₂₁,kuai⁵³tau⁵³san³⁵pak³ɲien₂₁¹³niau⁰.cʰien¹³nəŋ₂₁¹³ɲien₂₁¹³kan₄₄³⁵nɔi₂₁¹³ke⁵³,e₂₁,kʰɔŋ³⁵cʰien¹³ʂən⁵³ʂʅ⁵³za⁰,cʰien¹³nəŋ₂₁¹³ɲien₂₁¹³kan₄₄³⁵nɔi₂₁¹³ke⁵³.

欸，我等个老祖宗来嘞，欸，箇只老祖宗嘞，就安做么个公嘞，安做本达公。本，一本书个本。达嘞就是达普通话音，本达公。渠本……自家嘞就死嘿哩了，两公婆都死死嘿哩了，渠三只赖子过来个。渠本人𠲥过嘞，三只赖子过来个。e_{21},$ŋai^{13}tien^0ke^{53}lau^{21}tsəu^{21}tsəŋ_{44}^{35}ləi_{21}^{13}lei^0$,$ei_{21}$,$kai^{53}tʂak^3lau^{21}tsəu^{21}$ $tsəŋ_{44}^{35}lei^0$,$tsʰiəu^{53}ɔn^{35}tso_{21}mak^3ke_{44}^{53}kəŋ_{44}^{13}le^0$,$ɔn^{35}tso_{21}pən^{21}tʰait^5kəŋ^{35}$.$pən^{21}$,$iet^3pən^{21}$ $ʂəu^{35}ke^{53}pən^{21}$.$tʰait^5le^0tsʰiəu^{53}sʅ̩_{44}^{53}ta^{35}$,$pən^{21}tʰait^5kəŋ^{35}$.$ci^{13}pən^{21}i\cdots tsʰʅ̩^{35}ka_{44}^{35}lei^0tsʰiəu^{53}$ $si^{21}xek^3li^0liau^0$,$iɔŋ^{21}kəŋ^0pʰo_{44}^{21}təu_{44}^{53}si^{21}xek^3li^0liau^0$,$ci_{21}^{13}san^{35}tʂak^3lai^{53}tsʅ̩^0ko_{44}^{53}ləi_{21}^{13}$ ke^{53}.$ci_{21}^{13}pən^{21}ɲin_{44}^{13}maŋ^{13}ko^{53}le^0$,$san_{44}^{35}tʂak^3lai^{53}tsʅ̩^0ko_{44}^{53}ləi_{21}^{13}ke^{53}$.

三只赖子嘞，我欤我等老……老二个嘞，就安做兰茂公。兰茂，欤，兰花个兰，兰草兰花个兰。茂盛的茂。嗯，兰茂，兰茂公，我等客姓人就安做兰茂公。欤。$san^{35}tʂak^3lai^{53}tsʅ̩^0le^0$,$ŋai^{13}e_{21}ŋai^{13}tien^0lau^{21}\cdots lau^{21}ɲi^{13}ke_{44}^{53}le^0$,$tsiəu_{44}^{35}$ $ɔn^{35}tso_{44}^{53}lan^{13}mei^{53}kəŋ^{35}$.$lan^{13}mei^{53}$,$e_{21}$,$lan^{13}fa_{44}^{35}ke_{44}^{53}lan^{13}$,$lan^{13}tsʰau^{21}lan^{13}fa_{44}^{35}ke^{53}$ lan^{13}.$mau^{53}ʂən^{53}tet^3mau^{53}$.$m̩_{21}$,$lan^{13}mei^{53}$,$lan^{13}mei^{53}kəŋ^{35}$,$ŋai^{35}tien^0kʰak^3sin^{53}ɲin_{21}^{13}$ $tsʰiəu^{53}ɔn_{44}^{35}tso_{44}^{53}lan^{13}mei^{53}kəŋ_{44}^{35}$.$e_{21}$.

渠等过来第一步嘞，就系倒……江西，就系摎我等……搭界个箇白水箇映子。跕倒箇系嘿年多子。欤，以下嘞，系嘿年多子嘞，就系下横巷里来哩。$ci_{21}^{13}tien^0ko^0ləi_{44}^{13}tʰi^{53}iet^3pʰu_{44}^{53}le^0$,$tsʰiəu_{44}^{53}xei^{53}tau^{21}ko\cdots kəŋ^{35}si_{44}^{35}$,$tsʰiəu_{44}^{53}xe_{44}^{53}lau^{35}$ $ŋai_{21}^{13}tien^0cia\cdots tait^3kai^{53}ke_{44}^{53}kai_{44}^{53}pʰak^5ʂei_{44}^{53}kai_{44}^{53}iaŋ_{44}^{35}tsʅ̩^0$.$ku^{35}tau^{21}kai_{44}^{53}xei^{53}ek^3$ (←xek^3)$ɲien_{21}^{13}to_{44}^{35}tsʅ̩^0$.$e_{21}$,$i^{21}xa_{44}^{53}le^0$,$xei^{53}ek^3$(←$xek^3$)$ɲien_{44}^{13}to_{44}^{35}tsʅ̩^0le^0$,$tsʰiəu_{44}^{53}xei^{53}a_{44}$(← xa^{53})$uaŋ^{13}xɔŋ_{44}^{53}li_{21}^{21}ləi_{21}^{13}li^0$.

箇阵子横巷里唔知几山，欤，唔知几山，有么人系。箇山里呢噢只爱……只爱你去系凑，安做插草为标，欤，插草为标。我唔晓得插草为标是系唔系插根草嘿嘿就为标志吧，就咁个意思吧？欤，系倒箇映来。系倒箇映来嘞，落尾就有只，有只，渠有只后代，嗯，安做清高公，清朝个清，高矮个高，清高公。清高公箇只人呢就最有……最有欤本事个人。欤。我等所以我等都系清高公个后裔。欤。$kai^{53}tʂʰən_{44}^{53}tsʅ̩^0uaŋ^{13}xɔŋ_{44}^{53}li^0n̩^{13}ti_{44}^{53}ci^{21}$ san^{35},e_{21},$n̩^{13}ti_{44}^{53}ci^{21}san^{35}$,$mau^{13}mak^3ɲin_{44}^{13}xe^{53}$.$kai_{44}^{53}san^{35}ni^{21}ne^0au^0tsʅ̩^{21}ɔi_{44}^{53}\cdots tsʅ̩^{21}ɔi^{13}ɲi_{21}^{13}$ $çi_{44}^{53}xe^{53}tsʰe^0$,$ɔn_{44}^{35}tso_{44}^{53}tsʰait^3tsʰau^{21}uei^{13}piau^{35}$,$e_{21}$,$tsʰait^3tsʰau^{21}uei^{13}piau^{35}$.$ŋai^{13}n̩_{44}^{13}çiau^{21}$ $tek^3tsʰait^3tsʰau^{21}uei^{13}piau^{35}sʅ̩^0xei^{53}mei_{44}$(←$m̩^{13}xe^{53}$)$tsʰait^3cien_{44}^{35}tsʰau^{21}xe_{44}xe_{44}tsiəu_{44}^{53}$ $uei^{13}piau^{35}tsʅ̩^0pa^0$,$tsiəu_{44}^{53}kan^{21}ke_{44}^{53}i^{53}sʅ̩_{44}^{53}pa^0$?$e_{21}$,$xei^{53}tau^{21}kai_{44}^{53}iaŋ_{44}^{35}ləi_{21}^{13}$.$xei^{53}tau^{21}kai_{44}^{53}$ $iaŋ_{44}^{53}ləi_{21}^{13}lei^0$,$lɔk^5mi^{35}tsʰiəu_{44}^{53}iəu^{35}tʂak^3$,$iəu^{35}tʂak^3$,$ci_{21}^{13}iəu^{35}tʂak^3xei^{53}tʰɔi^{53}$,$n̩_{21}$,$ɔn^{35}tso^{53}_{44}$ $tsʰin^{35}kau_{44}^{53}kəŋ^{35}$,$tsʰin^{35}tʂʰau^{21}ke_{44}^{53}tsʰin^{35}$,$kau^{53}ai^{21}cie_{44}^{53}kau^{35}$,$tsʰin^{35}kau_{44}^{35}kəŋ_{44}^{53}$.$tsʰin^{35}$ $kau_{44}^{35}kəŋ_{44}^{35}kai^{53}tʂak^3ɲin^{13}ne^0tsʰiəu_{44}^{53}tsei^{53}iəu^{35}\cdots tsei^{53}iəu_{44}^{35}e_{21}pən^{21}sʅ̩^0ke_{44}^{53}ɲin^{13}$.$e_{21}$.$ŋai^{13}$ $tien^0so^{21}i^{35}ŋai^{13}tien^0təu^0xei^{53}tsʰin^{35}kau_{44}^{35}kəŋ^{53}ke_{44}^{53}xei^{53}i^{53}$.$e_{21}$.

欤，清高公嘞，两十多岁个时候子，家族个人，渠个以只一只家族哇，姓万个家族嘞，所有箇边姓我姓系姓万个也有几十个人了箇阵子，摎一只姓么箇个家族啊，就发生哩纠纷。欤，箇边呢就打了架。打了架嘞，箇有只人呢，就打死哩。好，以下打下死哩以后冇么人认账。欸，渠等就告状，告我等以边姓万个。告姓万个嘞，欸，清高公嘞，渠就渠出……跻起来，跻出来，站出来呀。渠话箇是系我打个。嗯，本来是唔系打……唔系渠打个。反正箇肚里一番混战呐，唔知让门打死哩人凑。渠跑出来，跑出来嘞，渠出来承认。e₂₁,tsʰin³⁵kau₄₄kəŋ₄₄lei⁰,ioŋ²¹ʂət⁵ to₄₄soi⁵³ke₄₄⁵ʂ̩¹³ xəu₄₄tʂ̩⁰,cia³⁵tsʰuk⁵ ke₄₄⁵³ɲin¹³,ci₄₄¹³ke₄₄⁵³i¹tʂak³ iet³ tʂak³ cia³⁵tsʰuk⁵ ua⁰,siaŋ⁵³uan⁵³ke₄₄⁵³cia₄₄tsʰuk⁵ le⁰,so²¹iəu³⁵ kai₄₄⁵³pien₄₄⁵³siaŋ⁵³ŋai₄₄¹³siaŋ₂₁⁵³xe⁵³ siaŋ⁵³uan⁵³cie₄₄⁵³ia⁵³iəu₄₄³⁵ci²¹ʂek⁵ ke⁵³ɲin₂₁¹³liau⁰ kai⁵³tʂʰən⁵³ tʂ̩⁰,lau³⁵iet³ tʂak³ siaŋ⁵³mak⁵ kai₄₄⁵³cie₄₄⁵³cia₄₄tsʰuk⁵ a⁰,tsʰiəu⁵³fait³ sen₄₄ni⁰ ciəu³⁵ fən³⁵.e₂₁,kai⁵³pien₄₄⁵³ne⁰tsʰiəu⁵³ta²¹li⁰cia⁵³.ta²¹li⁰cia⁵³lei⁰,kai⁵³iəu⁵³tʂak³ɲin¹³nei⁰,tsiəu⁵³ ta²¹si²¹li⁰.xau₄₄¹¹,i¹xa²¹ta²¹xa₂₁²¹si²¹li¹₄₄xei₄₄⁵³mau¹³mak¹ in₄₄⁵³ɲin¹³tʂəŋ⁵³.e₅₃,ci₂₁¹³tien¹ tsʰiəu₄₄⁵³ kau⁵³tsʰəŋ⁵³,kau⁵³ŋai₄₄¹³tien⁰ i²¹pien₄₄⁵³siaŋ⁵³uan⁵³cie⁵³.kau⁵³siaŋ⁵³uan⁵³cie⁵³lei⁰,e₂₁,tsʰin³⁵ kau₄₄³⁵kəŋ₄₄⁵³lei⁰,ci₄₄¹³tsʰiəu₄₄⁵³cʰi³⁵tʂət³⋯cʰi³⁵ci²¹loi¹³,cʰi¹tʂət³ loi₂₁¹³,tsan⁵³tʂət³ loi₂₁¹³ ia⁰.ci₂₁¹³ua₄₄⁵³kai⁵³ʂ̩₄₄⁵³xei⁵³ŋai¹³ta²¹ke₂₁⁵³.m̩₂₁,pən²¹nɔi¹³ʂ̩⁵³m̩¹³pʰe⁵³(←xe⁵³)ta₃₅²¹⋯m̩¹³pʰe⁵³(←xe⁵³)ci₂₁¹³ta²¹ke⁵³.fan₄₄²¹tʂən⁵³kai₄₄⁵³təu⁰li¹ iet³ fən⁵³fən⁵³tʂuen⁵³na⁰,n₂₁¹³ti₄₄⁵³ɲiɔŋ⁵³mən¹³ ta²¹ si²¹li⁰ɲin₂₁¹³tse⁵³.ci¹³pʰau⁵³tʂət³ lɔi₄₄¹³,pʰau²¹tʂət³ lɔi¹³lei⁰,ci¹³tʂət³ lɔi₄₄¹³tʂʰən¹³ɲin⁵³.

箇唔系就捉……捉下倒。捉倒充军。渠打死人，渠系凶手哇。欸。捉倒渠充军。一充军呢，充军到四川个荣县，四川个荣县。哪只荣嘞？就箇只融化个融_{发音人判断有误}，欸，融化个融，但我罾查倒，我谱上罾查倒。我去地图上罾查倒四川个荣县，我只查倒广西个融县。欸，箇今后我等还爱去查。嘿嘿。渠查渠⋯⋯kai₄₄⁵³m̩²¹pʰe⁴⁴(←xe⁵³)tsʰiəu₄₄⁵³tsɔk³⋯tsɔk³a⁵³(←xa⁵³)tau²¹.tsɔk³tau²¹tʂən³⁵⁵sən³⁵.ci¹³ta²¹si₄₄²¹ɲin₄₄¹³,ci¹³xei⁵³çiəŋ⁵³ʂəu²¹ua⁰.e₂₁.tsɔk³tau²¹ci₄₄¹³tʂəŋ³⁵sən⁵³.iet³tʂʰəŋ³⁵tʂən⁵³ne⁰,tsʰəŋ³⁵tʂən⁵³tau⁵³si¹tsʰuɔn₄₄⁵³ke₄₄⁵³iəŋ¹³çien⁵³,si¹ tsʰuɔn³⁵ke₄₄⁵³iəŋ¹³çien⁵³.lai¹tʂak³iəŋ¹³lei⁰?tsiəu₄₄⁵³kai₄₄⁵³tʂak³ iəŋ¹³fa⁵³ke⁵³iəŋ¹³,e₂₁,iəŋ¹³fa⁵³ ke₄₄⁵³iəŋ₄₄¹³,tan⁵³ŋai¹³maŋ¹³tsʰa¹³tau²¹,ŋai¹³pʰu²¹xɔŋ⁵³maŋ¹³tsʰa¹³tau²¹.ŋai¹³çi⁵³tʰi¹tʰəu³⁵ xɔŋ⁵³maŋ¹³tsʰa¹³tau²¹si⁵³tsʰuɔn₄₄⁵³ke₄₄⁵³iəŋ¹³çien⁵³,ŋai¹³tʂ̩²¹tsʰa²¹tau²¹kɔŋ⁵³si₄₄⁵³ke₄₄⁵³iəŋ¹³ çien⁵³.e₂₁,kai₄₄⁵³cin³⁵xei⁵³ŋai₂₁¹³ten⁰ xai₂₁¹³ɔi₄₄⁵³çi₄₄⁵³tsʰa¹³.xe₄₄⁵³xe₂₁.ci¹³tsʰa¹³ci₄₄¹³⋯

欸，以下我讲下子我等箇欸我等个祖先流传下来个故事啊，关于以只清高公个故事啊。e₄₄,i²¹xa⁵³ŋai¹³kɔŋ¹³xa⁵³tʂ̩¹ ŋai¹³tien¹kai⁵³e₂₁ŋai¹³tien⁰ke₄₄⁵³tsəu⁵³ sen³⁵liəu¹tʂʰuɔn¹xa³⁵lɔi₂₁¹³ke⁵³ku⁵³ʂ̩₄₄¹³a⁰,kuan₄₄³⁵ʮ₂₁¹³i²¹tʂak³ tsʰin³⁵kau₄₄³⁵kəŋ⁵³ke₄₄⁵³ku⁵³ʂ̩⁵³ a⁰.

渠到哩四川以后嘞，到哩四川以后唔……并不要坐牢，只系箇只栏场出唔得，与世隔绝吧。欸。到哩四川以后嘞，听你搞么个，听你做么个。渠就去做小生意子，搞滴子咁个么个糖啊饼子去下卖，欸，跙倒箇……跙倒箇县城里渠下卖。ci¹³tau⁵³li⁰si⁵³tsʰuɔn₄₄³⁵i¹³xei⁵³le⁰,tau₄₄⁵³li⁰ si⁵³tsʰuɔn₄₄³⁵i₄₄¹xei₄₄⁵³m̩¹³⋯

$pin^{53}pət^{3}\ iau^{53}tsʰo^{35}lau^{13},tʂʅ^{21}xe^{53}kai^{53}tʂak^{3}\ laŋ^{13}tʂʰɔŋ_{44}tʂʰət^{3}\ n̩^{13}tek^{3},ʯ^{21}ʂʅ^{53}kak^{3}\ tsʰet^{5}$
$pa^{0}.e_{21}.tau^{53}li^{0}\ si^{53}tʂʰuən_{44}^{35}i^{35}\ xei_{44}^{53}lei^{0},tʰin^{53}ɲi^{13}kau^{3}mak^{3}\ ke^{53},tʰin^{53}ɲi^{13}tso^{53}mak^{3}$
$ke_{44}.ci^{13}tsʰiəu_{44}^{53}çi_{44}^{53}tso^{53}siau^{21}sen^{35}i^{3}tsʅ,kau^{21}tet^{5}tsʅ^{0}kan^{21}ke^{53}mak^{3}ke^{3}tʰɔŋ^{13}ŋa^{0}piaŋ^{21}$
$tsʅ^{3}çi_{44}xa_{44}mai^{0},e_{21},kʰu^{53}tau^{3}kai_{44}ç···kʰu^{53}tau^{3}kai_{44}çien^{53}tʂʰən_{21}^{13}ni^{0}çi_{44}xa_{44}mai^{53}.$

　有一晡嘞，一只县……县长啊，差只人，请倒渠去，爱渠到县衙门里去。吓尽哩命，欸，箇清高公吓尽哩命，吓尽哩命。渠话收拾哩，今晡唔知惹倒一么啊大事来哩，欸，县长请我，欸，派两只兵，欸，舞倒渠去哩。好渠话箇总也冇办法啦，嗯，走倒去，走倒去嘞箇县长啊亲自出来迎接渠。嘿嘿。嘈晓得嘞搞么个嘞，县长个赖子长日到外背去买么个食，箇细人子啊去买么个食，就碰倒以只清高公呢，渠就卖糖饼，系啊？卖糖卖饼，就卖分渠，又会拿滴子分渠食。渠归去就讲。欸。你个糖子哪映来个啊？欸，县长问渠。你糖子哪映来个？门口箇只万老子卖个唠。噢。去箇只万老子箇买个唠。门口……也唔系话万老子，还三十几岁。门口箇姓万人我买个唠。正好嘞县长个老婆也姓万嘛，有得……有得外氏，县长嘞就有意拜渠做外氏，欸，拜我等清高公做她的外氏啊。嗯。$iəu^{35}iet^{3}\ pu_{44}^{35}lei^{0},iet^{3}$
$tʂak^{3}çien^{53}···çien^{53}tʂɔŋ^{21}ŋa^{0},tsʰai^{35}tʂak^{3}ɲin^{13},tsʰin^{13}tau^{21}ci_{21}^{13}çi^{53},ɔi^{3}ci_{21}tau_{44}çien^{53}ŋa^{13}$
$mən^{13}li_{21}^{21}çi^{53}.xak^{3}tsʰin_{44}^{53}ni^{0}miaŋ^{53},e_{21},kai_{44}^{53}tsʰin^{13}kau_{44}^{35}kəŋ_{44}^{35}xak^{3}tsʰin_{44}^{53}ni^{0}miaŋ^{53},xak^{3}$
$tsʰin_{44}^{53}ni^{0}miaŋ^{53}.ci_{44}^{13}a_{44}(←ua^{53})ʂəu^{53}ʂət^{3}li^{0},cin^{53}pu^{53}n̩_{21}^{13}ti_{44}^{35}nia^{3}tau^{3}iet^{3}tʂak^{3}mak^{3}a^{0}$
$tʰai^{3}sʅ^{53}lɔi_{21}^{13}li^{0},e_{21},çien^{53}tʂɔŋ^{21}tsʰin^{13}ŋai_{21}^{13},e_{21},pʰai^{3}iɔŋ^{53}tʂak^{3}pin^{35},e_{21},u^{3}tau^{21}ci^{13}çi^{53}$
$li^{0}.xau_{21}ci^{13}a_{44}(←ua^{53})kai_{44}^{53}tsəŋ^{21}a_{44}(←ia^{35})mau^{53}pʰan^{53}fait^{3}la^{0},ŋ_{53},tsei^{3}tau^{21}çi^{3},tsei^{3}$
$tau^{21}çi_{44}^{53}le^{0}kai_{44}çien^{53}tʂɔŋ^{21}ŋa^{0}tsʰin^{35}sʅ^{53}tʂʰət^{3}lɔi_{21}^{13}ɲin^{13}tsiait^{3}ci_{44}.xe_{53}xe_{21}.maŋ^{13}çiau^{21}$
$tek^{3}lei^{0}kau^{21}mak^{3}e^{0}le^{0},çien^{53}tʂɔŋ^{21}ke_{44}lai^{53}tsʅ^{0}tʂʰɔŋ^{13}ɲiet^{3}tau^{3}ŋɔi^{53}pɔi^{3}çi^{3}mai^{3}$
$mak^{3}e^{0}ʂət^{3},kai_{44}^{53}sei^{53}ɲin^{13}tsʅ^{3}a^{0}çi_{44}mai^{35}mak^{3}e^{0}ʂət^{5},tsʰiəu^{53}pʰəŋ^{53}tau^{21}i^{2}tʂak^{3}tsʰin^{35}$
$kau_{44}^{35}kəŋ_{44}^{35}nei^{0},ci^{13}tsʰiəu_{44}^{53}mai^{35}tʰɔŋ^{13}piaŋ^{21},xei_{44}^{53}a^{0}?mai^{53}tʰɔŋ^{13}mai^{53}piaŋ^{21},tsʰiəu_{44}^{53}uɔi_{44}$
$mai^{53}pən^{3}ci_{21}^{13},iəu_{44}^{53}uɔi^{53}lak^{5}tiet^{3}tsʅ^{0}pən^{3}ci_{21}^{13}ʂət^{5}.ci_{21}^{13}kuei^{35}çi^{3}tsʰiəu^{53}kɔŋ^{3}.e_{21}.ɲi^{13}ke^{53}$
$tʰɔŋ^{13}tsʅ^{0}la^{53}iaŋ^{53}lɔi_{21}^{13}ke^{53}a^{0}?e_{21},çien^{53}tʂɔŋ^{21}uən^{53}ci^{3}.ɲi^{13}tʰɔŋ^{13}tsʅ^{0}la^{53}iaŋ^{53}lɔi_{21}$
$ke^{53}?mən^{13}xei^{21}kai_{44}^{53}tʂak^{3}uan^{53}nau^{21}tsʅ^{0}mai^{53}ke^{53}lau^{0}.au^{21}.çi_{44}^{13}kai_{44}^{53}iak^{5}(←tʂak^{3})uan^{53}$
$nau^{21}tsʅ^{0}kai_{44}^{53}mai^{35}ke_{44}lau^{0}.mən^{13}nei^{21}(←xei^{21})···ia^{35}m̩_{21}^{13}pʰe_{44}(←xe^{53})ua_{44}^{53}uan^{53}lau^{53}$
$tsʅ^{0},xai^{13}san^{35}ʂət^{5}ci^{21}sɔi^{53}.mən^{13}nei^{21}(←xei^{21})kai_{44}^{53}siaŋ^{53}uan^{53}ɲin^{13}ŋai^{13}mai^{53}ke_{44}$
$lau^{0}.tʂən^{53}xau^{21}lei^{0}çien^{53}tʂɔŋ^{21}ke^{53}lau^{21}pʰo^{13}ia^{35}siaŋ^{53}uan^{53}ma^{0},mau^{13}tek^{3}···mau^{13}$
$tek^{3}ŋɔi^{53}sʅ^{3},çien^{53}tʂɔŋ^{21}le^{0}tsʰiəu_{44}^{53}iəu^{35}i^{53}pai^{3}ci_{21}^{21}tso^{53}ŋɔi^{53}sʅ^{53},e_{21},pai^{3}ŋai^{13}tien^{0}tsʰin^{35}$
$kau_{44}^{35}kəŋ_{44}^{35}tso^{53}tʰa_{21}^{35}tet^{3}ŋɔi^{53}sʅ_{21}^{53}a^{0}.n̩_{21}.$

　箇正晓……正……正嘈吓得咁死了。开头吓尽哩命，唔知惹倒么个事。好，拜倒渠做外氏嘞，箇县长就同渠话，县长姓高，我谱上都有，欸，县长就同渠话，你做只咁个生意是冇么个钱呐，你不如去开当铺。嗯。有县长当后台呀，箇当铺就开得下去呀，系唔系？欸，就跕倒箇开哩当铺哇。也……，开到后背嘞，赚哩钱。不知㧤县长绞伙开个，还系渠个人开个凑。欸。开到后背就赚哩钱呢。kai⁵³tʂaŋ⁵³ɕiau²¹···tʂaŋ⁵³···tʂaŋ⁵³maŋ¹³xak³tek³kan²¹si²¹ liau⁰.kʰɔi³⁵tʰei¹³₂₁xak³tsin⁵³₂₁li⁰miaŋ⁵³,n₂₁ti¹³₄₄nia³⁵tau²¹mak³e⁵³(←ke⁵³)sŋ⁵³₄₄.xau²¹,pai⁵³ tau⁵³ci¹³₂₁tso⁵³ŋɔi⁵³ʂŋ⁵³₄₄le⁰,kai₄₄ɕien⁵³tʂɔŋ²¹tsʰiəu₄₄tʰəŋ₂₁ci¹³ua⁰,ɕien⁵³tʂɔŋ²¹siaŋ⁵³ kau³⁵,ŋai¹³pʰu²¹xɔŋ₄₄təu₄₄iəu³⁵,e₂₁,ɕien⁵³tʂɔŋ²¹tsʰiəu⁵³₄₄tʰəŋ₂₁ci₂₁ua⁵³ɲi¹³tso⁵³tʂak³kan²¹ ke⁵³₄₄sen₄₄i₄₄⁵³ʂŋ⁵³₄₄mau⁴mak³ke⁵³tsʰien¹³na⁰,ɲi¹³pət³ʮ¹³ɕi⁵³kʰɔi³⁵tɔŋ⁵³pʰu⁵³.m₂₁.iəu⁰ɕien⁵³ tʂɔŋ²¹tɔŋ³⁵₄₄xei⁵³tʰɔi₂₁¹³ia⁰,kai₄₄tɔŋ⁵³pʰu⁵³₄₄tsʰiəu⁵³kʰɔi³⁵tek³xa³⁵ɕi¹³ia⁰,xei₄₄me₄₄(←m¹³ xe⁵³)?e₂₁,tsʰiəu₄₄kʰu³⁵tau²¹kai₄₄kʰɔi³⁵li⁰tɔŋ⁵³pʰu₃₅ua⁰.ia₄₄···kʰɔi³⁵tau₄₄xei⁵³pɔi₄₄ le⁰,tsʰan⁵³li⁰tsʰien¹³.ɲ¹³ti³⁵lau¹³ɕien⁵³tʂɔŋ²¹ciau⁵³fo²¹kʰɔi³⁵ke⁵³,xai₂₁xe₄₄⁵³ci¹³cie⁵³ɲin₂₁ kʰɔi³⁵ke⁵³₄₄tsʰe⁰.e₂₁.kʰɔi³⁵tau₄₄xei⁵³pɔi₄₄⁵³tsʰiəu₄₄tsʰan⁵³li⁰tsʰien¹³ne⁰.

赚哩钱呢，箇谱上写倒嘞，一十二年，跕倒四川一十二年以后，箇只县长嘞就升哩官，调嘿调走了。县长就同渠话，我走哩是，你箇当铺不要开哩啊，你肯做归呀，欸，你肯做归，你不要开哩，你开唔下去呀。就各人走，就各人走。分箇个东西下变卖嘿哩，变成缯……银圆呐，缯花边呐。租只船，租只船，走四川藉河下，藉长江下吧，欸，以下嘞渠就归。tsʰan⁵³li⁰tsʰien¹³nei⁰,kai⁵³pʰu²¹xɔŋ⁵³sia²¹tau²¹lei⁰,iet³ʂət⁵ɲi⁵³ɲien¹³,ku³⁵tau²¹si⁵³tʂʰɔn₄₄iet³ ʂət⁵ɲi⁵³ɲien¹³i¹³⁵xei⁵³,kai₄₄tʂak³ɕien⁵³tʂɔŋ²¹le⁰tsʰiəu⁵³ʂən³⁵ni⁰kɔn³⁵,tiau⁵³uek³(← xek³)tiau⁵³tsei²¹liau⁰.ɕien⁵³tʂɔŋ²¹tsiəu⁵³tʰəŋ₂₁ci₂₁ua⁵³,ŋai¹³tsei⁵³li⁰ʂŋ⁵³₄₄ɲi¹³kai⁵³tɔŋ⁵³pʰu₄₄ pət³iau₄₄kʰɔi³⁵li⁰a⁰,ɲi¹³xen⁵³tso⁵³₄₄kuei³⁵ia⁰,e₂₁,ɲi¹³xen²¹tso⁵³₄₄kuei³⁵,ɲi¹³pət³iau₄₄kʰɔi³⁵ li⁰,ɲi₂₁¹³kʰɔi³⁵n₂₁¹³xa³⁵ɕi⁵³ia⁰.tsʰiəu⁵³kɔk³ɲin¹³tsei²¹,tsiəu⁵³kɔk³ɲin₄₄tsei²¹.pən³⁵kai₄₄ke₄₄ təŋ³⁵si⁰xa⁵³pien⁵³mai₄₄xek³li⁰,pien⁵³tʂʰən⁵³min¹³···ɲin¹³vien¹³na⁰,min¹³fa³⁵pien³⁵ na⁰.tsŋ³⁵tsak³ʂɔn¹³,tsŋ³⁵tsak³ʂɔn¹³,tsei²¹si⁵³tʂʰɔn₄₄tʂa⁵³xo₂₁xa³⁵,tʂa⁵³tʂʰɔŋ₂₁ciɔŋ₄₄³⁵xa³⁵ pa⁰,e₂₁,i²¹xa₄₄le⁰ci₂₁¹³tsʰiəu₄₄kuei³⁵.

归了嘞，分只船放下哪映子嘞？放下永和，箇映就有只……你下背有只永和啊，就以条河下去嘞，永和。kuei³⁵liau⁰lei⁰,pən³⁵tʂak³ʂɔn¹³fɔŋ⁵³xa₄₄lai₄₄⁵³ iaŋ₄₄tsŋ⁰lei⁰?fɔŋ⁵³xa₄₄uən²¹xo¹³,kai₄₄iaŋ₄₄tsʰiəu⁵³iəu₄₄tʂak³···ɲi¹³xa₄₄pɔi₄₄iəu⁰tʂak³ uən²¹xo⁵³a⁰,tsʰiəu⁵³i²¹tʰiau₂₁xo¹³xa⁵³ɕi₄₄lei⁰,uən²¹xo¹³.

放下永和，请人掌倒。自家嘞，扮做一只叫化子归来个，自家扮做叫化子，嗯，归来个。屋下人唔晓得，屋下人唔晓渠……把做渠死咁哩。归来正晓得一只老婆是……真系会成哩一只叫化子样了。有只老婆去屋下。走嘿一十二年呐。欸。有只老婆去屋下。老婆带只细人子，也十几岁了，走个时候子还摸摸子，还手捧子啊，安做手捧子。以下归来嘞，坐下……

坐下箇门牵上呢，坐下门牵上啊，尽都把做一只叫化子。欸。渠就把做渠老婆死嘿哩。fəŋ⁵³xa⁵³uən²¹xo¹³,tsʰiaŋ²¹ɲin¹³tʂɔŋ²¹tau²¹.tsʰ˞³⁵ka³⁵lei⁰,pan⁵³tso⁵³iet³tʂak³kau⁵³tsʅ⁰kuei³⁵lɔi₂₁¹³ke⁵³,tsʰ˞³⁵ka₄₄³⁵pan⁵³tso₄₄⁵³kau⁵³fa⁵³tsʅ⁰,n̩₂₁,kuei³⁵lɔi₂₁¹³ke₄₄⁵³.uk³xa⁵³ɲin₂₁¹³n̩₁¹³çiau²¹tek³,uk³xa⁵³ɲin₂₁¹³çiau²¹ci₄₄³⁵si²¹kan²¹ni⁰.kuei³⁵lɔi₄₄¹³tsaŋ⁵³çiau²¹tek³iet³tʂak³lau²¹pʰo¹³sʅ₄₄⁵³…tʂən³⁵ne₄₄(←xe⁵³)uɔi³⁵ʂaŋ₂₁¹³li⁰iet³tʂak³kau⁵³fa⁵³tsʅ⁰iəŋ₄₄⁵³liau⁰.iəu³⁵tʂak³lau²¹pʰo¹³çi⁵³uk³xa₄₄³⁵.tsei²¹xek³iet³ʂət⁵ɲi⁵³ɲien₂₁¹³na⁰.e₂₁.iəu³⁵tʂak³lau²¹pʰo¹³çi⁵³uk³xa₄₄³⁵.lau²¹pʰo¹³tai¹³tʂak³se⁵³ɲin₂₁¹³tsʅ⁰,ia³⁵ʂət⁵ci²¹sɔi⁵³liau⁰,tsei²¹ke⁵³sʅ¹³xəu¹³tsʅ⁰xai₄₄³⁵mo¹³mo³⁵tsʅ⁰,xai¹³ʂəu²¹pəŋ²¹tsʅ⁰a⁰,ɔn₄₄³⁵tso⁵³ʂəu²¹pəŋ²¹tsʅ⁰.i²¹xa₄₄⁵³kuei³⁵lɔi₂₁¹³le⁰,tsʰo³⁵xa₄₄⁵³…tsʰo³⁵xa₄₄⁵³kai₄₄⁵³mən¹³cʰien³⁵xɔŋ₄₄⁵³nei⁰,tsʰo³⁵a₄₄(←xa⁵³)mən¹³cʰien₄₄³⁵xɔŋ₄₄¹³ŋa⁰,tsʰin⁵³təu¹³pa²¹tso₄₄⁵³iet³tʂak³kau⁵³fa⁵³tsʅ⁰.e₂₁.ci¹³tsʰiəu¹³pa²¹tso⁵³ci₂₁¹³lau²¹po₄₄¹³si²¹xek³li⁰.

渠老婆系姓曾，曾婆太呀，我等喊渠曾婆太。欸。渠老婆跍倒屋下唔知几苦，因为老公走嘿哩，又带只细人子，欸，饭都冇食，镬头都只有一篝子话，一篝子镬头去下煮。好，屋下嘞分哩家，兄弟箇滴分哩家，尽滴都瞧渠唔起，明个嘞渠就分得最少，欸，分东西分得最少，两子娭只有一只子间，灶下么个都去间里，不像，叫化子样。ci₂₁¹³lau²¹pʰo₄₄⁴⁴xei⁵³siaŋ⁵³tsen³⁵,tsen³⁵pʰo₂₁¹³tʰai⁵³ia⁰,ŋai₂₁¹³tien⁰xan⁵³ci₂₁¹³tsen³⁵pʰo¹³tʰai⁵³.e₂₁.ci¹³lau²¹pʰo¹³kʰu³⁵tau²¹uk³xa₄₄⁴⁴n̩¹³ti₅₃³⁵ci²¹kʰu²¹,in³⁵uei₄₄¹³lau¹kəŋ₄₄³⁵tsei¹ek³(←xek³)li⁰,iəu³⁵tai²¹tʂak³se⁵³ɲin₂₁¹³tsʅ⁰,e₂₁,fan⁵³təu₄₄¹³mau₂₁³⁵ʂət⁵,uɔk⁵tʰei⁰təu₄₄³⁵tsʅ²¹iəu₅₃³⁵iet³sak³tsʅ⁰ua₄₄⁵³,iet³sak³tsʅ⁰uɔk⁵tʰei⁰çi⁵³a⁵³(←xa⁵³)tʂəu²¹.xau²¹,uk³xa₄₄⁴⁴le⁰fən³⁵ni⁰ka³⁵,çiəŋ³⁵tʰi⁵³kai₄₄¹³tet⁵fən³⁵ni⁰ka³⁵,tsʰin⁵³tet⁵təu₄₄³⁵tsʰiau¹³ci₄₄¹³n̩₄₄¹³çi²¹,min²¹cie⁵³lei⁰ci₂₁¹³tsʰiəu₄₄⁵³fən³⁵tek³tsei⁵³ʂau²¹,e₂₁,fən³⁵təŋ₄₄³⁵si⁰fən₄₄³⁵tek³tsei⁵³ʂau²¹,iɔŋ¹³tsʅ⁰ɔi¹³tsʅ¹iəu₅₃³⁵iet³tʂak³tsʅ⁰kan³⁵,tsau⁵³xa₄₄³⁵mak³ke₄₄⁵³təu₄₄³⁵çi₂₁⁵³kan²¹ni⁰,n̩¹³tsʰiɔŋ⁵³,kau⁵³fa₄₄⁵³tsʅ⁰iəŋ⁵³.

渠归来也唔做声，唔做声自家发哩大财呀，系啊？发哩财呀，有钱呐。唔做声。渠就提出来，夜晡就提出来，渠话以只家咁子分要唔得，爱分过。欸。清高公就提出来爱分家，重新分过。箇尽滴都唔同意啊，有个人同意。箇面前分嘿哩家就分嘿哩家啦，系啊？不能再分了。箇冇办法嘞，箇就唔分了啦。啊。ci₂₁¹³kuei³⁵lɔi₂₁¹³ia³⁵n̩₂₁¹³tso⁵³ʂaŋ³⁵,n̩¹³tso⁵³ʂaŋ₄₄³⁵tsʰ˞₄₄³⁵ka₄₄⁵³fait¹li⁰tʰai⁵³tsʰɔi₂₁¹³ia⁰,xei₄₄⁴⁴a⁰?fait¹li⁰tsʰɔi¹³ia⁰,iəu³⁵tsʰien¹³na⁰.n̩₂₁¹³tso⁵³ʂaŋ³⁵.ci¹³tsʰiəu¹³tʰi¹³tʂʰət³lɔi¹³,ia³⁵pu₄₄³⁵tsʰiəu⁵³tʰi₂₁¹³tʂʰət³lɔi¹³,ci¹³ua⁵³i₂₁¹³tʂak³ka³⁵kan²¹tsʅ⁰fən³⁵iau⁰n̩₂₁¹³tek³,ɔi₄₄³⁵fən³⁵ko⁵³.e₂₁.tsʰin⁵³kau₄₄³⁵kəŋ₄₄³⁵tsʰiəu⁰tʰi₂₁¹³tʂʰət³lɔi₂₁¹³ɔi¹³fən³⁵ka³⁵,tsʅəŋ¹³sin³⁵fən³⁵ko₄₄⁵³.kai⁵³tsʰin⁵³tet⁵təu₄₄³⁵n̩₂₁¹³tʰəŋ₂₁¹³i¹³a⁰,mau¹³cie⁵³ɲin₂₁¹³tʰəŋ₂₁¹³⁵³.kai⁵³mien⁵³tsʰien₄₄¹³fən³⁵nek³(←xek³)li⁰ka₄₄⁵³tsʰiəu⁵³fən³⁵nek³(←xek³)li⁰ka³⁵la⁰,xe₂₁¹³a⁰?pət³len¹³tsai⁵³fən³⁵niau⁰.kai₄₄⁵³mau¹³pʰan⁵³fait¹le⁰,kai₄₄⁵³tsʰiəu⁵³m̩¹³fən³⁵liau⁰la⁰.a₂₁.

第二晡嘞，渠就一走，走下永和，发倒脚啊，请人呐，请到人，分箇缯花边一担一担荷归横巷里来。好，渠个兄弟箇只有得下数唠。欸。头晡正话咁，哼嘿，头晡正话咁唔分哩。所……所以嘞以只清高公嘞就蛮有心计个人，蛮有心计。听懂哩嚕嘞？听懂哩吧？蛮有心计。渠如果唔分家，欸，唔提出来分过家，箇渠等箇只就会提出来啦，你去外背赚下咁多钱呐，我等也爱分呐。箇一分还有么个，系啊？箇一分还有么个？有得哩。$t^hi^{53}_{44}ȵi^{53}$ $pu^{35}lei^0,ci^{13}ts^hiəu^{53}iet^3tsei^{21},tsei^{21}ia^{53}(\leftarrow xa^{53})uən^{21}xo^{13},fait^3 tau^{21}ciɔk^3a^0,ts^hiaŋ^{21}ȵin^{13}$ $na^0,ts^hiaŋ^{21}tau^{21}ȵin^{13},pən^{35}kai^{53}min^{13}fa^{53}_{44}pien^{35}iet^3tan^{35}iet^3tan^{35}_{44}k^hai^{53}kuei^{35}_{44}uaŋ^{13}xɔŋ^{13}$ $li^0 lɔi^{13}.xau^{21},ci^{13}ke^{53}_{44}çiəŋ^{35}t^hi^{53}_{44}kai^{53}_{44}tʂak^3mau^{13}tet^3xa^{53}_{44}sɿ^{53}_{44}lau^0.e_{21}.t^hei^{21}_{21}pu^{35}tʂaŋ^{53}ua^{13}$ $kan^{21},xən_{53}xe_{21},t^hei^{21}_{21}pu^{35}_{44}tʂaŋ^{53}ua^{13}kan^{21},ṇ^{13}fən^{35}ni^0.so^{21}····so^{21}i^{35}_{44}lei^0 i^{21}tʂak^3ts^hin^{35}kau^{35}$ $kəŋ^{35}_{44}le^0 ts^hiəu^{53}_{44}man^{13}_{21}iəu^{35}_{44}sin^{35}ci^{53}_{44}ke^{53}_{44}ȵin_{21},man^{13}_{21}iəu^{35}sin^{35}ci^{53}_{44}.t^haŋ^{35}təŋ^{21}li^0maŋ^{13}_{21}$ $le^0?t^haŋ^{35}_{44}təŋ^{21}li^0pa?man^{13}_{21}iəu^{35}_{44}sin^{35}ci^{53}.ci^{21}_{21}ʮ^{35}ko^{21}m^{13}fən^{35}_{44}ka^{35}_{44},e_{21},ṇ^{13}t^hi^{13}tʂ^hət^3lɔi^{13}$ $fən^{35}ko^{53}ka^{35},kai^{53}ci^{21}_{21}tien^0kai^{53}_{44}tʂak^3ts^hiəu^{53}_{44}uɔi^{13}_{44}t^hi^{13}tʂ^hət^3lɔi^{13}la^0.ȵi^{13}çi^{53}_{44}ŋɔi^{53}pɔi^{53}$ $ts^han^{53}na_{44}(\leftarrow xa^{53})kan^{13}to^{35}ts^hien^{13}na^0.ŋai^{13}tien^0ia^{35}_{44}ɔi^{13}_{44}fən^{35}na^0.kai^{53}iet^3fən^{35}xai^{13}_{21}iəu^{35}_{44}$ $mak^3ke^{53},xei^{53}_{44}a^0?kai^{53}iet^3fən^{35}xai^{13}_{21}iəu^{35}mak^3ke^{53}?mau^{13}tek^3li^0.$

好，结果嘞渠就……渠就唔知几有钱，跕倒系倒箇……系倒箇上背，就修……修路哇，修桥哇，欸，箇个砌箇个大丘哇，同箇农业学大寨样啊，改造山河啊。有……我等上背有蛮多大丘，几十担谷田一丘丘个，两十担谷田个，有一丘二十四担，系让门砌出来个嘛，系……系让门搞出来个？山峡里，两……两嶂岭啊，以边一嶂岭，以边一嶂岭，欸哈，两嶂岭，底下……砌只石塕，唔知几高。箇几……几层楼咁高哇。如今都还看得到嘞。顶高就口下平来呀。箇一丘田就二十四担谷田。二十四担谷田就几多子嘞？大概就系五亩子个意思。欸，山里个田是尽系梯田吵，一捺碗样吵。箇起细……细个子咁个田丘是到处都系，到处系石塕。渠等话都系清高公手里砌个。欸。$xau^{21},ciet^3ko^{21}lei^0 ci^{13}_{21}ts^hiəu^{53}_{21}····ci^{13}_{21}ts^hiəu^{53}_{44}ṇ^{13}ti^{35}_{44}ci^{21}iəu^{35}ts^hien^{13}_{21},ku^{35}$ $tau^{21}xei^{53}tau^{53}kai^{53}····xei^{53}tau^{21}kai^{53}_{44}ʂɔŋ^{53}_{44}pɔi^{44},ts^hiəu^{53}siəu^{35}····siəu^{35}ləu^{53}ua^0,siəu^{35}$ $c^hiau^{13}ua^0,e_{21},kai^{53}_{44}ke^{53}_{21}tʂ^hi^{53}kai^{53}_{44}ke^{53}_{44}t^hai^{53}c^hiəu^{13}ua^0,t^həŋ^{13}kai^{53}_{44}ləŋ^{13}ȵiet^5çiɔk^5t^hai^{53}$ $ts^hai^{53}_{44}iɔŋ^{53}_{44}ŋa^0,kɔi^{21}ts^hau^{53}san^{35}xo^{53}a^0.iəu^{35}····ŋai^{13}tien^0ʂɔŋ^{53}pɔi^{44}_{44}iəu^{13}man^{13}to^{35}_{44}t^hai^{53}$ $c^hiəu^{13},ci^{21}ʂət^5tan^{35}kuk^3t^hien^{13}_{21}iet^3c^hiəu^{35}_{44}c^hiəu^{35}_{44}ke^0,iɔŋ^{35}ʂət^5tan^{35}kuk^3t^hien^{13}_{21}ke^0,iəu^{35}$ $iet^3c^hiəu^{35}ȵi^{53}ʂət^5si^{53}tan^{35},xei^{53}ȵiɔŋ^{35}mən^0ts^hi^{53}tʂ^hət^3lɔi^{21}_{21}ke^{53}ma^0,xe^{53}_{44}m····xei^{53}ȵiɔŋ^{35}$ $mən^0kau^{21}tʂ^hət^3lɔi^{21}_{21}ke^{53}_{44}?san^{35}c^hiait^5li^0,iɔŋ····iɔŋ^{21}tʂɔŋ^{53}liaŋ^{35}ŋa^0,i^{21}pien^{35}_{53}iet^3tʂɔŋ^{21}$ $liaŋ^{35},i^{21}pien^{53}_{53}iet^3tʂɔŋ^{21}liaŋ^{35},ei_{44}xa_{44},iɔŋ^{21}tʂɔŋ^{21}liaŋ^{35},tei^{21}xa^{53}_{44}i····ts^hi^{13}tʂak^3ʂak^3$ $k^han^{53},ṇ^{13}_{44}ti^{35}_{44}ci^{21}kau^{13}.kai^{53}ci^{21}····ci^{21}ts^hien^{13}nei^{13}_{44}kan^{35}kau^{13}_{44}ua^0.i^{13}_{21}cin^{35}_{44}təu^{35}_{44}xai^{21}_{44}k^hɔn^{53}$ $tek^3 tau^{53}_{44}le^0.taŋ^{21}kau^{13}_{44}ts^hiəu^{53}_{44}t^hən^0na^{53}(\leftarrow xa^{53})p^hiaŋ^{13}_{21}lɔi^{21}_{21}ia^0.kai^{53}iet^3c^hiəu^{35}t^hien^{13}_{21}$

tsʰiəu$_{44}^{53}$ni^{53}ʂət^{5}si^{53}tan^{35}kuk^{3}tʰien$_{44}^{13}$ɲi^{53}ʂət^{5}si^{53}tan^{35}kuk^{3}tʰien$_{44}^{13}$tsʰiəu$_{44}^{53}$cio^{35}(←ci^{21}
to^{35})tsʅ^{0}lei^{0}ʔtʰai^{53}kai^{53}tsʰiəu$_{44}^{53}$xei$_{44}$ŋ^{21}miau^{35}tsʅ^{0}ke$_{44}^{53}$i$_{21}^{53}$sʅ^{0}.e$_{21}$,san^{53}ni^{53}ke$_{44}^{53}$tʰien$_{21}^{13}$sʅ$_{44}^{0}$
tsʰin^{53}ne$_{44}$(←xe^{53})tʰi^{35}tʰien$_{44}^{13}$ʂa^{0},iet^{3}lait^{5}uon^{21}ioŋ$_{44}^{53}$ʂa^{0}.kai^{53}çi^{21}se^{53}···se^{53}ke^{53}tsʅ^{0}kan^{21}
ke^{53}tʰien$_{44}^{13}$cʰiəu$_{44}^{53}$sʅ^{0}tau^{53}tʂʰəu$_{44}^{53}$təu^{35}xe^{53},tau^{53}tʂʰu^{53}xe$_{44}$ʂak^{5}kʰan^{53}.ci^{13}tien^{0}ua^{53}təu^{35}
xe$_{44}^{53}$tsʰin^{35}kau$_{44}^{35}$kəŋ$_{44}^{35}$ʂəu^{21}li^{35}tsʰi^{53}ke^{0}.e$_{21}$.

清高公箇几年呢箇阵子嘞，地方唔知几穷，长日闹灾荒。有滴人冇饭
食。清高公就有……有粮食，请人来砌石壆，抅石头呀，砌石壆呐，欸，
荷泥箇只啦，都唔爱工钱，只爱食饭，有的是个人请。就咁子搞起来个。
我等横巷里哩嘞就……欸，我总去考证，考证箇个谱上啊，哎咁多石壆呐，
到底系么人砌。tsʰin^{35}kau$_{44}$kəŋ$_{44}$kai^{53}ci^{21}ɲien^{13}ne^{0}kai$_{44}^{53}$ʂən^{53}tsʅ^{0}le^{0},tʰi^{13}foŋ$_{44}^{35}$n$_{21}$
ti$_{44}^{35}$ci^{21}cʰiəŋ^{13},tʂɔŋ^{35}ɲiet^{3}lau^{53}tsai^{35}foŋ$_{44}^{35}$.e$_{21}$.iəu^{35}tet^{3}ɲin$_{21}^{13}$mau^{13}fan^{53}ʂət^{5}.tsʰin^{35}kau$_{44}^{35}$
kəŋ$_{44}$tsʰiəu$_{44}$iəu^{53}···iəu^{35}lioŋ^{13}ʂət^{5},tsʰiaŋ^{53}ɲin^{13}nɔi^{13}tsʰi^{53}ʂak^{5}kʰan^{53},kɔŋ^{35}ʂak^{5}tʰei^{13}
ia^{0},tsʰi^{53}ʂak^{5}kʰan^{53}na^{0},e$_{21}$,kʰai^{35}lai^{13}kai$_{44}^{53}$tʂak$_{5}^{3}$la^{0},təu$_{44}^{35}$m$_{21}$mɔi$_{44}$(←ɔi^{53})kəŋ^{35}
tsʰien$_{21}^{13}$,tsʅ^{21}ɔi$_{44}^{53}$ʂət^{5}fan^{53},iəu^{35}tet^{3}sʅ^{53}ke^{53}ɲin^{13}tsʰiaŋ^{53}.tsʰiəu^{53}kan^{21}tsʅ^{0}kau^{35}çi^{53}lɔi^{13}
ke^{53}.ŋai^{13}tien^{0}uaŋ^{13}xɔŋ^{53}li^{0}le^{0}tsʰiəu^{53}···e$_{21}$,ŋai^{13}tsəŋ^{21}çi^{53}kʰau^{21}tʂəŋ^{53},kʰau^{21}tʂəŋ^{53}kai$_{44}^{53}$
ke$_{44}^{53}$pʰu^{13}xɔŋ^{53}ŋa^{0},ai$_{13}$kan^{13}to$_{44}^{35}$ʂak^{5}kʰan^{53}na^{0},tau^{53}ti^{21}xei^{53}mak^{5}ɲin$_{44}^{13}$tsʰi^{53}ke^{0}.

我如今只系么个嘞？只系听倒箇个欸口头流传个。欸。传下……老辈
子传下来嘞就咁子讲。就清高公手里砌个。但是谱上冇得记载，欸，谱上
冇记载。唔知到底么人砌个，嘿嘿，唔知么人砌个。所以清高公以只人呢，
还系蛮有箇个欸蛮有远见。箇是第一只事，修桥修路。ŋai^{13}i$_{21}^{13}$cin$_{44}^{13}$tsʅ^{21}xei^{53}
mak^{3}e^{0}le^{0}?tsʅ^{21}xe^{53}tʰaŋ^{35}tau^{21}kai^{53}ke^{53}e$_{21}$kʰei^{21}tʰei^{13}liəu^{13}tʂʰuon^{13}cie^{53}.e$_{53}$.tʂʰuon^{13}
xa$_{44}^{53}$···lau^{21}pei^{53}tsʅ^{0}tʂʰuon^{13}xa$_{44}^{53}$lɔi$_{21}^{13}$le^{0}tsʰiəu$_{44}^{53}$kan^{53}tsʅ^{0}kɔŋ^{53}.tsʰiəu$_{44}^{53}$tsʰin^{35}kau$_{44}$kəŋ$_{44}^{35}$
ʂəu^{21}li^{35}tsʰi^{53}ke^{0}.tan^{53}sʅ$_{44}^{53}$pʰu^{21}xɔŋ^{53}mau^{13}tek^{3}ci^{53}tsai^{53},e$_{21}$,pʰu^{21}xɔŋ^{53}mau^{13}ci$_{44}^{53}$tsai$_{44}^{53}$.n^{13}
ti$_{44}^{35}$tau^{53}ti^{21}mak^{13}in$_{44}^{13}$tsʰi$_{44}^{53}$ke^{53},xe$_{53}$xe$_{53}$,n$_{21}^{13}$ti$_{44}^{53}$mak^{13}in$_{44}^{13}$tsʰi^{53}ke^{0}.so$_{44}^{21}$i^{53}tsʰin^{35}kau$_{44}^{35}$kəŋ$_{44}^{35}$i^{53}
tsʅak^{3}ɲin^{13}ne^{0},xai$_{21}^{13}$xe^{53}man$_{21}^{13}$iəu^{35}kai$_{44}^{53}$ke$_{44}^{53}$e$_{21}$man^{13}iəu^{35}vien^{21}cien^{53}.e$_{21}$.kai$_{44}^{53}$sʅ$_{44}^{53}$tʰi^{13}iet^{3}
tsʅak^{3}sʅ^{53},siəu^{35}cʰiau^{13}siəu^{35}ləu^{53}.

第二只嘞，横巷里我等箇阵姓万个人呢，唔知几……欸，唔知几受苦。
么个有势力嘞，冇得势力，人又少，又冇得读书个。欸。整个族间冇得一
个读书个。于是就选倒我个公太，就我……我爸爸个阿公啊。只有渠嘞，
就更像滴子，读书更像滴子。选倒渠，专门请……族间请语音有口误……请只
先生，请只秀才，专门来教倒渠个人。欸。tʰi^{53}ɲi^{53}tʂak^{3}le^{0},uaŋ^{13}xɔŋ^{53}li^{53}ŋai^{13}tien^{0}
kai$_{44}^{53}$tʂʰən$_{44}^{53}$siaŋ^{53}uan^{53}ke^{0}ɲin$_{21}^{13}$ne^{0},n$_{21}^{13}$ti$_{53}^{53}$ci^{21}···e$_{21}$,n$_{21}^{13}$ti$_{53}^{35}$ci^{21}ʂəu^{53}kʰu^{21}.mak^{3}ke$_{44}^{53}$mau^{13}
sʅ^{53}liet^{5}le^{0},mau^{13}tek^{3}sʅ^{53}liet^{5},ɲin^{13}iəu^{35}ʂau^{21},iəu^{35}mau^{13}tek^{3}tʰəuk^{5}ʂəu^{35}ke^{0}.e$_{21}$.tʂəŋ^{21}
ko^{53}tsʰəuk^{5}kan^{35}mau^{13}tek^{3}iet^{3}cie^{53}tʰəuk^{5}ʂəu^{35}ke^{53}.ʅ^{13}sʅ^{53}tsʰiəu^{53}sen^{21}tau^{21}ŋai^{13}ke^{53}

kəŋ³⁵tʰai⁵³,tsʰiəu⁵³ŋai¹³···ŋai¹³···ŋai¹³pa⁵³pa⁰ke⁵³a³⁵kəŋ³⁵₄₄ŋa⁰.tʂʅ²¹iəu³⁵₄₄ci¹³le⁰,tsʰiəu⁵³₄₄
cien⁵³₄₄tsʰiɔŋ⁵³tiet⁵tsʅ⁰,tʰəuk⁵ʂəu³⁵cien⁵³₄₄tsʰiɔŋ⁵³tiet⁵tsʅ⁰.sen²¹tau⁰ci¹³,tʂuen³⁵mən¹³₂₁
tsʰiaŋ²¹···tsʰəuk⁵kan³⁵₄₄siaŋ²¹···tsʰiaŋ²¹tsak³sen³⁵saŋ³⁵,tsʰiaŋ²¹tsak³siəu⁵³tsʰɔi¹³,tʂen³⁵
mən¹³₂₁lɔi¹³₂₁kau³⁵₄₄tau⁰ci¹³cie⁵ȵin¹³.e₂₁.

　我公太都二十几岁了，结哩婚了，跕倒屋下来读……来读书，欸，来读……请倒先生来教书。夜晡唔准归去睡，欸，爱摎阿公子睡，爱摎渠个阿公，就系我等个才玉公，安做才玉公。摎阿公子睡。你不准，你不准归去屋下睡。欸嘿嘿。咁子。咁子嘞，欸，就我等屋下就有滴子读书人，嗯，就咁子来个。箇还系蛮有远见，系啊？箇个是我等横巷里个嘿欸箇个典故，啊。ŋai¹³kəŋ³⁵tʰai⁵³₄₄təu₄₄ȵi⁵³ʂət⁵ci²¹sɔi⁵³liau⁰,ciet⁵li⁰fən³⁵liau⁰,ku₄₄tau²¹uk⁵xa₄₄lɔi²¹₂₁
tʰəuk⁵···lɔi¹³₂₁tʰəuk⁵ʂəu³⁵,e₂₁,lɔi¹³tʰəuk⁵···tsʰiaŋ²¹tau⁰sien³⁵saŋ³⁵₄₄lɔi¹³₂₁kau⁵³₄₄ʂəu³⁵.ia⁵³
pu³⁵m¹³₂₁tʂən²¹kuei³⁵çi⁵³₄₄sɔi⁵³,e₂₁,ɔi₄₄lau⁰a³⁵kəŋ³⁵tsʅ⁰ʂɔi⁵³,ɔi₄₄lau⁰ci¹³ke⁰a³⁵kəŋ³⁵,tsʰiəu⁵³
xe⁵³ŋai¹³tien⁰ke⁰tsʰɔi¹³ȵiəuk³kəŋ³⁵,ɔn³⁵tso⁵³₄₄tsʰɔi¹³ȵiəuk³kəŋ³⁵₄₄.lau⁰a³⁵kəŋ³⁵tsʅ⁰
ʂɔi⁵³.ȵi¹³pət³tʂən²¹,ȵi¹³pət³tʂən²¹kuei³⁵çi⁵³uk⁵xa₄₄ʂɔi⁵³.e₂₁xe⁵³xe₂₁.kan³⁵₄₄tsʅ⁰.kan³⁵₄₄tsʅ⁰
le⁰,e₂₁,tsʰiəu⁵³ŋai¹³tien⁰uk³xa₄₄tsʰiəu⁵³₄₄iəu³⁵tiet⁵tsʅ⁰tʰəuk⁵ʂəu³⁵ȵin¹³₂₁,ŋ₂₁,tsiəu⁵³kan²¹
tsʅ⁰lɔi²¹₂₁ke⁵³.kai⁵³xai²¹₂₁xe⁵³man¹³iəu₄₄vien⁰cien⁰,xei₄₄a⁰?kai⁵³ke₄₄ʂʅ₄₄ŋai¹³tien⁰uaŋ¹³
xɔŋ⁵³li⁰ke⁵³xe₅₃e₂₁kai⁵³₄₄ke⁵³tien²¹ku⁵³,a₂₁.

　据说嘞，清高公跕倒四川呢，有一十二年哟。又系两十多岁去个哟，三十……三十几子归个嘞。我去……查下子谱哇。三十几岁子归个，归来个。箇一十二年呢，据说清高公跕倒箇边也结哩婚。同时嘞，渠还分只老婆带归来哩话。带下永和。唔系话有只船去箇子，系啊？带下永和。归来嘞，发现以……屋下以只老婆嘞还在，还去箇子，䞶死嘿，也䞶改嫁，一十二年都䞶改嫁。有办法，渠箇只老婆就个人归嘿哩，个人归嘿哩话。也不知哪映去哩。渠等说还还么个还有细人子。渠等是还想到四川去寻下子清高公箇只个细人。欸。四川蛮多姓万个，箇就肯定一条。但是不是箇只人个后代嘞？箇就唔晓得。欸。tʂʅ⁵³ʂet³le⁰,tsʰin³⁵kau₄₄kəŋ₄₄kʰu₄₄tau²¹si⁵³tsʰuɔn³⁵
ne⁰,iəu³⁵iet⁵ʂət⁵ȵi¹³ȵien¹³₂₁ʂa⁰.iəu³⁵xei⁵³iɔŋ²¹ʂət⁵to₄₄sɔi⁵³₄₄çi⁵³ke₄₄ʂa⁰,san³⁵ʂət⁵···san³⁵
ʂət⁵ci²¹tsʅ⁰kuei³⁵cie⁵³lei⁰.ŋai¹³çi⁵³pʰo⁵³···tsʰa⁵³a⁵³(←xa⁵³)tsʅ⁰pʰu²¹ua⁵³.san³⁵ʂət⁵ci²¹sɔi⁵³
tsʅ⁰kuei³⁵ke⁵³,kuei³⁵lɔi¹³₂₁ke⁵³.kai⁵³iet⁵ʂət⁵ȵi¹³ȵien¹³₂₁ne⁰,tsʅ⁴ʂet³tsʰin³⁵kau₄₄kəŋ₄₄kʰu₄₄
tau²¹kai⁵³pien₄₄ia₄₄ciet⁵li⁰fən³⁵.tʰəŋ¹³ʂʅ¹³₄₄lei⁰,ci²¹₂₁xai²¹₂₁pən²¹tsak³lau²¹pʰo⁰tai⁵³kuei³⁵₄₄
lɔi¹³₂₁li⁰ua⁰.tai⁵³ia₄₄(←xa⁵³)uən²¹xo⁰.m²¹₂₁pʰe₄₄(←xe⁵³)ua₄₄iəu⁵³tsak³ʂɔŋ⁰çi⁵³kai⁵³
tsʅ⁰,xei₄₄ia⁵³?tai₄₄ia⁵³(←xa⁵³)uən²¹xo¹³.kuei³⁵lɔi¹³₂₁le⁰,fait⁵çien⁵³i²¹···uk³xa⁵³i²¹tsak³
lau²¹pʰo₂₁le⁰xan¹³₂₁tsʰɔi¹³,xai²¹çi⁵³kai⁵³tsʅ⁰,maŋ¹³si²¹xek³,ia⁵³maŋ¹³kɔi²¹ka⁵³,iet⁵ʂət⁵ȵi¹³
ȵien¹³₂₁təu₄₄maŋ¹³kɔi²¹ka⁵³.mau¹³pʰan⁵³fait³,ci¹³kai⁵³tsak³lau²¹pʰo¹³tsʰiəu₄₄ko⁵³₂₁ȵin¹³₂₁

kuei^{35}ek^{3}(←xek^{3})li^{0},ko^{53}ɲin$_{21}$kuei^{35}ek^{3}(←xek^{3})li^{0}ua^{0}.ia^{35}ŋ$_{21}$ti$_{44}^{35}$la$_{44}^{35}$iaŋ$_{44}^{53}$çi^{53}li^{0}.ci^{13}
tien^{0} ʂet^{3}xai$_{21}^{13}$xai$_{21}^{13}$mak^{3}ke$_{44}^{53}$xai^{35}iəu$_{44}^{53}$se^{0}ɲin$_{21}^{13}$tsʅ^{0}.ci^{13}tien^{0} ʂʅ$_{44}^{53}$xai^{13}sioŋ^{21}tau^{53}si^{0}
tʂʰuɔn^{35}çi$_{44}^{53}$tsʰin$_{21}^{13}$na^{53}(←xa^{53})tsʅ^{0}tsʰin^{35}kau^{35}kəŋ^{35}kai$_{44}^{53}$tʂak^{3}ke^{0}se^{53}ɲin$_{21}$.e$_{21}$.si^{53}tsʰuɔn^{35}
man$_{21}$to^{35}siaŋ^{53}uan^{53}ke^{0},kai^{53}tsʰiəu$_{44}^{53}$cʰien^{0}tʰin^{35}iet^{3}tʰiau^{13}.tan$_{44}^{53}$ʂʅ^{0}pət^{3}ʂʅ^{53}kai^{53}tʂak^{3}
ɲin$_{21}^{13}$ke$_{44}^{53}$xei^{53}tʰɔi^{53}le^{0}?kai^{53}tsʰiəu^{53}m̩$_{21}$çiau^{13}tek^{3}.e$_{21}$.

红军游击队的故事

一只就系我……我爷子同我讲个欸红军游击队个故事,红军游击队呀。大革命个时候子嘞,我等就系啊箇山里,唔知几山。一只脑壳都三个人爱。听得懂吗?哼。好,一只脑壳都三个人爱。搞么个三个人嘞?国民党也爱,嗯,共产党也要,欸,自家也爱,一只脑壳都三个人爱。iet^{3}tʂak^{3}
tsʰiəu^{53}xe^{53}ŋai^{13}…ŋai^{13}ia^{13}tsʅ^{0}tʰəŋ^{13}ŋai$_{44}^{13}$kɔŋ^{21}ke^{53}e$_{21}$fəŋ^{13}tsən$_{44}^{35}$iəu^{13}ciet^{3}ti^{0}ke$_{44}^{53}$ku$_{44}^{53}$sʅ$_{44}^{53}$,fəŋ^{13}tsən$_{44}^{35}$iəu^{13}ciet^{3}ti^{53}ia^{0}.tʰai^{13}kek^{3}min^{53}ke^{53}ʂʅ^{13}xəu^{53}tsʅ^{0}le^{0},ŋai^{13}tien^{0}tsʰiəu^{53}
xei^{53}a^{0}kai$_{44}^{53}$san^{35}ni^{0},n̩^{0}ti$_{44}^{35}$ci^{21}san^{35}.iet^{3}tʂak^{3}lau^{21}kʰɔk^{3}təu$_{44}^{35}$san^{35}cie^{53}ɲin$_{21}^{13}$ɔi^{13}.tʰaŋ$_{44}^{35}$
tek^{3}təŋ^{21}ma^{0}?xŋ$_{21}$.xau^{21},iet^{3}tʂak^{3}lau^{21}kʰɔk^{3}təu$_{53}^{35}$san^{35}cie^{53}ɲin$_{21}^{13}$ɔi^{53}.kau^{53}mak^{3}ke^{53}
san^{35}cie^{53}in$_{21}^{53}$ɔi$_{44}^{53}$lei^{0}?kɔit^{3}min$_{44}^{13}$tɔŋ^{21}ia$_{53}^{35}$ɔi^{53},n̩$_{21}$,kʰəŋ^{53}tsʰan^{21}tɔŋ^{21}ŋa$_{44}$(←ia^{35})ɔi^{53},e$_{21}$,tsʰʅ^{35}ka$_{44}^{35}$ia^{35}ɔi$_{44}^{53}$,iet^{3}tʂak^{3}lau^{21}kʰɔk^{3}təu$_{53}^{35}$san^{35}cie^{53}ɲin$_{21}^{13}$ɔi^{53}.

欸,共产党个游击队嘞就势力唔知几细,冇么个势力。国民党呢就势力大。国民党个兵呢就系啊箇墩里。欸,日里嘞渠等就箇个兵牯佬嘞就到处去跑,到处去梢,看倒有……看倒有可疑个嘞,就提倒就杀嘿哩。以个红军游击队嘞就有……势力细,嗯,渠等呢,国民党个走哩嘞,渠等就就去。箇我爷子同我讲个。以前呢,我等箇只屋嘞就一只蛮大个屋,大屋,有百多间屋,一只大屋。e$_{44}$,kʰəŋ^{53}tsʰan^{21}tɔŋ^{21}ke^{53}iəu^{13}ciet^{3}ti^{53}le^{0}tsʰiəu^{53}sʅ^{53}liet^{5}n̩$_{21}^{13}$ti$_{44}^{35}$ci^{21}se^{53},mau^{13}mak^{3}ke$_{44}^{53}$sʅ^{53}liet^{5}.kɔit^{3}min$_{44}^{13}$tɔŋ^{21}ne^{0}tsʰiəu$_{44}^{53}$sʅ^{53}liet^{5}tʰai^{53}.kɔit^{3}min$_{44}^{13}$
tɔŋ^{21}ke^{53}pin^{35}ne^{0}tsʰiəu^{53}xei^{53}a^{0}kai$_{44}^{53}$tʰɔn^{35}ni^{21}.e$_{21}$ɲiet^{3}li^{35}le^{0}ci^{13}tien^{0}tsʰiəu$_{44}^{53}$kai$_{44}^{53}$ke^{53}
pin^{35}ku^{21}lau^{21}le^{0}tsʰiəu^{53}tau^{53}tsʰu^{21}çi^{53}pʰau^{21},tau^{53}tsʰu$_{44}^{53}$çi$_{44}^{53}$sau^{35},kʰɔn^{53}tau^{21}iəu$_{44}^{35}$ie…
kʰɔn^{53}tau^{21}iəu$_{44}^{35}$kʰo^{21}ɲi^{13}ke$_{44}^{53}$le^{0},tsʰiəu$_{44}^{53}$tʰia^{35}tau^{21}tsʰiəu^{53}sait^{3}ek^{3}(←xek^{3})li^{0}.i^{21}e$_{44}$(←
ke^{53})fəŋ^{13}tsən$_{44}^{35}$iəu$_{21}^{13}$ciet^{3}ti^{53}le^{0}tsʰiəu^{53}mau…sʅ^{53}liet^{3}se^{53},n̩$_{21}$,ci^{13}tien^{0}nei^{0},kɔit^{3}min^{13}
tɔŋ^{21}ke^{53}tsei^{21}li^{21}lei^{0},ci^{13}tien^{0}tsʰiəu^{0}tsʰiəu^{0}çi^{53}.kai^{53}ŋai^{13}ia^{13}tsʅ^{0}tʰəŋ$_{21}^{13}$ŋai$_{21}^{13}$kɔŋ^{21}ke^{53}.i$_{44}^{35}$
tsʰien$_{21}^{13}$ne^{0},ŋai^{13}tien^{0}kai^{53}tʂak^{3}uk^{3}le^{0}tsʰiəu^{53}iet^{3}tʂak^{3}mən^{35}tʰai^{53}ke$_{44}^{53}$uk^{3},tʰai^{53}
uk^{3},iəu^{35}pak^{3}to^{35}kan$_{44}^{53}$uk^{3},iet^{3}tʂak^{3}tʰai^{53}uk^{3}.

欸,箇游击队嘞就有三个人,箇晡夜晡,系啊我屋下,系倒我箇呀。夜晡睡倒嘞,突然之间呢听倒箇狗放势吠,欸,嬲晓得么人来哩啊,嬲晓得嘞系白军来哩。捉倒我箇只屋一围,一……一围呀。好,箇我爷子等人是冇几大子，我爷子还冇几大子，欸。箇个我阿公等人尽都吓尽哩命，吓到欸欸声都唔敢做。e²¹,kai⁵³iəu¹³ciet³ti⁵³le⁰ tsʰiəu₄₄iəu³⁵san⁵³cie⁵³ɲin¹³,kai⁵³pu¹ia₄₄pu³⁵,xei₄₄a⁰ ŋai₂₁uk³ xa⁵³,xe⁵³tau²¹ŋai¹³kai¹ia⁰.ia₄₄pu³⁵ʂɔi⁵³tau²¹le⁰,təuk⁵ien₂₁tʂʅ₄₄kan³⁵ne⁰ tʰaŋ³⁵tau²¹kai₄₄kei⁵³xɔŋ⁵³ʂʅ₂₁pʰɔi⁵³,e₂₁,maŋ¹³çiau²¹tek³mak³in₄₄lɔi₂₁li⁰a⁰,maŋ¹³çiau²¹tek³le⁰xe₄₄pʰak³tʂən³⁵nɔi₂₁li⁰.tsɔk³tau²¹ŋai¹³kai⁵³tʂak³uk³iet³uei¹³,iet³···iet³uei¹³ia⁰.xau²¹,kai⁵³ŋai₂₁ia³⁵tsʅ¹³ten⁰ɲin₄₄ʂʅ¹mau¹³ci²¹tʰai⁵³tsʅ⁰,ŋai₂₁ia³⁵tsʅ⁰xai₂₁mau¹³ci²¹tʰai⁵³tsʅ⁰,e₂₁.kai₄₄ke⁵³ŋai¹a³⁵kən₄₄ten⁰ɲin₂₁tsʰin⁵³təu³⁵xak³tsʰin₄₄ni⁰ miaŋ⁵³,xak₅tau⁵³e⁰,e₂₁ʂaŋ₄₄təu⁵³ʅ₂₁kan²¹tso⁵³.

箇几只游击队个嘞，箇就跑啊哪映去啦？三个人，三个人，就藉屋上，欸，藉箇个屋上，藉箇个二层楼呀，藉箇个屋上。从前是冇得以个冇得以个预制板唲，欸，藉楼一上。上去嘞就有只楼，楼上去嘞就系安做横板，也就如今个天花板。缩啊箇楼板肚里，缩啊箇楼板肚里，缩唔住啦，欸，箇个白军呢一只一只子楼板欸箇横板去撬哇，所以我等箇只屋个横板呢全部撬得糜烂，欸，全部撬得糜烂，滴都冇哩。kai⁵³ci²¹tʂak³iəu¹³ciet³ti⁵³ke₄₄le⁰,kai⁵³tsʰiəu⁵³pʰau²¹a⁰la₄₄iaŋ³⁵çi⁵³la⁰?san³⁵cie⁵³ɲin¹³,san³⁵ke⁵³ɲin₂₁,tsʰiəu⁵³tʂa⁵³uk³ʂɔŋ³⁵,e₂₁,tʂa⁵³kai⁵³ke₄₄uk³ʂɔŋ⁵³,tʂa⁵³kai⁵³ke₄₄ɲi⁵³tsʰien⁵³nei⁵³ia⁰,tʂa⁵³kai₄₄ke₄₄uk⁵³ʂɔŋ₄₄.tsʰəŋ¹³tsʰien¹³ʂʅ₄₄mau¹³tek³ʅ²¹ke⁵³mau¹³tek³ʅ²¹ke⁵³y²¹tsʅ⁵³pan⁰nau⁰,e₂₁,tʂa⁵³lei²¹iet³ʂɔŋ³⁵.ʂɔŋ³⁵çi⁵³lei⁰tsʰiəu₄₄iəu³⁵tʂak³lei¹³,lei¹³ʂɔŋ₄₄çi₄₄le⁰tsʰiəu₄₄xe⁵³ɔn³⁵tso₄₄uɔŋ¹³pan²¹,ia³⁵tsʰiəu¹ʅ₂₁cin³⁵ke₄₄tʰien⁵³fa₄₄pan²¹.sɔk³a⁰kai⁵³lei²¹pan²¹təu²¹li⁰,sɔk³a⁰kai⁵³lei²¹pan²¹təu²¹li⁰,sɔk³ŋ̍¹tʂʰəu²¹la⁰,e₂₁,kai₂₁ke²¹pʰak³tʂən₄₄nei⁰iet³tʂak³iet³tʂak³tsʅ⁰lei¹pan²¹e₂₁kai⁵³³⁵uɔŋ¹³pan²¹çi⁵³cʰiau⁵³ua⁰,so²¹i³⁵ŋai₂₁tien⁰kai¹tʂak³uk³ke⁵³uɔŋ¹³pan²¹ne⁰tsʰien¹³pʰu⁵³cʰiau⁵³tek¹me³⁵lan₄₄⁵³,e₂₁,tsʰien¹³pʰu⁵³cʰiau⁵³tek¹me³⁵lan₄₄⁵³,tet⁵təu₄₄mau₂₁li⁰.

好，箇个箇怕游击队又躲唔系哩啦，游击队又躲唔系哩。躲唔系哩嘞，就藉屋上跑稳过哇。听稳话藉屋上跑稳过，藉瓦上踩……嗝天嗝地欸，藉瓦上踩过，我箇屋背嘞，就同以个样有只墈。后背有只墈，安做，我等安做花楼墈。欸，踩到箇屋上箇映子嘞，就箇花楼墈就跳哇过去。"嘣"声嘿一枪，就打一只，一枪就打嘿一只，打倒跌……一横横啊箇后背以沟里，横啊后背沟里。xau²¹,kai⁵³ke₄₄kai₄₄pʰa₄₄⁵³iəu₂₁ciet³ti⁵³iəu³⁵to²¹ŋ̍¹³tʰe⁵³(←xe⁵³)li⁰la⁰,iəu¹³ciet³ti₄₄iəu³⁵to²¹ŋ̍¹tʰe⁵³(←xe⁵³)li⁰.to²¹ŋ̍¹³xe⁵³li⁰le⁰,tsʰiəu⁵³tʂa⁵³uk³xɔŋ⁵³pʰau²¹uən²¹ko⁵³ua⁰.tʰaŋ³⁵uən²¹ua₄₄tʂa⁵³uk³xɔŋ⁵³pʰau²¹uən²¹ko⁵³,tʂa⁵³ŋa¹xɔŋ⁵³tsʰai²¹···po⁵³tʰien³⁵po⁵³tʰi⁵³e⁰,tʂa⁵³ŋa¹xɔŋ₄₄tsʰai²¹ko⁵³,ŋai¹kai₄₄uk³pɔi₄₄le⁰,tsʰiəu₄₄tʰəŋ₂₁ʅ¹ke₄₄iɔŋ₄₄iəu³⁵tʂak³kʰan⁵³.xei⁵³pɔi₄₄iəu₄₄tʂak³kʰan⁵³,ɔn₄₄tso₄₄,ŋai₂₁tien⁰ɔn₄₄tso₄₄fa³⁵lei₂₁kʰan⁵³.e₂₁,tsʰai²¹tau¹kai³uk³xɔŋ₄₄kai₄₄iaŋ₄₄tsʅ¹le⁰,tsiəu⁵³kai⁵³fa⁵³lei¹³kʰan⁵³tsʰiəu₄₄tʰiau¹ua⁰ko⁵³çi₄₄.pəŋ⁵³ʂaŋ₄₄xek¹iet³tsʰiɔŋ³⁵,tsiəu⁵³ta²¹iet³tʂak³,iet³tsʰiɔŋ³⁵tsiəu⁵³ta²¹xek¹iet³ tṣak³,ta²¹tau²¹tet³···iet³uaŋ⁵³uaŋ⁵³ŋa⁰kai⁵³₄₄xei⁵³pɔi²¹i²¹kei³⁵li⁰,uaŋ⁵³ŋa⁰xei⁵³pɔi⁵³₄₄kei³⁵li⁰.

还两只，欸，还两只。又跑嘿一只。箇只欸跑，跑稳上，跑稳上，跑下箇上背里把子路远个一只坝子下，箇映子安做坝子下，一条细河子，又分白军打嘿哩，一枪又打嘿一只。xai¹³iɔŋ²¹tṣak³,e₂₁,xai¹³iɔŋ²¹tṣak³.iəu⁵³pʰau²¹xek³iet³tṣak³.kai⁵³₄₄tṣak³e⁰pʰau²¹,pʰau²¹uən²¹ṣɔŋ³⁵,pʰau²¹uən²¹ṣɔŋ³⁵,pʰau²¹ua₄₄(←xa⁵³)kai⁵³₄₄ṣɔŋ⁵³pɔi²¹li³⁵pa²¹tsɿ⁰ləu²¹ien²¹ke⁵³iet³tṣak³pa⁵³tsɿ⁰xa³⁵,kai⁵³₄₄iaŋ⁵³tsɿ⁰ɔn²¹tso⁵³₄₄pa⁵³tsɿ⁰xa³⁵,iet³tʰiau¹³₂₁se⁵³xo¹³tsɿ⁰,iəu⁵³pən³⁵pʰak⁵tṣən³⁵₄₄ta²¹ek³(←xek³)li⁰,iet³tsʰiɔŋ³⁵iəu⁵³ta²¹xek³iet³tṣak⁵₅.

还有一只嘞，唔知分渠躲嘿哪映躲过哩。渠就躲过哩。三个人就救倒一只。箇箇晡夜晡发生个故事。我爷子讲个。救到个，剩到个箇一只𪜈死个嘞，就安做王德子，三抹横个王，王德子，欸，彭德怀箇只德欸，道德个德。渠也落尾箇王德子嘞还……落尾嘞还到……到我等箇来嚩哩。欸。箇晡夜晡唔知么人话讲出去个，唔知么人讲出去个。好得渠等也𪜈话出来……也𪜈捉倒哩。箇两只么打死哩，系啊？箇只么逃出来哩。欸，白军唔晓得跕倒么人屋下嚩。欸。xai¹³₂₁iəu³⁵₄₄iet³tṣak³le⁰,n̩¹³ti³⁵₄₄pən³⁵ci²¹to¹³₁₃ek³(←xek³)lai¹³₄₄iaŋ⁵³to²¹ko⁵³li⁰.ci²¹tsiəu⁵³to²¹ko⁵³li⁰.san⁵³₄₄ke⁵³in⁵³₄₄tsʰiəu⁵³₄₄ciəu⁵³tau²¹iet³tṣak³.kai⁵³₄₄kai³⁵pu³⁵ia⁵³₄₄pu³⁵fait³sen³⁵₄₄ke⁵³ku⁵³sɿ²¹.ŋai²¹₂₁ia¹³tsɿ⁰kɔŋ²¹ke⁵³.ciəu⁵³tau²¹ke⁵³,ṣən⁵³tau²¹ke⁵³₄₄kai³iet³tṣak³maŋ¹³si²¹ke⁵³₄₄le⁰,tsʰiəu⁵³₄₄ɔn³⁵₄₄tso⁵³uɔŋ¹³tek³tsɿ⁰,san⁵³₄₄ma₄₄uɔŋ¹³ke⁵³₄₄uɔŋ¹³,uɔŋ¹³tek³tsɿ⁰,e₂₁,pʰaŋ¹³tek³fai¹³kai⁵³tṣak³tek³e⁰,tʰau⁵³tek³ke⁵³₄₄tek³.ci¹³₂₁a³⁵lɔk⁵mi³⁵kai⁵³uɔŋ¹³tek³tsɿ⁰lei⁰xai¹³···lɔk⁵mi³⁵₄₄le⁰xai¹³tau⁵³···tau⁵³ŋai²¹₂₁tien³kai⁵³₄₄lɔi¹³₂₁liau⁵³li⁰.e₂₁.kai⁵³₄₄pu³⁵ia⁵³₄₄pu³⁵n̩¹³ti³⁵₄₄mak³ɲin⁵³₄₄ua⁵³₄₄kɔŋ²¹tsʰət³çi⁵³₄₄ke⁵³,n̩¹³ti³⁵₄₄mak³ɲin¹³kɔŋ²¹tsʰət³çi⁵³₄₄ke⁵³₄₄.xau²¹tek³ci²¹₂₁tien⁵³ia⁵³₄₄maŋ¹³ua⁵³tsʰət³lɔi¹³···ia⁵³maŋ¹³tsɔk⁵tau²¹le⁰.kai⁵³iɔŋ²¹tṣak³me⁰ta²¹si²¹li⁰,xei⁵³₄₄a⁰ʔkai⁵³tṣak³me⁰tʰau⁵³tsʰət³lɔi¹³₂₁li⁰.e₂₁,pʰak⁵tṣən³⁵n̩¹³çiau²¹tek³ku³⁵₄₄tau²¹mak³ɲin¹³uk⁵xa₄₄liau⁵³.e₂₁.

箇就一只故事。嗯，箇红军游击队个故事。kai⁵³₄₄tsʰiəu⁵³iet³tṣak³ku⁵³₄₄sɿ⁵³₄₄.n̩²¹,kai⁵³₄₄fəŋ¹³tṣən³⁵₄₄iəu²¹çiet³ti⁵³ke⁵³₄₄ku⁵³₄₄sɿ⁵³₄₄.

抙秆个

欸，两个人啿，有只人问渠，问一……问别人家："你……你昨晡夜晡欸你昨晡夜晡搞么个来？"渠话："我……欸我去看你打牌来。我看你打牌来。"嗯。嗯。渠话："咁大水你那样看你……看我打牌嘞？落咁大水，你让门看我打牌嘞？""我去光窗背呀，抙只秆呢。"嗯。"我去光窗背，抙只秆。"于是嘞，就那后……后背嘞就分箇个去于边上看个人就安做"抙秆个"，嗯，到边上去看，唔参与，去边上看，就安做"我是抙下子秆呢"，呃，"我就只扽秆呢"。ei$_{44}$,iɔŋ^{21}kei^{53}ȵin^{13}nau^0,iəu^{35}tʂak^{3}ȵin^{13}uən^{53}ci$_{21}^{13}$,uən^{53}iet^3…uən^{53}pʰiet^{5}ȵin$_{21}^{13}$ka$_{44}^{53}$:"ȵi^{13}…ȵi^{13}tsʰo^{53}pu$_{44}^{35}$ia$_{44}^{53}$pu$_{44}^{35}$e$_{21}$ȵi^{13}tsʰo^{53}pu$_{44}^{35}$ia$_{44}^{53}$pu$_{44}^{35}$kau^{21}mak^{3}ke$_0^{53}$lɔi^{13}?"ci$_{21}^{13}$ua^{53}:"ŋai^{13}…e$_{21}$ŋai^{13}cʰi$_{44}^{13}$kʰɔn^{53}ȵi$_{21}^{13}$ta^{21}pʰai^{13}lɔi^{13}.ŋai^{13}kʰɔn^{53}ȵi$_{44}^{13}$ta^{21}pʰai^{13}lɔi^{0}."n̩$_{21}$.n̩$_{21}$.ci$_{21}^{13}$ua^{53}:"kan^{21}tʰai^{53}ʂei^{21}ȵi^{13}lai^{53}iɔŋ^{35}kʰɔn^{53}ȵi$_{44}^{13}$t…kʰɔn^{53}ŋai$_{44}^{13}$ta^{21}pʰai^{13}lei^0?lɔk^{5}kan^{21}tʰai^{53}ʂei^{21}ȵi^{13}ȵiɔŋ^{35}mən^{0}kʰɔn^{53}ŋai$_{21}^{13}$ta^{21}pʰai^{13}lei^0?" "ŋai^{13}çi^{53}kɔŋ^{35}tsʰəŋ$_{44}^{35}$pɔi^{53}ia^0,təŋ^{35}tʂak^{3}kɔn^{21}ne^0."n̩$_{21}$."ŋai^{13}çi^{53}kɔŋ^{35}tsʰəŋ$_{44}^{35}$pɔi^{53},təŋ^{35}tʂak^{3}kɔn^{21}."ʮ^{13}ʂ̩^{53}lei^0,tsʰiəu$_{21}^{53}$na$_{44}^{53}$xɔi^{53}(←xei^{53})…xei^{53}pɔi^{53}lei^{0}tsʰiəu^{0}pən^{35}kai$_{21}^{13}$ke$_{21}^{53}$çi^{53}y^{0}pien^{35}xɔŋ^{0}kʰɔn^{53}cie^{53}ȵin^{13}tsʰiəu^{0}ɔn^{53}tso^{53}"təŋ^{35}kɔn^{21}cie^{53}",n̩$_{21}$,tau^{53}pien^{35}xɔŋ^{0}çi^{53}kʰɔn^{53},n̩^{13}tsʰan^{35}ʮ^{21},çi^{53}pien^{35}xɔŋ^{0}kʰɔn^{53},tsiəu$_{44}^{35}$ɔn$_{44}^{53}$tso$_{44}^{53}$"ŋai^{13}ʂ̩$_{44}^{53}$təŋ^{35}ŋa$_{21}^{53}$(←xa^{53})tsʮ^{0}kɔn^{21}ne^0",e^0,"ŋai^{13}tsʰiəu$_{44}^{53}$tsʮ^{13}təŋ^{35}kɔn^{21}ne^0".

过河袜

从前话渠欸有只笑话啊，从前有只人唔知几穷啊，系啊？有只人唔知几穷。渠个袜子嘞箇莝有哩用，烂倒冇哩用了，剩倒一只袜筒子。渠就着只袜筒子。欸。到哩爱过河了嘞，嗯，渠就渠摎渠姨夫啊，摎渠个姨夫啊，摎渠个老庚呢，系唔系？摎么人有箇摎箇有钱人做呀，欸，摎渠过河。箇有……箇个有钱人是渠还爱脱袜子个滴，系唔系啊？嗯。欸，还爱脱鞋脱袜哟。渠分鞋一脱，就咁子过，系唔系？欸，渠话，欸，老庚，系喊老庚唉，呀，老庚，你箇么个袜子？让门你唔爱脱袜子，系唔系？我个袜子就好嘞！我个过河袜呀。过河袜。渠其实渠都一双糜烂个袜子，剩倒一只筒筒。渠话我过河袜。欸箇我也搞一双过河袜，渠话。欸，我同你对倒箇双过河袜呀。欸过河袜。只有只筒筒，渠唔爱考虑底下湿唔湿，系唔系？一捋嘿起来就走嘿哩，过嘿哩。我个过河袜。箇只是老庚唔知几穷啊系。欸，有过河袜。tsʰəŋ^{13}tsʰien^{13}ua$_{44}^{53}$ci$_{21}^{13}$e$_{21}$iəu^{0}tʂak^{3}siau^{53}fa^{3}a^0,tsʰəŋ^{13}tsʰien^{13}iəu^{35}tʂak^{3}ȵin$_{21}^{13}$n̩^{13}ti$_{53}^{53}$ci^{13}cʰiəŋ^{13}ŋa^0,xe$_{44}^{53}$a^0?iəu^{35}tʂak^{3}ȵin$_{21}^{13}$n̩^{13}ti$_{53}^{53}$ci^{13}cʰiəŋ^{13}.ci^{13}ke^{53}mait^{3}tsʮ^{0}lei^{0}kai^{53}te^{21}xa^{53}kai^{53}tsʰo^{0}mau^{13}li^{0}iəŋ^0,lan^{53}tau^{21}mau^{13}li^{0}iəŋ^{53}liau^0,ʂən^{53}tau$_{44}^{21}$iet^{3}tʂak^{3}mait^{3}tʰəŋ^{13}tsʮ^0,ci^{13}tsʰiəu^{0}tʂɔk^{3}tʂak^{3}mait^{3}tʰəŋ^{13}tsʮ^0,e$_{53}$.tau$_{44}^{53}$li^{0}ɔi$_{44}^{53}$ko^{0}xo^{13}liau^{21}le^0,n̩$_{21}$,ci^{13}tsʰiəu^{0}ci$_{21}^{13}$lau$_{44}^{35}$ci$_{21}^{13}$fu^{0}a^0,lau$_{44}^{35}$ci$_{21}^{13}$ke$_{44}^{53}$i^{0}fu^{0}a^0,lau$_{44}^{35}$ci$_{21}^{13}$e$_{44}$(←ke^{53})lau^{0}cien^{35}ne^0,xei$_{44}^{53}$me$_{44}$(←m̩^{13}xe^{53})?lau^{35}mak^{3}in$_{44}^{13}$iəu$_{44}^{53}$kai^{53}lau^{35}kai^{53}iəu^{35}tsʰien$_{21}^{13}$ȵin^{13}tso^{53}ia$_{53}$,e$_{21}$,lau^{35}ci$_{21}^{13}$ko^{0}xo^{13}.kai$_{44}^{53}$iəu$_{44}^{35}$…kai^{53}ke$_{44}^{53}$iəu^{35}tsʰien$_{21}^{13}$ȵin$_{21}^{13}$ci$_{44}^{53}$ci$_{44}^{53}$xa$_{44}^{53}$ɔi$_{44}^{53}$tʰɔit^{3}mait^{3}tsʮ^{0}ke$_{53}^{53}$tet$_3$,xei$_{44}^{53}$me$_{44}$(←m̩^{13}xe^{53})a^0?n̩$_{21}$.e$_{21}$,xai^{13}ɔi^{53}tʰɔit^{3}xai^{13}tʰɔit^{3}mait^{3}ʂa^0,ci^{13}pən$_{44}^{35}$xai^{13}iet^{3}tʰɔit^3,tsʰiəu^{0}kan^{21}tsʮ^{0}ko^0,xei$_{44}^{53}$me$_{44}$(←m̩^{13}xe^{53})?ei$_{21}$,ci^{13}ua$_{44}^{53}$,e$_{44}$,lau^{0}cien^{35},xe$_{44}^{53}$xan$_{44}^{53}$lau^{21}cien^{35}nau^0,ia$_{44}$,lau^{0}cien^{35}ȵi^{13}cie^{53}mak^{3}ke^{53}mait^{3}tsʮ^0?ȵiɔŋ^{53}mən$_{44}^{13}$ni^{13}m̩$_{21}^{13}$mɔi$_{35}^{53}$tʰɔit^{3}mait^{3}tsʮ^0,xei$_{44}^{53}$me$_{44}$(←m̩^{13}xe^{53})?ŋai^{13}ke^{53}mait^{3}tsʮ^{0}tsʰiəu^{53}xau^{21}

le^0 !ŋai^{13}ke^{53}ko^{53}xo^{13}mait^3 ia^0 ,ko^{53}xo$_{53}^{13}$mait^3 .ci^{13}c^{h}i^{13}şət^5 ci^{13}təu$_{44}^{35}$iet^3 səŋ^{35}mei^{35}lan^{53}ke^{53}
mait^3 tsʅ^0 ,şən^{53}tau^{21}iet^3 tşak^3 t^{h}əŋ^{13}t^{h}əŋ$_{44}^{13}$ .ci$_{44}^{53}$a$_{44}$(←ua^{53})ŋai^{13}ko^{53}xo^{13}mait^3 .e$_{44}$kai^{53}ŋai^{13}
ia$_{53}^{35}$kau^{21}iet^3 səŋ^{35}ko^{53}xo^{13}mait^3 ,ci^{13}ua$_{44}^{53}$.ei$_{21}$,ŋai^{13}t^{h}əŋ^{13}ɲi$_{44}^{13}$ti^{53}tau$_{44}^{21}$kai$_{44}^{53}$səŋ$_{44}^{35}$ko^{53}xo^{13}
mait^3 ia^0 ,e$_{44}$ko^{53}xo^{13}mait^3 .tşʅ^{21}iəu$_{44}^{53}$tşak^3 t^{h}əŋ^{13}t^{h}əŋ$_{44}^{13}$,ci^{13}m̩^{13}mɔi^{53}k^{h}au^{21}ly^{53}te^{13}xa$_{44}^{53}$şət^5
n̩^{13}şət$_3^5$,xei$_{44}^{53}$me$_{44}$(←m̩^{13}xe^3)?iet^3 lɔk^5 iek^3 (←xek^3)çi^{21}lɔi^{13}tsʰiəu^{53}tsei^{21}xek^3 li^0 ,ko^{53}ek^3
(←xek^3)li^0 ,ŋai^{13}ke$_{44}^{53}$ko^{53}xo$_{21}^{13}$mait^3 .kai$_{44}^{53}$tşak^3 şʅ^{53}lau^{21}cien^{35}n̩$_{21}^{13}$ti$_{53}^{35}$ci^{13}c^{h}iəŋ^{13}ŋa^0
xe^{53}.e$_{21}$,iəu$_{44}^{35}$ko^{53}xo$_{21}^{13}$mait^3 .

洗身

（请洗身！）请上身。欸就上。tsʰiaŋ^{21}xɔŋ^{53}şən^{35}.e$_{44}$tsʰiəu$_{44}^{53}$xɔŋ^{53}.（洗澡了，是吧？）哈？xa$_{35}$?（是洗澡吗？）箇箇……请么个啊？请起身？kai^{53}kai^{53}s···tsʰiaŋ^{21}mak^{3}ke^{53}a^0?tsʰiaŋ^{21}çi^{21}şən^{35}?（洗澡哇，洗澡。）洗……欸洗……洗，箇就洗身呶。请洗身。请洗身。se^{21}ş···ei$_{44}$se^{21}s···se^{21},kai$_{44}^{53}$tsʰiəu$_{44}^{53}$se^{21}şən^{35}nau^0.tsʰiaŋ^{21}se^{21}şən^{35}.tsʰiaŋ^{21}se^{21}şən^{35}.

　　唔系话有只人欸讨只讨只张家坊个妹子，客家人妹子<u>啊</u>。欸，走倒去嘞，欸箇丈啊丈……欸箇箇只箇只妹子个娭子，丈人娭呀："欸，洗身呐！洗身呐！"渠 n̩$_{21}^{13}$pʰe^{53}(←xe^{53})ua$_{44}^{53}$iəu^{35}tşak^3 ɲin$_{21}^{13}$e$_{21}$t^{h}au^{21}tşak^3 t^{h}au^{21}tşak^3 tşɔŋ$_{44}^{35}$ka$_{44}^{35}$fɔŋ^{35}ke$_{44}$mɔi^{53}tsʅ^0 ,kʰak^3 ka$_{44}^{35}$ɲin$_{21}^{13}$mɔi^{53}tsa^0 ,ei$_{21}$,tsei^{21}tau^{21}çi^{53}lei^0 ,ei$_{21}$ kai$_{44}^{53}$t^{h}ɔŋ^{53}a^0 tsʰɔŋ^{53}···ei^0 kai$_{44}^{53}$kai$_{44}^{53}$iak^3 (←tşak^3)kai$_{44}^{53}$tşak^3 mɔi^{53}tsʅ^0 ke$_{44}^{53}$ɔi^{35}tsʅ^0 ,tsʰɔŋ$_{44}^{53}$in$_{21}^{13}$ɔi^{35}ia^0 :"e$_{44}$,se^{21}şən^{35}na^0 !se^{21}şən^{35}na^0 !"ci$_{21}^{13}$<small>普通话：他以为是起身。</small>（起身，要他起来。）欸，又踦起来。一喊，欸："欸，洗身呐！"欸，又踦起来。欸，又踦起来。ei$_{21}$,iəu$_{44}^{53}$cʰi$_{44}^{53}$çi^{21}lɔi$_{21}^{13}$.iet^3 xan^{53},e$_{21}$:"e$_{44}$,se^{21}şən^{35}na^0 !"e$_{44}$,iəu^0 cʰi$_{44}^{53}$çi^{21}lɔi$_{21}^{13}$.e$_{44}$,iəu^{53}cʰi$_{44}^{53}$çi^{21}lɔi$_{21}^{13}$.

话题条目索引